해커스
이상구
5급 국제법

I 일반국제법편

해커스공무원

이상구

약력
서울대학교 대학원 졸업
성균관대학교 졸업
현 | 해커스 국립외교원 대비 국제법·국제정치학 강의
현 | 해커스 변호사시험 대비 국제법 강의
현 | 해커스공무원 국제법·국제정치학 강의
전 | 베리타스법학원(5급) 국제법·국제정치학 강의
전 | 합격의 법학원(5급) 국제법·국제정치학 강의

주요 저서
해커스 이상구 5급 국제법 Ⅰ 일반국제법편, 해커스패스
해커스 이상구 5급 국제법 Ⅱ 국제경제법편, 해커스패스
해커스 이상구 5급 국제법 Ⅲ 판례편, 해커스패스
해커스 이상구 5급 국제정치학 Ⅰ 사상 및 이론편, 해커스패스
해커스 이상구 5급 국제정치학 Ⅱ 외교사편, 해커스패스
해커스 이상구 5급 국제정치학 Ⅲ 이슈편, 해커스패스
해커스공무원 패권 국제법 기본서, 해커스패스
해커스공무원 패권 국제법 조약집, 해커스패스
해커스공무원 패권 국제법 판례집, 해커스패스
해커스공무원 패권 국제법 핵심요약집, 해커스패스
해커스공무원 패권 국제법 단원별 핵심지문 OX, 해커스패스
해커스공무원 14개년 기출문제집 패권 국제법, 해커스패스
해커스공무원 단원별 적중 1000제 패권 국제법, 해커스패스
해커스공무원 실전동형모의고사 패권 국제법, 해커스패스
해커스공무원 패권 국제법개론 실전동형모의고사, 해커스패스
해커스공무원 패권 국제정치학 기본서, 해커스패스
해커스공무원 패권 국제정치학 핵심요약집, 해커스패스
해커스공무원 패권 국제정치학 단원별 핵심지문 OX, 해커스패스
해커스공무원 기출 + 적중 1700제 패권 국제정치학, 해커스패스
해커스공무원 실전동형모의고사 패권 국제정치학, 해커스패스

『2022 해커스 이상구 5급 국제법 Ⅰ 일반국제법편』은 국립외교원, 5급 공채 그리고 그 밖의 국제법 주관식 시험을 준비하는 수험생들을 위해 집필하였습니다. 국제법을 일반국제법과 국제경제법으로 구분하는 것이 통례이므로 국제경제법의 주요 논점은 『2022 해커스 이상구 5급 국제법 Ⅱ 국제경제법편』에 별도로 정리하였습니다. 시중에 좋은 국제법 교재가 많이 출간되어 있으나 수험적합성은 상대적으로 낮다고 판단되어 시험 준비에 특화된 책을 만들고자 본서를 출간하게 되었으며, 이러한 관점에서 『2022 해커스 이상구 5급 국제법 Ⅰ 일반국제법편』은 다음과 같은 특징을 가지고 있습니다.

첫째, 일반국제법의 주요 논점을 기초적 논점에서부터 심화된 논점까지 망라해서 다루고 있습니다. 기출문제들을 보면 대체적으로 기본서를 중심으로 하여 기본 논점들이 변형되어 출제되고 있으나, 때로는 기본서 범위를 넘는 상당히 심화된 논점들이 출제되기도 합니다. 이러한 논점들은 논문을 읽고 정리해 두어야만 고득점을 할 수 있을 것이므로, 본서는 주요 논문들을 참조하여 심화된 주제들의 핵심논점들을 간결하게 정리하고자 하였습니다.

둘째, 조문을 정리하였습니다. 일반국제법과 국제경제법 2권을 중심으로 조약을 공부해야 함은 두말할 나위 없지만, 수많은 조문들을 모두 다 상세하게 알아야 하는 것은 아닙니다. 본서에서는 필수로 알아야 하는 조문들을 정리해 두었습니다. 주요 조항은 영어 조문을 같이 보는 것이 문언의 통상적 의미를 파악함에 있어서 효율적이므로 몇몇 주요 조항들은 영문과 국문을 병기하였습니다. 특히 국립외교원 수험생들은 입교 이후 영어로 강의를 듣기 때문에 미리 영어 조문에 익숙해지는 것도 장기적으로 필요하다고 생각됩니다.

셋째, 주요 판례들을 정리하였습니다. 하나의 판례가 다양한 논점들을 다룬 경우가 많기 때문에 각 토픽과 관련된 쟁점을 수록하였습니다. 따라서 판례의 전모를 숙지하고자 하는 경우 『2022 해커스 이상구 5급 국제법 Ⅲ 판례편』을 참조하시기 바랍니다. 판례는 다자조약의 주요 조항을 해석하기도 하며, 특정 법규의 관습법성 내지는 대세적 의무적 성격 등 법적 성질을 확인해 주기 때문에 국제법 공부에서의 중요성은 재론할 필요가 없을 것입니다. 판례 학습을 어려워하는 수험생들의 고충을 반영하여 비교적 쉽고 상세하게 판례를 정리하고자 하였습니다.

넷째, 각 단원의 말미에 예상문제를 수록하였습니다. 예상문제는 기존 고등고시나 5급 공채 기출문제 및 본 저자가 만든 문제들을 위주로 정리하였습니다. 시험에서 국제법의 주요 토픽을 중심으로 출제된다고 가정하는 경우 기출논점들을 꼼꼼하게 살펴보는 것이 상당히 중요하기 때문에 본인이 준비하는 시험 관련 기출문제뿐만 아니라 주요 국제법 시험에서 출제된 문제들도 확인하고, 가능하면 기본서에 표시를 해 두는 것도 선택과 집중의 학습을 위해 좋은 방법이라고 봅니다.

국제법 공부의 본질이 토픽이나 조문 등을 암기하는 데 있는 것은 아닙니다. 국제법적 문제를 국제법적으로 접근하여 국제법적 결론을 도출하는 능력을 키우는 것이 본질이라고 봅니다. 이를 위해서는 무엇보다 각 조약과 조문의 문언적 의미를 명확히 이해하는 것이 우선이며, 이를 위해 학설이나 판례 등을 알아두어야 합니다. 그러나 우리는 또한 국제법 '시험'을 준비한다는 사실을 명심하여야 합니다. 그러한 본질적 능력 배양과 함께, 법전 없이 수많은 조약과 그 속의 논점들까지 '암기'하는 것이 요구됩니다. 수험서로서의 『2022 해커스 이상구 5급 국제법 Ⅰ 일반국제법편』은 이를 위해 필요한 수단이라고 할 것입니다. 본서로 공부하는 모든 수험생 여러분들의 합격을 기원합니다.

2021년 12월
저자 이상구

목차

목차

제1편
국제법 총론

제1장 | 국제법의 의의와 역사

제1절 국제법의 개념과 유형

Ⅰ 국제법의 개념

종래 통설에 의하면 국제법은 '국가 간의 법'으로서 국가 상호 간 관계를 규율하는 법을 의미한다. 이 견해는 국가만이 국제법상 권리와 의무의 주체가 될 수 있다는 전제에 입각하고 있으나 국제기구나 개인 등의 주체성이 인정되는 현대 국제사회 현실과는 괴리가 있다. 따라서 현대 국제법상 국제법은 '국제사회의 법'으로 정의된다. 국제사회는 국가 · 국제조직 · 개인 등으로 구성되므로 국제법은 이들 상호 간 관계를 규율하는 법이라는 것이다.

Ⅱ 국제법 개념의 유래

1. jus gentium(만민법)

국제법이라는 용어는 로마의 'jus gentium'에서 유래된 것이다. 'jus gentium'은 로마인과 이방인, 이방인과 이방인간 적용되었던 로마의 국내법으로서 'jus civile'에 대비되는 법이다. 'jus civile'는 로마인 상호 간 적용되는 법을 의미한다.

2. jus inter gentes

영국의 Richard Zouche가 17세기 중엽에 사용하기 시작한 용어로서 1780년 Jeremy Bentham에 의해 'international law'로 영역(英譯)되어 사용되었다.

3. 만국공법

1864년 중국에서 미국인 William Martin이 Henry Wheaton의 'Elements of International Law'를 번역하면서 '만국공법(萬國公法)'이라는 용어를 사용하였다.

4. 국제법

일본과 한국에서는 '만국공법'이라는 용어가 사용되었으나 1873년 미즈꾸리가 처음으로 T. W. Woolsey의 'International Law'를 '국제법(國際法)'으로 번역한 이래 현재 일반화되어 사용되고 있다.

Ⅲ 국제법과 구별되는 법

1. 국제사법

국제사법은 섭외적 사법관계에 적용될 준거법을 지정하는 국내법을 의미한다. 국제사법의 내용은 국가마다 상이하나 대체로 법의 충돌규칙, 즉 외국적 요소를 가진 민사 및 상사 사건에서 법정지국의 사법(私法)을 적용할 것인지 외국의 사법을 적용할 것인지를 결정하는 규칙을 포함한다. 국제법은 국제법주체 상호 간 공법관계를 규율하나 국제사법은 사인(私人)의 섭외적 사법관계를 규율한다는 점에서 구별된다.

2. 세계법

세계법(world law)은 여러 개의 개별 국가의 존재를 부정하고 통일된 하나의 세계를 상정한 법을 의미한다. 따라서 주권국가의 존재를 전제로 하는 국제법과 다르다. 국제법의 기초단위를 형성해 온 영토국가의 통제력이 약화되고 있으나 여전히 국가중심 세계가 유지되고 있으므로 세계법이 국제법을 대체하였다고 볼 수 없고, 앞으로도 그 가능성은 높지 않다.

3. 준국제법

준국제법은 국제법의 주체를 일방으로 하고 국제법의 주체가 아닌 사인을 타방으로 하여 성립된 법을 말한다. 국제법상 법률관계는 국제법에 의해 규율되나 준국제법상 법률관계는 국내법에 의해 규율된다.

4. 국제예양

국제예양(international comity)이란 국제사회에서 국가가 국제공동생활을 함에 있어서 준수함을 요하는 예의·호의·편의를 말한다. 국제법을 위반하면 국제법상 위법행위가 되나, 국제예양을 위반해도 국제법을 위반한 것은 아니다. 또한 국제법 위반에 대해서는 복구 또는 대항조치가 인정되지만 국제예양 위반행위에 대해서는 보복(retaliation)이 인정된다.

5. 초국내법(transnational law)

초국경법이라고도 한다. 제섭(Jessup)에 의해 제시된 개념으로서 국경선을 넘는 행동이나 사건을 규율하는 모든 법을 포함하는 개념이다. 따라서 초국내법에는 국제법과 국제사법이 포함되며 또한 그러한 표준적 범주에 전적으로 들어맞지 않는 기타 규칙들도 포함된다.

6. EU법

EU법은 국제법도 국내법도 아니라는 의미에서 한 개의 새로운 법질서(a new legal order)로 규정할 수 있다. EU법의 일차적 법원은 EU회원국 상호 간 체결된 조약이므로 국제법에 해당하나, 회원국 정부나 국민들에 대한 권한이 매우 광범위하고 직접적이므로 국제법을 넘어선 연방법(국내법)의 성격도 동시에 갖기 때문이다.

Ⅳ 국제법의 분류

1. 존재형식

국제법은 존재형식에 따라 조약국제법과 관습국제법으로 대별된다. 조약국제법은 국제법주체 간의 문서에 의한 명시적 합의의 형식으로 성립된 국제법을 말한다. 반면 관습국제법은 국제법주체 간에 형성되어 온 오랜 관행이 국제법주체에 의해 법으로서 법적 확신을 갖게 되어 성립된 국제법을 말한다.

2. 인적 적용범위

보편국제법, 일반국제법 및 특수국제법으로 나뉜다. 보편국제법은 모든 국가에 대해 적용되는 국제법을 의미하며 일반적으로 관습국제법의 형식으로 존재한다. 일반국제법은 대부분의 국가에 대해 적용되는 국제법을 의미하며, 특수국제법은 일부 국가에 대해서만 적용되는 국제법을 의미한다.

3. 시간적 적용범위

평시국제법과 전시국제법으로 대별된다. 평시국제법은 국제법상 전쟁상태가 아닌 평시상태에 적용되는 국제법을 말한다. 한편 전시국제법은 국제법상 전시상태에 적용되는 국제법을 말한다. 최근에는 전쟁이 위법화·금지화되어 '무력충돌'이라는 용어가 사용되고 있다.

4. 구속력

연성국제법과 경성국제법으로 대별된다. 경성국제법이 구속력을 갖는 반면, 연성국제법은 구속력을 갖지 아니한다. 엄밀히 말해 연성국제법은 국제법이 아니라 국제규범의 한 형태로 볼 수 있다. 연성국제법은 '응고과정에 있는 법'으로서 추후 관습국제법이나 조약법으로 형성되어 경성국제법이 되기도 한다.

제2절 국제공동체의 역사적 전개과정

Ⅰ 서설

1. 의의

국제법은 일차적으로 주권독립국가 상호 간 관계를 규율하는 법체계이므로 국제공동체의 탄생을 전제로 한다. 영토주권과 독립국가의 관념은 1648년 웨스트팔리아평화조약에 의해 형성되었으므로 국제공동체의 시발점은 동 조약으로 보는 것이 일반적이다. 이후 국제공동체는 수평적 확대과정을 거쳐 1960년대 완성되었다.

2. 웨스트팔리아조약의 주요 내용

첫째, 신교가 처음으로 국제적 차원에서 승인되었다. 이로써 로마교황과 가톨릭교회가 보편적 권위를 상실하고 신교에 기초한 국가들의 존재가 합법화되며 가톨릭교회로부터 독립하게 되었다. 둘째, 신성로마제국(Holy Roman Empire)의 구성국가들은 외국과 동맹을 체결할 권리를 공식적으로 인정받았다. 웨스트팔리아조약은 신성로마제국의 사실상 붕괴와 주권독립국가들에 기초한 근대국제공동체의 탄생을 가져왔다.

3. 웨스트팔리아체제의 수평적 확대

유럽에서 형성된 근대국제법질서는 비유럽지역으로 점진적으로 확대된다. 18세기 말과 19세기 초 미국을 위시한 유럽의 아메리카 식민지들이 독립을 획득했으며, 크리미아전쟁 이후 19세기 중엽에는 오토만제국이 최초유럽국제법질서에 편입되었다. 이후 1914년까지 페르시아(이란), 중국, 일본, 한국 등이 서양국가들과 국교를수립하면서 국제법질서에 편입되었다. 1920년 국제연맹규약 제1조는 모든 국가의 국제연맹 가입을 허용함으로써 국제법공동체의 보편화를 명시하였으나 식민통치를 받는 국가들이 많았으므로 실질적으로 보편 국제공동체의 형성은 1960년대 완성된 것으로 볼 수 있다.

Ⅱ 웨스트팔리아평화조약~제1차 세계대전

1. 영토제국주의의 두 수단

이 시기는 영토제국주의의 시기였다. 유럽국가들은 비유럽국가들을 지배함에 있어 조약(capitulation) 체결을통해 지배하거나 식민지화하는 두 수단을 사용하였는데, 식민지화를 위해 무주지선점, 정복, 병합 등의 이론을 발전시켰다. 한편, 조약 체결은 불평등하게 이뤄졌다. 유럽인들은 자국 영사의 동의 없이 추방될 수 없었으며, 기독교의식을 거행하고 교회를 세울 권리를 가졌다. 또한 무역과 통상의 자유를 향유하고 영사재판(consular jurisdiction)을 받을 권리가 있었다. 조약의 일방당사자였던 비유럽국가들은 유럽국가에서 이러한권리나 자유를 갖지 못하였으므로 불평등한 조약이라고 평가된다.

2. 평화보장체제의 발전

(1) 웨스트팔리아평화조약

웨스트팔리아평화조약은 국가의 개별적 무력사용을 통제하여 집단적 평화체제를 형성하기 위해 국가들에게 세 가지 의무를 부과하였다. 첫째, 평화에 대한 위협이 있는 경우 또는 웨스트팔리아평화조약의 위반이있는 경우 피해국은 분쟁을 평화적으로 해결하고 적대행위를 하지 않아야 한다. 둘째, 분쟁 발생시 3년의냉각기간을 가져야 하며 3년 경과 이후에도 분쟁이 해결되지 않는 경우에만 전쟁을 할 수 있으며 다른 체약국들은 피해국을 원조해야 한다. 셋째, 체약국들은 위반국에 대해 군사원조를 부여하거나 위반국 군대의 자국 영토 통과 등을 허용하지 않을 의무가 있다. 동 조약상의 조치는 실제 취해진 바 없다.

(2) 유럽협조체제

나폴레옹전쟁 이후 신성동맹과 4국동맹을 기반으로 하는 유럽협조체제가 형성되었다. 러시아의 주도로 오스트리아와 프로이센이 동조하여 형성된 신성동맹은 기독교의 가르침에 따라 국가를 통치하고 세 군주 간의 원조와 협력을 규정한 조약이나 실효성은 없었다. 4국동맹조약은 영국의 주도로 러시아, 프로이센, 오스트리아가 프랑스 봉쇄를 목적으로 형성한 조약이다. 동 조약 제6조는 유럽의 안보문제를 위해 4국이 필요시회합하도록 규정하여 '회의외교'를 창안하였다. 유럽협조체제는 유럽의 식민지 독립과 이에 대한 열강의 입장 차이, 라틴아메리카 문제, 터키영토보전 문제 등으로 붕괴되고 전통적인 세력균형체제로 돌아갔다.

3. 국제법규의 발전

(1) 의의

웨스트팔리아체제에서 제1차 세계대전에 이르는 기간 동안 현대국제법의 기초가 되고 있는 대다수 규칙이 형성되었다. 조약법, 국내문제불간섭의무, 국가면제, 외교면제, 영사면제, 영토주권, 무주지선점, 공해자유, 외국인과 그 재산의 보호, 복구, 전쟁법규, 전시인도법 등이 형성·발전되었다. 이러한 법규들은 대체로 강대국에 의해 형성되었으며, 그 결과 대체로 식민제국들의 이익을 옹호하고 무력의 위협이나 사용에 대해서는 어떠한 제한도 부과되지 않았다.

(2) 노예제도에 관한 규율

그리스·로마시대 패전국의 국민은 모두 승전국의 노예가 되었다. 노예제도는 17·18세기에도 금지되지 않았으며, 노예무역도 대체로 인정되었다. 다만, 아프리카 흑인들만이 노예가 되었다. 그러나 18세기 후반 노예제도 반대운동, 노예제도에 기초하여 다른 국가들이 상품의 가격경쟁력을 갖는 것에 대한 영국의 우려 등이 요인이 되어 노예무역제도를 금지하는 국내법이나 조약이 창설되었다. 1841년 런던조약, 1885년 베를린의정서, 1890년 노예무역의 진압에 관한 브뤼셀 일반의정서 등이 노예무역을 금지한 조약들이다. 미국(1865년), 브라질(1888년) 등은 노예제도 자체를 폐지하는 국내법을 제정하기도 하였으나, 노예제도 자체를 폐지한 조약은 체결되지 않았다.

Ⅲ 제1차 세계대전~제2차 세계대전

1. 러시아 혁명과 기존 국제법에 대한 도전

1917년 사회주의 혁명을 시도한 러시아(소련)는 서구 열강들이 형성해 온 국제법규 및 그 원천이 되었던 사상에 대해 도전하기 시작하였다. 민족자결주의를 주창하여 식민지배를 받고 있는 약소국들의 해방을 촉구하였으며, 약소국에 대한 경제적 강박과 불평등조약의 시정을 주장하였다. 나아가 사유재산신성의 원칙에 기초한 국제법규에 도전하면서 외국인재산의 국유화 정책을 전개하였다. 또한 타국에 대한 침략전쟁을 인도에 대한 최대의 범죄(the greatest crime against humanity)라고 선언하기도 하였다.

2. 국제연맹의 창설

제1차 세계대전을 겪은 강대국들은 전쟁을 방지하기 위해 집단안전보장제도와 이를 담당할 국제연맹을 창설하였다. 윌슨의 이상주의에 기반하여 창설된 제도이나, 전간기 국제정치의 무질서에 대한 대응은 무기력했던 것으로 평가된다. 국제연맹규약은 국가 간 전쟁을 제한하였으나 이를 금지하거나 불법화시키는 데 이르지 못하였다. 국제연맹 창설을 주도했던 미국은 국내정치적 사정으로 국제연맹에 가입하지 않았으며, 만장일치의 의사결정제도 역시 국제연맹의 무기력성을 더해준 요인이었다.

3. 국제법의 발전

상설국제사법재판소(PCIJ)가 설치되어 분쟁의 평화적 해결을 위한 제도적 발전이 있었다. 규범 분야에서는 무력사용으로 형성된 국가에 대한 불승인의무, 전쟁의 포괄적 금지 등 신규범이 창설되었다. 한편, capitulation이 점진적으로 폐지되고, 노예제도 자체의 폐지를 지향하는 등 기존 규범이 개정되었다. 소수민족이나 집단에게 국제기구에 대한 청원(petitions)이 허용되기도 하였다.

Ⅳ UN헌장~식민지독립(1945~1960)

1. 제2차 세계대전의 영향

첫째, 무력사용금지, 민족자결, 인권존중원칙을 담은 UN헌장이 채택되었다. 둘째, 전쟁범죄, 평화에 대한 죄, 인도에 대한 죄를 저지른 자들이 임시국제군사재판소에서 처형되었다. 셋째, 핵무기가 실전에 사용되고 막대한 피해를 야기함으로써 핵군축에 대한 필요성이 절실하게 제기되었다.

2. UN의 집단안전보장제도

UN의 집단안전보장제도는 유럽협조체제와 유사하게 형성되었다. 안전보장이사회 상임이사국을 설치함으로써 강대국에 의한 평화체제적 성격을 띠게 되었다. 또한 안전보장이사회의 총회에 대한 우위를 인정하였다. 그러나 UN의 집단안전보장제도는 냉전의 발발로 제대로 작동하지 않았으며 국가들은 전통적 세력균형에 의한 안보로 회귀하였다.

3. 국제사회의 분열과 국제법 발달의 한계

국제사회는 크게 미국을 위시한 서방진영과 소련을 중심으로 하는 공산진영으로 양분되었다. 한편, 신생독립국들은 사회주의 진영의 지원하에 기존 국제법규의 개정을 추진하였으나 신생독립국들의 결속력이 약하여 구체적인 성과를 거두지는 못하였다.

Ⅴ 제3세계의 거부와 도전(1960~1990)

1. 미국과 소련

기존 강대국인 미국과 소련은 한편으로는 상호 갈등하면서도 공조체제를 구축하기도 한 시기였다. 자신들의 핵보유는 지속하면서도 핵무기의 수평적 확산을 막기 위해 1968년 핵무기비확산조약을 체결하였다. 또한 1975년 유럽안보협력회의(Conference on Security and Cooperation in Europe: CSCE)를 개최하여 헬싱키 최종의정서를 채택하기도 하였다.

2. 제3세계

개발도상국들은 사회주의 진영과 연대하여 기존 국제법의 개정을 시도하여 상당부분 성공을 거두었다. 첫째, UN총회 결의를 채택하여 기존 국제법의 변경을 시도하였으나 이는 성공하지 못했다. 둘째, 두 개의 UN국제인권규약을 채택하고 제1조에 민족자결권을 명문화하였다. 셋째, 결속과 형제애에 기초한 제3세대 인권의 개념을 제시하였다. 넷째, 1970년 우호관계선언을 UN총회 결의로 채택하여 자신들의 의견이 반영된 국제법의 기본원칙을 수립하였다. 다섯째, 1982년 UN해양법협약을 채택하여 영해범위를 확대하고 배타적 경제수역이나 군도수역과 같은 새로운 해양제도를 창설하였다. 여섯째, 민족해방투쟁이 합법화되었다. 일곱째, 조약의 무효사유로서 강행규범위반과 국가대표의 부패를 추가하였다.

Ⅵ 소련의 몰락과 얄타체제의 종언(1990~)

1. 냉전의 해체

소련이 민주주의와 자본주의로의 체제전환을 선택하고 독일이 통일되면서 냉전의 한축을 담당했던 소련은 붕괴되었다. 1991년 12월 소련은 공식적으로 붕괴되었고 소련에 속했던 국가들은 독립국가연합(Commonwealth of Independent States: CIS)을 형성하였다.

2. UN의 집단안전보장제도의 활성화

냉전기에 사실상 사문화되었던 UN의 집단안보체제는 탈냉전기에 활성화되었다. 이라크의 쿠웨이트 침공, Lockerbie 사건, 보스니아 내전, 소말리아 사태, 르완다 사태, 쿠르드족 보호를 위한 인도적 간섭, 전범재판을 위한 UN임시형사재판소 설치 등이 UN안보리(안전보장이사회)에 의해 성공적으로 추진되었다.

3. 국제제도의 변화

1994년 남태평양의 팔라우가 미국으로부터 독립함으로써 UN의 신탁통치제도가 종료되었으며, CSCE는 1995년 1월 유럽안보협력기구(OSCE)로 확대되었다. 1998년 상설국제형사재판소(ICC) 설치를 위한 로마협약이 채택되었다.

제3절 국제법학에 있어서 의사주의와 객관주의[1]

Ⅰ 양 입장의 개요

의사주의는 '법규칙은 인간 의사의 산물이며, 그 의사를 위하여 그리고 그 의사에 의하여 존재한다'는 것을 기본적 전제로 하며, 한 사회 내의 모든 구성원들을 구속하는 법은 그 사회 내의 최상위자인 국가의 의사로부터 도출된다고 한다. 즉, 법의 존립 내지 구속력이 궁극적으로 국가의 의사에 기초한다고 이해한다. 이 입장에 따르면 국내법과 마찬가지로 국제법도 국가의사의 산물이며, 국제법에 구속력을 부여하는 것은 개별적이든 집단적이든 국가의 의사이다. 즉, 국제법의 성립과 구속력의 근거를 국가들의 의사(will) 또는 동의(consent)에서 찾는 것이다. 한편, 제1차 세계대전 이후의 평화주의 내지 이상주의가 고조되는 것과 때를 같이 하여 의사주의에 반기를 드는 새로운 사조로서 객관주의가 출현하였다. 객관주의는 법규범의 존립 또는 구속력의 근거를 국가의사로부터 독립된 다른 요소로부터 찾는 입장을 말한다. 즉, 법은 국가 이전에도 그리고 국가 없이도 존재하는 것이며, 법의 구속력의 근거는 국가의사와 무관한 규범적·사회적 요소에서 찾아야 한다는 입장이다. 오늘날 국제사회가 하나의 법공동체로 발전해 나가는 과정에서 국가주권이 하나의 상대적 가치로 격하됨으로써 국가주권 절대사상에 기초한 의사주의가 타당성을 상실해 나가는 가운데, 객관주의는 국제법의 성립근거 또는 그 구속력의 근거 등 그 근본체계를 규명하기 위한 설득력 있는 논거로서 자리잡아 가고 있다.

---

1) 김석현(2009), 국제법학에 있어서 의사주의와 객관주의의 대립, 국제법학회논총, 제54권 제2호.

Ⅱ 의사주의

1. 고전적 견해

(1) H. Grotius

그로티우스는 1625년에 발간된『전쟁과 평화의 법』에서 법을 자연법과 의사법으로 구분하였다. 그는 자연법에 대비되는 실정법인 의사법은 누군가의 의사(will)에 기초한다고 생각하였으며, 그러한 의사법에 속하는 국제법은 그 구속력의 근거가 바로 국가들의 의사로부터 도출된다고 설명하였다. 그러나 그로티우스를 의사주의자로 단정할 수는 없는데, 그는 조약법이든 관습법이든 국제법의 구속력은 '약속은 지켜져야 한다'(pacta sunt servanda)고 하는 자연법의 원칙으로부터 도출된다고 파악하였기 때문이다. 아울러, 국제법은 자연법 원칙들과 일치하는 경우에 한하여 구속력을 가진다고 주장했으며, 이러한 점에서 그로티우스는 의사주의자라고 할 수 없다. 그의 사상은 철저하게 자연법에 기초한 것이었다.

(2) E. de Vattel

바텔은 국제법이 자연법의 원칙으로부터 도출되어 모든 국가들에게 구속력을 가지는 '필수적 국제법'과 그에 반하지 않는 범위 내에서 국가들의 동의에 의하여 성립되어 그 동의한 국가들만을 구속하는 '실정국제법'으로 구성된다고 하였다. 바텔 역시 실정국제법이 국가들의 의사에 기초한다는 것을 당연하게 받아들였던 것이다. 하지만 그는 실정국제법의 정당성 여부의 판단기준으로 자연법을 들었는데, 이는 바텔이 그로티우스와 마찬가지로 자연법론자로서, 의사주의와는 거리가 멀다는 것을 보여준다. 다만, 그로티우스가 국제법을 의사법(실정법)으로 이해하고 그 '상위'에 자연법을 인정한 것과는 달리, 바텔은 국제법 속에 자연법적 요소와 실정법적 요소가 '공존'하며 자연법 규범은 절대적 효력을 가지는 데 반하여 실정법 규범은 그 동의한 국가들만을 구속함으로써 상대적 효력을 가지는 것으로 이해하였다.

2. 20세기 초의 의사주의

(1) Oppenheim

자연법에 기초를 둔 고전학자들이 실정국제법을 설명하기 위하여 취하였던 의사주의적 입장은 후대의 많은 실증주의 학자들에게 그대로 계승되었다. 오펜하임은 국제법의 연원을 설명함에 있어, "국제법의 기초는 국제사회 구성국들의 공동의 동의이다."라고 하면서, 이러한 공동의 동의의 발생 경로가 되는 모든 요소들이 바로 국제법의 연원이라고 한다. 그는 "국제법의 연원은 두 가지이다. 하나는 국가들이 향후 당사자들의 국제적 행위에 대한 일정한 규칙을 정하는 조약을 체결하는 경우에 주어지는 '명시적 동의'이며, 다른 하나는 국제적 행위를 일정한 규칙에 따르도록 하는 관습을 채택하는 국가들을 통하여 주어지는 '묵시적 동의'이다. 그러므로 조약과 관습만이 국제법의 연원인 것이다."라고 하면서 국가는 명시적 선언에 의하여 직접적으로 또는 어떠한 행위에 의하여 묵시적으로 자신의 동의를 부여할 수 있다고 주장하였다.

(2) Jellinek

Jellinek의 '자기제한설'(auto-limitation)에 따르면, 주권적 존재인 국가들은 여하한 다른 권위에 복종하지 않으며, 오로지 자신의 의사에 의하여 스스로를 제한할 뿐이다. 국가가 타국과 체결하는 조약은 다름 아닌 국내법의 일부로서, 그 국가의 대외공법에 불과하며, 따라서 그 효력은 국가의 의사 여하에 달려 있다고 한다. 이에 대해서는 그동안 적지 않은 비판이 가하여져 왔다. Kelsen은 자기제한설은 결국 일원론을 구성하게 되며, 보다 구체적으로는 국내법우위론에 해당한다고 하였고, Scelle은 자기제한설에 따른다면, 우연히 일치될 수 있는 개별 국가들의 대외공법 규칙들만이 병존할 뿐 객관적으로 존재하는 국제법질서는 없게 되며, 이는 국제법 부인론으로 통한다고 하였다. Verdross는 국제법규칙들이 국가의 자유로운 의사에 근거한다면 이는 본질적으로 강제적일 수 없을 것이며, 따라서 국가가 더 이상 어떠한 국제법규칙이 구속적이기를 원치 않는 경우에는 이를 무시할 수도 있을 것이라고 지적하였는데, Scelle과 Guggenheim 역시 국가가 국제법규칙들에 자유롭게 복종하는 만큼, 그 재량권을 행사하여 이를 일방적으로 파기함으로써 그 의무로부터 벗어날 수 있을 것이라고 비판하였다.

(3) H. Triepel

H. Triepel은 '공동의사(Vereinburung)설'을 제시하였다. 이원론자인 그는 두 가지 점에서 국제법과 국내법을 구분한다. 우선, 국내법은 기본적으로 개인을 주체로 하며 영토상의 개인 상호 간 또는 개인과 국가 간의 관계를 규율하는 데 반하여, 국제법은 국가를 주체로 하며 오로지 국가 간의 관계를 규율한다. 다음으로 그는 양 법이 법원(法源)에 있어서 대립됨을 강조한다. 국내법의 연원은 해당 국가의 단독적 의사인 데 반하여 국제법의 연원은 국가들의 공동의사라고 한다. Triepel은 국제법이 국가들의 개별적 의사에 기초할 수 없으며 오로지 복수국가의 공동의사만이 국제법의 근거가 될 수 있다고 함으로써, 국가 간 관계를 '고립된 국가들'의 병존으로 이해하고 국제법이 국가의 단독적 의사에 근거한다고 하는 옐리네크의 자기제한설의 한계를 극복하였다는 점에서 높이 평가받는다. 그는 그러한 의사의 합동을 가능하게 하는 것이 바로 '공동의사'라고 하면서 이 용어는 '의사의 진정한 합동'을 가리키는 것이라고 하였다. 그는 이러한 공동의사는 조약에서 찾을 수 있다고 하면서, 국제관습법은 의사의 '묵시적 선언'이라는 방법을 통해 창설된다고 주장하였다.

3. 소결

이상에서 검토한 의사주의는 그 구체적인 논리에 있어서는 차이가 있으나, 국제법의 존재와 구속력의 근거를 국가의 의사에서 찾는다는 공통점을 가진다. 하지만 이러한 의사주의는 논리적으로 많은 결함을 안고 있으며 국제법의 현실과도 모순되는 점이 적지 않다. 그럼에도 불구하고, 이러한 입장은 20세기에 들어와서도 많은 학자들에 의하여 추종되었으며, 국제재판에서도 추종된 적이 있다. 1927년의 Lotus case에서 PCIJ는 "국가들에 대해 구속력을 가지는 법규칙들은 그들의 자유로운 의사(free will)로부터 나온다."라고 하면서, 그러한 의사는 협약에 의하여 또는 일반적으로 수락된 관행에 의하여 표출된다고 선언하였다.

Ⅲ 객관주의

1. 의의

국제법의 근거를 국가들의 의사에서 찾는다면, 국제공동체에서 국가들을 획일적으로 구속할 수 있는 객관적 법질서를 부정하는 결과가 된다. 객관주의란 법규범의 생성, 변경 및 소멸이 국가들의 의사로부터 독립됨을 강조하면서, 국제법의 성립기초 및 그 구속력의 근거를 국가의사 이외에 다른 요소에서 찾는 입장이다.

2. 사회학적 실증주의

사회학적 실증주의는 뒤기(L. Duguit), 셀(G. Scelle) 등 프랑스 학자들에 의해 지도되는 학파이다. 이들은 국제법의 존재·근거가 국가들의 의사와는 관계없이 사회적 필요에 따라 객관적으로 주어지는 것임을 강조한다. 이들은 주권적 존재로서의 국가 개념을 부인하며, 국가는 자연인의 집합에 불과하다고 한다. 뒤기는 법주체의 의사는 결코 법률효과를 창출하는 '원인'이 될 수 없으며, 이는 오로지 법률효과의 창출을 위한 '조건'에 불과하다고 한다. 그리고 그러한 의사에 따르는 행위의 법적 효과는 기존의 '객관적 법규칙'에 의하여 주어진다. 즉, 개별 법주체의 의사는 법의 효력 발생을 위한 법률요건을 구성하는 데 불과함을 강조한 것이다. 이러한 입장에서는 법주체의 의사에 의하여 법이 성립될 수 없으며 또한 그러한 의사가 법의 구속력의 근거가 될 수 없음은 당연하다. 그는 사회규범이 법규범으로 화하는 것은 국가의 승인 또는 확인에 의해서가 아니라, 이를 구속력 있는 규범으로 받아들이는 사회구성원들의 인식에 의해서라고 한다. 뒤기는 이와 같이 법규범은 사회구성원들의 연대의식에 기초하며 국가 또한 여하한 법주체의 의사와 관계없이 성립된다는 사회학적 접근방법을 국제법에 대해서도 적용한다. 그는 국제법을 국가라고 하는 사회들 간에 적용되는 규범, 즉 '사회 간 법규범'으로 규정하고, 이러한 법규범은 개인들의 사회적 연대감에 근거하여 성립한다고 한다.

3. G. Scelle에 의한 사회학적 실증주의의 국제법에의 도입

셀은 모든 사회는 결국 개인들의 사회이고, 어떠한 사회에서든 법은 구성원들의 연대에 기초한다고 하면서 이러한 연대를 두 가지로 말하는데, 하나는 '유사성에 의한 연대'이고 다른 하나는 '분업에 의한 연대'이다. 전자는 외관의 유사성, 언어의 동일성, 가치관의 동질성 등 개인들의 유사성에 기초한 연대로서, 이는 인간들의 집단적 본성에서 찾을 수 있다고 한다. 반면, 후자는 전자보다는 뒤늦게 나타나는 사회의 조직화의 현상으로서 이는 개인들의 재능과 소질을 고려하여 임무를 분산하고 활동을 전문화함으로써 생산력을 증대시킬 뿐 아니라, 구성원 간의 상호의존성을 높임으로써 전체적인 연대를 강화한다고 한다. 즉, 유사성의 연대는 본능적인 것이고, 본업에 의한 연대는 타산적인 연대로서 셀은 이와 같은 두 종류의 연대가 균형을 갖출 때 비로소 완전한 사회로 나아갈 수 있다고 한다. 이러한 균형을 유지하기 위하여 강제가 수반되어야 하며 그러한 강제를 포함하는 법은 생물학적 기원을 가진다고 한다. 즉, 집단의 단결과 구성원들의 생존이라는 생물학적 필요성의 인식이 그러한 생물학적 강제를 구속력 있는 법규칙으로 전환시킨다는 것이다. 그는 생존과 발전의 조건은 인간집단과 그 환경 그리고 시대에 따라 가변적임을 강조하면서, 사회발전의 자연법칙은 생물학적 법칙인 만큼 이는 동태적일 수밖에 없다고 한다. 따라서 모든 법의 근거는 우선적으로 사회적 필요성과 유용성에 있는 것이다. 사회 생존과 발전을 위하여 필요불가결한 자연법칙으로부터 자발적으로 도출됨으로써 누구의 의사로부터도 독립적으로 존재하는 법이 바로 객관적 법이며, 이러한 법이 실정법에 의하여 정확하게 표현되어야만 그 사회가 법적 안정성을 유지할 수 있다. 그는 '국제사회는 법주체이자 이미 국가사회에 속하여 있는 개인들의 공동체'임을 강조하는데, 국제사회도 결국은 국내사회와 마찬가지로 개인들의 공동체라는 것이다. 따라서 셀은 모든 사회 간 공동체들은 구성원들의 연대를 유지하고 발전시키기 위하여 법규범을 창출하게 된다고 하면서, 국가들 간의 규범, 즉 사회 간 법은 국가 간 관계의 필요성으로부터 도출된다고 한다. 이와 같이 셀은 인간사회의 법질서가 본래 생물학적 기원을 가지는 것으로 이해하면서 그 사회의 생존과 발전을 위해서는 구성원들 간의 연대가 필요하며, 이러한 연대를 유지하고 발전시키기 위하여 강제가 요구되고, 그러한 강제적 성격을 부여받은 규범이 바로 법이라고 한다. 그리고 이러한 법규범의 창출과정은 국내사회에 있어서나 국제사회에 있어서나 차이가 없다는 것이다. 이와 같이 창출되는 실정국제법의 근거는 국제사회의 자연질서로부터 자생적으로 창출된 '객관적 법'과의 일치성에서 찾을 수 있다고 한다. 동일한 법적 기능을 갖는 관습과 조약은 본질적으로 같은 성질을 갖으며, 이들은 실정법의 규범적 또는 창설적 규범으로 전환되는 기존의 객관적 법의 확인 및 표현 방식인 것이다. 법주체들은 사회적 기능을 수행하는 데 지나지 않고, 실정법의 구속력은 근본적으로 객관적 법규칙과의 일치성에서 찾을 수 있다.

4. Ch. de Visscher의 사회학적 접근방법

Visscher는 국제규범의 근원은 "어떠한 행위규범이 자신들에게뿐만 아니라 사회집단 간의 상호관계에서 그 집단들에게도 부과된다는 개인들의 공동의 감정에 있으며, 국제규범은 국제관계의 유지를 위한 그 필요성이 개인들에게 명확하고 단호하게 인식됨으로써 제재가 조직화되어야 한다고 보일 때, '법규범'이 된다."라고 한다. 그는 국제법은 국가들의 의사와 무관하게 존재하며 이들을 구속한다고 주장한다. "국제법 질서에 있어서는 국내법질서에 있어서와 마찬가지로 그 권위가 국가의 명령으로부터 독립된 원칙들과 일정한 규범들이 존재한다. 이러한 규칙들은 국가에 의하여 창설된 것이 아니며, 이들은 그 자체로서 국가들에게 부과되는 것이다. 예를 들어 'Pacta sunt servanda'의 원칙이 그러하다."라고 말한다. 그는 이와 같이 국가들의 의사에 의하여 창설되는 규칙들의 상위에 있는 규칙들을 '근본적 규칙'이라고 하면서, 그러한 예로 독립, 자유 및 평등의 권리 등을 든다. 그는 이러한 근본적인 국제법 규칙들은 국가들의 의사로부터 독립적으로 존재하며, 이들은 국제적 실행의 산물이라 할 수 없으며, 관습 또는 조약에 의존하는 것도 아니라고 한다. 이러한 규범들은 '모든 법규칙의 궁극적 근거인(국제적인) 사회적 필요성에 대한 개인들의 확신에 근거한다'는 것이다. 관습 또는 조약은 실정법의 형식적 연원일 뿐 법을 창설하는 것이 아니며, 이들이 형성하는 규칙들은 그보다 상위에서 부과되는 일정한 원칙들을 확인하는 목적을 갖는다. 따라서 관습 또는 조약은 법의 표현요소로서 법의 확인수단이며, 결코 법의 일차적 원인 또는 진정한 근거가 될 수 없다. 이에 그는 '국가들의 상호독립에 대한 개인들의 법적 확신은 법의 근거이나, 국가들의 동의는 그 형식적 연원에 불과할 뿐'이라고 한다. 또한 국제법의 구속력의 궁극적 근거 역시 국가의 동의에 있지 않으며 사회구성원들의 법적 확신에 있다고 한다. 그는 의사주의자들은 법 형성과정에서의 형식적 요소인 국가의 동의에 집착함으로써, 이러한 사회적이고 심리적인 요소들을 간과하고 있다고 비판한다.

5. H. Kelsen의 규범주의

켈젠은 법의 궁극적인 근거를 오로지 실정법의 테두리 안에서 찾으려고 하면서 일체의 추상적인 외부적 요소를 배척한다. 그는 모든 법의 근거는 근본규범에 있다고 함으로써, 국가의 의사로부터 독립적으로 존재하는 객관적 요소에서 찾았다. 그는 다른 규범의 창설을 규율하는 규범과 그 규범에 따라 창설된 규범 간에는 상하관계가 성립한다고 하는데, 근본규범은 여타 규범들의 효력의 최상위의 근거가 되며, 이에 의해 법질서가 하나의 서열구조를 이룬다고 한다. 이러한 규범서열은 국제법에도 존재하는데, 조약법의 창설절차는 관습법에 의하여 규율되며, 관습법의 창설은 근본규범에 의하여 규율된다는 것이다. 조약이 구속력을 갖는 것은 '약속은 지켜져야 한다'(Pacta sunt servanda)는 관습국제법규에 근거하고, 이 규칙은 조약의 효력의 근거가 되며 따라서 조약법의 '연원'이 되는 만큼, 그 효력에 있어서 조약법은 관습국제법에 비해 하위라고 한다. 관습국제법의 효력근거는 근본규범에서 찾을 수 있는데, 국제법에서의 근본규범은 '관습을 규범창설 요소로 인정하는 규범'이며, 이는 '국가들은 그들이 관습적으로 행동해 온 것과 같이 행동해야 한다'는 원칙인 것이다.

Ⅳ 국제판례에 반영된 의사주의와 객관주의

1. 의사주의

국제판례들은 양 입장에 대한 직접적 언급은 회피하고 있다. 그러나 판결이유에서 나타난 재판소의 입장으로부터 해당 판결이 이 둘 중 어느 입장을 따르고 있는지는 식별이 가능하다. 판례들 중 의사주의적 입장을 천명하고 있는 것은 많지 않은데 1927년 Lotus case가 대표적이다. 이 판결에서 PCIJ는 국제법은 국가들의 '자유로운 의사'(free will)로부터 나온다고 하면서, '그러한 의사는 협약에 의해 또는 법원칙의 구현으로서 일반적으로 수락된 관행에 의하여 표출된다'고 인정하였다. 이 판결에서 PCIJ가 '국제법의 성립근거'를 국가 의사에서 찾았다고 한다면, '국제법의 구속력의 근거'를 국가 의사에 의존시키는 입장은 1951년 영국 – 노르웨이 어업사건에 대한 ICJ 판결에서 볼 수 있다. 노르웨이의 직선기선설정과 관련하여 영국은 일반국제법상 역사적 만을 제외하고는 만입의 폐쇄선이 10해리를 초과할 수 없다고 주장하였는데, 재판소는 10해리 규칙이 일반국제법으로 존재하지 않으며, 만일 그 규칙이 일반국제법으로 존재한다 하더라도 노르웨이는 이에 계속 반대하여 온 만큼 노르웨이에 대해서는 구속력을 갖지 않음을 선언하였다. 이는 일반국제법의 적용과 관련하여 소위 '지속적 반대자 규칙'을 인정한 것으로서, 일반국제법의 구속력이 국가의 동의에 의존한다는 것을 확인한 것이었다.

2. 객관주의

1960년대 말부터 ICJ의 판례는 객관주의적 입장으로 선회하는데, 1969년의 북해대륙붕 사건이 그 전환점을 이룬다. 이 사건에서의 핵심 쟁점은 1958년 대륙붕협약의 당사국이 아닌 서독이 이 협정에서 규정된 등거리선 원칙에 구속되는가 하는 것이었다. 재판소는 '일반적 또는 관습적 법규 또는 의무'는 '국제공동체의 모든 구성원들에 대해 동일한 구속력을 가짐으로써 공동체의 여하한 구성원도 스스로의 이익을 위해 그 의사에 의하여 일방적으로 배제할 수 없는' 성질을 가진다고 언급하면서 의사주의적 접근방법을 철저히 배척하였다. 1982년 튀니지 – 리비아 대륙붕 사건에서도 재판소는 일반국제법을 '국제공동체의 모든 구성원들에게 구속력을 가지는' 규범으로 확인하였다. 이러한 입장은 1986년 니카라과 사건에 대한 판결에서도 나타나는데, 이 사건에서 재판소는 어떠한 규칙에 대한 국가들의 합의 자체는 그 규칙을 관습법화하기 위한 충분한 조건이 될 수 없다고 하였다. 즉, 관습법 형성에 있어서 국가 간 합의의 개념을 완전히 배제한 것이다. 또한 국제관습법 분야에서 어떤 특정의 규칙이 국가들의 법적 확신에 존재한다는 것이 실행에 의하여 입증되었는지는 재판소 스스로 확인하여야 한다고 하면서 이를 뒷받침하였다.

3. 소결

1969년 북해대륙붕 사건 이래 재판소가 관습법의 적용과 관련하여 의사주의적 입장을 취한 적은 없다. 오늘날 ICJ는 국제법을 인식함에 있어서 철저한 객관주의적 입장을 취하고 있는 것이다.

Ⅴ 20세기 말 및 21세기 초 양 입장의 대립 상황

1. 이데올로기적 · 정치적 도구로서 의사주의와 객관주의(국가들의 입장)

제2차 세계대전 이후, 공산주의 국가들과 신생개발도상국들이 국제사회에서 국제질서의 개편을 요구하며 스스로의 지위를 확보하기 위한 논리로 내세운 것은 지난날의 의사주의적 접근방법과 그대로 일치한다. 즉, 이들은 서방자본주의 국가들을 중심으로 형성되어 온 전통국제법질서를 거부하기 위하여, 자신들이 동의하지 않은 국제법에 구속되기를 거부한 것이다. 공산주의 국가들은 '평화공존'에 의하여 요구되는 법규칙의 창설을 주장하였다. 이들은 국제법은 주권국가 간의 합의에 의하여 창설되는 것임을 전제로 내세우며, 자신들은 그 스스로 '동의한' 국제법규칙에 의해서만 구속된다는 입장을 고수한 것이다. G. Tunkin은 국제관습법은 국가들 간의 묵시적 합의에 의하여 성립하며, 국가가 관습법에 구속되는 것은 그 스스로 그 규범에 대하여 동의했기 때문이라고 한다. 따라서 신생독립국들은 기존의 관습법을 수락할 것인지의 여부를 자신의 의사에 따라 선택할 수 있다. 한편, 1960년대에 들어 신생개발도상국들도 전통국제법을 배척하고 국제법질서의 개편을 요구하였는데, 이들은 자신들이 독립하기 이전에 형성된, 즉 자신들이 동의하지 않은 법질서를 거부한다는 기본적 입장을 내세웠다. 그러나 20세기 중반 이후 신생개발도상국들이 폭증하고 서방선진국들이 상대적으로 수적 열세에 놓이게 되자, 국제법에 대한 이들의 입장이 뒤바뀌기도 하였다. 개도국들은 자신들이 국제사회에서 수적 우위를 차지하게 되자 다수결의 원칙을 내세우면서 UN총회 등의 결의로 채택된 규칙의 일반국제법적 구속력을 주장함으로써 객관주의적 입장을 취하는 반면, 서방선진국들은 그러한 결의에 동의한 바 없음을 주장하며 그에 구속받기를 거부함으로써 의사주의적 입장을 보이기도 하였던 것이다. 즉, 국가들은 의사주의와 객관주의 중 어느 하나를 고수하지 않으며, 각기 처한 시대적 상황에 따라 자신의 입장을 정당화하기 위하여 둘 중 하나의 입장을 편의적으로 취하는 것이다.

2. 학계의 입장

(1) 의사주의

20세기 말, 21세기 초에 들어와 국제사회가 하나의 법공동체로 발전되어 나감에 따라 보편적 구속력을 가지는 국제법규범들이 형성되기 시작하여 객관주의적 시각이 대세를 유지하게 되었다. 하지만 일부 서방국가들의 학자들은 의사주의적 입장을 적극적으로 고수하고 있는데, R. Jennings와 A. Watts는 '국제공동체의 공통의 동의'가 국제법의 기초라고 하면서, 관습과 조약은 국가들의 일반적 동의에 의존하는 국제법의 연원이라고 하였다. B. Cheng은 관습법의 구성 요소 중 심리적 요소인 법적 확신은 국가들이 어떠한 행위를 하거나 삼감에 있어서의 정신적 과정 또는 내심적 동기를 의미하는 것이 아니라, 이는 그러한 작위 또는 부작위에 함축된 해당 규칙의 구속적 성질의 수락, 승인 또는 묵인을 의미하는 것이라고 한다. 그는 관습법의 유일한 요소는 바로 이러한 법적 확신이며 관행은 단지 그러한 확신의 증거에 불과하다고 하였다. 따라서 UN회원국들 사이에서 아주 짧은 기간에 걸쳐 공동의 법적 확신이 성숙된다면 새로운 국제관습법규가 그들 간에 창설될 수 있다고 하면서, 그러한 법적 확신은 UN총회의 결의에 의하여 실증화될 수 있다고 한다.

(2) 객관주의

의사주의적 논리는 오늘날 대부분의 서방국가들의 학자들에 의해 배척되고 있다. P. Weil은 1969년 북해대륙붕 사건 등 20세기 후반의 판결에서 제시된 ICJ의 입장에 주목하면서, 지금까지는 일반관습법 규칙이 그에 반대하였던 국가에 대하여는 대항할 수 없도록 함으로써 예외가 인정되었으나, 이제는 모든 국가들을 무차별적으로 구속함으로써 개별적 일탈이 허용되지 않는, 한마디로 보편적인 것으로 인식되는 경향이 있다고 주장한다. 따라서 관습적 규칙의 명시적 반대가 이제부터는 아무런 역할을 할 수 없게 되었다고 하면서, '추정되는 수락'은 이제 '강요되는 수락'으로 전환되었다고 한다. Tomuschat는 북해대륙붕 사건, 니카라과 사건 등 많은 판례에서 ICJ는 일반국제관습법이 모든 국가들에게 그 동의 여하와 관계없이 구속력을 가지는 것으로 인정되어 왔음을 강조한다. 주권평등의 원칙으로부터 무력 사용금지의 원칙, 환경보존의 원칙, 핵무기 사용금지의 원칙 등이 도출되며, 전 인류의 공동가치관으로부터 전시인도법규 기타 강행규범들이 도출된다고 한다. 그는 국가의 의사와 관계없는 이 같은 요소가 국제법의 기초를 구성한다고 함으로써 객관주의적 입장을 취하고 있는 것이다. 1996년 핵무기 사용의 적법성에 대한 ICJ의 권고적 의견에서 Bedjaoui 판사는 개별 의견을 통해, 의사주의를 지지한 1927년 Lotus case의 판결은 국가주권에 기초하는 공존의 국제법에 의해 지배되고 있었던 국제사회의 시대정신을 표현한 것이라고 하면서, 오늘날에 들어 전통적인 '공존'의 국제법은 '협조'의 국제법으로 대체되고 있으며, 국제공동체의 개념이 등장하고 있음을 강조하였다. 그는 이러한 발전의 징표는 오늘날 국제법이 대세적 의무, 강행규범 등의 개념을 인정하고 있는 사실에서 찾아질 수 있다고 하면서, 20세기 초에 지배적이었으며 PCIJ도 Lotus case에서 인정할 수밖에 없었던 의사주의적 접근은 객관주의적 개념에 의해 대체되었는바, 이는 국제법을 공동의 법의식의 상황을 반영하고 공동체로 조직된 국가들의 사회적 필요성에 보다 부응하도록 의도되는 법으로 인식한다고 하였다.

Ⅵ 국제법의 현실에 비추어본 양 입장의 타당성 검토

1. 의의

오늘날 최소한 의사주의적 요소가 분명한 조약법에 관하여는 양 입장의 대립이 그다지 심각하지 않다. 국제법의 성립동기 또는 구속력의 근거를 규명함에 있어서 이들 양 입장이 계속적으로 대립하는 것은 국가의 의사가 명시적이지 않은 관습법의 분야라 할 수 있다. 그러나 오늘날 일반관습법이 개별 국가들의 의사와 관계없이 모든 국가들을 구속한다는 것이 보편적으로 받아들여짐에 따라, 의사주의적 접근은 더 이상 설득력을 갖지 못하게 되었다. 특히 일반관습법규들 중 국제공동체의 공통법익의 보호를 위한 규범들이 강행규범으로 자리 잡게 되었으며, 이러한 강행규범의 존재가 확인됨에 따라 의사주의의 관점에서는 현대국제법의 체계를 설명할 수 없게 된 것이다.

2. 관습법의 구속력의 근거 관련

(1) 의사주의에 기초한 '묵시적 합의설'의 부당성 – 기존 국가들의 동의 확인 불가능성

일반관습법의 법적 구속력의 근거를 설명하는 단계에서 양 입장이 가장 첨예하게 대립한다. 의사주의자들의 주장이 설득력을 가지려면 관습법에 구속받고 있는 모든 국가들이 그 규범의 창설에 동의하였음이 입증되어야 하는데, 이러한 입증 자체가 불가능한 것이다. 이러한 논리적 한계를 극복하기 위하여 그들은 관습규범의 형성과정에서 여하한 입장도 표명하지 않았던 국가들이 묵시적으로 동의하였다고 하나, 그러한 침묵이 동의로 간주될 수 있다는 근거는 어디에서도 찾을 수 없는 것이다. 타국의 실행에 대해 관심이 없거나 이해관계를 갖지 않음으로써 그에 대하여 아무런 반응을 보이지 않은 국가들의 태도를 그러한 실행에 동의한 것으로 또는 이를 묵인한 것으로 간주한다면 이는 현실에 어긋나는 것이며, 그러한 실행의 반복을 통하여 이루어진 일반관습법이 이들 국가들의 동의에 기초하여 성립하였다고 볼 수 없는 것이다. 또한 관습법이 국가들의 '동의'에 의해 만들어진다고 한다면, 이러한 동의표시는 일반적인 국가의사의 표시와 마찬가지로 국가를 대외적으로 대표할 자격 있는 기관들에 의하여 주어질 수밖에 없을 것인바, 국제관습법들 중에는 그 같은 대표능력 없는 국가기관들의 실행에 의하여 형성된 것들이 적지 않은데, 이러한 현상 역시 의사주의 이론으로서는 설명할 수 없는 것이다.

(2) 신생독립국에 대한 일반관습법의 구속력 설명 불가능

신생국에 대한 일반관습법의 구속력의 근거를 설명할 때 의사주의의 모순은 적나라하게 표출된다. 신생국들은 일반관습법의 형성 당시에 존재하지도 않았기 때문에 그 과정에서 어떠한 입장도 표명할 기회를 가질 수 없었음에도 불구하고 그 규범에 구속되고 있는바, 관습법의 구속력의 근거를 국가의 동의 또는 합의에서 찾는 의사주의적 접근으로는 이러한 현실을 설명할 수 없다. 이들이 이를 설명하기 위해 제시하는 '묵시적 동의'는 자신들의 입장을 고수하기 위해 내세우는 한낱 '법적 의제'에 불과할 뿐이다.

(3) 일반적 평가

일반국제관습법을 설명함에 있어서, 의사주의는 법의 형성과 법의 구속력 모두가 국가의사에 근거한다는 입장이다. 하지만 의사주의는 이 두 가지 측면 모두로부터 비판될 수 있다.

우선, 일반관습법의 '성립과정'을 살펴보면 이는 두 단계로 구분될 수 있는데, 첫째는 관행의 성숙단계로서 그 과정에서 국가들이 타국의 실행을 추종하거나 묵인하는 것은 그 자체 법규범 창설을 목적으로 하는 것이라 할 수 없고, 단순한 '사실행위'에 불과한 것이다. 둘째는 '법적 필요성 확신'의 표명단계로서 이는 앞선 관행대로 행동할 법적 의무가 있다거나 그러한 권리가 있다는 것 또는 그렇게 행동하는 것이 사회적으로 요구된다는 것이 공동체의 구성원들에 의하여 인식되는 것을 말한다. 이와 같은 법적 확신의 표명이라는 주관적 요소에 있어서 기존의 관행을 '법으로서 수락하는' 의사, 즉 동의의 존재를 부인할 수 없다. 그러나 의사주의는 무엇 때문에 국가들이 그러한 관행을 법으로 받아들이는 데 동의하는지에 대하여 설명하지 못한다.

다음 측면은 일반관습법의 '구속력의 근거'에 관한 것이다. 국가들이 일반관습법에 구속받는 것은 자신이 그 법규범에 동의했기 때문이 아니라, 그 법이 존재하기 때문이다. 관습법이 형성되던 시기에 국제사회의 구성원이었던 국가들의 동의는 그 법의 형성과정에서 중요한 역할을 수행하나, 일단 성립된 관습법의 구속력의 근거가 될 수는 없는 것이다. 다만, 지역관습 또는 양자적 관습은 그 구속력에 있어서 해당 국가들의 의사에 의존함을 부인할 수 없다. 지역관습이 그 지역 내의 어느 한 국가에게 적용되기 위해서는 그 관습이 그 국가에 의하여 적극적으로 수락되었어야 하며 최소한 그 국가가 해당 관습에 반대하지 않았어야 한다. 그러나 지역관습의 경우와는 달리 일반관습법에 있어서는 그 구속력이 결코 국가들의 동의에 기초하지 않는다.

2000년 국제법협회(ILA)가 채택한 「일반국제관습법의 형성에 적용되는 원칙 성명」에 따르면 "국가의 동의는 그 국가가 국제관습법에 의하여 구속받기 위한 충분조건이며, 필요조건은 아니다." 즉, 해당 국가의 동의가 있는 경우 그 국가는 관습법에 당연히 구속되나, 동의는 관습법에 구속받기 위해 반드시 필요한 것은 아니며 동의가 없는 경우에도 관습법에 구속받을 수 있는 것이다. 일반관습법에 있어서 소위 '지속적 반대자 규칙'이 인정되지 않는 것도 같은 이유에서이다. 어떠한 관행의 형성 초기단계부터 그에 대하여 지속적으로 반대하여 온 국가라 하더라도, 일단 그 관행이 관습법으로 확립되면 다른 국가들과 마찬가지로 이에 구속받는 것이다.

3. 강행규범의 출현 관련

일반국제법에 있어서 그 구속력의 근거가 국가의 동의에 의존하지 않는다는 것은 강행규범과 관련하여 한층 더 명확해진다. 오늘날 일반국제법의 규칙들 중 국제공동체의 공동이익의 보호를 위하여 근본적으로 중요한 몇 규칙들은 '강행규범'의 반열에 오르게 되었다. 강행규범은 국제공동체 전체의 공통법익의 보호를 목적으로 하는 규범이라 할 수 있으며, 그 위반은 국제공동체 전체의 법익 침해를 구성한다. 하지만 1969년 조약법협약 제53조의 후반부 문구는 의사주의적 성격이 다분한 것처럼 들리는 것이 사실이다. 어떠한 일반국제법 규범이 강행규범의 범주로 들어오기 위해서는 '국가들로 구성된 국제공동체 전체에 의하여 수락되고 승인되어야' 하는 만큼, 강행규범의 성립과정에 있어서는 국가들의 의사가 핵심적 역할을 하는 것임은 부인할 수 없다. 그러나 강행규범의 성립과 구속력은 국가들의 의사에 의존하는 것이 아님을 강조할 필요가 있다. 강행규범의 성립을 위하여 '모든 국가들의' 동의가 필요한 것은 아니며 대다수 국가들의 승인만으로 족한 것이다. 아울러, 일단 성립한 강행규범은 그에 반대하는 국가들에게도 구속력을 갖게 된다. 이는 일반국제법에 있어서와 마찬가지인데, 강행규범은 오로지 일반국제법으로 존재할 수밖에 없음을 고려할 때, 이는 당연한 것이라 할 수 있다. 강행규범의 출현과 더불어 의사주의가 배격되는 것은 강행규범에 반하는 조약의 무효화에서 여실히 드러난다. 강행규범은 국제공동체의 공통법익의 보호를 목적으로 하며, 이러한 공통법익은 개별국가의 주권보다 상위의 가치를 갖는 만큼, 이 규범은 개별국가들의 의사와 관계없이 모든 국가들을 구속하며 이에 반하는 국가간의 조약은 무효가 되는 것이다. 따라서 강행규범을 개별국가들에게 적용함에 있어서 그 해당 국가의 의사는 고려의 여지가 없다고 할 것이다.

제4절 국제법의 효력

I 서론

국제법의 법적 성질에 대한 논의는 크게 국제법이 법으로서 강제력을 지닌 사회규범인가에 대한 논의와, 만약 법으로서 강제력 또는 구속력을 가진 법규범이라면 그 구속력의 근거가 무엇인가에 대한 논의로 대별할 수 있다. 국제법은 국제사회의 법이고 국제사회는 주권국가의 병렬적 공존체계를 거쳐 발전되어 왔기 때문에 국제법의 존재와 성격에 대해 역사적으로 여러 가지 의문이 제기되었다. 오늘날 국제법의 법적 성격을 부인하는 견해는 찾아보기 어렵지만 국제법의 특징을 보여주고 국제법의 발전방향을 제시한다는 점에서 논의가치가 있다고 본다. 국제법 부인론의 비판을 통해 국제법이 법이라는 것을 논하고, 법으로서의 국제법이 구속력을 갖는 이유에 대해 의사주의와 객관주의의 대립된 논의를 제시한다.

Ⅱ 국제법 부인론

1. 의의

국제법의 법적 성격을 부인하는 일반적 근거는 국제사회에는 국가를 강제할 상위 기관이 없다는 것이다. 상위 기관이란 법을 제정하는 입법기관, 그 위반을 판가름하는 사법부, 그 위반에 대하여 제재를 가하는 행정기관을 말한다. 국내사회와 달리 국제사회에는 국가를 초월하는 상위 조직이 없으므로 국제법을 법이라 할 수 없다는 것이다. 국제법은 침해되는 경우가 많다는 점도 지적된다. 실정국제도덕설과 미분화사회규범설을 검토한다.

2. 실정국제도덕설

오스틴(John Austin), 홉스(Thomas Hobbes), 스피노자(Baruch de Spinoza)에 의해 주창된 학설로서 이들은 법의 본질은 대상자를 지배하고 복종시킬 수 있는 강제력을 갖는 주권자의 명령으로 본다. 그러나 국제법은 주권자에 의해 정립된 것이 아니고 일반여론에 의해 형성된 '실정국제도덕'에 지나지 않으므로 법의 본질적 요소인 구속력이 결여되어 있어 법규범으로서의 성질을 갖지 못한다고 본다.

3. 미분화사회규범설

국제사회에는 국내사회처럼 사회규범을 제정·강제하는 조직이 형성되어 있지 않으므로 국제법도 사회규범의 일종이나 도덕으로부터 분화된 법은 아니라는 견해이다. 즉, 이 견해는 규범제정권력과 규범강제권력을 갖는 분업조직이 발달된 국내사회에만 법이 존재할 수 있고, 그렇지 못한 국제사회에는 법이 존재할 수 없다고 본다.

Ⅲ 국제법 부인론에 대한 비판

1. 피침해성

외교특권과 면제의 존중, 우편연합협약에 의한 서신왕래 등 국제법도 침해되지 않는 경우가 많다. 또한 법이 침해되는 경우는 국제법뿐 아니라 국내법에도 얼마든지 있을 수 있으므로 이 점만으로는 국제법의 법적 성질을 부정할 수 없다.

2. 입법기관의 결여

모든 법이 특정한 입법기관에 의해 제정되지 않으면 안 된다는 견해는 성문법만이 법이라는 독단적 주장에 근거한 것으로서 법의 본질을 이렇게 이해하게 되는 경우 관습법의 성립을 설명할 수 없다.

3. 강제성의 문제

(1) 법과 강제의 관계

법이 강제를 본질적 요소로 하는가에 대해 강제불요설과 강제요소설로 대별된다. 강제불요설(승인설)은 법의 본질은 공동규칙으로서 법에 규율되는 사람들에 의해 승인되기만 하면 충분하며 법은 강제를 본질적 요소로 하지 않는다고 주장한다. 반면 강제요소설에 의하면 법적 강제가 없는 법규란 그 자체가 모순이다. 강제요소설이 다수설이며 법과 다른 사회규범을 준별하기 위해서라도 강제는 법의 본질이다.

(2) 강제의 의미

물리적 강제설과 규범적 강제설의 대립이 있다. 전자는 실제 강제력이 있어야 한다는 의미이고, 후자는 강제되어야 한다는 규범적 의미의 강제를 강제의 내용으로 본다. 법은 사실·존재의 세계가 아니고 가치·당위의 세계이므로 강제의 의미를 규범적 강제로 보아야 할 것이다.

(3) 국제법과 강제

규범적 강제설에 따르면 국제법도 당연히 강제력을 갖는 규범이므로 법규범이다. 또한 물리적 강제설에 따르더라도 국제법에도 물리적 강제력이 있으므로 법규범의 성질을 갖는다. 그로쉬(G.Grosch)는 국제법에도 자조, 보복, 복구 등 물리적 강제력이 있다고 보았다. 국제법체계에는 법을 집행할 중앙권력조직이 없으므로 국가 자신이 이들 방법을 이용하여 강제할 수밖에 없다.

Ⅳ 국제법의 구속력의 근거

1. 의의

국제법의 법적 성질 및 구속력을 인정하더라도 그 구속력의 근거, 즉 주권국가가 무엇 때문에 강제적 구속을 받는가에 대해서는 다양한 학설이 존재한다. 이에 관한 학설은 크게 의사주의(voluntarism)와 객관주의(objectivism)로 분류할 수 있다. 의사주의는 법이란 법제정기관의 의사표현이라고 보는 입장이고, 객관주의는 법강제력의 근거를 법제정기관의 의사보다 상위에 있는 '어떤 요소'에서 찾으려는 입장이다.

2. 의사주의

(1) 자기제한설

옐리네크는 국제법은 국가가 자신의 의사에 따라 스스로를 제한하는 것에 불과하고 다른 어떤 것에 의해서도 제한이나 구속을 받지 않는다고 본다. 국가는 국제공동체의 질서유지라는 목적달성을 위해 필요하기 때문에 스스로 국제법을 창설한 것이다. 국제법이 국가를 위해 있는 것이지 국가가 국제법을 위해 있는 것은 아니라고 보는 이 견해는, 결국 국가에 이익이 되는 한도 내에서 조약을 준수할 필요가 있다는 견해로서 국제법을 부정하는 것이다.

(2) 공동의사설

공동의사설에 따르면 개별 국가는 여러 국가의 개별 의사가 연합하여 생긴 공동의사에만 구속을 받는다. 즉, 여러 국가의 공동의사가 곧 국제법의 연원이라는 것이다. 공동의사를 만들어내는 의사병합은 Vereinbarung(의사합일)이라는 과정을 통해 이루어진다. Vereinbarung은 조약과 달리 대립된 의사의 합치가 아니라 진정한 의사의 결합을 의미한다. 공동의사설은 개별국가가 Vereinbarung에 참여했다가 나중에 철회하는 것을 막지 못한다는 점에서 진정한 구속력의 근원인가에 대해 비판이 제기된다. 또한 주권국가가 왜 공동의사에 복종해야 하는가를 충분히 설명하지 못하는 난점도 있다.

3. 객관주의

(1) 근본규범설

켈젠(H. Kelsen), 페어드로스(A. Verdross) 등 Wien학파가 주장하는 견해로서 국제법의 기초를 설명하기 위해 근본규범(Grundnorm)을 상정한다. 즉, 근본규범을 하나의 가설로 설정하고, 이를 타당근거로 하여 국제법이 규범으로서의 효력을 갖는다고 설명한다. 모든 법규는 근본규범을 정점으로 하여 국제법, 헌법, 법률, 명령의 순으로 피라미드형의 상하단계구조를 형성하며, 하위의 법규범은 상위의 법규범으로부터 효력의 근거를 부여받는다. 켈젠은 근본규범을 실증적 규범이 아닌 관념적·가설적 규범이라고 보았으나 페어드로스(A. Verdross)는 '약속은 준수되어야 한다'(pacta sunt servanda)는 실존적 정의 또는 가치를 근본규범으로 보았다.

(2) 사회학적 이론

Leon Duguit, Georg Scelle는 사회적 연대성에 기초하여 사회질서를 유지하기 위한 필요성에서 법의 내용과 강제력이 유래한다고 본다. 셀은 법의 근거가 되는 사회연대성의 유지는 생물학적 필연성이라고 본다. 사회적 연대성을 해치는 것은 사회생활을 해치는 것이고 나아가 자신의 사회생활을 해친다. 따라서 연대성의 유지를 위해서는 조직적 제재가 필요하다는 사회적 의식이 굳어지는 것이 법의 실질적 연원이고 이렇게 형성된 법이 객관적 법이라고 본다. 국제법은 국제사회의 연대성 유지를 위한 국제사회적 필요성에서 그 근거와 내용이 유래된 것이다.

(3) 자연법이론

그로티우스는 국제법규칙들이 인간이성의 보편적 합의에 기초를 두고 있다고 하여 궁극적으로는 인간이성을 법의 근거 및 강제력의 기초로 삼았다. 한편, 전통적 자연법이론에서는 자연과 인간생활의 관찰, 분석을 통해 발견할 수 있는 상식적인 자연질서를 실정법의 근거로 삼고 있다. 국제법의 근거와 강제력의 기초도 결국은 상식적인 자연질서에 기초한다고 본다.

V 결론

앞에서 살펴본 바와 같이 국제법 부인론의 근거는 국제법의 법적 성질을 부정하는 결정적인 이유가 되지 못하며 가장 강력한 근거인 강제성의 결여에 대해서도 강제를 규범적 강제로 볼 경우에는 타당성을 상실한다. 따라서 국제법이 비록 국내법과 달리 완전하지는 못하나, 역시 법으로서의 본질을 갖추고 있다고 보아야 할 것이다. 한편, 국제법의 타당기초에 대해서는 의사주의와 객관주의의 대립이 있으나 모두 부분적 타당성을 갖고 있을 따름이다. 사실상 모든 국가는 국제사회에서의 법의 지배를 달성하는 데 공동이익을 갖고 있으므로 국제법 자체의 존립의 필요성(the very necessity for its existence)과 서로 부단히 접촉·교통하는 인류의 요청에서 국제법의 기초를 찾아야 할 것이다.

제2장 | 국제법의 연원

제1절 국제법 연원의 의의

I 개념

법원(연원)은 법의 존재형식, 법의 인식자료, 법의 성립기초 등 다양한 의미로 사용되고 있으나 일반적으로 법의 존재형식을 법원이라고 한다. 법의 존재형식으로서의 법원은 성문법 또는 불문법 등 법의 존재형식 또는 발현형식을 의미한다. 이러한 의미에서 볼 때 국제법의 법원이란 국제법의 존재형식으로서 성문법인 조약, 불문법인 관습법의 형태로 존재하고 있다.

II 유형

국제법의 연원에 대한 명문규정은 존재하지 않는다. 다만 국제사법법원(ICJ) 재판준칙을 규정한 ICJ규정 제38조가 국제법의 연원을 반영하고 있는 것으로 평가된다. 동 조항에 의하면 조약, 국제관습법, 법의 일반 원칙, 학설과 판례, 형평과 선을 재판준칙으로 규정하고 있다. 그러나 동 조항이 국제법의 법원을 열거한 것으로 해석되지는 않는다. 현대국제법에서는 국제기구나 지역공동체의 결의 등도 국제법의 법원이라는 주장이 있다.

> 📄 **조문 | ICJ규정 제38조 - ICJ 재판준칙**
>
> 1. 재판소는 재판소에 회부된 분쟁을 국제법에 따라 재판하는 것을 임무로 하며, 다음을 적용한다.
>   (가) 분쟁국에 의하여 명백히 인정된 규칙을 확립하고 있는 일반적인 또는 특별한 국제협약
>   (나) 법으로 수락된 일반관행의 증거로서의 국제관습
>   (다) 문명국에 의하여 인정된 법의 일반 원칙
>   (라) 법칙결정의 보조수단으로서의 사법판결 및 제국의 가장 우수한 국제법 학자의 학설. 다만, 제59조의 규정에 따를 것을 조건으로 한다.
> 2. 이 규정은 당사자가 합의하는 경우에 재판소가 형평과 선에 따라 재판하는 권한을 해하지 아니한다.

Ⅰ 서설

1. 조약의 정의

(1) 일반적 정의

조약(treaty)이란 문서에 의한 국제법주체 간의 합의를 내용으로 하는 성문국제법이다.

조약은 국제법의 능동적 주체 간의 합의를 말한다. 현행 국제법질서에서 국제법의 능동적 주체는 국가, 국제기구, 교전단체 및 민족해방운동단체이다. 조약은 특별한 형식을 요하는 것은 아니다. 즉, 합의는 문서에 의해 표명되는 것이 일반적이나 문서에 의하지 않은 구두조약도 존재할 수 있다.

(2) 조약법협약상 조약의 정의

> 📖 **조문 | 조약법에 관한 비엔나협약 제2조 제1항 제(a)호 – 조약의 정의**
>
> "조약"이라 함은 단일의 문서에 또는 2 또는 그 이상의 관련문서에 구현되고 있는가에 관계없이 또한 그 특정의 명칭에 관계없이, 서면형식으로 국가 간에 체결되며 또한 국제법에 의하여 규율되는 국제적 합의를 의미한다.

조약법협약(1969) 제2.1조 (a)에 의하면 조약은 서면형식으로 체결되고 국제법에 의해 규율되는 국제적 합의를 말한다. 분설하면, 첫째, 조약은 국제법에 의해 규율되어야 한다. 이는 '준거법'에 관한 문제로서 국가 간 합의에 대한 준거법이 국제법이 아니라 국내법이라면 이는 조약이 아니라 계약이다. 예컨대 외교공관용으로 사용하기 위해 당사자 일방 혹은 제3국 국내법을 준거법으로 하여 건물이나 토지를 매입하는 합의는 국가 간 계약(inter-state contract)이다. 둘째, 조약은 국제'법'에 의해 규율된다. 즉, 당사자에게 기속의사가 있어야 한다. 따라서 국가 간 합의문서라 하더라도 당사자들이 법적 구속력을 갖는 것으로 의도하지 않은 문서는 조약이 아니다. 이러한 합의는 신사협정 또는 구속력이 없는 협정에 불과하다. 신사협정에 대해서는 후술한다. 셋째, 빈협약상 조약은 '국가' 간에 체결된다. 합의가 국가와 외국인 또는 다국적기업 간에 형성된 경우 이는 조약으로 볼 수 없고, 다만 '국가계약'(state contract)으로 규정된다. ICJ는 국가계약이 '이중적 성격'(double character), 즉 국가와 사인 간 합의 및 국가간 합의의 성격을 동시에 갖는다는 영국의 주장을 배척하였다(Anglo-Iranian Oil Co. 사건, 1952년). 넷째, 조약의 형식에 대한 실체적 요건은 사실상 존재하지 않으므로 조약은 서한의 교환(exchange of letters), 공동코뮤니케(joint communiqué), 또는 회의록(minutes of a conference) 형태를 띨 수 있다. 다만 빈협약은 '서면형식'(in written form)의 합의에만 적용된다.

2. 헌행국제법상 조약이 형식적 연원으로 빈번히 사용되는 이유

제2차 세계대전 이후 조약이 관습을 대신하여 빈번하게 사용되고 있는바, 그 이유는 다음과 같다. 첫째, 조약은 관습에 비해 내용이 명확하다. 관습의 경우 국가들은 자신이 구체적으로 어떤 내용의 법규형성에 참여하고 있는지 정확히 알기 어려운 반면, 조약은 자신이 동의한 내용이 명확하다. 둘째, 관습의 경우 국제법으로서 응고된 시점이 명확하지 않으나, 조약은 발효일자를 명시함으로써 이를 명확하게 알 수 있다. 셋째, 제3세계나 사회주의진영은 서구선진국가들에 의해 형성되어 온 관습법규의 개정을 위한 수단으로서 조약에 주로 의존하고 있다. 넷째, 제2차 세계대전 이후 국가들이 수적으로 팽창하였을 뿐 아니라 국가 간 정치, 경제, 문화, 종교, 이념적으로 분단되어 있어 대다수 국가의 지지를 받는 일반관습법규의 출현이 더욱 어려워지고 있다.

Ⅱ 구별개념

1. 신사협정

(1) 개념

신사협정(gentleman's agreement)은 법적 구속력이 없는 국제적 합의를 의미한다. 비공식 국제문서, 정치적 의무의 국제문서, 구속력 없는 협정, 사실상의 협정, 비법적 협정 등으로도 불린다.

(2) 법적 성질

신사협정은 조약과 달리 법적 구속력이 없다. 조약과 신사협정은 체결주체 및 체결절차에 있어서는 유사하나 조약은 법적 구속력이 있는 반면, 신사협정은 법적 구속력이 없다는 점에서 대비된다. 법적 구속력의 유무는 '당사국의 의도'를 기준으로 판단한다. 당사국의 의도가 불분명한 경우 당해 국제문서에 대해 비준을 하였는지, 당해 문서의 분쟁해결조항에서 법적 구속력 있는 결과를 동반하는 강제절차를 도입하였는지, UN헌장 제102조에 따라 UN사무국에 등록하였는지 등을 중심으로 판단한다.

(3) 사례

1991년 12월 12일 채택된 '남북 사이의 화해와 불가침 및 교류·협력에 관한 문서'에 대해 한국 법무부 및 헌법재판소는 법적 구속력이 없는 신사협정이라고 본다. 1975년 8월 1일에 채택된 '헬싱키 의정서'는 UN헌장 제102조에 의거하여 등록될 자격이 없다고 명시하여, 법적 구속력을 부여하지 아니할 의도를 분명하게 밝혔다.

2. 국가계약(state contract)

신사협정이나 조약이 국가 상호 간에 주로 체결되는 것과 달리 국가계약은 국가와 사인 상호 간에 체결되는 합의를 의미한다. 양 당사자 상호 간에는 구속력이 있다. 조약위반 시 위반국이 국가책임을 지는 것과 달리 국가계약 위반 시 국가책임이 성립하지는 않는다. Anglo-Iranian Oil Co. 사건에서 영국은 1933년 체결된 이란정부와 Anglo-Iranian Oil회사의 컨세션계약은 컨세션계약으로서의 성격과 영국과 이란 정부 사이의 조약이라는 이중적 지위를 가진다고 주장하였으나 ICJ는 이를 부인하였다. 영국과 이란 사이에 동 양허계약의 당사자관계가 존재하지 않기 때문이라고 하였다.

Ⅲ 명칭

조약의 명칭은 다양하다. 그 중에서 조약(treaty), 협약(convention), 협정(agreement), 각서교환(change of notes), 의정서(protocol) 등이 가장 많이 사용된다. 협약은 입법조약의 성격을 띤 다자조약을 의미하며, 협정은 조약이나 협약에 비해 덜 중요한 조약으로서 보통 당사자 수가 적고 형식이 간단한 약식조약을 의미한다. 각서교환 또는 교환공문(Exchange of notes)은 덜 공식적인 간단한 조약을 나타내거나 일정한 조약을 체결하면서 그에 관련된 부수적 문제를 해결하는 협정으로 사용되는 것이 보통이다. 의정서는 협약보다 격식이 낮거나 부수적 조약으로, 대체로 중요한 조약을 체결하면서 일정한 조항의 해석, 분쟁해결방법 등 부수적인 문제를 다루기 위하여 의정서를 두는 경우가 많다. 이와 같이 조약은 다양한 명칭으로 불리나 그 국제법적 구속력에 있어서 차이가 있는 것은 아니다.

Ⅳ 분류

1. 정식조약과 약식조약

정식조약은 조약문의 인증과 조약의 구속을 받겠다는 동의표시를 별도로 하는 조약이다. 반면 약식조약은 서명만으로 조약이 체결되는 간단한 형식의 조약이다. 약식조약은 미국 대통령이 상원의 간섭을 줄이려는 목적에서 발달시킨 행정협정(executive treaty)에서 유래한다. 약식조약이 체결되는 이유는 신속한 절차를 통해 긴급한 문제를 규율하고자 하는 것과 행정부가 유연성과 재량성을 갖기 원하는 분야에서 국내입법부를 우회하고자 하는 것이다.

2. 보편조약 · 일반조약 및 특별조약

조약당사자 수를 표준으로 한 구분이다. 보편조약은 모든 국제법주체를 당사자로, 일반조약은 대부분의 국제법주체를 당사자로, 특별조약은 특정 국제법주체를 당사자로 하는 조약이다. 특별조약 중 두 당사자 간에 체결되는 조약을 양자조약이라고 한다.

3. 입법조약과 계약조약

입법조약(lawmaking treaty)이란 당사자의 이해관계가 동일방향을 지향하고 있는 성질의 조약으로 보통 일반조약이다. 반면 계약조약(contractual treaty)이란 당사자의 이해관계가 역방향의 성질을 가진 조약으로 보통 특별조약의 형태로 이루어진다.

4. 개방조약과 폐쇄조약

개방조약은 원당사자 이외의 국제법주체의 가입이 허용되는 조약이고, 폐쇄조약은 원당사자 이외의 국제법주체의 가입이 허용되지 않는 조약이다.

5. 영속조약과 처분조약

영속조약(permanent treaty)은 유효기간 중 계속적으로 이행을 필요로 하는 조약이고 처분조약(dispositive treaty)[2]이란 내용이 1회의 이행으로 목적을 달성할 수 있는 조약이다.

---

2) 처분조약은 비처분조약과 대비되는 개념으로 이해되기도 한다. 이 경우 처분조약은 영토에 관한 조약으로서 국가승계 발생 시 영토와 함께 지속되는 조약을 의미하며, 처분조약은 그 밖의 모든 조약을 말한다.

제3절 국제관습법

I 의의

ICJ규정 제38조 제1항 제(b)호에 의하면 국제관습법이란 '법으로 수락된 일반관행의 증거'(evidence of a general practice accepted as law)를 의미한다. 오늘날 조약을 통한 규율범위가 확대되고 다수의 국제관습법 규칙이 성문화되어 관습법의 존재 의의를 많이 상실하고 있음에도, 국가 의사와 관계없이 원칙적으로 모든 국가에 대해 법으로서 효력을 미친다는 장점이 있으므로 여전히 중시되고 있다.

II 본질

1. 의사주의(승인설)

관습은 국가들의 묵시적 합의에 의한 국제법의 제정절차라는 견해이다. 묵시적 합의설에 의하면 관습은 조약과 같이 국가들의 동의이므로 규범창설에 관한 동의를 묵시적으로 부여한 국가에 대해서만 법적 효력이 미친다. 따라서 집요한 불복국가 및 신생독립국에게는 관습법이 적용되지 않는다고 본다.

2. 객관주의(법적 확신설)

관습법이 국가들의 의사와는 관계없이 규범형성을 의도하지 않은 국가들의 행위가 모여서 자발적으로 형성된다는 견해이다. 여기서 중요한 것은 국가의 의사에 관계없이 국제사회의 법으로 관습이 형성된다는 것이다. 따라서 국제관습은 형성에 참여했는지의 여부와, 묵시적·명시적 수락의 여부에 관계없이 국제사회 구성원 모두에 대해 법적 구속력을 미치게 된다. 객관주의에 따르면 집요한 불복국가를 인정할 수 없으며, 신생국에게도 당연히 기존 관습법이 적용된다.

3. 검토

승인설은 첫째, 관습국제법이 묵시적 합의(승인)에 의한 것이라고 하나 이는 의제에 불과하며, 둘째, 승인이 있었다는 것을 증명할 수도 없으며, 셋째, 국제관습의 형성에 참가하지 않은 국가, 예컨대 신생국가에도 관습국제법이 적용된다는 점에서 타당하지 않다. 따라서 법적확신설이 옳다. 그러나, 여전히 집요한 불복이론이 허용된다는 점에서 볼 때, 법적확신설도 완전한 이론이라 볼 수는 없을 것이다.

Ⅲ 국제관습법의 성립 요건

1. 서설

관습의 성립 요건과 관련하여 2요소설과 일요소설(속성관습법론)이 대립되고 있다. 2요소설이란 객관적 요소인 국가관행과 주관적 요소인 법적 확신이 국제관습의 성립에 모두 요구된다는 입장으로 통설과 판례의 주된 입장이다. 반면, 속성관습법론은 법적 확신만 존재하면 국가관행이라는 객관적 요소의 비중은 경감될 수 있다는 입장이다. ICJ는 1969년 북해대륙붕 사건, 1985년 리비아 대 말타 대륙붕 사건, 1986년 니카라과 사건, 1990년 핵무기사용의 적법성에 관한 권고적 의견 등에서 일관되게 2요소설에 기초하여 관습의 성립과 존재를 인정하고 있다.

2. 객관적 요건 - 국가들의 일반관행의 존재

(1) 관행의 획일성과 일관성

관행의 획일성(uniformity)이란 관행이 국가에 따라 달라서는 안 된다는 것을 의미하며, 일관성(consistency)은 문제의 관행에 참가하는 국가들이 사건에 따라 모순된 행태를 보여서는 안 됨을 의미한다. ICJ는 1986년 니카라과 사건에서 "국가관행의 완전한 일관성은 요구되지 않으며 일반적으로 일치되면 충분하다."라고 하였다. 그러나 비호권 사건에서 국가 간 입장이 불명확하거나 불일치가 있는 것까지 허용하는 것은 아님을 분명히 하였다. 따라서 하나의 사안에 대해 두 개 이상의 관행이 상반되게 이루어지면, 그 어느 것도 일반관행으로 인정될 수 없다.

(2) 계속성

계속성은 관행의 지속기간과 관련된 요소이나 관습형성을 위한 기한이 명확하게 설정되어 있는 것은 아니다. 북해대륙붕 사건에서 ICJ는 시간적 요소는 완화될 수 있다는 입장을 표명하였다. 이는 관행이라는 객관적 요소의 비중을 경감시켜 관습법 형성을 용이하게 하려는 시도로 볼 수 있다. 단기간의 관행을 통해 국제관습법의 성립을 인정하는 것은 국제사회의 빠른 변화에 탄력적으로 대응하기 위한 것이라고 볼 수 있다. 전통국제법이 규율하지 않았던 새로운 분야, 대륙붕제도, EEZ, 우주법의 원칙들이 단기간에 관습으로 성립된 것이 그 예이다. ICJ는 북해대륙붕 사건에서 시간적 요소의 완화를 위해서는, 세계 대다수 국가들에 의해 광범위하게 행해질 것과 그러한 관행의 형성에 특별히 영향을 받는 국가들이 참여할 것을 필수조건으로 하였다.

(3) 일반성

관행은 원칙적으로 세계 대다수 국가들에 의해 광범한 지역에서 행해져야 하나, 모든 국가들이 관행에 참여할 것이 요구되지는 않는다. ICJ는 지역국제관습법(1950년 비호권 사건), 양자관습법(1960, 인도통행권 사건)을 인정하고 있다. 그러나 지역국제관습법의 성립 및 적용을 주장하는 국가는 지역적 관행과 법적 확신에 대한 충분한 증거를 제시함으로써 지역관습법규의 존재를 입증해야 할 뿐 아니라 당해 규칙의 적용대상이 되는 국가가 문제의 관행과 법적 확신에 직접적이고 적극적으로 참여했다는 점을 입증해야 한다. 관습법의 성립에 있어서 보편성이 아닌 일반성을 요하나 관습법이 일단 성립된 경우 보편적 효력을 가진다.

(4) 국가관행의 증거

관습법형성에 기여한 국가관행의 증거는 다양하다. 조약, 외교서한, 정책천명, 보도자료, 정부법률고문관들이 밝힌 의견, 정부의 공식 편람, 국내입법, 국내상급재판소 판결, ILC의 조약초안에 대한 국가의 논평 등이 포함된다.

(5) 관행 형성에 있어서 비국가행위자의 행위

사인의 관행이 관습법규를 창설할 수 있는지는 분명하지 않다. 그러나 오늘날에는 개인도 국제법 하의 권리와 의무를 가질 수 있고, 또 개인의 관행은 결단코 관습법규를 창설할 수 없다고 주장할 선험적 이유는 없다. 그러나 법인격과 법창설 능력은 구별하여야 하고 관습법을 창설하는 것이 '개인들의 행위'인지 아니면 '그에 대한 국가들의 반응'인지를 구별할 필요가 있음을 강조하는 견해도 있다. ILC는 현재 검토 중인 '국제관습법의 확인에 대한 결론 초안'에서 NGO, 비국가무장단체, 다국적기업 및 사인에 대해 후자의 입장을 채택하였다. 오늘날 국제기구의 관행도 국제관습법규의 형성에 기여할 수 있다. 상기 초안에서 ILC도 EU처럼 회원국들로부터 배타적 권한을 이전받은 국제기구가 그 범위 내에서 회원국들의 공적 권한의 일부를 행사하고 이로써 당해 기구의 관행이 회원국들의 관행과 동일시될 수 있는 경우를 포함하여 일부 제한된 경우에 국한해서 이를 긍정하고 있다.

3. 주관적 요건 – 법적 확신(opinio juris)의 획득

PCIJ는 로터스호 사건 판결에서 법적 확신이란 '어떤 행위(작위나 부작위)를 행하여야 하는 것 또는 하지 않아야 한다는 것이 법적 의무라는 국가들의 내심의 의사'라 정의하였다. 법의 속성이 법적 구속력과 강제력을 본질로 한다는 점에서 법적 확신이 필요하며, 이는 로터스호 사건과 비호권 사건에서 인정하였다. 법적 확신이 없는 관행은 아직 법으로 변형되지 못한 단순한 관례(usage), 국제도덕규범(norm of international morality) 또는 국제예양(international comity)에 지나지 않는다.

4. 입증책임

원칙적으로 국제재판소는 법을 알고 있는 것으로 추정되므로 당사자의 명시적 원용이 없어도 국제관습법을 적용할 수 있다. 그러나 실제로 입증책임(onus of proof)은 관습법을 원용하는 국가에게 지워진다. 당해 관습의 확립을 주장하는 국가는 타방당사자에게도 구속력이 있는 관습이 수립되었음을 입증해야 한다.

Ⅳ 지역관습

1. 의의

지역관습(local or regional custom)이란 특정 지역 내에서 또는 일부 소수 국가들 사이에 형성되고 적용되는 관습법을 의미한다. 지역관습은 관습법 성립에 있어서 관행의 일반성(generality of practice)을 갖추었다고 보기 어렵지만 국가들의 의사(will of states)가 자신들을 구속하는 법적 의무의 진정한 연원임을 고려하면 지역관습법의 성립을 인정할 수 있다. 국제사법재판소 역시 Asylum case(1950)에서 지역관습의 존재를 인정하였다.

2. 지역관습의 성립 요건

지역관습의 성립 요건도 관행 및 법적 확신의 존재이다. 이러한 요건에 대해서는 원용하는 측에서 엄격하게 입증해야 한다. ICJ에 의하면 지역관습을 원용하는 국가는 관습의 수립뿐 아니라 타방당사국에게 구속력이 부여되었다는 점을 입증해야 한다. 즉, 당해규칙의 적용대상이 되는 국가가 문제의 관행과 법적 확신에 직접적이고 적극적으로 참여했다는 점을 입증해야 한다. 지역관습의 자국에 대한 적용을 부인하는 국가는 자국의 배제에 대해 적극적으로 입증할 필요는 없으며 침묵만으로도 충분하다. 이는 일반관습의 경우 침묵이 묵인으로 간주되는 것과 다르다.

3. 지역관습의 한계

국가들은 지역 내에서 자유롭게 관습을 형성할 수 있으나 여기에는 한계가 있다. 오늘날 국제법에는 강행규범의 존재가 긍정된다. 지역에 존재하는 국가들은 자신들이 반대하지 않은 강행규범에 위반되는 내용의 지역관습을 창설할 수 없으며, 만약 창설되는 경우 조약과 마찬가지로 당연무효(null and void)로 간주된다.

Ⅴ 국제관습법의 효력범위

1. 원칙

국제관습법이 성립되면 원칙적으로 모든 국가에게 효력이 미치게 된다. ICJ는 북해대륙붕 사건에서 국제관습법은 성질상 국제사회 모든 구성원들에게 동일한 효력을 가져야 하며 특정 국가에 의해 일방적으로 배제될 수 없는 것이 원칙임을 밝힌 바 있다. 따라서 국제관습법은 그 성립 이후 출현하는 신생국에 대해서도 효력을 미치게 되며, 국제관습법을 성문화한 조약 규정은 유보의 대상이 될 수 없다는 것이 판례와 통설의 입장이다. 관습법의 효력범위와 관련해서는 집요한 불복국가의 인정 여부가 문제된다.

2. 집요한 불복이론

(1) 의의

국제관습의 형성과정 중에 그에 관해 일관되고 명백하게 반대의 의사표시를 한 국가에 대해서는 법적 효력이 인정되지 않는다는 국제관습의 일반적 효력에 대해 인정되는 예외이다. 국제관습은 불복의 여부에 관계없이 성립된다. 불복의 대상은 성립된 관습의 효력이다.

(2) 요건

우선, 형성시기에 있어서의 불복을 의미한다. 일단 국제관습이 성립되면 불복할 수 없다. 즉, 사후 불복은 허용되지 않는다. 둘째, 불복은 명시적이고 적극적이며, 일관적으로 행해져야 한다. 따라서 묵시적이고 애매하며, 시간에 따라 사안에 따라 다르게 행해진 불복은 인정되지 않는다. 반대는 구두항의(verbal protests)로 충분하며 물리적 행동을 취할 필요는 없다.

(3) 인정 여부

집요한 불복국가를 인정하여 관습법의 적용범위를 축소시키는 것이 타당한 것인가에 대해 다툼이 있다. 의사주의자들은 동 원칙이 주권평등 원칙에서 파생된 원칙이며 불복국가가 실제로 많지 않을 것이라는 점을 근거로 집요한 불복국가를 긍정한다. 국제관습법을 묵시적 합의라는 주장에도 기초한다. 그러나, 관습법을 자연발생적 규범으로 정의하며 국제법의 획일적 적용과 법치주의 강화를 주장하는 객관주의자들은 집요한 불복국가를 인정할 수 없다고 본다. 한편 임의규범에 대해서는 집요한 불복을 허용하되 강행규범에 대해서는 인정하지 말자는 절충적 견해도 제기되고 있다.

(4) ICJ의 입장

국제사법재판소(ICJ)는 대체로 집요한 불복국가를 인정한 것으로 해석된다. Anglo-Norwegian Fisheries 사건(1951)에서 영국은 만에서의 직선기선은 만구가 10해리 미만인 경우에만 허용되는 것이 관습이라고 주장하였으나, ICJ는 영국 측이 자신의 주장에 대한 입증책임을 다한 것으로 판정하지 않았다. 나아가 동 규칙이 관습법이라 하더라도 이 규칙에 자국 연안에 적용되는 것에 대해 일관되고 공개적으로 반대한 노르웨이를 구속할 수는 없다고 판정하였다.

제4절 속성관습법론

I 서론

오늘날과 같이 '템포'가 빠른 국제사회에 있어서는 새로운 관습법이 단시일에 성립될 수도 있다. 과거 관습국제법의 성립에는 장기간의 관행을 요건으로 하는 경우도 있었으나, 중대한 영향을 받는 이해관계국을 포함한 각국의 실행이 그 기한 안에 광범하고 균일적이면 충분하며 시간적 요인은 문제가 되지 않는다는 주장도 있다 (ICJ 북해대륙붕 사건에서 소렌슨 재판관의 반대의견). 속성관습법론은 특히 1960년대 이후 UN총회 결의에서 선언된 각종 원칙의 법적 구속력을 도출하기 위한 설명으로서 전개되어 왔다.

II 속성관습법의 개념

속성관습법(instant customary law 또는 hotcooked law)이란 단시일에 성립되는 국제관습법을 의미한다. 속성관습법론은 국제관습법규의 형성에 있어 국가관행의 중요성과 시간적 요소의 관련성을 부인하고, 관습의 창설적 요소로서 구속력이 없는 결의와 선언에서 표시된 법적 확신에만 의존하려는 것이다.

III 인정근거 – 관습법 성립의 일요소설

종래 관습법은 객관적요소인 일관된 관행과 주관적 요소인 법적 확신을 요건으로 한다고 보았다. 그러나 속성관습법론에 의하면 관습법의 성립에 있어 관행의 역할은 증거적인 것에 불과하다. 즉, 국가관행은 법적 확신이라는 심리적 요소를 증명하기 위해서만 필요한 것인데, 법적 신념이 다른 수단에 의해 확인되기만 한다면 관행은 불필요하다.

IV 속성관습법론과 총회 결의의 구속력

UN총회 결의는 압도적 다수 국가에 의한 관행의 '동시적 집적'이며 이로부터 법적 신념의 일치를 추론할 수 있다. 이러한 법적 신념으로부터 총회 결의의 법적 구속력이 증명되는 것이다.

V 비판

1. 관습법 성립에 대한 이원설의 입장

국제관습법의 성립에는 일반관행의 존재와 법적 확신 두 요소 모두를 필요로 한다. '법으로서 인정된 일반적 증거로서의 국제관습'이라는 ICJ규정 제38조 제1항 제(c)호의 규정은 이원설을 지지하고 있다. ICJ는 1986년 니카라과 사건에서 "…규칙이 국가들의 법적 확신 속에서 존재하고 있음이 관행에 의해 확인되고 있다는 것에 대해 확신을 가져야 한다."라고 판시하여 역시 이원설을 지지하고 있다.

2. 총회 결의에서 '법적 확신'을 도출할 수 있는가?

일원설을 인정한다 하더라도, 총회 결의에서 법적 확신이 존재한다고 추론할 수 없다. 법적 확신이란 특정 관행이 국제법상 권리의무로서 부과된다는 판단이나 신념을 의미하는데, 국가들이 UN총회에서 결의안에 투표할 때, 동 결의안이 채택되면 자신들에게 그것을 준수할 법적 의무가 생긴다는 믿음을 가지고 투표에 참여한다고 보기는 어렵기 때문이다.

Ⅵ 결론

속성관습법론은 있는 법(de lege lata)의 관점에서 보면 타당하다고 볼 수 없다. 그러나 간과할 수 없는 사실은 국제생활의 템포가 빨라짐에 따라 국제사회의 다수 구성원의 총의의 집약도 용이하게 된 것이다. 관습법은 종래 국가의사를 존중하여 '의사 내지 합의의 법'이라고 하였으나, 현대에는 '의식 내지 컨센서스의 법'이라고 하는 것이 한층 적절할지도 모른다.

⚖ 판례 | 북해대륙붕 사건(North Sea Continental Shelf Case, ICJ, 1969년) – 등거리 원칙의 관습법성

북해대륙붕 사건은 북해대륙붕 일부의 경계획정과 관련하여 서독과 덴마크, 서독과 네덜란드 사이에 발생한 분쟁이다. 이 사건의 쟁점은 1958년 체결된 대륙붕조약 제6조에 규정된 중첩대륙붕 경계획정 원칙인 '중간선' 또는 '등거리선' 원칙이 당해사건에 적용될 수 있는지, 적용될 수 없다면 다른 경계획정 원칙은 무엇인지에 관한 것이었다. 중간선 원칙의 적용과 관련하여 독일은 제네바협약 당사국이 아니고, 동 조항은 국제관습법이라고 볼 수 없으므로 동 원칙이 당해 분쟁에 적용될 수 없다고 주장하였다. 이와 관련하여 재판소는 당해 조항이 기존 관습을 확인한 조항도 아니고, 추후 관습법으로 성립한 것도 아니므로 서독에 대해 적용할 수 없다고 판결하였다. 재판소는 동 조항의 적용 여부를 결정하기 위해 우선 동 조항이 기존 관습법을 확인한 것인지 여부를 검토하였으나 그렇지 아니하다고 하였다. 재판부에 따르면 그 이유는 다음과 같다. 첫째, 등거리 원칙은 협약 제6조의 규정에서 볼 수 있듯 de lege lata(있는 법) 혹은 형성되고 있는 국제관습법으로서가 아니라 실험적으로 상당히 주저하면서 국제법 위원회에 의해 제안된 것이다. 이것으로 볼 때 등거리 원칙은 국제관습법 규칙을 반영하거나 결정화하지 못한다. 둘째, 경계획정 규정이 관습법이 되지 않았다는 결론은 협약의 유보조항에 의해 유보가 허용되고 있다는 사실에 의해서도 확인된다. 즉, 일방적인 유보를 할 수 있다는 것은 그것이 단순히 협약상의 규칙과 의무의 성격을 갖는다는 것을 나타낸다. 동 협약 제12조에서는 제1조에서 제3조를 제외한 모든 조항에 대한 유보를 허용하고 있는데, 유보가 허용되지 않는 이들 조항들은 대륙붕에 관한 국제관습법으로 수락되었거나 형성되고 있는 규칙을 반영하거나 결정화하는 것으로 간주되었던 것이 분명하다. 한편, 국제사법재판소는 제네바조약 제6조가 관습법으로 확립된 것도 아니라고 하였다. 재판소는 어떤 규칙이 관습법이 되기 위해서는 관련 규정이 법의 일반적인 규칙의 기초를 형성하는 것으로 간주될 수 있는, 근본적으로 규범 창조적 성격을 가져야 하고, 또한 상당한 시간이 경과하지 않았다고 하더라도 이해관계가 특별히 영향을 받는 국가의 참가를 포함하여 매우 광범위하고 대표적인 국가의 참여가 있어야 한다고 하였다. 또한 특별히 영향을 받는 국가를 포함한 국가의 관행이 광범위하고 실질적으로 획일적이어야 하고 국가들에게 법적 확신이 존재해야 한다고 하였다. 그러나 제네바협약 제6조상의 경계획정 원칙에 대해서는 비준 또는 가입한 국가의 수가 충분하지 못하며, 법적 확신의 증거 역시 충분하지 아니하므로 관습법으로 성립된 것으로 볼 수 없다고 판시하였다.

⚖️ 판례 | 인도령 통행권 사건(Case Concerning Rights of Passage over Indian Territory, ICJ, 1960년) – 양자관습

이 사건은 인도와 포르투갈 간 인도영토 일부에 대한 포르투갈의 통행권에 관한 것이다. 인도의 서부 연안에 위치한 Daman 및 그에 근접한 내륙 고립영토(enclave) Dadra와 Nagar-Aveli는 1947년 인도가 독립한 이후에도 포르투갈 령 식민지로 남아 있었다. 1950년 인도는 이들 영토의 통합을 요구하였으나 교섭을 거부하는 포르투갈과 대립이 격화되었고 인도는 1953년 이후 Daman과 두 개의 고립영토 간의 통행을 제한하였다. 1954년 7월 Dadra와 Nagar-Aveli는 친인도집단에 의해 점령되었고 인도는 모든 포르투갈 정부관계자의 고립영토에서의 통행을 금지하였다. 이에 대해 포르투갈이 이 사건을 일방적으로 ICJ에 부탁하였다. 이 사건에서 쟁점은 인도와 포르투갈 상호 간 통행에 관한 양자관습이 성립하였는지 여부 및 인도가 포르투갈의 통행권을 침해하였는지에 관한 것이었다. 양자관습의 성립과 관련하여 인도는 단지 두 국가 사이에서만 성립될 수 있는 지역적 관습 제도는 없다고 주장하였다. 이에 대해 재판소는 두 국가 사이에 그들의 관계를 규율하는 것으로 승인된 오래 계속된 관행이 그들 사이에 상호 권리와 의무의 기초를 형성해서는 안 된다는 주장을 인정할 수 없다고 하였다. 한편, 인도와 포르투갈 간 고립영토 통행 관습의 성립 여부와 관련하여 재판소는 민간인 등의 통항과 무장한 군대 등의 통항을 분리하여 판단하였다. 첫째, 재판소는 민간인과 공무원 및 화물에 관해서는 영국의 인도지배 시기 및 인도가 독립한 이후 시기에도 고립영토 사이에 자유로운 통행을 허용한 계속적이고 획일적인 관행이 존재하였다고 판단하였다. 따라서 그러한 통행관행은 당사국들 사이에 법으로서 승인되고 권리 및 의무를 발생하게 하였다고 판시하였다. 둘째, 그러나 무장한 군대, 무장한 경찰, 무기와 군수품의 경우 포르투갈의 권리 내지 인도의 의무가 관습법으로 성립하지 않았다고 판단하였다. 이러한 종류의 통행은 영국당국의 허가에 의해서만 시행되었기 때문이다. 한편, 민간인의 통행권이 양자관습으로 성립된 점을 확인하면서도 재판소는 1954년 인도가 포르투갈 고립영토에 대한 통행을 금지한 조치가 인도와 포르투갈 간에 확립된 관습법에 위반되지 아니한다고 판단하였다. 1954년 인도에 의한 통행의 거절은 당시 사태의 긴급성과 포르투갈의 통행이 인도의 주권의 완전한 승인과 행사에 따르는 것을 전제로 함을 고려하면 민간인, 관리 및 일반물자에 관한 포르투갈의 통행권에 대하여 인도가 부담하는 의무에 반하는 것은 아니라고 하였다.

⚖️ 판례 | 영국 – 노르웨이 어업 사건(Anglo-Norwegian Fisheries Case, ICJ, 1951년) – Persistent Objector

영국과 노르웨이는 노르웨이 근해에서 영국 어선이 조업활동을 하는 것과 관련하여 오랫동안 분쟁을 겪어왔다. 그러다 1935년 7월 12일 노르웨이가 어업수역을 설정하는 칙령을 공포함으로써 양국 분쟁은 더욱 격화되었다. 노르웨이는 연안의 본토, 섬 및 암초상의 48개 기점을 연결하는 직선기선을 사용하였으며 4해리의 어업수역 폭을 갖게 되었던 것이다. 양국은 교섭을 진행하였으나 1948년에 이르기까지 결실을 맺지 못하자 노르웨이는 다시 영국어선을 나포하여 처벌하기 시작하였다. 이에 양국은 1949년 9월 28일 분쟁을 국제사법법원에 부탁하였다. 이 사건에서는 노르웨이가 설정한 직선기선의 인정 여부 및 적법성, 영국이 주장한 만구 10해리규칙의 관습법성이 쟁점이 되었다. 첫째, 기선설정에 있어서 노르웨이가 직선기선방식을 도입한 것에 대해 법원은 그 조치의 적법성을 인정하였다. ICJ는 이미 많은 국가들이 도서와 암초가 산재해 있고 피오르드 식으로 굴곡이 심한 해안에서 직선기선방식을 아무런 이의 없이 적용함으로써 직선기선설정방식은 국제관습법으로 확립되었다고 판시하였다. 또한 영국 정부를 포함한 다른 나라들이 60년 이상 노르웨이의 실행을 일반적으로 묵인해 왔다는 점도 노르웨이가 직선기선을 채택한 것이 적법하다는 근거로 제시하였다. 둘째, 재판소는 직선기선의 '적용'에 있어서 준수해야 할 국제법적 원칙 세 가지를 제시하고 노르웨이의 직선기선을 평가한 다음 노르웨이의 기선설정방식은 국제법 원칙을 준수하고 있으므로 국제법에 합치된다고 판시하였다. ICJ가 제시한 국제법 기준은 다음과 같다. 첫째, 기선설정에 있어서 연안의 일반적 방향으로부터 크게 벗어나면 안 된다. 연안국으로 하여금 연안수역에 대한 권리를 부여하는 근거는 육지이기 때문이다. 둘째, 기선의 선택에 있어서 기선의 내측 수역이 내수제도에 종속될 정도로 충분하고도 밀접하게 육지와 관련되어 있어야 한다. 셋째, 장기간의 관행에 의해 현실성과 중요성이 명백하게 확증되어 있는 그 지역의 고유한 경제적 이익이 고려되어야 한다. 셋째, 영국은 이른바 만의 10마일 봉쇄선 원칙(10 mile closing line for bays)을 주장하였다. 즉, 만의 경우 일반적으로 10해리를 넘지 않는 입구 가장 가까운 곳에 직선기선이 그어져야 하며 또한 국제법상 만은 내륙으로의 만입이 그 폭에 대하여 적당한 비율관계에 있는 굴곡이어야 한다는 것이다. ICJ는 영국의 주장을 받아들이지 않았다. 그 이유는 첫째, 동 원칙이 관습법으로 성립되었는지 여부에 대해 영국이 입증하지 못했다고 판단하였기 때문이다. 둘째, 비록 동 원칙이 국제관습법상 규칙이라고 해도 노르웨이에 대해서는 적용될 수 없기 때문이다. 법원은 노르웨이는 동 원칙을 자국 연안에 적용하고자 하는 모든 시도에 항상 반대해 왔다는 점을 인정하였다.

⚖ 판례 | 스코티아호 사건(The Scotia Case, 미국연방대법원, 1872년) – 신구관습상호관계

1867년 4월 8일 밤 영국 기선(汽船) 스코티아호(The Scotia)와 미국 범선(帆船) 버크셔호(The Berkshire)가 충돌하여 버크셔호가 침몰하여 재산상의 손해를 입게 되었다. 사건 당시 버크셔호는 백색등은 달고 있었으나 우현과 좌현에는 어떠한 등화(燈火)도 달고 있지 않았다. 사건이 발생하기 이전인 1863년 1월 9일 영국은 '해상충돌예방규칙'을 제정하여 대형범선도 다른 해양선박과 마찬가지로 선박의 우현에 녹색등, 좌현에 적색등을 달도록 했다. 이러한 규칙은 1864년 말까지 미국을 포함하여 세계의 거의 모든 해양국가(33개)에 의해 채택되었다. 버크셔호 측이 스코티아호 측을 상대로 미국법원에 제소하였으나 1심과 2심에서 패소하고 대법원에 상고되었다. 이 사건의 쟁점은 등화에 관한 신관습이 성립하였는지 여부 및 구관습과 신관습의 충돌시 적용법규에 관한 것이었다. 특히, 버크셔호는 변경되기 이전의 국제해양법에 따른 등화를 갖추긴 하였으므로 등화에 관한 새로운 규칙이 국제해양법으로 성립되었는지가 문제되었다. 대법원은 영국을 필두로 하여 채택된 새로운 규칙이 국제관습법으로 성립하였다고 확인하고 신관습법에 따라 재판하였다. 대법원은 1863년 1월 9일의 영국 칙령 및 1864년의 미국의 법률이 정하는 항행에 관한 규칙이 대서양에서 해운에 종사하고 있는 거의 모든 국가를 포함하는 30개 이상의 주요 상업국가에 의해 의무적 규칙으로 수락되고 있다는 것을 인정할 때 새로운 규칙이 해양법으로 성립했다고 판단하였다. 따라서 대법원은 스코티아호 측에 손해배상책임이 없다고 판시하였다. 새롭게 형성된 항행규칙을 위반한 버크셔호 측의 과실에 의해 손해가 발생하였다고 판단하였기 때문이다. 스코티아호가 버크셔호를 범선이 아닌 '기선'으로 판단한 것은 정당하며 그러한 과정에 오류가 있다고 볼 수 없다고 하였다.

제5절 | 법의 일반 원칙

Ⅰ 서론

국제법의 법원은 선험적으로 결정되거나 고정되어 있는 것이 아니고 국제사회의 발달에 따라 새로운 법원이 성립될 가능성이 있으며 이를 인정하는 것이 보편적 견해이다. 국제사법재판소 규정 제38조 제1항 제c호에서 언급하고 있는 법의 일반 원칙은 그 국제법의 연원성, 국내법의 일반 원칙인가 국제법의 일반 원칙인가 등에 대한 해석상의 논란이 있었다. 현대 국제법하에서는 법의 일반 원칙의 효용가치는 감소하였는데, 이는 국제사법재판소의 태도, 조약체결 범위의 확대 등에 따른 것이다.

Ⅱ 법의 일반 원칙의 의의

1. 개념

법의 일반 원칙이라 함은 '국가들에 의해 공통적으로 인정되고 있는 국내법의 일반 원칙으로서 국가 간의 관계에도 적용할 수 있는 것'을 의미한다. 종래 ICJ규정 제38조의 문언 "… 국제법에 따라 …"의 해석상 국제법의 일반 원칙을 의미한다는 견해(V. M. Koretskii)도 있었으나, 국제법의 일반 원칙들은 국제관습법에 포섭되므로 국내법의 일반 원칙을 의미한다는 견해가 통설로서 인정되고 있다. PCIJ규정 초안 작성 당시에도 국내법의 일반 원칙을 의미하는 것으로 양해되었다.

2. 연혁

PCIJ규정 기초 당시 다수 입법자의 의도는 자연법의 원칙들을 국제관계에 도입하여 어떤 분쟁에 적용될 국제법 규의 흠결이 있는 경우 재판불능을 방지하는 것이었다. 그러나 이는 당시 지배적이던 의사주의(voluntarism) 국제법사상과 조화되지 못하였고, '문명국들에 의해 승인된 법의 일반 원칙'(general principles of law recognized by civilised nations)이라는 절충적인 형태로 규정에 삽입되었다. Lord Phillimore는 법의 일반 원칙이란 "모든 국가의 국내재판소에서 수락된 일반 원칙들, 예컨대 일정 소송절차의 원칙들, 신의성실의 원칙, 기판력의 원칙 등을 의미한다."라고 하였다.

Ⅲ 법의 일반 원칙의 형식적 연원성

1. 적극설

법의 일반 원칙의 연원성을 인정하는 견해로서 Bin Cheng, Brierly 등이 주장한다. 논거는 다음과 같다. 우선, 법의 일반 원칙은 '자연법'이며 이에 저촉되는 실정국제법을 무효화한다. 둘째, 사법상의 국내법 원칙이 ICJ규정을 매개로 국제법상 지위를 부여받게 된다. 셋째, 법의 일반 원칙에 기초한 판결이 구속력이 있으므로 국제법이다.

2. 소극설

법의 일반 원칙의 국제법의 형식적 연원성을 부정하는 견해로서, 자연법도 국가들이 그것을 법으로 '동의'하지 않는 한 국제법으로 인정될 수 없다(1923년 북미준설회사 사건)는점, PCIJ규정 제38조에 의해 국제법에 도입되었으나, 이는 국내법의 일반 원칙을 재판준칙으로 채택한다는 것에 불과하다는 점, 법의 일반 원칙을 행위준칙으로 하여 이루어진 판결이 법적 구속력을 갖는다는 사실이 재판준칙을 행위규범으로 인정하는 것은 아니라는 점에 기초한다. 분쟁 당사국의 요청에 의한 '형평과 선'에 의한 재판이 법적 구속력이 있으나, 형평과 선이 국제법이 아닌 것과 마찬가지라는 것이다.

3. 중간설

Brownlie는 법의 일반 원칙의 독자적 법원성은 인정하되, 조약이나 국제관습법과 대등한 지위를 갖는 것이 아니라 공백이 발생한 경우에만 기능하는 보충적 법원이라고 본다.

4. 검토

중간설이 타당하다. 우선, 적극설의 경우 법실증주의가 지배하고 있는 국제사회의 현실에서 그 타당성을 인정하기 어렵다. 소극설의 경우 법의 일반 원칙이 국제재판소들에 의해 입법의 공백을 보충하는 기능을 수행하고 있음을 간과한다는 점에서 한계가 있다.

Ⅳ 국제재판소와 법의 일반 원칙

1. PCIJ

1928년 호르죠공장 사건에서 '약속위반이 배상의 의무를 동반한다는 것은 국제법의 일반 원칙이자 법의 일반 개념이기도 하다'고 하였고, 1925년 Mosul Boundary 사건에서는 '누구도 자기사건의 재판관이 될 수 없다'라는 원칙을 원용한 바 있다. PCIJ가 법의 일반 원칙을 원용한 예는 드물었으며, 실제 통용되는 법의 일반 원칙보다는 국제법의 규칙들로부터 귀납되거나 법적 논리로부터 연역될 수 있는 원칙으로서 적용하였다. 또한 종국판결을 위한 필수불가결의 준칙으로서가 아니라 다른 국제법의 원칙을 보강하기 위해서 사용하였다.

2. ICJ

거의 적용된 사례가 없다. 이는 ICJ규정의 '문명국'이라는 표현이 유럽의 식민지에 대한 차별적이고 낙후된 이미지로 인해 비판받았던 현실과도 관련이 있었다. 또한 냉전기 구소련의 국제법학자들은 조약, 관습 이외의 여하한 새로운 연원도 인정하지 않으려 하였다.

3. 보충적 법원으로서의 법의 일반 원칙의 기능

(1) 재판불능의 방지

보충적 법원으로서의 법의 일반 원칙은 분쟁에 적용할 국제관습법과 조약이 존재하지 않음으로써 발생하는 재판불능을 방지하는 기능을 수행한다. 그러나 이 경우에도 국내법의 원칙이 국제사회를 규율하는 환경에 적합한 경우에만 국제법의 흠결을 보충하기 위해 사용된다.

(2) 재판관의 자의적 판단금지

4. 적용순서

입법의 공백으로 법의 일반 원칙의 적용이 요구되는 경우 국제재판소는 분쟁당사국들의 합의나 요청 없이 법의 일반 원칙을 적용할 수 있다. 그러나 국제관습법이나 조약이 존재하는 경우 이들이 우선 적용된다.

Ⅴ 결론

법의 일반 원칙은 1920년대에 제3의 연원이 된 이래 점차로 시들해져 이제는 더 이상 쓰이지 않게 되었다. 법의 일반 원칙의 중요성을 강조해 온 Verdross조차도 1968년에는 법의 일반 원칙들이 점차 조약과 관습법으로 흡수된 결과 그 역할이 크게 감소되었음을 인정한 바 있다. 그러나 국제법의 규율범위가 확장됨에 따라 국제법이 존재하지 않는 법영역에서 국내법의 일반 원칙이 재판에 적용될 가능성을 배제할 수 없다. 즉, 국제법의 법적 공백을 메우는 보충적 법원으로서의 지위는 여전히 중요하다고 볼 수 있다.

제6절　금반언의 원칙[3]

Ⅰ 개념

금반언은 신의성실의 원칙에 근거한 원칙으로서 보통 영미법상의 원칙으로 이해되지만 대륙법계의 '배제'(preclusion, foreclusion)에 해당하는 것으로도 볼 수 있다. 영미법상 금반언(estoppel)의 개념은 'A는 A의 행위를 신뢰할 수 있도록(rely on) 권리가 주어져 있으며(entitled) 그러한 신뢰에 따라 행동한 다른 당사자 B에게 손해가 되도록 권리를 주장하는 것이 금지되는 것'으로 이해되며 우리나라에서는 '어떠한 사람의 행태가 그의 선행하는 형태와는 모순되는 것이어서 그러한 후행 행위에 원래대로의 법효과를 인정하게 되면 그 선행 행태로 말미암아 야기된 다른 사람의 신뢰를 부당하게 침해하게 되는 경우에 그 후행 행위의 효력이 제한되는 법원칙'으로 이해되고 있다. 금반언은 (1) 날인증서에 의한 금반언, (2) 기록에 의한 금반언, (3) 공시행위에 의한 금반언(estoppel by matter in pais)으로 분류할 수 있으며 국제법상의 금반언과 직접적인 관련을 지니는 것은 '공시행위에 의한 금반언'이라 할 수 있다.

---

3) 박배근(2007), 국제법상의 금반언에 관한 고찰, 국제법학회논총 52(2).

Ⅱ 표시에 의한 금반언

'표시에 의한 금반언'이란 영미법에서 '공시행위에 의한 금반언'이 형평법원인 대법관법원을 통해 더 좁은 의미로 발전한 것으로서, 여러 유형의 금반언 중 국제법과 가장 밀접한 관련을 가지고 주로 문제가 되는 개념이다. 표시에 의한 금반언은 '표시행위자가 말, 작위, 침묵, 부작위 등으로써 표시행위의 상대방으로 하여금 표시행위를 신뢰하여 자신에게 손해가 됨에도 불구하고 그 지위를 바꾸도록 유도할 의도로 표시행위를 하고 실제로 그러한 결과가 발생한 경우, 표시행위자와 표시행위의 상대방 사이에 표시행위 이후에 발생하는 어떠한 소송에서도, 표시행위의 상대방이 적절한 시기에 적절한 방식으로 반대하는 경우에는, 표시행위자가 표시행위의 상대방에 대해 그가 이전에 표시한 것과 실질적으로 일치하지 않는 어떠한 주장을 하거나 입증을 시도하는 것이 금지된다'는 원칙이라고 할 수 있다. 19세기와는 달리 20세기 국제법은 엄격한 요건하에서 금반언을 좁게 이해하고 적용하려 하고 있으며, '표시에 의한 금반언'과 같은 협의의 금반언이 적용되기 위해서는 (1) 사실 진술의 명확성, (2) 자의에 의해 이루어진, 권한 있는 당국에 의한 무조건적인 진술, 그리고 (3) 당사자가 신의성실에 따라 진술을 신뢰하고 의존하여 나타난 손해 또는 이익이 있어야 한다.

Ⅲ 금반언의 법적 성질과 근거

이러한 금반언은 영미법상으로는 증거법상의 원칙 또는 규칙으로 받아들여지고 있으나 국제법에서는 일반적으로 실체법적 규칙으로 이해되고 있으며 그 적용 근거는 국제사법재판소규정 제38조 제1항 제c호의 '법의 일반 원칙'에서 찾을 수 있다. 관습법의 성립요건을 검토해볼 때 금반언이 국제관습법으로 성립했다고 하기는 어렵다.

Ⅳ 판례상의 금반언

1. 동부 그린란드 사건(Eastern Greenland case: PCIJ)

그린란드에 대한 덴마크의 주권을 인정한 판례로서 '기록에 의한 금반언', 즉 조약을 근거로 한 금반언을 인정한 사례이다. 그린란드의 주권과 관련하여 1919년, 덴마크는 그린란드 전역에 대한 덴마크의 이익 확대에 노르웨이가 이의를 제기하지 않을 것을 확신한다는 의사를 표명했고, 이에 대해 노르웨이의 외상 Ihlen은 '노르웨이 정부는 이 문제의 처리에 장애를 제기하지 않을 것'이라고 선언했으나, 1931년, 노르웨이 외상이 동부 그린란드의 선점을 자국 주재 덴마크 공사에게 통고하자 덴마크가 노르웨이를 PCIJ에 제소하였다. 재판소는 (1) 노르웨이가 그린란드에 대한 덴마크의 주권을 인정하는 여러 양자 및 다자조약의 당사국이 됨으로써 그린란드 전체가 덴마크에 속한다는 것에 대한 노르웨이의 승인을 재확인했고, (2) 1921년 Ihlen의 선언에 의해 노르웨이는 그린란드 전체에 대한 덴마크의 주권을 다투지 않아야 할 의무를 지게 되었다고 판결하였다. 또한, 덴마크가 여러 국가에 대해 그린란드에 대한 덴마크의 지위를 승인하여 주도록 요청한 것은 옛날부터 확립된 주권을 보유한다는 주장으로서 '금반언'에 걸린다고 할 수 없다고 판결하였다.

2. Anglo - Norwegian Fisheries case(ICJ)

노르웨이의 직선기선 설정과 직선기선으로 측정된 수역을 영해로 주장한 것에 대하여 영국이나 다른 국가들이 항의하지 않은 것을 근거로 정당화가 가능하다고 판시한 사례이다. 이는 일반적으로 묵인의 효과가 인정된 것으로 볼 수 있으나 영국이 자신의 묵인에 의하여 금반언에 걸리게 된 것을 인정한 판례로 이해할 수도 있다. 다만, 묵인에 의한 시효취득과 묵인의 금반언 효과 유발의 경우에는 차이점이 있다. 묵인에 의한 시효의 완성으로 영해에 대한 권리를 가지기 위해서는 국제사회 일반의 묵인이 요구되지만, 영국이라는 국가가 금반언에 걸리게 되는 것에는 영국의 묵인만 있으면 되는 것이다.

3. Minquiers and Ecrehos case(ICJ)

영국해협에 있는 Channel 군도의 일부인 Minquiers섬과 Ecrehos섬의 권원에 관한 판례이다. ICJ는 영국 외무부에 전달된 프랑스 해양부 장관의 서한에 Minquiers섬을 영국의 영유라고 기술한 내용이 있지만, 이는 금반언의 효과를 낳지 못하고 단지 프랑스의 공식 견해에 대한 증거로서의 가치만 지닌다고 판시하였다. 금반언이 적용되기 위한 필수적 요건 중 하나로서 '사실의 진술에 의해 이익 또는 손해가 발생한 증거'가 필요함을 인정한 것으로 볼 수 있으며, 국제법상 금반언은 '협의의 금반언'에 해당함을 인정한 판례라 할 수 있다.

4. Nottebohm case(ICJ)

Nottebohm의 재산 수용에 대한 외교보호권 발동과 관련하여 Nottebohm의 국적이 문제되었으나, 과테말라가 Nottebohm의 리히텐슈타인 여권을 받아들인 것, Nottebohm의 리히텐슈타인 국적 취득 사실이 신고되어 외국인 등록이 변경된 것은 국적 확인의 조치가 아닌 출입국 관리, 외국인 관리조치이기 때문에 리히텐슈타인이 Nottebohm에 대해 가지는 외교적 보호권을 인정한 것이 아니므로 금반언이 적용되지 않는다고 판시하였다. 판결문에는 '금반언'이라는 말이 사용되지 않았으나 쟁점의 검토가 금반언의 법리에 기초한 것으로 볼 수 있다.

5. Arbitral Award Made by the King of Spain case(ICJ)

온두라스와 니카라과는 국경선 획정을 위한 혼합경계위원회(Mixed Boundary Commission)를 두고 동 위원회에서 확정되지 못한 점은 중재재판으로 결정하기로 하였으며 중재결정은 완전하고 구속적이며 영구적인 조약으로 간주되도록 합의되었다. 그러나 이와 관련한 스페인 국왕의 중재결정을 니카라과가 인정하지 않으면서 분쟁이 발생하였고, ICJ는 니카라과가 중재판결의 효력을 부인할 수 없다고 판시하였지만 금반언에 대해서는 명시하지 않았다. 다만, Urrutia Holguin 판사가 그 반대의견에서 "이 사건에서 금반언이 적용되려면 니카라과의 행위에 의해 온두라스가 니카라과의 묵인행위를 신뢰하고, 중재결정의 효력을 다툴 권리를 니카라과가 포기했다고 믿도록 되었다는 요건이 충족되어야 한다."라고 밝힌 바 있다.

6. Temple of Preah Vihear case(ICJ)

캄보디아와 태국의 국경획정이 문제된 사건이다. 양국의 국경을 Dangrek 산맥의 분수령으로 규정하였으나 프랑스가 태국의 부탁을 받아 제작한 지도에는 Preah Vihear 사원이 캄보디아 국경 내에 위치하는 것으로 표시되었고, 이에 근거하여 캄보디아가 Preah Vihear 사원의 영유를 주장하자 태국은 착오(error)를 근거로 Preah Vihear 사원의 태국 영유를 주장했다. ICJ는 태국이 캄보디아의 Preah Vihear 사원 영유나 부정확한 국경선에 대해 항의하거나 문제제기를 하지 않고 심지어 공식적인 목적으로 프랑스가 제작한 지도를 사용한 일도 있으며, 1930년에는 태국 국왕이 Preah Vihear 사원을 방문해 프랑스 대표로부터 공식적인 영접을 받기도 하는 등 Preah Vihear 사원의 태국 영유귀속을 묵인하였기 때문에 태국은 지도를 수락하지 않았다고 주장하는 것으로부터 배제됨(precluded)을 인정했다. 태국이 지도가 부여한 이익, 즉 국경선의 안정이라는 이익을 향유하였으며, 프랑스와 태국이 지도 수락을 신뢰하고 의존하였기 때문이다.

7. Barcelona Traction Light and Power case(ICJ)

스페인 법원이 Barcelona Traction사에 대한 파산선고를 내리자 동 회사 대부분의 주주들의 국적국인 벨기에가 스페인을 ICJ로 제소하였다. 양국 간 교섭에 진전이 있어 벨기에는 일단 소송을 취하하였으나 교섭이 실패로 끝나 벨기에는 자국민인 주주 보호를 위해 다시 스페인을 제소하였다. 이와 관련하여 스페인은 소송의 중단에 동의하지 않았을 것이나 벨기에의 행위 때문에 소송 중단의 의미를 잘못 이해하게 되어 소송의 중단에 합의하였으며, 그 결과 위험을 감수하게 되었기 때문에 벨기에는 소송의 중단으로 인해 소송에 관한 장래의 모든 권리를 포기하였다는 것을 부인할 수 없도록 금반언이 적용된다고 주장했다. ICJ는 스페인이 벨기에의 소송 중단과 관련하여 위험을 감수한 점이 전혀 없기 때문에 벨기에에 대한 금반언의 적용을 인정할 수 없다고 판시했다.

8. North Sea Continental Shelf case(ICJ)

덴마크와 네덜란드가 북해의 중심부로부터 독일 해안을 향해 그어지는 양국 간 대륙붕 경계를 등거리 방식으로 획정하고 이 경계선이 독일에 대해서도 유효하다고 주장한 데 대해 독일의 행위에 대한 금반언이 적용될 수 없다고 판시한 판례이다. ICJ는 독일이 등거리 방식을 수락하여 대륙붕 경계획정을 하고자 했다면 대륙붕 협약을 비준하여 언제라도 당사국이 될 수 있었기 때문에, 단지 등거리 방식을 인정하는 듯한 성명·선언만으로는 이를 수용한 것으로 추정할 수 없다고 보았다. 금반언의 요건이 충족되려면 독일의 과거 행위나 선언 등이 명확하고 일관되어야 하며, 덴마크와 네덜란드로 하여금 독일의 행위를 신뢰하도록 만들어 자신들에게 손해가 되도록 입장을 바꾸도록 했거나 일정한 위험을 감수하도록 만들었어야 한다는 것이다. 국제법상 금반언의 법리가 신중하게 적용되어야 함을 인정한 사례라 할 수 있다.

9. Gulf of Maine Maritime Boundary Delimitation case[4]

Maine만 경계획정을 둘러싼 미국과 캐나다 간의 분쟁에서 캐나다는 미국이 캐나다가 적용한 중간선 원칙을 묵인했다고 주장하며 금반언이 적용된다고 했으나 ICJ는 미국이 취한 태도의 모호성, 그리고 일관성의 결여에 대해서는 인정하지만 그 사실만으로 미국이 대륙붕의 경계로 중간선을 확정적으로 승인했다고는 볼 수 없다고 판시했다. 또한 금반언의 효과가 발생하기 위해서는 표시행위가 그러한 표시행위에 관한 국가의 유권기관에 의해 이루어져야 함을 확인하였으며, '묵인'과 '금반언'의 관계에 대해서는, 두 원칙 모두 '신의성실과 형평이라는 기본 원칙'에 근거하고 있지만, 묵인이란 '다른 당사자가 동의(consent)로 해석할 수 있는 일방적 행위에 의해 표명된 '묵시적 승인'(tacit recognition)과 같은 것'이지만 '금반언'은 '배제'(preclusion)와 연결된 개념이라는 점, 그리고 '손해의 존재'(existence of detriment)가 요구된다는 점에서 '묵인'과는 다른 개념이라고 설명했다.

10. Land, Island and Maritime Frontier Dispute case

온두라스와 엘살바도르의 국경분쟁을 다룬 재판으로서 니카라과의 소송참가신청절차 가운데 금반언의 원칙이 다루어졌다. 니카라과는 소송참가신청을 하면서 재판부의 구성을 변경하거나, 재판부 관할권을 엘살바도르와 온두라스 사이의 육지 경계에 한정할 것을 요구했으며, 이에 대해 엘살바도르는 니카라과에게 소송이 통고된 때로부터 3년이나 지난 시점에 제출된 소송참가신청이므로 니카라과는 주소송의 절차적 측면에 관한 변경을 추구하기에는 늦었거나 또는 금반언에 걸린다고 주장했다. ICJ는 이에 대한 판결을 내리지는 않았으나, 재판부의 구성 변경이나 관할권의 한정을 소송참가 신청에 포함시킨 것이 소송참가신청 전체를 무효로 만들 수 있는 경우에만 소송참가신청을 각하시킬 수 있다며 엘살바도르의 주장을 수용하지 않았다. 또한 니카라과의 경우에는 국제사법재판소규정 제62조 제1항의 '사건의 결정에 의하여 영향을 받을 수 있는 법률적 성질의 이해관계'가 존재하는 국가의 소송참가에 대한 규정을 근거로, 온두라스와 엘살바도르가 소송의 과정에서 니카라과가 그러한 이해관계를 가진다는 점에 관한 주장을 제기하였기 때문에 니카라과는 '법적 이해관계의 존재'를 증명할 필요가 없다고 주장하였는데, ICJ는 이를 인정하지 않았다. 금반언의 핵심 요건은 '한 쪽 당사자가 다른 당사자에 대하여 행한 진술 또는 표시와 다른 당사자가 그것을 신뢰하여 자신에게 손해가 되도록 하거나 상대방 당사자에게 이익이 되도록 한 것'임을 확인하였다.

---

4) Delimitation of the Maritime Boundary in the Gulf of Maine Area, Judgment, I.C.J. Reports 1984, pp. 246-389. 판결일, 1984년 10월 12일; 당사국, 캐나다 / 미국

I 서론

국제법에 있어서 형평(equity)은 국제법주체 간의 분쟁 또는 문제의 합리적 해결을 위해 요구되는 구체적 정의를 실현할 수 있다고 판단되는 요소나 감정을 말하며, 법의 해석 및 보충을 위해 사용된다. 국제사법재판소 제38조 제2항은 '당사자가 합의하는 경우 법원은 형평과 선에 따라 재판할 수 있다'고 규정하고 있다. 그러나 형평은 동 규정의 영역을 넘어 국제재판에 있어서 보다 광범위하게 언급되고 있다. 국제사법재판소도 형평원칙을 적용해 오고 있는바, 국제법상 형평은 법해석수단, 국제법 흠결의 보완, 법에 상반되어 실정법을 개정하는 역할을 한다. 그러나 통설적 견해는 형평 자체로서 국제법의 형식적 연원성을 부정하고 있다.

II 형평의 일반적 개념과 추구 양태

1. 형평의 개념

일반적으로 '형평'이라 함은 공평을 의미하는바, 국제법에 있어서 형평은, 국제법주체 간의 분쟁 해결을 위한 법규칙의 적용에 있어서 요구되는 공평성 및 합리성 또는 구체적 정의를 의미한다.

2. 형평의 추구 양태

(1) 법테두리 내의 형평(equity intra legem)

실정법을 벗어나지 않고 이를 공정하게 해석·적용하기 위한 기준으로서의 형평을 의미한다. 법 안에서의 형평은 적용법규의 선택 및 법의 해석이 정의의 요구에 일치하여 이루어져야 한다는 당위성을 의미한다. 여기서의 형평은 국제법의 일부를 구성한다.

(2) 법을 보충하는 형평(equity praeter legem)

실정국제법을 존중하면서도 구체적 사안에 대해 실정법의 흠결 또는 불충분성을 교정하고 그 논리적 공백을 보완하는 기준의 역할을 한다. 즉, 원칙적으로 현행법을 그대로 적용하되, 그것이 비합리적 결과를 초래하는 경우에 한하여 형평을 고려한다는 것이다. 여기에서 형평의 고려는 합리적 결과를 가져오기 위해 법을 교정하거나 보충하는 역할을 수행한다(Barcelona Traction Case).

(3) 법을 배제하는 형평(equity contra legem)

법을 배제하는 형평은 실정국제법의 무조건적인 적용을 회피하기 위하여 이에 위반하여 재판관의 평등, 선, 정의에 대한 주관적 가치를 재판기준으로 원용할 경우의 형평을 의미한다.

Ⅲ ICJ에 있어서의 '형평과 선'에 의한 재판

1. ICJ규정상 '형평과 선'의 의미

ICJ가 형평과 선에 따라 재판을 한다 함은 해당사건에 적용할 현행법규의 유무와 관계없이 재판소는 '법의 적용을 배제하고' 형평을 기준으로 하여 사건을 해결하는 것을 말한다. 다시 말해, 해당 사건에 적용할 현행법이 있다고 하더라도, 이를 무시한 채 형평을 적용하여 재판하는 것이다.

2. 형평과 선의 적용조건

사법기관인 국제사법재판소는 원칙적으로 법에 근거하여 분쟁을 해결하는 것을 임무로 하는 만큼, 법 외의 기준인 형평과 선에 의해 재판하는 것은 예외라 하지 않을 수 없다. 따라서 이와 관련하여 일정한 제한이 가해진다.

(1) 당사자 간의 명시적 합의

우선, 형평에 의한 재판이 가능하기 위해서는 절차조건으로서 당사자의 명시적 동의가 요구된다. 사건을 재판소에 부탁하기 위한 협정에 그 같은 명확한 문구가 없는 이상 재판소로서는 이 사건을 형평과 선에 의해 해결할 권한이 없다. 그러나 아직까지 재판소에 대해 형평과 선에 의해 해결해주도록 부탁된 분쟁은 한 건도 없다.

(2) 강행규범과의 양립성

재판소가 형평과 선에 의해 재판하는 것은 두 당사자 간의 개별적 이익을 조정하는 것을 목적으로 하는바, 개별 국가 간의 이익조정을 위해 국제공동체 전체의 본질적 이익의 보호를 목적으로 하는 강행규범의 침해가 용인될 수 없을 것이다.

Ⅳ 형평의 국제법의 형식적 연원성

1. 법을 배제하는 형평

ICJ규정 제38조 제2항에 규정된 '형평과 선에 의한 재판'의 경우, 실정법을 무시하고 법 외적인 요소인 형평에 따라 당사자의 이익을 조정함으로써 법의 적용 자체가 문제되지 않는다. 따라서 여기서 문제되는 형평은 법과 아무런 상관관계가 없다. 따라서 형평이 법을 대체하는 결정기준으로 작용하는 경우 국제법의 연원이 될 수 없다.

2. 법테두리 내에서의 형평

이 경우 형평은 주어진 법의 틀 속에서 그 공정한 해석 및 적용을 위한 지침을 제공할 뿐, 새로운 법규범의 연원이 될 수 없다.

3. 법을 보충하는 형평

이 경우 형평은 구체적 사건의 합리적 해결을 위해 현행법의 경직성을 교정하거나 보충함으로써 법 발달에 대해 영향을 미칠 수 있음은 사실이다. 그러나 이 경우에도 국제법정은 스스로가 바람직하다고 판단하는 원칙이라 하더라도 이를 법으로서 선언할 수는 없으며, 형평에 따라 교정된 원칙은 해당 사건의 해결을 위해서만 제시되는 데 그친다. 따라서 이는 국제법의 연원이라 할 수 없다.

Ⅴ 결론

앞에서 검토한 바와 같이 형평은 국제재판에서 부분적으로 적용되고 있고 실정법에도 규정되고 있다. 다만 현재로서는 보충적·실질적 연원의 기능은 있으나, 보편적, 법적 구속력을 발생시키는 형식적 연원으로 보기는 어렵다. 그러나 실질적 연원과 형식적 연원의 상호관계를 생각할 때, 형평으로부터 형식적 연원이 생성될 가능성은 배제할 수 없을 것이다.

제8절 | 국제기구 결의

Ⅰ 서론

국제기구란 공동의 목적을 달성하기 위한 여러 국가의 결합으로서 보통 조약에 입각하여 창설되며 그 기능을 수행하기 위한 기관(organ)을 가지고 이 기관을 통하여 개개의 구성국의 의사와는 별개의 단체 자신의 의사를 표명하며 단체의 이름으로 행동하는 것을 말한다. 국제기구, 특히 보편성을 가진 UN, 전문기관의 결의는 ICJ 규정에는 명시되어 있지 않으나, 그 기본조약에 부여된 권한의 범위 내에서 각종 법규범의 정립에 관여하는 실질적·2차적 법원의 역할을 한다. 국제기구의 결의에는 행위요구의 여부 및 구속력의 유무를 기준으로 (1) 실질사항에 대한 결정(행위요구 및 구속력 모두 있음), (2) 내부사항에 대한 결정이나 확인 및 선언(행위요구는 없으나 구속력은 있음), (3) 권고(행위요구는 있으나 구속력은 없음), (4) 선언(행위요구와 구속력 모두 없음)으로 나눌 수 있다.

Ⅱ 구속력 있는 결의

1. 구속력의 의미

회원국을 포함한 국가들에 대해 권리 또는 의무의 창설·변경·소멸을 가져오거나 스스로에 대해 어떠한 의무를 부과하는 법적 효과를 의미한다. 국제기구 결의의 구속력은 헌장규정에 근거한다.
예 UN헌장 제7장의 안보리의 결정과 제25조에 따른 회원국들에 대한 구속력

2. 결정

첫째, 헌장에 근거하여 자신의 기능, 절차 등 내부사항에 대해 결정권한을 갖는다. 가입, 제명, 이사국의 선출, 보조기관 설치 등에 관한 결정 등이 포함되며 기구 내부적 구속력이 있다. 둘째, 대외관계에 있어 자기제한적 결정. 국제기구는 일방적 결정에 의해 타 주체들과의 관계에서 스스로에게 의무를 부과할 수 있으며, 자발적으로 수락된 의무에 구속된다. 셋째, 실질사항과 관련한 국가들에 대한 의무부과. 국제기구가 일방적 결정으로 국가 주권을 제약할 수 있는 가능성은 매우 제한적이나, UN안전보장이사회의 경우 헌장 제7장상의 조치들을 결정할 수 있고 이는 모든 회원국을 구속한다.

3. 확인(determination)

국제기구의 기관이 어떠한 사실 또는 상황의 존재 여부를 확인하는 경우가 있다. 북한의 무력공격이 '평화의 파괴'를 구성함을 확인한 것이나, 이라크의 쿠웨이트 침공으로 '국제평화와 안전의 파괴'가 존재함을 확인한 것이 그 예이다. 이는 회원국을 포함한 모든 국가를 구속한다.

4. 기존 법규범의 선언

기존 법규범을 선언하는 결의는 구속력이 있다. 1970년 '국가 간 우호협력관계에 관한 선언', 1974년 '침략의 정의'에 관한 총회 결의가 그 예이다. 결의에 포함된 원칙들은 관습법의 자격으로 국가들을 구속한다.

Ⅲ 구속력 없는 결의

1. 권고

상대방에게 일정한 행위를 하도록 요청하되 이들을 구속하지 않을 의도로서 채택되는 결의 형식을 권고라 한다. 권고는 구속력이 없으며 국제기구는 국가 주권을 침해할 우려가 있는 사안에 대해서는 구속력이 없는 권고형식을 취하고 있다.

2. 선언

법원칙을 선언하되, 문구나 참가국의 의사표시로 보아 동 원칙에 구속력을 부여하기로 하는 의도가 분명히 확인되지 않는 선언은 구속력을 가지지 못한다.

Ⅳ 새로운 법규범을 선언한 결의

1. 의의

국제기구 특히 UN총회에서 만장일치 또는 컨센서스로 새로운 법규범을 선언하는 경우 그러한 선언의 법적 구속력 또는 형식적 연원성에 대해 논란이 있다. 연성법규론자들이나 속성관습법론자들은 총회 결의의 구속력을 인정하나, 헌장 규정을 강조하는 학자들은 이를 부인하고 있다.

2. 구속력 긍정설

(1) 속성관습법론

국제관습법의 형성에 관한 이원설을 비판하고, 법적 확신이라는 주관적 요소만 존재해도 관습법이 성립한다는 주장이다. 만장일치 또는 압도적 다수의 찬성에 의한 결의는 이를 의무로서 수락한다는 법적 확신의 표명으로서 결의에 의해서도 국제관습법이 성립한다. 따라서 국제기구 결의의 법원성을 인정할 수 있다.

(2) 연성법론

연성법은 hard law와 같은 엄격한 권리·의무를 창설하는 것은 아니나, 회원국의 행동지침이 되거나 약한 구속력을 창설하므로 그 법원성을 인정할 수 있다.

3. 부정설

헌장 기초자들의 의도와는 달리 총회는 입법기관의 지위에 있지 않다. 따라서 총회는 어떠한 국제법의 형식적 법원도 국가의 의사와 무관하게 창설할 수 없다. 또한 UN헌장 제10조~제14조의 해석상 총회의 결의는 권고적 효력만을 갖는다.

4. 소결

총회 결의에 관한 한 부정설의 입장이 타당하다고 본다. 우선, 북해대륙붕 사건에서 ICJ가 판시한 바와 같이 국제관습법의 형성에 있어 이원설의 입장이 통설과 판례의 입장이다. 또한 국가들이 만장일치로 결의의 채택을 찬성한 것이 곧 자국에 대한 법적 구속력을 인정한 것이라 볼 근거가 없기 때문이다.

Ⅴ UN총회 결의의 기능

1. UN헌장의 유권적 해석 또는 관습의 확인

UN총회 결의는 UN헌장에 대한 유권적 해석을 구성하거나 이미 확립된 일반관습법규를 확인하거나 선언하는 것으로 간주될 수 있다. 다만 이 경우 UN총회 결의는 규범적 내용을 담고 있어야 하고 컨센서스나 만장일치로 채택되어야 한다.

2. 실질적 연원

총회 결의는 추후 다자조약 체결이나 국제관습법규의 형성을 촉진하는 데 도덕적 또는 정치적 영향력을 발휘할 수 있다. 즉, 총회 결의가 실질적 연원으로서 국제법의 창설을 촉진하는 것이다. 이러한 의미에서 UN총회 결의를 연성법규(soft law)라고 할 수 있다. 세계인권선언(1948), 식민지 국가들과 인민에 대한 독립부여에 관한 선언(1960), 우주법원칙선언(1963) 등이 이러한 범주에 속한다.

3. 법규발견의 보조적 수단

총회 결의는 국제재판소나 국내재판소가 관련 관습법규를 발견해내기 위한 증거자료로 원용될 수 있다. ICJ는 니카라과 사건에서 우호관계선언으로부터 무력사용금지의무에 대한 법적 확신을 추론할 수 있다고 하였으며, Legality of the Threat or Use of Nuclear Weapons 사건에서도 총회결의는 어떤 규칙의 존재나 법적 확신을 입증하는 데 중요한 증거를 제공할 수 있다고 하였다.

Ⅵ 결론

결의에 의해 국제법주체의 권리 의무의 창설·소멸·변경이 이루어지는 경우 그 결의는 국제법의 연원으로 간주될 수 있다. 따라서 내부사항에 대한 결정·확인·권고는 구체적 권리 의무를 창설하는 것은 아니므로 국제법의 연원이라 할 수 없다. 그러나 국제기구가 스스로에게 의무를 부과하기 위한 결정 또는 실질 사항에 있어 국가들에게 의무를 부과하기 위한 결정(안전보장이사회의 결정)은 구속력을 가지므로 국제법의 연원이라 할 수 있다. 다만, 총회의 결의에 관한한 그 형식적 법원성을 인정하기는 어렵다고 본다.

제9절　연성법규

I 의의

연성법규란 경성법규(hard law)와 달리 구속력이 불완전한 법을 의미한다[5]. 연성법규론은 비교적 최근에 국제법의 규율범위에 포함된 국제경제, 국제인권, 국제환경법 등의 영역에 있어서 특히 국제기구에 의해 창설되는 규범에 '법적' 구속력을 부여하기 위한 이론적 시도라 할 수 있다. 국가들이 국제규범형성에 있어서 '연성법규' 형식을 채택하는 것은 국제관계의 새로운 분야에서 법규범을 창설함에 있어 국가들의 저항을 완화시키고자 하기 때문이다.

II Soft Law의 존재형식

1. 조약으로 존재하는 연성법규

(1) 조약상의 의무가 추상적으로 규정된 경우

당사국들로 하여금 조약상의 목적을 점진적으로 달성할 것을 요구하고 이를 위해 모든 적절한 방법에 의해 또는 가용한 자원을 최대한 동원하여 필요한 조치를 취할 것을 요구하는 경우 연성법규로 볼 수 있다 (1966년 국제인권A규약). 또한 당사국들로 하여금 조약상의 의무를 가능하고 적절한 범위 내에서 이행하도록 요구하는 경우도 연성법규로 본다(1992년 생물다양성협약).

(2) 의무는 구체적이나 많은 예외를 인정하고 있는 경우

조약이 당사국들의 의무를 구체적으로 규정하고는 있으나, 많은 예외를 인정함으로써 그 경직성을 완화하고 있는 경우도 연성법규로 볼 수 있다. 예컨대, 1994 GATT는 MFN이나 NT에 대해 광범위한 예외를 인정하고 있다. 이러한 폭넓은 예외들은 조약의 구속력을 약화시켜 그 구속력을 연성화하고 있는 것이다.

2. 국제기구 결의의 형식으로 존재하는 연성법규

국제기구 결의는 일반적으로 구속력이 없는 것으로 추정되나, 다음의 요건을 충족시키는 결의는 연성법규의 성질을 갖게 되어 구속력이 인정된다.

(1) 법규범창설의 의도

우선, 결의를 통해 국가들이 법규범을 창설할 의도가 있어야 한다. 이러한 의도는 결의의 제목이나 결의의 문구에서 확인될 수 있다. 즉, '법원칙선언', '헌장' 등의 제목은 결의가 법규칙을 선언하고 있는 것으로 이해된다. 둘째, 결의의 문구가 "…해야 한다(shall).", "…할 의무가 있다."라는 표현이 사용되는 경우 법적 구속력 부여의 의도를 확인할 수 있다. 셋째, 해당 결의 채택에 국가들이 유보(reservation)를 표명하는 경우 관련된 결의의 구속력을 인정하는 증거로 볼 수 있다.

---

[5] 김석현, 국제법강의안, 정명사, 67면.

(2) 법규범 창설 의도의 확인

특정 결의가 연성법규로서 성립하기 위한 두 번째 요건은 특정 원칙을 결의에 포함시키는 데 대해 국가들의 일반적인 지지가 있어야 한다. 특정 원칙에 대해 다수 국가가 반대하거나 주요 이해관계국들의 적극적인 반대가 있는 경우 동 원칙을 담은 결의는 법적 구속력이 없다.

Ⅲ Soft Law의 구속력

1. 구속력의 의미

구속력이란 당사국 또는 결의에 참가한 국가들에 대해 권리 또는 의무를 창설 · 변경 · 소멸을 가져오거나, 스스로에 대해 어떠한 법적의무를 부과하는 법적 효과를 말한다.

2. 조약으로 존재하는 Soft Law

조약으로 존재하는 연성법규는 원칙적으로 다른 조약법상의 의무와 같이 국가를 구속한다. 그러나, 이들 조약 속에 포함된 의무들은 그 내용 자체가 불명확하거나 추상적이므로 국가들에 대해 일정한 행동방향 또는 행동방식에 따를 것을 요구하는 데 그칠 수밖에 없다.

3. 국제결의로 존재하는 Soft Law

(1) 구속력을 긍정하는 견해

결의 속의 원칙에 대해 구속력을 부여하고자 하는 일반적 의도가 확인되는 경우 법규범적인 성격을 갖는다. "UN총회 결의 중 일부는 국가들의 일반적 준칙에 관한 것이므로 그 법적 성격과 효력을 특별히 고려할 필요가 있다. 그러한 결의들은 상당기간에 걸친 연구와 토의를 거쳐 컨센서스나 만장일치로 채택되었으며, 국제법의 증거로 삼기에 충분한 조건을 갖추고 있으므로 일반국제법 원칙을 선언한 것으로 보아도 무리가 없다."(Henkin)

(2) 구속력을 부인하는 견해

UN총회는 국제사회의 입법기관으로 예정된 것이 아니며, 비록 만장일치의 결의라 할지라도 법적으로는 국가에 대한 권고에 지나지 않는다. "연성법은 엄격하게 법적 구속력을 갖는 것은 아니고, 법과 비법의 회색지대에서 작용하는 국제경제법과 국제환경법상의 '행위준칙 또는 지침'이다. 따라서 연성법이 국제사회 규범의 일 양태임은 분명하나, 법규범은 아니다."(Malanczuk)

(3) 소결

새로운 법규범을 선언하고 있는 결의라 할지라도 그 실질적 연원성은 인정하되, 형식적 법원성 즉, 국가에 대한 구속력은 부인하는 것이 타당하다. 특히 UN총회의 결의에는 권고적 효력만을 인정한 UN헌장 규정 제10조~제14조의 문언에 의할 때 총회 결의에 법적 구속력을 인정할 수는 없다고 생각된다.

4. 조약규정을 통한 연성법규의 법적 구속력 취득

연성법이 다자조약에서 묵시적 언급을 통해 조약의 조건으로 편입됨으로써 간접적으로 구속력을 부여받는 경우도 있다. 예를 들어 1982년 UN해양법협약이 도입한 입법기술에 의하면, 국가들은 권한 있는 국제기구나 일반외교회의를 통해 수립되어 일반적으로 수락된 국제 규칙과 기준 또는 권한 있는 국제기구나 일반외교회의를 통해 수립된 적용가능한 국제 규칙과 기준을 적용할 것이 요구되거나 그렇게 하는 것이 허용된다. 국제해사기구는 설립조약상 구속력 있는 결의를 채택할 일반적 권한이 없음에도 불구하고 UN해양법협약은 간접적으로 이 기구의 결의와 권고들을 구속력 있는 것으로 만들 수 있다.

5. ICJ 입장

ICJ는 Legality of the Threat or Use of Nuclear Weapons 사건에서 UN총회 결의는 비록 구속력은 없다 해도 때로 규범적 가치를 가질 수 있으며, 나아가 결의는 일부 상황에서는 어떤 규칙의 존재 혹은 법적 확신의 출현을 입증하는 데 중요한 증거를 제공할 수 있다고 하였다.

6. 미국 법원의 입장

Filartiga v. Pena-Irala 사건에서 미국의 한 연방항소재판소는 고문이 국제적 차원에서 금지되었다는 결론을 얻어내기 위해 학자들의 글과 판례와 함께 모든 관련 조약과 UN총회의 결의들을 검토하였다. 특히, 이 사건에서 동 재판소는 세계인권선언은 구속력있는 조약 대 구속력 없는 선언의 이분법에 더 이상 들어맞지 않으며, 그것은 오히려 국제공동체의 유권적 선언이라고 언급한 한 견해를 인용함으로써, 그 형식에 있어 단지 총회결의에 불과한 1948년 세계인권선언의 법적 효력을 시사했다.

Ⅳ Soft Law 위반의 법적 결과

조약으로 존재하는 Soft Law의 위반에 대해서는 국가책임이 성립한다는 점에 대해서는 연성법규를 인정하는 견해나 부인하는 견해나 차이가 없다. 그러나, 결의로써 존재하는 연성법규의 경우 연성법규를 긍정하는 학설에 따르면 Soft Law의 위반은 불법행위로서 국가책임이 성립한다. 다만, 그 책임의 '정도'는 Hard Law 위반에 비해 다소 약할 수 있다고 본다. 책임 자체는 성립하기 때문에 손해배상이나 대항조치가 정당화된다고 본다. 그러나 결의의 연성법규성 또는 구속력을 부인하는 견해에 의하면 결의는 법적 구속력을 갖지 않기 때문에 국가책임이 성립하지 않고 다만, 도의적 책임 또는 정치적 책임을 부담할 따름이라고 본다.

Ⅴ 결론

Soft Law는 새로운 국제법 분야에 있어서 법규칙이 완전한 구속력을 가진 규범체계로 자리 잡아 가는 과정에서 과도적으로 존재하는 규범양식이다. 국가들은 새로운 법규범 창설에 있어서 행동의 자유를 확보하기 위해 일단 느슨한 내용과 형식을 가진 법규범을 마련하나, 국가들의 저항이 사라지고 규범적 필요성이 고조됨에 따라 Hard Law로 승격된다. 즉, 추상적 규정을 구체화하기 위한 후속조약을 체결하거나, 결의 속의 원칙들을 조약이라는 형식으로 재구성하기도 한다. 결의에 포함된 원칙들이 일반적 관행과 법적 확신을 획득함으로써 국제관습법으로 성립할 수도 있다. 현 단계에서 총회 결의 자체가 국제법의 법원으로서 국제법규를 창설하는 것은 아니다. 총회 결의는 '법이 창조되는 중요한 전단계' 또는 '관습법의 형성에 불가결한 법적 신념이 국제사회의 각 국가 간에 생기고 있는 유력한 증거'라고 보는 것이 옳을 것이다.

I 서론

국제강행규범이란 이에 대한 저촉 또는 위반이 국제법질서의 본질에 영향을 미치기 때문에 국제법주체 간의 특별한 합의로써서도 그로부터 일탈할 수 없는 국제규범을 말한다. 조약법 협약 제53조는 "일반국제법의 강행규범이란 그로부터의 어떠한 일탈도 허용되지 않으며 그 후에 확립되는 동일한 성질의 일반국제법규에 의해서만 수정될 수 있는 규범으로서, 국가들로 구성되는 국제공동체 전체에 의해 수락되고 승인된 규범을 말한다."라고 규정하고 있다.

II 학설

1. 긍정설

국제법의 규칙에도 서열이 있어야 한다든지, 혹은 국가들이 합의를 통해서도 이탈할 수 없는 일정 가치가 존재해야 한다는 관념은 여러 학자들에 의하여 이미 오래 전부터 제기되고 있었다. 첫째, Grotius는 자연법은 불변이므로 신이라 할지라도 이것을 변경시킬 수 없다고 선언하였다. 둘째, Vattel은 자연법(필수적인 국제법)을 국가들은 합의에 의해 변경해서는 안 된다고 하였다. 셋째, Bluntschli는 국제조약은 그것이 국가들의 기본적 권리들을 제한 혹은 파괴하는 경우에는 구속력이 없다고 하였다. 넷째, D. Anzilotti는 국가들의 의사는 국제법에 의하여 금지된 어떤 것을 목표로 해서는 안 된다고 하였다. 다섯째, Oppenheim은 만약 한 국가가 자국 선박들에게 공해상에서 해적행위를 하도록 명령하더라도 타국은 이에 간섭하지 않는다는 내용의 협약이 양국 간에 체결된다면, 그러한 조약은 당연무효가 될 것이라고 하였다.

2. 부정설

강행규범이란 국가처럼 잘 조직화되고 실효적인 법체계에서만 가능한 것으로 전제한 나머지 국제공동체에는 아직 그런 것이 있을 수 없다고 단정하는 학자들도 있다. 첫째, Schwarzenberger는 국내법과는 달리 국제관습법은 강행규범 혹은 국제공공정책의 규칙, 즉 국제법의 개별 주체들이 합의에 의하여 수정할 수 없는 규칙이란 것이 결여되어 있고, 임의규범과는 구분되는 강행규범은 공공정책의 규칙들을 수립할 수 있는 입법적 그리고 사법적 장치를 갖추고 있고 또한 최종적으로 압도적인 물리력에 호소할 수 있는 실효적인 법적 질서의 존재를 전제로 한다고 하였다. 둘째, Rousseau는 강행규범 개념에 대하여 매우 회의적이었다. 그는 국제법에서는 국내법의 상황과는 대조적으로 국가 의사의 자율성을 제한하는 공공정책의 관념은 국제공동체의 개인주의적·의사주의적 구조 때문에 사실상 존재하지 않는다고 하였다.

Ⅲ 국제법상 강행규범의 도입

1. 조약법에 관한 비엔나협약 제53조

> 📖 **조문 | 조약법에 관한 비엔나협약 제53조 – 강행규범의 정의 및 강행규범 위반조약의 무효**
>
> 조약은 그 체결 당시에 일반국제법의 절대규범과 충돌하는 경우에 무효이다. 이 협약의 목적상 일반국제법의 절대 규범은 그 이탈이 허용되지 아니하며 또한 동일한 성질을 가진 일반국제법의 추후의 규범에 의해서만 변경될 수 있는 규범으로 전체로서의 국제 공동사회가 수락하며 또한 인정하는 규범이다.

조약법협약은 조약의 무효 및 종료 사유로서 국제강행규범에 위반되는 조약을 예시함으로써 국제강행규범을 최초로 실정법에 도입하였다. 조약법협약은 계약행위만을 대상으로 함으로써 단독행위가 강행규범의 규율을 받는가에 대해서는 규정하지 않았다. 동 조약 제53조에 대한 해설은 (1) UN헌장의 원칙에 위반하여 무력사용을 예정하는 조약, (2) 국제법상의 범죄행위를 예정하는 조약, (3) 노예매매, 해적행위 또는 집단살해와 같이 국가들이 그 진압을 위해 협력할 의무가 있는 행위들을 예정하거나 용인하는 조약 등을 강행규범에 위반되는 조약으로 예시하였다.

2. 1970년 바르셀로나 트랙션 사건

국제사법재판소는 이 사건에서 외교적 보호의 범주 내에서 한 국가와 다른 한 국가의 관계에서 발생하는 의무와 본질적으로 구분되는 국제공동체 전체에 대한 의무가 존재함으로 확인하고 이러한 의무를 '대세적 의무'(obligations erga omnes)라 하였다. 의무의 중요성에 비추어 그러한 의무가 보호되어야 한다는 데 대해 모든 국가가 법적 이익을 갖는 것으로 간주된다. 따라서 강행규범을 위반한 경우 국제법상 '민중소송'(actio popularis)이 가능함을 암시한다. 재판소는 이 판결에서 강행규범의 주요한 예로서 (1) 침략금지의무, (2) 집단살해 금지의무, (3) 노예매매 및 인종차별의 금지와 같은 인권보장의무를 예시하였다.

3. 1980년 국가책임법 협약 초안 제19조

1980년 UN국제법위원회가 잠정 채택한 국가책임법 협약 초안은 제1부 제19조 제2항에서 국가의 국제위법행위를 국제범죄와 국제불법행위로 양분하고, 국제범죄란 '국제공동체의 근본적 이익의 보호를 위하여 너무나도 중요하여 그 위반이 국제공동체의 전 구성원에 의해 범죄로서 인정되는 의무의 위반'으로 정의하였다. 제3항은 국가범죄의 예로서 '국제평화와 안전의 유지', '민족자결권의 보호', '인간의 보호', '인류환경의 보호'를 위해 본질적으로 중요한 의무의 중대한 위반을 규정하고 있다.

4. 국제판례

여러 국제재판소들도 이제는 강행규범의 존재를 확인하고 있다. 첫째, 유럽인권재판소는 Al-Adsani v. UK 사건에서 고문 금지를, Jorvic v. Germany 사건에서는 제노사이드 금지를 강행규범으로 불렀다. 둘째, 구유고국제형사재판소도 고문 금지를 강행규범으로 선언한 바 있다. 셋째, 미주인권재판소(Inter-American Court of Human Rights)는 비차별(차별 금지), 고문 금지, 재판소 접근(이용), 강제 실종 금지 등을 강행규범 목록에 올리고 있다. 넷째, 2006년 ICJ는 Armed Activities on the Territory of the Congo 사건에서 국제법에서 강행규범의 존재를 확인하면서, 제노사이드 금지는 강행규범이라고 규정했다. 이후 2012년 Questions relating to the Obligation to Prosecute or Extradite 사건에서는 고문 금지는 국제관습법의 일부로서 강행규범이 되었다고 천명하였다.

5. 국내판례

1947년과 1948년 뉘른베르그에서 개정된 한 미국 군사재판소에 의해 심리된 Alfried Krupp and others 사건에서 피고들은 독일 병기 생산에 프랑스 전쟁포로들을 사용한 것은 비시 정부가 베를린 주재 프랑스대사를 통해 독일과 체결한 협정에 의거한 것이라고 항변하였다. 이에 대해 재판부는 그러한 협정이 존재한다는 신뢰할 만한 증거가 없으며, 설사 그러한 협정이 존재한다 하더라도 그것은 명백히 선량한 도덕에 반하는(contrabonos mores) 것으로서 국제법상 무효였다고 언급하였다.

Ⅳ 강행규범의 주요 내용

1. 강행규범의 예시적 범위

강행규범의 명확한 범위는 확립되지 않았다. 다만, 앞서 언급한 문헌들에 의하면, 우선 침략 등 UN헌장 원칙에 위반되는 무력행사의 금지 및 인권보장의무가 강행규범으로 거론되고 있다. 또한 민족자결권존중의무 및 국제환경보존의무도 강행규범으로 성립되었다고 인정된다.

2. 강행규범의 판정주체 및 기준

(1) 판정주체

조약법에 관한 비엔나협약은 강행규범의 판정주체를 국가들 전체로 이루어진 국제공동체(the international community of states as a whole)로 규정하고 있다. 그러나 국제사회의 분권적 구조로 인해 실제로는 개별국가에 위임하는 것과 동일한 결과를 가져올 수 있으므로, 이 점을 고려하여 협약은 강행규범의 존재 여부 및 해석과 적용에 관한 분쟁을 최종적으로 ICJ의 강제적 관할에 두도록 규정하였다. 따라서 국제강행규범에 관한 최종적 판단기관은 ICJ이다.

(2) 판정기준

협약 제53조는 국제강행규범은 국제공동체 전체가 수락하고 승인한 규범이며 그로부터 어떠한 일탈도 허용되지 않는 규범이라고 매우 추상적으로 규정할 뿐 어떤 법규가 이에 해당하는 지를 명시하지 않았다. 국제강행규범의 형성 및 확립의 구체적 내용에 대한 판정은 국제관행 및 ICJ에 맡겨져 있다.

3. 강행규범의 법적 성질

조약법에 관한 비엔나협약 제53조로부터 강행규범의 법적 성질을 도출할 수 있다. 첫째, 강행규범은 국제공동체 전체의 근본적 이익의 보호를 목적으로 하므로 필연적으로 일반국제법으로 존재한다. 둘째, 강행규범은 개별법주체들에 의해 그 적용이 배제될 수 없으며, 차후의 또 다른 강행규범의 확립에 의해 수정되는 경우를 제외하고는, '언제 어디서나 그리고 누구에 의해서나' 준수되어야 하는 규범이다.

4. 강행규범의 독자적 연원성

(1) 긍정설

Onuf, Birny, Christenson 등 강행규범의 독자적 연원성을 긍정하는 학자들은 조약법 제53조에 규정된 강행규범은 기존 연원과는 무관하게 독자적으로 창설되는 독자적 연원이라고 본다. 즉, UN총회나 보편적 국제회의 등 국제공동체를 대표하는 회의에서 창설된다고 본다.

(2) 부정설

ILC나 ICJ는 독자적 연원성을 부정한다. ILC는 강행규범규칙의 수정을 위한 가장 적절한 수단은 '조약'이라고 본다(ILC주석). "국제법질서에서 헌법적 규칙을 창설하기 위한 특별한 연원은 존재하지 않는다."라고 밝혔다. ICJ 역시 '니카라과 사건'에서 무력사용을 금지하는 강행규칙은 확립되어 있는 국제법의 연원인 조약과 관습에 기초하고 있음을 명확히 하였다. 국가들 역시 강행규범을 기존 연원의 산물로 간주하고 있다.

(3) 소결

부정설이 타당하다. 즉, 강행규범이라 하더라도 기존 연원으로부터 창설되는 것으로 해석해야 한다.

5. 강행규범의 적용범위

(1) 강행규범 창설 조약의 제3자효

이는 입법부적 조약론 또는 다수결 규칙의 인정 여부와 관련되는 문제로 긍정설과 부정설의 대립이 있다. Gaja, Macdonald, Bos, Hannikainen, 이중범, 이병조, 유병화 등의 학자들은 강행규범 창설조약의 제3자효를 긍정한다. 강행규범은 필연적으로 모든 국가들에 적용되며, 창설에 있어서 소수 국가의 수락이 결여되어 있어도 어떤 규범이 강행적이 되는 것에 장애물이 되지 아니한다고 보는 것이다. 조약법에 관한 비엔나협약 제53조상 '국제공동체 전체'(international community as a whole)의 의미가 '모든 국가'를 의미하는 것은 아니라고 본다. 반면, Danilenko, Ragazzi, 김대순 등은 강행규범 창설조약의 제3자효를 부정한다. 강행규범은 기존 연원으로부터 창설되므로 국가의사를 넘어설 수 없다. 즉, 강행규범 창설에 반대한 국가에 대해서는 적용되지 않는다. 조약법에 관한 비엔나협약 제53조에서도 '수락·승인'을 강행규범 성립요건으로 규정하여 '합의·의사'의 요건을 배제하지 않았다. 강행규범에 대해 '사실상' 반대하기 어려울 것이나 '법적으로' 반대를 금지하지 않으며 반대국에 대해서 적용되지 않는다. 요컨대, 논리적으로는 부정설이 타당하다고 본다. 강행규범이라 할지라도 강행규범 창설에 반대한 국가에 대해서는 적용되지 않는 것이 현 국제법 체제에서는 타당하다고 볼 것이다.

(2) 강행규범인 국제관습법에 대한 집요한 불복의 인정 여부

자연법주의와 의사주의의 대립이 있다. 전자는 집요한 불복을 부정하는 반면 후자는 이를 인정한다. 한편 Malanczuk은 집요한 불복국가를 인정하되 '강행규범'이나 '근본적·기본적 원칙'에 대해서는 예외적으로 인정하지 않는 것이 타당하다는 절충적인 견해를 제시한다. 요컨대, 강행규범의 창설목적을 고려하면 절충설이 타당하다고 본다.

6. 지역강행규범

조약법에 관한 비엔나협약 제53조는 강행규범이 일반국제법에 속하며 국제공동체 전체에 의해 수락되고 승인되는 규범으로 규정하여 일견 지역강행규범은 성립될 수 없는 것으로 해석될 여지가 있다. 그러나 동 조항은 비엔나협약의 목적에 한정하여 강행규범을 정의한 것이며, ICJ규정 제38.1조 (b)에 대한 ICJ에 대한 태도를 고려해볼 때 지역강행규범도 성립할 수 있는 것으로 볼 수 있다. 다만, 강행규범은 그로부터 이탈을 허용하지 않는 규범이므로 지역강행규범 역시 일반국제법의 강행규범과 상충하지 않는 범위 내에서 성립가능한 것으로 보아야 한다.

7. 강행규범과 UN헌장하의 의무의 관계

UN헌장 제103조에 의하면 UN헌장하의 의무와 회원국 상호 간 의무가 상충하는 경우 UN헌장상 의무가 우선하도록 규정하고 있다. 동 조항은 UN헌장상 의무가 강행규범적 성격을 갖는 것임을 밝힌 것은 아니다. 또한 헌장 제24조는 안보리가 UN의 목적과 원칙에 따라 행동할 것을 규정하고 있으며 동 목적과 원칙에는 UN헌장 수립 이후 강행규범으로 인정된 규범들이 포함된다. 따라서 UN안보리 결의도 강행규범에 위반되어서는 안 된다. Bosnia 사건에서 Elihu Lauterpacht 재판관은 개별 의견에서 구유고 전체에 대해 의무적 무기금수조치를 부과한 안보리 결의 제713호(1991)는 제노사이드를 막지 못하게 함으로써 제노사이드 금지라는 강행규범과 충돌하고 있고 따라서 안보리 결의 제713호는 무효일 수 있다는 견해를 피력하였다.

Ⅴ 강행규범의 위반의 법적 결과

1. 강행규범에 위반된 조약의 법적 결과

(1) 조약의 무효

조약법에 관한 비엔나협약 제53조에 따르면 기존의 일반국제법상 강행규범에 위반되는 조약은 무효인 조약이다. 조약의 무효란 조약이 효력요건을 갖추지 못하여 처음부터 조약의 효력이 발생하지 않는 것을 의미한다. 강행규범에 저촉되는 조약은 절대적 무효사유에 해당하며, 묵인에 의해서도 그 불법성이 치유되지 않으며, 가분성의 원칙도 적용되지 않는다.

(2) 조약의 종료

> **目 조문 | 조약법에 관한 비엔나협약 제64조 – 강행규범 위반 조약의 종료**
> 일반국제법의 새 절대 규범이 출현하는 경우에 그 규범과 충돌하는 현행 조약은 무효로 되어 종한다.

조약법에 관한 비엔나협약 제64조에 의하면, 조약이 새로운 강행규범에 저촉되는 경우 종료된다. 다만, 이 경우는 절대적 무효와 달리 소급효가 인정되지 않으며, 조약의 가분성의 원칙도 적용된다.

(3) 분생해결

협약 제53조 및 제64조의 적용 또는 해석에 관한 분쟁이 발생한 경우 당사국 간 합의에 의해 중재재판에 부탁하기로 합의하지 아니하는 한 어느 한 당사국은 분쟁을 국제사법재판소에 제소할 수 있다. 즉, 강행규범에 관련된 무효 또는 종료에 관한 분쟁에 대해서는 국제사법재판소의 강제관할권이 성립한다.

2. 강행규범에 위반된 단독행위의 법적 결과

(1) 학설

조약에 관하여 강행규범이 적용되는 것은 의문의 여지가 없으나, 국가의 단독행위에도 적용되는가에 관해서는 학설대립이 있으나 긍정설이 다수설이며 입법론적으로도 계약적 성질을 갖느냐 여부에 관계없이 국가의 모든 법률행위에 적용되는 것이 바람직하다. James Crawford는 "강행규범은 단지 조약뿐만 아니라 그것과 일치하지 않는 모든 법적 행위와 사태까지도 무효화해야 한다고 생각해 볼 수 있다."라고 하여 긍정설을 취하고 있다.

(2) UN의 관행

단독행위에 대해 강행규범이 적용되는 것은 UN에 의해서도 지지를 받고 있다. 이라크의 쿠웨이트 침공과 관련된 안보리 결의 제662호는 "이라크의 쿠웨이트 병합은 '당연무효'(null and void)로 간주되며, 모든 국가들에게 이 병합을 승인하지 않을 것을 요구한다."라고 명시하여 강행규범에 위반된 무력병합의 법적 효력을 부인하고 있다.

3. 강행규범 위반과 국가책임

(1) 국가책임의 성립

국가책임은 국제의무 위반과 국가귀속성을 요건으로 성립한다. 국가가 조약이나 국제관습법으로 존재하는 강행규범을 위반한 경우 국가책임이 성립하며 따라서 원상회복이나 손해배상의무가 발생한다.

(2) 책임추구 주체

> 📑 **조문 | ILC위법행위책임초안 제48조 – 피해국 이외의 국가에 의한 국가책임의 원용**
>
> 1. 다음과 같은 경우, 피해국 이외의 어떠한 국가도 제2항에 따라 타국의 책임을 추궁할 수 있다.
>   (a) 위반된 의무가 당해 국가를 포함한 국가집단에 대하여 부담하는 것이고, 그 의무는 그 국가들의 집단적 이익의 보호를 위하여 수립된 경우, 또는
>   (b) 위반된 의무가 국제공동체 전체에 대하여 부담하는 것일 경우
> 2. 제1항에 따라 책임을 추궁할 수 있는 국가는 책임국에 대하여 다음을 청구할 수 있다.
>   (a) 제30조에 따른 국제위법행위의 중지와 재발방지의 보증 및 보장, 그리고
>   (b) 위의 조항들에 따라 피해국이나 위반된 의무의 수혜자를 위한 배상의무의 이행

국가책임협약초안에 따르면 강행규범 또는 일반국제법상 대세적 의무를 위반하는 경우 이에 대한 책임추구 주체는 초안 제42조상의 피해국뿐만 아니라 초안 제48조상의 '이해관계국'도 법적 책임을 추구할 수 있다. 다만, 이해관계국은 위반국으로 하여금 피해국에게 배상의무 이행을 요구하거나, 위법행위의 중지 및 재발방지의 보장을 요구할 수 있을 뿐 손해배상을 청구할 수는 없다.

4. 강행규범 위반과 국제범죄

1980년 국가책임협약 초안은 강행규범의 '중대한' 위반을 국제범죄(international crime)로 규정하여 국제불법행위(international delict)와 구분하였다. 강행규범을 중대하게 위반한 경우 범죄국은 그 위반에 의해 직접 권리를 침해받은 국가에게 손해배상을 해야 한다. 또한 이는 국제공동체 전체에 대한 법익의 침해이므로, 국제공동체로부터 제재가 가해질 수 있다.

5. 강행규범 위반과 UN헌장 제7장

현행법상 UN헌장 제2조 제4항을 위반한 무력공격이 발생한 경우 UN안전보장이사회는 이를 평화에 대한 위협, 평화의 파괴, 또는 침략으로 규정하고 강제조치를 발동할 수 있다. 한편, 무력사용금지의무 이외의 강행규범상의 의무에 대해서도 이를 중대하게 위반하는 경우 안전보장이사회는 헌장 제7장상의 조치를 발동할 수 있다.

6. 강행규범 위반과 민중소송의 문제

강행규범을 일반국제법상의 대세적 의무와 같은 개념으로 인식하는 경우 강행규범의 위반은 공동체 전 구성원이 갖는 법적 이익을 침해한 것이다. 따라서 강행규범 위반에 대해 국제법상 민중소송이 가능하다. 민중소송이란 공동체의 모든 구성원들에게 그들이 피해를 받았는가의 여부와 관계없이 공동의 이익을 옹호하기 위하여 소를 제기할 자격을 주는 제도를 말한다. 학설적으로 이를 긍정하는 학자도 있으나, 국제사법재판소는 서남아프리카 사건에서 현행 국제법은 민중소송을 인정하지 않는다고 판시하였다. 국제사법재판소는 임의관할을 원칙으로 하기 때문에 강행규범 위반을 이유로 피해국이 아닌 국가가 소송을 제기하는 것은 현실적으로 불가능하다고 볼 수 있다.

7. 강행규범과 신사협정의 관계

강행규범 이론은 '신사협정'에 대해서도 적용되는가? 비엔나협약은 조약법에 관한 것으로 동 협약의 강행규범 관련 규정은 신사협정에 대해서는 적용되지 아니한다. 그러나 신사협정의 이행 과정에서 강행규범 위반행위가 발생할 수 있고, 이런 경우라면 강행규범 이론에 기초한 법적 비난이 가능하다.

8. 강행규범과 안보리 결의의 관계

강행규범에 위반되는 안보리 결의는 무효인지가 문제된다. Bosnia 사건에서 바로 그 같은 의견이 제시된 바 있다. 즉, 1993년 보스니아 정부는 자국 내 무력충돌 과정에서 세르비아와 몬테네그로에 의해 자행되고 있는 것으로 판단되는 제노사이드 행위를 중단시키기 위한 임시조치를 청구하면서, 안보리가 구유고 내에서의 사태가 평화에 대한 위협을 구성한다고 결정한 뒤, 1991년의 결의 713을 통해 부과한 유고 전체에 대한 의무적 무기금수조치로 인하여 제노사이드 행위를 막지 못하고 있다고 주장하였다. 임시재판관 Elihu Lauterpacht는 개별의견을 통해 ICJ는 안보리의 평화에 대한 위협 결정을 심사할 권한은 없지만 헌장 제25조하의 회원국들의 의무와 강행규범(여기서는 제노사이드 금지 규칙) 간에 충돌이 있기 때문에 후자의 의무가 우선하며 또한 안보리 결의 713은 확립된 강행규범의 규칙에 위배되므로 법적으로 무효일지 모른다는 견해를 피력한 바 있다. 구유고국제형사재판소도 Duško Tadić 사건 상소심에서 안전보장이사회는 국제법의 강행규범을 존중하여야 한다는 부수적 의견을 제시한 바 있다.

Ⅵ 결론

국제강행규범은 위법행위로 인한 손해의 발생 여부와는 관계없는 객관적 위법성의 개념을 도입하고 있으며, 종래의 국제법 법원 간의 수평적 효력관계를 최상위의 위계질서를 점유하는 국제강행규범과 하위규범 간의 수직적 관계로 변화시키고 있다. 또한 주권절대사상에 입각한 전통국제법상의 국가의사자유의 원리에 대한 제한을 통해 분권적 국제사회를 법의 지배에 의한 집권적 구조로 변모시키는 기능을 담당한다. 강행규범이 국제법에 도입되었으나, 구체적 내용이 불명확하여 국제사회의 법적안정성에 대한 중대한 위협요소가 될 수 있으므로 이에 대한 입법적 해결이 필요하다고 생각된다.

I 서론

'대세적'(erga omnes)이란 '모두에 대한'이란 의미로서 'erga singulum(한사람에 대한)'에 반대되는 개념이다. 따라서 대세적 의무란 공동체의 개별 구성원이 국제공동체 전체를 상대로 부담하는 의무를 의미한다. 한편, 대세적 권리란 모두를 상대로 대항할 수 있는 권리라는 의미이다. 국제법상 대세적 권리 및 대세적 의무는 실정국제법 및 국제재판소를 통해 확립되었다. 대세적 권리의무는 일반국제법, 준보편조약, 지역적 조약, 지역관습법, 일방적 선언 등 다양한 연원에 기초하여 창설된다. 대세적 권리의무의 정립과정을 검토하고, 당사자관계, 강행규범과의 관계, 위반에 대한 책임을 중심으로 논의한다.

II 대세적 권리의무의 정립과정

1. 조약법에 관한 비엔나협약 제53조

1969년 조약법에 관한 비엔나협약 제53조는 절대적 무효인 조약으로서 '강행규범에 위반되는 조약'을 규정하고 있다. 강행규범의 존재는 국제사회가 하나의 법공동체이며 그 구성원 전체의 공통된 법익이 존재한다는 것을 전제하는 것으로서, 그러한 공익의 보호를 위하여 공동체가 각 구성원에 대해 부과하는 의무로서 대세적 의무의 존재를 암시한다.

2. 국제사법재판소

(1) 1966년 서남아프리카 사건

국제사법재판소는 민중소송의 개념은 부인하였으나 대세적 의무의 존재 가능성은 인정하였다. 재판소는 "국가는 어떤 일반 원칙의 위반에 의하여 자신의 구체적 이익이 침해되지 않았다 하더라도 그 원칙이 준수되어야 함을 요구할 수 있고, 이는 법적 이익이다."라고 판시하였다.

(2) 1970년 바르셀로나 트랙션 사건

재판소는 방론(obiter dictum)에서 국제공동체 전체에 대한 국가의 의무가 존재함을 인정하였다. 침략행위금지의무, 집단살해 금지의무, 노예화 및 인종차별금지의무 등을 대세적 의무로서 예시하였다. 대세적 의무의 준수에 대해서 모든 국가가 법적 이익을 갖기 때문에 위반이 발생하는 경우 모든 국가의 법익을 침해하게 된다. 따라서 대세적 의무를 위반한 국가는 이론적으로 국제공동체 전 구성원으로부터의 소송, 즉 '민중소송'이 제기될 수 있다.

(3) 1974년 프랑스 핵실험 사건

재판소는 프랑스가 일방적으로 행한 핵실험중단 선언은 '공개적이고 모두에 대하여(publicly and erga omnes)' 취해진 것으로서 이로부터 국제공동체 전체를 상대로 하는 의무가 발생됨을 인정한 바 있다. 하나의 국가에 대해서도 대세적 의무가 부과될 수 있음을 인정한 판례로서 중요성을 갖는다.

(4) 1995년 동티모르 사건

민족자결권은 UN헌장 및 UN의 실행에 의해 도출된 권리로서, 대세적 성격을 가지며 현대 국제법의 핵심 원칙 중의 하나임을 인정했다. 이 판례는 대세적 권리의 존재를 인정한 중요한 판례이다.

3. 구유고전범재판소

1998년 Furudzija case에서는 민간인에 대한 고문 금지의 원칙이 대세적 의무에 해당한다고 판시하였으며, 2000년 Kupreckic case에서는 인도적 의무가 쌍무적 의무가 아니고 '국제공동체 전체에 대한 의무'라고 판시하였다.

4. 2001년 국가책임 최종초안

> **🗎 조문 | ILC위법행위책임초안 제42조 – 피해국에 의한 책임 추궁**
>
> 국가는 다음의 경우 피해국으로서 타국의 책임을 추궁할 수 있다.
>
> (a) 위반된 의무가 개별적으로 그 국가를 상대로 하는 것이거나, 또는
>
> (b) 위반된 의무가 당해 국가를 포함하는 일단의 국가들 또는 국제공동체 전체를 상대로 하는 것이며, 그 의무의 위반이
>
> (i) 당해 국가에 특별히 영향을 주거나, 또는
>
> (ii) 그 의무가 상대로 하는 모든 다른 국가들의 입장을 그 의무의 추후 이행과 관련하여 급격하게 변경시키는 성질을 지닌 경우

> **🗎 조문 | ILC위법행위책임초안 제48조 – 피해국 이외의 국가에 의한 책임 추궁**
>
> 1. 다음과 같은 경우, 피해국 이외의 어떠한 국가도 제2항에 따라 타국의 책임을 추궁할 수 있다.
>
> (a) 위반된 의무가 당해 국가를 포함한 국가집단에 대하여 부담하는 것이고, 그 의무는 그 국가들의 집단적 이익의 보호를 위하여 수립된 경우, 또는
>
> (b) 위반된 의무가 국제공동체 전체에 대하여 부담하는 것일 경우
>
> 2. 제1항에 따라 책임을 추궁할 수 있는 국가는 책임국에 대하여 다음을 청구할 수 있다.
>
> (a) 제30조에 따른 국제위법행위의 중지와 재발방지의 보증 및 보장, 그리고
>
> (b) 위의 조항들에 따라 피해국이나 위반된 의무의 수혜자를 위한 배상의무의 이행

동 초안에서도 대세적 의무의 존재를 인정하고 있다. 초안 제42조와 제48조는 '일단의 국가에 대한 의무'(obligation owed to a group of States)와 '국제공동체 전체에 대한 의무'(obligations owed to the international community as a whole)를 언급하여 대세적 의무를 두 가지로 구분하고 있다. 전자는 '부분적인 대세적 의무'로서 해당 그룹 내의 개별 국가들이 그룹 전체에 대해 부담하는 의무를 말하고, 후자는 각 개별 국가들이 국제공동체 전체에 대해 부담하는 의무를 가리킨다.

5. 소결

요약하면, (1) 대세적 개념은 우선 '의무'에 대해 인정되었다. 대세적 의무라 함은 개별국가가 국제공동체 전체에 대해 부담하는 의무로서 공동체의 여하한 국가도 그 준수에 대하여 법적 이익을 갖는 의무를 말한다. 그러한 의무는 공동체 전체의 이익을 보호하는 목적을 갖는다. (2) 최근 대세적 성격은 '권리'에 대해서도 인정된다. 대세적 권리란 모두에 대하여 주장할 수 있는 권리로서 공동체의 모든 구성원이 그 존중에 대해 법적 의무를 가지는 권리를 말한다.

Ⅲ 대세적 권리의무의 당사자 관계

1. 대세적 권리의무의 주체

(1) 모든 국가가 주체가 되는 경우

모든 국가들이 국제공동체를 상대로 하여 부담하는 대세적 의무에서는 모든 국가가 주체가 된다. 침략금지의무, 인권보호의무, 민족자결권 보호의무 등 일반국제법상의 강행규범적 의무는 모든 국가가 국제공동체를 상대로 부담하는 의무이다.

(2) 특정 국가군이 주체가 되는 경우

특정 국가들이 조약을 체결함으로써 공동체를 형성하여 해당 공동체 전체를 상대로 일정한 의무를 부담하는 경우도 있다. 유럽인권규약상의 인권보호의무를 예로 들 수 있다. 한편, 특정의 국가군이 일방적 선언이나 조약을 통해 국제공동체 전체를 상대로 일정한 의무를 자발적으로 수락하는 경우도 있다. 1967년 남미비핵지대화 협약은 당사자 상호 간 의무를 부과할 뿐 아니라 국제공동체 전체를 상대로 해서도 의무를 부담한다.

(3) 특정 개별 국가가 주체가 되는 경우

어느 한 국가 또는 몇몇 국가가 국제공동체 전체를 상대로 특정 의무를 부담할 수 있다. 1974년 핵실험사건에서 인정된 바 있다. 재판소는 프랑스의 일방적 선언에 의한 핵실험 종료의 약속은 국제공동체 전체를 상대로 한 것이며 그로부터 공동체 전 구성원에 대한 의무가 발생한다는 것을 인정한 것이다.

(4) 국가 이외의 주체

민족자결권과 같이 민족도 대세적 권리의 주체가 될 수 있다. 1995년 동티모르 사건에서 재판부는 동티모르 주민들의 '자결권과 천연자원에 대한 항구주권을 인정받을 권리'를 대세적 권리로서 인정하였다. 모든 민족들은 모든 국가들을 상대로 자결의 권리를 주장할 수 있다.

2. 대세적 권리의무의 상대방

(1) 국제공동체 전구성원을 상대방으로 하는 경우

대세적 권리의무가 일반국제법으로 존재하는 경우 이는 모든 국가를 상대방으로 한다. 이 경우 각각의 국제법주체는 여타의 국제법주체들에 대하여 그 권리를 주장할 수 있으며, 모든 다른 국제법주체들과의 관계에서 그러한 의무를 부담하는 것이다. 국제사법재판소는 대세적 의무를 이러한 차원에서 다뤄 왔고, 국가책임초안 제48조에서는 피해국 이외의 여하한 국가도 위법행위에 대해 책임을 추궁할 수 있는 경우로서 '그 위반된 의무가 국제공동체 전체를 상대로 하는 경우'를 들면서 이러한 의무가 대세적 의무에 해당함을 인정하고 있다.

(2) 특정 국가군을 상대로 하는 경우

대세적 법률관계는 일정 국가 간에도 성립할 수 있다. 특정의 국가들로 구성된 공동체 내에서 개별 구성원들이 공동체 전 구성원을 상대로 주장할 수 있는 권리나 이들 전체와의 관계에서 부담하는 의무가 있을 수 있다. 국가책임 초안 제48조는 피해국 이외의 여하한 국가도 위법행위에 대한 책임을 추궁할 수 있는 경우로서 '위반된 의무가 그 국가를 포함하는 국가군(a group of States)을 상대로 하며, 이들 국가군의 공동이익의 보호를 위하여 확립된 경우'를 규정하고 있다.

Ⅳ 강행규범과 대세적 의무의 관계

1. 문제의 소재

대세적 의무와 강행규범상의 의무가 내용적으로 중복됨으로써 양자의 관계에 대한 논쟁이 있으나, 일반적으로 반드시 일치하지는 않는 것으로 인정된다. 국제의무를 대세적 의무와 개별적 의무로 구분하는 것과 이를 강행규범과 임의규범으로 구분하는 것은 차원이 다르기 때문이다.

2. 강행규범과 대세적 의무가 일치하는 경우

강행규범은 오로지 일반국제법으로만 존재할 수 있다.[6] 1969년 조약법협약 제53조도 '어떠한 일탈도 허용되지 않고 오로지 그 후에 확립되는 동일한 성질의 일반법규에 의해서만 수정될 수 있는 규범'이 강행규범이라고 하여 일반국제법적 성질을 명시하고 있다. 그러나 대세적 의무는 일반국제법상의무, 특정 국가 간의 의무, 특정 국가의 의무로 존재할 수 있다. 이 중 일반국제법상의 대세적 의무는 '일반국제법상의 강행규범'과 일치하는 개념이다. 즉, 국제법에 의해 모든 개별 국가가 국제공동체 전체를 상대로 어떠한 의무를 부과받고 있으며 그러한 의무가 준수되어야 한다는 데에 모든 국가가 법적 이익을 가진다면, 이는 그러한 의무가 모든 국가의 공통된 이익 즉, 국제공동체 전체의 근본적 이익과 관련되기 때문이다. 이러한 국제공동체 전체의 근본적 이익의 보호와 관련된 의무는 곧 강행규범상의 의무이다. 다만, 대세적 의무가 당사자 관계에 초점을 맞춘 반면, 강행규범상의 의무는 그 구속력의 정도를 강조하는 것이다. 그러나 양자는 '국제공동체 전체의 근본적 이익의 보호'라는 목적을 매개로 하여 상호 연결되고 있다.

3. 강행규범과 대세적 의무와 일치하지 않는 경우

특정 국가 또는 특정 국가군이 국제공동체 전체를 상대로 어떤 의무를 부담하고 있는 경우, 이는 대세적 의무라 할 수 있으나 강행규범이라 할 수 없다. 이러한 의무는 한 국가가 국제공동체 전체를 상대로 부담한다는 점에서 공동이익과 관련된다고 할 수 있으나, 이는 국제공동체의 '근본적 이익' 보호를 위해 '본질적으로 중요한' 것이 아닌 만큼 모든 국가들에게 일률적으로 부과되지는 않는다. 이러한 의무는 아직 강행적 성질을 갖지 않는다. 한편, 특정 국가들로 구성되는 공동체 내에서 각 구성국들이 그 공동체 전체를 상대로 일정한 의무를 부담하더라도 이는 강행규범이라 할 수 없다.

---

6) 김석현, 전게논문, 59면.

4. 소결

모든 강행규범은 그 정의 자체에 의해 대세적이라 할 수 있으나, 모든 대세적 의무가 반드시 강행적이거나 국제공동체에 대해 근본적으로 중요하다고 할 수 없다(ILC). 즉, 대세적 의무는 강행규범보다 범위가 넓다고 할 수 있으며, 일반국제법상의 대세적 의무는 바로 강행규범이라 할 수 있으나, 특정의 개별 국가 또는 특정 지역 공동체의 구성원들이 부담하는 대세적 의무는 강행규범의 범주에 들어오지 않는다.

Ⅴ 대세적 의무 위반에 대한 책임

1. 국제판례의 입장

(1) 국제사법재판소

1970년 바르셀로나 트랙션 사건에서 재판소는 대세적 의무의 준수에 대해 모든 국가가 법적 이익을 가짐을 인정하고 그 위반에 대해 여하한 국가도 책임을 추궁할 수 있음을 암시하고 있으나 구체적인 책임 추궁 문제에 대해서는 언급하지 않았다. 한편 1974년 핵실험 사건에서 재판소는 대세적 의무의 준수에 대한 모든 국가의 법적 이익을 인정하고, 나아가 국제공동체의 모든 구성원이 그러한 의무의 준수를 요구할 자격을 가진다는 것을 인정하였다.

(2) 구유고전범재판소

1998년 Furudzija case에서 재판소는 대세적 의무 위반은 국제공동체 모든 구성원에 대해 그에 상응하는 권리의 침해를 구성하며, 각 구성원은 동 의무의 준수 및 이행을 요구하고 위반의 중지를 요구할 권리를 갖는다고 판시하였다.

2. 국가책임에 관한 ILC 초안

(1) 책임 추궁

① 피해국에 의한 책임 추궁: 초안 제42조는 국제의무 위반으로 인한 피해국의 책임문제를 규정하고 있다. 대세적 의무 위반이 있는 경우 위반국 이외의 모든 국가는 피해국으로서 책임을 추궁할 수 있다. 다만, 위반된 의무가 그 국가를 포함하는 일단의 국가들 또는 국제공동체 전체를 상대로 하는 것으로 의무 위반이 ① 그 국가에게 특별히 영향을 주거나 ① 그 의무가 상대로 하는 모든 다른 국가들의 입장을 그 의무의 추후 이행과 관련하여 급격하게 변경하는 성질의 것인 경우이다. 이 경우 피해국은 초안 제2부에 규정되어 있는 위법행위 중지 및 재발방지의 확보 및 보장, 손해배상 등 일련의 책임을 추궁할 수 있다.

② 피해국 이외의 국가들에 의한 책임 추궁: 초안 제48조는 대세적 의무 위반에 있어서 해당 법공동체의 국가들에게 피해국의 자격을 인정받지 못하는 경우에도 피해국과 마찬가지로 법익을 침해받은 주체 즉, 이해관계국으로서 공동체의 법익 옹호를 위하여 책임을 추궁할 자격을 부여하고 있다. 위반국에 대해 ① 국제위법행위의 중지 및 재발방지의 보장 ① 피해국 및 그 위반된 의무의 수익주체들을 위하여 배상의무를 이행할 것을 요구할 수 있다.

(2) 대응조치(countermeasures)

① 문제의 소재: 대응조치란 선행된 국제의무 위반에 있어서 그 위반국을 상대로 책임의 이행을 강요하기 위하여 취해지는 피해국의 외관상의 의무 위반행위를 말한다. 국가가 대세적 의무를 위반한 경우 피해 국 이외에 공동체 모든 구성원이 대응조치를 취할 자격이 있는가? 이론적으로는 대세적 의무 위반 시 공동체의 모든 국가가 이해당사자이므로 이들이 책임 추궁 자격을 인정받는 한, 위반국을 상대로 책임 의 이행을 강요하기 위해 대응조치를 취할 자격을 인정받아야 할 것이다.

② 국가책임협약 초안: 초안은 대세적 의무를 포함한 모든 의무 위반에 있어서 '피해국'(injured States)에 대해서만 대응조치를 취할 자격을 부여하고 있으며(제49조), 대세적 의무 위반에 있어서도 피해국 이 외의 국가들에 대해서는 그 자격의 인정에 소극적이다. 다만, 대세적 의무 위반 시 피해국 이외의 국가 들이 대응조치를 취할 자격은 인정하지 않으나, 이에 대응하기 위하여 국제법상 합법적으로 인정되는 조치를 취하는 것은 방해하지 않는다(제54조). 다만, 제49조상의 대응조치를 취할 수 없는 주체는 개 별국가로 해석된다. 따라서 제49조에 의해 국제기구를 통한 '제도적 조치'(institutional measures)로 서의 대응조치를 배제하는 것은 아니다.

📋 **조문 | ILC위법행위책임초안 제49조 제1항 – 대응조치의 주체**

피해국은 오직 국제위법행위에 책임있는 국가가 제2부에 따른 의무를 준수하도록 하기 위하여 당해국가에 대한 대응 조치를 취할 수 있다.

📋 **조문 | ILC위법행위책임초안 제54조 – 피해국 이외의 국가에 의하여 취하여지는 조치**

본 장은 위반행위의 중지 및 피해국 또는 위반의무의 수혜자를 위한 배상을 확보하기 위하여 제48조 제1항에 따라 타 국의 책임을 추궁할 권리가 있는 모든 국가가 그 타국에 대하여 합법적 조치를 취할 권리에 영향을 미치지 않는다.

---

③ 제도적 대응조치의 문제: 대세적 의무 위반은 공동체 전체의 법익을 침해하는 것이므로 이에 대해 공동 체 전체로부터 대응조치가 있어야 할 것이다. 국가책임협약 초안은 이 사안에 대한 명시적 규정을 두는 대신 책임협약초안상의 규정들이 UN헌장을 저해하지 않는다는 규정을 두고 있다(제59조). 동 조항은 UN헌장 제103조를 재확인하는 조항이다. 따라서 대세적 의무 위반이 있는 경우 UN에 의한 집단적 제 재조치가 취해질 수 있다. 강행규범의 성격을 갖는 대세적 의무를 위반하는 경우, 안보리는 이를 평화 에 대한 위협으로 결정하고 헌장 제7장상의 강제조치를 취할 수 있다.

3. 대세적 의무 위반에 대한 소송상의 문제

(1) 민중소송의 문제

① **민중소송의 개념:** 민중소송(actio popularis)이란 공동체의 모든 각 구성원들에게 그들이 피해를 받았는가의 여부와 관계없이 공동의 이익을 옹호하기 위하여 소를 제기할 자격을 주는 제도를 말한다. 즉, 이는 공동체의 모든 법주체가 위법행위자의 책임을 추궁할 자격을 갖는 제도를 의미한다.

② **민중소송의 인정 여부:** Oscar Schachter는 국제공동체 전체를 상대로 하는 의무가 부과된다는 전제를 받아들인다면, 이는 곧 모든 국가들이 민중소송 개념에 입각하여 그 위반국을 상대로 법정에서 소를 제기할 수 있다는 결론에 이른다고 한다. 그러나, 국제재판에서 민중소송은 인정되지 않고 있다. ICJ는 서남아프리카 사건에서 현행 국제법은 민중소송을 인정하지 않는다고 판시하였다. 한편, 국제사법재판소는 임의관할을 원칙으로 하기 때문에 민중소송의 가능성이 봉쇄되어 있다. 민중소송이 가능하기 위해서는 문제가 된 의무 위반에 대하여 여하한 국가도 일방적으로 소를 제기할 수 있어야 하기 때문이다.

③ **소결:** 대세적 의무 위반에 대한 민중소송권은 현행 국제법상 허용되고 있지 않을 뿐 아니라 바람직한 제도라고 보기도 어렵다. 대세적 의무 위반에 대해 모든 국가들에게 소송 당사자적격을 인정하는 경우 우선, 제소의 남발을 가져와 국가들로 하여금 ICJ 관할권의 수락을 기피하게 할 것이다. 둘째, 국가들은 사법적 영역 밖에서 공동체의 이익옹호를 위한 법적 이익을 주장하게 될 것이다. 셋째, 국가들은 여하한 실질적 피해도 받지 않았음에도 손해배상을 요구하게 될 것이다.

(2) 소위 '금화 원칙'(Monetary Gold Principle)의 적용문제

금화 원칙이란 필요적 공동당사자가 소송에서 탈루되어 있는 경우 재판하지 않는다는 원칙이다. 국제사법재판소는 1995년 동티모르 사건에서도 동 원칙을 적용하여 포르투갈이 호주를 상대로 제소한 소송을 받아들이지 않았다. 재판소는 민족자결의 권리가 대세적 성격을 가진다는 포르투갈의 주장은 받아들였으나, 사건의 당사자가 아닌 인도네시아의 행위의 적법성은 심사할 수 없다고 판단하였다. 재판소는 '규범의 대세적 성격'과 '관할권에 대한 동의의 규칙'은 별개의 문제라고 보았다.

Ⅵ 결론

대세적 권리의무는 실체규범으로 확고하게 인정되고 있으나, 준수를 확보하기 위한 소송절차법적 측면에서는 규범적 기반이 취약하다고 평가할 수 있다. 민중소송을 통해 이행을 추궁하는 것은 보편적 강제관할권을 갖는 중앙 사법기관이 존재하지 않는 한 제도적으로 불가능하고, 주권 개념에 집착하는 국가들의 법감정상 이를 수용하지도 않을 것이다. 다만, 대세적 의무 확립에 따라 국제법주체들로 하여금 그러한 권리의 존중과 의무의 이행을 보다 강요할 수 있는 논리적 기반은 마련되었다고 볼 수 있다.[7]

---

7) 김석현, 전게논문, 73면.

제12절 | 국제법 연원 상호 간 관계

I 의의

국제법 연원 상호관계는 형성된 규범의 적용에 있어서 규범충돌과 그 해결이라는 문제와 국제법 형성에 있어서의 상호관계로 대별해 볼 수 있다. 현재의 국제법 현실에서 확실한 국제법의 형식적 연원으로서 인정되고 있는 것은 국제관습법과 조약이다. 그 밖에 법의 일반 원칙도 연원성이 다투어지기도 한다. 관습법과 조약 상호 간에는 규범 충돌이 발생할 수도 있는바, 규범충돌이란 일정한 당사자 간에 동시에 적용되는 복수의 규범이 서로 양립할 수 없는 원칙을 포함하고 있는 경우를 의미한다. 법원 상호 간 충돌이 있는 경우 규범 상호 간 서열이 다른 경우는 서열에 의해, 서열이 같은 경우는 특별법 우선이나, 신법우선에 의해 해결한다. 한편, 조약과 관습을 상호 형성에 자극을 줄 수 있으며 특히 관습법이 조약화되는 경우 관습의 지위문제도 중요한 쟁점이 된다. 규범충돌의 문제를 먼저 서술하고, 조약과 관습의 형성에 있어서 제기되는 문제를 논의한다.

II 규범서열에 의한 규범충돌의 해결

1. 의의

일반국제법상 강행규범은 조약이나 관습법의 상위에 존재하며, 법의 일반 원칙은 적용에 있어서 조약이나 관습의 하위의 지위에 있다.

2. 강행규범과 임의규범

> **📖 조문 | 조약법에 관한 비엔나협약 제53조 – 강행규범위반조약의 무효**
>
> 조약은 그 체결 당시에 일반국제법의 절대규범과 충돌하는 경우에 무효이다. 이 협약의 목적상 일반국제법의 절대 규범은 그 이탈이 허용되지 아니하며 또한 동일한 성질을 가진 일반국제법의 추후의 규범에 의해서만 변경될 수 있는 규범으로 전체로서의 국제 공동사회가 수락하며 또한 인정하는 규범이다.

강행규범(jus cogens)이란 개별법주체들의 의사와 관계없이 모든 법주체들간에 적용되는 규범을 의미하고, 임의규범(jus dispositium)이란 개별법주체들 간의 합의에 의해 적용이 배제될 수 있는 규범을 의미한다. 강행규범과 임의규범이 충돌하는 경우 임의규범은 무효화되거나 효력을 상실한다. 즉, 기존강행규범에 저촉되는 임의규범은 무효이고, 임의규범이 새롭게 출현하는 강행규범과 충돌하는 경우 장래에 향하여 효력을 상실한다.

3. 전체규범과 개별규범

(1) 의의

전체규범(lex generalis)이란 국제공동체 일반에 대해 적용되는 법을 말하며, 개별규범(lex particularis)이란 몇몇 국가 간의 특별한 합의를 말한다. 개별규범은 특별법과 구별된다. 전체규범과 개별규범이 충돌하는 경우 전체규범이 개별규범보다 우위이므로 전체규범이 우선 적용된다.

(2) 전체규범이 조약으로 존재하는 경우

> 📖 **조문 | 조약법에 관한 비엔나협약 제41조 제1항 – 당사국에서만 다자조약을 변경하는 합의**
>
> 다자조약의 2 또는 그 이상의 당사국은 다음의 경우에 그 당사국간에서만 조약을 변경하는 합의를 성립시킬 수 있다. (a) 그러한 변경의 가능성이 그 조약에 의하여 규정된 경우 또는 (b) 문제의 변경이 그 조약에 의하여 금지되지 아니하고 또한 (i) 다른 당사국이 그 조약에 따라 권리를 향유하며 또는 의무를 이행하는 것에 영향을 주지 아니하며 (ii) 전체로서의 그 조약의 대상과 목적의 효과적 수행과 일부 변경이 양립하지 아니하는 규정에 관련되지 아니하는 경우

첫째, 일반조약의 일부당사자 간에 별도의 조약이 체결되어 있으며 이 두 개의 조약이 양립할 수 없는 경우, 이들 당사자 간에 일반조약이 우선 적용된다. 다만, 이 두 개의 규범이 양립함으로써 충돌되지 않는 경우 개별조약이 우선한다. 조약법에 관한 비엔나협약 제41조에 따르면, 다자조약의 목적 및 대상과 양립하는 경우 다자조약의 일부당사자 간 다자조약을 변경하는 합의를 인정하고 있다. 둘째, 일반조약에 참여하고 있는 몇몇 당사국 간에 지역적인 관습법이 존재하고, 이 두 개의 규범이 서로 양립할 수 없는 원칙을 포함하고 있는 경우, 이들 국가 간에는 일반조약이 개별관습법보다 우선 적용된다.

(3) 전체규범이 관습법으로 존재하는 경우

첫째, 임의규범적 성격을 갖는 일반관습법은 개별국가간의 합의에 의해 배제될 수 있다. 따라서 이들 국가 상호 간에는 일반관습법과 개별조약이 공존하지 않으며 이 양자가 충돌할 여지가 없다. 둘째, 특정 국가들 간에 성립된 지역적 관습법이 일반관습법과 다른 원칙을 포함하고 있는 경우 지역적 관습법이 적용된다. 이 경우 역시 지역적 관습법의 당사자들은 일반관습법의 당사자범위로부터 이탈한 것으로 볼 수 있고, 따라서 이들 간에는 오직 지역관습법만이 적용된다.

4. UN헌장과 충돌하는 조약

> 📖 **조문 | UN헌장 제103조 – UN헌장상 의무의 우선**
>
> 국제연합회원국의 헌장상의 의무와 다른 국제협정상의 의무가 상충되는 경우에는 이 헌장상의 의무가 우선한다.

UN헌장 제103조는 UN헌장상의 의무와 기타 국제법상 의무가 충돌하는 경우 헌장상의 의무를 우선하도록 규정하고 있다. 조약법협약 제30조 제1항에서도 확인하고 있다. 헌장상의 의무란 헌장상의 명시적인 의무뿐 아니라 헌장에 의해 법적 구속력이 인정되는 모든 의무를 포함한다.

5. 조약(관습법)과 법의 일반 원칙

법의 일반 원칙은 조약이나 국제관습법의 흠결을 보충하는 일반법규로서의 기능을 갖는 데 불과하므로 양자 간에 직접적인 저촉관계는 발생하지 않는다. 그러나 저촉이 있는 경우 조약이나 관습법이 법의 일반 원칙보다 우위에 선다.

Ⅲ 동일서열 규범 상호 간 충돌의 경우

1. 강행규범 상호 간의 충돌

강행규범 상호 간의 충돌은 발생하지 않는다. 기존 강행규범과 상충되는 차후의 다른 강행규범이 출현하는 경우 전자는 후자에 의해 수정되기 때문이다.

2. 동일서열 임의규범 상호 간의 충돌

동일서열의 임의규범 즉, 전체규범과 전체규범, 개별규범과 개별규범이 상호 충돌하는 경우 특별법 우선의 원칙과 신법우선의 원칙이 적용된다.

(1) 특별법 우선의 원칙(lex specialis derogat legi generali)

같은 당사자 간에 동일한 서열에 위치하는 두 개의 국제법 규범이 충돌하고 이 중 하나에 대해 다른 하나가 특별법적 지위를 가지는 경우, 후자는 전자에 우선하여 적용된다. 문제시되는 규범이 조약인가 관습법인가는 고려의 여지가 없다.

(2) 신법 우선의 원칙(lex posterior derogat priori)

> **📋 조문 │ 조약법에 관한 비엔나협약 제30조 제3항 – 신법 우선의 원칙**
>
> 전조약의 모든 당사국이 동시에 후조약의 당사국이나 전조약이 제59조에 따라 종료되지 아니하거나 또는 시행 정지되지 아니하는 경우에 전조약은 그 규정이 후조약의 규정과 양립하는 범위 내에서만 적용된다.

동일당사자 간 동일한 규율 영역에서 새로운 법규범이 창설되어 양자가 양립할 수 없는 경우, 신법이 구법에 우선하여 적용된다. 다만, 신법 우선의 원칙은 특별법 우선의 원칙에 구속을 받는다.

Ⅳ 조약과 관습의 병존성

1. 의의

조약과 관습의 병존(parallel existence)의 문제란 비슷하거나 동일한 내용의 조약과 관습이 동시에 존재할 수 있는지의 문제를 말한다. 이 문제는 조약과 관습이 병존하는 경우 조약이 당사자들 상호 간 법적 의무를 어떻게 수정할 수 있는지에 관한 문제이기도 하다. 이 문제는 Military and Paramilitary Activities in and against Nicaragua 사건에서 실제 쟁점이 되었다.

2. ICJ의 입장

이 사건에서는 ICJ의 관할권과 관련하여 미국의 다자조약유보가 문제되었다. 미국은 강제관할권 수락선언에 있어서 다자조약 위반 여부가 문제되는 경우 당해 다자조약의 모든 국가가 ICJ에 당사자로서 소송에 개입하지 않는 한 ICJ의 강제관할권을 배척한다는 유보를 부가하고 있었다. 그런데 본 건에서 쟁점이 된 무력사용금지의무는 UN헌장 제2조 제4항과 관습법에 모두 존재하고 있었으며, 미국은 무력사용금지의무는 UN헌장 제2조 제4항에서 관습법의 내용을 포섭하고 있으므로 본 건은 UN헌장 제2.4조의 문제라고 주장했다. 또한 UN의 모든 회원국, 특히 본 건으로 영향을 받는 엘살바도르가 당사자로서 개입하지 않았으므로 ICJ관할권이 배척된다고 주장하였다. 이에 대해 ICJ는 관습법과 조약이 동일한 내용을 갖고 있더라도 관습법이 조약에 편입되면 관습이 조약과는 별개로 적용될 수 없게 된다고 말할 수 없다고 하였다. 이러한 입장은 조약이 당사자 사이에 관습의 적용을 대신할 수 있으나 조약이 관습법규를 포섭하거나 파괴하는 것은 아니라는 취지로 받아들여지고 있다.

3. 조약법에 관한 비엔나협약 제43조와 병존문제

> ▤ 조문 | 조약법에 관한 비엔나협약 제43조 – 조약과는 별도로 국제법에 의하여 부과되는 의무
>
> 이 협약 또는 조약규정의 적용의 결과로서 조약의 부적법·종료 또는 폐기, 조약으로부터의 당사국의 탈퇴 또는 그 시행정지는 그 조약과는 별도로 국제법에 따라 복종해야 하는 의무로서 그 조약에 구현된 것을 이행해야 하는 국가의 책무를 어떠한 방법으로도 경감시키지 아니한다.

동 조는 조약의 무효, 종료, 폐기, 탈퇴 또는 시행정지는 그 조약과 관계없이 국제법에 의거하여 부담하게 될 의무로서 그 조약에 구현된 것을 이행해야 하는 국가의 의무를 어떠한 방법으로도 침해하지 아니한다고 규정한다. 동 조항은 조약의 무효 등의 상황이 발생하기 이전에 이미 관련 관습법규가 존재하는 상황을 전제로 한 조항으로 볼 수 있으며, 동 조항의 내용은 ICJ의 입장과 유사하게 관습법이 조약으로 창설된 경우 당해 관습이 소멸되는 것은 아님을 전제로 한 것이다.

기출 및 예상문제

1. 국제연합(United Nations) 총회(General Assembly)의 결의(Resolution)로서 채택된 세계인권선언(Universal Declaration on Human Rights)의 국제법 법원성(法源性) 여부를 논하시오. 2011행시

2. 현대의 국제법은 국제법주체들에게 집단살해 금지, 인종차별 금지, 노예매매 금지 등의 '대세적 의무'(obligations erga omnes)를 부과하고 있다. 이러한 의무의 국제법적 성격과 그 위반에 따른 효과를 설명하시오. 2009행시

3. 국제강행규범에 위반한 조약의 효력에 대하여 설명하시오. 2005행시

4. 다음 글을 읽고 논평하시오.

> "오늘날에도 국제법에 있어서 국가주권은 최고의 가치로 존중되며, 여하한 가치도 국가주권에 우선할 수 없다. 국제법은 오로지 개별 국가 간의 관계만을 규율하며, 개별 국가의 법익을 보호하는 것을 목적으로 한다. 국제법은 국가들의 의사에 기초하는 만큼 여하한 국제법규범도 개별 국가 간의 합의에 의하여 적용이 배제될 수 있다. 아울러 한 국가의 국제의무 위반은 다른 한 국가에 대한 권리의 침해를 구성하며, 이 경우 문제의 의무 위반에 의하여 직접 권익을 침해받은 국가만이 피해자로서 책임을 추궁할 수 있다."

5. 국제관습법에 관한 다음 물음에 답하시오.

    (1) 국제관습법의 성립요건과 관련하여 속성관습법론에 대해 논평하시오.

    (2) 국제관습법과 다자조약의 상호관계에 관하여 설명하시오.

    (3) 국제관습법의 인적적용범위에 관하여 설명하시오.

6. 2009년 9월 UN총회는 UN회원국인 A국의 인권사항에 관한 결의(결의2009)를 채택하였다. 동 결의문에서 UN총회는 A국이 자국 내의 인권상황을 향상시키기 위한 여하한 조치를 취하지 아니하였으며 A국의 인권보호수준은 대부분의 문명국들이 제공하고 있는 수준과 현격한 차이가 있다고 확인하였다. 나아가 UN총회는 A국이 국내법을 제정하거나 개정하여 인권수준을 향상시키기 위한 조치를 즉각 취할 것과 중대한 인권침해를 당하고 있다고 확인된 정치범수용소 수감자들을 즉각 석방할 것으로 요청하였다. UN총회결의에 대해 A국은 즉각 반박성명을 내고 UN이 A국 국내문제에 대해 불법간섭을 자행하였다고 주장하는 한편 UN총회의 여하한 요구에도 응하지 않을 것이라고 선언하였다. A국의 주장에 대해 국제법적 관점에서 평가하시오.

7. 무력사용금지 원칙은 국제관습법이자 강행규범이다. 국제공동체는 A, B, C, D, E국 다섯 개 국가로 형성되어 있다. A국은 평소 적대관계에 있던 B국을 무력공격하기로 결정하고, C국과 조약(甲조약)을 체결하여 B국에 대한 무력공격 시 무기를 지원받기로 합의하였다. A국은 예정대로 B국을 공격하여 B국을 정복하였다. 이 사안과 관련하여 다음 물음에 답하시오.

    (1) 甲조약에 대해 국제법적 관점에서 평가하시오.

    (2) 이 사안과 관련하여 국가책임을 원용할 수 있는 국가는?

    (3) A국은 무력사용금지의무라는 국제관습법의 성립 초기부터 집요하게 동 원칙에 반대한 국가이다. 이 경우 A국은 무력사용금지의무를 준수할 법적 의무가 있는가?

8. UN총회는 인간복제를 위한 모든 실험을 전면 금지하고 모든 회원국들은 관련 국내법을 제정할 것을 내용으로 하는 결의(resolution)를 총의제(consensus)로 채택하였다. A국과 B국은 동 결의에 참여하여 찬성투표를 하였다. 이와 관련하여 다음 물음에 답하시오.

    (1) A국은 동 결의에 참여하였음에도 불구하고 위 결의에 배치되는 국내법을 제정하여 인간복제를 위한 실험을 허가해 주기로 하였다. B국은 A국이 총회 결의를 위반했음을 이유로 국가책임을 추구하였으나 A국이 이에 응하지 않자 국제사법재판소에 제소하였다. 국제사법재판소는 A국의 국가책임을 인정할 것인가? (ICJ 관할권은 성립한다고 전제하고 본안판단에 국한하여 논하시오)

    (2) UN총회는 동 결의가 있은 지 2년 후에 동 결의를 조약('X' 조약)으로 채택하고 일정한 수의 국가들의 비준완료로 발효되었다. 동 조약 제1조에서는 인간복제는 중대한 인권유린 행위임을 명시하고 국제공동체에 존재하는 모든 국가는 이를 금지하는 국내법을 제정할 법적 의무가 있다고 규정하고 있다. A국은 자국의 국내법을 개정하여 인간복제 실험을 전면금지하였다. 반면, B국은 국내 여론에 따라 동 조약에 가입하지 않고, 새롭게 국내법을 제정하여 인간복제를 제한적으로 허용하기로 하였고, 국책연구소에서는 인간배아복제실험에 성공하였다. A국은 B국에 대해 甲조약 위반으로 국가책임을 추궁하고자 한다. B국은 A국에 대해 국가책임을 지는가?

제3장 │ 조약법

I 조약법의 법원

조약법이란 조약의 성립·효력·무효·해석·변경·정지·소멸 등을 규율하는 법이다. 조약법은 오랜 기간 동안 관습법으로 존재해 왔으나 ILC는 1949년부터 성문화작업을 진행하였다. 그 결과 1969년에 조약법에 관한 비엔나협약(이하 협약 또는 1969년 협약)이 채택되었고, 동 조약은 1980년 발효하였다. 또한 ILC가 1982년 초안작성을 완료한 국가와 국제기구 간, 국제기구 간 체결되는 조약에 관한 협약이 1986년 UN이 주최한 국제회의에서 채택되었다. 양 협약은 내용이 대동소이하다. 이하에서는 1969년 협약을 중심으로 서술한다.

II 1969년 협약의 적용범위

첫째, 동 협약은 '국가 간에 체결된 조약'에만 적용된다. 둘째, 국가 간에 문서로 체결되고, '국제법에 의해 규율되는 조약'에만 적용된다. 셋째, 동 협약은 조약의 승계, 국가책임, 적대행위 등의 발생이 조약에 미치는 효과에 대해서는 규율하지 아니한다. 넷째, 동 협약은 소급적용되지 아니한다. 우리나라 헌법재판소는 한일 신어업협정에 부속된 합의의사록은 조약이 아니므로 국회의 비준동의를 받지 않았다고 하여 헌법을 위반한 것은 아니라고 판시하였다. 동 합의의사록은 기속의사가 없다고 판단하였다.

📋 **조문 │ 제2조 – 용어의 정의**

1. 이 협약의 목적상
   (a) '조약'이라 함은 단일의 문서에 또는 2 또는 그 이상의 관련문서에 구현되고 있는가에 관계없이 또한 그 특정의 명칭에 관계없이, 서면형식으로 국가간에 체결되며 또한 국제법에 의하여 규율되는 국제적 합의를 의미한다.
   (b) '비준', '수락', '승인' 및 '가입'이라 함은 국가가 국제적 측면에서 조약에 대한 국가의 기속적 동의를 확정하는 경우에 각 경우마다 그렇게 불리는 국제적 행위를 의미한다.

제2절 조약의 성립

I 서론

조약이 당사국 간에 유효하게 성립하기 위해서는 일정한 요건을 구비해야 한다. 조약이 성립되기 위해 구비해야 하는 최소한의 형식적 요건을 조약의 성립요건이라 한다. 조약의 성립요건에는 일반적으로 (1) 당사자, (2) 목적, (3) 의사표시, (4) 조약의 성립절차 완료의 네 가지가 있다. 조약의 성립요건을 충족하지 못한 경우를 조약의 '부존재'라 하며, 이는 조약의 효력요건을 충족시키지 못한 경우 조약이 '무효'로 되는 것과 구별된다. 1969년 조약법에 관한 비엔나협약(이하, 조항만 표시함) 및 학설에 기초하여 검토한다.

II 조약의 성립요건

1. 조약당사자

조약당사자는 원칙적으로 국가에 한하나, 제한적으로 국제조직도 당사자가 될 수 있다. 국가는 완전한 독립국만이 완전한 조약체결능력을 가지며, 비독립국은 능력이 제한되거나 불완전하다. 국제조직은 그 성립의 기초가 되는 기본조약이 인정하는 범위 내에서 조약체결능력이 인정되나, 개인은 국제법의 능동적 주체가 아니므로 조약체결능력이 없다.

2. 조약체결권자

국가의 조약체결권자는 현실적으로 조약체결권을 가진 기관이다. 누가 조약당사국을 대표하여 조약체결기관이 되는가의 문제는 조약당사국의 기본법인 헌법에 의해 결정되나, 보통은 당사국의 원수가 조약체결권자가 된다.

3. 목적

조약은 목적이 이행가능하고 적법해야 한다. 따라서 객관적으로 이행이 전혀 불가능한 조약은 당연히 무효가 되며, 또한 제3국에 직접 의무를 과하거나 제3국의 권리를 박탈하는 내용의 조약도 원칙적으로 무효가 된다. 조약이 일반국제법상의 강행규범에 저촉되면 무효가 된다.

4. 의사표시

조약이 성립하기 위해서는 조약체결에 대한 의사표시가 있어야 한다. 또한 성립한 조약이 유효하려면 조약체결의 의사표시에 하자가 없어야 한다. 하자있는 의사표시에 기초한 조약은 무효이다.

III 조약의 일반적 체결절차

조약은 교섭, 조약본문의 채택, 조약본문의 인증, 조약에 의해 구속되는 데 대한 동의, 비준서의 교환 또는 기탁, 등록 등의 절차를 거쳐 성립된다.

1. 교섭

조약의 교섭은 조약체결권자가 직접 행하는 경우도 있으나, 보통 체결권자가 임명한 정부대표가 행하며 이 경우 대표는 그 권한을 증명하는 전권위임장(full powers)을 제출해야 한다. 다만, 조약체결권자가 직접교섭에 임하거나, 외교사절단장이 접수국과 조약을 체결하는 경우 등에는 전권위임장을 제시하지 않아도 된다(제7조 제2항). 국가를 대표할 권한이 없는 자에 의한 조약 체결은 본국의 추인(subsequent confirmation)이 없는 한 법적 효력을 갖지 아니한다(제8조).

2. 조약본문의 채택(adoption of the text)

채택이란 일반적으로 국가들이 합의 형식과 내용(form and content of the agreement)에 관해 의견의 일치를 보는 조약체결의 한 단계를 말한다. 조약본문은 그 작성에 참가한 모든 국가의 동의에 의해 채택된다(제9조 제1항). 다만, 국제회의에서 조약본문의 채택은 출석·투표하는 국가의 2/3 이상의 다수결에 의한다.

3. 조약본문의 인증(authentication of the text)

인증이란 채택된 조약의 본문을 조약의 정본으로 확인하는 것을 말한다. 즉, 조약문이 진정하고 최종적인 것으로 확정하는 절차이다. 인증 이후에는 수정 또는 변경을 할 수 없는 것이 원칙이나 다른 모든 당사국이 동의하면 예외적으로 수정 및 변경할 수 있다. 인증은 서명, 조건부 서명, 또는 가서명에 의한다(제10조). 가서명은 조약의 서명을 구성하는 것으로 교섭국 간 합의한 경우 조약문의 서명을 구성한다. 인증 후 착오가 있다는 것에 합의한 경우 착오문에 적당한 정정을 가하고 정당한 권한을 가진 대표가 그 정정에 가서명하여 착오를 정정할 수 있다. 조건부 서명은 대표의 본국에 의해 확인되는 경우 조약의 완전한 서명을 구성한다. 서명한 국가는 조약의 당사자가 되지 않겠다는 의사를 명시적으로 표시하지 않는 한, 조약의 대상과 목적을 훼손하지 않을 의무를 진다(제18조). 한편, 때로 조약의 서명식에 교섭을 후원한 제3국의 국가 혹은 정부 수반이나 외무장관이 참석하여 증인자격으로 서명하는 경우가 있는데, 이 서명은 법적인 의미는 없다. 즉, 제3국이 단지 증인의 자격으로 조약에 서명한 것만으로 조약의 이행을 보장하는 국가가 되는 것은 아니다.

> ### 참고 최종의정서(Final Act)
> 비엔나협약 제10조 (b)에 의하면 조약문의 최종확정을 위한 서명, 조건부서명 또는 가서명은 조약문 작성에 참가한 국가대표자들이 조약문이나 조약문을 담은/첨부한 회의의 최종의정서에 하는 것으로 규정하고 있다. 여기서 '최종의정서'란 일반적으로 다자간 외교회의에 참여한 모든 대표들이 회의의 작업결과를 요약 기록한 문서를 지칭하는데, 여기에는 회의에 관한 기본적 사실들(이를테면, 회의의 목적, 참석한 국가들, 사회자, 각 분과위원회 구성과 그 의장 등)이 명기되고, 또 회의에서 채택된 조약과 결의, 양해 등 모든 문서가 첨부된다. 이 방식은 1899년의 헤이그회의에서 시작되었다. 최종의정서 그 자체는 원칙적으로 법적 구속력 있는 문서가 아니며, 또한 최종의정서에 대한 서명이 의무적인 것도 아니고, 서명하였다고 하여 이것이 그 첨부문서에 대한 미래의 비준이나 수락을 약속하는 것은 아니다. 따라서 최종의정서에 서명하는 데에는 전권위임장이 필요하지 아니하며, 대표자가 신임장을 휴대하는 것만으로 충분하다. 그러나 최종의정서는 중요한 법적 기능과 결과를 가질 수도 있는데, 비엔나협약 제31조 제2항 (b)에 의하면 이것도 조약의 문맥해석을 위한 '문서'에 포함될 수 있기 때문이다.

4. 조약에 의해 구속되는 데에 대한 동의(consent to be bound by a treaty)

(1) 의의

교섭국이 조약내용에 관한 합의의 성립을 최종적으로 확인하는 행위를 말한다. 조약에 의해 구속되는 데에 대한 동의는 서명, 조약의 의미를 가지는 문서의 교환, 비준·수락·승인·가입에 의해 또는 기타 합의되는 방법에 의해 표명된다(제11조). 조약에 구속되는 데에 대한 동의가 서명만으로 성립되는 조약을 약식조약(treaty in simplified form)이라 한다. 기속적 동의표시를 서명에 의하는지 별도로 비준을 요하는지는 당사자들의 의사에 달려 있다.

(2) 비준을 요하는 조약에 대한 서명의 법적 효과

비준을 요하는 조약이 서명에 그쳤다고 하여 법적 중요성이 전혀 없는 것은 아니다. ICJ는 Maritime Delimitation and Territorial Questions between Qatar and Bahrain 사건에서 서명이 되었으나 비준되지 아니한 조약도 서명 당시 당사자들의 이해에 대한 정확한 표출을 구성할 수 있다고 하였다.

(3) 기속적 동의 표시와 조약의 발효

조약의 구속을 받겠다는 동의와 발효는 이론상 조약의 당사자가 되기 위해 필요한 두 개의 별개의 단계이긴 하지만 이 둘은 동시에 발생할 수도 있다. Land and Maritime Boundary between Cameroon and Nigeria 사건에서 나이지리아는 재판소에 의해 조약으로 인정된 나이지리아와 카메룬 간의 한 선언(1975년의 Maroua Declaration)에 자국의 국가원수가 직접 서명은 하였으나 국내헌법에 따라 비준절차를 거치지 않았기 때문에 이 선언은 무효라고 주장하였으나, ICJ는 문제의 선언은 서명과 함께 즉시 발효하였다고 판시하였다.

(4) 조약에 기속적 동의를 표시한 국가의 의무

협약 제18조는 조약 비준 전 혹은 발효 전 그 조약의 객체와 목적을 저해하는 행위를 삼갈 의무를 규정하고 있다. 다만, 조약의 효력발생이 부당하게 지연되지 아니할 것을 조건으로 한다. 조약의 발효가 부당하게 지연되었는지의 여부는 각 사안별로 판단할 문제이다. 전체적으로 제18조의 의무는 조약의 내용에 관련한 것으로서, 이는 비준을 앞두고 서명을 철회하거나, 발효를 앞두고 비준을 철회하는 것을 금지하기 위한 조항이 아니다. 실제 관행을 보아도 비준 전에 서명을 철회하거나, 비준서를 기탁하였다가 조약 발효 전에 철회하는 경우도 있다. 조약의 구속을 받겠다는 국가의 동의는 조약이 발효함으로써 확정적으로 구속력을 갖게 된다는 것이 그 논리적 이유이다. 한편, 제18조는 조약 발효 후 금지될 모든 행위를 삼갈 의무를 국가에 부과하기 위한 것은 아니다. 또한, 제18조의 기준은 객관적인 것이므로 악의를 입증하는 것은 필요하지 않다. 제18조 하의 의무 위반으로 간주될 수도 있는 사례로, 조약이 물건의 반환을 규정하고 있는데 점유국가가 발효 전에 이를 파괴하는 경우, 조약이 영토의 할양을 규정하고 있는데 발효 전 할양국가가 당해 영토의 일부를 제3국에 이전하는 경우, 여러 국가가 군축조약에 서명한 후 그 중 한 국가가 비준 후에 오히려 병력증강에 나서는 경우 등을 들 수 있다.

5. 비준서의 교환·기탁

조약에 달리 규정된 경우를 제외하고 조약의 최종성립절차로서 이 행위로 조약에 의해 구속되는 데 대한 국가의 동의가 확립된다(제16조). 교환은 특별조약에서 체약국 간에 비준서를 서로 교환하는 것이며, 기탁은 보통 다자조약에서 비준서를 일정한 장소에 보관하는 것으로 조약체결 시 소속국가의 외무당국 또는 당해 국제조직의 사무국에 기탁한다. 비준서의 교환 또는 기탁에 의해 조약은 확정적으로 성립하고, 특별한 규정이 없는 한 이때부터 효력이 발생한다(제16조).

6. 등록(registration)

(1) 등록대상

UN헌장 제102조에 의하면 등록의무는 UN헌장 발효 이후 UN회원국이 체결하는 조약에만 적용되며, 헌장 발효 후 UN에 가입하는 경우에는 가입 이후에 체결하는 조약에 대해서만 등록의무가 있다. ICJ규정 제36조 제2항에 따른 선택조항 수락선언도 등록할 수 있다. 조약에 해당되지 않는 양해각서(MOU)도 사무국에 등록되고 있지만, 등록으로 법적 지위가 변경되는 것은 아니다. 등록하지 아니한 조약의 효력이 부인되는 것도 아니다. UN이 당사자인 조약은 UN 직권으로 등록되고 있다. UN전문기구가 체결하는 조약은 UN에 송부되어 오면 최소한 편철·기록되고 있다.

(2) 등록 또는 미등록의 법적 효과

UN회원국이 조약을 등록하면 UN비회원국인 다른 당사국들도 UN기관에서 해당 조약을 원용할 수 있다. 조약을 등록하지 않아도 조약의 효력은 발생하나, UN기관에 대해 원용할 수 없다. 제102조 제2항의 제재는 미등록조약의 일방 당사자가 UN기관에서 그 조약의 원용에 반대하는 경우에만 적용된다. UN기관들이 직권으로(ex offcio) 문제를 제기하지는 않는다. 제102조 제2항의 제재는 등록되지 아니한 조약의 당사자들에 대해서만 적용되므로 제3자는 그러한 조약을 언제든지 원용할 수 있다.

(3) 조약의 등록과 공표에 관한 명령(1946)

UN총회는 1946년 「조약의 등록과 공표에 관한 명령」을 채택하여 조약의 등록 문제를 자세히 규정하였다. 주요 내용은 다음과 같다. 첫째, 등록의무는 조약 발효시까지는 발생하지 않는다. 둘째, 일방당사자가 등록하면 타방당사자는 등록의무가 면제된다. 셋째, 이미 등록된 조약의 당사자나 조건 등이 변화되면 추후 행위들은 등록될 수 있다. 넷째, 모협정의 범위나 적용을 수정하는 새로운 문서는 등록되어야 한다. 다섯째, 이미 종료된 조약도 등록할 수 있으며, 등록을 위한 시한은 없다.

(4) 국제연맹에서 조약의 등록

국제연맹규약도 조약의 등록에 대해 규정하였다. 국제연합과 달리 국제연맹에서는 등록을 조약의 성립요건 또는 효력요건으로 보았으므로 등록될 때까지는 조약이 성립되거나 효력이 발생하지 않았다.

📋 **조문 | UN헌장 제102조 – 조약의 등록**

1. 이 헌장이 발효한 후 국제연합회원국이 체결하는 모든 조약과 모든 국제협정은 가능한 한 신속히 사무국에 등록되고 사무국에 의하여 공표된다.
2. 이 조 제1항의 규정에 따라 등록되지 아니한 조약 또는 국제협정의 당사국은 국제연합의 어떠한 기관에 대하여도 그 조약 또는 협정을 원용할 수 없다.

7. 조약문 정정절차

첫째, 조약문의 정정은 조약이 발효하지 아니하였어도 적용된다. 둘째, 서명국들과 체약국들이 다른 정정방법에 관하여 결정하지 않는 한이란 표현을 쓰고 있으므로 이 규정은 잔여규칙이다. 셋째, 정정본은 서명국들과 체약국들이 달리 결정하지 않는 한 처음부터 흠결본을 대체한다. 넷째, UN사무국에 등록된 조약문의 정정은 UN사무국에 통고되어야 한다. 다섯째, 수탁자가 제공하는 조약의 인증등본에서만 착오가 발견되는 경우 수탁자는 경위서를 작성하여 이를 서명국들과 체약국들에게 송부하면 된다.

Ⅳ 다자조약의 체결절차

1. 일반국제회의를 통한 체결절차

(1) 회의 소집 및 조약초안 작성

회의는 특정국 또는 주도국이 소집한다. 소집국의 재량으로 회의참가국을 선정하고 참가국은 전권대표를 파견한다. 참가국의 수가 많은 경우 분과위원회를 구성하여 조약초안을 준비하기도 한다.

(2) 조약본문의 채택방법

조약본문의 채택에는 다수결제도나 총의제도(consensus)방식이 적용된다. 다수결에는 단순다수결과 특별다수결이 있으나 조약법에 관한 비엔나협약은 2/3 다수결을 도입하고 있다. 한편, 총의제도는 1960년대에 등장한 새로운 의결방법으로 참가국 간의 견해 차이가 심해 다수결 방식으로 결정하기가 어려운 경우 의장단이 비공식교섭을 통해 이해그룹 간의 견해 차이를 조정하여 타협안을 작성한 다음 의장이 이를 상정하여 의결에 붙이지 않고 채택하는 방식이다.

> **📑 참고 컨센서스와 만장일치**
>
> 요컨대, 컨센서스란 서로 다른 견해를 조화하고 난제를 제거함으로써 문안에 합의하기 위한 집단적 노력으로 구성되는 교섭 및 의사결정의 기술을 의미하는데, 그 과정은 의견차이가 심한 세부사항은 덮어둔 채 '모든' 참석 국가들에게 '기본적으로' 수락 가능한 문안을 '투표 없이' 채택함으로써 절정에 이른다. 만장일치의 경우에는 어떤 문안에 관하여 '완전한' 혹은 '적극적' 합의가 존재하며, 게다가 그 일반적 동의는 '투표를 통해' 강조된다. 이에 반해 컨센서스는 '기본적' 내지 '소극적' 합의를 의미하며, 또한 그 합의는 회의장에서 '투표 없이' 표시된다.

(3) 조약본문의 채택형식

국제회의는 보통 최종의정서의 채택으로 종료한다. 각국의 전권대표가 조약본문을 부속서로 포함한 최종의정서에 서명하면 조약본문을 인증하는 것이 된다(제10조).

2. 국제조직을 통한 체결절차

(1) 조약체결의 제의

국제조직 스스로 또는 회원국이 단독 또는 공동으로 조약체결을 제의하면 사전조사를 행하게 된다. 사전조사가 긍정적이면 체결절차의 개시를 결정한다.

(2) 조약초안의 작성

조약체결절차가 개시되면 기초가 될 조약시안(initial draft)을 작성한다. 국제법위원회에서 시안을 준비하는 경우 위원 1인을 특별보고자(special rapporteur)로 임명하여 작성시킨다. 이 시안을 놓고 교섭을 통해 조약초안을 작성해 나간다.

(3) 조약본문의 채택

조약본문은 조약당사자 자격이 있는 국가의 대표자로 구성된 기관이나 국제회의에서 채택된다. UN이 주관하는 조약체결의 경우 비회원국을 포함한 모든 국가가 참가하도록 개방된다. 국제조직이 소집한 국제회의에서 조약본문을 채택할 때도 보통 2/3 다수결이나 총의방식이 적용된다.

Ⅴ 결론

조약의 성립요건을 갖춘 조약은 조약으로서 성립한다. 즉, 조약당사자능력이 있는 국제법주체의 조약체결권자의 의사표시가 있고 조약의 목적이 적법 · 실행가능하며 조약체결절차를 완료한 경우 조약이 성립하는 것이다. 성립요건은 열거적이므로 성립요건을 하나라도 결한 조약은 조약으로서 성립하지 못한다. 한편, 조약이 성립요건을 갖추어 성립하더라도 효력요건을 갖춰야 조약으로서 효력을 발생시킨다.

제3절 조약의 유보

Ⅰ 의의

1. 개념

> **📋 조문 | 조약법협약 제2조 제1항 제(d)호 – 유보의 정의**
>
> "유보"라 함은 자구 또는 명칭에 관계없이 조약의 성명 · 비준 · 수락 · 승인 또는 가입시에 국가가 그 조약의 일부 규정을 자국에 적용함에 있어서 그 조약의 일부 규정의 법적효과를 배제하거나 또는 변경시키고자 의도하는 경우에 그 국가가 행하는 일방적 성명을 의미한다.

조약법협약에 따르면 유보(reservation)란 표현 · 명칭 여하를 불문하고 조약에 의해 구속되는 데 대한 동의표시, 즉 조약의 서명, 비준, 수락, 승인 또는 가입시에 국가가 자국에 대해 조약의 일부조항의 효력을 배제 또는 변경하기 위해 행하는 일방적 선언을 말한다[협약 제2조 제1항 제(d)호].

2. 구별개념 – 유보와 해석선언

(1) 문제의 소재

유보는 조약의 '효력'에 관한 것이고, 해석선언은 조약의 '해석'에 관한 것이다. 문제는 국가들이 동 명칭들을 혼용하여 사용함으로써 생긴다. 일부국가들이 상대국의 수락을 요구하지 않는 해석선언의 명칭으로 사실상 유보를 행하고 있기 때문에 양자의 명확한 구별이 중요해지고 있다.

(2) 해석선언의 정의

해석선언이란 그 명칭에 관계없이 국가 또는 국제기구가 조약 또는 규정의 일부에 부여할 의미 또는 범위를 구체화하거나 명확히 하기 위한 의도로 행하는 일방적 선언을 말한다.

(3) 양자의 구별

유보와 해석선언은 명칭에 관계없이 이루어지는 일방행위이며 특히 해석의 유보에 있어 조약 규정의 해석과 관련된다는 공통점이 있다. 그러나 몇 가지 차이점이 존재한다. 첫째, 유보는 조약 일부 규정의 효력을 배제 또는 변경할 목적이라는 점에서 구체화·명확화를 목적으로 하는 해석선언과 구별된다. 둘째, 유보는 구속적 동의표시의 조건이나 해석선언은 아니다. 셋째, 유보는 상대방의 수락을 요건으로 한다는 점에서 단독행위성이 제한되며 따라서 순수한 단독행위인 해석선언과 구별된다.

(4) 구별의 기준

이러한 점에서 유보와 해석선언은 그 명칭이 아니라 일방행위의 의도(목적)를 기준으로 구별하여야 한다.

(5) 제한적 해석선언의 문제

제한적 해석선언이란, 선언국이 자국이 부여한 해석을 조건으로 해당 조약 규정을 수락하려는 의도를 가지고 선언하는 해석선언을 의미한다. 이를 유보로 보아야 하는지, 해석선언으로 보아야 하는지가 문제된다. 구속적 동의표시의 조건이라는 점에서는 유보와 동일하나, 목적이 조약규정의 효력을 배제 내지 변경시키려는 것이 아니라는 점에서는 해석선언의 본질을 가진다. Belilos v. Switzerland 사건(1988)에서 유럽인권재판소는 스위스가 유럽인권협약에 대해 행한 해석선언이 동 협약에서 허용되지 않는 무효인 유보를 구성한다고 판시하였다.

3. 제도적 취지

유보는 조약 적용의 통일성(integrity)은 저해하지만, 현실적으로 인적 적용범위를 확대하기 위한 제도이다(보편성의 추구). 따라서 유보는 양자조약보다는 다자조약과 친한 제도라고 볼 수 있다. 양자조약에서 유보가 금지되는 것은 아니나, 이는 다자조약과 달리 사실상 교섭재개를 요구하는 새로운 제안으로 볼 수 있다. 조약법에 관한 비엔나협약은 다자조약에 대한 유보를 전제한 것으로 해석된다.

4. 유형

유보는 조약 중 일부 조항의 적용을 제한하는 조항의 유보, 적용지역을 제한하는 유보, 일부조항의 해석을 제한하는 해석유보로 분류할 수 있다.

5. 법적 성질

유보는 유보국이 자국에 대한 조약의 적용을 제한하려는 일방적 의사표시이다. 그러나 표명된 유보가 유효하게 성립하기 위해서는 타체약국에 의한 수락이 필요하다. 이로 인해 이를 단독행위로 보는 설과 쌍방행위로 보는 설이 대립한다. 유보는 조약의 적용을 제한함으로써 실질적으로 조약내용을 변경시키기 때문에 당연히 타방체약국의 동의를 얻어야 하나, 이로 인해서 유보가 곧 쌍방행위가 되는 것은 아니다.

Ⅱ 제한

> 📖 **조문 | 조약법에 관한 비엔나협약 제19조 - 유보의 형성**
>
> 국가는 다음의 경우에 해당하지 아니하는 한 조약에 서명·비준·수락승인 또는 가입할 때에 유보를 형성할 수 있다.
> (a) 그 조약에 의하여 유보가 금지된 경우
> (b) 문제의 유보를 포함하지 아니하는 특정의 유보만을 행할 수 있음을 그 조약이 규정하는 경우 또는
> (c) 상기 세항 (a) 및 (b)에 해당되지 아니하는 경우에는 그 유보가 그 조약의 대상 및 목적과 양립하지 아니하는 경우

1. 조약규정에 의한 제한

(1) 유보의 전면금지

조약체제의 유효한 운용을 위해서는 모든 규정들이 모든 당사국들에게 전체적으로 예외 없이 적용되어야 한다고 판단하는 경우 교섭당사국들은 조약의 여하한 규정에 대해서도 유보할 수 없음을 명시할 수 있다[제19조 제(a)호]. 예컨대, WTO설립협정은 동 협정에 대한 유보를 금지하고 있다(WTO설립협정 제16조).

(2) 일부조항에 대한 유보금지

조약 내에 일부조항에 대한 유보를 금지하는 규정을 둘 수 있다. 또한 유보의 대상이 될 수 있는 조항의 범위를 특별히 제한할 수도 있는바, 이 경우 그 밖의 조항에 대해서는 유보가 금지된다[제19조 제(b)호].

2. 조약상의 명시적 제한이 없는 경우

(1) 의의

조약에서 명시적으로 유보에 관하여 여하한 제한 또는 금지 규정을 두고 있지 않은 경우에도 모든 유보를 허용한다고 볼 수 없으며 조약 자체에 내재된 사유에 의해 금지될 수 있다.

(2) 조약의 목적 및 대상에 의한 제한(양립성 원칙)

① 개념: 유보가 조약에 의해 금지되지 않는 경우에도 허용되기 위해서는 조약의 '대상'(object) 및 '목적'(purpose)과 양립해야 한다[제19조 제(c)호]. 양립성의 원칙은 1951년 '제노사이드협약의 유보에 대한 권고적 의견'에서 ICJ에 의해 확인된 바 있다. 조약의 대상과 목적에 상반되는 유보는 조약 전체를 무의미하게 만들 수 있으므로 허용될 수 없다.

② 양립성 원칙의 법적 성격: 양립성 원칙의 법적 성격에 대해서는 '허용가능성이론'(permissibility)과 '대항가능성이론'(opposability)의 대립이 있다. 허용가능성이론은 조약의 대상 및 목적과의 양립성은 유보의 '객관적 허용기준'으로서 이와 양립될 수 없는 유보는 타당사자들의 태도 여하에 불구하고 그 자체 무효라는 주장이다. 즉, 그러한 유보는 타체약국에 의해 수락된다 하더라도 허용될 수 없다는 것이다. 반면 대항가능성이론은 어떠한 유보가 조약의 대상 및 목적과 양립하는가의 여부는 타체약국들이 유보에 반대하기 위한 기준일 뿐이라는 주장이다. 즉, 그 같은 양립성 여부는 타체약국들에 의해 개별적으로 판단될 문제이며 따라서 타체약국에 의해 수락된 유보는 일단 조약의 대상 및 목적과 양립하는 것으로 주장될 수 있다는 것이다. 유보에 대한 명시적 허용 또는 금지규정이 없는 경우 그 양립성 여부는 개별 국가의 판단에 의해 해결되어야 할 것이므로 '대항가능성이론'이 타당하다고 본다. 따라서 어떠한 유보가 제의되고 이와 관련하여 해당 조약 내에 유보의 허용 또는 금지규정이 없는 경우, 타체약국들은 그 유보가 조약의 대상 및 목적과 양립하는가를 판단하여 수락하거나 거절할 수 있다.

③ ICJ 입장: ICJ는 Reservations to the Convention on Genocide 사건에서 제노사이드협약에 유보의 허용 여부에 대해 아무런 규정을 두지 않았으나, 종래 만장일치 원칙이 아닌 양립성 원칙에 의해 판단되어야 한다고 하였다. 개인보호를 목표로 하는 제노사이드협약의 경우 다수국의 참여를 유도하는 것이 필요하므로 유보가 조약의 대상 및 목적과 양립하는 경우 당해 유보는 허용되어야 하고 유보국은 협약의 당사자로 간주될 수 있다고 하였다.

(3) 조약의 성격 및 당사자의 수에 의한 제한

교섭에 참가한 국가의 제한된 수와 조약의 대상 및 목적으로 보아 조약이 모든 당사국에게 통일적으로 적용되는 것이 조약에 의해 구속을 받겠다는 각국의 동의의 본질적 기초를 구성함이 명백한 경우 유보는 모든 당사국에 의해 수락되어야 한다(제20조 제2항).

(4) 국제기구 설립조약

조약이 국제기구를 설립하는 문서로서 별도의 규정이 없는 한, 유보는 국제기구의 권한있는 기관에 의해 수락되어야 한다(제20조 제3항).

(5) 일반국제법 및 강행규범을 구성하는 조약규정

조약속에 유보와 관련한 여하한 규정이 없다 하더라도 문제의 조항이 일반국제관습법의 원칙에 해당하는 경우 이에 대한 유보는 금지된다.

3. 허용되지 아니하는 유보의 법적 효력

(1) 학설

허용되지 아니하는 유보의 효력과 당해 유보를 부가한 국가의 당사자 지위 인정 여부에 대해 다양한 학설이 제기되었다. 첫째, Bowett은 허용가능성이론에 기초하여 허용되지 아니하는 유보는 타방 당사국이 수락할 수 없으며, 유보국은 유보를 철회하지 않는 한 당해 조약의 당사국이 될 수 없다고 본다. 둘째, 역회전이론(backlash principle). 역회전이론은 무효인 유보는 해당국의 동의를 무효로 만들고, 유보국은 조약의 테두리 밖에 놓이게 된다고 보는 이론이다. 동 이론은 논리적으로 문제가 없고 조약법의 기본 원칙인 국가 동의의 원칙과도 조화를 이루는 듯하지만, 이 이론 수락 시 국제공동체에 의한 인권의 보편성 증진에 부정적 영향을 미칠 것이다. 셋째, 제거이론(surgical principle). 조약 체제에서 영향을 받은 부분 즉, 해당유보와 문제의 규정이 잘려나가 논쟁이 되지 않는 나머지 규정만이 유보국과 유보 반대국 사이에 적용된다. 조약의 통일성을 저해하고, 유효인 유보와 무효인 유보를 구별하지 않기 때문에 인정되어서는 안 되는 이론이다. 넷째, 분리이론(severability principle). 무효인 유보는 마치 문제의 유보가 비준서나 가입서에 첨부되지 않았던 것처럼 법적 효력이 없으며, 유보국은 계속해서 조약 전체의 구속을 받는다는 이론이다. 즉, 허용되지 않는 유보는 동의의 표명으로부터 분리된다. Belilos 사건 이후 서유럽에서 힘을 얻고 있다. Goodman교수는 일견 국가 동의의 원칙에 반하는 것처럼 보이는 분리이론을 허용하는 인권조약체계야 말로 국가동의를 극대화하는 것이며, 분리이론은 조약당사국들의 목적과 이해관계를 가장 잘 반영하는 것이라고 주장한다.

(2) 유럽인권위원회 및 유럽인권법원의 견해

Belilos 사건에서 양립하지 아니하는 유보의 효력이 본격적으로 다뤄졌다. 동 사건에서는 유럽인권협약 제6조 제1항에 대한 스위스의 해석선언이 문제가 되었다. 유럽인권위원회와 유럽인권재판소는 스위스의 해석선언은 해석유보에 해당한다고 하였으나 당해 유보는 조약의 대상 및 목적과 양립하지 아니하여 무효라고 판정하였다. 그럼에도 불구하고 스위스는 계속해서 협약의 구속을 받으며, 당사국으로 간주된다고 보았다. 이러한 견해는 유럽인권법원이 '분리이론'을 채택한 것으로 평가되고 있다.

(3) UN인권위원회(UN Human Rights Committee)의 견해

1994년 UN인권위원회는 국제관습법 등을 반영하는 인권조항에 대해서는 유보가 허용될 수 없으며, 특정한 유보의 허용성 여부는 당 위원회가 판단을 내리는 것이 자명하며, 받아들일 수 없는 유보의 효력과 관련하여 분리이론을 채택한다고 밝혔다. 미국, 영국, 프랑스는 이 일반논평에 강력하게 반대 입장을 표명하였다. 1999년 인권위원회는 이러한 국가들의 반대에도 불구하고 Kennedy v Trinidad and Tobago 사건에서 분리이론을 적용하였다.

(4) 국가들의 관행

이 문제에 관한 국가들의 관행은 분명한 경향이 없는 혼란 상태이다. 인권조약에 가입한 대다수 국가들은 타방당사국의 유보에 묵인하는 것을 선호하는 반면, 소수의 국가들은 허용 불가능한 유보를 반대하고 '분리이론'을 주장함으로써 인권조약의 통일성을 해치는 공격에 대항하고 있다. 특히 북유럽국가들(덴마크, 핀란드, 아이슬란드, 노르웨이, 스웨덴)은 공식적으로 분리이론을 지지하고 있다.

(5) 소결

인권조약은 비록 국가 간에 체결되었다고 해도 개인의 기본적인 권리의 증진·보호를 목적으로 하기 때문에 국제법상 상호주의 원칙이 적용될 수 없다. 인권조약의 유보 역시 당사국 관할권 내 개인에게 직접적 영향을 미치게 된다. 결국 유보국의 당사국 지위는 계속해서 유지시키면서 허용되지 않는 유보의 효력은 무효로 판단하는 분리이론이 적합하다고 본다.

Ⅲ 요건 · 시기 · 절차 · 효력

1. 유보의 효력요건

유보가 효력을 발생시키기 위해서는 타방당사국의 동의를 요한다. 그러나 반드시 명시적일 필요는 없으며 묵시적이라도 무방하다(제20조 제5항). 따라서 서명 전 또는 서명 시 유보를 하는 경우 타방체약국이 이의를 제기하지 않고 서명하거나, 비준시 유보를 하는 경우 타방체약국이 이의를 제기하지 않고 비준서를 기탁하면 묵시적 동의가 있었다고 볼 수 있다.

2. 유보의 시기

(1) 원칙

유보의 의사를 표명할 수 있는 시기는 서명 · 비준 · 수락 · 승인 또는 가입 시이다. 유보는 선언국이 조약의 구속을 받겠다는 의사를 피력하는 시점에서 또는 그 이전에 표명되어야 함을 의미하는 것이다. 그러나 유보는 다자조약문의 '채택과 확정' 단계에서는 표시될 수 없다.

(2) 관행

국가들의 실행을 보면 비엔나 조약법협약에 명시된 유보표명의 시간적 제한을 준수하지 않는 '때늦은 유보'를 허용하고 있는 조약도 있다. ILC는 이같은 관행에 직면하면서 법적 안정성도 함께 고려하여, 조약에서 달리 규정하지 않는 한, 국가 또는 국제기구는 조약의 구속을 받겠다는 자신의 동의를 표시한 뒤에는 조약에 대해 유보를 표명할 수 없다는 입장이다. 다만, 타 체약당사자들 중에서 그 누구도 때늦은 유보의 표명에 반대하지 않는 경우에는 그러하지 아니하다라는 가이드라인을 제시하고 있다. 이에 따르면 때늦은 유보는 당해조약에서 이를 명시적으로 허용하고 있는 경우가 아니면 원칙적으로 불가능하며, 또한 타 체약당사자들 중에서 한 당사자라도 반대하면 때늦은 유보는 성립할 수 없다. 때늦은 유보에 대한 반대시한은 12개월로 설정되고 있다.

(3) 비교 – 해석선언의 시기

해석선언은 유보와는 달리 언제든지 또한, 조약에서 달리 규정하지 않는 한 언제든지 수정할 수 있다. 다만, 해석선언의 시기를 서명, 비준, 또는 가입 시로 국한하고 있는 UN해양법협약 제310조의 경우처럼 조약에서 해석선언의 시기를 제한하고 있는 경우에는 해석선언은 그 조약에 명시된 시한 내에서만 표명할 수 있다.

(4) 정식조약에서 서명 시 유보한 경우

정식조약에서 서명시 유보한 경우 비준 시 재확인해야 하며, 유보는 확인된 일자에 첨부된 것으로 처리한다. 재확인되지 않은 경우 유보는 포기된 것으로 간주된다. 타국의 서명 시 첨부된 유보에 대한 다른 당사국의 반응은 비준 시 반복되지 않아도 무방하다.

3. 유보의 철회

조약에 달리 규정하지 않는 한 유보의 철회는 언제든지 할 수 있으며 유보의 철회는 유보동의국의 동의를 필요로 하지 않는다(제22조 제1항). 유보의 철회는 타방체국이 통고를 접수했을 때에만 그 국가에 대해 효력을 갖는다(제22조 제3항 제a호). Armed Activities on the Territory of the Congo 사건에서 ICJ는 유보를 철회하기로 하는 국내적 결정과 그것의 국제적 이행은 별개의 문제로서 후자는 타 체약국들이 그것을 통지받은 때에만 그들 국가에 대해 효력을 발생하며, 이는 법적 안정성의 원칙에서 도출되고 관행으로 확립된 국제법규인 조약법협약 제22.3조(a)에도 명시되어 있다고 판시하였다.

4. 유보거절의 철회

조약에 달리 규정하지 않는 한 유보거절은 언제든지 철회될 수 있으며 유보거절의 철회는 유보국이 통고를 접수했을 때에만 효력을 가진다.

5. 절차

유보, 유보의 명시적 동의 및 유보에 대한 이의제기는 서면으로 해야 하며, 체약국 및 당사국이 될 자격국에 통고해야 한다(제23조 제1항). 또한 유보의 철회 또는 이의제기의 철회도 서면으로 해야 한다(제23조 제4항).

6. 효력

📄 조문 | 조약법에 관한 비엔나협약 제21조 제1항 – 유보의 효력

제19조, 제20조 및 제23조에 따라 다른 당사국에 대하여 성립된 유보는 다음의 법적 효과를 가진다.

(a) 유보국과 그 다른 당사국과의 관계에 있어서 유보국에 대해서는 그 유보에 관련되는 조약규정을 그 유보의 범위 내에서 변경한다.

(b) 다른 당사국과 유보국과의 관계에 있어서 그 다른 당사국에 대해서는 그러한 조약규정을 동일한 범위 내에서 변경한다.

---

(1) 제한적 효력

유보의 효과는 유보국과의 관계에서 발생하여 조약의 효력이 제한된다. 즉, 어떤 조항이 유보된 경우 그 조항이 적용되지 않고 마치 존재하지 않는 것과 같이 취급된다. 해석이 유보된 경우에는 그 조항은 유보된 의미로만 해석된다.

(2) 상대적 효력

유보는 유보국과 유보에 동의한 타방당사국 사이에서만 효력이 있다. 즉, 유보국은 타방당사국에 대하여 유보를 원용할 수 있으며, 동시에 타방당사국도 유보국에 대하여 유보를 원용할 수 있다(동 제21조 제1항).

Ⅳ 유보의 수락 및 반대와 국가 간 조약관계

1. 유보국과 유보수락국의 관계

조약에 유보를 명시적으로 허용하는 경우 타체약국의 별도의 동의를 요하지 않고 유보국이 유보하는 경우 유보를 수락한 것으로 간주된다. 한편, 조약에 유보에 대한 명시적 규정이 없는 경우 유보국에 대해 명시적·묵시적으로 수락한 국가만 유보를 수락한 것으로 인정된다. 유보가 수락되는 경우 유보국과 유보수락국 간 조약관계가 성립하고, 상호 간 조약의 적용은 유보에 따라 수정되거나 제한된다.

2. 유보국과 유보반대국의 관계

(1) 반대의 방법

유보에 대한 반대는 반드시 명시적으로 이루어져야 한다. 조약이 달리 규정하지 아니하는 한 국가가 유보의 통고를 받은 후 12개월의 기간이 끝날 때까지나 또는 그 조약에 대한 그 국가의 기속적 동의를 표시한 일자까지 중 어느 것이든 나중의 시기까지 그 유보에 대하여 이의를 제기하지 아니한 경우에는 유보가 그 국가에 의하여 수락된 것으로 간주된다(제20조 제5항).

(2) 유보국과 유보반대국의 조약관계 성립 여부

> **🗐 조문 | 조약법에 관한 비엔나협약 제20조 제4항**
>
> 상기 제 조항에 해당되지 아니하는 경우로서 조약이 달리 규정하지 아니하는 한 다음의 규칙이 적용된다.
>
> (a) 다른 체약국에 의한 유보의 수락은 그 조약이 유보국과 다른 유보 수락국에 대하여 유효한 경우에 또한 유효한 기간 동안 유보국이 그 다른 유보 수락국과의 관계에 있어서 조약의 당사국이 되도록 한다.
>
> (b) 유보에 다른 체약국의 이의는 이의 제기국이 확정적으로 반대의사를 표시하지 아니하는 한 이의 제기국과 유보국 간에 있어서의 조약의 발효를 배제하지 아니한다.

전통적으로 유보에 대해 만장일치로 수락되지 않는 경우 유보국은 조약당사자가 될 수 없었다. 그러나 1951년 제노사이드협약의 유보에 대한 권고적 의견에서 ICJ는 개별 국가의 판단에 따라 유보국을 조약의 당사자로 인정하거나 거부할 수 있다고 판시하였다. 조약법협약에서도 "유보반대국이 확정적으로 상반되는 의사를 표명하지 않는 한, 유보반대국과 유보국 간 조약의 발효를 방해하지 아니한다."(제20조 제4항 b호)라고 규정하여 유보와 유보반대국 간 조약관계 성립을 인정하고 있다.

(3) 유보국과 유보반대국 간 조약관계

> **🗐 조문 | 조약법에 관한 비엔나협약 제21조 제3항**
>
> 유보에 대하여 이의를 제기하는 국가가 동 이의제기국과 유보국간의 조약의 발효에 반대하지 아니하는 경우에 유보에 관련되는 규정은 그 유보의 범위 내에서 양국 간에 적용되지 아니한다.

유보반대국이 유보국과의 관계에서 조약의 발효에 반대하지 않는 경우 양자간 조약관계는 성립하나 유보가 문제된 조항은 유보된 범위 내에서 양국 간 적용되지 않는다(제21조 제3항). 한편, 유보에 반대한 국가가 유보국과의 관계에서 조약의 발효에 반대하는 경우, 양자 간에는 조약관계 자체가 성립되지 않는다.

Ⅴ 결론 – 유보제도의 문제점과 입법론

유보는 다자조약의 보편성 확보라는 측면에서 긍정적인 역할을 하나, 유보로 말미암아 조약상 법률관계가 복잡하게 될 뿐 아니라 조약의 적용이 유보된 범위만큼 제한되므로, 조약의 효과는 감소된다. 특히 유보조항은 보통 중요한 권리의무에 관한 것이므로 조약의 효과가 크게 감소되는 경우가 많다. 한편, 조약에 유보에 대한 명시적 규정이 없는 경우 유보가 조약의 목적 및 대상과 양립하는지 여부에 대해서는 개별 당사국들이 판단하므로 양립성 여부에 대한 판단이 자의적일 가능성이 있다. 따라서 유보를 가능한 한 제한하는 것이 바람직할 것이다. 인권조약과 같이 조약의 중요도가 높거나, 통일적 적용에 대한 요청이 매우 강한 경우 조약에 명시적으로 유보를 금지하는 조항을 두는 것이 필요하다고 본다. 또한 유보의 양립성에 대한 객관적 평가를 위해 조약규정으로 양립성에 대한 평가를 위한 위원회를 설치하는 것도 좋은 방법이라고 생각한다.

⚖ 판례 | 제노사이드협약의 유보에 관한 사건(Advisory Opinion, ICJ, 1951년)

1948년 UN총회에서 만장일치로 채택된 '집단살해의 방지 및 처벌에 관한 협약'(이하 제노사이드협약)은 1949년 12월 31일까지 서명을 위해 개방됨과 아울러 이에 대한 비준을 받았고, 1950년 1월 1일 이후로 가입을 위해 개방되었다. 그러나 동 협약은 다음과 같은 법적 문제에 직면하게 되었다. 제13조에서는 20번째의 비준 또는 가입서가 기탁된 날로부터 90일째 되는 날 협약이 발효한다고 규정할 뿐 유보에 관해서는 전혀 규정하고 있지 않다. 그런데 필리핀과 불가리아가 동 협약에 대한 비준 또는 가입서를 제출하면서 유보를 첨부하였는데, 이것을 20개의 비준 또는 가입서에 포함시켜야 할지 여부가 문제된 것이다. 그러나 곧 유보를 첨부하지 않은 5개국의 비준 또는 가입서가 일시에 기탁됨으로써 유보를 첨부한 비준 또는 가입서에 관계없이 동 협약의 발효일자가 결정되었다. 이에 UN총회는 결의 478(V)을 채택함으로써 제노사이드협약에 대한 유보와 관련하여 ICJ에 권고적 의견을 요청하였다. 이와 관련하여 유보국의 협약 당사자 인정 여부, 유보의 효력 등이 쟁점이 되었다. 첫째, ICJ는 유보국도 협약의 당사국이 될 수 있다고 하였다. ICJ는 제노사이드는 모든 인류집단의 생존권을 부인하는 것으로 인류의 양심을 마비시키고 인도주의의 크나큰 상실을 초래할 뿐 아니라 도덕률과 UN의 정신 및 목적에 반하는 '국제법상의 범죄'로 처벌받아야 한다는 것이 UN의 의도이며 따라서 동 협약은 가능한 한 많은 국가의 참여를 유도하는 것이 중요하다고 하였다. 즉, 조약의 목적 자체를 희생하지 않는 범위 내에서 보편성을 의도하기 위해 '유보의 당해 협약의 대상 및 목적과의 양립 여부'를 유보의 허용 여부를 판단하는 기준으로 삼아야 한다고 하였다. 둘째, 유보의 효력은 상대적인 것으로 양립성 여부에 대한 판단은 협약의 타당사국들이 개별적으로 한다고 하였다.

제4절 조약의 효력

Ⅰ 의의

조약이 일응 성립요건을 갖추었다 해도, 조약이 유효하기 위해서는 다시 효력요건을 충족해야 한다. 따라서 효력요건을 충족시키지 못하면 그 조약은 무효가 된다. 조약의 효력요건이 충족되면 조약의 법적 구속력이 발생하여 조약당사국을 법적으로 구속하게 된다(제26조). 유효하게 성립한 조약의 인적·시간적·장소적 효력을 중심으로 논의한다.

Ⅱ 효력요건

1. 조약당사자

조약당사자로서는 전통적인 주체로서 국가가 있으며, 국제기구, 반란단체, 민족해방기구 등이 제한된 범위 하에서 당사자가 될 수 있다. 개인은 조약의 당사자가 될 수 없다.

2. 조약체결권자

국가는 원칙적으로 헌법상 국가원수가 조약체결권자인 것이 보통이나, 전시에 교전국의 군 지휘관이 전장에서 행하는 휴전·항복·포로교환에 관한 전시협정의 경우에는 예외적이다. 국제기구는 설립협정에 규정되어 있는 것이 보통이다.

3. 하자 없는 의사표시

조약의 의사표시에 하자가 있다면 조약의 성립요건을 충족치 못한다. 강박, 착오, 사기, 부패 등이 하자의 요인이다.

4. 목적의 이행가능성과 적법성

제3국에 직접 의무를 부여하거나 권리를 제한하는 목적을 가진 조약은 무효이다. 또한 강행규범에 위반인 조약도 무효가 된다.

Ⅲ 효력발생

1. 절차 및 시기

최종조항(final clause)에 규정되며 교섭국이 합의하는 일자와 방법에 따라 결정된다(제24.1조). 규정이나 합의가 없는 경우 '당해조약에 구속되는 데 대한 동의'가 확립되는 즉시 발생한다. 즉, 약식조약의 경우 서명 시에, 정식조약의 경우 비준서의 교환, 기탁 시에 효력이 발생한다.

2. 잠정적용(제25조)

교섭국들은 발효 시까지 조약의 '전부 또는 일부'를 '잠정(임시)적으로 적용'하기로 합의할 수도 있다. 조약이 긴급한 문제를 다루면서도 비준을 요하는 경우에 특히 잠정적용의 필요성이 제기되는데, 이 경우 잠정기간이 지나면 참가국들에게 자동으로 비준의 의무가 발생하는 것은 아니며, 잠정적용을 중도에 그만둘 수도 있다. 그리고 조약 발효 후에도 잠정적용은 그때까지 비준하지 아니한 국가 간에 지속될 수 있다. 잠정적용이 시작되는 시점은 조약문 채택일, 서명일 혹은 교섭국들이 합의하는 다른 어떤 일자가 될 수도 있다. 조약 발효 전까지의 잠정적용의 기간도 제한하기로 합의할 수 있다. 또한, 동일 조약 내에서 조항에 따라 잠정적용의 기간을 서로 달리할 수도 있다. 관세 및 무역에 관한 일반협정은 잠정적용의 관한 의정서에 의거하여 약 50년간 잠정 적용된 바 있다. 2010년 10월 6일 서명된 한국 – EU 자유무역협정은 2011년 7월 1일부터 4년 5개월여 동안의 잠정적용을 거쳐 2015년 12월 13일 발효한 바 있다. 이 밖에, 1994년 UN총회에서 채택된 UN해양법협약의 이행협정 제7조도 잠정적용 사례이다.

📖 조문 | 조약법에 관한 비엔나협약 제25조 – 잠정적 적용

1. 다음의 경우에 조약 또는 조약의 일부는 그 발효 시까지 잠정적으로 적용된다.

   (a) 조약 자체가 그렇게 규정하는 경우 또는

   (b) 교섭국이 다른 방법으로 그렇게 합의한 경우

2. 조약이 달리 규정하지 아니하거나 또는 교섭국이 달리 합의하지 아니한 경우에는 어느 국가가 조약이 잠정적으로 적용되고 있는 다른 국가에 대하여 그 조약의 당사국이 되지 아니하고자 하는 의사를 통고한 경우에 그 국가에 대한 그 조약 또는 그 조약의 일부의 잠정적 적용이 종료된다.

Ⅳ 효력범위

1. 당사국 간 효력

유효한 모든 조약은 그 당사국을 구속하며 또한 당사국에 의하여 성실하게 이행되어야 하며(제26조), 조약의 불이행을 정당화하기 위해 국내법을 원용할 수 없다(제27조). 당사국은 조약을 국내적으로 도입하여 국내적으로 이행할 의무를 부담한다. 일방당사국의 정부나 정부형태 변경은 원칙적으로 조약의 구속력에 영향을 주지 않는다.

2. 제3국에 대한 효력

조약은 원칙적으로 당사국에게만 효력을 미친다. 즉, '조약은 제3자를 해하지도 이롭게 하지도 않는다'(pacta tertiis nec nocent nec prosunt)는 법언에 기초하여 조약은 당사국 이외의 제3국에게는 효력을 미치지 않는다(제34조). 그러나 조약법협약은 제3국의 명시적, 또는 묵시적 동의에 기초하여 권리를 향유하거나 의무를 부담하게 할 수 있음을 예외적으로 인정하고 있다. 상세한 내용은 후술한다.

3. 시간적 효력

명시적 합의가 없는 한 소급효는 인정되지 않는다(제28조)[8]. 사후법으로 기존법률관계를 규정하면 법적 안정성을 심히 저해하기 때문이다. 다만, 협약에 규정된 법규라도 이미 국제법상 확립되어 있는 경우 협약발효일에 상관없이 그 법규의 확립일로부터 적용된다(제4조).

4. 공간적 효력

원칙적으로 당사국의 영역 전부, 조약 성립 후 새로 편입된 영역에도 적용되며 효력을 일부 지역으로 한정하려면 특별한 합의가 필요하다(제29조).

5. 계승적 조약의 법적 문제

> **조문 | 조약법에 관한 비엔나협약 제30조 – 계승적 조약**
>
> 1. 국제연합헌장 제103조에 따를 것으로 하여 동일한 주제에 관한 계승적 조약의 당사국의 권리와 의무는 아래의 조항에 의거하여 결정된다.
> 2. 조약이 전조약 또는 후조약에 따를 것을 명시하고 있거나 또는 전조약 또는 후조약과 양립하지 아니하는 것으로 간주되지 아니함을 명시하고 있는 경우에는 그 다른 조약의 규정이 우선한다.
> 3. 전조약의 모든 당사국이 동시에 후조약의 당사국이나 전조약이 제59조에 따라 종료되지 아니하거나 또는 시행 정지되지 아니하는 경우에 전조약은 그 규정이 후조약의 규정과 양립하는 범위내에서만 적용된다.
> 4. 후조약의 당사국이 전조약의 모든 당사국을 포함하지 아니하는 경우에는 다음의 규칙이 적용된다.
>   (a) 양 조약의 당사국간에는 상기 3항과 같은 동일한 규칙이 적용된다.
>   (b) 양 조약의 당사국과 어느 한 조약의 당사국 간에는 그 양국이 다 같이 당사국인 조약이 그들 상호 간의 권리와 의무를 규율한다.
> 5. 상기 4항은 제41조에 대하여 또는 제60조의 규정에 따른 조약의 종료 또는 시행정지에 관한 문제에 대하여 또는 다른 조약에 따른 국가에 대한 어느 국가의 의무와 조약규정이 양립하지 아니하는 조약의 체결 또는 적용으로부터 그 어느 국가에 대하여 야기될 수 있는 책임문제를 침해하지 아니한다.

---

8) 제4조의 규정과 구별해야 한다. 제4조는 조약법협약의 규정은 동 조약의 발효 이후에 체결되는 조약에 대해서만 적용됨을 규정하고 있다.

(1) 문제의 소재

계승적 조약(successive treaty)이 체결되는 경우 발생할 수 있는 법적 문제는 두 가지이다. 첫째, 계승적 조약이 체결되는 경우 구조약과 신조약의 인적 적용범위에 관한 문제로서 이는 조약법협약 제30조와 관련된다. 둘째, 조약의 종료와 관련하여 신조약이 체결되는 경우 구조약이 소멸되는지가 문제되며 이는 조약법협약 제59조의 문제이다.

(2) 논의의 전제

연속조약의 문제가 제기되기 위해서는 무엇보다 신조약과 구조약이 연속조약관계에 있다는 전제가 충족되어야 한다. 연속조약 또는 계승적 조약이란 시간적 간격을 두고 체결된 조약으로서 동일한 문제나 사항을 다루는 조약을 말한다. 여기서 동일한 문제란 동일한 사람, 동일한 시간 또는 동일한 사물 등에 관한 문제를 말한다.

(3) 조약의 인적 적용범위의 문제

조약법에 관한 비엔나협약 제30조는 다음과 같이 이 문제를 규율하고 있다. 첫째, 신·구조약의 당사자가 같은 경우는 신법 우선의 원칙이 적용된다. 그러나 관행 또는 관습법과 달리 특별법 우선의 원칙에 대해서는 명시적 규정이 없다. 신·구법이 상충하지 않은 경우라면 신·구법이 상호 보완·보충적으로 적용된다. 둘째, 당사자가 다른 경우 공동당사자인 조약이 적용된다. 셋째, UN헌장 제103조에 따라 UN회원국 상호 간에는 언제나 UN헌장이 우선 적용된다. 우선 적용되는 것이므로 UN헌장과 상충되는 회원국 상호 간 조약의 지위에는 변동이 없음은 물론이다.

(4) 조약종료의 문제

> 📑 **조문 │ 조약법에 관한 비엔나협약 제59조 – 후조약의 체결에 의하여 묵시되는 조약의 종료 또는 시행정지**
>
> 1. 조약의 모든 당사국이 동일한 사항에 관한 후조약을 체결하고 또한 아래의 것에 해당하는 경우에 그 조약은 종료한 것으로 간주된다.
>   (a) 후조약에 의하여 그 사항이 규율되어야 함을 당사국이 의도하였음이 그 후조약으로부터 나타나거나 또는 달리 확정되는 경우 또는
>   (b) 후조약의 규정이 전조약의 규정과 근본적으로 양립하지 아니하여 양 조약이 동시에 적용될 수 없는 경우
> 2. 전조약을 시행 정지시킨 것만이 당사국의 의사이었음이 후조약으로부터 나타나거나 또는 달리 확정되는 경우에 전조약은 그 시행이 정지된 것만으로 간주된다.

조약법에 관한 비엔나협약 제59조는 신·구조약의 당사자가 같다는 전제에서 신조약 체결로 구조약이 종료되는지 여부에 관한 문제를 규율한다. 모든 당사국이 동일사항에 대해 신조약에 의해 규율하기로 의도한 경우 또는 신조약과 구조약이 양립하지 않는 경우 구조약은 종료되며 이 경우 별도의 종료절차를 요하지 않는다. 따라서 신조약에 구조약의 지위에 대한 합의가 존재하지 않고, 구조약이 신조약과 양립하는 경우 구조약도 여전히 유효하게 회원국에게 법적 효력이 있다.

(5) 제30조와 제59조의 비교

첫째, 제30조는 인적적용범위를 제59조는 조약의 종료를 규율한다. 둘째, 제59조는 당사자가 같은 경우에만 적용된다. 셋째, 제30조는 제59조에 의해 구조약이 소멸되지 않은 경우에만 적용되기 시작한다.

Ⅰ 의의

조약의 제3국(third parties)이라 함은 조약의 당사국이 아닌 국가를 의미한다(제2조 제1항 제h호). 한편, 조약의 당사국이라 함은 조약에 대한 기속적 동의를 부여하였으며 또한 그에 대하여 그 조약이 발효하고 있는 국가를 말한다(제2조 제1항 제g호). 원칙적으로 조약은 제3자를 해하지도 이롭게 하지도 않는다(pacta tertiis nec nocent nec prosunt). 이를 조약상대성의 원칙(principle of relativity of treaties)이라 한다. 즉, 조약은 당사국 상호 간에만 효력을 발생시키며 당사국이 아닌 국가는 조약상의 권리를 향유하거나 의무를 부담하지 않는다. 그러나, 오늘날 국내법적으로 '제3자를 위한 계약'이 당사자 자치의 원칙에 기초하여 유효한 것으로 인정되고, 국제법적으로도 국제공동체의 조직화가 진전됨에 따라 조약이 제3국에 대해 예외적으로 어떠한 법적 결과를 발생시키는 경우가 나타나고 있다. 조약의 제3국에 대한 효력을 제3국의 동의에 기초한 효력과 제3국의 동의와 무관한 효력으로 대별하여 검토한다.

Ⅱ 제3국에게 권리를 부여하는 조약

> **📖 조문 | 조약법에 관한 비엔나협약 제36조 – 제3국에 대해 권리를 규정하는 조약**
>
> 1. 조약의 당사국이 제3국 또는 제3국이 속하는 국가의 그룹 또는 모든 국가에 대하여 권리를 부여하는 조약규정을 의도하며 또한 그 제3국이 이에 동의하는 경우에는 그 조약의 규정으로부터 그 제3국에 대하여 권리가 발생한다. 조약이 달리 규정하지 아니하는 한 제3국의 동의는 반대의 표시가 없는 동안 있은 것으로 추정된다.
>
> 2. 상기 1항에 의거하여 권리를 행사하는 국가는 조약에 규정되어 있거나 또는 조약에 의거하여 확정되는 그 권리행사의 조건에 따라야 한다.

1. 인정 여부

조약에 의해 제3국에게 권리를 부여하는 것이 가능하다. 이 경우는 조약에 의해 제3국에 의무를 부과하는 경우와는 달리 제3국의 주권을 침해하지 않기 때문이다. 따라서 조약의 당사국이 제3국에 권리를 부여할 것을 의도하고 제3국이 그것에 명시적 또는 묵시적 동의를 표명하면 당해 제3국에게 권리가 발생한다(제36조 제1항).

2. 제3국이 향유하는 혜택의 법적 성질 – 권리 또는 반사적 이익 여부

(1) **법적 쟁점**

조약에 의해 제3국의 혜택을 규정한 경우 이것을 항상 제3국에게 권리를 인정한 것으로 볼 수 있는가에 대한 문제이다. 일방적 철회권의 발생 또는 국가책임의 추궁 가능성과 관련하여 구별실익이 있다.

(2) 학설

권리추정설과 반사적 이익설의 대립이 있다. 권리추정설에 따르면 조약에 제3국의 혜택을 규정한 경우 이것이 권리인지 반사적 이익인지 불명확하다면 이를 '권리'로 추정해야 한다는 주장이다. 반면, 반사적 이익설은 제3국의 혜택을 권리로 주장할 수 있는 실질적 지위가 조약에 명시 또는 묵시되어 있지 않는 한 반사적 이익으로 보아야 한다는 견해이다.

(3) 검토

반사적 이익설이 타당하다. 즉, 조약에 제3국의 동의 없이 그 혜택조항을 변경하지 못한다고 규정하거나, 규정위반에 대한 제3국의 제소권을 인정하거나 제3국의 권리주장을 법적으로 인정한 경우 이외에는 반사적 이익만을 부여한 것으로 해석해야 한다. 이는 만일 제3국에 권리를 부여할 의사가 있었다면 조약을 개방조약으로 창설하여 제3국에도 참가할 수 있는 길을 열어 두었을 것으로 생각해야 하기 때문이다.

3. 권리취득시기

조약이 예외적으로 제3국이 권리를 취득할 수 있도록 명문의 규정을 둔 경우 제3국은 언제 현실적으로 권리를 취득하는가? 제3국은 명시적 또는 묵시적으로 당해조약을 수락할 때 그 권리를 비로소 취득한다(제36조 제1항). 따라서 제3국의 수락은 권리발생요건이다.

4. 권리의 취소 또는 변경

제3국에게 권리가 발생한 경우 제3국의 동의 없이 취소 또는 변경할 수 없음을 의도한 것이 증명된 경우에는 조약당사국은 당해 권리를 취소 또는 변경할 수 없다(제37조 제2항).

Ⅲ 제3국에 의무를 부과하는 조약

> **📄 조문 | 조약법에 관한 비엔나협약 제35조 – 제3국에 대하여 의무를 규정하는 조약**
>
> 조약의 당사국이 조약규정을 제3국에 대하여 의무를 설정하는 수단으로 의도하며 또한 그 제3국이 서면으로 그 의무를 명시적으로 수락하는 경우에는 그 조약의 규정으로부터 그 제3국에 대하여 의무가 발생한다.

1. 원칙

제3국에 의무를 부과하거나 또는 그 권리를 제한하는 조약은 원칙적으로 무효이다. 조약이 제3국에 의무를 부과할 수 없다는 국가주권이론과 '단체이익'(community interest)을 위한 다수의 결정이 소수를 강제할 수 있는 원칙이 확립되어 있지 않기 때문이다.

2. 예외

조약당사국이 제3국에 의무를 설정할 것을 의도하고 또한 제3국이 당해조약상 의무를 서면에 의해 명시적으로 수락한 경우에는 당해 제3국에 의무가 발생한다(제35조). 이 경우 조약내용에 포함된 당사국의 제안이 제3국에 의해 수락됨으로써 새로운 합의가 성립된 것으로 본다.

3. 의무의 취소 또는 변경

제3국에 의무가 발생한 경우 당해 의무는 달리 합의가 없는 한 조약당사국과 제3국의 동의에 의해서만 취소 또는 변경할 수 있다(제37조 제1항).

Ⅳ 제3국의 동의 없는 적용

1. 국제관습법을 선언하는 조약

조약의 내용이 기존의 관습국제법을 반영하거나, 조약이 체결된 이후에 조약의 내용이 관습국제법으로 성립한 경우 조약은 제3국에게도 적용된다(제38조). 그러나 이것은 조약 그 자체의 효력이 제3국에 미친 것이 아니고 제3국도 국제사회의 일원으로서 관습국제법의 구속을 받는 것으로 보는 것이 타당하다.

2. 입법부적 조약의 문제

(1) 의의

입법부적 조약(legislative treaty)이란 대세적으로 유효한 권리와 의무를 창설할 목적으로 체결되는 조약을 말한다. 입법부적 조약에 관해서는 특히 현대 국제법상 이런 유형의 조약이 존재할 수 있는지가 문제된다. 주권평등원칙상 조약은 '당사자효'를 원칙으로 하기 때문이다. 즉, 입법부적 조약이란 제3국의 동의 없이도 국제공동체를 구성하는 모든 국가는 당연히 준수할 것을 예정하는 조약이기 때문에 일견 조약상대성의 원칙과 상충된다. 이와 관련하여 학설적으로는 입법부적 조약을 인정하는 객관주의와 부정하는 의사주의로 대립된다.

(2) 국제사례(판례)

① 첫째, 올랜드섬 사건에서는 올랜드섬에 대한 소극적 지역권 설정조약(1856년 파리조약)의 대세적 효력 인정 여부가 문제되었다. 이에 대해 국제연맹 법률가위원회는 스웨덴은 파리 조약의 당사국이 아니었으나, 조약상의 의무 위반을 다툴 수 있는 법적 지위를 인정하였다.

② 둘째, 베르나돗테백작 사건에서는 UN헌장의 비회원국에 대한 대세적 효력 여부가 문제되었다. 즉, 당시 UN회원국이 아닌 이스라엘에 대해 UN이 국제책임을 청구할 자격이 있는지가 쟁점이 되었다. 이에 대해 ICJ는 이를 인정하였다. 이는 ICJ가 UN의 대세적 법인격(객관적 법인격)을 인정한 것으로 평가되고 있다.

3. UN헌장 제2조 제6항의 문제

UN헌장 제2조 제6항은 "이 기구는 국제평화와 안전의 유지에 필요한 한 UN 비회원국이 이 원칙을 준수하도록 확보한다."라고 규정하고 있다. 동조항은 형식상 비회원국에 헌장준수의무를 부과하기보다는 국제평화와 안전의 유지를 위해 필요한 경우 비회원국에 대해서도 회원국의 조직력을 행사해야 하는 의무를 설정한 것이다. 그러나 실질적으로 국제사회의 이익을 위해 그러한 강제조치를 취할 수 있는 권리를 주장한 것으로 해석할 수도 있다(Jessup). Hans Kelsen도 UN헌장 제2조 제6항에 의해 비회원국도 평화유지에 관한 헌장규정의 적용을 받으며, 이에 따라 의무를 진다고 주장한다.

V 결론

조약의 제3국에 대한 효력의 문제는 조약의 당사자가 아닌 국가에게도 효력을 확장하려는 목적을 갖는다. 그러나 분권화된 국제사회에서 자국에 대한 구속력의 원천은 '국가의사'에 있으므로 제3국의 명시적·묵시적 동의 없이는 구속력을 발생시킬 수 없다. 따라서 엄밀한 의미에서 국제법상 조약의 제3자효는 원칙적으로 존재하지 않는다고 볼 수 있다. 그럼에도 조약의 제3자효는 특정한 경우 국가 간 법률관계를 간소화하고, 다자조약의 적용범위를 확장시킬 수 있는 중요한 의의를 갖는다고 볼 수 있다.

판례 | Aaland Islands 사건(국제연맹 국제법률가위원회, 1920년) – 객관적 법체제

스웨덴 주권하의 올란드 섬이 1809년 러시아에 양도되었다. 크리미아전쟁에서 패한 러시아는 1856년 영국, 프랑스 등과 동 섬을 요새화 하지 않기로 합의하였다. 1917년 핀란드는 러시아로부터 독립하였고 자국영토로 편입된 올란드섬의 비무장화 의무가 없음을 주장하였다. 이에 대해 스웨덴이 문제를 제기하였고 이 사건은 LN국제법률가위원회에 회부되었다. 이 사건에서는 스웨덴이 1856년 조약의 당사국이 아님에도 불구하고 동 조약을 원용할 수 있는지 여부, 핀란드에게 올란드섬에 대한 비무장의무가 있는지 여부 등이 문제되었다. 첫째, 1856년 조약의 당사국이 아닌 스웨덴이 핀란드의 비무장화 파기에 대해 문제를 제기할 자격이 있는지가 문제되었다. 이에 대해 위원회는 1856년 조약은 유럽의 이해관계를 위해 하나의 객관적 법체제를 창설한 것으로서 조약의 당사국이 아닌 국가도 그 조약의 유지에 이해관계를 갖는 경우 조약 준수를 주장할 권리를 갖는다고 판단하였다. 둘째, 핀란드는 1856년 조약의 의무에 구속되어 비무장의무를 부담하는지에 대해 위원회는 1856년 조약은 올란드섬을 주권하에 두는 여하한 국가에 의해서든지 준수되어야 하므로 핀란드는 올란드섬의 비무장화 의무를 부담해야 한다고 판단하였다.

판례 | 상부사보이 젝스 자유지대 사건(Free Zones of Upper Savoy and the District of Gex, PCIJ, 1932년)

1815년 11월 20일 파리조약에 의해 상부사보이와 젝스 지역이 프랑스에서 스위스에 할양되고 동 지역에 자유지대가 설정되었다. 그런데, 1919년 베르사유조약 제435조는 1815년 조약규정이 현상에 적합하지 않음을 인정하고 자유지대에 관해 스위스와 프랑스가 새롭게 지위를 결정하기로 합의한 내용을 규정하고 있다. 스위스는 '자유지대에 관한 규정이 현상에 적합하지 않다'고 하는 부분에 유보를 하고 서명을 하였으나 국민투표 결과 비준하지 않았다. 그러나, 프랑스는 1923년 2월 자유지대 폐지에 관한 법률을 채택하고 그해 11월 10일부터 시행할 것을 스위스에 통고하였다. 양국의 합의하에 PCIJ에 소송이 제기되었다. 이와 관련하여 베르사유조약 제435조가 자유지대를 폐지하는지 여부 및 조약의 당사국이 아닌 스위스가 동 조약의 구속을 받는지가 문제되었다. 첫 번째 쟁점과 관련하여 PCIJ는 베르사유 조약 제435조는 자유지대의 폐지의무를 부과한 조항이 아니라고 판단하였다. 동조 제2항이 1815년 조약 규정이 현상에 적합하지 않음을 인정하였으나 그것이 곧 현상 부적합으로 인한 폐지를 규정한 것은 아니라고 하였다. 두 번째 쟁점과 관련하여 설령 동 조항이 폐지의무를 부과하였다고 하더라도 동 조약에 가입하지 않은 스위스는 제3국이므로 동 조약상의 의무를 부담하지 않는다고 하였다. 자국이 당사국이 아닌 조약상의 의무를 부담하기 위해서는 명시적 동의가 있어야 하나, 스위스는 명백히 자유지대에서의 관세제도 변경에는 반대하였기 때문이라고 하였다. 따라서 프랑스는 일방적으로 변경한 관세선을 폐지할 의무가 있다고 하였다.

Ⅰ 서설

1. 개념

조약의 해석이란 조약당사자의 의사에 적합하도록 조약규정의 의미와 범위를 확정하는 것을 의미한다. 조약의 해석은 그 문언(text)을 기초로 당사자들의 공동의 의사를 확인하는 것을 목표로 한다.

2. 필요성

조약규정은 다양한 이해관계의 정치적 타협의 결과로 또는 당사국의 수를 확장하기 위해 의도적으로 불명확하게 규정되는 경우가 많다. 여기에 조약해석의 존재 의의가 있는 것이다.

3. 연혁

종래의 관습법은 조약규정의 해석을 위한 일단의 객관적인 원칙을 갖지 못했으며, 상부사보이 젝스 자유지대 판결에서 PCIJ가 언급했듯이 단지 '의심이 있으면 주권의 제한은 엄격히 해석되어야 한다'는 국가주권 중심의 원칙이 지배하고 있었다. 이와는 대조적으로 비엔나협약은 균형 잡힌 해석원칙을 도입하고 있다.

Ⅱ 조약의 해석에 관한 학설

1. 객관적 해석(문언주의)

조약당사국의 의사의 탐구에 중점을 둔다. 조약당사국의 의사는 조약문에 반영되어 있다고 생각하여 용어의 자연적 내지 통상적 의미 내용에 따라 해석해야 한다는 입장이다(UN가맹승인 사건에 대한 권고적 의견, ICJ). 객관적 해석은 주관적 해석의 단점인 자의적 해석의 위험을 제거할 수 있으나, 조약문언 자체가 불명확할 경우 해석이 곤란하다는 난점이 있다.

2. 주관적 해석(당사국의사주의)

조약당사자의 의사는 반드시 조약문에 충분히 반영되는 것은 아니라고 보고, 조약체결 시의 제반 사정을 고려해서 종합적으로 해석해야 한다는 입장이다. 자의적 판단으로 법적 안정성을 저해할 위험이 크다

3. 목적론적 해석

조약의 목적 및 원칙에 비추어 조약을 해석해야 한다는 설이다. 알바레스(A. Alvarez)는 '평화조약의 해석문제에 관한 권고적 의견'에서 목적론적 해석방법을 강조하였다. 그는 조약해석에 있어서 헌장을 기초자들의 의사보다 현대생활의 필요성을 고려해야 한다고 주장하였다. 목적론적 해석은 해석이 아닌 입법적 기능을 발휘할 위험이 있다.

4. 제한적 해석

국가 주권의 제약을 내포하는 조항들은 제한적으로 해석되어야 한다는 입장이다. PCIJ는 Free Zones of Upper Savoy and the District of Gex 사건에서 의심이 있으며 주권의 제약은 제한적으로 해석되어야 한다고 언급하기도 하였다. 다만, 조약법에 관한 비엔나협약에서는 제한적 해석 원칙이 규정되지 않았다. Iron Rhine Railway 사건의 중재재판소는 제한적 해석의 원칙은 비엔나협약의 관련 규정에 언급조차 되어 있지 않으며, 당사자들의 의도와 함께 조약의 객체 및 목적이 해석의 지배적 요소들이라고 하였다.

5. 진화적 해석

진화적 해석(evolutive interpretation)은 조약상의 술어가 그 체결당시의 의미로 고정된 것으로 보지 않고 시간의 경과에 따른 점진적 변화를 수용하는 해석을 의미한다. 조약상의 개념이 진화하는 성격의 것이거나 그렇게 의도된 경우 진화적 해석을 채택할 수 있다. 진화적 해석은 목적론적 해석의 극단적 형태로 볼 수 있으며, 조약의 대상 및 목적이 조약체결 이후 변화될 수 있음을 인정하는 해석규칙이다.

Ⅲ 조약법에 관한 비엔나협약과 조약의 해석

1. 원칙 – 제31조

조약은 그 문맥(context)에 따라 조약의 문언에 부과되는 통상의 의미에 의거하고 그 대상 및 목적에 비추어 성실히 해석되어야 한다(제31조 제1항). 이는 기본적으로 문언주의에 목적론적 해석을 가미한 것이다. 문맥을 고려함에 있어서 조약의 본문, 부속서, 서문 이외에도 조약 체결 시의 합의, 조약체결과 관련하여 당사자들이 작성한 문서를 고려하며(제2항), 문맥과 함께 관련 국제법규, 추후관행, 조약체결 후의 합의도 고려해야 한다(제3항). 당사국이 특별한 의미를 특정용어에 부여하기로 의도하였음이 확정되는 경우 그러한 의미가 부여된다(제4항).

> 📄 **조문 | 조약법에 관한 비엔나협약 제31조 – 조약해석의 일반규칙**
>
> 1. 조약은 조약문의 문맥 및 조약의 대상과 목적으로 보아 그 조약의 문맥에 부여되는 통상적 의미에 따라 성실하게 해석되어야 한다.
>
> 2. 조약의 해석 목적상 문맥은 조약문에 추가하여 조약의 전문 및 부속서와 함께 다음의 것을 포함한다.
>   (a) 조약의 체결에 관련하여 모든 당사국 간에 이루어진 그 조약에 관한 협의
>   (b) 조약의 체결에 관련하여 하나 또는 그 이상의 당사국이 작성하고 또한 다른 당사국이 그 조약이 관련되는 문서로서 수락한 문서
>
> 3. 문맥과 함께 다음의 것이 참작되어야 한다.
>   (a) 조약의 해석 또는 그 조약규정의 적용에 관한 당사국 간의 추후의 합의
>   (b) 조약의 해석에 관한 당사국의 합의를 확정하는 그 조약 적용에 있어서의 추후의 관행
>   (c) 당사국 간의 관계에 적용될 수 있는 국제법의 관계규칙
>
> 4. 당사국의 특별한 의미를 특정용어에 부여하기로 의도하였음이 확정되는 경우에는 그러한 의미가 부여된다.

2. 제31조에 대한 해석론

(1) 협약 제31조의 법적 지위

국제사회에서는 해석에 관한 비엔나협약의 내용을 관습국제법의 표현으로 간주하는 데 별다른 반대가 없으며 ICJ 역시 협약의 해석조항을 관습국제법의 반영이라고 보고 있다.

(2) 신의칙 원칙(in good faith)

신의칙은 조약의 이행과 해석에 있어서도 기본 원칙을 이룬다. 신의칙은 해석에 있어서의 자의성을 방지하는 역할을 한다. 신의칙상 조약상의 각 용어는 아무런 의무가 없기보다는 가급적 어떤 의미를 지녔으리라는 추정을 받게 된다. 문언이 분명한 경우라도 그의 적용이 명백히 불합리한 결과를 초래한다면 당사국들은 신의칙의 적용에 따라 새로운 해석을 시도할 수 있다.

(3) 문언의 통상적 의미

협약 제31조는 조약 문언의 '통상적 의미'를 해석의 출발점으로 제시하고 있다. 즉, 당사자의 주장보다 객관적 판단에 근거해 조약이 해석되어야 함을 의미한다. 반대의 증거가 없는 한 조약문언은 당사자의 의도가 가장 잘 반영된 문구라고 추정된다.

(4) 진화적 해석

조약상의 술어는 언제나 그 체결 당시의 의미로 고정되는 것인가, 아니면 조약을 살아있는 문서로 보고 시간의 경과에 따른 점진적 변화를 수용하기 위한 진화적 해석 또는 동적 해석이 허용될 수 있는지가 문제된다. 해석대상인 조약상의 개념이 그 정의에 의해 진화하는 성격의 것이거나 그렇게 의도된 경우라면 이것을 허용하는 것은 조약 해석 본연의 임무에서 일탈하는 것이 아니다. 주요 국제재판소들도 이와 같은 사고를 채택하고 있고, UN국제법위원회(ILC)도 이를 확인한 바 있다. ICJ는 1952년 Case concerning Right of Nationals of the United Stats of America in Morocco 사건에서 조약문언의 통상적 의미는 원칙적으로 체결 당시의 통상적 의미를 말하나 경우에 따라서는 이후의 국제실행의 발전에 따른 의미의 변화를 고려에 넣을 수도 있다고 판시하였다. ICJ는 2009년 Dispute regarding Navigational and Related Rights(Costa Rica v. Nicaragua, 산후안강 사건)에서 조약이 일반적인 용어를 사용하고 있는 경우, 당사자들은 시간의 경과에 따라 그 의미가 발전할 수 있다는 사실을 예상하고 있다고 하여 이른바 '진화적 해석'을 인정하였다.

(5) 조약의 대상과 목적

조약 해석에 있어서는 조약의 '대상 및 목적'에 비추어 통상적 의미를 찾아야 한다. 즉, 해석은 1차적으로 통상적 의미를 규명하고 이를 다시 조약의 대상 및 목적에 비추어 그 내용을 확인하고 평가한다. 조약의 대상과 목적에 비추어 해석한다면 조약에 가능한 한 실효성을 부여하는 방향으로 해석해야 한다.

(6) 문맥

'문맥'은 '조약본문'에 추가하여 '전문', '부속서'와 함께 조약체결과 관련하여 모든 당사국 간에 이루어진 그 조약에 관한 합의, 조약체결과 관련하여 당사국이 작성하고 또한 다른 당사국이 그 조약에 관련된 문서로서 수락된 문서를 말한다. '조약의 체결에 관련한 합의'란 반드시 조약의 형태로 합의된 것만을 의미하지 않는다. 조약채택 시 일정한 조항의 해석에 관한 의장 성명이 포함될 수 있다. '조약체결과 관련하여 작성된 문서'란 조약체결 시 조약의 해석이나 운영에 관한 '합의의사록'이나 '교환각서'라는 형태의 별도의 문서 등을 의미한다.

(7) 후속합의나 후속관행

조약의 해석에 있어서는 문맥과 함께 관련 당사국들의 '후속합의'와 '후속관행'이 참작되어야 한다. 후속합의와 관행은 해석에 있어서 참작의 대상일 뿐 해석에 결정적 구속력을 갖지는 않는다. 후속합의란 조약의 해석이나 적용에 관하여 조약 체결 이후 이루어진 당사국 간의 합의를 말한다. 후속합의는 반드시 조약의 형식을 띠어야 하는 것은 아니다. 후속관행은 조약 체결 이후 조약 적용에 관한 행위로서 해석에 관한 당사국의 합의를 표시하는 실행을 의미한다. 조약 적용에 관한 당사국들 간의 합의에 해당하지 않는 일부 국가만의 실행은 협약 제32조가 말하는 해석의 보충적 수단 이상은 될 수 없다.

(8) 관련 국제법 규칙

조약이 국제법 체제 전반과 조화를 이루도록 해석되기 위하여 당사국 간에 적용될 수 있는 관련 국제법 규칙도 참작되어야 한다. 즉, 다른 의도가 명백하지 않으면 조약은 국제법의 일반 원칙에 합당하게 해석해야 한다. 여기서의 국제법은 국제관습법만을 가리키는 것이 아니라 조약, 관습, 법의 일반 원칙을 모두 포함하는 개념이다.

3. 보충적 해석수단 – 제32조

제31조의 적용으로부터 나오는 의미를 확인하거나, 제31조를 적용하는 경우 의미가 모호해지거나 애매하게 되는 경우, 명백히 부당(absurd)하거나 불합리(unreasonable)한 경우에 보충적 해석수단에 의존한다. 보충적 해석수단으로는 조약교섭 시의 기록 또는 체결 시 사정을 확인하는 문건 등을 참조할 수 있다. PCIJ나 ICJ는 본문이 그 자체로서 충분히 명확할 경우 준비문서의 원용을 거부하였다. 보충적 해석수단 중에서 국제재판에서 가장 많이 원용되는 것이 준비문서인데, PCIJ는 Lotus호 사건에서 조약의 문언이 그 자체만으로 충분히 명백하다면 준비문서를 존중할 필요는 없다고 언급함으로써 조약해석에서 준비문서의 보충적 지위를 상기시킨 바 있다.

📖 **조문 | 조약법에 관한 비엔나협약 제32조 – 해석의 보충적 수단**

제31조의 적용으로부터 나오는 의미를 확인하기 위하여 또는 제31조에 따라 해석하면 다음과 같이 되는 경우에 그 의미를 결정하기 위하여 조약의 교섭 기록 및 그 체결 시의 사정을 포함한 해석의 보충적 수단에 의존할 수 있다.

(a) 의미가 모호해지거나 또는 애매하게 되는 경우 또는

(b) 명백히 불투명하거나 또는 불합리한 결과를 초래하는 경우

---

4. 2 또는 그 이상의 언어가 정본인 조약의 해석 – 제33조

조약이 복수언어에 의해 인증된 경우 각 언어에 의한 본문은 다같이 정문이나 상이한 경우에는 특정 본문이 우선하는 뜻을 규정하거나 당사국이 합의하는 경우에는 이에 따른다(제33조 제1항). 인증된 언어 이외의 조약의 번역문은 조약이 규정하거나 당사국이 합의하는 경우에 한하여 정문으로 간주한다(제2항). 조약의 문언은 각기 정문에 있어서 동일한 의미를 가지는 것으로 추정되며(제3항), 복수언어조약의 각 언어의 의미가 서로 다른 경우 조약의 대상과 목적에 가능한 한 가장 잘 일치되는 의미가 채택되어야 한다(제4항). PCIJ는 Mavrommatis Palestine Concessions 사건에서 동등한 권위를 갖는 두 개의 조약 정본 중에서 하나가 다른 것보다 넓은 의미를 가질 경우, 두 정본과 조화될 수 있고 또 당사국들의 공동의 의사에 따라 최대한 의심의 여지가 없는 좀 더 제한된 해석을 채택하지 않을 수 없다고 천명한 바 있다.

Ⅳ 조약 해석의 주체

1. 당사자들에 의한 해석

(1) 개별 당사자에 의한 일방적 해석

다른 당사자에게 대항할 수 없다. '해석선언' 형태로 이루어진 일방적 해석은 조약상의 의무를 배제하고자 하는 경우 다른 당사자에게 대항할 수 없으나, 의무 수락을 담고 있는 경우 중요한 증거력을 갖는다.

(2) 당사자 전원에 의한 해석 합의

모든 당사자에게 구속력이 있다. 조약문 채택과 동시에 해석에 관한 별도의 결의를 채택하거나, 조약 채택 이후 별도의 해석문서를 협정형식으로 채택하는 경우가 있다.

(3) 일부 당사자 간의 해석 합의

수락한 국가들만 구속하며, 타당사자에게 대항할 수 없다.

2. 제3자에 의한 해석

(1) 국제법정에 의한 해석

국제법정은 분쟁당사자의 부탁에 의해 또는 고유권한으로서 조약해석권한을 갖는다. 또한 분쟁과 관계없이 국제조직은 조약해석을 위한 권고적 의견을 법원에 요청할 수 있다(ICJ의 권고적 관할권).

(2) 국제기구에 의한 해석

국제조직의 기본조직과 운영에 관한 법규범은 당해 국제조직의 설립조약에 규정되어 있으므로 국제조직의 기관들은 일상적인 활동을 통하여 설립조약을 해석해야 하며, 기본조약에서 해석권한을 명시하지 않은 경우에도 그 성격상 당연히 인정된다.

V 결론

국제조약은 국제법주체 간의 합의로서 국가 간 권리나 의무의 균형을 추구한다. 그러나 법익의 균형의 평가가 항상 분명한 것은 아니기 때문에 이익의 조정에 어려움이 있고 그럼에도 불구하고 조약을 체결하기 위해 조약 규정을 불분명하게 규정하는 경우가 있다. 이로 인해 국제법의 해석에 있어서 어려움이 가중되고 있다고 볼 수 있다. 그러나 조약해석은 당사자의 의사를 확정하여 적용하는 것을 목적으로 해야 하며 당사자의 의사를 변경해서는 안 될 것이다.

> ⚖ **판례 | The Mavromatis Palestine Concessions Case(PCIJ, 1924년)**
>
> 그리스 국적의 마브로마티스는 1914년 이후 오토만 제국과 양허계약을 체결하여 팔레스타인의 전력 및 수도 사업에 관한 권리를 획득하였으며, 제1차 세계대전 이후 쉘브르조약 및 로잔조약에 의해 사업권이 유지되었다. 그러나 팔레스타인 당국 및 그 위임통치국인 영국이 1921년 이후 마브로마티스의 권리를 인정하지 않자 그리스는 영국을 상대로 배상금 지불을 요청하였다. 이 사안에서 정본이 2개 이상인 경우 관련 조항의 해석이 문제되었다. 위임장 제11조에 규정된 '공공사업의 공적 관리'에 대한 해석이 문제되었다. 영어본과 불어본이 존재하였으나, 문언상 불어본이 더 넓게 해석이 되었다. 이와 같이 정본이 2개 이상이고 해석이 달라질 수 있는 경우 해석방식이 문제된 것이다. 이에 대해 PCIJ는 같은 권위를 갖는 두 개 언어의 본문이 있고 일방이 타방보다 넓은 의미를 갖는 경우, 재판소는 두 개의 본문을 조화시킬 수 있는 그리고 그 한도 내에서 의문의 여지없이 당사국의 공통된 의사에 일치하는 제한적 의사를 채용해야 한다고 판시하였다.

제7절 | 조약의 무효

I 의의

1. 개념

조약의 무효란 조약이 일정한 체결절차를 거쳐 성립하였으나 그 효력을 갖기 위한 조건을 충족시키지 못함으로써 처음부터(ab initio) 효력이 없는 것으로 인정되는 것을 말한다.

2. 구별개념

조약의 무효는 우선 조약의 성립요건을 결한 조약의 '불성립'과 구별된다. 또한, 효력요건을 충족시켜 적법하게 발효한 조약이 장래에 향하여 영구적으로 소멸하는 조약의 '종료' 및 일시적으로 소멸하는 '정지'와도 구별된다.

3. 무효의 원인

협약은 무효의 원인을 여덟 가지의 사유로 '한정적'으로 열거하고 있으며 무효사유를 상대적 무효사유와 절대적 무효사유로 구분하고 있다.

(1) 상대적 무효사유

조약의 상대적 무효란 어떠한 법률행위가 하자있는 것을 이유로 하여 피해당사자의 주장에 의해 무효로 되는 것을 말한다. 상대적 무효는 하자있는 조약체결로 인한 피해자를 보호하기 위한 것이므로 오로지 피해당사자만이 무효를 주장할 수 있고, 피해당사자가 추인하는 경우 그 법률행위는 유효한 것으로 간주된다. 조약법협약상 위헌조약(46조), 권한유월(47조), 착오(48조), 사기(49조), 부패(50조)는 상대적 무효사유에 해당한다.

(2) 절대적 무효사유

법률행위가 어떠한 중대한 흠결로 인해 피해자의 주장을 필요로 하지 않고 법질서 자체에 의해 당연히 무효로 되는 것을 말한다. 이러한 법률행위는 법공동체 전체의 이익에 반하므로 피해자뿐 아니라 누구에 의해서도 무효로 주장될 수 있다. 또한 이러한 법률행위는 공동체의 법질서 자체에 의해 객관적으로 무효화되므로 피해자의 추인에 의해 치유될 수 없다. 조약법에 관한 비엔나협약은 국가대표에 대한 강박(제51조), 국가에 대한 강박(제52조), 강행규범 위반(제53조)을 절대적 무효사유로 규정하고 있다.

참고 절대적 무효와 상대적 무효 비교

구분	절대적 무효	상대적 무효
사유	• 국가대표에 대한 강박 • 국가에 대한 강박 • 강행규범 위반	• 국내법 위반 • 전권대표의 권한남용 • 착오, 사기, 부패
무효 주장	모든 당사국	원용의 이익을 갖는 국가
무효화 방식	당연무효	원용을 통한 무효
하자의 치유	불가	추인(追認)에 의한 치유 허용
가분성	부정	분리 가능

Ⅱ 조약의 무효사유

1. 조약체결권한에 관한 국내법 위반 – 제46조

조약의 구속을 받는다는 국가의 동의가 조약체결권에 관한 국내법규정을 위반하여 표시되었다는 사실은 이러한 위반이 명백하였고, 또 근본적으로 중요한 국내법규정에 관한 것이 아니라면 그 국가의 동의를 무효화하기 위하여 원용될 수 없다(제1항). 위반은 통상의 관행에 따라 성실하게 행동하는 그 어떤 국가에게도 객관적으로 명확한 경우에는 명백한 위반이 된다(제2항). ICJ는 Land and Maritime Boundary between Cameroon and Nigeria 사건에서 국가를 위하여 조약에 서명할 권한에 관한 규칙은 근본적으로 중요한 헌법규칙이나 국가원수의 자격에 대한 제한은 공표되지 아니하는 한 제46.2조의 의미에서 명백한 것은 아니라고 하였다. 또한 국가는 타국에서 일어나고 있는 입법적·헌법적 변화들을 알고 있어야 할 국제법적 의무는 없다고 판시하였다.

2. 국가동의의 표시권한에 대한 제한 위반 – 제47조

협약 제47조는 조약에 대한 동의를 표시하는 대표의 권한에 대해 특정 제한이 가해졌음에도 불구하고 그 제한이 준수되지 않은 경우의 효과에 대해 규정하고 있다. 이 조항은 대표에게 특정 제한하에 국가의사를 최종적으로 표시하는 권한이 부여된 경우에 적용된다. 다만 표시권한제한이 대표의 동의표명에 앞서 교섭상대국에 통고되어 있지 않는 한 조약의 무효를 주장할 수 없다.

3. 착오(Error) – 제48조

📖 **조문 | 조약법에 관한 비엔나협약 제48조 – 착오와 조약의 무효**

1. 조약상의 착오는 그 조약이 체결된 당시에 존재한 것으로 국가가 추정한 사실 또는 사태로서, 그 조약에 대한 국가의 기속적 동의의 본질적 기초를 구성한 것에 관한 경우에 국가는 그 조약에 대한 그 기속적 동의를 부적법화하는 것으로 그 착오를 원용할 수 있다.

2. 문제의 국가가 자신의 행동에 의하여 착오를 유발하였거나 또는 그 국가가 있을 수 있는 착오를 감지할 수 있는 등의 사정하에 있는 경우에는 상기 1항이 적용되지 아니한다.

3. 조약문의 자구에만 관련되는 착오는 조약의 적법성에 영향을 주지 아니한다. 그 경우에는 제79조가 적용된다.
   (1. A State may invoke an error in a treaty as invalidating its consent to be bound by the treaty if the error relates to a fact or situation which was assumed by that State to exist at the time when the treaty was concluded and formed an essential basis of its consent to be bound by the treaty. 2. Paragraph 1 shall not apply if the State in question contributed by its own conduct to the error or if the circumstances were such as to put that State on notice of a possible error. 3. An error relating only to the wording of the text of a treaty does not affect its validity; article 79 then applies.)

---

(1) 의의

협약 제48조는 국가의 동의의 중요한 기초를 구성하는 사실 또는 사태에 관한 착오를 조약의 상대적 무효사유로 인정하고 있다.

(2) 원용요건

착오를 무효사유로 원용하기 위해서는 첫째, 조약체결 당시에 존재한 사실이나 사태에 관한 것이어야 하며 실질적 문제에 대한 착오여야 한다. 조약문의 문구에만 관련된 착오는 조약의 무효사유로 인정되지 않는다. 둘째, 착오가 기속적 동의의 본질적 기초를 형성해야 한다. 셋째, 자신의 행위를 통해 착오에 기여하였거나, 착오의 발생가능성을 사전에 알 수 있는 상황하에 있었던 국가는 조약을 무효화시키기 위해 착오를 원용할 수 없다(제48.2조).

(3) 조약문의 문언에 관한 착오

조약문의 문언에 관한 착오는 그 효력에 영향을 주지 아니하며, 비엔나협약 제79조의 조약문 착오의 정정 절차가 적용된다.

(4) 판례 – 프레어 비헤아 사건(ICJ, 1961년)

착오에 관련한 주요 판례인 Temple of Vihear 사건에서 태국은 조약에 첨부된 문제의 지도에 표시된 경계선은 조약에서 양국 간 경계선으로 규정한 분수령을 따르지 않았기 때문에 착오였다고 주장하였다. 그러나 ICJ는 착오를 원용하는 당사자가 자신의 행위를 통해 착오에 기여하였거나, 착오를 피할 수 있었거나, 착오의 가능성을 경고하는 사정에 처해 있다면 조약의 구속을 받겠다는 동의를 무효화하기 위하여 착오를 원용하는 것은 허용되지 아니한다고 판시하면서 태국의 주장을 배척하였다.

📚 판례 | 프레아비헤아 사원 사건(캄보디아 대 태국, ICJ, 1962)

1. 사실관계

고대 사원인 프레아비헤아는 태국과 캄보디아의 국경을 이루고 있는 Dangrek산의 돌기에 위치하였고, 고고학적인 가치를 지닌 종교인들의 순례의 장소로 알려져 있는 곳이다. 이 사건은 동 사원의 귀속에 관한 것이었다. 1904년 당시 태국의 옛 명칭인 샴과 캄보디아의 보호국이었던 프랑스는 조약을 체결하여 양국의 국경선을 산의 분수령을 따라 정하기로 합의하였다. 이에 따라 실제 경계획정을 위하여 합동위원회를 구성하였으나 1907년까지 경계획정이 되지 않자, 샴정부는 프랑스 조사단에게 이 지역의 지도작성을 위임하였다. 1907년에 정식으로 발행되어 샴정부에 게도 전달된 프랑스 당국에 의한 지도에는 프레아비헤아 사원이 캄보디아 측에 위치한 것으로 되어 있었다. 그 후 이 지역을 직접 답사한 샴정부는 문제의 사원이 실제로 자국 측 분수령에 위치하였다는 것을 알게 되었고, 자국의 경비대를 동 사원에 배치하였다. 이에 프랑스와 캄보디아는 이에 대하여 몇 차례의 항의를 하였다. 1953년 캄보디아가 독립한 후, 이 사원에 대한 관할권을 회복하려 하였으나 이루어지지 않았고 문제 해결을 위한 외교협상도 실패하자, 캄보디아는 국제사법재판소에 해결을 부탁하였다.

2. 법적 쟁점

(1) 1908년에 작성된 지도의 효력

(2) 태국이 착오의 법리를 원용할 수 있는지 여부

(3) 묵인의 법리에 의한 취득 당시의 위법성 치유 여부

3. 판결요지

(1) 태국의 행동은 지도의 효력을 인정하였다. 1908년 당시 합동위원회 및 조사단이 작성한 지도에 확정적 효력은 부여되지 않았다. 따라서 이후 국가의 행동이 지도의 효력을 인정하였는지가 문제된다. 재판부는 태국 당국이 지도의 교부를 받고 지도를 광범위하게 배포하였으며, 합리적인 기간 내에 어떠한 대응도 하지 않았다. 또한 지도의 복제를 프랑스에 요구하기도 하였다. 이러한 사실은 태국이 지도에 구속력을 부여한 것으로 인정된다.

(2) 지도 작성이 끝난 이후에도 태국은 지도상의 국경을 인정하였다는 추정이 가능한 행동을 하였다. 1958년까지 지도에 대해 의문을 제기한 적이 없으며, 1934년 이후에는 동 지도를 공식적으로 사용해 오고 있다. 1937년에 는 프랑스와 당시 국경을 재확인하기도 하였다. 또한 1930년 태국의 Darmong왕은 동 사원을 공식 방문하여 프랑스 국기하에서 캄보디아 주재 프랑스 대표의 공식 접대를 받았다.

(3) 태국은 지도의 무효 사유로 '착오'를 원용할 수 없다. 태국은 지도가 합동위원회가 작성한 것이 아니고 더군다 나 실질적인 착오에 의해 작성된 것이므로 무효라고 주장하였으나, 재판부는 당해 지도가 합동위원회의 작업에 기초하여 작성된 것으로, 작성상 착오가 있다고 하더라도 이는 태국이 지명한 조사단에 의해 작성되었고 태국 이 이를 묵인하였으므로 무효를 주장할 수 없다.

(4) 결국 태국은 지도를 받은 시점에서 동 지도가 국경 획정 작업의 결과를 가리키는 것으로서 그것을 수락하였고, 그 후의 행위도 이 수락을 인정한 것으로 판단할 수 있다. 따라서 분쟁지역의 국경은 지도상의 국경선에 의한다.

(5) 태국은 사원과 그 주변지역에서 군대, 경비대 등을 철수시켜야 하며, 동 사원에서 가지고 나온 고미술품 등을 캄보디아에 반환할 의무를 진다.

4. 사기(fraud) - 제49조

타방교섭국의 사기(fraudulent conduct)에 의하여 조약을 체결토록 유인된 국가는 이를 무효사유로 원용할 수 있다. 일반적으로 사기라 함은 고의로 타인을 기망하여 착오에 빠지게 하는 위법행위를 의미한다. 협약은 사기를 무효화의 사유로 원용함에 있어서 여하한 조건도 부과하지 않고 있는바, 이는 국제관계에서의 신뢰에 반하는 사기에 의해 이루어진 법률행위에 대해 강력한 제재를 가하고자 하는 의도로 볼 수 있다.

5. 국가대표의 부패(corruption of a representative of a state) – 제50조

타방교섭국이 자국대표를 직접 또는 간접으로 매수(corruption)하여 조약을 체결한 국가는 이를 무효사유로 '원용할' 수 있다. 뇌물은 대표자의 의사를 좌우할 정도이어야 하고 단순한 선물은 해당되지 않는다.

6. 국가대표에 대한 강박(coercion of a representative of a state) – 제51조

> **📖 조문 | 조약법에 관한 비엔나협약 제51조 – 국가대표에 대한 강박과 조약의 무효**
>
> 국가대표에게 정면으로 향한 행동 또는 위협을 통하여 그 대표에 대한 강제에 의하여 감행된 조약에 대한 국가의 기속적 동의표시는 법적 효력을 가지지 아니한다. (The expression of a State's consent to be bound by a treaty which has been procured by the coercion of its representative through acts or threats directed against him shall be without any legal effect.)

조약의 구속을 받겠다는 국가의 동의가 국가대표에 대한 위협 등의 강박에 의하여 표시된 경우 '어떠한 법적 효력도 갖지 않는다'(without any legal effect). 즉, 당연무효이다. 국가대표는 조약에 의해 구속을 받겠다는 동의를 표할 권한을 가진 국가기관 개인을 말한다. 여기에서의 강박의 개념은 넓게 해석되어 대표개인에 대한 물리적 폭력이나 위협뿐만 아니라 대표의 사생활 폭로나 그 가족에 대한 협박 등도 포함된다. 동 조항은 국제 관습법의 성문화에 해당한다. 1905년에 체결된 을사조약은 국가대표에 대한 강박에 의해 체결된 조약으로서 당연무효로 본다.

7. 국가에 대한 강박(coercion of a state by the threat or use of force) – 제52조

> **📖 조문 | 조약법에 관한 비엔나협약 제52조 – 국가에 대한 강박과 조약의 무효**
>
> 국제연합헌장에 구현된 국제법의 제 원칙을 위반하여 힘의 위협 또는 사용에 의하여 조약의 체결이 감행된 경우에 그 조약은 무효이다. (A treaty is void if its conclusion has been procured by the threat or use of force in violation of the principles of international law embodied in the Charter of the United Nations.)

(1) 의의

조약은 그 체결이 UN헌장에 구현되어 있는 국제법의 제원칙에 위반되는 힘의 위협 또는 사용에 의하여 이루어진 경우에는 '(당연)무효'(void)이다. 협약 제52조에서 말하는 UN헌장에 구현되어 있는 국제법의 제 원칙이라 함은 UN헌장 제2조 제4항을 말한다.

(2) '힘'(force)의 개념

경제적 · 정치적 강박에 의해 체결된 조약도 무력행사와 마찬가지로 다루자는 주장도 있으나 법적 안정성을 저해하므로 소극적으로 해석된다.

(3) 법적 성격

제1차 세계대전까지는 국가 자체에 대한 강박을 이유로 조약의 무효를 주장할 수 없었던 것이 종래의 통설이다. 그러나 국제연맹규약, 부전조약 및 UN헌장에 의해 이러한 규범상황에 변경을 가져왔고 조약법협약의 초안작성과정에서 ILC는 현 국제법에서 무력에 의한 위법한 위협 또는 그 사용에 의해 체결된 조약이 무효라는 원칙은 이미 확립된 실정법이라고 선언하였다.

(4) 소급적용의 문제

국가에 대한 강박에 의해 체결된 조약이 무효라는 법원칙이 언제 관습법으로 성립했는가에 대해 다툼이 있다. UN헌장 채택 이후 동 원칙이 관습법으로 성립했음에 대해서는 다수가 동의하고 있으나, UN헌장 채택 이전까지 소급할 수 있는가에 대해서는 학설대립이 있다. 다수설은 적어도 국제연맹의 탄생부터 국제연합의 탄생 사이의 어느 시기에 동 원칙이 성립된 것으로 보고 있다.

(5) 판례

국제사법재판소 2007년 니카라과와 콜롬비아 간 사건에서 니카라과는 1928년 콜롬비아와 체결한 조약이 당시 자국 헌법에 위반되었고, 미국의 군사점령하에서 강요된 조약이므로 무효라고 주장하였으나 기각했다. ICJ는 니카라과가 동 조약을 1932년 국제연맹에 등록하였고, 50년 이상 무효를 주장하지 않고 유효한 조약으로 취급했으므로 무효가 아니라고 판단하였다.

8. 강행법규 위반 – 제53조

> **📋 조문 | 조약법에 관한 비엔나협약 제53조 – 강행규범 위반 조약의 무효**
>
> 조약은 그 체결 당시에 일반국제법의 절대규범과 충돌하는 경우에 무효이다. 이 협약의 목적상 일반국제법의 절대 규범은 그 이탈이 허용되지 아니하며 또한 동일한 성질을 가진 일반국제법의 추후의 규범에 의해서만 변경될 수 있는 규범으로 전체로서의 국제 공동사회가 수락하며 또한 인정하는 규범이다. (A treaty is void if, at the time of its conclusion, it conflicts with a peremptory norm of general international law. For the purposes of the present Convention, a peremptory norm of general international law is a norm accepted and recognized by the international community of States as a whole as a norm from which no derogation is permitted and which can be modified only by a subsequent norm of general international law having the same character.)

조약은 그 체결 당시에 일반국제법의 강행규범과 충돌하는 경우에 무효이다. 강행규범의 위반은 조약의 목적의 적법성 요건에 위배된다. 강행규범이란 그 이탈이 허용되지 아니하며 또한 동일한 성질을 가진 일반국제법의 차후의 규범에 의해서만 수정될 수 있는 규범으로서 국제공동체 전체가 수락하고 승인한 규범이다(제53조).

> **≣ 조문 | 조약법에 관한 비엔나협약 제69조 – 무효의 효과**
>
> 1. 이 협약에 의거하여 그 부적법이 확정되는 조약은 무효이다. 무효인 조약의 규정은 법적 효력을 가지지 아니한다.
> 2. 다만, 그러한 조약에 의존하여 행위가 실행된 경우에는 다음의 규칙이 적용된다.
>   (a) 각 당사국은 그 행위가 실행되지 아니하였더라면 존재하였을 상태를 당사국의 상호관계에 있어서 가능한 한 확립하도록 다른 당사국에 요구할 수 있다.
>   (b) 부적법이 원용되기 전에 성실히 실행된 행위는 그 조약의 부적법만을 이유로 불법화되지 아니한다.
> 3. 제49조, 제50조, 제51조 또는 제52조에 해당하는 경우에는 기만·부정행위 또는 강제의 책임이 귀속되는 당사국에 관하여 상기 2항이 적용되지 아니한다.
> 4. 다자조약에 대한 특정 국가의 기속적 동의의 부적법의 경우에 상기의 제 규칙은 그 국가와 그 조약의 당사국 간의 관계에 있어서 적용된다.

1. 조약무효의 소급효(invalidity ab initio)

(1) 의의

제69조 제1항은 '본 협약에 의해 무효로 인정되는 조약은 무효이다. 무효인 조약의 규정은 법적 효력이 없다'고 규정하고 있다. 이는 조약 무효의 소급적 효력을 확인하고 있다. 따라서 무효가 확인되기 이전에 그 조약의 이행으로서 취해진 모든 행위들이 무효로 간주되며, 당사자들은 그들 간의 관계를 그 조약이 체결되지 않았더라면 존재했을 상황으로 회복시켜야 한다.

(2) 강행규범에 저촉되는 조약

> **≣ 조문 | 조약법에 관한 비엔나협약 제71조 제1항 – 강행규범에 저촉되는 조약의 무효**
>
> 제53조에 따라 무효인 조약의 경우에 당사국은 다음의 조치를 취한다.
> (a) 일반국제법의 절대 규범과 충돌하는 규정에 의존하여 행하여진 행위의 결과를 가능한 한 제거하며 또한
> (b) 당사국의 상호관계를 일반국제법의 절대규범과 일치시키도록 한다.
>   (In the case of a treaty which is void under article 53 the parties shall:
>   (ⅰ) eliminate as far as possible the consequences of any act performed in reliance on any provision which conflicts with the peremptory norm of general international law; and
>   (ⅱ) bring their mutual relations into conformity with the peremptory norm of general international law.)

제71조 제1항은 강행규범과 저촉되는 조약규정에 기초하여 취해진 모든 행위의 법적 결과를 제거하고 당사자 간의 상호관계를 강행규범에 일치시키도록 요구하고 있다. 이는 강행규범에 저촉되는 조약의 효과를 전면적으로 부인하는 취지가 반영된 것으로 볼 수 있다.

(3) 소급효의 제한

조약의 무효의 당위성을 인정하되 법률관계의 안정성을 확보하기 위해 조약의 무효를 인정하면서도 조약 이행을 목적으로 선의로서 취해진 행위들은 보호한다. 즉, "무효가 주장되기 이전에 선의로서 취해진 행위들은 그 조약의 무효만을 이유로 위법한 것으로 되지 아니한다[제69조 제2항 제(b)호]." 단, 사기, 부패, 강박에 해당하는 경우, 책임있는 당사자에 대해서는 적용되지 아니한다(제69조 제3항).

2. 조약무효의 결과

조약의 무효가 확인되는 경우, 소급효가 제한되는 경우를 제외하고는 해당조약을 근거로 이루어진 모든 법률행위는 조약과 함께 그 효력을 상실한다. 협약 제69조 제2항 제(a)호는 무효화된 조약의 당사자들에 가능한 한 범위 내에서 원상회복을 실현하도록 요구하고 있다. 무효를 원용한 당사국은 추후 그 조약을 이행할 의무가 해제된다.

3. 가분성(separability)

> **📖 조문 | 조약법에 관한 비엔나협약 제44조 – 가분성**
>
> 1. 조약에 규정되어 있거나 또는 제56조에 따라 발생하는 조약의 폐기 · 탈퇴 또는 시행 정지시킬 수 있는 당사국의 권리는 조약이 달리 규정하지 아니하거나 또는 당사국이 달리 합의하지 아니하는 한 조약 전체에 관해서만 행사될 수 있다.
> 2. 이 협약에서 인정되는 조약의 부적법화 · 종료 · 탈퇴 또는 시행정지의 사유는 아래의 제 조항 또는 제60조에 규정되어 있는 것을 제외하고 조약 전체에 관해서만 원용될 수 있다.
> 3. 그 사유가 특정의 조항에만 관련되는 경우에는 다음의 경우에 그러한 조항에 관해서만 원용될 수 있다.
>   (a) 당해 조항이 그 적용에 관련하여 그 조약의 잔여 부분으로부터 분리될 수 있으며
>   (b) 당해 조항의 수락이 전체로서의 조약에 대한 1 또는 그 이상의 다른 당사국의 기속적 동의의 필수적 기초가 아니었던 것이 그 조약으로부터 나타나거나 또는 달리 확정되며 또한
>   (c) 그 조약의 잔여부분의 계속적 이행이 부당하지 아니한 경우
> 4. 제49조 및 제50조에 해당하는 경우에 기만 또는 부정을 원용하는 권리를 가진 국가는 조약 전체에 관하여 또는 상기 3항에 따를 것으로 하여 특정의 조항에 관해서만 그렇게 원용할 수 있다.
> 5. 제51조, 제52조 및 제53조에 해당하는 경우에는 조약규정의 분리가 허용되지 아니한다.

(1) 의의

조약이 무효로 확인되는 경우 해당조약의 모든 규정에 대해 효력을 박탈하는 것이 원칙이다(제44조 제1항). 그러나 특정조항의 무효가 문제되는 경우 해당 조항만을 제거하더라도 다른 조항에 의해 규율되는 당사자 간의 권리의무관계가 영향받지 않는다면 특정 조항만을 무효화할 수도 있는바, 이를 가분성이라 한다. 법률관계의 안정과 구체적 타당성의 조화를 위한 제도로 볼 수 있다.

(2) 가분성의 요건

가분성을 주장하기 위해서는 ① 해당조항이 그 적용에 있어서 다른 규정들과 분리될 수 있어야 하고 ② 그 조항의 수락이 조약전체에 의해 구속을 받겠다는 다른 당사자들의 의사의 본질적 기초를 형성하지 않아야 하며 ③ 조약의 잔여부분의 계속적 이행이 부당하지 않아야 한다(제44조 제3항).

(3) 가분성이 부인되는 경우

국가대표에 대한 강박, 국가에 대한 강박 또는 강행규범과 저촉되는 조약들은 조약이 전체적으로 무효가 되고, 가분성이 인정되지 않는다(제44조 제5항).

(4) 선택적 분리의 경우

무효의 사유로서 사기 또는 대표자의 부패가 문제되는 경우 제49조 또는 제50조의 경우 피해당사자는 조약전체에 대해서 무효를 주장할 수도 있고 특정조항에 대해서만 무효를 주장할 수도 있다. 사기 또는 뇌물공여와 같이 일방 당사자의 신의성실에 반하는 행위에 의해 체결된 조약에 대해서는 전체적 무효를 주장할 수 있도록 하여 여타의 경우보다 더 강도 높은 대응을 허용하고 있다.

(5) 의무적 분리의 경우

제46조, 제47조, 제48조에 관련하여 무효를 원용하는 당사국은 무효가 문제되는 조항에 대해서만 무효를 원용할 수 있다. 즉, 조약 전체에 대해 무효를 원용할 수 없다.

Ⅳ 무효화 절차 및 분쟁해결

1. 통고

조약의 적법성을 부정하기 위한 사유를 원용하는 당사국은 다른 당사국에 대해 그 주장을 통고하되, 제의하는 조치 및 이유를 표시해야 한다(제65조 제1항).

2. 제의한 조치의 실행

통고의 접수 후 3개월이 경과해도 어느 당사국도 이의를 제기하지 아니한 경우 통고 당사국은 제의한 조치를 실행할 수 있다.

3. 분쟁해결

(1) 임의적 해결절차

무효화 취지의 통고 이후 3개월 이내에 이의가 제기되는 경우 분쟁이 발생하며, 분쟁당사자들은 우선 UN 헌장 제33조에 열거된 평화적 분쟁해결절차 중 하나에 호소해야 한다(제65조 제3항).

(2) 강제적 해결절차

> **📖 조문 | 조약법에 관한 비엔나협약 제66조 – 사법적 해결ㆍ중재 재판 및 조정을 위한 절차**
>
> 이의가 제기된 일자로부터 12개월의 기간 내에 제65조 제3항에 따라 해결에 도달하지 못한 경우에는 다음의 절차를 진행하여야 한다.
>
> (a) 제53조 또는 제64조의 적용 또는 해석에 관한 분쟁의 어느 한 당사국은 제 당사국이 공동의 동의에 의하여 분쟁을 중재 재판에 부탁하기로 합의하지 아니하는 한 분쟁을 국제사법재판소에 결정을 위하여 서면 신청으로써 부탁할 수 있다.
>
> (b) 이 협약 제5부의 다른 제 조항의 적용 또는 해석에 관한 분쟁의 어느 한 당사국은 협약의 부속서에 명시된 절차의 취지로 요구서를 국제연합사무총장에게 제출함으로써 그러한 절차를 개시할 수 있다.

임의적 해결절차에도 불구하고 이의가 제기된 후 12개월 이내에 분쟁이 해결되지 않은 경우, 강제절차에 회부된다.

① **강행규범관련 무효화 분쟁:** 강행규범 저촉 여부와 관련된 무효화분쟁이 발생한 경우 당사자들은 합의에 의해 분쟁을 중재재판에 회부해야 한다. 그러나, 이러한 합의에 실패한 경우 일방당사자의 신청에 의해 국제사법재판소에 부탁될 수 있다[제66조 제(a)호].

② **여타 무효사유에 관한 분쟁:** 협약 제46조부터 제52조까지의 사유가 문제되는 무효화분쟁은 협약 부속서에 마련되어 있는 조정절차가 적용된다. 즉, 분쟁의 여하한 당사자도 UN사무총장에게 이 분쟁을 조정위원회에 회부하도록 요청할 수 있다[제66조 제(b)호].

4. 문제점

조약법에 관한 비엔나협약은 무효사유에 있어서 절대적 무효사유와 상대적 무효사유를 구분하고 있으나 무효화를 위한 구체적 방법과 절차에 있어서는 구분하지 않고 있다. 즉, 절대적 무효사유에 있어서도 당사자의 주장이 없더라도 당연히 무효가 되는 것이 아니라 당사자의 '무효화 주장'에 의존시키고 있는 것이다.

제8절 조약의 종료

I 의의

1. 개념

조약의 종료(termination)란 유효하게 성립한 조약이 국제법상 일정한 사유에 의해 그 구속력과 실시력을 상실함을 말한다.

2. 구별개념

조약의 체결 당시에 하자가 있는 무효와 조약 그 자체는 소멸시키지 않고 조약의 효력을 정지시키는 정지(suspension of operation)와는 구별된다. 또한 조약이 성립요건을 결하여 조약이 성립되지 않는 불성립과 구별되고, 성립한 조약이 일정한 사유에 의해 처음부터 당연히 법적 효력을 갖지 않는 조약의 무효와도 구별된다.

3. 분류

절대적 종료사유와 상대적 종료사유로 나눌 수 있다. 신강행법규의 출현(제64조)이 그에 위반하는 기존의 조약을 자동적으로 종료시키는 절대적 종료사유이다. 그 밖에 조약의 중대한 위반(제60조), 후발적 이행불능(제61조), 사정의 근본적 변경(제62조)은 상대적 종료사유에 해당한다.

4. 조약의 종료와 법적 안정성 문제

조약은 다양한 이유로 종료될 수 있으나 조약종료 가능성을 확대할수록 법적 관계의 안정성이 침해될 수 있다. 따라서 조약법에 관한 비엔나협약 제42.2조는 조약의 종료·폐기·탈퇴는 당해 조약의 규정 또는 조약법에 관한 비엔나협약의 적용결과에 의해서만 발생할 수 있다고 하여 법적 관계의 안정성을 보호하고자 하였다. ICJ도 Gabčíkovo-Ngymaros Project 사건에서 긴급피난상태(state of necessity)가 존재하는 경우 조약불이행에 대한 면책사유로 원용할 수 있다고 하더라도 그것이 조약의 종료사유가 되지 못한다고 하여 조약법과 국가책임법을 명백히 구분하였다.

Ⅲ 당사국의 합의에 의한 종료

1. 조약규정에 따른 종료

조약이 그 종료의 시기·조건·폐기·탈퇴에 관한 명문의 규정을 두고 있는 경우, 이에 따라 조약은 종료하게 된다. 1998년 체결된 신한일어업협정의 배경에는 1965년의 한일어업협정상의 종료규정(제10조 제2항)이 있었는바, 동 규정에 의하면 본 협정은 5년간 효력을 가지며, 그 후에는 어느 일방 체약국이 타방 체약국에 본 협정을 종료시킬 의사를 통고한 날로부터 1년간 효력을 가진다고 규정하고 있었으며 일본정부는 1998년 1월 23일 이 규정에 근거하여 우리 정부에 조약종료를 통고하였다.

2. 당사국들의 합의에 의한 종료

조약의 종료 및 당사국의 탈퇴는 모든 당사국의 동의가 있으면 언제든지 발생할 수 있다[제54조 제(b)호]. 첫째, 조약은 당사국들 간의 명시적 합의에 의해 폐지될 수 있다. 이러한 합의는 모든 당사자 간에 이루어져야 하고, 또한 '다른 체약국들과의 협의'를 거쳐야 한다[제54조 제(b)호]. '체약국'이란 조약에 의해 구속받겠다는 동의를 표했으나 아직 조약의 적용을 받지 못하고 있는 국가를 의미한다. 조약의 폐지를 목적으로 하는 새로운 조약의 체결이 명시적 합의에 의한 조약의 폐기이다. 둘째, 새로운 연속조약의 체결을 통해 조약을 묵시적으로 종료할 수도 있다. 조약의 모든 당사국이 동일한 사항에 대해 새로운 조약을 체결하고 후 조약에 의해 그 사항이 규율되어야 함을 당사국이 의도하였음이 확인되거나 두 조약이 동시에 적용될 수 없는 경우 전조약은 후조약에 의해 대체됨으로써 종료한다(제59조 제1항). 셋째, 당사국들이 조약을 더 이상 효력있는 것으로 간주하지 않는 것이 당사국들의 행동으로 보아 명백한 경우 조약종료의 합의가 추론될 수 있다. 이를 조약의 묵시적 폐지(desuetude 또는 obsolescence)라고 한다.

3. 묵시적 폐기·탈퇴

> 📖 **조문 | 조약법에 관한 비엔나협약 제56조 – 종료·폐기 또는 탈퇴에 관한 규정을 포함하지 아니하는 조약의 폐기 또는 탈퇴**
>
> 1. 종료에 관한 규정을 포함하지 아니하며 또한 폐기 또는 탈퇴를 규정하고 있지 아니하는 조약은 다음의 경우에 해당되지 아니하는 한 폐기 또는 탈퇴가 인정되지 아니한다.
>   - (a) 당사국이 폐기 또는 탈퇴의 가능성을 인정하고자 하였음이 확정되는 경우 또는
>   - (b) 폐기 또는 탈퇴의 권리가 조약의 성질상 묵시되는 경우
> 2. 당사국은 상기 1항에 따라 조약의 폐기 또는 탈퇴 의사를 적어도 12개월 전에 통고하여야 한다.

조약의 종료·폐기 또는 탈퇴에 관한 규정을 두지 않을 경우 타방 당사국의 동의 없이 폐기 또는 탈퇴가 가능한지가 문제가 된다. 협약 제56조에 의하면 첫째, 당사국이 폐기·탈퇴의 가능성을 인정할 의도를 갖고 있었다는 것이 증명되는 경우 폐기·탈퇴할 수 있다[제56조 제1항 제(a)호]. UN헌장에는 탈퇴에 관한 명문규정은 없으나 예외적인 사정이 존재하는 경우 탈퇴할 수 있는 것으로 해석된다. 둘째, 폐기 또는 탈퇴의 권리가 조약의 성질로부터 추론될 수 있는 경우 탈퇴할 수 있다[제56조 제1항 제(b)호]. 동맹조약 등은 성질상 폐기 또는 탈퇴의 권리가 추론되나 강화조약이나 국경선 획정조약은 성질상 인정되지 않는다. 1997년 8월 21일 차별방지 및 소수자보호에 관한 UN소위원회가 북한인권상황에 대한 결의를 채택하자 북한은 즉시 시민적·정치적 권리에 관한 국제규약의 탈퇴를 선언한 바 있다. 그러나 동 조약에는 폐기나 탈퇴에 관한 규정이 없다. UN사무총장이나 인권위원회(Human Rights Committee)는 동 조약으로부터 탈퇴가 허용되지 않는다는 견해를 피력한 바 있다. 묵시적 폐기·탈퇴권을 행사할 때에는 최소 12개월의 예고기간을 두도록 하고 있다(제56조 제2항). 국제관습법은 합리적 또는 상당한 사전통고를 요하는 것으로 보았으나, 협약은 12개월 전 통고를 규정하여 명확성을 강화하였다. 일방적 행위에 의하여 당사국의 수가 조약발효에 필요한 수 이하로 감소하더라도 조약은 종료되지 않는다(제55조).

Ⅲ 일반국제법상의 사유에 의한 종료

1. 조약의 중대한 위반 – 제60조

> 📖 **조문 | 조약법에 관한 비엔나협약 제60조 – 조약 위반의 결과로서의 조약의 종료 또는 시행정지**
>
> 1. 양자조약의 일방당사국에 의한 실질적 위반은 그 조약의 종료 또는 시행의 전부 또는 일부의 정지를 위한 사유로서 그 위반을 원용하는 권리를 타방당사국에 부여한다.
>
> 2. 다자조약의 어느 당사국에 의한 실질적 위반은 관계 당사국이 다음의 조치를 취할 수 있는 권리를 부여한다.
>   (a) 다른 당사국이 전원일치의 협의에 의하여
>   (ⅰ) 그 다른 당사국과 위반국간의 관계에서 또는
>   (ⅱ) 모든 당사국간에서 그 조약의 전부 또는 일부를 시행정지시키거나 또는 그 조약을 종료시키는 권리
>   (b) 위반에 의하여 특별히 영향을 받는 당사국이, 그 자신과 위반국간의 관계에 있어서 그 조약의 전부 또는 일부의 시행을 정지시키기 위한 사유로서 그 위반을 원용하는 권리
>   (c) 어느 당사국에 의한 조약규정의 실질적 위반으로 그 조약상의 의무의 추후의 이행에 관한 모든 당사국의 입장을 근본적으로 변경시키는 성질의 조약인 경우에, 위반국 이외의 다른 당사국에 관하여 그 조약의 전부 또는 일부의 시행정지를 위한 사유로서 그 다른 당사국에 그 위반을 원용하는 권리
>
> 3. 본 조의 목적상, 조약의 실질적 위반은 다음의 경우에 해당한다.
>   (a) 이 협약에 의하여 원용되지 아니하는 조약의 이행 거부 또는
>   (b) 조약의 대상과 목적의 달성에 필수적인 규정의 위반
>
> 4. 상기의 제 규정은 위반의 경우에 적용할 수 있는 조약상의 규정을 침해하지 아니한다.
>
> 5. 상기 1항 내지 3항은 인도적 성질의 조약에 포함된 인신의 보호에 관한 규정 특히 그러한 조약에 의하여 보호를 받는 자에 대한 여하한 형태의 복구를 금지하는 규정에 적용되지 아니한다.

(1) 의의

조약의 일방당사자가 유효하게 성립한 조약을 위반하면 이는 국제법 위반행위로서 국제책임을 초래하며 따라서 피해국은 적절한 배상(reparation)을 청구할 수 있을 것이다. 한걸음 더 나아가서 피해국은 조약 위반에 대한 제재로서 조약을 종료 또는 운용정지시킬 수 있다.

(2) 조약의 '중대한 위반'의 개념

협약 제60조 제3항에 의하면 조약의 중대한 위반(material breach)이라 함은 ① 협약이 용인하지 않는 조약의 이행거부 ② 조약의 목적달성에 불가결한 규정의 위반을 들고 있다.

(3) 조약의 종료

① 양자조약의 경우: 양자조약의 중대한 위반과 관련하여 "일방당사국에 의한 양자조약의 중대한 위반은 동 조약을 종료시키거나 또는 그 운용을 전부 또는 일부 정지시키기 위한 사유로서 동위반을 원용할 수 있는 권리를 타방 당사국에게 부여한다."라고 규정하고 있다(제60조 제1항).

② 다자조약의 경우: 일방당사국에 의한 다자조약의 중대한 위반이 있는 경우 타방당사국의 전원합의에 의하여 ⑦ 자신들과 위반국 간에 또는 ⑥ 모든 당사국 간에 조약의 전부 또는 일부의 운용을 정지시키거나 또는 조약을 종료시킬 수 있는 권리를 갖는다. 1971년 ICJ의 Namibia 사건에 관한 권고적 의견에서 남아공의 중대한 위반으로 위임통치를 종료시킨 바 있다.

(4) 제한

조약의 중대한 위반은 인도적 성질의 조약에 포함된 인신의 보호에 관한 규정 특히 그러한 조약에 의하여 보호를 받는 자에게 대한 여하한 형태의 복구를 금지하는 규정에 적용되지 아니한다(제60조 제5항). 이러한 제한은 인권 관련조약의 경우 전통국제법상의 상호주의논리가 적용되어서는 안 된다는 것을 확인해 주고 있다.

(5) 판례

① 나미비아 사건에 대한 권고적 의견(ICJ, 1971): 조약법에 관한 비엔나협약 제60조에 기초하여 조약의 종료를 실제로 인정하였다. 동 의견에서 ICJ는 본조의 규정을 기존의 관습법을 법전화한 것으로 보고, 남아프리카에 의한 위임장의 중대한 위반을 이유로 해서 위임통치의 종료 등을 선언한 UN총회 결의 2145(XXI)를 본조에 입각해서 지지했다. 또한 위반의 결과로서 조약을 종료시킬 권리는 모든 조약에 존재하는 것으로 추정된다는 일반적 법원칙에 대해서도 언급했다.

② Rainbow Warrior호 사건(뉴질랜드 대 프랑스, 1990, 중재): 이 사건에서는 2인의 프랑스군 장교를 태평양의 고도(孤島)인 프랑스군 시설로 옮겨 적어도 3년간은 동 섬으로부터의 이동을 금지하기로 한 양국의 교환공문(1986)에도 불구하고 프랑스가 이들을 기간만료 이전에 본국으로 귀환시킨 것이 문제로 되었다. 동 재판소는 "이것은 조약의 본질적인 취지 또는 목적의 불이행에 해당하는바, 프랑스가 주장하는 위법성 조각사유(장교의 질병을 이유로 한 조난)는 인정되지 않고 조약의 중대한 의무 위반을 구성한다."라고 판시했다. 다만, 재판소는 조약상의 의무는 1989년에 이미 종료한 것으로 해석하고 조약의 종료 이전에 발생한 의무 위반에 기한 국가책임의 문제로서 사건을 처리했다.

③ The Tacna – Arica Case(칠레 대 페루, 1925, 중재): 이 사건은 1883년 10월 20일에 칠레와 페루 간에 체결된 Ancon조약 제3조에 기한 제규정의 적용문제 및 페루령인 Tacna와 Arica의 지위에 관한 문제를 둘러싸고 발생했다. 동 조약 제3조에 의하면 Tacna와 Arica는 조약의 비준일로부터 10년간 칠레의 법령 지배하에 두기로 규정되어 있다. 또한 10년의 기간 만료 후에는 특별의정서가 규정하는 국민투표에서 이들 지역을 칠레의 지배하에 계속 둘 것인지 또는 칠레영토로 할 것인지를 결정하도록 하였다. 이 사건에서 페루 정부는 국민투표의 기한 내 실시를 칠레가 고의적으로 저지하고 행정권을 남용하여 국민투표를 방해하여 Ancon조약을 중대하게 위반하였으므로 자국의 조약상 의무를 자동해제한다고 주장하였다. 중재관 Coolidge(미대통령)는 페루의 주장을 인정하지 않았다. 중재관은 만약, 행정권의 남용이 조약을 종료시키는 효과를 가지려면 행정권을 악용한 결과가 조약의 목적을 이행불능하게 하는 중대한 조건(such serious condition)으로서 확립될 필요가 있으나 칠레의 행위가 그러한 엄숙한 사태(a situation of such gravity)를 발생시키지는 않는다고 하였다.

2. 후발적 이행불능 – 제61조

> **📋 조문 | 조약법에 관한 비엔나협약 제61조 – 후발적 이행불능**
>
> 1. 조약의 이행불능이 그 조약의 시행에 불가결한 대상의 영구적 소멸 또는 파괴로 인한 경우에 당사국은 그 조약을 종료시키거나 또는 탈퇴하기 위한 사유로서 그 이행불능을 원용할 수 있다. 그 이행불능이 일시적인 경우에는 조약의 시행정지를 위한 사유로서만 원용될 수 있다. (A party may invoke the impossibility of performing a treaty as a ground for terminating or withdrawing from it if the impossibility results from the permanent disappearance or destruction of an object indispensable for the execution of the treaty. If the impossibility is temporary, it may be invoked only as a ground for suspending the operation of the treaty.)
>
> 2. 이행불능이 이를 원용하는 당사국에 의한 조약상의 의무나 또는 그 조약의 다른 당사국에 대하여 지고 있는 기타의 국제적 의무의 위반의 결과인 경우에 그 이행 불능은 그 조약을 종료시키거나 또는 탈퇴하거나 또는 그 시행을 정지시키기 위한 사유로서 그 당사국에 의하여 원용될 수 없다. (Impossibility of performance may not be invoked by a party as a ground for terminating, withdrawing from or suspending the operation of a treaty if the impossibility is the result of a breach by that party either of an obligation under the treaty or of any other international obligation owed to any other party to the treaty.)

조약의 이행에 불가결한 객체가 영구적으로 소멸 또는 파괴되어 조약의 이행이 불가능한 경우, 이를 조약의 종료 또는 탈퇴의 사유로 원용할 수 있다. 일시적 이행불능인 경우는 정지사유로만 원용될 수 있다. 단, 자국의 의무 위반으로 이행불능을 초래한 경우에는 이를 원용할 수 없다. 조약 이행에 불가결한 객체의 소멸이란 부약 이행에 불가결한 섬이 침몰하거나, 강이 마르거나, 댐이나 수력발전 시설이 파괴되는 경우, 또는 타국에 임대하기로 한 국가 보물이 화재로 소실된 경우 등을 의미한다.

3. 사정의 근본적 변경 – 제62조

> **📋 조문 | 조약법에 관한 비엔나협약 제62조 – 사정의 근본적 변경**
>
> 1. 조약의 체결 당시에 존재한 사정에 관하여 발생하였으며 또한 당사국에 의하여 예견되지 아니한 사정의 근본적 변경은 다음 경우에 해당되지 아니하는 한 조약을 종료시키거나 또는 탈퇴하기 위한 사유로서 원용될 수 없다.
>   (a) 그러한 사정의 존재가 그 조약에 대한 당사국의 기속적 동의의 본질적 기초를 구성하였으며 또한
>   (b) 그 조약에 따라 계속 이행되어야 할 의무의 범위를 그 변경의 효과가 급격하게 변환시키는 경우

제1편

2. 사정의 근본적 변경은 다음의 경우에는 조약을 종료시키거나 또는 탈퇴하는 사유로서 원용될 수 없다.

  (a) 그 조약이 경계선을 확정하는 경우 또는

  (b) 근본적 변경이 이를 원용하는 당사국에 의한 조약상의 의무나 또는 그 조약의 다른 당사국에 대하여 지고 있는 기타의 국제적 의무의 위반의 결과인 경우

3. 상기의 제 조항에 따라 당사국이 조약을 종료시키거나 또는 탈퇴하기 위한 사유로서 사정의 근본적 변경을 원용할 수 있는 경우에 그 당사국은 그 조약의 시행을 정지시키기 위한 사유로서 그 변경을 또한 원용할 수 있다.

(1) 개념

사정변경의 원칙(principle of rebus sic stantibus)이란 당사자가 조약체결 당시에 예측하지 못하였고, 예측하였더라면 처음부터 조약을 체결하지 않았을 것이라고 인정되는 중대한 사정의 변경이 발생한 경우에 당사국 일방이 조약을 폐기할 수 있다는 원칙을 말한다.

(2) 인정근거

당사자의 합의에 의하여 성립된 조약은 그것이 존속하는 한 당사자는 신의성실하게 준수해야 한다. 그러나 조약은 일반적으로 그 체결 당시의 사정이 그대로 존속하는 한 효력을 가진다는 묵시적 조항을 포함하고 있으므로, 만약 사정의 중대한 변경이 발생한 경우에는 조약의 내용의 이행을 요구하는 것은 불합리하다는 것을 근거로 동 원칙이 인정된다.

(3) 사정변경 원칙의 원용 요건

① 사정은 조약체결 당시의 사정에 변경이 있어야 하며, 그 변경은 조약체결 당시 당사자들이 예측하지 못한 것이어야 한다.

② 사정의 변경이 조약상 이행되어야 할 의무를 급격히 변경시키는 것이어야 한다. 즉, 조약상 의무의 이행을 강요하는 것이 신의성실의 원칙에 반하는 것이어야 한다.

③ 사정의 중대한 변경이어야 한다. 어느 정도의 변경이 중대한 변경인가에 대해 학설 대립이 있다.

  ㉠ 의도설: Hugo Grotius, Chesney Hill. 중대한 사정의 변경이란 당사자가 조약체결 당시에 예측하지 못하였고 만일 이를 예측했더라면 처음부터 조약을 체결하지 않았으리라고 추정할 수 있는 사정의 변경을 의미한다.

  ㉡ 본질적 변화설: Lord McNair, Oppenheim. 조약의 체결은 쌍방당사자의 이익을 위한 것이므로 중대한 사정의 변경이란 어느 일방당사자에게 그 조약으로 인하여 불이익을 받게 될 '본질적 변화' 또는 '사활적 변화'가 발생한 경우를 의미한다고 본다.

  ㉢ 긴급상태설: Erich Kaufmann. 중대한 사정의 변경이란 '긴급상태의 법리'에 의해 어느 정도의 객관성을 가진 기준으로 볼 때 국가의 생존을 위협하는 긴급한 사정의 변화가 발생한 경우라고 본다. 본질적 변화설의 경우 본질적 변화의 구별이 사실상 곤란하고, 긴급상태설 역시 긴급한 사정과 그렇지 않은 사정의 구별이 어렵기 때문에 의도설이 타당하다. PCIJ의 '자유지대 사건'도 의도설에 기초하고 있으며, 조약법에 관한 비엔나협약 역시 의도설에 입각하고 있다.

(4) 제한

조약법에 관한 비엔나협약 제62조 제2항에 의하면 ① 국경선 획정에 관한 조약, ② 중대한 사정의 변경이 그 사유를 주장하는 국가의 의무 위반으로 인해 발생한 경우에는 사정변경 원칙을 원용할 수 없음을 명시하고 있다.

(5) 사정변경의 발생과 조약의 법적 지위

종래 학설에 따르면 ① 사정변경이 발생하는 경우 당연히 조약이 소멸 또는 정지한다는 견해, ② 사정변경 발생 시 조약의 존속으로 인해 불이익을 받는 당사자에게 조약의 '폐기권'이 발생하고 상당한 기간 내에 이를 행사하면 조약은 소멸한다는 견해, ③ 중대한 사정의 변경으로 불이익을 받는 당사자가 상대방과 교섭하여 합의에 의해 조약을 수정 또는 폐기할 수 있다는 견해, ④ 중대한 사정의 변경으로 당사국은 조약의 소멸에 동의해 줄 것을 상대방에게 제안할 수 있고 상대방이 불응 시 조약을 일방적으로 폐기할 수 있다는 견해 등 다양한 견해가 대립하고 있다. 그러나 조약법에 관한 비엔나협약에 의하면 예외적으로 협약상 요건을 충족시키는 경우 당사자는 조약을 폐기하거나 정지를 위해 사정의 중대한 변경을 '원용'할 수 있다. 따라서 사정변경이 발생하더라도 이를 원용하는 국가는 상대방이 동의해야 자신이 제안한 조치를 취할 수 있다. 즉, 조약법에 관한 비엔나협약은 위 학설 중 폐기원용권을 부여한 것으로 해석할 수 있다.

(6) 국제관행

국가들이 동 원칙을 원용한 예가 많았으나 타국가들이 이를 인정한 예는 많지 않다. 1870년 러시아는 보불전쟁을 이용하여 흑해의 중립화를 규정한 1856년 '파리조약'을 사정변경의 원칙을 원용하여 폐기하려 하였다. 그러나 영국이 이에 항의하였으며 1871년 런던조약 부속서를 통해 타국의 동의 없이 조약의 지위를 변경하지 못한다는 법원칙을 확인하였다. 1935년 독일은 '베르사유조약'의 군사조항을 일방적으로 폐기하면서 동 원칙을 원용하였으나 국제연맹회원국들은 이를 인정하지 않았다.

(7) 국제판례

① PCIJ는 1932년 프랑스와 스위스 간 '자유지대 사건'에서 사정변경의 원칙에 기초한 프랑스의 청구를 기각하였으나 사정변경의 원칙 자체는 인정하였다.

② ICJ는 1973년 영국과 아이슬란드 간의 'Fisheries Jurisdiction 사건'에서 1969년 조약법에 관한 비엔나협약 제62조상의 사정변경 원칙을 국제관습법으로 확인하였다. 다만, 새로운 어업기술로부터 결과되는 아이슬란드의 이익이 사정변경을 구성하지 못한다고 판시하였다.

③ 1997년 '가브치코보 나기마로스 댐 사건'에서도 헝가리가 제기한 사정변경 원칙을 받아들이지 않았다. ICJ는 헝가리와 슬로바키아의 공동합작사업이 경제적 · 환경적 · 정치적으로 변화한 것은 사실이나 조약 체결 당시 당사국들이 예견하지 못한 것도 아니고, 또 문제의 프로젝트 이행을 위해 남아있는 의무의 범위를 급격하게 변형시키는 성격의 것도 아니라고 지적하였다.

④ 1985년 이란 – 미국 청구재판소(1985)는 '퀘스테크회사 사건'에서 사정변경 원칙을 적용하여 계약의 종료를 인정하였다.

⑤ EEC가 유고내전과 이에 따른 국가분열 사태가 발생하자 유고사회주의연방공화국과 협력협정에 규정된 무역특혜를 정지하는 내용의 Council Regulation을 발령하였고 해당 조약적용 정지조치의 적법성 여부가 문제된 사안에서 유럽사법재판소(ECJ)는 '사정변경의 원칙'에 비추어 볼 때 명백한 잘못은 아니라고 판단해 이의 효력을 지지했다.

4. 신강행법규의 출현

📖 조문 | 조약법에 관한 비엔나협약 제64조 – 신강행규범출현과 조약의 종료

일반국제법의 새 절대 규범이 출현하는 경우에 그 규범과 충돌하는 현행 조약은 무효로 되어 종료한다. (If a new peremptory norm of general international law emerges, any existing treaty which is in conflict with that norm becomes void and terminates.)

신강행법규가 출현한 경우에는 그 규범에 저촉되는 현재의 조약은 종료한다(제64조). 즉, 이 경우의 무효는 소급효를 갖는 것이 아니다. 또한 조약 종료 전에 그 조약의 시행을 통하여 생긴 당사국들의 권리, 의무 또는 법적 상태는 '그러한 권리, 의무 또는 상태를 유지하는 것 자체가 신강행규범과 충돌하지 아니하는 한' 영향을 받지 아니한다.

5. 전쟁

일반적으로 전쟁이 조약의 소멸사유가 된다는 점은 확실하나, 어떤 조약이 소멸하는가에는 국제법상 확립된 원칙이 없다. 일반적으로 정치적 또는 통상적 조약은 전쟁과 양립하지 않으므로 당사국은 전쟁 발발 시에 이런 조약을 폐지할 의사가 있었던 것으로 추정할 수 있다. 우편조약과 같은 비정치적 조약은 전쟁 계속 중 교전 당사국 간에는 원칙적으로 정지되나, 전쟁 종료 후에는 효력이 회복된다고 본다(Brierly). 비엔나협약에서는 국가간 적대행위 발발로 조약과 관련하여 발생할 수 있는 어떤 문제도 미리 판단하지 아니한다고 규정하여 구체적인 해답을 제시하지 않고 있다(제73조).

IV 종료의 효력 및 제한

📄 조문 | 조약법에 관한 비엔나협약 제70조 – 조약 종료의 효과

1. 조약이 달리 규정하지 아니하거나 또는 당사국이 달리 합의하지 아니하는 한 조약의 규정에 따르거나 또는 이 협약에 의거한 그 조약의 종료는 다음의 효과를 가져온다.

   (a) 당사국에 대하여 추후 그 조약을 이행할 의무를 해제한다.

   (b) 조약의 종료전에 그 조약의 시행을 통하여 생긴 당사국의 권리·의무 또는 법적 상태에 영향을 주지 아니한다.

2. 국가가 다자조약을 폐기하거나 또는 탈퇴하는 경우에는 그 폐기 또는 탈퇴가 효력을 발생하는 일자로부터 그 국가와 그 조약의 다른 각 당사국 간의 관계에 있어서 상기 1항이 적용된다.

---

1. 효과

협약 제70조에 의하면 당사국들이 달리 합의하지 않는 한 다음과 같은 효과를 가져온다.
(1) 당사국에 대해 추후 그 조약을 이행할 의무를 해제하며 (2) 조약의 종료 전에 그 조약의 시행을 통하여 생긴 당사국의 권리, 의무 또는 법적 상태에 영향을 주지 아니한다.

2. 종료의 제한

(1) 조약규정의 성질에 따르는 제한

조약이 일정한 사유로 인해 종료된다 하더라도 조약규정 중 강행규범에 해당하는 규정은 결코 효력을 상실할 수 없다. 또한 강행규범은 아니나 일반국제법상의 원칙을 선언하는 규정들도 마찬가지이다.

(2) 조약종료의 가분성

일반적으로 조약이 종료됨은 조약 내의 모든 규정이 효력을 상실함을 의미하나, 몇몇 경우에 있어 일부규정만을 종료시킬 수 있다. 협약 제60조는 타방당사국의 조약위반이 있는 경우 조약의 부분적 종료도 인정하고 있다. 또한 후발적 이행불능이나 사정의 중대한 변경에 의해 조약의 종료를 원용하는 당사국도 부분적으로 종료를 주장할 수 있다. 다만, 이 경우 제44조 제3항상의 요건9)을 충족시켜야 한다.

(3) 종료를 위한 권리의 상실

> 🗒 **조문 | 조약법에 관한 비엔나협약 제45조 – 조약의 부적법화 · 종료 · 탈퇴 또는 그 시행정지의 사유를 원용하는 권리의 상실**
>
> 국가는 다음의 경우에 사실을 알게 된 후에는 제46조 내지 제50조 또는 제60조 및 제62조에 따라 조약의 부적법화 · 종료 · 탈퇴 또는 시행정지의 사유를 원용할 수 없다.
>
> (a) 경우에 따라 그 조약이 적법하다는 것 또는 계속 유효하다는 것 또는 계속 시행된다는 것에 그 국가가 명시적으로 동의한 경우 또는
>
> (b) 그 국가의 행동으로 보아 조약의 적법성 또는 그 효력이나 시행의 존속을 묵인한 것으로 간주되어야 하는 경우

국가는 ⅰ) 조약이 유효하거나 효력이 존속하고 있거나 시행이 계속되고 있는 것에 대해 명시적으로 동의한 사실 ⅱ) 조약의 유효성 또는 시행의 계속성을 묵인하는 행위가 있었다고 간주되는 사실을 인지한 후에는 조약을 종료시키기 위한 근거를 원용할 수 없다(제45조).

Ⅴ 종료의 절차 및 분쟁해결

1. 조약종료의 절차

(1) 당사자 전원의 결정에 의한 종료

자동으로 종료된다. 따라서 별도의 절차를 요하지 않는다.

(2) 개별당사자의 일방적 요구에 따른 종료

제65조의 절차가 적용된다. 즉, 해당조약의 종료를 요구하는 당사자는 그 사유를 적시하여 타방당사자들에게 조약 종료의 취지를 통보할 수 있으며, 이러한 통보가 접수된 후 3개월 이내에 여하한 타방당사자들로부터도 이의가 제기되지 않음으로써 합의가 이루어지는 경우 조약은 종료된다.

2. 분쟁해결

(1) 분쟁의 발생

타방당사국이 3개월 이내에 이의를 제기한 경우 분쟁이 발생한다.

(2) 임의적 해결

우선 UN헌장 제33조에 열거된 방법을 통해 해결을 도모한다. 그러나 분쟁발생 후 12개월 이내에 해결에 도달하지 못한 경우 강제적 절차에 의한다.

---

9) 조약규정이 분리가능하기 위해서는 ⅰ) 조약의 잔여부분이 분리될 수 있어야 하고 ⅱ) 종료되는 조항이 기속적 동의의 본질적 기초를 이룬 조항이 아니어야 하며 ⅲ) 조약의 잔여부분의 계속적 이행이 부당하지 아니하여야 한다.

(3) 강제적 해결

강행규범과 관련된 분쟁이 아닌 한, 일방적 부탁에 의해 UN사무총장에게 조정절차의 개시를 부탁한다. UN사무총장은 당해 분쟁을 5명으로 구성된 조정위원회에 부탁해야 한다. 위원회의 보고서는 당사국을 구속하지 않으며 분쟁의 우호적 해결을 촉진하기 위한 것으로서 권고적 효력을 가진다. 강행규범과 관련된 분쟁은 중재재판에 회부되어야 하며, 합의도출에 실패하는 경우 일방적 신청에 의해 국제사법재판소에 부탁될 수 있다(제66조).

⚖ 판례 | 가브치코보 – 나기마로스 프로젝트 사건(Case Concerning Gabcikovo – Nagymaros Project, ICJ, 1997)

1977년, 체코슬로바키아와 헝가리는 양국의 국경을 이루는 다뉴브강에 갑문시스템을 건설하고 운영한다는 내용의 조약(이하 1977조약)을 체결하였다. 동 조약은 체코슬로바키아의 영토인 Gabcikovo와 헝가리의 영토인 Nagymaros를 지나는 지역에 갑문을 설치하도록 하였으므로, 이를 Gabcikovo – Nagymaros Project(이하 G/N 프로젝트)라 하였다. 1978년부터 진행된 공사에서 Gabcikovo 지역의 공사는 많이 진척되었으나, 헝가리에서는 당시의 심각한 정치적·경제적 변화로 인해 G/N 프로젝트에 대한 반대가 점점 심해졌으며, 헝가리는 결국 Nagymaros에서의 공사를 중도포기하기에 이르렀다. 이에 대해 체코슬로바키아는 대안으로서 일방적으로 다뉴브강 수로를 변경하는 내용의 Variant C를 결정하여 작업을 강행하였다. 이에 헝가리는 체코슬로바키아에게 1977조약을 종료한다는 통지를 보냈다. 이후 체코슬로바키아는 다뉴브강을 폐쇄하고 댐을 건설하는 공사에 착수하였다. 1993년 체코슬로바키아는 체코와 슬로바키아로 분열되었으며, 같은 해에 헝가리와 슬로바키아는 G/N 프로젝트에 관한 양국 간의 분쟁을 ICJ에 회부하는 특별협정을 체결하였다. 헝가리는 1977조약은 후발적 이행불능, 사정의 근본적 변경, 슬로바키아 측의 조약에 대한 중대한 위반, 긴급피난 등을 이유로 종료되었다고 주장하였다. 그러나, 재판부는 헝가리 측의 주장을 모두 기각하고 조약의 효력이 유지된다고 판시하였다. 첫째, 헝가리는 조약의 시행에 불가결한 대상(object)으로서 '환경보호에 부합하며 양국이 공동으로 운영하는 경제적 합작투자'가 영원히 소멸되었으므로 1977조약이 이행불능 상태에 빠졌다고 주장하였다. ICJ는 1977조약이 경제적 요구와 환경적 요구를 고려하여 공사를 재조정할 수 있는 수단을 규정하고 있으므로 G/N 프로젝트를 규율하는 법적 체제가 소멸되지는 않았다고 판단하였다. 또한 설사 투자의 공동개발이 더 이상 불가능하다고 하더라도 이것은 헝가리가 1977조약상의 의무를 이행하지 않았기 때문이므로, 조약법협약 제61조 제2항에 따라 헝가리가 이를 조약종료사유로 원용하지 못한다고 지적하였다. 둘째, 헝가리는 1977조약 체결 당시의 사정들이 이후 발생한 여러 사건들에 의해 근본적으로 변하였기 때문에 동 조약을 종료시킬 수 있다고 주장하였다. 사정의 변경으로서 헝가리는 정치적 상황의 심각한 변화, G/N 프로젝트의 경제적 타당성 감소, 그리고 환경지식 및 새로운 환경법 규범의 발달을 열거하였다. 그러나 ICJ는 사정변경의 원용요건이 충족되지 않았다고 판단하였다. 그 당시의 정치적 조건이 당사국들의 동의의 본질적 기초는 아니었으며, 그 변화가 장차 이행되어야 할 의무의 범위를 급격히 변화시킬 성질도 아니었다고 보았다. 또한 비록 G/N 프로젝트의 수익성이 1977조약 체결 시보다 줄어들었을 수 있지만 그 결과 당사국들의 조약상 의무가 급격히 변화될 정도는 아니라고 평가하였다. 환경지식과 환경법의 새로운 발전에 대해서도, ICJ는 이러한 것들이 전혀 예견될 수 없다고 생각하지는 않았으며 더구나 1977조약은 당사국들이 환경지식 및 환경법의 발전을 고려하고 조약 이행 시 이를 적용할 수 있는 조문을 두고 있음을 지적하였다. 셋째, 헝가리는 체코슬로바키아가 1977조약상의 수질보호 및 자연환경보호 의무를 준수하지 못했을 뿐 아니라 Variant C를 건설하고 운영함으로써 조약을 중대하게 위반하였다고 주장하였다. 그리고 체코슬로바키아의 이러한 위반이 선행되었으므로 조약법협약 제60조에 따라서 1977조약의 종료는 정당하다고 주장하였다. ICJ는 Variant C를 불법으로 보면서도, 체코슬로바키아가 공사에 착수했을 때부터 불법이 아니라 다뉴브강 물을 우회수로로 돌렸을 때에 비로소 1977조약이 위반되었다고 보았다. 즉, 헝가리가 종료통지를 보냈을 때는 1977조약 위반이 아직 발생하지 않았으므로, 헝가리는 조약 위반을 종료사유로 원용할 수 없으며 종료통지는 시기상조이자 효력이 없다고 판단하였다. 넷째, 헝가리는 G/N 프로젝트가 가진 환경위험에 근거하여 '생태학적 긴급피난' 상태를 원용하였고, 따라서 동 조약의 종료가 정당화된다고 주장하였다. ICJ는 조약의 발효, 적법한 정지 또는 폐기 여부는 조약법에 따라서 판단할 문제이며, 조약법을 위반한 정지 또는 폐기가 국가책임을 발생시키는 범위는 국가책임법에 따라 판단할 문제라고 보았다. 따라서 ICJ는 국가책임법상의 위법성 조각사유인 긴급피난이 1977조약상 의무의 이행중지 및 종료의 사유가 될 수 없다고 판단하였다.

I 의의

조약의 정지(suspension)란 일정한 사유에 따라 개별당사국에 대해 조약의 일부 또는 전부의 효력이 일시적으로 중단되는 것을 의미한다. 조약의 효력발생을 전제하는 점에서 조약의 효력요건을 결한 무효(invalidity)와 구별되며, 하자없이 발효한 조약이 특별한 사정의 개입으로 그 효력을 상실하는 종료(termination)와도 구별된다. 정지된 조약은 일정기간 동안 그 적용이 배제되는 한편, 추후에 다시 효력을 회복한다.

II 정지사유[10]

1. 조약체결 당시의 합의 - 조약규정 자체에서 인정하는 경우[제57조 제(a)호]

다자조약에 있어서 일정한 사유가 발생하는 경우 이를 원용하는 개별당사국들에 대해 조약상의 의무를 면제해 줄 것을 규정한다. 세이프가드 조항이 대표적이다.

2. 조약체결 이후의 합의

(1) 모든 당사국 간 합의[제57조 제(b)호]

모든 당사국 간 합의에 의해 모든 당사국 간 또는 특정 당사국과 여타의 당사국 간의 관계에서 그 적용이 정지될 수 있다.

(2) 일부 당사국 간의 합의(제58조)

> **📖 조문 | 조약법에 관한 비엔나협약 제58조 - 일부 당사국가만의 합의에 의한 다자조약의 시행정지**
>
> 1. 다자조약의 2 또는 그 이상의 당사국은 다음의 경우에 일시적으로 또한 그 당사국간에서만 조약 규정의 시행을 정지시키기 위한 합의를 성립시킬 수 있다.
>   (a) 그러한 정지의 가능성이 그 조약에 의하여 규정되어 있는 경우 또는
>   (b) 문제의 정지가 조약에 의하여 금지되지 아니하고 또한
>   (i) 다른 당사국에 의한 조약상의 권리 향유 또는 의무의 이행에 영향을 주지 아니하며
>   (ii) 그 조약의 대상 및 목적과 양립할 수 없는 것이 아닌 경우
> 2. 상기 1항 (a)에 해당하는 경우에 조약이 달리 규정하지 아니하는 한 문제의 당사국은 합의를 성립시키고자 하는 그 의사 및 시행을 정지시키고자 하는 조약규정을 타방당사국에 통고하여야 한다.

일부 당사자 간의 합의에 의해 이들 상호 간에 일시적으로 그 적용이 정지될 수 있다. 그러나 이는 다음 두 가지 경우에 국한된다. 우선, 조약 정지의 가능성이 조약에 규정되어 있는 경우이다. 둘째, ① 조약의 정지가 조약에 의해 금지되어 있지 않은 경우로서, ② 그 정지가 여타의 당사국들의 권리의 향유 또는 의무의 이행에 영향을 주지 않고 ③ 조약의 대상 및 목적과 양립하는 경우이다.

---

10) 조약의 종료사유와 시행정지 사유는 유사하나 다음과 같이 구별된다. 종료사유는 ⅰ) 합의에 의한 경우 ⅱ) 조약위반 ⅲ) 후발적 이행불능 ⅳ) 사정의 근본적 변경 ⅴ) 신강행규범과 충돌이며, 정지사유는 ⅰ) 합의에 의한 경우 ⅱ) 조약위반 ⅲ) 후발적 이행불능 ⅳ) 사정의 근본적 변경이다.

3. 중대한 조약의무 위반

(1) 양자조약

양자조약에 있어서 일방당사자에 의해 중대한 위반이 발생하는 경우, 타방 당사국은 이를 원용하여 조약의 정지를 요구할 수 있다(제60조 제1항).

(2) 다자조약

다자조약의 경우 일방당사자의 중대한 위반이 발생하는 경우 우선 여타 모든 당사국은 전원합의에 의해 위반국과 다른 당사국들 간 또는 모든 당사국들 간 조약의 정지를 결정할 수 있다[제60조 제2항 제(a)호]. 둘째, 문제의 위반으로 구체적 피해를 입은 당사국도 자국과 위반국 간 조약을 정지시키기 위해 그 위반을 원용할 수 있다[동조항 제(b)호]. 셋째, 문제의 위반으로 모든 당사국의 입장이 근본적으로 변경된 경우 위반국 이외의 여하한 당사국도 자국에 대해 조약을 정지시키기 위한 사유로 그 위반을 원용할 수 있다[동조항 제(c)호].

4. 후발적 이행불능

조약당사국은 조약의 실시를 위한 불가결의 목적물이 일시적으로 멸실 또는 파괴됨으로써 야기된 일시적 후발적 이행불능의 경우 조약의 전부 또는 일부의 작용을 정지시키기 위한 근거로 원용할 권리를 갖는다(제61조 제1항).

5. 사정의 근본적 변경

조약당사국은 당사국의 동의의 본질적 기초를 이루고 있는 조약체결 당시의 사정에 일시적인 중대한 사정변경의 발생으로 당해국이 이행할 조약의무의 범위에 급격한 변화가 발생한 경우 예외적으로 조약의 적용을 정지시키기 위한 근거로 사정변경을 원용할 권리를 가진다(제62조 제3항).

6. 전쟁

전쟁시 다자조약의 경우 교전당사국 상호 간에만 조약이 정지된다. 양자조약은 원칙적으로 소멸하나, 당사국 간 합의가 있거나 조약의 성질상 전쟁종료 후 다시 적용되어야 할 조약은 전쟁기간 동안만 그 적용이 정지된다.

Ⅲ 조약의 시행정지의 효과 및 제한

1. 조약의 시행정지의 효과

조약의 시행이 정지되는 경우 (1) 조약의 시행이 정지되어 있는 동안 상호 간에 조약을 이행할 의무를 해제한다. (2) 조약에 의해 이미 확립된 당사국 간 법적 관계에 달리 영향을 주지 아니한다. (3) 시행정지 기간 동안 당사국은 그 조약의 시행 재개를 방해하게 되는 행위를 삼가야 한다.

2. 조약의 정지에 대한 제한

(1) 조약규정의 성질에 따르는 제한

조약의 정지가 모든 규정에 대해 인정되는 것은 아니다. 조약규정 중 강행규범에 해당되는 규정은 정지가 인정되지 않는다. 또한 일반국제법의 원칙을 선언하는 규정들도 마찬가지이다. 조약법협약은 '인권보호'에 관한 조약규정에 있어서 일방당사자의 위반을 이유로 조약의 정지를 요구할 수 없도록 규정하고 있다(제 60조 제5항).

(2) 조약정지의 가분성

조약의 정지는 원칙적으로 조약의 모든 규정에 대해 적용되나, 특정 조항에만 관련된 경우 제44조 제3항의 요건에 따라 가분성이 인정된다. 가분성이 인정되기 위해서는 ① 조약적용에 있어 타 조항들과 분리가 가능해야 하며 ② 그 조항이 조약에 의해 구속받겠다는 타방 당사자의 동의의 본질적 기초를 구성하지 않아야 하며 ③ 잔여조항의 계속적 이행이 부당하지 않아야 한다.

Ⅳ 조약정지의 절차

1. 합의적 절차

(1) 합의에 의한 시행정지

조약의 정지는 자동적으로 효력을 발생하며 여하한 분쟁도 발생할 여지가 없다.

(2) 합의에 의하지 않은 시행정지 – 일방당사국의 위반, 사정변경, 이행불능

개별당사국은 그러한 사유를 원용하여 조약의 정지의 취지를 상대방 당사자에게 통고해야 한다. 상대방이 동의하거나 3개월 내에 이의제기가 없는 경우 합의가 이루어진 것으로 본다. 따라서 정지사유 원용국은 조약을 정지시킬 수 있다.

2. 분쟁해결(제65조)

분쟁이 발생하는 경우 당사국들은 우선, UN헌장 제33조에 예시된 절차에 따른 해결을 모색한다. 12개월 내에 해결되지 않은 경우 UN사무총장에 대해 조정을 부탁해야 한다. 조약의 정지가 최종적으로 결정되기까지 해당 조약은 그대로 적용된다.

제10절 조약의 개정과 수정

I 조약의 개정

> **조문 | 조약법에 관한 비엔나협약 제40조 – 다자조약의 개정**
>
> 1. 조약이 달리 규정하지 아니하는 한 다자조약의 개정은 아래의 조항에 의하여 규율된다.
> 2. 모든 당사국 간에서 다자조약을 개정하기 위한 제의는 모든 체약국에 통고되어야 하며 각 체약국은 다음의 것에 참여할 권리를 가진다.
>   (a) 그러한 제의에 관하여 취하여질 조치에 관한 결정
>   (b) 그 조약의 개정을 위한 합의의 교섭 및 성립
> 3. 조약의 당사국이 될 수 있는 권리를 가진 모든 국가는 개정되는 조약의 당사국이 될 수 있는 권리를 또한 가진다.
> 4. 개정하는 합의는 개정하는 합의의 당사국이 되지 아니하는 조약의 기존 당사국인 어느 국가도 구속하지 아니한다. 그러한 국가에 관해서는 제30조 제4항 제(b)호가 적용된다.
> 5. 개정하는 합의의 발효 후에 조약의 당사국이 되는 국가는 그 국가에 의한 별도 의사의 표시가 없는 경우에 다음과 같이 간주된다.
>   (a) 개정되는 조약의 당사국으로 간주된다.
>   (b) 개정하는 합의에 의하여 구속되지 아니하는 조약의 당사국과의 관계에 있어서는 개정되지 아니한 조약의 당사국으로 간주된다.

조약의 개정(amendment)이란 조약의 개정을 위한 교섭에 모든 당사국이 참여한 경우를 의미한다. 비엔나협약 제40조에 의하면 조약에 달리 규정되지 아니하는 한 다음과 같은 규칙이 적용된다. 첫째, 다자조약의 모든 당사국 간의 개정제안은 모든 체약국에 통고되어야 하며 각 체약국은 개정교섭에 참여할 권리를 갖는다. 둘째, 개정협정은 개정협정의 당사국이 되지 아니한 기존조약의 당사국을 구속하지 아니한다. 따라서 이 경우 협약 제30조 제4항 제(b)호에 규정된 동일사항에 대한 신구조약 적용의 규칙이 적용된다.

II 조약의 수정

> **조문 | 조약법에 관한 비엔나협약 제41조 – 일부 당사국에서만 다자조약을 변경하는 합의**
>
> 1. 다자조약의 2 또는 그 이상의 당사국은 다음의 경우에 그 당사국간에서만 조약을 변경하는 합의를 성립시킬 수 있다.
>   (a) 그러한 변경의 가능성이 그 조약에 의하여 규정된 경우 또는
>   (b) 문제의 변경이 그 조약에 의하여 금지되지 아니하고 또한
>   (i) 다른 당사국이 그 조약에 따라 권리를 향유하며 또는 의무를 이행하는 것에 영향을 주지 아니하며
>   (ii) 전체로서의 그 조약의 대상과 목적의 효과적 수행과 일부 변경이 양립하지 아니하는 규정에 관련되지 아니하는 경우
> 2. 상기 1항 (a)에 해당하는 경우에 조약이 달리 규정하지 아니하는 한 문제의 당사국은 그 합의를 성립시키고자 하는 의사와 그 합의가 규정하는 그 조약의 변경을 타방당사국에 통고하여야 한다.

조약의 수정(modification)은 다자조약의 일부 당사국에 의해 조약에 변경을 가하는 것을 의미한다. 조약법에 관한 비엔나협약 제41조에 의하면 조약을 수정할 수 있는 두 가지 경우가 있다. 첫째, 다자조약에 수정가능성이 명시된 경우이다. 이 경우 조약에 달리 규정되어 있지 않는 한 당해 당사국들은 타방당사국들에게도 수정협정을 체결할 의사와 그 내용을 통고해야 한다. 둘째, 문제의 수정이 조약에 의하여 금지되지 아니하고, 타방당사국들의 조약상의 권리향유 및 의무수행에 영향을 주지 아니하며, 또한 그 훼손이 조약 전체의 객체 및 목적의 효과적인 수행과 양립하지 아니하는 규정에 관련된 것이 아닌 경우이다.

제11절 조약의 충돌 및 해결

Ⅰ 조약규정에 따른 해결

1. 여타 조약보다의 우선 적용이 의도된 경우

UN헌장 제103조는 'UN회원국의 헌장상의 의무와 여타의 국제협정에 의한 의무가 충돌하는 경우에는 헌장상의 의무가 우선한다'고 규정하고 있다. 이 경우 동 규정에 따라 해당 조약은 여타 조약보다 우선 적용된다.

2. 특정 조약과의 양립성을 선언하는 경우

어떤 조약이 타조약과 충돌되는 경우 이에 양보함을 선언하는 경우가 있다. 이 경우 문제의 타조약이 우선 적용된다(조약법협약 제30조).

Ⅱ 조약규정이 없는 경우

1. 강행규범과 충돌하는 경우

여하한 조약도 강행규범과 충돌하는 경우 후자가 절대적으로 우선한다.

2. 연속조약 간의 충돌

(1) 연속조약의 의미

국가 간에 어떠한 분야를 규율하기 위해 조약이 체결되어 있는 상황에서 이와 동일한 분야에 적용되는 새로운 조약이 체결되는 경우 이를 '연속조약'이라 한다.

(2) 개별조약 상호 간의 충돌

① 당사자가 동일한 연속조약: 새로운 조약이 구조약과 양립할 수 없는 경우 신법 우선의 원칙(lex posterior derogat priori)이 적용된다. 단, 신법 우선의 원칙은 특별법 우선의 원칙에 반하지 않는 범위 내에서 적용된다.

② 당사기가 동일하지 않은 연속조약: 두 소약 모두에 당사국인 국가의 경우, 이들 간에 후조약이 우선 적용된다[제30조 제4항 제(a)호]. 단, 이는 전조약이 후조약에 대해 특별법에 해당하지 않는 경우에 한한다. 그러나, 양 조약의 당사국이 달라지는 경우 두 국가가 다 같이 당사국인 조약만 적용된다[제30조 제4항 제(b)호].

(3) 일반조약과 개별조약 간의 충돌

① 일반 원칙: 어떠한 일반조약에 참여하고 있는 국가들 중 일부국가들이 추후에 이와 동일한 사항에 대해 이 조약과 내용을 달리하는 별도의 협정을 체결하는 경우가 있을 수 있다. 조약법에 관한 비엔나협약은 제41조 제1항에서 이에 대해 규율하고 있다. "다자조약의 둘 또는 그 이상의 당사국은 다음의 경우 조약의 수정을 위해 그들 간에 협정을 체결할 수 있다. 즉, ㉠ 그러한 수정의 가능성이 조약에 의해 규정된 경우 ㉡ 문제의 수정이 조약에 의해 금지되지 않은 경우로서 다른 당사자의 조약상의 권리의 향유 또는 그들의 의무이행에 영향을 주지 않으며, 그로부터 일탈됨으로써 조약 전체의 대상 및 목적의 효과적 이행에 양립될 수 없는 규정에 관련되지 않은 경우." 이 경우 수정협정의 당사국 간에는 수정협정이 우선 적용된다.

② 구체적 경우의 해결: 첫째, 개별조약이 일반조약과 내용이 다르나 이와 양립하는 경우에는 개별조약이 우선 적용된다. 둘째, 개별조약이 일반조약과 양립하지 않는 경우 체결 자체가 허용되지 않는다.

Ⅲ 조약 충돌의 결과

위의 논의들은 조약의 '우선적용' 순위에 관한 것에 불과하다. 즉, 강행규범과의 충돌 등으로 무효화되거나 종료되는 경우를 제외하고, 이들 조약은 우선적용에서 배제된다는 사실로 인해 그 존재가 영향을 받는 것은 아니다.

기출 및 예상문제

1. 다음 설명을 참조하여 아래 질문에 답하시오. [2007행시]

> 그란데강은 A국과 B국을 흐르는 국제하천이다. A국과 B국은 이 강으로 부터 수자원 등의 이익을 공유하고자 A국에 X수문을, B국에 Y수문을 각각 건설하는 조약을 체결하였다. 이 조약에 따라 공동사업이 진행되던 중, B국은 Y수문의 설치가 자국의 환경을 파괴한다는 국내 여론이 거세지자, 생태적 필요성(ecological necessity)을 원용하여 Y수문 건설사업을 일방적으로 중단하였다.

(1) B국이 자국의 조약의무 불이행을 정당화하기 위하여 원용할 수 있는 사유를 일반국제법상의 논리에 기초하여 설명하시오.

(2) A국은 B국의 조약의무 불이행을 이 조약의 종료사유로 원용할 수 있는가?

(3) 만일 A국이 이 조약을 종료시키고자 할 경우 취해야 할 절차를 설명하고, 이와 관련하여 B국으로부터 이의가 제기되는 경우 분쟁해결절차를 설명하시오.

2. A, B, C, D, E국은 당사국 상호 간 '국가에 의한 고문의 금지'를 골자로 하는 조약(甲)을 체결하기 위해 교섭을 하고 조약을 채택하였다. 甲조약은 비준을 요하는 정식조약이다. A국은 헌법상 조약체결에 대해서는 의회의 비준동의를 받아야 하는 바 비준동의과정에서 일부 의원들이 동 조약의 특정 조항에 유보할 것을 강력하게 요청하여 A국은 관련 조항에 유보하기로 하였다. 이와 관련하여 다음 물음에 답하시오. (단, 이들은 모두 1969년 [조약법에 관한 비엔나협약]의 당사국이다)

(1) A국은 甲조약에 대해 유보할 수 있는가?

(2) A국의 유보에 대해 B국은 여하한 반응을 보이지 않았고, C국은 A국의 유보에 대해 명시적으로 반대하였다. 또한 D국과 E국은 유보에 반대하는 한편, A국의 당사자 지위를 부정하였다. 이러한 경우에 A국은 甲조약의 당사국이 될 수 있는가? A국과 B, C, D, E국 간 유보의 효력 및 조약관계는 어떠한가?

(3) A국이 甲조약에 유보를 부가함에 있어서 甲조약의 목적달성을 위해 본질적으로 필요한 조항에 대해 유보한 경우 A국 유보의 유효성 또는 조약 당사자 지위에 대해 논하시오.

(4) 유보의 형성과 관련하여 법적 절차에 대해 설명하시오.

3. A, B, C, D, E국은 甲조약을 체결하여 당사국 상호 간 쇠고기 수출입을 전면자유화하기로 합의하였다. 조약은 5개국 모두에서 비준이 되어 유효하게 발효하였다. 조약 발효 이후 A국은 B국에 대해 쇠고기를 수출하기 시작하였으나, 나머지 국가들은 아직 B국에 대해 쇠고기를 수출하지는 않고 있다. A국으로부터 수입이 급격히 증가하기 시작하자 B국 내 쇠고기 생산업자들은 조약의 폐기를 강력히 주장하였고 B국 정부는 이를 받아들여 A국으로부터 쇠고기 수입을 전면중단하는 조치를 취하였다. 이 사안과 관련하여 다음 물음에 답하시오. (단, A, B, C, D, E국은 모두 1969년 [조약법에 관한 비엔나협약] 당사국이다. 또한, 이들 간 교역관계를 규율하는 별도의 국제법은 존재하지 않는다)

(1) B국에 대해 국가책임을 원용할 수 있는 주체에 관해 2001년 국제법위원회(ILC)의 [국제위법행위책임 초안]에 기초하여 논하시오.

(2) A, C, D, E국은 甲조약의 지위를 변경할 수 있는가?

4. A국은 자국의 군대를 B국에 파견하여 B국의 수도에 주둔시킨 다음 B국의 대통령과 외무장관을 위협하여 강제로 B국과 보호조약(甲)을 체결하여 외교권을 박탈하였다. 2년 후에 A국은 C국과 조약(乙)을 체결하여 B국의 영토일부(K)를 C국에 할양하였다. A국은 K지역 할양의 대가로 C국으로부터 철도부설권을 획득하였다. B국은 보호조약과 할양조약이 무효임을 이유로 C국에 대해 불법점령지로부터 철수할 것을 요구하고 있다. B국이 영토주권을 회복할 수 있는 법적 근거는?

5. 다음 제시문을 읽고 물음에 답하시오. [2020외교원]

> A국은 주민을 강제동원하는 일당 지배 사회이다. B국은 A국과 함께 C국 항구로 연결되는 철로를 양국에 공동으로 건설하는 것을 내용으로 하는 X조약을 체결하였다. 이 조약에는 철도부설을 위해 A국이 노동력을, B국이 기술과 재원을 제공하기로 하였다. 또한, 노동력에 대한 급여 지급은 예정되어 있지 않으며, 인력을 동원하는 방식과 절차는 전적으로 A국에 일임되었다. C국은 X조약에 따른 철로를 C국으로 연결하고 항구 이용을 보장하는 Y조약을 A국 및 B국과 체결하였다. 철로 부설에는 A국 교도소에 복역 중인 재소자와 직업학교에 재학 중인 청소년이 무보수로 강제동원되었다. 이 사실이 언론에 폭로되어 양국 정부가 국제적으로 비판을 받게 되었다. 그 후 A국은 다당제로 전환되고, 새 정부가 들어섰다.

(1) A국 신정부가 X조약상의 노동력 제공의무에서 벗어날 수 있는지 여부와 근거를 제시하시오. (10점)

(2) B국이 X조약하에서 노동력 제공 관련 조항을 제외한 나머지 부분에 대하여 적법성을 주장할 수 있는지 검토하시오. (10점)

(3) C국이 철로 연결을 거부하는 경우 국가책임이 발생하는지 여부와 근거를 제시하시오. (20점)

6. 다음 세시문을 읽고 조약법에 관한 비엔나협약에 근거하여 물음에 답하시오. 2020외교원

> A, B, C국은 보편적 인권의 보호 및 보장을 보다 확대·강화하기 위하여 지역적 인권조약을 체결하였다. 동 인권조약 체결 당시 이에 참여하지 않았던 D국은 조약이 발효한 후 가입 의사를 표명하였다. 2018년 5월 25일 D국은 가입의정서를 기탁하면서, 자국의 정치적 상황을 반영하여 동 조약 제13조에 규정된 표현의 자유가 제한적으로 해석될 수 있다는 해석선언을 하였다. 이러한 해석선언에 대하여 2019년 8월 24일 현재 A국은 아무런 의사를 표현하지 않았고, B국은 D국이 가입의정서를 기탁한 직후 이의를 제기하였다. 한편 C국은 표현의 자유와 관련한 제13조에 대한 해석선언에 이의를 제기하면서 D국과는 당사국 관계를 설정하지 않겠다는 입장을 밝혔다.
> ※ A, B, C, D국은 조약법에 관한 비엔나협약 당사국이다.
> ※ 해당 지역적 인권조약에는 유보와 관련한 규정이 없다.

(1) D국이 행한 해석선언의 법적 의미를 설명하고, 이러한 해석선언의 허용 가능성에 대하여 논하시오. (20점)

(2) A, B, C, D국의 조약 관계에 대하여 설명하시오. (20점)

7. 다음 제시문을 읽고 물음에 답하시오. 2018외교원

> (가) A국과 B국은 2012년 정상회담에서 경제협력에 관한 공동선언문에 합의·서명하였다. 이 선언문은 제2조 내지 제14조에서 구체적 경제 협력사항, 제15조에서 분쟁발생 시 중재 회부, 제16조에서 개정 및 폐기를 규정하였다. A국에서는 이 선언문이 입법부의 동의를 얻은 후 조약번호 부여 없이 공동선언문 순서 번호가 부여되어 관보의 '기타' 항목에 게재되었다.
>
> (나) 2015년 B국에서 정변이 발생하였다. 새 정부는 위 선언문이 국제법상 조약이 아니며, 설령 조약이더라도 첫째, 당시 합의·서명한 혁명평의회 의장이 국가원수의 지위에 있지 않기에 조약을 체결할 권한이 없고, 둘째, B국 국내법상 모든 구속력 있는 합의가 평의회에서 의결되어야 하지만 위 선언문이 그 절차를 거치지 않았으므로 B국이 선언문에 구속받지 않는다고 주장한다. (A국과 B국은 조약법에 관한 비엔나 협약의 당사국이다)

(1) 위 선언문이 국제법상 조약인지 여부를 판단하시오. (20점)

(2) 위 비엔나협약에 입각하여 (나)의 B국 주장이 타당한지를 논하시오. (20점)

8. 대부분 사막으로 이루어진 X지역은 경제적 효용성은 작지만 전략적으로는 요충지이다. 이 지역의 영유를 둘러싸고 A국과 B국은 오랫동안 반목하여 왔다. 커피수출이 국내총생산의 60%를 차지하는 A국은 국제커피가격의 폭락으로 국내커피산업이 붕괴되면서 대외채무불이행을 선언해야 할 상황에 직면하였다. 이 상황에서 B국은 대규모 무상원조 제공을 조건으로 X지역에 대한 B국의 영유권을 인정하는 조약 체결을 제안하고 궁지에 몰린 A국이 이를 수락함으로써, 양국은 무상원조 제공과 영유권 인정을 주요 내용으로 하는 Y조약을 체결하였다. Y조약의 발효 2년 후 X지역에서는 대규모의 유전이 발견되었다. 이에 A국은 X지역 유전 개발 이익의 확보를 도모하고자 X지역 영유권 포기를 인정하는 Y조약의 구속으로부터 벗어날 수 있는 방안을 모색하고 있다. A국이 B국에 대하여 원용할 수 있는 법적 주장과 그 타당성을 1969년 조약법에 관한 비엔나협약에 기초하여 평가하시오. (단, A국과 B국은 1969년 조약법에 관한 비엔나협약의 당사국이다) (20점) 2015행시

제4장 | 국제법과 국내법의 관계

국제법과 국내법의 관계를 논의하는 이유는 전통적으로 국내문제로 인식되던 문제들이 국제법의 규율대상에 포함됨으로써 국제법과 국내법의 상충이 발생할 수 있고, 이를 해결할 준칙들을 규명해야 하기 때문이다. 국내법이 국제법에 반하는 내용을 담고 있는 경우를 적극적 저촉이라 하며, 국제법의 이행을 위해 필요한 국내법을 제정하지 않는 경우 소극적 저촉이라 한다. 양법이 저촉되는 경우 어느 법이 우선 적용되는가? 또한 일방은 타방을 무효화시킬 수 있는가? 한편, 국제법을 국내법으로 도입하기 위해서는 어떤 절차를 요하는가? 이러한 문제를 해결하기 위해서는 양법의 상호관계에 대한 학설 및 국제관행의 검토를 요한다.

제2절 국제법과 국내법의 관계에 관한 학설

I 이원론(Dualism)

1. 의의

국내법과 국제법은 서로 독립한 별개의 법체계라는 설이다. 이원론에 의하면 국제법과 국내법은 독립된 법체계이므로 상호 간 관련이 없고 국제법이 곧 국내적으로 타당할 수도 없다. 따라서 국제법이 국내적으로 타당하려면 국제법을 국내법으로 변형(transformation)해야 한다. 변형이 없는 경우 국내법원은 국제법에 구속될 의무가 없으며 국내법이 국제법과 명백히 저촉하는 경우에도 국내법원은 국내법을 적용해야 한다. 이원론은 온건한 국가주의(moderate nationalism)에 기초하여 국제공동체의 현실을 바로 보려고 노력하면서 동시에 국제법이 국가이익과 크게 충돌하는 경우 이용할 수 있는 탈출구를 마련해 둔 것으로 볼 수 있다.

2. 논거

국제법과 국내법은 다음과 같은 점에서 다르다. 첫째, 국내법은 단독의사에 의해 성립되나 국제법은 국가 간 공동의사에 의해 성립된다. 둘째, 국내법은 국내의 개인상호 간 또는 개인과 국가 간 관계를 규율하나 국제법은 국제관계를 규율한다. 셋째, 국내법은 해석 및 적용기관과 집행기관이 분립되어 있으나 국제법은 사법기관과 집행기관이 분립되어 있지 않다.

3. 비판

우선, 양자가 별개의 독립된 법체계라면 양자가 서로 저촉한다고 해도 국가가 대외적으로 책임을 질 필요가 없을 것이나 실제 국가는 국가책임을 지므로 양자가 별개의 법체계라 볼 수 없다. 둘째, 국제법의 국내적 도입에 있어서 이원론은 철저한 변형을 주장하나 실제 대부분의 국가들은 국제관습법을 별도의 변형절차 없이 국내법에 도입하고 있으며, 다수의 국가들은 조약도 변형절차 없이 국내법에 도입하고 있다.

II 국내법우위일원론

1. 의의

국제법과 국내법은 하나의 통일적 법체계를 형성하고 있으나 국내법이 국제법보다 상위에 있다고 보는 견해이다. 이 설에 따르면 국제법과 국내법은 동일한 국가의사의 발현에 지나지 않는다. 국내법은 대내적 국가의사이고 국제법은 대외적으로 다른 국가와의 관계에서 나타난 국가의사이다. 양자는 모두 국가의사라는 점에서 동일하므로 결국 국제법은 국내법의 구성부분, 즉, 대외적 국법이라고 주장한다.

2. 논거

조른에 의하면 법은 일반적으로 국가가 국민에 대하여 발포하고 강제력에 의해 보장되는 명령이므로, 국제법도 국가가 국내적으로 법으로 수용하여 국민에게 그 준수를 명령할 때 비로소 법이 된다고 본다. 한편, 벤젤도 조약의 체결권한이 직접 각국 헌법에서 유래한다는 전제에서 조약의 성립근거가 궁극적으로는 헌법에 있다고 본다.

3. 비판

첫째, 일국의 단독의사로써 국제법을 변경 또는 폐기할 수 있다는 결론으로 귀결되는 이 주장은 현실에 반한다. 둘째, 국제법이 일국의 '외부적 국법'에 지나지 않는다면 국제법은 국내법과 운명을 같이해야 할 것이나 국내법의 변혁에도 불구하고 국제법의 타당성은 조금도 영향을 받지 않는다.

III 국제법우위일원론

1. 의의

국내법우위설과 반대로 국제법과 국내법은 통일적 법체계 내에서 국제법이 국내법보다 상위에 있다고 주장하는 견해이다. 국제법과 국내법은 상하위법의 관계에 있으므로 국내법의 유효성 및 타당근거는 결국 국제법에 있으며, 국제법에 위반되는 국내법은 무효라고 본다.

2. 논거

각국의 국내법은 자국 관할하의 영토와 인민에게만 적용되므로 국가의 영토적·인적 관할권의 범위를 정하는 별도의 법이 존재해야 하며, 이것이 국제법이다. 따라서 국제법과 국내법은 상하관계에 있다고 볼 수 있고 국내법은 국제법에 그 타당성을 위임하고 있다. 국내법은 국제법에 의해 위임된 부분적 질서에 불과하다.

3. 비판

첫째, 국가가 국제법으로부터 위임된 권한에 의하여 비로소 국가행위를 할 수 있다는 주장은 역사와 현실을 무시한 견해이다. 둘째, 국제법위반의 국내법이라 할지라도 국제법 자신의 입장에서 무효화할 수 없으므로 국제법이 국내법의 상위에 선다고 말할 수 없다.

Ⅳ 결론

국제법과 국내법의 관계에 관한 학설들은 부분적 타당성을 갖고 있을 따름이다. 국제사회의 발전방향에 따라 국제법우위일원론이 타당할 수도 있고 이원론이 타당할 수도 있다. 다만, 국제법 현실을 고려할 때 양법이 전혀 무관한 법체계라고 볼 수는 없다. 또한 국제법이 국내법에 대해 어느 정도 우위에 있는 것은 사실이나, 절대적으로 우위에 있다고 볼 수는 없다. 국내법이 국제법을 위반한 경우 국제법상 이를 무효화할 수 있는 제도가 없기 때문이다. 따라서 국제법은 국내법보다 우위에 서 있으나, 상대적 우위성만을 확보하고 있다고 보는 것이 옳다.

제3절 국제법의 국내법에 대한 태도

Ⅰ 국제법의 국내법에 대한 우위

PCIJ는 '그리스 – 불가리아 촌락공동체에 관한 사건'의 권고적 의견에서 조약에 의하여 소수민족의 이동의 자유를 보장한 경우 이와 상이한 국내법령을 개정해야 하며 이를 방치한 경우 국가책임을 진다고 권고하였다.

Ⅱ 국제의무 위반의 면책을 위한 국내법 원용 불인정

국가는 국제의무를 면하거나 제한할 목적으로 국내법을 원용할 수 없다. '알라바마호 사건'에서 중재재판소는 영역 내에서 사인의 활동을 규제하는 국내법이 없다 할지라도 국제법상 중립의무 불이행에 대한 국가책임을 면할 수 없다고 판정하였다.

Ⅲ 단순한 사실로서의 국내법

국제법과 국제재판소의 입장에서 볼 때 국내법은 단순한 사실에 지나지 않는다. 따라서 국제재판소로서는 관계 국내법 그 자체를 해석해야 할 의무도 없고 권한도 없다. 그러나 국내법은 국제법의 연원인 국제관습법과 법의 일반 원칙의 증거로 사용될 수 있다. 또한 국제재판소는 어떤 사항을 규율하는 국제법규가 없는 경우 당해 사항의 결정기준을 국내법에서 구하기도 한다.

Ⅳ 국제법을 위반한 국내법의 지위

국제관계에 있어서 '국제법우위 원칙'에도 불구하고 국제법에 의하여 국제법 위반의 국내법이 직접 무효화되지는 않는다. 국제재판소는 그러한 무효화선언을 의식적으로 회피한다.

Ⅴ 국제재판에 있어서 국내법의 의미

첫째, 국내법은 국제법의 연원인 국제관습과 법의 일반 원칙의 증거로 사용될 수 있다. 둘째, 국제재판소는 어떤 사항을 규율하는 국제법규가 검색되지 아니하는 경우 당해 사항의 결정기준을 국내법에서 구하기도 한다. 예컨대, 어떤 개인이 특정 국가의 국민인가를 확인하기 위해서는 그 국가의 국적법이 부당하지 않는 한 그것에 의존한다. 셋째, 국제재판소들이 국가 간 분쟁에서 오로지 혹은 일차적으로 국내법에 기초하여 분쟁을 해결할 관할권을 부여받는 것도 불가능하지는 않다. 이것은 그 속성상 국가 간 중재재판에서 흔히 그러하지만 세계재판소에서도 이것이 드물게 인정한 바 있다. 넷째, 조약에서 국내법의 당해 조약에 대한 우위를 규정할 수도 있다. 다섯째, 조약법에서는 국가가 조약에 대한 자신의 동의를 무효화시키기 위해 자국의 국내법을 원용하는 것을 허락하기도 한다. 여섯째, 국제재판소는 국제법과 국내법의 구조적 특성이 다르기 때문에 조심은 하면서도 때로 필요한 논리를 국내법에서 유추하여 이를 추상화, 일반화, 조정의 과정을 통해 적용하기도 한다.

> **⚖️ 판례 | 알라바마호 중재 사건[11]**
>
> 미국의 남북전쟁 당시 북군에 의해 항구가 봉쇄되고 물자 및 노동자가 부족하게 되자 남군은 군함건조에 어려움을 겪게 되었다. 이에 따라 남군은 당시 남군을 교전단체로 승인하여 중립국의 지위에 있었던 영국의 민간 조선소에 군함건조를 발주하였다. 알라바마호는 영국에서 건조된 배 중 한 척이었다. 1862년에 영국에서 건조된 알라바마호는 포르투갈령 Azores까지 항행한 다음 Azores군도에서 별도로 영국에서 도착한 선박으로부터 탄약, 무기 및 병력을 공급받았다. 알라바마호는 1864년 침몰될 때까지 북군 소속 상선의 포획에 종사하였으며 북군에 대해 상당한 손해를 끼쳤다. 남북전쟁이 끝난 이후 북군은 알라바마호가 해상 포획에 종사하여 끼친 손해에 대한 배상을 영국에 대해 청구하였다. 1871년 동 사건을 중재재판에 회부하기 위한 워싱턴조약이 체결되었다. 중재재판준칙(워싱턴3원칙)은 세 가지로 확정되었다. 첫째, 중립국정부는 자국과 평화관계에 있는 국가를 상대로 순찰용 또는 전투용 선박이 될 수 있는 상당한 근거가 있는 일체의 선박이 관할권하의 영토에서 건조되거나 무장되는 것을 방지하기 위해 상당한 주의를 기울여야 한다. 둘째, 중립국정부는 자국의 항만이나 영해가 일방교전국의 적국에 대한 해군작전 근거지로서 또는 무기나 군수품의 보충 등을 위해 이용되는 것을 허용해서는 안 된다. 셋째, 중립국정부는 이상과 같은 의무 위반을 방지하기 위해 자국의 항만 및 영해 내의 사람에 대하여 상당한 주의를 기울여야 한다. 이 사건의 법적 쟁점은 영국의 중립의무 위반 여부 및 국내법의 불비와 국가책임 회피가능성이었다. 첫째, 영국의 중립의무 위반 여부에 대해 재판부는 이를 인정하였다. 재판부에 따르면, 영국은 중립국의 의무를 다하기 위해 상당한 주의를 기울이지 않았다. 특히 영국은 선박의 건조 중에 미국으로부터 경고와 항의를 받았음에도 불구하고 상당한 기간 내에 효과적인 조치를 취하지 않았다. '상당한 주의'는 중립국의 의무 위반에 의해 발생하는 교전국의 위험 정도와 비례해서 판단해야 한다. 영국은 선박의 추적과 나포를 위해 일련의 조치를 취했으나 조치가 불완전하여 어떠한 성과도 올리지 못했다. 또한 알라바마호는 영국의 식민지 항구에도 자유로이 입항을 허가받기도 하였다. 중재재판정은 영국이 중립국으로서의 의무를 태만히 하여 미국 측에 발생한 손해에 대해 1,550만 달러를 지불하도록 판정하였다. 둘째, 국내법의 불비와 국가책임 회피 가능성에 대해서는 이를 부인하였다. 영국정부는 영국 국내법상 선박의 건조를 금지할 법률이 없어 이를 막을 수 없었다고 항변하였다. 그러나 중재재판정은 국내법이 미비하다는 이유로 중립의무 위반을 정당화할 수는 없다고 반박하였다.

---

11) Alabama Claims Arbitration, Mixed Claims Commission, US v. United Kingdom, 1872년.

Ⅰ 국제법의 국내적 도입방식

1. 의의

연방법과 주법의 관계가 연방법에 의해 규율되기 때문에 각 주에서 연방법의 지위가 획일적으로 부여되는 것과 달리 국제법과 국내법의 관계는 국제법의 규율대상이 아니고 각국의 주권사항이기 때문에 국제법에 대한 국내법의 태도를 일반화하기는 어렵다. 국가들은 헌법에 따라 국제법을 '수용'하기도 하고 '변형'하기도 한다.

2. 수용(incorporation or adoption)[12]

(1) 의의

국제법을 국내법의 일부로서 적용됨에 있어서 그 국내적 이행을 위한 국가기관의 사전간섭이 요구되지 않는 것을 의미한다. 조약규정이 국내이행입법의 도움 없이 그 자체로 국내법질서의 일부를 형성할 때 그 조약규정은 직접적용성(direct applicability)이 있다고 말하며, 조약규정이 그 자체로 개인에게 국내재판소에서 원용할 수 있는 권리를 부여하거나 의무를 부과하기에 충분한 경우 그 조약규정은 직접효력(direct effect)이 있다고 한다. 직접적용성은 헌법적 결단의 문제이나, 직접효력은 조약해석의 문제이다.

(2) 직접효력의 유형

조약규정의 직접효력은 다시 수직적 직접효력과 수평적 직접효력으로 구분된다. 수평적 직접효력이란 직접효력이 개인과 개인 사이에서 인정되는 경우로서 독일에서는 이를 조약규정의 제3자적 효력으로 칭하기도 한다. 국내법정에서 국가기관이 타 국가기관에 대해서 조약규정의 직접효력을 원용할 수 있겠는가의 문제가 제기될 수도 있는데, 이것 역시도 수평적 직접효력으로 칭할 수 있다. 한편, 수직적 직접효력이란 직접효력이 개인과 국가(국가기관) 사이에서 인정되는 경우로서 이것은 다시 개인이 국가에 대해 조약상의 권리를 주장하는 '상향 수직적 직접효력'과 국가가 개인에 대해 조약상의 권리를 주장하는 '하향 수직적 직접효력'의 모습으로 나타날 수 있다. 그러나 국내법정에서 원용되는 것은 주로 '상향 수직적 직접효력'의 경우로서 수직적 직접효력은 보통 이것을 지칭하기 때문에, '하향 수직적 직접효력'은 '전도된 수직적 직접효력'으로 부르기도 한다. 어떤 조약규정이 직접효력을 수평과 수직 쌍방향으로 가진다면 이 규정은 전방위효력이 있다고 표현할 수 있다.

3. 변형(transformation)

변형이란 국제법을 국내법질서의 일부를 형성시키기 위해서 국제법의 직접적용성을 허용하지 않고 의회의 입법, 사법부의 판결 또는 기타 적절한 방법을 통하여 국내법으로 채택하도록 하는 도입방식이다.

---

12) 김대순 교수님은 수용방식을 채택하는 국가를 '일원론적 국가'(monistic state), 변형방식을 채택하는 국가를 '이원론적 국가'(dualistic state)로 칭한다.

Ⅱ 국제관습법의 국내적 효력

1. 영국

(1) 원칙

영국은 대체로 18세기 이후 전통적으로 수용이론을 적용하고 있다. 즉, 국제관습법에 대해서는 별도의 입법조치 없이 영국법의 일부로 편입된다. 다만, 국제관습법과 의회제정법이 충돌하는 경우 의회우위의 원칙에 따라 의회제정법을 우선 적용하고 있다(Mortensen v. Peters 사건).

(2) 예외

영국에서 국제범죄에 관한 국제관습은 수용되지 않는다. 영국에서는 의회만이 새로운 형사범죄를 창설할 수 있고, 법원은 그러한 권한이 없다. 따라서 국제법상의 범죄를 영국 법원에서 처벌하기 위해서는 의회가 그러한 내용의 법률을 제정해야 한다. Regina v. Jones(Margart) and Others 판결(2006)은 범죄에 관한 국제관습의 변형을 확인한 판례이다.

(3) 관습법과 선례구속 원칙의 관계

Thai-Europe Tapioca Service Ltd. v. Government of Pakistan에 의하면 영국법의 선례구속의 원칙상 국제관습법과 구속력 있는 선례 간에 충돌이 있는 경우 선례가 우선한다고 하였다. 또한 전통적으로 선례는 최고재판소인 상원만이 파기할 수 있는 것으로 생각되었다. 그러나 Trendtex Trading Corporation v. Central Bank of Nigeria 사건에서 선례구속의 원칙은 국제법규에는 적용되지 않으며, 따라서 절대적 면제이론에 기초한 선례에 관계없이 변경된 신국제관습법규(즉, 제한적 면제이론)를 적용할 수 있다고 판결하였다.

2. 미국

미국은 관행상 국제관습법을 '수용'하고 있다. Paquete Habana호 사건에서 연방최고재판소는 국제관습법은 입법적 조치 없이 미국법의 일부로 수락된다고 판단하였다. 다만, '연방헌법은 연방의회나 대통령이 국제관습법규를 위반하는 것을 금지하고 있지 않다.'라는 견해도 같이 채택하고 있다. 즉, 국제관습법과 국내 행정적·입법적·사법적 행위 또는 결정 간에 충돌이 있으면, 미국 사법부는 국내규정을 적용한다. 다만, Murray v. The Charming Betsy 사건 이래 미국의 재판소들은 가능하다면 연방의 법률이 국제관습법을 위반하지 않도록 해석하는 관행을 보여주고 있다. 한편, 주당국은 연방에 대해 구속력 있는 국제관습법규에 자동적으로 구속된다.

3. 독일

독일연방헌법 제25조는 국제법의 일반규칙은 연방법의 구성부분으로서 그것은 법률에 우선하며 연방영토의 주민에 대하여 직접적으로 권리와 의무를 발생시킨다고 규정하여 국제관습법의 직접적용성과 직접효력을 명시하고 있다.

III 조약의 국내적 효력

1. 영국

(1) 의회주권의 원칙

의회는 자신을 구속하거나 자신의 승계자를 구속할 수 없으며, 재판소는 의회에서 적법하게 통과된 제정법의 유효성에 대해 이의를 제기할 수 없다는 원칙을 의회주권의 원칙이라 한다. 조약의 직접적용성 및 직접효력을 인정한다면 행정부가 의회를 배제한 채 국가 기관 및 국민에게 구속력 있는 입법을 하게 되므로 의회주권의 원칙에 반한다.

(2) 변형과 이행법률

조약은 왕이 비준하면 국제법상 효력을 발생하여 영국을 대외적으로 구속하나, 조약이 국내법상으로도 효력을 발생하려면, 즉 영국 행정부가 체결하는 중요조약이 영국법의 일부가 되기 위해서는 그것을 국내법질서로 편입시키는 수권법률(enabling Act of Parliament)이 제정되어야 한다. 영국 시민의 권리 · 의무에 영향을 미치는 조약, 영국정부에게 재정적 부담을 초래하는 조약, 판례법이나 의회제정법의 변경을 요하는 조약 등이 그러하다. 예외적으로 수용이론이 적용되는 조약이 있는데, 전쟁행위에 관한조약, 영토할양조약, 행정협정 등은 자동적으로 영국법의 일부를 형성한다.

(3) 엄격한 이원론을 완화하기 위한 헌법관행

이원론의 엄격한 적용의 한계를 극복하기 위해 첫째, 조약에 대한 국내적 효력을 부여하기 위한 수권법률은 관행상 조약이 비준되기 전에 통과된다. 둘째, 이른바 Ponsonby rule이 통용된다. 즉, 왕의 비준을 요하는 조약은 '서명 후 비준 전'에 21일 동안 의회 양원에 제출된다.

(4) 엄격한 이원론을 완화하기 위한 재판소의 해석 관행

첫째, 영국법에는 의회는 국제법을 위반하려는 의도를 갖고 있지 않으며, 따라서 의회입법은 국제법과의 충돌을 피하는 방향으로 해석되어야 한다는 '추정'(presumption)이 존재하고 있다. 둘째, 재판소는 제정법의 모호한 규정을 해석할 때 관련 조약을 고려에 넣을 수 있다. 특히 인권관련 조약에서 그러하다. 셋째, 편입된 조약의 해석에 있어 영국 재판소는 제정법의 해석의 경우보다 더 폭넓은 접근방법을 채택하고 있다. 준비문서를 참조할 수 있다.

(5) 엄격한 이원론의 장점과 단점

엄격한 이원론하에서는 국내의회가 국내적 차원에서 행동의 자유를 그대로 유지한다. 즉, 국내의회의 입법주권이 완전히 수호된다. 그러나 몇 가지 단점이 있다. 첫째, 국내적 변형은 시간을 요한다. 둘째, 의회는 조약문안에 변경을 가할 수 있으며, 이로써 조약을 통한 국가 간의 획일적 규율에 불일치를 초래할 수 있다. 셋째, 조약규정은 국내법질서 내에서 그 자신의 지위를 갖지 못하므로 미래의 어떤 국내 법률도 조약을 국내법 질서로 편입시킨 이행법률에 우선하게 된다. 넷째, EC에서 제정되는 구속력 있는 결정을 도입하기 위한 방법으로는 적합하지 못하다. 국내의회는 EC의 결정을 수정할 수도 없고 거절할 수도 없기 때문이다. 영국은 1973년 유럽공동체 가입에 앞서 1972년에 유럽공동체법의 직접효력과 우위를 보장하기 위한 법률들을 제정한 바 있다.

2. 독일

(1) 완화된 이원론

독일연방헌법 제59조 제2항은 "연방의 정치적 관계를 규율하거나 연방의 입법사항에 관계되는 조약은 연방법률의 형식으로 연방의 입법에 대하여 권한 있는 기관들의 동의 또는 협력을 요한다."라고 규정하여 '변형'방식을 채택하고 있다. 다만, 영국의 사후 이행법률과 달리 사전에 '동의법률'의 형식을 취한다. 동의법률은 조약체결권자인 연방대통령에 대한 수권기능과 조약의 국내법에로의 변형기능을 함께 수행한다.

(2) 영국과 독일의 비교

첫째, 이론상 영국의 변형절차는 국제적 차원에서 조약이 체결된 후에 요구되는 사후변형절차인 데 반하여, 독일의 변형절차는 국제적 차원에서 조약이 체결되기 이전에 밟게 되는 사전변형절차이다. 둘째, 영국 의회는 이행입법을 통해 조약의 내용에 변경을 가할 수 있는 반면, 독일의회는 조약의 원문에 변경을 가할 수 없다. 조약원문에 동의 또는 배척만 할 수 있다. 의회가 동의하지 않으면 정부는 조약을 체결할 수 없다. 셋째, 영국에서는 이행법률이 제정되지 않는 한, 조약은 국제적 차원에서만 영국을 구속할 뿐 국내법상으로는 법적 無로(없는 것으로) 간주된다. 독일에서는 조약이 체결되면 당해 조약은 즉시 국내법질서의 일부를 형성한다. 즉, 동의법률과는 별도의 사후 이행법률이 요구되지 않는다.

3. 프랑스

프랑스 헌법 제55조는 적법하게 비준되거나 승인된 조약이나 협약은 각 협약 또는 조약이 타방당사자에 의하여 적용될 것을 조건으로 그 공포 시부터 법률보다 우월한 권위를 갖는다고 규정하고 있다. 그러나 현실은 이와 다르다. 즉, 사법부는 조약과 후법률이 충돌하는 경우 법률을 적용한다. 또한, 조약의 해석은 프랑스 외무부의 소관으로 인식되고 있다. 그런데 조약과 국내법률이 불일치하는 경우 조약을 국내법률에 합치되는 방향으로 해석하고자 함으로써 조약의 국내법에 대한 우위 원칙이 의미를 상실하게 된다.

4. 네덜란드

직접효력이 인정되는 조약규정은 자동적으로 수용된다(헌법 제93조). 직접효력이 있는 조약규정은 시간적 선후를 불문하고 모든 국내입법에 우선한다(헌법 제94조). 재판소는 조약의 합헌성 여부를 심사할 수 없다(헌법 제120조). 따라서 직접효력이 인정되는 조약은 헌법을 포함한 국내법에 우선하여 네덜란드의 최고법이다. 그러나 재판소는 직접효력 있는 조약규정과 충돌하는 국내법령을 폐지할 수는 없고, 단지 적용하지 않을 수 있을 따름이다. 그리고 의회는 헌법과 충돌하는 조약에 대해서는 헌법개정에 필요한 다수결(투표의 2/3)로 그 비준에 동의하여야 한다.

Ⅳ 미국

1. 헌법규정

연방헌법 제6조 제2항[13]은 미국에 의해 체결된 모든 조약을 미국의 최고법으로 규정하고 각 주의 재판관은 주 헌법이나 법률에 반대규정이 있더라도 조약의 구속을 받는다고 규정하고 있다. 이는 별도의 입법조치 없이 조약을 '수용'하는 것으로 해석된다. 다만, 미국 재판소는 관행을 통해 조약을 자기집행적조약(self-executing treaty)과 비자기집행적조약(non self-executing treaty)으로 구분하여 후자에 대해서는 별도의 입법조치를 요하고 있다.

---

13) 이 헌법 또는 이 헌법을 실행하여 제정된 미합중국의 법률이나, 미국의 권능에 의해 체결된 또는 장래에 체결된 모든 조약은 이 국가의 최고법이다. 각 주의 재판관은 그 주의 헌법이나 법률에 반대규정이 있더라도 이들의 구속을 받는다.

2. 조약의 자기집행성

(1) 의의

자기집행조약(조항)이란 별도의 입법조치 없이 미국 국내법 체계에 도입되는 조약을 의미한다. 조약규정은 자기집행성이 인정되는 한에서만 이행입법의 도움 없이 미국 최고법의 하나가 될 수 있다. 비자기집행적 조약규정은 입법적 변형을 겪어야만 미국법이 될 수 있으며 그 전까지는 미국시민이나 미국의 기관들에 대해 법적 구속력이 없는 것으로 간주된다.

(2) 양자의 결정기준

① 주관적 기준: Sei Fujii v. California 사건에서 판시한 바 있다. 외국인의 부동산 소유를 금지한 캘리포니아 외국인 토지법은 주내의 모든 사람에 대한 법의 평등한 보호를 규정한 연방수정헌법 제14조에 위반되어 무효라 판결하면서도 원고 측이 원용한 UN헌장의 인권관련 규정들은 비자기집행적이라 보았다. 동 판결에서는 ㉠ 조약의 문언이 명확하다면 체약당사국의 의도에 의존하고, ㉡ 문서가 확실하지 않으면 그 체결을 둘러싼 사정에 의존해야 한다고 하여 양자의 결정기준을 제시하였다. 조약규정이 미국 내에서 자기집행성을 갖는가를 결정함에 있어 결정적인 요소는 '조약기초자들의 의도(intent)'이다. 조약의 자기집행성 여부는 미국의 국내문제이므로 여기서의 의도는 기본적으로 미국의 의도를 의미한다. 조약 자체에 이행을 위한 국내법 제정이 필요하다고 명기할 수도 있다. 상원이 조약 비준에 동의를 하면서 해당조약은 비자기집행적 조약이라는 선언을 첨부하기도 한다. 제노사이드방지협약, 고문방지협약, 인종차별철폐협약, 시민적 및 정치적 권리에 관한 국제규약 등과 같은 국제인권조약에 그 같은 사례가 많다.

② 객관적 기준: 미국에서 예산의 지출을 필요로 하는 조약, 형법 규정과 관련된 조약, 미국의 영토나 재산의 처분에 관한 조약, 기타 종전부터 의회가 주로 규제해 오던 주제에 관한 조약은 대체로 비자기집행적 조약으로 판단되고 있다. 한편, 조약 내용이 구체성과 명확성을 지니지 못한다거나 단순히 목표를 표시하는 데 그치는 조약 또한 비자기집행적 조약으로 판단되고 있다. 양자의 구분이 항상 쉽지는 않으며 건국 초기에 비해 미국 사법부는 비자기집행적 조약의 범위를 지속적으로 확대시켜 왔다.

(3) 구별의 실익

자기집행적 조약규정은 국내적 차원에서 조약상의 의무를 이행·집행함에 있어 시간적 지체가 발생하지 않는다는 점에서 장점이 있다. 조약체결과정에서 배제된 하원의 사후참여가 요구되지 않고, 조약체결과정에서 이미 2/3 다수결규칙에 의해 동의를 얻은 상원의 의견을 다시 구할 필요가 배제되기 때문이다.

(4) 집행법률이 만들어지지 않은 비자기집행조약의 국내적 의미

집행법률이 마련되지 않은 경우 비자기집행적 조약은 사법부를 구속하지 못하며 이와 충돌되는 연방법이나 주법에 우선하는 효력도 발휘하지 못한다. 그러나 몇 가지 국내적 의미는 있다. 첫째, 국내법의 해석기준으로 활용될 수 있다. 둘째, 관습국제법의 증거로 활용될 수 있다. 셋째, 의회입법을 촉구한다.

3. 조약의 국내적 지위

(1) 조약(treaties)

미국에서 조약은 대통령이 출석한 상원의원 2/3가 찬성할 것을 조건으로 상원의 조언과 동의를 얻어 체결하는 국제협정을 말한다. 조약은 연방법률과 동등한 가치를 갖는다. 따라서 조약은 연방법률에 의해 대체될 수 있고, 또한 연방법률을 대체할 수 있다.

(2) 행정부협정(executive agreements)

대통령이 상원의 조언과 동의를 구하지 않고 체결한 조약을 행정부협정이라 한다. 행정부협정이 사후의 연방입법에 의해 대체됨은 의문이 없으나, 전조약(treaty)이나 전연방법률을 대체할 수 있는가에 대해서는 정설이 없다. 다만, 행정부협정은 사후의 주법보다는 우선한다는 판례가 있다(Territory of Hawaii v. Ho).

(3) 행정부 – 의회협정(executive – congressional agreements)

대통령이 '상하 양원'에서의 단순과반수에 의한 사전수권 또는 사전승인을 얻어 체결하는 협정으로서 입법절차를 단순화한다. 자기집행조약은 하원을 입법절차에서 배제시키나 행정부 – 의회협정은 이러한 비민주성을 제거한다. 조약과 동일한 효력을 향유하는 것으로 인식된다. 국제무역협정, 우편협정, 해외미군기지 설치협정 등이 여기에 해당한다. '우루과이라운드 제협정 이행법률'도 행정부 – 의회협정에 해당한다.

(4) 조약에 의거하여 체결한 행정부협정

조약(treaty)에서 국제협정에 의한 이행을 예견하고 있는 경우. 이 경우의 행정부협정은 미국법 내에서 '조약'자체와 동일한 유효성과 효력을 갖는다. 단독행정부협정이 사전의 연방법률을 대체하는가에 의문이 있으나, 조약에 의거하여 체결한 행정부 협정은 조약과 동일한 효력을 가지므로 사전의 연방법률을 대체할 수 있다.

⚖ **판례 | Mortensen v. Peters 사건(High Court of Judiciary of Scotland, 1906)**

모르텐슨은 덴마크 국민으로서 영국에 거주하고 있었고 노르웨이 선적 어선의 선장이었다. 그는 스코틀랜드 연안인 Moray Firth로부터 3해리 밖의 지점에서 저인망 어업을 하던 중 영국 경찰에 체포되었다. 당시 스코틀랜드 국내법에 따르면 Moray Firth 전역에서 저인망 어업이 금지되었기 때문이다. Moray Firth는 입구의 양 곶을 잇는 직선거리가 73~76해리에 이르는 거대한 만이다. 당시 국제관습법 상 영해는 기선으로부터 3해리로 간주되고 있었다. 모르텐슨은 자신이 외국인이므로 스코틀랜드 법의 적용을 받지 않는다고 항변하였다. 또한 자신이 조업하던 지점은 국제법상 영국의 영역이 아닌 곳이므로 동 법은 영국 영토 밖의 외국인에게 적용되어서는 안 된다고 주장하였다. 그러나 영국 검찰은 국제법상 당해 지점은 영국 영해 내에 속하는 수역이며, 설령 당해 지점이 영국의 영해가 아니라 하더라도 그 곳에서의 어업보호를 위한 조치는 주권자에 의한 보호행위로 인정된다고 반박하였다. 영국 법원은 동 법이 외국인에게도 적용된다고 판시하였다. 첫째, 입법기관이 장소를 기준으로 위법행위를 규정한 경우 '모든 사람'에게 동법을 적용할 의사를 가진 것으로 추정할 수 있다. 둘째, 동법의 입법목적 달성을 위해서는 동법이 외국인에게도 적용된다고 해석해야 한다. 저인망 어업이 영국인에게만 금지되고 외국인에게는 허용되지 아니한다면 동법의 목적을 달성할 수 없을 것이다. 한편, 법원은 영국 영역 밖의 수역에 대해서도 영국법이 적용될 수 있다고 판시하였다. 법원은 3해리 밖에서도 육지에 둘러싸인 수역에 규제를 인정한 다수 판례가 있다는 점을 고려하였다. 나아가 법원은 설령 동 법이 국제관습법에 위반되는 내용을 규정하고 있다고 하더라도 영국법원은 동법을 적용해야 한다고 하였다. 상원과 하원에서 적법하게 통과되고 왕의 재가를 얻은 의회법률은 최고법으로서 법원은 동 법의 유효성을 인정해야 할 의무가 있기 때문이라고 하였다. 이 판례는 영국이 국제관습법을 국내법체계에 별도의 입법조치 없이 '수용'한다는 점과 국제관습법은 의회제정법보다 하위법임을 확인한 판례로 평가된다.

⚖ 판례 | Paquete Habana호 사건(미국연방최고재판소, 1900)

파케트 하바나호는 스페인 선적으로서 스페인 국민이 소유하였으며 쿠바해역에서 연안어업에 종사하고 있었다. 1898년 미국 – 스페인 간 전쟁이 발발하였고 동 선박은 조업을 중단하고 귀항하던 중 쿠바 인근 해역에서 미국 군함에 나포되었다. 동 선박은 해역에서 잡은 어물을 선적하고 있었으며 봉쇄함대에 의해 정선명령을 받을 때 까지 전쟁이나 해상봉쇄에 대해 알지 못하였다. 또한 무기나 탄약을 적재하지 않았으며 도주하거나 항거하지도 않았다. 하급법원 판결을 통해 동 선박과 적하물은 몰수되었다. 이 사건에서 미국이 전쟁법 관련 국제관습법을 준수할 의무가 있는지, 미국은 동 관습법을 위반하였는지가 쟁점이 되었다. 미국 대법원은 국제법의 미국 국내법체계에 대한 '수용'을 확인하였다. 즉, 국제관습법은 미국법의 일부라고 하였다. 다만, 국제관습법이 의회제정법보다는 우선 적용될 수 없다고 판시하였다. 이에 기초하여 대법원은 국제관습법상 교전국의 선박이라 할지라도 평화롭게 어업에 종사하는 선박에 대해서는 몰수할 수 없음을 확인하였다. 대법원은 이러한 내용을 규정하고 있는 다양한 조약이나 국내법을 확인하였으며 그러한 관행이 국제관습법으로 확립되어 있다고 판시하였다.

⚖ 판례 | Sei Fujii 사건(캘리포니아주 대법원, 1952)

이 사건에서 외국인(일본인)인 원고는 1948년에 매수한 특정 토지가 주에 복귀되었다고 선고한 판결에 항변하여 상소하였다. 미국과 일본 사이에는 원고에게 토지소유권을 부여하는 조약은 없었다. 상소에서 제시된 유일한 문제점은 캘리포니아주 외국인토지법의 유효성에 관한 것이었다. 원고는 토지법이 UN회원국으로 하여금 인종차별 없이 인권과 기본적인 자유의 준수를 촉진시킬 것을 굳게 맹세케 한 UN헌장의 서문과 제1조, 제55조 및 제56조의 규정에 의하여 무효라고 주장하였다. 본 건에서 쟁점이 된 사항은 캘리포니아주법이 UN헌장에 위반되어 무효가 되는가 하는 문제였다. 이와 관련하여 주대법원은 UN헌장상 관련규정이 자기집행성을 갖는지의 관점에서 검토하였다. 주대법원은 UN헌장의 관련 규정은 '비자기집행조항'으로서 미국 국내법체계에 편입되지 않았다고 판단하였다. 대법원은 UN헌장의 서문과 제1조 규정은 UN의 일반적인 목적을 기술한 것이지 개별 회원국에 법적 의무를 부과하거나 사인에게 권리를 창설해 주려는 취지가 아니라고 하였다. 또한 UN회원국들이 인권의 존중과 준수를 촉진시킴에 있어서 국제기구와 협력하기 위하여 그들 스스로 의무를 부과하는 헌장 제55조 및 제56조의 규정 역시 국내 입법활동을 전제로 하는 것임이 명백하다고 판시하였다. 즉, 헌장 제55조 및 제56조에서 사용된 용어는 자기집행적 효력을 발생하여 사인간에 권리와 의무를 갖게하는 조약으로 채택된 것이 아니라고 하였다. 요컨대, UN헌장의 관련 규정은 입법자들이 자기집행성을 갖도록 의도한 것이 아니기 때문에 별도의 입법조치가 없는 한 그것과 모순되는 국내법을 자동적으로 폐지한다고 할 수 없다고 판단한 것이다.

Ⅰ 국제관습법의 지위

1. 국제관습법의 도입 및 효력순위

> **📖 조문 | 우리나라 헌법 제6조 제1항 – 국제법의 수용**
>
> 헌법에 의하여 체결·공포된 조약과 일반적으로 승인된 국제법규는 국내법과 같은 효력을 가진다.

헌법 제6조 제1항에 따라 국제관습법은 별도의 입법조치 없이 국내법에 '수용'된다. 또한 '일반적으로 승인된 국제법규'는 '국내법'과 같은 효력을 지닌다. 국제관습법과 법률과의 관계에 있어서는 미국의 관행과 같이 헌법에 부합되는 국내법률 또는 그에 기초한 행정부의 입법적 행위에 위배되지 않는 한 국내법으로서 적용된다고 보는 것이 타당하다. 한편, 국제공동체의 상위규범인 일반국제법의 강행규범(jus cogens)에 대해서는 최소한 법률보다 상위에 두는 것이 바람직하다.

2. 일반적으로 승인된 국제법규의 범위

범위에는 학설 대립이 있는바, 국제관습법만을 의미한다는 견해와 국제관습법 이외에 대한민국이 당사자가 아닌 조약으로서 국제사회에서 일반적으로 그 규범성이 승인되어 있는 일반조약도 포함된다는 견해로 대별된다. 후설은 국내헌법학계의 지배적인 견해로 생각된다. 그러나 조약상대성의 원칙과 '체결·공포된 조약'이라는 문언을 고려할 때 국제관습법으로 보는 것이 옳다.

Ⅱ 조약의 지위

1. 조약의 국내적 도입

헌법해석론에 따라 국제관습법과 마찬가지로 조약을 '수용'한다.

2. 조약의 국내적 효력 순위

> **📖 조문 | 우리나라 헌법 제60조 제1항 – 국회의 비준동의를 요하는 조약**
>
> 국회는 상호원조 또는 안전보장에 관한 조약, 중요한 국제조직에 관한 조약, 우호통상항해조약, 주권의 제약에 관한 조약, 강화조약, 국가나 국민에게 중대한 재정적 부담을 지우는 조약 또는 입법사항에 관한 조약의 체결·비준에 대한 동의권을 가진다.

> **📖 조문 | 우리나라 헌법 부칙 제5조**
>
> 이 헌법시행 당시의 법령과 조약은 이 헌법에 위배되지 아니하는 한 그 효력을 지속한다.

헌법 문언에만 따르면 조약의 헌법우위설, 헌법조약동위설, 헌법우위설 등 다양한 해석이 가능하다. 그러나 조약체결권은 헌법에 의해 창설된 권력이므로 이에 근거하여 체결된 조약이 헌법에 우월할 수 없고, 헌법의 최고규범성과도 모순될 뿐 아니라, 헌법 부칙 제5조와도 모순이므로 조약우위설이나 헌법조약동위설은 타당하지 않다. 따라서 헌법우위설이 통설이며 타당하다. 다만, 조약과 법률의 관계에 대해서는 헌법 제60조의 사항에 속하는 조약의 경우 법률과 동위에 있으나, 그 밖의 사항을 규율하는 조약은 법률보다 하위에 있다고 본다. 우리나라 법원 및 헌법재판소 역시 같은 입장을 취하고 있다.[14]

3. 국회 비준동의권의 성격

국회가 조약의 체결·비준에 동의한 경우 대통령에게 당해 조약을 체결·비준할 헌법상의 권한과 동시에 의무가 있는가? 이에 대해서는 부정하는 것이 일반적이다. 대통령은 자신이 제출한 조약안의 체결·비준에 대한 국회의 동의를 성공적으로 얻어냈다 하여도 국제적인 차원에서는 물론이고 국내 헌법 차원에서도 이를 비준할 의무가 있다고 보기는 어렵다. 국회의 동의는 대외적으로 국가를 대표하는 대통령의 조약 체결·비준을 강제하기 위한 장치라기보다는 대통령의 이 권한 행사에 대한 정치적 견제장치로 의도된 것이다.

4. 행정부협정의 국내적 유효성과 효력

행정부협정은 대통령이 국회의 관여 없이 단독으로, 또는 장관이나 외국주재 대사 등이 대통령의 비준 없이 체결하는 조약을 의미한다. 행정부협정 중에서도 母(모)조약의 집행을 위해 필요한 경우 관계부처와의 협의를 거쳐 외교통상부장관이 체결하고 이를 관보에 게시하는 조약을 '고시류조약(告示類條約)'이라 한다. 행정부협정도 별도의 입법조치 없이 국내법체계에 편입되나 그 효력은 법률보다 하위의 효력을 갖는 것으로 본다.

5. 조약에 대한 국내법원의 태도

(1) 헌법재판소

1998년 11월 26일의 결정에서 WTO협정에 '전도된 수직적 직접효력'을 부여하였다. 헌법재판소는 마라케시협정도 적법하게 체결되어 공포된 조약이므로 국내법과 같은 효력을 갖는 것이어서, 그로 인하여 새로운 범죄를 구성하거나 범죄자에 대한 처벌이 가중된다고 하더라도 이것은 국내법에 의하여 형사처벌을 가중한 것과 같은 효력을 갖게 되는 것이라고 하였다. 이러한 입장에 대해서는 조세법률주의에 반하고 국가의 권력남용을 적절하게 통제할 수 없다는 지적이 있다. 즉, 헌법재판소의 입장에 따르면 대통령이 조약체결의 형식을 빌어 새로운 범죄를 창설하고 조세세율을 올리는 것을 무한정 허용할 위험이 있다는 것이다. 또한 조약의 전도된 수직적 직접효력은 단순 수직적 직접효력에 비해 제한적으로 인정하는 것이 개인의 인권 내지 권리보호에 부합하고 국가의 권력남용에 대처할 수 있다는 점도 지적하고 있다.

---

14) 서울고등법원은 2006년 판결에서 '헌법규정 아래에서는 국회의 동의를 요하는 조약은 법률과 동일한 효력을, 국회의 동의를 요하지 않는 조약은 대통령령과 같은 효력을 인정하는 것이라고 해석함이 타당할 것'이라고 하였다(2006토1). 한편, 헌법재판소는 2001년 선고에서 "이 사건 조항(국제통화기금조약 제9조 제3항 등)은 각 국회의 동의를 얻어 체결된 것이므로 … 그 효력의 정도는 법률에 준하는 효력이라고 이해된다."라고 판시하여 행정협정은 법률에 준하는 효력이 부여되지 아니하는 것으로 보고 있다(2002헌바20).

(2) 대법원

대법원은 2005년 9월 9일 판결(2004추10)에서 WTO협정에 위반되는 지방자치단체조례는 효력이 없다고 판시하였다. 한편, 2009년 1월 30일 판결(2008두17936)에서는 WTO협정의 직접효력에 대한 기존의 모호한 입장을 버리고 최초로 WTO협정의 직접효력을 명시적으로 부인하였다.[15] 즉, 한국정부의 반덤핑관세 부과처분이 WTO반덤핑협정에 위반된다는 이유만으로 私人(사인)이 직접 국내법원에 그 처분의 취소를 구할 수 없다고 하였다. 2015년 11월 19일 대형마트영업규제 사건에 대한 판결에서도 자신의 2009년 1월 30일 판결을 인용하면서 이 사건에서 원용된 '서비스무역에 관한 일반협정'(GATS) 및 '한국 – EU FTA'의 직접효력을 부인한 바 있다. 한편 1955년 '항공운송에 관한 바르샤바협약'은 국제항공운송에 관한 법률관계에 있어서 일반법인 민법에 대한 특별법이므로 민법보다 우선 적용된다고 판시하였다(대법원, 1986).

⚖ 판례 | 급식조례 사건(대한민국 대법원, 2005.9.9. 선고)

이 사건은 전라북도의회가 만든 급식조례안에 대해 전라북도교육청이 대법원에 기관쟁송을 제기한 사건이다. 조례안은 전라북도에서 생산되는 우수 농수축산물과 이를 재료로 사용하는 가공식품을 전라북도의 초중고등학교에서 실시하는 학교급식에 사용하도록 지도·지원하는 것을 골자로 하고 있다. 전북의회는 2003년 10월 30일 동 조례안을 전북 교육청에 이송하고 전북 교육청은 같은 해 11월 14일 동 조례안이 GATT 제3조에 위반된다는 이유로 전북의회에 재의를 요구하였으나 전북의회는 같은 해 12월 16일 조례안을 원안대로 재의결하여 해당 조례안을 확정하였다. 재의결이 내려지자 전북교육감은 지방자치법상의 기관소송을 통하여 문제된 조례안은 GATT 제3조 위반이므로 효력이 없다는 취지의 소를 대법원에 제기하게 된 것이다. 이 사건에서 WTO협정이 대한민국 국내법체계에서 갖는 지위 및 WTO협정에 위반되는 조례의 효력 등이 쟁점이 되었다. 대법원은 WTO협정은 1994년 12월 16일 국회의 동의를 얻고 같은 달 23일 대통령의 비준을 거쳐 같은 달 30일 공포되고 1995년 1월 1일 시행된 조약으로서 헌법 제6조 제1항에 의하여 국내법령과 동일한 효력을 가지므로 지방자치단체가 제정한 조례가 GATT나 정부조달에 관한 협정에 위반되는 경우에는 그 효력이 없다고 전제하였다. 또한, 동 조례안의 각 조항은 학교급식을 위해 전라북도에서 생산되는 우수농산물을 우선적으로 사용하게 하면서 식재료 구입비의 일부를 지원하게 하고 있는바 이는 결국 국내산품의 생산보호를 위하여 수입산품에 대해 국내산품보다 불리한 대우를 하는 것으로서 내국민대우 원칙을 규정한 GATT 제3조 제1항, 제4항에 위반된다고 판시하였다. 따라서 국내법률과 동등한 지위를 갖는 WTO협정에 위반되는 지방자치단체 조례는 무효라고 하였다.

⚖ 판례 | 반덤핑관세부과 취소소송 사건

1. 사실관계

이 사건에서 원고 Shanghai ASA Ceramic Co.,Ltd(상하이 아사)는 중국 법에 의하여 설립된 회사로서 중국 소재 관계회사인 Shanghai Fortune Ceramic Co.,Ltd를 통하여 한국에 도자기질 타일을 수출하고 있었고, 원고 주식회사 옥타인터내셔널(옥타)은 국내에서 원고 상하이 아사의 도자기질 타일을 독점 수입·판매하고 있었다. 국내 도자기질 타일 생산·판매업체들은 2005.4.29. 무역위원회에 중국으로부터 도자기질 타일이 정상가격 이하로 수입되어 국내산업이 실질적인 피해를 받거나 받을 우려가 있으므로 관세법의 관련 규정에 따라 위 물품에 대한 덤핑방지관세부과에 필요한 조사를 하여 줄 것을 신청하였다. 이에 따라 무역위원회는 2005.6.22. 조사개시를 결정하고, 조사대상물품의 덤핑수입으로 인하여 동종물품을 생산하는 국내산업에 실질적인 피해가 있다고 판정하고, 국내산업의 피해를 구제하기 위하여 원고 상하이 아사가 공급하는 물품에 대하여 29.41%, 기타 중국 11개 업체가 공급하는 물품에 대하여 2.76% 내지 29.41%의 덤핑방지세를 향후 5년간 부과할 것을 재정경제부 장관(피고)에게 건의하기로 결정하였다. 피고는 위 건의에 따라 2006.5.30. 원고 상하이 아사가 공급하는 물품에 대하여 2005.12.30.부터 2010.12.29.까지 29.41%의 덤핑방지관세를 부과하기로 하였다. 원고들(상하이 아사, 옥타)은 이 사건 반덤핑관세부과처분의 취소를 구하는 소를 서울행정법원에 제기하였는데, 특히 중국 회사인 상하이 아사는 이 사건 처분이 WTO반덤핑협정에 위반되므로 취소되어야 한다고 주장하였다.

---

15) 주진열(2009), 한국 대법원의 WTO협정 직접효력 부인, 서울국제법연구, 제16권 1호.

2. 법적 쟁점

이 사건에서는 첫째, WTO협정에 대해 원고들이 원용할 수 있는지 여부(WTO협정의 직접효력성), 둘째, 피고(재정경제부 장관)의 처분이 WTO협정에 위반되어 취소되어야 하는지 여부가 쟁점이 되었다.

3. 판결

원고들의 WTO협정 위반 주장에 대하여 대법원은 다음과 같이 판단하였다.

원고들의 상고이유 중에는 우리나라가 1994.12.16. 국회의 비준동의를 얻어 1995.1.1. 발효된 '1994년 국제무역기구 설립을 위한 마라케시협정'(Marrakesh Agreement Establishing the World Trade Organization, WTO협정)의 일부인 '1994년 관세 및 무역에 관한 일반협정 제6조의 이행에 관한 협정' 중 그 판시 덤핑규제 관련 규정을 근거로 이 사건 규칙의 적법 여부를 다투는 주장도 포함되어 있으나, 위 협정은 국가와 국가 사이의 권리·의무 관계를 설정하는 국제협정으로, 그 내용 및 성질에 비추어 이와 관련한 법적 분쟁은 위 WTO 분쟁해결기구에서 해결하는 원칙이고, 사인(私人)에 대하여는 위 협정의 직접 효력이 미치지 아니한다고 보아야 할 것이므로, 위 협정에 따른 회원국 정부의 반덤핑부과처분이 WTO협정 위반이라는 이유만으로 사인이 직접 국내 법원에 회원국 정부를 상대로 그 처분의 취소를 구하는 소를 제기하거나 위 협정 위반을 처분의 독립된 취소사유로 주장하는 수는 없다고 할 것이어서, 이 점에 관한 상고이유의 주장도 부적법하여 이유 없다.

기출 및 예상문제

A국은 B국으로부터 수입되는 위스키에 대해서는 80%의 주세를 부과하고, 자국산 소주에는 30%의 주세를 부과하였다. 이에 B국은 A국을 WTO협정 위반으로 WTO DSB(분쟁해결기구)에 제소하였다. (단, A국과 B국은 WTO 회원국이다) 2008외시

(1) B국의 주장을 뒷받침할 수 있는 WTO협정상의 비차별 원칙 관련 규정을 설명하시오.

(2) 한편 A국의 위스키 수입업자 X는 80% 주세부과조치는 WTO 협정에 위반된다는 이유로 A국 법원에 동 부과조치의 취소소송을 제기하였다. A국이 한국일 경우, X의 주장을 대법원과 헌법재판소의 견해를 참고하여 검토하시오.

제5장 │ 국제법의 주체

Ⅰ 의의

국제법의 주체란 국제법상 권리·의무의 귀속자가 될 수 있는 자를 말한다. 환언하면 국제법의 주체는 국제법상 권리능력자, 즉 국제법상 인격자를 의미한다. 국제법의 주체는 국제법상 권리·의무의 귀속자인 동시에 국제법상 책임의 귀속자를 의미한다. 국제법의 주체는 국제법상 권리능력자를 의미하나, 경우에 따라서는 행위능력자와 구별함이 없이 사용되기도 한다. 국제사법재판소는 국제법주체에 대해 국제적 권리와 의무를 보유할 능력이 있고 국제청구를 제기함으로써 자신의 권리를 주장할 자격이 있는 자로 정의하였다(Reparation for Injuries Suffered in the Service of the United Nations 사건).

Ⅱ 국제법주체의 분류

1. 전형적 주체와 비전형적 주체

전형적 주체란 국제법주체 중 가장 전형적인 주체로서 영토적 기반을 갖는 주체를 의미한다. 비전형적 주체란 영토적 기반 위에 조직된 것이 아닌 주체를 말한다.

2. 능동적 주체와 수동적 주체

능동적 주체(적극적 주체)란 국제법의 형성·정립에 참여하면서 또 국가가 형성·정립한 국제법에 구속을 받는 국제법의 주체를 말하며, 수동적 주체(소극적 주체)란 국제법의 형성·정립에 참여할 능력이 없는 주체를 말한다. 국가·국제조직·교전단체·민족은 전자의, 개인은 후자의 예이다. 국가는 완전한 능동적 주체이나 교전단체·국제기구·민족은 제한된 능동적 주체이다.

3. 항구적 주체와 일시적 주체

항구적 주체란 국제법의 주체로서의 지위가 영속적·항구적인 의도로 부여된 국제법주체를 의미하고, 일시적 주체란 잠정적·일시적인 의도로 지위가 부여된 주체를 말한다. 국가는 전자의, 반란단체나 교전단체는 후자의 예이다.

4. 완전한 주체와 불완전한 주체

완전한 주체란 국제법상 자치를 할 수 있는 능력을 가진 주체이며, 불완전한 주체란 국제법상 자치를 할 수 있는 능력이 제한되거나 없는 주체를 말한다. 주권국가는 완전한 국제법주체이며, 피보호국, 신탁통치지역등은 불완전한 국제법주체이다.

5. 권리능력의 주체와 행위능력의 주체

권리능력의 주체는 잠재적으로 권리의 주체가 될 수 있는 국제법의 주체를 말하며, 행위능력의 주체란 현재적으로 권리의 주체가 될 수 있는 국제법의 주체, 즉 권리를 행사하고 의무를 이행할 능력을 말한다. 주권국가는 원칙적으로 완전한 권리능력 및 행위능력을 가지나, 신탁통치지역은 권리능력은 가지나 행위능력의 주체는 되지 못한다. 피보호국, 연방구성국 등은 제한된 권리능력을 갖는다.

6. 시원적 주체와 파생적 주체

국제기구나 개인과 같이 그 법적 존재가 국가들의 공식적인 결정에 달려있는 주체를 파생적 주체(derivative subjects)라 한다. 반면 국가, 자결권을 향유하는 민족은 그 존재가 기존국가들의 공식적인 결정과 무관하게 사실상의 과정(de facto process)으로부터 도출된다는 점에서 시원적 주체(original subjects)이다.

제2절 국가의 성립요건

I 개념

국가의 성립요건 또는 국가성(Statehood)이란 국제법상 국가로서 갖추어야 할 본질적 요소를 의미한다. 현대 국제사회에는 다양한 형태의 국가가 존재하고 있으나, 국제법상 이들 모두에게 적용가능한 일의적 정의는 존재하지 않는다. 따라서 국제법주체로서 국가인지의 여부는 국가성의 완전한 충족 여부에 의해 판단할 수밖에 없다. 국가성의 요소에 관한 객관적 기준은 19세기에 주장된 국가승인에 관한 선언적 효과설과 관련이 있다. 1933년 '국가의 권리의무에 관한 몬테비데오협약'(Montevideo Convention on the Rights and Duties of States) 제1조는 국가성의 요소로 (1) 항구적 인구(a permanent population) (2) 한정된 영토(defined territory) (3) 정부(government) (4) 다른 국가들과 관계를 맺을 수 있는 능력(capacity to enter into relations with other states)을 제시하고 있다. 한편 현대국제법에서는 국가 성립의 위법성 여부에 대해서도 논의되고 있다.

II 국가의 전통적 성립요건

1. 일정한 영토

(1) 의의

영토에 대한 지배는 국가의 본질적 속성이다. 영토는 국가가 법적·사실적 조치를 취하고, 그 내부에서 자국의 동의 없이 외국 정부가 관할권을 행사하는 것을 금지하는 배타적 권능을 수립하는 영토주권의 기초이다.

(2) 국경신의 문제

영토 개념은 국경에 의해 타 국가와 지리적으로 분리되고 공동의 법체계하에서 통합됨으로써 명확해진다. 이 점에서 국경선에 의한 경계획정이 중요하다. 그러나 국경선의 절대적 명확성을 요구하는 것은 아니다. 많은 국가들이 오랜기간 동안 국경분쟁하에 있으면서도 국가성이 부정되지 않고 있다. ICJ도 북해대륙붕 사건에서 국경선의 절대적 명확성까지 요구하는 것은 아니라고 보았다.

(3) 영토 면적의 문제

영토의 면적은 영토성의 판단에 있어 결정적 고려사항이 아니다. 국제법상 영토 면적의 최저 한계에 관한 규칙은 존재하지 않으며 영토가 매우 작고 인구가 매우 적은 국가(微小國家, mini-state)도 국가성이 인정된다.

㉙ 바티칸시국, 룩셈부르크 등

2. 항구적이며 정주하고 있는 인민

(1) 의의

국가를 구성하는 인민은 국가 존속의 물리적 기초이다. 즉, 인민의 항구성은 국가 영속성의 기초이다.

(2) 영토와 인민의 관련성

항구적 인민이라는 기준은 국가 영토와 관련되어 있다. 즉, 영토 내에서 정주하고 있는 항구적 인민을 의미한다. 그러나 모든 인민이 영토 내에 반드시 정주하여야 하는 것을 의미하는 것은 아니다. 현저한 수의 인민들의 정주로서 충분하다.

(3) 인구의 규모

인구 규모는 결정적 요소가 아니다.

3. 실효적 정부

(1) 대내적 차원의 실효적 지배

정부는 대내적으로 그 영토와 인민에 대해 헌법 및 국내법질서를 수립하고 유지할 수 있는 능력을 가져야 한다. 즉, 입법·사법·행정적 측면에서 영토와 인민에 대해 권력작용을 실효적으로 행사할 수 있어야 한다. 대내적 실효성의 정도와 범위에 대해 확립된 국제법 원칙은 존재하지 않는다. 한 국가로부터 분리 독립되는 경우 실효적 지배의 요건은 대체적으로 엄격하게 요구되나, 평온한 형태로 본국으로부터 독립이 부여되는 경우 느슨하게 해석되어 왔다.

(2) 대외적 차원의 실효적 지배(정부의 독립성)

정부는 대외적으로 국제법상 타 국가에 종속되지 않고 국제적 차원에서 완전하고 유효한 행위를 할 수 있는 능력을 가져야 한다. 이러한 독립성 요건은 '다른 국가들과 관계를 맺을 수 있는 능력'을 의미한다. 그러므로 어떤 공동체가 모국으로부터 분리된 후 법적으로 또는 실제로 타국의 위성국이 된다면 독립의 일차적 조건을 충족하지 못한 것이다. I. Brownlie에 의하면, '외국세력이 고도의 정책에 관하여 조직적으로 또한 항시적으로 결정권을 강요해 오는 경우' 진정한 독립국이라 할 수 없다. 그러나 국가의 대외적 경제 의존도가 높다고 하는 것 자체는 그 법적 독립성을 부정하는 것이 아니다.

4. 국가승인의 문제

국가승인이 국제법상 국가성립의 요건이 되는가의 문제가 있다. 이에 대해서는 학설대립이 있다. 창설적 효력설은 국가성립의 요건을 갖춘 경우라 하더라도 타국으로부터의 국가승인이 있어야 국제법상 국가로 성립한다고 주장한다. 반면, 선언적 효력설은 승인이란 국가의 성립을 확인하는 정치적 행위에 불과하므로 국가성립요건을 갖춘 경우 타국의 승인과 무관하게 국제법상 국가로 성립한다고 본다. 통설과 관행은 선언적 효력설을 지지한다. 1933년 국가의 권리와 의무에 관한 몬테비데오협약 제3조는 국가의 정치적 존재는 타국의 승인과는 무관하다고 하여 선언적 효력설을 지지하고 있다.

5. 내란 발생이나 국제사회 개입 시 국가의 존속 여부

일단 국가로 성립되면 타국의 일시적인 전시점령이나 내란으로 인해 정부가 실질적인 기능을 못하더라도 국가로서의 지위가 소멸되지 않는다. 또한 국제사회의 개입으로 국가의 최고 행정권이 일시 외부기관에 위임된 경우에도 독립국가로서의 존속이 인정된다. 1992년 캄보디아에 UN평화유지활동으로 설치된 UNTAC는 사실상의 정부 기능을 수행했다. 보스니아 – 헤르체고비나의 경우 1995년 Dayton평화협정에 의해 임명된 외국인 최고대표가 일정 기간 최고 행정권을 행사했다. 그 기간 동안에도 이들 국가가 독립국임은 의심되지 않았다. 일제의 만주침략의 결과 1932년 수립된 만주국은 독립적 정부를 갖고 있지 못한 일종의 괴뢰국가였다.

Ⅲ 국가기원의 위법성의 문제

1. 전통적 견해

국가자격의 승인에 있어 국가의 기원의 위법성의 문제는 'ex factis jus oritur(사실로부터 법이 발생한다)'라는 원칙이 강하게 적용되어 역사적으로 거의 불문에 붙여져 왔다.

2. 현대적 견해

만주국과 남로데지아가 국가기원의 위법성 관점에서 국가승인을 거부당한 적이 있다. 그리고 Fawcett나 Crawford는 강행규범 위반이 수반되는 경우에는 국제법주체로서의 국가로서 성립될 수 없다는 새로운 이론을 제시하고 있다. 따라서 극히 중요하고 보편적인 국제법 위반을 기초로 한 국가형성에 대해서는 따로 불승인결의나 선언을 기다릴 필요 없이 국가성립요건을 결하는 것으로 볼 수가 있다.

3. 검토

현재 강행규범의 구체적 내용이 확정되지는 않고 있다. 따라서 강행규범의 준수를 국가성의 요건으로 하는 것은 이론이 있을 수 있으나, 강행규범의 존재 자체는 국가들도 인정하고 있고, 적어도 국제적 지향은 인정될 수 있다고 볼 때, 국가성의 요건으로 볼 수 있을 것이다.

Ⅳ 국가성립에 있어서 민족자결 원칙의 문제

1. 의의

어떤 정치적 실체가 국민, 영토, 정부의 3요소를 갖춘 실체는 곧 바로 독립국으로서의 지위를 인정받아야 한다. 그러나 20세기 후반 신생국이 객관적 요건을 미처 갖추기 이전에 독립국으로 인정되거나, 반대로 이러한 요건을 실질적으로 구비하고도 독립국으로 인정되지 못했던 사례가 적지 않았다.

2. 사례

(1) 남로디지아

1965년 11월 영국의 식민지였던 남로디지아는 현지 이안 스미스 백인 정부가 일방적인 독립을 선언하고 소수 백인 지배 국가를 출범시켰다. 그러자 UN안전보장이사회는 남로디지아의 독립선언을 비난하고 각국은 이를 승인하지 말라고 요구했다. 결국 로디지아는 1979년 영국의 시정권 아래로 복귀했고 1980년 다수 흑인 지배의 짐바브웨로 재탄생할 때까지 존속했다. 그 기간 동안 로디지아는 사실상의 국가로 기능하고 있었으나 국제사회에서 독립국가로 인정받지 못했다. 남로디지아는 전통적인 국가기준을 충족하고 있었으나 민족자결의 원칙에 위반된 국가수립이었기 때문에 주권국가로 인정받지 못했다.

(2) 포르투갈령 기니

1973년 9월 포르투갈령 기니의 민족해방운동단체가 독립을 선언하고 영토의 약 2/3를 장악하자, 1973년 11월 UN총회는 기니 – 비사우의 독립과 주권국가 수립을 환영한다는 결의를 채택했다. 당시까지도 포르투갈 군대가 여전히 주둔하고 있었으며 포르투갈 식민정부는 다음 해인 1974년 3월에야 붕괴했다. 기니 – 비사우의 출범은 주권국가로서의 객관적 요건에는 아직 미흡한 부분이 있었으나 민족자결 원칙에 부합되었기 때문에 국제사회의 적극적인 지지를 받았다.

(3) 방글라데시

1971년 파키스탄으로부터 분리 독립한 방글라데시의 경우 인도의 무력개입이 독립에 결정적 기여를 하였다. 인도의 무력개입의 합법성에 대하여는 논란이 있었지만 인도는 아무런 영토적 야심을 표시하지 않고 방글라데시인들의 민족자결 실현을 지원했기 때문에 방글라데시의 독립은 국제사회에서 쉽게 승인되었다.

(4) 북사이프러스

1974년 터키군은 북사이프러스에 진주해 이 지역을 장악했고 1983년 북사이프러스 터키 공화국의 독립이 선포되었다. UN안보리는 이를 법적으로 무효라고 규정하고 회원국들에게 이를 승인하지 말라고 요구했다. 북사이프러스는 사실상 터키의 지원과 통제하에 있기 때문에 국제사회에서 독립국가로 인정받지 못하고 있다.

Ⅴ 결론

요약하자면, 국가성은 인민, 영토, 실효적 정부, 외교능력, 국가기원의 적법성 등을 그 요소로 하고 있다고 볼 수 있다. 이들 요소 중 대내외적으로 실효성을 인정받는 것이 가장 중요하다고 볼 수 있으나, 실효성의 정도에 대해서는 확립되어 있지 않다. 또 국가기원의 적법성은 강행규범의 성립과 함께 새로 추가된 요건으로 볼 수 있다.

Ⅰ 주권국과 반주권국

1. 주권국

주권국가(sovereign state)란 대외관계를 처리함에 있어서 타국으로부터의 종속적 명령을 받지 않고 독립적으로 행동하는 국가를 말한다. 주권국가는 국제법 정립 능력을 아무런 제한 없이 보유한다.

2. 반주권국

(1) 종속국

반주권국이란 대외관계 처리 능력의 일부를 타국에 양도하고 자신은 제한된 외교능력만을 보유하는 국가를 의미한다. 종속국과 피보호국이 여기에 해당한다. 종속국은 종주국의 국내법에 의해 외교관계의 일부만을 스스로 유지하고 다른 부분은 종주국에 의해 유지되는 국가이다.

(2) 피보호국

보호국과의 보호조약에 의해 외교능력이 제한되는 국가를 피보호국이라 한다. 보호국은 피보호국의 대외문제를 전담한다. 1905년부터 1910년까지 한국은 일본의 피보호국이었다. 1960년 국제연합총회는 식민지독립부여선언을 결의하여 외교능력의 상실을 초래하는 새로운 보호관계 설정을 금지하였다. 그러나 현재 모나코는 프랑스의, 산마리노는 이탈리아의 피보호국이다.

Ⅱ 연방국가와 국가연합

1. 연방국가

연방국가란 복수의 헌법에 의해 결합하여 중앙정부인 상방이 국제법상 대외적 능력의 거의 전부를 갖고, 구성국인 하방은 국제법상 대외적 능력을 거의 갖지 못하는 복합국가를 의미한다.

2. 국가연합

국가연합이란 복수의 국가가 조약에 의해 결합하여 결합체인 상방은 예외적으로 국제법상 능력을 갖고, 구성국인 하방이 원칙적으로 국제법상 능력을 갖는 복합국가를 의미한다.

3. 연방국가와 국가연합의 차이점

(1) 국제법의 주체성

연방국가 자체가 국제법상 국제법의 주체이며 구성국은 원칙적으로 국제법의 주체가 아니다. 그러나, 국가연합 자체는 국제법의 주체가 아니며 국가공동체의 구성원이 되지 못하는 반면 국가연합의 구성국이 국제법의 주체이다.

(2) 결합의 근거

연방국가는 원칙적으로 '헌법'에 의해 결합하나, 국가연합의 경우 구성국 간 '조약'에 의해 결합한다. 따라서 연방국가의 구성국은 단일의 연방헌법에 구속되나, 국가연합의 구성국은 구성국 각각의 헌법을 갖는다. 연방국가의 창설근거는 '국내법'이나 국가연합의 창설근거는 '국제법'이다.

(3) 대내적 통치권

연방국가 자체 및 구성국은 자체의 대내적 통치권을 갖는다. 따라서 연방국가에서는 연방과 연방구성국 간에 통치권의 분화문제가 제기된다. 그러나 국가연합의 경우 대내적 통치권은 전적으로 국가연합의 구성국에 보유되어 있어 국가연합과 구성국 간에 통치권의 분배문제가 제기될 여지가 없다. 연방국가의 경우 연방정부가 구성국뿐 아니라 구성국 주민에게 직접적인 통치권을 행사하나, 국가연합의 경우 구성국만이 구성국 인민에게 통치권을 행사한다.

(4) 대외적 통치권

연방국가의 대외적 통치권은 원칙적으로 연방이 보유하나, 국가연합은 특정사항에 한해서만 대외적 통치권을 갖고 대외적 통치권은 그 구성국이 행사한다.

(5) 국가의 국제책임

연방국가는 자신의 국제위법행위 및 구성국의 국제위법행위에 대해 책임을 지고 구성국은 국가책임을 지지 않는다. 그러나 국가연합의 경우 그 구성국이 국가책임을 지며 국가연합은 책임주체가 아니다.

(6) 병력의 보유

연방국가는 연방이 병력을 보유하며 구성국은 자체의 병력을 보유하지 않는다. 국가연합의 경우 구성국이 자체의 병력을 보유하며 국가연합은 병력을 보유하지 않는다. 연방구성국 상호 간의 무력투쟁은 내란이나, 국가연합 구성국 상호 간의 무력투쟁은 전쟁이다.

(7) 존속의 안정성

연방국가는 안정성을 가진 항구적 결합이나 국가연합은 안정성을 결한 잠정적 결합이다.

Ⅲ 분단국

1. 의의

분단국은 과거 통일된 국가에서 분리되어 현재는 외견상 복수의 주권국가로 성립되어 있으나 언젠가는 재통일을 지향하는 국가라고 할 수 있다. 분단국이란 특수한 형태는 주로 제2차 세계대전 이후의 국제정치질서 속에서 발생했다. 분단국의 사례로는 과거의 동서독, 남북 베트남, 현재의 남북한 또는 2개의 중국 등이 있다. 분단의 이유는 동서독이나 남북한과 같이 국제적 요인일 수도 있고, 중국 – 대만과 같이 내전 등 국내적 요인에서 비롯될 수도 있다.

2. 분단국의 법적 지위

분단국에 적용되는 국제법적 규칙이 별도로 정립되어 있는 것은 아니다. 분단된 각각의 국가는 모두 독립 주권국가로서의 요건을 갖추고 실효적 정부를 수립하고 있다. 이들 간의 경계는 국제법상의 국경으로 간주되며 상호 무력사용금지나 국내문제 불간섭의무가 적용된다. 양 측은 국제사회의 다수 국가들로부터 승인을 받고 있으며 적지 않은 국제기구에 각각 별개의 회원국으로 가입하고 있다.

3. 분단국 상호 간 관계

분단국 상호 간에는 국가승인을 하지 않으며 공식 외교관계도 수립하지 않는다. 분단 상대방을 외국으로 보지 않으며 상호 간의 경계를 국제법상의 국경이라고 간주하지 않는다. 그러나 국제사회 대다수의 국가들은 분단국 양측을 별개의 독립 주권국가로 승인하며 분단국 자신도 이러한 제3국의 태도에 크게 이의를 제기하지 않는다.

4. 국적

남북한과 중국은 모두 1개의 국적 개념을 인정한다. 즉, 일방의 주민이 타방 지역으로 이주할 때 새로운 국적 취득의 절차가 적용되지 않는다. 과거 서독은 구독일제국의 국적 개념을 유지하여 동독 주민의 독일 국적을 인정했다. 그러나 동독은 독자의 국적법을 제정하고 서독 주민이 동독으로 이주한 경우 간이한 국적취득절차를 적용했다. 분단국들은 분단 상대국민에게 자국적을 인정한다 할지라도 자신의 관할권으로의 자발적 복속이 전제되지 않는 한 국제사회에서 그들을 위한 외교적 보호권을 적극적으로 주장하지는 않았다.

5. 사례

(1) 동서독

동서독은 1972년 양독관계협정을 체결하고 상주 대표를 교환하고 이후 양측이 대외적으로 전체 독일을 대표한다는 주장은 하지 않았다.

(2) 중국과 대만

중국과 대만은 오랫동안 양 측 모두 1개의 중국론을 주장했으나 근래 대만에서는 별개 국가론도 대두했다.

(3) 남북한

남북한은 양 측이 각각 자신만이 과거 한반도에 존속하던 구 국가를 계승하고 자신만이 전체 한반도를 합법적으로 대표한다고 주장한다. 1986년 대한민국은 과거 대한제국이 체결했던 구조약 중 현재도 발효 중인 1899년 헤이그육전조약 등 3개의 조약에 대하여는 현재도 당사국이라고 발표했다.

Ⅳ 기타

1. 영연합(Commonwealth)

영연합은 영국 본국과 자치령 그리고 보통의 독립국 등으로 이루어져 있다. 영제국체제는 1926년 발포어선언(Balfour Declaration)에 의해 다져졌으며 1931년 12월 11일 제정된 웨스트민스터헌장(Statute of Westminster)에 의해 상호관계를 규율하였다. 영연합의 특징은 다음과 같다. (1) 자치령의 원수는 영국왕 또는 여왕이다. (2) 영연방 구성국들은 독립된 국제법인격을 갖는다. (3) 조약체결 시 다른 구성국들에게 사전에 통고해야 한다. (4) 영연합국가의 모든 국민은 자국 국적과 함께 영연합시민의 지위를 보유한다. (5) 영연합국가 상호 간에는 상주외교사절 대신 그에 상당하는 기관으로 고등판무관(High Commissioner)이 교환된다.

2. 영세중립국

중립이란 전쟁에 참가하지 않는 국가의 그 전쟁에 대한 지위, 즉 전쟁에 참가하지 않는 국가를 전쟁관계에서 본 상태를 말한다. 중립이란 자위를 위한 경우 이외에는 어떠한 타국에 대해서도 중립을 고수하는 동시에 전쟁상태에 빠질 우려가 있는 국제적 의무를 수락하지 않을 조건하에 다수국 간 보장조약에 의해 그 독립과 영토보전이 보장된 국가를 말한다. 중립국은 타국에 대해 공격을 행하지 않고, 타국 영토를 침범하지 아니하며 타국 간의 전쟁에 개입하지 아니할 의무를 부담한다. 영세 중립은 개별국가가 단순히 원한다고 하여 수립되지는 않는다. 과거 벨기에(1831), 룩셈부르크(1867), 콩고자유국(1885), 라오스(1962) 등 적지 않은 국가가 영세중립을 표방했으나 이를 유지하지 못했다. 영세중립을 원하는 국가는 국제사회에서 이를 지킬 능력이 있어야 한다. 1995년 투르크메니스탄이 영세중립을 선언하자 UN총회는 이를 승인하고 지지하는 결의를 채택했다. 코스타리카도 군대를 없애고 영세중립을 선언하고 있다.

> **📇 참고 중립국의 실례**
>
> 1. 과거 벨기에, 룩셈부르크, 라오스, 캄보디아도 영세중립국이었으나, 현재 스위스, 오스트리아, 로마교황청(바티칸시국) 등이 있다.
>
> 2. **스위스**
>   1815년 빈회의에서 '스위스영세중립 및 영역불가침보장선언'과 동년 5월 27일 스위스의 수락으로 성취되었다. 스위스는 2002년 UN에 가입하였다.
>
> 3. **오스트리아**
>   1955년 10월 오스트리아 중립에 관한 연방헌법규정과 이에 대한 국가들의 승인에 의해 중립국이 되었다. 오스트리아는 1955년 12월 14일 UN에 가입하였다.
>
> 4. **라오스**
>   1962년 영세중립을 선언한 라오스영세중립선언 및 의정서가 채택되고 미국, 소련, 중국, 영국 등 13개국이 승인하여 영세중립국이 되었다. 현재는 중립국이 아니다.

3. 바티칸시국

1929년 이탈리아와 교황청 간 라테란(Lateran)조약에 의해 교황청은 배타적 주권과 영토를 가지는 국제법주체로 인정되었다. 교황청은 타국과 종교적 조약을 체결하고 외교사절을 교환한다.

4. 말타 기사단

말타 기사단은 카톨릭 종교기사단의 하나로 1050년 예루살렘에서 의료기관을 겸한 구빈기관으로 창설되었고 1113년 교황에 의해 교단으로 승인되었다. 팔레스타인지역에서 가톨릭 세력이 축출된 후 에게해의 Rhodes섬 (1310~1532)과 말타(1530~1798)로 이전해 이 지역을 실질적으로 통치했다. 이들은 나폴레옹에 의해 말타에서 축출된 후 군사적 성격은 사라지고 본부를 로마로 옮겨 주로 병원을 중심으로 한 구빈기관으로 활동하고 있다. 현재 약 1만 여명의 남녀 기사가 이에 소속되어 활동하며 약 8만 명의 상근 지원자를 갖고 있다. 이탈리아 법원은 말타 기사단이 제한된 국제법인격을 갖고 있다고 보고 로마내 이들의 건물과 재산에 한해 재판관할권의 면제를 인정한다. 현재 약 100개국 이상과 외교관계를 맺고 있다. 그러나, 말타 기사단이 객관적으로 국가로서의 법인격을 갖추었다고는 보기 어렵다.

5. 파탄 국가(failed state)

1990년대 이후 소말리아는 형식상 국가로 존속했으나 내부적 폭력의 발생으로 인해 국가의 제도와 법질서가 사실상 붕괴되어 통상적인 국가로서 기능을 하지 못했다. 국제사회에서 책임 있게 자신을 대표하는 행동도 하기 어려웠다. 지도상으로는 존재하나 국제법적으로는 기능을 사실상 제대로 수행할 수 없었다. 국가의 기본적 구성요건인 실효적 정부가 존재하지 않는 상태였다. 이러한 국가를 최근 파탄국가 또는 실패국가라고 한다.

6. 팔레스타인

(1) 의의

PLO(Palestine Liberation Organization)는 팔레스타인의 해방을 목표로 1964년 수립되었으며 아라파트의 지도 아래 팔레스타인인의 대표적인 민족해방운동 단체로 성장했다. 제3차 중동전을 계기로 아랍권의 국제정치적 영향력이 강화된 현상을 배경으로 1974년 UN총회는 PLO를 팔레스타인인의 대표자로 인정하고 이에 옵저버 자격을 부여했다. 1988년 PLO는 망명지인 알제리에서 팔레스타인 국가 수립을 선언했다.

(2) 법적 지위

UN총회는 PLO라는 용어 대신 팔레스타인으로 부르고 있다. 2011년 팔레스타인은 UN회원국 가입을 신청했으나 안보리의 벽을 넘지 못하여 실패하였고, 다만 2012년 UN총회는 팔레스타인에게 옵저버 국가의 지위를 인정했다. 팔레스타인은 현재 약 100여 개 다자조약의 당사국이며 2015년 4월부터는 국제형사재판소 규정 당사국이 되었다. 현재 137여개의 UN회원국이 팔레스타인을 국가로 승인하고 있으나(기준 2018년 8월) 이스라엘 점령지 내의 자치령에 대해 완전한 통제권을 행사하지는 못하고 있다.

(3) 한국과의 관계

한국은 팔레스타인을 독립국가로는 승인하지 않고 있으나 팔레스타인 자치정부를 팔레스타인인의 유일 합법 대표기구로 인정하고 있다. 2005년 6월 일반 대표부 관계 수립에 합의했고 2014년 8월 한국은 팔레스타인의 임시수도 라말라에 상주대표부를 개설했다.

Ⅰ 국제기구의 정의

1. 일반적 정의

국제기구란 공동의 목적을 달성하기 위한 여러 국가의 결합으로서 보통 조약에 입각하여 창설되며 그 기능을 수행하기 위한 기관(organ)을 가지고 이 기관을 통하여 개개의 구성국의 의사와는 별개의 단체 자신의 의사를 표명하며 단체의 이름으로 행동하는 것을 말한다. 국제기구는 각각 독립된 실체를 갖는 조직체로서 독자적인 목적과 기능을 가지고 있으므로 조직유지를 위한 내부적 활동 이외에 대외적 활동을 행하기 위해 권리의무의 주체로서 활동할 수 있는 법적 능력이 요구된다. 이러한 법적 능력을 법인격이라 하며, 오늘날 국제기구의 법인격은 대체로 인정되고 있다.

2. ILC의 정의

ILC는 2003년 제출한 보고서에서 '국제기구의 책임에 관한 잠정초안규정'을 제안하였으며 동 초안 제2조에서 국제기구를 다음과 같이 정의하였다. "본 초안규정의 목적상 국제기구란 조약 또는 국제법에 의하여 규율되는 기타문서에 의하여 수립되고, 그 자신의 국제법인격을 가지는 기구를 지칭한다. 국제기구는 회원으로서 국가 이외에 다른 실체를 포함할 수 있다." 이러한 규정은 '정부 간 국제기구'라는 표현을 의도적으로 회피하여 비국가적 실체가 회원으로 인정되는 현실을 반영하고 있다. 한편 국제기구는 '국제법에 의해 규율되는 기타 문서'에 의해 수립될 수 있다고 규정하고 있는바, 이는 국제기구나 '국가들의 회의'에서 채택되는 결의에 기초하여 국제기구가 창설될 수 있음을 의미한다. 또한 동 규정에 의하면 '국내법'에 의하여 규율되는 문서를 통해 설립되는 기구는 국제기구가 아니다. 국제기구는 회원국과는 별개로 그 자신의 국제법인격을 가져야 한다. 또한 동 규정은 국제기구가 국제기구의 회원국으로 참여할 수 있음을 인정하나, 국제기구만을 회원으로 하는 실체는 국제기구의 정의에서 제외된다.

Ⅱ 국제기구의 법인격(주체성)

1. 국제법주체성

(1) 부정설

국제기구의 국제법주체성을 부인하는 견해는 국제법은 국가 간의 법이며 국가 간의 관계를 규율하고 국가 간에만 권리의무를 발생하게 하는 법으로 정의한다. 따라서 국가가 아닌 국제기구는 국제법의 주체가 될 수 없다는 것이다. 부정설은 ① 국제법을 국가 간의 법이라고 보는 선험적(a priori) 정의로부터 출발했다는 점, ② 실제로 국제기구가 국제법주체로서 권리·의무를 향유하는 국제법 현실을 포착하지 못한다는 점에서 한계가 있다.

(2) 긍정설

국제조직이 국가와 동등한 국제법주체로 인정되는 것은 아니나 회원국과는 별개로 국제법상의 일정한 권리·의무의 귀속주체로 인정된다는 견해이다. 국제기구의 국제법의 주체성을 긍정하는 견해도 그 근거에 대해서는 학설 대립이 있다.

① 기본문서 근거설: 국제기구에게 설립기본조약에 의하여 조약체결권 또는 기타 일정한 국제법상의 권리가 인정되고 있는 경우 국제조직의 국제법인격(주체성)을 추론하는 견해이다. UN의 경우 UN헌장에 국제법인격에 대한 명시적 규정은 없으나, 헌장 제43조의 조약체결권, 헌장 제105조의 특권과 면제, UN기관의 구속력 있는 결정을 내릴 권한 등은 국제법인격을 전제한 것으로 볼 수 있다.

📋 **조문 | UN헌장 제43조 제1항 - 특별협정**

국제평화와 안전의 유지에 공헌하기 위하여 모든 국제연합회원국은 안전보장이사회의 요청에 의하여 그리고 1 또는 그 이상의 특별협정에 따라, 국제평화와 안전의 유지 목적상 필요한 병력, 원조 및 통과권을 포함한 편의를 안전보장이사회에 이용하게 할 것을 약속한다.

---

② 목적 필요설: 'UN 근무 중 입은 손해배상'에 대한 권고적 의견에서 ICJ에 의해 제시된 이론이다. UN이 그 국제적 임무인 평화유지, 국제관계발전, 경제·사회협력 등을 효과적으로 달성하기 위해서는 이를 달성할 수 있는 권한이 필요하다고 전제하고, UN회원국들은 UN에 대하여 이러한 임무와 기능을 부여하면서 동시에 이를 달성할 수 있는 권한을 부여하였다고 보아야 한다고 판시하였다. 목적 필요설에 의하면 국제조직은 회원국의 합의 여하에 관계없이 국가와 같은 일반적인 법주체성을 갖게 되어 본래의 기능적 성격을 상실하게 된다는 점에서 한계가 있다.

③ 객관적 존재설: Seyersted에 의하면 국제조직의 법주체성이란 그 객관적 존재성에서 발견된다고 한다. 국제조직은 가맹국으로부터 분리되어 가맹국에 종속되지 않은 독립의 기구를 가짐으로써 설립되었으며 그 사실에 의하여 국제법주체성을 갖는다고 주장한다. 이 견해는 국제조직의 권한이 회원국의 의사에 좌우된다는 기본적 사실을 간과하고 있는 한계가 있다.

(3) 소결

국제기구의 국제법인격성을 긍정하는 것이 적절하다. 다만, 그 근거에 있어서는 목적필요설이 타당하다고 본다. 국제기구의 설립헌장에 그 법인격성이 명시되지 않았다 할지라도 국제기구의 목적달성을 위해 필요한 범위 내에서는 그 국제법률행위능력을 인정해야 그 임무를 효율적으로 달성할 수 있을 것이기 때문이다. 국제사법재판소도 목적 필요설을 지지하였다.

2. 국제기구의 대세적 국제법인격성

(1) 의의

국제기구의 대세적 법인격성이란 국제기구가 회원국이 아닌 국가와의 관계에서 국제법률행위, 예컨대 손해배상청구를 제기할 법적 자격을 가지는가에 대한 문제이다. ICJ의 'UN 근무 중 입은 손해배상'에 대한 권고적 의견에서 중요한 쟁점이 되었다. 학설 대립이 있다.

(2) 피생적 법인격설

국제기구는 그 존재가 회원국의 의사로부터 파생되어 회원국의 의사에 의존하고 기능적으로 제한된 국제법상의 능력을 가진 법주체이다. 따라서 그 법인격은 회원국과의 관계에서만 유효하므로 비회원국에 대해 국제법인격성을 주장할 수 없다.

(3) 객관적 법인격설

국제기구의 법인격은 그 회원국의 합의에 종속되는 것이 아니라 국제관습법상 확정된 객관적 성질을 갖는다. 따라서 회원국뿐만 아니라 비회원국에게도 유효하게 대항할 수 있다는 입장이다. 국제기구는 기본조약에서 특별히 배제되지 않는 한 그 목적 및 임무를 달성하는 데에 필요한 범위에서 국가와 같이 원칙적으로 자유롭게 국제법률행위를 할 수 있는 '고유한 권능'을 갖는다. ICJ는 'UN 근무 중 입은 손해배상'에 대한 권고적 의견에서 UN의 대세적 법인격성을 인정하였다. "국제공동체의 대다수를 대표하는 50개국은 단지 이 회원국들만이 인정하는 법인격체가 아니라 객관적 국제인격을 갖춘 실체를 창설할 국제법상 능력이 있으며 따라서 국제소송을 제기할 자격이 있다."

(4) 소결

국제기구는 회원국의 의사에 기초해서 설립되고, 회원국이 부여한 권능을 행사하는 파생적 법인격으로 보는 것이 적절하다. 따라서 국제기구는 회원국과의 관계에서는 국제법주체로서 국제법률행위능력을 인정할 수 있으나, 회원국이 아닌 국가에 대해서는 비회원국이 명시적 또는 묵시적으로 그 법인격을 인정한 경우 이외에는 국제법인격성을 주장할 수 없다고 본다.

3. 국내법인격

> 📖 **조문 | UN헌장 제104조 - UN의 국내법인격**
>
> 기구는 그 임무의 수행과 그 목적의 달성을 위하여 필요한 법적 능력을 각 회원국의 영역 안에서 향유한다.

국제기구의 국내법인격이란 회원국 또는 비회원국 국내법상의 법률행위능력을 취득하는 것을 의미한다. UN헌장 제104조는 UN이 각 회원국 영토에서 임무수행과 목적달성에 필요한 법적 능력을 향유함을 명시하고 있다. 즉, UN은 회원국 영토에서 부동산 소유, 계약체결, 제소 등의 법률행위를 할 수 있다. 한편, 국제기구는 비회원국 영토에서 당연히 국내법인격을 갖는 것은 아니다. 조약은 원칙적으로 제3국에 대해서는 적용되지 않기 때문이다. UN의 경우 비회원국 영토에서 법인격을 향유하기 위해 관련 국가들과 개별 협정을 체결하였다.

Ⅲ 국제기구의 구체적 권리·의무

1. 국제기구의 국제법상 권리·의무

(1) 조약체결권

국제기구에 있어 조약은 국제법상 권리의무 등 법률관계를 설정하는 일반적인 수단이 된다. 국제기구의 조약체결권은 설립조약에 명시적 규정이 있는 경우와 설립조약의 전체적인 해석을 고려해 묵시적 권능이 인정될 경우에만 행사될 수 있다(UN헌장 제43, 57, 63조에서 안보리·총회·경사리의 조약체결능력 규정).

(2) 특권·면제

국제기구와 그 본부시설, 직원, 회원국 대표는 그 임무의 효과적 수행에 필요한 범위에서 특권면제가 부여된다. 국가는 특별한 조약규정이 없는 한 국제기구의 특권면제를 인정할 의무를 당연히 지는 것은 아니나 그 영역 내에서 국제기구의 활동을 허용한 경우에는 신의성실의 원칙상 필요한 특권면제를 허용해야 한다. 외교면제와 비교해 보면, 외교면제는 국가대표로서의 위신을 고려하여 국제관습법상 '완전한 특권면제'가 인정되나, 국제기구의 경우 그 목적달성과 임무수행에 필요한 한도 내에서, 즉 그 기능적 필요에 의한 '제한적 특권면제'를 갖는다.

(3) 제소권·청원권

> **📋 조문 | UN헌장 제96조 – 권고적 의견 요청**
>
> 1. 총회 또는 안전보장이사회는 어떠한 법적 문제에 관하여도 권고적 의견을 줄 것을 국제사법재판소에 요청할 수 있다.
> 2. 총회에 의하여 그러한 권한이 부여될 수 있는 국제연합의 다른 기관 및 전문기구도 언제든지 그 활동범위 안에서 발생하는 법적 문제에 관하여 재판소의 권고적 의견을 또한 요청할 수 있다.

국제기구는 국가·개인·사기업과 계약을 체결하는 등 재정관계에 관한 법률행위가 가능하다. 분쟁 시 '국내법원'에 제소할 수 있으나, '국제법원'에의 제소능력은 제한적이다. 국제기구는 국가와는 달리 ICJ에 제소할 수 없다. 즉, ICJ에는 국가만이 제소능력을 갖게 되고 국제기구는 단지 권고적 의견을 요청할 수 있을 뿐이다. 이러한 국제기구의 제한된 제소능력을 보완하기 위해 몇몇 협약에서는 ICJ의 권고적 의견에 강제성을 부여하기도 한다. 'UN의 특권과 면제에 관한 협약', '전문기관의 특권과 면제에 관한 협약', '국제원자력기구의 특권·면제에 관한 협약', 'ILO행정법원협약' 등에서는 ICJ의 권고적 의견에 강제력을 인정하고 있다. 그 외 'EU의 인권협약'상 인권위원회의 EU인권법원의 제소능력이 인정된다. 또한 국제투자분쟁 분야에서 ICSID협약에 따라 ICSID의 조정·중재를 위한 국제기구의 청원도 가능하다.

(4) 직무보호권(Functional Protection)

① 개념: 국제기구의 공무원이 공무수행 중 국제위법행위로 인해 손해를 입은 경우, 소속 국제기구가 직무적 보호권에 근거하여 손해배상을 받기 위해 가해국에 대해 국제책임을 추구하는 것을 의미한다. 직무보호의 개념은 1949년 ICJ의 'UN 근무 중 입은 손해배상'에 대한 권고적 의견에서 확립되었다.

② 인정취지: 국제사법재판소는 국제공무원이 국적국가의 외교적 보호와는 구별되는 국제기구의 직무적 보호를 받아야 하는 이유에 대해 "국제공무원의 독립성을 확보하고 결과적으로 UN 자체의 독립된 행동을 확보하기 위하여 국제공무원이 그의 직무를 수행함에 있어서 UN의 보호 이외의 다른 보호에 의지할 필요가 없어야 한다."라고 판시했다.

③ **외교적 보호와의 비교**: 외교석 보호와 직무보호는 양자 모두 보호자의 고유한 권리라는 점, 국제책임의 실현 방법과 절차적 측면에서 공통점이 있다. 그러나, 외교적 보호는 국적을 기초로 하여 행사되나, 직무적 보호는 직무를 기초로 행사된다는 차이가 있다. 외교적 보호와 직무보호가 경합하는 경우 어느 한쪽에 우선권을 부여하는 법원칙은 존재하지 않는다. 양자의 충돌은 'good will'과 'common sense'에 의해 해결을 도모할 수 있으며, 일반협정을 통해 해결할 수 있을 것이다(ICJ의 견해).

(5) 국제책임

국제기구는 자신이 입은 손해에 관하여 국제적인 청구를 제기하거나 또는 그 국제위법행위에 의한 법익침해에 관하여 스스로 책임을 지는 등 능동적 내지 수동적인 당사자적격을 인정받는다.

① **능동적 당사자적격**: Reparation for Injuries Suffered in the Service of the UN 사건을 위한 ICJ의 권고적 의견에서 국가의 국제법상의 의무 위반에 의하여 법익을 침해당한 경우 UN의 기능적 보호의 권능(직무보호권)을 인정하였다.

② **수동적 당사자적격**: 국제기구는 그 내부기관의 작위 또는 부작위에 의하여 발생한 손해에 대하여 국제책임을 지는 수동적 당사자적격을 갖는다. 내부기관의 행위가 기본조약상 권한일탈인가 아닌가를 판단할 국제사법기관은 없으나, 내부의 한 기관이 내부의 다른 기관의 권한을 행사하는 경우 국제기구는 당연히 선의의 제3자에 대하여 그 조치의 위법이나 무효를 주장할 수 없다.

(6) 조약준수 의무

국제기구는 체결한 조약을 성실히 준수하여야 할 의무가 있고 조약상 의무를 위반하게 되면 국제책임을 지게 된다.

(7) 기타 자율적 재정권과 외교권 등이 있다.

2. 국제기구의 국내법적 권리의무

(1) 의의

국제기구의 국내적 법인격이란 국제기구가 특정 국가 내에서 그 국가의 국내법상 향유하는 권리의무능력으로 계약체결권, 제소권, 재산소유권 등이 예시된다. UN헌장 제104조[16], EEC 조약 제211조, Euratom 조약 제184조는 당해 기구의 회원국 내에서의 법인격을 인정하고 있다.

(2) 관행

조약상의 규정들은 일반적 원칙을 밝혀놓은 것에 불과하므로 국제기구가 국내적 법인격을 향유하기 위해서는 소재지국과 '소재지 협정'을 통하여 구체적인 권리·의무의 내용을 설정하게 된다. 또한 UN헌장 제104조의 경우 '비회원국'의 영토 내에서도 당연히 법인격을 향유한다는 결론은 나오지 않으므로 UN의 경우는 비회원 관련국가들과 개별 협정을 체결하여왔다. 한편, 특별협약을 통하여 국내적 법인격을 인정받기도 한다. UN의 경우 'UN의 특권·면제에 관한 협약'과 전문기관의 '전문기관의 특권·면제에 관한 협약'을 통하여 국내적 법인격으로서의 권리·의무를 행사하게 된다.

---

16) UN헌장 104조에 따르면 "국제연합은 그 회원국의 영역 내에서 그 기능의 수행과 목적달성을 위해 필요한 법적 능력을 향유한다."라고 명시함으로써 국내적 법인격을 갖게 됨을 명시하고 있다.

Ⅳ 국제기구의 국제책임과 국제청구권

1. 직접피해

국제기구 자체가 피해를 입은 직접피해의 경우 국가가 피해를 입은 경우와 마찬가지로 국내구제완료 원칙이 적용되지 않는다. 국제기구가 가해자인 경우에도 마찬가지이다.

2. 국제기구가 직원이 아닌 개인에게 손해를 야기한 경우

국적국은 국제기구를 상대로 하여 외교적 보호권을 발동할 수 있다. 이 경우 국제기구 내에 외부의 개인이 접근할 수 있는 이용 가능하고 실효적인 구제수단이 없는 한 국내구제완료 원칙은 준용의 여지가 없다. 그러나 EU의 경우처럼 국제기구 내에 외국인이 당해 기구를 상대로 소송을 제기할 수 있는 제도적 장치가 존재하면 그 범위 내에서 국내구제완료 원칙이 준용된다.

3. 국제기구가 직원에게 손해를 야기한 경우

직원의 국적국은 국제기구를 상대로 외교적 보호권을 발동할 수 있다. 이 경우 직원이 자신의 피해를 구제할 수 있는 수단이 국제기구 내에 존재한다면 이 내부절차를 먼저 완료해야 한다. 따라서 기구 내부에 구제수단이 없거나 내부구제절차를 거쳤어도 기구가 그 결과를 이행하지 않는 경우 직원의 국적국가는 기구를 상대로 외교보호권을 행사할 수 있다. Reparation for Injuries Suffered in the Service of the UN 사건에서 ICJ가 언급한 것처럼 기구의 직무보호권은 국적에 기초한 것이 아니기 때문에, 이 경우 복수국적자의 국적국가 상호 간에는 통상적으로 상호 외교적 보호권 발동이 불허되는 법리를 적용하는 것은 타당하지 않다.

4. 국제기구 직원이 비회원국으로부터 피해를 입은 경우

(1) 손해배상청구권이 인정되는지 여부

국제기구 직원이 비회원국으로부터 직무 수행 중 피해를 입은 경우 국제기구가 가해국을 상대로 손해배상을 청구할 수 있는지가 문제된다. Reparation for Injuries Suffered in the Service of the UN 사건에서 ICJ는 UN이 객관적 법인격을 가지고 있으므로 가해국이 기구의 회원국인 경우는 물론이고 비회원국이라 하더라도 당해 공무원을 위하여 직무보호권을 행사할 수 있다고 하였다. 그러나 이 경우 국제기구에게 ICJ제소권이 인정되는 것은 아니다.

(2) 국내구제완료 원칙의 적용 여부

국가가 국제기구 공무원에게 피해를 준 경우 국제기구 공무원이 가해국 국내에서 구제를 완료해야 하는가? 이 경우 공적 자격으로 행동하는 UN의 직원과 사적 자격으로 행동하는 직원의 대우를 구분해야 한다. 첫째, UN직원이 직무와 무관하게 피해를 입은 경우 UN의 직무보호권은 문제되지 않고, 피해직원 국적국의 외교적 보호권만 문제된다. 따라서 이 경우 국내구제완료 원칙이 적용된다. 둘째, 직원이 업무 중 피해를 본 경우, 국제기구의 직무보호권과 피해자 본국의 외교적 보호권이 모두 문제된다. 본국이 외교적 보호권을 발동하게 된다면 국내구제완료 원칙이 적용된다. 그러나, 국제기구가 직무보호권을 발동한다면 국제기구의 직접피해에 해당되어 UN이 직무를 수행하는 직원을 위해 보호권을 행사하는 것은 직원을 대리하는 것이 아니라 기구 자신의 권리를 행사하는 것이므로 국내구제완료 원칙은 적용되지 않는다.

5. 국제기구와 회원국의 제3자에 대한 연대책임 문제

국제기구가 제3자에게 손해를 끼친 경우 국제기구 회원국도 국제기구와 별개로 책임을 져야 하는가? 국제기구는 회원국과 별개의 법인격을 향유하므로 국제기구의 위법행위에 대해서는 국제기구만 책임을 지는 것이 원칙이다. 다만, 국제기구 설립조약을 포함하여 조약에서 명시적으로 혹은 묵시적으로 규정하고 있는 경우, 사건 발생 후 달리 합의한 경우, 국제기구를 만든 다음 이를 통해 국가 책임을 회피하려고 의도한 경우 등에는 예외적으로 국제기구의 회원국들은 동 기구의 행위에 대해 경합적으로 혹은 연대하여 책임을 부담할 수 있다. 유럽인권재판소는 Behrami 및 Saramati 사건에서 UN KFOR의 행위는 피고 '유럽인권협약' 당사국들에 귀속되지 않는다고 판결하였다.

6. 국제기구 대리인의 행위에 대한 책임

국가 또는 타 국제기구에 의해 특정 국제기구의 처분하에 놓여진 기관이나 대리인의 행위에 대해서는 '위법행위책임초안' 제6조의 법리가 적용된다. 즉, 처분권을 행사하는 국제기구가 책임을 진다. 다만, 국제기구가 자신의 처분하에 놓여진 외부기관의 행위에 대해 실효적 통제를 행사하는 경우에 한하여 문제의 기관의 행위는 국제법상 그 기구의 행위로 간주된다. 평화유지군의 경우 파견주체는 UN이므로 평화유지군의 직무상 위법행위에 대해서는 UN이 책임을 진다. 다만, 평화유지군이 파견국의 지시를 받아 위법행위를 한 경우에는 파견국으로 당해 행위가 귀속되어 책임을 진다. 네덜란드 대법원은 Nuhanović 사건에서 UN PKO 활동과정에서 비롯된 결과라도 문제의 행위에 대해 네덜란드가 실효적 통제를 하고 있었다면 그 책임은 네덜란드에 귀속된다고 판단하였다.

7. 직무보호권을 행사하는 기관

국제기구가 손해배상청구권(직무보호권)을 행사하는 경우 국제기구 내의 어떤 기관이 실제로 청구권을 행사하는가? 이것은 기본적으로 기구설립조약의 해석의 문제로서 조약에 명시적 또는 묵시적 근거 규정이 없으면 당해 기구의 사무총장이 이 기능을 맡는다고 보는 것이 타당하다. UN의 경우 UN사무총장이 배상을 청구하였다.

V 결론

앞에서는 국제기구의 국제법주체성의 인정 여부 및 구체적 권리의무에 대해 검토하였다. 오늘날 국제기구는 국제법의 주체로 확립되었다고 볼 수 있다. 다만, 국제법주체로서의 국가와는 몇 가지 차이가 있다. 국제기구는 그 창설과 능력범위를 국가의 의사에 의존한다는 점에서 '파생적 주체'이며, 국제법 정립에 제한적이나 참여한다는 점에서는 '능동적 주체'이다. 또한 대체로 20세기 들어 적극적으로 인정되기 시작했다는 점에서 '비전형적 주체'이며, 영토를 요하지 않는 '비영토적 주체'이다.

제5절　교전단체

Ⅰ 교전단체의 의의

교전단체란 신국가 또는 신정부를 수립할 목적으로 일정 지역에 대하여 통제력을 장악하고 또 지역주민들에 대해 실효적 통제를 행사할 수 있는 통치조직을 갖춘 개인들의 집단을 의미한다. 교전단체는 중앙정부 또는 제3국의 필요에 의해 승인을 받아 잠정적 국제법주체로 창설될 수 있다.

Ⅱ 교전단체 승인

1. 개념

교전단체 승인은 반도단체를 그의 본국 또는 외국이 국제법상 전쟁의 주체로 인정하는 의사표시이다. 일국 내에 내란이 발생하여 정부를 전복하거나 본국으로부터 분리독립할 목적을 가진 반도단체가 일정한 지역을 완전히 지배하여 소위 '지방적 사실상의 정부'(local de facto government)를 확립한 경우 문제시된다.

2. 구별개념 – 반도단체 승인과 차이

반도단체의 승인이란 반도가 교전단체의 승인의 요건을 구비하기 전에 타국이 반란이 존재한다는 사실을 인정하는 의사표시이다. 차이점은 (1) 교전단체 승인은 전쟁의 주체의 승인이며, 반도단체의 승인은 반란이 존재한다는 사실의 승인이다. (2) 전자의 승인에는 요건이 필요하나, 후자의 승인에는 그런 요건이 필요하지 않다. (3) 전자는 본국 또는 타국이 하나, 후자는 타국이 한다.

3. 교전단체 승인의 필요성

(1) 본국

자기의 권력이 현실적으로 미치지 않는 반도단체의 행위에 대한 국제법상 책임을 면하려는 것과 반도단체와의 투쟁에 대해 국제법을 적용함으로써 전쟁의 참화를 감소시키려는 데 의의가 있다.

(2) 타국

본국의 권력이 미치지 않는 영역 내의 재류민과 기타의 권익을 보호하기 위하여 반도단체와의 직접 교섭을 할 필요성이 있다.

4. 본질

교전단체의 승인은 승인에 의하여 비로소 반도가 전쟁의 주체로 되며 승인 전의 반도단체는 전쟁의 주체가 아니므로 승인은 '창설적'이다.

5. 법적 성격

교전단체의 승인은 국제법상의 제도이나 중앙정부와 제3국이 각각 필요에 따라 행하는 정치적·재량적 행위이다. 따라서 승인의 요건이 갖추어져 있다 하더라도 중앙정부와 제3국의 승인의무는 없다.

6. 본국에 의한 승인

특별한 요건을 요하지 않는다. 본국의 승인에 의해 타국의 권리가 침해당할 위험이 없기 때문이다. 실제에 있어 본국과 반도단체와의 전투가 상당히 대규모로 확대되고 본국정부의 권력이 반도단체의 점령지역에 전혀 미치지 못할 때에 교전단체로 승인할 것이다.

7. 제3국에 의한 승인

제3국이 독자적으로 교전단체에 대해 승인을 부여하기 위해서는 엄격한 요건을 요한다.

첫째, 일국 내에 있어서 일반적 성질을 가지는 무력투쟁상태가 존재해야 한다. 따라서 어느 일부 지방에 국한된 극히 소규모의 게릴라적 전투만으로는 불충분하다. 둘째, 반도가 일정한 지역을 점령하고 사실상의 정부를 조직하여 본국정부의 통치를 완전히 배제하여야 한다. 셋째, 반도가 본국과의 투쟁에 있어서 전쟁법규를 준수할 의사와 능력이 있어야 한다. 이를 위해 책임있는 지휘자에 의해 조직적인 군사행동이 취해져야 한다. 넷째, 반도단체의 점령지역 내의 보호를 요하는 타국의 권익이 존재해야 한다. 요건을 구비하기 전에 승인을 하면 본국정부에 대한 불법간섭이 된다. 그러나 요건을 구비하기 전이라도 본국정부가 승인한 후에는 타국은 교전단체로 승인할 수 있다.

8. 교전단체 승인의 방법

(1) 본국에 의한 승인

명시적 승인과 묵시적 승인이 있으나, 일반적으로 묵시적 방법이 행해진다. 본국이 반도단체에 대해 교전국에 대한 것과 동일한 조치를 취할 때, 예컨대 포로의 교환이나 반도단체가 점령하고 있는 지역을 봉쇄하고 제3국에 대해 중립의 의무를 요구하는 것은 묵시적 승인이다.

(2) 타국에 의한 승인

제3국이 중립을 선언하는 것은 명시적 승인이며, 반도단체의 군함이 공해상에서 자국의 선박을 임검할 때 이를 묵인하는 것은 묵시적 승인이다.

9. 교전단체 승인의 효과

(1) 일반적 효과

첫째, 승인에 의해 반도단체는 전쟁의 주체인 교전단체의 지위를 부여받는다. 둘째, 본국에 의한 승인의 효과는 본국과 교전단체 및 본국과 모든 타국 간에 미친다(절대적 효과). 타국에 의한 승인의 효과는 그 승인국과 교전단체 및 그 승인국과 본국 내에 미치며 승인을 하지 않은 타국에는 미치지 않는다(상대적 효과). 셋째, 승인의 효과는 창설적이므로 장래에 향해서만 효력이 있으며 과거에 소급할 수 없다.

(2) 구체적 효과

① 본국과 교전단체: 본국과 교전단체 간의 투쟁은 내란에서 전쟁으로 전환되며, 교전단체가 지배하는 영역과 반도에게 본국의 국내법의 적용이 배제되고, 반란죄로 처벌되지 않으며 포로의 대우를 받는다.

② 교전단체와 제3국: 교전단체는 제3국의 중립을 존중해야 하고 제3국은 중립의 의무를 지켜야 한다. 교전단체는 자기행위에 의한 국제법상 책임을 제3국에 대하여 부담하며, 제3국은 교전단체의 행위에 의한 국제법상 책임을 교전단체에 대하여 물을 수 있다.

③ 제3국과 본국: 제3국은 본국에 대해 중립의 의무를 부담하며 본국은 제3국의 중립을 존중해야 한다. 제3국은 교전단체의 행위에 의한 국제법상 책임을 본국에 물을 수 없으며, 본국은 이 책임을 면한다.[17]

Ⅲ 교전단체의 법적 지위

교전단체는 준국가 또는 국가유사단체(state-like entity)로서 제한적이고 잠정적인 국제인격을 향유한다. 교전단체는 그들이 장악하고 있는 지역에서 '영토주권'을 갖는 것이 아니라 '사실상의 권한'(de facto authority)을 임시로 행사한다. 따라서 교전단체는 자신이 장악하고 있는 지역 전체 또는 일부를 다른 국가에게 합법적으로 할양해 줄 수 없다.

Ⅳ 북한의 법적 지위

남한의 입장에서 볼 때 북한의 국제법상 지위는 국가가 아니다. 또 한반도를 대표하는 정부도 아니다. 문제는 반도단체인가 교전단체인가인데 북한은 '지방적 사실상 정부'이고, 한국동란 기간에 북한의 병력은 포로의 대우를 받았으며 포로의 교환이 행해졌고, 또 휴전협정의 당사자가 되어 있는 점 등으로 보아 교전단체로 보는 것이 타당하다.

---

17) 승인 이전이라도 반도단체 행위 자체에 대하여는 본국 정부가 책임을 지지 아니한다. 다만, 통제의무(due diligence) 위반의 책임이 존재할 따름이다.

제6절 민족과 민족자결권

I 의의

1. 개념

자결(self-determination)이란 어느 민족이나 인민이 외부로부터 간섭을 받지 않고 스스로 정치적 지위를 자유로이 결정하며, 동시에 그 경제적·사회적·문화적 발전을 자유로이 추구하는 것을 말한다. 자결권이 국제법상 권리인지에 대한 논쟁이 있었으나, 지금은 제2차 세계대전 이후 국가 간 실행을 통해 확립된 권리라고 하는 것이 통설이다.

2. 연혁

1917년 소련에 의해 국제적 차원에서 최초로 천명되었고 서구진영에서는 윌슨에 의해 제창되었다. 그러나 레닌의 민족자결은 사회주의 강화를 위한 과도기적·전술적 개념이었고 윌슨의 자결주의는 즉각적·무조건적 자결을 인정하지 않았던 한계가 있었다. 제2차 세계대전 이후 UN헌장에 처음으로 삽입되었고 그 후 제3세계의 주도하에 많은 국제문서에서 이를 채택하였으며 국제판례에서도 이를 인정하게 되었다.

II 민족자결권을 향유하는 주체에 관련된 법적 쟁점

1. 주체의 범위

자결권을 향유하는 민족은 식민지배하의 민족, 외국 점령하의 민족, 인종차별체제하의 민족에 국한되며 이 세 부류 이외의 민족을 위하여 투쟁하는 해방단체는 국제적 지위를 향유하지 못한다. 따라서 독재정부의 압박을 받고 있는 저항단체, 일국 내에서 인종·종교·언어 등에 있어서의 소수자집단은 민족자결권을 향유하지 못한다. 다만, 세 부류의 적용범위를 넓게 해석함으로써 범위를 확대할 수 있다. 즉, 식민의 개념에 신식민지배 유형을 포함하도록 해석할 수 있다. 외국점령에도 군사점령뿐 아니라 비민주 독재정부를 외국정부가 군사적·경제적 원조를 통해 유지시켜주는 것을 포함시킬 수 있다.

2. 영토적 지배의 문제

민족해방운동이 자결권을 향유하는 민족의 대표기구로서 국제법주체성을 향유하기 위해 일정 영토를 자신의 실효적 지배(effective control)하에 두어야 하는가? 이에 대해 제3세계나 사회주의권 국가들은 민족해방단체는 민족자결이라는 이데올로기적 법원칙에 기초하여 국제적 지위를 향유하는 것이므로 영토지배는 필요조건이 아니라고 주장하고 있다. 제네바인도법회의(1974~1977)에서 채택된 제네바 제1추가의정서는 민족해방운동단체의 무력투쟁을 국제적 무력충돌로 간주하는 한편, 민족해방운동단체에 의한 영토 장악을 국제무역투쟁의 당사자가 되기 위한 요건으로 보지는 않았다.

3. 승인의 문제

민족해방운동은 자결권의 실현을 위해서 투쟁한다는 목표와 이 목표를 달성하는 데 필요한 실효적인 정치조직을 구비해야 한다. 이러한 정치조직이 국제법주체성을 향유하기 위해 타국 또는 국제기구의 승인을 필요로 하는가? 즉, 승인에 의해 비로소 국제법주체성이 창설되는 것인가? 이에 대해 민족해방운동은 시원적 주체로서 필요한 조건을 충족시키는 경우 즉시 국제적 지위를 주장할 수 있다고 보는 것이 일반적이다.

Ⅲ 자결권

1. 법적 구속력

(1) UN헌장

> 📋 **조문 | UN헌장 제1조 제2항**
>
> 사람들의 평등권 및 자결의 원칙의 존중에 기초하여 국가 간의 우호관계를 발전시키며, 세계평화를 강화하기 위한 기타 적절한 조치를 취한다.

UN헌장 제1조 제2항은 "UN의 목표는 …민족의 평등권과 자결원칙의 존중을 기초로 하여 국가 간의 우호관계를 발전시키는 데 있다."라고 규정하고 있다. UN헌장 규정은 몇 가지 한계가 있다. 첫째, 즉각적으로 달성되어야 할 법적 구속력 있는 의무를 수립한 것이 아니라 단지 UN의 한 가지 목표를 밝힌 것이다. 둘째, UN헌장 내에서 식민지의 자결은 대체로 독립보다는 '자치'를 의미하는 것으로 받아들여졌다. 셋째, 자결은 국가 간의 평화와 우호관계를 확보하기 위한 하나의 '수단'으로만 생각되었으므로 자결 원칙의 이행이 국가 간의 긴장과 충돌을 야기할 경우 언제든지 배제될 수 있었다. 넷째, 자결은 분리독립을 초래하거나 이를 허용하지 않는 범위 내에서만 지지되었다.

(2) UN헌장 이후 발전

제3세계는 이러한 온건한 규정에 불만을 표시하고 민족자결의 법 원칙화와 그 조속한 실현을 촉구하였다. 그 결과 많은 국제문서에서 동 원칙을 채택하였다. 동 원칙을 채택한 문서들은 다음과 같다. 1960년 식민지와 제민족에 대한 독립부여 결의, 1962년 천연자원의 영구주권 결의, 1966년 국제인권A규약, B규약, 1970년 우호관계선언 등이다.

(3) 국제판례

ICJ도 1971년 나미비아 사건과 1975년 서부 사하라 사건의 권고적 의견에서 자결권을 법적 권리로 본다는 견해를 표명하였다.

(4) 소결

이러한 국제문서와 국제판례상의 실행으로 볼 때 민족자결권은 국제법상 권리이자 구속력 있는 일반 원칙으로 확립되었다고 볼 수 있다.

2. 자결권의 법적 성격

(1) 일반적 성격

자결권(right of self-determination)은 그 성격상 국제공동체의 모든 국가들에게 영향을 미치므로 대세적 권리(right erga omnes)이다. 따라서 모든 국가가 이 권리를 존중할 의무가 있다. 특히, 점령국·식민지 본국·인종차별국가는 자결권 행사에 대한 불법적인 방해를 중단하고 자결권을 인정할 의무가 있다. 제3국도 압제국의 억압적 지배를 공고히 해줄 가능성이 있는 일체의 원조를 부여해서는 안 되며, 특히 군사원조를 해서는 안 된다.

(2) 강행규범성

자결원칙은 대세적 의무(duties erga omnes)를 창설하는 강행규범이다. ICJ는 Western Sahara 사건에서 민족자결은 관련 민족의 의사가 자유롭고 진정하게 표현될 것을 요구한다고 하였다. 따라서 자결권의 자유로운 행사에 제약을 가하거나 자결권을 부인하는 조약은 당연무효로 간주된다. 이러한 전제에서 1978년 9월 17일의 이집트-이스라엘 간 캠프데이비드협정은 팔레스타인 민족의 자결을 제한하였기 때문에 무효라는 견해가 있으며, 1979년의 UN총회 결의도 동 협정은 유효하지 않다고 언급하였다. 자결 원칙을 위반하여 수립된 국가도 국제법의 시각에서는 위법할 뿐만 아니라 당연무효이다. 예를 들어 과거 남아프리카공화국이 흑인 반투족들에게 부여한 독립을 들 수 있다.

3. 민족해방기구의 권리와 의무

(1) 외부로부터 지지를 구하고 받을 권리

자결권의 구체적 내용으로서 자결권의 행사를 위해 투쟁하는 민족은 'UN헌장의 목적과 원칙에 따라' 외부로부터 지지를 구하고 받을 권리가 있다.

(2) 무력사용권의 포함 여부

다수국가들은 민족을 대표하는 민족해방운동은 압제세력에 대해 무력을 사용할 권리를 갖는다고 본다. 그러나 서방국가들은 민족해방운동의 무력사용의 권리를 인정하지 않고 있다. 1974년 채택된 침략정의결의 제7조는 헌장의 원칙들과 우호관계선언에 따라 민족들이 목적달성을 위해 투쟁(struggle)하고 지지(support)를 구하고 받을 권리를 갖는다고 규정하였다. 이에 대해 중국, 알제리, 이집트 등은 이 규정이 민족해방운동의 무력사용권을 승인한 것으로 해석하였으나, 미국이나 영국 등 서방국가들은 그러한 해석을 거절하였다.

(3) 제네바 조약의 적용

민족해방운동과 압제정부 간의 무력충돌은 국제적 무력충돌(international armed conflict)로 간주되며, 따라서 1949년 제네바 4개 협약과 1977년의 제네바 제1추가의정서가 적용된다.

(4) 조약체결권

제한된 범위에서 국가 및 국제기구와의 조약체결권이 있다. 동 협정은 조약법에 의해 규율된다. 민족해방운동과 국가 간에 체결되는 조약에서는 적대행위의 중단과 독립부여에 관한 조건, 국경선 문제, 민족해방운동 소속 군대의 주둔 등의 문제를 규율한다.

(5) 외교권

국가들과 외교관계를 수립하고 사절단을 파견할 수 있다.

⚖ 판례 | 동티모르 사건[18][19] - 자결권의 대세적 권리성

티모르는 동남아시아 말레이군도에 있는 섬이다. 서티모르는 네덜란드의 식민지였으나 인도네시아가 독립할 때 인도네시아의 영토로 편입되었다. 동티모르는 16세기 이래 포르투갈의 식민지였다. 동티모르의 남쪽 해안은 호주의 북쪽 해안과 약 230해리의 거리를 두고 마주보고 있다. 인도네시아와 호주는 1971년 대륙붕 관련 협정을 체결하면서 동티모르 해안에 연접한 대륙붕은 제외하였으며, 제외된 지역을 티모르갭(Timor Gap)이라 한다. 포르투갈은 동티모르를 식민지화한 이래 동티모르를 자국 영토로 주장하였으며 1933년 헌법에서는 동티모르를 포르투갈의 '해외주'(overseas province)로 규정하였다. 그러나 1974년 군부 쿠데타 이후 식민지 정책을 전환하여 자결권을 부여하는 방향으로 수정하였다. 이후 동티모르에서는 내전이 발생하였으며 이 와중에 포르투갈은 동티모르에서 철수하였고, 인도네시아는 동티모르를 침공하여 인도네시아의 27번째 주로 편입하는 조치를 취했다. UN은 1960년 총회결의 제1542호를 채택하여 동티모르를 UN헌장상의 비자치지역으로 분류하였다. 인도네시아군이 동티모르를 침공한 이후에는 안보리는 결의 제384호를 채택하여 동티모르의 영토보전과 동티모르 인민의 고유한 자결권을 존중할 것과 인도네시아 병력의 즉각적인 철수를 요청하였다. UN총회 역시 결의 제3485호를 통해 인도네시아 병력의 무력간섭에 대한 강한 유감을 표시하였다. 호주는 애초 인도네시아의 무력개입에 대한 비난하는 태도를 취했으나 1978년 1월 20일에 인도네시아의 동티모르 병합에 대해 사실상의(de facto) 승인을 부여하였다. 인도네시아의 동티모르 병합에 관한 호주의 승인이 있은 이후, 인도네시아와 호주는 티모르갭의 대륙붕 경계획정을 위한 교섭을 시작하였으나 실패하자 자원의 공동탐사와 개발을 위한 잠정협정을 체결하였다(1989년 12월 11일). 이 사건에서 포르투갈은 제3자 법익의 원칙이 적용되지 않는다고 주장하고 그 논거로서 오스트레일리아에 의한 대세적 권리(rights erga omnes)의 침해를 들었다. 즉, 호주는 자결권을 침해하였으며 자결권은 대세적 권리이므로 제3국이 마찬가지의 권리침해행위를 하였는지 여부와 관계없이 개별적으로 그러한 권리의 존중을 요구할 수 있다는 것이다. 이에 대해 우선 재판소는 자결권이 대세적 성격(erga omnes character)을 가진다는 것은 부정할 수 없으며 현대국제법의 본질적인 원칙의 하나라는 점에 대해 언급하였다. 그러나 동시에 재판소는 어떤 규범의 대세적 성격과 관할권에 대한 합의규칙을 별개의 것으로 보았다. 원용되는 의무의 성격과 관계없이 재판소는 판결이 사건의 당사자가 아닌 다른 국가의 행위의 합법성에 관한 평가를 내포하는 경우에는 국가 행위의 합법성에 대한 결정을 내릴 수 없다고 하였다.

제7절 개인

I 서론

국제법의 주체란 국제법상의 권리·의무가 직접적으로 귀속되는 자를 의미한다. 개인에 관하여 국제법상 문제되는 것은 개인이 국제법주체가 될 수 있는가에 있다. 이에 대한 전통국제법의 시각은 개인을 단지 법의 객체로 취급했을 따름이다. 따라서 개인은 외국의 부당한 침해행위에 대해서는 자국의 외교적 보호에 호소해야 했으며, 자국정부로부터 침해를 받은 경우는 순전히 국내문제로서 국제법 규율 밖에 있는 것으로 생각되었다. 그러나 제1·2차 세계대전 이후 현대 국제법은 제한된 범위에서나마 개인의 권리를 인정하게 되었다. 개인의 국제법주체성에 대한 학설을 검토하고, 국제법상 개인의 주체로서 향유 또는 부담하는 주요 권리 및 의무를 검토한다.

---

18) Case concerning East Timor, 포르투갈 대 호주, ICJ, 1995년.
19) 박배근(2001), 동티모르 사건, 국제법판례연구, 제2집, 서울국제법연구원, 박영사.

Ⅱ 개인의 국제법주체성에 대한 학설

1. 부정설 – 전통적 견해

국제법은 국가 간의 관계를 규율하는 법으로 국가의 의사에 의해 정립 · 적용되므로 국가만이 국제법상 권리 · 의무의 주체가 될 수 있다고 한다. 비록 국제법이 개인이 주체가 될 수 있다고 규정한 경우에도 국제법은 직접 개인에게 국내적으로 효력을 가질 수 없고 국가의 인용이 있어야 효력이 발생한다.

2. 긍정설 – 현대국제법의 시각

국가뿐만 아니라 개인도 국제법주체가 된다는 주장으로 최근의 통설이다. 이에 대해서는 다시 그 주체성을 넓게 인정하는 견해와 좁게 인정하는 견해로 나누어진다.

(1) 넓게 인정하는 견해

이 견해는 개인의 국제법주체성을 인정하면서 국제법이 개인의 권리 · 의무를 규정하고 있기만 하면 국제법주체성이 인정된다고 한다. 즉, 권리 또는 의무가 국제법상의 기관을 통하여 직접 개인에게 귀속되는 경우뿐 아니라, 설사 국내법상의 기관을 통하여 귀속되는 경우에도 그것이 국제법에 근거를 갖는 한, 개인도 국제법의 주체가 된다는 주장이다.

(2) 좁게 인정하는 견해

법적 권리의 개념은 그 권리의 침해 시 구제능력까지도 포함하는 개념으로 이해되는바, 국제법주체의 의미를 국제절차법상 '당사자능력'으로 이해하여 개인의 국제소송당사자능력을 인정하거나, 국제절차에 의하여 의무 위반에 대한 제재를 가할 수 있을 때에만 국제법주체성을 인정하는 견해이다.

3. 소결

국제법이 점차 개인에게 권리를 부여하고 의무를 부과하고 있는 점에 비추어 볼 때 개인을 국제법주체로 긍정하는 것이 타당하다. 다만, 개인의 국제법주체성을 포괄적으로 인정하기는 어렵다고 본다. 일반적으로 법의 주체라는 개념은 일정한 법질서에 있어서 권리의 향유자에게 소송능력을 부여한 경우에만 사용하는 법기술적 수단이다. 따라서 개인에게 조약상의 권리를 확보하는 절차가 국제적으로 부여되지 않은 경우에는 개인의 권리가 조약상으로 규정되어 있을지라도 개인이 국제법주체라고 말할 수 없다. 또한 국가기관이 국제법에 근거하여 제재를 가하는 현상만을 가지고 개인의 국제적 의무를 말하는 것은 개인의 의무를 부당하게 확장하게 된다. 따라서 국제법에 의해 권리 및 의무가 부여되고 권리침해 시 침해를 구제하는 국제절차가 예정되어 있고, 의무 위반 시 개인의 처벌을 위한 별도의 국제절차가 있는 경우에 한하여 개인이 국제법주체라고 보는 것이 타당하다.

Ⅲ 개인의 국제법상 권리

1. 개인의 국제법상 주요 권리

(1) 인권

제1차 세계대전 이후 개인의 권리로서의 인권은 제한된 범위 내에서나마 직접 국제법의 보호를 받게 되었으며, 그 경향은 계속 강화되고 있다. 제2차 세계대전 이후에는 다수의 인권조약이 체결되어 개인의 인권을 조약에 의해 직접 보호하고 있다. 인권조약들은 개인의 권리를 조약에 의해 직접 부여하기도 하고, 조약당사국들이 개인들에게 국내법상의 권리를 부여할 상호적 의무를 부과하기도 한다.

(2) 국제소송권

개인이 국제법원에 소송을 제기할 수 있는 능력이다. 실정국제법상 중미사법법원이 최초로 개인의 제소권을 인정하였다. 유럽공동체의 경우 공동체 기관에서 개인에게 내린 '결정'의 위법을 주장하는 경우 문제의 기관을 상대로 하거나 공동체기관이나 그 기관원의 행위로 인해 개인에게 손해가 발생한 경우 손해배상에 관한 문제에 대해 개인의 제소권을 인정한다. 투자분쟁해결센터나 UN행정법원 등 국제기구 행정법원도 개인의 국제소송권을 규정하고 있다.

(3) 청원권

청원권이란 개인이 국제조약상의 자신의 권리를 침해당한 경우 조약상의 절차와 요건에 따라 자신의 권리의 구제를 요청하는 절차를 의미한다. 신탁통치지역주민의 UN에의 청원권, 유럽인권위원회나 미주인권위원회에의 당사국의 의무 위반에 대한 개인의 청원, 1966년 '시민적 및 정치적 권리에 관한 국제규약의 선택의정서'에 의한 인권위원회에의 개인의 청원 등이 있다.

2. 개인의 국제법상 권리의 한계

첫째, 개인은 단지 국제절차를 개시할 권리만을 부여받고 있다. 즉, 개인은 국가의 조약 위반사실에 관하여 국제기구에 국제절차를 개시할 수는 있으나 그 절차에 참여할 수는 없다. 더구나 개인은 자기에게 유리하게 내려진 국제결정을 강제할 권리가 없다. 둘째, 개인의 이 같은 제한된 절차적 권리가 국제관습법이 아닌 단지 조약에 의해서만 허용되므로 개인은 당해 조약에 가입하지 않은 국가에 대해서는 그 같은 절차를 발동할 수 없다. 셋째, 조약에 가입한 국가들도 개인이 발동하는 국제감독절차를 규정한 조항의 수락 여부는 조약당사국의 의사에 맡겨놓고 있다. 예컨대 1966년 국제인권B규약의 개인의 국가고발제도는 B규약선택의정서를 수락한 국가에 대해서만 발동이 가능하다. 넷째, 국제절차에 의한 심사는 그 성격이 사법적이지 못하여 증거수집의 제약이 있고, 결과도 판결이 아닌 '보고서' 내지 '권고'의 형태를 띤다.

Ⅳ 개인의 국제법상 의무 및 처벌제도

1. 개인의 주요 국제 의무

(1) 조약상의 의무

조약의 규정에 의하여 개인에게 일정한 의무를 부여할 수 있다. 예를 들어, 일정한 해역에 있어서의 어업 제한에 관한 조약 또는 해저전선보호에 관한 조약에서 개인은 일정한 의무를 부담한다.

(2) 해적행위금지의무

해적행위는 국제관습법상 금지되어 있다. 해적행위를 한 개인은 모든 국가의 군함에 의해 체포되어 군함의 기국에 의해 처벌된다.

(3) 전쟁법준수의무

전쟁법을 준수할 의무는 1차적으로 국가에 있으나 개인에게도 부과되어 있다. 전쟁법은 군인이 전투 시에 일정한 규칙을 준수해야 하며 민간인은 스스로 적대행위를 해서는 안 된다고 규정하고 있다. 전쟁법위반행위를 '통상의 전쟁범죄'라 하여 제2차 세계대전 이후의 '새로운 전쟁범죄'와 구분한다.

(4) 침략전쟁 및 무력행사의 금지의무

개인은 침략적 전쟁이나 무력행사를 하지 않을 의무가 있다. 전통적으로 부전조약이나 UN헌장 등에 의해 이 의무는 국가에 대해서만 부과되었으나, 제2차 세계대전 이후 국제군사재판에서는 국가기관의 지위에 있었던 사람도 개인으로서 책임이 있다고 판결하고 전쟁범죄인으로 처벌하였다. 동 의무 위반을 '평화에 대한 죄'(crime against peace)라 한다. 평화에 대한 죄는 제2차 세계대전 이후의 새로운 전쟁범죄로서 침략전쟁 또는 국제법위반의 전쟁을 계획·준비·개시하거나 공동모의에 참가한 행위 등을 말한다.

(5) 집단살해금지의무

개인은 집단살해를 행하지 않을 의무가 있다. 집단살해란 민족적·종족적·종교적 특정 그룹을 말살하려는 의도하에 이루어지는 범행으로서 살인, 심각한 정신적·신체적 상해, 출산방해, 아동의 강제이동행위 등을 말한다.

(6) 인도에 대한 죄의 금지의무

인도에 대한 죄(crimes against humanities)란 '전쟁 전 또는 전쟁 중에 일반인민에 대하여 행해진 살해, 절멸적 대량살상, 노예화, 강제이동, 기타 비인도적 행위 또는 정치적·인종적·종교적 이유에 의한 박해'를 말한다.

2. 국제법상 개인의 형사처벌제도

(1) 국내처벌의 원칙

개인이 국제법상 의무를 위반한 경우 국제범죄인의 처벌은 국내기관이 담당하는 것이 일반적이며 이를 국내처벌의 원칙이라 한다. 이는 국제공동체의 제도적 불완전성 때문에 국가에 위임한 것이다. 국가는 국제법에 따라 국제범죄인을 자국법에 따라 처벌하거나 타국에 인도해야 한다. 한편, 국제범죄인에 대해서는 보편관할권을 인정하여 범죄인과 인적 유대, 속지적 유대, 이해관계적 유대를 갖지 못한 경우에도 처벌하도록 하고 있다.

(2) 전쟁범죄인의 국제적 처벌

① **연혁**: 주요 전쟁범죄인을 국제적으로 처벌한 것은 제1차 세계대전 이후의 일이었다. 그 이전에는 국가와 별도로 국가기관을 구성하는 자연인의 국제형사책임을 추궁하지 않았다. 제1차 세계대전 이후 침략전쟁을 이유로 독일의 빌헬름 2세를 처벌하기로 한 것이 시초였다. 제2차 세계대전 이후에도 주요 전쟁범죄인들을 처벌하기 위해 뉘른베르크국제법원과 동경국제법원을 설치하였다.

② **뉘른베르크국제법원**: 유럽지역의 주요 전쟁범죄인들(major criminals)을 처벌하기 위해 설치된 국제형사법원으로서 1945년 런던협정에 의해 법원규약을 제정하였다. 뉘른베르크법원은 판결을 통해 국제법이 개인에게 직접적용된다는 것, 국가기관 구성원도 형사책임을 면할 수 없다는 것, 불법적인 상부명령을 원용할 수 없다는 것, 국제법이 국내법에 우선한다는 점을 분명히 선언하였다.

③ **동경법원**: 일본의 주요 전쟁범죄인들을 처벌하기 위해 설치되었다. 6명이 사형선고를 받았다.

(3) 안전보장이사회의 결의에 기초한 임시적 국제형사법원

① **구유고국제형사법원(ICTY)**: UN은 구유고슬라비아 해체과정에서 세르비아계가 다른 민족에 대해 '인종청소'(ethnic cleansing)를 자행하자 1993년 안보리 결의 제827호를 통해 구유고지역에서 1991년 1월 1일 이후 발생한 국제인도법의 중대한 위반에 대한 책임있는 자를 소추하기 위해 임시특별법원을 네덜란드 헤이그에 설치하였다.

② **르완다국제형사법원(ICTR)**: UN은 르완다 지역에서 발생한 종족분쟁으로 인한 내전 당시 자행되었던 조직적 집단살해행위를 비롯한 중대한 인권침해행위를 처벌하기 위해 1994년 안보리 결의 제955호를 통해 임시특별법원을 탄자니아에 설치하였다.

(4) 국제형사법원(ICC)

50년대 논의가 중단되었던 상설국제형사법원의 설립문제는 1989년 재개되었고 1998년 이탈리아 로마에서 국제형사법원설립규정을 최종 채택하였으며 2002년 7월 1일 발효하였다. 국제형사법원이 설립된 이유는 ① 국제사회의 인권보호에 관한 인식의 증대, ② 세계 도처에서 자행되는 잔혹하며 대규모적인 인권침해를 더 이상 방치할 수 없다는 공감대 형성, ③ ICTY나 ICTR 같은 임시국제형사법원을 상설화시킬 필요성에 있었다.

(5) 시에라리온 특별재판소

개인의 국제범죄를 처벌하는 재판소로서 국제적 성격과 국내법원 성격이 혼재된 대표적 법원이다. 시에라리온 특별재판소의 특징은 다음과 같다. 첫째, UN 산하의 기관이 아니다. 조약에 의하여 공동으로 설립된 그 자신 한 개의 독립된 국제기구이다. 둘째, 국제인도법과 시에라리온(국내)법의 중대한 위반에 대해 가장 큰 책임이 있는 자들을 소추하기 위해 구성되었다. 셋째, 재판소의 인적 구성과 그 방법에 있어서도 혼합적이다. 즉 재판관의 일부는 UN 사무총장이 임명하고 다른 일부는 시에라리온 정부가 임명한다. 재판관의 국적에는 제한이 없으며, 따라서 시에라리온 정부는 반드시 자국민을 재판관으로 임명할 것이 요구되지는 않는다. 넷째, 재판소 경비는 국제공동체로부터의 자발적 기부금으로 충당한다. 다섯째, 시에라리온 특별재판소와 시에라리온의 국내재판소들은 경합적 관할권을 갖는다. 다만, 전자는 후자에 대해 우위를 가지며, 따라서 절차의 어떤 단계에서도 후자에 대해 양보할 것을 요청할 수 있다. 2013년 9월 26일 항소재판부는 1심재판부의 판결을 지지하고 찰스 테일러의 항소를 기각하였다. 찰스 테일러는 제2차 세계대전과 관련한 전쟁범죄 재판 이래 유죄가 확정된 최초의 전직 대통령이 되었다.

Ⅴ 결론

앞에서는 현대 국제법질서에서 개인의 국제법주체성에 대해 검토하고, 개인의 현실적으로 갖는 권리 및 의무에 대해 논의하였다. 오늘날 개인은 국제법의 주체로서 확립되었음에도 불구하고 개인은 수동적·파생적 주체라는 점에서 능동적·시원적 주체인 국가와 구별된다. 즉, 개인은 국제법을 정립할 능력이 없으며, 그의 권리이든 의무이든 국가가 인정한 한도 내에서만 향유하거나 부담한다. 개인의 국제처벌제도는 상설국제형사법원의 설립으로 제도화가 진전되었음에도 불구하고 개인의 권리, 특히 인권침해행위에 대해서는 개인의 국제소송권은 인정되지 않고 있다. 국제법의 점진적 발달 및 국제사회의 법치주의 강화를 위해서는 이러한 제도가 도입될 필요가 있다고 생각된다.

제8절 | NGO

Ⅰ 서론

국제사회의 법으로서의 국제법은 전통적으로 국가만을 그 주체로 인정해 왔으나, 최근 국제사회에서 활동영역을 확대해 가고 있는 NGO의 주체성 인정 여부에 대한 논의가 고조되어 왔다. 현행 국제법상 NGO에 능동적이고 포괄적인 국제법주체성이 인정될 수 없다고 본다. 그러나 국제법주체의 인정은 국제공동체의 발달과정에 의존하기 때문에 국제공동체의 현실과 국제규범 간의 괴리를 좁히기 위해서는 NGO의 국제법주체성에 대한 검토가 필요하다고 본다. NGO의 개념 및 국제법주체성의 인정기준을 검토하고, 그러한 기준들에 비추어 현 단계 NGO의 국제법주체성을 국제기구 및 협약상의 법적 지위, 청원권 및 제소권, 국제입법과정에서의 활동들을 중심으로 평가한다.

Ⅱ NGO의 개념과 국제법주체성의 인정기준

1. NGO의 개념

NGO에 대한 일반적 정의는 존재하지 않으나, 그 개념 요소로서 개인들로 구성, 국가로부터 독립, 공익의 추구, 법치주의 원칙의 존중이 일반적으로 제시되고 있다. NGO의 개념은 국제NGO와 국내NGO를 포괄한다.

2. 국제법주체성의 인정기준

국제법주체란 국제법상 권리 및 의무의 수범자로서 권리능력과 행위능력을 동시에 갖는 행위자로 정의된다. 행위능력으로는 법률행위능력, 위법행위책임능력, 소송능력을 포함하며, 행위능력의 일부만을 갖더라도 국제법주체성은 인정된다. 국가는 일반적으로 완전한 권리능력과 행위능력을 갖는 것으로 인정되나, 보호국이나 종속국과 같이 행위능력이 제한되는 경우도 있다. NGO의 경우 권리능력과 이에 기초한 행위능력을 모두 갖는다고 볼 수 없으나, 국가 또는 국제기구가 인정하는 범위 내에서 협의, 청원, 제소, 입법과정에 대한 조언 등의 권리를 갖는다.

Ⅲ NGO의 국제법적 지위

1. 국제연맹과 NGO

국제연맹규약에는 적십자단체와 협력을 희망하는 제25조의 규정을 제외하고는 구체적 규정이 없었으나, NGO 들을 연맹회의에 초청하고, 연맹산하위원회에 '평가인' 자격으로 참석하게 하였다.

2. 국제연합과 NGO

(1) NGO의 지위에 관한 UN규정

> **📖 조문 | UN헌장 제71조**
>
> 경제사회이사회는 그 권한 내에 있는 사항과 관련이 있는 비정부 간 기구와의 협의를 위하여 적절한 약정을 체결할 수 있다. 그러한 약정은 국제기구와 체결할 수 있으며 적절한 경우에는 관련 국제연합회원국과의 협의 후에 국내기구 와도 체결할 수 있다.

UN헌장 제71조는 UN경제사회이사회가 그 소관업무와 관련 있는 국제 및 국내NGO와 협의장치를 만들 수 있다고 규정하고 있다.

(2) NGO 지위 유형과 활동권한

경제사회이사회 결의에 따르면 NGO는 포괄적 협의지위, 특별협의지위, 명부등재지위로 구분되며, 그 지위의 차이에 따라 의제제출, 회의참석 및 발언, 서면성명서 제출, 특별연구 실시 등의 권한을 부여 받고 있다.

(3) NGO의 구체적 활동

UN 내외에서 NGO는 특정 문제를 정책의제로 설정되도록 주의를 환기하고, 관련회의에 참석 발언을 통해 정책결정과정에 영향을 미친다. 또한 UN의 개발원조 등의 정책 집행 권한을 대신 이행하며, UN이 주관하는 각종 협약의 가입과 이행에 있어 각국 정부들을 독려하고 감시하는 역할을 한다.

3. 지역기구와 NGO

유럽인권협약의 이행을 담당하는 유럽평의회는 NGO에 협의지위를 부여하고 있으며, 아프리카단결기구도 NGO에 대해 옵서버 지위를 부여하고 있다.

4. 국제인권 및 환경협약과 NGO

(1) 인권협약상 지위

'경제적·사회적·문화적 권리에 관한 국제규약'위원회에서 경제사회이사회 협의지위를 획득한 NGO는 참석하여 발언하거나 서면 성명서를 제출할 권한을 인정한다.

(2) 환경협약상 지위

국제습지보호조약은 관련 NGO가 사무국 역할을 수행하도록 규정하고 있으며, 오존층보호협약이나 기후변화협약도 NGO에 옵저버 지위를 부여한다.

5. 소결

국제기구와 인권 및 환경관련협약은 동기구나 협약이 추구하는 목적과 양립하는 NGO에 대해 개방적 입장을 견지한다. 그러나 NGO의 권리는 회의에 출석 및 발언하는 데 그치며 투표권을 부여받는 것은 아니라는 점에서 한계가 있다.

Ⅳ NGO의 청원권 및 제소권

1. 의의

소송능력은 국제법주체성 인정의 중요한 기준 중의 하나다. 국제기구나 국제협약은 국제위법행위 발생 시 NGO에게 자신의 이름으로 이의 시정을 청구하거나 소송당사자가 될 수 있는 청원권이나 제소권을 부여하여 제한된 범위에서 국제법주체성을 인정하고 있다.

2. NGO의 청원권

UN경제사회이사회 산하기구인 '인권소위원회'에 청원서를 제출하는 주체로서 희생자뿐 아니라 '희생자를 대신하는' 주체도 인정되는바, 여기에는 NGO도 포함된다. 여성지위위원회나 여성차별철폐협약도 해석상 희생자를 대신하는 NGO에 청원권을 인정하고 있다고 본다. 유럽인권협약이나 미주인권협약도 NGO의 청원권을 명문으로 인정하고 있다.

3. 제소권

1985년의 Rainbow Warrior호 사건에서 NGO인 그린피스는 프랑스와의 중재재판의 당사자로서 피해보상을 받았다. 한편, 유럽인권협약은 자신의 인권이 직접 침해된 NGO에 대해 유럽인권위원회 및 유럽인권법원에 청원이나 진정할 권리를 규정하고 있다.

4. 한계

NGO의 청원권은 대부분 피해자의 권리를 대신하여 행사하는 것에 불과하며 제소권은 예외적으로 인정된 것이다. 이는 자신의 이름으로 직접 국제청구를 제기하는 국가나 국제기구와는 명확한 차이가 있다.

Ⅴ NGO와 국제입법과정

1. 의의

국제법주체성 인정에 있어 '법률행위능력'은 중요한 기준이다. 법률행위능력이란 통상적으로 조약이나 협약의 체결권을 의미하나, 좀 더 광의로는 국제법의 제정과정에 참여할 수 있는 능력으로 볼 수 있다.

2. NGO와 국제입법

NGO는 인권, 여성의 권리, 인도적 구호사업 및 환경 분야의 협약제정과정에 적극 참여한다. 특히 아동권리협약, 고문방지협약, 대인지뢰금지조약, 생물다양성협약 등의 제정에 있어서 NGO는 주요 조항의 초안을 제시하고 직접 협상에 임하며, 그룹 간 마찰을 조정하고 타협을 이끌어내는 역할을 하였다.

3. 한계

국제입법과정에서 NGO에게는 투표권이 부여되지 않기 때문에 NGO가 실질적 입법과정을 주도한다고 해도 공식적으로 당사자가 될 수 없다. 이는 직접 조약 체결권을 갖는 국가나 국제기구의 능동적 주체성과 대비된다.

Ⅵ 결론

국제사회에서 NGO의 중요한 역할에도 불구하고, 현재 국제규범으로는 소송능력이나 법률행위능력을 갖는 능동적 주체라고 보기 어렵다. 즉, 국가에 의해 창설된 국제법 내에서 행위능력을 갖는 제한적·수동적 주체에 불과하다. 그러나, 국제법주체를 인정하는 기준은 상대적이며, NGO를 국제법주체로 인정할 필요성이 현저하여 현 단계 국제법주체에 관한 규범과의 괴리가 심화되는 경우, 국제규범의 수정을 통해 해결해야 할 것이다. 특히, NGO의 제한적 권리 인정에 비해, NGO의 국제의무를 규정하지 않은 입법상의 불균형의 시정도 고려해야 한다고 본다.

제9절   소수자와 토착민

Ⅰ 소수자

1. 의의

소수자 또는 소수민족(minorities)이란 한 국가 내에서 인종적 · 종교적 또는 언어적으로 구분되는 집단을 의미한다. 이러한 집단의 수는 약 3천에서 5천으로 추산되고 있으며 냉전체제 해체 이후 발칸, 구소련, 중동지역 등에서 인종적 민족주의가 분출하면서 이들의 국제적 지위가 핵심문제로 부상하고 있다. 국제적 지위에 있어서는 소속국가와 별도로 국제법인격을 인정할 것인지가 문제된다. 이에 대해 국제공동체는 소극적으로 평가하는바, 이는 국제적 지위 인정 시 자결권에 대한 요구가 동반될 것이고 이로 인해 국제공동체의 평화와 안전의 유지를 위태롭게 할 우려가 있기 때문이다.

2. 국제인권규약 제27조

1966년 '시민적 정치적 권리에 관한 국제규약' 제27조는 "인종적, 종교적 또는 언어적 소수자가 존재하는 국가들에 있어서, 이러한 소수자에 속하는 사람들은 자기 집단의 다른 구성원들과 함께 자기의 문화를 향유하고 자기 자신의 종교를 표명하고 실천하며 자기 자신의 언어를 사용할 권리를 부정당하지 아니한다."라고 규정하고 있다. 동 규정은 소수자들의 '단체적 권리' 대신 소수자 개개인이 행사할 '개별적 인권'을 규정하고 있는 것으로 이해된다.

3. UN총회 결의

UN총회는 1992년 '민족적 · 인종적 · 종교적 · 언어적 소수자에 속하는 사람들의 권리에 관한 선언'을 채택하였다. 동 결의 역시 소수자에 속하는 사람들의 권리에 대해 규정할 뿐 소수자의 자결권이나 분리독립권 등 소수자 자체의 권리에 대해서는 언급하지 않았다.

Ⅱ 토착민

1. 의의

토착민(indigenous peoples)이란 소수자의 특별한 유형으로서 호주의 아보리지니(Aborigines), 뉴질랜드의 마오리(Maori), 이누이트(Inuit) 등을 지칭하며, 현재 전 세계적으로 40여 개국에서 1억 명 내지 2억 명 정도가 이 범주에 속한다. 이러한 토착민에 대해서는 기존의 소수자와 동일하게 취급해서는 안 되고 보다 광범위한 권리가 인정되어야 한다는 주장이 설득력을 얻어가고 있다.

2. 리우선언

1992년 채택된 리우선언 제22원칙은 "토착민과 그들의 공동체, 그리고 기타의 지역적 공동체들은 그들의 지식과 전통적 관행들로 인하여 환경관리와 개발에 있어 사활적 역할을 가지고 있다. 각 국가는 그들의 정체성과 문화 및 이익을 인정하고 적절히 지지하여야 하며, 또한 지속가능한 개발을 달성함에 있어 그들의 효과적인 참여가 가능하도록 하여야 한다."라고 천명하고 있다.

3. UN선언

UN총회는 2007년 9월 13일 '토착민들의 권리에 관한 UN선언'을 채택하였다. 동 선언은 토착민들이 UN헌장, 세계인권선언 및 국제인권법에서 승인된 모든 인권과 자유를 한 개의 집단으로서 또는 각 개인으로서 완전히 향유할 권리를 가지고 있으며, 자결에 대한 권리를 가지고 있다고 하였다. 그러나 자결이 '분리독립(secession)'으로 이해되는 것은 아니다. 동 선언은 토착민들이 자결에 대한 권리를 행사함에 있어서 그들의 내부적·지방적 문제에 관련된 사안에서 자치에 대한 권리를 가지고 있을 따름이라고 하였다.

기출 및 예상문제

1. UN 직원인 甲(C국 국민)은 A국에 파견되어 B국과 무력분쟁에 대한 조정을 시도하던 중 A국의 국민 乙에 의해 암살되었다. 이 사안과 관련하여 다음 물음에 답하시오.

   (1) UN은 이 사건과 관련하여 A국에 대해 국제책임을 추궁하고자 한다. A국이 UN회원국이라고 전제할 때 UN이 A국에 대해 국제청구를 제기할 수 있는가?

   (2) A국이 UN 비회원국이라면 UN이 A국에 대해 국제청구를 제기할 수 있는가?

2. 최근 환경 및 인권보호 영역을 중심으로 다수의 비정부 간 국제기구(International Non – Governmental Organizations: INGO)들의 활동이 매우 활발하게 전개되고 있고, 이에 따라 국제법적 권리의무에 대한 논의도 활성화되고 있다. 비정부 간 국제기구의 국제법주체성에 대해 논하시오.

3. A국의 독재자 甲은 20년 이상 장기간 집권해 오면서 정권유지를 위해 자신에 대해 반대하는 자국 국민들에 대해 살인, 고문, 강제추방 등 다양한 인권침해를 자행해 왔다. 이에 대해 2011년 1월 甲의 장기집권 종식을 위해 A국의 동부지역에서 'A국 평의회'(이하 乙이라 함)라는 반정부조직이 결성되어 甲과 무력투쟁을 벌이기 시작했다. 甲과 정부군은 乙에 대해 대량살상무기(WMD)를 동원하여 공격하는 한편, 甲에 우호적인 B국에 대해 병력파견을 요청하였고, B국은 10만의 군대를 동원하여 반란진압에 가담하였다. 甲은 반군세력이 강화되는 것을 막기 위해 乙의 거점도시에 대해 무차별 공습을 가하기도 하였다. 한편, 乙에 대해 우호적이었던 C국은 乙을 '교전단체(belligerency)'로 승인하였다. 현재 정부군과 乙의 교전이 계속 중이다. 이와 관련하여 다음 질문에 답하시오.

   (1) 국제연합 안전보장이사회는 임시회의를 소집하여 UN헌장 제7장에 기초하여 이 사안에 대해 개입하기로 하였다. 안전보장이사회가 관련 조치를 취하기 위한 실체적 요건, 의사결정규칙, 조치의 범위 및 구속력에 대해 설명하시오.

   (2) A국은 자국 주재 C국 대사 丙을 초치하여 乙에 대한 승인은 A국에 대한 간섭이라고 주장하며 승인의 철회 및 공식사과를 요청하였다. A국의 주장은 국제법상 타당한가?

   (3) UN안전보장이사회의 임시회의는 순수내란상태에 대해서는 UN이 개입할 수 없다는 상임이사국의 반대와 거부권 행사로 무산되었다. 이에 따라 D국은 단독개입을 결정하고, 자국의회의 동의를 받고 乙을 지원하기 위해 30만의 병력을 파견하고 무기를 지원하기 시작하였다. D국의 행위는 국제법에 합치되는가?

제2편
국가

제1장 │ 승인

제1절 국가승인

Ⅰ 의의

1. 개념

국가승인이란 국제사회의 기존국가가 신생국을 국제법상 주체로 인정하는 의사표시이다. 환언하면 국제법의 주체인 기존국가가 신생국의 국내법상 법인격을 국제법상의 법인격으로 인정하는 의사표시이다.

2. 구별개념

(1) 정부승인

정부승인이란 일국가의 정부가 비합법적인 방법으로 변경되었을 때 타국가가 신정부를 그 국가의 대외적 대표적 기관으로 인정하는 의사표시이다. 국가승인은 국가 자체의 승인이고 법인격의 승인이나, 정부승인은 국가의 대외적 대표기관의 승인이자 기관의 승인이라는 점에서 구별된다.

(2) 교전단체의 승인

교전단체의 승인은 반도단체를 본국 또는 타국이 국제법상 전쟁의 주체로 인정하는 의사표시이다. 국가승인은 국가 자체의 승인이나, 교전단체 승인은 지방적 사실상 정부로 구성된 실체의 승인이다. 또 국가승인은 항구적 국제법주체의 승인이나, 교전단체 승인은 일시적 국제법주체의 승인에 불과하다.

3. 제도적 취지

국가승인이 특히 문제가 되는 경우는 어떤 국가가 본국과의 투쟁을 거쳐 분리독립하는 때인데, 이 경우 본국은 신국가의 성립을 부인하는 경우가 보통이다. 그러나 제3국도 본국의 승인이 없다는 이유만으로 국가의 자격을 갖춘 신국가를 승인할 수 없다면 신국가의 국제법주체성이 부인되므로, 그 지역 내에서 자국의 권익을 보호할 방법이 없게 된다. 이러한 난점을 배제하기 위해 국가승인제도가 존재한다.

4. 법적 성질

국가승인은 승인국의 일방적 의사표시, 즉 단독행위이다. 또한 승인은 정치성과 재량성을 갖는다. 승인이 법률행위적 요소를 갖고 있으나, 승인은 자국의 국가이익과의 합치를 주관적으로 고려한 행위라는 점에서 정치적 행위이며, 승인요건을 갖추었다 하더라도 승인의무는 없으므로 재량적 행위이다.

Ⅱ 국가승인의 본질에 대한 학설 대립

1. 창설적 효과설

(1) 의의

승인 이전의 신국가는 국제법주체가 될 수 없으며 이 경우 타국가와의 관계는 사실상의 관계에 불과하다. 따라서 승인은 '사실'을 '법'으로 전환시키는 창설적 효과를 가지며 이에 의해 비로소 국제법의 주체가 된다고 한다.

(2) 논거

주로 법실증주의를 배경으로 주장된다. 즉, 국제법은 국가 간의 합의에 의해 형성되며, 이 합의에 의해 기존국가 간 국제법상의 권리·의무가 발생한다. 따라서 이러한 합의형성과정에 참가하지 않은 신국가는 기존국가의 승인을 받아야 국제법상 권리의무를 향유할 수 있다.

(3) 평가

창설적 효과설은 승인의 일방성·개별성·상대성을 설명할 수 있다. 그러나 몇 가지 난점이 있다. 첫째, 신국가 수립 시 신국가의 '국가성' 여부가 승인국과 비승인국 간 달라지는 모순이 발생한다. 둘째, 합병이나 분열을 통해 신국가가 수립된 경우 타국의 승인을 받지 못한다면 기존 국가영토는 무주지가 되어 선점의 대상이 될 수 있는 이론적 난점이 있다. 셋째, 미승인국에 대한 간섭도 위법한 간섭이며, 미승인국도 국제법주체로서 제한적 권리의무를 향유하는 현실과 합치되지 않는다. 넷째, 창설적 효과설은 '사실에서 법이 나온다'(ex factis jus oritur)는 명제에 기초한 실효성 원칙(principle of effectiveness)과 정면으로 충돌한다. 다섯째, 창설적 효력설은 주권평등 원칙에 반한다. 기존국가 또는 정부는 신국가 또는 신정부가 언제 국제공동체에 가입하는가를 결정지을 권한을 가지게 되기 때문이다.

2. 선언적 효과설

(1) 의의

국가의 승인이란 국제법의 주체인 기존국가가 사실상으로 성립한 신생국가에 대해 그 국가가 본래 가지고 있는 국제법적 지위를 확인하고 선언하는 행위로 본다. 국가가 국내적으로 성립하면 그때부터 당연히 국제법의 주체가 된다. 승인은 새로운 실체에 권리도 의무도 부여하지 않는다. 국가 또는 정부의 존재는 순전히 사실의 문제이며 승인은 단지 사실을 확인하는 정치적 행위에 불과하다.

(2) 논거

이는 주로 객관주의의 입장이다. 객관적인 국제법의 작동으로서 국내법으로 성립한 국가는 자동으로 기존국가의 주관적 승인에 관계없이 국제법주체성이 인정된다고 주장한다. 신국가는 현실적으로 기존국가와 정식으로 외교관계를 맺기 위해 기존국가의 승인을 필요로 할 뿐이다.

(3) 비판

선언적 효과설은 분리독립을 통해 신생국이 성립하는 경우 이를 설명하는 데 한계가 있다. 이 경우 본국은 신국가의 독립을 부인하는 것이 보통이므로, 제3국이 그 신국가의 국제적 존재를 인정하는 의미에서 승인이 필요하다. 승인이 없는 한 신국가는 여전히 본국의 일부로 간주될 가능성이 있다.

3. 소결

(1) 일반적 타당성

국제사회가 소수의 동질적인 유럽 기독교 공동체 국가에서 보다 다양화되고 이질화되면서 국가승인의 논거로서 창설적 효력의 한계가 노정되었다. 미승인국의 UN 및 전문기관에의 가맹 및 기타 각종 법적 관계가 설정되는 오늘날의 현실에 비추어 볼 때 미승인국의 국제법주체성을 부인하기가 어렵게 되었고, 또한 심화되는 국제사회의 상호의존성과 이익의 공동관계에 비추어서도 보다 객관주의에 입각한 선언적 효과설이 타당성을 지닌다 하겠다.

(2) 창설적 효과설이 타당한 경우

현실적으로 창설적 효과설이 타당한 경우가 있는바, 국가가 일부 독립하는 경우 본국으로서는 분리 독립한 부분의 국가성을 부인하는 것이 보통이므로 그 부분이 국가로서의 국제법주체성을 취득하였는가의 여부는 승인에 결부시키는 것이 명확하다. 또한 만약 국가의 수립이 국제법에 위반되는 경우에는 그 국가는 승인을 받을 때까지 법적으로 존재하지 않는 것으로 간주된다. 이 경우 승인은 국제법 위반을 치유하는 창설적 효력을 가지게 된다.

(3) 선언적 효과설이 타당한 경우

이러한 예외적인 경우를 제외한다면 다른 대부분의 사례에서는 새로운 국가의 수립은 폭력에 의한 경우라 할지라도 국제법 위반이 되지 않는다. 국가수립의 방법에 대한 국제법의 일반 원칙은 존재하지 않기 때문이다. 실효성의 사실이 명백한 경우에는 승인은 선언적이라고 보는 것이 타당하며 이때 승인은 보통 법적 효과를 가지지 않는다. 그러나 승인이 전혀 법적인 의의가 없는 정치적 행위에 그치는 것은 아니다. 승인에 의해 승인국은 신국가와 정식으로 외교관계를 맺으며 법률관계에 들어갈 수 있음을 선언하는 것이므로 법적 의미가 있다. 또한 일단 승인한 후에는 승인행위가 승인국을 구속하는 법적 효과를 낳는다.

Ⅲ 국가승인의 요건

1. 승인의 요건

(1) 국내법상 국가의 성립

국내법상 국가로 성립하기 위해서는 영역, 인민, 통치조직을 갖추어야 한다. 영역이나 인민에 대한 지배권이 확립되지 못하였거나, 타국의 원조에 의해서만 자립할 수 있는 국가나 일시적인 국가는 국가승인을 받을 수 없다.

(2) 국제법 준수의 의사와 능력

신국가는 국제법을 준수할 의사와 능력을 가져야 한다. 이 능력의 객관적 표시는 확립된 정부이나 그 정부가 국제법에 대하여 부정적인 태도를 취하는 경우 국제법을 준수할 의사가 없는 것으로 간주된다.

2. 승인요건과 관련된 법석 쟁점

(1) 상조의 승인

승인의 요건이 갖추어지기 전에 하는 승인을 상조의 승인(premature recognition)이라 한다. 이는 위법이고 무효이다. 분리독립의 경우 상조의 승인은 본국에 대한 불법적인 간섭을 구성한다. 그럼에도 불구하고 국가들은 자국의 이해관계에 따라 시기상조의 승인을 부여하기도 한다. 1903년 미국의 파나마 승인, 1971년 인도의 방글라데시 승인, 1968년 Biafra신생국에 대한 탄자니아·가봉·아이보리코스트·잠비아의 승인, 1988년 PLO의 독립국 선포에 대한 32개국의 승인 등이 상조의 승인의 사례들이다.

(2) 스팀슨주의와 불승인주의

스팀슨주의란 국제연맹 당시 일본에 의해 수립된 만주국의 불승인을 위해 제시된 이론이다. 미국과 국제연맹은 '부전조약의 약속과 의무에 반하는 방법으로 야기된 일체의 사태나 조약 또는 협정을 승인할 수 없다'고 하였다. 스팀슨주의는 국가성립에 있어서 국제법을 위반한 경우 승인의 요건을 결하였다는 것을 천명한 것이다.

(3) 승인의 의무성

신국가가 승인요건을 구비한 경우 기존국가는 승인할 '의무'가 있는가? 즉, 신국가는 기존국가가 승인을 요구할 권리를 갖는가? 학설대립이 있으나, 부정설이 통설적 견해이다. 이는 첫째, 승인은 정치적 내지 재량적 행위이며, 둘째, 승인요건 구비 여부에 대한 객관적 판단기관이 없고, 셋째, 국제관행상 승인요건을 구비하였다 하더라도 불승인한 경우 국제위법행위라고 간주되지는 않기 때문이다.

3. 불승인의무

제2차 세계대전 이후 국제법에서는 '불승인의무'가 국제법으로서 확립되었다. 우호관계선언은 무력의 위협 또는 사용으로부터 초래된 어떠한 영토취득도 합법적인 것으로 승인되어서는 안 된다고 하였다. UN안전보장이사회도 이라크의 쿠웨이트 침공과 관련한 결의 제662호(1990)에서 이라크의 쿠웨이트 병합선언은 무효이며 모든 국가와 국제기구는 이라크의 병합조치를 승인해서는 안 되고, 병합의 간접승인으로 해석될 수 있는 일체의 행동이나 거래도 자제할 것을 촉구하였다. 이러한 불승인의무는 무력사용 및 위협금지원칙이 강행규범으로서 확립된 것의 논리적 귀결이다. 불승인의무는 외국의 불법적인 무력지원에 의하여 한 국가의 일부지역에 신국가가 선포되는 경우[1], 민족자결권을 위반하여 국가가 수립되는 경우[2]에 대해서도 적용된다. 한편, 국가책임에 관한 ILC초안 제41.2조에 의하면 어떤 국가도 강행규범의 중대한 위반에 의하여 창설된 사태(situation)를 합법으로 승인해서는 안 된다.

---

1) 1974년 터키는 북싸이프러스를 침공하여 북싸이프러스 터키공화국을 수립하였다. 이에 대해 안보리는 결의 제541호를 통해 모든 국가들은 싸이프러스 공화국 이외에 어떠한 싸이프러스 국가도 승인하지 말 것을 요청하였다.

2) 안보리는 1976년 결의 제402호를 통해 소위 독립 트란스케이에 대한 그 어떤 유형의 승인도 거부할 것과 함께 소위 독립 트란스케이나 다른 반투스탄들과는 어떤 거래도 갖지 않을 것을 모든 정부에 요청한 총회결의 31/6A를 인준하였다.

IV 국가승인의 방법

1. 법률상 승인과 사실상 승인

(1) 법률상 승인

법률상의 승인이란 '법률상의 정부'의 승인을 의미한다. '법률상' 또는 '사실상'이라는 말은 '정부'를 가리키는 것이지, 승인행위를 말하는 것은 아니다(Akehurst). 사실상의 정부는 법률상의 정부와 같은 정도의 확고한 법적 기초를 갖지 않는 정부를 말한다. 법률상의 정부에 대한 승인을 법률상의 승인이라 한다.

(2) 사실상 승인

법률상 승인을 받을 만한 요건을 구비하지 못했거나, 기타의 정치적 이유로 법률상 승인을 앞두고 과도적으로 행하는 승인이다. 관행상 사실상의 승인은 ① 신생국가가 국가로서 요건을 구비하고 있으나 그 권력의 안정성에 불안이 있는 경우, ② 국제법을 준수할 의사와 능력에 의문이 있는 경우, ③ 모국과의 관계를 고려해야 하나 신생국에 대한 일정한 지원을 위해 공식관계를 수립할 필요가 있는 경우 사실상의 승인이 행해졌다. 신국가는 국제법주체성을 사실상 인정받게 되나, 외교관계·조약관계가 비공식적·잠정적이 된다. 또한 사실상 승인은 철회할 수 있다. 승인국으로서는 상조의 승인을 피하면서 정치적 이득을 얻을 수 있으나 철회가능성이 항상 유보되어 있으므로 정치적으로 이용될 수 있다.

2. 명시적 승인과 묵시적 승인

(1) 명시적 승인

선언, 통고, 조약규정, 국제회의 결의 등으로 승인의사를 명백히 표시하는 것이다.

(2) 묵시적 승인

외교사절의 교환, 양자조약의 체결, 신국가의 국기승인 등으로 승인을 간접적으로 표시하는 것이다. 단순한 통상교섭행위, 영사, 통상대표파견 및 접수, 미승인국대표가 출석하는 국제회의 참가 등은 묵시적 승인으로 볼 수 없다.

3. 개별적 승인과 집단적 승인

(1) 개별적 승인

각 국가가 개별적으로 신국가에 대하여 행하는 승인방법이다.

(2) 집합적 승인

개별국가가 아니라 복수국가가 집합적으로 신국가에 대해 승인하는 것이다. 복수의 국가가 공동보조를 취해 승인을 함으로써 신국가의 국제적 지위를 안정시킨다. 다만, 집합적 승인이 집단의 독립적 행위로서의 법적 효과는 갖지 않으므로 개별적 승인과는 본질적 차이가 없다.

(3) 집단적 승인

다수의 국가가 일반적 국제조직을 매개로 하여 신국가에 대해 집단으로 행하는 승인이다. 이때 국제조직에 의한 승인을 개별국가의 집단적 승인으로 볼 수 없음에는 이론이 없다. 다만, UN회원국과 신국가와의 관계에서 문제된다.

① **긍정설:** UN은 국가만의 가입을 인정하고 회원국 상호 간의 일반국제법에 의한 규율을 예정하고 있으므로, 신국가의 UN가입은 '전회원국'의 신국가에 대한 집단적 승인으로 본다. 개별 국가의 묵시적 승인으로 보는 견해도 있다.

② **부정설:** 집단적 승인은 개별적 승인의 우연한 총화에 불과하며, UN의 승인행위는 개별 회원국의 행위와는 별도의 법인격을 가진 주체의 행위이므로 집단적 승인으로 볼 수 없다.

③ **소결:** 승인은 단독성·재량성을 갖기 때문에 신국가의 가입과 회원국에 의한 신국가의 승인은 별개의 문제로 보아야 한다. 적어도 신국가의 가입에 반대한 회원국에게는 가입의 객관적 사실만으로 집단적 승인이 있었다고 보기는 어렵다.

(4) 조건부 승인과 무조건부 승인

피승인국에게 승인의 조건으로 특별한 의무를 부담시키는 경우가 있다. 그러나 이런 조건을 달성하지 못하더라도 일단 승인된 후에는 승인의 효과 자체에는 영향이 없고 단지 피승인국의 의무 위반 문제가 생긴다.

Ⅴ 국가승인의 법적 효과

1. 일반적 효과

(1) 상대성

승인으로 성립이 확인된 피승인국은 오직 승인국과의 관계에서만 국제법상 권리·의무를 향유하게 되어 승인의 효과는 상대적이다.

(2) 소급성

승인의 효과는 소급한다. 따라서 승인 전에 발생한 당사국 간의 관계는 유효한 것으로 인정된다.

(3) 확정성

승인은 철회할 수 없다[3]. 다만, 사실상의 승인은 잠정적이므로 철회할 수 있다.

2. 구체적 효과

(1) 피승인국의 국제법적 성립의 확인

선언적 효과설에 따르면 피승인국은 승인에 의하여 이미 국제법적으로 성립한 국가로서의 실체가 확인·선언된다. 창설적 효과설은 승인에 의해 비로소 국제법주체로서 성립한다고 보는 점에서 차이가 있다.

(2) 국제법상 권리의무관계의 설정

승인에 의해 피승인국은 승인국과의 관계에서 국가로서의 국제법주체성을 확인받게 된다. 따라서 승인에 의해 피승인국과 승인국 상호 간에는 일반국제법상의 권리의무관계가 설정된다.

---

3) 법률상의 승인의 철회에 대해 국가관행은 철회할 수 없는 것으로 보는 것이 일반적이며 1933년 '국가의 권리 의무에 관한 몬테비데오협약' 제6조도 승인은 무조건적이며 철회할 수 없다고 규정하고 있다. 다만 학설은 다툼이 있다. 승인의 '부여'는 재량적이나 일단 승인을 부여한 경우에는 외국 또는 외국정부가 국가성립의 요건 혹은 정부권력의 행사를 계속해서 유지하고 있는 한 승인의 철회는 허용되지 않는다는 견해가 있다(Cassese). 반면, 승인이 본질적으로 정치적 행위라면 그것이 철회되어서는 안될 이유가 없으며, 국가들은 그렇게 하기 위한 적당한 정치적 기회를 포착할 수 있을 것으로 보는 견해도 있다(O'Connell)(김대순(15판), 366면).

(3) 외교관계 수립과의 관계

승인은 외교관계의 수립과 필연적 관계는 없다. 승인은 외교관계 수립의 단서가 될 수는 있어도 승인이 곧 외교관계의 수립을 의미하는 것은 아니다. 일반적으로 승인과 함께 외교관계가 개시되고, 일단 수립된 외교관계가 단절되어도 승인의 효과에는 영향을 주지 않는다.

Ⅵ 국가승인(정부승인)의 국내법상 효과

1. 서설

승인의 국내법상 효과는 각 국가의 국내법에 의하여 결정되기 때문에 국가마다 다를 수 있다. 승인의 국내법적 효과와 관련해서는 법정지국 정부의 승인을 받지 못한 신국가 또는 신정부에게 제소권과 국가면제를 인정할 것인가, 그리고 신국가 또는 신정부의 행위의 효력을 인정할 것인가 등의 문제가 제기된다.

2. 영국

(1) 국가승인

영국재판소는 국가승인과 관련하여 '창설적 효과설'을 지지하고 있다. 승인은 정치적 행위이므로 행정부에 유보된 권한이다. 따라서 영국재판소는 독자적으로 국가승인을 부여할 수 없으며 외무부의 사실확인서(Foreign Office Certificate)에 의존한다. 사실확인서를 통해 어떤 외국이 영국정부의 승인을 받았음이 증명되지 않는 한 당해 외국은 존재하지 않는 것으로 간주된다. 승인받은 국가는 국가면제를 향유하며, 영국재판소에서 제소권이 인정되고, 승인받은 국가의 국내법은 영국의 국제사법에 따라 준거법으로 지정될 수 있다.

(2) 정부승인

영국은 1980년을 기준으로 하여 정부승인에 대한 정책이 변경되었다. 즉, 1980년 이전에 영국은 정부에 대해 명시적 승인을 부여하는 정책을 취했으나 그 이후에는 'Estrada Doctrine'을 채택하였다. 따라서 1980년 이전에는 영국의 승인을 받은 정부만이 국가면제를 향유하거나 제소권이 인정되었다. 또한 승인을 받은 정부가 제정한 법령만이 영국재판소에서 적용될 수 있으며, 승인받은 정부가 체결한 계약만이 영국재판소에서 집행될 수 있다. 또한 승인받은 정부만이 해외 국가재산에 대해 권리를 주장할 수 있다. 한 국가 내에서 두 집단이 모두 영국의 승인을 받고 있는 경우 영국재판소는 가능한 한 두 집단 모두를 외국정부로 인정하였다. 그러나 두 집단 모두를 정부로 인정하는 것이 불가능한 경우 분쟁대상물을 국지화(localizing)하여 분쟁대상이 된 사람이나 사물이 사실상의 정부의 실효적 통제하에 있는 것으로 입증된 지역과 관계있는 경우에는 사실상의 정부에게 우선권을 인정하였다. 그러나 분쟁대상물이 그 밖의 지역에 있는 경우 법률상 정부에게 우선권을 주었다. 정부승인에 대해서는 소급효를 인정하였다. 영국은 엄격한 창설적 효력설을 완화하기 위해 '대리인 논리'(agency approach)를 도입하기도 하였다. 대리인 논리는 미승인정부의 행위를 인정하기 위해 미승인정부를 이미 승인을 받은 정부의 대리인으로 간주하는 것이다. 한편, 영국은 1980년 4월 28일 에스트라다 독트린을 채택한다고 천명하였다. 이는 '영국정부가 신정부와 거래를 갖고 있는지 여부'를 기준으로 재판소가 신정부의 행위의 유효성을 인정하거나 면제를 부여하는 등 승인받은 국가와 동일하게 대우하는 것이다.

3. 미국

미국은 '제소권'(locus standi to sue)에 있어서는 창설적 효력설을 따르고 있으나 그 밖의 문제에 대해서는 대체로 선언적 효력설을 따른다. 즉, 미국의 승인을 받지 못한 국가나 정부는 미국 재판소에 제소할 수 없다. 다만, 제소권을 인정하는 것이 미국의 국가이익에 도움이 된다는 사실을 국무부가 확인해 주는 경우 제소권이 인정될 수도 있다. 한편 제소권 이외의 문제에 대해서는 미국정부의 승인을 받지 못했다고 하더라도 객관적 요건을 갖추고 있는 외국정부의 지위를 가능하면 인정한다. 그러나 승인받지 못한 국가 또는 정부가 제정한 법령의 효력에 대해 국무부가 이를 인정하지 말라는 의사를 분명히 한 경우 미국 재판소는 거기에 따른다. 국무부로부터 명시적인 지시나 묵시적인 권유가 없는 경우 승인에 관계없이 당해 지역에서 사실상 시행되고 있는 법령의 효력을 인정한다.

4. 한국

승인문제에 대한 한국법의 태도는 명확하지 않다. 국제관계는 상호주의(reciprocity)에 기초하고 있으므로 한국과 상호 승인하지 않은 국가가 한국을 어떻게 대하는가에 따라 한국도 동일하게 대할 수 있을 것이다. 다만, 한국법원은 한국정부를 승인하지 않고 있던 소련정부가 제정한 법령의 효력을 인정한 바 있다. 서울가정법원은 1984년 선고에서 소련시민권을 가진 남편과 미국시민권을 가진 아내 사이의 이혼소송에서 소련법을 준거법으로 적용하였다. 한편, 한국대법원은 미승인국인 북한의 지위를 인정하지 않고 있다. 대법원은 1996년 판결에서 북한 지역은 대한민국 영토에 속하는 한반도의 일부로서 대한민국의 주권이 미치므로 북한에 거주하고 있는 사람 역시 대한민국 국민이라고 하였다. 설령 특정인이 북한법에 따라 북한국적을 취득하여 중국주재 북한대사관으로부터 북한의 해외공민증을 발급받은 자라 하더라도 그를 대한민국 국민으로 인정하는데 어떠한 제약도 없다고 하였다. 한편, 서울가정법원은 2004년 판결에서 '선언적 효과설'을 채택한 것으로 평가될 수 있는 판결을 내린 바 있다. 북한이탈 여성이 북한에 있는 남편을 상대로 제기한 이혼 및 친권자 지정 소송에서 법원은 한국법에 따라 이혼을 인정하고 아이에 대한 친권행사자로 지정하였다. 이는 국가승인의 관점에서 볼 때 북한에서 북한법에 따른 혼인의 유효성을 인정한 것으로 평가할 수 있다. 만약 창설적 효력설에 따른다면 북한에서 북한법에 따른 혼인은 한국법상 무효이므로 이혼이나 한국법상 간통죄의 문제는 대두될 수 없기 때문이다. 다만 법원은 북한에서 혼인이 유효한 이유로 헌법 제3조를 거론하고 있으나 이는 모순이라 할 수 있다. 소송에서 관련된 자들은 대한민국법에 따라 혼인을 한 것이 아니라 북한법에 따라 혼인을 한 것이기 때문이다. 즉, 외견상 창설적 효과설에 기초한 논리에 따라 선언적 효과설에 따른 결론을 도출한 것이다. 요컨대, 한국법원은 기본적으로 '창설적 효력설'에 따라 북한의 지위를 판단하고 있다고 평가할 수 있다. 그러나 혼인과 같은 일상적 생활관계법률에 대해서는 선언적 효과설에 기초하여 정황에 따라 그 효력을 인정하는 것이 타당할 것이다.

Ⅷ 승인의 철회(취소)

1. 국가나 정부가 소멸한 경우

국가가 소멸하거나 정부가 새로운 체제로 대체되는 경우 소멸된 국가 또는 정부에 대한 승인은 합법적으로 철회될 수 있다. 승인의 철회는 영토의 병합 또는 신정부에 대한 승인을 통해 간접적으로 표시된다. UN회원국이던 동독이 1990년 독일의 일부로 흡수되어도 동독에 대한 별도의 조치는 필요하지 않았다.

2. 국가나 정부가 소멸하지 않은 경우

(1) 사실상의 승인

국가가 소멸하지 않은 경우 사실상의 승인은 철회할 수 있다. 미국은 또한 1920년 아르메니아 공화국이 더이상 독립국으로 존재하지 않고 있다는 이유에서 이미 부여된 사실상의 승인을 취소한 바 있다.

(2) 법률상의 승인

법률상의 승인을 철회한 사례는 많지 않으나, 버마(현 미얀마) 정부는 아웅산묘소 폭탄테러 사건에 대한 보복적 조치로서 1983년 11월 4일 북한과의 외교관계 단절 및 북한에 대한 정부승인 철회를 발표한 바 있다. 또한 영국은 이탈리아의 에티오피아 정복에 대해 1936년 사실상의 승인을 부여한 이후 1938년에는 법률상의 승인을 부여하였으나 1940년 이를 철회한 바 있다. 미국은 기왕에 법률상 승인을 부여했던 니카라과 정부가 국내적으로 통치권을 확립하고 있지 못하다는 이유에서 1856년 7월 승인을 취소했다.

(3) 학설

법률상의 승인을 취소할 수 있는지에 대해서는 학설 대립이 있다. 창설적 효과설에 입각한다면 승인의 취소를 통해 기왕의 국가에 대해 법률적 사망선고를 할 수 있다고 주장된다. 승인이 본질적으로 정치적 행위라면 그것이 철회되어서는 안 될 이유는 없으며, 국가들이 그렇게 하기 위한 적당한 정치적 기회를 포착할 수도 있을 것으로 보는 것이다. 그러나 승인을 객관적 사실에 대한 확인선언이라고 보는 선언적 효과설의 입장에서는 승인의 대상이 소멸하지 않는 한 승인의 취소는 별다른 법적 효과를 지니지 못한다. 외국 또는 외국정부에 대한 승인의 '부여'는 재량적이고 정치적인 행위이긴 하지만, 외국 또는 외국정부가 국가성립의 요건 또는 정부권력의 행사를 계속해서 유지하고 있는 한 승인의 철회는 허용되지 않는 것으로 보는 견해가 있다. 1933년 '국가의 권리·의무에 관한 몬테비데오협약'에 의하면 승인은 무조건적이며 철회할 수 없다.

3. 대만의 경우

제2차 세계대전 이후 중국에는 두 개의 정부가 존재하고 있었다. 대부분의 국가들은 중국을 대표하는 유일합법정부로 '중화민국(대만)'에 대한 승인을 철회하고 '중화인민공화국'을 승인하였다. 1979년 미국은 중화인민공화국(PRC)을 중국의 유일합법정부로 승인하며 대만과의 외교관계를 단절한다고 선언하였다. 대표권자 변동에 따른 해외재산 처리에 있어서 대부분의 국가들은 중국대사관을 자국의 승인을 받은 PRC의 소유로 인정하여 PRC에게 넘겨주는 방식을 채택하였다. 대만과의 외교관계를 단절하고 중화인민공화국과 외교관계를 맺은 조치는 법적으로 대만에 대한 국가승인을 취소한 행위가 아니라 하나의 중국의 대표권이 북경정부에 있음을 확인한 것에 불과했다. 일종의 정부승인의 변경이다.

4. 승인의 철회와 외교관계

승인의 철회는 당연히 외교관계의 단절을 초래하지만 외교관계의 단절은 그 자체만으로는 승인의 철회로 간주되지 않는다. 승인의 철회를 동반하지 않는 단순한 외교관계 단절은 국내재판소에서의 제소권과 국가면제에 영향을 미치지 않는다.

1. A국과 B국은 50여 년간 적대관계를 지속해 오다 최근 양자관계에 급격한 변화조짐을 보이고 있다. 제2차 세계대전 이후 C국으로부터 분리독립한 B국에 대해 A국은 승인을 하지 않았다. 이와 관련하여 다음 물음에 답하시오.

(1) A국과 B국은 최근 B국이 핵무기를 폐기하는 조건으로 A국이 B국에 대해 경제적 지원을 약속하는 양자조약을 체결하였다. 이러한 법률행위와 양국 간 국가승인의 관계에 대해 논하시오.

(2) B국의 외무부 장관 甲은 국교정상화 회담을 위해 A국의 수도를 방문하여 乙호텔에서 3개월간 체류하며 숙박을 하였으나, 숙박비를 지급하지 않았다. 이에 乙호텔은 A국 법원에 민사상 손해배상청구소송을 제기하였으나, 이에 대해 甲은 국제법상 국가면제를 이유로 재판관할권을 행사할 수 없다고 주장하고 있다. 甲의 주장은 타당한가?

(3) A국과 B국의 국교정상화 회담이 타결되었다고 가정할 때, 양국의 상호승인방법과 그 효력에 대해 논하시오.

2. 국제법상 미승인국의 법적 지위에 대해 논하시오.

제2절 정부승인

I 의의

정부승인은 일국의 정부가 비합법적인 방법으로 변경되었을 때 타 국가가 신정부를 그 국가의 대외적 대표기관으로 인정하는 의사표시이다. 일국의 정부가 합법적인 방법으로 변경된 경우에는 타국으로부터 승인을 받지 않아도 당연히 그 국가를 대표하게 된다. 정부승인은 일국가의 내부적 변혁으로 인한 국제관계의 급격한 변동을 회피하려는 평화적 요청에 입각한 것이다.

> ### 📭 참고 우리나라에서 정부승인의 문제
>
> **1. 4.19 이후**
> 과거 한국에서 4.19와 5.16에 의한 비정상적 정권 변경이 있었다. 1960년 4.19 시위를 계기로 이승만 대통령은 4월 27일 국회에 사직서를 제출하고 하야했다. 하야 직전 대통령에 의해 임명된 허정 외무장관이 수석국무위원 자격으로 이후 과도 정부를 이끌었고 그 기간 중 내각제 개헌(6월 15일), 총선거(7월 29일), 윤보선 대통령 선출(8월 12일) 등의 정치일정이 합헌적 방법으로 진행되었다. 따라서 4.19 이후의 신정부에 대한 정부 승인 문제는 대두되지 않았고 기존의 외교관계가 그대로 유지되었다.
>
> **2. 5.16 이후**
> 5.16 군사정부가 들어섰을 때 장면 내각은 자진 사퇴 형식으로 붕괴했으나 윤보선 대통령은 그대로 재직했다. 이에 따라 미국과 영국 정부 등은 한국에서 국가원수가 그대로 유지되고 있으므로 새 정부에 대한 승인문제는 제기되지 않는다는 입장이었다.

Ⅱ 정부승인의 본질 및 법적 성질

1. 본질

미승인정부의 행위는 승인 전에 있어서도 그 국가의 행위로 인정된다. 따라서 정부의 승인은 선언적인 것이며 승인의 효과는 소급된다.

2. 법적 성질

승인국이 신정부를 국가의 대표기관으로 승인하는 선언적 행위는 일방적 법률행위이다.

Ⅲ 정부승인의 요건

1. 요건

(1) 정부의 지배권 확립

피승인정부는 그 국가의 정부로 확립되어야 한다. 즉, 국내에 있어서는 현실적으로 지배권을 행사하고 질서를 유지할 만한 능력이 있어야 한다. 또한 대외적으로 자주적이어야 하므로 타국의 원조에 의존하여 지배권을 유지하고 있어서는 안 된다. 그러나 국가영역 전체에 대한 완전한 지배를 요구하는 것은 아니며 영토의 '일반적 범위'에 걸친 실효적 지배로 충분하다.

(2) 국가를 대표할 의사와 능력

피승인정부는 국제법상 국가를 대표할 의사와 능력이 있어야 한다. 따라서 그 국가의 구정부가 부담하고 있던 국제법상의 권리·의무를 부담할 의사와 능력이 없는 경우 이 요건을 구비한 것으로 볼 수 없다.

(3) 입헌주의적 정통성의 요건성

이에 대해 토바르주의와 에스트라다주의가 대립한다. 전자는 합헌주의로서 혁명이나 쿠데타에 의해 성립한 정부는 합헌적 절차에 의해 국가원수가 선출될 때까지는 승인해서는 안 된다는 주장이다. 에스트라다주의는 혁명이나 쿠데타에 의해 변경되더라도 타국가는 이에 대해 전혀 간섭할 바가 아니라는 주장이다. 동 요건은 국가의 승인정책으로 주장될 따름이며 요건성은 대체로 부정되고 있다.

2. 요건의 판단주체와 승인의무

승인의 부여는 자유재량행위이므로 정부승인의 요건을 구비하였는지 여부는 승인국이 판단한다. 따라서 승인은 승인을 부여하는 국가의 권리이며 의무가 아니다.

Ⅳ 정부승인의 방법

1. 명시적 승인과 묵시적 승인

(1) 명시적 승인

명시적 승인은 승인의 의사를 명시적으로 표시하는 것으로 선언, 통고, 조약상의 규정, 국제회의에서의 의결 등의 방법으로 행한다.

(2) 묵시적 승인

묵시적 승인은 승인의 의사를 간접적으로 표시하는 것으로 신정부와의 외교사절의 교환, 포괄적·이변적 조약의 체결 등의 방법을 통해 행한다.

2. 조건부 승인과 무조건부 승인

조건부 승인이란 피승인국에게 승인의 대가로 특별한 의무를 부담시키는 것을 말하며, 승인의 효력과는 무관하다. 따라서 피승인국이 승인을 받은 후에 그 조건을 이행하지 않아도 승인 자체는 유효하며, 피승인국의 승인국에 대한 의무 위반 문제가 생길 뿐이다.

3. 법률상 승인과 사실상 승인

사실상 승인은 비공식적·잠정적으로 행하는 승인으로, 승인국이 정치적 이유에 의하여 영속적인 외교관계의 설정을 목적으로 하는 정식승인을 하지 않을 경우에 일시적인 이해관계의 조정을 위하여 행해진다.

Ⅴ 정부승인의 효과

1. 일반적 효과

(1) 창설적·선언적 효과

승인은 신정부를 그 국가의 대외적 대표기관으로 선언하고 외교관계의 설정을 창설한다. 승인에 의해 신정부는 일반국제법상 국가를 대표할 권능이 인정되며 구정부가 부담한 조약상의 권리·의무를 승계한다.

(2) 상대적 효과

정부승인은 승인을 한 주체와 승인을 받은 정부 간에 발생하며 승인하지 아니한 주체 사이에는 승인의 효과가 발생하지 아니한다.

(3) 소급적 효과

정부승인은 신정부가 사실상 정부를 설립한 때까지 소급하여 효력을 발생한다. 이는 승인의 효력에 관한 선언적 효과설에 의한 것이다. 루터 대 사고르 사건이나, Haile Selassie 사건에서 소급효가 인정되었다. Haile Selassie v.Cable and Wireless Ltd(1939)은 승인의 소급효에 따라 하급심 판결의 결과가 상급심에서 번복된 사례이다. 1심 판결 당시에는 영국 정부가 셀라시에 망명정부를 에티오피아의 합법적 정부로 승인하고 있었기 때문에 이를 에티오피아 국고금의 소유자로 인정하였다. 그러나 이 판결 이후 영국정부가 이탈리아 왕을 에티오피아의 대표로 법률상 승인하자 상급심은 반대의 결론을 내렸다.

(4) 확정적 효과

정부의 승인은 철회할 수 없다. 단 '사실상 승인'의 경우 철회가 인정된다.

2. 구체적 효과

외교능력, 조약체결능력, 당사자능력, 재판권 면제, 재산권 승계 등의 효과가 발생한다.

Ⅵ 정부승인제도의 문제점과 새로운 국제관행

1. 정부승인제도의 문제점

전통적 정부승인제도의 문제점은 첫째, 사실상 정치권력을 확립한 신정부를 부인하는 것은 이론적으로 당해 국가의 계속성과 동일성을 부정하는 것이다. 둘째, 정부승인요건의 충족 여부는 정치적·재량적 판단으로 결정되는 것이므로 승인을 부당하게 지연하는 경우 양국관계가 악화될 수 있다.

2. 새로운 국제관행

이러한 문제점을 보완하기 위해 국가들은 1970년대 이후 신정부에 대한 승인 여부를 명확히 하지 않고 신정부와의 관계정립에만 주력하는 새로운 관행을 보여주고 있다. 예컨대, 신정부에 대한 승인 여부를 명확히 하지 않고 실질적 관계를 계속 유지하거나 단절한다. 또는 자국주재 신정부의 외교사절을 통해 신정부에게 계속적인 우호관계의 유지의사를 구두로 전달한다.

📑 참고 망명정부 승인

망명정부란 외국의 침공이나 내란으로 국가기능을 수행하기 어려운 경우 국가 주요 기관이 임시로 외국에 이전하여 소재국의 동의하에 국가기능을 수행하는 경우를 말한다. 국가가 전시점령 등으로 영토에 대한 실효적 지배권을 상실해도 국가는 유지된다. 1990년 이라크 침공을 받은 쿠웨이트의 망명정부는 UN에 의해 합법정부로 인정 받았다. 망명정부 행위는 본국 복귀 후에도 법적 효과는 유지된다. 망명정부 승인 여부는 타국의 재량이다. 탈식민화 과정에서 민족해방전선이 자신을 망명정부로 선언하고 민족자결에 입각하여 독립을 추구하는 경우에도 망명정부 승인문제가 발생하나, 기존 정부와의 연속성이 없다는 점에서 난점이 있다.

⚖️ 판례 | Tinoco 사건[4] - 정부승인에 있어서 사실주의

1917년 쿠데타로 집권한 티노코는 신헌법을 제정하였다. 그러나 1919년 티노코는 실각하고 바르케르의 과도정부가 조직되었다. 의회는 구헌법을 부활시키고 법률 제41호를 제정하여 티노코 집권기에 행정기관이 개인과 체결한 모든 계약을 무효로 하고, 티노코 정부가 통화발행을 위해 제정한 법령도 무효화하였다. 이 법령으로 영국계 자본과 체결한 석유채굴 이권계약, Royal Bank of Canada에 대한 티노코 정부의 부채가 문제되었다. 영국은 동 법률이 이권계약과 부채에 적용되지 않도록 요구했으나 코스타리카가 거부하였고 이로써 중재에 부탁하기로 합의하였다. 이 사건에서 영국이 티노코 정부를 승인하지 않은 것이 티노코 정부의 성립에 영향을 주는지가 문제되었다. 이에 대한 중재관은 정부승인은 정부성립에 영향을 주지 않는다고 판정하였다. 정부가 사실상의 정부로서의 요건을 갖추고 있다면 정부로서 성립하기 때문이다. 즉, 영국정부가 티노코 정부를 승인하지 않았으나 티노코 정부의 성립 여부에는 하등의 영향을 주지 않는다고 판정한 것이다.

---

4) The Tinoco Concessions, Great Britain v. Costa Rica, 중재재판, 1923년.

⚖️ 판례 | Luther v. Sagor 사건[5]

1898년 제정 러시아법에 의해 설립된 루더주식회사 소유의 목재가 소련에 의해 몰수된 후 1920년 8월 런던의 소련무역대리인에 의해 사고르에게 판매되어 영국으로 운반되었다. 루더는 영국이 소련을 승인하지 않았으므로 영국법원이 소련의 몰수법령을 유효한 것으로 인정할 수 없다고 주장하면서 사고르가 그 목재를 판매하지 못하도록 하는 금지명령을 청구하였다. 1920년 12월에 종결된 1심 판결에서 법원은 루더의 청구를 받아들여 영국이 소련정부를 승인하지 않았다는 이유로 원고인 루더회사에게 유리한 판결을 내렸다. 2심은 1921년 5월에 개시되었으나, 1921년 3월 영국은 소련과 통상조약을 체결함으로써 사실상의 정부로 승인하였다. 따라서, 2심 법원은 2심 개시 전에 영국이 소련을 사실상의 정부로 승인하였으므로 소련정부에 의한 국유화 및 매각의 효력을 인정하였다. 이 판례는 영국은 정부승인을 받은 정부에 대해서만 국가행위이론(Act of State Doctrine)을 적용하고 있으며, 정부승인은 소급효를 갖는다는 점을 보여준다. 즉, 소련의 승인에 대한 효력이 루더회사의 재산을 몰수하던 시점까지 소급되어 영국법원은 승인의 소급효에 의해 동 몰수법령의 유효성을 심사하지 아니하였다.

5) 영국항소법원, 1921년.

제2장 │ 국가의 기본적 권리의무

제1절 총설

I 의의

1. 개념

국가의 기본적 권리의무란 일반국제관습법 및 이것을 확인하는 국제조약에 의하여 국가일반에 공통적으로 인정되는 정형화된 권리의무를 말한다.

2. 내용

(1) 국가의 권리의무에 관한 협약

1933년 '국가의 권리의무에 관한 몬테비데오협약'은 평등권, 내정불간섭의무, 무력행사금지의무를 규정하였다.

(2) 우호관계 원칙선언

1970년 국제연합이 채택한 '국제연합헌장에 따른 국가 간의 우호관계와 협력에 관한 국제법의 제원칙선언'에서는 무력행사와 무력에 의한 위협의 금지, 분쟁의 평화적 해결, 내정불간섭, 국제협력의무, 인민의 동등권과 자결권, 국가의 주권평등, 국제의무의 성실시행 등을 들고 있다.

(3) 헬싱키선언

1975년 '헬싱키선언'에서는 주권평등 및 존중, 무력에 의한 위협 또는 행사의 자제, 타국영토의 불가침, 영토보전의 존중, 분쟁의 평화적 해결, 국내문제불간섭, 인권과 사상 등 기본적 자유의 존중, 인민의 동등권과 자결권 존중, 국제협력의무, 국제법상 의무의 성실시행 등을 규정하였다.

II 국가의 기본적 권리의무의 본질

1. 자연법설

자연법설에 의하면 국가의 기본적 권리의무는 국가이면 당연히 갖는 고유한 권리의무이다. 이 입장은 자연법사상에 기초하여 법질서 이전의 사회의 자연상태에서 인간은 인간으로서의 고유한 권리인 자연권을 갖는 것과 마찬가지로 국가도 국제법 이전의 자연법으로서 고유한 권리의무를 갖는다고 한다.

2. 실정법설

실정법설은 국가의 기본적 권리의무는 국가가 당연히 갖는 고유한 권리의무가 아니라 국제법상의 권리의무에 불과하며 그것은 국제법에 기초하고 국제법에 의하여 부여·제한·금지될 수 있는 것이라고 본다.

3. 검토

법인격이나 권리·의무는 법의 소산이며 자연의 소산은 아니라고 보는 것이 타당하다. 국제법 질서를 떠난 국가의 국제적 인격이나 권리·의무는 있을 수 없는 것으로 국가의 기본적 권리의무도 국제법을 떠나 자연으로부터 연역될 수 없다. 국제법의 타당근거에 대한 '법적 확신설'에 의하면 국가의 기본적 권리의무는 병존하는 다수 국가 간의 상호교섭을 통하여 묵시적으로 합의되어 온 확신 속에서 역사적으로 성립된 것으로 볼 수 있다.

Ⅲ 국가의 기본적 권리

1. 주권

주권은 일반적으로 국가가 대내적으로 자주적인 통치를 행하고, 대외적으로 타국가의 구속을 받지 않고 독립적으로 행동할 수 있는 국가권력의 성질을 의미한다.

2. 독립권

독립권은 국가가 자기의사에 따라 대내적·대외적으로 자유로이 행동할 수 있는 권리, 국가가 대외적 관계에 있어서 자유로이 행동할 수 있는 권리, 국가가 국제법의 제한 내에서 자유로이 행동할 수 있는 권리 등 다양한 의미로 사용되고 있다. 독립권의 독자적 권리성에 대해서는 논란이 있으나 일반적으로 주권을 대외관계라는 특수한 국면에서 고찰한 것에 불과한 것으로 보아 독자적 권리성은 부정된다.

3. 평등권

평등권은 국가가 국제법상 평등한 법인격자로서 취급을 받는 권리를 말한다. 평등권에 대해서도 평등권은 주권으로부터 파생되는 원칙에 불과하다는 견해와 주권과 구별되는 독립된 권리라는 학설 대립이 있으나 독립된 권리로 보는 견해가 다수설이다.

4. 자위권

자위권이란 국가가 국제법상 자국에 대한 급박한 침해나 재난을 배제하고 상당한 한도에서 무력을 행사할 수 있는 권리를 말한다. UN헌장 제51조에 의하면 개별적 자위권과 집단적 자위권이 개별 국가의 고유한 권리로서 인정되고 있다.

5. 명예권

명예권(right of dignity)이란 국가가 타국으로 하여금 자국의 명예 및 위엄을 존중하도록 하는 권리를 말한다. 명예권은 구체적으로 국가를 대표하는 국가원수·외교사절과 국가를 상징하는 국기에 대한 존경을 요구하는 권리로 나타난다.

Ⅳ 국가의 기본적 의무

1. 국내문제 불간섭의무

국내문제 불간섭의무는 타국의 국내문제에 속하는 사항에 간섭하지 않을 의무를 말한다. 국내문제는 국제법에 의해 규율될 수 없는 문제로 그 국가의 관할에 속하는 문제이며, 불간섭이란 국제법상 정당한 권한 없이 개입할 수 없음을 말한다.

2. 불법행위를 하지 않을 의무

불법행위를 하지 않을 의무란 모든 국가는 국제법을 위반하는 행위를 하여 타국의 권리나 이익을 침해하지 않을 의무를 말한다. 이 의무를 위반할 경우 국제법상 국가책임을 부담하게 된다.

3. 무력의 위협 또는 사용금지의무

모든 국가는 그 국제관계에 있어서 다른 국가의 영토보전이나 정치적 독립에 대하여 또는 국제연합의 목적과 양립하지 아니하는 어떠한 방식으로도 무력의 위협이나 무력행사를 삼가야 할 의무를 진다. 무력의 위협 또는 사용금지의무는 현대 국제법상 강행규범상의 의무라고 보는 것이 다수의 견해이다.

4. 분쟁의 평화적 해결의무

모든 국가는 분쟁을 평화적으로 해결해야 할 의무가 있다. 분쟁의 평화적 해결의무는 제2차 세계대전 이전에 이미 일부 조약에 의해 수립되었으나 UN헌장에서 더욱 정밀한 형태로 발전되었고 1970년 '우호관계 원칙선언' 및 1982년 '국제분쟁의 평화적 해결에 관한 마닐라 선언'에서 확인하고 있다. 분쟁의 평화적 해결의무란 첫째, 모든 국가는 UN헌장에 규정되어 있는 일부 예외를 제외하고는 오로지 평화적 수단에 의하여 분쟁을 해결해야 하며, 둘째, 분쟁당사국들은 분쟁의 상황 및 성격에 적합한 평화적 수단에 관하여 합의해야 하고, 셋째, 한 가지 평화적 수단으로 분쟁해결이 실패하였을 경우 분쟁당사국들은 다른 평화적 수단을 강구해야 함을 의미한다.

5. 신의성실의무(원칙)

신의성실(good faith) 원칙이란 국가는 국제의무를 성실히 이행해야 한다는 것을 의미한다. '조약은 준수되어야 한다'는 원칙은 단지 국가들에게 자신의 국제의무를 이행할 것을 요구하고 있을 따름이나 신의성실 원칙은 그와 같은 의무를 이행하는 '방법'에 관한 것이라는 차이가 있다. 즉, 국가는 국제법규의 목적과 객체를 방해하는 방향으로 자신의 의무를 이행해서는 안 된다. 신의성실 원칙은 수평적·분권적 구조의 국제공동체에는 국제법규의 준수를 강제할 행정조직이 거의 없어 국제의무 이행이 일차적으로 개별국가들의 호의에 의존하고 있기 때문에 특히 중요한 원칙으로 평가된다. 동 원칙은 UN헌장 제2조 제2항, 1969년 조약법에 관한 비엔나 협약 제26조, 우호관계선언 제7원칙, 1982년 UN해양법협약 제300조 등에서 확인되고 있다. 신의성실 원칙은 조약 및 관습법상의 의무뿐 아니라 일방적 약속의 이행에도 적용된다. 다만 조약의 경우 '유효한' 조약에 대해서만 동 원칙이 적용된다(우호관계선언 제7원칙6)).

---

6) "모든 국가는 일반적으로 승인된 국제법의 諸원칙과 諸원칙에 의거하여 유효한 국제조약상의 자신의 의무를 성실히 이행할 의무를 진다."

일방적 약속과 관련하여 ICJ는 '니카라과 사건'에서 "일방적 선언도 신의성실의 원칙의 적용을 받으며, 유추에 의하여 조약법에 따라 대우되어야 한다."라고 판시하였다. 이러한 전제에 기초하여 ICJ는 미국의 이른바 'Schultz notification[7]'의 효력을 부인하였다.

6. 인권존중의무(원칙)

인권존중 원칙은 제2차 세계대전 이후에 등장한 새로운 원칙으로, 동 원칙에 의하면 국가는 자국민이라 할지라도 일정 기준 이하로 대우할 수 없다. 그러나 인권존중 원칙은 국가의 일회적 인권침해에 대해 적용되는 것은 아니다. 일반국제법상 인권존중 원칙에 의해 금지되는 국가의 행위는 '중대한' 인권침해, 즉 '반복적이고 체계적인'(repeated and systematic) 인권침해이다. 현대국제법상 주요 인권존중 원칙은 강행규범에 속하는 것으로 인정되므로 기본적 인권의 대규모 침해를 규정한 조약은 강행규범을 위반한 것으로 당연무효이다. 한편, 현대국제법은 국가가 개인 또는 집단의 기본권을 존중하는 것과 국제평화 및 안전의 유지 사이에는 긴밀한 관련이 존재하는 것으로 보고 있다.[8]

제2절 주권

I 의의

1. 개념

통설에 의하면 국제법상 주권이란 보통 최고 독립의 국가권력을 의미한다.

2. 구별개념

(1) 주권과 독립권

독립권은 다양한 의미로 사용된다. ① 국가가 자기의사에 따라 대내적·대외적으로 자유로이 행동할 수 있는 권리, ② 국가가 대외적 관계에 있어서 자유로이 행동할 수 있는 권리, ③ 국가가 국제법의 제한 내에서 자유로이 행동할 수 있는 권리 등을 말한다. 그러나 결국 주권을 대외관계라는 특수한 국면에서 고찰한 것에 불과하며, 따라서 독립권은 주권으로부터 파생된 원칙이지 독자적 권리가 아니라고 이해함이 타당하다.

---

7) 슐츠선언은 미국의 ICJ규정 제36조 제2항상의 선택조항 수락선언에 관한 것이다. 미국은 니카라과에 의해 제소당하기 3일 전인 1984년 4월 6일 "1946년 6월 26일의 미국의 ICJ 강제관할권 수락은 지금 이 순간부터 앞으로 2년 동안 '중앙아메리카국가들과의 분쟁 또는 중앙아메리카의 사건들로부터 야기되거나 또는 그와 관련된 분쟁'에는 적용되지 않는다."라는 선언서를 UN사무국에 전달하였다. 이는 미국이 앞서 수락한 선택조항에 부가된 시간유보와는 다른 내용이었다. 미국은 선택조항을 수락하면서 "동 선언은 5년의 기간 동안 그리고 그 후에는 이 선언을 종료하기 위한 통고를 하고 나서 6개월이 경과할 때 까지 유효하다."라는 시간유보를 부가하였다.

8) 예컨대, UN헌장 제55조 (c)는 국가간의 평화적, 우호적 관계를 위한 필요한 조건을 창조하기 위하여 UN은 인종, 성, 언어, 또는 종교에 의한 차별이 없는, 모든 사람을 위한 인권과 기본적 자유의 보편적인 존중과 준수를 촉진하여야 한다고 규정하고 있다.

(2) 주권과 평등권

평등권은 국가가 국제법상으로 평등한 법인격자로서 취급을 받는 권리를 말한다. 평등권은 주권으로부터 유출되는 원칙에 불과하다는 견해와 주권과 구별되는 독립된 권리라는 견해가 있으나 후자가 다수의 견해이다. 평등권과 주권의 실질적 내용이 다르기 때문이다.

Ⅱ 내용

1. 대내적 최고성

국내에서 최고권력을 갖고 인민과 영역을 지배한다. 즉, 국가는 영역 내의 인민을 명령·강제할 수 있고, 영역의 일부를 처분할 권능을 갖고 있다. 이를 영토고권이라고도 한다.

2. 대외적 독립성

국가는 주권에 의해 타국 또는 국제적 권력하에 놓이지 않고 그것들로부터 독립해 있다. 즉, 타국 또는 국제적 권력에 의해 명령되거나 강제되지 않는다. 이를 대외주권이라고도 한다. 국가가 체결한 조약에 의해 의무를 부담하는 것은 국가의 자기의사에 의거한 것이므로 주권의 독립성을 침해하는 것은 아니다.

3. 주권으로부터 파생되는 규칙

주권(평등)은 우산적 개념(umbrella concept)으로서 여러 파생규칙이 도출된다. 국가는 자신이 동의하지 않는 국제법에 구속을 받지 않으며, 스스로 동의하지 않는 분쟁해결절차에 강제로 복종하지 않는다. 또한 국가는 타국의 국내문제에 간섭해서는 안 되며, 타국재판소에서 면제를 향유한다. 국가의 영토보전과 정치적 독립은 불가침이며, 각 국가는 자신의 정치적·사회적·경제적·문화적 체제를 자유롭게 선택하고 발전시켜 나갈 권리를 갖는다.

Ⅲ 주권의 제한

1. 학설

G. Scelle는 주권을 '자기가 원하는 것은 무엇이든지 할 수 있는 능력'이라고 이해하고 만일 주권이 제한을 받는다면 법적으로 모순이라고 주장하여 주권의 제한가능성을 부정한다. 그러나 오늘날 통설은 주권은 제약될 수 있는 것으로 본다. 국가는 행동의 자유가 있으나 타국의 권리를 침해할 자유는 없는 바 이는 주권이 국제법의 제한을 받기 때문인 것으로 생각할 수 있다.

2. 판례

PCIJ는 Wimbledon호 사건(1923)에서 국가의 자유의사에 의해 주권이 제약될 수 있다고 하였다. PCIJ는 국가가 특정 행위를 수행하거나 수행하지 않을 것을 약속하는 조약을 체결한다고 해서 이것이 곧 그 국가의 주권을 포기하는 것은 아니라고 하였다. 국제적 약속을 체결할 권리는 국가주권의 한 속성일 따름이라고 하였다.

제3절 평등권

I 의의

1. 개념

모든 국가가 평등하게 국제법상 권리의무를 향유할 수 있는 권리를 말한다. 국가는 영역의 대소, 인구의 다소, 문화수준의 격차 등 차이가 있으나, 이를 이유로 특정 국가를 국제법상 불평등하게 대우해서는 안 된다는 의미이다.

2. 평등의 의미

종래의 형식적·절대적 평등에서 오늘날 실질적·상대적 평등으로 변화하였다. 즉, 구체적 사정에 따라 상대적 차이를 인정하는 실질적 평등이 옳다고 본다.

II 평등권의 내용

1. 법적용에서의 평등

국제법의 적용에 있어서 평등이다. 여하한 국가도 동일한 국제법상의 권리를 주장하고 의무의 이행을 요구할 수 있다. 적용에 있어서의 평등은 약소국의 권리가 무시되기 쉬운 국제사회의 안정을 위해 필요하다.

2. 국제법에서의 평등

법적 의미의 평등이다. 이는 모든 국가가 '법'상 동등한 권리의무의 주체가 될 수 있음을 뜻한다. 법상 권리의무의 평등이란 현실적으로는 그렇지 않더라도 법상으로 동등한 권리의무를 갖는다는 뜻이다.

3. 법정립에 있어서의 평등

국가는 자기를 구속하는 국제법의 정립에 평등한 자격으로 참가할 수 있으며 동시에 자기가 그 정립에 참가하지 않는 국제법규의 구속을 받지 않는다는 의미로 사용된다. 구체적으로는 (1) 외교교섭이나 국제회의에 평등하게 참가·발언·투표하는 것, (2) 어느 국가도 타국에 대해 재판관할권을 주장하지 못하는 것, (3) 어느 국가도 타국이 그 관할권에 속한 사항에 관하여 행한 공적 행위에 대하여 원칙적으로 그 효력을 부인하지 못하는 것을 의미한다.

III 국제조직에 의한 평등권의 제한

국제사회가 점차 조직화되어 여러 가지 국제조직이 성립함에 따라 평등권이 제한되는 경향이 현저하게 나타나고 있다.

1. 국제연맹과 평등권

국제연맹이사회는 상임이사국과 비상임이사국으로 구성되었으며 상임이사국은 4개의 연맹국으로 구성되었다. 미·영·불·중 4대국은 항상 대표자를 낼 수 있었으나, 나머지 소국들은 총회에서 선거에 의하여 9개국만이 비상임이사국이 되었다.

2. 국제연합과 평등권

헌장 제2조 제1항은 회원국 간 '주권평등 원칙'을 규정하고 있으나, 이는 추상적 법적 평등을 의미하며, 강대국의 특권을 인정하고 있다.

(1) 안전보장이사회[9]

안전보장이사회에서 미·러·영·불·중 5대국은 2중으로 특권이 인정되어 있다. 즉, 5국은 상임이사국으로서 항상 대표를 낼 수 있으며, 의결에 있어서도 절차문제 이외의 문제에 대해서는 거부권이 인정되어 있다. 또한 안보리의 보조기관인 군사참모위원회도 5대국의 참모장 또는 그 대리자로 구성되도록 규정하고 있다.

(2) 국제사법재판소

국제사법재판소 재판관은 총회와 안보리에서 절대다수표를 득한 자를 당선자로 하고 있다. 따라서 안전보장이사회의 상임이사국인 5국은 안보리뿐 아니라 총회에서도 투표를 할 수 있으므로 이중적 투표권을 갖는다.

(3) 헌장개정

개정은 개정안이 회원국 2/3 찬성으로 가결되고, 안전보장이사회의 상임이사국을 포함한 회원국 2/3 이상의 비준을 얻어야만 발효한다.

3. 국제연합 전문기관과 평등권

(1) 국제노동기구

국제노동기구 이사회는 현재 정부대표 20명, 사용자대표 10명, 노동자대표 10명으로 구성되는데, 정부대표 20명 중 10명은 주요 산업국인 미·영·러·불·중·독·이·일·인·캐나다에서 나오게 되어 있다.

(2) 국제통화기금

출자액에 따라 투표권이 배분된다.

4. 평등권 제한의 의미

이러한 평등권의 제한은 법 앞에 평등을 위반한다는 주장이 있다. 그러나 이는 헌장 기타 조약에 의한 평등권의 자기제한이므로 평등권 자체의 침해가 아니다.

---

[9] 상임이사국에게 이중특권을 부여한 이유는 a) 이사회가 국제평화와 안전의 유지에 주요한 책임이 있으며(헌장 제24조) b) 강제조치를 취할 경우 결국 병력제공은 대국의 부담에 의존하므로 대국의 책임과 부담에 대응하는 권리로서 거부권을 부여한 것이다. c) 또한 대국의 반대를 무릅쓰고 강제조치를 취하는 경우 대규모 전쟁의 가능성이 예상되므로 이를 회피하기 위해 대국의 일치를 요하기 때문이다.

I 의의

국내문제 불간섭의무란 국가 또는 국제조직이 국제법을 위반하여 타국의 국내문제에 간섭하지 않을 국제법상의 의무이다. 동 의무는 국가 간에 적용되는 것과 UN과 개별 회원국 간에 적용되는 것으로 대별될 수 있는바, UN헌장 제2조 제7항은 후자에 대한 근거이다. 회원국 상호 간의 불간섭의무의 UN헌장상 근거는 일반적으로 제2조 제1항(주권평등)인바, 간섭의 형태가 무력(armed force)의 사용일 경우에는 추가적으로 UN헌장 제2조 제4항도 위반하게 된다.

II 연혁

1. 전통국제법

전통국제법상 국내문제 불간섭 원칙과 관련하여 세 가지 관습법이 성립하였다. 첫째, 국가는 타국의 국내당국을 압박하기 위해 압력을 행사해서는 안 되며, 외국정부와 그 국민 간 관계에 개입할 수 없다. 둘째, 국가는 외국에 해로운 활동의 조직을 선동·조직·지원해서는 안 된다. 셋째, 국가는 타국에서 내란이 발생한 경우 반란단체를 원조하지 않아야 한다. 다만, 전통국제법 시기는 무력사용금지의무가 확립되지 않았으므로 동 원칙은 국가의 이익이 불간섭 원칙에 우선하는 것으로 생각하지 않는 동안에만 준수되는 원칙이었다.

2. UN헌장 창설 이후

UN헌장체제에서는 개별 국가의 무력사용이나 그 위협이 전면금지되었다. 따라서 국가들은 무력의 위협이나 사용을 동반하는 타국의 간섭을 받지 않을 권리를 갖게 되었다.

3. UN총회 결의

일련의 총회 결의들은 제3세계 및 사회주의진영의 입장을 반영하여 불간섭의무의 범위를 확대시켰다. 간섭금지선언(1965), 우호관계선언(1970) 제3원칙, 국가의 경제적 권리·의무헌장(1974) 등에 의하면 직·간접적인 무력간섭뿐 아니라 정치·경제적 간섭을 포함한 모든 유형의 개입 또는 위협의 시도도 금지된다. 또한 민족자결의 문제는 더 이상 식민당국의 국내문제로 간주될 수 없고 일체의 강제적 간섭으로부터 자유로울 권리를 갖는다.

III 국내문제

1. 의의

국내문제란 국가가 단독·임의로 처리할 수 있는 문제로서 원칙적으로 국제법의 대상이 되지 않는 사항을 말한다. 국제법의 국내법질서로의 도입방식, 정부형태를 포함한 헌법상의 문제, 이민정책 등이 포함된다.

2. 대외문제의 포함 여부

국내문제에 대외사항이 포함되는지에 대해 학설대립이 있다. 대내사항제한설은 국내문제는 국가의 '대내적 사항'만을 의미한다고 본다. 반면, 대외사항확장설은 국내문제에는 대내적 사항뿐만 아니라 대외적 사항도 포함한다고 본다. 오늘날 1국의 대내문제와 대외문제는 밀접한 관련이 있으므로 대외적 사항을 불간섭의무의 대상으로부터 제외하는 것은 타당하지 않다(다수설). 국내문제는 영토적 개념(territorial concept)이 아니다. 외국인의 대우, 인권, 국가면제 등은 영토 내에서 발생하나 국제법상의 문제이며, 해외에서 출생한 자국민의 자녀에게 국적을 부여하는 것처럼 영토 밖의 행위라 할지라도 국내문제가 될 수 있다.

3. 국내문제와 국제문제의 한계 여부

(1) 법적 쟁점

본질적으로 국내문제가 존재하는가? 아니면 국내문제는 국제법이 '아직' 규율하지 않은 사항에 불과한 것인가?

(2) 학설

① 한계설(무규율설): 국내문제가 국제법의 규율대상이 되지 않는다는 견해이다. 국내문제와 국제문제 간에는 한계가 있으며, 국제문제(국제법)가 규율할 수 없는 국내문제의 고유한 영역이 존재한다고 주장한다.

② 무한계설(규율설): 국내문제는 본질적으로 국제법의 규율을 받아야 하므로 국제문제와 국내문제에 한계는 없으며, 본질적인 국내문제도 없다는 주장이다. Hans Kelsen은 국제법이 국내법보다 상위에 있는 법질서이므로 국내법의 규율을 받는 국내문제도 마땅히 국제법에 의해 규율되어야 한다고 주장한다.

③ 소결: 국제사회가 긴밀화·조직화됨에 따라 국제적 규율의 대상은 확대되고 국내문제는 반비례적으로 축소되는 경향이 있는 것은 확실하다. 그러나 국가가 주권국가로서 존속하는 한 국내문제가 본질적으로 소멸할 수는 없다. 따라서 국가의 관할권 그리고 이에 대응하는 불간섭의무는 여전히 국가의 중요한 기본적 권리의무로서 존속할 것이다.

4. 국내문제의 특성

국내문제의 범위는 유동적이고 상대적이며 시대상황에 따라 변한다. 국제관계가 긴밀해짐에 따라 국제법으로 규율되는 사항이 더욱 확대되는 반면, 각국의 전속관할에 속하는 국내사항은 점차로 축소되어 가고 있다. 1923년 PCIJ는 '튀니지-모로코 국적법 사건에 대한 권고적 의견'에서 "국내문제와 국제문제 사이의 경계설정은 본질적으로 상대적인 문제로서 국제관계의 발전에 달려 있다."라고 하며 국내문제의 상대성을 인정하였다.

Ⅳ 불간섭의무

1. 간섭의 의미

1국 또는 복수의 국가가 정당한 권리 없이 타국의 의사에 반하여 타국의 국내문제에 개입하는 행위를 말한다.

2. 간섭의 범위

협의설과 광의설의 대립이 있다.

(1) 협의설(강제적 개입설)

1국이 타국의 국내문제에 강제적으로 개입하는 것을 간섭으로 보는 견해이다. 여기서 강제적 개입이란 힘, 즉 무력의 위협 또는 그행사를 의미한다. 협의설은 비무력적 간섭을 간섭의 범주에서 제외시켜 국내문제 불간섭의 범위를 지나치게 축소시킨다는 점, 무력사용금지 원칙과 차이가 없다는 점에서 비판을 받는다.

(2) 광의설(단순개입설)

1국이 타국의 국내문제에 개입하는 모든 행위를 간섭으로 보는 견해이다. 광의설은 특히 강대국이 약소국의 국내문제에 지나치게 간섭해 온 것을 방지하고자 하는 견해로서 협의설이 간섭을 지나치게 좁게 보는 점을 비판한다.

(3) 소결

양설은 간섭의 개념을 지나치게 제한 또는 확대하여 정의하는 한계가 있다. 국제법상 불간섭의무의 위반 행위로서의 간섭은 1국 또는 복수의 국가가 정당한 권리 없이 타국의 국내문제에 그 의사에 반하여 무력적 · 정치적 · 경제적 압력의 방법으로 자국의 의사를 강요하는 행위로 보는 것이 타당하다.

3. 비군사적 강제수단과 간섭

비군사적 강제라 할지라도 타국의 주권적 권리의 종속을 꾀하거나 타국의 정치적 · 경제적 · 문화적 체제의 선택권을 박탈할 목적으로 사용된 경우에는 위법한 간섭이 된다. 무력의 사용 · 위협이 원칙적으로 금지되고 있는 오늘날 오히려 비군사적 강제수단이 주요한 간섭방법으로 등장하여 그 위법성이 추궁되는 경우가 많다.

4. 과학기술의 발달과 간섭

대기권 내의 핵실험과 이에 수반되는 방사선물질의 낙하와 퇴적은 타국의 영토주권을 침해하는 것으로서 위법한 간섭이 된다. 또한 방송위성에 의한 텔레비전 편성의 송출은 타국의 국경을 넘어 수신국의 공서 · 양속, 정치적 · 문화적 일체성을 침해하기 쉬우며 타국의 주권에 대한 간섭이 될 수 있다. 따라서 이러한 업무를 실시하려는 국가는 대상국에 대하여 사전의 통보 · 협의 또는 협정체결의무를 진다.

Ⅴ 허용되는 간섭

1. 의의

국내문제 불간섭의무는 국가주권존중의 원칙에 근거한다. 따라서, 국가주권보다 상위의 가치를 보호하기 위한 간섭은 정당화된다. 오늘날 국제관습법에 의해 다음의 간섭이 정당화된다.

2. 국제책임의 추구를 위한 간섭 – 복구조치

손해배상청구가 실현되지 않는 경우, 필요성 · 비례성의 원칙을 준수하는 복구조치는 적법하다. 그러나, 무력복구는 UN헌장 제2조 제4항에 의해 일반적으로 금지된다.

3. 인도적 간섭

비무력적 간섭은 허용되나, 무력적 간섭은 헌장 제2조 제4항에 의해 일반적으로 금지된다. 이는 인권보호라는 명분하에 이루어지는 부당한 무력간섭을 배제하기 위함이다. 오늘날 국가들이 인권보호를 목적으로 개입함에 있어서 UN의 허가(authorization)를 받은 후에 행동을 개시하고 있다.

4. 자결권보호를 위한 간섭

소수자들을 탄압하는 국가들에 대해 이를 중지할 목적으로 이루어지는 간섭은 적법하다. 그러나, 무력간섭은 UN의 허가를 조건으로 적법화된다는 점에서 이는 일반적으로 금지된다고 할 수 있다. 중앙정부의 탄압에서 벗어나기 위해 투쟁하는 민족해방전선에 대한 지원(무력지원 포함)은 적법한 것으로 인정된다.

5. 헌장 제7장하의 집단적 강제조치로서의 간섭

안보리의 집단적 강제조치 결정은 그 대상국에 대해서는 물론 여타의 모든 회원국들에 대해서도 간섭을 구성한다. 그러나 이는 헌장에 근거를 둔 것으로 그 자체 합법성이 인정된다. 헌장 제2조 제7항은 회원국의 국내문제에 대한 불간섭 원칙을 선언하면서, '단, 이 원칙은 제7장에 의한 강제조치의 적용을 저해하지 않는다'고 규정하고 있다.

6. 정통정부의 요청에 의한 경우

과거에는 정통정부의 요청에 따른 외국의 간섭은 그 자체 적법성을 인정받아 왔으며, 이는 내란 시 더더욱 강조되어 왔다. 그러나 오늘날 이러한 논리는 더이상 타당성을 인정받지 못하게 되었다. 정통정부의 요청에 따른 간섭이라도 강행규범상의 의무와 양립할 수 없는 간섭은 위법이다. 또한 반도단체라 하더라도 민족해방전선인 경우, 이들을 지원하기 위한 외국의 간섭은 적법하다.

Ⅵ UN의 회원국 국내문제 불간섭의무

> ### 📑 조문 | UN헌장 제2조 제7항 – 국내문제 불간섭의무
>
> 이 헌장의 어떠한 규정도 본질상 어떤 국가의 국내 관할권안에 있는 사항에 간섭할 권한을 국제연합에 부여하지 아니하며, 또는 그러한 사항을 이 헌장에 의한 해결에 맡기도록 회원국에 요구하지 아니한다. 다만, 이 원칙은 제7장에 의한 강제조치의 적용을 해하지 아니한다. (Nothing contained in the present Charter shall authorize the United Nations to intervene in matters which are essentially within the domestic jurisdiction of any state or shall require the Members to submit such matters to settlement under the present Charter; but this principle shall not prejudice the application of enforcement measures under Chapter Ⅶ.)

1. 의의

UN헌장 제2조 제7항은 UN의 각 회원국 국내문제에 대한 불간섭의무를 규정하고 있다. 동 조항에 의하면 헌장의 어떠한 규정도 본질적으로 어떤 국가의 국내관할권에 속하는 사항에 간섭할 권한을 UN에게 주는 것이 아니며 그러한 사항을 헌장이 규정한 해결방법에 부탁하도록 회원국에게 요구하는 것도 아니다. 다만, 제7장의 강제조치의 적용을 방해하지는 않는다.

2. 제2조 제7항의 해석

첫째, 농 조항은 본질적으로 국내문제가 국내관할사항임을 UN이 확인한 것이다. 둘째, 국제연맹규약에는 연맹이사회가 판단권자로 규정되었으나, UN헌장에는 명시적 규정이 없다. 1차적으로 국내문제 원용국이 판단권을 갖지만 최종적으로는 UN이 갖는다. 셋째, 헌장에 규정된 인권보호와 경제적·사회적 협력의 문제가 여기서 말하는 본질적으로 국내관할권에 속하는 사항의 범위에 드는지가 문제시된다. UN의 목적에 비추어 이들 문제에는 헌장의 불간섭 원칙의 적용이 제한된다고 본다. 넷째, 국내문제를 "헌장이 규정한 해결방법에 부탁하도록 회원국에게 요구하는 것도 아니다."라는 규정은 UN헌장 제1조 제1항의 국제평화와 안전의 유지를 위한 UN의 기능을 고려하여 UN이 권고적 의견은 낼 수 있는 것으로 해석해야 한다.

3. UN의 관행

헌장 기초자들이 원래 의도한 바는 국내관할권의 개념을 통해 UN의 권한을 가능하면 제한하자는 것이었다. 그러나 그 후 UN의 관행은 국내관할권을 좁게 해석하고 '국제적 관심사'(international concern) 등의 개념을 창안하여 그 개입범위를 확대하고 있다. 제2조 제7항의 적용과 관련해서 UN총회에서 가장 빈번히 문제가 된 것이 인권, 민족자결, 식민지배였으며 이들 문제는 이제 국내관할권의 범위를 떠나게 되었다.

4. 연맹규약과의 비교

첫째, UN헌장은 '본질적으로'라는 표현을 사용하여 유보영역이 확대된 듯한 인상을 준다. 그러나 관행은 그렇지 않다. 둘째, 연맹규약은 분쟁해결과 관련된 문제만을 다루고 있으나, UN헌장은 모든 영역에 걸친 일반규정으로 유보 영역을 확대한 듯한 해석이 가능하다. 셋째, 판단기관이 명시되어 있지 않으며 객관적 판단기준으로서의 '국제법'도 삭제되어 있다. 넷째, UN헌장은 연맹규약과 달리 강제조치 분야를 명시적으로 제외하고 있다.

⚖ 판례 | 튀니지 – 모로코 국적법에 관한 권고적 의견(PCIJ, 1923)

이 사건은 1921년 프랑스의 보호령 튀니지의 총독은 국적에 관한 포고를 제정·반포함에 따라 제기된 것이다. 이 국적법은 프랑스 국민을 제외하고 튀니지에서 태어난 자로서 그 부모 중 한 명이라도 튀니지 출생이면 튀니지 정부에 구속력을 갖는 조약에 따를 것을 조건으로 튀니지 국민이 된다는 내용을 담고 있었다. 유사한 입법조치가 모로코에서도 행해졌다. 이와 관련하여 프랑스 주재 영국대사는 즉각 이의를 제기하고 영국 국적을 가진 자에 대해서는 동 포고령이 적용될 수 없다고 주장하였다. 영국은 이 문제를 국제연맹에 부탁하였으나 프랑스는 이 문제가 LN규약 제15조 제8항 상 '오로지 국내관할권에 속하는 문제'라고 주장하며 LN의 관할권 배척을 주장하였다. 양국의 합의로 연맹이사회는 튀니지와 모로코의 국적포고로 인한 영국·프랑스 간 분쟁이 연맹규약 제15조 제8항의 '오로지 국내관할권' 내에 속하는 문제인가를 판단하여 주도록 PCIJ에 권고적 의견을 요청하였다. PCIJ는 규약 제15조 제8항에서 말하는 '오로지 국내관할권에 속하는 사항'이란 복수 국가의 이익과 매우 밀접한 관련이 없거나 원칙적으로 국제법에 의해 규율되지 않은 사항을 말한다고 전제하였다. 또한 어떤 사항이 오로지 국내 관할권에 속하는지의 문제는 상대적인 것으로 국제관계 발전에 의존하는 것이며 국적문제도 이 범주에 해당한다고 하였다. 나아가 원칙적으로 국제법의 규율을 받지 않는 문제라도 타국과의 조약 등에 의해 국가의 권리가 제한될 수 있다고 하였다. PCIJ는 보호국이 보호령의 영토 내에서 가지는 권한의 범위는 보호관계를 설립한 조약, 보호관계가 제3국에 의해 승인된 당시의 제 조건에 의해 결정되므로 보호국이 자국 영토 내에서 갖는 배타적 관할권이 보호령의 영토에서도 미치는가는 국제법적 관점에서 검토해야 하고 따라서 보호권의 범위에 관한 문제는 국내관할권의 문제가 아니라고 하였다. 또한 PCIJ는 튀니지와 모로코에서 영국국민에 대해 프랑스의 관할권이 배제되는가에 대해 영국과 프랑스의 의견대립이 있으므로 프랑스의 국적부여 문제가 국내적 관할사항이라고 볼 수 없다는 의견을 제시하였다. 결론적으로 PCIJ는 프랑스의 국적령에 관한 문제가 LN규약 제15조 제8항상의 국내관할권에 관한 문제가 아니므로 연맹이사회에서 토의할 수 있다고 하였다.

I 의의

1. 개념

무력사용 및 위협의 금지원칙이란 전시는 물론 평시에도 국가는 국제관계에 있어 무력을 행사하거나 무력사용의 위협을 가해서는 안 된다는 일반국제법상의 의무를 말한다.

2. 국제법적 의의

전통국제법하에서는 국가들은 언제라도 평시법에서 전시법으로 전환할 법적 자유를 향유하였으며, 평시에 있어서도 거의 무제한의 무력사용의 권리를 향유하였다. 무력사용금지의 원칙은 모든 전쟁을 위법으로 규정하고, 평시에도 원칙적으로 무력사용과 그 위협을 금지한다는 국제법적 의의를 지닌다. 동 의무는 오늘날 일반국제법상의 기본의무이자 강행규범의 지위를 갖는 것으로 평가되고 있다.

II 연혁

1. 전통국제법에 있어서 전쟁과 무력사용

제1차 세계대전 이전의 전통국제법상 국가는 언제라도 전쟁을 개시할 수 있는 권리를 가지고 있었다. 또한, 평시에도 원칙적으로 무력에 호소할 자유를 향유하고 있었다. 그러나 1841년 캐롤라인호 사건에서 미국무장관 Webster는 평시법에서 전시법으로 이행하려는 의사가 없는 경우 제한된 범위에서만 무력사용이 허용될 수 있다고 주장하였다. 즉, 자위권은 필요성이 급박하고 압도적이며, 다른 수단을 선택할 여지가 없고, 숙고할 여유가 전혀 없는(a necessity of self-defence, instant, overwhelming, and leaving no choice of means, no moment for deliberation) 경우에만 허용되며, 대응조치가 불합리하거나 과도한 것이 되어서는 안 된다(nothing unreasonable or excessive)고 하였다. 필요성과 비례성의 원칙은 전통국제법하에서 자위권의 요건을 명확히 하여 국가의 일방적 무력사용의 권리를 제한하는 기능을 하였다. 동 원칙들은 오늘날 국제관습법의 일부로 수락되고 있다.

2. 전쟁 또는 무력사용의 제한의 법리의 형성

(1) 드라고주의

드라고주의(Drago doctrine)에 의하면 재정적 곤란과 그로 인해 채무지급을 연기할 필요가 생긴 경우 외국의 군사적 간섭은 정당화되지 않는다. 드라고주의는 국가의 무제한적 무력사용을 허용한 당시 실정국제법에는 배치되었으나 무력사용의 제한을 국제법에 도립하려는 최초의 시도로서 역사적 의미를 갖는다. 동 원칙은 1907년 계약상의 채무회수를 위한 무력사용 제한에 관한 협약에도 반영되었으나 유럽국가들은 비준을 거부하였다.

(2) 1919년 국제연맹규약

국제언맹규약 제12조는 전쟁을 포괄적으로 '제한'하였다. 동 조에 의하면 연맹회원국 상호 간 국교단절에 이를 우려가 있는 분쟁이 발생한 경우 사건을 중재재판이나 연맹이사회의 사실심사에 부탁하기로 하였다. 또한 중재판정이나 연맹이사회의 보고 후 3개월이 경과할 때까지는 어떠한 경우에도 전쟁에 호소하지 않을 것에 동의하였다. 동 규정은 다양한 흠결을 가지고 있었다. 첫째, 전쟁이라는 기술적 용어를 사용함으로써 전쟁에 이르지 않는 무력사용(armed force short of war)은 허용되는 것으로 해석되었다. 둘째, 전쟁도 금지된 것이 아니라 중재판정이나 연맹이사회 보고 후 3개월간 '제한'한 것에 불과하였다. 셋째, 전쟁을 일으킨 국가에 대해 의무적 경제제재를 규정하였으나 군사행동의 경우 연맹은 회원국에 대해 권고할 권한만 가지고 있었다. 넷째, 의사결정에 있어서 만장일치를 규정함으로써 의사결정 자체가 어려웠다. 다섯째, 국제연맹규약에 의해 창설되고 관습법으로 확립되지 못함으로써 국제연맹에 가입하지 않는 국가는 구속을 받지 않았다.

(3) 전쟁의 위법화

1928년 전쟁포기에 관한 조약(부전조약, Kellogg – Briand조약)은 전쟁 자체를 '위법화'한 최초 조약이다. 국가정책수단으로서 전쟁을 포기하였으며 분쟁의 평화적 해결을 규정하고 있다. 다만, 국가정책수단으로서의 전쟁만을 금지하는 데 불과하며 일체의 무력사용을 금지하는 것은 아니다. 국제연맹의 제재로서의 군사조치, 자위를 위한 전쟁 등이 인정되었다. 또한 침략전쟁을 범죄(crime)로 규정하지는 않았다.

3. UN헌장 제2조 제4항

전쟁뿐 아니라 전쟁에 이르지 아니하는 일체의 무력사용을 '원칙적으로' 금지하였다.

Ⅲ UN헌장상 무력사용 금지의무

> 📄 **조문 | UN헌장 제2조 제4항 – 무력사용 및 위협 금지의무**
>
> 모든 회원국은 그 국제관계에 있어서 다른 국가의 영토보전이나 정치적 독립에 대하여 또는 국제연합의 목적과 양립하지 아니하는 어떠한 기타 방식으로도 무력의 위협이나 무력행사를 삼간다. (All Members shall refrain in their international relations from the threat or use of force against the territorial integrity or political independence of any state, or in any other manner inconsistent with the Purposes of the United Nations.)

1. 법적 성질

동 조항은 강행규범 또는 대세적 의무에 해당하는 일반국제관습법의 원칙으로 인식되고 있으며, 중대한 위반은 침략을 구성한다. 또한 강행규범 위반에 의해 창설된 상황에 대해 모든 국가들은 이를 승인하지 않을 의무와 그러한 상황을 유지하는 데 필요한 지원·협조를 삼갈 의무를 부담한다(ILC 2001년 국가책임초안 제41조).

2. 해석

동 조항은 첫째, 모든 회원국에 대해, 여하한 경우라도 무력의 사용이나 위협을 금지하고 있다. 즉, 헌장 제7장에 따른 UN의 강제조치, 제51조 자위권, 제53조 지역적 기구에 의한 강제조치, 제107조 구적국조항을 제외하고 모든 무력사용 및 그 위협을 전면금지하였다. 둘째, 군사적 힘의 사용이나 위협만을 금지한다. 셋째, 무력의 위협 또는 사용은 UN회원국 간에만 금지된다. 따라서 UN회원국들은 자국영토 내의 반란단체나 독립을 위해 투쟁하는 민족해방기구를 상대로 무력을 사용하는 것은 여전히 허용된다고 생각하였다.

3. 일반국제법규화 – 1970년 우호관계 원칙선언

무력사용 및 위협의 금지 원칙은 1970년 우호관계 원칙선언에서 국제관습법으로 확인되었다. 동 선언 및 무력의 위협 또는 사용 자제 원칙에 관한 UN선언(1987) 등에 의하면 무력사용과 관련하여 다음과 같은 합의가 존재하고 있다. 첫째, 무력의 위협 또는 사용은 '국가'에 대해서뿐만 아니라 민족해방단체에 의해 대표되는 자결권을 향유하는 '민족'에 대해서도 금지된다. 둘째, 국가는 어떠한 경우에도 타국의 영토를 무력의 위협 또는 사용을 통하여 취득할 수 없다. 따라서 침략국의 영토라 할지라도 UN헌장에 따라 이를 군사적으로 점령할 수는 있어도 병합할 수 없다. 정복을 통한 주권변경불가의 원칙은 '국제관습법규'이다(ICJ, 2004). 셋째, 간접무력사용(indirect use of force)도 무력사용금지 원칙의 이름으로 금지된다. 간접무력사용이란 타국의 반란단체를 무장시키고 훈련시키는 행위, 타국에 대한 병참지원이나 기지제공 등을 의미한다. 단, 재정지원, 즉 자금지원은 간접적인 무력사용에는 해당하지 않으나 타국의 국내문제에 대한 위법한 간섭을 구성한다. 넷째, 침략전쟁은 평화에 대한 범죄로서 그것을 준비하고 수행한 개인의 국제범죄일 뿐 아니라 당해 국가의 국제범죄이기도 하다. 다섯째, 무력복구는 금지된다.

Ⅳ UN헌장 제2조 제4항의 예외

1. 헌장상 예외

(1) 자위권(제51조)

정당방위란 무력복구나 긴급피난 또는 필요상황과 구별되는 개념으로서 침략이 발생하는 경우 이에 대한 비례적 무력행사를 의미한다. UN헌장 제51조에 의하면 무력공격이 발생하는 경우 국가는 개별적 · 집단적 자위권을 발동할 수 있다. 다만, 안보리에 보고를 요하며, 안보리가 필요한 조치를 취할 때까지 잠정적인 조치로서 인정된다. 정당방위가 적법화되기 위해서는 국제관습법상 필요성의 요건과 비례성의 요건을 갖춰야 한다.

(2) 안보리의 강제조치(제42조)

안보리는 침략행위뿐 아니라 평화에 대한 위협, 평화의 파괴 발생 시 헌장 제42조에 따라 군사적 강제조치를 취할 수 있다. 이는 평화를 위한 집단안전보장체제로서 헌장 제2조 제4항에 규정된 무력행사금지원칙에 대한 또 하나의 예외를 구성한다. 그러나 제도적 한계로 인해 군사적 강제조치가 적용될 수 있는 가능성은 희박하다.

(3) 지역적 기관의 무력사용(제53조)

안전보장이사회는 그 권위하에 취하여지는 강제조치를 위하여 적절한 경우에는 그러한 지역적 약정 또는 지역적 기관을 이용한다. 다만, 안전보장이사회의 허가 없이는 어떠한 강제조치도 지역적 약정 또는 지역적 기관에 의하여 취하여져서는 아니 된다. 그러나 이 조 제2항에 규정된 어떠한 적국에 대한 조치이든지 제107조에 따라 규정된 것 또는 적국에 의한 침략 정책의 재현에 대비한 지역적 약정에 규정된 것은, 관계 정부의 요청에 따라 기구가 그 적국에 의한 새로운 침략을 방지할 책임을 질 때까지는 예외로 한다.

(4) 구적국조항(제107조)

이 헌장의 어떠한 규정도 제2차 세계대전 중 이 헌장 서명국의 적이었던 국가에 관한 조치로서, 그러한 조치에 대하여 책임을 지는 정부가 그 전쟁의 결과로서 취하였거나 허가한 것을 무효·배제하지 아니한다.

2. 관습법상 예외

(1) 동의에 기초한 무력사용

전통국제법상 당사국의 동의에 의한 무력행사는 적법한 무력행사로 간주되었다. 내란 시 외국군대의 개입 요청이나 군대주둔의 요청을 예로 들 수 있다. 그러나, 현대국제법상 강행규범이 출현하면서 이러한 전통적 원칙은 일정한 수정을 보게 되었다. 강행규범에 위배되는 여하한 국가 간의 합의도 무효이므로 당사국의 동의가 있었다 할지라도 강행규범에 위배되는 무력간섭은 적법하지 않다. 인권탄압을 목적으로 하는 무력개입이나 민족자결권행사를 저지하는 무력행사는 강행규범에 위반되므로 허용되는 무력행사로 볼 수 없다.

(2) 침략에 이르지 않는 위법한 무력행사에 대한 무력자구

무력복구, 무력간섭 등 무력을 수반하나 침략이 아닌 무력행사에 대해 피해국이 취할 수 있는 조치에 대한 문제이다. 침략이 아니므로 자위권을 행사할 수 없다. 다만, 문제의 위법한 무력행사를 저지하기 위한 목적에 비례하는 범위 내에서 무력행사가 허용된다.

3. 국가에 의한 예외의 확대 시도

(1) 예방적 자위권

대규모적 무력침략의 '급박한 위협'에 처한 경우 실제로 무력공격이 발생하지 않았다 하더라도 그러한 위협을 제거할 목적으로 무력을 사용하는 것도 자위권의 행사로서 정당화되어야 한다는 주장이다. 오늘날 무력충돌의 양상과 무기체계의 변화를 고려하여 예방적 자위를 인정할 필요성은 이해되어야 하나, 이것이 진정한 자위의 목적으로 제한되고 그 남용을 방지할 수 있도록 엄격한 조건이 부과되어야 할 것이다.

(2) 테러리즘의 진압 및 예방을 위한 자위권

미국은 아프가니스탄에 대한 군사작전을 자위권의 발동으로 정당화시켰다. 즉, 대규모의 테러리즘은 헌장 제51조상의 무력공격을 간주될 수 있고, 테러리스트들을 고의로 비호하거나 테러리즘을 묵인하는 국가에 대한 공격은 자위권의 행사로서 정당화되며, 테러공격을 명령하였거나 이에 직접 관련된 자들을 체포하기 위한 무력행사도 자위권으로 정당화된다는 주장이다. 이러한 주장에 대해서는 다음과 같은 비판이 있다. 첫째, 자위권 행사의 전제로서의 무력공격은 국가 대 국가 간에 이루어진 무력침략을 의미한다. 이는 헌장 기초 시 당연히 전제된 것이다. 둘째, 묵인에 의해서도 국가귀속성이 인정될 수 있으나, 이를 위해서는 단순히 테러행위를 방치했다는 것 이상의 구체적이고 적극적인 행위가 있어야 한다. 셋째, 무력공격이 이미 종료된 상황에서 자위권은 원용될 수 없다. 넷째, 테러행위자 비호 자체가 무력공격은 아니다.

(3) 재외자국민 보호를 위한 자위권

1976년 프랑스 소속 Air France기에 탑승하고 있던 이스라엘인들이 테러리스트들에 의해 공중 납치되어 Entebbe 공항에서 우간다정부의 묵인하에 인질로 억류되고 있을 당시, 이스라엘정부는 공항을 기습하여 자국민 구출에 성공하였고, 이를 정당화하기 위해 자위권을 원용하였다. 안보리는 이를 배척하였다. Dinstein은 특정 국가의 국민만을 겨냥하여 가해진 무력사용은 그들의 국적국에 대한 무력공격과 동일시되고 따라서 자위권 행사로 정당화된다고 본다.

(4) 국가원수 암살기도를 이유로 하는 자위권

1993년 6월 26일 미국은 이라크의 수도 바그다드에 미사일 공격을 가한 바 있다. 동년 4월 쿠웨이트를 방문하였던 부시 대통령에 대한 암살 미수 사건에 대한 응징차원이었다. 미국은 자위권을 원용하여 이를 정당화시켰다.

(5) 자국민 보호를 위한 무력사용

외국 영토상에서 생명 또는 재산의 위험에 처해 있는 자국민을 보호·구출하기 위한 국가의 무력행사를 자국민 보호를 위한 무력행사라 한다. 자국민 보호를 위한 무력행사는 UN헌장 제2조 제4항의 무력사용 및 위협금지 원칙에 위배될 가능성이 있다.

(6) 인도적 간섭

한 국가 내에서 중대한 인권유린이 발생한 경우, 그 피해자들의 국적과 관계없이 제3국이 이들의 인권보호를 위해 개입하는 것을 말한다. 이러한 상황에서 피해자들과 여하한 관계도 없는 제3국이 이들의 보호를 위해 영토국 내에 무력으로 개입하는 것은 전통국제법상 금지되어 왔으나, 현대국제법에서는 인도적 견지에서 이를 인정해야 한다는 견해가 있다. 반면 헌장 제2조 제4항을 근거로 부인하는 견해도 있다.

(7) 민주주의를 위한 간섭

1965년 미국의 도미니카 내란에 개입 시 그 목적을 '민주화와 사회정의, 경제발전을 돕기 위한 것'이라 하였다. 1983년 미국 및 동부카리브국가기구가 그레나다에 개입하여 인도적 지원과 평화유지 및 자유총선 실시 지원하였으며, 1989년 미국의 파나마, 1994년 아이티에 무력개입을 단행하였다. 민주주의를 위한 간섭을 긍정하는 측에서는 주민자결권을 침해하는 독재정부를 축출하고 민주주의를 회복하기 위한 무력간섭은 헌장 제2조 제4항에 반하지 않으며 오히려 도덕적 명령에 부응하는 것이라고 본다. 그러나 부정설은 민주주의를 위한 무력간섭이라 할지라도 헌장 제2조 제4항에 반한다고 본다. 인권 또는 민주주의 존중도 헌장테두리 내에서 추구되어야 하며, 대부분의 군사적 간섭은 정치적 동기에 의해 자의적으로 이루어진 것을 볼 때 이러한 개입을 인정한다면 약소국들에 대한 강대국들의 무제한한 간섭을 초래할 것으로 본다. 민주주의를 위한 무력간섭은 아직 국제법상 적법성을 인정받지 못하고 있다. 국가들은 개입 전에 정당성을 확보하기 위해 안보리의 결의에 의존하는 관행을 보이고 있는바, 이는 민주주의를 위한 무력개입이 적법하지 않다는 것을 보여준다.

(8) 자결권 보호를 위한 무력간섭

자결권이란 중앙정부로부터 차별적인 억압과 차별을 받는 소수자들이 이로부터 벗어나기 위해 저항할 수 있는 권리를 말한다. 총회 결의 2625는 그러한 압박에 저항하는 경우 민족들은 '헌장의 목적과 원칙에 따라 지원을 요청하고 받을 권리가 있다'고 선언하였다. 지원에 무력적 지원까지도 포함하는가에 대해 논란이 있으나 국가들은 군사적 지원을 제공하기도 한다.

4. 안보리에 의한 예외의 확대 시도 – 무력사용의 '허가'

(1) 의의

안보리는 국제평화와 안전의 유지 및 회복을 위해 무력사용을 공식적으로 가능하게 하는 새로운 실행을 보이고 있는바, 안보리는 심각한 사태에 직면하여 이를 '국제평화와 안전의 파괴' 또는 '평화에 대한 위협'으로 규정하고 이를 해결하기 위해 회원국들로 하여금 무력을 사용하도록 '허용'(authorize)하고 있다.

(2) 법적 근거

안보리는 회원국의 무력사용을 허가함에 있어 헌장 제7장을 원용하고 있으나 구체적 조항은 밝히지 않고 있다. 정당화 논거는 다음과 같다. 첫째, 안보리는 국제평화와 안전의 유지를 담당하는 주요기관이므로 그 임무수행을 위해 헌장의 원칙과 목적에 위배되지 않는 한 적극적 규정이 없더라도 자유롭게 행동할 수 있다. 둘째, 무력사용의 허가는 강제조치가 아니고 회원국의 자발적 참여를 기본으로 하므로 법적 근거를 요하지 아니한다.

(3) 안보리의 허가 없이 이루어지는 일방적 무력개입의 문제

최근 미국은 이라크를 공격하면서 안보리 결의 1441(2001년 11월)을 원용하였다. 동 결의는 이라크가 이전의 관련 결의들을 중대하게 위반하였음을 지적하면서, 이러한 결의에서 제시된 의무들을 이행할 것을 촉구함과 동시에 제반 결의를 위반하는 경우 '심각한 결과에 직면할 것'을 경고하고 있다. 그러나 이는 안보리의 관행상 무력사용을 허가한 것으로 볼 수 없다. '필요한 모든 수단을 사용할 것'을 의도적으로 언급하고 있지 않기 때문이다.

V 결론

무력사용 및 위협금지 원칙은 현대국제법질서에서 강행규범적 지위를 갖는 규범으로 인정되고 있다. 오늘날 합법적인 무력행사는 자위권, 안보리의 군사적 강제조치, 안보리의 허가에 따른 무력사용을 위해서만 인정된다. 따라서 최소한 안보리의 허가조차도 없는 개별국가의 무력사용은 그것이 국제공동체 공익보호를 명분으로 한다고 할지라도 적법하지 않다. 공익보호를 위해 필요하다 할지라도 공동체의 중앙기관의 위임에 따라 객관적 기준의 적용에 의한 획일적인 개입이 이루어지도록 해야 할 것이다. 헌장 제2조 제4항이 실효성의 위기에 처해 있는 오늘날, 그 어느 때보다도 이 원칙의 엄격한 해석·적용이 강조되어야 할 것이다.

제3장 | 국가관할권

제1절 총설

I 의의

1. 개념

한 국가가 사람, 물건, 사건 등에 대해 행사할 수 있는 권한의 총체를 국가관할권이라 한다. 국가관할권은 국가주권의 표현이자 주권의 구체적 발현형태이다.

2. 유형

(1) 입법관할권

국가가 입법부의 행위, 행정부의 명령과 규칙, 재판소의 선례 등을 통해 법규범을 선언하는 힘을 말한다.

(2) 집행관할권

제정된 법규범을 행정적 또는 사법적 행동을 통하여 실제사건에 적용하는 힘을 집행관할권이라 하며, 행정관할권과 사법관할권으로 구분해 볼 수 있다.

II 입법관할권의 이론적 기초

1. 속지주의

(1) 의의

① 속지주의는 자국 영토 내에서 발생한 사건에 대해 관할권을 행사할 수 있다는 이론이다. 속지주의는 영토주권으로부터 당연히 도출되는 국가의 관할권 규칙으로 볼 수 있다. 영토는 육지영토, 영해, 영공, 공해상의 자국 선박과 항공기 등이 포함된다. 접속수역, 배타적 경제수역, 대륙붕은 연안국의 영역은 아니나, 그 설정 목적범위 내에서는 연안국이 관할권을 행사할 수 있다. 우리나라 형법 제4조는 대한민국 영역 밖에 있는 대한민국 선박이나 항공기 내에서 죄를 범한 외국인에게 한국 형법이 적용된다고 규정하고 있다.

② 한국 법원은 중국 소재 대한민국 영사관 내부는 중국 영토이지 대한민국 영토는 아니라고 하였다. 국제법상 속지주의가 속인주의 등 다른 관할권에 비해 우월적 지위를 가지는 것은 아니다. 따라서 속지주의와 속인주의가 경합할 때 속지주의 관할권이 국제법상 우선하는 것은 아니다. 다만, 관행상 속지주의가 우선한다.

(2) 객관적 속지주의와 주관적 속지주의

객관적 속지주의는 어떤 행위가 해외에서 개시되더라도 그 영토 내의 행위의 직접적인 결과가 발생한 국가는 당해행위 전체에 대해 관할권을 갖는다는 원칙이다. 한편, 주관적 속지주의는 행위가 해외에서 완성되더라도 그 행위가 개시된 국가가 당해 행위 전체에 대한 관할권을 갖는다는 원칙이다. PCIJ는 Lotus호 사건에서 객관적·주관적 속지주의를 인정한 바 있다.

(3) 단일경제실체이론

역외 소재 외국기업이 역내에 자회사 등의 거점을 가지고 있고 역내 자회사의 행위가 역외 모회사에게 귀속될 수 있는 경우에는 역외 모회사에 대해서도 국가관할권이 성립된다고 한다. 즉, 역외 모회사는 역내 자회사와 마찬가지로 '역내의 사람'으로서 속지주의의 이름으로 관할권이 성립된다고 한다.

(4) 효과이론(effects doctrine)

① 의의: 객관적 속지주의가 변형·확대되어 나온 이론으로, 효과이론에 의하면 행위자체는 완전히 해외에서 발생했더라도 그 영토 내에 행위의 효과·영향이 발견되는 것만으로 관할권의 행사가 정당화된다고 한다. PCIJ는 Lotus호 사건에서 범죄의 효과가 발생한 국가도 범죄발생국으로 간주한다고 언급하며 객관적 속지주의의 확대·발전을 예고한 바 있다.

② 국제관행

㉠ 미국: 미국은 1945년 'Alcoa 판결'을 기점으로 효과이론을 도입하여 미국의 독점금지관련 법률을 역외적용하였다. 1996년 헬름즈버튼법(Helms – Burton Act)을 통해 의회 역시 효과이론을 도입하고 있다. 한편, 미국은 역외적용대상국들의 비판을 고려하여 '먼 효과'(remote effect)에 대해서는 관할권 행사를 자제하고 미국 경제에 '직접적이고 실질적인 효과'(immediate and substantial effect)를 미치는 경우로 제한하여 관할권을 행사하고 있다.

㉡ 유럽국가: 독일은 경쟁제한금지법 제98조에서 "이 법률은 경쟁제한행위가 이 법률의 적용범위 밖에서 행해지더라도 그 행위의 효과가 이 법률의 적용범위 내에서 발생하는 모든 경쟁제한행위에 적용된다."라고 규정하여 효과이론을 도입하고 있다. 한편, EC 설립조약 제81조와 제82조 역시 EC경쟁법의 역외적용을 위해 효과이론을 규정하고 있다. 유럽재판소는 이른바 '이행이론'(implementation doctrine)을 도입하여 역외관할권 행사를 정당화 하는바, 이는 역외기업들의 해외에서의 어떤 행위에 EC 경쟁법이 적용되는 것은 그 같은 합의가 EC 역내에서 '이행'되었기 때문이라는 것이다.

㉢ 한국: 우리나라 공정거래위원회 역시 효과이론 및 이행이론을 적용하여 역외 관할권을 정당화 하고 있다. 공정거래위원회는 '2002국협0250 사건'에서 "외국법에 의해 설립된 사업자들 간의 합의가 외국에서 이루어졌더라도 합의 실행이 대한민국에서 이루어지고 대한민국시장에 영향을 미칠 경우 공정거래위원회는 이들 사업자에 대해 관할권을 행사할 수 있다."라고 판시한 바 있다.

2. 속인주의

속인주의란 범죄실행지의 여하를 불문하고 범죄실행자의 국적에 입각하여 관할권을 결정하는 입장이다. 대륙법계 국가는 속지주의와 속인주의를 병용하고 있다. 반면, 영미법계 국가는 속지주의를 원칙으로 하고 속인주의는 반역죄, 살인, 중혼죄 등 중대범죄 또는 군대 관련 범죄에 있어서 보충적으로 적용하고 있다. 한편, 미국은 미국인의 주식보유가 25% 이상이면 해외자회사도 미국국적의 회사에 해당한다고 보아 '국민' 개념의 확대를 통한 역외 관할권을 주장한다. 이는 전통국제법에 배치된다. 국제법상 법인의 국적은 원칙적으로 설립지국이나 본점소재지국을 기준으로 판단하기 때문이다.

3. 수동적 속인주의

(1) 개념

수동적 속인주의는 자국 영역 외에서 발생한 사건으로 인하여 피해를 입은 자국 국민을 보호하기 위해 관할권을 행사하는 것이다. 사건 당시 자국 국민 또한 자국 영역 밖에 소재하고 있어야 한다. 효과주의는 영역 외에서의 행위로 인한 피해가 자국 영역 내의 자국 국민이나 경제에 미친다는 점에서 수동적 속인주의와는 구별된다. 국제테러리즘의 폭증으로 미국을 중심으로 수동적 속인주의에 입각한 관할권행사가 빈번해졌다. 그러나 현재 그 대상이 테러리즘에 국한되고 있다.

(2) 사례

Yunis 사건은 미국에서 수동적 속인주의가 적용된 사례이다. 레바논인인 Yunis는 1985년 베이루트발 요르단 항공기를 레바논 상공에서 납치하였다. 항공기에 미국인 승객 2명이 타고 있었다. 이들은 아랍연맹 회의가 개최되는 튀니지로 가기를 원하였으나 튀니지 당국이 착륙을 허용하지 않았다. 결국 이들은 베이루트로 돌아와 인질을 풀어주고 항공기를 폭파시킨 다음 도주하였다. 후일 미국 정보당국은 Yunis를 공해상으로 유인하여 체포한 후 미국으로 이송하여 기소하였다. Yunis는 재판소의 관할권 성립을 부인하였으나 재판부는 수동적 속인주의와 보편주의를 근거로 관할권 성립을 인정하였다. 또한, 페스카마호 사건 (1996)은 공해상에서 온두라스 선적에 승선한 중국인이 한국인 등을 살해한 사건이다. 온두라스가 우선적 관할국이나 관할권 행사의사를 표하지 않자, 한국이 수동적 속인주의에 기초하여 관할권을 행사하였다.

(3) 한계 및 보완

수동적 속인주의에 대해 외국인의 외국에서의 행위가 그 현지에서는 합법인데도 피해자의 소속국내법이 범죄로 규정할 가능성이 있다는 점에서 비판이 제기되고 있다. 이런 경우에 있어 수동적 속인주의는 외국의 국내문제에 대한 부당한 간섭이 될 수 있을 뿐만 아니라, 외국인은 방문국의 국내법을 존중할 의무를 진다는 일반국제법에도 어긋난다. 이러한 점을 고려하여 한국 형법 제6조는 수동적 속인주의를 규정하면서도 행위지의 법률에 의하여 범죄를 구성하지 아니하거나 소추 또는 형의 집행을 면제할 경우에는 예외로 한다는 단서를 두고 있다.

4. 보호주의

'외국인'의 '외국'에서 행한 범죄라 하더라도 그로 인하여 국가의 이익, 즉 국가안보, 사활적 경제이익이 침해당한 국가는 형사관할권을 행사할 수 있다는 것이다. 보호주의는 국가의 이익을 추상적으로 보호하기 위한 것이라는 점에서 개인의 이익을 보호하기 위한 수동적 속인주의와 구별된다. 또 영토 내에서 효과 또는 결과의 발생을 요구하지 않는다는 점에서 효과주의 또는 객관적 속지주의와 구별된다.

5. 보편관할권

(1) 개념

범죄발생장소, 범죄자 또는 희생자의 국적에 관계없이 모든 국가에 대해 국제범죄자에 대한 관할권을 부여하는 것을 의미한다. 범죄의 성질이 '모든 인류의 적'(hostes humani generis)으로 인정될 만큼 중대한 국제의무 위반이기 때문에 모든 국가가 역외 사건과 사람에 대해 관할권을 갖는다는 역외적 관할에 관한 원칙이다.

(2) 인정취지

Cassese는 다음과 같이 보편관할권의 근거를 제시한다. 첫째, 범죄 자체가 보편적 기소 및 억제를 정당화할 만큼 무겁고 중대하다. 둘째, 보편관할권의 행사는 국가의 주권평등의 원칙을 위반하지 않으며, 범죄가 행해진 국가의 국내문제에 부당한 간섭을 행하는 것도 아니다. 즉, 보편관할권은 전통적인 국가주권을 초월하는 개념이고 보편관할권을 행사하는 국가는 국제공동체를 위한 대리(surrogate)로서 행사하는 것이다.

(3) 유형

① 진정한 보편관할권과 '인도 아니면 소추'(aut dedere aut juricare)공식: 인적, 장소적, 이익의 관련성과 관계없이 모든 국가가 관할권을 행사하는 것을 진정한 보편관할권이라 한다. 후자의 경우 조약규정을 통해 조약이 규율하는 범죄를 행한 자가 자국 영토 내에 존재하고 있는 경우 소추하든지 관할권을 갖는 다른 국가에 인도하는 원칙이다. 후자의 경우 관할권 행사국가와 범죄자 사이에 관련성을 요하므로 진정한 보편관할권은 아니다.

② 강제적 보편관할권과 임의적 보편관할권: 범죄혐의자 소재 국가가 인도 아니면 소추[either extradite or prosecute(*aut dedere aut judicare*)]의무를 부담하는가에 따른 구분이다. 강제적 보편관할권의 경우 의무적으로 인도해야 한다.

③ 절대적 보편관할권과 조건적 보편관할권: 2002년 ICJ 체포영장 사건에서 제시되었다. 후자의 경우 국가가 보편관할권을 근거로 관할권을 행사하기 위해서는 최소한 피의자가 당해 국가에 소재하고 있어야 한다는 입장이다. 절대적 보편관할권이 엄밀한 의미에서 보편관할권이라 할 수 있다.

(4) 보편관할권의 대상범죄

① 국제관습법상 보편관할권에 속하는 범죄: 해적행위는 다툼이 없다. 노예매매, 집단살해, 전쟁범죄, 인도에 반하는 죄 및 고문 등이 보편관할권에 속하는 범죄라는 데는 이견이 없으나, 연원이 관습법인지 국제조약인지에 대해서는 의견이 갈린다.

② 국제조약상 보편관할권에 속하는 범죄: 1949년 Geneva협약과 1977년 제1추가의정서의 중대한 위반행위, 1984년 고문방지협약 제7조의 고문행위, 1970년 '항공기불법납치 억제를 위한 헤이그협약' 제7조의 항공기불법납치, 1988년 '해상항행안전에 대한 불법행위 억제에 관한 로마협약' 제7조의 해상테러 등이 이에 속한다. 인도 아니면 소추의무를 부과하고 있다. 다만, 1973년 아파르트헤이트범죄의 억제와 처벌에 관한 협약상 아파르트헤이트의 경우 논란이 있다. 다른 조약과 달리 당사국이 범죄자를 인도하지 않을 경우 국내관할권 행사가 의무적이 아니기 때문이다.

Ⅲ 관할권의 한계

1. 입법관할권의 영토적 한계 – 역외 입법관할권의 가능성

입법관할권의 범위가 무한정하지는 않으나, 국가는 역외 입법관할권을 행사할 수 있다. 즉, 자국 영역 외에서 적용이 예정된 국내법을 제정할 권리를 갖는 것이다. 1927년 Lotus호 사건에서 PCIJ는 일국의 입법관할권이 원칙적으로 영토 내에서 행한 행위에 국한되는 것이 아니며, 국제법이 달리 규정하지 않는 한 원칙적으로 외국인이 외국에서 저지른 행위에 대해서도 관할권을 행사할 수 있다고 판시하였다. 국가들이 역외 입법을 하더라도 그 적용대상국가를 구체적으로 거명하지는 않기 때문에 역외 입법 자체만으로 국가 간에 분쟁이 야기될 가능성은 거의 없다. 국가 간 분쟁은 역외 입법이 재판 등을 통하여 실제로 적용될 때까지는 유보된다.

2. 집행관할권의 한계

(1) 영토적 한계

입법관할권이 영토적 한계로부터 비교적 자유로운 것과 달리 집행관할권은 원칙적으로 영토적 한계를 갖는다. 즉, 자국의 국내법상 관할권하의 범죄라 할지라도 타국의 동의 없이 범인을 체포하기 위해 자국의 경찰을 타국에 파견할 수 없는 것이다. 이러한 행위는 타국의 영토주권을 직접적으로 침해하기 때문이다. PCIJ는 Lotus호 사건에서 국가는 타국의 영토에서 어떤 형태로도 자신의 힘을 행사할 수 없으므로 집행관할권은 영토적이라고 하였다. 그러므로 국제관습이나 협약으로부터 나오는 허용적 규칙에 의하지 않는 한, 국가는 그 영토 밖에서 관할권을 행사할 수 없다고 하였다. 따라서, 1960년 이스라엘이 나치전범 Adolf Eichmann을 아르헨티나에서 납치한 것이나, 1990년 미국이 Alvarez - Machain을 멕시코에서 납치한 행위, 또는 1989년 미국이 파나마의 실권자 Manuel Noriega장군을 체포하기 위해 파나마를 군사적으로 침공한 행위 등은 타국의 영토주권을 침해한 위법한 조치들이다.

(2) 주권면제에 의한 한계

주권면제란 타국의 주권을 존중하여 타국이나 국가기관에 대해 재판관할권을 행사할 수 없다는 국제관습법상의 원칙이다. 주권면제를 향유하는 주체에 대해서 국가는 자국의 국내법을 적용할 수 없으므로 집행관할권의 행사는 제약을 받는다.

Ⅳ 입법관할권과 집행관할권의 관계

1. 입법관할권의 집행관할권에 대한 의존성

입법관할권은 궁극적으로 집행관할권에 의존한다. 집행을 동반하지 않는 입법은 무의미하기 때문이다. 다만, 각종 면제의 규칙과 같이 국제법에 의해 입법관할권이 있어도 집행관할권, 특히 재판권의 행사가 제한되는 경우가 있다.

2. 집행관할권의 전제로서의 입법관할권

집행관할권은 원칙적으로 입법관할권의 존재를 전제로 한다. 다만, 집행관할권이 반드시 입법관할권의 존재를 전제로 하는 것은 아니다. 우선, 국제사법상의 문제에 있어서 입법관할권을 요하지 아니하는 경우가 있다. 즉, 외국의 사법규정을 준거법(law applicable)으로 재판할 수 있으며, 외국의 판결이나 외국의 중재판정을 국내 법원이 집행할 수도 있다. 둘째, 타국이나 국제기구의 요청에 따른 집행이 존재할 수 있다. 예컨대, EC관련 입법은 EC차원에서 제정되나 대부분 회원국에 의해 집행이 이루어지고 있다.

Ⅴ 관할권의 경합과 해결

1. 법적 쟁점

국가관할권을 성립시키는 기초가 다원적이므로 하나의 범죄에 대해 여러 국가가 경합적으로 관할권을 주장하여 관할권의 경합 또는 충돌이 발생할 수 있다. 그러나 국제법은 경합을 해결할 수 있는 법원칙을 정립하지 않고 있다. 이로 인해 국가 간 충돌이 발생할 수 있을 뿐 아니라 개인이 이중처벌될 가능성이 있어 인권보호 차원에서도 중대한 문제라 할 수 있다. 실제 미국의 역외 관할권 행사로 인해 미국과 유럽국가들 간 분쟁이 발생한 바도 있다. 국제관행에 따른 몇 가지 해결방안들을 논의한다.

2. 조약에 의한 조정

관할권 충돌이 예상되는 분야에서 조약을 통해 관할권 행사 시 상호통고의무, 협상 및 중재 등에 의한 분쟁해결의 의무화를 규정하는 방법이다. 조세법에 관한 조약, 미국과 캐나다, 서독, 호주 등과의 양자조약은 관할권 분쟁 시 협의에 의한 분쟁해결에 합의하고 있다.

3. 국제행위준칙에 의한 조정

국제행위준칙은 자발적인 협조체제에 입각한 연성법으로서 법적 구속력이 있는 국제기준의 합의도출이 어려운 분야에서 효과적인 분쟁해결수단으로서 기능한다. 1976년 '다국간기업에 대한 OECD 행위지침'을 예로 들 수 있다. 영역국가의 법과 정책의 준수의무를 부여하면서도 관할권 분쟁 시 상호통고, 협의, 협력에 의한 우호적 해결을 권고하고 있다.

4. 관할권 행사의 자제

역외 관할권 행사가 정당화되는 사안에 대해 국가가 관할권 행사를 자제함으로써 분쟁을 회피할 수 있다. 미국법과 관행상 원용되는 몇 가지 규칙은 다음과 같다.

(1) 합리성 원칙

특정의 관할권 행사가 비합리적인 경우 관할권 행사를 자제할 의무를 부여하는 법원칙이다. 판단기준으로는 ① 문제의 행위가 규제국가의 영역과 갖는 연관성, ② 동 행위의 책임을 가진 人과 규제국가 사이에 국적 등의 연결점 등이다. 합리성의 판단주체가 규제국가의 국가기관이라는 점에서 주관적 합리성에 불과하다는 한계가 있다.

(2) 국가행위이론

한 국가의 국내법원은 행위 시에 행위국가 내에 있는 재산 또는 사람에게 영향을 주는 외국주권국가의 공적행위의 유효성을 심리하는 것을 삼가야 한다는 원칙이다. 미국은 'OPEC석유카르텔 사건'(1979)에서 오펙의 석유가격 인상으로 미국소비자가 피해를 입었음을 이유로 노동조합이 제기한 삼배손해배상소송을 국가행위이론에 입각하여 청구를 기각한 바 있다. 국가행위는 공적·주권적 행위를 적용대상으로 하므로 상업적 행위에 대해서는 적용되지 아니한다.

(3) 외국정부강제이론

외국영역 내에서의 사인 또는 사기업의 행위가 외국정부에 의해 강제된 것일 경우 규제법규를 위반한 사인 및 사기업에 대해 미국 국내법상의 제재규정을 면제시켜주는 이론이다.

판례 | Lotus호 사건[10]

공해상에서 프랑스 우편선 로터스호와 터키 석탄선 보즈코트호가 충돌하여 보즈코트호가 침몰하고 선원 8명이 사망하였고, 로터스호가 터키의 콘스탄티노플항에 도착하자 터키가 선장 데몬스를 체포하여 조사하고, 벌금형을 선고하였다. 이에 대해 프랑스는 터키에게 이 사건을 관할할 수 있는 권한이 없으며, 또한 공해에서 발생한 선박충돌 사건에서는 가해선의 국적국이 형사관할권을 행사하는 것이 국제관습법의 원칙이라고 주장하며 이 사건을 PCIJ에 부탁하였다. PCIJ는 공해상의 선박충돌 사건에 대해 '객관적 속지주의'에 따른 관할권 행사를 금지하는 국제법은 존재하지 아니하므로 터키의 관할권 행사의 법적 기초는 정당하다고 하였으며, 또한, 영토 내에서의 관할권 행사는 속지주의 원칙상 일반적 허용 원칙이 적용되므로 터키가 프랑스인 데몬스에 대해 관할권을 행사하는 것은 국제법에 위반되지 않는다고 하였다. 또한 PCIJ는 공해상 선박충돌 사건에 대해 '가해선의 기국이 관할권을 행사한다'는 관행은 일관적이지도 않고 법적 확신이 있다고 보기도 어렵기 때문에 국제관습법으로 성립해 있다고 볼 수 없다고 판단하였다.

판례 | 아이히만 사건[11]

Eichmann은 제2차 세계대전 당시 나치 독일의 비밀경찰 책임자로서 유대인 박해와 학살을 직접 지휘하였다. 제2차 대전 후 국가로 성립한 이스라엘은 1950년 [나치 및 나치 협력자의 처벌에 관한 법률]을 제정하여 유대인 학살에 참가 또는 협력한 자를 처벌하기로 하였다. 1960년 5월 이스라엘 요원은 아르헨티나 당국의 허가 없이 아이히만을 납치하여 이스라엘로 연행하였다. 이스라엘 대법원은 사형을 확정하였고 1962년 5월 31일 아이히만은 교수형에 처해졌다. 이와 관련하여 이스라엘이 건국되기 전에 이스라엘 영토 밖에서 발생한 아이히만의 행위에 대해 관할권을 갖는지 여부 및 강제 연행을 통해 관할권을 행사할 수 있는지가 쟁점이 되었다. 첫 번째 쟁점과 관련하여 이스라엘 대법원은 아이히만의 범죄가 '인도에 대한 죄'에 해당하고 인도에 대한 죄는 국제범죄로서 보편관할권 대상범죄이므로 동 범죄가 이스라엘 영토 밖에서 이스라엘 국민이 아닌 자에 의해 자행되었더라도 이스라엘의 관할권은 성립한다고 판시하였다. 또한, 대량학살과 같은 인도에 대한 죄에는 소급효 금지 원칙이 적용되지 않는다는 것이 뉘른베르크 재판 및 유럽 제국가의 입법에 의해서도 확인되므로 이스라엘 국내법 제정 전에 발생한 범죄에 대해 처벌할 수 있다고 하였다. 한편, 강제 연행에 의한 재판권 행사와 관련해서 이스라엘 법원은 일국의 법률을 위반하여 재판에 회부된 자는 그 체포 및 연행의 위법성을 이유로 재판을 거부할 수 없는 것은 법원칙이며 영국, 미국 및 이스라엘의 판례에 의해서도 확인된다고 하였다. 또한 아르헨티나 주권 침해에 관한 문제는 이스라엘과 아르헨티나의 양자 간의 외교상의 문제이며 피고가 주장할 수 있는 성질의 문제가 아니고, 또한 이 문제는 1960년 8월 3일 양국 정부의 공동 성명에 의해 해결되었으므로 더 이상의 국제법 위반을 이유로 하는 재판관할권에 대한 이의제기는 인정될 수 없다고 판시하였다.

제2절 국가관할권의 역외 적용

I 의의

관할권의 역외 적용(extra-territorial application)이란 자국의 국내법을 자국영역 외의 人, 物에 대해 또는 자국영역 외에서 행해지는 행위에 대해 집행하는 것을 말한다. 오늘날 관할권의 역외 적용은 주로 독점규제법이나 수출규제법과 같은 경제법의 적용과 집행 영역에서 발생하고 있으며 이로 인해 국제분쟁이 빈번하게 발생하고 있다. 역외 관할권의 법적 기초를 검토하고, 그 국제법적 적법성 및 분쟁해결방안을 검토한다.

---

10) The Lotus Case, France v. Turkey, PCIJ, 1927년.
11) 이스라엘 대법원, 1961년.

Ⅱ 역외적 관할권 행사의 법적 기초

1. 객관적 속지주의

범죄의 본질적 구성요소가 규제국가의 영역 내에서 완성될 때 적용되는 관할권을 객관적 속지주의라 한다. 'Lotus호 사건'에서 상설국제사법재판소는 해외에서 행한 외국인의 행위가 자국영역 내에서 완성된 범죄의 구성요소를 이루는 경우 동 행위에 대한 처벌이 가능하다고 판시하였다.

2. 속인주의

미국은 자국인이 소유·통제하는 해외소재 자국관련기업에 대해서 '미국의 관할권 내에 속하는 人'으로 분류하여 독점규제법이나 수출규제법의 역외 적용하고 있다. 또한 미국은 미국산 물품 및 기술에 대해서도 일종의 국적개념과 유사한 '자국관련성' 개념에 입각하여 역외적 관할권 행사를 정당화하고 있다.

3. 영향이론(effects doctrine)

객관적 속지주의에 기초한 이론이다. 문제의 행위가 자국영역 밖에서 행하여졌다 하더라도 그 행위의 결과가 자국영역 내에서 발생하는 경우 행위의 영향을 받은 국가의 관할권 행사를 정당화 하는 이론이다. 미국 독점규제법의 역외 적용을 정당화하기 위한 관할권이론으로 발전되어 왔다. 국제적 합의가 없는 한 영향이론에 입각한 일방적인 역외적 통상규제는 특정국가의 경제정책을 영역국가의 동의 없이 타국영역 내에서 집행하려는 국제법상 부당한 관할권 행사라 할 수 있다.

4. 보호주의

국가안보나 정부기능보전을 위협하는 행위에 대한 관할권 행사를 허용하는 법적 근거로서 정치적 범죄(간첩행위, 화폐위조행위 등)에 대한 관할권 행사의 정당화 근거로서 원용된다. 국가안전에 대한 영향을 이유로 관할권을 행사하는 것은 보호주의적 기초를 동시에 갖는다고 볼 수 있다. Toshiba - Kongsberg 사건에서 미국은 일본기업과 노르웨이 기업이 구소련에 잠수함 프로펠러제작을 위한 장비와 첨단기술을 판매하는 것을 규제하여 국가안보를 위한 역외 관할권을 행사한 바 있다.

5. 보편주의

국제공동체의 공통된 법익을 중대하게 침해하는 행위를 국제범죄로 간주하고 이를 행한 개인에 대해 범죄자와 여하한 연관도 갖지 아니하는 국가도 관할권을 행사하도록 하는 원칙이다. 국제범죄자에 대해서는 국적, 영토성, 국가이익 등 여하한 관련성이 없더라도 관할권을 행사할 수 있다. 해적행위나 새로운 전쟁범죄 등에 대해 보편주의가 적용된다.

Ⅲ 역외적 관할권 행사를 제한하는 국제법 원칙

1. 일반적 금지 원칙

국가주권평등 원칙, 독립 원칙, 불간섭의무 원칙 등에 기초한 영역주의 우위 원칙은 역외적 관할권 행사에 관한 한 '일반적 금지 원칙'의 채택을 요청하고 있다. 모든 국가는 국제법상 허용되는 경우 이외에는 영역국가의 동의가 없는 한 행위지법에 위반되지 않도록 역외적 관할권 행사를 자제할 의무가 있다.

2. 불간섭의무 원칙

"par in parem non habet imperium"(어떠한 국가도 타국에 대하여 관할권을 행사할 수 없다)은 국제법의 원칙상 모든 국가는 타국의 정치적 독립이나 영토보전을 위태롭게 하는 방향으로 또는 타국의 국내문제에 간섭하는 방향으로 국가관할권을 행사할 수 없다. 따라서 역외적 관할권 행사는 불간섭의무 원칙을 위반한 국제위법행위이다. '시베리아 가스 파이프라인 사건'에서 미국 수출규제법의 역외 적용은 '중대한 경제적 이해에 대한 간섭'으로 간주되었다.

Ⅳ 관할권의 역외 적용에 대한 국제관행 – 독점규제법을 중심으로

1. 미국

(1) 개관

미국의 독점규제법은 판례법과 연방법률로 구성된다. 연방법률에는 1890년 '셔먼법'(Sherman Act), 1914년 '클레이톤법'(Clayton Act), '연방무역위원회법'이 있다. 미국의 독점규제법은 미국영역 밖에서 행해진 외국 기업의 불공정거래활동이 미국의 주간통상 및 대외통상을 제한하는 경우에도 적용된다. 외국기업이 미국 내에서 기업활동을 하면서 미국 밖에서 경쟁제한행위를 한 경우뿐 아니라 제3국 시장 내에서의 불공정거래행위에 대해서도 자국 통상법을 적용하고 있다.

(2) 판례법의 발전

① 1909년 '미국 바나나 사건': 자사에 대한 해외에서의 경쟁제한적 행위가 미국의 독점규제법을 위반하였다는 이유로 코스타리카에서 사업활동을 하는 미국계 바나나무역회사인 American Banana사가 미국계 경쟁사인 United Fruit사를 상대로 제기한 소송에서 연방대법원은 '영역주의의 우위성'과 예양규칙에 기초하여 미국 독점규제법의 역외 적용을 거부하였다.

② 'US. v. Aluminum Company America' 사건(ALCOA 사건): 연방항소법원은 경쟁제한적 행위가 외국인에 의해 외국에서 행해졌을지라도 그것이 미국 통상에 영향을 줄 의도(intent)로 행해지고 또한 실제로 영향(effect)을 초래하였다면 그 외국인의 행위에 대해서도 미국법을 역외적용할 수 있다는 '영향이론'(effects doctrine)을 확립하였다. 영향이론에 기초한 관할권 행사에 대한 비판이 집중되자 미국은 미국통상에 '실질적이고 예견 가능한 영향'을 초래할 경우에 한하여 독점규제법을 역외 적용하였다.

③ 1993년 'Hartford Fire Insurance Co. v. California 사건'(Hartford 사건): 미국보험회사들을 대상으로 한 영국보험회사들의 경쟁제한행위에 대해 미국 독점규제법을 역외적으로 적용할 수 있는지가 쟁점이 된 이 사건에서 연방대법원은 전통적 영향이론에 따라 재판관할권을 행사하였다. 이 판례는 영향이론을 완화시킨 '관련이해형량이론'에 비해 역외 적용을 확대시킨 판례로서 주목된다.

④ 'Timberlane Lumber Co. v. Bank of America'(Timberlane 사건): 단순한 영향에 입각한 관할권 행사를 자제하고, 당해 행위의 미국 통상에 대한 영향의 중요성, 관련외국의 법률이나 정책과의 저촉정도, 당사자의 국적 및 거소, 재판관할권 행사가 외교관계에 미치는 영향, 판결의 집행가능성 등 관련 이해를 비교형량하여 관할권 행사 여부를 결정해야 한다고 판시하였다. 이 사건은 '관련이익형량이론'(theory of interests balancing)을 관할권 규칙으로 발전시켰다.

(3) 1982년 대외무역독점규제개선법(Foreign Trade Antitrust Improvement Act of 1982: FTAIA)

독점금지법의 역외 적용 여부에 대한 구체적인 기준을 제시하고 있다. 역외 적용 여부를 판정하는 기준으로 ① 외국의 법률 또는 정책과의 저촉정도, ② 당사자의 국적이나 거소 또는 주영업지, ③ 법원명령의 집행가능성, ④ 행위가 외국과 미국에 미치는 영향의 비교, ⑤ 미국의 통상이익을 해하거나 미국통상에 영향을 미칠 의도의 명확성, ⑥ 미국 내에서 행해지는 위반행위와 미국 외에서 행해지는 위반행위의 중요성 등 6가지 기준을 제시하고 있다.

(4) 1994년 국제독점규제집행지원법(International Antitrust Enforcement Assistance Act: IAEAA)

외국의 독점규제당국으로 하여금 미국 법무부장관에게 미국인의 외국경쟁법 위반 여부와 외국경쟁법의 미국 내 집행을 요청할 수 있도록 하고 있다. 미국 법무부는 동 요청을 거절할 수 있다. 이 법은 외국정부와 독점규제법의 국제적 집행을 위한 협력협정 체결의 법적 근거를 제공한다.

2. EU

(1) 법률

EU 경쟁법은 '1997년 개정공동체조약' 제81조 및 제82조에 규정되어 있다. 동법은 공동체 밖에서 행해진 외국기업의 행위에 대해서도 EU 회원국 간의 통상과 경쟁질서를 제한하는 반경쟁적 영향을 초래하는 경우 적용된다.

(2) 판례

① 'Dyestuffs 사건': 역내 및 역외에 소재한 17개 사업자들 간의 연합적인 염료가격 조정행위가 문제된 사건으로서 유럽사법재판소(ECJ)는 '단일경제실체이론'(single economic entity theory)에 입각하여 역내기업에 대해 가격인상 지시를 내린 역외 기업에 대해 공동체법을 적용하였다.

② 'Woodpulp 사건': 43개 외국기업의 가격담합행위가 공동체 시장에 영향을 초래하였다는 이유로 관련된 모든 외국기업들은 공동체법의 역외적용을 받는다고 판시하였다. 항소심에서도 유럽사법재판소는 '실행이론'(implementation theory)에 따라 EU 경쟁법을 역외 적용하였다. '실행이론'이란 공동체 밖에 소재하는 외국기업이 공동체시장에서의 경쟁을 제한하는 가격담합행위를 해외에서 행하고 공동체 내에서 실행한 경우 EU법을 역외 적용할 수 있다는 이론이다.

3. 한국

독점규제 및 공정거래에 관한 법률(공정거래법)은 사업자의 부당한 경쟁제한행위의 규제를 목적으로 하는바, '사업자'에는 국내에서 영업활동을 하는 외국사업자도 포함되는 것으로 해석된다. 동법의 역외 적용에 대해서 명문규정이 없었으나 긍정설이 다수설이었고, 공정거래위원회도 동법을 역외 적용하였다. 2002년 3월 흑연전극봉 국제카르텔에 참여한 외국사업자들에 대해 시정명령과 88억 원의 과징금을 부과하였다. 한편, 2004년 12월 공정거래법을 개정하여 역외 적용의 근거조항을 신설하였다. 즉, '국외에서 이루어진 행위라도 국내시장에 영향을 미치는 경우' 공정거래법을 적용할 수 있다고 규정하였다. 미국법상의 영향이론을 도입한 것으로 평가된다.

Ⅴ 국제법상의 대항조치

1. 대항조치의 개념

대항조치(countermeasures)란 타국의 국제불법행위에 대해 권능있는 국제기구의 결의에 따라 취하는 조치인 제재(sanctions)와 타국의 국제불법행위로 권리침해를 받는 국가가 직접적·독자적으로 취하는 자위권적·복구권적 대응조치를 총칭하는 의미로서 군사적·비군사적 조치를 포함한다. 단, 개별국의 대항조치로서 군사적 조치를 취하는 것은 무력사용금지 원칙에 위배되므로 위법이다.

2. 입법적 대항조치 – 봉쇄입법(blocking statutes; counter-legislation)

봉쇄입법은 일반적으로 정보 및 자료의 제공을 저지시킬 수 있는 재량적 권한을 행정부와 법원에 위임한다. 예컨대 영국의 '1980년 무역이익보호법'은 영국의 무역이익에 손상을 줄 수 있는 역외적 적용성을 가진 외국의 경제법규에 자국인이 따르는 것을 저지하기 위하여 적절한 조치를 취할 수 있는 권한을 국무부장관에게 위임하고 있다.

3. 행정적 대항조치 – 특정이행명령

타국의 역외관할권 행사를 저지시키기 위한 협상이나 외교적 항변이 실패하는 경우 행정부는 자국 내 기업이 외국정부의 명령이나 외국의 규제법규에 따르는 것을 금지하는 일반적 명령을 발할 수 있다. '시베리아 가스파이프라인 사건'에서 미국의 수출규제 확대조치에 대항하여 프랑스 정부는 미국 기업의 해외자회사(Dresser-France)에게 소련과의 계약대로 압축기(compressors)의 인도를 완수하도록 이행명령을 지시했다.

4. 사법적 대항조치 – 법원명령과 외국법 및 외국판결의 집행거부

경제법의 역외 적용을 정당화하는 외국법과 외국판결의 자국 내 적용 및 집행을 저지시키는 것도 효과적인 대항조치이다. 영국의 '1980년 무역이익보호법'은 영국의 주권적 무역이익을 침해하는 외국판결을 자국법원이 집행하는 것을 금지하고 있다.

5. 평가

타국의 국제불법행위(역외관할권행사)로부터 자국의 이해를 보호하기 위하여 적절한 대항조치를 취하는 것은 국제관습법상 인정된다. 다만, (1) 위법행위의 존재, (2) 다른 수단에 의한 구제요구완료 (3) 침해에 비례 등 합법성 요건을 충족시켜야 한다. 타국의 공격적 통상규제에 방어적인 봉쇄입법으로 대항하는 것은 다른 국제법규범을 위반하지 않는 한 부당하다고 할 수 없다. 그러나 봉쇄입법이 타국에 의해 존중되지 않을 때 '관할권적 무기경쟁'(jurisdictional arms race)이 발발할 위험이 있다.

Ⅵ 국내법의 역외 적용에 따른 관할권 분쟁의 해결방법

1. 의의

경제법의 역외 적용은 지금처럼 기업활동이 국제적으로 전개되는 경우 어느 정도 불가피한 측면이 있고 이로부터 발생하는 관할권 분쟁이나 저촉을 완전히 제거하고 해결하는 것은 현실적으로 불가능하다. 그러나 이러한 관할권 분쟁에서 야기되는 문제점을 완화시키고 어느 정도 조정하는 것은 가능하다.

2. 합리성 원칙

합리성 원칙(rule of reasonableness)이란 특정의 관할권 행사가 비합리적인 경우 관할권 행사를 자제할 의무를 부여하는 법원칙이다. 미국의 Restatement(3rd)는 합리성 판단기준 8가지를 제시하고 있다.

(1) 문제의 행위가 규제국가의 영역과 갖는 관련성, 즉 그 행위가 규제국가의 영역 내에서 행해지고 있는 정도 또는 규제국가의 영역에 그 행위가 미치는 '중대하고 직접적이고 예측가능한 영향'(substantial, direct, and foreseeable effect)

(2) 규제대상이 된 행위에 대해 주요 책임을 가진 人과 규제국가 사이에 국적, 거소, 경제활동 등과 같은 연결점 등

합리성 원칙은 국가주의적 편견을 가진 국내법원이 관련국가의 경제적·정치적 요인까지 객관적으로 평가할 것으로 기대하기 어렵다는 점에서 한계가 있다.

3. 국가행위이론

'한 국가의 국내법원은 행위 시에 행위국가 내에 있는 재산 또는 사람에게 영향을 주는 외국주권국가의 공적행위의 유효성을 심리하는 것을 삼가야 한다'는 원칙이다. 'OPEC석유카르텔 사건'(1979)에서 오펙의 석유가격인상으로 미국소비자가 피해를 입었음을 이유로 노동조합이 제기한 삼배손해배상소송을 국가행위이론에 입각하여 청구를 기각한 바 있다. 국가행위는 공적·주권적 행위를 적용대상으로 하므로 상업적 행위에 대해서는 적용되지 아니한다.

4. 외국정부강제이론

외국영역 내에서의 사인 또는 사기업의 행위가 외국정부에 의해 강제된 것일 경우 규제법규를 위반한 사인 및 사기업에 대해 미국 국내법상의 제재규정을 면제시켜주는 이론이다.

5. 조약에 의한 조정

관할권 충돌이 예상되는 분야에서 조약을 통해 관할권 행사 시 상호통고의무, 협상 및 중재 등에 의한 분쟁해결을 의무화할 수 있다. 경제에 관한 법률영역에 있어서 관할권 중복 또는 분쟁을 조약을 통해 해결한 가장 성공적인 예는 조세법에 관한 조세조약이다. 한편 미국과 캐나다, 서독, 호주 등과의 양자조약에서도 관할권 분쟁 시 협의에 의한 분쟁해결에 합의하고 있다. 다자조약의 체결은 경제법의 역외적용에 따른 국가 간 관할권 분쟁을 사전에 방지하고 사후에 해결할 수 있는 가장 이상적인 분쟁해결방법이다.

6. 국제행위준칙에 의한 조정

국제행위준칙(International Code of Conduct)은 자발적인 협조체제에 입각한 연성법으로서 법적 구속력이 있는 국제기준에 대한 합의도출이 어려운 분야에서 효과적인 분쟁해결수단으로서 기능할 수 있다. 1976년 '다국간기업에 대한 OECD행위지침' 등을 예로 들 수 있다. 이 행위지침은 다국적기업에 대한 관할권 충돌로 분쟁이 예상되거나 발생한 경우, 관련 정부들이 신의성실에 입각한 상호협의나 OECD 국제투자 및 다국간기업위원회를 통한 협의에 의하여 관할권 분쟁을 해결할 것을 권고하고 있다.

Ⅶ 결론

엄격한 주권평등의 원칙에 입각하여 실제로 발생한 타국의 중대한 경제적·안보상의 이익을 도외시하는 것이나, 주권평등의 원칙에서 파생되는 영역주의의 우월성을 침해하여 국내법을 일방적으로 역외 적용하는 것도 현단계의 국제법공동체의 현실과 부합하지 않는다. 근본적으로 역외 적용문제는 국가 간 국내규범의 상이성에서 기인하는 것이므로, 궁극적으로는 국내법의 국가 간 일치를 실현시킴으로써 해결할 수 있으나, 그 일치시키는 과정에서 주권국가의 규범형성에 있어서의 평등권이 인정되어야 할 것이다.

> ### ⚖ 판례 ┃ 흑연전극봉 사건
>
> 흑연전극봉 국제카르텔 사건은 흑연전극봉을 생산하는 주요 업체인 미국, 독일, 일본 국적의 업체들이 1992년 5월 21일 런던소재 스카이라인 호텔에서 소위 공동행위의 기본 원칙(principle of London)을 합의한 것을 포함하여 1998년 2월까지 런던, 도쿄 등에서 Top Guy Meeting 과 Working Level Meeting 등을 개최하여 판매가격 등을 합의하고 이를 실행한 사건이다. 동 카르텔은 전 세계 시장의 약 80% 이상을 차지하는 것으로 추정되는 업체들에 의해 1992년 5월부터 1998년 2월까지 약 6년에 걸쳐 이루어진 카르텔로서, 이로 인하여 전 세계시장에서의 흑연전극봉 가격은 50% 이상 인상되었다. 우리나라의 경우에는 국내에 흑연전극봉 생산업체가 없어 우리나라의 철강생산업체들은 전량을 수입에 의존할 수밖에 없고 우리나라가 수요하는 흑연전극봉의 90% 이상을 이들 카르텔 참여업체로부터의 수입에 의존하고 있기 때문에 이 카르텔로 인하여 막대한 피해를 입은 것으로 밝혀졌다. 우리나라에 대한 판매가격은 1992년 톤당 2,255불에서 1997년 톤당 3,356불로 약 50%가 인상되어 우리나라 전기로 업체들은 약 139백만 불(1,837억 원)의 피해를 입었던 것으로 추산되며 우리나라의 주력산업이면서 철을 많이 사용하는 조선 및 자동차 등도 영향을 받았다. 이와 관련하여 우리나라 공정거래위원회는 미국 대법원이 취하고 있는 영향이론과 유럽사법재판소가 취하고 있는 실행지이론(집행이론)을 모두 수용하여 관할권을 인정하였다. 피심인들이 비록 외국법에 의해 설립된 사업자들이고 외국에서 판매가격 등을 합의하였지만, 1992년 5월부터 1998년 2월까지 약 553백만 불의 흑연전극봉을 피심인 자신 또는 여타 판매망을 통하여 대한민국시장에 합의된 가격으로 판매하여 부당한 공동행위의 실행행위가 대한민국에서 이루어졌고, 피심인들이 생산한 흑연전극봉의 가격이 1992년 톤당 평균 2,255불에서 1997년 톤당 평균 3,356불로 약 50% 상승하는 등 피심인들의 합의 및 실행행위에 따른 영향이 대한민국시장에 미쳤으므로 피심인들에 대해서는 공정위의 관할권이 있다고 판단하였다. 공정위는 피심인들 조사에 있어서 이들이 국내에 영업거점을 두고 있지 않았기 때문에 이들 업체들에 대하여 직접 조사표를 발송하여 정보의 제공을 요구하였다. 공정위는 이러한 조사를 거쳐 공정위 전원회의에서 심의한 결과 카르텔 참여업체들은 우리나라를 포함한 전 세계 시장을 대상으로 가격합의 등을 하였으며, 합의한 가격대로 우리나라 수요업체들에게 흑연전극봉을 판매하는 등 우리나라시장에 직접적으로 영향이 미친 사실이 밝혀졌다. 따라서 이들 업체에 대해서는 판매가격 합의를 다시는 하지 말라는 취지의 시정명령과 함께 합계 112억 원의 과징금을 부과하였다.

1. A국의 경찰서장 X는 자국 내에 있는 B국의 신문기자 Y를 간첩혐의로 감금하고 고문하도록 부하직원들에게 지시하였다. Y는 고문을 받던 중 사망하였으나 X는 A국에서 아무런 처벌을 받지 않았다. 이에 B국은 특수요원들을 A국에 비밀리에 파견하여 X를 B국으로 납치한 후 불법감금죄, 고문죄, 살인죄 등으로 기소하였다. X에 대한 B국 법원의 형사재판관할권 행사의 국제법적 적법성에 대하여 논하시오. [2008행시]

2. 국제법상 관할권 이론과 관련하여 로터스 호 사건(the Lotus Case)의 판결에 대해 설명하시오. [2004행시]

3. B국 국적의 법인 甲과 C국 국적의 법인 乙은 B국내에서 수차례 공모를 통해 A국 국내로 수출되는 상품 P의 가격을 임의로 조작하여 A국 내에서 양 회사의 시장 지배력을 강화하였다. 이러한 조치로 A국 내에서 동종상품을 생산·판매하던 A국 기업들이 막대한 금전적 손실을 입게 되었다. 이에 따라 A국의 공정거래당국은 자국의 공정거래법을 적용하여 B국 및 C국에 존재하고 있는 甲과 乙에 대해 직접 조사하여 벌금을 부과하였다. 甲과 乙은 이에 대해 벌금부과처분의 취소소송을 진행하였으나 1심에서 패소하고 2심법원에 항소하여 현재 항소심이 진행 중이다. B국과 C국은 A국의 조치가 국제법을 위반하였다고 주장하며 A국을 국제사법재판소(ICJ)에 제소하였다. 이와 관련하여 다음 물음에 답하시오. (단, A, B, C국은 모두 ICJ당사국이며 강제관할권을 무조건부로 수락하고 있다. 또한, 3국의 경제관계를 규율하는 별도의 조약은 존재하지 않는다)

   (1) 사안과 관련하여 A국은 선결적 항변을 제기하였다. A국의 항변사유는 무엇이라 생각하는가? 동 사유에 대해 ICJ가 어떠한 판단을 내릴 것으로 예상되는가?

   (2) A국이 자국의 국내법을 적용할 수 있는 이론적 근거는?

   (3) 이 사안의 본안심리에 있어서 ICJ는 어떠한 판단을 내릴 것으로 예측되는가? (본안판단 절차가 진행되었다고 가정하시오)

4. A국은 다인종국가로서 종족별로 종교와 문화 등이 달라 오랫동안 갈등을 지속해 왔다. A국 국민인 甲은 현직 외무장관이다. 甲은 외무장관으로 임명되기 전 자신과 다른 종족을 몰살시키기 위해 조직적 활동을 전개하는 과정에서 수 만 명의 당해 종족 소속 사람들이 살해되었고 그 중에는 B국 국민도 다수 포함되어 있었다. 甲이 외무장관으로 임명되자 B국은 甲에 대한 체포영장을 발부하였다. 체포영장은 A국 및 국제형사사법경찰조직(Interpol)에 전달되어 국제적으로 유포되었다. 이에 대해 A국은 B국의 조치가 국제법에 위반된다고 항의하며 B국을 국제사법재판소(ICJ)에 제소하였다. 위 사안과 관련하여 다음 물음에 답하시오. (A국과 B국은 ICJ규정 제36조 제2항을 무조건적으로 수락하고 있다)

   (1) B국은 甲이 A국 국민이므로 설령 B국이 국제법을 위반하였다고 하더라도 B국에서 국내구제를 완료해야 한다는 선결적 항변을 제기하였다. B국의 항변은 타당한가?

   (2) 위 사안에서 B국이 형사관할권을 가질 수 있는가?

   (3) B국이 체포영장을 발부한 행위는 국제법에 위반되는가?

5. A국 국민인 甲은 평소 B국 정부의 인권침해에 대하여 공개적으로 자주 비판을 하였다. 그런데 어느 날 甲은 국내여행 중 B국 정부가 파견한 비밀경찰에 납치당하여 B국으로 끌려가 심한 고문을 받았다. 그 후 甲은 석방되어 A국으로 귀국하였다. 몇 년 후 甲은 자신을 고문한 B국의 비밀경찰관 乙이 A국에 거주하는 것을 알고 A국의 수사기관에 乙을 고소하였고 乙은 위 고문행위와 관련하여 A국의 법원에 기소되었다. 乙은 관련 재판과정에서 A국 법원은 자신을 재판할 관할권이 존재하지 않는다고 항변하였다. 국가가 국제법상 관할권을 행사할 수 있는 근거에 관한 이론과 A국이 위 사건에 대하여 형사관할권을 행사할 수 있는 국제법적 근거를 각각 설명하시오. (30점) [2019외교원]

제4장 | 국가면제 및 국가행위이론

I 의의

1. 개념

2004년 12월 2일 UN총회에서 채택된 '국가 및 그 재산의 관할권면제에 관한 UN협약'(이하, UN협약 또는 UN국가면제협약이라 함)에 따르면 국가면제(state immunity)란 국가 또는 국가의 재산이 타국법원의 관할권으로부터 면제됨을 의미한다.

2. 구별개념

(1) 국가행위이론

국가행위이론이란 국가의 법원은 타국정부의 행위의 유효성에 대한 심리를 자제해야 한다는 원칙으로서 국가면제가 국제법상 확립된 원칙이나 국가행위이론은 영미법계 국가의 국내법상 원칙이라는 차이가 있다.[12)

(2) 외교면제

외교면제란 외교관의 접수국의 재판권이나 행정권으로부터의 면제를 의미한다. 외교면제와 국가면제는 인정취지 등은 유사하나 면제의 인정범위에 차이가 있다. 즉, 국가면제는 접수국의 재판관할권 및 집행관할권으로부터의 면제, 재판관할권 중에서 특히 민사재판관할권이 문제되나, 외교면제는 국가면제 이외에 행정권으로부터의 면제도 포함된다. 또한 형사재판관할권으로부터의 면제도 인정된다.

(3) 재판관할권의 흠결

국가면제는 재판관할권의 흠결 또는 결여와 다르다. 피고의 신분이 외국 또는 외국의 국가기관이라는 이유로 재판관할권이 성립하지 않는 것은 국가면제의 문제이다. 그러나 법정지국의 관할권 자체가 흠결된 경우라면 국가면제의 문제는 발생하지 않는다. 국가면제란 법정지국의 국내법에 의하여 인적 또는 물적 측면에서 당해 국가의 국제재판관할권이 성립함을 전제로 하는 개념이기 때문이다. ICJ도 '국가가 특정문제에 대해 국제법 하의 관할권을 가질 때에만 그것의 행사에 관하여 면제의 문제가 있을 수 있다'고 하였다(Case Concerning the Arrest Warrant of 11 April 2000).

---

12) 김대순 교수는 국가행위이론을 ⅰ) 피고가 외국의 공무원(국가기관) 또는 대리인인 경우와 ⅱ) 미국 판례법상 국가행위이론으로 구분하고 있다. 다만, 전자는 국가면제론의 한 분파로 이해할 수 있다. 본문은 후자와 국가면제론을 비교한 것이다.

3. 국가면제와 국가책임

국가면제는 타국의 집행관할권, 특히 재판관할권으로부터의 면제를 의미할 따름이며 국가면제가 국제법으로부터의 면제나 법정지국의 입법관할권, 즉 국내법 자체로부터의 면제를 의미하는 것은 아니다. 따라서 국가의 위법행위에 대한 국제법 또는 국내법상의 책임(responsibility)으로부터의 면제를 의미하는 것은 아니다.

4. 제도적 취지

국제관습법상 국가면제를 인정한 취지는 우선, 주권평등의 원칙 때문이다. 즉, '대등한 자는 대등한 자에 대해 지배권을 갖지 못한다'(par in parem non habet imperium)는 법언이 말해주듯이 일국은 타국의 동의 없이 국내재판권을 행사하는 경우 타국의 주권을 침해하게 된다. 또한, 상호주의 관점에서 정부활동에 대해 상호우대를 해 주는 것이 이익이 된다는 점, 외국의 권위(dignity)를 인정해 줌으로써 국가 간 우호관계를 유지할 필요가 있다는 점, 외국정부를 상대로 승소판결을 얻어내더라도 집행이 곤란하다는 점도 고려된 제도로 볼 수 있다.

5. 유형

(1) 재판관할권 면제와 집행면제

재판관할권의 면제란 일국이 타국에 대해 재판관할권의 행사가 제약되는 것이며, 집행면제, 즉 외국재산의 압류 및 강제집행의 면제란 판결의 이행으로부터의 면제를 의미한다. 국제관습법상 재판관할권의 면제와 집행권의 면제는 별개의 법리로 다뤄져 왔다. 따라서 재판관할권의 면제의 포기가 집행관할권의 면제의 포기를 의미하는 것이 아니라 별도의 포기를 요하는 것이다.

(2) 인적면제와 물적면제

인적면제(immunity ratione personae)란 민·형사를 불문하고 외국의 고위 정부대표자들에게 개인적으로 인정되는 면제로서 인적면제는 그들이 그 신분을 유지하고 있는 동안에만 허용된다. 한편, 물적면제(immunity ratione materiae)란 외국을 대표하는 '사람'에게 귀속되는 것이 아니라 '외국의 행위'에 귀속되는 것으로 행위자의 신분보다 문제된 행위의 성질에 초점이 맞추어진다. 인적면제는 신분이 종료되는 경우 소멸되나, 물적면제는 유지된다는 점에서 의미가 있다.

6. 연혁

(1) 법전화

국가면제이론은 19세기 이후 일부 주요 국가들의 국내판례를 중심으로 하여 국제관습법으로 발전되어 왔으나 UN을 중심으로 이의 성문법화가 추진되었다. 1991년 ILC는 '국가 및 그 재산의 관할권면제에 관한 규정 초안'을 채택했고 2004년 UN총회는 '국가 및 그 재산의 관할권 면제에 관한 UN협약'을 채택하였다 (UN총회결의 59/38).

(2) 면제의 범위

국가면제의 적용범위에 있어서 전통국제법상 국가기관의 행위의 성질을 묻지 아니하고 그 신분에 기초하여 절대적 국가면제를 인정해 왔으나, 19세기 말 이후 국가가 개인과의 거래행위에 참가하는 사례가 증가하고 국가기능이 확대됨에 따라 사인보호를 위해 면제를 제한하고자 하는 제한적 국가면제로 발전해 왔다.

Ⅱ 국가면제의 목적상 법원과 국가의 정의

📖 조문 | UN국가면제협약 제2조 - 법원 및 국가의 정의

1. 본 협약의 목적상,

   (a) "법정"이라 함은 그 명칭이 무엇이든 간에 사법적 기능의 수행을 위임받은 모든 국가기관을 의미한다.

   (b) "국가"라 함은,

   (i) 국가 및 각종 정부기관,

   (ii) 연방국가의 구성단위 또는 국가의 주권적 권위의 행사를 위임받아 그 자격으로 행동하는 국가의 정치적 하부조직,

   (iii) 국가의 주권적 권위의 행사를 위임받아 실제로 이를 수행하는 국가의 기관 또는 조직 및 기타 주체, 그리고

   (iv) 직무상으로 행동하는 국가의 대리인을 의미한다.

---

1. 법원(court)의 정의

UN협약에 따르면 법원이란 '명칭에 관계없이 사법적 기능을 수행할 자격이 있는 국가기관'을 의미한다. 즉, 명칭이 아니라 '기능'에 따라 준별한다.

2. 국가

(1) 국가원수

① 현직 국가원수의 경우: 현직 국가원수가 국제범죄를 범한 경우 국제관습법에 따르면 국가원수는 인적면제를 향유하므로 재직 시에는 타국이 소추하거나 처벌할 수 없다. 물론 그의 행위가 직무상의 행위였다면 물적 면제도 향유하므로 퇴임 이후에도 소추하거나 처벌할 수 없다. 그러나 사적 행위와 관련한 범죄라면 퇴임 이후에는 소추하거나 처벌할 수 있다. 결국 현직 국가원수는 면제의 포기를 제외하고는 어떠한 경우에도 타국이 소추·처벌할 수 없다.

② 전직 국가원수의 경우: 국제범죄를 저지른 자가 국가원수 직위에서 물러난 경우라면 재직 시 저지른 범죄의 성질이 중요한 쟁점으로 대두된다. 즉, 만약 그의 재직 시 행위가 사적 행위라면 타국법원에서 기소되거나 처벌될 수 있으나 직무상의 행위라면 물적 면제를 향유하므로 처벌할 수 없다. 현대 국제법은 국가원수의 재직 시 국제범죄행위를 직무상행위로 간주하지 아니한다(피노체트 사건에서 영국 대법원).

③ 사례

   ㉠ 피노체트 사건: 피노체트 사건은 전직 국가원수의 국제범죄행위를 국가원수의 직무상 행위로 볼 수 없고 따라서 퇴임 이후 타국의 집행관할권으로부터 면제되지 아니한다는 국제관습법을 반영한 사건이다. 피노체트는 재직 시 민간인에 대해 고문을 하거나 살인을 자행하는 등 인도에 대한 죄를 범하였다. 그가 퇴임 이후 신병치료차 영국에 입국하자 영국과 범죄인인도조약을 체결하고 있었던 스페인이 인도를 요구하였고 영국이 이를 받아들여 영장을 발부하자 이의 효력을 피노체트가 다툰 사건이다. 즉 피노체트는 자신의 행위가 직무상 행위이므로 면제된다는 주장을 한 것이다. 이에 대해 영국대법원은 피노체트의 행위는 직무상 행위가 아니므로 퇴임 이후에는 이와 관련하여 면제를 향유할 수 없다고 판단하였다.

① Mighell(미겔) v. Sultan of Johore(조호르): 현직 국가원수의 사적 행위와 관련한 민사소송으로부터의 면제에 관한 사례이다. 조호르는 영국 피보호국의 군주이나 신분을 속이고 미겔과 결혼을 전제로 교제하였다. 그러나 약속을 이행하지 않자 미겔이 '영국법원'에 제소하였으나 영국법원은 그가 군주임을 이유로 면제를 인정하였다.

(2) 국가와 여러 국가기관

국가와 국가원수를 포함한 여러 정부기관은 국가면제의 목적상 국가로 간주된다. 국가는 자신의 이름으로 행동하기도 하고 자신의 내부조직인 정부기관을 통해 행동하기도 하기 때문이다. 국내재판소가 면제 부여 여부 결정에 있어서 피고 외국 또는 외국정부가 자국정부의 승인을 받았음을 조건으로 할 것인지의 문제는 국내법에 따라 다를 수 있다. 국가와 동일시되는 정부기관에는 국가원수 또는 정부수반을 포함한 중앙정부, 중앙정부의 여러 부처가 포함된다.

(3) 국가의 정치적 하부조직

국가의 정치 하부조직(political subdivisions of the State)은 주권적 권한을 행사하는 행위를 수행할 자격이 있고 또 그러한 자격으로 행동하고 있는 경우 국가면제의 목적상 국가로 간주된다. 국가의 대리기관, 종속기관 등은 주권적 권한을 행사하는 행위를 수행할 자격이 있고 또한 그러한 자격으로 행동하고 있는 경우 국가면제의 목적상 국가로 간주된다(UN협약 제2조 제1항).

(4) 연방국가의 구성단위

연방국가의 구성단위도 주권적 권한을 행사하는 행위를 수행할 자격이 있고 또한 그러한 자격으로 행동하고 있는 경우 면제의 목적상 국가로 간주된다(UN협약 제2조 제1항).

(5) 국가대표로 행동하는 자 등

① 전투행위에 관한 경우: 개인은 특정 국가를 위하여 행한 전쟁행위(acts of war)와 관련하여 타국에서 제소당하거나 소추될 수 없다. 몇 가지 예외가 있다. 첫째, 용병은 교전자격을 상실한다(1977년 제네바 제1추가의정서 제47조 제1항). 둘째, 전쟁범죄, 평화에 대한 죄, 인도에 대한 죄, 제노사이드를 저지른 자는 국가면제(또는 국가행위이론)를 원용할 수 없다.

② 전투행위 이외의 경우

　㉠ 국제관행: 국제관행은 전투행위 이외에 국가기관이나 그 대리인의 행위에 대해 면제를 인정해 주었다. 영국은 1877년 Twycross v. Dreyfus 사건에서 페루의 대리인인 피고를 상대로 한 소송에 피고의 면제를 인정하였으며, 1964년 Zoernsch v. Waldock 사건에서 전직 국제기구 공무원을 제소하는 경우 사실상 그의 정부를 제소하는 것이라고 판시하면서 면제를 인정하였다. 미국도 1897년 Underhill v. Hernandez 사건에서 피고가 외국의 국가기관이라는 점에서 면제를 인정하였다.

　㉡ 예외: 첫째, 제한적 주권면제론과 같은 맥락에서 국가기관이나 그 대리인은 비권력적·상업적 행위에 대해서는 면제를 주장할 수 없다. 둘째, 개인의 국제범죄에 대해서도 인정되지 않는다. 단, 국제범죄에 이르지 아니하는 단순한 국제법위반행위에 대해서는 면제가 인정된다. 셋째, 법정지국가 내에서 행한 공적행위의 경우 외교관과 영사를 제외하고는 규범이 명확하지 않다. 1957년 Girard 사건에서 미국 연방최고재판소는 '주권국가는 명시적으로나 묵시적으로 재판관할권을 넘겨주는 데 동의하지 않는 이상 그 국경선 내에서 행해진 법률위반의 범죄를 처벌할 배타적 재판관할권을 가지고 있다'고 하였다. 넷째, 공식적으로 접수되지 아니한 외국의 관리나 대리인은 어떤 경우에도 국가면제를 원용할 수 없다. 단, 국가원수의 경우 면제를 부여한 사례도 있다.

Ⅲ 절대적 국가면제론

1. 의의

고전적 면제이론으로서 국가는 부동산 관련 소송을 제외하고는 여하한 경우도 타국의 재판관할권으로부터 면제된다는 이론이다. 즉, 일국의 정부활동의 성격과 목적을 불문하고 자신이 동의하지 않는 한 타국에서 제소당하지 않는다.

2. 국제관행

(1) 미국 – The Schooner Exchange v. Mcfaddon 사건(1812)

미국인 소유의 선박이 프랑스 해군에 나포되어 군함으로 변경된 다음 미국에 입항하자 미국인 Mcfaddon이 프랑스를 상대로 제소한 이 사건에서 미국 대법원은 프랑스 국가재산의 면제를 인정하여 관할권을 행사하지 않았다.

(2) 영국

영국은 초기 판례에는 제한적 국가면제론을 적용한 경우도 있으나, 1920년 Porto Alexandre호 사건을 기점으로 절대적 국가면제 관행을 확립하였다. 이 사건에서 영국법원은 포르투갈의 상업용 정부선박에 대한 재판관할권의 행사를 거절하였다.

(3) 프랑스

1849년 프랑스법원은 스페인정부와 프랑스회사와의 군화수입계약과 관련하여 제기된 소송에서 절대적 면제이론을 적용하였다. 프랑스법원은 외국의 재판관할권이 미치지 않는 공적 인격(public personality)과 관할권에 종속되는 법인격(juristic personality)으로 구분되는 국가의 법인격의 이중성(duality)을 인정할 이유가 없다고 보았다. 국가의 모든 행위는 항상 유일한 목적을 가지기 때문이다.

(4) 폴란드

폴란드법원은 자국 국적의 Aldona가 영국을 상대로 체납임금지불을 요구하는 소송을 제기한 사건(Aldona v. UK)에서 상호주의에 기초하여 원고의 청구를 배척하였다. 즉, 영국이 일관되게 절대적 면제론을 적용하고 있으므로 그 잠재적 수혜자인 폴란드도 비록 사법상의 고용계약과 관련된 소송이라 할지라도 영국의 면제를 인정해야 한다고 판결한 것이다.

3. 예외

절대적 면제론의 관행하에서도 부동산 관련 소송은 예외적으로 재판관할권의 면제를 인정하지 않았다. 부동산은 특별히 영토주권의 객체이기 때문에 부동산 관련 소송은 소유지국 법원의 배타적 관할권하에 놓인다고 간주되었다(Limbin Hteik Tin Lat v. Union of Burma 사건). UN협약도 법정지국의 부동산 관련 소송에 대해서는 면제를 부인한다(협약 제13조).

Ⅳ 면제의 포기

1. 의의

국가면제는 외국정부의 동의가 있더라도 침해할 수 없는 일반국제법의 강행규범은 아니기 때문에 국내재판권 행사에 복종하겠다는 외국의 동의가 존재하는 경우 국내재판소는 재판권을 행사할 수 있다. 이러한 동의 표시를 면제의 포기(waiver)라 한다. 제한적 주권면제론에 따르더라도 주권면제가 제한되지 아니하는 소송물에 관한 경우 국가의 동의표시가 없는 한 결코 재판권을 행사할 수 없으므로 중요한 의미를 갖는다.

2. 포기의 의사표시 방법

(1) 명시적 포기

> **📑 조문 | UN협약 제7조 – 면제의 명시적 포기(Express consent to exercise of jurisdiction)**
>
> 1. 국가는 어떠한 사항 또는 사건과 관련하여 타국의 법정이 관할권을 행사하는 데에 다음과 같은 방법을 통해 명시적으로 동의한 경우, 그 사항 또는 사건과 관련하여 타국의 법정에 제기된 소송에서 관할권 면제를 원용할 수 없다.
>   (a) 국제협정,
>   (b) 서면상의 계약,
>   (c) 특정 소송에서 법정에서의 선언 또는 서면상의 통고
> 2. 타국 법의 적용에 대한 국가의 동의는 그 타국 법정에 의한 관할권 행사에 대한 동의로 간주될 수 없다.

국가가 외국법정에서 피고로서 재판을 받겠다는 의사를 명시적으로 표시하는 것을 명시적 포기라 한다. 명시적 포기방법으로는 국제협정, 서면계약, 재판정에서의 선언, 재판소에의 서면전달 등이 있다.

(2) 묵시적 포기

국제관습법은 묵시적 포기의 형태에 대해 특별한 제약을 가하고 있지는 않다. 다음과 같은 경우 묵시적 포기로 인정된다. ① 외국이 원고로서 소를 제기하는 경우, ② 외국이 '당사자'의 자격으로 소송참가한 경우, ③ 외국이 반소(counterclaim)를 제기당하거나 제기하는 경우 등. 즉, 외국정부가 자진하여 피고로서 출두하여 소송상의 공격·방어행위를 한다면 면제의 묵시적 포기로 간주된다. 단, 증인의 자격으로 재판정에 출두하거나, 피고국가가 재판정에 전혀 모습을 나타내지 않는 것은 면제의 묵시적 포기로 간주되지 않는다.

> **📑 조문 | UN협약 제7조 – 면제의 묵시적 포기(법정에서의 소송 참가의 효과)**
>
> 1. 국가는 다음의 경우 타국 법정에서의 소송에 있어서 관할권 면제를 주장할 수 없다.
>   (a) 그 국가 스스로 소를 제기한 경우 또는
>   (b) 그 국가 스스로 소송에 참가하거나 본안과 관련하여 여타의 행동을 취한 경우. 그러나, 국가가 그러한 행동을 취할 때까지 면제의 주장의 근거가 될 수 있는 사실들을 근거로 면제를 주장할 수 있다. 단, 이는 그 같은 면제의 주장이 가능한 한 최단시일 내에 이루어지는 경우에 한한다.

2. 국가는 오로지 다음의 목적을 위하여 소송에 참가하거나 여타의 행동을 취한 경우, 타국 법정의 관할권 행사에 동의한 것으로 간주될 수 없다.

(a) 면제를 주장하거나

(b) 소송에서 문제되는 재산과 관련한 권리 또는 이익을 주장하는 것

3. 국가의 대리인이 타국의 법정에 증인으로서 출석하는 경우, 이는 전자의 국가가 그 법정의 관할권 행사에 동의하는 것으로 해석될 수 없다.

4. 국가가 타국 법정에서의 소송에 출석하지 않는 경우, 이는 전자의 국가가 그 법정의 관할권 행사에 동의하는 것으로 해석될 수 없다.

3. 포기의 효과

면제의 포기가 있는 경우 법정지국 법원은 국가에 대한 소송에 대한 관할권을 행사할 수 있다. 제1심에서의 면제포기의 효과는 당해사건의 최종 상소심에까지 미친다. 따라서 외국이 원고로서 제소하여 1심에서 승소한 경우, 피고가 제기하는 상소에 대하여 면제를 주장할 수 없다. 한편, 재판관할권에 대한 포기는 집행관할권에 대한 포기를 포함하지 않으므로, 집행권을 행사하기 위해서는 외국의 별도의 포기를 요한다.

⚖ 판례 | 국제체포영장 사건[13] – 현직 외무장관의 인적면제

2000년, 벨기에 일심법원의 Vandermeersch 판사는 당시 콩고의 외무부장관이었던 Yerodia Ndombasi에 대해 국제체포영장을 발부하였다. 동 영장에서 언급된 혐의는 그가 외무부장관직에 있기 전인 1998년에 행한 연설에서 주민들에게 Tutsi족을 살해하라고 선동한 것이 1949년 제네바협약 및 추가의정서의 심각한 위반과 인도에 반하는 죄를 구성한다는 것이다. 영장은 콩고 당국 뿐 아니라 국제형사사법경찰조직(Interpol)에 전달되어 국제적으로 유포되었다. 이에 콩고는 벨기에를 ICJ에 제소하였다. 재판 도중 콩고에서 개각이 단행되어 Yerodia 전장관은 외무부장관을 사임하고 교육부장관직에 취임하였다. 이 사안과 관련하여 콩고는 주권국가의 현직 외무부장관이 절대적으로 완전하며 예외없는 형사절차로부터의 면제와 불가침성을 부여받았다고 하였다. 이에 대해 벨기에는 재임 중인 외무부장관은 일반적으로 외국법원의 관할권으로부터 면제를 향유하는 반면에, 이러한 면제는 그의 공무수행 중에 일어난 행동에만 적용되며 사적행위나 공적인 기능의 수행이 아닌 다른 행위에 대해서는 부여될 수 없다는 입장을 고수하였다. ICJ는 먼저 국제법상 국가원수, 정부수반, 외무부장관과 같은 고위직 관리들은 물론 외교관과 영사관도 민사, 형사사건에 있어서 타국의 관할권으로부터 면제를 향유한다는 원칙이 확고히 설립되어 있다고 언급하였다. 특히 국제관습법에서 외무부장관에게 주어진 면제는 그들의 개인적 이익을 위한 것이 아니라 자국을 위한 외교적 기능의 효과적인 수행을 보장하기 위한 것이므로 외무부장관은 재임기간 동안 그가 외국에 있을 때 형사적 관할권으로부터의 완전한 면제와 불가침을 향유한다고 판결하였다. 따라서, 외무부장관이 공적 자격으로 행한 행위와 사적 자격으로 행한 행위, 그리고 외무부장관에 재임하기 전에 이루어진 행위와 재임기간동안 이루어진 행위 사이에 어떠한 구별도 할 필요가 없으며, 만일 외무부장관이 형사상 목적으로 타국에서 체포되었다면 이로 인해 그는 직무기능의 수행을 명백히 방해받은 것이라고 법원은 판시하였다.

---

13) Case Concerning the Arrest Warrant of 11 April 2000, Democratic Republic of Congo v. Belgium, ICJ, 2004년.

⚖ 판례 | 피노체트 사건[14] – 전직 국가원수에 대한 형사관할권 면제의 문제

칠레국적의 피노체트는 대통령으로 재직 시 고문, 고문공모, 인질감금, 인질감금공모, 살인공모 등의 죄를 범하였다. 퇴임이후 신병치료를 위해 영국에 입국하자 스페인은 영국과의 범죄인인도조약에 기초하여 피노체트의 인도를 요청하였으며, 영국은 영장을 발부하였다. 이에 대항하여 피노체트의 변호인단은 법원에 인도청구에 대한 사법심사를 요청하였다. 이에 대해 원심법원은 인도 영장에 제시된 피노체트의 범죄가 영국의 범죄인인도법상 인도대상범죄에 속하지 아니한다고 보고 인도청구를 기각하였다. 또한, 피노체트에 대한 체포영장도 기각되었는데, 이는 피노체트가 국가원수로서 행한 공무상 행위는 타국의 재판관할권으로부터 면제된다고 판단했기 때문이다. 그러나, 영국 대법원은 원심판결을 파기하고 피노체트에 대한 인도청구 및 체포영장 발부가 적법하다고 판단하였다.이 사안의 핵심쟁점은 국제법상 국제범죄를 저지른 개인이 전직 대통령인 경우 주권면제를 향유하는가 하는 점이었다. 대법원은 전직 국가원수는 재직 중에 행한 고문범죄, 인질감금 및 인도에 반한 죄에 대하여 주권면제를 주장할 수 없다고 판결하였다. 그 이유로서 다음 사항들을 제시하였다. 첫째, 고문 및 인질감금 행위는 국가원수에 행위에 포함될 수 없다. 둘째, 국가원수라는 자격이 개인의 이와 같은 범죄를 정당화시키는 것은 아니다. 셋째, 국제관습법상 전직 국가원수에 대해서 재판관할권 면제가 인정되는지는 확실하지 않다. 그러나, 전직 국가원수에 면제가 인정되더라도 피노체트의 행위는 국가원수의 공적 행위에 포함될 수 없으므로 면제를 향유할 수 없다.

⚖ 판례 | The Schooner Exchange v. McFaddon[15]

미국인 McFaddon이 소유한 범선 Exchange호는 1810년 프랑스 관헌에 의해 공해상에서 나포되어 포획심판소의 판정을 거치지 않고 프랑스 해군에 편입되었다. 1811년 동 선박이 해난 때문에 필라델피아항에 입항하자 McFaddon은 동 선박의 소유권을 주장하고 연방지방법원에 소송을 제기하였다. 제1심 법원에서는 국가면제가 인정되어 원고의 청구가 각하되었으나, 항소심은 McFaddon의 청구를 인용하였으며, 최종적으로 대법원에 상고되었다. 대법원은 원고의 청구를 각하하고, 미국이 이 사건에 대해 재판관할권을 행사할 수 없다고 판시하였다. 대법원은 자국 영역 내에서의 국가관할권은 '배타적이고 절대적(exclusive and absolute)'이며 그러한 지위와 권한의 행사는 타국에서도 재판관할권의 면제로 인정되어야 한다고 하였다. 주권국가가 평시에 우호국 군함의 자국입항을 허용한다면, 영역관할권 배제에 동의한 것으로 간주되어야 한다고 판시하였다. 따라서 미국과 우호관계를 유지하고 있는 프랑스군함이 미국의 내수인 필라델피아 항에 입항할 때는 관할권으로부터 배제될 것이라는 약속이 존재하였다고 볼 수 있으므로 미국법원이 관할권을 행사할 수 없다고 판단하였다.

---

14) 영국대법원, 1999년.
15) 미국대법원, 1812년.

Ⅰ 의의

제한적 면제론은 절대적 면제론이 외국정부와 거래하는 개인 또는 회사의 법적 지위를 불안정하게 한다는 반성에 기초하여 국가의 면제의 인정범위를 축소시키기 위해 등장한 이론이다. 제한적 면제론은 국가가 이중인격자(dual capacity)라는 점을 인정하는 전제에서 출발한다. 즉, 국가는 하나의 정치권력(a political power)이면서 동시에 하나의 법인(a juristic person)이라는 것이다. 이러한 전제에서 정치권력자로서 행동하는 국가에게는 면제를 인정하되, 사인과 유사한 자격으로 행동하는 경우에는 면제를 인정하지 않는 것이다. 현재 제한적 주권면제론은 국내법, 다자조약 및 UN협약에서도 인정되고 있어 관습법적 지위를 획득해 가고 있는 것으로 생각된다.

Ⅱ 제도적 취지

국가에 대한 절대적 면제의 인정은 그와 거래하는 사인의 측면에서 보면 차별적이고 불평등한 법리이다. 개인의 외국정부를 그 동의 없이 일국의 법정으로 불러낼 수 없지만, 국가는 가능하기 때문이다. 또한 국가의 사경제활동에 대한 참여가 많아지면서 개인과의 거래도 증가하였으나 사인보호 차원에서는 중대한 흠결이 있다는 반성에서 제한적 면제론이 일반적 관행을 형성하게 되었다.

Ⅲ 공적 행위와 사적 행위의 구별기준

1. 법적 쟁점

제한적 주권면제론의 핵심은 국가의 행위를 어떠한 기준으로 주권적 · 권력적 · 공법적 행위(acts jure imperii)와 비주권적 · 비권력적 · 상업적 행위(acts jure gestionis)로 구분할 것인가의 문제이다. 제한적 주권면제론 자체는 법적 확신을 얻고 있는 관행이나, 그 구별기준에 대해서는 학설이나 국제관행이 일치하지 않는다.

2. 학설

(1) 행위목적설

외국의 행위를 분류함에 있어서 그 외국이 어떠한 목적이나 동기를 가지고 문제된 행위를 하였는가를 기준으로 하는 견해이다. 주관성을 중시하므로 주관적 기준이라고도 한다. 몇 가지 문제점이 있다. 첫째, 외국의 대부분의 활동은 어딘가에 약간의 정치적 내지 주권적 목적이 포함되어 있기 마련이기 때문에 '목적' 개념에만 의존하는 경우에는 국가면제를 인정받게 여지가 크다. 둘째, 외국이 행한 활동의 목적을 타국의 국내법원이 주관적, 또는 자의적으로 판단할 소지가 있다. 즉, 객관적인 판정이 곤란하다.

(2) 행위성질설

외국의 행위가 국가만이 또는 국가의 명의로만 행할 수 있을 때 이를 주권적·통치적 행위에 해당하는 것으로 보아야 한다는 것이다. 즉, 외국의 행위 자체의 법적 성질을 기준으로 삼아야 한다는 것이다. 객관적 기준이라고 한다. 그러나 행위성질설 역시 몇 가지 문제가 있다. 첫째, 국가밖에 할 수 없는 활동의 범위가 나라마다 차이가 있다. 둘째, 국가가 아니라도 할 수 있는 일들, 예컨대 국가와 외국의 사인 간의 모든 쌍무적 관계를 사적 행위로 분류하게 되므로, 국가의 사적 행위를 너무 확대하는 결과가 초래된다.

(3) 상업적 활동기준설

외국과 타인의 사인 간에 행하여진 외국의 활동 내지 거래가 상업적인 성격을 띠는 경우 국내법원의 재판권을 인정한다는 것이다. 성질설에 대해서 '상업적 활동'이라는 보다 기능적인 면을 부각시킨 것이다. 문제점으로는 첫째, 상업적 활동은 전반적으로 비주권적 행위와 연결되어 있어서 '성질'을 기준으로 한 것과 별다른 차이가 없어 보인다. 둘째, '상업적 활동'이라는 개념이 포괄적이지 않아서 비주권적인 행위를 충분히 포괄하지 못한다. 즉, 외국의 행위가 비주권적이라는 근거에서 면제가 부인되고 있는 많은 상황들을 설명하지 못한다.

(4) 소결

이상에서 살펴보았듯이, 각각의 이론들은 저마다의 문제점을 노정하고 있다. 그 근본적인 이유는 주권적 행위에 관해 현재 명확하고 일반적으로 수용된 개념이 존재하지 않기 때문이다. 이는 주권국가의 기능이나 역할이 시대와 국가에 따라 다르고, 동서간의 이념의 차이도 관련되어 있다는 사실에서 찾을 수 있다. 따라서 이러한 문제를 명확히 해결하기 위해 많은 국가들은 비주권적 행위에 해당하는 외국의 활동, 거래의 유형을 국내법에서 열거하는 방식을 도입하고 있다.

3. UN협약

> **📑 조문 | UN국가면제협약 제2조 제2항 – 상업적 거래 여부 결정 기준**
>
> 계약 또는 거래가 제1항 (c)에서 언급한 "상업적 거래"인가의 여부를 결정함에 있어서 그 계약 및 거래의 성격이 우선적으로 고려되어야 한다. 그러나, 그러한 계약 또는 거래의 당사자들이 그같이 합의하거나 또는 법정지국의 실행상 그 계약 또는 거래의 목적이 그 비상업적 성격을 결정하는 데 관련이 있는 경우에는 그 목적도 아울러 고려되어야 한다.

2004년 채택된 UN협약 제2조 제2항은 "… 일차적으로는 계약 또는 거래의 성질을 참고해야 한다. 다만, 계약의 당사자들이 합의하거나, 법정지국(the State of the forum)의 관행에서 목적이 비상업적 성격을 결정짓는데 관련이 있는 경우, 그 목적도 고려에 넣어야 한다."라고 규정하고 있다. 결국 UN협약은 성질설과 목적설을 절충적으로 규정하고 있는 것으로 해석할 수 있다.

4. 국내판례

대부분의 국가들은 국가의 면제를 제한하면서 그 기준으로 목적이나 동기보다는 행위의 성질이나, 사인자격으로 행동하는가를 기준으로 삼았다. 예컨대, 오스트리아는 미국정부가 피고로 된 교통사고와 관련된 사건에서 국가기관이 수행하는 행위 자체만을 보아야 하고 그 동기 또는 목적을 고려해서는 안 된다고 하여 미국의 면제를 부인하였다. 또한 스페인이 피고인 곡물수입계약과 관련된 사건에서 스페인은 스페인 내의 기근을 완화하기 위한 목적으로 곡물을 구입하였으므로 면제를 향유한다고 주장하였으나, 이집트는 스페인이 보통의 상인과 다르지 않은 방법으로 행동하였다고 판결하였다. 한편, 한국은 1998년 주한미군 식당에서 근무하다 해고된 한국인이 미국정부를 상대로 제기한 해고무효확인과 해고일로부터 복직 시까지의 임금의 지급을 구하는 소송에서 외국의 *私法的* 행위에 대해서는 한국법원이 재판권을 행사할 수 있다고 판시하여 제한적 면제론 및 행위성질설을 적용하였다.

5. 입법례

미국의 외국주권면제법 제1603조 제d호는 '행위의 상업적 성격은 그 목적에 의해서가 아니라 그 성질에 따라 결정한다'고 하여 성질설을 명시적으로 규정하고 있다. 그러나 영국의 국가면제법은 명시적 해답을 주고 있지 않으며, 영국 상원도 1981년 'I Congreso del Partido 사건'에서 성질과 목적 중 어느 한 기준만에 의해 행위 성격을 결정하는 것을 거부하였다.

Ⅳ UN협약과 면제의 제한

UN협약은 행위의 성질을 준별하는 기준을 제시함과 아울러 면제가 제한되는 소송을 구체적으로 열거하고 있다. 이에 대해 검토하도록 한다.

1. 상업적 거래 – 협약 제10조

> **📖 조문 | UN협약 제10조 – Commercial transactions**
>
> 1. 국가가 외국의 자연인 또는 법인과의 상업적 거래에 참가하고 있고 적용 가능한 국제사법의 원칙에 의해 그 상업적 거래에 관련된 분쟁이 타국 법정의 관할권에 속하는 경우, 그 국가는 그 상업적 거래로부터 제기되는 소송에서 그 관할권으로부터의 면제를 주장할 수 없다.
>
> 2. 제1항은 다음의 경우에는 적용되지 아니한다.
>   (a) 국가 간의 상업적 거래의 경우 또는
>   (b) 그 상업적 거래의 당사자들이 명시적으로 별도의 합의를 하는 경우
>
> 3. 국영기업 또는 국가에 의해 설립되어 독립된 법인격을 가지며 다음의 능력이 있는 주체가 그 스스로 참가하고 있는 상업적 거래에 연루되는 경우, 그 국가가 향유하는 재판관할권의 면제는 영향받지 않는다.
>   (a) 원고 또는 피고 자격, 그리고
>   (b) 국가가 그 운영 또는 관리를 허가한 재산을 포함한 재산의 취득, 소유 및 처분의 능력

(1) 의의

상업적 거래란 '상품 판매 또는 역무제공을 위한 상사계약 또는 거래, 차관 또는 기타 재정적 성격의 거래를 위한 계약 및 그 보증계약, 상업적·무역적 또는 직업적 성격의 기타 계약 또는 거래'를 의미한다[협약 제2조 제1항 제(c)호]. 단, 고용계약은 제외된다.

(2) 면제의 제한요건

국가가 외국의 자연인 또는 법인과 상업적 거래에 관여하고, 국제사법의 준거규정에 의해 그 상사거래에 관한 다툼이 타국법원의 관할권 내에 속하는 경우 그 상업적 거래로부터 야기되는 소송에서 타국 국내법원의 관할권으로부터 면제를 원용할 수 없다.

(3) 면제를 원용할 수 있는 경우

상업적 거래가 국가 간에 이루어지거나, 상업적 거래의 당사자들이 명시적으로 달리 합의하는 경우 면제를 원용할 수 있다.

2. 고용계약 – 제11조

> **📖 조문 │ UN국가면제협약 제11조 – 고용계약**
>
> 1. 관계국들 간에 별도의 합의가 없는 경우, 국가는 타국의 영토상에서 전체적으로 또는 부분적으로 수행되었거나 또는 수행될 사업을 위해 그 국가와 개인 간에 체결된 고용계약과 관련된 소송에 있어서 권한 있는 그 타국의 법정에서 관할권 면제를 주장할 수 없다.
>
> 2. 제1항은 다음과 같은 경우에 적용되지 아니한다.
>
>   (a) 피고용자가 공권력행사에 있어 특별한 기능의 수행을 위하여 고용된 경우
>
>   (b) 피고용자가 다음에 해당되는 경우
>
>   (i) 1961년 외교관계에 관한 비엔나협약에서 정의된 외교관
>
>   (ii) 1963년 외교관계에 관한 비엔나협약에서 정의된 영사관
>
>   (iii) 국제기구에 파견된 상주사절 또는 특별사절의 외교직원이거나, 또는 국제회의에서 국가를 대표하기 위하여 고용된 자
>
>   (iv) 기타 외교면제를 향유하는 사람
>
>   (c) 소송의 대상이 개인의 채용, 고용의 갱신 또는 복직에 관련된 경우
>
>   (d) 소송의 대상이 개인의 해고 또는 고용의 종료이며, 고용국의 국가원수, 정부수반, 또는 외무부장관에 의하여 그러한 소송이 그 국가의 안보상의 이익과 관련된 것임이 확인되는 경우
>
>   (e) 피고용자가 소송 개시 당시 고용국의 국민이면서 법정지국에 상주주소를 갖지 않고 있는 경우
>
>   (f) 고용국과 피고용자가 서면상으로 달리 합의한 경우, 이는 소송의 대상을 이유로 법정지국의 법정에 대하여 배타적 관할권을 부여하는 공공정책의 고려에 따를 것을 조건으로 한다.

(1) 의의

국가와 사인 간의 고용계약은 주권적 성격과 사법적 성격을 모두 갖고 있다. 일부 국내재판소들은 고용계약이 국가의 '공적·권력적' 직무 수행에 직접 관련되는 경우 면제를 인정하고, 하급직의 경우에는 사적 성격을 갖는 것으로 보고 면제를 부인하였다. UN협약도 이러한 관행을 수용해서 절충적인 규정을 두고 있다.

(2) 면제의 제한요건

고용계약과 관련하여 면제가 인정되지 않는 경우는 고용계약의 이행을 위한 일의 전부 또는 일부가 법정지국가의 영토 내에서 이미 수행되었거나 앞으로 수행되어야 하는 경우에 국한된다. 즉, 계약상의 '일'과 '법정지국가'와의 사이에 영토 관련성(territorial connection)이 있어야 한다.

(3) 면제를 원용할 수 있는 경우

① 고용인(employee)이 권력적 권한(governmental authority)의 행사에 있어 특별한 직무를 수행하기 위해 채용된 경우, ② 고용인이 외교관, 영사 등인 경우, ③ 소송의 주제가 개인의 채용, 고용의 갱신 또는 개인의 복직인 경우, ④ 소송의 주제가 개인의 해고 혹은 고용의 종료이고, 고용주 국가의 국가원수, 정부수반 혹은 외무장관이 결정하는 바에 따르면 그 같은 소송이 그 국가의 안보이익을 해치게 될 경우, ⑤ 소송이 제기되는 당시에 고용인이 고용주 국가의 국민인 경우, ⑥ 고용주 국가와 고용인이 서면으로 달리 합의한 경우 등 6가지의 경우 국가는 면제를 원용할 수 있다.

3. 불법행위 – 제12조

📖 **조문 | UN국가면제협약 제12조 – 인적 피해 및 재산상의 손해**

관계국들 간에 별도의 합의가 없는 한, 국가는 타국의 권한 있는 법정에서 자국에게 귀속되는 것으로 주장되는 작위 또는 부작위로 인한 사망 기타 인적 피해 또는 유형의 재산상의 피해에 대한 금전적 배상에 관한 소송에 있어서 관할권 면제를 원용할 수 없다. 단, 이는 그 작위 또는 부작위가 전체적으로 또는 부분적으로 그 타국의 영토상에서 발생하였으며 그 작위 또는 부작위의 주체가 그 작위 또는 부작위의 발생 당시에 그 영토상에 있는 경우에 한한다.

---

(1) 의의

관련 국가 간 달리 합의하지 않는 한, 국가는 사망 또는 신체에 대한 침해, 또는 유체재산의 손괴 또는 분실을 이유로 한 금전배상소송에서 권한 있는 타국재판소의 관할권으로부터 면제를 원용할 수 없다.

(2) 불법행위의 범위

불법행위는 사적 불법행위(private tort)뿐만 아니라 공적 불법행위(non – private tort)도 포함한다. 이는 정치적 암살 또는 기타 국가테러(state terrorism) 등의 범죄에 법정지국이 대처할 수 있기 위해 적용범위를 공적 불법행위에까지 확장한 것이다. 여기서의 불법행위는 사망, 신체침해 및 유체재산의 침해에 국한되며, 경제적 손실이나 출판물에 의한 손해와 같은 상대적으로 먼 인과관계나 먼 손실에 대한 사인의 청구에까지 확대적용되는 것은 아니다.

(3) 요건

법정지국이 불법행위에 대해 재판권을 행사하기 위해서는 ① 침해를 야기하는 작위 또는 부작위가 피고국가에게 귀속될 것, ② 작위 또는 부작위가 법정지국의 영토에서 전부 또는 일부 발생했을 것, ③ 불법행위자(tortfeasor)가 행위 당시 법정지국의 영토 내에 존재할 것이 요구된다.

(4) 미국의 관행

미국은 공적 불법행위에 대해서도 면제를 인정하지 않는다. 'Letelier v. The Republic of Chile' 사건에서 정치적 암살과 같은 공적 불법행위에 대해서 칠레정부의 면제를 인정하지 않았다. 다만, 종래 미국 판례는 일관되게 미국 영역 내에서 발생한 불법행위에 대해서만 국가면제를 부인하였으나, 1996년 외국주권면제법(FSIA)의 제2차 개정으로 엄격한 조건하에서는 미국 밖에서 행해진 일정 불법행위에 대해서도 국가면제를 부인하고 있다. 이를 '국가테러예외'(State-sponsored terrorism exception)라 한다. 단, 엄격한 조건하에서 예외적으로 인정된다. 즉, ① 피고국의 공무원 등이 테러에 직접 관여하거나 물질적 지원을 제공하고, ② 테러로 인해 개인이 신체적 침해를 입거나 사망할 것, ③ 피고국이 테러지원국으로 지명될 것, ④ 청구인이나 피해자가 테러발생 당시 미국국민일 것, ⑤ 청구인이 피고국에게 중재기회를 부여했을 것 등의 요건이 충족되어야 한다.

(5) 강행규범 위반행위에 대한 국가면제의 제한가능성

① 주요국의 태도

⑦ **영국**: 영국법원은 영국과 쿠웨이트의 이중국적자인 Al-Adsani가 자신을 고문하는 등 인권을 침해한 쿠웨이트 왕족(Sheikh)과 쿠웨이트 국가를 상대로 손해배상을 청구한 민사소송에서 국가면제를 부여하는 판결을 내렸다. 영국법원은 불법행위(torts)에 관한 면제 제한요건을 충족하지 못했다고 판단했다. 영국 국가면제법 제5조 제a항은 국가면제 예외사항으로서의 '사망 또는 신체적 상해' 등의 불법행위가 '영국 내에서' 행해지고 그러한 행위가 발생했을 때 그 행위자도 영국 내에 있을 것을 요구하고 있다.

ⓒ **미국**: 미국은 외국의 전직 국가원수는 그가 재직 중 행한 사적인 행위에 근거하여 미국법원에서의 소송으로부터 어떠한 보호도 향유할 수 없다고 보고 있다. 미국법원은 필리핀의 전 국가원수인 Ferdinand Marcos의 집권하에 필리핀 군 정부 관리들이 1만 명 이상의 국민을 고문하고 처형하고 실종시킨 것을 이유로 제기된 민사소송에서 그의 면제를 부인하였다. 동 법원은 Marcos가 행한 범죄들은 적법한 공적인 행위로 간주될 수 없으므로 사적인 범죄에 대하여 책임을 질 수 있다고 하였다.

ⓒ **그리스**: 그리스대법원은 2000년 5월 4일의 결정을 통하여 제2차 세계대전 중 전쟁범죄를 행한 독일을 상대로 그리스인들이 손해배상을 청구한 민사소송에서 독일의 국가면제를 부인하였다. 법원은 국제법상 강행법규를 위반한 불법행위는 공적인 행위로 볼 수 없고, 독일은 강행법규를 위반함으로써 묵시적으로 그 국가면제를 포기하였음을 이유로 하였다.

② 유럽인권재판소

유럽인권재판소는 Al-Adsani 사건에서 영국법원이 아드사니가 제기한 민사소송에서 쿠웨이트의 국가면제를 인정한 것은 유럽인권협약 제6조 제1항에 규정된 소송제기권을 침해하였다는 Al-Adsani의 주장을 국가면제원칙을 적용하여 기각하였다. 동 재판소는 개인의 소송제기권은 절대적인 것이 아니며 제한될 수 있다고 보면서 그러한 제한은 '적법한 목적'(legitimate aim)을 추구하고 있고 또한 사용된 수단과 달성될 목적 간에 '비례성'(proportionality)이 있으면 부과될 수 있다고 판시하였다. 동 법원은 이 사건에서 쿠웨이트 정부의 구성원이 행한 고문행위로부터 야기된 민사소송에서 영국법원이 쿠웨이트에게 재판권면제를 부여한 것은 적법한 목적을 추구하기 위한 것으로서 국제법상 '대등한 자는 다른 대등한 자에 대해 통치권을 가지지 않는다'는 국제법규칙에 근거하고 있다는 점을 강조하였다. 더욱이 현행 국제법은 아직 외국의 영역 내에서 행해진 고문과 관련한 소송에서 민사재판권 면제를 박탈하는 것을 허용하고 있다고 주장할 수 없으므로 재판권면제의 부여는 달성될 목적에 비례한다고 보았다.

③ **학설**: 전현직 고위관리들의 국제범죄에 대하여 면제를 제한해야 한다는 주장이 있다. 그 논거로는 첫째, 그러한 정부 고위관리들이 공적인 행위에 대해서는 물적면제를 향유하나, 국제범죄에 해당하는 행위는 공적인 행위로 볼 수 없기 때문이다. 둘째, 국제범죄는 강행규범의 위반에 해당하며, 강행규범이 국가면제 규칙보다 상위의 지위를 가지고 있기 때문에 국제범죄와 관련하여서는 면제가 허용되지 않는다. 셋째, 외국의 기본적 인권 위반행위는 소위 국가면제의 묵시적 포기에 해당하기 때문이다. 넷째, 기본적 인권을 위반한 자에 대해 보편적 관할권의 한 형태의 행사를 인정함으로써 국가면제를 부인할 수 있다(Rosalyn Higgins). 이 주장은 국제법상 국가의 국제책임 이론에 따라 민중소송을 인정하려는 것이다. 즉, 이 견해에 따르면 모든 국가는 기본적 인권을 존중할 대세적 의무를 지고 있는데, 만일 어느 국가가 이 의무를 위반하게 되는 경우 타국은 이에 대해 대응조치를 취할 수 있고 그 일환으로 자국의 법원을 법정지로 선택할 자유가 있다는 것이다. 다섯째, 기본적 인권의 위반은 필연적으로 주권의 박탈을 수반한다(Jürgen Bröhmer).

(6) 판례

① **Al-Adsani 사건**: 영국법원은 아자니에 대한 고문이 영국 밖에서 발생했다는 이유로 쿠웨이트에 대한 면제를 인정했고, 유럽인권법원도 이를 지지하였다.

② **Ferrini 사건**: 이탈리아법원은 Ferrini 사건에서 이탈리아 영토 밖에서 발생한 강제징용에 대해 독일의 면제를 제한하였고, ICJ는 이탈리아의 독일에 대한 면제부인이 면제에 관한 국제관습법을 위반했다고 판단했다.

③ **위안부 사건**: 일본군 위안부 피해자가 일본을 상대로 미국에 제기한 소송에서 원고는 강행규범 위반에 대한 면제의 묵시적 포기이론을 주장하였으나 미국은 불법행위가 미국 영토 밖에서 발생했으므로 면제를 인정해야 한다고 판시하였다.

④ **오토 웜비어 사건**: 북한에서 고문 피해를 입은 미국인 오토 웜비어의 유족이 북한을 상대로 미국법원에 제기한 손해배상소송에서 미국법원은 '국가테러예외'를 적용하여 북한의 면제를 부인하고, 웜비어 측의 승소를 판정하였다.

4. 재산의 소유, 점유 및 사용 – 제13조

> 📋 **조문 | UN국가면제협약 제13조 – 재산의 소유, 점유 및 사용**
>
> 관계국들 간에 별도의 합의가 없는 한, 국가는 타국의 권한 있는 법정에서 다음 사안들에 대한 결정과 관계된 소송에 있어서 관할권 면제를 원용할 수 없다.
>
> (a) 법정지국에 소재하는 부동산에 대한 국가의 여하한 권리 또는 이익, 그 소유 또는 사용, 혹은 그러한 이익 또는 그 소유 또는 사용으로부터 발생되는 국가의 여하한 의무
>
> (b) 상속, 증여 또는 무주물 정부귀속(bona vacantia)으로서 취득한 동산 또는 부동산에 대한 국가의 여하한 권리 또는 이익
>
> (c) 신탁재산, 파산자의 재산, 해산기업의 재산등과 같은 재산의 관리에 대한 국가의 여하한 권리 또는 이익

국가는 달리 합의하지 않는 한 다음 사항과 관련한 소송에서 면제를 향유하지 못한다. 첫째, 법정지국가에 소재하는 부동산에 대한 권리·이익·점유·사용 또는 의무에 대한 소송. 둘째, 상속, 증여 또는 무주물(bona vacantia)에 의하여 파생되는 동산 또는 부동산에 대한 권리 또는 이익에 대한 소송. 셋째, 신탁재산, 파산자의 재산, 또는 해산하는 회사의 재산 등과 같은 재산운영에 대한 권리 또는 이익에 대한 소송

5. 지적 · 산업재산권 – 제14조

국가는 달리 합의하지 않는 한, 법정지국가에서 법적 보호조치를 향유하는 특허, 산업디자인, 상호 또는 기업명, 저작권 등의 지적 또는 산업재산의 권리의 결정에 관한 소송에서 국가면제를 원용할 수 없다. 또한 제3자에게 속하고 또한 법정지국가에서 보호받고 있는 특허, 산업디자인 등의 권리를 피고국가가 법정지국가의 영토 내에서 침해하였다고 주장되는 소송에서도 면제를 원용할 수 없다.

6. 회사 또는 기타 단체에의 참여 – 제15조

국가는 타국의 국내법에 의거하여 설립되었거나 또는 타국에 소재지 또는 주된 영업소를 갖고 있는 회사 또는 기타 집단적 단체에의 참여에 관련한 소송에서 타국법원 관할권으로부터 면제를 원용할 수 없다.

7. 국가가 소유 또는 운영하는 선박 – 제16조

> **📑 조문 | UN국가면제협약 제16조 – Ships owned or operated by a State**
>
> 1. 관계국들 간에 별도의 합의가 없는 한, 선박을 소유하거나 운영하는 국가는 그 선박의 운영과 관련된 소송에 있어서 그 소송원인의 발생 시 선박이 비상업적 공무 목적 이외의 용도로 사용된 경우, 타국의 권한있는 법정에서 관할권면제를 원용할 수 없다.
> 2. 제1항은 군함 및 해군보조함들에 대해서는 적용되지 않으며, 국가에 의해 소유 또는 운영되고 당분간 오로지 비상업적 공무를 위해 사용되는 기타 선박들에 대해 적용되지 않는다.
> 3. 관계국 간에 별도의 합의가 없는 한, 국가는 자국에 의해 소유되거나 운영되는 선박에 의한 화물운송과 관련된 소송에 있어 그 소송원인의 발생 시 그 선박이 비상업적 공무 목적 이외의 용도로 사용된 경우, 타국의 권한있는 법정에서 관할권 면제를 원용할 수 없다.
> 4. 제3항은 제2항에 언급된 선박에 의해 수송되는 여하한 화물에 대해서도 적용되지 않으며, 국가에 의해 소유되거나 또는 오로지 비상업적 공무 목적을 위해 사용되거나 그 같이 의도된 여하한 화물에 대해서도 적용되지 않는다.
> 5. 국가는 사유의 선박 및 화물 그리고 그 소유주들이 향유하는 모든 방어수단, 시효 및 책임의 한계를 주장할 수 있다.
> 6. 소송에서 국가에 의하여 소유되거나 운영되는 선박 또는 국가소유 화물의 비상업적 공무 성격과 관련하여 문제가 제기되는 경우, 해당 국가의 외교대표 또는 기타 권한있는 당국에 의해 서명되고 그 법정에 제출된 증명서가 그 선박 또는 화물의 성격에 대한 증거로 인정된다.

소의 원인이 발생한 당시에 어떤 선박이 권력적·비상업적 목적 이외의 목적을 위하여 사용된 경우, 당해 선박을 소유하거나 운영하고 있는 국가는 그 선박의 운영에 관련한 소송에서 권한 있는 타국법원의 관할권으로부터의 면제를 원용할 수 없다.

8. 중재합의 – 제17조

> **📑 조문 | UN국가면제협약 제17조 – Effect of an arbitration agreement**
>
> 국가가 외국의 자연인 또는 법인과 상업적 거래에 관한 분쟁을 중재재판에 부탁하기로 명시적 합의를 하는 경우 이 중재협정에서 별도로 규정하지 않는 한, 그 국가는 다음 사항들에 관련된 소송에 있어 타국의 권한있는 법정에서 관할권 면제를 원용할 수 없다.
>
> (a) 중재협정의 효력, 해석 또는 적용
> (b) 중재절차 또는
> (c) 중재결정의 확인 또는 파기

국가가 상업적 거래에 관련한 분쟁을 중재에 부탁하기로 외국의 자연인 또는 법인과 합의한 경우 (1) 중재합의의 유효성 또는 해석, (2) 중재절차, (3) 중재판정의 확인 또는 폐기에 관련한 소송에서 타국 법원의 관할권으로부터의 면제를 원용할 수 없다.

⚖ 판례 | 대림기업 사건[16]

원고는 미 육군 계약담당부서 공무원들과 내자호텔 일정 건물부분에 관하여 음향 및 비디오기기 판매점 운영에 관한 계약(임대차계약)을 체결하였다. 계약체결 시 피고 공무원들은 한미행정협정을 근거로 위 상점에서 판매되는 물품에 대해 면세가 된다고 하였고, 이를 계약서에도 명시하였다. 원고에게 전자기기를 납품하기로 한 회사는 계약서를 신뢰하고 면세가 될 것으로 판단하고 조세가 면제된 저렴한 가격으로 납품하였다. 그러나, 한국 세무당국은 조세면제가 되지 않는다고 판단하고 회사에 대해 세금납부를 명령하였다. 이 회사는 원고에게 조세부과 시의 가격과 조세면제 시의 차액의 배상을 요청하였고, 원고는 이를 지급해 주었다. 이후 원고는 미군계약소청심사위원회를 경유하여 한국법원에 제소하였다. 이 사건에서 법적 쟁점은 대한민국법원은 위 사안에 대해 재판관할권을 갖는지 문제와 피고 공무원들에게 과실로 인한 위법행위에 대한 손해배상책임이 인정되는지 여부였다. 재판부는 재판관할권과 관련하여 다음과 같이 판단하였다. "외국 또는 외국 국가기관의 행위는 그 행위의 성질이 주권적·공법적 행위가 아닌 사경제적 또는 상업활동적 행위인 경우에는 국내법원의 재판권으로부터 면제되지 아니한다. 1976년 미국의 외국주권면제법에 의하면 미국법원에서 미국 이외의 외국국가를 상대로 민사소송을 제기할 수 있고, 국제법상 상업활동에 관한 한 국가는 외국법원의 재판권으로부터 면제되지 않는다고 규정하고 있다. 또한 미국내에서 동법에 기초하여 한국을 상대로 한 민사소송에 대해 재판권이 인정된 예가 있다. 원고의 이 사건청구가 원·피고 사이의 부동산임대차계약을 둘러싼 피고의 불법행위 혹은 계약상 과실을 원인으로 한 금원지급청구로서 그 행위가 사경제적 또는 상업활동적 성질을 가지고 있는 이 사건에 있어 피고는 국내법원의 재판권으로부터 면제되지 아니한다." 이러한 견지에서 재판관할권을 행사하고 미국의 손해배상책임을 인정하였다. 피고 공무원들에게는 대한민국 세법 등 관계법령을 검토하지 아니하고 대한민국의 세법상 면세가 된다고 하여 이를 계약 내용의 일부로 포함시켰으며, 계약이후에도 피고는 적극적으로 원고 경영의 상점이 면세점이라고 광고하는 등의 과실이 인정된다고 하였다. 또한 이러한 과실로 인한 위법행위로 원고에게 손해를 가하였다 할 것이므로 피고는 이로 인하여 원고가 입은 손해를 배상할 책임이 있다고 하였다. 이 사건은 우리나라 법원이 최초로 제한적 면제론을 용용하여 관할권을 행사하였고, 손해배상 책임도 추궁한 사례이다. 법원은 제한적 주권면제를 적용하는 근거로, '상호주의'를 용용한 것으로 보인다. 즉, 미국법과 미국법원의 관행이 제한적 주권면제론에 기초하고 있고, 한국을 상대로 한 민사소송을 수리하여 재판을 하였으므로 한국법원도 유사한 성질의 사건에 대해 관할권을 가질 수 있다고 판단한 것이다.

---

16) 대한민국 지방법원(90가합4223), 서울고등법원(94나27450)-1995년 5월 19일.

🏛 판례 | 주한미군에 의한 해고 사건[17]

원고는, 원고가 피고 국방성 산하의 비세출 자금기관인 육군 및 공군교역처(the United States Army and Air Force Exchange Service)의 동두천시 미군 2사단 소재 캠프 케이시(Camp Cacey) 내의 버거킹(Burger King)에서 근무하다가 1992년 11월 8일 정당한 이유 없이 해고되었다고 주장하면서 피고를 상대로 해고의 무효확인과 위 해고된 날로부터 원고를 복직시킬 때까지의 임금의 지급을 구하였다. 이에 대해 제1심 법원과 제2심 법원은 피고의 관할권 면제를 인정하여 소를 각하하였다.[18] 그러나, 대법원은 제한적 주권면제론에 기초하여 본안판단을 하여 원고의 청구를 일부 인용하였다. 법적 쟁점은 외국국가에 대한 재판권에 관한 국제관습법 및 우리나라 법원의 외국국가에 대한 재판권의 유무 및 그 범위에 관한 것이었다. 이에 대한 대법원 판결요지는 다음과 같다. 우선, 외국국가에 대한 재판권에 관한 국제관습법에 관하여 다음과 같이 판시하였다. "국제관습법에 의하면 국가의 주권적 행위는 다른 국가의 재판권으로부터 면제되는 것이 원칙이라 할 것이나, 국가의 사법적(私法的) 행위까지 다른 국가의 재판권으로부터 면제된다는 것이 오늘날의 국제법이나 국제관례라고 할 수 없다. 따라서 우리나라의 영토 내에서 행하여진 외국의 사법적 행위가 주권적 활동에 속하는 것이거나 이와 밀접한 관련이 있어서 이에 대한 재판권의 행사가 외국의 주권적 활동에 대한 부당한 간섭이 될 우려가 있다는 등의 특별한 사정이 없는 한, 외국의 사법적 행위에 대하여는 당해 국가를 피고로 하여 우리나라의 법원이 재판권을 행사할 수 있다고 할 것이다. 이와 견해를 달리한 대법원 1975년 5월 23일자 74마281 결정은 이를 변경하기로 한다." 이에 기초하여 대법원은 원심법원의 판단 오류를 다음과 같이 지적하였다. "원심으로서는 원고가 근무한 미합중국 산하 기관인 '육군 및 공군 교역처'의 임무 및 활동 내용, 원고의 지위 및 담당업무의 내용, 미합중국의 주권적 활동과 원고의 업무의 관련성 정도 등 제반 사정을 종합적으로 고려하여 이 사건 고용계약 및 해고행위의 법적 성질 및 주권적 활동과의 관련성 등을 살펴 본 다음에 이를 바탕으로 이 사건 고용계약 및 해고행위에 대하여 우리나라의 법원이 재판권을 행사할 수 있는지 여부를 판단하였어야 할 것이다. 그럼에도 불구하고 이 사건 고용계약 및 해고행위의 법적 성질 등을 제대로 살펴보지 아니한 채 그 판시와 같은 이유만으로 재판권이 없다고 단정하여 이 사건 소가 부적법하다고 판단한 원심판결에는 외국에 대한 재판권의 행사에 관한 법리를 오해하고 심리를 다하지 아니한 위법이 있다고 할 것이다. 상고이유 중 이 점을 지적하는 부분은 이유 있다. 그러므로 원심판결을 파기하고, 사건을 다시 심리·판단하게 하기 위하여 원심법원에 환송하기로 … 판결한다."

🏛 판례 | Al-Adsani 사건(유럽인권법원)

유럽인권재판소는 Al-Adsani 사건에서 영국법원이 Al-Adsani가 제기한 민사소송에서 쿠웨이트의 국가면제를 인정한 것은 유럽인권협약 제6조 제1항에 규정된 소송제기권을 침해하였다는 Al-Adsani의 주장을 국가면제 원칙을 적용하여 기각하였다. 동 재판소는 개인의 소송제기권은 절대적인 것이 아니며 제한될 수 있다고 보면서 그러한 제한은 '적법한 목적'(legitimate aim)을 추구하고 있고 또한 사용된 수단과 달성될 목적 간에 '비례성'(proportionality)이 있으면 부과될 수 있다고 판시하였다. 동 법원은 이 사건에서 쿠웨이트 정부의 구성원이 행한 고문행위로부터 야기된 민사소송에서 영국법원이 쿠웨이트에게 재판권면제를 부여한 것은 적법한 목적을 추구하기 위한 것으로서 국제법상 '대등한 자는 다른 대등한 자에 대해 통치권을 가지지 않는다'는 국제법규칙에 근거하고 있다는 점을 강조하였다. 더욱이 현행 국제법은 아직 외국의 영역 내에서 행해진 고문과 관련한 소송에서 민사재판권 면제를 박탈하는 것을 허용하고 있다고 주장할 수 없으므로 재판권면제의 부여는 달성될 목적에 비례한다고 보았다.

---

17) 한국 대법원, 97다39216
18) "원래 국가는 국제법과 국제관례상 외국의 재판권에 복종하지 않게 되어 있으므로, 특히 조약에 의하여 예외로 된 경우나 스스로 외교상 특권을 포기하는 경우를 제외하고는 외국 국가를 피고로 하여 당원이 재판권을 행사할 수는 없다고 할 것인데, 미합중국이 우리나라 법원의 재판권에 복종하기로 하는 내용의 조약이 있다거나 미합중국이 위와 같은 외교상의 특권을 포기하였다고 인정할 만한 아무런 증거가 없으므로, 이 사건 소는 우리나라의 법원에 재판권이 없어 부적법하다고 할 것이고, 같은 취지의 피고의 본 안전 항변은 이유 있다."

⚖ 판례 | 국가면제 사건(ICJ, 2012)

1. 사실관계

(1) 본 사건은 제2차 세계대전 당시에 이탈리아를 점령하고 있던 나치 독일의 행위에 대하여 당시의 이탈리아인 피해자들이 제기한 이탈리아 국내법원에서의 소송 및 유사한 사실관계 하에서 그리스에서 발생한 소송에서 그리스 법원이 내린 판결을 이탈리아 법원이 집행판결을 부여한 사건 등과 관련하여 발생하였다. 독일과 동맹관계에 있던 이탈리아에서 무솔리니가 실각하고 독일과 동맹관계를 종료한 1943년 9월 이후 독일 점령하에서 발생한 피해에 대하여 피해자들이 금전적인 보상을 이탈리아 법원에 제기하였다.

(2) 이러한 일련의 소송에 대해 이탈리아 법원은 이탈리아에 소재한 독일의 부동산에 대해 압류처분을 하였고, 독일에 대해 관할권 면제를 부인하고 이탈리아 법원의 관할권이 있다고 판단하였다.

(3) 독일은 이러한 이탈리아 법원의 태도는 국가면제와 관련한 국제법규범에 반한다는 의사를 이탈리아 정부에 반복적으로 전달하였으나 아무런 해결이 되지 않자 ICJ에 이탈리아를 제소하였다.

2. 당사국 주장

(1) 독일

독일은 제2차 세계대전 중인 1943년 9월부터 1945년 5월까지 독일 제국에 의하여 자행된 국제인도법 위반을 근거로 독일에게 제기된 민사청구를 이탈리아 법원이 허용함으로써 이탈리아는 국제법상 독일이 향유하는 관할권 면제를 존중할 국제법상의 의무를 위반하였고, 독일정부가 비상업적 용도로 사용하는 국가재산에 대한 강제집행을 허용함으로써 독일의 집행권으로부터의 면제를 침해하였으며, 이탈리아에서 발생한 사례들과 유사한 사례와 관련하여 내려진 그리스 판결들을 이탈리아에서 집행판결을 부여함으로써 또한 독일의 관할권면제를 침해하였다고 주장하였다.

(2) 이탈리아

이탈리아는 독일에 대해 국가면제가 배제되어야 한다고 주장하였다. 이탈리아는 무력 충돌 시 적용되는 국제법 원칙을 심각하게 위반하는 것은 전쟁범죄 및 반인도적 범죄에 해당하는 것이며, 이러한 행위로 위반한 규범은 국제법상 강행규범으로 인정되는 것이고, 이탈리아 법원에서 소송을 제기한 원고는 여타의 모든 구제방법으로부터 배제되었기 때문에 이탈리아 법원이 제공하는 구제책이 마지막 구제수단이므로 이러한 행위에 대해서는 국가면제가 배제되어 법정지 법원이 타국에 대하여 관할권을 행사할 수 있다고 반박하였다.

3. ICJ 판결

(1) 강행규범 위반행위에 대해 국가면제를 부인하는 관습법의 성립 여부

ICJ는 국제인권법이나 무력충돌에 관한 국제규범을 심각하게 위반한 경우 국가면제를 부정하는 국제관습법이 성립하였는지에 대해 소극적으로 판단하였다. ICJ는 이탈리아 국내법원의 경우를 제외하고는 그러한 국가 실행을 찾아볼 수 없다고 하였다. 그리스는 Voiotia 사건에서는 이탈리아와 유사한 입장을 취했으나 2년 후 Margellos 사건에서는 특별최고재판소가 입장을 변경하였다. 캐나다, 프랑스, 슬로베니아, 뉴질랜드, 폴란드, 영국도 유사한 사례에서 국가면제를 인정하였음을 확인하였다.

또한, 국가면제와 관련한 국제문서인 1972년 국가면제에 관한 유럽협정, 2004년 UN 관할권면제 협정 및 미주기구의 미주간 관할권 위원회에 의하여 작성된 1983년 국가의 관할권면제에 관한 미주간협정 초안도 강행규범적 성질을 갖는 규범의 심각한 위반 행위에 대하여 국가면제를 배제하는 규정을 가지지 않는다는 점도 확인하였다. ICJ는 이러한 점을 고려하여 국가기관인 자연인이 형사소송에서 면제권을 향유하는지, 향유한다면 어느 정도까지 향유하는지의 문제와는 별론으로 국제인권법이나 무력충돌과 관련한 국제법의 심각한 위반이 있었다는 사실이 국가에게 부여되는 민사소송에 있어서의 관할권면제를 박탈하지 않는 것이 현재의 국제관습법이라고 확인하였다.

(2) 강행규범과 국가면제와 관련한 국제법의 충돌 문제

이와 관련하여 이탈리아는 강행규범에 반하는 조약과 관습법은 강행규범의 하위 효력을 가지므로 충돌 시 조약이나 관습의 효력이 부인되듯이 강행규범으로서의 성질을 가지지 않은 국제관습법으로서의 국가면제와 관련한 규범은 강행규범의 내용에 양보하여야 한다고 주장하였다.

이에 대해 ICJ는 점령지에서의 민간인 살해나 강제이주 및 강제노역에 종사하도록 하는 것이 강행규범에 위반되는 것이기는 하나, 그것이 국가면제의 규범과 직접 충돌하는 것은 아니라고 판단하였다. 국가면제 규범은 한 국가의 법원이 타국가에 대하여 관할권을 행사할 수 있는지 여부에 대하여 규율하는 성질상 절차적인 규범으로 절차 개시의 원인이 된 행위의 적법성 여부에 대해서는 관심을 기울이지 않기 때문에 양 규범은 서로 다른 문제를 규율하는 규범이라고 하였다. 또한, ICJ는 강행규범 위반 행위에 대해 국가면제를 인정한다고 해서 강행규범 위반에 의하여 야기된 상황을 적법한 것이라고 인정하거나 그러한 상황을 유지하는 데 지원하는 것도 아니므로 국가책임법 초안 제41조를 위반하는 것도 아니라고 하였다.

결국, ICJ는 강행규범 위반이 연계되어 있더라도 국가면제에 관한 국제관습법의 적용은 영향을 받지 않는다고 결론지었다.

(3) 피해자들의 최후 구제책이 국내소송이므로 국가면제를 부인해야 하는가?

이와 관련하여 ICJ는 이탈리아인 피해자에 대한 독일의 배상 규정의 흠결이 관할권면제를 박탈할 사유가 될 수 없으며, 구제를 확보할 수 있는 실효적인 대체수단이 존재하는가의 문제는 관할권 면제 인정 여부에 관한 문제에 영향을 주지 않는다고 판단하고, 그러한 문제는 국가 간에 포괄적인 배상에 의해 해결할 수도 있다고 하였다.

제3절 강제집행권면제

I 의의

강제집행권의 면제란 국가가 그 영역 내에 존재하는 외국재산에 대해 강제집행권의 행사를 자제하는 것을 말한다. 국가에 대한 소송에 대해 관할권을 행사하고 원고인 사인의 승소판결을 내린 경우 비록 법정지국 내에 피고인 외국의 재산이 존재한다 하더라도 그 재산이 당해 외국의 주권행사와 관련되는 경우 이에 대한 강제집행이 면제되는 것이다.

II 재판관할권 면제와의 관계

외국재산에 대한 강제집행권은 재판관할권 행사의 경우보다 더 심각한 주권침해가 야기될 수 있다는 점에서 강제집행권의 면제는 재판관할권의 면제와 독립적으로 다뤄지고 있다. 즉, 외국행위에 대해 재판관할권이 행사된다는 것이 곧 외국재산에 대한 강제집행을 가능하게 하지는 않으며, 국가영역 내에서 행해진 외국의 행위에 대해 재판관할권이 행사된 후에도 당해 외국의 재산은 그 자체로서 별도의 독립된 면제를 향유한다.

III 면제의 판정기준

집행권면제에 있어서도 제한적 면제론이 인정된다. 즉, 법정지국의 영역 내에 있는 외국 재산 중 강제집행권의 면제대상이 되는 것은 모든 외국재산이 아니라 '주권행사와 관련 있는 재산'에 한정된다. 면제 인정 여부를 판정하는 기준은 재산의 소유주와 그 재산의 성격이다.

Ⅳ UN협약상 면제의 제한

1. 재판 후 강제조치

> **📑 조문 | UN국가면제협약 제19조 – State immunity from post-judgment measures of constraint**
>
> 타국 법정에서의 소송과 관련하여 국가의 재산에 대해서는 압류, 억류 또는 집행과 같은 여하한 판결 후 강제조치라도 취하여질 수 없다. 단, 그러한 조치는 다음과 같은 예외적인 경우 그 범위 내에서 취해질 수 있다.
>
> (a) 그 국가가 그러한 조치의 <u>집행에 대하여</u> 다음과 같은 방법에 의해 명시적으로 동의한 경우
>
>   (ⅰ) 국제협정에 의하여,
>
>   (ⅱ) 중재협정에 의하여 또는 서면상의 계약에서, 또는
>
>   (ⅲ) 법정에서의 선언에 의하여 또는 당사자간의 분쟁 발생 후 서면 상의 통고에 의하여, 또는
>
> (b) 그 국가가 소송의 대상이 되는 <u>청구의 만족 을 위하여</u> 재산을 할당하였거나 특정한 경우, 또는
>
> (c) 그 판결 후 강제조치가 오로지 <u>그 소송이 상대로 하고 있는 단체와 관련을 가지는 재산</u>에 대해서만 취하여질 수 있는 경우로서, <u>그 재산이 특별히 비상업적 공무 목적 이외의 용도를 위해 국가에 의해 사용되거나</u> 그 같이 의도되었고 <u>법정지국의 영토상에 존재하는 것이 확인된 경우</u>

협약 제19조에서 규정하고 있다. 국가재산에 대한 압류, 나포, 강제집행은 원칙적으로 금지되고, 세 가지 경우에만 예외적으로 인정된다. (1) 국가가 국제협정, 중재합의, 서면통고등을 통해 명시적으로 동의한 경우, (2) 국가가 소송의 객체인 청구의 만족을 위해 재산을 할당해둔 경우, (3) 어떤 재산이 국가에 의해 권력적·비상업적 목적 이외의 목적을 위해 사용되고, 법정지국가의 영토 내에 있으며, 소송의 대상이 된 실체와 관련이 있는 경우.

2. 재판 전 강제조치

> **📑 조문 | UN국가면제협약 제18조 – State immunity from pre-judgment measures of constraint**
>
> 타국 법정에서의 소송과 관련하여 국가의 재산에 대해서는 압류 또는 억류와 같은 여하한 판결 전 강제조치도 취해질 수 없다. 단, 그러한 조치는 다음과 같은 예외적인 경우 그 범위 내에서 취해질 수 있다.
>
> (a) 그 국가가 그러한 조치의 집행에 대하여 다음과 같은 방법에 의해 명시적으로 동의한 경우
>
>   (ⅰ) 국제협정에 의하여,
>
>   (ⅱ) 중재협정에 의하여 또는 서면상의 계약에서, 또는
>
>   (ⅲ) 법정에서의 선언에 의하여 또는 당사자간 분쟁 발생 후 서면상의 통고에 의하여 또는
>
> (b) 국가가 소송의 대상이 되는 청구의 만족을 위하여 재산을 할당하거나 특정한 경우

제18조에서 규정하고 있다. 압류, 나포와 같은 재판 전 강제조치의 경우 제19조와 달리 제19조의 제(c)호 규정을 담고 있지 않다는 점이 다를 뿐이다.

V 특별범주에 속하는 면제대상 재산

협약 제21조 제1항은 강제집행의 면제제한에서 배제되는 특별범주의 재산을 규정하고 있다. 즉, 다음의 재산들은 제19조 제1항 제(c)호에서 말하는 '권력적·비상업적 목적 이외의 목적을 위하여 사용되고 있거나 사용될 재산'으로 간주되어서는 안 된다. (1) 외국의 외교사절단, 영사관, 특별사절단 등의 직무수행에 있어 사용되고 있거나 사용될 재산, (2) 성격상 군사적이거나 군사적 직무수행에 있어 사용되고 있거나 사용될 예정인 재산, (3) 외국의 중앙은행 또는 기타 그 국가의 화폐당국의 재산 등. 단, 이러한 재산도 당해 국가가 명시적으로 동의하거나 소송의 만족을 위해 특별히 할당해 둔 경우 압류 또는 강제집행이 가능하다.

제4절 국가행위이론

I 의의

1. 개념

타국이 제정한 법령이나 타국 영역 내에서 행한 공적행위에 관하여 일국의 국내법원이 그 법적 유효성을 판단해서는 안 된다는 이론이다. 국가행위이론은 영토관할권의 배타성에 기초한다. 주권국가는 자국영역 내에서 배타적 관할권을 행사하므로 자국이 제정한 국내법령이나 자국영역 내에서 행한 공적행위는 국제법에 위반되지 않는 한 타국법원에서 그 유효성을 심리할 수 없다.

2. 구별개념

(1) 국가면제론의 분파로서의 국가행위이론

국가면제론의 한 분파로서의 국가행위이론은 피고가 전·현직 국가기관인 경우 문제되며 국가가 피고인 경우 문제되는 국가면제론과 유사한 취지에서 면제를 인정한다. 다만 국가면제의 경우 형사재판 문제가 제기될 수 없으나 국가행위이론의 경우 형사재판관할권으로부터의 면제가 문제될 수 있다. 또한 국가면제의 경우 인적면제가 문제될 여지가 없으나 국가행위이론의 경우 인적면제가 문제될 수 있다. 국가면제론의 분파로서의 국가행위이론에 따라 특정국가를 위하여 행한 전쟁행위와 관련하여 개인은 타국에서 제소당하거나 소추될 수 없다. 전쟁 이외의 행위와 관련해서도 국가기관인 개인은 타국 재판소의 관할로부터 면제된다. 다만, 현행 국제법에서는 전쟁범죄인이나 국제범죄를 저지른 국가기관에 대해서는 면제가 제한된다. 또한 국가기관의 비권력적·상업적 행위에 대해서도 제한적 주권면제의 원칙상 면제가 제한될 수 있다. 법정지국 영토 내에서 행한 공적행위에 대해서도 면제가 제한되고 있다.

(2) 영국 국내법상 국가행위이론

영국 국내법상 국가행위이론은 영국의 공무원이 영국 밖에서 외국 사인에게 피해를 가하고 그 피해사인이 영국 공무원을 상대로 하여 영국법원에 소를 제기한 경우에 문제된다. 이 경우 영국 공무원은 국가행위이론을 통해 자신을 방어할 수 있다. 즉, 자신의 행위는 국왕(영국정부)의 사전재가 또는 사후추인을 받은 행위임을 주장하는 것이다.

3. 제도적 취지

국가행위이론은 사법부와 행정부 간의 권력분립관계에 따라 생성·발전한 원칙으로 사법부가 외국정부행위의 합법성을 심리함으로써 외교정책 수행상 지장을 주고 당해 외국과의 관계를 악화시키는 것을 방지하기 위하여 외국정부행위를 사법부의 심리대상에서 제외하도록 하는 데 목적이 있다.

4. 연혁

국가행위이론은 미국법원의 판결을 통해 발전되었다. 1897년 '언더힐 대 헤르난데즈 사건'에서 미국연방대법원은 국가행위이론을 근거로 재판을 거절하였다. 1918년 '윗젠 대 센트럴피혁회사 사건'에서 연방대법원은 다른 주권국가의 행위는 정치적 행위이므로 정치적 문제(political question)는 행정부나 입법부가 처리할 문제라 선언하고 재판을 거절하였다. 법원은 국가행위이론은 국제예양에 기초한 이론이라고 하였다.

5. 법적 성질

국가면제의 법리와 달리 국가행위이론은 오늘날 국제법상 확립된 원칙이 아니라는 것이 다수의 견해이다. 즉, 국가의 국내법적 관행일 뿐 국제법은 아니라는 것이다. 따라서 국내법원이 타국의 정치문제에 대해서 '의무적 자제'를 해야 하는 것이 아니며 자국의 국내법이나 국내관행에 따라 '임의적 자제'를 하는 것에 불과하다. 국제예양상의 원칙이라 할 수 있다.

Ⅱ 각국의 관행

1. 미국

미국의 국가행위이론은 법원의 사법적 자제(judicial restraint)에 기초하고 있다. 미국연방대법원은 1964년 '사바티노 사건'의 판결에서 자제원칙을 선언하였고, 1979년 '메닝턴제조회사 사건'에서 미국제3연방고등법원도 이 원칙을 재확인하였다. 또한 국가행위이론은 국제예양과 행정부·사법부 간의 권력분립의 고려에 기초하여 타국의 외교관계상의 정책수행을 방해하지 아니하려는 데 그 목적이 있다.

2. 영국

영국은 1921년 '루터 대 사고르 사건'이나 1929년 '퓰리 올가공주 대 와이츠 사건'에서 확립되었다. 단, 영국은 타국의 국가행위가 국제법을 명백히 위반한 때에는 국가행위이론을 적용하지 않는다.

3. 대륙법계 유럽국가

프랑스·독일·이탈리아 등 대륙법계 유럽국가들은 국가행위이론의 전통이 없다. 이들은 타국의 법령이나 공적행위를 국제법이 아닌 국내법적 차원에서 다루며 외국법령이라도 국내법에 위배되면 그 효력을 부정한다.

Ⅲ 적용범위

미국연방대법원은 어떤 종류의 행위가 국가행위에 해당하는가에 관한 일반적 규칙을 설정하지 않고 사건별 접근방법을 취하고 있어 국가행위이론의 적용범위가 명확하지 않다. 판례에 따라 국가행위론의 적용범위를 검토한다.

1. 주권행사를 표현하는 행위

외국정부의 법률·명령 또는 결정이나 조치 등이 포함된다. 적극적 행위뿐 아니라 소극적 행위도 포함된다.

2. 외국의 자국영역 내에서의 행위

외국정부의 자국영역 내에서의 행위에 적용된다. 이는 국가행위이론은 외국정부가 자국영역 내에서 행한 행위의 적법성을 심리하지 않음으로써 행정부의 외교정책 수행에 대한 방해를 방지하는 것을 목적으로 하기 때문이다.

3. 외국인투자자에게 영향을 주는 행위

법원은 외국투자자에게 영향을 주는 외국정부의 행위의 적법성에 대해 심리하지 않는다. 법원은 국가행위이론의 적용 여부를 결정하기 위해 외국정부의 주권적 역할을 평가하고 당해 국가행위의 성질 및 영향도를 분석해야 한다. 외국정부의 관련 정도가 아주 경미한 경우에는 국가행위이론이 적용되지 않는다.

4. 성질상 공법적 행위

외국정부가 행한 공법적 행위는 법원의 심리대상에서 제외된다. 다만, 제한적 국가행위이론의 법리의 적용에 따라 외국정부가 상인자격에서 행하는 행위는 국가행위이론이 확대적용되지 않는 경향이 있다.

Ⅳ 제한

1. 번스타인 예외

'번스타인 예외'(Bernstein Exception)란 행정부가 국가행위이론을 적용하지 않을 것을 요청해 오는 경우 이를 적용하지 않는 것을 말한다. 나치정부가 원고의 해운회사 소유권을 강탈하여 제3자에게 양도한 1947년 'Bernstein v. Van Heyghen Freres 사건'에서 미국무부는 나치정부의 강압적 행위에 대해서는 국가행위이론을 적용하는 것이 요구되지 않는다는 답변서를 보냈고 법원은 이에 따라 국가행위이론을 적용하지 않았다.

2. Sabbatino Amendment

국제법에 위반된 국유화로 인해 발생한 1964년 'Banco Nacional de Cuba v. Sabbatino 사건'에서 연방대법원이 국가행위이론을 적용하자 미국의회는 대외원조법을 개정하여 국제법의 제원칙에 위반된 외국정부의 수용행위에 대해서는 국가행위이론을 적용하여 재판을 거절해서는 안 된다고 규정하였다(제2차 Hickenlooper 수정, Sabbatino Amendment). 동법의 적용범위에 있어서 국가행위이론이 적용되지 않는 소송이 미국인이 해외에서 몰수당한 재산이나 그 수익이 '미국 내에 있게 된 경우'에만 국한되는 것인지 논란되자, 미국의회는 1996년 'Helms−Burton Act의 Title Ⅲ[19]'를 통해 명시적으로 적용범위를 확장하였다. 즉, 거래가 미국 밖에서 이뤄지고 문제의 재산·수익이 미국 내에 있지 않은 경우에도 국가행위이론이 적용되지 않게 되었다.[20]

---

19) 동법은 사바티노수정법의 한계를 보완하기 위해 제정된 것이다. 사바티노수정법의 해석상 미국인이 몰수당한 재산이 미국 내에 있는 경우에만 국가행위이론의 적용이 제한되는지 명확하지 않았다. 만약 이렇게 제한적으로 보게 되면 위법하게 몰수당한 재산이 미국 내에 있지 아니한 경우에는 국가행위이론의 적용이 제한되지 않는다는 한계가 제기된 것이다. 동 법에서는 피해 미국인들이 쿠바와 거래하고 있는 제3국인을 상대로 소송을 제기할 수 있고, 이 경우 국가행위이론의 적용을 배제할 것을 규정하였다. 그러나, 동법에 따르면 미국 영토 밖에 존재하는 재산에 대한 미국 관할권의 역외 적용을 인정하게 되므로 당해 국가의 영토주권을 침해할 수 있다는 한계가 있다.

20) 김대순 439면.

3. 제한적 국가행위이론

제한적 국가면제이론과 같은 맥락에서 외국정부가 그 영토 내에서 행한 행위라 할지라도 그것이 상업적·사적 행위에 해당하는 경우 국가행위이론을 적용하지 않는다. 1976년 'Alfred Dunhill of London v. Republic of Cuba 사건'에서 미연방대법원은 착오로 지급받은 돈의 반환을 거부하는 외국정부의 상업적 기관의 행위는 사법심사가 가능하다고 판시하였다.

Ⅴ 국가행위이론과 국가면제론의 비교

1. 제도적 취지

국가행위이론은 미국 국내법상 삼권분립의 원칙에서 파생된 이론으로서 법원의 사법적 자제를 통해 행정부의 기능수행에 장애를 초래하지 않기 위해 고안된 제도이다. 반면, 국가면제론은 국제법상 주권평등의 원칙으로부터 파생된 법리로서 타국이 주권을 존중하기 위한 목적을 갖는다. 다만, 양자 모두 평온한 국제관계 유지를 목적으로 한다는 점에서는 동일하다.

2. 소송절차에서의 기능

국가행위이론은 '실체적 항변'(Substantive defense)으로서 소송의 본안(merits)에서 제기되는 항변인 반면, 국가면제론은 소송이 본안심리에 들어가는 것을 막기 위해 제기하는 '재판관할권적 항변'(jurisdictional defense)의 기능을 한다.

3. 적용범위

국가면제론은 소송의 한쪽 당사자가 '국가' 또는 '국가기관'인 경우에 적용되나, 국가행위이론은 당사자가 누구인가를 불문하기 때문에 소송이 사인 상호 간에 제기되든, 사인과 외국정부 간에 제기되든 또는 미국정부가 미국시민을 상대로 하는 소송이든 상관없이 원용될 수 있다.

> #### ⚖ 판례 | Underhill v. Hernandez[21]
>
> 1892년 베네수엘라에서 혁명이 발생하였다. 혁명군은 크레스포에 의해 지도되었고, Hernandez장군은 Crespo휘하의 군지도자였다. Crespo는 혁명에 성공하였고, 미국은 Crespo정부를 합법적 정부로 승인하였다. 혁명과정에서 Hernandez는 Bolivar시를 점령하고 통치권을 행사하였다. Underhill은 베네수엘라 정부와 계약을 체결하여 Bolivar시의 수도배수공사를 맡고 있었다. Underhill은 Hernandez가 Bolivar에 입성한 이후 도시를 떠나기 위해 여권발급을 신청하였으나 거절되었다가 상당기간 후에 발급되었다. Underhill은 Hernandez의 여권발급거부행위로 인한 손해, 자택거주제한조치, Hernandez 부하직원들에 의한 폭행과 고문을 이유로 소송을 미국법원에 제기하였다. 소송 제기 당시 Hernandez는 실각하여 미국에 망명해 있었다. 이 사안에서 법적 쟁점은 전직 국가원수를 상대로 하는 소송에서 면제가 인정되는지 여부였다. 이에 대해 미국 법원은 피고의 행동에 대해 미국이 판단할 권한을 가지고 있지 않다고 판시하였다. 법원은 모든 주권국가들은 상호 간에 상대방의 독립성을 존중할 의무를 갖고 있으며, 법원은 상대방 국가가 그 영토 내에서 행한 일에 대하여 판단하지 않을 의무를 지기 때문에 국가에 의한 피해에 대한 구제요청도 당해국이 마련하는 구제책에 의존해야 한다고 하였다. 또한, 반란정부가 반란에 성공하고 승인을 받은 경우 그 기간동안 그 정부의 행위는 그 정부가 반란정부로 시작한 때까지 소급하여 하나의 독립국가의 행위로 인정받게 된다고 하였으며, 이 사건에서 피고가 취한 행동은 베네수엘라 정부가 취한 공적행위가 되므로 그 행위에 대해서 타국 법원이 판단할 수 없다고 판시하였다.

---

21) 미국연방대법원, 1897년.

⚖️ 판례 | Sabbatino 사건[22]

1959년 쿠바에 혁명이 발생하여 Fidel Castro가 이끄는 반란군이 정권장악에 성공하였다. 카스트로는 정권장악 이후 미국인 소유의 설탕회사에 대해 국유화 조치를 단행하였다. 이는 미국의 설탕수입 쿼터 축소에 대한 보복조치적 성격을 띠었다. 동 조치는 미국계 기업을 상대로 행해졌고 충분한 보상 조치도 주어지지 않았다. Farr and Whitlock은 설탕제조회사인 CAV사와 설탕매매계약을 체결하였다. 계약체결시점은 CAV사에 대한 국유화가 단행되기 전이었고, 국유화가 단행된 이후 Farr사는 다시 CAV의 새로운 소유주인 쿠바국영회사와 구매계약을 체결하였으나, 대금은 CAV사의 미국 내 파산관재인인 Sabbatino에게 지급하였다. 이에 쿠바국립은행은 Farr사와 Sabbatino를 상대로 대금인도청구소송을 뉴욕법원에 제기하였다. 이 사안에서 법적 쟁점은 국제법에 위반되는 국유화 조치의 유효성을 인정할 것인가 즉, 미국 국내법상의 '국가행위이론'을 동 사건에 적용할 것인지 여부였다. 이에 대해 지방법원과 고등법원에서는 국가행위이론은 당해 국가의 행위가 국제법 위반인 경우 적용되지 않는다고 보고 원고의 청구를 기각하였다. 그러나, 대법원은 국가행위이론을 적용하여 쿠바 국유화 조치의 유효성을 심사하지 않았다. 이는 곧 쿠바의 조치의 유효성을 승인함을 의미하며, 따라서 원고의 청구는 인용되었다. 대법원이 국가행위이론을 적용한 것은 세 가지 이유 때문이었다. 첫째, 국가행위이론이 헌법에 명문규정을 두고 있지 않으나, 삼권분립의 정신을 반영한 것이므로 헌법적 근거를 갖고 있다. 둘째, 국유화에 관한 전통적인 국제법규는 현재 공산주의 국가나 신생국가들에 의해 의문이 제기되고 있어 이러한 문제에 대해서 미국법원이 판단을 내리는 것은 곤란하다. 셋째, 국유화로 인한 손해의 구제방법은 외교적 교섭에 의하는 편이 유리하다. 법원이 일방적 판결을 내리는 경우 행정부의 외교교섭을 방해할 가능성이 있다. 대법원의 취지에 따라 파기환송심이 진행되는 중에 미국의회는 제2차 Hickenlooper 수정법(Sabbatino Amendment)을 제정하여 국제법에 위반한 국유화 조치에 대해서는 국가행위이론의 적용을 배제하였다. 연방지방재판소로 반송된 Sabbatino 판결은 동법에 의해 파기되고, 원고의 소송은 최종적으로 기각되었다.

⚖️ 판례 | Bernstein 사건[23]

원고(Bernstein)는 유태인으로서 나찌정부로부터 해운회사 소유권을 박탈당했고, 이 소유권은 벨기에 회사인 피고에게 양도되었다. 1947년 Bernstein은 뉴욕 지방법원에 피고를 상대로 소송을 제기하였다. 동 사건에서 뉴욕 지방법원과 항소법원은 원고의 청구를 기각하였다. 1949년 미국 국무부는 나찌정부의 강압행위에 대해서는 국가행위이론을 적용하는 것이 요구되지 않는다는 취지의 의견을 표명하였다. 이에 Bernstein은 자신의 선박을 구입한 네덜란드 회사를 상대로 새로운 소송을 제기하였다. 이 사건에서 나찌정부의 행위의 유효성을 미국 법원이 심사할 수 있는지가 법적 쟁점이 되었으며, 행정부의 의견표명으로 국가행위이론의 적용이 배제되는지도 문제되었다. 번스타인이 벨기에 회사를 상대로 한 소송에서 지방법원과 항소법원은 모두 국가행위이론을 적용하여 나찌정부 행위의 유효성을 심사하지 아니하였다. 이에 따라 원고는 패소하였다. 그러나, 번스타인이 패소한 이후 번스타인의 변호사는 항소법원의 의견에 따라 미 국무부에 국가행위이론의 적용 여부를 질의하였고, 국무부는 답변서에서 나찌정부의 강압적 행위에 대해서는 국가행위이론의 적용이 요구되지 않는다고 하였다. 이에 따라 법원은 국가행위이론을 적용하지 않고, 나찌정부 행위의 유효성을 심사하였다.

기출 및 예상문제

1. 주권면제(Sovereign Immunity)와 관련하여 acts jure imperii(권력적, 공법적 행위)와 acts jure gestionis(비권력적, 사법적 행위)의 구분 기준을 설명하시오. [2004행시]

2. A국 국가원수 甲은 국가원수로 재직하던 당시 A국내에 소재하던 B국 국민 다수에 대해 고문을 지시하거나 방조하는 한편 살해하기도 하였다. 또한 B국 국민이 소유하고 있던 회사를 강제로 몰수하여 상당한 재산상의 손해를 야기하였다. 甲이 퇴임을 1년 앞둔 시점에서 신병 치료차 C국에 입국하자 B국은 C국과의 범죄인인도조약에 기초하여 甲에 대한 인도를 청구하였고 C국은 甲에 대한 체포영장을 발부하였다. 이와 별도로 甲으로부터 신체·재산상의 손해를 받았다고 주장하는 B국 국민 乙은 C국에 체류하던 중 甲과 A국을 상대로 C국 법원에 甲의 불법행위로 발생한 손해에 대한 배상청구소송을 제기하였다. 이와 관련하여 다음 물음에 답하시오.

---

22) 미국연방대법원, 1964년.
23) 미국항소법원(Court of Appeals), 1947년.

(1) C국의 甲에 대한 체포영장 발부행위에 대해 국제법적 관점에서 논평하시오.

(2) 설문 (1)과 관련하여 만약 甲이 대통령의 직위에서 퇴임하였다고 전제하는 경우 甲에 대한 체포영장 발부행위는 적법한가?

(3) 乙의 甲과 A국을 상대로 하는 손해배상청구소송에 대해 C국 법원이 국제법상 관할권을 행사할 수 있는가?

(4) 설문 (3)과 관련하여 C국 법원이 관할권을 행사할 수 있는 방법에 대해 논의하시오.

3. A국 군당국은 B국 기업 甲으로부터 군화를 수입하는 계약을 체결하였고, 甲은 약속된 날짜에 군화를 인도하였으나, A국은 지불예정일에 대금결제를 이행하지 아니하였다. 甲은 수차례에 걸친 대금지급 청구에 A국이 응하지 아니하자, 자국 법원에 민사소송을 제기하였다. 그러나 A국은 단 한 차례도 법원에 출석하지 아니하였으며 어떠한 항변도 제기하지 아니하였다. 이에 따라 B국 법원은 자국법을 적용하여 원고 전부 승소 판결을 내렸다. 그러나 A국은 판결을 정해진 기일까지 이행하지 아니하였고 B국 법원은 B국 내에 있는 A국 정부 재산에 대해 강제집행을 명령하였다. 이에 대해 A국은 B국의 조치가 국제법에 위반된다고 주장하였다. 이와 관련하여 다음 물음에 답하시오.

(1) B국이 A국을 피고로 하는 소송에서 재판관할권을 행사한 것이 국제법상 허용되는가?

(2) 만약 B국이 대한민국이라면 재판관할권을 행사할 것인가?

(3) B국이 국제법상 적법하게 강제집행권을 행사하기 위한 방안에 대해 설명하시오.

4. A국의 국가보안요원 甲은 상부로부터 지시를 받고 A국의 전직 외무장관 乙을 B국내에서 살해하였다. 이에 대해 乙의 유족(遺族)은 A국을 상대로 금전배상소송을 B국 법원에 제기하였다. 이 사안에서 B국 법원은 국제법상 관할권을 행사할 수 있는가?

5. B국에 주재하고 있는 A국의 외교관 甲은 A국을 대신하여 B국 국민 乙과 주택 임대차 계약을 체결하면서 계약기간을 2년으로 명시하였다. 그러나 1년이 지난 이후 甲은 임대차 계약을 일방적으로 파기하였고 이로 인해 乙에게 막대한 재산상의 피해가 발생하였다. 이와 관련하여 다음 물음에 답하시오.

(1) 乙이 A국을 상대로 자국 법원에 손해배상청구소송을 제기한 경우 국제법상 B국 법원이 관할권을 행사할 수 있는가?

(2) 乙이 甲을 상대로 동일한 소송을 제기한 경우 B국 법원이 관할권을 행사할 수 있는가?

(3) 乙이 A국을 상대로 제기한 소송에서 승소한 경우 B국 법원의 강제집행권에 관하여 설명하시오.

6. 회사 甲은 A국 국내법에 따라 설립되었고 주된 사무소도 A국에 있다. 甲은 자회사 乙을 B국에 두고 영업을 하였으며 乙회사 지분의 85%는 C국 국민이 보유하고 있다. 한편 B국은 乙을 무보상으로 몰수하였다. 乙은 이에 대해 B국 법원에 제소하였으나 B국법원은 자국 헌법상 통치행위이론을 적용하여 각하하였으며 상고도 허락하지 않았다. 이 사안과 관련하여 다음 물음에 답하시오.

(1) C국은 자국 주주들이 입은 피해를 이유로 B국에 대해 국가책임을 청구하였으나 B국이 응하지 아니하자 B국을 ICJ에 제소하였다. 이에 대해 B국은 선결적 항변을 제기하였다. 위 사안과 관련하여 B국이 제기한 선결적 항변사유에 대해 설명하고 그 인용여부를 논하시오. (단, A국과 B국은 ICJ규정 제36조 제2항을 무조건부로 수락하였다)

(2) 甲은 B국을 상대로 A국 법원에 불법행위로 인한 손해배상청구소송을 제기하였다. 이에 대해 A국 법원을 관할권을 행사할 수 있는가?

(3) 위 사건에서 A국이 미국이라고 가정하자. 또한 B국이 몰수한 乙의 재산을 미국 내의 다른 기업 丙에게 매각하였다고 하자. 만약 乙이 丙을 상대로 미국(A국) 법원에 제소한다면 소송결과는 어떻게 될 것으로 생각되는가? 국가행위이론에 관한 미국법원의 판결과 입법례를 고려하여 논의하시오.

제5장 │ 국가의 대외기관

I 의의 및 연원

1. 의의

외교사절이란 외교교섭 및 기타 직무를 수행하기 위해 상주 또는 임시로 외국에 파견되는 국가기관을 의미한다. 상주외교사절제도는 13세기에 이탈리아반도의 도시국가들에 의해 처음 시작되었으며 17세기 후반 웨스트팔리아회의 이후부터 일반제도로 확립되었다.

2. 법원

기존에 관습법으로 존재해 오던 규범은 1961년 4월 '외교관계에 관한 빈협약'이 채택되어 법전화되었다. 또한, 1969년 12월에 '특별외교사절에 관한 협약'이 채택되어 특별사절제도에 관해 규율하고 있다.

II 종류 및 계급

1. 종류

상주외교사절과 특별외교사절로 구분된다. 특별외교사절에는 사무사절과 예의사절이 있다. 외교관계가 수립되어 있지 않아도 접수국의 동의를 얻어 특별외교사절을 파견할 수 있다. 외교사절은 보통 상주외교사절을 의미하므로, 본서에서도 상주외교사절을 중심으로 서술한다.

2. 계급

비엔나협약은 대사, 공사, 대리공사 세 계급을 두고 있다. 대사와 공사는 국가원수에게 파견되나, 대리공사는 외무부장관에게 파견된다. 계급을 이유로 직무나 특권·면제에 있어서 차별을 받지 않는다. 동일계급 간의 석차는 외교사절이 직무를 개시한 일시 순서에 따라 정해진다.

Ⅲ 파견과 접수

1. 아그레망

📖 **조문 | 외교관계에 관한 비엔나협약 제4조 – 아그레망**

1. 파견국은 공관장으로 파견하고자 제의한 자에 대하여 접수국의 "아그레망"(agreement)이 부여되었음을 확인하여야 한다.

2. 접수국은 "아그레망"을 거절한 이유를 파견국에 제시할 의무를 지지 아니한다.

---

(1) 의의

아그레망은 파견국의 문의(아그레망의 요청)에 대해 접수국이 이의가 없다는 의사표시를 의미한다. 아그레망은 특정인물이 '우호적 인물'이라고 인정할 때 부여하며, 아그레망을 부여한 경우 접수국은 그 인물을 사절단장으로 접수할 의무가 있다. 파견국은 아그레망을 요청할 법적 의무가 있다.

(2) 아그레망의 거절

접수국은 사절단장이 '기피인물'(persona non grata)인 경우 아그레망을 거절할 수 있다. 아그레망을 거절하려면 정당한 이유가 있어야 하나 파견국에 대해 거부이유를 제시할 의무는 없다.

2. 신임장

신임장은 특정인을 외교사절로 신임·파견한다는 공문서이다. 파견국은 아그레망을 얻으면 외교사절로 임명하고 신임장을 주어 파견한다. 접수국 도착 시 외교사절은 개봉된 신임장의 부본을 접수국 외무부 당국에 제출한다. 정본의 경우 대사와 공사는 접수국의 국가원수에게, 대리공사의 경우 접수국의 외무부장관에게 제출한다.

Ⅳ 직무

1. 개시

사절단장의 직무는 사절단장이 신임장 정본을 국가원수에게 제출했을 때, 또는 사절단장이 접수국의 외무부에 도착을 통지하고 신임장 부본을 제출했을 때 개시된다.

2. 내용

외교사절단의 직무는 특히 접수국에서 파견국을 대표하고, 접수국에서 국제법이 허용하는 범위 내에서 파견국과 그 국민의 이익을 보호하고, 접수국 정부와 교섭하고, 모든 적법한 수단에 의하여 접수국에서의 사정과 발전을 확인하고 이것에 대해 파견국정부에 보고하고, 접수국과 파견국 간의 우호관계를 증진하고 양국 간 경제·문화·과학관계를 발전시키는 일이다(협약 제3.1조). 동 조의 직무들은 예시적인 것이다.

3. 종료

외교사절의 직무는 본국의 소환, 자발적 퇴거, 국가원수의 변경 등의 사유에 따라 종료된다. 또한 접수국이 사절단장이나 외교직원에 대해 기피인물을 통고한 경우 파견국은 당해 직원을 소환하거나 직무를 종료시켜야 한다.

V 공관원

1. 개념

공관원이란 접수국에서 외교사절단장의 직무수행을 보조하는 자로서 외교직원, 행정·기능직원, 역무직원 등이 포함된다. 사절단장과 외교직원을 '외교관'이라 한다.

2. 종류

외교직원은 외교관의 직급을 가진 공관원을, 행정·기능직원은 공관의 행정적 또는 기능적 직무에 종사하는 법률고문·통역관·통신기사 등을 말한다.

3. 파견

파견국은 자유로이 공관원을 임명할 수 있으며 아그레망을 요청할 필요가 없다. 다만, 접수국은 파견국에 언제든지 그리고 그 결정이유를 설명할 의무 없이 외교직원이 '기피인물'이라고 통고하거나 기타 공관원이 '받아들일 수 없는 인물'(person not acceptable)이라고 통고할 수 있다.

4. 국적

외교직원은 원칙적으로 파견국 국적을 보유해야 하나 접수국의 동의를 조건으로 접수국 또는 제3국 국민을 외교직원으로 임명할 수 있다.

제2절 외교사절의 특권과 면제

I 의의

외교공관의 불가침 및 특권면제, 외교관 개인의 불가침 및 특권면제와 함께 외교면제의 핵심적인 내용을 구성한다. 외교공관의 불가침(inviolability)은 일체의 간섭으로부터의 자유와 접수국 측의 특별보호의무를 함축하는 개념이다. 한편, 특권(privileges)은 조세, 사회보장 등 대체로 재정적 성격의 분야에서 접수국의 일정 법규정으로부터의 '실체적 면제'를 의미하는 반면, 면제는 접수국에서 법의 강제적 집행으로부터의 절차적 보호, 특히 재판관할권으로부터의 면제를 의미한다. 외교사절단에게 특권 및 면제를 인정하는 이유에 대해서는 '대표설'과 '기능설'이 대립한다. 전자는 사절단이 국가를 대표하므로 국가권위를 대표·유지하기 위해 특권 및 면제가 인정되어야 한다는 견해이고, 후자는 사절단이 외국에서 직무를 수행하므로 외국권력의 지배하에 놓이지 않고 능률적으로 직무를 수행하도록 하기 위해 특권 및 면제가 인정되어야 한다는 견해이다. 오늘날에는 기능설이 유력하며, 외교협약도 주로 기능설의 입장에 있다. 1961년 '외교관계에 관한 비엔나 협약'(Vienna Covention on Diplomatic Relations, 이하 '협약')에 기초하여 편의상, 외교공관 자체의 불가침과 그 외의 외교공관의 불가침, 특권 및 면제로 구분해서 논의한다.

Ⅱ 외교공관의 불가침

1. 외교공관의 정의

(1) 의의

외교공관이란 '소유자를 불문하고, 사절단장의 주거를 포함하여 사절단의 목적을 위해 사용되는 건물과 건물의 부분 및 부속토지'를 말한다[협약 제1조 (ⅰ)]. 접수국과 파견국 간 합의를 통해 외교공관의 공간적 범위를 확정한다.

(2) 외교공관 인정범위

추후 외교공관으로 사용하려고 미리 건물과 토지를 임대해두거나 사두는 것만으로는 공관의 불가침성을 주장할 수 없다. 그러나 관습법상, 파견국이 외교공관으로 사용하기 위해 부동산을 취득한 사실을 접수국에 통고하여 국내법상 건축에 필요한 동의를 얻었을 경우, 그 부동산은 입주를 위해 준비작업을 하고 있는 동안에 일반적으로 외교공관으로 간주된다. 외교관계가 단절되거나 외교사절단이 소환되어 더이상 사용되지 않고 있는 공관은 외교공관으로서의 성격을 상실하여 협약 제22조에 규정된 불가침성을 상실하게 된다. 다만, 이 경우에도 접수국은 협약 제45조 (a)에 의하여 설사 무력충돌이 있는 경우라 할지라도 사절단의 재산 및 문서와 더불어 외교공관을 존중하고 보호하여야 한다. 제22조의 '불가침성'과 제45조 (a)의 '존중·보호'의 한 가지 차이점은, 후자의 경우에는 외교사절단이 철수한 후 파견국정부의 동의 없이 공관의 수색이 가능하다는 점이다.

(3) 영국의 관행

영국의회는 '외교 및 영사 공관법'을 제정하였는데, 기본 내용은 다음과 같다. 첫째, 부동산을 외교공관이나 영사공관으로 사용하기를 바라는 국가들은 외무장관의 동의를 얻을 것이 요구된다. 둘째, 외무장관은 국제법에 의해 허용된다고 확신하는 경우 자신의 동의를 철회할 수 있다. 셋째, 외무장관은 국제법에 의해 허용된다고 확신하는 경우 동의가 철회된 부동산(구 외교 혹은 영사 공관)에 대한 권리를 자신에게 귀속시키는 행정명령을 발할 권한을 갖는다. 넷째, 외무장관은 공관 부지를 매각하여 일정 비용을 공제하고 나머지는 이익을 박탈당한 자에게 이전할 수 있다.

2. 외교공관의 불가침

> **📃 조문 | 외교관계에 관한 비엔나협약 제22조 – 외교공관의 불가침**
>
> 1. 공관지역은 불가침이다. 접수국의 관헌은, 공관장의 동의없이는 공관지역에 들어가지 못한다.
> 2. 접수국은, 어떠한 침입이나 손해에 대하여도 공관지역을 보호하며, 공관의 안녕을 교란시키거나 품위의 손상을 방지하기 위하여 모든 적절한 조치를 취할 특별한 의무를 가진다.
> 3. 공관지역과 동 지역 내에 있는 비품류 및 기타 재산과 공관의 수송수단은 수색, 징발, 차압 또는 강제집행으로부터 면제된다.

(1) 의의

외교공관의 불가침은 세 가지 내용으로 구성된다. 우선, 사절의 요구 또는 동의 없이 공관에 들어갈 수 없고(제22조 제1항), 접수국은 공관을 보호하기 위해 모든 적절한 조치를 취할 의무를 지며(제22조 제2항), 공관 및 공관 내의 재산과 사절단의 수송수단은 수색·징발·압류·강제집행으로부터 면제된다. 외교관의 관저도 같다.

(2) 해석

외교공관, 공관 내의 설비 및 기타 재산, 그리고 공관의 수송수단은 수색·징발·압류 또는 강제집행으로부터 면제된다. 이 규칙의 적용대상은 외교공관, 공관 내의 설비와 재산, 그리고 공관의 수송수단이므로 이 규정은 수송수단을 제외하고는 공관 밖의 재산에는 적용되지 아니한다. 사절단의 수송수단만은 접수국 내에서 어디에 있건 수색·징발·압류 또는 강제집행으로부터 면제된다. 따라서 경찰이 대사관 차량의 운전자를 도로 밖으로 강제로 끌어내는 것은 허용되지 아니한다. 차량 바퀴에 족쇄를 채우는 것은 금지되나, 교통에 중대한 장애를 야기하는 경우에는 차량을 견인할 수는 있다. 그러나 차량의 견인 및 보관비용은 부과할 수 없다. 외교공관의 재산이 단지 수색·징발·압류 또는 강제집행에 이르지 아니하는 행동은 협약 하에서 허용되며, 접수국은 파견국의 공관점유를 방해하지 않는 한 소유권·집세·지역권 및 기타 유사한 문제들에 관해 재판할 수 있는 권리는 계속 보유한다.

(3) 판례

① Armed Activities on the Territory of the Congo 사건: ICJ는 콩고(민주공화국)의 수도 긴샤샤 주재 우간다 대사관과 대사관 내의 사람들에 대한 콩고 군대의 공격은 비엔나협약 제22조의 중대한 위반을 구성한다고 하면서, 공격받은 사람들이 실제로 외교관들인 경우 콩고는 추가적으로 비엔나협약 제29조를 위반할 것이 된다고 하였다. 재판소는 나아가 United States Diplomatic and Consular Staff in Tehran 사건을 원용하면서 외교관계 비엔나협약은 접수국 자신이 사절단의 불가침성을 침해하는 것을 금지하고 있을 뿐만 아니라 다른 사람들이 사절단의 불가침성을 침해하는 것을 방지할 의무도 접수국에 지우고 있다고 하였다.

② 주한 자이레 대사관 사건: 한국인이 주한 자이레(현 콩고민주공화국) 대사관에 서울 강남구 논현동 소재 집을 빌려준 후 임대료를 받지 못하자 (대사 관저로 사용 중인) 동 주택의 명도 및 임대료 지급을 구하는 소송을 서울민사지법에 제기하자 한국은 관할권을 행사하여 원고 승소판결하였다. 그러나 그 후 집달관(집행관)이 강제집행을 거부하자 이번에는 국가를 상대로 보상 내지 배상책임을 구하는 소송을 제기하였으나, 손해가 집달관의 강제집행 거부를 직접적인 원인으로 하여 발생한 것이라고 볼 수 없으므로 손실보상의 대상이 되지 아니하고, 또한 국가가 보상입법을 하지 아니하였다거나 집달관이 협약의 관계규정을 내세워 강제집행을 거부하였다고 하여 이로써 불법행위가 되는 것은 아니라고 하였다.

3. 외교공관의 불가침의 예외 인정 여부

(1) 쟁점

접수국의 긴절한 필요가 있는 경우 공관장의 동의나 요청 없이도 접수국 당국이 외교공관에 들어갈 권리가 있는지가 문제된다.

(2) 학설

외교공관의 불가침의 예외 인정 여부에 대해 학설이 일치하지 않는다. 공안상 긴급한 필요가 있는 경우 관습법상 예외가 인정된다는 견해가 있는 반면, 부정설도 있다. 긍정설의 경우 공관의 불가침이란 상대적인 것으로 방화, 방역, 기타 접수국의 인명이나 공중위생, 재산 등을 지키기 위해 긴급한 필요가 있는 경우 사절의 동의를 구했으나 얻지 못했을 때 또는 동의를 얻을 시간적 여유가 없었을 때에는 사절의 동의 없이도 공관에 들어갈 수 있다고 한다. 또한, 비엔나협약이 이에 대해 침묵을 지키는 것은 원칙의 파괴를 우려한 의식적 침묵으로 해석하며, 비엔나협약에 대해 국제법위원회 초안의 주해에서도 이를 예외적으로 인정한 것으로 본다. 그러나, 예외를 인정할 수 없다는 견해는 비엔나협약 체결 당시 '화재, 전염병, 기타 극단적인 긴급사태의 경우 외교사절단장은 접수국당국과 협력할 것이 요구된다'는 제안이 채택되지 못한 것을 논거로 든다.

(3) 국제사법재판소

국제사법재판소(ICJ)는 '테헤란 영사 사건'에서 외교공관의 불가침의 예외를 인정하지 않았는바, 이는 외교공관의 불가침성이 남용되는 경우 접수국당국은 문제의 외교관을 기피인물로 선언하거나 외교관계를 단절하는 등의 대응책을 갖고 있음을 논거로 하였다.

(4) 국제관행

① **영국**: 영국은 공관의 불가침성이 남용되는 극단적인 경우 공관에 들어갈 권리를 주장한 바 있다. Sun Yat-Sen 사건은 1896년 런던 주재 청국 공사관이 Sun Yat-Sen을 불법감금한 사건이다. 영국 법원은 외교공관의 불가침성을 이유로 인신 보호영장 발부를 거절하였다. 그러나 영국정부는 청국 공사관이 자국민을 체포·감금하고 있는 것은 외교특권의 남용이라고 비난하면서 체포된 사람의 방면을 위해 모든 조치를 취할 것이라고 하였다. 청 공사관이 이 압력에 굴복하여 Sun Yat-Sen을 풀어주었으므로 실제로 영국정부는 어떠한 강제행동도 취하지 않았다.

② **파키스탄**: 1973년 파키스탄 경찰은 이라크대사의 반대에도 불구하고 대사관을 수색하여 다량의 불법 무기를 적발하였으며 이를 근거로 하여 대사와 외교관 한 명을 기피인물로 선언하여 추방하고 이라크 주재 자국대사를 소환하였다.

4. 외교공관의 비호권 인정 여부

(1) 의의

외교공관이 접수국 당국으로부터 피난해 온 자에게 부여하는 비호를 국가가 자국영역 내에서 외국인에게 부여하는 영토적 비호(territorial asylum)와 구별하여 외교적 비호(diplomatic asylum) 또는 영토 외적 비호(extra-territorial asylum)라 한다. 16·17세기에 일반적으로 긍정되었으나, 현대 국제법에서는 국제관행이 일치하지 않는다. 비엔나협약에서도 명시적 규정을 두고 있지 않다.

(2) 국제관행

전통적으로 인정되어 오던 외교공관의 비호권은 치외법권설의 폐기와 함께 부정되었으나, 내란이나 혁명이 자주 발생하는 라틴아메리카 국가들에게는 정치범에 대한 비호가 조약에 의해 인정되기도 한다[24]. 현재, 공관의 불가침으로부터 발생한 외교적 비호의 실행에 있어서 각국의 태도는 일치하지 않으며 국제관습법상의 권리로서도 확립되어 있지 않다. 미국은 1989년 천안문사태 당시 북경주재 미국 대사관에 피신한 중국의 반체제 물리학자 팡리즈(方勵之)에 대해 보호를 부여하였다. 이로 인해 미국과 중국과 외교분쟁이 발생하였고 중국은 팡리즈 부부의 출국을 허용하였다.

(3) ICJ

외교적 비호권과 관련한 사례로는 콜롬비아 – 페루 간 비호권 사건과 아야 데 라 토레 사건이 있다. 비호권 사건에서 계쟁점은 토레를 정치적 망명자로 규정한 콜롬비아의 결정이 페루를 구속하는가와 페루에 대해 안도권(safe conduct)을 요구할 법적 권리가 있는가였으나 ICJ의 견해는 부정적이었다. 한편 아야 데 라 토레 사건의 계쟁점은 콜롬비아가 토레를 페루에게 인도할 의무가 있는가였다. ICJ는 콜롬비아가 페루를 비호할 권한은 없으나, 그렇다고 해서 페루에게 인도할 의무도 없다고 판단하였다.

(4) 비엔나협약

협약에는 외교공관의 비호권에 대한 명시적 규정이 없다. 이 경우 국제관습법에 따라야 할 것이나, 국제관습법도 명확하지 않다. 다만, 협약 제41조 제3항은 공관사용에 관해 특별협정(special agreements)을 체결할 수 있음을 시사하고 있으므로 파견국과 접수국 간의 양자조약에 의해 외교비호권을 인정할 여지는 있다.

(5) 소결

현대 국제법에서 학설과 국제관행은 공관의 비호권을 인정하지 않고 있다. 다만, 예외적으로 무질서한 폭도의 위해로부터 일시 비호할 수 있을 뿐이다. 외교공관의 불가침은 사절의 능률적 직무수행을 위해 인정된 것이지, 범죄인이나 정치적 망명자를 비호하기 위해 인정된 것은 아니기 때문이다. 따라서 자국민인 범죄인이나 정치범을 본국에 송환할 목적으로 공관 내에 감금하는 것도 인정되지 않는다. 접수국의 동의가 있는 경우에만 예외적으로 비호를 할 수 있을 뿐이다.

Ⅲ 외교공관의 그 밖의 특권과 면제

1. 조세면제

> **📋 조문 | 외교관계에 관한 비엔나협약 제23조 – 조세면제**
>
> 1. 파견국 및 공관장은 특정 용역의 제공에 대한 지불의 성격을 가진 것을 제외하고는, 소유 또는 임차여하를 불문하고 공관지역에 대한 국가, 지방 또는 지방자치단체의 모든 조세와 부과금으로부터 면제된다.
> 2. 본 조에 규정된 조세의 면제는, 파견국 또는 공관장과 계약을 체결하는 자가 접수국의 법률에 따라 납부하여야 하는 조세나 부과금에는 적용되지 아니한다.

---

24) 예컨대, 1928년 하바나조약.

공관에 내한 일체의 조세 및 부과금은 면제된다(제23조). 그러나 전기, 수도, 가스요금과 같은 '제공된 특별한 역무에 대한 급부로서의 성질을 갖는 것'은 면제되지 않는다. 사절단의 공용품을 수입하는 경우에는 관세가 면제된다(제36조 제1항).

2. 외교공관의 문서 · 서류의 불가침

📑 **조문 | 외교관계에 관한 비엔나협약 제24조 - 문서 및 서류의 불가침**

공관의 문서 및 서류는 어느 때나 그리고 어느 곳에서나 불가침이다.

공관의 문서와 서류는 불가침이다(제24조). 문서와 서류는 어느 때나 어느 장소에서나 항상 불가침이다. 따라서 사절단의 임무 개시 전에도, 또는 외교관계가 단절된 경우에도 불가침이며, 공관 내에서뿐만 아니라 공관 외에서도 불가침을 향유한다. 공문서는 압수의 대상이 될 수 없고, 소송에서 증거자료로 제출하도록 강제할 수도 없다. 문서(archives)에 대한 정의는 없으나 모든 형태의 정보저장장치를 모두 포함한 것으로 이해된다.

3. 통신의 불가침성

📑 **조문 | 외교관계에 관한 비엔나협약 제27조 - 통신의 불가침**

1. 접수국은 공용을 위한 공관의 자유로운 통신을 허용하며 보호하여야 한다. 공관은 자국 정부 및 소재여하를 불문한 기타의 자국 공관이나 영사관과 통신을 함에 있어서, 외교 신서사 및 암호 또는 부호로 된 통신문을 포함한 모든 적절한 방법을 사용할 수 있다. 다만, 공관은 접수국의 동의를 얻어야만 무선송신기를 설치하고 사용할 수 있다.

2. 공관의 공용 통신문은 불가침이다. 공용 통신문이라 함은 공관 및 그 직무에 관련된 모든 통신문을 의미한다.

3. 외교행낭은 개봉되거나 유치되지 아니한다.

4. 외교행낭을 구성하는 포장물은 그 특성을 외부에서 식별할 수 있는 표지를 달아야 하며 공용을 목적으로 한 외교문서나 물품만을 넣을 수 있다.

5. 외교신서사는 그의 신분 및 외교행낭을 구성하는 포장물의 수를 표시하는 공문서를 소지하여야 하며, 그의 직무를 수행함에 있어서 접수국의 보호를 받는다. 외교신서사는 신체의 불가침을 향유하며 어떠한 형태의 체포나 구금도 당하지 아니한다.

6. 파견국 또는 공관은 임시 외교신서사를 지정할 수 있다. 이러한 경우에는 본조 제5항의 규정이 또한 적용된다. 다만, 동 신서사가 자신의 책임하에 있는 외교행낭을 수취인에게 인도하였을 때에는 제5항에 규정된 면제가 적용되지 아니한다.

7. 외교행낭은 공인된 입국항에 착륙하게 되어 있는 상업용 항공기의 기장에게 위탁할 수 있다. 동 기장은 행낭을 구성하는 포장물의 수를 표시하는 공문서를 소지하여야 하나 외교신서사로 간주되지는 아니한다. 공관은 항공기 기장으로부터 직접으로 또는 자유롭게 외교행낭을 수령하기 위하여 공관직원을 파견할 수 있다.

---

(1) 의의

공관은 파견국의 정부, 타공관 등과 통신을 함에 있어 외교신서사 및 메시지를 포함한 모든 적절한 방법을 사용할 수 있으며, 이들에 의해 전달되는 공용통신문, 즉 공관과 그 직무에 관련된 모든 통신문은 불가침성을 향유한다(제27조 제1항). 단, 무선송신기를 설치하고 사용하기 위해서는 접수국의 동의를 요한다.

(2) 외교신서사(courier)

신분증명서 및 공문서를 휴대한 외교신서사(courier)는 직무수행에 있어서 접수국의 보호를 받는다. 그 신체는 불가침이며 어떠한 방법에 의해서도 그를 압류 또는 구금할 수 없다(제27조 제5항). 보호는 전달을 완료할 때까지 부여되며, 전달 후 귀국 여행 중에도 보호된다. 임시외교신서사도 신체의 불가침을 향유하나 외교행낭을 수취인에게 인도할 때까지만 불가침성을 향유한다(제27조 제6항).

(3) 외교행낭(diplomatic bag)

외교행낭은 불가침이며 이를 개봉하거나 유치(留置, detain)할 수 없다. 훈련된 개를 이용하는 것은 법적으로 문제가 없다. 한편, 감식장치를 통한 전자투시(electronic screening)의 허용 여부에 대해서는 국가 간 의견대립이 있다. 대체로 선진국들은 찬성, 제3세계국가들은 반대하고 있다. 1989년 ILC에서 최종 채택된 '외교신서사 및 외교행낭에 대한 규정 초안' 제28조는 외교행낭의 완전한 불가침성을 규정하면서 동의가 없는 한 모든 종류의 전자 및 기계장치에 의한 검사를 금지하고 있다. 외교행낭은 외부에 그것이 외교행낭임을 나타내는 적절한 표시가 있어야 하며, 그렇지 못한 경우 외교관 개인 수하물로 인정되어 외교관의 입회하에 개봉이 가능하다(Umaru Dikko 사건). 외교행낭의 불가침과 관련하여 국제관행은 외교면제보다 인권보호가 우선함을 보여주기도 한다. 예컨대 로마공항당국은 이집트 행 대형 외교행랑에서 신음소리가 나자 강제로 개봉하여 이스라엘인을 구출하였다.

🔎 판례 | 비호권 사건[25]

페루에서 혁명이 발생하였고 실패하자 반군지도자 토레는 콜롬비아 대사관에 망명을 신청하였다. 콜롬비아는 토레에게 외교적 비호를 부여하고 페루에게 통행증(safe conduct) 발급을 요청하였으나, 페루는 이를 거부하고 오히려 토레의 자국에의 인도를 요청하였다. 이 사안에서 콜롬비아는 토레에 대해 외교적 비호를 부여할 수 있는지, 페루는 토레가 안전하게 출국할 수 있도록 보증할 의무가 있는지가 문제되었다. 첫째, 외교적 비호권 인정여부와 관련하여 ICJ는 콜롬비아가 외교적 비호를 부여할 법적 근거가 명확하지 않다고 하였다. 콜롬비아는 지역관습의 존재 및 페루가 그 관습에 적극적으로 참여하고 있음을 입증해야 하나 이를 입증하지 못하였다고 판단했기 때문이다. 또한, 외교적 비호를 부여하는 지역관습이 존재한다고 하더라도 페루에 대해서는 적용되지 않는다고 하였는데, 페루는 외교적 비호를 인정한 제반조약(예컨대, 몬테비데오 조약)을 비준하지 않음으로써 외교적 비호를 인정하는데 반대해 왔기 때문이었다. 둘째, 출국보장의무와 관련하여 ICJ는 페루의 의무를 부인하였다. 문제가 된 하바나 조약상의 출국보장의무와 관련하여 ICJ는 영토국이 피비호자의 국외송출을 요구한 경우에만 비호국은 영역국에게 안전보장을 요구할 수 있다고 보았다. 그런데, 페루는 토레의 퇴거를 요청한 바가 없으므로 안전한 출국을 보장할 의무 또한 존재하지 않는다고 한 것이다.

---

25) Asylum Case, Colombia v. Peru, ICJ, 1950년.

⚖ 판례 | 테헤란 미대사관 인질 사건26)

1978년 9월, 미국의 전폭적 지지를 받고 있었던 팔래비 이란 국왕은 계엄령을 선포하고 반팔래비 시위군중들을 무차별 사살하였다. 당시의 반체제운동은 이란 국민의 90%를 차지했던 시아파 이슬람교도들에 의해 이루어지고 있었는데, 이러한 무차별 사살로 시위가 가속화되었으며 1979년 1월 팔래비는 패배를 인정하고 미국으로 망명하였다. 이로써 이란의 호메이니가 귀국하고 이란회교공화국이 수립되었다. 그러나 이란에서의 반미감정은 수그러들지 않았고, 1979년 11월 테헤란 주재 미대사관은 수백명의 무장집단에 의해 점거되었다. 당시 이란보안군 요원들은 미대사관 주변에서 철수한 것으로 알려졌으며, 시위대의 대사관 점거를 방지하기 위한 노력을 전혀 하지 않은 것으로 입증되었다. 이후 호메이니는 대사관 점거 및 인질 억류에 관한 정부승인을 명확히 선언하는 명령을 발표하여, 팔래비를 이란에 송환하고 그 재산을 반환할 때까지 현 상태를 유지해야 한다고 선언하였다. 이 사건에서 주요 쟁점은 이란의 위법행위책임에 관한 것이었다. ICJ는 사태를 두 시기로 나누어 이란 정부의 국제위법행위 여부를 판단하였다. 첫째, 폭도들이 미대사관을 무력공격했을 때 그들은 이란 정부의 대리인 또는 기관으로 승인된 어떠한 형태의 공적 지위도 갖고 있지 않았으므로 폭도들의 대사관 점거행위와 외교관 체포 및 인질 억류 행위를 이란 정부의 책임으로 돌릴 수 없다고 하였다. 그러나 이는 이란 정부에 전혀 책임이 없음을 의미하지는 않는다고 지적하였다. 이란 정부는 비엔나협약에 의한 접수국으로서 미대사관과 영사관, 그 요원 및 공문서와 통신수단의 보호와 외교관의 이동의 자유를 보장할 적절한 조치를 취할 절대적인 의무가 있기 때문이다. 그러나 이란 정부는 폭도들의 미대사관 공격으로부터 이를 보호하기 위한 '적절한 조치'를 취하지 않았으므로 책임이 있다고 하였다. 둘째, 이란은 폭도들의 집요한 위반을 신속하게 종식시키고 원상회복과 피해배상에 관한 모든 노력 및 적절한 조치를 취하지 않고, 오히려 폭도들의 행위를 승인하였다. 호메이니의 사태승인은 폭도들의 계속적인 대사관 점거와 인질억류 행위를 이란 정부행위로 전환시켰다. 이에 폭도들은 이제 이란 정부의 대리인이 되었으며, 따라서 ICJ는 국가 자체가 이 행위에 대해 국제책임을 져야 한다고 판시하였다.

제3절 외교관의 특권과 면제

I 의의

1. 외교관의 정의

외교관이란 사절단장(head of the mission)과 외교관 직급을 가진 외교직원(diplomatic staff)을 포함하는 개념이다. 한편, '사절단의 구성원'(공관원, members of the mission)이란 공관장과 공관직원을 지칭하며, 공관직원이란 외교직원, 행정·기술·역무직원을 총칭하는 표현이다.

2. 특권과 면제의 의의

외교사절의 특권 및 면제(privileges and immunities)란 외교사절이 보통의 외국인과 달리 그 종류와 계급 여하를 막론하고 접수국에서 특권적 지위가 인정되며 일정한 경우 접수국의 관할권으로부터 면제되는 것을 의미한다. 특권 및 면제를 부여하는 것은 사절이 파견국의 국가대표로서의 성격을 갖는다는 점을 고려하고(국가대표설), 사절이 그 임무를 능률적으로 수행할 수 있도록 하기 위한 것이다(기능설).

---

26) United States Diplomatic and Consular Staff in Teran, U.S. v. Iran, ICJ, 1980년.

3. 외교면제와 국가면제

(1) 외교관이 개인자격으로 임대차 계약을 체결하고 이를 위반한 경우

이 경우 국가면제와는 관련이 없다. 외교관이 국가를 대리하여 행동한 것이 아니기 때문이다. 따라서 이 사안은 외교관 개인의 사적 행위에 관한 면제의 법리가 적용된다. 외교관계협약 제31조에 따르면 외교관은 접수국의 민사재판으로부터 원칙적으로 면제되나 접수국 영역 내에 있는 부동산에 관한 소송 등에서는 면제가 제한된다. 따라서 외교관을 상대로 민사소송이 제기되는 경우 면제를 주장할 수 없다.

(2) 외교관이 국가를 대리하여 임대차 계약을 체결하고 계약을 불이행한 경우

국가면제와 외교문제가 동시에 문제된다. 우선 국가면제의 문제로만 볼 경우 국제관습법으로 성립한 제한적 면제이론에 기초해 볼 때 국가면제가 인정되기 어렵다. 절대적 면제론에 기초하더라도 당해 소송은 부동산 관련 소송이므로 전통국제법에서도 면제가 인정되지 아니하였다. 한편 외교관 개인은 면제를 향유한다. 파견국을 대리하여 한 행위이므로 직무상 행위이며 직무상행위와 관련해서는 영구적으로 면제를 향유하기 때문이다(외교관계협약 제39조 제2항).

(3) 외교관이 바에서 술을 마시다 접수국 국민을 폭행한 경우

국가면제와는 무관하며 오로지 외교관 개인의 면제가 문제된다. 외교관계협약 제31조에 따르면 외교관은 접수국의 형사재판관할권으로부터 절대적으로 면제되며 어떠한 예외도 없다. 따라서 접수국은 당해 외교관을 형사소추할 수 없다. 다만 사적행위에 관한 범죄의 경우 퇴임 이후에는 면제가 인정되지 아니하므로 퇴임 이후 형사소추할 수 있다.

Ⅱ 신체 · 주거 · 서류의 불가침

1. 신체의 불가침(제29조)

> **📑 조문 | 외교관계에 관한 비엔나협약 제29조 – 신체의 불가침**
>
> 외교관의 신체는 불가침이다. 외교관은 어떠한 형태의 체포 또는 구금도 당하지 아니한다. 접수국은 상당한 경의로서 외교관을 대우하여야 하며 또한 그의 신체, 자유 또는 품위에 대한 여하한 침해에 대하여도 이를 방지하기 위하여 모든 적절한 조치를 취하여야 한다. (The person of a diplomatic agent shall be inviolable. He shall not be liable to any form of arrest or detention. The receiving State shall treat him with due respect and shall take all appropriate steps to prevent any attack on his person, freedom or dignity.)

(1) 의의

외교관의 신체는 불가침이다. 따라서 외교관은 어떠한 형태의 체포 또는 구금을 당하지 않으며, 접수국은 상당한 경의로써 외교관을 대우해야 한다. 또한 접수국은 외교관의 신체 · 자유 · 품위에 대한 어떠한 침해도 방지하기 위하여 모든 적절한 조치를 취해야 한다. 다만, 적절한 조치의 범위에 외교관을 납치한 납치범들의 불법적인 요구에 응할 의무가 포함되는 것은 아니다(1969년 과테말라 주재 서독대사 납치 사건).

(2) 예외

외교관 신체의 불가침의 예외로 접수국이 외교관의 위법행위에 대하여 정당방위행위를 할 수 있으며, 접수국 질서와 안전을 위하여 자국 국내법에 의해 외교관을 일시 구속할 수 있다. 구속은 일시적이어야 하며, 긴급한 필요가 없는 경우 곧 해제해야 한다. 경우에 따라서 외교관의 소환을 요구하거나 퇴거를 명령할 수 있으나, 어떤 경우에도 처벌할 수는 없다. U.S Diplomatic and Consular Staff in Tehran 사건에서 ICJ는 접수국경찰이 외교관의 범죄수행을 방지하기 위해 필요에 따라 그를 단시간 체포하는 것은 가능한 것으로 보았다.

2. 주거 · 재산 · 서류의 불가침

> 📖 **조문 | 외교관계에 관한 비엔나협약 제30조 – 주거 · 재산 · 서류의 불가침**
>
> 1. 외교관의 개인주거는 공관지역과 동일한 불가침과 보호를 향유한다.
> 2. 외교관의 서류, 통신문 그리고 제31조 제3항에 규정된 경우를 제외한 그의 재산도 동일하게 불가침권을 향유한다.

외교관의 개인적 주택은 사절단의 공관과 마찬가지로 불가침이다. 외교공관장의 개인적 주거는 외교공관 자체의 일부로 간주된다. 또한 외교관의 개인적 서류, 신서, 재산도 불가침이다(제30조). 단, 재산의 경우 접수국의 민사재판권이 예외적으로 인정되는 경우에 한해 강제집행이 행해질 수 있다. 또한 영국은 외교관 개인의 차량을 견인하는 것은 제30조를 침해하는 것은 아니라고 보고 있다.

Ⅲ 재판관할권의 면제

> 📖 **조문 | 외교관계에 관한 비엔나협약 제31조 – 재판관할권 면제**
>
> 1. 외교관은 접수국의 형사재판관할권으로부터의 면제를 향유한다. 외교관은 또한, 다음 경우를 제외하고는 접수국의 민사 및 행정재판관할권으로부터의 면제를 향유한다.
>   (a) 접수국의 영역 내에 있는 개인부동산에 관한 부동산 소송. 단, 외교관이 공관의 목적을 위하여 파견국을 대신하여 소유하는 경우는 예외이다.
>   (b) 외교관이 파견국을 대신하지 아니하고 개인으로서 유언집행인, 유산관리인, 상속인 또는 유산수취인으로서 관련된 상속에 관한 소송
>   (c) 접수국에서 외교관이 그의 공적직무 이외로 행한 직업적 또는 상업적 활동에 관한 소송
> 2. 외교관은 증인으로서 증언을 행할 의무를 지지 아니한다.
> 3. 본 조 제1항 (a), (b) 및 (c)에 해당되는 경우를 제외하고는, 외교관에 대하여 여하한 강제 집행조치도 취할 수 없다. 전기의 강제 집행조치는 외교관의 신체나 주거의 불가침을 침해하지 않는 경우에 취할 수 있다.
> 4. 접수국의 재판관할권으로부터 외교관을 면제하는 것은 파견국의 재판관할권으로부터 외교관을 면제하는 것은 아니다.

1. 의의

외교관은 원칙적으로 접수국의 재판관할권으로부터 면제된다. 이는 접수국의 실체법으로부터의 면제가 아니라 재판관할권으로부터의 면제이다. 비엔나협약 제41조 제1항은 외교관의 접수국 법령 존중의무를 규정하여 이를 확인하고 있다. 한편, 외교면제는 접수국의 재판관할권으로부터의 면제이므로 파견국의 재판관할권으로부터 면제되는 것은 아니다(제31조 제4항).

2. 형사재판관할권의 면제

외교관은 접수국의 형사재판관할권으로부터 완전히 면제된다(제31조). 따라서 외교관이 접수국의 형법에 위반된 행위를 범한 경우에도 소추하거나 처벌할 수 없다. 다만, 접수국은 범법행위를 한 외교관에 대해 persona non grata로서 본국에 소환을 요구하거나, 직접 외교관에 대해 퇴거를 명령할 수 있다. 외교관의 개인적 범죄에 대해서는 외교관 신분 종료 후 소추할 수 있다.

3. 민사 및 행정재판권의 면제

(1) 의의

외교관은 접수국의 민사·행정재판권으로부터 원칙적으로 면제된다(제31조 제1항). 그러나 몇 가지 예외가 있다. 첫째, 접수국 영역 내에 있는 개인 소유의 부동산으로서 외교관이 파견국을 대신해서 보유하고 있는 것이 아닌 것에 대한 소송. 둘째, 파견국 대표자로서가 아닌 개인으로서 유언집행자·유산관리인·상속인 또는 유산수취인으로서 외교관이 관계하고 있는 상속에 관한 소송. 셋째, 외교관이 접수국에서 공무범위 외에 행한 직업활동 또는 상업활동에 관한 소송. 재판권의 면제가 인정되는 경우 피해자가 생각해 볼 수 있는 대응수단이 몇 가지 있다. 파견국법이 허용한다면 파견국재판소에 제소해 볼 수 있을 것이며, 외교공관장에게 호소해 볼 수 있다. 또한 접수국외무부에 외교적 간섭을 요청할 수 있다. 외교관의 공적 불법행위(지령에 따른 암살 등)인 경우 접수국재판소에 파견국을 상대로 제소할 수도 있으며, 외교관의 사적 불법행위인 경우 직무 종료 후 접수국재판소에 당해 개인을 상대로 제소할 수 있다.

(2) 외교관의 교통사고 관련 쟁점

민사재판권 면제로 인해 외교관이 교통사고를 저지른 경우 피해자는 손해배상을 청구할 수 있는 기회를 박탈당하게 되므로 비엔나외교회의에서는 파견국은 임무수행에 지장이 없는 한 이러한 민사청구에 관해서는 면제를 포기하거나 청구권의 정당한 해결을 가져올 수 있도록 최선의 노력을 할 것을 결의하였다. 단, 권고결의이므로 파견국을 구속하는 것은 아니다.

(3) 외교관의 불법행위와 배상문제

외교관은 교통사고 기타 불법행위에 입각한 손해에 대하여 법률상 배상책임을 면하는 것이 아니라 재판권과 그 집행을 면할 따름이다. 따라서 외교관에 대해 불법행위책임을 인정한 접수국 재판소의 판결은 외교관이 퇴임한 후 집행되며, 또한 그 파견국에 있어서 소송의 근거가 될 수 있다.

(4) 민사청구의 고려에 관한 결의

비엔나회의에서 채택된 민사청구의 고려에 관한 결의Ⅱ는 민사청구와 관련한 면제는 가능한 한 포기하고, 포기하지 않는 경우에도 정당한 해결을 위해 최선의 노력을 다할 것을 권고하고 있다.

(5) 소송을 제기당한 자가 외교관으로 임명되는 경우 – 줄리안 어산지 사건

이미 형사소송이나 민사소송을 제기당한 자가 외교관으로 임명되면, 그는 외교면제를 내세워 소송을 중단시킬 수 있다. 실제로 줄리안 어산지 사건에서 에콰도르정부는 영국경찰의 체포를 피해 2012년부터 줄곧 런던 주재 에콰도르 대사관에서 외교비호를 받고 있던 그에게 2017년 12월 12일 그의 신청에 따라 에콰도르 시민권을 부여하였으며, 그후 그를 에콰도르 외교관으로 임명하면 이를 인정해 줄 것을 영국정부에 요청하였다. 영국이 이 요청을 받아들이면 그에게 외교면제가 부여된다. 그러나 영국정부는 이 요청을 거절하면서 에콰도르 대사관에 피신 중인 어산지에게 대사관 밖으로 나와 재판을 받아야 한다고 주장했다.

4. 판결집행의 면제

외교관은 원칙적으로 판결의 집행조치로부터 면제된다(제31조 제3항). 따라서 판결의 집행을 위해서는 별도의 포기를 요한다(제32조 제4항). 단, 민사재판관할권 면제의 예외에 해당하는 경우 별도의 포기 없이 강제집행이 가능하나 외교관의 신체 또는 주거의 불가침을 해하지 않을 것을 조건으로 한다(제31조 제3항). 따라서 그의 영업재산은 압류할 수 있으나 그의 집에는 동의 없이 들어갈 수 없다.

5. 증언의 면제

외교관은 형사소송이나 민사소송에서 일반적으로 증언의무로부터 면제된다(제31조 제2항). 증언의 면제는 절대적이며 예외가 없다. 다만, 이 면제는 증인으로서의 증언에 한하며 당사자로서의 증언은 면제되지 않는다.

6. 면제의 포기(제32조)

> **📖 조문 | 외교관계에 관한 비엔나협약 제32조 – 면제의 포기**
>
> 1. 파견국은 외교관 및 제37조에 따라 면제를 향유하는 자에 대한 재판관할권의 면제를 포기할 수 있다.
> 2. 포기는 언제나 명시적이어야 한다.
> 3. 외교관과 제37조에 따라 재판관할권의 면제를 향유하는 자가 소송을 제기한 경우에는 본소에 직접 관련된 반소에 관하여 재판관할권의 면제를 원용할 수 없다.
> 4. 민사 또는 행정소송에 관한 재판관할권으로부터의 면제의 포기는 동 판결의 집행에 관한 면제의 포기를 의미하는 것으로 간주되지 아니한다. 판결의 집행으로부터의 면제를 포기하기 위하여서는 별도의 포기를 필요로 한다.

파견국은 외교관 및 기타 면제향유자가 누리는 재판관할권 면제를 포기할 수 있다. 면제의 포기는 파견국에 의해 명시적으로 행해져야 하며, 면제포기의 추정은 원칙적으로 허용되지 않는다. 한편, 외교관이 직접 제소한 경우 본소에 직접 관련된 반소에 대해서는 재판관할권 면제를 원용할 수 없다(제32조 제3항). 또한, 동일한 사건인 한 소송은 어느 단계에서도 불가분의 일체로 인정되기 때문에, 1심법원에서 포기가 행해진 경우 당해사건이 상소심 법원으로 이송된 경우에도 새로이 면제를 원용하지 못한다. 재판관할권 면제의 포기에는 집행권의 면제를 포함하지 않으므로 별도의 포기를 요한다(제32조 제4항).

Ⅳ 그 밖의 특권 및 면제

1. 세금면제(제34조)

외교관은 접수국의 모든 세금이 면제되나 몇 가지 예외가 있다. 첫째, 간접세. 둘째, 접수국 영역 내에 있는 개인 소유의 부동산에 대한 조세. 셋째, 접수국이 부과한 유산세 또는 상속세. 넷째, 접수국 내에 근거하는 개인적 소득에 대한 조세 및 접수국의 상업 기업에 투자한 데 대한 자본세 등이 있다.

2. 관세 및 수하물검사면제(제36조)

공관의 공용을 위한 물품, 외교관의 거주용 물품을 포함하여 외교관이나 그 세대를 구성하는 가족의 개인적 사용을 위한 물품은 접수국이 제정하는 법령에 따라서 반입이 허용되고 모든 관세와 조세가 면제된다. 외교관의 개인수하물은 검사(inspection)에서 면제되나, 접수국의 법률에 의해 반입이 금지되어 있는 물품을 포함하고 있다고 추정할 만한 중대한 이유가 있는 경우 외교관의 입회하에 개봉하여 검사할 수 있다.

3. 사회보장규정으로부터의 면제(제33조)

외교관은 접수국의 사회보장규정으로부터 면제된다. 따라서 사회보험료 등은 징수되지 않으나 접수국 국민을 고용하는 경우 사회보장규정상 고용자의 의무를 준수해야 한다. 접수국의 법령에 의해 허용되는 경우, 외교관은 접수국의 사회보장제도에 자발적으로 참여할 수 있다.

4. 이동의 자유(제26조)

접수국은 국가안보를 이유로 출입이 금지되어 있거나 규제된 지역에 관한 법령에 따를 것을 조건으로 사절단의 공관원에 대하여 접수국 영역 내에서의 이전과 여행의 자유를 보장해야 한다.

5. 외교관 자녀의 국적취득문제

국적취득에 있어 출생지주의(jus soli)를 원칙으로 삼고 있는 국가의 경우 외교관 자녀의 국적취득이 문제된다. '외교관계에 관한 비엔나 협약: 국적취득에 관한 선택의정서' 제2조는 외교관 자녀의 국적에 있어서 접수국 국내법의 적용을 배제하는 규정을 두고 있다.

Ⅴ 특권과 면제의 범위

1. 인적범위

> **📖 조문 | 외교관계에 관한 비엔나협약 제37조 – 면제의 인적범위**
>
> 1. 외교관의 세대를 구성하는 그의 가족은, 접수국의 국민이 아닌 경우, 제29조에서 제36조까지 명시된 특권과 면제를 향유한다.
> 2. 공관의 행정 및 기능직원은, 그들의 각 세대를 구성하는 가족과 더불어, 접수국의 국민이나 영주자가 아닌 경우, 제29조에서 제35조까지 명시된 특권과 면제를 향유한다. 단, 제31조 제1항에 명시된 접수국의 민사 및 행정재판관할권으로부터의 면제는 그들의 직무 이외에 행한 행위에는 적용되지 아니한다. 그들은 또한 처음 부임할 때에 수입한 물품에 관하여 제36조 제1항에 명시된 특권을 향유한다.
> 3. 접수국의 국민이나 영주자가 아닌 공관의 노무직원은, 그들의 직무 중에 행한 행위에 관하여 면제를 향유하며 그들이 취업으로 인하여 받는 보수에 대한 부과금이나 조세로부터 면제되고, 제33조에 포함된 면제를 향유한다.
> 4. 공관원의 개인사용인은 접수국의 국민이나 영주자가 아닌 경우, 그들이 취업으로 인하여 받는 보수에 대한 부과금이나 조세로부터 면제된다. 그 이외의 점에 대하여 그들은 접수국이 인정하는 범위에서만 특권과 면제를 향유할 수 있다. 단, 접수국은 공관의 직무수행을 부당하게 간섭하지 않는 방법으로 이러한 자에 대한 관할권을 행사하여야 한다.

인적 적용범위에 있어서는 사무·기술직원, 역무직원, 사절단 구성원의 가족, 사절단 구성원의 개인적 사용인, 접수국 국민인 사절단 구성원의 면제가 문제된다.

(1) 사무·기술직원

사무·기술직원이란 전신, 문서, 회계 등의 업무를 담당하는 자를 말한다. 사무 및 기술직원도 원칙적으로 외교관과 동일한 특권을 갖는다. 다만, 민사 및 행정재판권의 면제는 공무범위 밖의 행위에는 미치지 않으며, 관세는 부임 시에 수입한 물품에 대해서만 면제가 인정된다(제37조 제3항).

(2) 역무직원

역무직원이란 운전사, 요리사, 문지기 등을 말한다. 공무수행 중의 행위에 관한 재판권 면제, 고용에 따른 보수에 대한 조세면제, 사회보장규정의 면제만 인정된다(제37조 제3항).

(3) 사절단구성원의 가족

외교관의 동일세대에 속하는 가족은 접수국 국민이 아닌 한 외교관과 같은 특권을 갖는다(제37조 제1항). 사무·기술직원의 가족도 접수국 국민이 아니거나 접수국에 영주하는 자가 아닌 경우 사무·기술직원과 같은 특권이 인정된다(제37조 제2항).

(4) 사절단구성원의 개인적 사용인

고용에 따른 보수에 대한 조세면제만 인정되고 그 밖의 면제에 대해서는 접수국의 재량사항이다(제37조 제4항).

(5) 사절단구성원이 접수국 국민인 경우

외교관은 그 직무수행에 있어서의 공적행위에 대해서만 재판관할권이 면제되고, 사절단의 구성원 및 그 개인적 사용인은 전적으로 접수국의 재량에 따라 접수국이 인정하는 한도 내에서만 특권을 향유한다(제38조). 가족이 접수국의 국민인 경우에는 어떠한 특권과 면제도 향유하지 못한다.

2. 시간적 범위

특권 및 면제를 향유하는 자는 자신이 부임하기 위하여 영토에 들어갔을 때, 또는 그 임명이 접수국의 외무부에 통고되었을 때(접수국 영역 내에 존재하는 경우)부터 특권면제를 향유한다. 또한 직무가 종료된 경우 그 자가 접수국을 떠나는 데 필요한 상당한 기한 동안 특권 및 면제가 인정된다. 한편, 그 자가 사절단의 구성원으로서 임무를 수행하는 동안에 행한 공적행위에 대해 부여된 재판관할권 면제는 그 임무가 종료된 이후에도 계속적으로 존속한다(제39조).

3. 장소적 범위

(1) 접수국

외교관은 접수국의 배타적 통치가 미치는 공간까지 특권 및 면제를 향유한다. 따라서 접수국의 영역뿐 아니라 조차지, 신탁통치지역 및 공해상의 접수국 선박과 항공기에도 미친다.

(2) 제3국

전통적 관행과 달리 빈협약은 제3국을 통과하는 외교관(통과외교관)에게 소위 무해통과권(right of innocent passage)을 인정하지 않고 있다. 즉, 외교관이 제3국을 통과하는 경우 당연히 비자가 면제되는 것은 아니다. 통과외교관(diplomat in transit)이란 특정한 접수국에 파견된 외교관으로서 '부임을 위한', '임지로 돌아가기 위한', '본국으로 돌아가기 위한' 목적을 가진 외교관을 말한다. 비자를 부여한 제3국은 통과외교관이 자국의 영역을 통과하거나 자국 영역 내에 있는 경우 '불가침권 및 통과나 귀환을 확실하게 하는 데 필요한 면제'를 부여해야 한다(제40조 제1항). 외교관의 가족에게도 동일한 불가침성과 면제가 인정된다. 사절단의 구성원 및 그 가족이 불가항력으로 제3국의 영역 내에 들어온 경우 정당한 절차로 제3국의 영역 내에 들어온 경우와 같이 취급된다(제40조 제4항).

제4절 특별(임시)사절의 면제·특권 - 1969년 특별사절에 관한 협약(뉴욕협약)

I 특별사절의 정의

뉴욕협약 제1조는 특별사절을 한 국가가 타국과 특별한 문제에 관하여 거래를 하거나 혹은 타국과의 관계에 있어 특별한 임무를 수행할 목적으로 타국의 동의를 얻어 그 국가에 파견하는 국가를 대표하는 임시사절로 정의하고 있다. 임시사절이고 특정문제를 다룬다는 점에서 상주이면서 파견국을 포괄적으로 대표하는 상주사절과 구분된다. 국가대표성이 인정되므로 국회의원사절단이나 국가대표 축구팀 등과도 대비된다.

II 특별사절 파견

뉴욕협약 제2조에 의하면 국가는 외교채널 또는 기타 합의되거나 상호 수락 가능한 채널을 통해 미리 타국의 동의를 얻어 그 국가에 특별사절을 파견할 수 있다. 특사파견은 접수국의 사전동의를 요건으로 한다. 외교관계나 영사관계가 없는 국가 상호 간에도 특별사절을 파견할 수 있다. 특별사절은 접수국의 외무부 또는 상호 합의한 기타 관련 부처를 통하여 공식접촉을 갖는다. 둘 이상의 국가는 모두에게 공동의 이해관계가 있는 문제를 다루기 위해 타국의 동의를 얻어 그 국가로 각기 동시에 특사를 파견할 수 있다. 둘 이상의 국가에서 파견된 특사는 먼저 제3국의 명시적 동의를 얻는 경우에는 그 제3국의 영토에서 회합을 가질 수 있다. 이 경우 제3국은 이 동의를 언제든지 철회할 수 있으며 또한 조건을 부과하고 접수국으로서 부담하는 의무의 범위를 제한할 수 있다.

III 특권과 면제

국가원수가 특별사절단을 이끄는 경우, 그는 접수국이나 제3국에서 국제법이 국가원수의 공식방문 시 부여하는 특권과 면제를 향유한다. 정부수반, 외무장관 그리고 '기타 높은 직급의 인물들'이 파견국의 특별사절단에 참가하는 경우 그들은 접수국 또는 제3국에서 뉴욕협약이 부여하고 있는 것 이외에 국제법이 부여하는 편의와 특권·면제를 향유한다.

IV 특권면제에 있어서 특별사절과 상주사절의 차이

1. 재판관할권면제

특별사절단의 구성원은 공적 직무 밖에서의 자동차 사용으로부터 야기된 손해배상청구소송에 대해서는 면제를 향유하지 못한다.

2. 이동의 자유

이동의 자유는 특별사절단의 임무 수행을 위해 필요한 범위 내에서만 허용된다.

3. 공관불가침

특별사절단 공관의 불가침성 문제에 있어 그의 동의가 있는 것으로 추정하여 임시공관 내로 들어갈 수 있다. 영사공관과 유사하게 상대적 불가침을 명시하고 있다.

4. 조세면제 및 관세면제

조세면제는 특별사절단의 성격 및 체류 필요기간과 양립하는 범위 내에서만 인정된다. 접수국은 특별사절단의 관세면제를 제한하는 법률을 제정할 수 있다.

5. 문서의 불가침

특별사절단의 공문서도 불가침을 향유한다. 그러나 접수국을 돕기 위하여 이들 공문서는 필요하다면 그 외부에 가시적인 확인 표시를 부착하여야 한다는 조건이 부가되어 있다.

6. 통신의 자유

통신의 자유에 있어서도 상주외교사절단의 경우와 비슷한 통신의 자유가 특별사절단에게 부여되고 있지만 여기에도 가능한 한 특별사절단은 파견국의 상주외교사절단의 행낭과 신서사 등의 통신수단을 사용해야 한다는 조건이 부가되어 있다.

7. 제3국에서의 특권과 면제

특별사절단 구성원들의 제3국 통과와 관련하여 1961년 외교관계 비엔나협약상의 의무와 동일한 의무가 통과국에게 부과되어 있다. 그러나 이 경우의 의무는 통과국이 비자신청 또는 통고에 의하여 사전에 특별사절단 구성원의 통과에 관하여 통고를 받고 그것에 대해 이의를 제기하지 않는 경우에만 발생한다.

기출 및 예상문제

1. 2009년 1월 10일 아프리카의 '말란제 공화국'(Republic of Malanje)은 이웃 국가인 '루사카 공화국'(Republic of Lusaka)의 수도에 소재하는 자국 대사관에, '루사카 공화국'에서 군사 쿠데타를 도모하다가 실패하고 망명을 요청한 '아미르 무하마드'(Amir Muhammad) 장군의 망명을 허용하였다. '루사카 공화국'은 이에 이의를 제기하여 분쟁이 발생하였는데, 결국 두 국가는 이 문제를 중재재판소에 의뢰하기로 합의하였다. 이를 국제법적으로 분석하여 가장 합당한 해결책을 제시하시오. [2009외시]

2. 甲은 외교관으로서 B국에 파견되어 있다. 현지 경찰은 오랫동안 甲과 A국 공관이 잇따른 폭발사건, 마약밀매, 납치 등에 깊이 연루된 증거를 확보한 바 있다. 그러던 중 B국 경찰은 甲이 A국 공관으로부터 100km 떨어진 건물에서 마약거래대금을 수령하는 현장을 덮쳤다. [2005외시]

   (1) B국 경찰이 취할 수 있는 조치의 범위는?
   (2) B국 경찰이 A국 공관에 총포와 화약류가 숨겨져 있다는 사실을 알고, A국 공관을 수색하고자 한다면, B국이 원용할 수 있는 법적 논거는?

3. A국과 B국은 외교관계에 관한 비엔나협약의 당사국이다. A국 주재 B국 대사관과 관련된 다음 사건에 대하여 답하시오. (2012행시)

(1) B국 대사관은 대사관저로 사용하기 위하여 A국 국민 甲 소유의 집을 5년간 월 임대료 5,000USD로 임대하였다. 그런데 B국 대사관은 주택 임대 후 1년이 지나 임대료 지급을 3개월간 연체하였다. 이에 甲은 임대료를 3개월 이상 연체하면 임대차계약을 해지할 수 있다는 계약조항에 따라 임대차계약을 해지하였다. 계약 해지 후에도 B국 대사관은 주택을 명도하지 않아 甲은 주택의 명도를 요구하는 주택명도청구소송을 제기하였다. 甲의 주택명도청구소송은 허용되는가?

(2) A국이 도심의 교통혼잡에 대한 조치로 왕복 4차선인 도심의 도로를 양쪽으로 2차선씩 확장하여 왕복 8차선으로 확장하기로 하였다. 이 계획에 의하면 많은 A국 국민과 외국인 소유의 토지를 수용해야 함은 물론이고 B국 소유의 B국 외교공관 부지 500㎡중 200㎡도 수용해야 한다. A국은 B국 소유의 B국 외교공관 부지를 정당한 가격을 지불하고 강제수용할 수 있는가?

(3) B국 대사관에 민주화운동을 하던 반정부인사 乙이 피신하였다. 乙을 상대로 체포영장을 발부받은 A국 사법경찰관이 乙의 인도를 B국 대사관에 요청하였다. 이에 B국 대사관은 乙의 인도를 거부하면서 乙을 제3인 C국으로 망명시키고자 하니 乙이 대사관 밖으로 나가더라도 체포하지 않을 것을 보장하라고 요구하였다. B국 대사관의 이러한 행위는 적법한가?

4. A국 내에서 반란을 모의하다 적발되어 B국으로 도망한 A국 국민 甲은 B국내에 소재하고 있는 C국 외교공관으로 도피하였다. A국과 범죄인인도조약을 체결하고 있었던 B국은 A국의 요청을 받고 C국에 대해 甲의 인도를 요구하였으나 C국은 甲이 정치범이라는 이유로 甲의 인도를 거절하였다. 그러자 B국은 경찰을 동원하여 C국 외교공관에 강제로 진입하여 甲을 체포하여 A국에 송환하였다. 이 사안과 관련한 국제법적 쟁점을 적시하고 이에 대해 논평하시오.

5. A국 국민 甲은 B국에 파견된 A국 외교관이다. 甲은 동료들과 바에서 술을 마시던 중 서비스가 불친절하다는 이유로 B국 국민 乙을 폭행하여 상해를 가했다. 이 사안과 관련하여 A국 및 B국이 취할 수 있는 조치 및 乙의 피해 구제방안을 설명하시오. (단, A국과 B국은 1961년 외교관계에 관한 비엔나협약의 당사국이다)

6. A국의 국영기업 '갑'은 자국 정부의 사이버전 장비용으로 납품하기 위하여 B국의 '을'로부터 다량의 컴퓨터를 구매하는 계약을 체결하였다. 이때 B국 주재 A국 대사는 '갑'의 계약이행을 보증하였다. 그러나 '갑'은 '을'로부터 계약 내용에 따른 컴퓨터를 인도받은 후 그 대금을 지급하지 않았다. 이에 '을'은 계약위반을 이유로 자국의 국내법원에 '갑'과 'A국 대사'를 상대로 소송을 제기하였다. 다음 물음에 답하시오. (2017외교원)

(1) '을'이 '갑'을 상대로 제기한 소송에 대하여 B국 법원이 재판관할권을 행사할 수 있는지 여부를 논하시오. (20점)

(2) '을'이 B국 주재 'A국 대사'를 상대로 제기한 소송에 대하여 B국 법원이 재판관할권을 행사할 수 있는지 여부를 논하시오. (20점)

7. A국과 B국은 외교관계에 관한 비엔나협약의 당사국이다. 다음 물음에 답하시오. (2016외교원)

(1) A국 소재 B국 공관에 화재가 발생하였다. A국 소방 당국이 출동하여 진화를 하려고 하였으나, 외교기밀 누설을 우려한 B국 공관 측은 A국 소방 당국의 진입을 허용하지 않고 자체 진화시설로만 대처하려고 하였다. 화재가 인구 밀집지역인 공관 인접 주택가로 번져 대규모 인명피해가 발생할 위기 상황에서 A국 소방 당국이 선택할 수 있는 방안을 국제법적으로 평가하시오. (20점)

(2) 위 화재로 B국 공관 시설이 전소되어 더 이상 공관으로 사용되지 않았다. 상당한 시간이 경과한 후 B국 공관 시설의 잔재에서 원인을 알 수 없는 화재가 다시 발생하였다. 이 경우에 A국 소방 당국이 선택할 수 있는 방안을 국제법적으로 평가하시오. (10점)

Ⅰ 총설

1. 개념

영사(consul)란 접수국에서 본국 및 재류자국민의 통상 및 경제상의 이익을 보호하기 위해 임명된 국가기관을 말한다.

📋 조문 | 영사관계에 관한 비엔나협약 제1조 - 협약상 주요 개념의 정의

1. 이 협약의 목적상 하기의 표현은 아래에서 정한 의미를 가진다.
   (a) "영사기관"이라 함은 총영사관, 영사관, 부영사관, 또는 영사대리사무소를 의미한다.
   (b) "영사관할구역"이라 함은 영사기능의 수행을 위하여 영사기관에 지정된 지역을 의미한다.
   (c) "영사기관장"이라 함은 그러한 자격으로 행동하는 임무를 맡은 자를 의미한다.
   (d) "영사관원"이라 함은 영사기관장을 포함하여 그러한 자격으로 영사직무의 수행을 위임받은 자를 의미한다.
   (e) "사무직원"이라 함은 영사기관의 행정 또는 기술업무에 종사하는 자를 의미한다.
   (f) "업무직원"이라 함은 영사기관의 관내 업무에 종사하는 자를 의미한다.
   (g) "영사기관원"이라 함은 영사관원, 사무직원 및 업무직원을 의미한다.
   (h) "영사직원"이라 함은 영사기관장 이외의 영사관원, 사무직원 및 업무직원을 의미한다.
   (i) "개인사용인"이라 함은 영사기관원의 사용노무에만 종사하는 자를 의미한다.
   (j) "영사관사"라 함은 소유권에 관계없이 영사기관의 목적에만 사용되는 건물 또는 그 일부와 그에 부속된 토지를 의미한다.
   (k) "영사문서"라 함은 영사기관의 모든 문건서류, 서한, 서적, 필름, 녹음테이프, 등록대장, 전신암호와 기호 색인 카드 및 이들을 보존하거나 또는 보관하기 위한 용기를 포함한다.

---

2. 직무

협약 제5조에 규정된 영사의 직무는 (1) 자국민 보호, (2) 우호관계의 촉진, (3) 정보수집, (4) 여권 및 비자의 발급, (5) 공증 및 호적사무 등이다. 영사는 영사관할구역 내에서 직무를 수행하는 것이 원칙이나 특별한 경우 접수국의 동의를 얻어 자기의 관할구역 밖에서 직무를 수행할 수 있다. 영사기관의 직무는 원칙적으로 영사에 의해 수행되나, 경우에 따라서는 외교사절단에 의해서도 수행된다. 한편, 영사는 접수국의 동의를 얻어 영사관으로서의 지위를 해함이 없이 외교행위를 수행할 수 있다. 그러나 영사관은 외교행위의 수행을 이유로 외교상의 특권과 면제를 요구할 수는 없다(제17조).

📋 조문 | 영사관계에 관한 비엔나협약 제5조 - 영사의 직무(기능)

영사기능은 다음과 같다.
(a) 국제법이 인정하는 범위 내에서 파견국의 이익과 개인 및 법인을 포함한 그 국민의 이익을 접수국 내에서 보호하는 것
(b) 파견국과 접수국 간의 통상, 경제, 문화 및 과학관계의 발전을 증진하며 또한 기타의 방법으로 이 협약의 규정에 따라 그들간의 우호관계를 촉진하는 것

(c) 모든 합법적 수단에 의하여 접수국의 통상, 경제, 문화 및 과학적 생활의 제조건 및 발전을 조사하고, 이에 관하여 파견국 정부에 보고하며 또한 이해 관계자에게 정보를 제공하는 것

(d) 파견국의 국민에게 여권과 여행증서를 발급하며, 또한 파견국에 여행하기를 원하는 자에게 사증 또는 적당한 증서를 발급하는 것

(e) 개인과 법인을 포함한 파견국 국민을 도와주며 협조하는 것

(f) 접수국의 법령에 위배되지 아니할 것을 조건으로 공증인 및 민사업무 서기로서 또한 유사한 종류의 자격으로 행동하며, 또한 행정적 성질의 일정한 기능을 수행하는 것

(g) 접수국의 영역 내에서의 사망에 의한 상속의 경우에 접수국의 법령에 의거하여 개인과 법인을 포함한 파견국 국민의 이익을 보호하는 것

(h) 파견국의 국민으로서 미성년자와 완전한 능력을 결하고 있는 기타의 자들 특히 후견 또는 재산관리가 필요한 경우에, 접수국의 법령에 정해진 범위 내에서, 그들의 이익을 보호하는 것

(i) 접수국 내의 관행과 절차에 따를 것을 조건으로 하여, 파견국의 국민이 부재 또는 기타의 사유로 적절한 시기에 그 권리와 이익의 방어를 맡을 수 없는 경우에 접수국의 법령에 따라, 그러한 국민의 권리와 이익의 보전을 위한 가처분을 받을 목적으로 접수국의 재판소 및 기타의 당국에서 파견국의 국민을 위하여 적당한 대리행위를 행하거나 또는 동 대리행위를 주선하는 것

(j) 유효한 국제협정에 의거하여 또는 그러한 국제협정이 없는 경우에는 접수국의 법령과 양립하는 기타의 방법으로, 파견국의 법원을 위하여 소송서류 또는 소송 이외의 서류를 송달하거나 또는 증거조사 의뢰서 또는 증거조사 위임장을 집행하는 것

(k) 파견국의 국적을 가진 선박과 파견국에 등록된 항공기 및 그 승무원에 대하여 파견국의 법령에 규정된 감독 및 검사권을 행사하는 것

(l) 본조 세항 (k)에 언급된 선박과 항공기 및 그 승무원에게 협조를 제공하는 것, 선박의 항행에 관하여 진술을 받는 것, 선박의 서류를 검사하고 이에 날인하는 것, 접수국 당국의 권한을 침해함이 없이 항해 중에 발생한 사고에 대하여 조사하는 것, 또는 파견국의 법령에 의하여 인정되는 경우에 선장, 직원 및 소속원간의 여하한 종류의 분쟁을 해결하는 것

(m) 파견국이 영사기관에 위임한 기타의 기능으로서 접수국의 법령에 의하여 금지되지 아니하거나 또는 접수국이 이의를 제기하지 아니하거나 또는 접수국과 파견국간의 유효한 국제협정에 언급된 기능을 수행하는 것

☆판례 | Avena case(멕시코 대 미국, ICJ, 2004) – 영사보호

멕시코와 미국은 영사관계에 관한 비엔나협약(이하 '비엔나협약')과 비엔나협약 관련 분쟁의 강제적 해결에 관한 선택의정서(이하 '선택의정서')의 당사국이다. 멕시코는 비엔나협약 제36조 규정에 근거하여 미국이 협약을 위반했다고 주장하였다. 즉, 동 조항에 따르면 파견국의 영사관할 구역 내에서 파견국의 국민이 체포, 구금, 유치, 또는 구속될 때 권한있는 당국은 관련자에게 그의 권리를 지체없이 고지해야 하는데, 52개의 사건에서 미국 당국이 이를 위반하였다는 것이다. 멕시코가 제소한 52개의 사건 중 49개의 사건은 연방 또는 주의 사법당국에 의해서 각각 소송이 진행 중이며, 3개의 사건은 미국 내의 모든 사법적 해결방법이 완료된 상태이다. 이에 ICJ는 각 사건들에 대한 미국 당국의 위법행위 여부를 검토하였다. 이 사안에서 주요 쟁점은 미국이 영사고지의무를 위반하였는가였다. ICJ는 제36조 제1항 (b)의 세 요소를 언급하였다. 첫째, 관련자가 제36조하의 그의 권리를 지체없이 고지받을 권리, 둘째, 그가 요구한다면 즉시 개인의 구금을 영사관에게 통지할 권리, 셋째, 구금자가 보내는 모든 통신을 즉시 영사관에게 통지할 권리이다. 법원은 구금당국이 이에 따라 관련인에게 고지할 의무는 그 자가 외국인이라는 사실을 알았을 때 또는 알 수 있었을 때이며, 정확히 언제 발생하는가는 상황에 따라 다르다고 판시하였다. 그러나 많은 외국인이 미국에 산다는 점을 고려할 때, 구금 시 개인의 국적에 대해서 정기적으로 질문을 하는 것이 바람직하며 또 그렇게 함으로써 협약상 의무가 이행되는 것이라고 하였다.

📋 조문 | 영사관계에 관한 비엔나협약 제17조 – 영사관원에 의한 외교활동의 수행

1. 파견국이 외교공관을 가지지 아니하고 또한 제3국의 외교공관에 의하여 대표되지 아니하는 국가 내에서 영사관원은 접수국의 동의를 받아 또한 그의 영사지위에 영향을 미침이 없이, 외교활동을 수행하는 것이 허용될 수 있다. 영사관원에 의한 그러한 활동의 수행은 동 영사관원에게 외교특권과 면제를 요구할 수 있는 권리를 부여하는 것이 아니다.

2. 영사관원은 접수국에 통고한 후, 정부 간 국제기구에 대한 파견국의 대표로서 활동할 수 있다. 영사관원이 그러한 활동을 수행하는 경우에 동 영사관원은 국제관습법 또는 국제협정에 의하여 그러한 대표에게 부여되는 특권과 면제를 향유할 수 있는 권리가 부여된다. 다만, 동 영사관원에 의한 영사직무의 수행에 대하여 그는 이 협약에 따라 영사관원이 부여받을 권리가 있는 것보다 더 큰 관할권의 면제를 부여받지 아니한다.

3. 종류

전임영사와 명예영사로 구분된다. 전임영사는 영사의 사무를 그 본업으로 하며 본국에 의해 파견된 자를 말한다. 명예영사는 접수국에 거주하는 자 중에서 파견국이 선임하여 영사의 사무를 위임하는 영사를 말한다. 명예영사는 직무수행상 전임영사와 동등한 보호를 받으나 특권·면제에 있어서 제한적이다.

4. 계급 및 공관원

1963년 '영사관계에 관한 비엔나협약'은 영사관원(consular officer)을 영사공관장(head of consular post)을 포함하여 영사직무의 수행을 위임받은 자로 정의하고, 영사공관장은 총영사(consular-general), 영사(consul), 부영사(vice-consul) 및 영사대리(consular agent)의 네 계급으로 구분하고 있다(제9조 제1항). 한편, 영사관원은 접수국에서 영사기관장의 직무수행을 보조하는 자로서 영사관, 영사직원 및 역무직원이 있다(협약 제1조).

📋 조문 | 영사관계에 관한 비엔나협약 제9조 – 영사기관장의 계급

1. 영사기관장은 다음의 네가지 계급으로 구분된다.
   (a) 총영사
   (b) 영사
   (c) 부영사
   (d) 영사대리
2. 본조 제1항의 규정은 영사기관장 이외의 기타의 영사관원의 직명을 지정할 수 있는 체약당사국의 권리를 여하한 방법으로도 제한하지 아니한다.

5. 영사관계의 수립 – 제2조

국가 간 영사관계의 수립은 상호 동의에 의해 이루어진다. 양국 간 외교관계 수립에 부여된 동의는 달리 의사를 표시하지 않는 한 영사관계의 수립에 대한 동의를 포함한다. 외교관계의 단절은 영사관계의 단절을 당연히 포함하지 아니한다.

6. 영사기관의 설치 – 제4조

영사기관의 설치를 위해서는 접수국의 동의를 받아야 한다. 영사기관의 소재지, 등급 및 영사관할구역은 파견국에 의하여 결정되며 또한 접수국의 승인을 받아야 한다. 영사관이 설치되어 있는 지방 이외의 다른 지방에 영사사무소의 개설을 원하는 경우 접수국의 동의를 받아야 한다.

7. 영사관할구역 외에서의 영사직무의 수행 – 제6조

영사관원은 특별한 사정하에서 접수국의 동의를 받아 그의 영사관할구역 외에서 그의 직무를 수행할 수 있다.

8. 제3국에서의 영사기능의 수행 – 제7조

파견국은, 관계국가 중 어느 한 국가의 명시적 반대가 없는 한, 관계국가에 통고한 후, 특정 국가 내에 설치된 영사기관에 대하여 제3국 내에서의 영사기능의 수행을 위임할 수 있다.

9. 제3국을 대표하는 영사기능의 수행 – 제8조

파견국의 영사기관은, 접수국이 반대하지 아니하는 한 접수국에서 적절히 통고한 후, 제3국을 대표하여 접수국 내에서 영사기능을 수행할 수 있다.

10. 영사기관의 일부를 이루는 사무소 설치

영사기관 소재지 이외의 다른 장소에 기존 영사기관의 일부를 이루는 사무소를 개설하고자 하는 경우 접수국의 명시적 사전동의가 필요하다.

Ⅱ 파견과 접수

1. 파견

영사의 임명·파견에는 외교사절단장의 파견과 달리 접수국의 아그레망을 요청할 필요가 없다. 파견국은 임의로 영사기관장을 임명하고 '위임장'(consular commission)을 교부한다. 파견국은 접수국의 명시적 동의 없이 접수국 또는 제3국 국민을 영사기관장으로 임명할 수 없다(제22조).

2. 접수

접수국은 영사기관장으로 임명된 자를 반드시 접수해야 할 의무는 없으며 외교사절단장의 경우와 같이 기피인 물이라는 이유로 접수거부를 통고할 수 있다. 영사기관장이 위임장을 접수국 원수 또는 외무장관에게 제출하면 접수국은 '인가장'(exequatur)을 교부한다. 영사인가장의 부여를 거부하는 국가는 그 거부이유를 파견국에 제시할 의무를 지지 않는다(제12조 제2항).

Ⅲ 영사기관의 특권면제

영사기관의 특권면제 중 주요한 특권면제를 중심으로 서술한다.

1. 공관의 불가침권

> **▤ 조문 | 영사관계에 관한 비엔나협약 제31조 – 영사관사의 불가침**
>
> 1. 영사관사는 본조에 규정된 범위 내에서 불가침이다.
>
> 2. 접수국의 당국은, 영사기관장 또는 그가 지정한 자 또는 파견국의 외교공관장의 동의를 받는 경우를 제외하고, 전적으로 영사기관의 활동을 위하여 사용되는 영사관사의 부분에 들어가서는 아니된다. 다만, 화재 또는 신속한 보호조치를 필요로 하는 기타 재난의 경우에는 영사기관장의 동의가 있은 것으로 추정될 수 있다.
>
> 3. 본조 제2항의 규정에 따를 것으로 하여, 접수국은 침입 또는 손괴로부터 영사관사를 보호하고 또한 영사기관의 평온에 대한 교란 또는 그 위엄의 손상을 방지하기 위한 모든 적절한 조치를 처해야 하는 특별한 의무를 진다.
>
> 4. 영사관사와 그 비품 및 영사기관의 재산과 그 교통수단은 국방상 또는 공익상의 목적을 위한 어떠한 형태의 징발로부터 면제된다. 그러한 목적을 위하여 수용이 필요한 경우에는 영사기능의 수행에 대한 방해를 회피하도록 모든 가능한 조치를 취하여야 하며, 또한 신속하고 적정하며 효과적인 보상이 파견국에 지불되어야 한다.

영사공관은 원칙적으로 불가침이다. 따라서 영사기관장의 동의없이 공관 내에 들어갈 수 없다(제31조). 그러나 화재 또는 기타 신속한 보호조치를 필요로 하는 재해의 경우에는 영사기관장의 동의가 있는 것으로 간주된다. 접수국은 공관을 보호하고 영사관의 안녕의 방해 또는 위엄의 침해를 방지하기 위해 모든 적절한 조치를 취해야 한다. 공관 및 공관 내 재산 및 수송수단은 국방 또는 공익의 목적을 위한 접수국의 징발에서 원칙적으로 면제되나 영사직무수행을 방해하지 않도록 조치를 취하고 신속·적정·실효적 보상을 할 것을 조건으로 징발될 수 있다(제31조 제4항).

2. 문서의 불가침

영사기관의 공문서, 서류 및 공용통신문은 일시, 장소에 관계없이 언제나 불가침이다(제32조, 제35조 제2항). 단, 사문서는 불가침이 아니다.

3. 과세의 면제

파견국이 소유 또는 임차하는 영사기관의 공관 및 영사기관장의 관저는 접수국 또는 지방자치단체의 모든 조세 및 부과금으로부터 면제된다(제32조 제1항). 그러나 특정의 역무의 제공에 대한 급부로서의 성질을 갖는 경우에는 면제되지 않는다(제32조 제1항 단서).

4. 통신의 자유

영사기관은 공적 목적을 위해 파견국 외교사절 및 타 영사관과 자유로이 통신할 권리를 가지며, 영사신서사, 영사행낭, 부호 또는 암호통신문 등 모든 적절한 방법을 사용할 수 있다(제35조 제1항). 그러나 무선통신기의 설치 및 사용에는 접수국의 동의를 얻어야 한다. 영사행낭(consular bag)은 개봉 또는 유치할 수 없으나, 접수국은 영사행낭 속에 공용통신문, 서류 또는 물품 이외의 것이 포함되어 있다고 추정할 만한 중대한 이유가 있는 경우에는 파견국이 위임한 대표로 하여금 접수국당국 입회하에 행낭의 개봉을 요구할 수 있다(제35조 제3항). 영사신서사(consular courier)는 신체의 불가침을 향유하며 어떠한 경우에도 억류 또는 구금되지 않는다(제35조 제5항).

5. 자국민과의 통신 및 접촉(제36조)

파견국 국민에 관한 영사직무의 수행을 용이하게 하기 위해 영사관은 자국민과 자유로이 통신하고 면접할 수 있다. 자국민도 같은 권리를 갖는다. 접수국 당국은 관할구역 내에서 파견국 국민이 체포된 경우, 재판을 위해 구금된 경우 또는 기타 방법으로 억류된 경우 당해 국민의 요청에 따라 이 사실을 지체 없이 관계 영사기관에 통보해야 하며, 체포·구금·억류된 자로부터의 영사기관에 대한 모든 통신문은 접수국 당국에 의해 지체없이 송부되어야 한다. 2001년 '라그란드 형제 사건'에서 ICJ는 미국이 동 조항을 위반하였다고 판결한 바 있다.

Ⅳ 영사관의 특권면제

1. 신체의 불가침(제41조)

> **📖 조문 | 영사관계에 관한 비엔나협약 제41조 – 신체의 불가침**
>
> 1. 영사관원은, 중대한 범죄의 경우에 권한있는 사법당국에 의한 결정에 따르는 것을 제외하고, 재판에 회부되기 전에 체포되거나 또는 구속되지 아니한다.
>
> 2. 본조 제1항에 명시된 경우를 제외하고 영사관원은 구금되지 아니하며 또한 그의 신체의 자유에 대한 기타 어떠한 형태의 제한도 받지 아니한다. 다만, 확정적 효력을 가진 사법상의 결정을 집행하는 경우는 제외된다.
>
> 3. 영사관원에 대하여 형사소송절차가 개시된 경우에 그는 권한있는 당국에 출두하여야 한다. 그러나 그 소송절차는, 그의 공적 직책상의 이유에서 그가 받아야 할 경의를 표하면서 또한, 본조 제1항에 명시된 경우를 제외하고는, 영사직무의 수행에 가능한 최소한의 지장을 주는 방법으로 진행되어야 한다. 본조 제1항에 언급된 사정하에서 영사관원을 구속하는 것이 필요하게 되었을 경우에 그에 대한 소송절차는 지체를 최소한으로 하여 개시되어야 한다.

영사관은 중죄를 범하고 관할법원의 결정에 의한 경우를 제외하고 억류 또는 구금되지 않는다. 영사관은 기소된 경우 관할당국에 출두해야 하나, 소추절차는 직무수행을 가능한 한 방해하지 않는 방법으로 취해져야 하며, 영사관을 구금할 필요가 생긴 경우 소송절차를 가능한 한 지체없이 개시해야 한다.

2. 재판관할권의 면제

> **📖 조문 | 영사관계에 관한 비엔나협약 제43조 – 재판관할권 면제**
>
> 1. 영사관원과 사무직원은 영사직무의 수행 중에 행한 행위에 대하여 접수국의 사법 또는 행정당국의 관할권에 복종할 의무를 지지 아니한다.
>
> 2. 다만, 본조 제1항의 규정은 다음과 같은 민사소송에 관하여 적용되지 아니한다.
>   (a) 영사관원 또는 사무직원이 체결한 계약으로서 그가 파견국의 대리인으로서 명시적으로 또는 묵시적으로 체결하지 아니한 계약으로부터 제기되는 민사소송
>   (b) 접수국 내의 차량, 선박 또는 항공기에 의한 사고로부터 발생하는 손해에 대하여 제3자가 제기하는 민사소송

(1) 형사 및 행정재판관할권 면제

영사관 및 직원은 직무수행상의 행위에 대해서만 형사 및 행정 재판관할권으로부터 면제된다(제43조 제1항). 다만 영사조약에 의해 파견국의 불처벌 보장으로 관할권으로부터 면제되거나 양국 간의 사전동의 없이는 기소하지 않는 경우도 있다.

(2) 민사재판관할권

영사관 및 행정·기능직원은 직무수행상의 행위에 대해서는 민사재판관할권에서 면제된다(제43조 제1항). 그러나 직무수행상의 행위에 관한 것이라도 사인자격으로 체결한 계약에 관한 민사소송 및 자동차·선박·항공기에 의한 손해에 관해 제3자가 제기한 소송으로부터는 면제되지 않는다(제43조 제2항). 제43조 제2항 제(b)호는 문제의 행위가 영사직무를 수행 중이거나 수행해야 하는 시간에 발생했다는 이유만으로 면제가 인정되지 않음을 보여준다.

(3) 공적행위와 사적행위의 구분 관련 국내 판례

① Bigelow v. Princess Zizianoff 사건: 파리 주재 미국영사인 Bigelow는 백러시아계 이주민인 Zizianoff 왕녀에게 미국여행 비자를 발급하기를 거부하였다. 그 후 그는 파리의 각 신문사에 전화를 걸어 자기가 비자발급을 거부한 이유는 그녀가 소련의 첩자이기 때문이라고 해명하였다. 파리 항소재판소는 비자발급 거부행위에 대해서는 재판관할권이 없지만 그 뒤에 행해진 명예훼손에 대해서는 재판관할권을 가진다고 판결하였다.

② Tae Sook Park v. Shin & Shin: 원고는 미국 샌프란시스코 주재 한국 총영사관의 부총영사와 그의 부인을 상대로 미국 재판소에 제소하면서, 그들을 위해 가사노동자로 일하면서 최소임금 혹은 초과근무수당을 지급받지 못했으며, 몸이 아픈데도 수차례 병원에도 가지 못했고, 자신의 여권도 몰수당하였다고 주장하였다. 이 사건에서 두 피고는 비엔나협약하의 영사면제와 외국주권면제법(FSIA)하의 국가면제를 원용하였으나 기각되었다. 원고를 고용하고 감독한 행위는 영사직무가 아니므로 면제가 인정되지 않는다고 하였다. 직무행위가 아니므로 국가면제와도 무관하고, 국가의 행위로 보더라도 주권면제의 예외인 상업적 활동이라고 하였다.

③ 영사의 도로교통범죄의 경우: 영사가 도로교통범죄를 범했다면 운전 당시 공무수행 중이었다고 하더라도 형사재판관할권의 면제를 향유하지 못한다. 자동차 운전행위 그 자체는 영사직무가 아니기 때문이다.

④ L.v. The Crown: 뉴질랜드 항소재판소는 여권발급행위는 협약 제5조 (d)에 영사직무의 하나로 언급되고 있음에도 불구하고 여권을 발급받기 위해 자신을 찾아온 사람에게 성적 가해행위를 한 혐의로 기소된 한 영사에게 면제를 인정하지 않았다.

⑤ Gerritsen v. de la Madrid Hurtado: 미국에서도 영사관 밖에서 시위를 벌이고 있는 사람에게 폭행을 가한 혐의로 기소된 한 영사에게 면제를 인정하지 않았다.

(4) 증언

> **📖 조문 | 영사관계에 관한 비엔나협약 제44조 – 증언의무**
>
> 1. 영사기관원은 사법 또는 행정소송절차의 과정에서 증인 출두의 요청을 받을 수 있다. 사무직원 또는 업무직원은 본 조 제3항에 언급된 경우를 제외하고 증언을 거부해서는 아니된다. 영사관원이 증언을 거부하는 경우에 그에 대하여 강제적 조치 또는 형벌이 적용되어서는 아니된다.
>
> 2. 영사관원의 증언을 요구하는 당국은 그 직무의 수행에 대한 간섭을 회피하여야 한다. 동 당국은 가능한 경우에 영사관원의 주거 또는 영사기관 내에서 증거를 수집하거나 또는 서면에 의한 그의 진술을 받을 수 있다.
>
> 3. 영사기관원은 그 직무의 수행에 관련되는 사항에 관하여 증언을 행하거나 또는 그에 관련되는 공용 서한과 서류를 제출할 의무를 지지 아니한다. 영사기관원은 파견국의 법에 관하여 감정인으로서 증언하는 것을 거부하는 권리를 또한 가진다.

영사관원은 원칙적으로 증언을 거부할 수 없지만(제44조 제1항), 예외적으로 직무수행상의 행위에 관한 증언을 하거나 공문서 또는 공용통신문을 증거로 제출할 의무는 없다(제44조 제3항). 영사관의 증언을 요구하는 접수국 당국은 당해자의 직무수행을 방해하지 않도록 해야 하며(제44조 제2항), 설사 영사관이 증언을 거부해도 증언을 강제하거나 처벌할 수 없다(제44조 제1항 후단).

3. 행정권 면제

영사관 및 행정·기능직원과 그 가족은 급료 및 재산에 대해 일반적으로 조세를 면제받으나 상품 또는 역무에 통상적으로 포함되는 간접세, 접수국영역 내에 소재하는 개인의 부동산에 대한 조세 및 부과금 등은 면제되지 않는다. 한편, 접수국은 영사기관의 공용물품과 영사관 및 그 가족의 개인사용품의 수입을 허가하며 이에 대한 관세, 조세 및 기타 과징금을 면제해야 한다.

4. 면제의 포기(제45조)

> 📖 **조문 | 영사관계에 관한 비엔나협약 제45조 - 면제의 포기**
>
> 1. 파견국은 영사기관원에 관련하여 제41조, 제43조 및 제44조에 규정된 특권과 면제를 포기할 수 있다.
>
> 2. 동포기는 본조 3.에 규정된 경우를 제외하고 모든 경우에 명시적이어야 하며 또한 서면으로 접수국에 전달되어야 한다.
>
> 3. 영사관원 또는 사무직원이, 제43조에 따라 관할권으로부터의 면제를 향유할 수 있는 사항에 관하여 그 자신이 소송절차를 개시하는 경우에는, 본소에 직접적으로 관련되는 반소에 대하여 관할권으로부터의 면제를 원용하지 못한다.
>
> 4. 민사 또는 행정소송절차의 목적상 관할권으로부터의 면제의 포기는 사법적 결정에서 나오는 집행조치로 부터의 면제의 포기를 의미하는 것으로 간주되지 아니한다. 그러한 조치에 관해서는 별도의 포기가 필요하다.

파견국은 영사관원에 대한 신체의 불가침, 재판관할권의 면제, 증언의무에 관한 특권과 면제를 포기할 수 있다. 포기는 명시적이어야 하며, 접수국에 대해 서면으로 통고해야 한다. 영사관 또는 영사관원은 스스로 소를 제기한 경우에는 당해 소송에 직접 관련되는 반소에 대해 재판관할권의 면제를 원용할 수 없다. 민사소송 또는 행정소송에 관한 재판관할권의 포기는 당해 소송의 판결의 집행에 관한 면제의 포기를 의미하지 않으며, 판결의 집행에 관한 면제의 포기를 위해서는 별도의 포기를 요한다.

Ⅴ 외교면제와 영사면제의 차이점

1. 인정근거

영사면제와 외교면제를 인정하는 공통된 이유는 접수국에서 능률적으로 임무를 수행할 수 있도록 하기 위한 것이다(기능적 필요설). 그러나, 영사는 외교사절과 달리 본국을 대표하는 기관이 아니므로 외교사절이 대표설에 기초하여 광범한 특권 면제가 인정되는 것과 달리 특권 면제의 범위가 상대적으로 제한적이다.

2. 공관의 불가침

공관의 불가침과 관련하여 두 가지 차이점이 있다. 첫째, 영사협약은 공관의 불가침의 예외에 대한 명문규정을 두고 있으나, 외교협약에는 존재하지 않는다. 즉, 영사협약에는 "화재 및 기타 신속한 보호조치를 필요로 하는 재해가 발생한 경우에는 영사관장의 동의가 있는 것으로 간주될 수 있다(may be assumed[27])."라는 단서가 삽입되어 있다(제31조 제1항·제2항). 둘째, 영사기관의 공관이나 비품, 재산 및 수송수단은 특정한 조건하에 수용될 수 있다(제31조 제4항). 즉, (1) 영사직무의 수행에 방해가 되지 않을 것, (2) 신속·충분·실효적인 보상을 지불할 것, (3) 국방 또는 공익목적을 위한 것일 것

3. 통신의 불가침

통신의 불가침과 관련하여 '행낭'의 불가침에 차이가 있다. 즉, 영사행낭의 경우 공문서가 아닌 것이 포함되어 있다고 추정할 만한 중대한 사유가 있는 경우 접수국은 파견국 당국의 입회하에 개봉할 것을 요구할 수 있으며, 이것이 거부되는 경우 발송지로 반송할 수 있다(제35조 제3항). 외교협약에는 존재하지 않는 규정이다.

4. 주거 및 서류의 불가침

영사공관을 '소유자를 불문하고 오로지 영사기관의 목적을 위해서만 사용되는 건물 또는 건물의 일부와 부속토지'[영사협약 제1조 제1항 제(j)호]로 규정하여 영사공관장의 개인적 주거는 영사공관에 포함되지 않고 따라서 불가침성이 인정되지 않는다. 또한 영사의 개인적 서류에 대해서는 불가침성이 인정되지 않는다.

5. 신체의 불가침

협약상 외교관의 신체의 불가침은 절대적이나, 영사의 경우 예외가 있다. 즉, 영사도 원칙적으로 신체의 불가침권을 향유하나, 그가 중대한 범죄를 범하고, 권한 있는 접수국 당국의 결정이 있는 경우 체포 또는 미결구금 (detention pending trial)할 수 있다(영사협약 제41조 제1항).

6. 재판관할권의 면제

첫째, 영사의 경우 사적행위, 즉 직무집행과 무관한 행위에 대해서는 원칙적으로 민사·형사·행정재판관할권으로부터 면제되지 않는다. 외교관에 대해서는 물적면제(immunity ratione materiae)와 인적면제(immunity ratione personae)가 적용되나, 영사에 대해서는 물적면제[28]만 인정되는 것이다. 둘째, 민사재판권의 경우 외교관에 대해서는 공적행위에 대해 절대적 면제가 인정되나, 영사의 경우 공적행위라 할지라도 사인자격으로 체결한 계약에 관한 민사소송 및 자동차·선박·항공기에 의한 손해에 관해 제3자가 제기한 소송으로부터는 면제되지 않는다(제43조 제2항). 셋째, 외교관은 증언의무로부터 면제되나, 영사는 사법절차 또는 행정절차의 과정에서 증인으로 출두하도록 요구될 수 있다(영사협약 제44조).

---

27) 이 문언에 대해 이한기 교수는 '간주'라고 번역하고 있으나(이한기, 558), 김대순 교수는 '추정'이라고 번역하고 있다(김대순, 488).

28) 외교관과 영사 모두 물적면제가 인정되나, 협약상 직무의 범위에 차이가 있다. 외교협약 제39조 제2항은 공적행위를 "사절단의 구성원으로서 직무를 수행함에 있어 행한 행위"로 규정하고 제3조에서 외교사절단의 직무를 "예시"하고 있다. 반면, 영사협약 제43조 제1항도 영사의 공적행위를 "영사 직무를 수행함에 있어 행한 행위"로 규정하고 제5조에서 영사직무를 규정하고 있다. 해석상 영사협약 제5조는 영사의 직무를 "열거"(exhaustive list)한 것으로 인정된다(김대순 484면).

📖 조문 | 영사관계에 관한 비엔나협약 제36조 – 영사보호

1. 파견국의 국민에 관련되는 영사기능의 수행을 용이하게 할 목적으로 다음의 규정이 적용된다. (With a view to facilitating the exercise of consular functions relating to nationals of the sending State:)

    (a) 영사관원은 파견국의 국민과 자유로이 통신할 수 있으며 또한 접촉할 수 있다. 파견국의 국민은 파견국 영사관원과의 통신 및 접촉에 관하여 동일한 자유를 가진다. (consular officers shall be free to communicate with nationals of the sending State and to have access to them. Nationals of the sending State shall have the same freedom with respect to communication with and access to consular officers of the sending State;)

    (b) 파견국의 영사관할구역 내에서 파견국의 국민이, 체포되는 경우, 또는 재판에 회부되기 전에 구금 또는 유치되는 경우, 또는 기타의 방법으로 구속되는 경우에, 그 국민이 파견국의 영사기관에 통보할 것을 요청하면, 접수국의 권한있는 당국은 지체없이 통보하여야 한다. 체포, 구금, 유치 또는 구속되어있는 자가 영사기관에 보내는 어떠한 통신도 동 당국에 의하여 지체없이 전달되어야 한다. 동 당국은 관계자에게 본 세항에 따를 그의 권리를 지체없이 통보하여야 한다. (if he so requests, the competent authorities of the receiving State shall, without delay, inform the consular post of the sending State if, within its consular district, a national of that State is arrested or committed to prison or to custody pending trial or is detained in any other manner. Any communication addressed to the consular post by the person arrested, in prison, custody or detention shall also be forwarded by the said authorities without delay. The said authorities shall inform the person concerned without delay of his rights under this subparagraph;)

    (c) 영사관원은 구금, 유치 또는 구속되어 있는 파견국의 국민을 방문하며 또한 동 국민과 면담하고 교신하며 또한 그의 법적 대리를 주선하는 권리를 가진다. 영사관원은 판결에 따라 그 관할구역 내에 구금, 유치 또는 구속되어 있는 파견국의 국민을 방문하는 권리를 또한 가진다. 다만, 구금, 유치 또는 구속되어 있는 국민을 대신하여 영사관원이 조치를 취하는 것을 동 국민이 명시적으로 반대하는 경우에, 동 영사관원은 그러한 조치를 삼가하여야 한다. (consular officers shall have the right to visit a national of the sending State who is in prison, custody or detention, to converse and correspond with him and to arrange for his legal representation. They shall also have the right to visit any national of the sending State who is in prison, custody or detention in their district in pursuance of a judgment. Nevertheless, consular officers shall refrain from taking action on behalf of a national who is in prison, custody or detention if he expressly opposes such action.)

2. 동조 제1항에 언급된 권리는 접수국의 법령에 의거하여 행사되어야 한다. 다만, 동 법령은 본조에 따라 부여된 권리가 의도하는 목적을 충분히 실현할 수 있어야 한다는 조건에 따라야 한다. (The rights referred to in paragraph 1 of this Article shall be exercised in conformity with the laws and regulations of the receiving State, subject to the proviso, however, that the said laws and regulations must enable full effect to be given to the purposes for which the rights accorded under this Article are intended.)

Ⅰ 영사보호의 의의

영사제도의 기원으로 보이는 초기 제도는 고대 그리스시대에 나타나지만, 오늘날 우리가 가지고 있는 영사제도는 중세 후반기에 그 기원을 두고 있다. 19세기 국제통상항해제도 등이 발달하면서 영사제도의 중요성은 다시 부각되었으며, 영사제도는 비정치적인 분야의 문제를 해결하기위한 국제법제도라고 할 수 있다. 영사제도의 가장 기본적인 목표는 접수국에서 파견국과 파견국 국민의 이익을 보호하는 것이다. 영사보호는 재외자국민의 신체 및 재산을 보호하기 위하여 필요한 영사기관의 권리와 이러한 영사기관의 권리행사의 실효성을 담보하기 위하여 요구되는 피보호자의 권리 등을 내용으로 하며, 자국민을 보호하여야 한다는 각 국가의 헌법상의 기본 원칙으로부터 발생한다.

Ⅱ 영사보호에 관한 법원

1. 관습국제법

영사관계에 관한 국제법은 관습국제법에 의하여 상당 부분 규율되어 왔으며, 이러한 관습국제법은 초기 영사관계의 형성에 있어서 지역적인 기반이 되었던 유럽의 국가들의 관행에 의하여 형성되었다.

2. 조약

(1) 양자조약

영사관계는 원래 양자조약을 체결하여 그 내용을 결정하는 것이 일반적이었는데, 제2차 세계대전 이전에는 많은 경우 우호통상항해조약과 같은 양자조약에 영사특권 및 영사기능에 관련한 최혜국대우조항을 포함시켰으며, 그 이후에는 오히려 영사관계에 전속으로 관련된 조약을 체결하는 형태로 발전하였다. 관습에 기초하여 발전한 외교관계에 관한 국제법과 달리, 영사관계에 관한 국제법은 이러한 양자조약을 기초로 하여 발전하였다. 양자 간의 영사조약은 두 가지 유형이 있는데, 하나는 1951년 미국과 영국 간의 영사조약에 기원을 두는 영미형이고, 다른 하나는 1957년 소련이 독일민주공화국과 체결한 영사협정을 원형으로 하는 소비에트형이다. 소비에트형의 영사협정은 영사의 특권면제를 서구국가 간의 협정에 비해 강화하는 것이 일반적이다. 서구진영과 공산진영 국가들 간의 영사협정은 서구국가가 공산국가의 영사에게 강력한 영사특권을 부여하는 대신에 공산국가에 파견된 서구국가의 영사도 동일한 정도의 특권면제를 향유하도록 함으로써 서구국가들이 일반적으로 공산국가의 입장을 수용하였다. 이후 전 세계적인 보편적인 영사협정의 체결 필요성이 등장하였고 그에 따라 영사관계에 관한 비엔나협약이 체결되었다.

(2) 다자조약 – 영사관계에 관한 비엔나협약 및 영사기능에 관한 유럽협약

① 영사관계와 관련한 보편적인 규범체계를 정립하려는 학계의 노력으로 지역적인 특징을 갖는 것이기는 하나 일부 영사관계에 관한 다자조약의 체결이라는 결과도 가져왔다. 이후 UN의 국제법의 발달과 법전화 작업의 일환으로 제정된 가장 중요한 영사관계에 관한 협정인 1963년 영사관계에 관한 비엔나협약이 체결되었다. 비엔나협약은 영사관계와 관련한 기존의 관습법을 성문화하였을 뿐만 아니라 순수하게 새로운 조약상의 규범을 창조한 영사관계에 관한 가장 포괄적이고 보편적인 국제다자조약이라고 할 수 있다. 또한 비엔나협약은 영사관계에 관하여서 다른 협정이 없는 경우에 보충적으로 적용되는 최소한의 기준을 제공한다.

② 또 하나의 다자조약은 1967년 영사기능에 관한 유럽협약인데, 아직 발효하지 못한 상태이다. 유럽협약은 전문을 포함하여 57개 조항 2개의 부속서로 구성되어 있으며, 비엔나협약 제5조에 규정된 영사기능을 보다 상세하게 규정하고 있을 뿐만 아니라 비엔나협약에는 규정되어 있지 않은 기능도 규정하고 있다.

Ⅲ 영사보호의 기준

1. 내국민대우(national treatment standard)

영사보호의 기준은 자국에 소재하는 외국인이 자국민과 동일한 대우를 받으면 된다는 입장이다. 따라서 파견국의 국민이 접수국에서 접수국의 국민과 동일한 대우를 받고 있으면 그 대우가 아무리 적법절차에 반하는 열악한 것이더라도 파견국의 영사는 그에 대하여 항의할 수 없다.

2. 최소국제기준(minimum international standard)

최소국제기준의 원칙에 의하면 특정한 정부행위의 적정성은 국제적인 기준에 비추어보아 평가되어야 한다고 하고 또한 외국인에 대한 대우가 합리적이고 공평무사한 인간이 인식할 수 있을 정도로 국제적인 기준에 미달할 정도로 악의, 의도적인 의무의 해태, 정부행위의 불충분성에 근거하게 되면 국제적인 불법행위에 해당한다고 한다.

3. 인권기준(human rights standard)

보편적 국제적인 인권보장의 정도가 객관적으로 확립되게 됨에 따라, 영사보호는 영사보호를 요청하는 개개인의 인권이라는 측면으로 이해되어야 하고 그러한 인권은 다양한 인권협약 등이 요구하는 정도의 수준이 되어야 한다고 보는 입장이다. 이러한 기준이 논의된 근거는 UN헌장 제55조와 제56조의 규정이다. '인종, 성별, 언어 또는 종교에 관한 차별이 없는 모든 사람을 위한 인권 및 기본적 자유의 보편적 존중과 준수'를 규정한 제55조와 "모든 회원국은 제55조에 규정된 목적의 달성을 위하여 기구와 협력하여 공동의 조치 및 개별적 조치를 취할 것을 약속한다(pledge)."라고 규정한 제56조를 고려할 때, 제56조상의 '약속한다(pledge)'는 규정은 국제법적인 의무의 수락을 의미한다고 보아야 하며, 따라서 UN의 모든 회원국은 인권 및 기본적 자유를 존중하고 보장하여야 할 법적 의무를 부담한다. 추후에 채택된 세계인권선언과 1966년의 두개의 인권규약도 그 내용을 상세히 하고 있다. 따라서 영사의 보호기능에 의하여 보호되는 정도는 이러한 인권관련 국제문서에 보장된 정도여야 한다는 것이 인권기준입장이다.

Ⅳ 영사보호의 침해 유형 – LaGrand case를 중심으로

1. 협약상 국가(독일)의 권리

독일은 미국이 독일국민인 LaGrand 형제에게 지체 없이 제36조 제1항 (b)상의 권리를 고지하지 않음으로써 제36조 제1항 (b)에 규정된 독일에 대한 미국의 의무를 위반하였으며, 이러한 미국의 의무를 이행하지 않음으로써 결과적으로 제36조 제1항 (a)와 (c)의 위반도 발생하였다고 주장한다. 첫 번째 주장에 대해서는 미국도 동의하여 ICJ는 판단하지 않았다. 두 번째 문제에 대해 ICJ는 제36조 제1항이 영사보호제도의 시행의 원활화를 위하여 고안된 상호 연계된 제도를 확립하고 있는데 – 제36조 제1항 (a)는 통신 및 접촉권(right of communication and access)을, (b)는 영사고지(consular notification)의 방법을, (c)는 영사관원의 영사지원조치를 – 제36조 제1항 (b)의 위반이 필연적으로 동 조상의 다른 의무의 위반을 야기하는 것은 아니지만 본 사건의 경우에 있어서는 제36조 제1항 (b)를 위반함으로써 미국은 동 조 동 항 (a)와 (c)상의 독일의 권리행사를 결과적으로 불가능하게 하였다고 판단했다.

Avena 사건에서는 미국은 고의적인 지체가 없으면 고지 혹은 통지와 관련한 지체 없이 요건을 갖추었다고 주장한 반면에 멕시코는 체포 후 즉시 심문개시 전에 통지가 이루어지지 않으면 협약 위반이라고 주장하였다. 이에 대해 ICJ는 협약의 문언이나 협약 자체의 목적에 비추어볼 때, '지체 없이'는 멕시코가 주장하는 바대로 해석되지는 않는다고 보았다.

2. LaGrand 형제의 권리침해

독일은 미국이 독일 국민인 LaGrand 형제의 개인적인 권리, 즉 제36조 제1항 (b)에 규정된 권리를 고지 받을 개인의 권리도 침해하였다고 주장했다. 독일은 제36조 제1항 (b)의 마지막 문장에 규정되어 있는 '관계 당사자(the person concerned)'의 권리의 통상적인 의미는 개인에게 권리를 직접적으로 부여하고 있는 것으로 보았으며, UN총회 결의인 '거주국의 국민이 아닌 개인의 인권선언'을 근거로 인권(human rights)에 해당한다고 주장했다. ICJ는 제36조 제1항 (b)가 피구금자 개인과 파견국에 대한 접수국의 의무를 각각 명확하게 규정하고 있으므로 개인의 권리를 창설하고 있다고 해석하고 있으며, 실제로 미국이 지체 없이 LaGrand 형제에게 영사보호를 받을 수 있는 권리가 있음을 고지하지 않았으므로 미국은 이들 형제들에게 제36조 제1항 (b)를 위반하였다고 판시하고 있다.

또한 협약 제36조 제1항상의 권리는 인권이라는 독일의 주장에 대하여 ICJ는 이미 미국의 행위가 협정상의 규정 위반임을 인정받았으므로 그에 대한 판단을 할 필요가 없다고 하면서 소극적인 판단을 하였다.

3. 국내법령의 조약위반 여부

독일은 협약 제36조 제2항과 관련하여 미국이 자신의 국내법규칙에 따라 국내소송과정 중에 영사고지에 관한 권리 위반을 절차적으로 제기할 수 있는 것을 불가능하게 하였으므로 제36조 제2항도 위반하였다고 주장한다. 이에 대하여 ICJ는 이 사건에서 문제되는 절차해태규칙의 존재 자체와 본 사건에 있어서 그 규칙의 구체적인 적용례는 구별되어야 한다는 전제하에서 그 규칙의 존재 자체는 제36조를 위반하지 않는다고 한다. 그러나 독일이 자국민에 대하여 영사보호를 할 수 있는 시점에는 제36조 제1항상의 의무 위반을 이유로 유죄평결이나 판결선고에 대하여 다툴 수 있는 기회가 절차해태규칙에 의하여 완전히 봉쇄되므로 미국의 이 규칙은 제36조에 따라 '부여된 권리가 의도하는 목적을 충분히 실현'할 수 없게 하고 있고, 따라서 이 규칙의 적용은 제36조 제2항 위반이라고 판시한다.

Ⅴ 영사보호의무 위반에 대한 구제방법

1. 잠정조치에 의한 형의 집행정지 및 잠정조치 위반의 효과

잠정조치는 일응 본안에 대한 관할권이 존재한다고 여겨지는 경우에 ICJ규정 제41조에 의하여 제시될 수 있는 것으로, 종국판결에 의하여 보호되어야 할 당사자의 권리가 회복 불가능한 상태로 침해되는 것을 방지하기 위하여 인정되는 절차인데, LaGrand 사건에서 ICJ는 잠정조치에 관한 ICJ규정 제41조를 영어본과 불어본이 조금 다른 의미를 가질 수 있다는 판단을 하면서도 종국적으로 ICJ가 내린 잠정조치는 당사국을 구속한다고 결론짓는다. 그러나 구속력 있는 이러한 잠정조치를 당사국이 준수하지 않는 경우에 문제가 생긴다.

잠정조치 위반과 관련하여 독일은 미국이 세차원의 의무를 위반하였다고 주장한다. 첫째, ICJ가 잠정조치를 제시한 후에 독일이 미국 연방대법원에 사형집행정지를 요청하였는데 이러한 절차 진행 중에 미 법무부의 송무국장이 대법원에 편지를 보내서 ICJ의 잠정조치는 구속력이 없다고 주장함으로써 대법원의 판단에 영향을 미쳤다는 점, 둘째, 미국의 국가기관인 연방대법원이 사형집행정지명령을 내리는 것을 거부한 점, 셋째, 사형집행에 관하여 권한을 가지고 있는 아리조나 주지사가 아리조나 감형위원회의 사형집행의 일시적인 정지 권고에도 불구하고 사형집행정지를 명하지 않았다는 점이다. ICJ는 미국이 잠정조치에 의하여 제시된 두 가지 조치 중 잠정조치 명령을 아리조나 주지사에게 전달할 것과 그 사실을 ICJ에 통지하라는 두 번째 조치를 이행한 것으로 판단하였지만, ICJ의 최종판결이 날 때까지 Walter의 사형집행이 이루어 지지 않도록 이용할 수 있는 모든 조치를 취하여야 한다는 첫 번째 조치와 관련하여서는 미국이 잠정조치상의 의무를 위반하였음을 인정하였다.

2. 재발방지의 확약 및 보장

LaGrand 사건에서 독일은 미국의 의무 위반에 대하여 이러한 유형의 불법행위가 재발하는 것을 방지할 것을 확약하고 또한 장래에 독일인이 유치 혹은 형사소추되는 경우 법적으로나 사실적으로 비엔나협약 제36조상의 권리를 행사할 수 있도록 보장할 것을 청구하고 있다. 이에 대하여 ICJ는 이미 행하여진 위법행위의 재발방지라는 첫 번째 청구와 관련하여 미국이 본 사건에 있어서 자신의 위법사실을 인정하고 사과만 하는 것으로는 불충분하다는 점은 인정하지만 미국이 제출한 여러 노력에 관한 사실들을 고려하여 이 점에 대하여서는 일반적인 측면에서 재발방지의 확약이 이루어졌다고 인정하고 있다. 그러나 나머지 청구와 관련하여 미국의 절차 해태규칙의 존재 자체는 협약 제36조 제2항 위반이 아니지만 그 규칙의 적용은 제36조 제2항의 위반을 가져오는 것이고, 특히 관련된 개인이 장기간 구금되어 있거나 중형의 유죄평결 또는 중형의 선고가 있는 경우에는 사과만으로 부족함을 인정하면서, 미국은 이러한 상황이 재발하는 것을 막기 위한 절차를 마련하는 것이 요구된다고 판단하였다.

3. 위반에 대한 구제책

LaGrand 사건에서 독일은 중대한 형이 문제되는 경우에 협약 제36조가 보장하는 절차를 이행하지 않은 경우 그에 따른 법적 효과를 실효적으로 보장할 수 있는 재심사나 구제절차를 요구하는데, ICJ는 재심 및 재검토가 보장되어야 한다고 판시하면서 그 방법은 미국이 선택할 수 있는 것이라고 하였다. 나아가 Avena 사건에서 ICJ는 재심 및 재검토는 실효적인 것이어야 하고 유죄평결과 형의 선고 모두에 대한 것이어야 하며 사법적인 절차이어야 한다고 한다. 행정부에 의하여 이루어지는 감형절차는 원칙적으로 유죄평결과 형의 선고 모두에 대한 재심 및 재검토에 해당하지 않는다고 하지만, 적절한 감형절차가 유죄평결 및 형의 선고가 확정된 경우에는 사법적인 재심 및 재검토를 대체할 만한 절차라고 판시한다.

⚖ 판례 | Case concerning Avena and Other Mexican Nationals[29]

멕시코와 미국은 영사관계에 관한 비엔나협약(이하 비엔나협약)과 비엔나협약 관련 분쟁의 강제적 해결에 관한 선택의 정서(이하 선택의정서)의 당사국이다. 멕시코는 비엔나협약 제36조 규정에 근거하여 미국이 협약을 위반했다고 주장하였다. 즉, 동 조항에 따르면 파견국의 영사관할 구역 내에서 파견국의 국민이 체포, 구금, 유치, 또는 구속될 때 권한있는 당국은 관련자에게 그의 권리를 지체없이 고지해야 하는데, 52개의 사건에서 미국 당국이 이를 위반하였다는 것이다. 멕시코가 제소한 52개의 사건 중 49개의 사건은 연방 또는 주의 사법당국에 의해서 각각 소송이 진행 중이며, 3개의 사건은 미국 내의 모든 사법적 해결방법이 완료된 상태였다. 이와 관련하여 미국의 고지의무 등의 위반 여부, 고지의무 이행 시기, 위법판단 시 피해 구제방법 등이 문제되었다. 첫째, ICJ는 제36조 제1항 (b)의 세 요소를 언급하였다. 첫째, 관련자가 제36조하의 그의 권리를 지체없이 고지받을 권리, 둘째, 그가 요구한다면 즉시 개인의 구금을 영사관에게 통지할 권리, 셋째, 구금자가 보내는 모든 통신을 즉시 영사관에게 통지할 권리이다. 법원은 구금당국이 이에 따라 관련인에게 고지할 의무는 그 자가 외국인이라는 사실을 알았을 때 또는 알 수 있었을 때이며, 정확히 언제 발생하는가는 상황에 따라 다르다고 판시하였다. 그러나 많은 외국인이 미국에 산다는 점을 고려할 때, 구금 시 개인의 국적에 대해서 정기적으로 질문을 하는 것이 바람직하며 또 그렇게 함으로써 협약상 의무가 이행되는 것이라고 하였다. 둘째, 고지의무의 이행시기와 관련하여 멕시코는 구금자에 대한 고지의 시간은 제36조에서 제공된 권리를 행사하는 데 매우 중요하며, 따라서 '지체없이'는 무조건적인 '즉시'를 의미한다고 보았다. 그러나 미국은 이를 '고의적인 지연 없이', '요구된 행위가 상황에 따라 합리적으로 가능한 한 빨리'로 해석된다고 반박하였다. 법원은 '지체없이'의 정확한 의미가 협약에서 정의되고 있지 않으므로 이는 조약의 해석 문제라고 하면서, 반드시 '체포 즉시'로 해석될 필요는 없다고 판시하였다. 즉, 동 규정은 이러한 고지가 반드시 심문에 우선하며 따라서 고지 전의 심문이 제36조의 위반을 구성하는 것은 아니라는 것이다. 그러나 체포당국이 구금자가 외국인임을 알았거나 알 수 있었던 경우에는 즉시 고지의 의무가 발생한다고 볼 수 있다고 판시하였다. 셋째, 고지의무 위반의 법적 효과에 대하여 멕시코는 자신이 입은 손해에 따라 원상회복의 형태로 모든 손해에 대한 완전한 배상을 받을 권한이 있으며, 이는 52명에 대한 유죄결과와 사형선고를 무효화하거나 그 집행력과 효력을 상실시킴으로써 이전의 상태로 되돌릴 의무를 구성한다고 주장하였다. 이에 미국은 이전상태로의 회복이 단지 각각의 사건에 대해 위반을 고려하는 재심리를 허용할 것을 요청하고 있을 뿐, 유죄평결과 형선고를 무효화하는 것을 의미하는 것은 아니라고 하였다. ICJ는 미국의 위반에 대한 효과적인 구제방법은 미국이 각각의 사건에 대해 권한있는 당국에 의한 제36조의 위반이 형사정의체계의 운영과정에서 피고인에게 실질적 침해를 야기하였는가를 확인하기 위해 이들 국민들에 대해 미국법원의 재심리를 허용하는 것이라고 결정하였다. 따라서 법원은 원상회복에 의한 완전한 손해배상을 요청한 멕시코의 주장을 기각하였다.

---

29) Mexico v. U.S., ICJ, 2004년.

제7절   명예영사

Ⅰ 의의

명예영사는 대체로 접수국 주민 중에서 선임되고 영사의 사무를 명예직으로 위촉받고, 상업이나 기타의 영업에 종사할 수 있으며, 봉급은 받지 않고 수당의 성질을 가진 보수를 받는다. 각국은 명예영사관원을 임명하거나 또는 접수하는 것을 결정하는 자유를 가진다. 명예영사도 영사로서 전임영사와 동일한 직무를 수행할 수 있고, 전임영사에 적용되는 많은 규정은 명예영사에게도 적용된다. 가장 큰 차이는 명예영사의 공관과 그의 신체는 불가침성이 없다는 것이다. 특권과 면제는 명예영사관원의 가족 구성원 또는 명예영사관원을 장으로 하는 영사기관에 고용되어 있는 사무직원에게 부여되지 않는다. 한편, 명예영사관을 장으로 하는 상이한 국가 내의 2개의 영사기관 간의 영사행낭의 교환은 당해 2개 접수국의 동의 없이 허용되지 아니한다.

---

30) Germany v. USA, ICJ, 2001년.

Ⅱ 명예영사 관사의 불가침과 면제

1. 영사관사의 보호

접수국은 침입 또는 손괴로부터 명예영사관원을 장으로 하는 영사기관의 영사관사를 보호하며 또한 영사기관의 평온에 대한 교란 또는 그 위엄의 손상을 방지하기 위하여 필요한 조치를 취하여야 한다. 명예영사관사는 포괄적인 불가침권을 갖지 않는다.

2. 영사관사의 과세로부터의 면제

명예영사관원을 장으로 하는 영사기관의 영사관사의 소유자 또는 임차자가 파견국인 경우에, 동 영사관사는 제공된 특정역무에 대한 급부로서의 성질을 가지는 것을 제외한 다른 여하한 형태의 모든 국가, 지역 또는 지방의 부과금과 조세로부터 면제된다.

3. 영사문서와 서류의 불가침

명예영사관원을 장으로 하는 영사기관의 영사문서와 서류는 언제 어디서나 불가침이다. 다만, 이들 문서와 서류는 다른 문서 및 서류와 구분되고, 특히 영사기관장과 그와 같이 근무하는 자의 사용 서한과 구분되며, 또한 그들의 전문 직업 또는 거래에 관계되는 자료, 서적 및 서류와 구분되어야 한다.

Ⅲ 명예영사의 면제와 보호

1. 형사소송절차

명예영사관원에 대하여 형사소송절차가 개시되는 경우에 그는 권한 있는 당국에 출두하여야 한다. 그러나 그 소송절차는 그의 공적 직책상의 이유에서 그가 받아야 할 경의를 표하면서 집행되어야하며, 또한 그가 체포 또는 구속된 경우를 제외하고 영사직무의 수행에 최소한의 지장을 주는 방법으로 행하여져야 한다. 명예영사관원을 구속하는 것이 필요하게 되었을 경우에 그에 대한 소송절차는 지체를 최소한으로 하여 개시되어야 한다.

2. 명예영사관원의 보호

접수국은 명예영사관원에 대하여 그의 공적 직책상의 이유에서 필요로 하는 보호를 부여할 의무를 진다. 또한 명예영사관원은 영사직무의 수행에 관하여 그가 파견국으로부터 받는 보수와 급료에 대한 모든 부과금과 조세로부터 면제된다.

1. A국의 국민 甲과 乙은 B국에서 은행 강도 행위를 하다 적발되어 B국 검사에 의해 기소되었다. 甲과 乙은 1심에서 사형판결을 받고 2심법원에 항소하였으나 B국 법원은 항소를 기각하고 사형을 확정하였다. 이에 甲과 乙이 최고법원에 상고하였으나 甲에 대해서는 사형이 확정되었고 乙에 대해서는 최종공판을 앞두고 있다. 이러한 국내 절차가 진행되는 과정에서 B국은 A국에 이와 관련된 어떠한 사실도 통지한 바 없으며 甲과 乙의 자국 영사에 대한 접견 요구도 거절하였다. 뒤늦게 이러한 사실을 알게 된 A국은 甲에 대한 사형집행을 3일 앞 둔 시점에서 B국을 상대로 ICJ에 제소하였다. 위 사안과 관련하여 다음 물음에 답하시오. (단, A국과 B국은 UN회원국이며 1963년 영사관계에 관한 비엔나협약 당사국이다)

   (1) A국은 ICJ에 甲의 사형집행중지를 내용으로 하는 잠정조치를 요청하였고 ICJ는 이를 받아들여 잠정조치를 명령하였다. 그러나 B국은 잠정조치를 이행할 법적 의무가 없다고 주장하며 사형을 집행하였다. B국의 사형집행조치는 국제법상 정당한가?

   (2) B국은 선결적 항변으로서 A국이 제소에 앞서 甲과 乙이 국내구제를 완료해야 한다고 주장하였다. B국의 항변은 타당한가?

   (3) B국의 행위에 대해 1963년 영사관계에 관한 비엔나협약에 기초하여 평가하시오.

2. A국 주재 B국 영사 '갑'은 2015년 3월 A국 법원이 발부한 구속영장에 따라 체포된 후 조사를 받고 공문서위조죄로 기소되었다. '갑'은 입국사증 발급 신청서류를 허위로 작성하여 개인 가사도우미 '을'에게 제공하고, '을'이 이를 A국에 제출하여 입국사증을 발급받도록 한 혐의를 받고 있다. 공문서 위조는 A국에서는 징역 10년 이하에 해당하는 범죄이고, B국에서는 징역 3년 이하에 해당하는 범죄이다. A국의 '갑'에 대한 구속 및 기소에 대응하여, B국은 B국 주재 A국 대사관 앞에 외교공관 보호를 위하여 설치한 경호용 방어벽을 철거하였다. 아직까지도 A국 관련 테러가 B국에서 계속되고 있다. (단, A국과 B국은 1961년 외교관계에 관한 비엔나협약과 1963년 영사관계에 관한 비엔나협약의 당사국이다) [2015외교원]

   (1) '갑'에게 국제법상 특권 및 면제가 인정되는가? (25점)

   (2) B국의 조치는 국제법상 허용되는가? (25점)

제8절　군대면제

I 의의

군대면제란 접수국과 파견국의 동의에 기초하여 접수국에 파견된 외국군대에 대하여 접수국의 집행관할권으로부터 배제하는 것을 의미한다. 외국군대에 대해 특권면제를 인정하는 이유는 첫째, 군대가 국가를 대표하고 국가의 권위를 상징하는 국가기관이라는 점, 둘째, 군대로서 주둔한 이상 자신의 법규와 기능을 자율적으로 유지할 필요가 있기 때문이다. 파견국군대의 특권과 면제에 대해서는 통상 '주류외국군지위협정'(status of forces agreement: SOFA)에 의해 포괄적으로 규율된다. 주한미군의 특권과 면제에 대해서는 1966년에 체결되고 1967년에 발효된 '한미 상호방위조약 제4조에 의한 시설과 구역 및 대한민국에서의 합중국군대의 지위에 관한 협정'(이하 '협정')에 의해 규율되고 있다. 협정은 1991년 및 2001년에 개정되었으나 여전히 불평등한 조항들이 산재하여 추가 개정이 필요하다. 협정에 기초하여 민·형사관할권을 중심으로 주한미군의 재판관할권면제에 대해 논의한다.

Ⅱ 형사재판관할권

1. 형사재판관할권의 소재

(1) 학설

① 파견국 관할권설: 속인주의에 기초한 주장이다. 논거로는 첫째, 접수국의 형사재판관할권에 복종하는 경우 군대의 규율이 서지 못하여 군대의 사명을 수행하는 데 지장이 있다는 점, 둘째, 군대의 권위 및 사기의 손상, 셋째, 접수국의 인권보호수준이 파견국에 미치지 못하는 경우 상대적으로 불리한 대우를 받는 것은 부당하다는 점을 든다.

② 접수국 관할권설: 속지주의에 기초한 주장이다. 파견국이 관할권을 행사하는 것은 접수국의 영토고권을 침해하는 것을 주요 논거로 든다.

③ 절충설: 원칙적으로 파견국이 재판관할권을 갖되, 병영 밖에서 행한 공무와 관련이 없는 범죄에 대해서는 접수국이 재판관할권을 행사할 수 있다는 주장이다.

(2) 관행

제1차 세계대전까지는 파견국관할권이 원칙으로 인정되었으나, 이후 제2차 세계대전 전까지는 파견국에 재판관할권을 인정하되 접수국의 동의에 기초하였다. 한편, 제2차 세계대전 후에는 특정한 범죄를 제외하고는 대체로 접수국에 형사재판관할권을 인정하는 것이 일반적 경향이다. NATO협정, 미일협정, 한미협정 등 주요 SOFA는 속지주의에 기초한 접수국 관할권설을 따르고 있다.

2. 전속적 관할권

(1) 의의

접수국이나 파견국만이 처벌할 수 있는 범죄에 대해서는 각각 전속적 관할권을 갖는다. 다만, 접수국 내에서 특정사태가 발생한 경우 파견국은 군대구성원 등의 모든 범죄에 대해 전속관할권을 갖는다.

(2) 파견국 전속관할권 – 제22조 제1항

파견국은 평시에 파견국의 안전에 대한 범죄를 포함하여 파견국 법률에 의해서만 처벌될 수 있는 범죄에 대해서는 전속적 관할권을 행사한다. 다만, 계엄이 선포된 경우나 적대행위가 발생한 경우 미군당국은 미군구성원 등의 모든 범죄에 대해 전속관할권을 행사한다.

(3) 접수국 전속관할권 – 제22조 제2항

접수국이 전속적 관할권을 행사하는 범죄는 접수국의 안전에 대한 범죄 등 접수국 법률에 의해서만 처벌될 수 있는 범죄이다.

(4) 전속관할권의 포기

미군당국이 한국에 대해 전속적 관할권의 포기를 요청하면, 적절한 경우 한국당국은 이를 포기할 수 있으나, 미군당국은 그러한 포기요청을 최대한 자제해야 한다. 한미협정에 의하면, 전속적 관할권을 포기하는 경우에도, 한국당국은 미군구성원 등의 체포, 수사, 및 재판에 대한 완전한 통할권을 보유한다.

3. 관할권의 경합과 1차적 관할권 행사 – 제22조 제3항

(1) 의의

대부분의 범죄는 파견국과 접수국이 모두 관할권을 행사할 수 있는 범죄이므로 관할권이 경합하여 누가 1차적 관할권을 행사하는지가 중요한 문제가 된다.

(2) 파견국의 1차적 관할권 행사

① **대상범죄**: 관할권 경합시 파견국이 1차적 관할권을 행사할 수 있는 범죄는 ㉠ 파견국 군대의 재산 및 안전에 관한 범죄 또는 그 구성원 등의 신체 및 재산에 관한 범죄, ㉡ 공무집행중의 작위 또는 부작위에 의한 범죄이다.

② **'공무집행 중'의 의미 및 판단**: '공무집행 중'의 의미에 대해 종래 '근무시간 중'으로 관대하게 해석했으나, 최근의 학설과 판례는 '공무집행의 과정'(in the performance of official duty)으로 엄격하게 해석하고 있다. 한미 SOFA 역시 공무의 의미를 공무의 기능상 요구되는 행위에만 국한시키고, 특정 임무 수행을 위해 요구되는 행위로부터 실질적으로 이탈하면 통상 그 자의 '공무 밖의 행위'로 본다. 한편, 공무증명서는 1차적 관할권을 결정하기 위한 충분한 증거가 되며, 공무집행 중인가 여부의 판단은 파견국 군당국이 발행하는 증명서에 의해 결정된다.

(3) 접수국의 1차적 관할권 행사

파견국의 1차적 관할권 행사 대상이 되는 범죄 이외의 범죄에 대해서는 접수국이 1차적으로 관할권을 행사한다.

(4) 1차적 관할권 행사의 포기

1차적 행사권을 가진 국가가 이를 포기하면 타방이 관할권을 행사할 수 있다. 이 경우 1차적 행사권을 포기하기로 결정한 국가는 이 사실을 타방에 가능한 한 신속히 통고해야 한다. 한편, 1차적 행사권을 가진 국가는 타방이 특히 중요하다고 인정하여 1차적 행사권의 포기를 요청하면 이에 대하여 호의적으로 고려해야 한다. 한미협정에서는 미군당국의 관할권 포기요청이 있는 경우 한국당국이 관할권을 행사함이 '특히 중요하다'고 결정하는 경우를 제외하고는 1차적 행사권을 포기하기로 합의하였다.

4. 형사재판관할권의 집행과 관련된 주요 규정

(1) 피의자의 체포 · 구금 · 수사에 대한 상호협력

① **군대구성원 등의 체포 통지**: 접수국은 파견국 군대의 구성원 등에 대한 체포를 파견국 당국에 즉시 통고해야 하며, 접수국이 1차적 관할권을 갖는 경우 파견국 당국은 군대구성원 등의 체포를 접수국 당국에 즉시 통고해야 한다.

② **피의자의 구금**

　㉠ **파견국에 의한 구금**: 협정에 의하면 미군구성원 등 피의자가 미군당국의 수중에 있는 경우 재판절차의 종료와 한국당국의 인도요청 시까지 계속 미군당국이 구금하며, 한국당국의 수중에 있는 경우에는 미군당국의 요청에 의해 피의자를 인도해야 하며 재판절차의 종료와 한국당국의 인도요청 시까지 미군당국이 계속 구금한다.

ⓛ **접수국에 의한 구금**: 피의자가 미군당국의 구금하에 있는 경우 미군당국은 언제든지 한국당국에 구금을 인도할 수 있으며, 미군당국은 특정사건에 대한 한국당국의 구금인도 요청을 호의적으로 고려해야 한다. 2001년 개정의 결과 한국당국이 미군구성원 등 피의자를 범행현장에서 체포한 경우 당해 피의자가 살인 등을 저질렀다고 믿을 만한 상당한 이유가 있고, 증거인멸 등의 이유로 구속해야 할 필요가 있는 경우 미군당국은 구금인도를 요청하지 아니하기로 합의하였다.

ⓒ **죄질이 나쁜 피의자의 구금인도**: 2001년 개정의 결과 한국이 일차적 재판권을 갖고 기소시 또는 그 이후 구금인도를 요청한 범죄가 구금을 필요로 하기에 충분한 중대성을 갖는 살인, 강간 등에 해당하고 구금의 상당한 이유와 필요가 있는 경우 미군당국은 한국당국에 구금을 인도한다.

③ **접수국에 의한 수사 및 재판**: 미군당국은 요청에 따라 한국당국이 피의자 또는 피고인에 대한 조사와 재판을 할 수 있게 해야 하며, 이러한 사법적 절차의 진행에 대한 장애를 방지하기 위한 모든 조치를 취해야 한다. 한국당국은 미군대표의 입회하에 미군구성원 등을 수사할 수 있으며 체포 후 신병을 미군당국에 인도하기 전에 예비수사를 할 수 있다.

(2) 형집행에 관한 협조 – 제22조 제7항

미군당국이 선고한 자유형을 한국 내에서 집행함에 있어 조력을 요청하면 한국당국은 이를 호의적으로 고려해야 하며, 반면, 한국법원이 선고한 자유형을 복역하고 있는 미군구성원 등의 구금인도를 미군당국이 요청하면 한국당국은 이를 호의적으로 고려해야 하며, 이 경우 미군당국은 복역종료 시까지 미국의 적절한 구금시설 내에서 인도받은 자의 구금을 계속할 의무를 진다.

(3) 이중처벌의 금지 – 제22조 제8항

특정 범죄에 대해 일방국가로부터 재판을 받은 피고인은 동일범죄에 대해 타방국가로부터 이중으로 재판받지 않는다. 그러나 파견국 군당국은 당해 행위에 의한 군기 위반에 대해 재판할 수 있다.

(4) 접수국당국의 상소권 제한(이중위험금지 원칙) – 제22조 제9항

한국당국이 소추한 사건에서 한국법원이 내린 무죄판결에 대해 한국 검찰당국은 법령의 착오의 경우 이외에는 상소하지 못하며 또한 피고인이 상소하지 않은 재판에 대하여도 상소하지 못한다.

Ⅲ 민사재판관할권 – 협정 제23조

1. 의의

외국군대구성원 및 고용원의 손해배상책임과 관련한 민사관할권은 대체로 접수국이 행사한다. 따라서 민사관할권에서는 경합문제가 발생하지 않는다.

2. 공무집행 중 발생한 손해

(1) 공무집행 중 여부의 결정

공무집행 중인가의 여부에 관한 결정은 '중재인'에 의한다. 중재인은 접수국과 파견국의 합의에 의해 사법기관의 상급지위에 현재 있거나 과거에 있었던 접수국 국민 중에서 선정한다.

(2) 군대 및 군대구성원에 대한 손해 – 제23조 제1항

일방당사국의 공무집행 중의 군대구성원 및 고용원 또는 공용 중인 군대차량이나 선박 및 항공기가 타방 군대재산에 손해를 끼친 경우에는 타방이 당해 손해에 대한 청구를 포기하며, 또한 자국군대 구성원이 공무중 입은 부상이나 사망에 대해서도 타방에 대한 청구권을 포기한다.

(3) 정부재산에 대한 손해 – 제23조 제2항

공무집행 중 정부재산에 대해 손해가 발생한 경우 배상문제는 중재인을 통해 해결한다. 손해배상액이 일정액을 초과하는 경우 협정상 규정된 손해분담비율에 따라 접수국과 파견국이 공동 부담한다.

(4) 제3자에 대한 손해 – 제23조 제3항

외국군대의 구성원 및 고용원이 공무집행 중 제3자에게 손해를 끼친 경우 이에 대한 관할권은 원칙적으로 접수국에 있다. 청구는 접수국 군대의 행위로 발생한 청구권 처리에 적용되는 접수국 법령에 의해 처리한다. 접수국은 합의 또는 재판결과에 따라 접수국 통화로 지급한다. 파견국 단독책임인 경우 접수국이 배상액의 25%, 파견국이 75%를 부담하고, 공동책임이나 책임소재가 불명확한 경우 배상액을 균등하게 분담한다. 접수국이 기지급한 배상액은 파견국이 6개월마다 상환한다.

3. 비공무집행 중 발생한 손해 – 제23조 제6항

접수국의 민사관할권에 종속되며 원칙적으로 일반민사사건과 같이 민사재판에 의해 해결한다. 접수국당국은 공평한 방법으로 청구를 심사하고 배상금을 사정하여 파견국에 통보한다. 파견국은 통보 접수 후 보상금 지급 여부와 금액을 결정하여 피해자에게 제의하고, 피해자가 수락하면 파견국당국이 직접 지급하고 이를 접수국당국에 통고한다. 피해자가 사정액에 이의가 있으면 접수국 법원에 민사소송을 제기하여 해결한다.

4. 민사소송절차

민사소송절차에 있어서 2001년 개정을 통해 송달, 법정출석, 증거수집 및 강제집행절차에 관해 미국법이 허용하는 범위 내에서 한국법을 적용하게 되었다. 한국법원은 연락기관 또는 다른 방법을 통해 소송서류를 송달할 수 있으며, 미국 측은 법정출석을 확보할 수 있는 모든 조치를 취해야 한다.

5. 강제집행절차

미국 측은 강제집행에 필요한 모든 원조를 제공하며 한국법원은 강제집행 등과 관련하여 개인의 자유를 박탈할 수 없다. 봉급에 대한 강제집행은 미국법이 허용하는 한도 내에서 가능하며, 미군기지 내에서 강제집행을 하는 경우 미국 측 대표가 입회한다.

Ⅳ 한미 SOFA 재판관할권 제도의 문제점 및 입법론 – 형사재판권을 중심으로

1. 인적적용범위의 문제 – 제22조 제1항 (가)호

한국의 관할권으로부터 면제되는 파견국 국민의 범위에 미군의 구성원뿐 아니라 민간인 신분의 군속, 군인·군속의 가족도 포함되고 있다. 동 조항 합의의사록에서 '평시'에는 적용범위에서 배제하고 있으나, 현재 미국과 북한이 전쟁 중인가 평화관계인가에 대해 불분명하다. 군속과 가족은 협정의 형사재판권 보호대상에서 명시적으로 배제하는 것이 바람직하다.

2. 신문조서의 증거능력 제한

협정 제22조 제9항 (사)호에 대한 합의의사록은 "합중국의 정부대표와 접견교통하는 권리는 체포 또는 구금한 때로부터 존재하며, 동 대표가 참여하지 아니한 때에 피의자 또는 피고인이 한 진술은 피의자 또는 피고인에 대한 유죄의 증거로서 채택되지 아니한다."라고 규정하여 신문조서의 증거능력을 제한하고 있다.

3. 공무집행 중의 판단

공무집행 중의 행위에 대해서는 파견국이 1차적 관할권을 행사하며 공무집행 중인가 여부의 판단에 있어서 미군당국이 발행한 증명서가 1차적 재판권을 결정짓기 위한 사실의 충분한 증거가 된다. 이는 공무집행 중인가 여부의 판단에 한국이 개입할 수 있는 가능성을 봉쇄한 것으로 합리적인 개정이 요구된다.

4. 미군 시설·구역 안에서의 경찰권의 제한

미군당국은 미군이 사용하는 시설·구역안에서 통상 모든 체포를 행한다. 다만, 미군당국이 동의하거나 중대한 범죄를 범한 현행범을 추적하는 경우 한국당국이 미군 시설 및 구역에서 체포를 행할 수 있다. 현행범이라 할지라도 사실상 한국의 경찰권 행사가 제약될 수 있으며, 현행범이 아닌 경우에는 미군당국의 동의가 필요하다.

5. 이중위험조항(Double Jeopardy Clause)

한국 당국의 소추에 대해 유죄가 아니거나 무죄석방의 판결이 있는 경우 한국검찰의 상소권을 원칙적으로 제한하고 있다. 이는 미국법상 이중위험조항을 수용한 것으로서 1심 무죄판결에 불복하는 검사 측의 항소를 금지하지 않는 한국법의 관점에서는 문제로 지적된다.

제6장 | 국가책임

Ⅰ 국가책임의 의의

국제법상 국가책임(state responsibility)이라 함은 국가의 국제법상 책임을 의미하나 일반적으로 국가가 스스로의 국제위법행위(internationally wrongful act)에 대해 부담하는 국제법상의 책임을 말한다. 전통국제법상 국가책임은 이러한 위법행위책임을 중심으로 발전해 왔으나 최근에는 결과책임 또는 적법행위책임 및 국가의 국가범죄론에 대한 법리도 발달하고 있다.

Ⅱ 국가책임의 기본 원칙

1. 개별적 책임추구 원칙과 그 수정

개별적 책임추구 원칙이란 국가의 국제법 위반행위로 인해 직접 권리침해를 당한 국가만이 상대국에 대해 국제법상의 책임을 추구할 권리를 갖는 것을 말한다. 동 원칙은 1923년 윔블던호 사건에서 확인되었다. 이론적으로 국제법 침해가 '일반적으로 승인된 국제법규'에 관계되는 경우 국제사회를 구성한 모든 국가가 간섭권을 갖고 침해국에 대해 법질서 회복을 요구할 권리를 가져야 하나, 분권적인 국제법의 성질상 어떠한 국가도 국제법의 감독자로서의 지위를 주장할 수 없다. 그러나 오늘날 국제사회의 공익개념의 정착과 이를 보호하기 위한 강행규범, 국제범죄 개념의 확립으로 제3국의 책임추구능력이 인정되게 됨에 따라 개별적 책임추구 원칙이 수정되고 있다.

2. 민사책임 원칙과 형사책임 원칙의 대두

국내법에서 위법행위(delict)는 사법상의 불법행위(tort)와 형법상의 범죄(crime)라는 두 가지 종류로 구별되며, 각각 법률효과가 다르다. 즉, 전자는 주로 민사상의 손해배상이 요구되고, 후자에 대해서는 형벌이라는 제재가 부과된다. 전통적으로 국제법은 국제사회의 미숙한 발전단계를 반영하여 위법행위가 미분화상태였으며 국제위법행위는 국내법상의 불법행위와 유사한 것으로 취급되어 법적 효과는 손해배상책임에 국한되었다. 그러나 국제사회의 조직화가 진행되고 국제사회의 일반이익이라는 관념이 형성됨에 따라 일정한 위법행위를 국제범죄로 간주하는 경향이 나타나고 있다. 1980년 ILC 국가책임협약 잠정초안 제19조 제2항은 이러한 경향을 반영하여 입법화하였으나, 2001년 최종초안에서는 삭제되었다.

3. 책임능력의 원칙

국제위법행위의 성립을 위해서는 국제법상 위법행위능력을 갖는 국제법주체의 국제법위반행위(작위 또는 부작위)가 있어야 한다. 국제위법행위의 주체는 원칙적으로 국가이며 국가의 국제책임은 책임능력을 전제로 한다. 국제기구나 사인도 제한적으로 책임능력이 인정된다.

Ⅲ 법전화

1. 위법행위책임

국제법위원회(Interantional Law Commission: ILC)는 1956년 이래 '국가책임에 관한 협약 초안'을 준비해 왔으며, 2001년 제53차 회기에서 '국제위법행위에 대한 국가책임에 관한 규정 초안'(draft articles on Responsibility of States for internationally wrongful acts)을 채택하였다.

2. 결과책임

국제법위원회는 결과책임에 관한 법전화작업을 '예방 초안'과 '보상 초안'으로 분리하여 진행하였다. 그 결과 ILC는 2001년 제53차 회기에서 '위험한 활동에서 야기되는 월경 피해의 방지에 관한 규정 초안'을 채택하였다. 또한 2006년에는 '위험한 활동에서 야기되는 국경 간 손해의 경우에 있어서 손실의 배분에 관한 제원칙 초안'을 채택하였다.

제2절 위법행위책임

Ⅰ 개념

국제법상 국가책임(state responsibility)이라 함은 국가가 스스로의 국제위법행위(internationally wrongful act)에 대해 부담하는 국제법상의 책임을 말한다. 국제법위원회(International Law Commission: ILC)는 1956년 이래 '국가책임에 관한 협약 초안'을 준비해 왔으며, 2001년 제53차 회기에서 '국제위법행위에 대한 국가책임에 관한 규정 초안'(draft articles on Responsibility of States for internationally wrongful acts)(이하 조항만 언급)을 채택하였다.

Ⅱ 성립요건

> 🗐 **조문 | ILC 위법행위책임 초안 제2조 – 국가의 국제위법행위의 요건**
>
> 작위 또는 부작위를 구성하는 행위가 다음과 같은 경우 국가의 국제위법행위가 존재한다.
> (a) 국제법에 따라 국가에 귀속될 수 있으며,
> (b) 그 국가의 국제의무 위반을 구성하는 경우

1. 총설

국가책임의 성립요건은 종래 (1) 국가행위(귀속성), (2) 국제위법행위의 존재, (3) 손해의 발생, (4) 고의·과실의 네 가지 요건을 포함하는 것으로 관념되었으나, 후 2자에 대해서는 독립적인 국가책임 성립요건인가에 대해 학설과 관행이 일치하지 않았다. ILC초안은 제1조에서 "국가의 모든 국제위법행위(internationally wrongful act)는 국가책임을 유발한다."라고 규정하여 전 2자를 국가책임의 성립요건으로 인정하고 있다.

2. 국가행위(국가귀속성)

국가책임이 성립하기 위해서는 국제법위반행위에 대한 책임귀속의 가능성이 국가에 있어야 한다. 국가는 관념적인 단체인격이므로 국가기관 및 국가기관원을 통해 행위를 한다. 따라서 국가기관이나 국가기관원의 행위가 국가의 행위로 귀속되어야 국가책임이 성립하는 것이다. 입법·사법·행정부 등 중앙정부의 행위, 지방정부의 행위, 주정부의 행위는 국가에 귀속된다. 또한 권한 외의 행위에 대해서도 귀속성을 인정한다(제7조). 한편, 사실상의 국가기관(de facto state organ)은 그 요건을 충족하는 경우 국가기관이 아닌 자의 행위도 국가에 귀속된다. 국가귀속성에 대해서는 제3절에서 상술한다.

3. 국제의무의 위반

(1) 국제의무의 연원

국가책임은 국가행위에 국제법상 위법성(wrongfulness)이 있어야 성립한다. 국제의무를 위반하는 국가행위는 관습국제법, 조약 등 그 위반된 의무의 원천에 관계없이 위법성을 가지며 국제위법행위를 구성한다(제12조). 한편, 일방행위도 일정한 조건하에서 의무연원성이 인정된다. 일방행위는 대세적 의무를 창설할 수도 있고, 특정 국가만을 상대로 하는 의무를 창설할 수도 있다. '핵실험 사건'에서 ICJ는 프랑스의 남태평양지역에서 더 이상 핵실험을 하지 않겠다는 선언은 법적 구속력이 있는 것으로서 프랑스에 대해 법적 의무를 창설하는 효과를 갖는다고 보았다.

(2) 위법성의 발생시기

국가의 국제의무 위반은 행위 당시에 당해 행위가 국제법 위반인 경우에만 발생한다(제13조). 계속적 성격을 갖지 않는 행위는 그 영향이 계속될지라도 당해 행위가 행해진 때 국제의무 위반이 발생하며(제14조 제1항), 계속적 성격을 갖는 행위는 당해 행위가 계속되고 의무 위반이 지속되는 전체기간 동안 국제의무 위반이 연장된다(제14조 제2항).

(3) 강행규범의 중대한 위반

> **📄 조문 | ILC 위법행위책임 초안 제41조 - 강행규범위반의 특별한 결과**
>
> 1. 국가들은 제40조상의 의미에 해당하는 모든 중대한 위반을 합법적 수단을 통하여 종료시키기 위해 협력하여야 한다.
> 2. 어떠한 국가도 제40조상의 의미에 해당하는 중대한 위반에 의하여 발생한 상황을 적법한 것으로 인정한다거나 또는 그러한 상황의 유지를 위한 원조나 지원을 하여서는 아니된다.
> 3. 본조는 본부에서 언급된 다른 결과 및 본장이 적용되는 위반이 발생시키는 결과에 영향을 미치지 않는다.

위반된 규범이 강행규범인 경우 ILC 초안은 특별규정을 두고 있다. 각 국가는 타국에 의해 야기된 일반국제법의 강행규범하의 의무의 중대한 위반을 합법적인 수단을 통해 종료시키기 위해 협력해야 한다(초안 제41조 제1항). 또한 어떤 국가도 그러한 중대한 위반에 의하여 창설된 사태를 합법적인 것으로 승인하거나, 그러한 사태를 유지하는 데 원조를 제공해서는 안 된다(제41조 제2항). 일반국제법의 강행규범하의 의무의 '중대한 위반'(serious breach)이란 책임 있는 국가가 동 의무를 중대하게 또는 조직적으로 이행하지 않는 것을 의미한다(제40조 제2항).

4. 고의 · 과실

(1) 학설

국가기관의 위법행위에 고의·고실을 요하는가에 대해 학설과 관행이 일치되어 있지 않다. 우선, 학설은 무과실책임론(객관적 책임이론, no-fault theory), 과실책임론(주관적 책임이론, fault-theory), 절충설이 대립된다. 그로티우스 이래 과실책임론이 통설이었으나, 안질롯티는 법인체인 국가의 행위를 다룸에 있어서 자연인에게 요구되는 심리적 요소인 고의·과실을 개입시키는 것은 타당성이 없다고 보고 무과실책임론을 주장하였다. 한편, 절충설은 국가기관의 작위에는 무과실책임을, 부작위에는 과실책임을 인정하려는 입장이다.

(2) 국제관습 및 국제관행

국제관습법이나 국제관행도 어느 하나를 결정적으로 지지하지 않는다. 국제법상의 규정 여하에 따라 과실책임이 인정되는 경우도 있고 무과실책임이 인정되는 경우도 있을 수 있다. 국가에 대해 '상당한 주의'를 요하는 국제법규의 경우 국가의 과실책임을 인정한 것이다. 반면, 조약에 의해 결과적 책임을 규정한 경우 무과실책임을 인정한 것이라 할 수 있다.

(3) 소결

현대 국제법에서 국제법 위반행위에 고의·과실을 요하는 것은 타당하지 않다고 본다. 첫째, 국가기관의 활동이 증가하고 국가활동이 팽창하면서 고의·과실이론의 적용상 난점이 있다. 둘째, 절대책임(무과실책임)을 인정하는 경우 국가들은 여러 정부부처와 기관들에 대해 국제법을 위반하지 않도록 더 많은 통제를 행사하게 될 것이다. 셋째, 법인체인 국가의 행위에 자연인에게만 문제되는 심리적 요소를 개입시키는 것은 타당성이 없다.

5. 손해의 발생

국가책임을 민사책임으로 관념하고, 개별적 책임추구 원칙이 지배해 온 전통국제법은 손해의 발생을 국가책임의 성립요건으로 보았다. 그러나, 대세적 의무와 강행규범 개념의 실정국제법에의 도입으로 더 이상 손해의 발생이 책임의 성립요건으로 인식되지 않는다. 대세적 의무를 위반한 경우 실제로 손해를 입지 않은 국가도 조약 혹은 국제관습법에 기초하여 국제적 청구를 제기할 수 있다. 한편, 모든 국가를 당사자로 하는 강행규범의 중대한 위반인 범죄에 있어서는 구체적인 손해의 발생이 없이도 위반국과 모든 타국 간에 책임관계가 성립한다. 즉, 문제의 행위로 인해 직접 손해를 입은 국가뿐만 아니라 모든 제3국은 당해 범죄행위에 대한 피해국으로서 그에 대한 책임을 추궁할 수 있으며, 제재에 참가할 수 있다. 결국, 불법행위와 범죄를 모두 포함하는 국가책임에 있어서는 불법행위만 해당하는 손해발생이라는 요소가 더 이상 국가책임의 성립요건으로 인정될 수 없다.

Ⅲ 국제위법행위의 법적 결과와 국가책임의 추구(해제)

1. 국제위법행위의 법적 결과

국제의무 위반이 존재하는 경우 위반국은 (1) 위법행위에 의해 야기된 침해(injury)에 대해 완전한 손해배상을 할 의무가 발생한다(제31.1조). (2) 위법행위를 즉시 중지하고 재발방지를 위한 적절한 약속과 보장을 제공해야 한다(제30조). (3) 손해배상을 한 경우에도 위반된 의무를 계속해서 이행할 의무를 부담한다(제29조).

2. 피해국에 의한 국가책임의 추궁

> ### 📖 조문 | ILC 위법행위책임 초안 제42조
>
> 국가는 다음의 경우 피해국으로서 타국의 책임을 추궁할 수 있다.
>
> (a) 위반된 의무가 개별적으로 그 국가를 상대로 하는 것이거나, 또는
>
> (b) 위반된 의무가 당해 국가를 포함하는 일단의 국가들 또는 국제공동체 전체를 상대로 하는 것이며, 그 의무의 위반이
>
>   (i) 당해 국가에 특별히 영향을 주거나, 또는
>
>   (ii) 그 의무가 상대로 하는 모든 다른 국가들의 입장을 그 의무의 추후 이행과 관련하여 급격하게 변경시키는 성질을 지닌 경우
>
> (A State is entitled as an injured State to invoke the responsibility of another State if the obligation breached is owed to:
>
> (a) That State individually; or
>
> (b) A group of States including that State, or the international community as a whole, and the breach of the obligation:
>
>   (i) Specially affects that State; or
>
>   (ii) Is of such a character as radically to change the position of all the other States to which the obligation is owed with respect to the further performance of the obligation.)

(1) 피해국의 유형 – 제42조

① 개별 국가 간의 의무 위반에 있어서의 피해국: 초안 제42조 제(a)호는 국가는 '위반된 의무가 개별적으로 그 국가를 상대로 하는 경우 피해국으로서 책임을 추궁할 수 있다고 규정한다. 개별적 의무 위반에 있어서 그 의무의 상대국이 피해자가 될 수 있는 경우는 양자조약관계에서 뿐만 아니라 다자조약, 일반국제법, 일방행위와 관련해서도 발생할 수 있다.

② 공동체 전체에 대한 의무 위반에 있어서의 피해국: 초안 제42조 제(b)호에 의하면 국가는 위반된 의무가 그 국가를 포함하는 일단의 국가들 또는 국제공동체 전체를 상대로 하는 경우 일정한 조건하에 피해국으로서 책임을 추궁할 수 있다. 여기서 문제되는 것은 집단적 의무(collective obligation)로서 둘 이상의 국가들 간에 적용되는 의무로서, 그 문제된 경우에 있어서 개별적으로 어느 하나의 국가를 상대로 하는 것이 아니라 일단의 국가들 또는 국제공동체 전체를 상대로 하는 의무를 말한다.

이는 대세적 의무 위반을 전제로 하는 것이다. 다만, 대세적 의무 위반 시 어떤 국가가 피해국으로서 국가책임을 원용하는 경우는 다음 몇 가지에 한정된다. 첫째, 의무 위반이 국가에 대하여 특별히 영향을 주는 경우(초안 제42조 제(b)호 (i)). 예컨대, 어떤 국가가 공해상에서 오염물질을 폐기한 경우 이로 인해 영향을 받는 연안국들이 피해국 범주에 들어갈 수 있다. 둘째, 제43조 제(b)호 (ii)는 공동체 전체를 상대로 하는 의무가 위반된 경우 해당 공동체의 전 구성원들이 피해국으로서 책임을 추궁할 가능성을 규정하고 있다. 즉, 공동체 구성원인 국가는 그 위반이 그 의무가 상대로 하는 모든 다른 국가들의 입장을 그 의무의 추후 이행과 관련하여 급격하게 변경시키는 성질의 것인 경우 피해국으로서 책임을 추궁할 수 있다. 이러한 의무 위반은 결과적으로 타국에 의한 그 의무의 이행을 불가능하게 함으로써 모든 타국이 영향을 받을 수 있다. 따라서 금전적으로 환산 가능한 손해를 받지 않았을지라도 그 의무 위반의 중지와 아울러 원상회복 등 손해배상을 요구할 이익을 가진다. 군축조약, 비핵지대화조약, 남극조약 등의 위반이 이와 같은 상황에 해당한다.

(2) 국가책임의 추궁 절차

타국의 책임을 추궁하는 피해국은 자신의 청구를 타국에 통고해야 한다. 또한 피해국은 위법행위가 계속되고 있는 경우 의무 위반국이 이를 중지하기 위해 취해야 할 행위와 손해배상은 어떤 형식을 취해야 할 것인지를 적시할 수 있다(제43조). 한편, 피해국이 청구를 유효하게 포기하였거나, 피해국이 그 행위에 의해 청구의 소멸에 대해 유효하게 묵인한 것으로 간주될 수 있는 경우에는 국가책임을 원용할 수 없다(제45조).

(3) 국가책임의 해제방법 – 손해배상

> **📖 조문 | ILC 위법행위책임 초안 제31조 – 손해배상**
>
> 1. 책임국은 국제위법행위로 인한 피해에 대하여 완전한 배상의무를 진다.
> 2. 피해는 국가의 국제위법행위로 인한 물질적 또는 정신적 손해를 모두 포괄한다.

① **의의**: 가해국은 피해국에 손해배상(reparation)을 함으로써 자신의 책임을 이행한다. 손해배상이란 의무위반국이 자신의 책임을 이행하는 모든 방법을 의미한다. 손해배상은 원상회복, 금전배상, 사죄의 형식에 의해 이행된다. 3개 형식의 손해배상은 각각 단독으로 행해질 수도 있고 서로 결합하여 행해질 수도 있다(제34조). PCIJ는 Chorzów Factory 사건에서 손해배상은 가능하면 위법행위의 모든 결과를 제거하고 그 행위를 하지 않았다면 존재했을 상황을 재수립해야 한다고 하였다.

② **원상회복(restitution, 제35조)**: 원상회복이란 위법행위가 행해지기 이전에 존재했던 상태를 재수립하는 것을 의미한다. 손해배상은 일차적으로 위법행위가 발생하기 이전의 상황을 회복하는 것을 목표로 해야 한다. 단, 원상회복이 불가능할 경우에 금전배상 등 다른 손해배상을 하게 된다. 원상회복이 불가능한 경우는 세 가지가 있다. 첫째, 물리적 불능, 둘째, 법률적 불능, 셋째, 정치적 불능이다. 사람을 살해한 경우가 물리적 불능, 국제법에 위반된 국내조치를 국내법상 무효로 하는 것이 헌법에 의해 제약된 경우는 법률적 불능, 국유화조치로 컨세션 계약을 위반한 경우는 정치적 불능으로 볼 수 있다.

③ 금전배상(compensation, 제36조): 금전배상은 의무 위반으로 인한 손해를 경제적으로 평가하여 배상하는 것을 의미한다. 배상액 산정에 있어서 목적물의 가치는 침해 시가 아니라 배상지불 시를 기준으로 산정한다. 외국인에 대한 간접침해의 경우 가해국의 주의의무 결여의 정도가 아니라 외국인이 입은 손해를 기준으로 배상액을 산정한다. 한편, 손해배상의 목적은 위법행위의 모든 결과를 제거하는 것이므로(Chorzow Factory 사건, PCIJ, 1928), 직접손해 외에 기대이익의 상실, 영업권, 소득상실도 입증되는 한 배상의 범위에 포함된다. ILC 초안에 의하면 금전배상은 재정적으로 평가될 수 있는 손해(any financially assessable damage)에만 적용되는데, ILC는 이 표현을 통해 두 가지를 의도하고 있다. 첫째, 국가에 대한 정신적 손해, 즉 재산이나 사람에 대한 실제 손해와 연관이 없는 권리에 대한 침해에 의하여 야기된 모욕이나 피해에 대한 금전배상은 제외된다. 이 경우의 손해에 대해서는 제37조(사죄)가 적용된다. 둘째, 그러나 외교보호의 분야에서 사람이 입은 정신적 · 비물질적 손해는 재정적으로 평가될 수 있는 손해에 해당할 수 있으므로 이런 경우의 정신적 손해라면 금전배상의 대상이 될 수 있다.

④ 사죄(satisfaction, 제37조): 원상회복이나 금전배상으로 손해배상이 되지 않는 경우 또는 원상회복 및 금전배상과 병행하여 사죄를 행할 수 있다. 국가나 개인의 권위에 대한 침해의 경우에 적절한 손해배상 방식이라 볼 수 있다. 사죄는 위반인정, 유감표시, 정식사과의 방법으로 이루어 질 수 있다. 사죄는 손해와의 사이에 비례성을 갖추어야 하며 위반국을 모독하는 형태로 취해져서는 안 된다.

3. 피해국이 아닌 국가에 의한 책임추궁 – 제48조

📖 조문 │ ILC 위법행위책임 초안 제48조 – 피해국 이외의 국가에 의한 책임추궁

1. 다음과 같은 경우, 피해국 이외의 어떠한 국가도 제2항에 따라 타국의 책임을 추궁할 수 있다.

   (a) 위반된 의무가 당해 국가를 포함한 국가집단에 대하여 부담하는 것이고, 그 의무는 그 국가들의 집단적 이익의 보호를 위하여 수립된 경우, 또는

   (b) 위반된 의무가 국제공동체 전체에 대하여 부담하는 것일 경우

   (Any State other than an injured State is entitled to invoke the responsibility of another State in accordance with paragraph 2 if:

   (a) The obligation breached is owed to a group of States including that State, and is established for the protection of a collective interest of the group; or

   (b) The obligation breached is owed to the international community as a whole.)

2. 제1항에 따라 책임을 추궁할 수 있는 국가는 책임국에 대하여 다음을 청구할 수 있다.

   (a) 제30조에 따른 국제위법행위의 중지와 재발방지의 보증 및 보장, 그리고

   (b) 위의 조항들에 따라 피해국이나 위반된 의무의 수혜자를 위한 배상의무의 이행

   (Any State entitled to invoke responsibility under paragraph 1 may claim from the responsible State:

   (a) Cessation of the internationally wrongful act, and assurances and guarantees of non-repetition in accordance with article 30; and

   (b) Performance of the obligation of reparation in accordance with the preceding articles, in the interest of the injured State or of the beneficiaries of the obligation breached.)

3. 제43조, 제44조, 제45조에 의한 피해국의 책임추궁 요건들은 제1항에 따라 권리가 부여된 국가의 책임추궁에도 적용된다.

   (The requirements for the invocation of responsibility by an injured State under articles 43, 44 and 45 apply to an invocation of responsibility by a State entitled to do so under paragraph 1.)

---

(1) 의의

초안 제48조는 제42조의 피해국의 정의에 부합되지 않는 국가, 즉 '피해국 이외의 어떤 국가라도' 의무 위반국의 책임을 원용하는 것을 허용하고 있다. 제48조는 대세적 의무의 확립을 책임법 영역에 도입한 것이다. 대세적 의무는 해당 공동체의 모든 개별 구성원들이 타의 모든 구성원들을 상대로 부담하는 것이며 모든 구성원들은 그러한 의무에 상응하는 권리를 가진다. 따라서, 한 구성원에 의하여 그러한 의무가 위반되는 경우 이는 그에 상응하는 모든 타 구성원들의 권리를 침해하게 되는 것이다. 또한, 대세적 의무는 공동체 전 구성원들이 함께 향유하는 공통법익의 보호를 목적으로 하기 때문에 전 구성원들은 그러한 의무의 준수에 대하여 법적 이익(legal interest)을 가지며 그 의무가 위반되는 경우 공동체 전 구성원들이 법익을 침해받게 되는 것이다. 이러한 이유로 대세적 의무 위반의 경우 피해국 이외의 국가들에게 국가책임을 원용할 자격을 부여하는 것이다.

(2) 제48조가 적용되는 의무의 유형

① **당사자 간 대세적 의무(obligations erga omnes partes):** 제48조가 적용되는 의무의 유형은 두 가지로 대별된다. 첫째, 위반된 의무가 국가들의 집단에 대한 것으로서 그 집단의 집단적 이익(collective interest)의 보호를 위해 수립된 경우이다. 이는 국제공동체 전체에 대해 부담하는 의무는 아니고 조약 또는 관습에 기초한 의무로서 그 이행에 모든 당사자가 법적 이익을 갖는 것이다. 이를 '당사자 간 대세적 의무'(obligations erga omnes partes)라 한다. 지역적 비핵지대조약상의 의무, 지역적 인권보호조약상의 의무가 여기에 해당한다.

② **일반국제법상 대세적 의무(obligations erga omnes):** 위반된 의무가 국제공동체 전체(international community as a whole)에 대한 경우이다.

(3) 피해국 이외의 국가의 책임추궁 내용

피해국 이외의 국가가 책임 추궁하는 경우 피해국이 추궁하는 것과 구별된다. 그러한 국가들은 첫째, 제 30조에 따른 국제위법행위의 중단과 재발방지의 확보 및 보장 청구, 둘째, 피해국에 대한 배상의무 이행의 청구를 할 수 있다.

(4) 피해국 이외의 국가의 책임추궁 절차

피해국의 책임추궁 절차가 준용된다(제48조 제3항). 즉, 제43조의 피해국에 의한 청구의 통고, 제44조의 청구의 허용성 요건, 제45조상의 청구권 상실 규정이 적용된다.

⚖ 판례 | 코르푸 해협 사건[31] – 부작위책임문제

코르푸 해협은 알바니아 본토와 Corfu섬 사이에 위치한 해협으로서 알바니아의 영해에 해당하며 공해의 두 부분을 연결하고 있으며 국제 해상 교통에 유용한 항로로 평가된다. 영국은 1946년 10월 2일 군함을 코르푸 해협에 파견하였다. 동 해협을 항행하던 중 기뢰가 폭발하여 군함에 심한 손상을 입었다. 3주 후 영국은 소해선(掃海船)을 파견하여 코르푸해협에서 기뢰제거 작업을 하여 22발의 기뢰선을 절단하였다. 확대관할권에 의해 관할권이 있음을 확인한 ICJ는 이 사고로 인한 알바니아의 책임 및 영국의 책임과 관련하여 다음과 같이 판시하였다. 첫째, ICJ는 코르푸해협에서의 기뢰사고로 인한 알바니아의 책임을 인정하였다. ICJ는 영해에서 위험사실이 존재하여 무해통항권을 침해할 우려가 있는 경우 이를 고지해야 할 의무가 있다고 보고, 알바니아가 그러한 위험을 알고도 영국 군함에 고지하지 않음으로써 영국 군함에 피해가 발생하였으므로 알바니아는 국가책임을 져야한다고 판시하였다. 알바니아는 기뢰를 알바니아가 직접 또는 제3국을 통해 설치한 증거가 없고, 기뢰설치에 관한 알바니아의 원조에 관한 증거가 없다고 주장하였다. 그러나, ICJ는 국가가 타국의 영역 내에서 피해를 입은 경우 직접 증거를 확보하는 것이 곤란하기 때문에 정황증거에 의해 주장하는 것이 가능하다고 보고, 기뢰 폭발 전후 알바니아의 태도, 알바니아 연안에서 기뢰 부설작업을 할 수 있는 능력으로 보아 알바니아의 인지 없이는 기뢰 부설이 불가능함이 인정된다고 판시하였다. 둘째, ICJ는 알바니아 영해에서 영국의 소해작업이 알바니아의 영토주권을 침해하였다고 판시하였다. ICJ는 영국의 소해작업이 알바니아의 의사에 반하여 이루어졌고, 소해작업은 무해통항권의 행사로서 정당화되지 아니한다고 판시하였다. 영국은 증거물을 보전하기 위한 행동이었고, 자위 내지는 자력 구제의 방법이라고 항변하였으나 배척되었다. ICJ는 영국의 행위는 국제관계의 불가결한 기초인 주권존중 원칙에 반하며, 허용되지 않는 위법한 간섭이라고 판단하였다.

---

31) UK/알바니아, ICJ, 1949년.

Ⅰ 의의

국가의 국제책임에 있어서 '행위의 국가로의 귀속(歸屬)'이란 한 국가에게 어떠한 행위에 대한 국제책임을 부과하기 위하여 그 행위를 그 국가의 행위로 인정하는 논리적 작용을 말한다. 단체인격으로서의 국가는 그 기관을 통하여 행동할 수밖에 없으며, 이러한 국가기관은 또한 그 기관의 지위에 있는 자연인(국가공무원)을 통하여 행동할 수밖에 없다. 따라서 국가기관의 지위에 있는 자연인의 권한 내의 행위가 국가에 귀속되는 것이 국제책임의 근본적 전제가 되는 것이다. 어떤 행위의 국가 귀속성은 국제법에 의해 결정된다.

Ⅱ 국가기관의 행위

1. 국가기관의 행위가 국가로 귀속되기 위한 조건

(1) 인적조건

두 가지 조건이 충족되어야 한다. 첫째, 인적조건으로서 국가기관이 '직무상'으로 행동하였어야 한다. 국가기관이 사적자격으로 취한 행위는 국가의 행위가 아니며, 사인의 행위와 마찬가지로 다루어진다. 입증책임과 관련하여 당해 국가기관이 외견상 직무를 수행하고 있다고 보이는 경우 직무수행 중인 것으로 추정될 수 있으므로 피청구국이 직무수행 중이 아니었음을 입증해야 한다. 한편, 국가기관이 외견상 직무를 수행하고 있는 것으로 추정되기 어려운 경우 청구국 측에서 직무수행 중이었음을 적극적으로 입증해야 한다.

(2) 물적조건

원칙적으로 국가기관의 모든 직무상 행위가 국가로 귀속된다. 즉, 국가의 공권력행사의 경우에만 책임을 지는 것은 아니다. ILC는 최종 초안 제4조에 대한 해설에서 국가기관의 모든 행위가 국가로 귀속됨을 강조하면서 그러한 행위가 상업적(commercial)인 것이거나 또는 관리행위(acta jure gestionis)라 할지라도 그 행위는 국가로 귀속된다고 하였다. 그러나 예외도 있다. UN해양법협약 제31조는 군함 및 기타 비상업용 정부선박이 연안국의 영해를 항행하는 중 연안국에 입힌 손해에 대해 기국이 책임을 지도록 규정하고 있다. 따라서 상업용 정부선박의 행위는 국가로 귀속되지 않으며, 기국은 이러한 선박들이 연안국의 권리를 침해하지 않도록 감독할 의무만 부담한다.

2. 입법기관의 행위

(1) 국제법이 여하한 입법도 요구하지 않는 경우

대부분의 경우 국제법은 국가에 어떤 의무를 부과함에 있어서 그 의무의 이행만을 요구하며, 그 이행을 확보하기 위한 수단 선택은 개별 국가들에게 맡긴다. 즉, 국제법상 결과의무나 행위의무를 부과하되 그 이행방법에 대해서는 국가에 재량권을 주는 것이다. 이 경우 입법기관이 국제의무의 이행에 필요한 법률을 제정하지 않았다는 입법부작위 또는 국제법에 저촉되는 법률을 제정했다는 입법작위는 그 자체로서 국제위법행위를 구성할 수 없으며, 특정의 법률이 없음으로 인해서 또는 특정의 법률에 구속되는 결과로 행정기관이 취한 행위 또는 사법기관이 내린 결정이 외국 또는 외국인의 권리를 침해하는 경우에 비로소 국제위법행위가 구성된다. 미국과 파나마 간 Mariposa Development Company case(1937)에서 중재위원회 또한 입법의 작위 또는 부작위가 아니라 현실적인 자산 수용이 있는 경우 국제청구를 제기할 수 있다고 하였다.

(2) 국제법이 구체적인 입법을 요구하는 경우

국제법이 입법을 요구하는 형태는 두 가지이다. 즉, 조약이 해당조약에서 규정한 법규칙을 그대로 국내법으로 제정하도록 요구하는 경우가 있다. 또한, 입법을 요구함에 있어서 구체적이지는 않으나 일정한 내용 또는 방향을 제시하는 경우도 있다. 구체적 입법요구가 있는 경우 입법을 하지 않았다는 것 자체만으로 국가책임이 성립한다고 볼 수 없다. 입법을 하지 않음으로써 외국이나 외국인에게 피해가 야기된 경우 국가책임이 성립한다. 구체적 피해가 없는 경우 이론적으로 국가책임이 성립한다고 할 수 있으나, 실제로 피해를 입은 국가가 없어 국가책임이 추궁되기는 어려울 것이다.

3. 행정기관의 행위

행정기관을 구성하는 공무원이 직무집행과 관련하여 국제위법행위를 한 경우 국가책임이 당연 성립한다. 외국에 대한 공채의 지불거절, 외국인의 불법 체포 및 구금, 외국인을 부당하게 국외로 추방하는 경우 등이 대표적이다. 중앙정부의 기관뿐 아니라 지방자치단체나 연방국가의 구성단위도 국가기관으로 간주된다. ILC초안 제4조에 대한 주석은 일정한 경우 연방의 구성단위도 직접 책임주체가 될 수 있다고 규정한다. 연방국가의 헌법에서 구성국들에게 독자적인 조약체결권을 부여하고, 국제협정에서 협정위반에 대한 책임을 연방의 구성국에게만 묻기로 합의한 경우를 예로 들 수 있다.

4. 하급기관의 행위

하급기관의 행위에 대해서도 국가책임이 인정되는가에 대해 학설·판례는 일치하지 않았다. 미국시민이 멕시코에서 살해된 사건(Massey 사건, 1927년)에서 멕시코정부는 최말단공무원인 간수의 행위는 국가에 귀속되지 않는다고 주장하였으나, 일반청구위원회는 이 주장을 배척하였다. 초안 제4조 제1항은 모든 국가기관의 행위는 그 기관의 국가조직상 위치와 무관하게 국가의 행위로 간주된다고 규정하고 있다. Rainbow Warrior호 사건(프랑스 v. 뉴질랜드)에서도 프랑스 비밀요원들의 그린피스 소속 선박의 격침행위가 고위급에 의해 지시된 것인지 관계없이 국가책임을 부담하였다.

5. 사법기관의 행위

사법기관의 경우 일반적으로 '재판의 거절'(denial of justice)에 해당하는 행위로 인해 국가책임을 진다. 재판의 거절은 다음과 같다. (1) 외국인의 소송의 수리를 거부. (2) 재판절차가 불공정. 심리나 판결의 부당한 지연 등은 재판절차의 불공정으로 인정된다. (3) 명백히 불공평한 판결. (4) 피고에 대한 유죄판결을 집행하지 않는 경우 등. 다만, 미국이나 다수의 중재판정은 '오판'에 대해서는 재판의 거부로 보지 않는다.

6. 월권행위(ultra vires acts)

(1) 학설

공무원의 권한 외의 행위가 국가에 귀속되는가에 대해 부정설과 긍정설의 대립이 있다. 부정설은 국가기관의 권한 외의 행위는 국가의 행위가 아니라 개인의 행위에 불과하므로 국가가 무과실책임을 질 수 없다는데 터잡고 있다. 긍정설은 과실추정설과 표현설이 대립한다. 과실추정설은 국가기관원이 권한 외 행위를 하여 외국인에게 손해를 발생하게 한 경우 국가가 이를 방지하지 못한 데에 고의·과실이 추정된다는 것이다. 표현설은 국가기관원의 권한관계는 대외적으로 불명료한 경우가 많으므로 권한 외 행위가 외견상 마치 권한 내 행위같이 행해진 경우 국가가 책임을 져야 한다는 설이다. 다수의 견해는 공무원의 권한 외의 행위에 대해서도 국가귀속성을 인정한다(안질롯티). 국가가 자국 내부의 행정조직으로부터 발생한 위험의 부담을 외국인에게 전가하는 것은 부당하기 때문이다.

(2) Tinoco 사건(Great Britain v. Costa Rica, 1923)

공무원의 월권행위가 명백한 경우 국가책임의 성립을 부정하였다. 공무원의 행위가 월권인 것이 명백한 경우 피해자가 이를 알 수 있고 또 알았어야 하고, 따라서 위법행위가 발생함을 방지할 수 있었을 것이기 때문이다. 이 사안에서 코스타리카의 티노코 대통령이 개인적 용도로 돈을 인출한다는 것을 알았음이 분명한 시점에서 이루어진 영국은행의 대출에 대해서는 영국정부가 코스타리카에게 반환을 청구할 수 없다고 판결하였다.

(3) Youmans 사건(US v. Mexico, 1926)

외견상 월권행위임이 명백한 경우에도 국가귀속성과 책임을 인정하였다. 폭동 진압의 명을 받은 멕시코 지방군대가 폭도 측에 가담하여 미국인을 살해한 사건에서 멕시코는 지방자치단체장의 지시를 어긴 군인들의 행위에 대해 멕시코가 책임을 질 수 없다고 주장하였으나, 일반청구위원회는 이를 배척하고 멕시코의 배상을 판결하였다. 멕시코의 주장에 따른다면 상부의 지시에 위배되는 국제위법행위에 대해서는 어떤 위법행위에 대해서도 책임을 수반하지 않을 것이라는 이유에서였다.

(4) ILC 초안 제7조

> #### 📖 조문 | ILC 위법행위책임 초안 제7조 - 월권행위
>
> 국가기관 또는 정부권한(공권력)을 행사하도록 권한을 위임받은 개인 또는 단체의 행위는 그 기관, 개인 또는 단체가 그 자격으로 행동하는 경우, 그 행위자가 자신의 권한을 넘어서거나 또는 지시를 위반한다 하더라도, 국제법상 그 국가의 행위로 간주된다. (The conduct of an organ of a State or of a person or entity empowered to exercise elements of the governmental authority shall be considered an act of the State under international law if the organ, person or entity acts in that capacity, even if it exceeds its authority or contravenes instructions.)

ILC는 국가기관원의 직무상 행위는 설사 국내법상 부여된 권한을 초과했거나 지시를 위반한 경우에도 국제법상 국가행위로 본다. 즉, 국가기관의 직무상 행위는 권한 밖에서 행해졌다 할지라도 이를 국가권력의 행사로 보아 이를 국가에 귀속시키고 있다.

7. 연방구성국

연방제 국가에 있어서 연방정부가 그 구성국들의 행위에 대해 대외적으로 책임을 진다는 것은 확립된 국제법 원칙이다. 1875년 미국과 콜롬비아 간 Montijo case에서 중재법원은 연방정부가 헌법상 구성국들의 내부문제에 간섭할 수 없으므로 책임을 질 수 없다는 콜롬비아의 주장을 기각하고 연방구성국의 행위에 대한 콜롬비아의 책임을 인정하였다. ILC 초안은 제4조에서 국가기관의 행위의 국가로의 귀속을 인정하면서 그 기관이 국가의 중앙정부에 속하든 영토적 단위에 속하든 불문한다고 하여 연방구성국의 행위에 대해 국가가 책임을 진다는 것을 명시하였다.

Ⅲ 국내법에 의하여 권한을 위임받은 주체의 행위

1. 의의

국제법은 국가와는 독립적으로 국내법상 별도의 법인격을 가지나 국내법에 의해 국가업무의 수행 권한을 위임받은 단체들의 행위에 대해 국가의 국제책임을 인정한다. 행위가 비록 국가기관 이외의 주체에 의하여 이루어졌다고 하더라도, 그것이 국내법의 위임에 의하여 수행된 것이라면 본질적으로 국가기능(State functions)행사에 해당하는 것이므로 국가에 귀속되어야 한다.

2. ILC 초안

> 📃 **조문 | ILC 위법행위책임 초안 제5조 - 정부권한(공권력)을 행사하는 개인 또는 단체의 행위**
>
> 제4조에 따른 국가기관은 아니지만 당해 국가의 법에 의하여 정부권한(공권력)을 행사할 권한을 부여받은 개인 또는 단체의 행위는 국제법상 당해 국가의 행위로 간주된다. 단, 이는 그 개인 또는 단체가 구체적 경우에 있어서 그러한 자격으로 행동하는 경우에 한한다. (The conduct of a person or entity which is not an organ of the State under article 4 but which is empowered by the law of that State to exercise elements of the governmental authority shall be considered an act of the State under international law, provided the person or entity is acting in that capacity in the particular instance.)

제5조에 의하면 제4조상의 국가기관에 해당되지 않으나 그 국가의 법에 의해 정부권한(government authority)의 행사를 위임받은 사람 또는 단체의 행위는 그러한 사람 또는 단체가 특정의 경우에 그러한 자격으로서 행동하는 경우 국제법상 국가의 행위로 간주된다. ILC는 동 조에 대한 해설에서 제5조에 언급된 단체에는 국가의 법에 의해 정부권한의 행사를 위임받은 모든 주체를 의미한다고 보고 공기업, 공기관(public agencies)뿐 아니라 사기업(private companies)도 포함된다고 하였다.

3. 노르웨이 공채 사건(Certain Norweign Loans case)

국내법에 의거하여 설립되어 국가로부터 권한을 위임받아 행동하는 공공단체나 공법인의 행위가 국제법상 국가에 귀속된다는 것은 확립된 원칙으로 인정되어 왔다. 노르웨이 공채 사건은 노르웨이 국립은행이 프랑스에서 발행한 공채의 지불을 거부함으로써 그에 대한 책임이 문제되었다. 노르웨이는 국립은행이 국가로부터 독립된 법인을 구성하고 있다는 이유로 책임을 질 수 없다고 하였으며, 프랑스는 국제법적 관점에서 이들은 국가와 혼연일체를 구성한다고 반박하였다. 이 사건은 노르웨이의 선결적 항변이 인용됨으로써 본안판단을 진행하지 않았다.

4. 국가귀속성의 조건

국내법상 국가로부터 독립된 지위를 가지는 주체의 행위가 국가에 귀속되어 국가책임을 발생시키기 위해서는 이들 주체가 국내법에 의하여 특정의 권한행사를 공식적으로 위임받았어야 하며, 그 위임받은 업무와 관련하여, 즉 '직무상'으로 행동하였어야 한다. 즉, 어떤 기관이나 기업이 단순히 국가에 의해 설립되었거나 국가가 소유권을 갖고 있다는 이유만으로 그 행위가 국가로 귀속되는 것은 아니다. 한편, 이들의 행위가 국가에 귀속되기 위해서는 이들이 국내법에 의하여 '정부권한을 행사하도록'(to exercise elements of the governmental authority) 위임받아야 한다. 즉, 이들 단체들이 통상적으로는 국가에 의해 수행되는 공적 성격의 기능을 담당하며 문제의 이들 행위가 정부권한의 행사와 관련되는 경우로 제한되는 것이다.

Ⅳ 타국으로부터 지원된 기관의 행위

1. 의의

타국의 국가기관이 특정 국가 내에서 본국의 지시를 받아 행동하는 경우 조치를 취한 국가로 귀속되지 않는다. 반면, 특정 국가가 특수한 필요에 처하여 타국으로부터 기관 또는 요원들을 지원받은 경우 지원을 요청한 국가로 귀속되는지가 문제된다.

2. ILC 초안 제6조

> **📋 조문 | ILC 위법행위책임 초안 제6조 – 타국에 의하여 한 국가의 처분에 맡겨진 기관의 행위**
>
> 타국에 의하여 한 국가의 처분에 맡겨진 기관의 행위는, 그 기관이 자신이 그 처분에 맡겨진 국가의 정부권한(공권력)의 행사로서 행동하는 경우, 국제법상 처분국의 행위로 간주된다. (The conduct of an organ placed at the disposal of a State by another State shall be considered an act of the former State under international law if the organ is acting in the exercise of elements of the governmental authority of the State at whose disposal it is placed.)

최종 초안 제6조에 의하면 타국에 의하여 한 국가의 처분에 맡겨진(placed at the disposal of a State) 기관의 행위는 그 기관이 자신의 그 처분에 맡겨진 국가의 정부권한(공권력)의 행사로서 행동하는 경우, 국제법상 후자의 국가의 행위로 간주된다. 자연재해 극복을 지원하기 위해 타국에 보건요원을 파견하거나 내란을 진압하기 위해 타국으로부터 군대 또는 경찰병력을 지원받는 경우를 예로 들 수 있다.

3. 피지원국으로의 귀속을 위한 조건

(1) 인적조건

첫째, 파견국의 기관자격을 보유해야 한다. 반드시 국가기관에 국한되는 것은 아니며 국내법에 의하여 국가로부터 권한을 위임받아 행동하는 주체들도 포함된다. 둘째, 피지원국(접수국)의 처분하에 놓여 있어야 한다. 이는 그 기관이 접수국의 동의에 따라 그 권위하에서 그리고 그 국가를 위하여 행동하는 것을 의미한다. 셋째, 피지원국의 국가기관으로서 행동해야 한다. 즉, 피지원국의 기관을 대신하여 행동해야 한다.

(2) 장소적 조건

타국으로부터 파견된 기관의 행위가 피지원국에 귀속되기 위해 이들이 반드시 피지원국의 영토에서 행동해야 하는 것은 아니다. 지원행위가 피지원국의 영토 밖에서 발생하더라도 피지원국이 지원국의 기관을 자신의 처분하에 놓고 실제로 지휘·통제하는 경우 피지원국은 지원기관들의 행위에 대해 책임을 진다.

(3) 물적조건

지원기관의 행위가 피지원국의 행위로 귀속되는 것은 지원기관이 피지원국의 정부권한, 즉 공권력을 행사하는 경우로 한정된다.

4. 국제관행

첫째, Chevreau case(1931)에서 중재법원은 Chevreau의 일부 재산이 분실된 것과 관련하여 영국의 책임을 부인하였다. 당해 재산은 프랑스 영사의 요청에 해 영국 영사에 의해 관리·보호되던 중 분실된 것이므로 영국의 행위는 프랑스에 귀속되므로 영국에 대해 책임을 물을 수 없다고 판정한 것이다. 둘째, Gattorno case(1872)는 온두라스에 지원된 엘살바도르 병력에 의하여 이태리인 Gattorno에게 손해가 발생한 사건이다. 이탈리아는 엘살바도르에 손해배상을 청구하였으나, 엘살바도르는 문제의 병력의 행위는 온두라스의 지시·통제하에서 이뤄진 것이므로 엘살바도르가 책임을 질 수 없다고 하였고, 이탈리아도 이를 인정하였다.

Ⅴ 사실상의 국가기관인 사인(de facto state organ)

1. 국가의 지시 또는 통제하에서 행동하는 사인의 행위

(1) ILC 초안 제8조

> **📖 조문 | ILC 위법행위책임 초안 제8조 - 국가에 의하여 지시 또는 통제된 행위**
>
> 사인 또는 사인단체의 행위는 그들이 그 행위를 수행함에 있어서 사실상 한 국가의 지시를 받거나 그 지시 또는 통제하에서 행동하는 경우 국제법상 그 국가의 행위로 간주된다. (The conduct of a person or group of persons shall be considered an act of a State under international law if the person or group of persons is in fact acting on the instructions of, or under the direction or control of, that State in carrying out the conduct.)

사인 또는 사인 집단의 행위는 그들이 그 행위를 수행함에 있어서 사실상 한 국가의 지시를 받거나 그 지휘 또는 통제 하에서 행동하는 경우 국제법상 그 국가의 행위로 간주된다. 제8조는 국제법상 '유효성 원칙'(principle of effectiveness)을 강조한다. 즉, 이 경우 행위자인 개인 또는 집단과 국가조직 간의 '실제적 연관성'(real link)을 고려하여야 한다는 것이다. 국가의 지시를 받는 사인의 경우 국가기관들이 사인을 채용하거나 사주하여 이들이 국가의 공식조직 밖에 머물면서 보조역으로 행동한 경우가 이에 해당한다. 또한, 국가의 지휘 또는 통제하에서 취해진 사인의 행위의 경우 그 행위들은 오로지 국가가 구체적 활동을 지휘 또는 통제하였으며 문제된 행위가 그러한 활동의 일부를 구성하는 경우에 한하여(only of it directed or controlled the specific operation and the conduct complained of was integral part of that operation) 국가로 귀속된다. ILC는 문제된 구체적 행위와 국가의 지시 혹은 지휘 또는 통제 간에 관련성이 있어야 한다고 하였다. 즉, 행위주체에 대하여 '전반적 통제'가 아니라 문제된 이들의 '행위' 자체에 대하여 '구체적 통제'-지시·지휘 또는 통제-가 있어야 한다는 것이다.

(2) Military and Paramilitary Activities in and against Nicaragua 사건(ICJ, 1986)

이 사건에서 재판소는 콘트라의 행위가 미국에 귀속되기 위해서는 그들이 미국 정부에 전적으로 의존하였으며, 그들의 행위가 미국의 실효적 통제하에서 이루어졌어야 한다고 하였다. 즉, 콘트라와 미국정부 간에 '의존'(dependence)과 '통제'(control)가 확인되어야 한다는 것이다. 재판소는 미국이 콘트라의 조직·구성·장비·재정 및 보급과 그들의 군사목표 설정, 그리고 작전계획 수립에 대하여 개입하였음을 인정하였으나, 콘트라가 미국의 기관으로서 행동하였다고 볼 수 있을 정도로 그들이 미국정부에 전적으로 의존하였는가 하는 문제에 대해서는 부정적 입장을 취하였다. 재판소는 콘트라가 애당초 미국에 의해 창설되지 않았다는 사실과 그들의 군사행위는 미국의 원조가 중단된 이후에도 효과적으로 수행되었다는 사실을 지적하면서 콘트라는 미국으로부터 독립적인 군대였음을 인정하였다. 또한 미국이 콘트라의 구체적 행위들을 지휘(direct)또는 강요(enforce)하여 이들을 실효적으로 통제하지 않았으므로 이들의 행위는 미국에 귀속될 수 없다고 하였다. 재판소는 콘트라의 행위가 미국에 귀속되기 위해서는 그 행위가 미국의 실효적 통제(effective control)하에서 취해졌어야 한다고 하면서 이 실효적 통제를 '지휘'와 '강요'에서 찾았다.

(3) Duško Tadić 사건(구유고국제형사재판소)

이 사건에서 항소재판부는 사실상의 국가기관의 인정 요건에 대해 ICJ나 ILC보다 탄력적인 입장을 제시하였다. 즉, 통제의 정도는 상황에 따라 달라질 수 있다고 전제하고, 개인이 군사조직에 속해 있을 경우에는 언제나 국가가 그 조직에 대해 '전반적인 통제'를 행사하고 있었음을 입증하는 것만으로 그 국가는 그 조직의 구성원들이 행한 위법한 행동에 대해 국제책임을 진다고 보았다.

(4) Application of the Convention on the Prevention and Punishment of the Crime of Genocide 사건 (ICJ, 2007)

ICJ는 니카라과 사건에서 제시한 실효적 통제 기준을 고수하였다. Duško Tadić 사건과 같이 전반적인 통제 기준을 적용하는 경우 국가책임의 범위를 국가책임법의 범위를 벗어나 지나치게 확대하는 문제가 있다고 하였다.

(5) US Diplomatic and Consular Staff in Teheran 사건(ICJ, 1980)

이란의 시위대가 미국대사관을 공격, 점거하고 직원과 방문객을 인질로 잡은 이 사건에서 ICJ는 사안을 2단계로 나눠서 이란의 국제위법행위 여부를 판단하였다. 첫번째 단계는 시위대가 미국 대사관 및 영사관을 공격한 단계로서 여기서는 이란의 '부작위책임'만 인정되었다. 두 번째 단계는 미국대사관 점거가 완료된 이후 인질행위나 서류수색행위에 대한 것으로서 이러한 행위를 호메이니와 이란의 기타 국가기관들이 승인하고 대사관 점령을 유지하기로 결정하기로 한 것에 대한 문제이다. ICJ는 호메이니의 승인은 시위대원들을 이란이라는 국가의 사실상의 대리인으로 전환시켰고 그 행위에 대해 이란의 국가책임이 성립한다고 하였다.

2. 공공당국의 부재 또는 마비 속에 수행되는 행위 - 제9조

📖 조문 | ILC 위법행위책임 초안 제9조 - 공적기관의 부재 또는 직무이행이 불가능한 상태에서 수행된 행위

사인 또는 사인단체가 공적기관의 부재 또는 직무이행이 불가능한 때, 정부권한(공권력)의 행사가 요구되는 상황에서 사실상 그러한 권한을 행사하는 경우, 그러한 사인 또는 사인단체의 행위는 국제법상 국가의 행위로 간주된다. (The conduct of a person or group of persons shall be considered an act of a State under international law if the per-son or group of persons is in fact exer-cising elements of the governmental au-thority in the absence or default of the official authorities and in circumstances such as to call for the exercise of those elements of authority.)

---

(1) 의의

사인이 공공당국의 부재 또는 마비된 가운데 정부권한의 요소의 행사를 요구하는 그러한 상황 속에서 '사실상'(in fact) 정부권한의 요소를 행사하고 있는 경우, 그러한 자의 행위는 국제법상 그 국가의 행위로 간주된다. 제9조에 해당하는 예로는 자연재해 발생 시나 국토방위를 위한 비상사태 시 자발적으로 행동하는 사인의 행위, 적의 침략으로 공권력이 마비된 상황에서 주민들이 해당지역의 행정·치안유지 등을 임시로 수행하는 경우 등을 들 수 있다.

(2) 적용조건

첫째, 사실상의 국가기관인 사인이 '사실상의 정부'(de facto government)는 아니다. 사실상의 정부는 그 자체로 국가기관이기 때문이다. 둘째, 사인의 행위가 '공적 기관의 부재 또는 흠결 시에'(in the absence or default of official authorities) 취해졌어야 한다. 셋째, 사인의 권한 행사가 요구되는 상황에서 취해졌어야 한다. 따라서 공권력의 부재 또는 마비 상황에서도 반드시 누군가에 의하여 수행되어야 할 필수불가결한 공무가 사인에 의해 자발적으로 이루어지는 경우 이를 국가행위로 인정하되, 반면 그러한 상황에서도 중단되어도 무방한 또는 수행되어서는 안 될 행위가 사인에 의해 이루어지는 경우 이는 국가로 귀속될 수 없다.

Ⅵ 사실상의 국가기관이 아닌 사인

1. 순수사인

(1) 원칙

국가기관의 지위에 있지 않은 일반 순수 사인이 외국이나 외국인의 법익을 침해한 경우 그것만으로 국가의 국제책임이 성립하지 않는다.

(2) 예외적 부작위 책임의 성립요건

① 사인의 행위와 관련된 국가 행위의 존재: 예외적 부작위책임은 국가의 행위가 개입하는 경우 성립한다. 여기에는 중앙정부, 지방자치단체, 국내법에 의하여 권한을 위임받아 행동하는 공공단체 구성원, 국가를 위하여 행동하는 사인의 행위도 포함된다. 그러한 국가행위는 주로 부작위가 문제되나, 국가의 사인의 행위를 적극적으로 방조하는 등의 '작위'(action)가 문제될 수도 있다.

② 국가의 행위로 인한 국제의무의 위반

　　㉠ **영토상 사인이 행위에 대한 국가의 통제의무:** 국제법상 모든 국가들은 그 배타적 관할 영역상에서 타국 또는 그 타국민의 권익을 보호할 의무를 지는바, 이는 국가의 배타적 영역고권에 상응하는 의무이다. 팔마스 섬 사건(1928)에서 Huber 중재관은 영토주권은 국가활동을 수행할 배타적 권리를 포함하며, 이 권리는 그 당연한 논리적 결과로서 그 영토상에서 타국의 권리를 보호하여야 할 의무를 부담한다고 하였다.

　　㉡ **국제의무의 위반:** 첫째, 영토상에서 사인의 타국 또는 타국민의 법익 침해행위를 영토국이 지원 또는 방조하였거나 이에 가담한 경우 국제의무를 위반한 것이다. 둘째, 사인의 행위와 관련하여 국가의 부작위가 책임을 야기한다. 영토상에서 타국 또는 타국민의 법익을 침해한 사인의 행위와 관련하여 국가의 국제책임이 성립하기 위해서는, 우선 그 국가가 그러한 행위의 발생 가능성 또는 발생 사실을 알고 있었어야 한다. Corfu Channel case(1949)에서 재판소는 어떤 사건이 자국의 영토 내에서 발생하였다는 사실 자체만으로 영토국이 이를 알았거나 알고 있어야 한다고 단정할 수 없으며, 피해국이 이에 대해 적극적으로 입증해야 한다고 하였다. 또한, 사인의 행위를 방지 또는 진압할 수 있는 능력이 있었어야 한다. 이에 대해서는 피청구국이 능력이 없었다는 점에 대해 입증하는 것이 합리적이다. 영토주권에 기초하여 배타적 지배권을 갖는다는 점에서 방지 능력을 추정할 수 있기 때문이다. 나아가, 국가가 자기 영역 내에서 타국 또는 타국민의 법익을 침해하는 사인의 행위가 발생할 우려가 있거나 발생하였음을 알고 있었으며 이를 방지 또는 진압할 수 있다면, 이를 위하여 필요한 조치를 취해야 한다. 이와 관련하여 필요한 조치를 취하지 않았다는 점에 대한 입증책임은 청구국(피해국)이 진다. 테헤란 인질 사건의 경우 재판소는 이란 당국이 외교관계협약이나 영사관계협약에서 요구되는 타국 공관 및 공관원 보호 의무를 이란이 충분히 알고 있었으며, 미국 대사관으로부터의 구조 요청에 따라 그러한 보호의 긴급한 필요성을 인식하고 있었고, 그러한 의무를 이행하기 위하여 필요한 수단을 보유하고 있었음에도 불구하고 그러한 의무를 완전히 위반하였음을 인정하였다. 셋째, 국가는 외국 또는 외국인의 법익을 침해한 사인의 행위를 인식하였다 하더라도 능력이 부족하여 또는 불가항력에 의하여 이를 방지 또는 진압하지 못하였다면, 그 행위자를 사후에 처벌해야 한다. 이를 태만히 하는 경우 국가책임이 성립한다.

(3) 책임의 성질

국가가 사인의 행위로 인해 책임을 지는 것의 성질에 대해서는 대위책임설과 자기책임설의 대립이 있다. Oppenheim은 국가책임을 원시적 책임과 대위적 책임으로 나누고, 사인의 행위에 대한 책임은 대위책임이라고 하였다. 즉, 사인의 위법행위에 대해 국가가 대위하여 책임을 진다는 설이 대위책임설이다. 반면, 자기책임설은 국가가 사인의 행위를 방지하지 못한 것, 즉 자신의 부작위에 대해 자기가 책임을 진다는 설이다. 국가는 외국인 보호의무가 있으므로 그 보호 의무를 태만히 한 데 대한 책임으로 볼 수 있으므로 자기책임설이 타당하다.

(4) 책임의 범위

첫째, 공간적 범위는 영토를 포함하여 국가 관할권하의 모든 지역 내의 개인의 사적행위가 문제된다. 따라서 영토뿐 아니라 조차지, 공해상의 선박 등 국가의 배타적 관할권하의 모든 지역이 포함된다. 둘째, 인적 범위와 관련하여 원칙적으로 관할권하의 지역 내의 모든 사람들의 사적행위가 문제된다. 외국인의 행위도 포함되며, 국가기관이나 공공기관의 사적행위도 포함된다. 또한, 반도단체들의 행위, 외국, 국제기구의 기관원들의 사적행위도 포함된다.

(5) 외국인에 대한 보호 수준

외국인에 대한 부작위책임의 인정기준이 '상당한 주의'(due diligence)의무를 준수했는가이므로 '상당한'의 수준에 대한 범위결정이 선행되어야 한다. 학설적으로는 국제표준주의(객관주의)와 국내표준주의(주관주의)가 대립한다. 국제표준주의는 문명국가가 일반적으로 행하는 정도의 주의를 요한다는 설이며, 국내표준설은 국가의 영역 내에서 자국민에게 통상 행해지고 있는 정도의 주의를 요한다는 설이다. 국내표준주의가 오늘날의 통설이며, 예외적으로 외교사절에 대해서는 국제표준에 입각하여 보호하고 있는 것이 관례이다.

(6) 사례

Janes 사건에서 멕시코는 미국인을 살해한 범인을 체포하기 위해 적절한 조치를 취하지 못하였으므로 자신의 부작위에 대해 국가책임을 졌다. 반면, Neer 사건에서는 멕시코 보안당국이 미국인을 살해한 범인들을 체포하는 데는 실패하였지만 밤을 세워 수사하는 등 용의자 검거를 위해 진력을 다하였으므로 국가책임은 부인되었다.

2. 폭도(mob)

폭동의 발생으로 폭도에 의해 외국인이 손해를 입은 경우 기본적으로 순수사인의 행위에 의한 국가책임의 법리가 적용된다. 다만, 피해방지를 위한 국가의 책임이 보통의 경우보다 크게 요구되며, 절차적인 면에서도 고의·과실의 부존재를 증명하는 거증책임(burden of proof)이 국가 측에 있고 피해 외국인에게는 이 책임이 면제된다는 설이 유력하다.

3. 반란단체(叛徒)

(1) 원칙

반란단체의 경우에도 순수사인과 마찬가지로 국가는 반도의 행위에 대해 책임지지 않으나 반도의 행위를 사전에 방지하지 않았거나 사후에 진압하지 않은 국가의 부작위책임을 진다. 다만, 입증책임에 있어서 적법정부가 반도를 진압하는 데에 태만히 할 리가 없으므로 고의·과실에 관한 거증책임을 피해외국인에게 지우고 국가는 이 책임으로부터 면제되는 것이 원칙이다.

(2) 반란에 성공한 반란단체

> **📋 조문 | ILC 위법행위책임 초안 제10조 – 반란단체 또는 다른 단체의 행위**
>
> 1. 한 국가의 신정부를 구성하게 되는 반란단체의 행위는 국제법상 그 국가의 행위로 본다.
> 2. 기존 국가의 영토의 일부 또는 그 국가의 관할하의 영토에서 신생국 수립에 성공한 반란단체 또는 기타 단체의 행위는 국제법상 그 신생국의 행위로 본다.

반란단체는 정권교체에 성공할 수도 있고, 분리독립에 성공할 수도 있다. 정권교체 및 장악에 성공한 반란단체(insurrectional movement)의 행위는 당해 국가의 행위로 간주된다. 또한 신국가수립에 성공한 반란단체의 행위는 그 신국가의 행위로 간주된다(제10조).

(3) 교전단체 승인과 국가책임

반란단체가 교전단체로 승인되지 못한 경우 반란단체는 영역국 내의 사인의 지위를 가지므로 영역국은 반도의 행위를 통제할 의무를 지니므로 영역국은 부작위책임을 진다. 그러나, 교전단체로 승인된 경우 자기의 점령지역으로부터 중앙정부의 공권력을 배제하고 이를 실효적으로 지배하므로 중앙정부는 당해 지역 내에서의 반도단체의 행위를 방지·진압할 의무에서 면제되어 반도의 행위에 대해 아무런 책임도 지지 않는다.

4. 국가의 추인

(1) 의의

국가가 사인의 행위를 추후에 승인하거나 인준하는 경우, 그 행위는 그 국가의 행위로 간주되어 책임을 발생시킬 수 있다. 바텔(E. de Vattel)에 의하면 국가가 신민의 행위를 승인(approve)하거나 재가(ratify)하는 경우 그 국가는 그 행위를 스스로의 행위로 인정하게 되며 피해자는 그 국가를 문제의 불법행위의 진정한 주체로 간주할 수 있다.

(2) ILC 초안 제11조

> **조문 | ILC 위법행위책임 초안 제11조 – 국가에 의하여 자국의 행위로 인정되고 수락된 행위**
>
> 위 조항들에 의하여 국가로 귀속될 수 없는 행위라도 국가가 문제의 행위를 자국의 행위로 인정하고 수락하는 경우, 그 범위 내에서는 국제법상 그 국가의 행위로 본다. (Conduct which is not attributable to a State under the preceding articles shall nevertheless be considered an act of that State under international law if and to the extent that the State acknowledges and adopts the conduct in question as its own.)

국가로 귀속되지 않는 행위라 하더라도 국가가 그 문제된 행위를 자신의 행위로 승인(acknowledge)하고 채택(adopt)하는 경우 그 범위 내에서 국제법상 그 국가의 행위로 간주된다. 즉, 국가기관의 사적행위나 사인의 행위라 할지라도 국가가 추인한 경우 국가의 행위로 귀속되어 책임을 질 수 있다. ILC에 의하면 승인이나 채택은 어떠한 사실적 상황의 일반적 승인 이상의 것을 의미하며, 국가가 문제의 행위를 확인(identify)하고 그것을 자신의 것으로 하는 것(makes it its own)을 의미한다. 승인 및 채택은 명시적으로 이뤄질 수도 있고, 국가 행위로부터 추론될 수도 있다. 문제된 사인의 행위를 승인하고 채택한다는 분명한 의도가 주어져야 하며, 또한 그 범위가 분명해야 한다.

(3) Case Concerning United States Diplomatic and Consular Staff in Teheran(1980)

이 사건은 이란의 대학생들이 미국의 대사관 및 영사관을 습격하여 공관 내에 있던 28명의 외교관을 비롯하여 50명의 미국인을 인질로 잡은 사건이다. 이란 외무장관은 학생들의 행동이 정부의 승인과 지지를 받고 있다고 밝히고 대사관 점거가 이란 민족에 의해 이루어진 것임을 선언하였다. 이 사건과 관련하여 ICJ는 대학생들이 대사관을 습격하고 인질로 잡는 단계와 이후 인질 억류를 지속한 단계의 두 단계로 나누어 사안에 접근하였다. 재판소는 첫 단계에서는 대학생들의 행위를 이란의 행위로 볼 수 없으므로 이란의 책임은 학생들의 행위를 적절하게 예방하지 못한 부분에 대해서만 책임을 질 뿐이라고 하였다. 그러나, 인질로 잡은 이후 공관의 계속적 점거와 인질 억류는 순수한 사적행위로 볼 수 없음을 인정하였다. 재판소는 호메이니와 이란 국가기관의 일련의 선언에서 학생들의 행위에 대한 이란 정부의 승인이 있었음을 인정하며, 이러한 승인은 대사관의 계속적 점거와 인질 억류행위를 이란의 행위로 전환시켰다고 하였다.

🏛 판례 | Case Concerning Military and Paramilitary Activities in and against Nicaragua, ICJ, 1986

1979년 니카라과에서 반정부조직인 Sandinista 국민해방전선이 소모사 대통령 일가의 43년에 걸친 독재체제를 전복시키고 좌익혁명정권을 수립하였다. 주변의 엘살바도르, 온두라스, 코스타리카 등지에서도 반정부 게릴라의 활동이 거세졌다. 미국 정부는 당초 니카라과의 신정부를 지원하였으나 1981년 1월에 출범한 레이건 정부는 엘살바도르의 반정부세력에 대한 니카라과 정부의 군사적 지원 등을 이유로 같은 12월 이후, 니카라과의 반정부조직인 Contras를 적극 지원하였다. Contras는 소모사정권의 지지자 및 신정부의 적대자를 중심으로 결성된 군사조직으로 온두라스와 코스타리카의 국경부근에서 활동하였다. 미국은 1983년 9월부터 다음해 4월에 걸쳐 Contras에 대한 군사적 지원을 강화하였다. 한편 중앙정보국(CIA)의 지령과 지원을 받은 한 단체가 니카라과의 항만에 설치한 기뢰 때문에 다수의 니카라과인 사상자가 발생하였으며 제3국의 선박도 피해를 입었다. 니카라과 정부는 1984년 3월에 미국의 자국에 대한 침략행위가 본격화되고 있다고 하여 UN안전보장이사회에 문제의 심의를 요청하였다. 4월 4일 안전보장이사회에서는 니카라과 수역에서 기뢰의 부설은 국제법 위반이라는 내용의 결의안이 상정되었지만 미국의 거부권 행사로 부결되었다. 4월 9일 니카라과 정부는 자국에 대한 미국의 군사적·준군사적 활동의 책임을 추궁하기 위해 ICJ에 소송을 제기하였다. 이 사건의 본안판단에서는 미국의 니카라과에 대한 국가책임의 성립 여부 및 이와 관련하여 위법성조각사유로서 집단적 자위권의 원용가능성이 쟁점이 되었다.

니카라과는 미국이 국제법상 각종 의무를 위반하였고 지금도 그런 상황이 계속된다는 사실을 재판소가 확인하고, 그러한 국제법 위반행위의 종료에 대한 미국 측 의무를 명확히 언급하며, 그런 미국 측의 국제법 위반사실을 기초로 하여 재판소가 가해자인 미국으로 하여금 니카라과에 대하여 정당한 손해배상을 하도록 결정해 줄 것을 청구하였다.

재판소는 미국이 CIA로 하여금 니카라과 항만에 기뢰를 부설하고 기뢰의 폭발로 니카라과가 인적·물적 손해를 입었음을 인정하였다. 또한 미국정부가 콘트라의 군사적·준군사적 활동에 재정지원을 한 것은 명백히 입증된 사실이라고 하였으며, 기타 반군의 훈련 및 장비 제공한 사실과 미국 CIA가 1983년에 니카라과 시민을 상대로 한 '게릴라전의 심리작전' 등의 문서를 작성하여 콘트라에게 제공하고 미국 대통령이 1985년 5월 행정명령에서 니카라과와의 수출입 금지 및 니카라과 선박의 미국 입항 금지, 니카라과 항공기의 미국 공항폐쇄 등의 전면적인 금수 조치를 선언한 사실 등을 인정하였다.

미국은 자신의 행동은 개별 및 집단적 자위권의 행사이며 엘살바도르 등의 원조요청에 따른 것이므로 집단적 자위에 해당되어 위법성이 조각된다고 주장하였다. 재판소는 이러한 미국의 주장을 배척하였다. 재판소는 1979년 7월부터 1981년 초까지 니카라과의 영토를 경유하여 엘살바도르의 반정부 무장 세력에 계속적인 무기의 유입이 있었음을 인정하였으나 그 이후의 군사지원이나 무기 유입에 대해서 니카라과 정부의 책임을 인정하기에는 증거가 불충분하다고 보았다. 그리고 엘살바도르의 반정부세력에 대한 니카라과의 무기공여는 무력공격과 동일시할 수 없으며 이러한 활동은 무력행사금지의 원칙 위반을 구성하는 위법한 내정간섭이지만 무력공격에 해당할 만큼 중대하지는 않았다고 보았다. 그에 미치지 않는 무력행사는 무력을 포함하는 집단적 대항조치를 취할 수 있는 권리를 부여하지 못한다고 판시하였다.

ICJ는 미국은 자금공여 및 기타 훈련, 무기 등 콘트라에 대한 군사적·준군사적 활동을 지원하고 니카라과의 영공비행을 지시 또는 허가함으로써 국제관습법을 위반하였으며, 미국이 니카라과의 영수에 기뢰를 부설함으로써 무력행사금지원칙과 국내문제 불간섭 원칙 및 외국 선박의 항만 이용권을 침해하여 교통 및 해상통항, 통상 자유의 원칙을 위반하였고, 그 결과 1956년의 우호통상항해조약 제19조의 의무에 위반하였다고 하였다. 또한 미국이 기뢰에 대한 통고를 하지 않음으로써 국제관습법을 위반하였으며, 미국이 '게릴라전에서의 심리작전'이라는 문서를 작성·배포하여 콘트라로 하여금 국제인도법의 일반 원칙에 대한 위반을 조장하였다고 하였다. 따라서 미국은 모든 행위를 즉각 중단해야 하며, 국제관습법 및 우호통상항해조약 위반으로 니카라과에게 가한 손해에 대해 배상할 의무가 있으며 손해배상의 방식과 액수에 대하여는 앞으로 당사자들 간의 합의에 의하여 결정되어야 한다고 판시하였다.

판례 | Tinoco 사건[32] – 명백한 월권행위의 국가귀속성 문제

1917년 쿠데타로 집권한 티노코는 신헌법을 제정하였다. 그러나 1919년 티노코는 실각하고 바르케르의 과도정부가 조직되었다. 의회는 구헌법을 부활시키고 법률 제41호를 제정하여 티노코 집권기에 행정기관이 개인과 체결한 모든 계약을 무효로 하고, 티노코 정부가 통화발행을 위해 제정한 법령도 무효화하였다. 이 법령으로 영국계 자본과 체결한 석유채굴 이권계약, Royal Bank of Canada에 대한 티노코 정부의 부채가 문제되었다. 영국은 동 법률이 이권계약과 부채에 적용되지 않도록 요구했으나 코스타리카가 거부하였고 이로써 중재에 부탁하기로 합의하였다. 이 사건에서 신정부가 부채승계를 거부함으로써 영국에 대해 국가책임을 지는가에 대해 중재관은 부정적으로 판단하였다. 무엇보다 캐나다은행은 티노코의 월권행위가 '명백'하였음에도 불구하고 대출을 실행하였으므로 코스타리카 국가로의 '귀속성'을 부인하였다. 즉, 캐나다은행은 티노코가 개인용도로 자금을 대출하는 것을 알았음에도 불구하고 대출을 하였으므로 티노코의 행위는 코스타리카 정부로 귀속되지 않았다고 판단하였다. 코스타리카의 국가책임이 성립하지 않으므로 신정부도 이를 승계할 의무가 없다고 판단한 것이다.

제4절 | 위법성조각사유

I 서설

1. 위법성조각사유의 개념

외관상 법적 의무의 위반으로 보이는 행위가 그 발생 당시의 예외적 상황으로 인하여 위법성이 면제되는 경우가 있는바, 이러한 예외적 상황을 가리켜 위법성조각사유(circumstances precluding wrongfulness)라 한다. 국제법상 피해국의 동의, 대응조치, 불가항력, 조난 시 피난, 필요성, 정당방위가 있다. 국제의무에 일치하지 않는 어떠한 행위가 예외적 상황하에서 위법성이 조각되면 그로써 책임의 요건이 결여되어 책임이 성립하지 않는다. 위법성조각사유는 그 존재하는 동안에 한하여 행위국에게 잠정적·일시적으로 의무를 면제시키는 데 불과하며, 문제의 의무를 종료시키는 것은 아니다. 따라서 그같은 상황이 종료되는 순간부터 문제의 의무는 다시 해당 국가를 구속한다.

2. 구별개념

(1) 위법성조각사유와 조약의 종료 또는 정지

첫째, 위법성조각사유는 그 사유가 존재하는 동안에 한하여 조약상의 특정 의무 불이행을 정당화하는 것이나, 조약의 종료 또는 정지사유는 조약 자체의 종료 또는 정지를 가져온다. 즉, 위법성조각사유는 특정 의무에 관하여 역할하나, 조약의 종료 또는 정지사유는 의무의 연원인 조약 자체에 관련되어 작용한다. 둘째, 위법성조각사유는 잠정적으로 그 자체로서 의무 불이행을 정당화시키는 데 반하여, 조약의 정지 또는 종료사유는 그 자체만으로 조약을 정지시키거나 종료시킬 수 없으며, 일방당사자가 이를 원용함으로써 비로소 정지 또는 종료를 가져온다.

---

32) The Tinoco Concessions, Great Britain v. Costa Rica, 중재재판, 1923년.

(2) 위법성조각사유와 책임조각사유

위법성조각사유와 책임조각사유는 구분되는 개념이나, 국제법에서는 책임조각사유를 별도로 인정하지 않는다. 국내형법에서는 긴급피난, 정당방위, 자구행위 등은 위법성조각사유로, 책임능력의 결여, 위법성 인식의 결여, 기대가능성의 결여 등을 책임조각사유로 구별한다. 그러나, 책임능력의 결여(형사 미성년자 등)는 국제법상 존재하지 않으며, 위법성인식의 결여 역시 국가는 대외적 행동 전에 위법성을 엄밀히 검토한다는 점에서 인정하기 어렵고, 기대가능성의 결여는 주로 강요된 행위에서 문제되는바 국제법상 불가항력이라는 위법성조각사유의 하나로 인정되어 당초 책임문제가 나오지 않으므로 책임조각사유로 인정할 필요는 없다. 국제위법행위책임에 있어서 국가행위의 위법성은 책임의 성립요건이므로 위법하지 않은 행위에 대해 책임이 발생할 수는 없다. 반대로 위법성이 인정되면 반드시 책임이 발생되므로 위법성조각사유와 별도로 책임조각사유가 존재할 여지는 없다.

3. 위법성조각사유의 유형

첫째, 특정의 사유에 의하여 위법성이 조각되는 행위가 그 행위국의 의사에 의해 취해졌는지 여부를 기준으로 보면 상대국의 동의, 자위, 대응조치, 조난, 필요성은 행위국의 주관적 판단이 결부된 행위이고, 불가항력은 행위국의 의도와 관계없이 취해진 것이다. 둘째, 피해국의 선행된 위법행위를 전제하는지와 관련하여 자위, 대응조치는 피해국의 위법성을 전제하나, 동의, 불가항력, 조난, 필요성은 피해국의 위법행위를 전제하지 않는다. 불가항력, 조난, 필요성의 경우 피해국의 위법행위를 전제하지 않는 무고한 피해국이므로 가해국은 책임성립 여부와 무관하게 피해를 보상할 책임을 부담한다.

Ⅱ 피해국의 동의

📖 조문 | ILC 위법행위책임 초안 제20조 - 동의

한 국가가 타국의 행위실행에 대해서 한 유효한 동의는 그 행위가 그 동의의 범위 내에서 실행되는 한, 전자의 국가와 관련하여 그 행위의 위법성이 조각된다.

---

1. 의의

외관상 의무 위반으로 보이는 어떠한 행위가 피해국의 동의(consent)에 의해 위법성이 조각되는 경우를 말한다. 피해국은 문제의 행위로 인해 권익을 침해받은 국가를 말한다. 한 국가가 타국의 영토상에 군대를 파견하거나 주둔하는 경우, 한 국가가 타국 영토상에서 조사활동을 벌이는 경우 등을 예로 들 수 있다.

2. 동의 부여 시기

피해국의 동의는 문제의 행위가 발생하기 전에 이루어지는 것이 일반적이나 그러한 행위가 이루어지고 있는 시기에도 주어질 수 있다. 그러나, 문제의 행위가 발생한 이후에 주어지는 동의는 이의 제기의 포기 또는 묵인으로서 문제행위의 위법성을 소급적으로 조각시키지 못하며, 단지 피해국으로 하여금 그 행위에 대한 책임을 추궁할 권리를 상실하게 하는 사유로서 작용한다.

3. 적용조건

(1) 동의의 유효성

국제의무에 일치하지 않는 국가행위가 상대국의 동의에 의해 위법성이 조각되기 위해서는 그 동의가 유효하여야 한다. 법률행위로서의 동의가 유효하기 위해서는 1969년 조약법협약에 규정된 무효사유가 존재하지 않아야 한다. 따라서 첫째, 동의표시는 국내법에 의하여 정당한 권한을 부여받은 자에 의하여 이루어져야 한다. 국가원수, 정부수반, 외무장관은 동의를 표할 수 있는 권한을 가진 것으로 인정된다. 그 밖의 국가기관들도 동의를 표할 수 있으나 이를 위해서는 명시적으로 그 같은 권한을 부여받아야 한다. 둘째, 동의의 의사표시에 하자가 없어야 한다. 즉, 착오, 사기, 부패 및 강박이 없어야 한다. 셋째, 법률행위(동의)의 목적, 즉 그 행위에 의하여 발생시키고자 하는 법률효과가 적법하여야 한다. 국가의 행위가 동의에 따라 취해졌다고 하더라도 그 행위가 강행규범에 반하는 목적을 가지는 경우 이에 대해 주어지는 동의는 적법성을 결한 것으로서 법적 효력이 부인된다. 넷째, 동의가 유효하기 위해서는 그것이 분명한(clear) 의사표시로 이루어졌어야 한다. 그러나 반드시 명시적으로 부여될 필요는 없다.

(2) 문제의 행위가 동의의 범위 내에서 이루어졌을 것

국가는 자국의 권리를 침해하는 타국의 행위에 동의함에 있어서 일정한 제한을 부과할 수 있는바, 문제의 침해행위는 그 동의의 제한범위를 벗어나지 않은 경우에 한하여 위법성이 조각된다.

Ⅲ 자위(정당방위)

> **📖 조문 | ILC 위법행위책임 초안 제21조 - 자위**
>
> 국가의 행위가 국제연합헌장과 합치되는 합법적 자위조치에 해당한다면, 그 국가행위의 위법성이 조각된다.

1. 의의

자위는 국가가 타국의 무력공격에 직면하여 이를 저지·격퇴하기 위하여 무력을 사용하는 것을 의미한다. ILC 초안 제21조에 의하면 국제의무와 일치하지 않는 국가의 행위는 그 행위가 국제연합헌장에 일치하여 취하여진 자위의 적법한 조치를 구성하는 경우 그 위법성이 조각된다.

2. 위법성이 조각되는 국제의무 불이행의 범위

첫째, 자위는 타국의 침략에 대응하기 위한 무력적 조치인 만큼 우선적으로 헌장 제2조 제4항의 무력행사 금지 의무의 불이행을 적법화 한다. 나아가 자위로서 취해진 행위가 헌장 제2조 제4항의 의무 이외의 다른 국제의무의 불이행을 구성하는 경우, 그러한 불이행이 동 항의 위반과 관련되는 한 위법성이 조각된다. 둘째, 자위는 침략국을 상대로 하는 피침략국의 국제의무 불이행을 적법화한다. 그러나, 교전국의 행위가 결과적으로 제3국, 즉 중립국에 대하여 의무 위반을 구성할 수 있는바, 그것이 자위로서 취해졌다는 사실로 인하여 그 행위의 위법성이 조각될 수 없다.

3. 적용조건

자위권발동이 위법성조각에 해당하기 위해서는 UN헌장상의 조건, 일반국제법상의 조건 및 무력충돌 속에 적용되는 일련의 법규칙들(jus in bello)을 준수해야 한다. 첫째, 헌장상의 조건으로서 무력공격의 발생, 안보리가 필요한 조치를 취할 때까지, 그리고 사후보고 등이 규정되어 있다. 둘째, 일반국제법상의 조건으로는 필요성·즉각성·비례성을 요한다. 필요성(necessity)이란 무력침략을 저지하기 위하여 다른 평화적 방법이 존재하지 않으며 이를 위한 유일한 수단으로서 무력적 대응이 요구되는 상황을 가리킨다. 즉각성(immediacy)이란 자위권 행사로서의 무력사용은 문제의 무력공격이 시작된 직후에 또는 최소한 그 공격이 진행 중인 동안에 이루어져야 하며, 무력공격이 종료된 후에 취해져서는 안 된다는 것이다. 비례성(proportionality)은 자위권 행사로서의 무력대응은 '침략의 저지 또는 격퇴'라는 목적을 위하여 비례하여야 하며, 예방적 자위를 인정하는 경우 무력공격의 예방이라는 목적 내로 제한되어야 한다는 것이다. 셋째, 무력충돌 속에 적용되는 일련의 규칙들(jus in bello), 특히 국제인도법의 규칙들은 침략국이든 정당방위국이든 불문하고 모든 교전자를 구속한다. 일방 교전국의 jus ad bellum 위반이 타방 교전국의 jus in bello의 위반을 정당화할 수 없다.

Ⅳ 대응조치

> ### 조문 | ILC 위법행위책임 초안 제2장 – 대응조치
>
> **제49조**
> **대응조치의 목적과 한계**
>
> 1. 피해국은 오직 국제위법행위에 책임있는 국가가 제2부에 따른 의무를 준수하도록 하기 위하여 당해국가에 대한 대응조치를 취할 수 있다.
>
> 2. 대응조치는 조치를 취하는 국가가 책임국에 대한 국제의무를 당분간 이행하지 않는 것에 한정된다.
>
> 3. 대응조치는 가능한 한 문제된 의무의 이행을 재개시킬 수 있는 방법으로 취해져야 한다.
>
> **제50조**
> **대응조치에 의하여 영향받지 않는 의무**
>
> 1. 대응조치는 다음에 대하여 영향을 주어서는 안 된다.
>
>   (a) 국제연합헌장에 구현되어 있는 무력의 위협 또는 무력의 행사를 삼갈 의무,
>
>   (b) 기본적 인권을 보호할 의무,
>
>   (c) 복구가 금지되는 인도적 성격의 의무,
>
>   (d) 일반국제법상의 강행규범에 따른 기타 의무
>
> 2. 대응조치를 취하는 국가는 다음 의무의 이행으로부터 면제되지 아니한다.
>
>   (a) 자국과 책임국 간에 적용되는 분쟁해결절차에 따를 의무,
>
>   (b) 외교사절 또는 영사, 공관지역, 문서 및 서류의 불가침을 존중할 의무
>
> **제51조**
> **비례성**
>
> 대응조치는 국제위법행위의 심각성과 문제되는 권리를 고려하여, 입은 피해에 비례하여야 한다.

제52조

대응조치에의 호소를 위한 요건

1. 대응조치를 취하기에 앞서 피해국은

    (a) 제43조에 따라 책임국에게 제2부상의 의무를 이행할 것을 요구하여야 하고,

    (b) 대응조치를 취하기로 한 모든 결정을 책임국에게 통고하고, 당해 국가에 협상을 제안하여야 한다.

2. 제1항 (b)호에도 불구하고 피해국은 자국의 권리를 보호하기 위하여 필요한 긴급대응조치를 취할 수 있다.

3. 다음의 경우에는 대응조치가 취하여질 수 없고, 이미 취해진 경우라면 지체없이 중단되어야 한다.

    (a) 국제위법행위가 중지되었고,

    (b) 분쟁이 당사자에게 구속력 있는 결정을 내릴 수 있는 권한을 가진 법원 또는 재판소에 계속 중인 경우

4. 제3항은 책임국이 분쟁해결절차를 신의성실하게 이행하지 않는 경우에는 적용되지 않는다.

제53조

대응조치의 종료

책임국이 국제위법행위와 관련하여 제2부상의 의무를 이행한다면, 대응조치는 즉시 종료되어야 한다.

1. 개념

대응조치 또는 대항조치(countermeasures)란 피해국이 타국의 위법행위를 중지시키고 또 이미 발생한 위법행위에 대한 완전한 손해배상을 얻어내기 위하여 의무 위반국에 대해 부담하고 있는 국제의무를 이행하지 않는 것을 말한다.

2. 구별개념

대항조치는 보복(retaliation)과 구별된다. 보복행위는 타국의 '위법한 행위' 또는 '적법하지만 비우호적인 행위'에 대응하기 위한 일국의 '비우호적이지만 적법한 행위'를 지칭한다. 보복조치에는 비례성이 요구되지 않는다. 외교관계의 단절, 대사관규모의 축소, 금수조치, 자발적인 원조계획의 철회등이 보복의 예에 해당한다.

3. 제도적 취지

대항조치는 자조 또는 자력구제(self-help)의 한 형태로서, 일반국제법상 강제관할권을 향유하는 분쟁의 평화적 해결수단이 여전히 결여된 현 국제공동체의 분권적·수평적 체제를 반영하고 있다. 이는 자력구제가 엄격하게 금지되고 있는 국내사회와 구별되는 요소로 볼 수 있다.

4. 주체

대항조치는 취할 수 있는 주체는 '피해국'(injured state)에 국한된다(초안 제49조 제1항). 즉, ILC 국가책임초안 제42조에 규정된 피해국만이 대항조치를 취할 수 있다. 따라서 위반된 의무가 대세적 의무라 하더라도 피해국이 아닌 국가는 대항조치를 취할 권한이 없다. 제48조에 규정된 이해관계국의 경우 제54조에 따라 대항조치 이외의 합법적 조치를 취할 수 있을 뿐이다.

5. 요건

(1) 국제의무 위반의 존재

대항조치는 보복조치와 달리 상대국의 국제의무 위반이 존재해야 한다. 국제의무는 조약, 국제관습법, 일방적 행위로부터 창출될 수 있다.

(2) 목적

피해국은 국제위법행위에 대한 책임이 있는 국가가 초안 제2부에서 규정된 의무를 이행하도록 권유할 목적으로 대응조치를 취해야 한다(제49조 제1항).

(3) 비례성

대응조치는 국제위법행위와 권리의 심각성을 고려하여 발생한 손해와 비례성을 갖추어야 한다(제51조). 다만, 대응조치는 그 원인이 된 위법행위와 동종의 행위임을 요하지 않으며, 그 정도에 있어서 동일하다면 이종의 행위라도 무방하다. 비례성은 정도의 동일성을 의미하며 종류의 동일성을 의미하는 것은 아니다.

(4) 선행조건

대응조치를 취하기 전에 피해국은 다음의 조치를 취해야 한다. 첫째, 의무의 이행을 위반국에 요구해야 한다(제52조 제1항). 둘째, 대응조치를 취한다는 뜻을 위반국에 통지하고 협상을 요구해야 한다. 이 경우 피해국은 그들의 권리를 보존하기 위한 긴급한 대응조치를 취할 수 있다(제52조 제2항).

(5) 정지조건

다음과 같은 경우 대응조치를 취해서는 안 되며, 이미 취해진 대응조치는 즉시 중단되어야 한다. 첫째, 국제위법행위가 중단된 경우. 둘째, 양 당사국에 대해 구속력 있는 결정을 내릴 권한을 가진 사법법원이나 중재법원에 당해 분쟁이 계쟁된 경우(제52조 제3항). 다만, 위반국이 분쟁해결절차를 성실하게 이행하지 않은 경우에는 적용되지 않는다.

6. 제한

(1) 사항적 제한

대항조치에 의해 영향을 받지 않는 의무가 있다. 즉, 대항조치를 취하는 국가도 다음의 의무를 준수해야 한다. 첫째, UN헌장에 의한 무력위협 또는 행사를 금지할 의무, 둘째, 기본적 인권의 보호의무, 셋째, 보복을 금지하고 있는 인도적 성격의 의무, 넷째, 기타 일반국제법상 강행규범하에서의 의무(제50조 제1항). 한편, 대항조치를 취하는 국가라도 ① 자국과 의무 위반국 사이에 적용되는 분쟁해결 절차하의 의무, ② 외교관과 영사 및 그들의 공관과 문서의 불가침성을 존중할 의무 등의 이행으로부터 해방되지 아니한다(제50조 제2항).

(2) 시간적 제한

대응조치는 위반국이 국제위법행위와 관련하여 의무를 이행하면 즉시 종료되어야 한다(제53조).

Ⅴ 불가항력(force majeure)

1. 의의

불가항력이란 행위주체가 통제할 수 없으며 적절한 주의로서 배제할 수 없는 저항할 수 없는 힘을 말한다. 2001년 초안 제23조 제1항에 의하면 불가항력이란 국가의 통제 밖의 저항할 수 없는 힘 또는 예측하지 못한 사고의 발생으로서, 그 국가로 하여금 그 상황에서 문제의 의무를 이행하는 것을 실질적으로 불가능하게 만드는 것을 의미한다. '저항할 수 없다(irresistible)'는 것은 국가가 스스로의 수단으로서는 배제하거나 극복할 수 없는 강제(constraint)가 있다는 것을 말하며, 어떠한 사고가 '예상하지 못하다(unforseen)'는 것은 그 사고가 예상되지 못하였거나 또는 쉽게 예상할 수 없는 성질의 것이어야 함을 의미한다.

2. 불가항력의 유형

불가항력은 자연적 또는 물리적 상황에 기인할 수도 있고 인간의 행위에 의해 발생할 수도 있다. 또한 양자가 결합되어 발생할 수도 있다. 군용기가 기상악화로 자체 통제능력을 상실하여 타국 영공에 무단 침입한 경우 물리적 상황에 기인하는 불가항력이다. 인간의 행위에 의한 불가항력 상황으로는 반란군 또는 타국 군대에 의하여 영토 일부가 점거됨으로써 영토국이 그 지역 내에서 외국인들에게 보호를 제공할 수 없는 경우를 들 수 있다.

3. 불가항력과 조난 및 필요성과 비교

조난이나 필요성의 경우 행위국이 문제의 급박한 상황에서 스스로의 판단에 의하여 문제의 행위를 의도적으로 취하는 것이다. 그러나 불가항력에서는 해당 국가의 의도와 관계없이 또는 그에 반하여 문제의 행위가 취해진다.

4. 적용조건

(1) 불가항력으로 인해 의무의 준수가 실질적으로 불가능하여졌을 것

저항할 수 없는 힘 또는 예상하지 못한 사고 등이 불가항력으로 인정되기 위해서는 그로 인하여 의무의 준수가 실질적으로 불가능(materially impossible)해져야 한다. 단순히 의무의 준수가 보다 어려워지는 상황은 불가항력의 범주에 포함되지 않는다. 러시아배상금 사건(Russian Indemnity)에 대한 중재결정(1912)에서 러시아에 대한 터키의 채무 지불의무 불이행이 '실질적으로 불가능한' 것은 아니었으므로 그 행위가 불가항력에 의해 정당화될 수 없다고 하였다. 또한 Rainbow Warrior case에서도 중재법정은 불가항력이 적용되기 위해서는 의무의 이행이 '절대적이고 실질적으로 불가능하였어야 하며' 단순히 그러한 의무이행을 '보다 어렵거나 곤란하게(more difficult or burdensome)' 만드는 상황은 불가항력을 구성하지 않는다고 하였다. 불가항력과 의무 준수의 실질적 불가능성은 인과적으로 연관(causally linked)되어야 한다.

(2) 불가항력 상황이 이를 원용하는 국가의 행위에 기인하지 않았을 것

초안 제23조 제2항 제(a)호는 불가항력 상황이 이를 원용하는 국가의 행위에, 단독으로 또는 타의 요소들과 결합하여, 기인하는 경우 적용될 수 없다고 규정하고 있다. 국가의 행위가 반드시 위법할 것을 요구하는 것은 아니다. 불가항력적 상황이 원용될 수 없기 위해서는 이를 원용하는 국가가 그 발생에 기여한(contributed) 것만으로는 충분하지 않으며, 그 상황이 이를 원용하는 국가의 행위에 '기인하여야(must be due to)' 한다.

(3) 불가항력을 원용하는 국가가 그 상황의 발생의 위험을 부담하지 않았을 것

초안 제23조 제2항 제(b)호에 의하면 국가가 그러한 상황 발생의 위험을 부담(has assumed the risk of that situation occurring)하였던 경우 불가항력을 위법성 조각사유로 원용할 수 없다. 합의에 의하여 불가항력을 원용할 권리를 포기하는 경우도 이에 해당될 수 있다. 위험의 부담은 분명하게 표현되어야 하며, 그 의무의 상대국에 대하여 표시되었어야 한다.

Ⅵ 조난(distress)

> **📖 조문 | ILC 위법행위책임 초안 제24조 – 조난**
>
> 1. 행위자가 위난 상황에 처하여 자신이나 그의 보호 하에 맡겨진 다른 사람들의 생명을 구하기 위한 다른 합리적 방법이 없는 경우, 당해 국가의 국제의무와 합치되지 아니하는 국가행위의 위법성이 조각된다.
> 2. 다음의 경우에는 제1항이 적용되지 아니한다.
>   (a) 위난상황이 이를 원용하는 국가의 행위에만 의하거나 또는 다른 요소와 결합된 행위에서 기인하는 경우,
>   (b) 문제된 행위가 그에 상당하거나 또는 더욱 커다란 위험을 발생시킬 우려가 있는 경우

1. 의의

초안 제24조 제1항에 의하면 국제의무와 일치되지 않는 국가의 행위가 그 문제의 행위 주체가 조난의 상황에 처하여 자신의 생명 또는 자신의 보호에 맡겨진 다른 사람들의 생명의 구조를 위하여 여하한 다른 합리적 방법을 확보하지 못한 경우 위법성이 조각된다. 예컨대, 항해 중 악천후를 만난 군함이 승무원의 생명을 구하기 위해 진로를 변경하여 인근 외국 항구로 피난하는 경우를 들 수 있다. 이 경우 선박 국적국은 기항한 국가의 영역고권을 침해하였으나, 생명보호라는 긴급한 필요성에 의해 위법성이 조각되는 것이다. 조난에 의한 위법성 조각은 '유류에 의한 해양오염 방지를 위한 국제협약'(1954) 제3조, UN해양법협약(1982) 제18조 제1항에서도 명시하고 있다.

2. 구별개념

(1) 조난과 불가항력

불가항력은 그 상황에서 행위주체의 의도와 무관하게 국제의무 위반이 강요되어, 의무 준수가 절대적·물리적으로 불가능하다. 그러나 조난 시 행위주체의 입장에서 의무의 준수 여부가 선택적이나 진정하고 자유로운 선택이라고 할 수는 없다. 국제의무를 준수하는 경우 사람들의 생명이 위태롭게 되어 의무 준수의 행위를 할 수 없기 때문이다. 불가항력 상황이 의무 준수가 절대적으로 불가능한 상황이라면, 조난은 '상대적 불가능'(relative impossibility) 상황이다.

(2) 조난과 긴급피난

조난에서 문제가 되는 이익은 긴급상황에서의 '인명구조'(saving life)라는 구체적인 가치인 데 비해, 필요성의 경우 '국가의 근본적 이익'이라는 추상적 가치의 보호가 문제된다. 또한 조난의 경우 '사람'의 생명에 대한 위협이 문제되는 데 비해, 필요성은 '국가' 자체의 이익에 대한 위협이 문제된다.

3. 적용조건

(1) 생명이 위태로운 상황일 것

조난이 위법성조각사유로 인정되기 위해서는 그것이 막연한 위급상황이어서는 안 되고 인간의 생명이 위태로운 상황이어야 한다. Rainbow Warrior호 사건에서 중재법정은 이 사건에서 생명이 위태롭지 않았다 하더라도 '의료 기타의 기초적 성질의 고려를 포함하는 급박한 예외적 상황'이 존재하는 경우 프랑스의 행위가 정당화될 수 있다고 하였다. 그러나 ILC는 이 사건 판정에 대해 생명자체를 위협하는 상황에 한정하여 조난을 인정할 수 있다고 비판하였다.

(2) 생명보호를 위하여 취한 조치일 것

조난을 원용하여 위법성이 조각되는 것은 오로지 생명보호를 목적으로 취하여진 행위이다. 즉, 조난 상황은 '생명을 위협하는 상황(life-threatening situation)'을 제거하기 위하여 필요한 행위에 대해서만 위법성을 조각시킨다. 따라서 조난은 생명보호를 위하여 불가피하게 취해진 행위에 대해서만 위법성을 조각하며, 그에 수반되는 다른 의무 위반에 대해서도 위법성을 조각시키는 것은 아니다.

(3) 다른 합리적 수단이 없었을 것

생명이 위급한 상황에서 취한 조치의 위법성이 조각되기 위해서는 그러한 행위가 불가피한 행위였어야 한다. 문제의 조난 상황을 극복하기 위하여 다른 수단이 있었음에도 불구하고 굳이 타국에 대한 의무 위반을 구성하는 행위를 선택하는 것은 정당화될 수 없다. 다른 수단이란 합리적 수단을 의미하며, 모든 다른 수단의 부재를 요하는 것은 아니다. 따라서 생명이 위태로운 조난 상황을 극복하기 위하여 취할 수 있었던 다른 방법이 있었으나 그것이 비합리적이라는 판단하에 문제의 행위를 선택하였다면 합리적 다른 수단이 없었던 것으로 인정된다.

(4) 조난이 이를 원용하는 국가의 행위에 기인하지 않았을 것

국가는 스스로의 행위에 의하여 발생한 위급상황을 이유로 그 상황에서 이루어진 자신의 행위의 정당성을 주장할 수 없다. 초안 제24조 제2항 (a)에 의하면 조난은 이를 원용하는 국가의 행위에, 단독적으로 또는 타의 요소들과 결합하여 기인하는 경우 위법성이 조각될 수 없다.

(5) 문제의 위험에 상응하거나 더 심각한 위험을 야기하지 않을 것

조난 시에 생명을 고조하기 위하여 타국에게 가해진 행위의 위법성이 조각되기 위해서는 그 행위가 문제의 위험에 상응하거나 또는 이보다 더 심각한 위험을 야기하지 않았어야 한다. 즉, 피해국에 대해 침해되는 법익은 행위국이 보호하고자 하는 법익보다 경미해야 한다.

(6) 피난행위는 그 목적에 비례하는 범위 내로 그칠 것

이는 비례성(proportionality)을 의미한다. 초안에 구체적 언급은 없으나 국제의무와 일치하지 않는 국가의 행위가 적법성을 인정받기 위해서는 문제의 행위가 그 목적의 범위 내로 국한되어야 한다.

VII 필요성(Necessity)

> **📖 조문 | ILC 위법행위책임 초안 제25조 – 필요성**
>
> 1. 필요성은 다음의 경우를 제외하고는 국가의 국제의무에 합치되지 않는 행위의 위법성을 조각시키기 위한 사유로 원용될 수 없다.
>   (a) 그 행위가 중대하고 급박한 위험으로부터 국가의 본질적 이익을 보호하기 위한 유일한 방법일 경우, 그리고
>   (b) 그 행위가 의무이행의 상대국(들) 또는 국제공동체 전체의 본질적 이익을 심각하게 훼손하지 않는 경우
> 2. 어떠한 상황에서도, 필요성은 다음의 경우에는 국가의 위법성을 조각시키기 위한 사유로 원용될 수 없다.
>   (a) 문제된 국제의무가 필요성의 원용 가능성을 배제하는 경우, 또는
>   (b) 그 국가가 필요성 상황의 발생에 기여한 경우

1. 의의

ILC에 의하면 필요성이란 국가가 어떠한 중대하고 급박한 위협에 처하여 본질적 이익(essential interest)을 보존하기 위하여 그보다 비교적 덜 심각하고 위급한 국제의무를 잠정적으로 불이행하는 것이 그 유일한 수단인 상황을 말한다. 필요성이란 국가의 필요성을 말한다. 즉, 국가에 귀속되는 자연인의 생명에 대한 위험이 아니라 국가 자체의 존재, 국가의 정치적 또는 경제적 생존, 필수적 공무의 작동 가능성 유지, 자국 영토 또는 그 일부의 생태학적 보존 등에 대한 중대한 위험을 말한다. 또한 무력충돌 시 교전국들이 식량조달 등 극한적인 필요성에 직면하여 중립국 재산을 몰수하는 경우, 전쟁 목적으로 타국 영토를 점령 또는 침범하는 경우, 외국영토상에 억류된 자국민의 구조를 위해 군대를 파견하는 경우 등도 필요성이 원용되었다.

2. 법적 성질

필요성에 의한 위법성조각이 국가의 권리로 인정될 수 있는지가 문제되었다. 필요성의 원용을 정당화하기 위하여 두 개의 주관적 권리(subjective rights) 간의 충돌을 전제로 하여 '기본적 권리'가 다른 권리보다 우선하기 때문에 기본적 권리를 보호하기 위하여 필요성을 원용할 수 있다는 주장이 있었다. 그러나 오늘날 국제법학자들은 생존권이 기본적 권리라고 하더라도 이는 타국의 권리보다 우선하는 절대적 권리가 아니므로 이러한 권리를 내세워 타국의 권리를 침해하는 것은 정당화될 수 없다고 본다. 즉, 필요성은 이를 원용하는 국가의 권리차원에서 이해되지 않는다. 국가는 자신의 본질적 이익에 대한 위협이 아무리 급박하더라도 이를 보호할 필요성을 원용하여 타국의 권리를 침해할 권리를 가진다고 할 수는 없다.

3. 적용조건

(1) '본질적 이익'이 위태로운 상황일 것

국가의 행위가 필요성에 의해 위법성이 조각되기 위해서는 '본질적 이익'이 위태로운 상황에서 이를 보호하기 위한 행위였어야 한다. 이는 필요성을 원용하는 국가 또는 국민의 이익일 수도 있고, 국제공동체 전체의 이익일 수도 있다. ILC에 의하면 어떠한 이익이 본질적이라 할 수 있는 범위는 모든 상황에 의존하며, 예단될 수 없다. 다만, 본질적 이익은 단순히 국가의 생존만을 의미하는 것이 아니라 그 이외의 중대한 이익을 포함할 수 있다. 어떠한 이익이 근본적인 것인가 하는 것은 개개의 경우에 국가가 처해 있는 구체적 상황의 종합적 검토를 통해 결정되어야 한다. '러시아 배상금 사건'(1912) 중재법정은 6백만 프랑이라는 비교적 적은 액수의 배상금 지불이 오토만 제국의 생존을 위협하거나 대내외적 사정을 위태롭게 한다는 것은 명백한 과장이라고 하며 오토만제국의 러시아에 대한 배상금 지불 지체를 정당화할 수 없다고 하였다. 'Torrey Canyon호 사건'(1967)에서 영국은 라이베리아 선적의 유조선 토레이 캐년호가 인근 공해상에서 좌초되어 3만 톤에 가까운 원유가 해수면에 쏟아지자 배에 남아있는 기름을 제거하기 위해 동 선박을 폭파하였다. 영국정부는 극도의 위험 상황하에서 자국의 이익을 수호하기 위한 다른 대응수단이 없었으므로 정당한 조치였다고 강변하였다.

(2) 본질적 이익이 '중대하고 급박한 위험(a grave and imminent peril)'에 처하였을 것

필요성의 원용요건으로 중대하고 급박한 위험의 존재는 국제법정과 국제실행에서 계속 강조되는 조건이다. 1795년 영국과 프랑스가 교전하던 당시 영국은 프랑스로 농산물을 수송하던 미국 국적의 Neptune호를 공해상에서 나포하고 이를 정당화하기 위해 필요성을 원용하였다. 그러나 중재관은 '필요성은 막연해서는 안 되고, 이는 현실적이고 급박해야 한다'고 하였다. 또한 Caroline호 사건(1837)에서도 미국은 영국의 무력행사는 '긴급하고, 수단의 선택도, 숙고의 시간적 여유도 허락하지 않는 절박한 자위의 필요성(a necessity of self-defense, instant, overwhelming, leaving no choice of means, and no moment for deliberation)'이 인정되는 경우에 한하여 허용된다고 주장하고 영국도 이를 인정하였다. 중대하고 급박한 위험이 무엇인지는 개별 사건 별로 국가들이 처한 상황을 종합적으로 검토해 결정할 문제이다. 다만, 급박한 위험이 '현재적' 위험만을 의미하는 것은 아니다. Gabčikovo-Nagymaros Project Case에서 ICJ는 장기간 후에 출현하는 위험도 관련 시기에 있어서 그러한 위험의 현실화가 아무리 요원하다고 하더라도 확실하고 불가피하다는 것이 확인되는 경우, 그것이 급박할 수 있음을 배제하지 않는다고 하였다. ILC도 위험이 그 당시 합리적으로 가용한 증거에 기초하여 명확히 확인된다면, 미래에 대한 어느 정도의 불확실성이 반드시 국가로 하여금 필요성을 원용할 자격을 박탈하지는 않는다고 하였다.

(3) 문제의 행위가 이익보호를 위한 유일한 수단일 것

초안 제25조에 따르면 필요성이 위법성조각사유로 원용되기 위해서는 문제의 행위가 해당 이익의 보호를 위해 '유일한 수단'(the only means)이어야 한다. 이는 문제의 근본이익에 대한 위협이 너무나도 중대하고 급박하여 이를 피할 수 있는 다른 방법이 없었을 것을 요구하는 것이다. Gabčikovo-Nagymaros Project case에서 ICJ도 필요성을 통한 정당화를 위해서는 당해 수단이 유일한 수단이어야 한다고 하였다. ILC에 의하면 다른 가용한 수단이 있는 경우 그것이 보다 부담되고 곤란하다고 하더라도 필요성을 원용할 수 없다고 하였다. 조난의 경우 '다른 합리적 방법이 없는 경우'에 정당화되는 것에 비해 필요성은 다른 수단이 없는 경우로 규정하여 원용이 좀 더 엄격하게 제한되는 것이다.

(4) 피해국 및 국제공동체 전체의 본질적 이익을 중대하게 침해하지 않을 것

초안 제25조 제1항 제(b)호에 의하면 행위국이 필요성을 원용하여 불가피하게 국제의무에 반하여 행동하는 경우 이를 정당화하기 위해서는 문제 행위가 그 의무의 상대국(피해국) 및 국제공동체 전체의 본질적 이익을 중대하게 침해하지 않아야 한다. 국제공동체 전체의 본질적 이익은 강행규범에 의해 보호되므로 결국 강행규범을 침해하지 않아야 함을 의미한다. 다만, 의무 상대국 또는 국제공동체의 '본질적 이익'을 '중대하게' 침해하지 않아야 하므로 통상적인 이익을 침해하거나, 본질적 이익을 '경미하게' 침해하는 경우 필요성을 원용할 수 있다.

(5) 해당 국제의무가 필요성의 원용가능성을 배제하고 있지 않을 것

초안 제25조 제2항 제(a)호에 의하면 문제의 국제의무가 필요성의 원용 가능성을 배제하고 있는 경우 위법성 조각사유로 원용할 수 없다. 원용배제가 반드시 명시적이어야 하는 것은 아니다. 필요성을 명시적으로 배제하지 않는 경우 문제 의무의 '대상 및 목적'(object and purpose)으로부터 필요성의 원용 불가능성이 도출될 수 있다.

(6) 필요성을 원용하는 국가가 그 상황의 조성에 기여하지 않았을 것

Gabčikovo-Nagymaros Project case에서 ICJ는 헝가리가 자신의 작위 또는 부작위를 통하여 스스로 주장하는 필요상황의 발생을 도왔으므로 문제된 행위의 위법성을 조각시키기 위한 사유로 필요성을 원용할 수 없다고 하였다. 조난이나 불가항력은 원용국이 그 상황의 발생에 기여한 것만으로는 불충분하고 그 상황이 이를 원용하는 국가의 행위에 기인하여야(must be due to) 한다고 규정하고 있으나, 필요성의 경우 문제의 상황에 원용국이 기여한(contributed) 경우 원용할 수 없도록 규정되었다. 불가항력과 조난은 비해 필요성은 그 추상적 성격으로 인해 남용가능성이 더 많기 때문에 필요성의 원용가능성을 최대한 억제하기 위해 이를 원용할 수 없는 경우를 보다 폭넓게 규정한 것이다.

(7) 비례성

어떠한 행위가 필요성에 의해 정당화되기 위해서는 문제의 행위가 본질적 이익의 보호라는 목적과 비례되어야 한다. 즉, 문제의 행위는 그러한 목적을 위하여 필요한 범위 내에서 위법성이 조각될 수 있다.

Ⅷ 위법성조각사유의 적용과 관련된 공통규칙

1. 강행규범의 이행

> **📖 조문 | ILC 위법행위책임 초안 제26조 - 강행규범의 준수**
>
> 본 장의 어느 부분도 일반국제법상의 강행규범에 따라 발생하는 의무와 합치되지 않는 어떠한 국가행위에 대해서도 위법성을 조각시키지 않는다.

초안 제26조에 의하면 제5장의 여하한 규정도 일반국제법의 강행규범으로부터 발생하는 의무와 일치되지 않는 여하한 국가행위에 대해서도 위법성을 조각시키지 않는다. 즉, 위반된 의무가 강행규범인 경우 위법성이 조각되지 않는다는 것이다. 이에 대해서 불가항력의 경우 강행규범 준수 자체가 불능이므로 위법성조각은 인정되되, 보상만을 요구하는 것이 타당하다는 견해도 있다.

2. 위법성조각사유 소멸 시 의무의 이행

위법성조각사유는 그 사유가 존재하는 동안에 한하여 잠정적으로 문제의 의무를 면제시켜 주는 것이다. 따라서 그러한 사유가 해제되면 그동안 동면 상태에 있던 의무는 다시 해당 행위국을 구속하게 된다. 위법성조각사유가 문제의 국제의무를 종료시키는 것이 아니라, 그 사유가 지속되는 동안에 한하여 그 의무의 적용을 중단시킬 뿐이기 때문이다. 초안 제27조 (a)도 위법성조각사유의 원용은 위법성조각사유가 더 이상 존재하지 않는 경우 그리고 그 범위 내에서 문제 의무의 이행을 저해하지 않는다고 규정하고 있다.

3. 보상의무

> ### 📖 조문 | ILC 위법행위책임 초안 제27조
>
> 본장에 따른 위법성조각사유의 원용은 다음 사항에 영향을 미치지 않는다.
> (a) 위법성조각사유가 더 이상 존재하지 않는 경우, 그 범위 내에서 문제된 의무의 준수
> (b) 문제된 행위로 인하여 야기된 모든 실질적 손실에 대한 보상문제

행위의 위법성이 조각되는 경우 문제의 행위는 적법한 행위이며 손해배상(reparation)의 의무는 문제되지 않으나 피해에 대한 보상(compensation) 문제는 발생할 수 있다. ILC에 의하면 보상의무를 부과함에 있어서 두 개의 기준이 제시된다. 첫째, 위법성조각사유가 문제 행위의 '정당화'(justification)가 아니라 '용서'(excuse)로 작용하는 경우 보상의무를 부과한다. 둘째, 상대국의 앞선 행위가 위법한 경우 보상의무가 없고, 여하한 위법행위도 범하지 않은 무고한 국가에 대한 권익 침해에 대해서는 보상을 하도록 한다. 이 기준에 의하면 자위권 발동이나 대항조치의 경우 보상의무가 없으나, 불가항력, 조난, 긴급피난의 경우 보상의무가 있다. 초안 제27조 (b)는 위법성조각사유의 원용은 문제의 행위로 인하여 야기된 여하한 중대한 손실에 대한 보상 문제를 저해하지 않는다고 규정하고 있다.

> ### ⚖ 판례 | 팔레스타인 점령지역에서의 이스라엘의 장벽 건설에 관한 권고적 의견(Legal Consequences of the Construction of a Wall in the Occupied Palestine Territory(advisory opinion, ICJ, 2004) – 긴급피난 인정 여부
>
> 이 사건은 이스라엘이 팔레스타인 점령지역에서 장벽 건설 조치의 적법성에 관한 것이다. 제2차 세계대전 이후 팔레스타인은 팔레스타인과 이스라엘로 분할되었으며, 이스라엘과 팔레스타인 및 주변 아랍국 사이에 끊임없이 분쟁이 계속되었다. 특히 이스라엘이 예루살렘을 그들의 수도로 삼으려고 시도함으로써 갈등을 부추겼다. 이스라엘은 2002년 6월부터 중앙 및 북 서안지대로부터의 팔레스타인의 테러리스트들의 침입을 저지한다는 명분으로 동 예루살렘을 포함한 서안지대에서 장벽(wall) 건설을 추진하였다. 2005년 완공될 예정이었던 동 장벽은 총 길이가 720km에 이른다. 이 장벽으로 장벽과 그린 라인 사이에 폐쇄지역(close area) 및 위요지(Enclave)가 생겨나게 되었다. 장벽 내 출입은 짧은 기간동안 드물게 개방되는 출입문을 통해서만 가능하며 팔레스타인 주민들은 이스라엘 당국의 허가 또는 신분증 없이 그 지역에 거주하거나 출입할 수 없었다. 반면 이스라엘 시민과 영구 거주민 및 이스라엘 이민 가능자는 이스라엘 당국의 허가 없이 폐쇄지역에서 자유롭게 거주하고 출입할 수 있었다. 이러한 조치에 대해 UN총회는 결의 ES-10/13을 채택하여 이스라엘의 장벽 건설은 1949년 휴전선으로부터 벗어나 있으며 관련 국제법규정에 상반되는 동 예루살렘 및 그 주변을 포함한 팔레스타인 점령지역에서의 장벽 건설의 중지를 요청했다. 또한 2003년 12월 8일 제10차 긴급특별회기(Tenth Emergency Special Session)를 재개하여 동 월 10일에 채택된 결의 ES-10/14에 근거하여 ICJ에 권고적 의견을 요청하였다. 이 사건에서 이스라엘은 자국의 장벽 건설조치가 긴급피난에 해당한다고 하였으나 재판부는 이를 인정하지 않았다. 재판소는 Gabcikovo-Nagymaros Project 사건을 인용하여 긴급피난은 문제의 행위가 중대하고 급박한 위험에 대해 본질적 이익을 보호하기 위해 필요한 유일한 방법으로, 엄격하게 정의된 특정 상황에서만 원용할 수 있다고 하였다. 그러나 재판소는 장벽 건설이 이러한 건설의 정당화를 위해 원용한 위험에 대하여 이스라엘의 이익을 보존하기 위한 유일한 방법이라는 주장은 설득력이 없다고 판단하였다.

판례 | Rainbow Warrior호 사건[33] – 불가항력에 의한 위법성조각문제

1985년 7월 10일 환경보호단체인 Greenpeace International 소속의 민간 선박인 Rainbow Warrior호가 뉴질랜드의 오클랜드 항구에서 프랑스 비밀경찰요원들이 설치한 폭발장치에 의해 침몰되었고, 이 사건으로 승선하고 있던 선원 Fernando Pereira가 사망하였다. 프랑스는 비밀경찰요원 Mafart 소령과 Prieur 대위의 인도를 요청하였으나 뉴질랜드는 거부하고 프랑스 측에 배상을 요구하였다. 이 사건은 UN 사무총장의 중개에 부탁되었고 프랑스가 700만 불을 배상하고, 범죄인은 프랑스령 폴리네시아에 있는 Hao섬 교도소에 3년간 수용하기로 하였다. 그러나, 프랑스는 3년이 지나기 전에 이들을 일방적으로 본국으로 귀환시켰다. 프랑스는 Mafart는 아프다는 이유로, Prieur가 임신했고 아버지가 병에 걸렸다는 이유로 귀환시켰다. 프랑스와 뉴질랜드 간 분쟁이 재발하였고 중재에 부탁되었다. 이와 관련하여 프랑스측의 국가책임 성립 여부, 특히 불가항력에 의해 위법성이 조각되는지가 문제되었다. 중재재판소는 프랑스가 3년의 형기가 지나기 전에 자국민을 본국으로 귀환 조치한 것은 뉴질랜드와의 합의 위반이라고 재정하였다. 프랑스는 불가항력(force majeure)과 조난(distress)에 의해 위법성이 조각된다고 항변하였으나 배척되었다. 재판부는 불가항력에 의한 면책은 피할 수 없는 사정의 발생으로 인해 야기된 비자발적이고 비의도적인 행위에만 적용되나, 두 명의 특수부대 요원에 대한 프랑스의 송환은 의도적이고 자발적이었다고 판정하였다. 또한, 중재재판부는 조난에 의해 위법성을 조각하기 위해서는 긴급상황의 존재, 긴급상황이 중지된 후 원상회복, 이러한 조치 후 뉴질랜드의 동의를 얻기 위한 프랑스의 성실한 노력이 있어야 한다고 전제하였다. 그러나 사안에서 긴급상황이 존재하긴 하였으나, 나머지 두 가지 요건은 충족하지 못한다고 보아 프랑스의 항변을 기각하였다.

판례 | 나울리아 사건(Naulilaa Case, 포르투갈 v. 독일, 중재재판, 1928)

1. 사실관계

(1) 베르사유조약 체결

제1차 세계대전 이후 영국·프랑스·포르투갈 등의 연합국과 독일 간 체결된 베르사유평화조약 제297조와 제298조에서 적국 내에 있는 사인의 재산 등의 처리 방법을 규정하였고, 또한 동 조약 부속서 제4조에서는 각 연합국이 자국령 내에 있는 독일 국민의 재산이나 그 매각 대금 등을 자국민에 대한 독일 국민의 배상액에 충당하는 것을 인정하였다. 청구액은 별도로 설치된 혼합중재재판소가 임명하는 중재인이 판정해야 한다고 규정하였다.

(2) 포르투갈의 청구

동 조약에 따라 포르투갈이 청구를 제기하였다. 독일령 서남아프리카로부터 음료 수입 교섭을 위하여 포르투갈령 앙골라로 향하던 독일 공무원 1명과 군인 2명이 포르투갈 군 기지에서 사살되었다. 그러자 서남아프리카 주재 독일군은 이에 대해 복구(復仇)조치로서 해당 포르투갈군 기지 및 국경 부근에 있는 다른 포르투갈군 기지를 공격·파괴하였다. 포르투갈은 이것이 중립국 영토에 대한 위법한 침입·공격으로서 배상을 요구하였다.

2. 법적 쟁점

(1) 포르투갈에 독일에 대한 국가책임 성립 여부

(2) 독일의 복구 조치의 적법성

3. 중재판정

(1) 포르투갈의 독일에 대한 국가책임 성립 여부(소극)

포르투갈은 국제법을 위반하지 않았다. 포르투갈령 기지에서의 독일인 살해사건은 통역의 실수에 의한 우발적인 사건으로 포르투갈 측에는 국제법에 위반되는 행동이 없었다.

---

33) 뉴질랜드 v. 프랑스, 국제중재, 1990년.

(2) 독일의 복구 조치의 적법성(소극)

독일의 행위는 복구조치로서 정당화될 수 없다. 첫째, 포르투갈이 국제법을 위반한 바 없기 때문에 복구조치로 정당화될 수 없다. 복구조치는 가해국의 위법행위의 존재를 전제로 하기 때문이다. 둘째, 설령 포르투갈이 국제법을 위반하였다고 하더라도 독일은 복구 조치의 요건을 충족하지 않았다. 복구는 가해국에 대한 구제 요구가 충족되지 않은 경우에만 합법이나 독일은 포르투갈에 대해 구제 요구를 하지 않았다. 셋째, 또한 독일의 조치는 비례성을 충족하지 못했다. 국제법은 복구와 가해행위가 엄격한 균형을 이룰 것을 요구하지는 않아도 완전히 균형을 잃은 복구행위는 과잉 조치로서 명백한 위법이다. 포르투갈령 기지에서 발생한 독일인 살해사건과 그 후 계속된 여섯 차례의 복구행위 간에는 명백히 불균형이 존재한다.

제5절 국가의 일방행위

Ⅰ 문제의 소재

국제법상 한 국가의 단독적 의사표시가 타국의 수락 여부와 관계없이 이들 간에 일정한 법적 효과를 발생시키는 경우가 있는바, 이러한 행위를 '일방적 행위'(unilateral act)라 한다. 국가의 일방행위는 ICJ규정 제38조에 국제법의 연원으로 명시되어 있지 않으나, 학설 및 판례는 그 연원성을 인정하고 있다. 그러나 연원성이 인정되기 위한 구체적 조건, 무효 및 종료, 구속력의 근거, 연원성이 인정되는 일방행위의 유형 등 세부적 쟁점에 대해서는 여전히 명확히 규정되어 있지 않다. 현재 이 문제는 국제법위원회(ILC)에서 검토되고 있으며, 2006년 12월 제58차 회기에서 'Guiding Principles applicable to unilateral declarations of States capable of creating legal obligations' 및 그 주석을 채택하여 총회에 제출하였다. 학설, 판례 및 ILC 입장 등을 중심으로 국가의 일방행위와 관련된 주요 쟁점들을 검토한다.

Ⅱ 국가의 일방행위의 개념

1. 쟁점

일반적으로 국제법상 국가의 일방행위(unilateral act)란 국제법주체의 단독적 의사표시로서, 그 수신자(addressee)와의 관계에서 그 의사 여하와 관계없이 일정한 법적 효과를 발생시키는 행위를 말한다. 일방적 행위의 정의에서 무엇보다 '독자성'(autonomy)이 강조된다. 일방행위의 정의에 있어서 쟁점이 되는 것은 이러한 독자성을 어떻게 이해할 것인가와 관련된다. 이에 대해서는 협의설과 광의설의 대립이 있다.

2. 협의설

협의설은 일방행위가 '그 행위의 수신자의 의사로부터의 독립성'과 '기존의 법률행위로부터의 독립성'을 모두 충족해야 법률적 의미의 일방행위로 본다. 수신자의 의사로부터의 독립성이란, 다른 국제법주체로부터 여하한 대가나 여하한 수락 또는 여하한 반응이 없이도 일정한 법적 효과를 발생시키는 것을 말한다. 한편, 기존의 법률행위로부터의 독립성이란 기존의 관습법이나 조약과 무관하게 법적 효과를 발생시키는 것을 의미한다. Nguyen Q. Dinh는 조약 또는 관습과 여하한 관련 없이 일방적으로 이루어짐으로써 법적 효과를 발생시키는 행위를 '좁은 개념'의 일방적 행위, 즉, '독자적 일방적 행위'라 하고, 통고(notification), 승인(reconnaissance), 항의(protestation), 포기(renunciation) 등을 예로 든다.

3. 광의설

광의설은 '수신자의 의사로부터의 독립성'만을 일방행위의 정의의 표준으로 간주한다. 즉, 국가의 어떠한 행위가 일단 그 수신국의 의사와 관계없이 그와의 관계에서 일정한 법적 효과를 발생시키면, 그것이 타의 법률행위 또는 기존 국제법규와 관련되어 있는가의 여부를 묻지 않고 그러한 행위를 '일방적 행위'로 보는 견해이다. Oppenheim은 이러한 관점에서 일방행위를 정의하고 선언, 통고, 항의, 포기, 승인, 국적의 부여, 조약에 대한 서명, 가입, 수락, 비준, 유보 등을 일방행위로 본다. Nguyen Q. Dinh은 일방적 행위가 관습법, 조약법, 국제기구 결의와 관련하여 이루어질 수 있음을 인정하고, 이를 '넓은 개념'의 일방적 행위로 부른다. 조약에의 가입, 탈퇴, 폐기, 유보 등과, 관습법상의 근거에 따른 인접수역의 범위 설정, 국제기구의 결의 집행 등을 예로 든다.

4. ILC의 입장

ILC는 어떠한 행위가 일방적 행위로 취급되기 위해서는 우선 그보다 앞선 법률행위 또는 기존 국제법규범(pre-existing juridical norms)에 의존함이 없어야 하며, 아울러 그 수신자 즉 상대국 또는 국제기구의 수락 여하와 관계없이 법적 효과를 발생시킬 수 있어야 한다고 본다. 즉, 수신자로부터의 독립성과 기존 법규로부터의 독립성 모두를 요한다고 보는 것이다. 그러나 ILC는 '기존법률'의 범위에 '조약'만을 포함시키기로 합의하였다. 예컨대 배타적 경제수역의 선포, 조약에 대한 유보, 국제사법재판소의 관할권 수락선언은 조약상의 권리의 행사이므로 일방적 행위에 포함되지 않는다고 보는 것이다.

Ⅲ 국가의 일방행위의 유형

1. 약속(promise)

약속은 일방행위의 가장 대표적인 유형으로서, 공개적으로 그리고 구속될 의사에 의해 이루어진 경우 구속력을 가진다는 것이 '핵실험 사건'에서 확인되었다. 약속은 국제법주체가 일정한 행동을 할 의무를 부담하는 의사표시이다.[34] 약속에는 '무엇을 하겠다는 약속'(긍정적인 약속)과 '무엇을 하지 않겠다는 약속'(부정적인 약속)이 있다. 인도적 재난 시에의 지원, 미결상태의 금융문제의 해결, 경제적 지원, 관세철폐 등이 약속의 사례이다.

---

34) 나인균, 전게논문, 70면.

2. 승인(recognition)

승인이란 현존하는 상황을 합법적인 것으로 인정하는 국제법주체의 의사표시를 말한다. 승인에 의하여 국제법주체는 일정한 사정, 예컨대 신생국가의 성립, 영토의 취득, 국경선, 또는 일정한 권리주장을 다투지 않거나 적법한 것으로 간주한다는 것을 인식하게 한다. 승인은 어떠한 상황을 승인주체에 대하여 '대항 가능하도록'(opposable) 만든다. 승인은 일정한 형식에 구속되지 않고 명시적 또는 묵시적으로 행해질 수 있다. 승인의 직접적 법률효력은 승인하는 국제법주체와 해당 국제법주체 간에만 미친다.[35]

3. 권리 또는 법적 청구를 포기하는 일방적 행위(포기)

포기(waiver)는 일반적으로 권리주장을 하지 않기로 확정하는 의사표시이며 이로써 이에 상응하는 청구권도 소멸하게 된다. 국가는 자기 고유의 권리뿐만 아니라 대인고권에 의하여 외국에 대한 자국 국민의 권리도 포기할 수 있다. 포기의사는 명백해야 하며 결코 포기의 의사는 추정될 수 없다. 어떠한 권리를 행사하지 않았다는 사실, 침묵(silence), 묵인(acquiescence)은 법적 효과를 발생시키는 포기로 간주되지 않는다.

4. 항의(protest)

I. C. MacGibon은 항의를 '항의국이 항의가 가하여지는 행위의 적법성을 부인한다는 것과 아울러 그러한 행위에 의하여 창설되거나 그러한 우려가 있는 상황을 묵인하지 않는다는 것, 그리고 스스로 자신의 권리를 포기할 의도가 없다는 것을 알리는 공식적 반대'로 정의한다.[36] 항의는 이에 의해 사실상태의 적법성이 부인되므로 승인과 반대된다. ILC 특별보고자에 의하면, 항의는 (1) 국제법에 반하는 행위에 대한 항의, (2) 현존하는 상황의 고착화를 방해하는 항의, (3) 특정 영토의 법적 지위의 고착화를 방해하는 항의로 구분된다.

5. 통고(notification)

통고는 다른 국가에 대한 국제법적으로 중요한 사실에 관한 국제법주체의 고지이다. 통고의 일방행위적 성격에 대해서는 부정하는 것이 일반적이다. 통고는 스스로 법률관계를 설정·변경 또는 종료시키지 아니하고 기초가 되는 법적 상황을 전제로 하고 그에 관하여 정보를 제공하는 것에 불과하기 때문이다. 즉, 통고는 일방행위의 개념적 징표인 '독자성'(autonomy)을 결여하고 있으므로 일방적 행위로 볼 수 없다.

Ⅳ 효력요건

1. 행위주체

일방행위에 있어서 행위주체의 복수성은 그 행위의 일방성을 저해하지 않는다. 일방행위는 하나의 국가에 의해 개별적으로 이루어질 수도 있고, 수개 국에 의해 집단적으로 이루어질 수도 있다. 공동선언이나 공동항의가 수개 국에 의한 일방적 행위에 속한다(Oppenheim).

---

35) 나인균, 전게논문, 69면.
36) 김석현, 전게논문, 140면.

2. 독자성

일방행위는 수신자로부터의 독립성과 기존국제법의 연원으로부터의 독립성을 갖춰야 한다. 국가의 어떠한 행위가 상대국의 동의를 요건으로 법적 효과를 발생시킨다면 계약행위이지 일방행위가 아니다. 또한 자신의 기존합의인 조약에 기초하여 일방행위를 하는 경우, 예컨대 ICJ규정 제36조 제2항상의 선택조항 수락선언을 하는 경우, 이는 기존법규에 의존한 행위이므로 일방행위로 볼 수 없다. ILC도 일방행위가 독자성을 요건으로 함을 인정하고, 수신자로부터의 독립성과 기존법규로부터의 독립성을 요한다고 보았다. 다만, 관습법에 의존된 일방행위는 독자적 연원성을 인정하되, 조약에 의존된 일방행위는 독자적 연원성이 인정되지 않는다는 입장이다.

3. 기속의사(animus sibi vincotandi)

일방적 행위는 '법적 효과'(legal effect)를 갖도록 의도된 행위이므로, 일방적 선언이 법적 효과를 갖는가 판단에 있어서 주된 기준은 선언 주체의 '의사'이다. 이러한 의사는 법률관계의 창설·변경·소멸에 대한 의사를 말한다. 이러한 의사에는 (1) 자신에게 새로운 의무를 부과, (2) 상대국의 기존의무 확인, (3) 상대국에 새로운 권리 부여, (4) 자신의 기존권리 확인 등이 있다. 의사는 표시되어야 하며, 명확하게 표시되어야 한다.

4. 고지

일방행위는 '공개적으로'(publicly) 이루어져야 한다. 일방적 선언이 공개적으로 이루어지고 수신자들이 이를 인식함으로써 비로소 법적 구속력을 갖게 되기 때문이다. 다만, 모든 일방행위가 국제공동체 전체에 공개되어야 하는 것은 아니며, 행위의 수신자에게 알려지면 충분하다.

5. 기타 요건

국가의 일방적 행위가 법적 효과를 갖기 위해서는 법률행위의 유효요건을 충족시켜야 한다. 따라서 (1) 당사자능력, (2) 권한 있는 기관에 의한 의사표시, (3) 진정한 의사표시, (4) 이행가능성과 적법성, (5) 수신자에게 도달을 요한다. 일방행위를 할 수 있는 권한 있는 기관의 경우, ILC에 따르면 국가원수·정부수반·외무장관은 일반적으로 인정되나, 파견국의 외교사절단장이나 국제회의 및 국제기구에 파견된 대표의 경우 권한 있는 기관인가 여부에 다툼이 있다. 한편, 의사표시는 진정해야 하므로 사기, 착오, 강박, 부패 등이 개입되어서는 유효성을 인정받지 못한다. 또한 일방적 행위가 강행규범을 위반한 경우 역시 유효성이 인정되지 않는다.

Ⅴ 효력

1. 효력근거

효력요건을 갖춘 일방행위는 국가가 의도한 바의 법률효과를 발생시킨다. 즉, 의무를 부담하기도 하고 타국에 권리를 창설하기도 한다. 일방행위를 통해 이러한 법률효과를 발생시키는 근거에 대해 ICJ는 '핵실험 사건'에서 '신의성실의 원칙'이라고 판시한 바 있다. 이는 일방적 행위에 개입된 국가의사에 의해 선언국은 이후부터 자기의 선언과 일치하여 행동해야 할 법적 의무를 부과받게 되는 것으로 이해되기 때문이다.

2. 구체적 효력

(1) 구속력

법적 구속력이 귀속되는 일방적 행위에 의해 의사표시를 한 국가(선언국)는 선언내용에 일치하여 행동해야 할 일방적 의무가 발생한다.

(2) 대세적 의무의 창설

효력요건을 갖춘 일방행위에 의해 국가가 의무를 부담하는 경우, 그러한 의무는 '대세적 의무'일 수도 있다. 즉, 수신자가 국제공동체 전체인 경우, 선언국은 국제공동체 전체로부터 자신의 선언과 반대되는 행동을 취하지 아니할 법적 의무가 발생하는 것이다.

3. 취소가능성

일방적 행위를 한 국가는 근거가 있는 경우 선언을 취소함으로써 의무로부터 면제될 수 있다. 그러나 선언에 의해 다른 국가 측에 신뢰의 사실이 성립한 경우, 금반언의 원칙(estoppel)에 따라 선언국가는 이 국가와의 관계에서는 취소에도 불구하고 계속하여 자기의 선언에 구속된다.[37]

4. 위반 시 국가책임 문제

ILC의 2001년 국가책임 최종 초안 제12조는 국가책임 성립에 있어서 위반한 국제의무의 연원이나 성격이 무엇인가는 관련이 없음을 명백히 하고 있다. 따라서 국가의 일방적 행위에 의해서 국가가 법적 의무를 창설하는 경우, 그 위반 시 국제책임을 진다. 따라서 위반행위의 중지, 원상회복 등을 이행할 의무를 지며, 이행하지 못한 경우, 상대국은 대항조치(countermeasures)를 취할 수 있다. 한편, 국가의 일방행위에 의해 대세적 의무를 부담한 국가는 이해관계국에 대해서도 국가책임을 이행할 의무를 부담한다.

5. 국가의 일방행위와 국제소송

ICJ의 부수적 소송절차의 하나인 선결적 항변에 있어서 'mootness'는 소송절차를 더 이상 진행하지 않는 이유로 받아들여지고 있다. 예컨대, 1974년 핵실험 사건에서 호주와 뉴질랜드는 남태평양에서의 프랑스의 핵실험을 이유로 ICJ에 제소하였다. 그러나, 이후 프랑스 대통령이 일련의 선언을 통해 핵실험 종료의사를 표명하자, 재판소는 이러한 일방적 선언에 의해 프랑스는 핵실험 중지의 의무를 부담하게 되었으므로, 더 이상의 법적 소송은 불필요하다고 하였다.

6. 무효

일반적으로 법률행위의 효력요건에 흠이 있는 경우 그 법률행위는 무효가 된다. 국가의 일방적 행위 역시 일방적 행위나 법률행위이므로 위에서 언급한 효력요건을 충족해야 하고, 흠이 있는 경우 무효가 될 것이다. ILC는 1969년 조약법협약상의 무효사유와 별 다른 차이가 없다는 입장에서 이 문제에 접근하고 있다. 즉, ILC는 아직 확정되지는 않았으나 착오, 사기, 부패, 강박, 강행규범과의 저촉 등이 일방행위의 무효사유라고 보고 있다.

---

37) 나인균, 전게논문, 67면.

Ⅵ 국가의 일방적 선언에 적용되는 제지도 원칙(ILC)의 주요 내용

1. 일방행위의 주체

모든 국가는 일방적 선언을 통해 의무를 부담할 수 있다.

2. 일방행위의 법적 효력 결정 요소

일방행위의 법적 효력을 결정하기 위해서는 일방행위의 내용, 일방행위가 형성되는 사실적 상황, 일방행위가 야기하는 반응들을 고려해야 한다.

3. 일방행위를 할 수 있는 국가기관

일방행위를 하는 국가기관의 경우 국가원수, 정부수반, 외무부장관이 인정된다. 특정 분야에서 국가를 대표하는 자의 경우 그들의 권한 범위 내의 문제에 대해서만 일방행위를 할 수 있다.

4. 일방행위의 형식

일방행위는 구두 또는 문서로 행해질 수 있다.

5. 일방행위의 상대방

일방행위는 국제공동체 전체, 일국 또는 다수 국가, 그리고 다른 실체(entities)에 대해서 행해질 수 있다.

6. 일방행위의 해석

명확하고 구체적인 용어로 표명된 일방행위에 의해서만 의무를 질 수 있다. 의무는 제한적으로 해석되어야 하며 우선 문언을 고려하고 맥락과 사정도 같이 고려될 수 있다.

7. 강행규범과 상충되는 일방행위의 효력

강행규범과 상충되는 일방행위는 무효이다.

8. 상대국에 대한 의무 부과 가능성

일방행위가 타국에 대해 의무를 부과할 수 없는 것이 원칙이나 상대국이 일방적 선언을 명확하게 수락한 경우 예외적으로 상대국에 대해 의무를 부과할 수 있다.

9. 일방행위의 취소

일방행위는 자의적으로 취소될 수 없다. 자의적인지 여부를 판단할 때는 취소 선언의 구체적인 내용, 상대방이 일방적 선언을 신뢰했는지 여부, 상황에 있어서의 근본적 변경이 존재했는지 여부를 고려할 수 있다.

📑 참고 법적 의무를 창설할 수 있는 국가의 일방적 선언에 적용되는 제지도 원칙

The International Law Commission,

Noting that States may find themselves bound by their unilateral behaviour on the international plane,

Noting that behaviours capable of legally binding States may take the form of formal declarations or mere informal conduct including, in certain situations, silence, on which other States may reasonably rely,

Noting also that the question whether a unilateral behaviour by the State binds it in a given situation depends on the circumstances of the case,

Noting also that in practice, it is often difficult to establish whether the legal effects stemming from the unilateral behaviour of a State are the consequence of the intent that it has expressed or depend on the expectations that its conduct has raised among other subjects of international law,

Adopts the following Guiding Principles which relate only to unilateral acts stricto sensu, i.e. those taking the form of formal declarations formulated by a State with the intent to produce obligations under international law,

1. Declarations publicly made and manifesting the will to be bound may have the effect of creating legal obligations. When the conditions for this are met, the binding character of such declarations is based on good faith; States concerned may then take them into consideration and rely on them; such States are entitled to require that such obligations be respected;

2. Any State possesses capacity to undertake legal obligations through unilateral declarations;

3. To determine the legal effects of such declarations, it is necessary to take account of their content, of all the factual circumstances in which they were made, and of the reactions to which they gave rise;

4. A unilateral declaration binds the State internationally only if it is made by an authority vested with the power to do so. By virtue of their functions, heads of State, heads of Government and ministers for foreign affairs are competent to formulate such declara-tions. Other persons representing the State in specified areas may be authorized to bind it, through their declarations, in areas falling within their competence;

5. Unilateral declarations may be formulated orally or in writing;

6. Unilateral declarations may be addressed to the international community as a whole, to one or several States or to other entities;

7. A unilateral declaration entails obligations for the formulating State only if it is stated in clear and specific terms. In the case of doubt as to the scope of the obligations resulting from such a declaration, such obligations must be interpreted in a restrictive manner. In interpreting the content of such obligations, weight shall be given first and foremost to the text of the declaration, together with the context and the circumstances in which it was formulated;

8. A unilateral declaration which is in conflict with a peremptory norm of general international law is void;

9. No obligation may result for other States from the unilateral declaration of a State. However, the other State or States concerned may incur obligations in relation to such a unilateral declaration to the extent that they clearly accepted such a declaration;

10. A unilateral declaration that has created legal obligations for the State making the declaration cannot be revoked arbitrarily. In assessing whether a revocation would be arbitrary, consideration should be given to:
    (i) Any specific terms of the declaration relating to revocation;
    (ii) The extent to which those to whom the obligations are owed have relied on such obligations;
    (iii) The extent to which there has been a fundamental change in the circumstances.

판례 | Nuclear Test 사건[38] - 일방행위의 효력과 소익상실

프랑스는 1945년 이래 대기, 지하 및 수중에서 약 200여회에 걸친 핵실험을 실시하였는데 그 중 상당수가 남태평양에서 이루어졌으며 핵실험 부근지역은 '금지구역(Prohibited zones)'과 '위험구역(Dangerous Zones)'으로 설정되어 선박과 항공기의 운항이 제한되었다. 이에 인접국가인 오스트레일리아와 뉴질랜드는 프랑스정부에 태평양 상의 대기 중 핵실험을 중지할 것과 예정되어 있던 핵실험에 관한 정보를 제공할 것을 요구하였다. 그러나 프랑스는 계획된 핵실험을 강행할 것이며, 여하한 핵실험프로그램도 통보할 수 없다는 입장을 고수하였다. 이에 따라 오스트레일리아와 뉴질랜드 양국은 1973년 국제사법법원(ICJ)에 프랑스를 상대로 핵실험 중지를 요구하는 소송을 각각 제기하였다. 오스트레일리아와 뉴질랜드는 남태평양 연안에서 더 이상의 핵실험을 계속하는 것이 국제법에 위배되며 자국 영토와 국민 건강에 피해를 준다고 주장하면서, 프랑스가 차후에 핵실험을 계속해서는 안 된다는 판결을 내려주도록 법원에 요청하였다. 더불어 양 국가는 최종판결이 확정되기 전에 프랑스정부가 잠정적으로 핵실험을 중지해야 한다는 것을 내용으로 하는 잠정조치(provisional measure)를 내려줄 것을 요청하였다. 프랑스는 재판소가 이 사건을 심리할 권한을 가지고 있지 않으므로 재판소의 관할권을 수락할 수 없으며 따라서 소송대리인을 임명할 의사가 없다는 것을 밝히고 재판소에 대해서 본 사건을 각하해줄 것을 요청하였다. 그리고 프랑스는 재판소에 출두하지 않고 일체의 심리에 참가하지 않았다. 프랑스는 자국 대통령의 핵실험중단선언으로 소송을 지속할 실익이 상실되었다고 주장하였다. 재판소는 프랑스의 주장을 인용하였다. 재판부는 이 사건의 궁극적인 목적은 '프랑스정부의 확고하고, 명시적이고, 구속력 있는 핵실험 중지 약속(firm, explicit and binding undertaking to refrain from further atmospheric tests)'이라고 볼 수 있다고 전제하였다. 또한, 일방적 선언(unilateral statements)이 법적 의무를 설정할 수 있다고 하였다. 법률상 또는 사실상의 사태에 관해서 일방적 행위로서 이루어지는 선언이 법적 의무를 창설하는 효과를 가질 수 있는 것은 충분히 승인되고 있고, 선언에 따라서 구속되는 것이 선언국의 의사라면, 그 의사는 자국의 선언에 법적 성질을 부여하는 것이고, 그 때부터 선언국은 법적으로 그 선언에 합치되는 행동을 할 것이 요구된다고 하였다. 재판소에 제출되어 있는 프랑스 정부의 성명 가운데 가장 중요한 것은 단연 공화국 대통령에 의해 이루어진 것으로서 대통령 임무를 고려하여 구두 내지 서면에 의한 국가 원수로서의 명시적인 통고 또는 성명은 명백히 국가대표기관에 의한 프랑스 국가의 행위이며 이러한 성명은 형식에 관계없이 그 의도에 비추어 당해국가의 약속을 구성하는 것으로 간주되어야 한다고 하였다. 프랑스가 남태평양에서 더 이상 대기권 핵실험을 실시하지 않을 의무를 약속함으로써 사실상 원고의 목적은 달성되었다고 하였다. 재판부는 분쟁이 이미 소멸하였기 때문에 오스트레일리아의 청구는 어떠한 목적도 갖지 않으며 따라서 판결을 내릴 필요가 없다고 하였다. 또한 잠정조치는 종결 판결이 있을 때까지 유효한 것으로서 그 명령은 본 판결의 선고와 동시에 실효된다고 하였다.

제6절 타국의 국제위법행위에 대한 일국의 관여

I 의의

국가는 원칙적으로 자신의 행위에 대해서만 책임을 진다. 이를 국제법위원회는 '독립적 책임'(independent responsibility)라 한다. 그러나, 예외적으로 국가가 타국의 행위와 관련하여 또는 타국의 행위에 대하여 책임을 부담하는 경우가 있으며 이를 '파생적 책임'(derived responsibility)이라 한다. 파생적 책임이 발생하는 경우는 국가가 타국의 위법행위를 '지원 또는 원조'하거나 이를 '지시 또는 통제'하는 경우 그리고 타국의 위법행위를 '강제'하는 경우이다. 이러한 경우 타국의 행위가 국가에 '귀속'되는 것은 아니므로 국가귀속성의 문제는 아니다.

---

38) Nuclear Tests 사건, Australia v. France, ICJ, 1974년; New Zealand v. France, ICJ, 1974년.

Ⅱ 타국 국제위법행위에 대한 원조(제16조)

> **📑 조문 | ILC 위법행위책임 초안 제16조 - 국제위법행위의 실행에 대한 지원 또는 원조**
>
> 국제위법행위를 실행하는 타국을 지원하거나 원조하는 국가는 다음의 경우 그같이 행동하는 데 대하여 국제적으로 책임을 진다.
>
> (a) 당해 국가가 그 국제위법행위의 상황을 인식하고 그같이 행동하며,
>
> (b) 당해 국가가 실행하였더라도 그 행위는 국제적으로 위법할 경우

1. 의의

한 국가가 위법행위를 범하는 타국에게 '지원 또는 원조'(aid or assistance)를 제공함으로써 그 위법행위를 방조하는 경우 지원 또는 원조국은 문제의 타국의 위법행위가 자행됨에 있어서 기여한 만큼 이에 대해 책임을 진다.

2. 지원 또는 원조의 형태

첫째, 인적지원조치가 취해질 수 있다. 한 국가가 특정 타국이 위법행위를 범함에 있어서 이를 지원할 목적으로 자국의 기관이나 요원을 파견하는 경우가 존재할 수 있다. 이 경우 파견국은 자국기관의 행위에 대하여 책임을 진다. 둘째, 물적 차원의 지원이나 원조로서 국가가 타국의 위법행위를 방조할 목적으로 재정적 지원을 하거나, 물자 또는 시설을 제공하거나, 자국의 영토를 사용하도록 하는 등의 원조를 제공할 수 있고, 이 경우 역시 원조국은 국가책임을 진다.

3. .책임의 성질

ILC초안에 의하면 타국의 위법행위를 지원하거나 원조한 국가는 그 타국의 위법행위에 대해 책임지는 것이 아니라 지원 또는 원조한 자신의 행위에 대하여 책임을 진다. 따라서 지원국은 위법행위에 따른 손해 전체를 배상할 필요는 없고 그 자신의 행위로 인하여 발생된 손해에 대해서만 배상책임을 진다.

4. 책임의 성립요건

첫째, 지원국은 자국의 지원 또는 원조를 받아 이루어지는 피지원국의 행위가 국제법상 위법임을 인식하였어야 한다(초안 제16조 (a)). 즉, 지원국은 자국의 원조나 지원이 피지원국의 국제위법행위의 자행에 소용될 수 있음을 인식하고도 감히 그 같은 원조나 지원을 제공한 경우에 한하여 책임을 진다. 둘째, 지원 또는 원조가 문제의 위법행위의 자행을 방조할 목적으로 제공되었어야 하며, 실제로 이를 방조하였어야 한다. 단, 지원 또는 원조가 문제의 위법행위 발생에 필수적(essential)이었을 것은 요구되지 않으며, 지원 또는 원조와 위법행위 간에 구체적 인과관계(specific causal link)가 입증되면 족하다. 셋째, 제16조는 그 위법행위가 지원국에 의하여 범하여졌더라도 국제적으로 위법하였을 상황에서만 적용된다(제16조 (b)). 즉, 문제의 위법행위가 지원국 자신도 역시 구속받고 있는 의무의 위반을 구성하는 경우에만 적용된다. 예컨대 위반국이 가해국과의 양자조약 위반 시 이를 원조한 경우 원조국은 자신의 책임을 지지 않는다. 그러나, 위반국이 지원국도 부담하고 있는 일반국제법상 의무를 위반한 경우 지원국 역시 자신의 원조행위에 대해 책임을 지는 것이다.

Ⅲ 타국의 국제위법행위에 대한 지시나 통제(제17조)

> **📋 조문 | ILC 위법행위책임 초안 제17조 – 국제위법행위를 실행하는데 행사한 지시 및 통제**
>
> 타국이 국제위법행위를 실행하도록 타국을 지시하고 통제한 국가는 다음의 경우 그 행위에 대하여 국제적으로 책임을 진다.
>
> (a) 당해 국가가 그 국제위법행위의 상황을 인식하고 그같이 행동하며,
>
> (b) 당해 국가가 실행하였더라도 그 행위는 국제적으로 위법할 경우

1. 의의

국가가 타국의 위법행위를 지시(direction)하고 통제(control)한 경우 지시 또는 통제국은 문제의 타국행위에 대해 직접책임을 진다. '통제'한다는 것은 위법행위의 자행에 대하여 지배(domination)를 행사하는 것을 말하며, 단순히 감독(oversight)하는 것을 의미하는 것은 아니다. '지시'한다는 것은 선동(incitement) 또는 제의(suggestion)를 의미하지는 않으며, 어떠한 '행동적 성질의 실질적 지시'(actual direction of an operative kind)를 의미한다.

2. 책임의 성질

국가가 타국의 국제위법행위를 지시하고 통제한 경우 그 타국의 행위에 대하여 직접 책임을 진다. 한 국가의 기관이 타국에 의하여 지시 및 통제를 받아 행동하였더라도, 그 기관이 소속국의 기관 자격으로 행동하였다면 그 행위는 소속국에 귀속되는 것이 원칙이다. 한편, 그 기관이 지시·통제국의 처분하에 놓임으로써(placed at the disposal) 그 국가의 기관자격으로 또는 그 국가의 기관을 대신하여 행동한 것이라면 제6조의 원칙에 의하여 그 국가에 귀속되나, 오로지 그 소속국의 기관 자격으로 행동하였다면 지시 및 통제에도 불구하고 그 행위는 소속국에 귀속된다. 따라서 한 국가가 국제위법행위를 범함에 있어서 이를 지시 또는 통제한 국가가 그 행위에 대하여 책임진다면 이는 명백히 '타국'의 행위에 대하여 책임을 지는 것이다. 이는 국가가 오로지 자기 스스로의 행위에 대해 책임진다는 기본 원칙에 대한 예외를 구성하는 것이다.

3. 지시·통제를 받은 국가의 책임 문제

한 국가가 타국의 기관에 대하여 일정한 행위를 지시·통제하였다 하더라도 이 행위는 그 기관의 소속국에 귀속되며 그 결과 그 국가의 국제책임을 발생시킨다. ILC는 한 국가의 행위가 다른 국가의 지시 및 통제하에서 취해졌다 하더라도 이는 위법성조각사유에 해당하지 않는다고 하였다. 문제의 행위가 국제의무 위반을 구성하는 경우 그 국가는 문제의 지시 또는 통제에 따르지 않았어야 한다. 단, 예외적으로 그러한 지시 또는 통제가 불가항력을 구성한다면 지시 또는 통제된 행위의 위법성이 조각될 수 있다.

4. 책임의 성립요건

첫째, 위법행위가 국가의 지시 및 통제에 의해 발생해야 한다. 사실상 기관으로서의 사인과 달리 이 경우는 지시와 통제가 누적적으로 모두 요구된다. 둘째, 지배국은 피지배국의 행위의 위법성을 인식하였어야 한다(제17조 (a)). 셋째, 그 행위가 그 국가(지배국)에 의하여 자행되더라도 국제적으로 위법행위를 구성하는 것이었어야 한다(제17조 (b)).

Ⅳ 타국에 대한 강박(제18조)

> **📋 조문 | ILC 위법행위책임 초안 제18조 – 타국에 대한 강제**
>
> 타국으로 하여금 어떠한 행위를 실행하도록 강제한 국가는 다음의 경우 그 행위에 대하여 국제적으로 책임을 진다.
>
> (a) 그러한 강제가 없었다면 그 행위는 피강제국의 국제위법행위가 될 것이며,
>
> (b) 강제국은 그 행위의 상황을 인식하고 강제하였을 것

1. 의의

한 국가가 타국을 강제(coercion)하여 어떠한 행위를 하도록 유도하였다면, 그 타국의 행위에 대하여 책임을 진다. ILC에 의하면 여기에서의 강제는 위법성조각사유로서의 불가항력(force majeure)과 본질적으로 같으며 피강제국에게 의사를 강제하여 그 국가로 하여금 강제국의 요구대로 행동하는 것 외에는 선택의 여지가 없도록 만드는 것을 말한다. 또한 ILC에 의하면 강제국이 문제된 국제위법행위 '자체'를 강제했어야 한다. 강제는 반드시 위법한 강제만을 의미하는 것은 아니다. 피강제국은 피해국에 대해 국가책임을 지지 않는다. 불가항력에 의해 위법성이 조각되기 때문이다.

2. 책임의 성질

강제국은 강제된 행위에 대하여 직접 책임을 진다. 초안 제18조는 "타국으로 하여금 어떠한 행위를 하도록 강제하는 국가 … 그 행위에 대하여(for that act) 국제적으로 책임을 진다."라고 규정하고 있다. ILC에 의하면 강제국(coercing state)은 피강제국(coerced state)에 대해서는 '강제 자체'에 대해 책임지나, 그 강제된 행위의 피해국에 대해서는 '피강제국의 행위'에 대하여 책임진다. 제17조에서는 타국의 위법행위를 지시·통제한 국가가 그 타국과 함께 책임을 지나, 제18조에서는 문제의 행위를 강제당한 국가의 책임은 부인되며, 그 대신 강제국이 책임을 진다.

3. 책임의 성립요건

첫째, 강제가 없었다면 그 행위가 그 강제된 국가의 국제위법행위를 구성해야 한다[제18조 제(a)호]. ILC에 의하면 이러한 가능성을 강제국이 알고 있었어야 한다. 둘째, 강제하는 국가가 그러한 행위의 상황(circumstances of the act)을 인식하고 그같이 행동했어야 한다[제18조 제(b)호]. 이는 강제국이 자신이 강제한 행위의 사실적 결과를 예측할 수 있었어야 한다는 것을 의미한다. 한편, 제18조 에서는 제16조와 제17조에 부과되었던 조건, 즉 '그 행위가 그 국가에 의하여 자행된다면 국제적으로 위법할 것'을 요구하지 않고 있다. 이는 문제의 행위가 강제의 직접적 결과인 만큼, 그 행위에 대해서는 그 책임을 포괄적으로 강제국에게 전가시키기 위한 취지로 이해할 수 있다.

🔥 판례 | 제노사이드협약 적용에 대한 사건[39](본안) – 신유고연방의 국가책임문제

1946년 보스니아–헤르체고비나, 크로아티아, 마케도니아, 몬테네그로, 세르비아, 슬로베니아의 6개 공화국으로 구성된 유고슬라비아[정식명칭: 유고슬라비아사회주의연방공화국(1974년)]가 창설되었다. 세르비아와 몬테네그로를 제외한 4개 공화국들은 동서 냉전 종식과 유고연방의 분열에 따라 1990년대 초 유고연방으로부터 독립을 선언하였다. 보스니아–헤르체고비나[40] 역시 독립을 선언하였으며 미국과 EC가 승인하였고 1992년 5월 22일 UN에 가입하였다. 세르비아와 몬테네그로는 '유고슬라비아연방공화국'(이른바 신유고연방)으로 재편되어 유고연방의 법인격을 승계한다고 선언하였다. 이 선언에 대해 UN안전보장이사회는 1992년 5월 30일 결의 제777호를 채택하여 신유고연방이 유고연방의 회원국 지위를 자동적으로 계속 유지한다는 주장은 수락될 수 없으므로 신유고연방이 유고연방과 동일한 국가로서 UN에 참여하는 것을 정지시킨다고 결정하였다. 신유고연방은 결국 2000년 10월 27일 유고연방의 회원국 지위를 승계한다는 주장을 포기하고 신회원국으로 UN 가입을 신청하여 2000년 11월 1일자로 '세르비아–몬테네그로'로서 UN에 가입하였다. 2006년 6월 몬테네그로는 국민투표를 통해 '세르비아–몬테네그로'로부터 독립을 선언하였다. 독립 선언 이후 세르비아는 동 일자 UN 사무총장 앞 서한에서 세르비아공화국이 세르비아–몬테네그로의 UN에서의 회원국 지위를 승계한다고 선언하였다. 보스니아 내의 세르비아민족은 1992년 4월 7일자로 '보스니아–헤르체고비나의 세르비아 공화국'(Serbian Republic of Bosina and Herzegovina) 수립을 선포하고, 유고연방인민군의 Ratko Mladic 장군이 지휘하는 군대가 보스니아 영토의 2/3 지역을 장악하여 보스니아는 내전상태에 돌입하게 되었으며 1995년 7월 Srebrenica의 대학살 사건이 발생하였다. 보스니아 내전은 1995년 12월 보스니아, 크로아티아, 신유고연방간 Dayton–Paris 평화협정이 체결되어 일단 종식되었다. 보스니아는 1993년 3월 20일 Genocide 협약 제9조[41]의 분쟁회부조항(compromissory clause)에 따라 신유고연방이 Genocide협약상 의무를 위반하였다는 취지로 ICJ에 소송을 제기하였다. ICJ는 1993년 4월 및 9월에 잠정조치를 명하였으나, 이후 1995년 7월 Srebrenica에서 보스니아 회교도 주민들이 대량 학살되는 사건이 발생하였고, 1996년 7월 ICJ의 관할권 유무에 대한 선결적 항변에 대한 결정 및 2003년 2월 관할권 확인에 대한 수정요청에 관한 결정 등의 조치를 취하였으며, 2007년 2월 본안심리를 완료하였다. 이 사건의 본안판단에서는 신유고연방이 제노사이드협약을 위반하였는지가 문제되었다. 이와 관련하여 제기된 쟁점들은 다음과 같다. 첫째, Genocide협약의 적용범위와 관련하여 동 조약이 당사국에게 제노사이드에 대한 입법의무 및 '소추 또는 범죄인인도의무'(prosecute or extradite)만 부과하는지 아니면 당사국이 제노사이드를 행하지 않을 의무도 부과하는지 문제되었다. ICJ는 협약 제1조에 규정된 제노사이드 예방과 처벌 의무에는 당사국이 제노사이드를 행하지 않을 의무가 포함된다고 하였다. 둘째, 보스니아–헤르체고비나의 세르비아 인민 공화국(추후 Republica Srpska로 국명 변경, 이하 RS)의 행위가 제노사이드에 해당하는지 여부와 관련하여 ICJ는 Srebrenica 대학살이 제노사이드에 해당한다고 판단하였다. 동 대학살은 보스니아 회교도들을 대상으로 하여 약 7,000명을 살해하고 심각한 육체적 정신적 위해를 가했다고 판단하였다. 또한 RS에 의한 '특별한 의도'도 확인된다고 하였다. 셋째, Srebrenica 학살에 대해 세르비아는 국가책임을 지지 않는다고 판단하였다. ICJ는 Srebrenica 대학살은 세르비아에 귀속되지 않는다고 판단하였다. 또한, ICJ는 RS가 세르비아의 지시 또는 통제를 받아 대학살을 자행했다는 보스니아의 주장도 기각했다. ICJ는 지시 또는 통제에 기초하여 국가책임을 인정하기 위해서는 전체적 행동에 대한 일반적 지시나 지침이 아니라 개별작전에 대한 '유효한 통제'(effective control)가 행사되거나 구체적 지시가 있어야 한다고 하였다. ICJ는 보스니아가 세르비아에 의해 제노사이드 지시가 내려졌다는 점을 입증하지 못했으며, 제노사이드 이행결정은 세르비아의 지시 또는 통제 없이 RS군대 참모들에 의해 내려졌다고 판시하였다. 나아가 세르비아를 공범으로 보기도 어렵다고 하였다. 넷째, 다만, ICJ는 세르비아가 제노사이드 예방의무를 위반하였다고 판단하였으며, 주범인 Mladic이 세르비아 내에 있다는 정보에 유의하여 그 소재를 확인하고 구속해야 하나 그렇지 않고 있음을 주목하고 세르비아가 ICTY에 협조할 의무를 위반하였다고 판단하였다.

---

39) The Application of the Convention on the Prevention and Punishment of the Crime of Genocide(Bosnia and Herzegovina v. Serbia and Montenegro), ICJ, 2007년 2월 26일.

40) 주민은 세르비아인 31%, 크로아티아인 17%, 회교도 44%로 구성되어 있다. 독립 당시 국민투표에서 세르비아인은 모두 불참하였다.

41) Genocide협약 제9조: 본 협약의 해석, 적용 또는 이행에 관한 체약국 간의 분쟁은 집단살해 또는 제3조에 열거된 기타 행위의 어떤 것이라도 이에 대한 국가책임에 관한 분쟁을 포함하여 분쟁당사국 요구에 의하여 국제사법재판소에 부탁한다.

제7절 국가의 국제범죄론

I 서설

국가책임의 성립요건인 위법성 문제와 관련하여 주목해야 할 중요한 문제가 국제위법행위를 '범죄'(crime)와 '불법행위'(delict)로 구분하는 문제이다. 전통국제법에서는 국가의 국제의무 위반을 국내법상의 불법행위와 유사한 것으로 다루고 이에 대해서는 오로지 손해배상책임만이 부과되는 것으로 인식되었다. 그러나 오늘날 국제사회가 하나의 법공동체로 발전되어 나가는 과정에서 국제법상 강행규범(jus cogens)이나 대세적 의무(obligations erga omnes)의 개념이 공식화되었으며, 이러한 의무의 중대한 위반은 국제공동체 전체의 근본적 법익을 침해하는 것으로서 불법행위에 비해 보다 가중된 책임을 부과해야 한다는 것이 강조되어 왔다. 이러한 맥락에서 ILC는 1996년 잠정초안에서 국제위법행위를 국제범죄와 국제불법행위로 구분하여 규정하였으나, 2001년 최종 초안에서는 이러한 구분이 삭제되었다. 그러나 2001년 초안에서는 강행규범의 중대한 위반에 대한 특별한 책임을 인정하고 나아가 대세적 의무 위반에 대한 국제공동체 전 구성원에 의한 책임 추궁 방식을 제도화함으로써 잠정 초안에서 규정하였던 범죄의 법적 결과를 어느 정도 수용하고 있다.

II 잠정 초안(1996) 규정

1. 범죄의 개념

잠정초안 제19.2조에 의하면 국제범죄란 '국제공동체의 근본적 이익의 보호를 위해 너무나도 중요하여 그 위반이 국제공동체 전체에 의하여 범죄라고 인정되는 국제의무의 위반에 기인하는 국제위법행위'를 말한다. ILC에 의하면 어떠한 규범이 강행규범으로 인정되기 위해서는 국제공동체 전 구성원의 주관적 승인이 있어야 하는 것과 마찬가지로, 문제의 국제위법행위가 국제범죄로 인정되기 위해서는 국제공동체 전 구성원의 주관적 승인이 있어야 한다. 다만, ILC는 국제공동체 전체에 의한 승인이 반드시 모든 국가들의 만장일치적 승인을 요하는 것은 아니라고 하였다.

2. 범죄의 내용

잠정초안 제19.3조에 의하면 국제법상 인정되는 범죄는 네 가지이다. 첫째, 침략의 금지와 같이 국제평화와 안정의 유지를 위해 본질적으로 중요한 국제의무의 중대한 위반(serious breach). 둘째, 무력에 의한 식민통치의 유지의 금지와 같이 민족자결권의 보호를 위하여 본질적으로 중요한 국제의무의 중대한 위반. 셋째, 노예매매·집단살해·인종차별 등의 금지와 같이 인간의 보호를 위하여 본질적으로 중요한 국제의무의 중대하고도 광범위한 위반. 넷째, 대기 및 해수의 대규모적 오염의 금지와 같이 인류환경의 보호 및 보존을 위하여 본질적으로 중요한 국제의무의 중대한 위반. 동 조항에 의하면 국제공동체의 근본적 이익은 네 가지로 제시되어 있는바, 국제평화와 안전, 민족자결권, 인권, 인류환경이 그것이다. 이러한 근본이익을 보호하기 위하여 본질적으로 중요한 의무의 중대한 위반이 국제범죄이다.

3. 범죄의 범위

잠정초안에 의하면 국제범죄의 범위가 확정적인 것은 아니다. 제19.3조 서두에서 "현행 국제법의 원칙에 의하여 특히 다음으로부터 국제범죄가 나올 수 있다."라고 규정함으로써 제3항에 언급된 국제범죄는 예시적임을 명시하고 있다. 즉, 오늘날의 국제법에 의해서도 그 위반이 범죄를 구성하는 의무들이 또 있을 수 있으며, 장차 국제법 발전에 의해서도 그러한 의무들이 더 늘어날 수 있는 것이다. 한편, 초안은 국제범죄의 범위를 질적으로 제한하고 있다. 즉, 네 가지 분야에서의 의무 위반이 모두 범죄를 구성하는 것이 아니라, '본질적으로 중요한 의무'의 '중대한 위반'(serious breach)이 있어야 한다. ILC는 각 분야의 국제공동체의 이익의 보호를 위해 우선적으로 중요한 의무와 부차적인 의무가 있다고 하면서, 후자의 의무 위반은 범죄를 구성하지 않음을 분명히 하였다.

4. 범죄에 대한 책임

첫째, 잠정초안 제40.3조는 국제범죄에 있어서는 범죄국 이외의 모든 타국(all other States)이 피해국이라고 규정하고 있다. 둘째, 피해국은 위반의 중지요구, 원상회복의 요구, 금전배상의 요구, 사죄·관계자의 처벌 또는 재발의 방지 요구 등의 권리를 갖는다(제41조-제46조). 셋째, 피해국은 원상회복과 사죄를 요구함에 있어서 가해국의 정치적 독립, 경제적 안정, 존엄 등을 훼손하지 않도록 제한하고 있으나, 위반된 행위가 국제범죄인 경우 이러한 제한이 적용되지 않는다(제52조). 넷째, 국제범죄의 경우 모든 타국은 범죄에 의해 창설된 상황을 승인하지 않아야 하고, 범죄국에게 그러한 상황의 유지를 위한 지원 및 원조를 삼가야 하며, 범죄의 결과를 제거하기 위한 조치의 적용을 위하여 협력해야 한다(제53조).

Ⅲ 최종 초안(2001) 규정

1. 의의

2001년 최종 초안은 국가범죄 개념을 삭제하였으나, 강행규범의 중대한 위반 내지 대세적 의무의 위반에 대해서는 특별한 내용과 형태의 책임을 인정함으로써, 통상적인 의무 위반과 달리 국제공동체의 근본이익 침해행위에 대해서는 보다 가중된 책임을 부과하고자 하였다.

2. 강행규범의 중대한 위반의 법적 결과

📄 조문 | ILC위법행위책임초안 제3장 – 일반국제법상의 강행규범 의무의 중대한 위반

제40조
본 장의 적용

1. 본장은 일반국제법상의 강행규범에 의하여 부과된 의무에 대한 국가의 중대한 위반에 따른 국제책임에 적용된다.

2. 그러한 의무의 위반은 그것이 책임국에 그 의무의 총체적 또는 조직적인 불이행이 수반되는 경우에 중대한 것으로 본다.

> **제41조**
> **본 장상의 의무의 중대한 위반의 특별한 결과**
>
> 1. 국가들은 제40조상의 의미에 해당하는 모든 중대한 위반을 합법적 수단을 통하여 종료시키기 위해 협력하여야 한다.
>
> 2. 어떠한 국가도 제40조상의 의미에 해당하는 중대한 위반에 의하여 발생한 상황을 적법한 것으로 인정한다거나 또는 그러한 상황의 유지를 위한 원조나 지원을 하여서는 아니된다.
>
> 3. 본조는 본부에서 언급된 다른 결과 및 본장이 적용되는 위반이 발생시키는 결과에 영향을 미치지 않는다.

최종 초안 제40조는 강행규범의 중대한 위반에 대해 '그것이 책임국의 대규모적이고 조직적인 의무 불이행을 수반하는 경우'로 규정하고 있다. 이어 제41조는 강행규범의 중대한 위반에 대해 부과되는 특별한 책임에 대해 규정하였다. 즉, 국가들은 그러한 중대한 위반을 합법적 방법을 통해 종식시키기 위하여 협력할 의무를 규정하였으며(제41.1조), 그 같은 중대한 위반에 의하여 창설된 상황을 승인하지 말 것과, 그러한 상황을 유지하는 데 필요한 지원 또는 원조를 삼갈 것을 요구하고 있다(제41.2조). 이는 잠정 초안 제53조의 규정과 동일한 취지이다. 한편, 제3항은 제42조의 책임이 제2부에 규정된 다른 결과를 저해하지 않음을 선언하고 있는바, 위법행위 결과로서 언급되는 위반의 중지 및 재발방지, 손해배상 등의 책임이 강행규범의 중대한 위반에 대해서도 당연히 적용됨을 확인한 것이다.

3. 대세적 의무 위반에 대한 책임추궁 방식

> **📖 조문 | ILC 위법행위책임 초안 제42조 제(b)호 – 대세적 의무와 피해국의 책임 추궁**
>
> 국가는 다음의 경우 피해국으로서 타국의 책임을 추궁할 수 있다.
>
> (b) 위반된 의무가 당해 국가를 포함하는 일단의 국가들 또는 국제공동체 전체를 상대로 하는 것이며, 그 의무의 위반이
>
>   (i) 당해 국가에 특별히 영향을 주거나, 또는
>
>   (ii) 그 의무가 상대로 하는 모든 다른 국가들의 입장을 그 의무의 추후 이행과 관련하여 급격하게 변경시키는 성질을 지닌 경우

> **📖 조문 | ILC 위법행위책임 초안 제48조 – 대세적 의무 위반과 피해국 이외 국가의 책임 추궁**
>
> 1. 다음과 같은 경우, 피해국 이외의 어떠한 국가도 제2항에 따라 타국의 책임을 추궁할 수 있다.
>
>   (a) 위반된 의무가 당해 국가를 포함한 국가집단에 대하여 부담하는 것이고, 그 의무는 그 국가들의 집단적 이익의 보호를 위하여 수립된 경우, 또는
>
>   (b) 위반된 의무가 국제공동체 전체에 대하여 부담하는 것일 경우
>
> 2. 제1항에 따라 책임을 추궁할 수 있는 국가는 책임국에 대하여 다음을 청구할 수 있다.
>
>   (a) 제30조에 따른 국제위법행위의 중지와 재발방지의 보증 및 보장, 그리고
>
>   (b) 위의 조항들에 따라 피해국이나 위반된 의무의 수혜자를 위한 배상의무의 이행
>
> 3. 제43조, 제44조, 제45조에 의한 피해국의 책임추궁 요건들은 제1항에 따라 권리가 부여된 국가의 책임추궁에도 적용된다.

강행규범적 의무와 대세적 의무가 중복됨에도 불구하고 ILC 초안은 강행규범 위반의 법적 결과와 대세적 의무 위반에 대한 책임추궁은 별도로 규정하고 있다. 이는 강행규범 위반에 대한 '책임추궁문제'는 대세적 의무 차원에서 다루는 것이 적절하다고 판단하였기 때문이다. 최종 초안 제42조 (b)는 한 국가가 대세적 의무 위반에 대해 피해국으로서 책임을 추궁할 수 있는 경우를 규정하고 있다. 대세적 의무 위반의 피해국들은 초안 제2부에 규정되어 있는 손해배상 등 일련의 책임을 추궁할 수 있다. 한편, 초안 제48조는 대세적 의무 위반에 있어서 해당 법공동체의 국가들은 피해국의 자격을 인정받지 못하는 경우에도, 이해관계국으로서 책임을 추궁할 자격을 부여받고 있다. 이해관계국은 위반국에 대해 국제위법행위를 중지하고 재발방지를 확보하고 보장할 것, 피해국 및 그 위반된 의무의 수익 주체들을 위하여 앞의 조항들에 따라 배상의무를 수행할 것을 요구할 수 있다.

제8절 외교적 보호권

I 의의

1. 개념

외교적 보호권(right of diplomatic protection)이란 재외국민이 재류국으로부터 부당한 대우를 받거나 불법하게 권리침해를 받는 경우에 재류국에 대해 적절한 구제를 요구할 수 있는 권리를 말한다. ILC가 추진 중인 '외교적 보호에 관한 초안' 제1조에 의하면 외교적 보호란 '어느 국가에 귀책사유가 있는 국제위법행위에 의하여 야기된 자국민의 신체나 재산상의 손해에 대하여 국가가 가해국을 상대로 취하는 조치'를 의미한다.[42]

2. 구별개념

(1) 외교적 비호(diplomatic asylum)

외교적 비호란 타국의 영역 내에 있는 외교공관이 공관으로 도망해 온 정치범의 인도를 거부하고 보호하는 것을 의미한다. 외교적 비호는 영토 외적 비호(extra-territorial asylum)로서 일반국제법상 확립된 국가의 권리가 아니다. 다만, 외교공관의 특권 및 면제로 인해 접수국이 도망 범죄인을 강제로 체포할 수는 없다. 외교적 보호는 자국민에 대한 보호라는 점에서, 타국민에 대한 보호가 문제되는 외교적 비호와는 구별된다. 또한, 외교적 보호는 국제관습법상 확립된 국가의 권리이나, 외교적 비호는 확립된 권리가 아니다.

(2) 직무보호(functional protection)

① 의의: 1949년 UN 근무 중 입은 손해배상에 관한 권고적 의견에서 확립된 개념이다. 동 권고적 의견에서 ICJ는 UN의 객관적 법인격성을 긍정하면서 UN이 소속 공무원(Bernadotte)의 손해에 대해 UN회원국이 아닌 국가(이스라엘)에 대해 국제청구를 제기할 법적 자격이 있다고 판단하였다.

---

42) 김부찬, 외교적 보호제도와 국내구제완료의 원칙, 《국제법학회논총》, 제46권 제3호, 3면.

② **직무보호와 외교적 보호의 비교**: 양자 모두 국민이나 소속 공무원의 권리가 아니라 국가 및 국제기구 자신의 권리라는 점, 국제책임의 실현방법과 절차면에서 유사하다. 그러나 몇 가지 차이점이 있다. 첫째, 양자의 법적 성질이 다르다. 외교적 보호권은 국제관습법상의 권리이나, 직무보호권은 조약상의 권리이다. 따라서 제3국에 대해서는 행사할 수 없다. 이는 국제기구의 대세적 법인격성에 대한 논의로서 학설은 국제기구의 대세적 법인격성에 대해 부정적이다. 다만, ICJ는 UN의 대세적 법인격성을 긍정한 바 있다. 둘째, 외교적 보호권은 국적을 매개로 행사되나, 직무보호는 직무를 매개로 행사된다. 셋째, 외교적 보호의 객체는 자국민·재외국민 등 포괄적이나 직무보호의 객체는 소속 국제공무원에 한정된다.

③ **직무보호와 외교적 보호의 경합**: 국제기구 소속 공무원이 타국으로부터 손해를 입은 경우, 직무보호권과 외교적 보호권의 경합이 발생할 수 있다. 단, 언제나 경합이 발생하는 것은 아니며 국제기구 공무원의 손해가 그의 국적국가의 이익과 국제기구의 이익에 모두 관련되는 경우에 경합이 발생한다. 경합 발생 시 어떤 권리가 우선하는가에 대해서 학설 및 판례는 일치되어 있지 않다. 일설에 의하면 양자 경합 시 직무보호권이 우선한다. 국제조직의 독립성을 유지하기 위해 당연히 인정되는 원칙임을 논거로 한다. 반면, ICJ는 양자 경합 시 직무보호권의 우선함을 명시하지 않았다. 양자의 충돌 시 국제기구와 국가가 우호적인 방법으로 해결할 것을 권고하고 있다.

3. 법적 성질

외교적 보호권은 국제관습법상 국가의 권리이다. 즉, 국가 자신의 권리이지, 국가가 개인의 권리를 대행하는 것은 아니다. 따라서 외교적 보호권은 국가의 권리이므로 개인이 포기할 수 없다. 그러므로 '칼보조항'(Calvo Clause)[43]이 국내적 구제를 이용한다는 약속인 점에서 유효하나, 본국의 외교적 보호권을 배제하려는 의도라면 무효가 될 것이다. ILC 외교보호 초안 제2조 역시 외교적 보호권이 국가의 의무가 아니라 권리임을 명시하고 있다. 다만 동 초안 제19조는 '관행의 권고'(recommended practice)라는 타이틀에서 국가에게 세 가지를 권고하고 있다. 첫째, 중대한 침해가 발생한 경우에는 특별히 외교보호의 행사를 고려해야 한다. 둘째, 외교보호를 받기를 원하는지 그리고 원하는 손해배상(reparation)은 무엇인지에 대해 피해자의 견해를 가능하면 고려에 넣어야 한다. 셋째, 침해에 대해 책임 있는 국가로부터 획득한 배상금(compensation)은 합리적인 控除(공제)를 조건으로 피해자에게 양도해야 한다. 외교적 보호권이 국가의 권리이므로 국가는 이를 포기할 수 있다. 국가와 타국국민 간의 투자분쟁해결에 관한 협약(1965) 제27조는 체약국 국민과 타체약국이 중재에 회부하기로 한 경우 타 체약국이 중재판정을 준수하는 한 피해자의 국적국인 체약국은 외교보호를 부여하거나 국제청구를 제기하지 못하도록 규정하고 있다.

---

43) 칼보조항은 아르헨티나 법학자 Carlos Calvo에 의해 주창된 것으로 라틴아메리카 국가들이 19세기 중엽부터 외국인들과 체결한 컨세션계약에 삽입한 조항이다. 주요 내용은 재산의 수용 등 계약과 관련하여 분쟁이 발생하더라도 외국인은 본국정부의 외교적·사법적 보호를 요청할 권리를 포기하며, 계약당사국의 국내재판소에 분쟁을 부탁할 것에 동의한다는 것이다(김대순(2011),686면).

4. 연원

외교보호제도는 국제관습법상의 제도이다. 국제위법행위책임에 대한 ILC초안 제44조는 청구의 허용성(admissibility of claims)의 측면에서 외교보호권발동의 두 가지 요건인 청구국적의 원칙(principle of nationality of claims)과 국내구제수단완료의 원칙(principle of exhaustion of local remedies)에 대해 규정하고 있다. 한편, ILC는 2006년 외교보호에 관한 초안(Draft articles on Diplomatic Protection)을 채택하여 UN총회에 제출하였는바 이는 ILC 국가책임 초안 제44조의 이행입법에 해당한다.

Ⅱ 당사자

1. 주체

(1) 원칙

외교적 보호권의 주체는 국가이다. 행위능력이 국제조약에 의해 제한된 피보호국 또는 국내법에 의해 제한된 종속국은 외교적 보호권의 행사에도 제한이 가해진다. 신탁통치지역 주민에 대한 외교적 보호권은 시정권자에 있으므로 UN도 외교적 보호권의 주체가 될 수 있다.

(2) 예외

일국이 타국의 국민을 위해 외교보호권이 허용되는 경우도 있다. 첫째, 보호국은 피보호국 국민을 위해 외교적보호권을 발동할 수 있다. 둘째, 일국 군대 내의 구성원, 외교공관이나 영사공관에 고용된 외국인의 경우 동 외국인이 청구국을 위하여 근무하던 중 피해를 입었다면 청구국은 희생자가 외국인이라 하더라도 국제청구를 제기할 수 있다. 셋째, ILC 외교보호 초안 제18조에 의하면 일국 상선에 근무하는 외국인 승무원의 경우 선박 국적국이 국제청구를 제기할 수 있다. 다만, 선박 국적국은 선박에 대한 피해와 관련하여 외국인 승무원이 피해를 당했을 때 그들을 위하여 배상을 추구할 권리(right to seek redress)가 있다. 이 경우 승무원의 국적국의 외교적 보호권은 배제되지 않으며 국적국의 외교적 보호권과 선박 국적국의 배상을 구할 권리 상호 간 우열관계는 없다.

2. 객체

(1) 의의

외교적 보호권은 자국민에 대해서만 행사할 수 있고 외국인에 대해서는 행사할 수 없다. 국민의 범위에는 자연인과 법인이 포함되며, 예외적으로 자국민인 주주도 객체가 될 수 있다. 자연인과 관련하여 이중국적자와 무국적자의 보호가 문제된다.

(2) 자연인

> **📄 조문 | 외교보호에 관한 규정 초안 제4조 – State of nationality of a natural person**
>
> For the purposes of the diplomatic protection of a natural person, a State of nationality means a State whose nationality that person has acquired, in accordance with the law of that State, by birth, descent, naturalization, succession of States or in any other manner, not inconsistent with international law.

국민인가의 여부는 국적에 의해 결정된다. 자국의 국적을 가진 자를 국민이라 하며, 자국국적을 가지지 아니한 자를 외국인이라 한다. 자국민 중 특히 외국에 거류하는 자를 재외국민이라 한다. 국가는 재외국민에 대해 외교적 보호를 제공하는 한편 속인주의에 기초하여 관할권을 갖는다. 귀화에 의해 국적을 취득한 경우 청구국과 국민 사이에 '진정한 관련'(genuine link)이 존재하는 경우에만 외교적 보호권이 발생한다. ICJ는 Nottebohm 사건에서 청구국과 그 국민 사이에 진정한 관련(genuine connection)이 존재하는 경우에만 외교보호권 발생한다고 판시하였다. ILC 외교보호 초안 제4조에 의하면 외교보호의 목적상 자연인의 국적국가를 '그 자가 국제법에 부합되지 않는 것이 아닌 출생, 혈통, 귀화, 국가승계, 또는 기타 다른 방법으로, 그 국가의 법에 따라, 취득한 국적의 국가'로 정의하고 있다. 이에 따르면 누가 자국민인가를 결정하는 것은 각국이 자신의 법에 따라 결정할 문제이나 국적은 국제법에 부합하는 방법으로 부여되어야 한다. 국가의 국적부여는 유효한 것으로 추정되므로 국적이 국제법을 위반하여 취득한 것이라는 것을 입증할 책임은 피해자의 국적에 이의를 제기하는 국가 측에 있다. 한편, 동 초안 제4조에는 진정한 관련성에 대한 언급은 없다.

(3) 이중국적자

① **가해국이 제3국인 경우**: 이중국적자의 경우 양국 모두 외교적 보호권을 갖는다. 다만, 가해국인 제3국은 양국 모두에게 외교적 보호권을 인정할 의무는 없다. 1930년의 '국적법 충돌의 일정 문제에 관한 헤이그협약'에 따르면 제3국은 피해자가 통상 거주하는 국가의 국적이나 그가 사실상 가장 긴밀한 관련을 맺고 있는 것으로 보이는 국가의 국적, 즉, '진정하고 실효적인 국적'(real and effective nationality)을 승인해야 한다(제5조). ILC 외교보호 초안 제6조는 헤이그협약 제5조를 반영하고 있다. 동 초안 제6.2 조는 국적국이 제3국에 대해 공동으로 외교보호를 행사할 수도 있다고 규정하고 있다.

> **📄 조문 | 외교보호에 관한 규정 초안 제6조 – Multiple nationality and claim against a third State**
>
> 1. Any State of which a dual or multiple national is a national may exercise diplomatic protection in respect of that national against a State of which that person is not a national.
>
> 2. Two or more States of nationality may jointly exercise diplomatic protection in respect of a dual or multiple national.

② 가해국이 국적국인 경우: 이중국적국 상호 간에 일방이 가해국인 경우 타방이 국제청구권을 갖는가에 대해 전통국제법은 부정적이다(헤이그협약 제4조). 그러나 일부 판례(Mergé Claim 사건) 및 국가관행(영국)에서는 '실효적 국적'에 기초하여 이중국적국도 상대방에 대해 외교적 보호권을 행사할 수 있다고 본다. Iran-US Claims Tribunal은 이란국적과 미국국적을 동시에 가진 자가 동 중재재판소에 청구를 제기할 수 있는가의 여부가 문제된 사건에서 청구인의 지배적이고 실효적인 국적(dominant and effective nationality)이 미국이므로 청구를 제기할 수 있다고 판시하였다. ILC 외교보호 초안 제7조[44] 역시 예외적으로 이중국적의 일방이 타방에 대해 외교적 보호권을 행사할 수 있는 것으로 규정하고 있다. 이 경우 외교적보호권을 행사하고자 하는 이중국적자의 국적국은 자신의 국적이 '우세한(predominant)' 것임을 입증해야 한다. 동 제7조는 우세한 국적의 결정 시점은 침해시 및 공식청구 제기시로 규정하였다.

조문 | 외교보호에 관한 규정 초안 제7조 – Multiple nationality and claim against a State of nationality

A State of nationality may not exercise diplomatic protection in respect of a person against a State of which that person is also a national unless the nationality of the former State is predominant, both at the date of injury and at the date of the official presentation of the claim.

---

(4) 무국적자

조문 | 외교보호에 관한 규정 초안 제8조 – Stateless persons and refugees

1. A State may exercise diplomatic protection in respect of a stateless person who, at the date of injury and at the date of the official presentation of the claim, is lawfully and habitually resident in that State.

2. A State may exercise diplomatic protection in respect of a person who is recognized as a refugee by that State, in accordance with internationally accepted standards, when that person, at the date of injury and at the date of the official presentation of the claim, is lawfully and habitually resident in that State.

3. Paragraph 2 does not apply in respect of an injury caused by an internationally wrongful act of the State of nationality of the refugee.

국가는 무국적자(stateless person)에게 침해를 가하더라도 국제위법행위를 하는 것이 아니며, 따라서 그 어떤 국가도 침해 전이나 후에 그를 위하여 개입하거나 이의를 제기할 권한이 없다(Dickson Car Wheel Company 사건). 그러나 개인의 지위 강화 경향을 반영하여 ILC 외교보호 초안 제8.1조는 피해시 및 공식청구 제기시에 합법적으로 상주하고 있는 무국적자에 대해 상주국은 외교보호권을 발동할 수 있음을 규정하고 있다. 또한 난민에 대해서도 외교보호를 행사할 수 있다(제8.2조).

---

44) "외교보호를 행사하고자 하는 국가의 국적이 침해시에 그리고 공식청구 제기시에 모두 우세하지(predominant) 않는 한, 그 국적국가는 타국적국가를 상대로 외교보호를 행사할 수 없다."

(5) 법인

법인의 국적에 관하여, ICJ는 기업의 설립지국(incorporation)이나 본점소재지국(principal seat)을 법인의 국적국이라 판시하였다. 즉, 법인의 국적국은 국내법에 의해 설립이 허용된 국가 또는 그 영역 내에 영업의 본거지를 두고 대부분의 중요한 결정이 그 곳에서 내려지는 국가이다. ILC 외교보호 초안 제9조는 회사의 설립지국과 본점소재지국을 차별적으로 대우한다. 동 규정에 의하면 설립지국은 일차적으로 회사의 국적국이 된다. 그러나 설립지 이외의 국가가 외교보호 목적상 국적국가로 간주되기 위해서는 회사가 타국 국민에 의해 지배될 것, 설립지국가에서는 실질적인 영업활동이 없을 것, 회사의 본점소재지와 재무지배소재지가 모두 그 타국에 위치할 것이라는 요건을 충족해야 한다. 이러한 요건을 충족한 경우 설립지국이 아닌 본점소재지국이 외교적 보호권을 행사할 수 있다. 법인의 국적과 국적부여국 간 '진정한 관련성'(genuine link)이 요구되는가에 대해 ICJ는 부정적인 견해를 피력하였다(Barcelona Traction Company 사건).

(6) 주주

① **문제의 소재**: 세계화의 영향으로 외국인의 국내기업의 지분 보유가 인정되고 한국인의 외국주식 보유도 자유화됨에 따라 주주의 보호문제가 국제법의 중요한 과제로 등장하고 있다. 즉, 주주인 자국민이 외국으로부터 직접 또는 간접침해를 받은 경우 국제법적 보호문제가 제기되고 있는 것이다. 이 문제는 1970년 바르셀로나 트랙션 사건에서 핵심쟁점으로 제기되었다.

② **주주에 대한 침해의 유형**: 주주보호문제를 논의하기에 앞서 주주에 대한 침해의 유형을 파악해 볼 필요가 있다. 주주에 대한 침해로는 간접침해와 직접침해가 있다. 간접침해란 법인의 재산이 몰수 되는 등 법인이 직접침해되고 동 법인과 관련된 주주가 간접적으로 침해를 받는 것이다. 반면 직접침해란 주주의 주식을 몰수하거나 배당금의 수령을 제한하는 등 주주에 대해 직접피해를 야기하는 것을 말한다. 주주의 보호에서 주로 문제가 되는 것은 간접침해에 관한 것이다.

③ **주주의 직접침해에 대한 보호**: 자국민인 주주가 외국으로부터 직접피해를 입은 경우 주주의 국적국의 외교적 보호권 발동을 통해 최종적으로 주주의 피해가 구제될 수 있다. 이 경우 원칙적으로 피해를 입은 주주는 피해국에서 국내구제절차를 완료해야 할 것이다.

④ **주주의 간접침해에 대한 보호**

㉠ **쟁점**: 주주에 대한 간접침해의 경우 원칙적으로 주주의 국적국은 외교적 보호권을 발동할 수 없고 법인의 국적국이 보호주체이다. 따라서 간접침해의 경우 법인의 국적을 어디로 할 것인지가 문제된다. 또한 예외적으로 주주의 국적국이 보호권을 발동할 수 있는지도 쟁점이 된다.

ⓛ **국제사법재판소의 입장:** 국제사법재판소는 1970년 '바르셀로나 트랙션 사건'에서 주주에 대한 간접 침해의 경우 원칙적으로 법인의 국적국이 외교적 보호의 주체라고 판단하였으며 나아가 법인의 국적국은 법인설립지국이나 본점소재지국이라고 판시하였다. 재판소는 주주의 국적이 다양하고 빈번하게 변동하기 때문에 주주의 국적국이 외교적 보호권을 갖는 경우 외교적 보호제도에 혼란을 초래할 것이라고 밝혔다. 다만, 법인이 청산절차에 들어가서 법률상 소멸한 경우 예외적으로 주주의 국적국이 보호권을 발동할 수 있다고 하였다. 이러한 국제사법재판소의 입장에 대해서는 법인이 설립지국으로부터 침해를 당한 경우나 편의상 법인이 특정국가에 설립된 경우에는 사실상 적절한 보호를 받기 어렵다는 점이 한계로 지적되었다.

ⓒ **국제관행(영국):** 영국도 국제사법재판소와 유사하게 영국인이 주주로서 간접침해를 받은 경우 설립지국가와 협력에 의해서만 청구를 제기할 수 있다고 본다. 즉, 주주의 국적국인 영국이 직접 외교적 보호권을 발동할 수 없다는 점을 수용하고 있는 것이다. 다만 영국은 회사가 법적으로 소멸하는 경우에 더하여 설립지국가가 법인을 침해한 경우에도 주주의 국적국이 외교적 보호권을 발동할 수 있다고 규정하여 주주의 국적국의 외교적 보호 범위를 확대해 두고 있다.

ⓔ **ILC 외교보호 초안:** 동 초안 제11조에 의하면 간접침해의 경우 원칙적으로 주주의 국적국은 외교적 보호권을 발동할 수 없다. 다만, 동조는 두 가지 예외를 규정하고 있다. 첫째, 회사가 회사에 대한 침해와 관련이 없는 이유로 설립지국의 법에 따라 법적으로 소멸한 경우이다[동조 제(a)호]. 둘째, 설립지국이 법인에 대해 침해를 가한 경우에도 주주의 국적국이 외교적 보호권을 발동할 수 있다 [동조 제(b)호].

📋 조문 | 외교보호에 관한 규정 초안 제11조 – Protection of shareholders

A State of nationality of shareholders in a corporation shall not be entitled to exercise diplomatic protection in respect of such shareholders in the case of an injury to the corporation unless: (a) The corporation has ceased to exist according to the law of the State of incorporation for a reason unrelated to the injury; or (b) The corporation had, at the date of injury, the nationality of the State alleged to be responsible for causing the injury, and incorporation in that State was required by it as a precondition for doing business there.

Ⅲ 행사요건

국가가 외교적 보호권을 행사하기 위해서는 (1) 자국민에 대한 손해발생, (2) 국내적 구제절차의 완료, (3) 국적의 계속을 요한다.

1. 자국민에 대한 손해발생

외교적 보호권 행사의 첫째 요건은 자국민에 대한 손해가 발생해야 하는 것이다. 국가에 대한 침해로 인한 책임을 가해국의 직접책임(direct responsibility)이라 하는 반면, 외국인에 대한 침해로 인한 책임을 간접책임 (indirect responsibility)이라 한다.

2. 국내구제완료의 원칙(exhaustion of local remedies)

국내구제완료의 원칙이란 외국의 행위로 인하여 자국민에게 손해가 발생한 경우 사인이 그 외국의 국내법상 모든 구제방법을 동원한 후가 아니면, 본국은 외교적 보호권을 행사하여 그 외국에 대하여 국제법상 국가책임을 물을 수 없다는 원칙을 말한다. 구제수단은 이용가능하고 실효적이어야 한다. 이 원칙은 임의규범으로서 특약에 의해 배제될 수 있다.

3. 국적계속의 원칙

📑 **조문 | 외교보호에 관한 규정 초안 제5조 – Continuous nationality of a natural person**

1. A State is entitled to exercise diplomatic protection in respect of a person who was a national of that State continuously from the date of injury to the date of the official presentation of the claim. Continuity is presumed if that nationality existed at both these dates.

2. Notwithstanding paragraph 1, a State may exercise diplomatic protection in respect of a person who is its national at the date of the official presentation of the claim but was not a national at the date of injury, provided that the person had the nationality of a predecessor State or lost his or her previous nationality and acquired, for a reason unrelated to the bringing of the claim, the nationality of the former State in a manner not inconsistent with international law.

3. Diplomatic protection shall not be exercised by the present State of nationality in respect of a person against a former State of nationality of that person for an injury caused when that person was a national of the former State of nationality and not of the present State of nationality. 4. A State is no longer entitled to exercise diplomatic protection in respect of a person who acquires the nationality of the State against which the claim is brought after the date of the official presentation of the claim.

📑 **조문 | 외교보호에 관한 규정 초안 제10조 – Continuous nationality of a corporation**

1. A State is entitled to exercise diplomatic protection in respect of a corporation that was a national of that State, or its predecessor State, continuously from the date of injury to the date of the official presentation of the claim. Continuity is presumed if that nationality existed at both these dates.

2. A State is no longer entitled to exercise diplomatic protection in respect of a corporation that acquires the nationality of the State against which the claim is brought after the presentation of the claim.

3. Notwithstand paragraph 1, a State continues to be entitled to exercise diplomatic protection in respect of a corporation which was its national at the date of injury and which, as the result of the injury, has ceased to exist according to the law of the State of incorporation.

(1) 개념

국적계속의 원칙이란 국민이 손해를 받을 때부터 국가가 국제청구를 제기하여 최종적인 해결을 얻을 때까지 국적이 유지되어야 함을 말한다. 따라서 손해발생 시에 그 국가의 국적을 갖고 있었으나 그 후에 국적을 상실한 자, 손해발생 시에는 그 국가의 국적을 가지고 있지 않았으나 그 후에 그 국가의 국적을 취득한 자 등에 대해서는 국가가 외교적 보호를 할 수 없다. 또한 상대국과의 교섭과정에 있어서 국적이 소멸하면 국가의 외교적 보호의 교섭을 계속할 수 없다. ILC 외교보호 초안 제5.1조와 제10.1조는 피해일자로부터 공식청구를 제기하는 일자까지 국적이 계속되어야 한다고 규정하고 있다.

(2) **취지**

국적계속이 인정되는 이유는 첫째, 국가는 속인적 관할권에 입각하여 자국민에 대해서만 외교적 보호권을 행사할 수 있으며, 둘째, 피해자가 당초의 국적에서 강대국의 국적으로 변경하여 이로써 강대국에 의한 권력적 개입을 기도하는 폐단을 막으려는 실제적 필요가 있기 때문이다.

Ⅳ 외교적 보호권의 행사

1. 의의

외교적 보호를 위한 수단은 일정하지 않다. 일반적으로 외교교섭에 의한 담판이 있고 해결되지 않는 경우 사법절차에 의해 해결한다. 경우에 따라서는 무력을 행사할 수도 있으나 오늘날 개별국가에 의한 합법적 무력행사는 자위권 행사의 경우를 제외하고는 극히 제한되어 있다.

2. 국가책임의 추구

국적국은 자국민이 입은 손해에 대해 가해국에 대해 국가책임의 해제를 추구할 권리가 있으며 가해국은 책임해제 의무가 발생한다. 국가책임의 이행은 원상회복이 원칙이며, 이것이 법률상·사실상 불가능한 경우 금전배상을 한다. 경우에 따라서는 만족을 요할 수도 있다.

3. 대항조치

가해국이 책임을 이행하지 않는 경우 한시적으로 피해사인의 국적국은 대항조치(countermeasures)를 취할 수 있다. 피해사인의 국적국은 우선적으로 가해국에 대해 국제책임의 이행을 추궁해야 하며, 이것이 여의치 않은 경우 대항조치를 취하되 이는 피해에 비례한 조치여야 한다. 가해국이 손해배상을 하는 경우 즉시 대항조치를 종료해야 한다.

Ⅴ 외교적 보호제도에 대한 평가

외교적 보호권은 사인의 국제소송권이 원칙적으로 인정되지 않는 현 국제법 상황에서 사인의 피해를 구제하기 위한 가장 효율적인 수단이라 할 수 있다. 그러나, 외교적 보호권은 사인의 권리가 아니라 국가의 권리라는 점에서 사인의 피해구제에는 내재적 한계를 갖는다. 국가가 타국과의 관계를 고려하여 국제청구제기를 포기할 수도 있기 때문이다. 세계화로 인해 인적 교류 및 다국적기업의 초국경적 기업활동이 활발해지는 법현실에 비추어 사인의 보호와 구제에 만전을 기하기 위한 국제공동체의 적극적인 노력이 필요한 시점이다.

🏛 판례 | The Mavromatis Palestine Concessions 사건(PCIJ, 1924)

그리스 국적의 마브로마티스는 1914년 이후 오토만 제국과 양허계약을 체결하여 팔레스타인의 전력 및 수도 사업에 관한 권리를 획득하였으며, 제1차 세계대전 이후 쉘브르조약 및 로잔조약에 의해 사업권이 유지되었다. 그러나 팔레스타인 당국 및 그 위임통치국인 영국이 1921년 이후 마브로마티스의 권리를 인정하지 않자 그리스는 영국을 상대로 배상금 지불을 요청하였다. 이 사안에서 PCIJ가 재판관할권을 갖는지가 문제되었다. 영국은 팔레스타인 위임장 제26조에 기초하여 동 사안의 PCIJ 관할권을 부정하였다. 동 조항에서는 "위임장의 해석 또는 적용에 대해서 수임국과 연맹국과의 사이에 발생하는 어떤 분쟁도 교섭에 의해 해결될 수 없는 때에는 PCIJ에 부탁된다."라고 규정되어 있다. 따라서 私人마브로마티스와 영국 간 분쟁에 대해 PCIJ 관할권이 인정되는지가 문제된 것이다. PCIJ는 위임장의 해석상 그리스와 영국의 분쟁에 대해 관할권을 갖는다고 판시하였다. 양허계약 위반으로 분쟁은 영국과 마브로마티스 간에 시작되었으나, 마브로마티스의 국적국인 그리스는 외교적 보호권에 기초하여 분쟁에 개입할 수 있다. 따라서 재판소에 제소되는 경우 당사국은 수임국(영국)과 연맹국(그리스)이므로 위임장 제26조에 따라 PCIJ의 관할권이 성립한다고 하였다.

🏛 판례 | Tinoco 사건[45] – 칼보조항의 문제

1917년 쿠데타로 집권한 티노코는 신헌법을 제정하였다. 그러나 1919년 티노코는 실각하고 바르케르의 과도정부가 조직되었다. 의회는 구헌법을 부활시키고 법률 제41호를 제정하여 티노코 집권기에 행정기관이 개인과 체결한 모든 계약을 무효로 하고, 티노코 정부가 통화발행을 위해 제정한 법령도 무효화하였다. 이 법령으로 영국계 자본과 체결한 석유채굴 이권계약, Royal Bank of Canada에 대한 티노코 정부의 부채가 문제되었다. 영국은 동 법률이 이권계약과 부채에 적용되지 않도록 요구했으나 코스타리카가 거부하였고 이로써 중재에 부탁하기로 합의하였다. 코스타리카는 계약서에 삽입된 칼보조항을 근거로 계약상 분쟁이 발생하는 경우 코스타리카 국내사법절차에만 제소할 수 있을 뿐 본국은 개입할 수 없다고 주장하였다. 이에 대해 중재관은 두 가지 이유에서 영국의 외교적 보호권 발동을 인정하였다. 첫째, 이권계약규정이 외교적 보호 요청을 금지하고 있는지 명확하지 않고, 둘째, 법률 제41호가 제정되어 코스타리카의 국내법정이 헌법상의 제약을 받음으로써 사정이 현저하게 변하였기 때문에 코스타리카 신정부는 외교적 보호요청의 금지를 원용할 권리를 포기한 것으로 간주되어야하기 때문이다.

🏛 판례 | 국제체포영장 사건[46] – 직접침해와 국내구제완료 원칙의 적용문제

2000년, 벨기에 일심법원의 Vandermeersch 판사는 당시 콩고의 외무부장관이었던 Yerodia Ndombasi에 대해 국제체포영장을 발부하였다. 동 영장에서 언급된 혐의는 그가 외무부장관직에 있기 전인 1998년에 행한 연설에서 주민들에게 Tutsi족을 살해하라고 선동한 것이 1949년 제네바협약 및 추가의정서의 심각한 위반과 인도에 반하는 죄를 구성한다는 것이다. 영장은 콩고 당국 뿐 아니라 국제형사사법경찰조직(Interpol)에 전달되어 국제적으로 유포되었다. 이에 콩고는 벨기에를 ICJ에 제소하였다. 이와 관련하여 벨기에는 동 사건이 외교적 보호권의 성격을 보이는데, 동 권리는 보호받는 개인이 국내구제절차를 완료한 후에 주장할 수 있는 것이므로 ICJ의 관할권이 없으며 제소는 기각되어야 한다고 주장하였다. 반면 콩고는 당해 제소가 외교적 보호권의 실행이라는 사실을 부인하면서, 동 제소는 외무부장관의 면제의 위반으로 발생한 콩고의 권리침해에 대한 것이라고 주장하였다. 이에 대해 ICJ는 콩고가 Yerodia 전장관의 개인적 권리를 위해 법원에 제소한 것이 아니라고 판단하였다. 즉, 그의 직업적 상황의 변화에도 불구하고 분쟁은 아직도 콩고의 당시 외무부장관인 자에게 발부된 2000년 4월 11일 영장에 대한 적법성의 문제로서, 벨기에는 국내구제완료 원칙에 의존할 수 없다고 판결하였다.

---

45) The Tinoco Concessions, Great Britain v. Costa Rica, 중재재판, 1923년.
46) Case Concerning the Arrest Warrant of 11 April 2000, Democratic Republic of Congo v. Belgium, ICJ, 2004년.

⚖️ 판례 | Mergé Claim[47] – 이중국적자에 대한 외교적 보호권 문제

메르제(Mergé)는 1909년 미국에서 태어나 미국국적을 취득하였으며 24세 때 로마에서 이탈리아인과 결혼하여 이탈리아 법에 따라 이탈리아 국적도 취득하였다. 1937년까지 이탈리아에 거주하다 남편이 일본주재 이탈리아 대사관 통번역가로 근무함에 따라 일본으로 건너가 미국인으로 등록하였으며, 1946년 이후 이탈리아로 돌아가 미국국민으로 등록하였다. 1948년 미국은 이탈리아에 대해 1947년 평화조약에 근거하여 전쟁과정에서 메르제가 입은 손해에 대한 배상을 청구하였으나, 이탈리아는 메르제가 자국민이라는 이유로 배상을 거절하였다. 이 사안에서 이중국적자인 메르제에 대해 미국이 외교적 보호권을 발동할 수 있는지가 쟁점이 되었다. 중재법원은 미국이 미국과 이탈리아의 이중국적을 가진 자에 대해 외교적 보호권을 행사할 수 있으나 미국의 국적이 유효한 또는 지배적인 국적이어야 한다(the principle of effective or dominant nationality)고 전제하였다. 구체적 사건에서 미국의 국적이 우선한가를 결정함에 있어서 주소를 어디에 두고 있는지, 그리고 어느 국가와 더 밀접하고 유효한 관계를 유지하고 있는지, 그리고 그의 정치적·경제적·사회적·시민적 생활 및 가족생활의 범주를 고려해야 한다고 하였다. 중재법원은 이러한 기준에 비춰볼 때 메르제의 미국국적은 유효한 국적이 아니라고 판정하였다. 메르제의 가족이 미국에 주소를 두고 있지 않을 뿐 아니라 가장의 이해관계나 직업생활이 미국에서 이루어지지도 않았고 결혼 후 미국에 거주하지도 않았음을 근거로 하였다.

제9절 국내구제완료의 원칙

📑 조문 | 외교보호에 관한 규정 초안 제14조 – Exhaustion of local remedies

1. A State may not present an international claim in respect of an injury to a national or other person referred to in draft article 8 before the injured person has, subject to draft article 15, exhausted all local remedies.

2. "Local remedies" means legal remedies which are open to an injured person before the judicial or administrative courts or bodies, whether ordinary or special, of the State alleged to be responsible for causing the injury.

3. Local remedies shall be exhausted where an international claim, or request for a declaratory judgement related to the claim, is brought preponderantly on the basis of an injury to a national or other person referred to in draft article 8.

---

47) U.S. v. Italian Republic, 국제중재, 1955년.

I 의의

1. 개념

국내구제완료의 원칙(exhaustion of local remedies)이란 외국의 행위로 인하여 자국민에게 손해가 발생한 경우 사인이 그 외국의 모든 국내법상 구제방법을 동원한 후가 아니면 본국은 외교적 보호권을 행사하여 그 외국에 대하여 국제법상 국가책임을 물을 수 없다는 원칙을 말한다. 동 원칙은 확립된 국제관습법규이며 (Interhandel 사건, ICJ)이며 나아가 국제관습법의 중요한 원칙이다[Elettronica Sicula S.p.A(ELSI) 사건, ICJ].

2. 제도적 취지

국내구제완료의 원칙이 인정된 이유는 첫째, 관계국가의 주권을 존중하고 사인 간의 문제가 국제분쟁으로 전화되는 것을 방지하고자 하는 실제적·정치적 고려에 있으며 논리적 필연성은 없다. 둘째, 피해사실이나 손해액 등에 관해서는 현지의 구제기관에 의하여 확인되는 것이 가장 적당하기 때문이다.

3. 적용범위

국내구제완료의 원칙은 첫째, 자국민이 외국에서 피해를 입은 경우에 적용된다. 둘째, 국제인권규약상의 권리를 침해받은 개인이 국제인권규약 선택의정서상의 개인청원제도를 이용하는 경우에도 국내구제를 완료해야 한다(1966년 국제인권B규약 선택의정서 제5조). 셋째, 국제기구가 어떤 국가의 국민에게 손해를 끼친 경우 피해국이 외교적 보호권을 발동함에 있어서도 국제기구 내에 외부의 개인이 구제를 요구할 수 있는 제도적 장치가 존재하는 한 국제기구 내의 구제수단을 완료해야 한다.

II 국내구제완료의 전제

국내구제완료의 원칙의 적용에는 두 가지 전제가 있다. 간접침해의 발생과 자발적 관련성의 존재가 그것이다.

1. 간접침해

(1) 의의

첫째, 동 원칙은 사인에 대해 피해로 인한 국가의 간접피해(indirect injury) 또는 간접책임(indirect responsibility)에만 적용된다. 직접침해(direct injury) 시에는 적용되지 않는바, 이는 주권평등 원칙상 국가는 외국 재판소의 재판관할권에 복종하지 않을 권리가 있으므로 피해국이 자발적으로 가해국 재판소에 제소하지 않는 한 가해국 재판소에서 심리대상이 될 수 없기 때문이다. 간접침해가 반드시 가해국의 영토상에서 발생해야 하는 것은 아니며 영토 외에서 외국인에게 가해진 불법행위에 대해서도 국내구제완료의 원칙은 적용된다. 왜냐하면 국가가 정부공채를 소유한 외국인에 대해서 손해를 주는 경우와 같이 영토 외에서 외국인에 대해 불법행위가 가해질 수 있기 때문이다.

(2) 혼합청구(mixed claim)의 경우

> **📑 조문 | 외교보호에 관한 규정 초안 제14조 제3항 – 압도적 우세 기준**
>
> Local remedies shall be exhausted where an international claim, or request for a declaratory judgement related to the claim, is brought preponderantly on the basis of an injury to a national or other person referred to in draft article 8.

혼합청구란 간접침해요소와 직접침해요소가 혼합되어 있는 청구를 말한다. 이 경우 간접침해로 볼 것인지 직접침해로 볼 것인지 먼저 결정해야 한다. ILC 외교보호 초안 제14.3조는 압도적 우세 기준(preponderance test)을 제시하고 있다. 즉, 국제청구 압도적으로 사인에 대한 침해에 기초하여 제기되는 경우 국내구제를 완료해야 한다.

2. 자발적 관련성의 존재

(1) 의의

국내구제완료의 원칙은 사인과 가해국 간 '자발적 관련성'(voluntary link)이 있는 경우에만 적용된다. 국내구제완료를 요하는 것은 사인이 가해국과 자발적 관련성을 맺음으로써 가해국의 관할권에 대한 복종의 의사를 묵시적으로 표시한 것으로 인정되기 때문이다. 따라서 자발적 관련성이 없는 경우 국내구제완료를 요하지 않는다.

(2) 자발적 관련성이 없는 경우

첫째, 불가항력(force majeure)에 의해 외국영토에 들어간 경우. 둘째, 관련성이 가해국정부의 위법행위에 의해 창설된 경우. ① 강제납치, ② 자국에 주둔하고 있는 외국군대로부터 피해를 입은 경우, ③ 어선이나 상선이 공해상에서 외국군함으로부터 공격을 받는 경우, ④ 자국 내에서 외국의 방사능 누출로 손해를 입은 경우 등은 관련성이 가해국정부의 위법행위로 창설된 예에 해당한다.

(3) 판례

1955년 이스라엘의 항공기가 불가리아 영공에서 격추된 'Aerial Incident 사건'에서 불가리아는 선결적 항변에서 이스라엘이 불가리아 국내에서 구제를 완료하지 않았다고 주장하였다. 이스라엘은 항공기가 우발적으로 영공을 침범하였으므로 '자발적 연관성'이 없음을 이유로 불가리아의 주장을 반박했고 ICJ는 불가리아의 항변을 배척하였다.

(4) ILC 외교보호 초안

> **📑 조문 | 외교보호에 관한 규정 초안 제15조 제(c)호 – relevant connection**
>
> Local remedies do not need to be exhausted where:
>
> (c) There was no relevant connection between the injured person and the State alleged to be responsible at the date of injury;

동 초안 제15조 제(c)호는 국내구제완료의 예외로서 이 원칙을 규정하고 있다. 초안에서는 자발적 관련성 대신 '적절한 관련성'(relevant connection)이라는 객관적 용어를 사용하고 있으며, 적절한 관련성이 존재해야 하는 시점을 '침해 시'로 규정하고 있다.

Ⅲ 국내구제완료의 원칙

1. 국내구제 '수단'의 범위

피해사인이 가해국에서 완료해야 하는 구제수단의 범위는 가해국 국내법이 제공하고 있는 모든 법적 수단이다. 통상적인 재판소뿐만 아니라 행정기관과 행정심판소가 포함되며 헌법재판소가 포함될 수도 있다. 다만, 피해자에게 실효성 있는 충분한 구제의 가능성을 주는 구제수단이어야 한다.

2. 국내구제 '완료'의 의미

> **📑 조문 | 외교보호에 관한 규정 초안 제15조 제(b)호 – undue delay**
>
> Local remedies do not need to be exhausted where:
> (b) There is undue delay in the remedial process which is attributable to the State alleged to be responsible;

국내구제의 '완료'를 인정받기 위해서는 가해국 국내법 체계가 제시하는 구제수단을 성실하게 최종적으로 이행해야 한다. 따라서 다음과 같은 경우 국내구제완료에 해당하지 않아 국적국의 간섭이 배제된다. 첫째, 위법행위가 발생한 후 규정된 시한 내에 절차를 개시하지 않은 경우, 둘째, 여러 개의 가능한 상소절차를 다 밟지 않은 경우(Interhandel 사건, 1959년, ICJ), 셋째, 승소를 위해 필수적일 수 있는 자료를 제시하지 않은 경우(Ambatielos 중재사건, 1956년). Interhandel 사건의 경우 국내구제절차가 상당기간(소 제기 후 약 9년) 지연되었으나 ICJ는 ICJ에 제소된 이후 미국 국내절차가 진행되자 국내구제 미완료를 이유로 스위스의 청구를 각하하였다. ILC외교보호초안 제15조 제(b)항은 피고국가에게 귀속되는 구제절차상의 부당한 지연(undue delay)을 국내구제완료 원칙의 예외로 규정하였다.

Ⅳ 국내구제완료의 원칙의 제한 및 포기

1. 국내구제완료의 원칙의 적용 제한

(1) 직접침해

국내구제완료는 사인의 피해로 인한 간접침해에만 적용되므로 국가의 법익을 직접 침해한 경우 국내구제완료를 요하지 않는다.

(2) 비자발적 관련성

가해국과 피해사인간 자발적 관련성이 없는 경우 국내구제완료를 요하지 않는다.

(3) 국내구제수단의 사실상 부존재

국내법상 주권자가 소송으로부터 면제되거나, 외국인의 청구와 관련된 사항에 대해서는 정부에 대한 소송을 금지하는 국내법규정 등의 존재로 국내구제수단이 없는 경우 동 원칙은 적용되지 않는다.

(4) 구제수단의 비실효성

국내구제수단이 존재하고 이용가능함에도 불구하고 완료할 필요가 없는 경우가 있는바, 구제수단이 명백히 실효성이 없는(manifestly ineffective) 경우이다. 법률상 실효성이 없는 경우와 사실상 실효성이 없는 경우로 나눌 수 있다.

① **법률상 비실효성**: 첫째, 상급심이 법률심이어서 하급심의 사실인정을 재조사할 권한이 없고 따라서 하급심의 판결의 파기가 불가능한 경우. 둘째, 충분하거나 적절한 배상을 부여할 권한이 없는 구제수단. 셋째, 국내법규정상 외국인에게 불리한 판결을 내릴 수밖에 없거나 외국인의 승소가능성이 없는 경우.

② **사실상 비실효성**: 법률상 이용가능한 구제수단이 사실상 비실효적일 수 있다. 첫째, 사법부가 정치기관에 종속되어 사법행정상 하자가 있는 경우. 둘째, 외국인이 특정기관에 호소하지 못하도록 정부가 불법적인 조치를 취한 경우. 셋째, 구제수단이 운영이 부당하게 지연되는 경우.

2. 국내구제완료 원칙의 포기

> 📖 **조문 | 외교보호에 관한 규정 초안 제15조 제(e)호 – waiver**
>
> Local remedies do not need to be exhausted where:
>
> (e) The State alleged to be responsible has waived the requirement that local remedies be exhausted.

동 원칙은 가해국을 보호하는 것을 목적으로 하기 때문에 가해국이 스스로 이를 포기할 수 있다. ILC 외교보호 초안 제15조 제(e)항은 국내구제완료 원칙의 예외의 하나로 가해국의 포기를 규정하고 있다. 1972년 '우주물체에 의해 야기된 손해에 대한 국제책임에 관한 협약' 제11조 제1항은 발사국에 대한 청구의 제출에 관하여 국내구제수단의 완료를 요하지 않음을 명시하고 있다. 단, 국제관습법상 확립된 중요한 국제법원칙을 배제함에 있어서는 명시적 합의를 요한다는 것이 ICJ의 입장이다[1989년 Eletrronica Sicula S.p.A(ELSI) 사건].

Ⅴ 국내구제의 법적 효과

1. 국가책임 성립 여부

종래 국내구제완료가 국가책임의 성립요건인가에 대해 학설 대립이 있었다. 실체법상 요건설은 가해국의 국제위법행위는 국내구제가 실효성 없이 완료될 때까지 완성되지 않는다는 입장이며, 절차법상 요건설은 동 원칙은 단지 피해국에 의해 국제청구가 제기되기 전에 충족되어야 할 절차적 요건에 불과하다고 보는 견해이다. ILC 국가책임 초안에 따르면 국가책임은 국제위법행위의 존재와 국가귀속성을 필수요소로 성립하므로 간접책임이라 할지라도 두 요소를 충족시키는 경우 국가책임이 성립한다고 볼 수 있으므로 국내구제완료 원칙은 국제청구의 요건으로 보는 것이 타당하다.

2. 외교적 보호권의 발동정지

국내구제완료를 하기 전까지 피해국은 국제청구를 제기할 수 없으므로 국내구제완료는 외교적 보호에 대해 '정지적 효과(停止的 效果)'를 갖는다. 다시 말해서 국내구제완료 원칙은 외교적 보호권 발동의 정지조건으로 볼 수 있다.

3. 국제재판의 선결적 항변사유

국가가 자국민의 피해에 대해 외교적 보호권을 발동하여 피해국을 국제재판소에 제소한 경우 국내구제완료의 여부는 선결적 항변사유가 될 수 있다. 선결적 항변(preliminary objection)이란 국제재판소가 사건의 본안을 심리하기 전에 당사국이 국제재판소의 관할권(jurisdiction)이나 청구의 허용성(admissibility)을 부인할 목적으로 이에 관한 결정을 청구함으로써 재판소의 사건심리를 배제하려는 절차이다. Interhandel 사건에서 미국은 스위스의 청구에 대해 선결적 항변을 제기하면서 그 사유로 스위스가 인터한델이 제기한 미국대법원의 최종판결을 기다리지 않고 국제사법재판소에 제소하였음을 제시하였다. ICJ는 미국의 선결적 항변을 인용하였다.

Ⅵ 결론

외국의 간접침해로 사인이 입은 피해를 구제하는 수단인 외교적 보호권은 국내구제완료의 원칙을 전제로 한다. 국내구제완료 원칙은 주권평등의 원칙과 사인의 권리구제의 조화를 모색한 제도로 평가할 수 있다. 그러나, 국내구제완료 원칙을 엄격하게 적용하는 경우 사인의 피해를 구제하는 데 상당한 시간이 걸릴 수도 있다는 본질적 한계가 있다. 위의 인터한델 사건에서는 미국대법원이 9년이나 심리를 지연시켰음에도 불구하고 ICJ는 인터한델이 국내구제를 완료하지 않았음을 이유로 스위스의 청구를 기각하였다. 국제법의 해석 및 적용기관인 국제사법재판소의 사법소극적 태도는 타당하다고 생각되나, 사인의 국제법적 지위향상에 상응하는 입법적 노력이 모색되어야 한다고 본다. 국제인권B규약 선택의정서 제5조의 단서조항과 같이 국내구제완료 절차의 부당한 지연에 대해서는 이를 배제하는 것이 바람직하다고 생각된다.

> **판례 | Case concerning Avena and Other Mexican Nationals[48](선결적 항변)**
>
> 멕시코와 미국은 영사관계에 관한 비엔나협약(이하 비엔나협약)과 비엔나협약 관련 분쟁의 강제적 해결에 관한 선택의정서(이하 선택의정서)의 당사국이다. 멕시코는 비엔나협약 제36조 규정에 근거하여 미국이 협약을 위반했다고 주장하였다. 즉, 동 조항에 따르면 파견국의 영사관할 구역 내에서 파견국의 국민이 체포, 구금, 유치, 또는 구속될 때 권한있는 당국은 관련자에게 그의 권리를 지체없이 고지해야 하는데, 52개의 사건에서 미국 당국이 이를 위반하였다는 것이다. 멕시코가 제소한 52개의 사건 중 49개의 사건은 연방 또는 주의 사법당국에 의해서 각각 소송이 진행 중이며, 3개의 사건은 미국 내의 모든 사법적 해결방법이 완료된 상태였다. 이에 ICJ는 각 사건들에 대한 미국 당국의 위법행위 여부를 검토하였다. 이 사건에서 우선, 미국은 선결적 항변으로서 국내구제의 미완료를 제기하였다. 미국은 멕시코가 자국민을 위한 외교적 보호권의 행사에 있어서 국내구제완료 요건을 갖추지 못하였기 때문에 동 제소는 소송적격이 없다고 주장하였다. 그러나 멕시코는 먼저 본 사건에서의 멕시코 국민의 대다수는 비엔나협약에 근거하여 미국에서 사법적 구제를 요청하였으며, 그들의 주장이 주로 절차적 흠결원칙에 근거하여 받아들여지지 않았다고 주장하였다. 즉, 이용가능한 사법적 구제가 효과적이지 못했으므로 국내구제를 미완료한 것이 아니라고 하였다. 법원은 우선 비엔나협약 제36조 제1항 제(b)하에서 멕시코인의 개인적 권리는 미국의 국내법체계의 처음 단계에서 주장되었어야 하며, 멕시코는 국내절차가 완료된 경우에만 외교적 보호제도의 절차를 통해서 자국민의 개인적 피해를 주장할 권리를 가진다고 판시하였다. 그러나 본 사건에서 멕시코는 동 원칙에 기초해서만 제소한 것은 아니며, 미국의 국제의무 위반의 결과 직접 그리고 자국민을 통한 손해에 기초하여 '그 자신'의 청구를 주장한 것이라고 하였다. 요컨대 멕시코는 그 자신의 청구로 법원에 멕시코가 직접 그리고 제36조 제1항 제(b)하에서 멕시코인에게 부여된 개인적 권리의 위반을 통해서 피해를 보았다고 주장하는 권리의 위반에 대해 심사해줄 것을 요청한 것이다. 이 경우 국내구제완료의 의무는 적용되지 않으므로, 법원은 미국의 항변을 기각한다고 판결하였다.

---

48) Mexico v. U.S., ICJ, 2004년.

📖 판례 | Interhandel 사건[49]

1942년 미국은 자국에서 설립된 General Aniline and Film Corporation회사 주식의 90%를 대적통상법을 근거로 몰수하였다. 주식은 적국 회사인 독일의 I.G.Farben사가 스위스의 I.G.Chemie사를 통해 보유하면서 General Aniline and Film Corporation사를 지배하고 있다고 판단했기 때문이다. 스위스는 I.G.Chemie사는 1940년에 독일 회사와의 관계를 끊고 인터한델사로 개칭하였다고 주장하면서 인터한델의 자산반환을 미국 정부에 요구하였다. 그러나, 미국은 이를 거절하였다. 인터한델은 대적통상법에 기초하여 1,2심에서 패소하고 연방대법원에 상고하였으나 기각되었다. 이에 스위스는 선택조항 수락선언에 기초하여 ICJ에 제소하였다. 미국대법원은 스위스의 ICJ 제소 직후 인터한델사 소송의 재심을 허락하였다. 이 사건에서 인터한델사의 국내구제미완료 여부가 선결적 항변에서 주요 쟁점이 되었다. ICJ는 '국내구제미완료'로 인해 소송의 수리가능성이 없다(inadmissible)는 항변을 인용하였다. 스위스의 제소 직후 미국 대법원이 재심의 필요성을 인정하여 지방법원으로 되돌려 보냈는데 이로 인해 국내구제가 완료되지 않았다고 판단한 것이다.

📖 판례 | Ambatielos 중재 사건[50]

1919년 그리스 국민인 Ambatielos는 영국정부와 상당수의 선박구매계약을 체결하였다. Ambatielos는 영국정부가 선박을 지정기일에 양도하지 않자 양도기한 경과로 손실을 입었다고 주장하며 2척의 구매계약을 취소해야 한다고 주장하였다. Ambatielos는 영국정부를 상대로 영국법원에 제소하였으나 영국정부는 국가의 특권을 이유로 계약에 관련된 서류 제출을 거부했고 이에 따라 Ambatielos는 양도기한에 대한 약속이 있음을 입증할 수 없었다. 1심에서 패한 이후 Ambatielos는 항소하고 선박구매계약 협상을 했던 영국관리 Laing을 증인으로 신청하였으나 법원은 제1심법원에서 할 수 있었던 증인요청을 새로이 항소심에서 요청하는 것은 허용될 수 없다고 하면서 증인신청을 허락하지 않았다. 항소심에서 패한 Ambatielos는 대법원에 상고하지 않았다. 그리스는 외교적 보호권을 발동하였으며 영국과 중재재판에 합의하고 중재위원회를 구성하였다. 중재재판에서 '국내구제의 완료 여부'가 쟁점이 되었다. 영국은 Ambatielos가 국내적 구제를 완료하지 않았으므로 그리스가 외교적 보호권을 발동할 수 없다고 주장한 반면, 그리스는 Ambatielos에게 제공된 영국법의 구제방법이 효과적이지 못했으므로 국내구제절차 완료의 원칙은 적용되지 않는다고 반박하였다. 중재위원회는 Ambatielos가 영국 국내법상 국내구제를 완료하지 않았다고 판정하였다. 우선, 1922년 소송절차에서 Ambatielos는 그의 승소를 확정하는 데 필수적이었던 증인을 소환할 수 있었음에도 불구하고 소환하지 않았다. 영국법에 의하면 Ambatielos가 증인으로서 Laing소령을 소환하는 것을 배제하지 않았다. 따라서 Ambatielos가 Hill법관에게 Laing소령을 증인으로 소환하지 않았다는 것은 소송절차에 있어서 그에게 가능한 국내적구제의 미완료에 해당하는 것이다. 둘째, Ambatielos는 대법원에 대한 상고절차를 이용하지 않았다. 또한 그에 앞서 Ambatielos는 항소법원이 Laing소령의 소환을 허용하지 않은 이후 항소절차를 계속하지 않았다. 상원에 대한 상고가 항소법원의 결정과 다를 것 같지는 않다고 하더라도 만약 그러한 상고가 명백히 소용없는 것이 아니라면 Ambatielos가 상원에 상소하지 않은 것은 국내구제를 완료하지 못한 것으로 간주되어야 한다. 한편, 그리스는 구제수단의 비실효성을 이유로 영국의 항변에 대해 반박하였으나 중재위원회는 이를 받아들이지 않았다. 중재위원회는 항소심법원이 실제로 원심법원이 사실문제에 관하여 부여한 판결을 재심할 권한을 갖지 않아 재심사를 하지 못하여 구제가 얻어질 수 없을 때에 구제수단이 실효성이 없다고 볼 수 있다고 하였다. 이러한 경우 그러한 구제수단이 명백히 소용없는 것이라는 증명이 필요하다고 하였다. 그러나 이 사안의 경우는 영국법이 제공하고 있는 구제절차나 수단이 명백히 비실효적인 것으로 증명되지 않았다고 판정하였다.

---

49) Swiss v. U.S., 선결적 항변, ICJ, 1959년.
50) 그리스 v. 영국, 중재위원회, 1956년.

제10절 적법행위책임

I 서론

1. 등장배경

국가책임은 전통적으로 국제위법행위로부터 발생한 손해에만 국한되었으나, 최근에 와서 국제법상 금지되지 않은 행위로부터 발생하는 제3자의 손해에 대해서도 국제책임을 져야 할 필요성이 대두되었다. 이는 과학기술의 발달에 따른 대규모 환경오염의 심각성을 깨닫고 그러한 위험한 결과에 대한 국가책임을 묻고자 함이다.

2. 의의

국제법상 금지된 행위는 아니나 특별한 위험을 수반하는 행위에 대해 특별한 주의의무를 부과하고 이와 같은 행위로 발생한 손해에 대해서는 관리·주의의무를 다했다 하더라도 그 결과에 대해 손해배상을 하도록 하는 국가책임제도이다.

3. 연혁

초국경적 피해에 대한 국가책임은 1941년 미국과 캐나다 간의 Trail Smelter 중재재판 사건에서 인정된 후 1969년 우주조약(제6, 7조) 및 1972년 우주책임협약(제2조) 등에 규정되어 있다. 이에 관한 일반조약의 입법노력은 ILC에 의해 이루어지고 있으며, 2001년 제53차 회기에서 '위험한 활동에서 야기되는 월경 피해의 방지에 관한 규정 초안'을 채택하였다. 또한 ILC는 2006년 '위험한 활동에서 야기되는 국경 간 손해의 경우에 있어 손실의 배분에 관한 제원칙 초안'(Draft principles on the allocation of loss in the case of transboundary harm arising out of hazardous activities)을 채택하였다.

II 전통적 위법행위책임과 결과책임의 비교

1. 목적

이 국가책임은 state responsibility(국가책임)이 아니라 international liability로 표현되고 있는데, 그 목적은 반드시 해로운 결과를 종료시키는 데 있는 것이 아니라 보상을 통해 침해로 인해 영향받은 이익의 균형을 회복시키는 데 있다.

2. 1차규범성

전통적 국가책임법은 위반된 의무의 내용과 연원(1차규범에 관한 사항)은 고려하지 않고 의무 위반에 대한 법적 결과를 다루는 2차규범인 데 반해, 초국경적 피해에 관한 국가책임법은 예방의무와 보상의무, 즉 liability에 관한 1차규범이다. 1차규범을 위반하면 다시 전통국제법상의 국가책임으로 전환된다. 미국 – 캐나다 간 트레일 용광로 사건(1941)에서 사인의 행위에 대한 관리의무를 다하지 않은 캐나다 정부의 국가책임을 물어 중재법원은 캐나다정부에게 손해배상을 명하였다.

3. 법적 근거

전통적 국가책임법은 '행위의 위법성'에 법적 근거를 두고 있다. 이에 반해 초국경적 피해에 관한 국가책임법은 정의와 형평한 결과의 달성을 목적으로 '유해한 결과의 발생'에 법적 근거를 두고 있다.

4. 성립요건

전통적 국가책임법에 있어 국가책임이 성립하기 위해서는 행위의 국가귀속성과 행위의 위법성이라는 요건이 필요하다. 그러나 초국경적 피해에 관한 책임은 이러한 요건을 요구하지 않으며 따라서 위법행위에 대한 심리적 요소로서 고의 또는 과실 또한 요구하지 않는다. 초국경적 피해에 대한 국가책임은 '자국의 관할하의 활동일 것'과 '유해한 결과의 발생의 존재' '인과관계의 존재'만에 의하여 성립하는 절대책임이다.

Ⅲ 2001년 ILC Prevention 초안의 주요 규정

1. 의의

1977년 UN총회는 ILC로 하여금 '국제법에 의하여 금지되지 아니한 행위로부터 발생하는 해로운 결과에 대한 국제책임'에 대해 보고서를 작성하도록 위임함으로써 결과책임 논의가 구체적으로 진전되었다. 결과책임 논의는 크게 '방지'(prevention)에 대한 논의와 '책임'(liability)으로 대별되나, ILC는 방지문제를 우선적으로 논의하여 2001년 '위험한 활동에서 야기되는 국경 간 손해의 방지에 관한 규정 초안'(이하 조문만 언급함)을 채택하였다. 이하에서는 동 초안에 기초하여 주요 규정들을 정리한다.

2. 초안규정의 적용범위

> 📖 **조문 | 위험한 활동에서 야기되는 국경 간 손해의 방지에 관한 규정 초안 제1조 – Scope**
>
> The present articles apply to activities not prohibited by international law which involve a risk of causing significant transboundary harm through their physical consequences.

(1) 규정

초안은 '국제법에 의해 금지되지 아니한 활동으로서, 그것의 물리적 결과를 통하여 중대한 국경 간 손해를 야기할 위험을 수반하는 활동'에 적용되고(제1조), 또한, 한 국가의 영토에서 또는 국가의 관할권이나 통제하에서 계획되거나 수행되는 경우에 적용된다.

(2) 적용범위

첫째, 초안은 국제법에 의해 금지되지 않은 활동에만 적용된다. 둘째, 실제로 손해를 야기하는 활동을 다루는 것이 아니라 중대한 국경 간 손해를 야기할 '위험'을 수반하는 활동에 적용된다. 셋째, 손해(harm)란 사람, 재산 또는 환경에 야기된 손해를 말한다. 넷째, 국경 간 손해에 적용되는바, 국경 간 손해(transboundary harm)란 관련 국가들이 국경선을 맞대고 있는가에 관계없이, 기원국 이외의 영토에서 혹은 기원국 이외의 국가의 관할권이나 통제하에 있는 기타 장소에서 야기된 손해를 말한다. 다섯째, '중대한' 국경 간 손해에 적용된다. 최소한의 위험(de minimis risks)을 수반하는 활동에 적용하는 경우 영토 관할권 또는 통제 내에 있는 천연자원에 대한 국가들의 영구주권을 부당하게 제약할 것이므로 초안의 적용범위에서 배제된다. ILC는 '중대한'의 의미가 특정상황에서 '탐지가능한'(detectable) 것 이상의 어떤 것이지만, 반드시 '심각하거나'(serious) '실질적인'(substantial) 것에는 이르지 않는 수준을 지칭한다고 정의하였다.

3. 기본원칙 – 예방과 협력

(1) 예방 – 제3조

> **📑 조문 | 위험한 활동에서 야기되는 국경 간 손해의 방지에 관한 규정 초안 제3조 – Prevention**
>
> The State of origin shall take all appropriate measures to prevent significant transboundary harm or at any event to minimize the risk thereof.

기원국은 중대한 국경 간 손해를 방지하거나 또는 어떠한 경우에도 그것의 위험을 최소화하기 위한 모든 적절한 조치를 취해야 한다. ILC는 완전한 과학적 확실성이 존재하지 않더라도 중대한 혹은 돌이킬 수 없는 손해를 회피 또는 방지하기 위한 조치를 취해야 할 의무를 적절한 조치를 취할 의무의 일부로 보고 있다. 모든 적절한 조치를 취할 의무는 '상당한 주의'(due diligence)의무를 의미한다. 기원국은 적절한 감시장치의 수립 및 필요한 입법적·행정적 또는 다른 행동을 취할 의무가 있다. 주의의 정도는 관련된 위험의 정도에 비례해야 한다.

(2) 협력 – 제4조

> **📑 조문 | 위험한 활동에서 야기되는 국경 간 손해의 방지에 관한 규정 초안 제4조 – Cooperation**
>
> States concerned shall cooperate in good faith and, as necessary, seek the assistance of one or more competent international organizations in preventing significant transboundary harm or at any event in minimizing the risk thereof.

관련국들, 즉 기원국과 영향을 받을 가능성이 있는 국가는 신의성실로써 협력해야 하며, 또한 필요한 경우 중대한 국경 간 손해를 방지하거나 또는 어떠한 경우에도 그것의 위험을 최소화함에 있어 하나 이상의 권한 있는 국제기구의 도움을 구해야 한다. 국제기구의 범위에 비정부 간 국제기구가 포함되는지는 코멘타리에 의해서도 분명하지 않다.

4. 기본원칙의 이행과 구체화

(1) 이행 – 제5조

> **📑 조문 | 위험한 활동에서 야기되는 국경 간 손해의 방지에 관한 규정 초안 제5조 – Implementation**
>
> States concerned shall take the necessary legislative, administrative or other action, including the establishment of suitable monitoring mechanisms to implement the provisions of the present articles.

국가들은 규정의 이행을 위한 적절한 감시장치를 수립하고 필요한 입법적·행정적 행동을 취할 의무가 있다. 관련국들은 취해야 할 조치의 성격을 자유로이 결정할 수 있다.

(2) 허가 – 제6조

영토 내 및 관할권이나 통제하에서 수행되는 활동 및 활동의 변경에 대해서 사전허가를 구해야 한다. '허가'란 정부당국이 초안규정의 적용대상이 되는 활동의 수행을 허락함을 의미한다. 사전허가요건은 현재 계획 중에 있거나 이미 자국 영토 내에서 행해지고 있는 활동을 국가가 적절히 파악하고 있기 위해서도 필수적이다. 또한 사전허가요건은 ICJ가 Corfu Channel 사건에서 인정한 국가들의 의무를 실시하는 데에도 필수적이다. 국가는 자국 내에서 인지한 또는 인지할 수 있는 위험에 대해 타국에 통고해줄 의무가 있기 때문이다.

(3) 환경영향평가 – 제7조

환경영향평가는 기원국이 허가를 부여할 것인지 그리고 허가요건은 어떻게 할 것인지에 관해 결정하기 위해 활동에 수반되는 위험의 성격과 정도를 알기 위해 필요하다. 환경영향평가는 국제환경법의 일반 원칙으로 확립되어 있다.

(4) 통고 · 정보제공 – 제8조

> **📑 조문 | 위험한 활동에서 야기되는 국경 간 손해의 방지에 관한 규정 초안 제8조 – Notification and information**
>
> 1. If the assessment referred to in article 7 indicates a risk of causing significant transboundary harm, the State of origin shall provide the State likely to be affected with timely notification of the risk and the assessment and shall transmit to it the available technical and all other relevant information on which the assessment is based.
>
> 2. The State of origin shall not take any decision on authorization of the activity pending the receipt, within a period not exceeding six months, of the response from the State likely to be affected.

환경영향평가를 통해 어떤 활동이 중대한 국경 간 손해를 야기할 위험을 수반한다는 징후를 보이는 경우 기원국은 영향받을 가능성이 있는 국가에게 적시에 위험과 평가에 대하여 통고해야 하며, 또한 평가의 기초가 된 이용가능한 기술적 그리고 다른 모든 관련정보를 전달해야 한다. 기원국은 6개월을 넘지 않는 기간 내에서 영향받을 가능성이 있는 국가로부터 반응을 수령할 때까지는 그 활동의 허가에 관한 결정을 내려서는 안 된다. 통고가 없는 경우 영향받을 가능성이 있는 국가는 기원국에서 계획되거나 실행되는 활동이 자국에 중대한 국경 간 손해를 야기할 위험을 수반할 수 있다고 믿을 만한 합리적인 사유가 있으면 기원국에 대해 제8조에 규정된 통보와 정보제공의무를 이행할 것을 요청할 수 있다.

(5) 협의 및 이익의 형평한 균형을 위해 고려할 요소 – 제9조, 제10조

> **📑 조문 | 위험한 활동에서 야기되는 국경 간 손해의 방지에 관한 규정 초안 제9조 – Consultations on preventive measures**
>
> 1. The States concerned shall enter into consultations, at the request of any of them, with a view to achieving acceptable solutions regarding measures to be adopted in order to prevent significant transboundary harm or at any event to minimize the risk thereof. The States concerned shall agree, at the commencement of such consultations, on a reasonable time frame for the consultations.
>
> 2. The States concerned shall seek solutions based on an equitable balance of interests in the light of article 10.
>
> 3. If the consultations referred to in paragraph 1 fail to produce an agreed solution, the State of origin shall nevertheless take into account the interests of the State likely to be affected in case it decides to authorize the activity to be pursued, without prejudice to the rights of any State likely to be affected.

관련국들은 중대한 국경 간 손해를 방지하거나 위험을 최소화하기 위하여 채택될 조치에 관한 수락 가능한 해결책을 달성할 목적으로 어느 한 국가의 요청이 있으면 협의에 들어가야 하며 초안 제10조의 규정에 비추어 이익의 형평한 균형에 기초한 해결(solutions based on an equitable balance of interests)을 구해야 한다. 제10조는 이익의 형평한 균형을 달성하기 위해 고려할 수 있는 요소들을 예시하고 있다. 위험의 정도, 위험을 최소화하기 위한 수단의 이용가능성, 활동의 중요성 등.

Ⅳ 2006년 ILC Allocation of Loss 초안의 주요 내용

1. 개관

2006년 ILC는 '위험한 활동에서 야기되는 국경 간 손해의 경우에 있어서 손실의 배분에 관한 제원칙 초안'을 채택하였다. 전문과 8개 원칙으로 구성되었다.

2. 보상초안의 목적

예방 초안에서 규정된 국가의 의무를 준수하였음에도 불구하고 발생할 수 있는 사고에 수반되는 '손실'(loss)의 배분에 관한 원칙을 제공하는 것을 목적으로 한다. '법전화'를 목적으로 하기보다 국가들에게 적절한 지침을 제공하고 이 분야의 국제법 발전을 의도한다.

3. 보상 초안의 성격

보상 초안은 예방 초안과 마찬가지로 '1차규칙'에 관한 규정이다. 예방 초안상 의무를 준수하지 아니한 경우는 '1차규칙' 위반으로서 이 경우 위법행위책임이 발생한다. 보상초안은 예방 초안상 의무를 준수하였음에도 불구하고 발생한 사고로 인한 '손실'에 관한 1차규칙을 담고 있다.

4. 인적적용범위

첫째, 보상 초안은 국제법에 의하여 금지되지 아니한 활동에 의하여 '야기된' 국경 간 손해에 적용된다(제1원칙). 둘째, 동 초안에서 관련국(States concerned)이란 기원국, 영향받을 가능성이 있는 국가 및 실제로 영향을 받는 국가이다[제5원칙 (e)]. 이는 예방 초안이 '기원국'과 '영향을 받을 가능성이 있는 국가'에 적용되는 것과 다르다.

5. 보상의무 인정 여부 및 책임의 성격

> 📑 **조문 | 위험한 활동에서 야기되는 국경 간 손해의 경우에 있어 손실의 분배에 관한 제원칙 초안 제4원칙 – Prompt and adequate compensation**
>
> 1. Each State should take all necessary measures to ensure that prompt and adequate compensation is available for victims of transboundary damage caused by hazardous activities located within its territory or otherwise under its jurisdiction or control.
>
> 2. These measures should include the imposition of liability on the operator or, where appropriate, other person or entity. Such liability should not require proof of fault. Any conditions, limitations or exceptions to such liability shall be consistent with draft principle 3.
>
> 3. These measures should also include the requirement on the operator or, where appropriate, other person or entity, to establish and maintain financial security such as insurance, bonds or other financial guarantees to cover claims of compensation.
>
> 4. In appropriate cases, these measures should include the requirement for the establishment of industry-wide funds at the national level.
>
> 5. In the event that the measures under the preceding paragraphs are insufficient to provide adequate compensation, the State of origin should also ensure that additional financial resources are made available.

기원국은 반드시 보상의무를 지는 것은 아니며(제4원칙 제1항), 해당국가가 무과실책임을 질 것을 권고하고 있다(제4원칙 제2항).

Ⅴ 결론[51]

결과책임은 국제법에 의해 금지되지 아니한 활동으로 타국에 피해를 야기한 경우 가해국의 위법성에 기초하여 책임을 묻는 것이 아니라 결과적으로 초래된 피해를 보상함으로써 기원국과 피해국 간의 이익의 균형을 추구하기 위해 발전되고 있는 법리로 볼 수 있다. 한편, 2001년 ILC 초안은 작업의 내용을 중대한 국경 간 손해를 야기할 '위험'이 있는 활동에 집중하고, '실제로 그러한 손해를 야기한 활동'은 다루지 않고 있다. 즉, '방지'의 측면만 다루고 있는 것이다. 이에 따라 UN총회는 2002년 1월의 결의에서 ILC에 대해 예방과 보상(liability)의 상호관계를 염두에 두면서 liability 관련된 사항들에 대한 검토를 재개해 줄 것을 요청하였다. 향후 ILC는 적법하나 고도로 위험한 활동의 경우에 적용될 liability의 원칙이나 규칙을 발전적인 입장에서 마련하는 일과 위법하지 아니한 활동으로부터 국경을 넘어 손해를 입게 되는 사람들이 적절한 보상을 얻을 수 있는 충분한 수단에 관해 검토하게 될 것이다.

제11절 자기완비적 체제

Ⅰ 서론

'자기완비적 체제'(self-contained regimes)란 일정 일차규칙을 그것의 운용을 확보하기 위한 일단의 이차규칙과 결부시킨 조약에 의해 성립되는 것을 의미한다. 자기완비적 체제 논의는 Wimbledon호 사건에서도 제기되었으나, 테헤란 영사 사건에서 본격적으로 제기되었다. 이 문제의 쟁점은 다자조약이 실체규범과 함께 실체규범 위반 시 분쟁해결절차를 규정하고 있는 경우, 즉 특별이차규칙(special secondary rules)을 갖고 있는 경우 일반국제법상 다른 조치, 특히 대항조치를 취할 수 없을 것인가 하는 점이다.

Ⅱ 판례와 학설 및 ILC의 입장

1. ICJ의 입장 – 테헤란 영사 사건

외교 및 영사관계에 관한 두 비엔나협약은 한 개의 '자기완비적 체제'를 구성하고 있으므로 미국의 대사관과 영사관이 이란에서 불법행위를 자행했다 하더라도 이란정부는 이들 협약 밖에서 대항조치(countermeasures)를 강구해서는 안 된다.

2. 국제법위원회(ILC)의 입장

국가책임협약 초안을 작성하는 과정에서 Willem Riphagen은 자기완비적 체제의 존재를 긍정하고 피해국가는 체제에 규정되어 있는 절차에 따라서만 분쟁을 해결할 것이 요구된다고 주장했다. 그러나 이후 많은 비판에 직면하여 ILC는 이 개념을 포기하였다. 실제 이 개념은 국가책임초안의 존재 의의를 대부분 상실시킬 것이라는 지적을 받았다.

---

51) 김대순, 적법행위에 대한 국가책임 이론의 정립을 향하여, 《《국제법학회논총》》, 제48권 제1호, 37면.

3. 학설의 입장

자기완비적 체제의 개념에 대해 탄력적으로 이해하고 있다. 즉, 자기완비적 체제를 인정할 수 있으나, 이것이 일반국제법의 체제로부터 완전히 분리된다고 보지는 않는다. 따라서 다자조약에 내장되어 있는 분쟁해결절차가 피해국들의 보호자 구실을 못하는 경우 피해국은 대항조치를 취할 수 있다.

4. 소결

학설과 판례 및 ILC의 입장을 종합해 보면, 현대 국제법 질서에서 자기완비적 체제의 개념이 도입되어 있다고 볼 수 있으나, 자기완비적 체제 내에서 피해국이 일방적 대항조치를 취할 권리를 금지하고 있다고 볼 수는 없을 것이다.

Ⅲ 자기완비적 체제의 사례

1. WTO · DSU 제23조 제1항

"회원국들은 대상협정들하의 의무 위반이나 이익의 무효화 또는 침해, 또는 대상협정들의 목적달성에 대한 장애의 교정을 추구하는 경우, 이 양해의 규칙 및 절차에 호소하고 또한 이를 준수한다."라고 규정하고 있다. 해석상 일반국제법상 피해국의 일방적 대응조치를 명백하게 배제하고 있다.

2. EC설립조약 제292조

"회원국들은 이 조약의 해석이나 적용에 관한 분쟁을 조약에 규정된 해결방법들 이외에 다른 어떤 것에도 부탁하지 않을 것을 약속한다."라고 규정하고 있다. 유럽재판소도 같은 입장이다.

3. 인권조약의 경우

대부분의 인권조약들이 인권을 보호하기 위한 감독 내지 이행강제장치들을 담고는 있으나 이로 인해 자기완비적 체제를 갖추고 있다고 보기는 어렵다. 우선, 이행절차들의 법적 구속력이 없고, 둘째, 구속력이 부여되어 있다고 하더라도 이행제도가 조약으로부터 분리되어 있어 동 절차에 대해 추가적 동의를 인정하는 국가에게만 실효성이 있기 때문이다. 따라서 각 당사국은 모든 다른 당사국의 조약준수를 요구하고, 필요하면 대항조치를 통해 조약의 준수를 강제할 권리가 있다. 다만, 인권침해를 구성하는 대항조치를 취할 수는 없다.

Ⅳ 결론

자기완비적 체제의 개념의 도입을 통해 자기완비적 체제의 경우 일반국제법의 적용을 제한하는 이유는 그 레짐의 목적 즉, 당사자 공동의 또는 상호 간의 이익을 증대하고자 하는 것이다. 그러나 대항조치의 배제가 레짐 자체의 실효성을 감소시킬 수도 있다는 우려도 있다. 따라서 ILC의 최근 견해는 '어떠한 자기 완비적 체제라 하더라도 그 같은 체제에 의해 특별히 규제되지 아니하는 기능적 측면들에 대해서는 일반국제법이 적용되며, 만일 자기완비적 체제가 기능을 중지하는 경우에는 일반국제법이 완전히 적용된다'는 견해를 피력하고 있다.

1. 2002년 10월 5일, A국 내 모 지역에 체류 중이던 B국 국적의 사람들 수백 명이 외국인에 대한 고용 차별을 반발하여 집단 시위를 하던 중, 신원 미상의 청년들에 의하여 구타와 폭행을 당하여 2명이 숨지고 수십 명의 부상자가 발생하였다. 사건 발생 당시 경찰은 즉각 출동하지 않았으며, 상황이 종료될 무렵에 현장에 도착하여 교통정리를 한 것이 전부였다. 후일 확인된 바에 의하면, 이들 청년들 중 일부는 이들 외국인에게 악감정을 갖고 있던 시민들이었으며, 또 다른 일부는 관할 경찰당국으로부터 수당을 받고 시위 진압을 목적으로 투입된 자들이었다. 이와 관련하여 A국은, 시민들과 관련하여서는 자신들이 할 수 있는 안전 조치를 모두 취하였음에도 불구하고 질서를 유지할 수 없었다고 하였고, 이어서 시위 진압을 목적으로 투입된 자들과 관련하여서는 그들에게 물리적 수단은 사용하지 말도록 지시하였음에도 불구하고 이들이 지시를 위반하여 행동하였으므로, 이들 모두의 행위에 대하여 책임질 수 없다는 공식입장을 발표하였다. 위의 사실관계를 전제로 국가책임법상 시민들과 경찰당국의 지시로 투입된 자들의 행위가 A국에게 귀속될 수 있는지를 판단하시오. 〔2012행시〕

2. A국의 중앙정부 X와 반란단체 Y 사이의 내전 중에 B국의 국민인 甲은 X에게 붙잡혀 장기간 구금되고 고문을 당하였다. 그 후 Y는 X를 붕괴시키고 집권하였다. 〔2007외시〕

   (1) X의 행위에 대하여 Y는 A국의 정부로서 책임을 지는가?

   (2) B국이 甲의 권리구제를 위하여 A국에 대하여 행사할 수 있는 권리의 근거와 요건은?

3. B국을 여행하던 A국 국민 甲은 하등의 귀책사유가 없음에도 B국 경찰관에 의해 체포되어 구금되었다. 甲은 자신이 입은 피해의 구제를 위해 B국의 국내법원에 제소하였다. 2심 종결 후 甲은 B국의 사법부가 A국 및 그 국민에 대하여 적대적 감정을 가지고 있음을 확인하고, 최고법원에 상고하는 것을 포기하였다. A국은 甲이 입은 피해를 근거로 국제법상 B국의 책임을 물을 수 있는지, 그리고 甲의 상고 포기에도 불구하고 B국에 대하여 피해구제를 요구할 수 있는지에 대하여 설명하시오. 〔2009행시〕

3. UN국제법위원회(ILC)가 2001년 채택한 '국제위법행위에 대한 국가책임에 관한 규정 초안'(Draft articles on Responsibility of States for internationally wrongful acts)상의 대항조치(countermeasures)에 관하여 설명하시오. 〔2006행시〕

4. A국의 甲회사는 B국 정부당국과 도로건설 공사에 관한 계약을 체결하였다. 동 계약은 계약에 관한 분쟁발생 시 B국법에 따를 것을 규정하였다. 甲회사는 계약에 따라 공사를 진행하였으나 B국 내에 군사쿠데타가 발발하여 새로운 정부가 수립되었고, 신정부는 A국과 외교관계를 단절하였다. 또한 甲회사와 체결한 계약을 이행할 수 없다고 선언하고, 이에 대해 어떠한 보상도 하지 않았다. 단, 甲회사의 다수 주주는 C국의 국민이다. 甲회사가 입은 손해를 구제받을 수 있는 방법 및 요건을 논하시오. 〔2004행시〕

5. A국에 주재하고 있는 B국의 외교공관에 건물 외부로부터 투척된 것으로 보이는 폭탄이 폭발되어 공관직원을 비롯한 수십 명의 사상자가 발생하였으며, 그로부터 3시간 후 A국 내 B국 국민들의 집단 거주지에 방화로 추정되는 대규모 화재가 발생하고, 막대한 재산피해가 발생하였다. 이들 사고의 발생 당시 A국 당국은 피해 공관에 대하여 평소와 같은 경계에 임하였고, B국 국민 거주지에도 관할 경찰당국이 정상적인 치안업무를 수행하고 있었으며, 이들 사고와 관련된 이상 징후를 전혀 발견하지 못하였다. 사고 발생 후 A국 경찰 당국은 바로 수사에 착수하여 3명의 용의자를 체포하였으며, 조사 결과 위의 폭탄 테러 및 방화사고는 모두 이들 3명에 의하여 연속적으로 자행되었음이 밝혀지고, 이들은 모두 A국 국적의 민간인들로서 C국 정부로부터 자금을 지원받고 그 지시에 따라 행동하였음이 확인되었다. 이 사건과 관련하여 B국이 어느 국가에 대해 어떠한 책임을 추궁할 수 있을 것인지 견해를 피력하시오.

6. 국가책임성립에 있어서 국가귀속성과 관련한 다음 물음에 답하시오. (각각의 문제들은 상호 연관이 없는 독립적 개별 사례로 취급하고 답안을 작성하시오)

   (1) A국 법무부장관은 업무시간이 종료된 이후 인근 바에서 술을 마시던 중 A국을 여행 중이던 B국사인 乙과 시비 끝에 乙을 살해하였다. 다툼이 있던 중 바 종업원 丙은 인근 경찰서에 긴급 구조를 요청하였으나 당시 당직을 맡았던 경찰관이 개인적 업무로 자리를 비운상태였다. 이 사안에서 A국의 국가책임이 성립하는가?

   (2) A국의 하급관리 甲은 자신의 권한과 무관한 허가업무를 처리하여 A국 내에서 영업 중인 B국 기업 乙에게 막대한 재산상의 손실을 입혔다. A국의 국가책임이 성립하는가?

   (3) A국은 B국 내에서 반정부활동을 하던 반군단체 甲에게 자금 및 무기를 지속적으로 지원하였으며, A국 국방부 소속 고위관료들을 은밀히 파견하여 甲단체 소속 반군들에 대한 군사훈련을 지도하기도 하였다. 甲은 수차례에 걸쳐서 B국 국가기관 및 공공시설에 대해 테러를 자행하여 상당한 재산상의 피해를 야기하였을 뿐만 아니라 약 150여명에 달하는 인명을 살상하였다. 甲의 행위에 대해 A국은 책임을 지는가? 관련 국제조약 및 국제판례에 기초하여 논의하시오.

7. A국은 핵무기를 개발하기 위해 태평양 인근 공해상에서 핵실험을 계획하고 실행하였다. 이에 대해 인근 연안국인 B국과 C국은 A국의 핵실험에 대해 수차례 항의하였음에도 불구하고 이를 실행하자, 국제사법재판소(ICJ)에 제소하였다. B국과 C국은 A국이 더 이상 자국 인근 공해에서 핵실험을 하지 않도록 보장할 것을 청구 이유로 적시하였다. A, B, C국은 아무런 조건없이 ICJ규정 제36조 제2항을 수락하고 있다. 소장(訴狀)이 ICJ에 접수된 직후 A국 대통령 甲은 기자회견을 자청하여 공개적으로 A국은 장차 공해상에서 여하한 핵실험도 하지 않겠다고 천명하였다. 甲은 B국과 C국을 방문하여 정상회담을 진행하는 과정에서도 이러한 약속을 되풀이 하였다. 한편, A국의 소송대리인은 선결적 항변(preliminary objection)을 제기하여 자국의 핵실험금지선언으로 더 이상 소의 이익이 존재하지 않기 때문에 소송절차를 종료할 것을 주장하였다. 이에 대해 재판부는 어떠한 결론을 내릴 것으로 예상되는가? A국 대통령 甲의 행위의 요건과 그 효력을 중심으로 논의하시오.

8. A국의 국민인 甲은 B국에서 B국의 회사법에 따라 X주식회사를 설립하고 주주가 되었다. X주식회사는 주로 C국에서 사업을 하고 있었다. 한편, C국에서는 정부군과 반란군 사이에 내전이 발생하였는데, 내전 과정에서 반란군은 점령지 내에 위치한 X주식회사의 재산을 보상 없이 수용하였다. 이후 반란단체는 내전에서 승리하여 신정부 수립에 성공하였다. 위 수용행위와 관련하여 A국 또는 X주식회사가 C국 법원에서 C국 정부를 상대로 손해배상을 구하는 소송을 제기한 바는 없다. 다만, C국의 대법원은 유사한 사안에서 원고의 청구를 기각한 전례가 있다. 반란단체가 X주식회사를 수용한 행위와 관련하여 A국 또는 B국이 각각 C국에 대하여 외교적 보호권을 행사할 수 있는가? (40점) 2019외교원

9. A국과 B국은 2007년 A국의 X지역 개발에 관한 Y조약을 체결하였다. Y조약에 따르면, A국은 B국에게 X지역의 희귀광물인 희토류를 매년 5만 톤씩 공급하기로 하였고, B국은 A국에게 매년 전력 1백만kw를 제공할 뿐만 아니라 X지역 선주민인 알바스족의 거주와 생존에 필수적인 식량 50만 톤과 응급의료용품을 인도적 차원에서 매년 제공하기로 하였다. Y조약은 발효 이후 정상적으로 이행되었다. 그러나 2010년 C국이 A국의 우발적인 국경 총격을 구실로 A국의 희토류 매장지를 공중 폭격하여 채굴이 불가능할 정도로 파괴하였다. 이후 2011년에 이르러 A국이 B국에게 희토류를 공급하지 않았고, B국은 이에 대응하여 A국에게 전력 외에도 식량 및 응급의료용품을 제공하지 않았다. 2001년 국제위법행위에 대한 국가책임 초안에 의거하여 다음 물음에 답하시오. 2018외교원

   (1) A국은 희토류 미공급에 대한 국가책임을 지는지를 검토하시오. (20점)

   (2) A국의 희토류 미공급에 대응하여 B국의 전력, 식량, 응급의료용품의 제공 거부가 허용되는지를 검토하시오. (20점)

10. 인접국인 A국과 B국은 양국 사이에 위치한 X섬의 영유권에 대하여 분쟁상태에 있다. 2010년 A국과 B국은 양자조약을 체결하여 해당 분쟁지역에서 향후 10년간 양국 간의 관계를 악화시키는 일체의 행위를 하지 않기로 합의하였고, 동 조약은 즉시 발효되었다. 그러나 2017년 5월 30일 A국 어민들은 분쟁지역에서 조업 중인 B국 어선을 공격하고 B국 어민들의 어로행위를 물리적으로 방해하였다. 이 사건으로 상당수의 B국 어민들이 사망하였고 이에 양국 간의 관계는 급격히 악화되었다. B국 정보국의 조사에 따르면, B국 어선을 공격한 A국 어민들은 A국 정부의 지시를 받은 것으로 드러났다. 「2001년 국제위법행위에 대한 국가책임 초안」에 따라 B국은 A국에 국가책임을 물을 수 있는지 여부를 논하시오. 2017년행시

제7장 | 국가승계

제1절 총설

I 의의

> **조문 | 조약승계협약 제2조 제1항 제(b)호 – 국가승계의 정의**
>
> 1. For the purposes of the present Convention:
>   (b) "succession of States" means the replacement of one State by another in the responsibility for the international relations of territory;

국가승계(state succession)란 일정한 지역을 통치하던 국가 또는 통치주체 자체의 변경으로 그 때까지 통치하던 선행국(predecessor state)의 조약 및 기타 권리의무가 승계국(successor state)에 승계되는 것을 말한다. 1978년 '조약승계협약'에 따르면 국가승계란 어느 영토에 대한 국제책임이 1국에서 타국으로 이전되는 것을 의미한다. 일반적으로 국가승계문제는 국가의 소멸로 인해 발생하게 되며[52], 조약, 문서, 채무, 재산, 국적, 외국인의 기득권, 국제기구회원국 지위 등의 승계문제가 야기된다. 이와 관련하여 1978년 '조약에 대한 국가승계에 관한 비엔나협약'(이하 조약승계협약) 및 1983년 '국가재산·국가문서 및 국가부채에 대한 국가승계협약'(이하 재산등승계협약)이 체결되어 있으나 후자는 아직 발효되지 않았다.

II 국가의 승계문제 발생사유[53]

1. 합병과 병합[54]

합병(merger)이란 복수의 국가가 결합하여 1국을 형성하는 것으로 종래의 복수국가는 소멸하고 신국가가 성립한다. 병합(annexation, absorption)은 1국이 타국에 결합되는 것으로 피병합국은 소멸하고 병합국은 계속 국가로서 존속한다.

---

52) 국가승계는 국가소멸이 발생하지 않는 경우에도 발생할 수 있다. 분리독립이나, 신생독립국의 경우가 이에 속한다. 한편, 조약 승계협약이나 재산등승계협약은 '할양'(cession)의 경우도 규율하고 있다.

53) 1978년 조약승계협약은 ⅰ) 영토의 일부 이전 ⅱ) 신생독립국 ⅲ) 국가통합 ⅳ) 국가분리로 나누고 있으나,1983년 재산등승계협약은 ⅰ) 영토의 일부 이전 ⅱ) 신생독립국 ⅲ) 국가통합 ⅳ) 분리독립 ⅴ) 분열로 나누고 있다.

54) 병합에 대해 문언상 명시적 규정은 없으나, 국제법위원회(ILC)는 조약승계협약 제31조가 합병과 병합에 모두 적용된다고 한다. 국내학설은 다툼이 있다.

2. 분열(dissolution)과 분할

분열은 1국이 복수의 국가로 나누어지는 것으로 전자는 소멸하고 새로운 복수의 국가가 성립한다. 분할은 1국이 영역 전체를 복수의 타국에 강제로 탈취당하여 타국의 영역이 되는 것으로, 전자는 소멸하고 복수의 타국은 계속 국가로서 존속한다.

3. 영토의 일부 이전

영토의 일부이전은 할양(cession), 시효 등의 사유로 한 국가의 영토의 일부가 타국가의 영토의 일부가 되는 것을 말한다. 할양은 합의에 의해 영토권의 변경이 발생하나, 시효는 시효완성이라는 사실로부터 발생한다.

4. 신생독립국

> **📑 조문 | 조약승계협약 제2조 제1항 제(f)호 – 신생독립국의 정의**
>
> "newly independent State" means a successor State the territory of which immediately before the date of the succession of States was a dependent territory for the international relations of which the predecessor State was responsible;

1978년 조약승계협약 제2조에 따르면 신생독립국이란 '국가승계일자 직전에 그 국제관계에 대해서 전임국가가 책임을 지고 있었던 종속영토의 승계국'을 의미한다. 식민지 상태에서 독립한 국가가 이에 해당한다.

5. 분리독립

1978년 조약승계협약은 분열과 분리독립을 구분하지 않고 '국가의 분리'(separation)에 포함시켰으나, 1983년 재산등승계협약은 분열(dissolution)과 분리독립(secession)을 구분하여 규정하고 있다. 분리독립은 전임국의 일부영토에 새로운 국가가 수립되는 것을 말한다. 분리독립의 경우 전임국이 소멸하지 않는다는 점에서 전임국이 소멸하는 분열과는 구별된다.

제2절 조약승계

Ⅰ 서론

국가승계에 있어서 가장 핵심적 분야는 주권변경이 기존조약에 미치는 영향이다. 조약승계에 대한 학설과 판례는 일치하지 않았다. 즉, 포괄적 승계를 주장하는 견해로부터 백지출발을 주장하는 견해까지 다양한 견해가 제시되었다. 조약승계 여부에 대한 핵심적인 대립은 법적안정성을 중시할 것인가, 구체적 타당성을 중요하게 볼 것인가의 대립으로 볼 수 있다. 기존의 학설 및 관행을 검토해 보고, 1978년 조약승계에 관한 비엔나협약을 중심으로 조약승계를 논의한다.

Ⅱ 학설

1. 국가인격소멸 · 존속설

19세기 후반까지의 학설로서 국가인격의 소멸 여부를 기준으로 국가인격이 소멸하는 경우에는 선행국이 체결한 모든 조약은 실효하며, 국가인격이 존속하는 경우에는 당해 조약은 실지된 영토에 대해서만 실효하게 된다고 보는 학설이다.

2. 인적 · 물적 조약구분설

조약의 성질에 따라 승계 여부를 결정하는 학설이다. 특히 조약을 인적조약과 물적조약으로 구분하고 인적조약은 불승계, 물적조약은 승계된다고 보았다. 인적조약은 체약국 간 정치행위에 관한 상호적 권리의무를 규율한 조약을 의미하며, 물적조약은 당해 영토에 종속된 권리의무를 다루는 조약이다.

3. 포괄적 승계주의(계속주의)

승계유형 또는 조약성질에 관계없이 모든 조약은 승계국에 의해 승계된다고 보는 학설이다. Grotius는 영역주권의 이전이 있을지라도 국가의 실질적인 계속성은 인정된다고 보고 선행국의 조약은 포괄적으로 승계국에 승계된다고 주장하였다.

4. 백지출발주의

백지출발주의(principle of clean slate)란 승계국은 선행국이 체결한 조약에 대해서는 제3자이므로 이를 승계하지 않는다는 주장이다.

5. 소결

법적 안정성을 위해 계속주의를 지나치게 엄격하게 적용하는 경우 특히 신생독립국들의 경우 식민지배를 한 국가가 체결한 조약을 승계해야 한다는 점에서 구체적 타당성이 약하다. 그러나, 백지출발주의를 강조하는 경우 법적안정성을 저해하여 국제질서를 불안정하게 만들 수도 있다. 특히 전임국이 체결한 국경조약이 그러하다. 따라서 구체적 상황에 따라 합의에 의해 해결하되, 포괄적 승계주의와 백지출발주의의 조화가 필요하다고 본다.

Ⅲ 1978년 조약승계협약

1. 적용범위

(1) 승계발생사유

> **📋 조문 | 조약승계협약 제6조 – Cases of succession of States covered by the present Convention**
>
> The present Convention applies only to the effects of a succession of States occurring in conformity with international law and, in particular, the principles of international law embodied in the Charter of the United Nations.

조약승계협약은 국가 영토의 일부 이전, 국가의 통합, 국가의 분열, 신생독립국의 경우를 규율하고 있다. 국가의 분열에는 분리독립과 국가해체를 포함하는 것으로 해석되며, 양자에는 같은 법리가 적용되나 기존 관습과 일치하는가에 대해 의문이 있다. 한편, 국가의 통합은 '합병'으로 해석되나, ILC는 '병합'을 포함한 것으로 본다. 조약승계협약은 분할에 대해서는 규율하지 않는다. 조약승계협약은 국제법에 부합되게, 특히 UN헌장에 규정된 국제법원칙에 부합되게 발생하는 국가승계에 대해서만 적용된다(제6조).

(2) 조약

> **📖 조문 | 조약승계협약 제2조 제1항 제(a)호 – 조약의 정의**
>
> "treaty" means an international agreement concluded between States in written form and governed by international law, whether embodied in a single instrument or in two or more related instruments and whatever its particular designation.

국가들 간에 서면으로 체결되는 조약에 대해서만 적용된다(제1조; 제2조 제1항 제(a)호; 제3조). 따라서 국가와 국제법의 타주체 간에 체결되는 조약과 구두로 체결되는 조약은 조약승계협약의 적용대상에서 제외된다.

2. 처분적 조약의 승계

(1) 개념

처분적 조약(dispositive treaty) 또는 물적조약(real treaty)이란 영토에 대한 권리의무를 다루는 조약, 또는 일정한 토지와 밀접하게 결부된 의무나 지위를 설정한 조약을 말한다. 국경획정조약, 영토할양조약 등이 물적조약이다.

(2) 물적조약의 승계 여부

물적조약은 주권자의 변경에 의해 영향을 받지 아니하며, 승계발생사유에 관계없이 승계국에 자동적으로 이전된다. 조약승계협약은 국경선 관련 조약과 지역권설정조약에 대해 특히 규정하고 있다.

(3) 국경선 관련 조약 – 제11조

> **📖 조문 | 조약승계협약 제11조 – Boundary regimes**
>
> A succession of States does not as such affect:
>
> (a) a boundary established by a treaty; or
>
> (b) obligations and rights established by a treaty and relating to the regime of a boundary.

① 의의: 조약에 의해 수립된 국경선이나 국경선체제(boundary regime)와 관련하여 조약에 의해 수립된 권리의무는 승계의 영향을 받지 않는다. 이는 관행상 '국경선 신성의 원칙'(principle of sanctity of frontiers)을 확인하고 있는 것으로 해석된다. 신생독립국들은 국제관계의 안정성을 고려하여 국경선 신성의 원칙을 반영하고 있는 이른바 'uti possidetis 원칙'을 존중하고 있다. ICJ는 국가승계 시 국가 간 기존경계선을 존중할 의무는 일반국제법상 의무라고 확인하였다(부르키나파소와 말리의 국경분쟁 사건, 1986).

② uti possidetis 원칙

　　㉠ 의의: uti possidetis 원칙은 '현상유지 원칙' 또는 '현상승인 원칙'으로서 국가는 독립을 달성할 당시의 국경선을 존중해야 한다는 원칙을 말한다. 이 원칙은 19세기 초 남미에서 스페인의 식민지들이 독립할 때 식민통치 당시의 행정경계선을 국경선으로 채택함으로써 적용되었다. ICJ는 'Frontier Dispute 사건'에서 국가승계 시에 국가 간의 기존경계선을 존중할 의무는 일반국제법규로부터 도출된다고 하였다.

　　㉡ 유형: uti possidetis 원칙은 uti possidetis juris(de jure) 원칙과 uti possidetis de facto 원칙으로 구분할 수 있다. 전자는 식민지 독립 당시 구식민국가의 조약을 포함한 법률문서를 기초로 법적 권리에 따라 경계선을 정하는 원칙인 반면, 후자는 구식민지 경계선의 법적 정의에 관계없이 독립 시 각 당사국이 실제로 점유하고 통치하던 영토에 기초하여 경계선을 정하는 원칙이다. uti possidetis de facto 원칙은 스페인의 식민지였던 국가들과 포르투갈의 식민지였던 브라질 간에 경계를 획정함에 있어서 브라질에 의해 주장된 원칙이다. 브라질은 과거 구 식민국가들 간 조약에서 규정하고 있는 영토 대신 독립 당시 브라질의 실효적 점유하에 있는 영토가 브라질의 영토로 남아야 한다고 주장하였으며, 이는 타국가들에 의해 받아들여졌다.

　　㉢ 적용범위: uti possidetis 원칙은 주로 식민지가 독립할 때의 상황을 전제로 전개된 원칙이나 그 적용범위가 확대되고 있다. 예컨대 동유럽 공산권의 연방이 해체되는 과정에서도 동 원칙이 원용되었다. 1992년 구유고평의회중재위원회는 uti possidetis 원칙을 '일반 원칙'(a general principle)으로 지칭한 ICJ의 'Frontier Dispute 사건'을 언급하면서 크로아티아와 세르비아 간에, 보스니아 – 헤르체고비나와 세르비아 간에, 그리고 타인접 독립국가들 간에 uti possidetis 원칙이 적용되며, 따라서 이들 경계선은 자유롭게 도달한 합의에 의한 경우를 제외하고는 변경될 수 없다고 하였다.

(4) 지역권 설정조약

> **📄 조문 | 조약승계협약 제12조 – Other territorial regimes**
>
> 1. A succession of States does not as such affect:
>
>   (a) obligations relating to the use of any territory, or to restrictions upon its use, established by a treaty for the benefit of any territory of a foreign State and considered as attaching to the territories in question;
>
>   (b) rights established by a treaty for the benefit of any territory and relating to the use, or to restrictions upon the use, of any territory of a foreign State and considered as attaching to the territories in question.
>
> 2. A succession of States does not as such affect:
>
>   (a) obligations relating to the use of any territory, or to restrictions upon its use, established by a treaty for the benefit of a group of States or of all States and considered as attaching to that territory;
>
>   (b) rights established by a treaty for the benefit of a group of States or of all States and relating to the use of any territory, or to restrictions upon its use, and considered as attaching to that territory.
>
> 3. The provisions of the present article do not apply to treaty obligations of the predecessor State providing for the establishment of foreign military bases on the territory to which the succession of States relates.

지역권(servitude)이란 다른 국가들의 특정한 이익을 위한 영토권의 제한으로 취득되는 권리를 말한다. 지역권 설정조약상의 권리의무는 국가승계의 영향을 받지 않는다(제12조 제1항·제2항). 다만, 외국군대 기지 설정조약은 승계되지 않는다(제12조 제3항). 국가승계의 영향을 받지 않는 대물적 성격의 지역권인 가의 여부를 결정하는 기준은 현재 명확하지는 않다. ICJ는 Gabcikovo-Nagymaros 사건에서 헝가리와 체코슬로바키아 간에 체결된 1977년 조약의 대물적 성격을 인정하고, 동 조약은 체코와 슬로바키아의 분열에 의해 영향을 받지 않고 승계된다고 판시하였다. ICJ는 ① 하천의 용수권이나 항행에 관한 조약은 통상적으로 영토적 조약의 범주에 들어가며, ② 1977년 조약이 양국 간 일정 영토에 걸쳐 시설물의 건설을 예상하고 있고, ③ 국제수로의 중요부분을 위한 항행체제를 수립하고 있으며, ④ 제3국들의 이해관계에도 영향을 미친다는 점을 고려하였다.

3. 비처분적 조약의 승계

(1) 의의

비처분적 조약(non-dispositive treaties) 또는 인적조약이란 물적조약이 아닌 모든 조약을 의미한다. 즉, 동맹·상호원조·공동방위 등 체약국 상호 간의 동질성과 연대성을 전제로 한 조약을 말한다. 인적조약은 국가승계발생사유에 따라 다르게 규정하고 있다.

(2) 영토 일부의 이전 – 제15조

> **📑 조문 | 조약승계협약 제15조 – Succession in respect of part of territory**
>
> When part of the territory of a State, or when any territory for the international relations of which a State is responsible, not being part of the territory of that State, becomes part of the territory of another State:
>
> (a) treaties of the predecessor State cease to be in force in respect of the territory to which the succession of States relates from the date of the succession of States; and
>
> (b) treaties of the successor State are in force in respect of the territory to which the succession of States relates from the date of the succession of States, unless it appears from the treaty or is otherwise established that the application of the treaty to that territory would be incompatible with the object and purpose of the treaty or would radically change the conditions for its operation.

할양, 시효 등의 사유로 한 국가의 영토의 일부가 타국가의 영토의 일부로 되는 경우 '조약국경이동의 원칙'(moving treaty-frontiers rule)이 적용된다. 즉, 승계 시 발효 중이던 전임국의 조약은 상실한 영토 부분에 대해서는 효력이 소멸한다. 또한, 승계 시 발효 중이던 승계국의 조약은 새로 취득한 영토에 확장 적용된다. 단, 신영토에 대한 조약의 확장 적용이 조약의 목적과 양립할 수 없거나 그 운용조건을 근본적으로 변경시키는 경우 적용되지 아니한다.

(3) 신생독립국(newly independent state) – 제16조

> **📑 조문 | 조약승계협약 제16조 – Position in respect of the treaties of the predecessor State**
>
> A newly independent State is not bound to maintain in force, or to become a party to, any treaty by reason only of the fact that at the date of the succession of States the treaty was in force in respect of the territory to which the succession of States relates.

① **원칙 – 백지출발주의**: 신생독립국의 경우 국제관습법상 확립된 백지출발주의(clean slate principle)의 적용을 받는다. 즉, 식민지 상태에서 독립한 신생독립국은 전임국가가 체결한 여하한 조약에도 구속되지 아니한다.

② **예외적 승계**

  ㉠ **다자조약**: 신생독립국은 조약승계의 취지를 다자조약의 기탁소에 통고함으로써 전임국가가 체결한 다자조약을 승계할 수 있다. 예외적 승계에도 제한이 있다. 즉, ⓐ 신생독립국의 조약승계가 조약의 목적과 양립하지 아니하는 경우, ⓑ 조약승계로 인해 조약운용의 조건이 근본적으로 변경되는 경우, ⓒ 조약당사국 전부의 동의를 요하는 경우에는 다자조약을 승계할 수 없다. ⓒ의 경우 전 당사국의 동의가 있는 경우 승계할 수 있다.

  ㉡ **양자조약**: 양자조약의 예외적 승계를 위해서는 신생독립국과 타당사국과의 합의를 요한다. 명시적 합의를 요하는 것은 아니므로 행동으로부터 추론될 수 있다(제24조).

(4) 국가통합(uniting of states) – 제31조

> 📖 **조문 | 조약승계협약 제31조 – Effects of a uniting of States in respect of treaties in force at the date of the succession of States**
>
> 1. When two or more States unite and so form one successor State, any treaty in force at the date of the succession of States in respect of any of them continues in force in respect of the successor State unless:
>
>   (a) the successor State and the other State party or States parties otherwise agree; or
>
>   (b) it appears from the treaty or is otherwise established that the application of the treaty in respect of the successor State would be incompatible with the object and purpose of the treaty or would radically change the conditions for its operation.
>
> 2. Any treaty continuing in force in conformity with paragraph 1 shall apply only in respect of the part of the territory of the successor State in respect of which the treaty was in force at the date of the succession of States unless:
>
>   (a) in the case of a multilateral treaty not falling within the category mentioned in article 17, paragraph 3, the successor State makes a notification that the treaty shall apply in respect of its entire territory;
>
>   (b) in the case of a multilateral treaty falling within the category mentioned in article 17, paragraph 3, the successor State and the other States parties otherwise agree; or
>
>   (c) in the case of a bilateral treaty, the successor State and the other State party otherwise agree.
>
> 3. Paragraph 2(a) does not apply if it appears from the treaty or is otherwise established that the application of the treaty in respect of the entire territory of the successor State would be incompatible with the object and purpose of the treaty or would radically change the conditions for its operation.

① **국가통합의 의의**: 협약상 국가통합(uniting of states)이 합병(merger)뿐 아니라 병합(annexation, absorption)을 포함하는가에 대해 논란이 있다. ILC는 합병과 병합이 모두 동 협약상 국가통합에 포함된다고 본다. 국내 학설도 대립이 있다. 그러나 국가통합에 병합을 포함시키는 것은 국제관행과 거리가 멀다. 병합 시 국제관행은 조약국경이동의 원칙에 의해 병합국의 조약이 피병합국의 영토에 확장 적용되기 때문이다. 1898년 미국의 하와이 병합, 1990년 독일 통일조약 제11조는 조약국경이동의 원칙을 보여준 사례들이다.

② 원칙 - 계속주의: 승계 시에 발효 중이던 전임국가의 모든 조약은 승계국에 승계되어 효력을 지속한다. 단, 승계국에 대한 조약의 적용이 조약의 목적과 양립하지 아니하거나, 조약 운용을 위한 조건을 근본적으로 변경시키는 경우에는 승계되지 아니한다.

③ 적용범위

　ⓐ 다자조약: 승계국이 당해 조약이 그 영토전체에 대하여 적용될 것임을 기탁소에 통고하지 않는 한, 통합 전에 적용되었던 영토 부분에 대해서만 효력을 지속한다[제31조 제2항 제(a)호]. 단, 전 영토에 적용이 다자조약의 목적과 양립하지 않거나 조약운용의 조건을 근본적으로 변경시키는 경우 통고에 의해 확장할 수 없다(제31조 제3항). 또한 모든 당사국의 동의를 요하는 조약에 해당하는 경우 전 영토에 적용하기 위해서는 모든 당사국의 동의를 요한다[제31조 제2항 제(b)호].

　ⓑ 양자조약: 승계국과 타방당사국이 달리 합의하지 않는 한, 통합 전에 적용되었던 영토 부분에 대해서만 효력을 지속한다[제31조 제2항 제(c)호].

(5) 국가의 분리(제34조) - 분리독립(secession)과 분열(dissolution)

> **📄 조문 | 조약승계협약 제34조 - Succession of States in cases of separation of parts of a State**
>
> 1. When a part or parts of the territory of a State separate to form one or more States, whether or not the predecessor State continues to exist:
>
> 　(a) any treaty in force at the date of the succession of States in respect of the entire territory of the predecessor State continues in force in respect of each successor State so formed;
>
> 　(b) any treaty in force at the date of the succession of States in respect only of that part of the territory of the predecessor State which has become a successor State continues in force in respect of that successor State alone.
>
> 2. Paragraph 1 does not apply if:
>
> 　(a) the States concerned otherwise agree; or
>
> 　(b) it appears from the treaty or is otherwise established that the application of the treaty in respect of the successor State would be incompatible with the object and purpose of the treaty or would radically change the conditions for its operation.

① 원칙 - 계속주의: 국가의 분리의 경우 전임국가의 존재 여부와 관계없이 승계 시에 전임국가의 영토 전체에 대해 발효 중이던 조약은 신국들에 효력을 지속한다. 단, 신국가에의 계속 적용이 조약의 목적과 양립할 수 없거나, 조약 운용을 위한 조건을 근본적으로 변경시키는 경우 적용되지 아니한다.

② 전임국가에 대한 승계의 효력 - 제35조: 분리독립의 경우 승계발생 시 전임국가에 대하여 발효 중이던 일체의 조약은 그 잔존 영토에 대하여 계속해서 효력을 갖는다. 단, 동 조약이 ⊙ 분리된 영토에 관련된 것임이 입증되거나, ⓛ 전임국가에 대한 조약의 적용이 조약의 목적과 양립하지 않거나 또는 조약의 운용 조건을 근본적으로 변경시키는 경우 그러하지 아니하다.

③ 문제점: 분리독립의 경우 국제관습법상 백지출발주의가 적용되었다. 따라서 동 조항은 국제관습법을 변경한 것으로서, 분리독립한 국가의 주권을 중대하게 제약하는 점이 문제로 지적된다.

⚖ 판례 | 가브치코보 – 나기마로스 프로젝트 사건(Case Concerning Gabcikovo-Nagymaros Project, ICJ, 1997)

1977년, 체코슬로바키아와 헝가리는 양국의 국경을 이루는 다뉴브강에 갑문시스템을 건설하고 운영한다는 내용의 조약(이하 1977조약)을 체결하였다. 동 조약은 체코슬로바키아의 영토인 Gabcikovo와 헝가리의 영토인 Nagymaros를 지나는 지역에 갑문을 설치하도록 하였으므로, 이를 Gabcikovo-Nagymaros Project(이하 G/N 프로젝트)라 하였다. 1978년부터 진행된 공사에서 Gabcikovo 지역의 공사는 많이 진척되었으나, 헝가리에서는 당시의 심각한 정치적·경제적 변화로 인해 G/N 프로젝트에 대한 반대가 점점 심해졌으며, 헝가리는 결국 Nagymaros에서의 공사를 중도포기하기에 이르렀다. 이에 대해 체코슬로바키아는 대안으로서 일방적으로 다뉴브강 수로를 변경하는 내용의 Variant C를 결정하여 작업을 강행하였다. 이에 헝가리는 체코슬로바키아에게 1977조약을 종료한다는 통지를 보냈다. 이후 체코슬로바키아는 다뉴브강을 폐쇄하고 댐을 건설하는 공사에 착수하였다. 1993년 체코슬로바키아는 체코와 슬로바키아로 분열되었으며, 같은 해에 헝가리와 슬로바키아는 G/N 프로젝트에 관한 양국 간의 분쟁을 ICJ에 회부하는 특별협정을 체결하였다. 이 사건에서 헝가리는 당사국 일방이 소멸한 경우 양자조약의 자동승계를 규정하는 국제법 규칙은 없으며 그러한 조약은 승계국과 나머지 당사국 사이의 명시적 합의에 의해서만 승계될 수 있다고 주장하였다. 또한 조약에 대한 국가승계에 관한 협약(이하 조약승계협약) 제34조가 국가분열 시 자동승계를 규정하고 있지만 헝가리는 이 조약을 비준한 적이 없다고 주장하였다. 한편 슬로바키아는 조약승계협약 제34조가 관습법을 선언한 것이며, 1977조약은 조약승계협약 제12조상의 '영토에 부착되는' 조약에 해당한다고 주장하였다. ICJ는 조약승계협약 제34조가 관습법을 나타내는 것인지 여부에 대해서는 판단을 유보하였고, 대신 1977조약의 성격과 특징에 주목하였다. 조약승계협약 제12조는 국제관습법을 반영하는 것인데, 1977조약은 영토제도를 설정하는 조약, 즉 다뉴브강의 관련 지역에 '부착되는' 권리의무를 창설한 조약이므로 1993년부터 슬로바키아가 이 조약의 당사국이 되었다고 결론을 내렸다.

Ⅳ 인권조약의 자동승계 여부

1. 의의

국경조약에 따른 권리의무는 국가승계의 영향을 받지 않고 해당 영역에 합체되어 있다고 보는 것과 같이 국제인권조약이나 국제인도법 조약상의 권리도 국가승계와 관계없이 기존 지역 주민의 개인적 권리로서 계속 적용된다고 볼 수 있을지가 문제된다. 국가에게 권리의무를 부과하는 일반조약과 달리 국제인권조약은 개인에 대한 직접 적용을 목표로 하고 있으며 개인에게 국제적 구제수단을 부여하는 경우가 많다. 오늘날 국제법에서 인권조약의 자동승계가 국제관습법이라고 보기는 어렵다.

2. Human Right Committee

Human Right Committee는 General Comment에서 '시민적 및 정치적 권리에 관한 국제규약과 같은 기본적 인권조약은 당사국의 해체나 승계에도 불구하고 기존 주민에게 계속 적용되며 일단 당사국이 되면 탈퇴할 수 없다고 해석했다. 즉, 중요한 인권조약의 경우 조약상의 권리는 국가가 아닌 주민의 권리이므로 국가승계가 발생해도 이들의 권리는 영향받지 않는다는 입장이다.

3. 국제사법재판소

구유고연방 해체과정에서 발생한 '제노사이드 방지협약' 적용에 관한 ICJ 재판에서 제소국인 보스니아-헤르체고비나와 크로아티아 등은 자동승계를 통해 이 협약의 당사국이 되었다고 주장했으나 다수의견은 이 문제에 대해 특별한 입장을 표명하지 않았다. 다만 S.Weeramantry 판사와 Shahabuddeen 판사는 개별 의견에서 기본적인 인권조약의 자동승계를 지지했다.

4. 유럽인권재판소 및 구유고형사재판소

유럽인권재판소와 구유고국제형사재판소에서는 인권조약의 자동승계가 지지된 바 있다.

제3절 | 재산 · 문서 · 채무의 승계

I 서설

이하의 논의는 1983년 재산등승계협약을 중심으로 하고, 필요한 경우 관습이나 관행도 같이 서술한다. 1983년 조약은 1978년 조약승계협약과 달리 분리독립과 분열을 별개의 승계문제로 규정하고 있다.

II 국가재산

1. 국가재산의 개념

재산등승계협약 제8조에 따르면 국가재산(state property)이란 국가승계 당시 전임국가의 국내법에 따라 당해 전임국가의 소유로 인정되는 재산 · 권리 및 이익을 말한다.

2. 국제관습법

국제관습법에 의하면 국가재산은 동산 · 부동산을 불문하고 승계국으로 이전되는 것이 원칙이다. 그러나 전임국가의 영토 내에 있던 '제3국'의 국가재산은 국가승계의 영향을 받지 않는다. 국가재산, 특히 부동산은 국가영역의 從物(종물)로 인정되어 영역의 변동에 따라 당연히 후계국에 귀속한다.

3. 1983년 재산등승계협약

국가승계 발생 유형에 따라 규율하고 있다.

(1) 영토 일부의 이전(transfer of part of the territory of a state) – 제14조

전임국가와 승계국의 합의에 의하고, 합의가 없는 경우 이전된 영토 내에 위치하고 있는 국유부동산과 이전된 영토에 대한 전임국가의 활동과 관련된 국유동산은 승계국에 이전된다.

(2) 신생독립국(newly independent state) – 제15조

승계가 발생하는 영토, 즉 식민지 안에 위치하고 있던 전임국가의 국유부동산은 신생독립국에게 이전된다. 승계영토 밖에 존재한 부동산으로서 식민지가 되기 전에 그 영토에 속했으나 식민기간 중 전임국가의 국유재산으로 된 부동산은 신생독립국에 이전된다. 승계영토에 대한 전임국가의 활동과 관련한 국유동산은 신생독립국에 이전된다. 동 조항은 승계국과 전임국 간 합의에 대해 의도적으로 침묵하고 있는바, 이는 그러한 협정이 신생독립국에게 불리하다는 사실을 고려한 것이다.

(3) 국가통합(uniting of states) – 제16조

동산, 부동산 모두 승계된다.

(4) 분리독립(secession) – 제17조

달리 합의가 없는 한, 분리된 영토 내에 존재하는 국유부동산은 신국가에 이전되며, 승계 영토에 대한 전임국가의 활동과 관련된 국유동산도 이전된다. 그 밖의 동산은 형평한 비율로 신국가에 이전된다.

(5) 분열(dissolution) – 제18조

달리 합의가 없는 한, 전임국의 국유부동산은 그 소재지 신국가에 이전된다. 전임국의 영토 밖에 위치한 국유부동산은 형평한 비율로 신국가에 이전된다. 또한 특정영토 부분에 대한 전임국가의 활동과 관련한 전임국가의 국유동산은 당해 영토를 승계한 신국에 이전되며, 전임국가의 그 밖의 동산은 형평한 비율로 신국가들에게 이전된다.

Ⅲ 국가문서

1. 국가문서의 개념

재산등승계협약 제20조에 의하면, 국가문서란 국가승계 시 전임국가의 국내법에 따라 그 국가에 속했고 전임국가가 그 통제하에 보존했던 문서로서 전임국가가 그 직무를 수행함에 있어 작성하였거나 수령한 모든 문서를 말한다.

2. 일반 원칙

국가들이 달리 합의하지 않는 한 보상 없이 승계되며, 국가승계가 이루어진 일자(日字)부로 승계국에 이전된다. 제3국의 국가문서는 국가승계의 영향을 받지 않는다.

3. 승계유형별 국가문서의 승계

(1) 영토 일부의 이전 – 제27조

합의가 없는 한, 이전되는 영토의 통상적 행정을 위해 승계국의 처분하에 두어져야 하는 전임국가의 국가문서는 승계국에 이전되며, 또한 오로지 승계영토에 관련되는 국가문서도 승계국에 이전된다.

(2) 신생독립국 – 제28조

원래 식민지 영토에 속했으나 식민기간 중 전임국가의 국가문서로 된 문서는 신생독립국에 이전된다. 식민지화 또는 식민지 통치기간에 관한 자료 등 신생독립국과 이해관계가 있는 전임국가의 국가문서는 전임국과 신생독립국이 모두 형평한 이익을 볼 수 있는 방법으로 합의에 의해 이전이나 적절한 복제를 결정한다. 전임국가는 영토권과 국경선 문제에 관련한 자국의 국가문서로부터 이용가능한 최선의 증거자료를 신생독립국에게 제공할 의무가 있다.

(3) 국가통합 – 제29조

전임국가들의 국가문서는 승계국에 이전된다.

(4) 분리독립 – 제30조

달리 합의가 없는 한, 분리된 영토의 통상적 행정을 위해 당해 영토 내에 있어야 하는 전임국의 국가문서는 신국가에 이전되며, 분리된 영토와 직접적으로 관계있는 전임국가의 국가문서도 신국가에 이전된다.

(5) 분열 – 제31조

모든 관련 상황을 고려하여 형평한 방법으로 신국가들에게 이전된다.

Ⅳ 국가채무

1. 국가채무의 개념

재산등승계협약 제33조에 의하면 국가채무(state debt)란 전임국가가 국제법에 따라 타국가, 국제기구 및 기타 국제법의 주체에 대해서 지고 있는 일체의 재정적 의무를 말한다.

2. 영토 일부의 이전 – 제37조

달리 합의가 없는 한, 전임국가의 부채는 형평한 비율로 승계국에 이전된다.

3. 신생독립국 – 제38조

달리 합의가 없는 한, 전임국가의 국가채무는 신생독립국에게 이전되지 않는다.

4. 국가통합 – 제39조

이전된다.

5. 분리독립 – 제40조

달리 합의가 없는 한, 전임국가의 부채는 형평한 비율로 신국가에 이전된다. 비율 결정에 있어서 신국가에 이전되는 재산·권리·이익을 고려한다.

6. 분열 – 제41조

분리독립과 같은 규칙이 적용된다.

Ⅰ 국적

국가승계와 국적문제에 관해 확립된 국제법 원칙은 없다. 다만, 영역변경이 있는 경우 이에 따라 후계국은 승계지역의 주민에게 그 국적을 부여하는 것이 통례이다. 선행국의 국적은 상실되고 후계국의 국내법이 정한 바에 따라 그 국적이 취득된다는 설이 유력하다. 국제관행에 의하면 관계 지역의 주민에 대해 일단 후계국의 국적을 일률적으로 취득하게 하고 그 후 일정기간 후계국의 국내법상의 절차에 따라 그 국적을 포기하고 선행국의 국적을 회복하도록 하는 '국적선택권'(right of option)을 부여하는 경우도 있다.

Ⅱ 사적권리(private rights)

사권의 승계에 대해서는 승계국이 '외국인'의 권리를 인정해 주어야 하는지가 문제된다.

1. 학설

사권의 승계에 대해서는 기득권존중 원칙과 국가주권 원칙의 대립이 있다. 기득권존중 원칙이란 승계국이 전임국이나 제3국의 국민이 보유한 사권을 존중해야 하며, 위반 시 국가책임을 진다는 견해이다(Akehurst). 단, 국제법상 요구되는 기준을 준수하는 한 국유화나 수용은 가능하다고 본다. 한편, 국가주권 원칙은 승계국은 전임국과 동일성과 계속성이 인정되지 않으므로 외국인의 기득권 존중의무가 없다고 본다.

2. 국가들의 입장

대체로 선진국들은 기득권존중 원칙을 지지하고, 국제법 원칙으로 확립되었다고 주장한다. 반면, 아시아·아프리카 제국들은 독립 전에 외국인들이 가지고 있었던 재산 및 투자는 승계하지 않아도 된다고 본다. 그 이유는 (1) 기득권이 승계국의 주권·공서 개념과 저촉되고, (2) 취득원인에 의문이 있으며, (3) 승계국을 해칠 목적으로 설정되었기 때문이다.

3. 판례

국제판례는 대체로 기득권존중 원칙을 반영하고 있다. PCIJ는 1923년 '폴란드에 있어서의 독일계 농민 사건'(권고적 의견)에서 선행국의 법령하에서 확정적으로 취득된 사권에 대해 후계국이 이를 존중하고 승계할 의무가 있다고 권고하였다. 1927년 '호르죠공장 사건'에서도 기득권존중 원칙은 국제법의 원칙이며 동 원칙의 위반은 국가책임을 수반한다고 판시하였다.

4. 소결

국가주권 원칙과 기득권존중 원칙의 조화를 모색해야 한다. 국가동일성의 소멸을 이유로 국가주권 원칙에 기초한 외국인의 사권의 전면적 부인은 개인의 재산권을 지나치게 침해할 뿐 아니라, 승계국의 국가이익에도 부정적일 것이다. 한편, 기득권존중 원칙의 엄격한 적용은 신생독립국의 법감정에 배치되고, 경제주권을 훼손할 우려가 있다. 따라서 원칙적으로 외국인의 기득권을 존중하되, 국제법에 합치되는 수용이나 국유화는 인정되어야 할 것이다.

Ⅲ 양허계약(concession)

1. 의의

컨세션(concession)이란 국가와 컨세셔내어(concessionaire) 간에 체결된 공법상의 국가계약(state contract)으로서 국가가 이 계약에 규정된 사업을 운영하기 위하여 부여한 면허 내지 이권이다.

2. 법적 성질

컨세션을 부여한 국가는 컨세션을 공법상 계약이라고 보나, 외국사인이나 그 국적국은 사법상의 계약으로 본다.

3. 승계 여부

전통적인 학설·판례·국가실행은 사권에 관한 기득권존중 원칙을 그대로 컨세션에도 적용 가능한 것으로 해석했다. 따라서 컨세션을 파기하는 경우 보상을 지불해야 하며(Akehurst), 전임국의 컨세션 파기에 대한 책임 역시 후계국에 승계된다고 보았다. 다만, 아시아·아프리카 국가들은 선행국이 부여한 컨세션은 천연자원에 대한 영구주권 원칙에 근거하여 국가승계의 경우 소멸한다고 본다.

Ⅳ UN회원국 지위

1. 영토의 일부 이전 또는 상실

영토의 일부 이전은 전임국가의 UN회원국 지위에 영향을 주지 않는다. 국가의 동일성이 유지되기 때문이다.

2. 신생독립국

UN 관행에 따르면 신생독립국은 UN헌장 규정에 따라 별도로 UN에 가입하였다.

3. 합병

이론상 신국가 창설이므로 신규가입절차를 밟아야 할 것이나, UN 관행에 따르면 전임국이 모두 UN회원국인 경우 신국가의 UN회원국 지위는 유지되었다(이집트와 시리아의 합병, 남예멘과 북예멘의 합병). 일방당사국만이 UN회원국인 경우에는 분명하지 않다. 전임국이 모두 UN회원국이 아닌 경우는 당연히 별도로 가입절차를 밟아야 한다.

4. 병합

동서독 병합의 경우 양국은 모두 UN회원국이었으나, 병합 이후 서독이 독일이란 명칭으로 회원국 지위를 유지하고 있다. 병합국이 UN회원국이고, 피병합국은 회원국이 아닌 경우 승계국인 병합국의 UN회원국 지위는 유지된다.

5. 분리독립

분리독립한 국가가 UN의 원회원국인 경우 별도 가입절차는 불필요하나, 그렇지 아니한 경우에는 별도 가입을 요하는 것이 UN의 관행이다. 1958년 이집트와 함께 통일아랍공화국을 창설했던 시리아는 1961년 다시 분리독립하였으나, 재가입절차를 밟지 않고 UN회원국 지위를 회복하였다. 반면, 인도로부터 분리독립한 파키스탄 및 이디오피아로부터 독립한 에리트리아는 정식 가입절차를 밟았다.

6. 분열

(1) 구소련[55]

구소련 구성국들 중 UN원회원국이었던 우크라이나와 백러시아 및 러시아연방은 UN회원국 지위를 유지하였다. 러시아연방은 상임이사국지위도 승계하였다. 그 밖의 구성국들은 별도의 가입절차를 거쳐 UN에 가입하였다.

(2) 체코슬로바키아

UN원회원국이었던 체코슬로바키아는 1993년 체크공화국과 슬로바키아공화국으로 분열되었으며, 각각 UN에 가입하였다.

(3) 구유고

UN원회원국이었던 구유고 연방은 보스니아-헤르체고비나, 크로아티아, 슬로베니아, 마케도니아, 세르비아, 몬테네그로로 구성되어 있었다. 전3자는 1992년에, 마케도니아는 1993년에 각각 UN에 가입하였다. 세르비아와 몬테네그로는 '유고연방공화국'을 구성하여 구유고와의 계속성을 주장하였으나 UN이 인정하지 않자 2000년 UN에 신규가입하였다. 한편, 유고연방을 구성하고 있던 몬테네그로는 2006년 국민투표를 통해 분리독립하였다.

---

55) 구소련의 경우 분열로 보는 견해도 있고, 분리독립으로 보는 견해도 있다.

I 구소련56)

1. 구소련 분열의 법적 성질 – 해체인가 분리독립인가?

(1) 해체론(dissolution)

구소련의 분열이 해체라고 보는 논거는 다음과 같다. 첫째, 1991년 12월 8일자 민스크 협정 제1조는 구소련의 국제법상의 주체 및 지정학상의 실체로서의 소멸이 명시되어 있다. 둘째, 독립국가연합에 의해 채택된 문건들이 구소련의 소멸을 시사하는 표현을 쓰고 있다. 예컨대, 1992년 3월 20일 독립국가연합 회원국의 국가원수평의회 결의문은 "독립국가연합의 모든 회원국들은 구소련연방의 권리 및 의무에 대한 상속국가로서 인정된다."라고 규정하고 있다.

(2) 분리독립론(separation)

첫째, 1991년 12월 21일자 독립국가연합 국가원수회의는 러시아가 국제연합 안전보장이사회의 상임이사국 자격을 포함한 국제연합 회원자격을 유지하는 것을 지지하였다. 둘째, 구소련이 체결한 조약의 당사국을 러시아로 변경해 줄 것을 UN에 요청하였고 이는 아무런 이의 없이 수락되었다. 셋째, 인구나 면적도 러시아연방의 구소련과의 동일성 내지 계속성을 지지한다. 러시아가 승계한 면적은 구소련의 76%, 인구는 약 50%이다. 넷째, 국제사회 역시 러시아의 구소련의 동일성 내지 계속성을 지지하고 있다.

(3) 소결

분리독립론이 우세하다57).

2. 구소련의 양자조약관계의 조정

(1) 러시아 연방

러시아는 구소련의 계속 국가로서 구소련이 체결한 조약이 자국과 제3국 간에 그대로 적용됨을 주장하였다. 다만, 사정변경에 비추어 구소련의 조약 상대국과 협상을 전개하여 양자관계를 조정·정리하였다.

(2) 러시아 및 발트3국을 제외한 CIS국가들

CIS구성국들과 독일은 계속주의에 기초하여 달리 합의하지 않는 한 독일과 구소련 간의 조약을 독일과 CIS구성국들 간 관계에서 계속 적용하기로 하였다. 우크라이나 역시 구소련의 조약상대국과 개별적 협상을 진행하여 양자조약의 계속 적용가능성을 개별적으로 검토하여, 대체로 조약계속 원칙이 적용되었다. 다만, 양자조약이 일괄적으로 모두 승계된 것은 아니었다.

---

56) 이근관, "국가승계법 분야의 새로운 경향과 발전", 《서울국제법연구》, 제6권 제2호(1999년).
57) 이근관, 전게논문, 206면.

(3) 발트3국의 양자조약관계 조정

발트3국은 분리독립이나 신생독립국이 아니라 1940년 당시의 발트국가로의 '회귀'를 강조하였다. 이에 따라 1940년 이전에 체결된 모든 조약의 효력은 지속됨을 승인하였다. 둘째, 구소련의 불법점령기간 중 구소련이 체결한 모든 조약의 효력을 부인하였다. 다만, 지리적으로 근접해 있고 긴밀한 관계를 유지해 온 스웨덴이나 핀란드와의 관계에서는 구소련과의 양자조약을 완전히 무시하지는 않았고 한시적으로 적용하거나, 새로운 양자조약을 체결하였다.

3. 구소련의 다자조약관계의 조정

구소련이 체결한 다자조약에의 참여 여부는 조약의 내용 및 성격에 따라 개별적으로 판단하였다. 러시아는 구소련의 모든 다자조약의 승계를 통고하였다. CIS국가들은 다자조약을 승계하거나 가입하였다. 관심이 되었던 핵비확산조약(NPT)이나 탄도탄요격미사일조약(ABM조약)은 전통적인 승계원칙을 적용하는 대신, 구체적인 상황에 합목적적인 새로운 조약의 체결을 통해 해결하였다. 러시아 연방은 동 조약들을 승계하고, NPT조약상 핵무기 보유국 지위를 유지하는 한편, 우크라이나 등은 핵무기비보유국(non-nuclear State)으로서 NPT조약에 신규 가입하였다.

Ⅱ 독일통일

1. 독일통일의 승계 유형

독일통일에 대해 동독의 공식입장은 1978년 조약승계협약 제31조상의 '국가통합'(merger, 합병)에 해당한다는 것이다. 따라서 동독이 체결한 조약은 동독지역에서 여전히 계속 유효하다고 주장하였다. 그러나 이는 독일통일조약에 반영되지 않았다. 서독은 '병합'(annexation) 또는 '흡수통합'(absorption)에 해당한다고 주장하였다. 병합론은 독일통일로 구동독은 국제법주체로서 소멸하였으나, 서독은 국가적 동일성 및 계속성을 유지했음을 논거로 한다. 한편, 병합론자들은 1978년 조약승계협약 제31조는 독일통일과 같은 병합에는 적용되지 않는다고 본다. 병합론이 통설이다.

2. 구서독이 체결한 조약의 효력

통일조약 제11조에 의하면 서독이 체결한 조약은 여전히 유효할 뿐 아니라 '조약국경이동의 원칙'(the rule of moving treaty frontiers)에 따라 구동독지역에까지 확장 적용하였다.

3. 구동독이 체결한 조약의 효력

(1) 양자조약

통일조약 제12조에 따르면 구동독의 조약은 전부 소멸 또는 존속으로 다루지 않고, 다양한 관련사항을 고려하여 동독조약을 존속·종료·개정하였다. 신뢰보호, 관련당사국의 이익, 자유민주적 기본질서에 반하는지 여부, 독일연방공화국의 기존 조약관계 등을 고려하였다.

(2) 다자조약

통일조약 제12조 제3항은 구동독의 다자조약 및 국제기구에 있어서의 회원국 지위가 독일통일과 더불어 소멸되었다는 전제에서 통일독일이 구동독만이 가입해 있던 다자조약에 참여를 원하는 경우 관련당사국과 합의하도록 규정하고 있다. 통일독일은 구동독이 체결한 다자조약 중 단 하나의 조약에만 참가하였다.

Ⅲ 유고연방

구유고연방은 1991년 6월 이후 5개 공화국으로 분열되었다. 5개 공화국은 세르비아-몬테네그로, 슬로베니아, 크로아티아, 마케도니아, 보스니아-헤르체고비나이다. 세르비아-몬테네그로는 신유고연방을 표방하고 구유고의 승계를 주장했으나 UN은 이를 인정하지 않았다. 세르비아-몬테네그로는 이후 유고 연방 공화국이라는 명칭으로 UN에 신규 가입했다. 국제사회는 구유고연방이 해체(분열)된 것으로 본다. 2006년 몬테네그로가 분리독립했고, 2008년에는 코소보가 독립을 선언했다. 각각의 독립국들은 대체로 구유고연방이 체결한 다자조약을 승계하였다.

기출 및 예상문제

A국과 B국은 같은 민족으로서 500년 동안 단일국가였으나 제2차 세계대전 이후 분열되어 60년간 별개의 국가로 존재해 오고 있다. A국과 B국은 상호 간에 승인하지 않았으나 A국은 전 세계 100여 국으로부터, B국은 약 50 국으로부터 국가승인을 받고 외교관계를 유지해 오고 있다. 현재 A국과 B국 내에서는 민족주의자들의 통합에 대한 열기가 매우 고조되고 있다. A국과 B국의 신국가 형성과 국가승계에 관한 다음 물음에 답하시오.

(1) A국과 B국이 '통합'(Uniting of States) 방식으로 신국가를 형성한 경우 양국이 체결한 조약의 승계문제에 대해 설명하시오.

(2) A국과 B국이 '병합'방식(A국이 B국을 흡수통합)으로 신국가를 형성하였다면, 조약의 승계문제는 어떻게 달라지는가?

(3) A국은 UN회원국이고 B국은 UN회원국이 아니라고 가정할 때, (1)과 (2)의 상황에서 신국가는 전임국가의 UN회원국 지위를 승계하는가?

해커스공무원 학원 · 인강
gosi.Hackers.com

제3편
국제기구

제1장 │ 국가연합(UN)

제1절 총설

Ⅰ 목적 및 원칙

1. 목적

> **▤ 조문 │ UN헌장 제1조 - UN의 목적**
>
> 국제연합의 목적은 다음과 같다.
>
> 1. 국제평화와 안전을 유지하고, 이를 위하여 평화에 대한 위협의 방지, 제거 그리고 침략행위 또는 기타 평화의 파괴를 진압하기 위한 유효한 집단적 조치를 취하고 평화의 파괴로 이를 우려가 있는 국제적 분쟁이나 사태의 조정·해결을 평화적 수단에 의하여 또한 정의와 국제법의 원칙에 따라 실현한다.
>
> 2. 사람들의 평등권 및 자결의 원칙의 존중에 기초하여 국가 간의 우호관계를 발전시키며, 세계평화를 강화하기 위한 기타 적절한 조치를 취한다.
>
> 3. 경제적·사회적·문화적 또는 인도적 성격의 국제문제를 해결하고 또한 인종·성별·언어 또는 종교에 따른 차별 없이 모든 사람의 인권 및 기본적 자유에 대한 존중을 촉진하고 장려함에 있어 국제적 협력을 달성한다.
>
> 4. 이러한 공동의 목적을 달성함에 있어서 각국의 활동을 조화시키는 중심이 된다.

UN헌장 제1조는 UN의 목적에 대해 규정한다. UN의 목적은 첫째, 국제평화와 안전을 유지하는 것, 그리고 이 목적을 위하여 평화에 대한 위협의 방지 및 제거를 위해 그리고 침략 또는 기타 평화파괴 행위를 진압하기 위하여 실효적인 집단적 강제조치를 취하는 것, 그리고 평화를 파괴할 우려가 있는 국제적 분쟁 또는 사태의 조정 또는 해결을 평화적 수단에 의하여 그리고 정의와 국제법의 제원칙에 따라 실현하는 것이다. 둘째, 민족들의 평등권 및 자결 원칙에 대한 존중에 기초하여 국가 간의 우호관계를 발전시키고, 보편적인 평화를 강화하기 위하여 적절한 조치를 취하는 것이다. 셋째, 경제적·사회적·문화적 또는 인도적 성질의 국제적 문제를 해결함에 있어서, 그리고 인종·성·언어 또는 종교에 관하여 차별 없이 모든 사람의 인권과 기본적 자유에 대한 존중을 촉진하고 장려함에 있어서 국제협력을 달성하는 것이다. 넷째, 이들 공동의 목표를 달성함에 있어서 국가들의 행동을 조화하기 위한 중심이 되는 것이다.

2. 원칙(제2조)

이 기구 및 그 회원국은 제1조에 명시한 목적을 추구함에 있어서 다음의 원칙에 따라 행동한다.

1. 기구는 모든 회원국의 주권평등 원칙에 기초한다.

2. 모든 회원국은 회원국의 지위에서 발생하는 권리와 이익을 그들 모두에 보장하기 위하여, 이 헌장에 따라 부과되는 의무를 성실히 이행한다.

3. 모든 회원국은 그들의 국제분쟁을 국제평화와 안전 그리고 정의를 위태롭게 하지 아니하는 방식으로 평화적 수단에 의하여 해결한다.

4. 모든 회원국은 그 국제관계에 있어서 다른 국가의 영토보전이나 정치적 독립에 대하여 또는 국제연합의 목적과 양립하지 아니하는 어떠한 기타 방식으로도 무력의 위협이나 무력행사를 삼간다.

5. 모든 회원국은 국제연합이 이 헌장에 따라 취하는 어떠한 조치에 있어서도 모든 원조를 다하며, 국제연합이 방지조치 또는 강제조치를 취하는 대상이 되는 어떠한 국가에 대하여도 원조를 삼간다.

6. 기구는 국제연합의 회원국이 아닌 국가가, 국제평화와 안전을 유지하는데 필요한 한, 이러한 원칙에 따라 행동하도록 확보한다.

7. 이 헌장의 어떠한 규정도 본질상 어떤 국가의 국내 관할권안에 있는 사항에 간섭할 권한을 국제연합에 부여하지 아니하며, 또는 그러한 사항을 이 헌장에 의한 해결에 맡기도록 회원국에 요구하지 아니한다. 다만, 이 원칙은 제7장에 의한 강제조치의 적용을 해하지 아니한다.

첫째, UN은 모든 회원국의 주권평등의 원칙에 기초한다. 둘째, 모든 회원국은 헌장에 따라 부담하는 의무를 성실하게 이행해야 한다. 셋째, 모든 회원국은 국제분쟁을 평화적 수단에 의거하여 해결해야 한다. 넷째, 국제관계에 있어서 모든 회원국은 타국의 영토보전이나 정치적 독립에 반하거나, 또는 UN의 제목적에 부합하지 않는 다른 어떤 방법에 의한 것이라도 무력의 위협이나 사용을 삼가야 한다. 다섯째, 모든 회원국은 UN이 헌장에 따라 취하는 조치에 대해 모든 원조를 제공해야 하며 동시에 UN이 방지행동이나 강제행동을 취하고 있는 국가에 대해서는 원조 제공을 삼가야 한다. 여섯째, UN은 UN회원국이 아닌 국가들도 국제평화와 안전의 유지에 필요한 한에 있어서 이들 원칙에 따라 행동할 것을 확보해야 한다. 일곱째, 헌장의 어떠한 규정도 본질적으로 국가의 국내관할권에 속하는 문제들에 간섭할 권한을 UN에 부여하지 않으며 또 이러한 문제를 헌장에 의거한 해결에 부탁하도록 회원국들에게 요구하는 것도 아니다. 다만, 이 원칙은 헌장 제7장에 따른 강제조치의 적용을 침해하지 아니한다.

Ⅱ 회원국

1. 원회원국과 가입

1. 국제연합의 회원국 지위는 이 헌장에 규정된 의무를 수락하고, 이러한 의무를 이행할 능력과 의사가 있다고 기구가 판단하는 그밖의 평화애호국 모두에 개방된다.

2. 그러한 국가의 국제연합회원국으로의 승인은 안전보장이사회의 권고에 따라 총회의 결정에 의하여 이루어진다.

UN의 원회원국은 샌프란시스코회의에 참가한 국가 또는 1942년 1월 1일의 연합국 선언에 서명한 국가로서 UN헌장에 서명·비준한 국가를 말한다. 한편, UN은 가입이 허용되는 개방조약으로서 헌장상의 의무를 수락하고 이행할 능력과 의사가 있다고 인정되는 평화애호국은 UN의 회원국이 될 수 있다(제4.1조). 회원가입은 안보리의 심사·권고와 총회의 검토·결정에 의한다(제4.2조). 안보리의 권고 결의는 상임이사국 동의투표를 포함한 9개 이사국의 찬성투표로 성립한다. 총회는 가입신청에 대해 출석·투표 회원국 2/3 다수 찬성으로 의결한다. 인구가 많지 않고 면적이 적은 국가도 '보편성의 원칙(principle of universality of membership)'에 따라 UN에 가입할 수 있다. 현재 바티칸 시국(State of the Vatican City), 대만(Republic of China) 등 극소수 국가만이 UN에 가입하지 않고 있다. 오랫동안 UN에 가입하지 않고 있었던 스위스는 2002년 9월 10일 UN에 가입하였다.

2. 탈퇴

국제연맹과 달리 헌장에는 탈퇴에 관한 명문규정이 없다. 그러나 정당한 이유가 있고 부득이한 경우 탈퇴가 인정된다고 보는 것이 다수설이자 UN의 관행이다. 1945년 샌프란시스코회의에서는 UN이 평화를 유지할 수 없는 것으로 드러나거나 법과 정의를 희생해야만 평화를 유지할 수 있는 경우, 또는 회원국의 권리와 의무 그 자체가 당해 회원국이 동의하지 아니하였고 그리고 그 회원국이 수락할 수 없는 것으로 인정하는 헌장개정에 의하여 변경되는 경우 등 '예외적인 사정(exceptional circumstances)'하에서는 탈퇴가 인정되는 것으로 하였다.

3. 제명

> **📖 조문 | UN헌장 제6조 – 제명**
>
> 이 헌장에 규정된 원칙을 끈질기게 위반하는 국제연합회원국은 총회가 안전보장이사회의 권고에 따라 기구로부터 제명할 수 있다.

회원국이 헌장상 원칙을 지속적으로 위반한 경우, 총회는 안전보장이사회의 권고에 기초하여 제명할 수 있다(UN헌장 제6조). 현재까지 직접 제명된 국가는 없으나, 구 유고연방 분열 이후 구 유고의 승계를 주장한 '세르비아와 몬테네그로'의 승계를 부인함으로써 간접적인 형태로 제명이 이루어졌다고 볼 수 있다.

4. 권리 및 특권의 정지

> **📖 조문 | UN헌장 제5조**
>
> 안전보장이사회에 의하여 취하여지는 방지조치 또는 강제조치의 대상이 되는 국제연합회원국에 대하여는 총회가 안전보장이사회의 권고에 따라 회원국으로서의 권리와 특권의 행사를 정지시킬 수 있다. 이러한 권리와 특권의 행사는 안전보장이사회에 의하여 회복될 수 있다.

UN은 안보리가 취하는 강제조치의 대상이 된 회원국에 대해 안보리 권고에 기초한 총회 결정으로 회원국으로서의 권리·특권을 정지시킬 수 있다. 권리의 회복은 안보리의 단독권한이다(제5조). 또한, 2년간 분담금을 연체한 회원국은 투표권을 행사할 수 없다.

Ⅲ 헌장개정

1. UN헌장 제108조의 개정절차

> 📖 **조문 | UN헌장 제108조 – UN헌장 개정**
>
> 이 헌장의 개정은 총회 구성국의 3분의 2의 투표에 의하여 채택되고, 안전보장이사회의 모든 상임이사국을 포함한 국제연합회원국의 3분의 2에 의하여 각자의 헌법상 절차에 따라 비준되었을 때, 모든 국제연합회원국에 대하여 발효한다.

UN헌장의 개정안은 UN 전 회원국 2/3 다수결로 채택하며, 안보리 상임이사국 전체를 포함하여 UN회원국 전체 2/3에 의해 각국 헌법절차에 따라 비준되는 경우 발효한다. 개정된 헌장의 효력은 모든 UN회원국에 미친다.

2. UN헌장 제109조의 개정절차

UN헌장 제109조에 의하면 헌장 재검토를 위한 UN회원국들의 일반회의가 총회 구성국의 2/3 투표에 의하여, 그리고 안전보장이사회의 9개 이사국 투표에 의하며 결정되는 일자와 장소에서 개최될 수 있다(제1항). 일반회의의 2/3 투표에 의하여 권고된 이 헌장의 변경은 안전보장이사회의 모든 상임이사국을 포함한 UN회원국의 2/3에 의하여 그들 각자의 헌법절차에 따라 비준될 때 효력을 발생한다(제2항). 발효된 헌장개정안이 모든 UN회원국에 효력이 미치는지 여부에 대해서는 제108조와 달리 제109조에는 언급이 없으나 모든 회원국에 효력을 발생시키는 것으로 이해된다. 제109조는 제108조와 달리 좀 더 용이한 개정절차로 의도된 것이나, 개정안의 발효요건이 동일하므로 양자 간에 본질적인 차이가 있다고 보기는 어렵다.

Ⅳ 옵저버제도

1. 의의

UN에서는 회원국과는 별도로 상주 옵저버라는 제도가 인정된다. UN헌장에 옵저버에 관한 조항은 없으며 이는 총회와 사무총장의 실행을 통해서 발전된 제도이다. 옵저버제도는 헌장 제35조 제2항을 근거로 총회에서 특정 문제를 토의할 때 비회원국인 당사국을 초청하는 실행에서 시작되었다. 창설 초기 그리스 사태의 토의 시 비회원국인 알바니아와 불가리아가 옵저버로 초빙되었다. 후일 비회원국이 상주옵저버사절을 설치하겠다는 의사를 사무총장에게 통고하면 사무총장은 회원국 대표의 신임장을 수락하듯 이를 수용했다. 과거 옵저버 자격을 갖던 국가의 대부분은 이제 회원국으로 가입했고 현재는 교황청과 팔레스타인이 상주옵저버국의 지위를 인정받고 있다

2. 옵저버 지위 부여 대상

옵저버란 비회원국, 지역기구, 일정한 국가집단, 몇몇 민족해방전선에게 UN 활동에 상설적으로 그러나 제한적인 참여를 허용할 때 부여되는 자격이다. UN사무총장은 1946년 스위스를 옵저버국으로 인정했고 스위스는 1948년 최초로 독립적인 상주옵저버대표부를 설치하였다. 상주옵저버 지위가 국가에게만 부여되지는 않으며, 총회는 과거 PLO나 SWAPO와 같은 민족해방전선에도 상주옵저버단체의 자격을 부여했으며 OAS, 아랍연맹, OAU, EU 등 여러 국제기구에 대하여도 이를 인정했다.

3. 상주옵저버 지위 부여 요건

상주옵저버사절을 파견할 자격이 있는 국가인가 여부는 그 국가가 UN전문기구 중 어느 하나라도 가입되어 있는가를 기준으로 판단했다. 총회는 사무총장의 이러한 실행을 반대하지 않고 수락했다.

4. 상주옵저버의 법적 지위

상주옵저버국가가 어떠한 권리와 특권을 향유하는가에 대하여는 한 마디로 말하기 어렵다. 사무국은 옵저버국가에 대하여도 회원국과 거의 동일한 기준에서 자료 배포나 연락을 유지한다. 상주옵저버국 대표는 일반 회원국이 참석할 수 있는 UN의 모든 회의에 출석이 가능하다. 옵저버국가의 대표들에게는 그 임무 수행을 위한 기본적인 권리와 특권이 인정되었다. 단, 옵저버국가는 총회에 참석하고 때로 발언권을 행사해도 회원국이 아니므로 표결권은 없다. 옵저버는 헌장상의 제도가 아니기 때문에 기구 소재국에서의 지위는 현지국의 정책에 비교적 크게 영향받았다.

5. 한국

한국은 1949년 8월 1일 주UN 옵저버 대표부를 설치해 처음에는 주미대사가 그 업무를 겸임하다가 1951년 11월 6일 상주대표부를 개설했다. 한국은 1991년 9월 회원국으로 가입하기까지 42년 이상 상주옵저버국으로 활동했다.

Ⅴ UN 대표권 문제

1. 쟁점

UN회원국의 지위는 국가들이 향유하는 것이지만 국가는 정부에 의하여 대표된다. 그러나 만약 둘 이상의 집단이 각기 특정 회원국의 정부를 대표하는 합법적인 대표라고 주장하면서 UN총회에 참석하고자 하는 경우 누구를 대표권자로 볼 것인지가 문제된다.

2. UN총회의 권고

UN총회는 1950년 12월 14일의 결의 396(Ⅴ) '회원국 대표권에 대한 UN의 승인'에서 다음의 세 가지를 권고하였다.
(1) 둘 이상의 당국이 UN에서 어떤 회원국을 대표할 자격이 있는 정부라고 주장하고 이 문제가 UN에서 논쟁의 대상이 되는 경우 이 문제는 UN의 목적과 원칙 그리고 각 경우의 상황에 비추어 검토되어야 한다.
(2) 이런 문제가 발생하면 이것은 총회에서, 총회가 회기 중이 아닌 경우에는 중간위원회에서 검토되어야 한다.
(3) 이런 문제에 대해 총회나 중간위원회가 채택한 태도는 UN의 타기관과 전문기구들에서도 고려되어야 한다.

3. UN총회 절차규칙 제29조

UN총회 절차규칙(Rule 29)에 의하면 한 회원국으로부터 총회 입장에 이의를 제기당한 대표는 신임장심사위원회가 보고하고 총회가 결정을 할 때까지 다른 대표들과 동일한 권리를 가지고 잠정적으로 총회장에 착석할 수 있다.

4. 중국 대표권 문제

중국(The Republic of China)은 UN의 원회원국이면서 안보리 상임이사국이다. 1949년 중국대륙에서는 모택동이 이끄는 중화인민공화국(PRC)이 권력을 장악하였지만 1971년까지 중국은 UN 내에서 대만에 근거지를 둔 장개석 국민당정부의 중화민국에 의하여 대표되고 있었다. 당시 냉전 구도하에서 미국의 지원에 의한 것이었으나 이러한 현상은 국가를 대표하는 정부는 실효적 지배를 행사할 수 있어야 한다는 국제법의 일반 원칙에 위배되는 것이었다. 따라서 1971년 10월 25일 총회는 결의 2758(XXVI)에서 PRC정부의 대표들이 UN에 대한 중국의 유일한 합법적 대표들이며 PRC는 안보리 5개 상임이사국의 하나임을 승인하면서 장개석(정부)의 대표들을 그들이 UN에서 그리고 UN과 관련된 모든 국제기구에서 불법적으로 점령하고 있는 자리로부터 즉각 추방하기로 결정하였다. 안보리와 UN전문기구들은 총회의 결정을 신속히 수락하였다.

5. 타회원국의 대표권에 이의를 제기하는 경우

(1) 남아프리카공화국

일국이 타회원국의 대표권에 문제를 제기하는 경우에도 대표권 인정 문제가 발생한다. 총회는 표결을 통해 1970년 남아프리카 대표단의 신임장을 거부하기로 결정한 바 있었다.

그러나, 당시 총회 의장 Edvard Hambro(노르웨이)는 남아프리카 대표단이 총회에 계속 참여하는 것을 허용하였다. 그러나 1974년 총회에서 다시 표결로써 남아프리카 정부 대표단의 신임장을 거부하기로 결정하였을 때 당시 총회 의장 Abdelaziz Bouteflika(알제리)는 신임장이 거부된 대표는 총회에 참석할 수 없다고 해석하였다. 이로 인해 남아프리카는 제3차 UN해양법회의에 대표단을 참석시킬 수 없었다.

(2) 이스라엘

총회 제37차 회기에서 신임장심사위원회가 이스라엘 대표단의 신임장들을 수락하자 42개 회원국이 이 결정에 이의를 제기하였다. 이 문제는 총회에 상정되었고, 신임장심사위원회의 결정을 수정하려는 제안이 표결에 부쳐져서는 안 된다는 핀란드의 제안이 채택되었다. 이스라엘은 여러 국가들의 반대에도 불구하고 계속해서 UN총회에 참석하고 있다.

6. 비판

Bouteflika의 접근법에 기초한 실제관행은 헌장 제5조에 기초한 권리와 특권의 정지에 상응하는 결과를 초래하게 된다. 이 같은 접근에 대해서는 특정 회원국의 정책에 대한 반대의 표시로 절차규칙을 이용하여 하나뿐인 정부에서 파견한 대표자의 신임장을 배척하는 것은 UN헌장하에서의 총회권한의 정당한 행사가 아니라는 비판이 제기되고 있다.

Ⅰ UN총회

1. 구성

국제연합총회는 모든 회원국으로 구성된다. 그러나 국가는 국가의 대표자에 의해 대표되므로 '회원국의 대표자'로 구성된다고 표시되어야 할 것이다. 각 회원국은 5명 이하의 대표자를 낼 수 있다(제9조). 이에 더하여 각 회원국은 5명의 '교체대표'와 소요되는 수인의 고문, 기술고문, 전문가와 유사한 신분을 가진 인원을 임명할 수 있다. 비회원국은 옵저버로서 총회에 참석하는 것이 인정되어 있다. 헌장상 명문 규정은 없으나 UN의 관행으로 인정되어 왔다. 과거 남북한은 UN에 상주대표부를 두고 옵저버로서 총회에 참석해 왔었다.

2. 회의

회의는 정기총회와 임시총회가 있다. 정기총회는 원칙적으로 매년 1회 9월 셋째 화요일에 소집된다. 사무총장은 적어도 소입일 6일 이전에 소집을 통고하도록 되어 규정되어 있다(절차규칙 제4조). 정기총회의 기간은 명문규정이 없으며 각 회기 초에 목표로 하는 기간을 정한다. 한편, 임시총회는 안전보장이사회의 요청이나 전 회원국의 과반수 요청에 의하여 사무총장이 소집한다. 소집권자는 안전보장이사회 또는 총회이다. 회의장소는 총회절차규칙에 따르면 원칙적으로 UN본부이다. 그러나 전 회기에서 국제연합 본부 이외의 장소로 결정하였거나, 회원국의 과반수의 요구가 있는 경우 UN본부 이외의 장소에서 회합할 수 있다. 총회는 매회기 초마다 의장 1인을 선출하며 또한 16인의 부의장을 선출한다.

3. 권한

(1) 일반적 권한

> 📖 **조문 | UN헌장 제10조**
>
> 총회는 이 헌장의 범위안에 있거나 또는 이 헌장에 규정된 어떠한 기관의 권한 및 임무에 관한 어떠한 문제 또는 어떠한 사항도 토의할 수 있으며, 그리고 제12조에 규정된 경우를 제외하고는, 그러한 문제 또는 사항에 관하여 국제연합회원국 또는 안전보장이사회 또는 이 양자에 대하여 권고할 수 있다. (The General Assembly may discuss any questions or any matters within the scope of the present Charter or relating to the powers and functions of any organs provided for in the present Charter, and, except as provided in Article 12, may make recommendations to the Members of the United Nations or to the Security Council or to both on any such questions or matters.)

헌장의 범위 내에 있는 모든 문제 및 헌장상 제기관의 권한에 관한 모든 문제를 토의하고 안전보장이사회에서 심의 중인 문제를 제외한 모든 문제에 관하여 각 회원국 또는 안전보장이사회에 권고할 수 있다(제10조).

(2) 회원국의 지위에 관한 권한

회원국의 가입, 회원국의 권리 및 특권의 정지, 회원국의 제명 등을 안보리의 권고에 기초하여 행한다.

(3) 총회절차, 재정, 헌장개정 등에 관한 권한

총회는 첫째, 총회의 절차규칙의 제정과 의장의 선출, 둘째, 보조기관의 설치, 셋째, 예산심의와 승인, 경비의 할당, 넷째, 국제연합헌장 개정안의 채택 등의 권한이 있다.

(4) 국제적 협력에 관한 권한

첫째, 국제협력의 촉진과 국제법의 점진적 발달 및 법전화를 위한 연구의 발의와 권고. 둘째, 경제적, 사회적, 문화적, 교육적, 보건적 분야에 있어서 국제협력을 촉진하기 위한 연구의 발의와 권고. 셋째, 경제사회이사국의 선거

(5) 신탁통치에 관한 권한

첫째, 국제신탁통치제도에 관한 임무의 수행. 둘째, 신탁통치협정의 승인. 셋째, 신탁통치이사국의 선거

(6) 국제사법재판에 대한 권한

첫째, 권고적 의견의 요청. 둘째, 국제연합 회원국이 아닌 국가에 대한 '국제사법재판소규정' 당사자로의 결정. 셋째, 국제사법재판소 재판관의 선출

4. 의결

(1) 의결정족수

> **📑 조문 | UN헌장 제18조 – 표결**
>
> 1. 총회의 각 구성국은 1개의 투표권을 가진다.
> 2. 중요 문제에 관한 총회의 결정은 출석하여 투표하는 구성국의 3분의 2의 다수로 한다. 이러한 문제는 국제평화와 안전의 유지에 관한 권고, 안전보장이사회의 비상임이사국의 선출, 경제사회이사회의 이사국의 선출, 제86조 제1항 다호에 의한 신탁통치이사회의 이사국의 선출, 신회원국의 국제연합 가입의 승인, 회원국으로서의 권리 및 특권의 정지, 회원국의 제명, 신탁통치제도의 운영에 관한 문제 및 예산문제를 포함한다.
> 3. 기타 문제에 관한 결정은 3분의 2의 다수로 결정될 문제의 추가적 부문의 결정을 포함하여 출석하여 투표하는 구성국의 과반수로 한다.

중요 문제 이외의 문제에 대한 총회의 의결은 '출석하여 투표하는 회원국의 과반수'로 행한다. 3분의 2의 다수결에 의하여 결정될 문제의 새로운 부류도 기타문제와 같이 과반수로 결정한다. 기권(abstention)은 투표로 간주되지 않는다. 출석·투표 2/3로 결정하는 중요 문제로는 국제평화와 안전의 유지에 관한 권고, 안보리 비상임이사국, 경제사회이사국, 신탁통치이사국의 선거, 신규가입의 승인, 회원국의 권리와 특권의 정지, 제명, 신탁통치제도의 운용, 예산문제 등이 있다. 헌장 개정안의 채택이나, 헌장 재검토를 위한 전체회의의 개최는 회원국 전체 2/3 다수결로 의결한다. 한편, ICJ재판관 선출의 경우 총회에서 '절대다수표(an absolute majority of votes)'를 얻어야 하는데 이는 '재적 과반수'로 해석되고 있다.

(2) 투표권

모든 회원국은 1개의 투표권을 보유한다. 국가의 대소에 따른 차등투표제는 인정되지 않는다.

(3) 표결방식

투표는 통상 손을 들거나 기립하는 방식에 의한다. 점호에 의한 경우 국가별로 yes, no 또는 abstention 중 하나를 답해야 한다. 전자투표에 의한 경우 각국 입장이 나타나는 방식(recorded vote)과 나타나지 않는 방식(non-recorded vote)이 있다.

(4) 결의의 효력

국제연합 회원국에 대한 결의는 원칙적으로 권고적 성격을 가지므로 법적 구속력이 없다. 그러나 예외적으로 가입승인, 권리와 특권의 정지, 제명 등은 법적 구속력이 있다. 한편, 국제연합기관에 대한 결의는 원칙적으로 법적 구속력이 있다. 이사국의 선출, 절차규칙의 채택, 보조기관의 설치, 예산의 승인 등. 다만, 안보리에 대한 권고 등은 법적 구속력이 없다.

Ⅲ 안전보장이사회

1. 구성

📋 조문 | UN헌장 제23조 – 안보리의 구성

1. 안전보장이사회는 15개 국제연합회원국으로 구성된다. 중화민국, 불란서, 소비에트사회주의공화국연방, 영국 및 미합중국은 안전보장이사회의 상임이사국이다. 총회는 먼저 국제평화와 안전의 유지 및 기구의 기타 목적에 대한 국제연합회원국의 공헌과 또한 공평한 지리적 배분을 특별히 고려하여 그 외 10개의 국제연합회원국을 안전보장이사회의 비상임이사국으로 선출한다.

2. 안전보장이사회의 비상임이사국은 2년의 임기로 선출된다. 안전보장이사회의 이사국이 11개국에서 15개국으로 증가된 후 최초의 비상임이사국 선출에서는, 추가된 4개 이사국 중 2개 이사국은 1년의 임기로 선출된다. 퇴임이사국은 연이어 재선될 자격을 가지지 아니한다.

3. 안전보장이사회의 각 이사국은 1인의 대표를 가진다.

---

(1) 상임이사국

상임이사국은 미국, 영국, 러시아, 프랑스, 중국이다. 1971년 제26차 국제연합의 총회의 결의에 의하여 중국은 대륙중국이 대표하도록 되어 있다. 헌장상 상임이사국에게는 몇 가지 특수한 지위가 인정된다. 첫째, 안전보장이사회의 결정을 거부할 수 있는 권한을 갖는다(제27조 제3항). 둘째, 안보리의 보조기관인 군사참모위원회는 상임이사국의 참모총장 또는 그 대표자로서 구성된다(제47조 제2항). 셋째, 헌장의 개정은 반드시 상임이사국의 비준이 있어야 효력을 발생한다(제108조).

(2) 비상임이사국

비상임이사국은 매년 5개국씩 3분의 2의 다수결로 총회에서 선출되며 임기는 2년이다. 계속적인 재선은 인정되지 않는다. 투표에 있어서 후보국의 국제평화와 안전의 유지, 기타 국제연합의 목적에 공헌한 정도와 공평한 지리적 분포를 고려해야 한다(제23조). 관행상 5개는 아시아·아프리카국에게, 2개는 라틴아메리카, 1개는 동유럽, 2개는 서유럽과 기타국가들(영연방을 구성하는 캐나다, 호주, 뉴질랜드 등)에게 할당되고 있다.

2. 권한

(1) 국제평화와 안전의 유지

> **📋 조문 | UN헌장 제24조 – 안보리의 권한**
>
> 1. 국제연합의 신속하고 효과적인 조치를 확보하기 위하여, 국제연합회원국은 국제평화와 안전의 유지를 위한 일차적 책임을 안전보장이사회에 부여하며, 또한 안전보장이사회가 그 책임하에 의무를 이행함에 있어 회원국을 대신하여 활동하는 것에 동의한다.
> 2. 이러한 의무를 이행함에 있어 안전보장이사회는 국제연합의 목적과 원칙에 따라 활동한다. 이러한 의무를 이행하기 위하여 안전보장이사회에 부여된 특정한 권한은 제6장, 제7장, 제8장 및 제12장에 규정된다.

> **📋 조문 | UN헌장 제25조 – 안보리 결의의 효력**
>
> 국제연합회원국은 안전보장이사회의 결정을 이 헌장에 따라 수락하고 이행할 것을 동의한다.

안전보장이사회는 국제평화와 안전의 유지에 관하여 1차적 책임을 지고 있으며, 이를 위해 회원국을 대리하여 행동한다(제24조 제1항). 회원국은 안전보장이사회의 결정을 수락하고 이행하는 데 동의하고 있다(제25조). 이는 안전보장이사회의 '결정'이 법적 구속력을 갖고 있다는 의미이다. 그러나 분쟁의 평화적 해결에 관한 권고(제36조, 제38조)는 '권고'이므로 법적 구속력이 없고 강제조치의 결정(제41조, 제42조)만이 법적 구속력이 있다. 안전보장이사회가 국제평화와 안전의 유지에 관한 1차적 책임을 지고 있으나, 이 조항으로 ICJ가 안보리가 다루는 문제에 관한 사법심사가 제약을 받는 것은 아니다. ICJ는 니카라과 사건에서 안보리와 총회의 관계를 규정한 헌장 제12조 제1항에 상응하는 규정이 없고, 헌장 제36조 제3항은 법적 분쟁은 ICJ에 부탁할 것을 고려하도록 하고 있으므로 안보리가 다루는 분쟁이라고 해서 반드시 ICJ가 다룰 수 없는 것은 아니라고 하였다.

(2) 군비통제안의 작성

안전보장이사회는 군사참모위원회의 원조를 얻어 군비통제안을 작성하여 회원국이 이를 채택하도록 권고해야 한다(제26조).

(3) 임시총회의 소집

안전보장이사회는 임시총회를 소집할 권한이 있다. 안전보장이사회가 임시총회의 소집을 결의하면 사무총장을 이를 소집해야 한다(제20조).

(4) 기타

총회의 책임하에 신탁통치이사회가 신탁통치에 관한 모든 임무를 대행하나, '전략신탁통치지역'에 대해서는 안전보장이사회가 그 임무를 대행한다. 안보리는 국가의 국제연합에의 가입, 회원국의 권리와 특권의 정지, 회원국의 제명, 사무총장의 임명 등에 있어서 총회에 권고할 권한이 있다. 또한 국제사법재판소의 재판관 선거와 국제사법재판소에 권고적 의견을 요청할 권한이 있다.

3. 회의

(1) 정기회의

안전보장이사회는 정기적으로 회의를 개최한다(제28조 제2항). 정기회기에 관하여는 헌장에 규정이 없으며 이사회의 내규인 '잠정적 절차규칙'에 의하여 매년 2회의 정기회의를 개최하도록 되어 있다(제4항).

(2) 임시회의

안전보장이사회는 계속적으로 임무를 대행할 수 있도록 조직되며 각 이사국은 국제연합의 소재지에 대표를 상주시키지 않으면 안 된다(제28조 제1항). 임시회의에 관해 헌장에 명문규정이 없으나 이사회의 '잠정적 절차규칙'에 의해 다음의 경우 의장이 회의를 소집한다. ① 이사국이 회의의 개최를 요구한 경우, ② 가맹국 또는 비가맹국이 국제평화와 안전의 유지를 위태롭게 할 우려가 있는 분쟁 또는 사태의 존재에 관해 이사회에 주의를 환기한 경우, ③ 총회가 제11조에 의거 권고 또는 부탁하는 경우, ④ 사무총장이 제99조에 의거 주의를 환기하는 경우(제2항·제3항)이다.

4. 의결

> ### 📖 조문 | UN헌장 제27조 – 안보리 표결
> 1. 안전보장이사회의 각 이사국은 1개의 투표권을 가진다.
> 2. 절차사항에 관한 안전보장이사회의 결정은 9개 이사국의 찬성투표로써 한다.
> 3. 그외 모든 사항에 관한 안전보장이사회의 결정은 상임이사국의 동의 투표를 포함한 9개 이사국의 찬성투표로써 한다. 다만, 제6장 및 제52조 제3항에 의한 결정에 있어서는 분쟁당사국은 투표를 기권한다.

(1) 투표권

안전보장이사국은 각기 1개의 투표권을 갖고 있다(제27조 제1항).

(2) 의결정족수

① 절차상 문제: 단순 9개 이사국의 찬성으로 성립한다(제27조 제2항). 절차상문제(Procedural Matters)라고 하는 것은 주로 헌장 제28조 이하에 규정된 제문제를 말한다. 예컨대 정기회의의 기일, 임시회의의 소집, 의장의 선임방법, 보조기관의 설치 등의 절차사항이다.

② 기타 모든 문제(비절차사항): 기타 모든 문제에 대해서는 상임이사국을 포함한 9개국 이상의 찬성을 요한다. 따라서 상임이사국들은 거부권(veto power)을 갖는다. 어떤 문제가 절차사항인지 비절차사항인지에 대해 의문이 있는 경우 비절차사항으로 보고 상임이사국을 포함한 9개 이사국의 찬성을 요한다. 기타 문제(other matters)란 절차사항 이외의 모든 문제를 말한다. 이에는 국제평화와 안전의 유지의 책임에 관한 사항, 신가맹국의 가입과 사무총장의 임명의 권고에 관한 사항 등이 포함된다. 회의에 참석한 상임이사국이 '기권(abstention)'한 경우 거부권을 행사한 것으로 보지 않는다. 한편, 비절차사항에 관한 결정에 있어서 상임이사국이 불참(absence)한 경우 안보리 결의안 채택에 어떠한 영향을 주는지는 명확하지 않다. 안보리는 한국전쟁이 발발하자 소련이 불참한 가운데 회원국들에게 남한을 돕기 위해 군대를 파견해 줄 것을 권고하는 결의를 통과시켰다. 소련은 상임이사국이 불참한 경우 상임이사국의 의사를 확인할 수 없으므로 비절차사항에 대한 결정을 내릴 수 없다고 항의하였다. 그러나 안보리에 불참한 것은 헌장 제28조 제1항(각 이사국이 UN소재지에 상주대표를 둘 것)을 당해 국가가 위반한 것이므로 상임이사국의 불참이 안보리 결정을 방해해서는 안 된다는 반박도 있다.

(3) 이사국의 기권의무

헌장 제27조 제3항에 의하면 이사국은 상임, 비상임을 불문하고 헌장 제6장(분쟁의 평화적 해결) 및 제52조 제3항(지역적 협정 또는 지역적 기구에 의한 지역적 분쟁의 평화적 해결)에 관한 결정에 있어서 '분쟁 당사국'은 기권해야 한다. 다만, 1950년대 이후 국가들은 자신이 분쟁 당사국인 분쟁에 관한 표결에도 참가하는 것이 일반적이며, 이에 대해 이의를 제기하는 국가도 거의 없다.

(4) 의결의 효력

절차사항에 관한 결의는 구속력을 갖는다(제28–32조, 제43조). 반면, 헌장 제6장의 '분쟁의 평화적 해결'에 관한 결의는 권고로서 법적 구속력이 없다. 그러나 헌장 제7장의 '강제조치'에 관한 결정은 모든 회원국을 구속한다. 따라서 결의에 반대한 국가는 물론이고 결의에 참가하지 않은 모든 가맹국을 구속한다. 이사회의 결의가 '요청'의 형식으로 나타난 경우도 제39, 41, 42, 48조에 의거한 것이면 결정을 의미하는 것으로 판단해야 한다(H. Kelsen).

Ⅲ 경제사회이사회

1. 구성

총회에서 선출되는 54개 이사국으로 구성되며, 각 이사국은 1명의 대표를 낸다. 임기는 3년이며 매년 정기총회에서 18개국씩 개선되며 연속해서 재선될 수 있다.

2. 권한

(1) 경제 · 사회 · 문화 · 교육 · 보건 등의 국제사항에 관하여 연구 · 보고 · 발의하고 이러한 사항에 관하여 총회 · 회원국 및 관계 전문기관에 권고 (2) 인권 및 기본적 자유의 존중과 준수를 조장하기 위하여 권고 (3) 권한 내 사항에 관하여 총회에 제출할 조약안을 작성하거나 국제회의 소집 (4) 총회의 승인을 받아 전문기관과 협정을 체결하고 활동을 조정

3. 의결

이사국은 1개의 투표권을 가지며, 결의는 출석 · 투표하는 이사국 과반수에 의해 성립한다. 결의는 원칙적으로 권고적 효력을 갖는다.

Ⅳ 신탁통치이사회

신탁통치이사회는 신탁통치국, 안보리 상임이사국 중 신탁통치국이 아닌 국가, 총회에서 3년 임기로 선출된 국가로 구성된다. 1994년 유일하게 남아있던 팔라우가 마지막으로 독립하여 신탁통치지역이 전부 없어짐으로써 신탁통치이사회의 임무는 사실상 종료되었다. 1994년 5월에 열린 제1706차 회의를 끝으로 정기회의는 더 이상 개최하지 않는다.

Ⅴ 사무국 및 사무총장

1. 구성

UN의 행정적 사무를 담당하는 기관으로 1인의 사무총장과 필요한 직원으로 구성된다. 1997년 12월에 사무부총장직이 신설되었으며, 그 밑에 사무차장, 사무차장보 등이 있다.

2. 사무총장 및 직원의 법적 지위

사무총장 및 직원은 임무를 수행함에 있어서 어떤 정부 또는 UN 이외의 당국으로부터 지시를 구하거나 받아서는 안 되며, 오직 UN에 대해서만 책임을 지는 국제공무원이다. UN헌장과 1946년에 채택된 'UN의 특권·면제에 관한 협약'에 의해 특권·면제를 향유한다.

3. 직무보호권

UN 공무원이 공무수행 중 국제위법행위로 인하여 손해를 입은 경우 UN은 가해국에 대해 손해배상을 청구할 수 있는바 이를 직무보호권(right of functional protection)이라 한다. 1949년 ICJ의 'UN 근무 중 입은 손해배상에 관한 권고적 의견'에서 확립되었다.

4. 사무총장

(1) 지위

첫째, 사무총장은 국제연합의 주요 기관인 사무국의 구성원이다. 헌장은 "사무국은 사무총장 1인과 이 기구가 필요로 하는 직원으로 구성된다."라고 규정하고 있다(제97조). 따라서 사무총장은 사무국의 구성원이다. 둘째, 사무총장은 국제연합을 대표하고, 사무국직원을 임명하며(제100조 제1항), 직원의 행위에 대해 책임을 진다. 셋째, 헌장은 "사무총장은 총회, 안전보장이사회, 경제사회이사회, 신탁통치이사회의 모든 회의에서 사무총장의 자격으로 행동하고 또한 이들 기관으로부터 위탁된 기타 임무를 수행한다."(제98조)라고 규정하여 사무총장의 집행관으로서의 지위를 명시하고 있다. 이 지위에서 안전보장이사회에 주의를 환기할 수 있고(제99조), 국제연합을 대표한다.

(2) 임명

사무총장은 안보리의 권고에 의하여 총회가 임명한다. 총회는 안보리의 권고에 구속되는 것은 아니므로 안보리가 임명한 후보자의 임명을 거절할 수 있다. 안보리의 지명권고에는 거부권이 적용되며 총회의 임명은 단순다수결에 의한다.

(3) 임기

헌장에는 사무총장의 임기에 관해 규정이 없다. 총회는 1946년 그 임기를 5년으로 정했다. 총회와 안보리와의 협의하에 사무총장의 임기를 연장할 수 있다.

(4) 권한

첫째, 사무총장은 국제연합의 수석행정관으로서 부하직원을 임명하고 감독하며, 예산안의 준비에 대한 제1차적 책임을 진다. 사무총장은 국제연합의 공식대표기관이며, 조약의 등록 및 공표에 대한 업무를 수행한다. 둘째, 사무총장은 총회, 안보리, 경제사회이사회, 신탁통치이사회의 모든 회의에서 사무총장의 자격으로 행동한다(제98조 전단). 사무총장은 총회가 고려하고 있는 어떤 문제에 관해서도 구두 또는 서면으로 총회에 진술할 수 있다. 총회의 위원회나 소위원회에 대해서도 인정된다. 다른 기관에서도 출석, 발언권이 인정된다. 한편, 사무총장은 다른 기관으로부터 위탁된 임무를 수행한다(제98조 전단). 셋째, 총회에 대한 권능으로는 특별회의소집권이 있다. 안보리나 국제연합 회원국 과반수의 요청이 있을 때 사무총장은 특별회의를 소집한다(제20조 후단). 또한 사무총장은 국제연합의 사업에 대하여 연차보고를 행한다(제98조 후단). 사무총장은 국제평화와 안전의 유지에 관한 사항으로서 안보리가 취급하고 있는 것은 그 동의를 얻어 회기마다 총회에 대하여 통지해야 한다. 넷째, 사무총장은 국제평화와 안전의 유지를 위협한다고 인정되는 사항에 대하여 안전보장이사회에 그 주의를 환기할 수 있다(제99조). 다섯째, 국제사법재판소 규정상 선택조항의 수락선언서를 기탁받는다. 사무총장은 그 등본을 재판소규정의 당사국 및 재판소서기에게 송부한다(동 제36조 제4항).

(5) 특권과 면제

UN사무총장은 국제공무원으로서 국제연합헌장 또는 회원국과의 협정에 의하여 그 임무수행상 특권이 인정된다. 이 특권은 외교사절의 특권과 같이 일반국제법상의 특권으로서의 성질을 갖는 것이 아니라, 조약상의 특권이며 UN헌장 및 '국제연합의 특권 및 면제에 관한 협약'에 따라 부여된다. 사무총장, 그 배우자 및 미성년의 자녀에 대해 일반직원에게 부여된 특권과 면제 외에 국제법에 따라 외교사절에게 주어지는 특권, 면제 및 편익이 주어진다(국제연합의 특권과 면제에 관한 조약 제19조).

Ⅵ UN기관의 결정에 대한 사법심사 가능성

1. 문제의 소재

UN기관의 구속력있는 결정, 특히 안보리의 결정에 대해 사법심사가 가능한지의 문제가 있다. UN안보리를 포함한 UN기관들은 당연히 헌장의 구속을 받는다. 어떤 기관이 정치적 성격을 가졌다고 해서 그 권한에 대한 제한을 구성하거나 당해 기관의 판단을 위한 기준을 구성하는 헌장에 의해 수립된 조약규정의 준수로부터 해방될 수는 없기 때문이다. 안보리는 그 임무수행에 있어서 UN의 목적과 원칙에 따라 행동해야 하며(제24.2조), UN의 목적 중 하나는 국제분쟁을 해결하되 국제법의 제원칙에 따라 행동해야 한다(제1.1조). 그럼에도 불구하고 안보리의 결정에 대해 사법심사가 가능하다는 결론이 당연히 도출되는 것은 아니다.

2. Certain Expenses of the United Nations 사건(1962)

ICJ는 UN의 목적은 광범위하나 목적 달성을 위한 권한은 무제한적이지는 않지만 UN기관이 UN의 목적달성에 필요하다고 주장하는 행동을 취하는 경우 그러한 행동은 기구의 권한을 넘어서지 않는 것으로 추정된다고 하였다. 또한 각 기관은 우선적으로 스스로 관할권을 결정해야 한다고 하였다. 따라서 안보리가 국제평화와 안전의 유지를 위한 의도로 결의를 채택하고 그 결의에 기초하여 사무총장에게 재정적 의무가 초래되면 그 금액은 기구의 경비를 구성하는 것으로 추정되어야 한다고 하였다. 즉, 이 사건에서 ICJ는 UN기관의 행동은 일단 그 권한을 일탈하지 않았다는 추정을 받아야 한다고 판정한 것이다.

3. Namibia 사건(1971)

나미비아(서남아프리카)는 국제연맹체제에서 남아프리카공화국의 위임통치를 받고 있었다. 그러나 국제연맹이 해체되면서 나미비아의 지위 및 남아공의 위임통치국으로서의 지위에 어떤 변동이 오는지가 문제되었다. 남아공은 국제연맹의 해체로 나미비아에 대해 스스로 결정할 자유가 있다고 주장하였으나, ICJ는 권고적 의견을 통해 계속해서 위임통치협정의 조건과 국제연맹규약의 구속을 받는다고 하였다. 이후 UN총회는 1966년 결의를 통해 남아공이 자신의 의무를 이행하지 않았으므로 위임통치가 종료되고 더 이상 나미비아를 통치할 수 없다고 결정하였다. 안보리도 남아공이 나미비아에 계속 존재하는 것은 위법이라고 선언하였다(결의 제276호 등). 한편, 안보리는 1970년 권고적 의견을 요청하였는데, 이는 총회가 위임통치를 종결시키는 결정을 할 권한이 있는지, 안보리가 헌장 제7장에 의거하여 평화에 대한 위협이나 평화의 파괴가 존재한다는 결정을 하지 않고도 회원국들에 구속력 있는 결정을 할 권한이 있는지에 대한 것이었다. ICJ는 UN헌장은 예산과 회원국지위 문제 이외에 구속력 있는 결정을 내릴 권한을 총회에 부여하고 있지는 않음에도 불구하고 UN총회는 남아공의 위임통치를 종결시킬 권한이 있다고 인정하였다. 또한 남아공이 나미비아에 계속 존재하는 것이 위법이라고 천명한 안보리의 선언과 남아공과 관계를 갖지 말라는 다른 국가들에 대한 안보리의 요구는 헌장 제25조 하의 구속력 있는 결정이라고 하였다.

4. Lockerbie 사건(1992)

1988년 미국의 팬암 103편 항공기 기내에 설치된 폭탄이 폭발하여 270명이 숨지는 참사가 발생했다. 미국과 스코틀랜드는 리비아인 2명을 자국 법원에 기소하면서 리비아에 범죄인인도를 요청하였으나 리비아는 이에 응하지 않았다. 이에 따라 안보리는 결의 제731호를 통해 리비아가 미국 및 스코틀랜드의 요청에 응해야 한다고 하였다. 그러나 리비아는 오히려 미국과 영국을 1971년의 몬트리올협약 위반을 이유로 ICJ에 제소하였다. 자국에서 이미 소추하고 있으므로 인도할 의무가 없다고 주장하였으며 ICJ에 임시조치를 청구하였다. 이에 안보리는 결의 제748호를 통해 리비아가 결의 제731호의 요청에 응하지 않는 것은 국제평화와 안전에 대한 위협을 구성한다고 결정하고, 리비아가 범죄인인도청구에 응하고 또한 1992년 4월 15일까지 모든 형태의 테러리즘을 포기하든지 아니면 제재를 당해야 한다고 결정하였다. ICJ는 리비아의 임시조치 청구를 기각하고, 모든 회원국은 안보리의 결정에 따를 의무가 있고, 안보리의 결정은 헌장 제103조에 따라 회원국 상호 간 의무보다 우선한다고 판시하였다. ICJ는 리비아의 범죄인인도 거절조치가 국제평화와 안전에 대한 위협을 구성한다는 안보리의 결정에 대한 사법심사를 시도하지 않았다.

제3절 UN에 의한 국제분쟁의 평화적 해결

Ⅰ 서론

국제분쟁이 발생하는 경우 분쟁당사국들은 제3자의 개입 없이 분쟁을 평화적으로 해결하는 것이 가장 바람직할 것이나, 이해관계가 첨예하게 대립하는 경우 제3자가 개입하지 않을 수 없을 것이다. 국제평화와 안전의 유지를 제1차적 목적으로 삼고 있는 UN도 회원국 간 분쟁이 국제평화와 안전을 위태롭게 할 우려가 있는 경우 분쟁에 개입할 수 있다. UN총회와 안전보장이사회를 중심으로 분쟁의 평화적 해결에 대해 논의한다.

Ⅱ 분쟁의 평화적 해결의 대상

1. 국제적 분쟁

국제연합에 의해 평화적으로 해결될 분쟁은 국제분쟁이다. 따라서 '본질적으로 어느 국가의 국내관할권 내에 속하는 사항'은 제외된다(헌장 제2조 제7항). 국제분쟁은 국가와 국가 간, 국가와 국제조직 간 발생할 수 있으며, 국가는 국제연합회원국에 한하지 않는다. 분쟁은 사태를 포함한다.

2. 정치적 분쟁

국제연합은 원칙적으로 모든 분쟁을 해결할 수 있으므로 정치적 분쟁뿐 아니라 법적 분쟁도 해결할 수 있다. 그러나 국제연합은 가능한 한 법적 분쟁은 국제사법재판소에서 해결하도록 당사국에게 권고해야 하며(헌장 제36조 제3항), 법적 분쟁을 취급하는 경우에도 국제사법재판소의 권고적 의견을 듣고 해결하도록 하고 있다(헌장 제96조 제1항).

3. 중대한 분쟁

국제연합에 부탁될 분쟁은 그 계속이 국제평화와 안전의 유지를 위태롭게 할 우려가 있는 중대한 분쟁과 사태이다(헌장 제33조 제2항). 그러나 헌장은 평화적 분쟁해결절차에 부탁되는 분쟁이나 사태에 대해 정의규정을 두고 있지 않으므로 그 판단에 상당한 재량이 있다.

Ⅲ 안전보장이사회에 의한 분쟁의 평화적 해결

1. 의의

국제평화와 안전의 유지에 관한 책임은 제1차적으로 안전보장이사회에 있으므로 안전보장이사회에 의한 분쟁의 해결은 중요한 의의를 갖는다. 또한 어떤 분쟁이 국제평화와 안전을 위태롭게 할 우려가 있을 때에는 안전보장이사회는 자발적으로 이를 조사할 수 있다(제34조). 즉, 당사국의 합의에 의한 부탁이 전제되어야 하는 것은 아니다.

2. 분쟁의 부탁방법

(1) 분쟁당사국에 의한 부탁

① 일방적 부탁: 국가가 일방적으로 안보리에 분쟁을 회부하는 경우는 세 가지가 있다. 첫째, 헌장 제33조에 따른 분쟁의 평화적 해결방법이 실패한 경우 분쟁당사국은 이를 안보리에 회부해야 한다(제37조 제1항). 둘째, 국제연합의 회원국이 아닌 분쟁당사국은 헌장에 규정된 평화적 해결의무를 수락할 것을 조건으로 일체의 분쟁을 안보리에 회부할 수 있다(제35조 제2항). 셋째, 국제사법재판소의 판결을 일방당사국이 이행하지 않을 경우 타방당사국은 이를 안전보장이사회에 부탁할 수 있다(제94조 제2항).

② 합의에 의한 부탁(제38조): 분쟁당사국은 어떠한 분쟁이라도 쌍방의 합의에 의해 안전보장이사회에 부탁할 수 있다.

(2) 제3국에 의한 부탁(제35조 제1항)

모든 UN회원국은 국제평화와 안전을 위태롭게 할 모든 분쟁 또는 사태에 대하여 안전보장이사회에 주의를 환기할 수 있다.

(3) 안전보장이사회의 직권조사(제34조)

여하한 분쟁에 대해서도 그 분쟁이나 사태의 계속이 국제평화와 안전의 유지를 위태롭게 할 우려가 있는 가의 여부를 결정하기 위해 안전보장이사회는 조사를 할 수 있다.

(4) 총회에 의한 부탁(제11조 제3항)

총회는 국제평화와 안전을 위태롭게 할 우려가 있는 사태를 안전보장이사회에 부탁할 수 있다. 동 조항은 '사태'만을 규정하고 있으나 '분쟁'도 포함된다고 해석된다. 동 조항은 특정 상임이사국이 이해를 가진 특수한 사태의 조사가 해당상임이사국의 반대로 이뤄지지 않을 가능성이 있으므로 이에 대처하기 위한 것이다.

(5) 사무총장에 의한 부탁(제99조)

사무총장은 국제평화와 안전을 위협한다고 인정되는 '사항'(matter)을 안전보장이사회에 부탁할 수 있다. 동 조항의 '사항'은 분쟁과 사태를 포함하는 것으로 해석된다.

3. 분쟁해결절차

(1) 심사의 개시

분쟁당사국에 의해 부탁된 경우 안보리는 심사에 앞서 분쟁이 본질적으로 국제평화와 안전을 위태롭게 할 우려가 있는 분쟁인지의 여부를 결정해야 한다. 한편, 안보리 자신이 조사를 개시하는 경우 우선 대상이 되는 사안이 분쟁인지 사태인지를 먼저 결정해야 한다. 왜냐하면 분쟁에 대해서는 그 성질을 불문하고 어떠한 것도 조사할 수 있으나, 사태에 대해서는 국제적 마찰을 초래하거나 분쟁을 발생시킬 우려가 있는 것이 아니면 조사할 수 없기 때문이다.

(2) 투표방법

심사와 토의를 진행하는 것은 절차사항으로서 상임이사국의 거부권의 적용이 없다. 그러나 조사나 권고는 실질사항에 해당하므로 상임이사국의 거부권이 적용된다. 다만, 분쟁당사국인 이사국은 투표권이 없다(제27조 제3항 단서).

(3) 심사방법

안전보장이사회는 제36조에 따라 평화와 안전의 유지를 위태롭게 할 우려가 있는 분쟁이 발생할 사태에 대해서 어떠한 단계에서도 적당한 조정의 절차를 권고하든지 또는 타당하다고 인정되는 해결조건을 권고할 것인지를 결정한다(제37조 제2항).

4. 심사의 효력

안보리의 결의는 대부분 권고이며, 이는 당사국을 법적으로 구속하는 효력은 없다. 그러나 권고를 수락하지 않는 경우 그 자체가 평화에 대한 위협, 평화의 파괴 또는 침략행위로 인정되어 제7장의 강제조치의 대상으로 인정될 가능성이 있다. 헌장 제25조는 안보리의 결정이 회원국에 대해서 구속력을 가짐을 명시하고 있으나 안보리 관행에 의하면 제25조의 결정이란 '구속적인 규범을 창조하는 의결'만을 의미하는 것으로 본다.

Ⅳ 총회에 의한 분쟁의 평화적 해결

1. 의의

총회는 안전보장이사회에 비해 보다 광범위한 사안을 관할할 수 있다는 점에서 분쟁해결에 있어서 중요한 의미를 갖는다. 총회는 일반적 복리 또는 각 국가 간 우호관계를 해할 염려가 있는 모든 사태를 관할할 수 있다(제14조). 다만, 국제평화와 안전의 유지에 대한 제1차적 책임은 안보리에 있기 때문에 안보리가 특정 문제를 관할하는 경우 총회는 이에 대해 어떠한 권고도 할 수 없다(제12조 제2항). 또한, 국제연합의 행동을 요하는 문제에 대해서는 토의 전 또는 토의 후에 안보리에 부탁해야 한다(제11조 제1항).

2. 분쟁의 부탁방법

총회에 분쟁을 부탁할 수 있는 주체는 안보리, 회원국, 분쟁당사국인 비회원국, 그리고 총회 자신이다. 총회는 헌장의 범위 내에 속하는 문제와 사항 또는 헌장에 규정된 기관의 권한과 의무에 관련되는 모든 문제와 사항을 토의할 수 있으므로 국제평화와 안전의 유지를 위태롭게 할 우려가 있는 분쟁은 스스로 토의할 수 있다. 사무총장은 총회에 대해서는 주의를 환기할 수 없다.

3. 분쟁의 해결절차

총회는 어떠한 분쟁이나 사태에 대해서도 해결방법을 권고할 수도 있고, 해결조건을 권고할 수도 있다. 총회는 헌장의 범위 내에 속하는 모든 분쟁과 사태에 대해 권고할 수 있다.

4. 권고의 효력

총회의 권고는 법적 구속력이 없다는 점에서 안전보장이사회의 권고의 성질과 같다. 총회의 권고에 복종하지 않는 관계국에 대해 안전보장이사회는 제39조의 요건이 갖춰졌을 경우 강제조치를 발동할 수 있다.

Ⅴ 결론 – 국제연합에 의한 분쟁의 평화적 해결의 한계

국제연합에 의한 분쟁의 평화적 해결의 본질적 한계는 우선 총회나 안보리의 권고에 법적 구속력이 없다는 점이다. 따라서 분쟁당사국들은 총회나 안보리의 결정을 준수할 법적 의무가 없다. 둘째, 안보리에 의한 분쟁의 평화적 해결의 경우 실질문제이므로 상임이사국들의 거부권이 적용된다. 비록 분쟁당사국인 상임이사국은 표결절차에서 배제되나, 당사국인 상임이사국에 우호적인 국가에 의해 권고의 채택이 저지될 수도 있다는 점에서 문제점은 여전히 남는다.

I 강제조치의 전제

> **조문 | UN헌장 제39조 – 안보리 강제조치의 전제**
>
> 안전보장이사회는 평화에 대한 위협, 평화의 파괴 또는 침략행위의 존재를 결정하고, 국제평화와 안전을 유지하거나 이를 회복하기 위하여 권고하거나, 또는 제41조 및 제42조에 따라 어떠한 조치를 취할 것인지를 결정한다. (The Security Council shall determine the existence of any threat to the peace, breach of the peace, or act of aggression and shall make recommendations, or decide what measures shall be taken in accordance with Articles 41 and 42, to maintain or restore international peace and security.)

1. 의의

안보리가 강제조치를 취하려면, 우선 평화에 대한 위협, 평화의 파괴, 침략행위가 존재하는지 결정해야 한다. 안보리 결정에 의해 동 상황의 존재는 법적으로 존재하는 것이며, 강제조치가 발동될 수 있다.

2. 평화에 대한 위협

종래 '국제' 평화만을 대상으로 한정하였으나, 최근 '국내적' 사태도 일정조건을 충족시키는 경우 평화에 대한 위협을 구성한다고 결정한다. 국가 간 무력충돌, 국제적으로 파급되는 일국 내의 내전(안보리 결의 688, 쿠르드족 사태), 국제적 파급이 없더라도 심각한 인권침해를 동반하는 국내적 무력사용(안보리 결의 794, 소말리아 사태에서 안보리의 결의) 등을 평화에 대한 위협으로 결정하고 있다.

3. 평화의 파괴

평화의 파괴란 타국에 대한 군사행동에 수반되는 무력분쟁 발생을 의미한다. 안보리는 외관상 명백하게 침략행위에 해당하더라도 '평화의 파괴'로 인정하는 데 그친다. 한국전쟁 당시 북한의 무력공격을 '평화의 파괴'에 해당한다고 결정하였다.

4. 침략행위

1974년 '침략의 정의에 관한 결의'에 의하면 침략이란 '국가가 타국의 주권, 영토보전 또는 정치적 독립에 대해 UN헌장과 양립하지 않는 방법으로 무력을 사용하는 것'을 말한다. 동 결의는 '타국영토에 대한 무력침공', '타국의 항구와 연안에 대한 무력봉쇄' 등을 예시하였으며, 안보리는 독자적으로 침략행위 해당 여부를 결정한다.

II 예비적 조치

1. 평화의 유지 회복을 위한 권고 – 제39조

군사적·비군사적 조치 모두 권고할 수 있다.

2. 잠정조치 – 제40조

> **🗎 조문 | UN헌장 제40조 – 잠정조치**
>
> 사태의 악화를 방지하기 위하여 안전보장이사회는 제39조에 규정된 권고를 하거나 조치를 결정하기 전에 필요하거나 바람직하다고 인정되는 잠정조치에 따르도록 관계당사자에게 요청할 수 있다. 이 잠정조치는 관계당사자의 권리, 청구권 또는 지위를 해하지 아니한다. 안전보장 이사회는 그러한 잠정조치의 불이행을 적절히 고려한다. (In order to prevent an aggravation of the situation, the Security Council may, before making the recommendations or deciding upon the measures provided for in Article 39, call upon the parties concerned to comply with such provisional measures as it deems necessary or desirable. Such provisional measures shall be without prejudice to the rights, claims, or position of the parties concerned. The Security Council shall duly take account of failure to comply with such provisional measures.)

사태악화 방지를 위해 필요하거나 바람직하다고 인정하는 잠정조치에 따르도록 관계당사자에게 요청(call upon)할 수 있다. 동 요청은 당사자에게 법적의무를 발생시키는 '명령'으로 해석된다. 예컨대, 1948년 7월 15일 안보리는 아랍국가들과 이스라엘에 대해 전투행위를 중단하도록 '요청'하는 휴전결의를 채택하였는데, 이 결의는 명백히 의무적인(mandatory) 것으로 이해되었다.

Ⅲ 강제조치

1. 비군사적 강제조치 – 제41조

> **🗎 조문 | UN헌장 제41조 – 비군사적 강제조치**
>
> 안전보장이사회는 그의 결정을 집행하기 위하여 병력의 사용을 수반하지 아니하는 어떠한 조치를 취하여야 할 것인지를 결정할 수 있으며, 또한 국제연합회원국에 대하여 그러한 조치를 적용하도록 요청할 수 있다. 이 조치는 경제관계 및 철도, 항해, 항공, 우편, 전신, 무선통신 및 다른 교통통신수단의 전부 또는 일부의 중단과 외교관계의 단절을 포함할 수 있다. (The Security Council may decide what measures not involving the use of armed force are to be employed to give effect to its decisions, and it may call upon the Members of the United Nations to apply such measures. These may include complete or partial interruption of economic relations and of rail, sea, air, postal, telegraphic, radio, and other means of communication, and the severance of diplomatic relations.)

안보리는 그의 결정을 집행하기 위해 병력의 사용을 수반하지 아니하는 조치를 결정할 수 있으며, 회원국에 대해 동 조치를 적용하도록 요청할 수 있다. 그러한 조치에는 경제관계 및 철도, 항해, 항공, 우편, 전신, 무선통신 및 다른 교통통신수단의 전부 또는 일부의 중단과 외교관계의 단절을 포함할 수 있다. 구유고국제형사재판소 항소부는 국제형사재판소를 설치하는 것도 헌장 제41조에 포함된다고 하였다. 그 논거로서 다음을 제시하였다. 첫째, 국제재판소는 '무력의 사용을 동반하지 아니하는 조치'에 해당한다. 둘째, 헌장 제41조의 조치는 UN회원국들에 의하여 이행되는 것에 국한되지 아니한다. 셋째, UN이 회원국들을 매개로 하여 이행될 수 있는 조치를 단행할 수 있다면, 직접 자신의 기관들을 통해 이행될 수 있는 조치도 단행할 수 있다고 보는 것이 논리적이다. 헌장 제41조와 관련하여 안보리가 취하는 결정은 회원국들에게 구속력이 있다.

2. 군사적 강제조치 - 제42조

> ### 📑 조문 | UN헌장 제42조 - 군사적 강제조치
>
> 안전보장이사회는 제41조에 규정된 조치가 불충분할 것으로 인정하거나 또는 불충분한 것으로 판명되었다고 인정하는 경우에는, 국제평화와 안전의 유지 또는 회복에 필요한 공군, 해군 또는 육군에 의한 조치를 취할 수 있다. 그러한 조치는 국제연합회원국의 공군, 해군 또는 육군에 의한 시위, 봉쇄 및 다른 작전을 포함할 수 있다. (Should the Security Council consider that measures provided for in Article 41 would be inadequate or have proved to be inadequate, it may take such action by air, sea, or land forces as may be necessary to maintain or restore international peace and security. Such action may include demonstrations, blockade, and other operations by air, sea, or land forces of Members of the United Nations.)

> ### 📑 조문 | UN헌장 제43조 - 특별협정
>
> 1. 국제평화와 안전의 유지에 공헌하기 위하여 모든 국제연합회원국은 안전보장이사회의 요청에 의하여 그리고 1 또는 그 이상의 특별협정에 따라, 국제평화와 안전의 유지 목적상 필요한 병력, 원조 및 통과권을 포함한 편의를 안전보장이사회에 이용하게 할 것을 약속한다.
> 2. 그러한 협정은 병력의 수 및 종류, 그 준비정도 및 일반적 배치와 제공될 편의 및 원조의 성격을 규율한다.
> 3. 그 협정은 안전보장이사회의 발의에 의하여 가능한 한 신속히 교섭되어야 한다. 이 협정은 안전보장이사회와 회원국 간에 또는 안전보장이사회와 회원국 집단 간에 체결되며, 서명국 각자의 헌법상의 절차에 따라 동 서명국에 의하여 비준되어야 한다.

안보리는 제41조상의 조치가 불충분한 것으로 인정하거나, 불충분한 것으로 판명되었다고 인정하는 경우 공군, 해군, 육군에 의한 조치를 취할 수 있다. 안보리는 헌장 제42조에 호소하기 전에 먼저 제41조의 조치로는 불충분하거나 불충분했다는 공식적인 결정을 내려야 하는 것은 아니다. 안보리가 제42조를 원용하는 것 자체가 제41조의 조치가 불충분했음을 암묵적으로 말하는 것이기 때문이다. 제42조의 강제조치는 제43조의 특별협정에 기초하여 발동되며, 동 협정 체결국에 대해서만 구속력을 갖는다. 현재까지 특별협정이 체결된 적이 없으며, UN관행상 안보리는 제7장에 근거하여 개별 회원국들에게 평화유지 회복을 위한 무력사용의 권한을 부여해 오고 있다. 헌장 제42조는 무력을 사용할 수 있는 권한을 안보리에 부여하고 있으므로 동 규정은 더더욱 안보리가 회원국들에게 무력사용의 '권한'을 부여할 수 있게 하는 것으로 해석될 수 있다. 따라서 안보리의 이러한 결정은 회원국들에 대해서는 '권고'가 될 따름이다.

Ⅳ 주요 사례

1. 한국전쟁과 UN군

1950년 6월 25일 북한의 남침에 대해 안보리는 적대행위의 즉각적인 중지와 북한군을 38선으로 철수시킬 것(결의 제82호), 회원국들에게 무력공격을 격퇴하고 이 지역에서의 국제평화와 안전을 회복하기 위하여 대한민국에 필요한 원조를 제공할 것(제83호), 한국에 파견되는 군대를 미국정부하의 통일사령부 산하에 둘 것(제84호)을 권고하는 일련의 결의를 채택하였다. 한국에 파견된 군대가 UN군으로 불렸으나 당시 UN의 실질적인 통제를 받지 않았다는 점에서 UN군으로 보기 어렵다. 헌장 제51조에 기초한 집단적 자위권의 발동으로 보거나, 안보리의 수권에 기초하여 파견된 다국적군으로 보아야 할 것이다.

2. 평화를 위한 단결 결의

총회결의 제377(V)호를 지칭한다. 동 결의에 의하면 안전보장이사회가 상임이사국들의 만장일치의 결여로 평화에 대한 위협, 평화의 파괴 또는 침략행위에 대처하기 위한 자신의 일차적 책임을 수행하지 못하는 경우 총회가 당해 문제를 검토하여 평화의 파괴 또는 침략행위의 경우 필요 시 회원국들에게 무력사용을 포함한 집단조치를 권고할 수 있다. 그러나 동 결의는 헌장위반으로 볼 수 있다. 헌장 제11.2조에 의하면 국제평화와 안전에 관한 문제로서 행동(action)을 필요로 하는 문제는 총회의 토의 전 또는 후에 안보리에 부탁되어야 한다. 따라서 이 문제에 대해 총회가 토의는 할 수 있어도 행동을 권고할 수 없기 때문이다. 단, 이 행동은 강제행동(enforcement action)을 의미하므로 강제행동이 아닌 평화유지군의 창설을 승인할 수는 있다(Certain Expenses of the UN 사건, ICJ).

3. 남로디지아

남로디지아는 영국의 식민지였으며, 1980년 4월 18일 짐바브웨(Republic of Zimbabwe)로 정식 독립한 국가이다. 영국의 식민지였던 시기에 남로디지아 내 백인들이 독립을 선포하였으나 이는 남로디지아 다수를 차지하는 아프리카인들의 희망과는 배치되는 것이었다. 이에 대해 안보리는 결의 221호를 통해 남로디지아에 대한 석유공급으로 빚어지는 사태가 평화에 대한 위협을 구성한다고 결정하고 영국정부에 대해 남로디지아로 향하는 유조선에 대해 필요하면 힘의 사용을 통하여 방지할 것을 요청하였다. 이는 헌장 제42조상의 조치로 인정된다. 또한 안보리는 결의 232호에서 모든 회원국들에게 남로디지아와의 일정 상품 교역을 중지할 것을 명령하였다. 이러한 조치에 굴복하여 남로디지아는 일방적인 독립선언을 철회하고 다수파지배 원칙을 수락하기로 하였으며, 안보리는 결의 460을 통해 재제부과 결의를 철회하였다.

4. 제2차 걸프전

1990년 8월 2일 Saddam Hussein이 쿠웨이트를 침략하자 안보리는 즉각 헌장 제7장에 기초하여 필요한 조치들을 취하였다. 첫째, 국제평화와 안전의 파괴가 존재함을 확인하고 이라크에 대해 무조건적이고 즉각적인 철수를 요구하였다(제660호). 둘째, 이라크와 쿠웨이트에 대해 상품과 무기 금수조치를 부과하고 결의 이행감독을 위한 위원회를 설치하였다(제661호). 셋째, 이라크의 쿠웨이트 병합은 아무런 법적 유효성이 없으며 당연무효로 간주된다고 결정하고 모든 국가 및 국제기구에 대해 병합을 승인하지 말 것과 병합의 간접승인으로 해석될 수 있는 일체의 행동과 거래를 하지 말 것을 요청하였다(제662호). 넷째, 쿠웨이트정부와 협력하는 회원국들에게 안보리 결의를 이행하고 이 지역에서의 국제평화와 안전을 회복하기 위하여 필요한 모든 수단을 사용할 권한을 부여하였다(제678호). 다섯째, 이라크에 대해 다양한 휴전조건[1]을 부과하였다(제687호). 2003년 3월 21일 미국과 영국은 휴전조건이 충족되지 못했다는 이유로 이라크를 공격하였으나, 무력사용금지의무 위반에 대해 첨예한 의견대립이 있다. 위법론자들은 미국의 공격이 안보리 결의에 기초하지 않았고 자위권 발동 등 다른 정당화 사유가 없으므로 위법이라고 본다. 반면, 적법하다고 보는 측은 휴전조건이 충족되지 못하였으므로 공격을 재개한 것이라고 주장한다. 한편, 안보리는 미국의 종전선언(2003.5.1.)이 발표된 이후 결의 제1483호(2003.5.22.)를 통해 이라크 대량파괴무기의 철폐와 이라크 무장해제의 종국적 확인의 중요성을 재확인하고 법의 지배에 기초한 대의정부를 구성하려는 이라크 사람들이 노력을 격려하며 미국과 영국이 통일사령부 하의 점령당국으로서 적용가능한 국제법에 의거하여 부담하는 권한과 책임을 인정한다고 하였다. 이는 안보리가 미국의 공격에 대해 사후승인을 부여한 것으로 해석된다.

---

1) 휴전조건에는 대량파괴무기 및 사정거리 150km를 넘는 미사일의 제거, 쿠웨이트와의 국경선 획정, 쿠웨이트로의 재산반환, 금수조치에 대한 안보리 제재위원회의 감독 등이 포함된다.

5. 쿠르드족을 위한 인도적 간섭

제2차 걸프전 이후 사담 후세인의 통치에 반대하는 폭동이 발생하자 후세인은 이들을 무력으로 진압하였다. 이로 인해 1백만 명 이상의 쿠르드족이 터키와 이란 내 국경지대로 피신하고 다수가 사망하였다. 안보리는 이 사태와 관련하여 결의 제688호를 채택하고 이라크의 조치가 국제평화와 안전을 위협하는 결과를 초래하고 있으므로 이를 즉각 종료할 것을 요구하는 한편, 이라크가 원조를 필요로 하는 사람들에 대한 국제인도기구들의 자국 영토 접근을 허용할 것을 강력하게 요구하였다. 이 결의에 기초하여 미국과 그 동맹국들은 쿠르드족을 위하여 안전피난처(safe havens)를 설치하고 이라크의 항공기가 접근할 수 없도록 비행금지구역(no-fly zones)을 설치하였다. 동 결의는 대규모적이면서 동시에 국경을 넘는 대외적 효과를 가진 인권침해사태(massive human rights violations with transboundary or external effects)를 국제평화와 안전에 대한 직접적인 위협으로 간주한 사례로서 의미가 있다. 다만, 결의 제688호에는 회원국에 대해 무력사용을 허가하는 직·간접적인 표현이 없었고, UN사무총장도 이라크에 외국군대를 배치하기 위해서는 이라크의 동의를 요한다고 하였으며, UN수비대(UN guards) 역시 이라크의 동의하에 배치되었음을 고려하면, 결의 제688호는 인도적 간섭의 법적 근거가 되지 못하였다고 평가할 수 있다.[2]

6. 소말리아

소말리아는 단일민족이나 정파 간 반목으로 내란이 지속되는 국가이다. 1990년대 초 내전으로 다수의 사람들이 죽고 1백만의 인구가 이웃국가들로 피난하자 UN과 다수의 민간단체들이 인도적 구호활동을 전개하였다. 안보리는 1992년 UNOSOM(United Nations Operation in Somalia)을 창설하여 구호활동을 계속하였으나 인도적 구호활동에 대한 무력공격이 계속되자 안보리 결의 제794호를 통해 사무총장과 회원국들에게 소말리아에서의 인도적 구호활동을 위한 안전한 환경을 확립하기 위하여 필요한 모든 수단을 사용할 권한을 부여하였다. 결의 제794호는 안보리가 순전한 내전 상황에서 내전의 대외적 결과(external consequences)를 원용함이 없이 인도적 구호를 제공하기 위해 처음으로 헌장 제7장에 따라 행동을 했다는 점에서 안보리 결의 제688호와는 대조된다.

7. 르완다

르완다는 다수의 후투족과 소수의 투치족으로 구성된 국가로서 90년대 초반 극심한 내란을 벌였고 그 과정에서 50만 이상이 제노사이드를 당하고, 100만 명 이상의 실향민 또는 난민이 발생하였다. 안보리는 결의 제846호를 통해 국경지역의 군사적 사용을 막기 위해 우간다 측 국경지대에 UNOMUR(United Nations Observer Mission Uganda-Rwanda)를 배치하였다. 또한 내전당사자들 간의 휴전협정이 체결되자 그 이행을 돕기 위해 UNAMIR(United Nations Assistance Mission for Rwanda)를 설치하였다. 그러나 이후 내전이 재개되자 1994년 5월 17일 르완다 내의 사태가 국제평화와 안전에 대한 위협을 구성한다고 결정하고 르완다에 대해 무기금수를 부과하고, UNAMIR군의 확대배치를 허가하였으며 UNAMIR에게 인도적 안전지역 설치와 유지의 임무를 부과하였다(결의 제918호). 추후 안보리는 결의 제929호를 통해 프랑스 및 작전 참가국들에 대해 인도적 안전지대 설치 및 실향민 또는 난민의 보호, 구호품배급 지원을 위한 임시다국적활동 등을 위해 필요한 모든 수단을 사용할 것을 허가하였다. 르완다 내전은 1994년 7월 18일 종료되었으며, 안보리는 르완다국제형사재판소를 설치하여 제노사이드를 범한 자들에 대한 재판업무를 수행하도록 하였다(결의 제955호).

---

2) 김대순(2011), 1377면.

8. 아이티

아이티에서는 오랫동안 독재가 지속되어 오다 1991년 2월 민주정부가 출범하였다. 그러나 1991년 9월 30일 군부쿠데타가 발생하여 정통정부는 붕괴되었다. UN은 이를 국내문제로 보고 즉각적인 조치를 취하지 않았으나, OAS 등에 의한 조치가 실패했다고 판단되자 1993년 헌장 제7장에 기초하여 아이티정부와 군사지도자들의 자산동결을 포함한 경제제재조치를 부과하였다. 그러나, 경제제재조치는 군부세력을 축출하는 데 실패하였으며 이에 안보리는 결의 제940호를 통해 회원국들이 다국적군을 파견하여 군사지도부의 아이티 출국과 합법적으로 선출된 대통령의 조속한 귀국을 용이하게 하기 위해 필요한 모든 수단을 사용하는 것을 허락하였다. 이에 미국을 중심으로 한 다국적군이 파견되어 군사정부를 대체하고 민주정부를 재확립하는 데 성공하였다.

9. 유고슬라비아

구유고사회주의연방공화국은 슬로베니아, 크로아티아, 보스니아-헤르체고비나, 세르비아, 몬테네그로, 마케도니아 6개 공화국으로 구성되었으며, 세르비아공화국 내에 코소보와 보이보디나의 2개 자치주가 있었다. 구유고연방공화국 내에서 발생한 일련의 사건들은 구유고로부터 독립하여 국가를 형성하고자 하는 세력에 대해 세르비아계 연방정부가 저지하려고 하면서 발생한 것이다. 세르비아-몬테네그로는 유고연방공화국을 창설하고 구유고연방공화국을 승계하였다고 주장하면서 타 세력과 무력충돌을 지속하였다. 이 과정에서 세르비아를 지지하는 각 공화국 내의 민병대들이 분리독립을 저지하기 위해 집단살해를 저지름으로써 보다 복잡한 양상을 띠게 되었다. 이 사태와 관련하여 안보리가 취한 조치들은 다음과 같다. 첫째, 모든 국가에 대해 유고에 대한 무기와 군사장비의 인도에 대해 일반적이고 완전한 금수조치를 부과하였다(결의 제713호). 둘째, UN보호구역에 UNPROFOR(United Nations Protection Force)를 배치하고 보호구역으로부터 유고인민군의 철수를 감독하고 무력공격으로부터 거주민의 보호를 보장하며 난민의 귀환을 돕도록 하였다(결의 제743호). 셋째, 구유고연방공화국은 더 이상 존재하지 않음을 선포하였다(결의 제771호). 동 결의에 따라 UN총회는 유고연방공화국이 새롭게 UN에 가입해야 한다고 결정하였다. 넷째, 보스니아-헤르체고비나공화국 내의 사태가 평화에 대한 위협을 구성한다는 기존 결정을 재확인하고 UN회원국으로서 UN헌장에 규정된 권리를 향유하는 보스니아-헤르체고비나공화국의 영토보전에 대한 위협에 대해 깊은 우려를 표명하였다(결의 제787호). 다섯째, 1991년 이후 구유고영토에서 행해진 국제인도법의 중대한 위반에 대해 책임 있는 자들을 소추하기 위해 국제재판소가 설치되어야 한다고 결정하였다(결의 제808호). 구유고사태는 1995년 11월 21일 보스니아-헤르체고비나의 평화를 위한 일반골격협정(Dayton/Paris협정)이 체결됨으로서 종결되었으며, 안보리는 1996년 10월 1일 결의 제1074호를 통해 유고연방공화국에 대한 제재를 해제하였다.

Ⅰ 서설

1. 개념

평화유지활동에 대한 헌장상의 정의규정은 없으나, 그 활동을 통해 개념을 추출해 보면, 평화유지활동(Peace-Keeping Operations: PKO)이란 군사요원을 포함하되 강제력은 사용하지 않는 활동으로 분쟁지역의 국제평화와 안전을 유지하고 회복하는 것을 돕기 위한 국제연합에 의해 취해지는 제반활동을 말한다.

2. 구별개념

(1) 헌장 제6장 및 제7장상의 조치와의 구별

평화유지활동은 헌장 제6장에 규정된 외교적·사법적 수단에 의해 수행되는 평화창출(peace-making)활동과 구별된다. 또한 헌장 제7장에 규정된 집단안전보장(peace-enforcing)을 위한 활동과도 구별된다. 평화유지활동은 불완전하게나마 현재 존재하는 평화를 유지하려는 목적으로 가지는 것으로서, 이미 파괴된 평화를 회복하고자 하는 것은 아니다.

(2) UN상비체제와의 구별

헌장제정 당시부터 상비군 보유의 필요성을 인식하여 헌장 제43조에 근거를 두었으나 실현되지 못하였다. 1992년 부트로스 갈리는 UN상비군(UN Stand-by Force)을 제안하였으나, 회원국의 반발로 'UN상비체제'(UN Stand-by Arrangements System)라는 보다 현실적인 대안이 추진되고 있다. UN상비체제는 UN회원국이 UN사무국과의 사전협의에 따라 평시 자국의 특정부대와 장비등을 UN상비체제용으로 지정하여 자체적으로 유지하다가 유사시 UN의 요청이 있을 경우 이를 일정시일 내에 UN 측에 제공하는 제도이다. 현재 한국을 비롯하여 88여개국이 참여하고 있다.

(3) 다국적군

UN 평화유지활동이 원칙적으로 분쟁당사자의 동의하에 제한된 범위 내의 무력을 사용하면서 임무를 수행해야 하는 한계가 있음을 고려하여 냉전종식 후 헌장 제7장상의 평화집행에 해당하는 군사조치가 필요한 경우, 강대국들의 주도로 다국적군(multilateral forces)을 구성하는 방식이 적용되고 있다. 다국적군은 일반적으로 평화를 회복시켜 PKO가 가능한 상황을 조성함으로써 그 임무를 완수한다. 다국적군은 통상 UN안전보장이사회의 승인하에 구성되지만, UN의 직접적인 지휘·통제하에 있지 않고 UN예산으로 운용되지 않는다는 점에서 평화유지활동과 구분된다.

3. 취지

평화유지활동은 UN의 집단안전보장체제에 내재된 제도적 흠결을 보완하기 위해 UN의 관행으로 발전되고 오고 있다. 즉, 헌장 제6장에서 예정된 분쟁의 평화적 해결을 위한 방안이 무력화되고 분쟁이 국제평화와 안전의 유지를 위태롭게 할 우려가 있는 단계가 이미 지났음에도 안전보장이사회 상임이사국 간 의견불일치 등의 이유로 헌장 제7장에 의거한 행동이 발동되지 못할 수 있기 때문이다.

4. 연혁

(1) 제1세대 PKO

냉전기의 PKO를 제1세대 PKO(전통적 PKO)라 한다. 전통적 PKO는 ① 분쟁당사자들의 정전합의, ② 중립·불개입 원칙에 따른 PKO 파견에 대한 현지당사자의 동의, ③ 무력불행사, ④ 상임이사국의 참여배제 등의 원칙에 기초하여 활동하였다. 전통적 PKO는 소극적·중립적 태도로 뚜렷한 성과를 달성하지 못했다는 평가를 받는다. 팔레스타인의 UNTSO, 인도·파키스탄의 UNMOGIP, 중동지역의 UNDOF 등이 주요 사례이다.

(2) 제2세대 PKO

1990년을 전후하여 양극적 냉전체제가 붕괴된 이후 UN에 대한 국제사회의 고조되는 관심사에 부응하기 위한 다양한 활동들을 제2세대 PKO라 한다. 목적과 원칙은 제1세대 PKO와 동일하였으나, 보다 다면적 임무를 광범한 지역에서 수행하도록 하기 위해 그 규모와 권한을 보다 확대한 것이 특징이다. 경무장한 군대에 의한 보다 적극적인 병력분리, 동정감시, 무장해제, 무기와 병원의 유입방지, 특정 임무수행의 방해 저지 등으로 군사정세의 안정을 위한 적극적인 활동을 전개하는 한편, 민주정치, 인권보호, 경제부흥을 위한 활동도 전개하였다.

(3) 제3세대 PKO

1992년 6월 UN 사무총장 Boutros-Ghali가 안보리의 요청에 따라 작성한 'An Agenda for Peace(평화에의 과제)'에서 제시된 '더욱 중장비를 갖춘 확대된 평화유지개념'하의 다단계적 평화집행형 활동을 제3세대 PKO라 한다. 제3세대 PKO활동에서는 전통적 PKO에 의해 수립된 원칙의 엄격한 적용으로는 새로운 분쟁상황에 대응할 수 없다는 인식하에 원칙에 수정이 가해졌다. 제3세대 PKO는 국제연합에 의해 전개되는 예방외교(preventive diplomacy), 평화창출(peace-making), 평화재건(post-conflict peace-building) 등 3단계활동과 연계하여 전개되었다.

Ⅱ PKO의 주요 활동 및 원칙

1. 주요 활동

(1) 휴전의 감시와 확인

PKO의 가장 전통적이고 기본적인 기능으로서 통상 경무장한 평화유지군이 분쟁지역에 완충지대를 설정하고, 순찰 등을 통하여 휴전 또는 정전의 이행상황을 감시한다. 제2세대 PKO에서는 외국군대의 철수 감시, 인권상황 감시 등의 기능이 추가되고 있다.

(2) 인도적 구호활동지원

분쟁지역에서의 난민 구호활동에는 군사적 측면의 역할이 중요하다는 인식하에 평화유지군은 인도적 구호활동을 지원하는 임무를 수행한다. 이들은 도로상 지뢰제거·수색·통신서비스제공 등을 통해 구호물자호송을 보호하였다. 1992년의 '제2차 UN 보스니아 평화유지군'(UN Protection Force II: UNPROFOR II)은 인도적 활동지원을 목표로 설치된 최초의 평화유지군이었으며, 같은 해 '제1차 UN소말리아활동단'(UN Operation in Somalia I: UNOSOM I)도 기아지역주민들에 대한 구호활동을 원활히 하기 위한 인도주의적 성격의 임무를 수행하였다.

(3) 무장해제

내전을 종식시키기 위한 포괄적인 정치적 타결에는 교전당사자의 무장해제가 필수적인 과제로 대두되자, UN은 내전종식을 위한 정파 간 협정이 체결되었을 때 신속히 각 정파의 부대를 일정한 지역에 집결시켜 무장해제와 동원해제를 시행하고 감독하는 기능을 평화유지활동에 포함시켰다. 1992년의 'UN 엘살바도로 르감시단'(UN Observer Mission in El Salvador: ONUSAL), 1993년의 '제2차 UN 소말리아활동'(UN Operation in Somalia Ⅱ: UNOSOM Ⅱ)이 주요 사례이다. UNOSOM Ⅱ 사례는 강압적 무장해제는 충분한 군사력을 보유해야만 달성가능함을 보여주는 한편, 무력을 행사하는 것은 PKO의 본래적 목표인 포괄적인 정치적 해결이나 인도적 지원에 지장을 초래할 수 있으므로 신중을 기해야 함을 보여주었다.

(4) 지뢰제거지원

현대 무력분쟁의 특성 중 하나는 지뢰가 대량 사용되고 있다는 점이다. 따라서 지뢰로 인한 인명피해나 국가적 손실을 예방하고, 난민송환 등 인도적 구호활동을 효율적으로 전개하기 위해 PKO는 지뢰제거활동을 전개하고 있다. PKO는 지뢰지대식별이나 제거임무를 직접 또는 민간회사를 통해 수행하거나, 지역주민의 요청에 따라 지뢰제거훈련을 제공하거나 장비를 지원하기도 한다.

(5) 선거실시와 감시

냉전 종식 후 지역분쟁과 내란이 종식됨에 따라 다당제 선거의 실시와 감시는 평화회복과정에서 중요한 부분이 되었다. 이에 따라 UN 평화유지활동은 분쟁지역에서의 선거실시와 감시에 직·간접적으로 관여하고 있다. 이와 관련한 PKO는 세 가지로 나누어지는바, ① 선거관리당국에 대한 기능적 지원(교통·통신 지원), ② 선거관리당국의 인원·시설장비의 보호, ③ 선거절차를 감시하고 지원하는 역할을 한다.

(6) 예방적 조치

1992년 부트로스 갈리 UN사무총장의 'An Agenda for Peace'에 '예방적 배치'(preventive deployment) 개념이 제시되었다. 예방적 배치는 평화에 대한 위협이 될 수 있는 사태의 추이를 감시·보고하는 역할을 수행하는 것이다(1995년 UN마케도니아예방배치단).

2. 활동 원칙

UN평화유지군의 효시인 'UN긴급군'(UNEF) 창설 당시 다그 함마슐드 UN사무총장에 의해 제시된 이후 수정을 거쳐 다음의 5개 원칙으로 정착되었으나, 현재는 UNPKO의 관행상 다소 탄력적으로 해석되는 경향이 있다.

(1) 당사자 동의 원칙

평화유지활동은 원칙적으로 분쟁당사자들의 동의(consent)가 있을 경우에만 설립·배치될 수 있고, 실제로 분쟁당사자들로부터 지속적인 동의와 협력을 받아야만 임무를 성공적으로 수행할 수 있다. 당사자들의 비지속적(sporadic) 동의나 부분적(partial) 동의의 경우 평화유지활동의 목적달성가능성이 낮다. 단, 당사자 동의의 원칙은 분쟁당사자의 확인이 어렵거나 다수의 분쟁당사자가 존재하는 경우에는 당사자 대부분의 동의하에 평화유지군이 배치되기도 한다(구유고슬라비아 또는 소말리아).

(2) 중립성의 원칙

평화유지활동은 분쟁당사자 사이에서 중립성을 유지해야 하며, 분쟁당사자들의 입장이나 주장에 대해 편견을 갖지 않고 객관적이며 공정한 기준하에서 임무를 수행해야 한다. 그러나, 최근에는 중립성 원칙이 보다 탄력적으로 해석되는 관행도 있다. 분쟁당사자 중 일방은 평화유지활동에 협조적이나 타방이 이를 방해하는 경우, 쌍방에 대해 중립과 공평을 유지하는 것은 형평에 어긋난다고 평가되기 때문이다.

(3) 무력불사용의 원칙

평화유지활동에서 무력사용은 자위(self-defence)를 위하여 필요한 최소한의 수준으로 한정된다. 이는 원칙적으로 분쟁당사자의 동의 속에 중립성을 유지하는 가운데 임무를 수행하므로, 무력사용의 필요가 거의 없다는 전제에서 경무장한 상태로 활동하기 때문이다. 그러나, 냉전종식 이후 평화유지군의 활동이 인도적 구호활동이나 무장해제와 같은 역할로 확대되고, 부분적 동의에 기초해서도 활동하게 됨에 따라 무력불사용원칙이 보다 탄력적으로 적용되고 있다. 무장세력이 인도적 구호활동을 방해하는 경우 사실상 활동이 불가능하기 때문이다. UN사무국은 '자위목적의 경우 또는 무장한 자가 평화유지군의 임무수행을 저지하는 경우 최소한의 무력을 사용할 수 있다'고 보고 있다.

(4) 자발적 파견의 원칙

평화유지활동은 UN의 강제조치와 달리 UN회원국에 대해 강제적으로 요구되는 조치가 아니라 참가국의 의사에 따라 결정되는 자발적 조치이다. 평화유지군은 중소·중립국가의 자발적 파견에 의해 구성되는 것을 원칙으로 한다.

(5) UN사무총장의 평화유지활동 관장 원칙

Ⅲ PKO의 법적 근거

1. 학설

(1) 헌장 제40조

헌장 제40조는 안보리가 헌장 제39조에 규정된 권고를 하거나 조치를 결정하기 전에 필요하거나 바람직하다고 인정되는 조치에 따르도록 관계당사자에게 요청할 수 있다고 규정하고 있다. 이 견해는 PKO는 잠정조치로서 안보리가 평화유지활동에 참여할 것을 요청하는 경우 회원국이 이에 응함으로써 이루어진다고 본다. 그러나 잠정조치의 상대방은 '분쟁당사국'이므로 분쟁당사국 이외의 모든 UN회원국을 상대로 하는 PKO 참가 요청의 법적 근거가 될 수 없다.

(2) 헌장 제25조

모든 회원국들은 안보리의 결정에 따라야 한다는 동 규정에서 근거를 찾는 견해다. 그러나, 안보리는 특정지역에 PKO 파병을 결정할 수는 있으나, 회원국에 대해서는 단지 '요청'하거나 '권고'할 수밖에 없다는 점에서 한계가 있다.

(3) PKO 참여에의 권고

안보리는 '국제평화와 안전의 유지를 위한 제1차적 기관'임을 규정한 제24조에 기초하여, 총회의 경우는 헌장의 범위 내의 여하한 상황에 대해서도 권고할 수 있는 일반적 권한(제10조)에 기초하여 권고권을 갖고 있으므로 이러한 권고에 기초하여 PKO를 창설할 수 있다는 견해이다.

2. ICJ의 견해

1962년 ICJ는 UN경비에 관한 권고적 의견에서 총회는 평화적 조정에 관한 권고규정인 제14조를, 안전보장이사회는 안보리의 보조기관 설치권한을 규정한 제29조를 근거규정으로 판시하였다.

3. 소결

헌장 제10조 및 제14조에 규정된 총회의 권고권한, 제24조에서 해석상 도출되는 안전보장이사회의 권고권한이 진정한 법적 근거라 보는 것이 타당하다. 평화유지활동은 이러한 권고에 기초하여 회원국의 자발적인 협력으로 집행되는 것이라 본다.

Ⅳ PKO의 구성과 법적 지위

1. 평화유지군의 구성 및 지휘체계

평화유지군의 편성을 최종적으로 결정할 권한은 UN에 있다. 평화유지활동의 중립적 성격을 보장하기 위해 5대 상임이사국과 특수이해관계국의 병력은 편성에서 제외된다. 평화유지군은 UN의 배타적 지휘하에 놓여지며 사무총장의 지휘를 받는다. 국별 파견부대는 UN군으로 통합되며, 통일사령부의 지휘하에 국제적인 임무를 수행한다.

2. 평화유지군의 특권면제

평화유지군은 UN헌장 제104조 및 제105조, UN의 특권면제에 관한 조약에 기초하여 그 임무 수행 및 목적 달성에 필요한 특권 및 면제를 향유한다.

Ⅴ 한국과 PKO[3][4]

1. 한국의 PKO 참여 취지

한국은 1993년 '제2차 UN소말리아 활동단'(UNOSOM Ⅱ)에 참여한 이래 다양한 PKO에 참여하고 있다. PKO에 한국이 참여하는 이유는 첫째, 한국이 국제평화와 안전의 유지에 기여함으로써 국제사회에서 중견국가로서의 위상을 높이고, UN 내에서 역할을 확대해 나갈 수 있다는 점을 고려한 것이다. 둘째, 한국은 한국전쟁과 이후 복구과정에서 UN의 군사적 · 경제적 지원을 받았으므로 이에 대한 보답으로 UN 평화유지활동에 적극적으로 참여해야 한다는 것이다. 셋째, 한국군의 국제화에 기여한다.

2. PKO 참여 사례

1993년 UNSOM II에 250명 규모의 공병부대인 '상록수부대'를 파견하였다. 1994년에는 'UN 서부사하라선거 지원단'(MINURSO)에 40명 규모의 의료부대를 파견하였으며, 1995년 '제3차 UN 앙골라검증단'에 200명 규모의 공병부대를 파병하였다. 한편, 1999년에는 최초로 419명 규모의 전투병력이 동티모르에 파견되었다.

---

3) 다양한 PKO 관련 사례에 대해서는 이중범 외 959–971면에 상세하게 소개되어 있음.
4) 한국의 PKO 사례는 오윤경 외 667–670면을 참조함.

Ⅵ 결론 – PKO의 문제점과 입법론

UN PKO는 UN의 집단안전보장제도가 사실상 효력이 정지되어 있는 UN헌장체제에서 국제평화와 안전의 유지를 제1의 목표로 하는 UN의 기능을 효과적으로 보완하고 있는 제도라 볼 수 있다. 그러나 PKO는 내란에 대한 과도한 개입, 재원부족으로 인한 불충분한 활동, 국가들의 정치적 고려로 인한 적시개입의 한계 등의 문제를 안고 있다. 내란(국내문제)에 대한 개입문제에 대해서는 부트로스 갈리가 제시한 바와 같이 (1) 당국의 요청이 있거나, (2) 무정부상황이거나, (3) 집단살해가 발생한 경우 등 세 가지로 제한될 필요가 있다. 또한 적시개입을 위해서는 UN상비군체제가 효율적으로 작동할 수 있어야 할 것이다. 이를 위해서는 국가들의 의지가 중요할 것이다. 한국 역시 한국의 안보를 위태롭게 하지 않는 한 적극적인 평화유지활동을 통해 한국 및 한국군의 위상을 높여가고 UN회원국으로서 UN의 목적 달성에 기여해야 할 것이다

제6절 국제기구의 특권과 면제

Ⅰ 의의

국제기구의 특권과 면제란 국제기구 또는 국제기구 소속 공무원이 회원국 또는 제3국의 재판관할권으로부터 또는 그 재산이 법정지국의 강제집행권으로부터 면제되는 것을 의미한다. 국제기구의 특권과 면제는 설립조약 또는 별개의 특별협정을 통해 인정되고 있다.

Ⅱ 국제기구 특권과 면제에 대한 일반론

1. 연원

국제기구가 국제법의 주체로 등장한 것은 비교적 최근 현상이기 때문에 국제기구의 면제에 관한 관습법규를 거론하기는 어렵다. 이 문제는 대체로 국제기구의 설립조약이나 별도 이행조약에 의해 규율된다. 따라서 국제기구가 비회원국에 대해 면제를 권리로서 주장하기는 어렵다.

2. 국적국으로부터의 면제

국제기구에 고용된 공무원은 출신국가의 이익을 대변하는 자들이 아니라 소속기구에 대해 충성의무를 지고 국제적 임무를 수행하는 자들이다. 따라서 국적국가에 대해서도 면제를 주장할 수 있다.

3. 면제의 범위

국제기구의 면제에서는 국가면제에서 인정되는 권력적 행위와 비권력적 행위의 구분이 면제범위를 결정함에 있어서 직접적인 관련성은 거의 없다. 국제기구의 면제의 범위를 결정하는 기준은 '문제가 되는 행위가 조약에서 부여받은 직무를 수행하기 위한 것인가'이다. 어떤 활동이 기구 설립조약상의 직무를 수행하기 위한 것이라면 면제가 인정되나, 기구의 목적과 직무에서 벗어난 경우 면제를 인정받지 못한다. 기구의 영리활동의 경우 어느 범위까지 그 직무의 범위 내의 것으로서 조세를 부과하거나 상업적 활동을 규제할 소재지국의 관할권행사로부터 면제되는지는 명확하지 않다. 'European Molecular Biology Laboratory v. Germany 사건'에서 중재재판소는 면제의 범위를 확정함에 있어서 무엇보다 활동의 '목적'이 중요하다고 하였다. 이러한 관점에서 카페테리아의 운영과 방문객의 수용을 포함한 과학회의의 조직은 적어도 영리지향적이 아닌 범위 내에서는 목적에 부수되는 것으로 간주된다고 판시하였다.

4. 국제기구 공무원과 국제기구 상호 간 소송에서 면제의 문제

국제기구 소속 공무원이 고용주인 국제기구를 상대로 소재지 국가의 재판소에 고용관련 소송을 제기하는 경우 당해 기구는 면제를 향유하는가? 유럽인권재판소는 'Beer and Regan v. Germany 사건'에서 독일이 유럽우주국(European Space Agency)에 대해 면제를 인정한 것이 유럽인권협약을 위반한 것은 아니라고 판시하였다. 유럽인권재판소는 국제기구에게 면제를 부여하는 것이 유럽인권협약하에서 허용될 수 있는지를 결정함에 있어서 중요한 요소는 개인들이 협약 하의 자신들의 권리를 보호하는 데 '합리적인 대체수단'을 가지고 있는지 여부라고 하였다.

Ⅲ UN의 특권과 면제5)

1. 면제의 범위

UN과 UN재산은 모든 소송으로부터 면제된다. 즉, UN과 UN재산에 대해서는 절대적 면제가 부여되며 제한적 면제론은 적용되지 않는다. UN은 직접세와 관세로부터 면제되며, UN직원은 봉급에 대한 과세로부터 면제된다.

2. UN사무총장 및 직원

UN사무총장과 사무차장들은 국제법에 따라 외교사절에게 주어지는 재판관할권의 면제를 향유한다. 그 배우자와 미성년의 자녀에 대해서도 같은 면제가 부여된다. 다른 UN직원은 공적행위, 즉 공적자격으로 행한 구두 또는 서면에 의한 진술 및 모든 행동에 관해서만 소송으로부터 면제된다. UN을 위한 임무를 수행하는 직원 이외의 전문가에게는 그 임무에 관련되는 여행에 드는 시간을 포함하여 임무기간 중 직무를 독립적으로 수행하기 위하여 필요한 면제가 주어지며, 특히 임무수행 중에 행한 구두 또는 서면에 의한 진술과 행동에 관한 면제는 UN임무를 수행하지 않더라도 유지한다.

---

5) 'UN의 특권과 면제에 관한 협약'의 주요 내용을 정리한다.

3. 면제의 포기

UN사무총장은 직원 및 전문가에게 주어지는 면제가 사법의 진행을 저해하고 있으며 또한 UN의 이익을 침해하지 않고 포기될 수 있다고 생각하면 그들의 면제를 포기할 권리 및 의무를 가진다. 사무총장의 경우에는 안전보장이사회가 그 면제를 포기할 권리를 가진다.

4. UN회의에 참석하는 회원국 대표의 면제

UN회의에 참석하는 회원국 대표들은 외교관과 거의 동일한 면제와 특권을 향유한다. 단, 소송으로부터의 면제는 공적행위, 즉 그 임무수행 중 및 회합장소로의 왕복 여행 중에 대표자의 자격으로 행한 구두 또는 서면에 의한 진술 및 모든 행동에 대해서만 적용되며, 개인수하물에 대해서는 관세가 면제된다.

기출 및 예상문제

1. 대규모의 재난이 발생한 A국에 B국 군인들로 구성된 UN평화유지군이 파병되었다. 위의 UN평화유지군이 파병된 기간 동안 A국에 심각한 전염병이 발생하여 A국 국민 수천 명이 사망하거나 후유장애를 앓았다. 사실 조사 결과 B국 UN평화유지군의 업무상 부주의로 인하여 전염병이 발생했음이 밝혀졌다. 다음 물음에 답하시오. 〔2017외교원〕

   (1) A국이 UN을 상대로 국제법상 책임을 추궁할 수 있는지 여부를 논하시오. (15점)

   (2) A국이 B국과 UN회원국을 상대로 국제법상 책임을 추궁할 수 있는지 여부를 논하시오. (15점)

2. A국 국적의 국제연합 인권이사회(UN Human Rights Council) 특별보고관 X는 B국의 인권상황을 조사하던 중 B국 언론과의 인터뷰를 하였다. X는 인터뷰에서 인권침해와 관련 있는 B국의 두 기업의 대표이사들을 비난하는 발언을 하였고 이러한 내용이 신문에 보도되었다. B국의 두 기업의 대표이사들은 X의 발언 내용이 명예훼손에 해당한다고 주장하며 B국의 법원에 손해배상 소송을 제기하였다. 이에 대하여 국제연합 사무총장은 해당 특별보고관의 지위를 확인하고 B국의 법적 절차로부터 면제를 향유한다는 각서를 보냈다. 그러나 B국 법원은 X가 주권기관이나 전임외교관이 아니며 단지 무급의 비전업 정보제공자에 불과하기 때문에 자국의 재판관할권으로부터 면제되지 않는다고 하였다. 이에 국제연합 총회는 인권이사회 특별보고관 X가 특권과 면제를 향유할 수 있는지에 관한 권고적 의견(advisory opinion)을 국제사법재판소(ICJ)에 요청하였다. A국과 B국은 국제연합헌장과 국제연합의 특권과 면제에 관한 협약의 당사국이다. 다음 물음에 답하시오. 〔2016행시〕

   (1) X가 B국 법원의 재판관할권으로부터 면제되는지 여부에 대해서 논하시오. (20점)

   (2) B국 법원은 ICJ의 권고적 의견을 준수하여야 하는지에 대해서 설명하시오. (10점)

제2장 | 유럽연합(EU)

제1절 총설

I 서설

1951년 유럽석탄철공동체(ECSC) 창설 이후 유럽통합의 역사는 부침을 거듭해 왔으나 길게 보면 하나의 단일한 정치공동체 형성을 목표로 점진적으로 발전해 온 역사라고 평가할 수 있을 것이다. 그러나 현재까지 유럽국가들이 단일한 '연방국가(federal state)'를 구축했다고 보기는 어렵다. 그렇다고 해서 유럽연합이 국제연합(UN)과 같이 단순히 정부 간 국제기구(IGO)의 수준에 머물러 있다고 볼 수도 없다. EU는 회원국의 입법부, 사법부 및 회원국 국민과도 직접적인 관계를 맺고 있고 이들에 대해 자신의 의사를 강제할 수 있는 제도적 장치들을 갖추고 있기 때문이다. 요컨대 EU는 그 자체로서 완성된 국가공동체가 아니라 여전히 연방을 향해 형성과정에 있는 자율적 성격의 법치공동체라고 볼 수 있을 것이다. 유럽연합에 관한 다양한 논점들을 정리한다.

II 발달사

1. EU 창설 이전

유럽공동체의 역사는 1951년 유럽석탄철강공동체설립조약(Treaty Establishing the European Coal and Steel Community, ECSC) 체결에서 시작되었으며, 1957년 유럽경제공동체창설조약(Treaty Establishing the European Economic Community, EEC)과 유럽원자력공동체창설조약(Treaty Establishing the European Atomic Energy Community, Euratom 또는 EAEC) 체결로 확대되었다. 각각 별개의 법인격을 지녔던 세 공동체는 1957년 체결된 '유럽공동체들에게 공통되는 일정 기관에 관한 협약'(Convention on Certain Institutions Common to the European Communities)에 의해 단일 의회 및 단일 재판소를 갖게 되었으며, 1965년 체결된 '유럽공동체의 단일 이사회와 단일 집행위원회를 설립하는 조약'을 통해 단일 이사회와 단일 집행위원회를 갖게 되었다. 1986년 체결된 '단일유럽의정서'(Single European Act)는 유럽의 정치협력을 조약화하고, EEC설립조약을 개정하여 1993년 1월 1일까지 역내시장(internal market)을 완성하며, 제1심 재판소(The Court of First Instance) 설치권한을 이사회에 부여하고, EEC의 입법절차에 있어서 '협력절차'를 도입하였다.

2. 유럽연합조약(1992.2.7. 서명, 1993.11.1. 발효)

유럽연합조약(Treaty on European Union: EU조약 또는 TEU)은 마스트리히트조약(Maastricht Treaty)이라고도 한다. 주요 내용은 다음과 같다. 첫째, 그 자체로 법인격은 갖지 않는 EU를 창설한다. 둘째, EU산하에 종래의 3개 공동체(제1기둥), 공동외교안보정책(A Common Foreign and Security Policy, 제2기둥), 사법 및 내부 분야에서의 협력(Cooperation in the Fields of Justice and Home Affairs, 제3기둥)을 중심으로 하는 '三柱體制'(three-pillar system)를 구축한다. 셋째, EEC를 EC(European Community)로 개명한다. 넷째, EU시민권 개념을 도입한다. 다섯째, EC에 '보충성 원칙'(principle of subsidiarity)을 일반 원칙으로 도입한다. 여섯째, 제1기둥 EC체제 내에서 '경제통화동맹'(economic and monetary union)을 점진적으로 도입한다.

3. 암스테르담조약(Treaty of Amsterdam Amending the TEU)(1997.10.2. 체결, 1999.5.1. 발효)

암스테르담조약을 통해 유럽연합회원국들은 EU조약과 3개 유럽공동체설립조약을 개정하였다. 첫째, EU조약과 EC설립조약 규정들의 번호를 새로 매긴다. 둘째, '협력절차'는 경제통화동맹을 제외한 모든 분야에서 폐지하고 간소화된 '공동결정절차'로 대체하였다. 셋째, EU 제3기둥의 일부 내용을 EC설립조약 제3부 제4편으로 이전하고, 제3기둥의 명칭을 '형사문제에 있어서 경찰 및 사법협력'으로 바꾸어 Europol을 통한 경찰협력, 범죄인인도 등의 사법협력에 집중한다. 넷째, 회원국들 간의 공동국경에서 검문의 점진적 폐지에 관한 셍겐협정과 이들 협정에 기초하여 채택된 관련 협정 및 규정들을 총칭하는 'Schengen acquis'를 EU의 틀 속에 편입시키기 위한 의정서를 채택하였다. 다섯째, EU에 조약체결권을 줌으로써 법인격을 부여하였다. 여섯째, 제재조항을 도입하였다. 기본적 인권을 중대하고 완강하게 위반하는 회원국에 대해서는 투표권을 포함한 일정 권리의 정지를 부과할 수 있게 하였다.

4. 니스조약(2001.2.26. 서명, 2003.2.1. 발효)

니스조약(Treaty of Nice Amending the TEU, the Treaties Establishing the European Communities and Certain Related Acts)은 2000년 12월 유럽연합(EU) 15개국 정상들이 프랑스 남부도시 니스에서 신규 회원국의 가입과 유럽연합의 확대에 따른 제도개혁에 관해 합의한 조약이다. 조약의 주요 내용은 다음과 같다. 첫째, 유럽연합이사회에서 만장일치의 적용범위를 축소하고 가중다수결 제도를 채택하였다. 둘째, 유럽연합의 집행기관인 유럽위원회의 위원수를 20명으로 제한하고, 현재 2명의 위원을 보유하고 있는 5개 회원국이 자국 위원을 2005년까지 1명으로 감축하되, 이후 신규 회원국의 수가 증가하게 되면 순번제를 도입해 회원국들이 번갈아 가며 위원을 보유하도록 하였다. 셋째, 중동부유럽(CEE)의 신규 회원국 가입을 위한 제도적 개혁에 대해 합의하였다.

5. 유럽헌법조약과 리스본조약(2007.12.13. 채택, 2009.12.1. 발효)

유럽헌법조약이 2004년 6월 채택되었으나 발효되지 않았다. 주요 내용을 보면 EU대통령직을 신설하여 EU를 대표하는 역할을 한다. 둘째, EU외무장관직을 신설하여 공동외교안보정책을 담당한다. 셋째, 유럽의회 의석을 조정하고 권한을 강화한다. 입법과정에서 유럽의회의 공동결정권한을 확대하고 유럽위원장 및 위원에 대한 임명동의권을 부여한다. 소규모 국가의 의석을 4석에서 6석으로 상향조정하고 한 국가의 최대의석은 96석으로 제한한다. 넷째, 신속한 의사결정을 위해 가중다수결을 도입한다. 다섯째, 니스 정상회의에서 채택된 기본인권헌장을 유럽헌법 제2부에 포함하여 법적 구속력을 부여한다. 여섯째, EU 탈퇴규정을 둔다.

한편, 유럽헌법조약의 비준이 무산된 이후 유럽헌법 제정 시도를 포기하고 기존 조약을 다시 수정한 것이다. 2007년에 채택되었으며 개정조약(Reform Treaty)이라고도 한다. 리스본조약은 암스테르담조약과 니스조약에 명시된 EU의 효율성과 민주적 정당성을 강화하기 위한 것으로서 EU 이사회의 가중다수결 도입, 집행위원회 인원을 27명에서 18명으로 감축, EU 정책 수행에 단합성을 보여주기 위해 유럽이사회 상임의장과 공동외교안보정책 고위 대표 체제 창설 등의 내용을 담고 있다. 상임의장의 임기는 30개월이며, 1회 재선될 수 있다. 그 밖에도 회원국이 유럽이사회에 통보를 하고 EU를 탈퇴할 수 있는 권한을 명시하고 있으며 기후변화와 지구온난화에 대한 내용을 담고 있다.

Ⅲ EU일반론

1. EU의 정의(定義)와 법인격

EU는 동일한 법적 가치를 갖는 'Treaty on European Union(TEU:EU조약)'과 'EU기능조약'에 기초하고 있으며 두 조약은 EU설립조약에 해당한다. EU는 EC를 대체하고 승계하였으며, 법인격(legal personality)을 가진다. 한편, Euratom설립조약은 EU조약과 EU기능조약에 부합되도록 개정되어 계속 존속하고 있다.

2. EU의 가치와 목표

EU의 가치는 인간의 존엄성 존중, 자유, 민주주의, 평등, 법의 지배 및 인권존중이며, EU의 목표는 평화, EU의 다양한 가치 및 EU 국민들의 복지를 증진하는 것이다.

3. EU시민권

EU시민권의 개념은 유럽연합조약(TEU)에서 도입되었으며 EU기능조약에도 승계되고 있다. EU회원국 국적을 가진 모든 사람은 EU시민이 된다. EU시민권은 국내시민권에 추가되는 것으로서 이를 대신하는 것은 아니다. EU기능조약에 의하면, EU시민권자는 회원국들 영토 내에서의 자유로운 이동과 주거의 권리, 타회원국 지방선거에서의 선거권과 피선거권, 타회원국에서 실시되는 유럽의회선거에서의 선거권과 피선거권, 해외에서 타회원국 외교 및 영사 관헌의 보호를 받을 권리 등을 갖는다.

4. EU의 권한

(1) 기본 원칙

EU의 권한 및 행사에 있어서 파생적 권한의 원칙, 보충성의 원칙 및 비례의 원칙이 기본 원칙으로 적용된다. 파생적 권한의 원칙(principle of conferral)이라 함은 EU의 제조약에서 제시된 제목표를 달성하기 위하여 그들 조약에서 회원국들로부터 부여받은 권한의 범위 내에서만 행동한다는 원칙을 말한다. 따라서 제조약에서 EU에 부여하지 않은 권한은 여전히 회원국들이 갖는다. 보충성의 원칙(principle of subsidiarity)과 비례의 원칙(principle of proportionality)은 EU가 회원국들로부터 부여받은 권한을 사용함에 있어서 적용되는 원칙이다. 보충성의 원칙이란 EU는 자신의 배타적 권한(exclusive competence)에 속하지 않는 영역에서, 제안된 행동의 목표를 회원국들이 충분히 달성할 수 없고, 그 제안된 행동의 규모나 효과로 인하여 EU 차원에서 더 잘 달성할 수 있는 경우에만 행동함을 의미한다. 비례의 원칙이란 EU의 행동은 그 내용과 형식에 있어서 제목표를 달성하는 데 필요한 정도를 초과해서는 안 된다는 것을 말한다.

(2) 권한의 유형

리스본조약에 의하면, EU의 입법권은 회원국의 입법권과의 관계에 있어서 세 유형, 즉 배타적 권한, 경합적 권한, 지지·조정·보충적 권한으로 구분된다. EU에 배타적 입법권이 부여된 경우 EU만이 입법권을 행사할 수 있고 각 회원국은 EU로부터 권한을 부여받거나 EU행위의 이행을 위한 경우에만 입법권을 가질 수 있다. 관세동맹, 역내시장의 운영을 위해 필요한 경쟁체제의 수립, 유로화를 사용하는 회원국들을 위한 통화정책, 공동통상정책 등이 여기에 해당한다. 한편, EU에 경합적 권한이 부여된 문제의 경우 EU뿐 아니라 각 회원국도 입법을 할 수 있다. 그러나 이는 EU와 회원국이 동시에 입법을 할 수 있다는 의미가 아니다. 회원국들은 EU가 관련 권한을 행사하지 않고 있거나, 이미 행사된 권한의 행사를 중단하기로 결정한 경우에만 경합적 입법권을 행사할 수 있다. 이는 기존의 '선매이론(先買理論)'(preemption doctrine)을 규정한 것이다. 경합적 권한의 범위는 배타적 권한과 지지·조정·보충적 권한에 해당하지 않는 분야로서 역내시장, 사회정책, 농업 및 어업, 환경, 소비자보호, 운송, 에너지 등이 포함된다. 또한, EU는 회원국들의 행동을 지지·조정·보충하기 위한 행동을 수행할 권한을 갖는다. 인간건강의 보호 및 증진, 산업, 문화, 관광, 시민의 보호, 행정협력 등이 이에 해당한다.

5. EU회원국의 지위

(1) 가입

EU에는 EU의 제가치를 존중하고 이들을 증진할 것을 약속하는 모든 유럽국가들에게 가입이 허용된다. EU가입 희망국은 신청서를 이사회에 제출하며, 이는 유럽의회와 회원국 국내의회에 통고된다. 이사회는 집행위원회의 의견 및 유럽의회의 동의를 얻은 후 전원일치로 행동한다. 가입조건과 기타 조정사항은 EU 회원국들과 후보국 간 협정의 대상이 되며, 이 협정은 각 체약국의 비준을 요한다.

(2) 탈퇴

EU회원국은 EU로부터 탈퇴할 수 있다. 탈퇴하기로 한 회원국은 이를 유럽이사회에 통고하며, 당해 국가는 이사회와 탈퇴협정을 체결한다. EU조약은 탈퇴협정이 발효한 날부터 또는 탈퇴협정이 없는 경우 탈퇴 통고한 날로부터 2년 후에 탈퇴국에 대해 적용되지 않는다. 2년의 기간은 유럽이사회와 회원국과의 합의에 의해 연장될 수 있다.

6. EU의 법적 행위의 종류

EU 입법행위는 과거 EC와 같이 명령(regulations), 준칙(directives), 결정(decisions), 권고(recommendations), 의견(opinion)으로 구분되며, 권고와 의견은 법적 구속력이 없다. 결정의 경우 수범자가 특정된 경우 당해인에게만 구속력이 있다.

7. EU의 입법절차

(1) 보통입법절차와 특별입법절차

보통입법절차(ordinary legislative procedure)란 유럽의회와 이사회가 집행위원회로부터의 제안에 기초하여 명령, 준칙 또는 결정을 공동채택(joint adoption)하는 것을 말한다. 특별입법절차(special legislative procedure)란 제조약에 규정된 특정 경우들에 있어서 유럽의회가 이사회의 참여와 함께 명령, 준칙 또는 결정을 채택하는 것을 말한다.

(2) 위임입법

입법적 행위에 있어서 일부 비본질적 요소를 보충하거나 개정하기 위하여 일반적용성을 갖는 비입법적 행위를 채택할 권한을 집행위원회에 위임할 수 있다. 위임입법은 모법(母法)을 보충 또는 개정할 수 있으나 조건이 있다. 즉, 권한위임의 목표, 내용, 범위 및 존속기간이 입법적 행위에 명시적으로 정의되어야 하며, 본질적 요소는 권한위임의 대상이 될 수 없다. 또한 입법적 행위는 위임의 조건을 명시적으로 수립해야 한다. 조건에는 유럽의회나 이사회의 취소, 소정의 기한 내에 유럽의회나 이사회가 이의를 표명하지 않은 경우에만 발효할 수 있다는 것 등이 포함될 수 있다.

(3) 공표와 발효

보통입법절차에 의해 채택된 입법적 행위는 유럽의회 의장과 이사회 의장이 서명한다. 그 밖의 입법적 행위는 그것을 채택한 1차 기관의 의장이 서명한다. 모든 입법적 행위는 EU관보(官報, Official Journal)에 공표되며 동행위에 명시된 일자에 발효하나, 일자가 없는 경우 발효후 20일째 되는 날에 발효한다. 명령, 준칙, 결정의 형식으로 채택된 비입법적 행위는 그것을 채택한 1차 기관의 의장이 서명한다.

8. EU의 조약체결권

EU는 EU조약이나 EU기능조약에 규정이 있거나, 제조약에 언급된 목표달성을 위해 필요한 경우 제3국 또는 국제기구와 협정을 체결할 수 있다. EU가 체결하는 조약은 EU의 기관들과 회원국들에게 구속력이 있다.

Ⅳ EU의 주요 기관

1. 서설

EU의 기관은 크게 '1차기관(institutions)'과 '2차기관(bodies)'로 나뉜다. 리스본조약에 의하면, 전자에는 유럽의회(European Parliament), 유럽이사회(European Council), 이사회(Council), 유럽집행위원회(European Commission), EU사법재판소(Court of Justice of the European Union), 유럽중앙은행(European Central Bank), 감사원(Court of Auditors) 등이 있다. 1차 기관은 입법권을 가지고 있고, 유럽재판소에서 당사자적격을 향유하며, 그 행위는 선결적 부탁의 대상이 된다. 2차 기관은 유럽의회, 이사회 및 집행위원회에 대한 자문기능을 수행하며 경제사회위원회(Economic and Social Committee), 지역위원회(Committee of the Regions), 유럽투자은행(European Investment) 등이 있다.

2. 유럽의회

유럽의회는 EU시민들의 대표로 구성되며, 의원총수는 의장 외에 750명을 넘을 수 없다. 회원국 간 의석할당은 '체감비례대표'(degressively proportional representation) 원칙을 적용하여 국가 간 인구비례를 원칙으로 하되 어떤 회원국도 96석을 넘을 수 없고 아무리 작은 국가도 최소 6석은 보장받는다. 유럽의회는 이사회와 공동으로 입법 및 예산기능을 수행하며, 제조약에 규정된 바에 따라 정치적 통제와 협의기능을 수행한다. 또한 집행위원회 의장을 선출한다. 의원의 임기는 5년이며, 출신국별로 행동하지 않고 '정치단체'(political group)를 형성하여 행동한다. 유럽의회의원은 원칙적으로 국내의회 의원을 겸직할 수 있으나 겸직이 금지되는 직책도 있다.

3. 유럽이사회

유럽이사회는 회원국의 국가 또는 정부 수반과 유럽이사회 의장 및 집행위원회 의장으로 구성된다. 유럽이사회 의장은 리스본조약에서 신설되어 구성원으로 포함되었다. 유럽이사회 의장은 EU의 공동외교안보정책에 관련된 문제에 있어서 EU를 대외적으로 대표한다. 유럽이사회에서 가중다수결로 선출되며 임기는 2년 6개월이고 1차에 한해 연임할 수 있다. 유럽이사회는 EU의 발전을 위해 필요한 자극을 제공하고, EU의 일반적인 정치적 방향과 우선순위를 분명히 하는 것이 그 기능이다. 유럽이사회의 결정은 컨센서스가 원칙이나 가중다수결이나 만장일치가 적용되는 경우도 있다. 유럽이사회의장과 집행위원회 의장은 표결에 참여하지 않는다.

4. 이사회

이사회는 각 회원국의 장관급 대표로 구성되며 유럽의회와 공동으로 입법 및 예산 기능, 그리고 제조약에 규정된 바에 따라 정책형성과 조정기능을 수행한다. 이사회 의장직은 두 부류로 구분된다. 외무이사회(Foreign Affairs Council)의 의장은 'EU외교안보정책 고등대표'가 맡으며, 외무이사회를 제외한 다른 이사회 의장직은 회원국 대표들이 돌아가며 맡는다. 이사회 결정은 제조약에서 특별히 정한 바가 아닌 한 가중다수결(qualified majority)로 의결한다.

5. 유럽집행위원회

유럽집행위원회는 의장, EU외교안보정책 고등대표, 부의장, 위원으로 구성된다. 집행위원장은 유럽이사회가 제안하여 유럽의회에서 선출하며 임명은 유럽이사회가 한다. 나머지 세 구성원은 유럽이사회가 임명권을 행사한다. EU외교안보정책 고등대표는 유럽이사회가 집행위원회 의장과 합의하여 임명하며 그는 집행위원회 부의장(Vice-Presidents) 중의 한 명이다. 리스본조약 발효 이후 2014년 10월 31일 사이에 임명되는 집행위원회는 의장, EU외교안보정책 고등대표 및 각 회원국 국민 1인으로 구성된다. 그러나 2014년 11월 1일부터는 의장, EU외교안보정책 고등대표를 포함하여 회원국 전체 2/3에 상응하는 위원으로 구성되므로 모든 회원국이 집행위원을 낼 수 없다. 따라서 회원국 간 순번제에 기초하여 위원을 배출하게 된다. 집행위원의 임기는 5년이다. 집행위원회는 초국가적 기관으로서 제조약과 EU 1차 기관들이 채택한 조치의 적용을 확보하고 EU사법재판소의 통제 아래 EU법의 적용을 감독하는 것이다. EU의 입법적 행위는 제조약에서 달리 규정한 경우를 제외하고 집행위원회의 제안(proposal)에 기초해서만 채택할 수 있다.

6. EU사법재판소

리스본조약에 의하면 EU사법재판소는 사법재판소 또는 유럽재판소(Court of Justice), 일반재판소(General Court), 전문재판소들(specialised courts)로 구성된다. EU사법재판소들은 제조약을 해석하고 적용함에 있어 법이 준수됨을 확보하는 것이 임무이며, 사법재판소는 각 회원국으로부터 한 명의 재판관으로 구성된다. 일반재판소는 회원국당 적어도 한 명의 재판관을 포함한다. 사법재판소 및 일반재판소의 재판관 임기는 6년이며 회원국정부의 일치된 합의에 의해 임명되며, 재임명될 수 있다.

7. 유럽중앙은행

유럽중앙은행은 국내중앙은행들과 함께 유럽중앙은행체제를 형성한다. 유럽중앙은행은 '유로'를 통화로 하는 회원국들의 국내중앙은행과 함께 EU의 통화정책을 수행한다. 유럽중앙은행은 법인격을 가지며, 유로발행에 대한 독점적 권한을 갖는다.

8. 회계감사원

감사원은 EU의 모든 수입과 지출 내력을 검사하는 1차기관이다. 각 회원국 한 명의 국민으로 구성되며, 직무수행에 있어서 완전한 독립성을 갖는다.

Ⅴ EU의 사법보호체제

1. EU사법재판소

EU사법재판소의 관할권은 크게 직접소송(direct actions)과 선결적 부탁절차(preliminary reference procedure)로 대별된다. 이를 중심으로 정리한다.

(1) 직접소송

직접소송이란 소송이 처음부터 동 재판소에서 개시되고 종결되는 사건을 말한다. 직접소송에는 분쟁당사자 간 합의에 의한 것과 조약에 의해 강제관할권이 인정되는 소송이 있다. EU사법재판소의 강제관할권이 인정되는 소송으로는 회원국에 대한 이행강제소송, EU기관의 제행위를 상대로 한 취소소송 및 부작위소송, EU가 부과한 벌금에 대한 소송, EU의 불법행위에 대한 소송 등이 있다.

(2) 선결적 부탁절차

선결적 부탁절차는 회원국 재판소에서 개시되어 그곳에서 종결되는 국내소송을 EU사법재판소가 도와주는 제도이다. 따라서 EU사법재판소는 본안에 대한 결정을 내릴 수는 없다.

2. 일반재판소

EU사법재판소는 '사법재판소(유럽재판소)', '일반재판소', '전문재판소'를 포함한 개념이며, 이들은 사법재판소를 정점으로 하여 위계(位階)를 형성하고 있다. 일반재판소는 취소소송, 부작위소송, 불법행위소송 등에 있어서 제1심 관할권을 갖는다. 일반재판소가 제1심 법원의 자격으로 내린 결정은 '법률문제'(points of law)에 대해서만 사법재판소에 상소할 수 있다. 또한 일반재판소는 전문재판소의 결정에 대해 제기된 소송을 심리하고 결정할 관할권을 갖는다. 이 경우 일반재판소의 결정이 EU법의 통일성과 일관성에 영향을 줄 중대한 위험이 있는 경우 사법재판소에서 재검토(review)될 수 있다.

3. 전문재판소

전문재판소는 보통입법절차에 따라 행동하는 유럽의회와 이사회가 설치하며, 특수 영역에서의 일정 종류의 소송을 제1심에서 심리하고 결정할 일반재판소에 부속된 기관이다. 전문재판소가 내린 결정은 일반재판소로 상소(appeal)할 수 있으나 상소대상은 법률문제에 국한된다. 다만, 전문재판소를 설치하는 명령에서 사실문제에 대한 상소를 규정하는 경우는 예외적으로 사실문제에 대해서도 상소할 수 있다.

제2절 EU법과 회원국 국내법의 관계

I EU법의 성격

EU법의 연원으로는 제조약, EU입법행위, EU가 대외적으로 체결하는 국제협정 및 EU사법재판소 판례 등이 있다. EU법의 성격에 관하여 국제법과 같은지 다른지에 대해 논란이 있어 왔다. 예컨대 1963년 Van Gend en Loos 사건에서 공동체는 '국제법에 있어서의 한 개의 새로운 법질서'를 구성한다고 하여 새로운 법질서가 국제법에 속한 것으로 판단하였다. 그러나, 유럽재판소는 1964년의 Costa v. Enel 판결에서는 EEC조약이 보통의 국제조약과 달리 그 자신의 법체계를 형성하였다고 언급하였다. 현재로서는 EU법이 하나의 새로운 법질서로서 국제법 및 회원국의 국내법과는 별개의 것이라 해도 그들로부터 독립된 것은 아니라고 할 것이다.

II EU법규정의 직접효력

EU조약과 EU기능조약은 동 조약규정들의 직접효력(direct effect)에 대해 명시적 규정을 두고 있지 않지만, 유럽재판소는 직접효력을 인정한다. 동 조약들의 직접효력성은 Van Gend and Loos 사건에서 최초로 인정되었다. 이 사건에서 유럽재판소는 조약규정이 회원국에 대해 의무를 부과할 뿐 그에 상응하는 개인의 권리에 대해 언급하지 않더라도 당해 규정의 직접효력이 배제되지 않는다고 보았다. 이후 Reyners v. Belgium 사건에서는 직접효력에 대한 요건이 제시되었다[6]. 한편, EU기관의 입법행위, 즉 부차적 EU법도 직접 개인에게 권리와 의무를 창설할 수 있으며, 회원국 국내법체계에 있어서 직접적용성을 갖는다. EU가 체결하는 국제협정 역시 EU기관과 회원국들에게 구속력이 있으며 또한 동 협정은 직접효력성이 인정된다.

III EU법 우위의 원칙

EU조약과 기능조약 및 EU입법규정 등의 EU법은 회원국 국내법에 대해 상위법이다. 이러한 EU법 우위의 원칙은 유럽재판소에 의해 확립되었으며, 리스본조약 채택 시 함께 채택된 '우위에 관한 선언'(Declaration concerning primacy)에서도 이를 확인하고 있다. EU법은 회원국 헌법보다 상위법으로 간주된다. 이 문제는 유럽사법재판소의 Internationale Handelsgesellschaft 사건에서 직접 다루어졌다. 동 판결에 의하면 EU법의 하나인 '명령'은 독일연방헌법 원칙보다 상위법이다. EU법 우위의 원칙은 EU법이 EU차원에서 회원국 국내법보다 상위법이라는 의미뿐 아니라 나아가 EU법이 각 회원국 국내법체계에서도 그 헌법보다 상위법이라는 의미이다. 다만, 연방국가의 최고재판소와 달리 유럽재판소는 EU법과 충돌하는 회원국 국내법 자체에 대해 직접 무효선언을 내릴 수는 없다.

---

6) 세 가지 요건이 제시되었다. 첫째, 문제의 규정은 사법적 적용을 위하여 충분히 명확하여야 한다. 둘째, 문제의 규정은 무조건적인 의무를 부과하는 것이어야 한다. 셋째, 문제된 규정의 이행은 당해 문제에 관해서 재량적 권한을 가진 공동체기관 또는 회원국이 채택하는 추가조치에 의존해서는 안 된다.

⚖ 판례 | 반겐드엔로스 사건[7]

반겐드엔로스는 네덜란드의 화공(化工)품 수입상이다. 당시 네덜란드법상 요소포름알데히드에 대한 관세율은 3퍼센트였다. 그런데 1958년 베네룩스 국가 간에 체결된 브뤼셀 조약을 실행하기 위한 1960년 네덜란드 관세령이 관세율에 변경을 가져온 결과 문제의 수입품에 대하여 8퍼센트의 종가세가 부과되었다. 유럽공동체조약 제12조에 의해 공동체 회원국은 그들 간에 새로운 수출입관세를 도입하거나 기존의 관세를 인상하지 않기로 약속하였고 동 조약은 1958년 1월 1일 네덜란드와 독일 간에 발효하였다. 이 공동체 조약상의 규정에 근거하여 문제의 수입상들은 추가된 5퍼센트의 관세 지불을 거절하였다. 이 분쟁을 다루던 암스테르담의 관세위원회(행정법원으로 최종심)는 유럽사법법원(이하 법원)에 과연 유럽공동체조약 제12조가 회원국 내에서 직접효력을 갖고 국민은 동 조항을 근거로 회원국 법원이 보호해야하는 권리를 주장할 수 있는가를 물었다. 이와 함께 만일 그렇다면 동 건에서 8퍼센트의 수입관세를 허용함은 제12조의 불법관세율 인상에 해당되어 금지되는가 아니면 비록 산술적으로는 인상에 해당하지만 합리적 변경이기 때문에 동 조항에 의해 금지되지 않는 것인가를 물었다. 본 사건에서는 소송당사자 이외에 벨기에, 네덜란드, 독일정부와 공동체위원회가 유럽공동체사법법원규정에 의거하여 의견을 제출하였다. 이 사안과 관련하여 재판부의 판정은 다음과 같다. 첫째, 법원의 관할권 인정 여부와 관련하여 유럽사법법원은 자신은 단지 공동체법적 견지에서 본건을 결정하는 것이지 네덜란드 법원칙에 의거해서 공동체조약의 적용을 결정하는 것이 아니라는 이유로 법원의 관할권을 인정하였다. 둘째, 동 국제조약이 과연 언급한 직접효력을 갖는지 여부에 관해서 법원은 어떤 국제조약이 과연 언급한 직접효력을 갖는지 여부를 결정하기 위해서는 조약의 정신, 전반적 구도, 문제 조항의 문언을 고려하는 것이 필요하다고 상기하며 다음과 같이 설시(說示)하였다. 조약의 정신과 관련하여, 유럽공동체조약의 목적은 이 조약이 조약국간의 상호의무를 창설하는데 불과한 통상의 조약 이상의 것이라고 보았다. 이런 견해는 회원국 정부뿐만 아니라 국민들까지도 언급하고 있는 공동체 조약의 전문에서 확인된다고 보았다. 조약의 전반적 구도와 관련하여, 조약 제9조는 회원국 간 관세와 이에 동등한 효과를 갖는 모든 과징금 부과를 금하는 규정을 포함하고 있다. 이 규정은 조약 중 '공동체의 기초'를 정하는 부(部)의 첫머리에 있으며 제12조에서 상세히 적용되고 있다. 마지막으로 제12조의 문언은 명백하고 무조건적 금지이며 이는 적극적 의무가 아니고 소극적 의무이다. 따라서 제12조의 실행은 국가의 입법적 개입을 필요로 하지 않으며 본 규정상 의무의 수범자가 회원국이라는 사실이 개인은 이로부터 아무 혜택도 받지 못한다는 것을 의미하지는 않는다고 보았다. 요컨대 이러한 금지규정은 성질상 회원국과 그 국민간의 법적 관계에서 직접효력을 갖기에 적합하다고 인정했다. 셋째, 동 사건에서 8퍼센트의 수입관세를 허용함은 금지 되는지 여부에 대해 법원은 과연 동 사건에서 관세 혹은 이에 동등한 효과가 있는 부과금의 인상이 있었는지를 판단키 위해서는 공동체조약 발효 시 실제로 네덜란드 당국이 부과하던 관세율을 비교하여야 하며 이러한 인상에는 관세율표의 변경에 의해 수입품이 종전보다 높은 관세가 부과되는 상품군으로 재분류되는 것도 포함한다고 판시하였다. 어떻게 관세율의 인상이 초래되었는가는 중요하지 않지만, 이러한 원칙에 의거한 조약 제12조의 구체적인 사건관계에의 적용은 국내법원의 역할이라고 판시하였다.

---

7) Van Gend en Loos 사건, Case 26/62, ECR, 1963년.

MEMO

해커스공무원 학원 · 인강
gosi.Hackers.com

제4편
개인

제1장 | 국민

제1절　총론

I 개념

국민이란 특정 국가에 속하며 국가를 구성하는 개인(자연인·법인)을 말한다. 국적은 개인을 특정 국가의 구성원이 되게 하는 자격 또는 법적 유대(legal bond)를 말한다. 개인이 어떤 국가의 국민인가 여부는 개인이 그 국가의 국적을 갖고 있는가의 여부에 따라 결정된다.

II 구별개념

1. 시민권

국적(nationality)과 시민권(citizenship)이 일치하는 국가도 있으나, 미국은 시민권과 국적을 준별하고, 시민권은 특정 국내법 안에서 완전한 정치적 권리를 보유한 사람들의 지위를 나타낸다. 1940년 미국국적법에 따르면 국민을 '한 국가에게 항구적인 충성의 의무를 지는 자'로 정의하고 미국국민을 '미국시민'(citizen of the United States)과 '미국시민은 아니지만 미국에 대해 항구적인 충성의 의무를 지는 자'(a person who, though not a citizen of the United States, owes permanent allegiance to the United States)로 구분하고 있다.

2. EU시민권

유럽연합조약은 EU법에 EU시민권 개념을 도입하였다. EU기능조약 제20.1조에 의하면 EU회원국의 국적을 보유한 모든 사람은 EU의 시민이다. 그러나 EU시민권은 국내시민권에 추가되는 것에 불과하고 대체하는 것은 아니다. EU기능조약에 의하면 EU의 시민은 회원국 영토 내에서의 자유로운 이동과 거주의 권리, 타회원국 지방선거에서의 선거권과 피선거권, 해외에서 타회원국 외교 및 영사 관헌의 보호를 받을 권리, 타회원국에서 실시되는 유럽의회선거에서의 선거권과 피선거권 등의 권리를 갖는다. 그러나 EU시민권은 각 회원국의 시민권에 대한 보충적인 지위를 갖는 것이므로 자신의 EU시민권을 원용하여 현재의 국적이나 국내시민권을 타회원국으로 이전하는 것이 허용되지 아니한다. 이는 현재 미국에서의 연방시민권과 주(州)시민권과의 관계와는 구분된다. 미국의 경우 주시민권은 연방시민권 또는 국적의 부속물로서 연방시민권에 종속되어 있다. 연방시민권이 없이는 주시민권을 보유할 수 없다. 즉, 연방시민권이 주시민권에 대해 우위를 확보하고 있는 것이다.

3. 여권

국적이 있는 경우 여권이 발급되며, 여권이 국적을 창설하는 것은 아니다. 우리나라 대법원은 재외국민(북한 사람)이 다른 나라(중국) 여권을 소지하고 대한민국에 입국하였다고 하더라도 그가 당초 대한민국 국민이었던 점이 인정되는 이상 다른 나라 여권을 소지한 사실 자체만으로 그 나라의 국적을 취득하였거나 대한민국 국적을 상실한 것으로 추정·의제될 수 없다고 하였다. 한편, ICJ는 노테봄 사건에서 외국인통제와 관련된 사항과 외교보호권의 승인은 관계가 없다고 판시하였다. 즉, 과테말라가 노테봄에 대해 리히텐슈타인 여권에 대해 비자를 부여하고 외국인명부에 노테봄의 국적을 리히텐슈타인으로 변경하여 기재해 주었다고 해서 리히텐슈타인의 외교적 보호권을 승인한 것은 아니라고 하였다.

Ⅲ 국적의 기능

국제법에서 국적은 두 가지 측면에서 중요하다. 첫째, 국적은 외교적 보호권의 귀속을 결정하는 준거가 된다. 국가는 원칙적으로 자국민에 대해서만 외교적 보호를 제공할 수 있기 때문이다. 둘째, 국가가 속인주의에 기초하여 역외관할권을 행사할 수 있는 대상을 한정한다. 국가는 속지주의를 보완하여 속인주의에 기초하여 관할권을 행사하고 있으며, 국적은 속인적 관할권의 대상을 결정하는 기준이 된다.

Ⅳ 국적의 결정

국적은 원칙적으로 각국이 국제법상 독자적으로 결정한다. 그러나 개인의 국적이 국내법상 유효한 것이라 할지라도 그 국적이 국제법상 실효적으로 기능하기 위해서는 국적에 관한 국내법이 국제조약·국제관습 및 국적에 관하여 일반적으로 인정된 법의 일반 원칙에 일치된 것으로서 타국에 의하여 승인된 것이어야 한다.

제2절 | 국적의 취득과 상실

Ⅰ 자연인

1. 국적의 취득

국적의 취득에는 출생, 혼인, 귀화, 입양, 국적회복, 인지(legitimation) 등이 있다. 전3자를 중심으로 논한다.

(1) 출생

출생을 통한 국적의 취득을 선천적 취득이라 하며, 출생지주의(jus soli)와 혈통주의(jus sanguinis)의 대립이 있다. 전자는 출생지에 의해 국적이 결정되며, 후자는 혈통에 의해 국적을 결정하는 것이다. 혈통주의는 부계혈통주의와 부모양계혈통주의로 대별된다. 여성차별철폐협약(1979) 제9.2조는 체약국은 子에 관하여, 여자와 남자를 평등하게 대우할 것을 의무화하고 있다.

(2) 혼인

혼인을 이유로 하여 국적을 부여하는 방식에는 부부국적동일주의와 부부국적독립주의가 대립한다. 여성차별철폐조약은 처의 국적은 남편의 국적 혹은 국적변경에 의해 당연히 영향을 받지 않도록 규정하고 있다 (제9조 제1항). 처의 국적은 남편의 국적변경에 의해 당연히 영향을 받아서는 안 된다.

(3) 귀화(naturalization)

사후적 국적취득 사유의 하나로서 당사자의 의사표시에 의해 외국에 귀화를 신청하고 그 허가를 얻음으로써 국적을 취득하는 것이다. ICJ는 귀화에 의해 국적 취득시 국적부여국과 국적취득자 간에 '진정한 관련성'(genuine link)을 요한다고 보았다(노테봄 사건, ICJ, 1955년). 국가의 영토이전으로 인해 집단적 귀화 (collective naturalization)가 발생할 수도 있다. 이 경우 조약에 의해 당해 지역의 주민들에게 국적선택권을 부여하기도 한다.

2. 국적상실

국적상실 사유에는 이탈, 박탈, 국가영역의 변경, 혼인 등이 있다. 개인은 자국법에 규정된 경우를 제외하고는 국적이탈(expatriation)의 자유를 향유하지 못한다. 즉, 일반국제법상 국적은 개인이 임의로 포기할 수 없다.

Ⅱ 법인

1. 원칙 – 국내문제

법인의 국적결정도 각국의 전속적 권능에 속하며, 다만 조약규정에 의해 그 자유재량성이 제한을 받는다. 각국은 사법상의 법인, 특히 주식회사의 국적결정기준으로 회사의 설립지, 주된 사무소의 소재지, 영업중심지, 경영지배권(다수 주주나 회사의 실효적 지배를 확보한 자의 국적) 중에서 자유로이 선택하여 법인의 국적을 결정한다.

2. 법인에 대한 외교적 보호와 법인의 국적

법인의 국적부여는 국적부여국의 재량이므로 법인의 관할권에 대한 경합이 발생할 수 있다. 즉, 외교적 보호권의 주체가 2 이상일 수 있다. 이에 대해 ICJ는 법인의 국적은 전통적인 국가실행에 따라 '설립준거법'과 '등기상의 주된 사무소'를 기준으로 결정해야 한다고 판시하였다.

3. 법인의 국적 결정과 '진정한 연관성' 필요 여부

(1) 국제관행 및 학설

법인의 국적결정에도 자연인과 마찬가지로 진정한 연관성을 요하는가? 국제관행과 학설에 의하면 외교적 보호권을 행사하기 위해서는 설립준거법과 같은 외형적인 기준뿐만 아니라 법인과 국적국 간에 어느 정도의 실질적·실효적 연관이 필요하다고 한다. 실질적 연관을 결정하는 기준으로는 실질적 이익, 회사의 주요한 사무소의 소재지, 영업중심지, 주소지 등 회사의 사회적·객관적 요소 등이 고려된다고 한다.

(2) ICJ

국제사법재판소는 '바르셀로나 트랙션 사건'에서 법인의 경우 진정한 연관이 요구되지 않음을 시사하였다.

4. 주주의 지위

법인의 외교적 보호와 관련해서 주주의 지위가 문제된다. '바르셀로나 트랙션 사건'에서는 제3국인 스페인의 조치에 의하여 회사에 발생한 손해에 대해 배상청구를 제기할 수 있는 자는 회사의 본국이며, 주주가 입은 손해의 구제도 회사의 본국의 외교적 보호권에 의존한다고 판시하였다. 다만, 다음과 같이 예외적으로 주주의 본국도 외교적 보호권 행사의 당사자적격이 인정되기도 한다. 첫째, 주주 자체의 직접적인 권리가 침해된 경우. 둘째, 특별한 법규에 의해 회사를 경유하지 않고 주주의 구제를 독립적으로 규정한 경우. 셋째, 일반적으로 회사가 법률상의 존재를 상실한 경우.

> ⚖ **판례 | 노테봄(Nottebohm) 사건[1]**
>
> 프리드리히 노테봄(Friedrich Nottebohm)은 독일국적을 가지고 함부르크에서 출생하였으며 1905년 과테말라로 가서 거주하였다. 1939년 10월 초 노테봄은 자신의 변호사를 통해 리히텐슈타인 국적을 신청하였다. 당시 리히텐슈타인 국적법에 따르면 국적취득 요건 중 가장 주요한 것이 3년 이상의 거주요건이었으나 노테봄은 예외를 정당화하는 특별한 상황을 적시하지 아니한 채로 요건에서 면제되는 방안을 모색하여 세금을 지불하였으며, 그 후 1939년 10월 13일 군주의 사전내락서에 의해 노테봄의 국적취득 동의가 선고되었다. 리히텐슈타인 국적취득과 동시에 독일국적법에 따라 노테봄은 독일국적을 상실하였다. 1941년 과테말라는 독일에 대항하여 제2차 세계대전에 참전하였으며 1943년 노테봄은 과테말라법에 의해 적국인으로 체포되어 미국으로 추방되었으며 과테말라는 그의 재산을 몰수하였다. 1951년 12월 리히텐슈타인 정부는 ICJ에 제소하여 과테말라 정부가 자국 국민인 노테봄과 그의 재산을 국제법에 위배되는 방법으로 처리하였다고 주장하며 배상을 청구하였다. 이 사안에서 핵심 법적 쟁점은 리히텐슈타인이 노테봄에게 부여한 국적이 과테말라에 대하여 유효하게 대항할 수 있는지 여부였다. 즉, 노테봄이 리히텐슈타인의 국적을 취득하였으며 이 국적취득이 다른 국가에서 인정 될 수 있느냐 하는 것이다. 이때 모든 국가에 의한 인정이 아니고 과테말라에 의한 인정이 판결 대상이다. 즉, 모든 국가에 관해서 적용되는 문제의 일반적 검토가 아니고 리히텐슈타인에 의하여 노테봄에 부여된 국적이 과테말라에 대항하여 적용될 수 있는지에 대해서만 결정하기로 하였다. 법원은 국적을 부여한 국가에 대해 외교적 보호권을 행사할 자격을 부여하기 위해서는 국적이 존재하여야 하기 때문에 이러한 국적부여에 의해 노테봄이 국적을 취득하였는지에 대해서 확인하고자 하였다. 즉, 노테봄과 리히텐슈타인 사이의 실질적인 관계가 타국과 그와의 관계에 비하여 군건하여 그에게 부여된 국적이 사실이고 유효한 것인지 여부를 확인하여야 한다고 보았다. 노테봄의 국적취득은 국제관계에서 채택된 국적의 개념과 관계없이 부여된 것이며, 따라서 과테말라는 이러한 상황에서 이루어진 국적을 존중할 의무를 지지 아니하므로 노테봄에 부여된 국적이 과테말라에 대항하여 적용될 수 없다고 판시하였다.

---

1) The Nottebohm Case, Lichtenstein v. Guatemala, ICJ, 1955년(본안).

바르셀로나 트랙션 회사는 1911년 캐나다 토론토에서 설립되어 그 곳에 본점을 두고 있는 캐나다 전력회사였다. 이 회사의 지사 중 셋은 캐나다 법률하에서, 나머지는 스페인법률하에서 설립되었으며, 이 회사의 많은 주식이 벨기에인 및 벨기에기업 소유가 되었다. 이 회사의 사채(私債)는 주로 Sterling화[영화(英貨)]로 발행되었고, 일부는 Peseta화(스페인화)로 발행되었다. 그러나 1936년 스페인 내란으로 외화 이전이 금지되어 양 통화(通貨)에 의한 이자지급이 불가능해졌다. 이에 따라 1948년 2월 스페인 국적의 사채권자는 이자 미지급을 이유로 스페인 지방법원에서 파산선고를 받아냈으며 이후 바르셀로나 트랙션의 자산은 동결되었다. 이후 파산관재인에 의해 이 회사의 매각조치가 단행되었다. 바르셀로나 트랙션 및 기타 이해관계인이 파산선고 및 그에 따른 결정에 대해 제기한 소송은 모두 실패하였으며, 영국, 캐나다, 미국, 벨기에 등 이해당사국들의 협상에도 진전이 없었다. 이에 사건은 1958년 ICJ에 부탁되어졌다. 그 후 벨기에와 스페인은 직접교섭을 하기로 결정하였고 합의에 의해서 이 사건은 법원의 사건목록에서 삭제되었다. 그러나 협상이 결렬되자 1962년 벨기에는 다시 국제사법재판소에 제소하였다. 이 사건에서 핵심 쟁점은 벨기에에 원고적격이 있는지 여부였다. ICJ는 벨기에는 문제가 된 회사의 '국적국'이 아니므로 당사자적격이 없다고 판단하고 스페인의 항변을 인용하였다. ICJ는 법인의 피해에 대해 외교적 보호권을 발동할 수 있는 주체는 당해 법인의 국적국이라고 하였다. 주주에 대한 직접적인 피해가 있는 경우, 예컨대 주주의 권리인 배당청구권, 총회에서의 의결권, 해산 후의 잔여 자산 분배청구권 등이 침해된 경우라면 주주의 국적국이 외교적 보호권을 발동할 수 있다. 그러나, 본건에서 벨기에는 바르셀로나 트랙션이라는 법인에 대한 스페인의 침해를 이유로 소를 제기하고 있으므로 주주의 침해에 대해 보호권을 발동하고 있는 것은 아니다. 그러나 벨기에는 바르셀로나 트랙션의 국적국이 아니다. 전통 국제법에 의하면 법인의 국적국은 설립의 준거법 소속국과 본점 소재지의 국가이다. 그런데 바르셀로나 트랙션은 캐나다법에 근거하여 설립되었으며 50년 이상 캐나다법하에서 회사를 계속 유지해 왔고 캐나다에서 등기사무소를 유지했으며 회사는 캐나다 세무당국의 기록부에 등록되어 있다. 따라서 바르셀로나 트랙션사는 캐나다 국적을 유지한다. 예외적으로 법인에 대한 침해에 대해 주주의 국적국이 외교적 보호권을 발동할 수 있으나 이는 회사가 존재하지 않거나 회사의 본국이 회사를 위하여 행위하는 능력을 결여했다고 인정되는 경우이다. 그러나 본 건의 경우 이러한 예외가 존재하지 아니한다. 바르셀로나 트랙션사는 스페인의 전(全) 자산을 상실하고 캐나다에서도 재산보전조치를 받았으며, 잠정관재인과 관리인이 임명되어 경제적으로는 완전히 마비상태가 되었으나 법인으로서의 행위능력을 잃지는 않았고, 회사로서의 법적 능력을 유지하고 있었다. 한편, 본국인 캐나다가 바르셀로나 트랙션사를 보호할 수 있는 능력이 소멸되지도 않았다. 어느 시점에서 캐나다는 사건이 사인 간의 교섭으로 해결되어야 한다고 하여 바르셀로나 트랙션사를 위하여 행동하는 것을 중단하였으나 캐나다는 여전히 외교적 보호권을 행사할 자격을 유지하고 있다. 요컨대, 벨기에는 바르셀로나 트랙션사의 국적국이 아니고 또한 법인의 법적 소멸(legal demise)이나 캐나다의 외교적 보호능력 상실 등의 사정이 있어 예외적으로 외교적 보호권을 발동할 수 있는 상황도 존재하지 아니하므로 본 소송의 당사자 능력이 없다.

제3절 국적의 저촉

I 개념

국적의 저촉이란 동일인이 2개 이상의 국적을 갖거나 전혀 국적을 갖지 못하는 경우를 말한다. 전자를 적극적 저촉, 후자를 소극적 저촉이라 한다. 국적의 저촉이 발생하는 이유는 국적부여에 대한 국제법상 일반 원칙이 확립되어 있지 않고 개별 국가가 국적을 독자적으로 결정하기 때문이다.

---

2) Case concerning the Barcelona Traction, Light and Power Company, Limited, Belgium v. Spain, ICJ, 1970년.

Ⅱ 적극적 저촉 – 이중국적

1인이 2 이상의 국적을 취득하는 경우를 국적의 적극적 저촉으로서 '이중국적'(double nationality)이라 한다. 혈통주의에 의해 국적을 부여하는 국가의 부모로부터 자녀가 출생지주의에 의해 국적을 부여하는 국가에서 출생한 경우 이중국적자가 된다. 또한, 부부국적동일주의를 취하지 않는 국가의 경우 내국인과 외국인의 혼인으로 이중국적이 발생할 수 있고, 부모양계혈통주의를 취하는 국가의 경우 그 자녀 역시 이중국적자가 될 수 있다. 이중국적자는 외교적 보호권의 귀속과 관련하여 국제법적 문제를 야기한다.

Ⅲ 소극적 저촉 – 무국적

'무국적'(statelessness)의 발생사유는 첫째, 출생지주의국가의 국민이 혈통주의 국가에서 출산한 경우 그 자녀는 무국적자가 된다. 둘째, 출생 후에도 국적박탈의 결과 무국적자가 되는 경우도 있다. 셋째, 영토변경의 경우 할양지국민의 국적에 관하여 관계국 간 완전한 협정이 체결되지 않는 경우 그 주민은 무국적자로 남게 된다. 한편, 본국과의 현실적 연관을 단절하여 속인적 관할을 받을 수 없는 '사실상의 무국적자'(de facto statelessness)도 많다. 일반적으로 무국적자는 거주국에서 보통의 외국인과 같이 취급되나, 그 국가로부터 불법적인 대우를 받은 경우 외교적 보호를 요청할 본국을 갖지 않는다.

Ⅳ 국적의 저촉의 해결

1. 국제조약

국제사회는 국적의 저촉의 해결을 위해 다양한 입법적 노력을 해오고 있다. 1930년 '국적법의 저촉에 관련되는 약간의 문제에 관한 협약', 1930년 '이중국적의 어떤 경우에 있어서의 병역의무에 관한 의정서', '무국적의 어떤 경우에 관한 의정서', '무국적에 관한 특별의정서', '무국적자지위협약', '무국적감소협약' 등이 채택되었다.

2. 이중국적문제의 해결

관련 조약들에 따르면, 첫째, 자신의 의사와 무관하게 이중국적자가 된 경우 포기하려는 국적국의 허가를 얻어 포기할 수 있다. 둘째, 여자가 외국인과 혼인할 경우, 부의 국적을 취득해야 여자의 국적이 상실된다. 셋째, 출생지주의를 취하는 국가의 국적에 관한 규정은 외교관의 자녀에 대해서는 적용되지 않는다. 넷째, 이중국적자의 병역문제에 있어서 이중병역문제를 방지하기 위한 규정들을 두고 있다.

3. 무국적문제의 해결

1960년 '무국적의 감소에 관한 협약'에 따르면 첫째, 체약국은 자국 영역 내에서 출생한 무국적자에게 자국 국적을 부여한다. 둘째, 체약국영역에서 혼인 중 출생하여 무국적자가 된 자녀는 그 모가 체약국의 국적자인 경우 그 국적을 취득한다. 셋째, 체약국은 인종, 종교, 정치상의 이유로 국적을 박탈할 수 없다.

제2장 │ 외국인

제1절 외국인의 지위

Ⅰ 의의

1. 외국인의 개념

외국인이란 자국 국적을 보유하지 않은 자를 말하며, 전혀 국적을 갖지 않은 무국적자와 외국 국적을 가진 자로 구분된다. 이중국적자는 외국인이 아니라 자국민이다.

2. 연원

외국인의 지위를 규정하는 일반적 국제법규정은 존재하지 않고 있으나, 우호통상항해조약과 같은 양자조약 또는 국내법상의 규정을 통하여 외국인의 지위에 따른 권리·의무가 인정되고 있다.

3. 법적 쟁점

외국인의 보호는 일반적 외국인에 대한 대우의 최저기준문제, 출입국문제, 무국적자·망명권자·피난민의 보호문제, 외국인의 재산수용·국유화문제, 국제노동이동문제, 이민문제와 외국인의 권리가 침해되었을 때의 구제수단으로서의 외교보호문제 등이 쟁점이 되고 있다.

Ⅱ 외국인의 출입국

1. 입국

외국인의 입국에 대하여 이를 허용하여야 할 강제적 의무는 없다. 하지만, 국적에 따른 차별적인 입국허가는 비우호적 행위로 간주되어 국가 간 문제가 야기될 수 있다. 일반적으로 우호통상항해조약과 같은 양자조약을 통하여 입국의 허용기준을 정하고 있거나 상호주의 원칙에 따라 입국허용을 인정한다. 단, 국가의 안전·경제상의 이유로 정신질환자·범죄자 등은 입국을 금지할 수 있다.

2. 출국

(1) 자발적 출국

외국인의 자발적 출국은 원칙적으로 자유이며 제한할 수 없다. 단, 거류지국에서의 조세·채무문제가 있을 경우 출국을 제한할 수 있다. 출국하는 외국인에게는 자국민과 동일한 조건하에서 재산반출을 인정해야 하며, 반출재산에 대해 세금을 부과할 수 없다.

(2) 강제적 출국

① 추방(expulsion): 국가는 영역권에 입각하여 외국인에 대해 출국을 명할 수 있다. 이 권리를 추방권이라 한다. 전시에 일방교전당사국은 자국영역에 있는 적국민을 비인도적 방법에 의해 추방해서는 안 되나, 어느 정도 강제적 방법으로 추방할 수 있다. 그러나, 평시에는 ⊙ 재류국의 안전 및 질서를 위태롭게 하는 경우, ⓒ 입국절차를 밟지 않고 불법입국하는 경우 등 정당한 사유가 있어야 한다.[3] 한편, 추방권 은 ⊙ 남용금지, ⓒ 장기체류 외국인 추방 시 본국에 추방이유 제시, ⓒ 난민에 대한 강제송환금지 (principle of non-refoulement) 등 제한이 있다. 일반국제법상 외국인의 집단적 추방(collective expulsion of aliens)은 금지되지 않으나 조약을 통해 금지할 수 있다. 국가가 외국인을 추방하는 경 우 본국은 그들을 받아들일 의무가 있다는 것이 일반적 견해이다. 다만, 시민적·정치적 권리에 관한 규약 제12.4조[4]에 의하면 합리적 사유가 있는 경우 자국민에 대해 입국을 거절할 수 있다.

② 범죄인인도: 타국법익을 침해했거나 유죄판결을 받고 자국에 체류하는 외국인인 범죄인은 범죄인인도 조약에 의해 소추 또는 처벌을 위해 당해국에 강제적으로 인도된다.

Ⅲ 외국인의 지위

1. 외국인의 일반적 지위 – 이중적 지배

외국인은 거류지국으로부터 속지적 관할하에 있고 또한 본국으로부터 속인적 관할하에 있으므로 일종의 이중 적 지배하에 있는 특별한 지위에 놓이게 된다. 외국인의 지위를 규율하는 일반국제법이 없으므로 우호통상항 해조약과 같은 양자조약에 따라 권리·의무가 인정되며, 외국인으로서의 권리·의무가 침해될 경우 재류국에 서의 국내구제수단을 거쳐 본국으로부터 외교적 보호를 통해 권익침해를 구제받을 수 있다.

2. 외국인의 권리

외국인의 권리의 근거는 내국민대우 원칙, 국제표준주의 원칙 등에 따라 인정된다. 일반적으로 사법상의 권리 와 공법상의 권리로 나눌 수 있다.

(1) 사법상의 권리

외국인은 재류국에서 권리능력을 인정받음으로써 계약능력, 결혼능력, 상속능력 등을 가지며, 사유재산권 및 기득권 존중의 원칙에 따라 권리를 보호 받는다. 외국인의 사법상의 권리 중 재산권이나 직업에 대해서 는 국가의 안전·공공질서의 유지 또는 국민의 중대이익의 보호라는 관점에서 일정한 제한이 가해질 수 있다.

(2) 공법상의 권리

공법상의 권리인 참정권·공무담임권·선거권 등은 원칙적으로 인정되지 않으나, 소송권·청원권 등은 예 외적으로 인정된다.

---

3) '시민적 정치적 권리에 관한 국제규약'(1966) 제13조는 합법적으로 규약 당사국 영토 내에 있는 외국인은 법률에 따라서 내려진 결정에 의해서만 그 영토에서 추방될 수 있다고 규정하고 있다. 또한 동 조항에 따르면 당사국은 원칙적으로 추방되는 대상에 대해 자기변호의 기회를 제공해야 한다.
4) 그 누구도 자신의 국가에 들어갈 권리를 자의적으로(arbitrarily) 박탈당하지 않는다.

3. 외국인의 의무

외국인은 원칙적으로 내국인과 동일한 의무를 진다. 즉, 행정·경찰·조세 등에 있어 내국인과 동일한 의무를 진다. 다만, 교육·국방의무와 같은 신분·공법상의 의무는 지지 않는다.

4. 외국인 및 이중국적자의 강제징집

(1) 외국인의 강제징집

정치적 권리를 향유하지 못하는 외국인에 대해 병역의무를 부과하는 것은 논리적으로 모순일 뿐 아니라 당해 외국인의 국적국의 대인주권을 침해하는 것으로 간주된다. 그럼에도 불구하고 제2차 세계대전 이후 미국을 비롯한 일부국가에서 외국인의 강제징집을 시도하기도 하였다. 예컨대 미국법원은 'United States v. Rumsa 사건'에서 징병신체검사를 위해 출두하라는 명령에 따르지 아니한 리투아니아 국적을 가진 Rumsa에 대해 미국법상 유죄를 인정하였다. 미국 연방항소재판소는 두 가지 이유를 제시하였다. 첫째, 당시 미국 징병법은 '영주를 목적으로 입국이 허락된 모든 외국남성은 미국군대에서의 훈련과 봉사의 의무를 진다'고 규정하고 있다. 둘째, 외국인의 징집문제는 행정부와 입법부가 해결할 정치문제(political question)로서 이는 사법부의 영역 밖에 놓여 있다.

(2) 이중국적자의 강제징집

외국인과 달리 이중국적자의 강제징집은 국제법에 위반되지 않는 것으로 간주된다. 'Tellech 사건'에서 3국청구위원회는 오스트리아 부모로부터 미국에서 출생한 Tellech이 오스트리아에서 체포되어 오스트리아-헝가리 군대에 징집된 것은 오스트리아-헝가리의 합법적 권리행사에 해당한다고 하였다. 이중(다중)국적자의 이중병역을 막기 위한 국제조약이 체결되기도 한다. 예컨대 '다국적 감소 및 다국적자의 병역의무에 관한 유럽심의회협약'(1963)은 둘 이상의 국적을 가진 자가 체약국 중의 어느 한 국가에서 병역을 필하였으면 다른 체약국에서 재차 징집당하지 않도록 규정하고 있다. '이중국적의 일정 경우에 있어서의 군사적 의무에 관한 의정서'(1930) 제1조[5]도 이중국적자가 어느 한 국가에서 상주하며 그 국가와 긴밀한 관련을 맺고 있는 경우 다른 국가에서의 모든 군사적 의무를 면제한다고 규정하고 있다.

Ⅳ 외국인의 보호

1. 보호수준

외국인의 보호를 위한 근거가 개도국과 선진국 간에 차이가 있다. 대체로 개도국은 자국민과 동일한 대우를 부여하면 족하다는 내국민대우 원칙(National Treatment)을 주장하는 반면, 선진국은 국제표준주의에 따라 국제적으로 허용되는 최소한의 대우를 부여할 것을 주장한다. 일반적으로 국제표준주의에 따르면 외국인을 자국민보다 우월하게 또는 열등하게 대우할 우려가 있으므로, 내국민대우가 타당한 것으로 받아들여지고 있다.

---

5) "국적을 두 개 이상 보유하고 있는 자로서 자신의 어느 한 국적국가에서 상주하고 있고 그리고 사실상 그 국적국가와 가장 긴밀한 연고를 가지고 있는 경우에는 다른 국가 또는 국가들에서는 모든 군사적 의무가 면제된다. 다만 이 면제는 다른 국가 또는 국가들의 국적의 상실을 수반할 수 있다."

2. 보호방법

외국인 재류국은 외국인을 보호할 의무가 있는데, 상당한 주의(due diligence)로써 사전에 행정적 보호와 사후에 적절한 구제로써 사법적 보호를 할 의무가 있다. 외국인은 자신의 권익침해가 거류지국으로부터 기인하고 그 구제가 충분하지 못할 경우 본국정부의 외교적 보호를 요청할 수 있다. 난민, 무국적자와 같은 경우 외교적 보호를 받을 수가 없으므로 특별한 국제적 보호가 필요하며 난민에게는 UN고등판무관의 보호가 부여된다.

Ⅴ 국가계약 위반과 국가책임 문제

1. 법적 쟁점

국가계약(state contract)이란 일방을 국가 또는 국영기업으로 하고 타방을 외국의 사인으로 하여 체결되는 계약을 말한다. 국가계약 중 양허계약(concession ageements)은 국가가 공익사업의 수행, 천연자원의 개발 또는 장기적 시설투자 등을 목적으로 외국기업에 대해 허가를 부여하기 위해 체결하는 국가계약을 말한다. 국가가 국가계약을 일방적으로 파기하고 외국인 소유의 사유재산을 국유화하는 경우, 국가책임과 분쟁해결 방법이 법적 쟁점이 된다.

2. 국가계약의 법적 성질

(1) 혼합법적 요소설과 공법적 요소설

국가계약의 법적 성질에 대해서는 혼합법적 요소설과 공법적 요소설의 대립이 있다. 혼합법적 요소설은 양허계약은 공·사혼합법적 요소를 가지므로 당사자 간의 합의와 법정지국의 국제사법이 규율하는 바에 따라야 하며, 계약의 일방적 파기는 국제법상의 위법행위나 계약 위반의 책임을 발생시킨다는 설이다. 한편, 공법적 요소설은 양허계약의 준거법은 보통 현지국가의 국내공법이며 이것은 속지적 성질을 가진 것이므로 현지의 정부는 공익 기타 국내법상의 적법한 공권력에 입각하여 협정의 일방적 파기를 행할 권리가 있다고 한다.

(2) 국내법적 성질설과 준조약설

국가계약의 준거법은 국내법, 국제법 및 법의 일반 원칙으로 구분된다. 1973년 이전까지는 국제법 또는 법의 일반 원칙이 준거법으로 삽입되었다. 선진국들은 국가계약의 준거법을 국제법이나 법의 일반 원칙으로 하는 경우 당해 조약은 국내적 차원을 벗어나서 준조약(quasi-treaty) 내지 국제화된 계약(internationalised contract)이 되고, 계약 위반으로 국가책임을 진다고 주장하였다. 그러나, 국가계약은 조약이 아니라고 보는 것이 통설적 견해이다.

3. 국가계약의 일방적 파기와 국가책임

국가가 국유화의 일환으로 국가계약을 파기하는 경우, 일방적 파기의 적법성 및 국가책임 성립 여부가 문제된다. 우선, 국가계약이 조약 또는 준조약이 아니라는 통설에 따르는 경우 계약의 일방적 파기로 인해 '직접책임'이 발생하지 않는다. 둘째, 국가계약을 일방적으로 파기하더라도 국유화의 합법성 요건을 충족시키는 경우 국가책임이 성립하지 않는다. 국유화는 국제법상 국가의 고유권한이기 때문이다. 셋째, 국유화 요건을 충족시키지 못한 국유화로 투자자에게 피해가 발생한 경우 그 국적국에는 간접침해(indirect injury)가 발생하고, 피투자국은 간접책임을 진다. 따라서 투자자가 피투자국에서 국내구제를 완료한 경우 투자자 본국이 외교적 보호권을 발동하여 개입할 수 있다.

🏊 판례 | 앵글로이란 석유회사 사건6)

제2차 세계대전 이후 이란에서 민족주의 운동이 본격화되면서 1951년 이란 정부는 모든 석유산업의 국유화법안을 의회에 제출하고 의회에서는 동 법안이 통과되었다. 동 법에 따라 이란 석유자원의 대부분을 지배하고 있던 영국계 회사 앵글로이란 석유회사의 자산은 신설된 국영 이란석유회사로 넘어갔다. 앵글로이란 석유회사는 이란 정부가 동 회사와 체결한 양허협약이 1993년까지 유효함에도 불구하고 국유화법으로 기한 전에 동 협약을 일방적으로 폐기하였으며, 외국인 재산의 수용에는 충분하고 유효한 그리고 신속한 보상이 필요함에도 불구하고 동 국유화조치는 무상이라는 등의 이유를 들어 이란 정부의 국유화조치에 이의를 제기하였다. 영국정부는 사건을 UN안전보장이사회 및 ICJ에 회부하였고, 앵글로이란 석유회사는 여러 국가의 국내법원에도 제소하였다. 영국은 본안심리에 앞서 법원이 재판소규정 제41조 및 재판소규칙 제61조에 의거한 잠정조치를 취해 줄 것을 요청하였다. 법원은 영국정부의 잠정조치 요청을 받아들여 영국정부 및 이란에 대해 '재판소가 내리는 판결의 이행을 확보하기 위해 당사자의 권리를 침해하거나, 또는 분쟁을 악화시키는 조치를 일체 취하지 말도록 할 것'과 '동 석유회사의 영업활동을 방해하기 위한 수단으로 제소하지 말 것'을 명령하였다. 한편, 이란은 ICJ에 재판관할권에 대해 선결적 항변을 제기하였다. 영국과 이란은 ICJ규정 제36조 제2항에 따른 관할권 수락선언을 하였으나, 이란의 관할권 수락선언의 효력은 1932년 9월 이후 이란이 체결한 조약에만 미치는 것으로 인정되었다. ICJ는 이란의 선결적 항변을 받아들였다. 영국은 1934년 덴마크와의 조약에서 이란은 국제법의 제원칙에 따라 상대 국민을 대우한다고 규정하고 있으며, 동 규정은 1857년 영국과의 조약에서 정한 최혜국조항에 의거하여 영국국민에게 적용된다고 주장하였다. 이에 대해 ICJ는 영국과 이란이 체결한 조약은 1857년에 체결된 조약이므로 이란의 설정한 시간유보의 한계를 벗어난 것이라고 판단하였다. 또한 영국이 관할권을 설정하기 위해 이란이 제3국과 체결한 조약을 원용할 수는 없다고 하였다. 영국은 1933년 이란정부와 앵글로이란 석유회사가 체결한 '석유양허협약'을 이란이 위반하였으므로 ICJ 관할권이 성립한다고 주장하였다. 이에 대해 ICJ는 석유양허협약이 이란 정부와 회사 간의 이권계약의 성격과 양국 정부 간의 국제거래의 성격을 모두 갖고 있으나 이란의 선택조항 수락 선언에서 언급한 '조약'에 해당한다는 영국의 주장을 인정하지 않았다.

---

6) Aglo–Iranian Oil Company 사건, United Kingdom v. Iran, 1952년(선결적 항변).

Ⅰ 의의

1. 개념

국유화(nationalization)라 함은 국가가 사회적·경제적 변혁의 일환으로 사적 경제활동에 관여하여 특정한 사유재산을 국가기관에 강제적으로 이전하는 것을 말한다. 국유화 또는 수용의 대상이 되는 재산에는 동산·부동산·무체재산(지적재산권) 등이 포함된다.

2. 구별개념 – 공용수용

공용수용(expropriation)이란 원칙적으로 일정한 공공목적을 위하여 특정 개인의 특정 사유재산을 대상으로 행해지는 데 반해, 국유화는 대규모의 사회적·경제적인 체제변혁의 일환으로서 일반적 내지 비개성적으로 단행되는 것이 특징이다.

3. 제도적 취지

제2차 세계대전 후 탄생한 신생국 중 대부분은 비록 정치적 독립을 누리게 되었으나, 경제적으로는 여전히 선진국에 종속되었다. 따라서 진정한 독립을 위해 그들은 경제발전에 매진하게 되고, 부족한 자본축적의 해법으로 국유화를 택하게 되었다.

4. 범위

이란–미국 청구 재판소(1984)에 의하면 국제법상 수용에는 재산의 강제적 취득(강제적 명의이전)뿐 아니라 이에 이르지 아니하나 사용·수익·처분에 대한 부당한 방해를 포함된다. 후자를 간접수용 또는 사실상의 수용이라고 한다.

5. 연혁

국유화가 처음으로 문제되기 시작한 것은 1917년 제정을 타파한 소련이 발포한 '은행국유화에 관한 명령'부터이다. 제2차 세계대전 이후 신생개발도상국들에 의해 일반화되었다. 개도국들은 '신국제경제질서'를 외치며 스스로의 개발을 위한 권리의 하나로서 국유화권을 주장해 왔다. 1962년 UN총회는 결의1803에 의해 '천연자원의 항구주권선언'을 채택함으로써 외자국유화의 합법성을 인정한 바 있다.

Ⅱ 요건

국제법상 국가가 자국 영토 내의 외국인 재산을 수용 내지 국유화할 수 있는 주권적 권리를 갖고 있다는 점에 대해선 의심할 여지가 없으나 이에는 몇 가지 조건이 있다.

1. 공익의 원칙

국유화가 공익을 목적으로 행해져야 함을 의미한다. 공익 또는 공공목적(public purpose)이 국유화의 필수요건성에 대해 전통국제법은 긍정하나, 제2차 세계대전 이후 요건성에 의문이 제기되기도 하였다. Libyan American Oil Company(LIAMCO) v. Libya 사건에서 중재재판관은 공익의 원칙을 국유화의 합법성을 위한 필수적 요건으로 보지 않는 것이 일반적 견해라고 주장하였다. UN총회의 결의는 일관성이 결여되어 있다. 예컨대 1962년 '천연자원의 영구주권 결의'에서는 이 요건이 언급되고 있으나 1974년 국가의 경제적 권리·의무헌장에서는 요건으로 언급이 되어 있지 않다. 공익개념이 다의적임에도 불구하고 이를 객관적으로 판단할 기준이나 기관이 존재하지 않으므로 국유화국의 판단이 우선하게 된다.

2. 비차별의 원칙

국유화를 행하는 국가는 내외국인 간 또는 외국인 간의 재산에 차별을 두어서는 안 된다. 즉, 특정 외국 또는 특정 외국인의 자산만을 국유화하는 것은 원칙적으로 허용되지 않는다. LIAMCO 사건에서 중재관은 차별적 국유화는 위법이라고 주장하였다.

3. 보상의 원칙

(1) 제2차 세계대전 이전 – Hull 공식

제1차 세계대전 이전 선진 강대국들에 의해 형성된 국유화의 일정 요건들이 제1차 세계대전 후 소련, 멕시코 등 후진국의 반발을 사게 되었다. 이에 대해 선진국들은 미 국무장관 Hull에 의해 천명된 Hull 공식 즉, 신속하고 충분하고 실효성 있는 보상의 지급(prompt, adequate, and effective payment)을 수용에 관한 국제최소기준을 표명한 것으로 간주하였다. 신속성은 보상의 시기를, 충분성은 보상의 액수를 지칭하는 것이며, 실효성은 보상수단과 관련된 요건으로 피해 외국인이 즉각 이용할 수 있는 통화로 지급되어야 함을 의미한다. 천연자원에 대한 영구주권결의(1962)의 Ⅰ (4)항은 국유화 등의 조치를 취한 국가는 발효 중인 규칙과 국제법에 따라 적절한 보상(appropriate compensation)을 지급하도록 규정하였다. 이는 해석상 Hull 공식을 반영한 것으로 평가되었다.

(2) 제2차 세계대전 이후

제2차 세계대전 이후 외국인 재산의 국유화 사례가 폭등하였으며 보상기준에 대해 선후진국 간의 갈등이 증폭되었다. 1970년대 들어 제3세계 진영이 사회주의진영의 지지를 얻어 서구의 전통적인 견해를 공격하였다. 1973년 천연자원의 영구주권 결의, 1974년 국가의 경제적 권리·의무 헌장 등에 이들의 입장이 반영되어 있다. 천연자원의 영구주권결의 제3항은 수용조치를 취한 국가가 가능한 보상금액과 지급방법을 결정할 권리가 있다고 천명하였다. 국가의 경제적 권리·의무헌장 제2.2조 (c)[7]도 같은 취지의 규정을 두었다.

---

7) 각국은 외국인재산의 소유권을 국유화하거나 수용하거나 이전할 권리를 갖는다. 이 경우 <u>그러한 조치를 취하는 국가는 자국의 관련 법령과 적절하다고 생각되는 모든 상황을 고려하여 적절한 보상을 지급하여야 한다.</u> 보상문제로 분쟁이 야기되는 경우, 관련된 모든 국가가 국가들의 주권평등에 기초하여 그리고 해결수단의 자유선택 원칙에 따라 다른 평화적 수단을 찾기로 상호 간에 자유롭게 합의하지 않는 한, 그 같은 분쟁은 국유화국의 국내법에 의거하여 그리고 그 재판소에서 해결하여야 한다(국가의 경제적 권리·의무헌장 제2.2조 (c)).

(3) 양 진영의 대립 내용

의견의 일치를 보지 못하는 분야는 두 분야이다. 첫번째는 보상방법인데 선진국은 이에 대해 '충분한' 보상을 요구하나 다른 두 진영은 '적절한'(appropriate) 보상을 주장하고 있다. 두 번째는 분쟁해결방법인데 선진국들은 '최종적으로' 국제법에 의한 해결을 주장하나 제3세계 국가들은 수용국의 국내법에 따른 해결을 주장하고 있는 것이다.

(4) 현재 개도국의 입장

개도국들은 국유화가 자국의 경제발전에 도움이 되지 않고, 오히려 외국인의 투자를 막게 된다는 사실을 깨닫기 시작했으며, 공산권이 몰락하면서 공산권의 주장을 따르는 개도국의 입지가 약화되었다. 또한 개도국이 서방국들과 양자투자보장협정을 체결함으로써 보상기준의 관습법성에 관한 논의는 실무상 의미가 없게 되었다. 국유화와 관련한 다수의 국제소송(중재)에서 'full compensation'을 지지하는 판단이 내려졌다.

(5) 일괄타결협정

국유화와 관련하여 선진국과 개도국 간 보상문제가 야기되는 경우 일괄해결협정(lump-sum agreement)이 체결되는 경향이 있다. 일괄해결이란 피해자의 청구를 개별적으로 처리하지 않고 특정국 피해자 모두의 피해를 일괄하여 산정하는 방식을 말한다. 동 협정에 의해 국내구제완료의 원칙은 배제된다. 전통국제법에 의하면 피해는 개별 사건별로 청구·입증되어야 할 것이나 번거롭기 때문에 이러한 방식을 도입한 것이다.

Ⅲ 국유화분쟁의 해결

1. 국내법원

국유화 분쟁의 1차적 해결수단은 피투자국의 국내법원에 의해 분쟁을 해결하는 것이다. 또한 투자자는 투자자의 본국법원에 국유화로 인한 손해배상청구소송을 제기할 수 있다. 그러나, 이 경우 피고가 피투자국이므로 국가면제이론에 의해 관할권이 부인될 수 있다. 제한적 국가면제론에 의해 관할권을 행사하더라도 미국이나 영국과 같이 '국가행위이론'(Act of State Doctrine)을 채용하고 있는 국가들의 경우 손해배상청구소송이 기각될 수 있다.

2. 외교적 보호

위법한 국유화로 투자자가 손해를 입은 경우 국민손해의 국가손해로의 몰입이라는 정신에 입각하여 본국정부가 타국의 국유화조치로 손해를 입은 자국민에 대신하여 국유화국과 교섭을 함으로써 정당한 보상을 받아낼 수 있다.

3. 국제중재

1965년에 체결된 '국가와 타국민과의 투자분쟁해결에 관한 협약'상 관할권 요건을 충족시키는 경우 투자자는 피투자국을 상대로 국제조정이나 국제중재를 신청할 수 있다. 피투자국은 응소의무가 있다.

IV 결론

1960, 1970년대 신탁통치를 받던 국가들이 독립하면서 중요한 국제문제로 대두되었던 국유화문제는 해외직접투자유치의 중요성이 인식되면서 국유화의 합법성에 대한 논의보다는 투자자의 보호문제가 보다 중요한 문제가 되고 있다. 국유화는 제3세계들의 주장과 같이 경제적 독립을 위해서 필요하고 적법한 조치라 할지라도 무보상의 국유화는 사인의 법익을 심각하게 저해하므로 필요한 최소한에 그치고 상당한 보상을 지불해야 할 것이다.

제3절 외국인투자 보호제도

I 의의

경제관계의 세계화의 영향으로 외국인의 해외직접투자 및 간접투자 등 국제투자활동이 활발해짐에 따라 투자자 개인뿐 아니라 투자자 본국 및 국제기구를 중심으로 해외투자 보호를 위해 다양한 제도들을 창설하고 있다. 사전적으로는 일방적인 투자손실을 초래하는 것을 방지하는 내용의 계약이나 조약을 체결하고, 사후적으로 손해가 발생한 경우 이를 구제하기 위한 중재절차 등을 제도화하고 있다. 국제투자 보호제도를 보호주체에 따라 국내법상 보호제도, 투자자 본국의 보호제도 및 다자기구에 의한 보호제도로 나누어서 검토한다.

II 국내법상 보호제도

국내법상 보호제도로는 사후구제수단으로 국내법원 재판절차를 통한 구제, 사전예방적 수단으로 국내법상·계약상 보호가 있다.

1. 국내법원 재판절차를 통한 구제

외국인투자자의 피해 발생 시 가해국, 제3국 및 투자자 본국의 국내법원을 통한 구제를 예상할 수 있다. 그러나 국내법원을 통한 구제절차는 한계가 있다. 우선, 가해국법원을 통한 구제 시 가해국국내법원은 국유화와 같은 조치가 통치행위라 인정하여 관할권을 행사하지 않을 수도 있고, 자국법에 따라 적법조치로 판단하고 투자자의 소를 기각할 수 있을 것이다. 한편, 제3국이나 본국법원에 제소하는 경우 국가면제론이나 국가행위이론에 의해 관할권이 배척되거나 본안판단에서 투자자의 소가 기각될 수 있다.

2. 국내법상·계약상 보호

피투자국은 국내법에 일정기간 동안 수용이 없을 것임을 보장하거나 수용 시 보상지급을 약속하는 규정을 둘 수 있다. 그러나 국내법은 일방적으로 개폐될 수 있다는 점에서 안정적인 수단이라 볼 수 없다. 따라서 이를 보완하기 위해 국가계약을 체결함에 있어서 '안정화 조항'(stabilization clause)을 삽입하기도 한다. 안정화 조항이란 계약의 일방당사자인 정부 측이 입법적 혹은 행정적 조치를 통하여 동 계약을 취소하거나 계약조건을 수정하지 않을 것임을 약속하는 조항이다. 안정화 조항의 효력에 대한 견해가 일치하지 않아 안정적인 보호를 해 주기 어렵다.

Ⅲ 투자자 본국의 보호제도

투자자 본국으로서는 피투자국과 양자 간 투자협정을 체결하여 사전예방적으로 투자자를 보호하는 한편, 외교적 보호를 통해 간접침해에 대해 구제할 수 있다.

1. 양자 간 투자협정

(1) 의의

양자 간 투자협정(bilateral investment treaties: BITs)은 투자자에 대한 피투자국 국내법이나 국가계약 상의 보호의 불안정성을 보완하기 위해 투자국과 피투자국이 양자조약을 통해 투자자 보호에 만전을 기하기 위한 목적으로 체결되는 국제조약이다. 전통국제법상 국제투자 보호는 '우호통상항해조약'(treaties of friendship, commerce and navigation: FCN treaties)을 통해 규율되어 왔으나 외국인 투자의 모든 측면을 포괄하지 못한다는 난점 때문에 BIT가 체결되었다.

(2) 적용범위

적용대상이 되는 '투자'의 범위는 명확하지 않으나 국제관행을 보면 특별한 유형의 투자들을 열거함으로써 투자를 광의로 정의하고 있다. 한편, BIT 체결 이전에 이루어진 투자에 대해서도 보호하고, BIT 조약이 종료하는 경우에도 10~15년의 유예기간을 두고 보호하고 있다.

(3) 주요 내용

BIT에 포함되는 주요 내용들은 우선, 대상 투자 및 투자자에 대해 '정당하고 형평한 대우'를 부여할 것을 규정하고 있다. 둘째, 투자자 보호의 표준으로 내국민대우(national treatment)와 최혜국대우(most-favoured nation treatment)를 설정하고 있다. 셋째, 투자에 관련된 송금은 자유롭게 그리고 지체 없이 행해져야 한다고 규정하고 있다. 단, 피투자국들의 국제수지나 외환보유고상의 난점을 고려하여 분할지급(payment in installments)규정을 두기도 한다. 넷째, 외국인 재산의 수용에 있어서 공익, 비차별, 보상 등의 요건을 충족할 것을 규정한다. 다섯째, 분쟁이 발생하는 경우 조약당사국 상호간 분쟁은 임시중재재판에 회부하고, 투자자와 피투자국 간 분쟁은 대체로 ICSID 중재에 회부할 것을 규정하고 있다.

2. 외교적 보호

투자자가 피투자국의 위법한 행위로 손해를 입은 경우 투자자의 본국은 국제관습법상 외교적 보호권을 발동하여 손해를 구제할 수 있다. 국적계속의 원칙과 국내구제완료의 원칙을 요건으로 한다. 외교적 보호권은 국가의 재량권이므로 투자자 개인의 손해를 확정적으로 구제하기에는 한계가 있을 수도 있다.

Ⅳ 다자기구에 의한 보호

1. ICSID(International Centre for the Settlement of Investment Disputes)

(1) 의의

1960년대에 수용과 보상에 대한 전통국제법규가 영구주권이론으로 위협을 받자 개도국에 대한 투자 유입이 고갈되기 시작하였다. 이에 IBRD는 '국가와 타국국민 간의 투자분쟁해결에 관한 협약'을 채택하여 '개인과 타국정부 사이의' 투자분쟁을 심리하기 위해 ICSID가 설치되었다.

(2) 기구

상설기관으로 행정이사회와 사무국이 있다. 행정이사회는 각 체약국의 대표로 구성되며, 의장은 IBRD 총재이고 의결은 2/3 다수결제이다. 조정인 패널과 중재인 패널 구성을 위해 체약국은 국적을 불문하고 4명씩 지명할 수 있다. 패널구성원의 임기는 6년이며 연임할 수 있다. 본부는 완전한 국제법인격을 가지며, 특히 계약체결, 동산과 부동산의 취득 및 처분, 소송제기 등의 법적 능력을 갖는다.

(3) 관할권의 성립요건

> **📖 조문 | ICSID 협약 제25조 제1항 – 관할권의 성립**
>
> 본부의 관할권은 분쟁 당사자가 본부에 제소할 것을 서면상으로 동의한 분쟁으로서 체약국(또는 당해 체약국에 의하여 본부에 대하여 지정한 동 체약국의 하부조직이나 기관)과 타방체약국 국민 간의 투자로부터 직접적으로 발생하는 모든 법적 분쟁에 미친다. 당사자가 그러한 동의를 한 경우에는 어떠한 당사자도 그 동의를 일방적으로 철회할 수 없다.

① **투자에 관련된 분쟁**: '투자'에 대한 정의규정은 없으며 전통적 투자뿐 아니라 서비스계약, 기술이전 등 새로운 방식의 투자도 부탁될 수 있다.

② **체약국과 타체약국 국민 간 분쟁**: 따라서 투자자는 자신이 투자한 국가의 국적을 가져서는 안 된다. 단, 외국투자자의 통제하에 있는 체약국 국내기업은 투자자와 체약국의 합의에 의해 그 국내기업에게 제소권을 인정할 수 있다.

③ **서면동의**: 분쟁당사자 간 서면으로 부탁에 대해 합의해야 하며, 동의 이후에는 일방적으로 철회할 수 없다. 이러한 합의는 투자계약에서 사전적으로 주어지는 경우가 많다.

(4) 조정절차

투자자나 체약국은 사무총장을 통하여 투자분쟁을 조정위원회에 부탁할 수 있다. 조정인의 수는 합의에 의해 결정한다. 조정위원회는 분쟁당사자들의 의견과 진술을 청취하여 쟁점을 명백히 하고 상호 수락 가능한 조건으로 당사자들 간에 합의를 도출하는 것을 임무로 한다.

(5) 중재절차

① **중재재판의 준거법**: 협약 제42조는 중재의 준거법을 명시하고 있다. 첫째, 당사자들이 합의하는 법규칙에 따라 분쟁을 해결한다. 합의가 없는 경우 분쟁체약당사국의 법과 적용가능한 국제법규에 의한다. 둘째, 재판소는 법의 부존재나 모호함을 이유로 재판불능의 결정을 내려서는 안 된다. 셋째, 당사자 간 합의를 전제로 형평과 선에 따라(ex aequo et bono) 분쟁을 해결할 수 있다.

② 하자있는 중재판정에 대한 구제책: 중재절차에 명백히 하자가 있더라도 국내재판소는 판정을 배제·파기할 수 없다. 이 경우 '임시위원회'(ad hoc Committee)에 의해서만 무효로 될 수 있다. 무효사유는 ㉠ 중재재판소의 구성이 부적절한 경우, ㉡ 중재재판소의 명백한 권한 일탈, ㉢ 재판소 구성원의 부패 등을 포함한 다섯 가지이다. 판정이 취소되는 경우 분쟁당사자들은 새로 구성되는 중재재판소에 회부해야 한다.

③ 중재재판소의 배타적 관할권: 분쟁당사자들이 동 중재재판에 동의하면 '일체의 다른 구제수단을 배제'하는 것으로 간주된다. 따라서 본부 중재재판이 선택되면 국내재판소는 더 이상 투자분쟁을 심리할 권한이 없다. 투자자 본국정부도 국제청구를 제기하는 등의 외교보호권을 행사할 수 없다.

📖 조문 | ICSID 협약 제27조 제1항 – 배타적 관할권

어떠한 체약국도 1명의 당해국 국민과 타 체약국이 본 협약에 따라 중재에 회부하기로 동의하였거나 또는 회부하였던 분쟁에 관하여 외교적 보호를 부여하거나 또는 국제적인 청구로서 제기하여서는 아니된다. 다만, 관계체약국이 이러한 분쟁에 있어서 내린 판정에 복하고 이를 이행하지 못한 경우에는 그러하지 아니하다.

---

④ 중재판정의 승인과 집행: 체약국은 판정을 구속력 있는 것으로 승인하고, 그것이 당해 국가 재판소의 최종판결인 것과 같이 자국영토 내에서의 집행을 보장하여야 한다.

📖 조문 | ICSID 협약 제54조 제1항 – 중재판정의 집행

각 체약국은 본 협약에 따라 내려진 판정은 구속력 있는 것으로 승인하고 그것이 당해 국가의 법원의 최종판결인 것과 같이 동국의 영역 안에서 이러한 판정에 의하여 과하여진 금전상의 의무를 집행하여야 한다. 연방헌법을 가진 체약국은 그의 연방법원안에서 또는 이를 통하여 이러한 판정을 집행하여야 하며 또한 이러한 법원은 그 판정을 마치 주 법원의 최종판결인 것과 같이 취급할 것을 정하여야 한다.

---

2. MIGA(Multilateral Investment Guarantee Agency)

(1) MIGA의 목적

MIGA는 외국인의 대개도국투자를 증대함을 목적으로 한다. 이를 위해 일정 수수료를 받는 대신 사인의 대개도국 투자가 '비상업적 위험'(non-commercial risks)에 처하면 보험을 제공하는 것이 주요 임무이다.

(2) 기구

총회, 이사회, 사무총장, 직원으로 구성된다. 총회는 회원국의 대표위원 및 교체위원으로 구성된다. 자본국 출자액수에 따라 회원국별로 투표수가 차별적으로 할당되어 있다. MIGA는 완전한 법인격을 가지며, 특히 계약을 체결하고 동산·부동산을 취득·처분하며, 소송을 제기할 법적 능력을 갖는다. 또한 각 회원국의 영토 내에서 업무수행에 필요한 여러 가지 특권·면제를 향유한다.

(3) 보증대상 투자자

① 회원국의 국민인 자연인, ② 회원국에서 설립되었거나 그 곳에 주영업소를 가진 법인, ③ 자본의 대부분이 회원국의 회사나 국민의 통제에 있는 법인을 보호대상으로 한다.

(4) 보증대상 투자

외국인의 직접투자, 주식투자, 주식보유자가 기업체에 제공하거나 보증하는 중장기 대부 등이다. 반드시 자금의 투입이 요구되는 것은 아니므로 노하우, 특허, 경영계약 등도 보호대상이다. 투자는 MIGA 회원국인 '개도국' 영토에서 이루어지는 것이어야 한다.

(5) 보증대상위험

보증대상인 '비상업적 위험'은 ① 송금의 제약, ② 수용 및 유사조치, ③ 정부계약의 위반, ④ 전쟁이나 내란으로 인한 손실을 말한다. 투자자와 그 유치국의 공동요청을 요건으로 다른 비상업적 위험도 보증대상으로 할 수 있다.

(6) 분쟁해결

보증계약에서 MIGA와 투자자 사이의 일체의 분쟁은 최종해결을 위해 중재에 부탁할 것을 명시하는데, 대체로 ICSID 중재가 선택된다.

제4절 ┃ 범죄인인도

Ⅰ 의의

1. 개념

범죄인인도(extradition)란 외국에서 범죄를 범하거나, 그로 인해 기소되거나 또는 확정판결을 받고 자국에 도망하여 온 자를 외국의 청구에 응하여 이를 인도하는 범죄의 진압을 위한 국제협력행위를 의미한다.

2. 구별개념

범죄인인도는 외국인에 대한 강제적 출국조치라는 점에서 '추방'(expulsion)과 동일하나 전자는 인도청구국의 요청에 의하나, 후자는 추방국의 의사에 의한 것이다. 또한 조약이 있는 경우 전자는 의무이나, 후자는 추방국의 권리에 의한 것이다.

3. 제도적 취지

첫째, 범죄인이 외국으로 도망한 경우 피해국이 이를 처벌하지 못하는 것은 피해국뿐 아니라 문명국들의 공동이익에 반하기 때문에 국가 간 사법적 협력이 필요하다. 둘째, 범인의 심판 및 처벌을 가장 유효하게 할 수 있는 것은 보통 범죄행위지국이기 때문에 증거법상의 실체적 진실의 발견 및 구체적 타당성의 실현을 위해 범죄인인도제도가 요청된다.

4. 법적 성격

범죄인인도는 일반국제법상 의무는 아니며 범죄인인도조약이라는 특별조약에 의해 인도의 권리의무를 정한다. 다만, 조약이 없는 경우에도 특별한 사유가 없는 한 인도하는 것을 '국제예양상의 행위'(act of comity)로 보며 상당한 이유 없이 인도를 거절하는 것은 국제예양에 반하는 것으로 인정된다.

Ⅱ 범죄인인도의 요건

1. 주체에 관한 요건

(1) 청구주체

청구의 주체는 국가이며 개인이나 사적단체는 인도를 청구할 수 없다. 인도청구국은 범죄지소속국, 범죄인국적국, 피해자국적국, 법익침해국 등 다양하나 범죄지소속국인 경우가 일반적이다.

(2) 청구의 경합

범죄인의 체류국에 대해 청구 주체가 수개국인 경우 청구의 경합이 발생한다. 청구의 경합 시 이를 해결하는 국제법규칙은 존재하지 않으나, 학설 및 관행상 다음과 같은 순위에 의한다. ① 동일범죄인에 대해 동일범죄로 청구한 경우 범죄지소속국과 그 외 국가 간에는 범죄지소속국에게 인도하고 범죄지소속국이 없는 경우 '먼저 청구한 국가'에게 인도한다. ② 동일범죄인에 대해 상이한 범죄로 청구한 경우 범죄의 경중에 따라 '중한 편'에 인도해야 한다.

2. 객체에 관한 요건

(1) 범죄인의 국적

① **자국민 불인도의 원칙**: 대륙법계의 관행은 범죄의 관할권에 관해 엄격한 속인주의를 채택하고 있으므로 인도의 대상이 되는 범죄인은 원칙적으로 외국인에 한하며, 자국민인 경우 인도하지 않는 것이 보통인데, 이를 '자국민 불인도의 원칙'이라 한다. 이에 반해 영미법계의 관행은 엄격한 속지주의를 채택하고 있으므로 자국민도 인도한다. 자국민을 인도하지 않으려는 것은 자국민이 범죄인이라 할지라도 외국의 불공정한 재판이나 부당한 대우를 받지 않도록 하기 위함이다. 범죄인인도제도의 취지가 국가 간의 사법적 협력, 실체적 진실의 발견 및 구체적 타당성이 있는 형벌의 실현을 위한 것이므로 자국민도 인도함이 옳을 것이다. 한편, 대륙법계 국가와 영미법계 국가가 범죄인인도조약을 체결하는 경우 동 원칙에 대해 적절하게 절충되어야 할 것이다. 예컨대 미국-일본 범죄인인도조약 제5조는 피청구국은 자국민을 인도할 의무를 부담하지 아니하나 재량에 따라 인도할 권한은 갖는다고 규정하고 있다. 한국-미국 범죄인인도조약 제3.2조 및 제3.3조는 국적만을 이유로 인도청구된 자의 인도를 거절하는 경우 피청구국은 청구국의 요청에 따라 자국 당국에 사건을 회부하도록 하고 있다.

② **자국민의 결정시기**: 범죄행위시냐 피요청국의 인도 여부 결정시냐가 문제된다. 특히 범행 후 피인도요청국의 국적으로 국적을 변경한 경우에 자국민불인도의 원칙이 적용되느냐가 문제된다. 1957년 유럽범죄인인도협약은 "국적은 범죄인의 인도에 관한 결정의 시로서 결정된다."라고 규정하고 있다.

(2) 범죄의 종류

① **정치범 불인도의 원칙**: 정치범죄는 인도대상이 되지 않는다는 것이 일반국제법상 확립되어 있는바, 이를 정치범불인도의 원칙이라 한다.

② **최소한 중대성의 원칙**: 비정치범죄라 할지라도 상당한 중죄(serious crimes)에 한해 인도한다. 이를 '최소한 중대성의 원칙'(principle of serious crime)이라 한다. 유럽범죄인인도조약의 경우 최소한 1년 이상의 자유형을, 미주범죄인인도조약의 경우 최소한 2년 이상의 자유형을 인도대상범죄로 규정하고 있다.

③ **쌍방가벌성의 원칙**: 중죄도 청구국과 피청구국에서 다 같이 범죄를 구성하는 것이어야 한다. 이를 '이중 범죄의 원칙' 또는 '쌍방가벌성의 원칙'(rule of double criminality)이라 한다. 최근에는 중요 범죄의 인도가 더 실효적으로 이루어질 수 있도록 하기 위해 쌍방가벌성의 원칙을 포기하는 경우도 있다.

(3) 인도적 고려의 원칙

인도적 고려의 원칙이란 범죄인이 인도 또는 송환되어 사형, 고문 또는 기타 비인도적 대우를 받을 것이 예견되는 경우에 인도를 거절할 수 있다는 원칙을 말한다. 1984년 체결된 '고문반대협약'(Convention against Torture and Other Cruel, Inhuman or Degrading Treatment or Punishment) 제3조 제1항은 고문당할 염려가 있는 국가로의 추방, 송환 또는 인도를 금지한다. '범죄인인도에 관한 유럽협약'(European Convention on Extradition) 제11조는 인도범죄가 청구국의 법에 의하면 사형에 해당하나 피청구국의 법에 의하면 사형이 과하여지지 않거나 사형이 통상 집행되지 않는 경우, 청구국이 피청구국에게 사형이 집행되지 않을 것이라는 충분한 보장을 하지 않는 한 인도를 거절할 수 있다고 규정한다. Soering 사건에서 유럽인권재판소는 인도되면 사형수감방에 갇히게 될 사람의 인도는 유럽인권협약 제3조의 위반에 해당될 것이라는 판결을 내렸다. 한국 범죄인인도법(1988) 제9조도 인도범죄의 성격과 범죄인의 환경에 비추어 범죄인을 인도함이 비인도적이라고 인정되는 경우 인도를 거절할 수 있다고 규정하였다.

Ⅲ 범죄인인도의 절차 및 처벌

1. 인도 절차

(1) 정규인도방법

① **인도의 청구**: 인도청구는 외교기관을 통해 행하는 것이 원칙이다. 인도청구는 정식 외교문서로 하며 이 문서에는 이미 유죄판결을 받은 자에 대해서는 판결서의 사본을, 판결을 받지 않는 자에 대해서는 영장의 사본을 각각 첨부해야 한다. 청구비용은 청구국이 부담한다.

② **인도의 시행**: 범죄인인도의 청구는 외교기관을 통해 피청구국의 권한 있는 당국에 전달된다. 통상 법무부가 권한 있는 당국이다. 피청구국은 범죄인인도조약을 시행하기 위한 적절한 기관을 그의 국내법으로 정하며, 인도 여부의 결정기관을 전적으로 행정기관으로 할지 아니면 전부 또는 일부를 사법기관에 위임할 것인가는 국내법에 따른다. 피청구국이 인도청구를 받으면 곧 인도함을 요하나, 범죄인이 피청구국에서 다른 범죄로 고소·고발을 당하였거나, 복역 중인 경우 인도를 지연할 수 있다.

(2) 비정규인도방법

① **추방**: 외국인의 재류국이 그 재류국의 국내법에 따라 외국인을 추방할 경우 추방의 목적지가 범죄인의 인도를 요청할 수 있는 국가의 영역일 경우 추방국은 범죄인을 추방함으로써 사실상 범죄인을 인도한 것과 같은 결과를 가져오게 할 수 있다.

② **입국거부**: 특정 국가가 범죄인인 외국인의 입국을 거부하여 그 외국인이 출발지소속국의 영역으로 돌아갈 수밖에 없는 경우에 사실상 범죄인을 인도한 것과 같은 결과를 가져올 수 있다.

③ **납치**: 특정 국가가 다른 국가의 영역 내에서 범죄인을 납치해 옴으로써 사실상 범죄인의 인도를 받은 것과 동일한 결과를 가져오게 된다. 납치행위가 납치행위지국의 명시적·묵시적 승인 없이 특정 국가의 국가기관에 의해 이뤄진 경우 그 범죄인의 납치국은 납치행위지국의 영토주권을 침해한 것으로서 국가책임을 면할 수 없다.

2. 처벌

청구국에 인도된 범죄인은 청구의 원인이 된 범죄에 대해서만 처벌되며 그 이외의 인도 전의 범죄에 대해서는 처벌되지 않는다. 이를 '특정의 원칙'(principle of speciality)이라 한다. 이는 청구국이 범죄인인도조약에 의해 인도의 청구가 불가능한 범죄에 대해 그것이 가능한 범죄로 인도의 청구를 하여 인도를 받은 후 인도의 청구가 불가능한 범죄로 처벌한 것을 방지하기 위한 것이다

Ⅳ 정치범 불인도 원칙

1. 개념

정치범 불인도 원칙이란 범죄인인도에 있어서 보통범죄인은 인도의 대상이 되나, 정치범죄인은 인도의 대상으로부터 제외된다는 원칙을 말한다. 이는 국제법상 확립된 원칙이다.

2. 제도적 취지

정치범 불인도를 인정하는 이유는 첫째, 정치범죄인이 타국으로 도망할 경우 그가 목적하는 정치질서를 가진 국가를 선택하는 것이 보통인바, 정치범을 인도하는 것은 자국의 정치질서의 가치를 부정하는 것이 될 우려가 있다. 둘째, 정치범죄는 피청구국의 국내법상 범죄를 구성하지 않는다. 따라서 쌍방가벌성의 요건을 충족시키지 못한다. 셋째, 정치범은 확신범으로서 파렴치범죄와는 성질을 달리하므로 정치적 신념으로 인해 박해를 받는 사람을 보호할 필요가 있다.

3. 연혁

(1) 프랑스 혁명

프랑스 혁명을 계기로 정치적 혼란이 심해지고 정치적 망명이 빈번해짐에 따라 각국은 타국의 정치적 파문에 휩쓸리지 않기 위해 정치범을 불인도하는 원칙을 확립시키게 되었다.

(2) 벨기에의 범죄인인도법

1833년 벨기에가 처음으로 '범죄인인도법'을 제정하면서 정치범 불인도의 원칙을 채택했고, 1834년 프랑스-벨기에 간의 '범죄인인도조약'에서도 이 원칙을 확인하였으며, 19세기 후반 국제관습법으로 확립되었다.

4. 정치범의 개념

(1) 부수설

정치범은 혁명이나 정치적 소요사태에 부수하여 범해지거나 혁명이나 정치적 소요의 일부를 구성하는 범죄를 말한다고 본다. 이 설은 정치범의 요건으로 정치적 동기나 목적을 요하지 않아 징치빔의 범위를 매우 넓게 본다. 영미법계에서 주장된다.

(2) 동기설

정치적 동기를 갖고 범하는 범죄를 정치범이라고 본다. 따라서 정치적 목적을 갖지 않았다 할지라도 정치적 동기를 갖고 범한 것이면 모두 정치범이라고 한다. 스위스 사법부의 입장이다.

(3) 목적설

정치범은 단순한 정치적 동기에 의해서 범한 죄가 아니라 그 행위가 정치적 조직과 질서를 침해하는 결과를 가져오는 범죄라고 한다. 프랑스 법원의 입장이다.

(4) 특정설

정치범을 열거하는 학설로서 반역죄, 간첩죄, 정부의 안전에 관한 죄 등을 정치범죄라고 본다.

(5) 소결

정치범의 기준에 대한 일반적 견해가 없기 때문에 당해국가의 정치적 고려에 의해 결정될 위험이 있다. 정치범을 고려해야 할 시기에 존재하는 상황에 따라 결정될 것으로 생각된다. 일반적으로 정치범은 '특정 국가의 정치적 질서를 파괴하는 범죄'라고 정의할 수 있다.

5. 정치범죄의 유형

(1) 절대적 정치범죄

순수정치범이라고도 한다. 보통범죄의 요소가 전혀 없고 오로지 정치범의 성격만을 가진 정치범으로서, 반역죄, 소요죄, 간첩죄 등이 이에 속한다.

(2) 상대적 정치범죄

상대적 정치범죄란 정치범과 관련하여 범해진 보통범죄를 의미한다. 이를 경합범이라고도 한다. 예컨대, 정치요인을 암살하기 위해 총기나 탄약을 탈취하는 범죄이다. 상대적 정치범죄에는 정치범 불인도의 원칙이 적용되지 않는다.

6. 정치범의 결정

조약관행에 의하면 정치범에 대한 결정은 피청구국이 하는 것이 일반적이다. 1931년 미국-그리스 범죄인인도조약 제3조는 피청구국 또는 피청구국의 재판소가 범죄의 정치적 성격 여부를 결정한다고 규정하고 있다. 한국-미국 범죄인인도조약 제4.1조 역시 동일한 규정을 두고 있다.

7. 정치범 불인도의 제한

(1) 상대적 정치범죄

상대적 정치범죄란 보통범죄의 요소를 포함하고 있는 정치범죄를 말한다. 즉, 보통범죄의 구성요건을 충족하여 현실적으로 보통범죄로서 성립하나 본래의 동기·목적이 정치적인 범죄를 말한다. 군주제도를 타도할 목적으로 군주를 암살하거나 정치요인을 암살하기 위해 총기나 폭탄 등을 절취하는 범죄를 말한다.

(2) 가해조항

가해조항(attentat clause)이란 범죄인인도조약 또는 국내범죄인인도법상 국가원수나 그의 가족에 대한 살해행위는 정치범죄로 인정하지 아니한다고 규정한 조항을 말한다. 벨기에 범죄인인도법에 최초로 규정하여 '벨기에조항'(Belgian Clause)이라고도 한다. 가해조항에 의해 국가원수나 그의 가족에 대한 살해행위는 정치범죄로 인정되지 않는다.

(3) 반사회적 범죄

반사회적 범죄란 특정국가의 정치적 질서가 아니라 모든 국가의 정치적 질서의 파괴를 목적으로 하는 범죄를 말한다. 모든 국가의 정치적 질서를 부인하는 무정부주의자의 행동은 사회의 근본적 기초를 파괴하려는 것이므로 불인도의 원칙이 적용되지 않는 것이 일반적이다.

(4) 국제범죄

국제법을 위반한 개인을 형사처벌하는 국제범죄는 정치범죄로 인정되지 아니한다. 평화에 대한 죄, 인도에 반한 죄, 전쟁범죄, 해적행위, 집단살해행위, 테러행위 등은 국제범죄로서 이에 대해서는 정치범 불인도의 원칙이 적용되지 않는다.

8. 사례

(1) 범죄인인도에 관한 EU협약

1996년 9월 27일 서명된 '범죄인인도에 관한 EU협약'은 EU회원국은 범죄가 정치적이라는 이유로 타 EU 회원국의 범죄인인도요청을 거절해서는 안 된다고 규정하고 있다.

(2) The State v. Schumann 사건

가나 항소재판소에 제기된 The State v. Schumann에서 문제의 의사 Horst Schumann은 1939~1941년 정신병원에서 환자 약 3만 명을 살해하였으며, 1942~1944년의 기간 동안에는 아우슈비츠에서 다수의 유대인을 살해하는 데 가담한 자이다. 재판소는 서독으로의 인도를 명하였다.

(3) Public Prosecutor v. Zind

Public Prosecutor v. Zind에서 이탈리아 파기원은 히틀러의 반유대인정책을 찬양한 피고는 정치범이므로 서독으로 인도해서는 안 된다고 판결하였다.

(4) Re Bressano 사건

페루정부에 대한 게릴라전 수행을 위해 은행을 턴 것과 관련한 Re Bressano 사건에서 아르헨티나 재판소는 범인의 페루 인도를 결정하였다.

(5) 류창(리우치앙) 사건

서울고등법원은 일본정부의 역사반성을 촉구한다면서 일본 야스쿠니신사 출입구에 불을 놓은 중국인 류창에 대한 일본 측의 인도청구를 거절하였다. 재판부는 범행은 정치적인 대의를 위하여 행해진 것으로서, 범행으로 정치적 목적 사이에 유기적 관련성이 인정되고, 범행으로 야기된 위험이 목적과의 균형을 상실했다고 보기도 어렵다고 판시하였다.

⚖ 판례 | 베트남 국민에 대해 정치범 불인도 원칙 적용

1. 사실관계

베트남이 공산화된 후 미국에서 A정부의 주요 직책을 역임하면서 베트남 지역의 공산정권 타도 등을 목적으로 베트남 지역 내에서 테러행위를 감행하기 위하여 폭약이나 뇌관을 구입, 제조, 운반하도록 지시하였다는 등의 범죄사실로 베트남사회주의공화국으로부터 범죄인인도청구를 받은 범죄인에 대한 인도심사청구 사건에서, 위 대상범죄가 정치적 성격을 갖는 범죄이고, 달리 범죄인을 인도하여야 할 예외 사유도 존재하지 아니한다고 하여 범죄인인도청구를 허가하지 아니한 사례이다.

2. 법적 쟁점

(1) 대한민국이 베트남사회주의공화국에 대하여 범죄인을 인도할 의무가 있는지 여부를 판단함에 있어서 '대한민국과 베트남사회주의공화국 간의 범죄인인도조약'과 범죄인인도법의 적용 순위

(2) 범죄인인도절차에서 정치범죄의 개념 및 그 해당 여부의 판단 기준

(3) '대한민국과 베트남사회주의공화국 간의 범죄인인도조약' 제3조 제1항에서 말하는 '정치적 성격을 갖는 범죄'의 의미

(4) 베트남사회주의공화국의 범죄인인도청구에 따른 인도심사청구의 대상범죄가 폭발물을 이용한 범죄의 예비·음모라는 일반범죄와 청구국의 정치질서에 반대하는 정치범죄가 결합된 상대적 정치범죄로서, '대한민국과 베트남사회주의공화국 간의 범죄인인도조약' 제3조 제1항에 정한 '정치적 성격을 갖는 범죄'에 해당할 경우, 범죄인을 청구국에 인도하는 것이 위 인도조약에 위배되는지 여부(적극)

(5) 폭탄테러행위의 억제를 위한 국제협약과 국제연합 안전보장이사회의 2001.9.28.자 1373호 결의가 '대한민국과 베트남사회주의공화국 간의 범죄인인도조약' 제3조 제2항 (나)목에 정한 '양 당사국이 모두 당사자인 다자간 국제협정'에 해당하는지 여부(소극)

3. 결정요지

(1) 대한민국과 베트남사회주의공화국 사이에 2003.9.15. 체결하여 2005.4.19. 발효된 '대한민국과 베트남사회주의공화국간의 범죄인인도조약'은 국회의 비준을 거친 조약으로서 법률과 동일한 효력을 가지는 것이고, 따라서 대한민국이 베트남사회주의공화국에 대하여 범죄인을 인도할 의무가 있는지 여부를 판단함에 있어서는 신법 우선의 원칙, 특별법 우선의 원칙 등 법률해석의 일반 원칙에 의하여 위 인도조약이 범죄인인도법에 우선하여 적용되어야 한다.

(2) 범죄인인도절차에서의 정치범죄는 해당 국가의 정치질서에 반대하는 행위와 그와 같은 목적을 위하여 저지른 일반범죄, 즉 강학상 절대적 정치범죄와 상대적 정치범죄를 의미하고, 그 해당 여부를 판단함에 있어서는 범죄자의 동기, 목적 등의 주관적 심리요소와 피해법익이 국가적 내지 정치적 조직질서의 파괴에 해당하는지 여부 등 객관적 요소를 고려하여야 한다.

(3) '대한민국과 베트남사회주의공화국 간의 범죄인인도조약' 제3조 제1항에서 말하는 '정치적 성격을 갖는 범죄'라 함은 범죄인인도법 제8조 제1항에서 정하는 '정치적 성격을 지닌 범죄이거나 그와 관련된 범죄'와 같은 의미로서 순수 정치범죄 뿐 아니라 상대적 정치범죄까지 아우르는 개념으로 해석함이 상당하다.

(4) 베트남사회주의공화국의 범죄인인도청구에 따른 인도심사청구의 대상범죄가 폭발물을 이용한 범죄의 예비·음모라는 일반범죄와 청구국의 정치질서에 반대하는 정치범죄가 결합된 상대적 정치범죄로서, '대한민국과 베트남사회주의공화국 간의 범죄인인도조약' 제3조 제1항에 정한 '정치적 성격을 갖는 범죄'에 해당할 경우, 특별히 위 인도조약상 예외 사유에 해당한다는 사정이 없는 한 범죄인을 청구국에 인도하는 것은 위 인도조약에 위배된다.

(5) 폭탄테러행위의 억제를 위한 국제협약과 국제연합 안전보장이사회의 2001.9.28.자 1373호 결의는 '대한민국과 베트남사회주의공화국 간의 범죄인인도조약' 제3조 제2항 (나)목에 정한 '양 당사국이 모두 당사자인 다자간 국제협정'에 해당하지 않는다.

법원이 일본 야스쿠니(靖國) 신사 방화 혐의자인 중국인 리우치앙(劉強·39)을 일본에 인도하지 말라고 결정했다. 리우치앙의 방화 행위가 범죄인인도거절 사유인 '정치적 범죄'에 해당한다고 판단한 것이다. 서울고법 형사20부(재판장 황한식 수석부장판사)는 일제 군국주의의 상징인 야스쿠니 신사에 화염병을 던지고 국내로 도피한 중국인 리우치앙에 대한 범죄인인도 심사청구 사건(2012토1)에서 인도거절 결정을 내렸다. 재판부는 결정문에서 '정치적 범죄를 저지른 범죄인이 다른 국가로 피난해 오는 경우 정치범 불인도 원칙에 의해 보호를 받을 수 있고 이는 국제법상 확립된 원칙'이라며 "리우치앙의 방화 범행은 일반범죄로서의 성격보다 정치적 성격이 주된 상태에 있는 상대적 정치범죄로서 범죄인인도조약의 인도거절 사유인 '정치적 범죄'에 해당한다."라고 밝혔다. 재판부는 "리우치앙의 범행 동기가 일본 정부의 일본군 위안부 등 과거의 역사적 사실에 관한 인식 및 관련 정책에 대한 분노에 기인한 것으로서, 개인적인 이익을 취득하려는 동기를 찾아볼 수 없다."라고 설명했다. 재판부는 "방화 범행 후 일본을 비롯한 각 국가에서 리우치앙의 주장에 관심을 두게 되고 논의가 촉발된 정황에 비춰, 정치적 목적을 달성하는 데 상당히 기여한 것으로 보여 범행과 정치적 목적 사이에 유기적 관련성이 인정된다."라고 덧붙였다. 자신의 외할머니가 한국인이자 일본군 위안부 피해자라고 밝힌 리우치앙은 2011년 12월 일본 야스쿠니 신사에 방화하고 2012년 1월에는 주한 일본대사관에 화염병을 던졌다. 그는 일본대사관 방화 사건 직후 체포돼 징역 10월의 형을 선고 받고 국내서 복역했다. 일본은 2012년 11월 6일 리우치앙의 출소를 앞두고 야스쿠니 신사 화염병 투척 사건의 용의자라며 우리 정부에 신병인도를 요구했다. 하지만 중국은 리우치앙의 범죄 행위가 '정치적 범죄'에 해당한다면서 일본으로의 신병인도를 강하게 반대하며 자국 송환을 요구해왔다.

Ⅴ 납치의 국제법적 문제

1. 쟁점

불법체포란 자국영역 밖에 소재하고 있는 범죄인 등에 대해 국제법상 적법한 절차를 거치지 아니하고 납치 등을 통해 국내법정에 서도록 하는 국가의 행위를 말한다. 불법체포와 관련해서는 납치에 의한 관할권 행사의 국내법적 적법성과 관련국에 대한 국가책임 등이 문제된다.

2. 납치에 의한 관할권 행사가 적법한가?

(1) 학설

긍정설과 부정설이 대립한다. 긍정설에 의하면 재판관할권을 획득하기 위한 수단의 불법성 여부는 피고인이 기소된 범죄를 범했느냐의 문제에 영향을 주지 아니하므로 납치에 의한 관할권 행사가 적법하다고 본다. 반면 부정설에 의하면 납치는 적법절차에 위반되므로 적법하지 못하다. 통상적인 절차에 의했더라면 소재지국 법원에서 자신의 입장을 개진할 수 있는 기회를 가질 수 있었을 것이기 때문이다. 또한 국가 재판소의 관할권은 국가 자체의 관할권으로부터 나오는 것이므로 국가가 갖는 관할권이 유효하지 못하다면 재판소는 어떠한 관할권도 가질 수 없다는 것도 적법성 부정설의 논거이다.

(2) 관행

국가들의 관행이 일치하지 않는다. 이스라엘, 미국, 이탈리아, 영국 등은 납치에 의한 재판관할권을 정당하다고 본다. 이스라엘은 납치가 피고의 권리를 침해한 바 없다고 하였고, 미국은 범죄인인도조약상 납치가 금지되지 않았다는 점을 논거로 들었다. 영국은 불법체포와 관할권 행사는 무관하다고 보고 불법체포에 의한 관할권을 정당하다고 판단하였다. 반면 프랑스나 남아프리카 등은 불법체포의 경우 재판관할권을 행사하지 아니하였다.

(3) 소결

현재로써는 이 문제에 대해 국제법이 직접 규율하기보다는 국가의 관행에 맡겨져 있는 것으로 보는 것이 타당하다. 인권보호와 사법정의실현이 대립하는 문제로서 국제법에 의한 적절한 규율이 필요할 것이다.

3. 국가책임문제

불법체포의 경우 국가책임이 성립한다는 점에 대해서는 별다른 이견이 없다. 비록 자국 관할권하에 속하는 범죄인이라 할지라도 타국 영토에 소재하고 있는 경우 영토주권 원칙상 체류국의 배타적 지배를 받기 때문에 원칙적으로 영토국의 동의 없이는 당해 범죄인에 대해 관할권을 행사할 수 없다. 따라서 영토국의 동의를 받지 않은 불법체포행위는 영토주권을 침해하여 국가책임이 성립한다.

4. '이상한 인도'(extraordinary extradition)와 '대리고문'

미국은 9·11테러 이후 테러용의자로부터 정보를 얻어내기 위해 독특한 방식을 도입하였다. CIA는 테러용의자들을 자국이나 제3국에서 체포·납치하여 시리아, 이집트 등 제3국으로 보낸다. 테러용의자를 인도받은 제3국은 고문 등을 통해 정보를 입수하고 이를 미국에 다시 제공하는 방식이다. 이를 '이상한 인도'라고 하는바, 국제법적 관점에서 다양한 문제점을 제시한다. 첫째, 납치를 동반한 인도행위는 일차적으로 테러용의자 소속국의 대인주권을 침해한다. 둘째, 테러용의자가 이중국적자라면 제3국의 외교적 보호권 행사를 초래할 수 있다. 셋째, 용의자가 소재하는 국가의 동의를 구하지 않았다면 당해 국가의 주권을 침해한 것이다. 넷째, 미국은 일종의 '대리고문'(torture by proxy)을 자행하는 것으로서 이는 고문반대협약 위반을 구성할 수 있다. 동협약 제3조 제1항은 고문당할 염려가 있는 국가로의 '추방, 송환 또는 인도'를 금지하고 있기 때문이다.

> **⚖ 판례 | 피노체트 사건[8] – 쌍방가벌성의 문제**
>
> 칠레국적의 피노체트는 대통령으로 재직 시 고문, 고문공모, 인질감금, 인질감금공모, 살인 공모 등의 죄를 범하였다. 퇴임이후 신병치료를 위해 영국에 입국하자 스페인은 영국과의 범죄인인도조약에 기초하여 피노체트의 인도를 요청하였으며, 영국은 영장을 발부하였다. 인도청구에 대한 판단에 있어서 쌍방가벌성 원칙의 적용시기가 문제되었다. 영국 범죄인인도법은 쌍방가벌성의 원칙을 규정하고 있었으나, 문제는 피노체트의 범죄가 영국과 스페인 모두에서 범죄로 성립한 시기를 언제로 봐야 하는가였다. 즉, 문제된 범죄가 '실제로 행해진 일자'를 결정시기로 보아야 하는가, 아니면 '인도청구가 행해진 일자'에 양국 모두 범죄로 성립되어 있어야 하는가하는 것이다. 인도시기로 본다면 피노체트 인도의 근거가 되는 범죄의 범위를 상당부분 축소시키기 때문에 논쟁이 되었다. 원심법원과 대법원은 피노체트는 영국형사사법법(Criminal Justice Act) 제134조가 효력을 발생하게 된 1988년 이후의 고문범죄만을 근거로 인도된다고 판단하였다. 이는 1988년 이전에 행해진 범죄는 영국법상 역외관할권을 행사할 수 있는 인도대상 범죄를 구성하지 않아 쌍방가벌성의 원칙을 충족할 수 없기 때문이었다.

---

8) 영국대법원, 1999년.

⚖️ 판례 | Soering 사건[9]

Soering은 독일국민이고, 미국 버지니아주에서 살인을 범하고[10] 영국으로 도망 중 체포되었다. 미국은 영국과의 범죄인인도조약에 기초하여 그의 인도를 청구하였고, 독일 역시 범죄인인도조약에 기초하여 인도를 요청하였다. 인도청구의 경합에 대해 영국은 인도청구의 순서 및 사건의 상황 전체를 고려하여 미국으로 인도하기 위한 국내절차를 계속 진행하였다. 당시 Soering은 사형이 적용되는 죄로 기소되어 있었으나 영국은 원칙적으로 사형이 폐지된 국가였다. 이와 관련하여 영미범죄인인도조약은 이 경우 사형이 적용되는 범죄에 대해 사형을 집행하지 않는다는 보증을 주지 않는 경우 인도를 거부할 수 있게 하였다. 이에 따라 미국은 사형을 적용하지 말 것을 요구하는 영국의 의사를 재판관에게 전달하겠다는 버지니아주 검사의 증명서를 영국에 통지했다. 영국재판소는 내무부장관의 청구에 따라 인도시까지의 구금을 명령했다. Soering은 이에 대해 법원에 이의를 제기하였으나 받아들여지지 않았고 상소도 허락하지 않았다. 이에 내무부장관은 Soering의 미국으로의 인도명령에 서명했다. Soering은 자신을 미국에 인도하는 것은 유럽인권협약을 위반한 것이라고 주장하면서 유럽인권위원회에 청원을 제출하였다. 이어 유럽인권위원회, 영국, 독일이 유럽인권재판소에 제소하였다. 영국은 미국으로의 인도가 유럽인권협약에 위반될 것이라는 유럽인권법원의 판결을 존중하여 미국으로의 인도를 거절하였다. 그러나 추후 capital murder가 아닌 first-degree murder로 범죄인인도를 재청구하자 이에 응하여 인도해 주었으며 Soering은 종신형을 선고받았다. Soering의 인도에 관련하여 유럽인권협약 제3조상 고문의 금지, 제6조상 공정한 재판을 받을 권리, 제13조상의 실효적 구제를 받을 권리 등이 침해되는지가 문제되었다. 법원은 영국이 Soering을 인도결정한 것은 유럽인권협약 제3조를 위반한 것이라고 판정하였다. 우선 법원은 인도의 결과로서 협약상의 권리가 침해된다면 체약국의 협약상의 의무는 면제되지 않는다고 전제하였다. 또한 야기될 침해가 중대하고도 회복불능의 것이라면 협약의 잠재적 위반에 대해서도 판단을 내릴 수 있다고 하였다. 또한 도망범죄인이 인도된다면, 청구국에서 고문 또는 비인도적 대우 또는 형벌을 당할 진정한 위험에 직면한다는 것을 믿을 수 있는 충분한 증거가 있다면 도망범죄인을 인도하는 체약국의 결정은 제3조를 위반할 수 있다고 하였다. Soering이 미국에 인도되어 사형판결을 받고 '죽음의 순번 대기(death row)'를 하는 경우 사형선고부터 집행까지 평균 6~8년이 소요되며, 그 기간동안 엄격한 구금조건하에서 죽음의 공포를 감내하지 않을 수 없다는 점, Soering이 범행 당시 18세의 젊은 나이였다는 점, 정신적으로 불안했다는 점, 범죄인을 서독에 인도하더라도 범죄인인도의 목적이 달성된다는 점 등을 고려할 때 본 건 인도 결정은 집행되는 경우 유럽인권협약 제3조를 위반할 것이라고 판시하였다. 한편, 원고는 버지니아주에서의 사형 판결에 대한 상소 절차의 대부분에 있어서 법률부조가 행해지지 않으므로 유럽인권협약 제6조의 보장이 확보되지 않는다고 주장하였다. 이에 대해 재판부는 청구국에 있어서 재판거부를 야기할 위험이 있는 경우, 예외적으로 인도 결정이 협정 제6조와 상충할 위험성이 없는 것은 아니나, 본 건에서는 그와 같은 위험이 인정되지 않는다고 판시하였다.

---

9) Soering v. 영국, 유럽인권재판소, 1989년.
10) Soering은 자신과 Elizabeth Haysom의 교제를 Haysom의 부모가 반대하자 Haysom의 부모를 칼로 찔러 살해하였다.

1. X회사는 A국에 설립되었다. X회사의 주식을 A국 국민은 38%, B국 국민은 10%, 그리고 C국 국민은 52% 보유하고 있다. 1992년 X회사는 B국에서 60년간 유정 개발을 하고, 그 기간 동안 미화 30억 달러에 해당하는 직접투자를 하기로 하는 양허계약(Concession Agreement)을 B국 정부와 체결하였다. 이에 따라서 X회사는 B국 내에 원유 채굴 및 정제를 위한 공장시설을 다수 설치하여 운영하고 있다. 그 과정에서 X회사는 원유채굴을 하면서 주변 삼림을 훼손하고 폐원유를 처리하지 않은 채 강물에 흘려 보냄으로써 원주민의 식수원을 오염시켰고, 이에 국내외 다수의 환경단체들이 공장폐쇄를 요구하였다. 한편, 최근 B국에서 새로 집권한 정부는 국내외 기업을 막론하고 계속 환경을 훼손할 경우 해당 기업을 국유화할 수 있으며, 국유화 조치로 인한 보상 금액은 국유화 시점을 기준으로 국제시장가격의 50%만 인정한다는 국내법을 제정하였다. 결국 B국 정부는 X회사가 야기한 환경피해를 이유로 X회사의 관련 정유시설을 국유화하는 조치를 내렸으나, 동일한 환경피해를 야기한 D국 기업 Y회사는 국유화 대상에서 제외하였다. 그러자 X회사는 자신에 대한 국유화 조치가 국제법 위반이라고 주장하였다. X회사는 B국 내에서 B국 조치의 취소를 구하는 소송을 제기하였지만 B국 내 최고법원에서 패소하였다. (2013외시)

    (1) X회사를 국유화한 B국 조치의 국제법적 합법성을 논하시오.

    (2) X회사의 피해와 관련하여 A국과 C국이 B국을 상대로 외교보호를 행사할 수 있는지 여부를 논하시오.

2. 출생지주의에 근거하여 A국 국적자인 甲은 2000년도에 B국으로 이주하여 그곳에서 사업을 하고 있었다. 2007년 1월 B국과 A국 간의 전쟁이 발발할 상황에 이르자, C국으로 잠시 피신하였다. 피신 후 실제 전쟁이 발발하자 甲은 자신이 A국 국적을 갖고 있다는 점이 향후 B국에서 사업을 계속하는데 불리할 것으로 판단하여 2007년 12월 C국에 귀화하였다. 2008년 3월 전쟁이 끝나자, C국에 거주하고 있던 甲은 자신이 사업을 하던 B국으로 C국 여권을 가지고 입국하였고, 甲은 B국의 외국인 등록부에 C국 국민으로 등록하였다. 그런데 B국에 입국한 후 사업을 수행하던 甲의 사업이 주로 A국 정부를 지원하는 성격인 것을 알게 된 B국 정부는 甲을 과거 B국과 적대 관계에 있던 A국 국민이라고 판단하여 일시 구금하였다가 C국으로 강제 추방하였다. 甲을 강제추방한 후 B국은 B국에 소재하는 甲의 재산을 아무런 보상없이 국유화하였다. 자신의 재산을 국유화당한 甲은 본인이 직접 B국에 입국할 수 없어서 B국의 변호사를 자신의 대리인으로 선임하여 국유화조치의 효력을 다투는 소송을 제기하였으나 종국적으로 패소하였다. C국은 자국에 머물고 있던 甲을 통하여 이러한 사실을 알게 되었다. 이에 C국은 B국의 甲에 대한 일련의 조치는 국제법 위반이라고 주장하였다. 위의 사실을 전제로 C국이 주장하는 B국의 국유화 조치에 대하여 국제법에 입각하여 검토하고, 만약 그것이 국제법 위반이라면 그에 대하여 국제청구를 할 수 있는 근거는 무엇인가? (2012행시)

3. 외국인투자 자산의 수용 및 국유화에 대한 국제법상 제한과 피해 외국인에 대한 국제법상 보호방법을 설명하시오.

4. 국가에 의한 외국인 재산의 수용이 적법하기 위한 요건을 약술하시오. (2007외시)

5. X국과 Y국은 1년 이상의 자유형에 해당하는 범죄인을 인도대상으로 하는 범죄인인도조약의 당사국이다. 또한 X국과 Y국은 모두 [시민적 및 정치적 권리에 관한 국제규약(International Covenant on Civil and Political Rights)]의 당사국이다. Y국은 동 규약의 [사형폐지에 관한 제2선택의정서(Second Optional Protocol to the International Covenant on Civil and Political Rights)]도 비준하였다. Y국 국적을 보유한 채 20년 이상 X국에 거주하는 A는 장기간 인권을 탄압해 온 X국의 국가원수에 대한 암살을 시도하였다가 실패하고 Y국으로 도피하였다. X국에서 살인미수범은 사형, 무기 또는 5년 이상의 징역형으로 처벌될 수 있다. 반면 사형폐지국인 Y국의 살인미수범에 대한 형벌은 5년 이상의 자유형에서부터 가석방 없는 종신형까지이다. X국은 Y국에 대해 A의 범죄인인도를 청구하였다. Y국이 A의 범죄인인도를 거절할 수 있는 국제법적 근거들을 논하시오. (2011행시)

6. A국에서 태어나 A국 국적을 취득한 甲은 만 10세에 B국으로 건너가 거주하였으며 만 25세에 B국 국민과 혼인하여 B국 국적법에 따라 B국 국적을 취득하였으나 A국 국적은 A국 및 B국 법률에 의해 소멸되지 아니하였다. 만 40세에 A국에 일시 입국하여 A국과 도로건설을 위한 양허계약을 체결하였으나 공정률이 80% 진행된 시점에서 A국은 일방적으로 공사 중단을 선언하고 공사비지급을 거절하는 한편 공사 관련 장비 등을 수용함으로써 막대한 재산상의 손해가 발생하였다. 甲은 A국 법원에 계약불이행 및 공사 중단에 따른 손해배상청구소송을 제기하였으나 최고법원은 이를 기각하였다. 이와 관련하여 다음 물음에 답하시오.

(1) A국의 조치는 국제법상 정당한가?

(2) 甲의 손해를 구제할 수 있는 국제법적 방안에 대해 논의하시오.

7. 출생 시부터 한국국적을 보유하고 있던 K는 한국 내에서 다액의 국가재산을 횡령한 후 불법하게 환전한 다음, 국적변경이 용이한 L국에 귀화하는 데 성공하였다. 이어 외국인투자유치에 적극적이었던 M국을 선택하여 L국의 외국인투자가로 입국허가를 받아 장기 체류 중 이었다. 그런데 M국의 외국인투자보호법은 이른바 칼보조항을 의무적으로 수락하도록 하였다. 그 후 M국에서 사회주의 정권이 수립되면서 K의 재산을 국유화하게 되자 M국과 투자보장조약을 체결하고 있는 L국은 K의 자산보호를 목적으로 국제소송을 제기하고자 하였다. 한편, 한국은 M국과의 범죄인인도협정을 근거로 K의 신병인도와 K의 자산에 대한 반환도 청구하는 외교절차에 착수하였다. M국은 K에 대한 L국의 외교적 보호권행사를 거부하고, 한국에 대해서도 범죄인인도와 자산의 반환청구권을 부인하고 있다. 이와 같은 사실에 대해 각국의 변호사로서 주장할 수 있는 논리를 전개하라.

8. 대한민국 국회는 국적법을 개정하여 복수국적(이중국적)을 허용하기로 하였다. 이는 세계화 현상으로 이중국적자가 자연적으로 발생하는 문제에 대응해야 하는 현실적 요청뿐만 아니라 해외직접투자 활성화를 위한 법적 지원방안 차원에서도 논의되고 있는 것이다. 이중국적과 관련하여 다음 물음에 답하시오.

(1) 국제법상 이중국적자가 발생하는 이유에 대해 설명하시오.

(2) 이중국적자와 관련하여 발생하는 기본적인 문제는 외교적 보호에 관한 것이다. 이중국적자의 외교적 보호에 관하여 국제법에 기초하여 논의하시오.

제3장 │ 국제인권법

제1절 총설

국제인권법이란 개인의 인권을 국제적으로 보호하는 다양한 제도와 규범들을 의미한다. 전통국제법상 개인의 인권보호문제는 개별 국가의 문제로 여겨졌기 때문에 인권문제는 '국내문제 불간섭의무'의 법리하에 다뤄져 왔다. 그러나 제2차 세계대전 중 발생한 대규모 인권침해 사태는 인권문제가 더 이상 국내문제만은 아니라는 인식을 갖게 하였고 나아가 인권침해 문제는 국제평화에 대한 위협이 된다는 사실을 자각하게 하였다. 따라서 제2차 세계대전 이후 UN, 지역기구 등을 중심으로 인권보호를 위한 다양한 규범과 제도들을 도입하게 되었다.

제2절 UN에 의한 인권보호

Ⅰ 서론

전통국제법상 개인의 인권보호문제는 주권국가의 국내문제로 인식되어 국제공동체나 타국가가 개입할 수 없었다. 그러나 제2차 세계대전 중에 자행된 유태인 학살, 집시학대, 점령지역 내 소수민족에 대한 박해 등 중대한 인권유린 행위가 그 국적국에 의해 자행되자 인권의 국제적 보호의 필요성에 대해 인식하게 되었다. 이러한 인식에 기초하여 UN을 창설한 전승국들은 헌장 제1조에서 UN의 기본 목적의 하나로 '인종, 성별, 언어 또는 종교에 따른 차별 없이 모든 사람의 인권 및 기본적 자유에 대한 존중을 촉진하고 장려하는 것'을 명시하였다. 제55조에서도 '평화롭고 우호적인 국가관계에 필요한 안정과 복지의 조건을 창조하기 위해 인권 및 기본적 자유의 보편적 존중과 준수를 촉진'해야 함을 규정하고, 제56조에서는 '모든 가맹국은 제55조에 규정된 목적을 달성하기 위해 UN과 협력하여 공동 또는 개별적인 조치를 취할 것'을 규정하였다. UN은 50년의 역사를 통해 인권보호를 위한 국제적인 규범을 제시하고, 구체적인 인권보호를 위한 활동을 발전시키는 등 포괄적이고 중심적인 인권보호기구로 자리잡고 있다. UN의 인권보호활동을 설명하고 평가한다.

Ⅱ UN의 인권보호활동

1. 국제인권규범의 수립 및 실현

UN은 인권의 거의 모든 분야를 망라하는 국제규범을 설정하고 시행하는 데 중추적인 역할을 하고 있다. 이러한 규범들은 각 개인과 국가들이 준수하고 보장해야 할 인권의 내용과 구체적인 실현방안을 제시하고 있다.

(1) 세계인권선언

UN헌장에 구현된 인권의 중요성과 보호를 구체화하기 위해 인권위원회의 주도로 작성되었으며 1948년 UN총회에서 채택되었다. 29개조로 구성된 동 선언은 정치적 권리 및 사회·경제·문화적 권리 등을 규정하고 있다. 세계인권선언은 두 가지 특징이 있다. 첫째, 형식에 있어서 법적 구속력이 없는 정치적·도덕적 문서로서 UN회원국들에 대한 권고사항에 불과하다. 둘째, 세계인권선언은 그 내용에 있어서 경제적·사회적·문화적 권리보다는 대체로 서구적 인권인 시민적·정치적 권리에 더 많은 비중을 두고 있다. 민족자결권에 대해서는 전혀 언급이 없다. 또한 관련 규정의 이행에 있어서 국가간 경제력 격차에 대해서는 고려하지 않는 점도 특징이다. 세계인권선언은 법적 구속력이 없으나 UN의 국제적 인권 활동의 철학적 배경을 제시하고 이후 채택된 제반 국제인권협약의 토대가 되었다.

(2) 국제인권규약

세계인권선언에 구속력을 부여하기 위한 조약으로 창설되었다. 1966년 제21차 UN총회에서 경제적·사회적·문화적 권리 규약(A규약)과 시민적·정치적 권리규약(B규약)이 채택되었다. B규약의 이행을 위해 별도의 선택의정서를 채택하고 개인청원제도를 도입하였다. 국제인권규약은 규약의 이행을 위해 보고서 제출과 검토, 국가간고발제도, 개인청원제도 등을 도입하고 있다.

(3) 특수분야에 대한 국제인권규범

인종차별철폐협약, 여성차별철폐협약, 고문방지협약, 아동권리협약 등 특별한 보호를 요하는 인권문제에 대해 국제규범을 창설하였다.

2. 인권의 국제적 보호

UN은 인권규범을 통해 사전예방적 인권보호활동을 함과 동시에 인권침해가 자행된 경우 이에 대응해 오고 있다. UN체제 내에서 가장 직접적이고 효율적으로 인권침해에 대응하는 방식은 '1503절차'이다. 1503절차는 1970년 경사리 결의 1503호에 의거해 시행되고 있는 인권 및 기본적 자유의 침해에 관한 진정서의 비밀처리 절차를 의미한다. '지속적 형태의 심각한 인권위반 침해상황'에 있는 경우 개인이나 단체는 인권침해사실을 인권위에 통보할 수 있고, 통보된 내용은 인권소위원회에서 검토한다. 소위원회의 검토에 기초하여 인권위원회는 취할 조치를 결정한다. 동 결정은 법적 구속력이 없다.

3. 인권의 국제적 증진

UN은 인권문제에 대한 연구와 교육을 통해 인권에 대한 일반적 이해를 증진하고 국가들이 실제 인권보호를 실행하는 데 필요한 지원을 제공해 오고 있다. UN 인권센터(Center for Human Rights)는 인권에 대한 권고 및 교육 등 기술적인 지원을 담당하고 있다.

Ⅲ UN의 인권보호기관

1. 총회

총회는 두 가지 활동을 통해 인권보호에 간접적으로 기여한다. 첫째, 총회는 결의를 통해 국제적인 인권침해에 대해 고발한다. 총회는 당해 년도에 인권위원회와 경제사회이사회에서 토의되었던 내용들 중 중요한 것들을 재검토한다. 둘째, 국제인권규범을 제정하거나 인권문제를 다루는 여러 기관을 설립하고 인권 관련 회의들을 주최함으로써 인권의 국제적 보호에 기여한다. 총회결의는 구속력이 없으나 특정 사안의 심각성을 국제공동체에 환기시키는 한편, 해당 인권 유린국가에 대해서는 정치적 영향력을 행사한다.

2. 안전보장이사회

안전보장이사회는 UN헌장 제39조를 근거로 국제인권침해 사태에 적극적으로 개입해 오고 있다. 즉, 대규모 인권침해사태를 국제평화의 위협이나 평화의 파괴에 해당한다고 보고 이에 대해 군사적 조치를 포함한 강제조치를 채택하거나 군사적 조치를 회원국들에게 허가해 주고 있다. 평화유지활동 역시 적극적으로 인권보호기능을 담당하고 있다. 이에 대해 안보리의 1차적 목표는 국제평화와 안전의 유지이므로 인권침해사태가 국제평화를 직접적으로 위협하지 않는 상황에서 안보리의 개입은 자제되어야 한다는 지적이 있다.

3. 사무총장

UN사무총장은 인도적인 주선(humanitarian good offices)을 통해 적극적으로 인권보호활동을 해 오고 있다. 인도적 주선이란 심각한 인권침해사태가 발생하는 경우 관계국과 공식·비공식 접촉을 통해 사태의 원만한 해결을 유도하는 것을 말한다. 페레드 드케야 사무총장은 남미 지역의 인권침해 문제, 부트로스 갈리 사무총장은 엘살바도르의 대량인권 침해 사태에 대해 인도적 주선 등 적극적인 활동을 한 바 있다. 코피 아난 사무총장은 인권은 국제사회가 공동으로 대처해야 할 문제임을 분명히 하면서 UN이 국가들을 대표해 관여할 정당성을 갖고 있다고 주장하였다.

4. 경제사회이사회 및 산하 위원회

경제사회이사회(경사리)는 헌장 제62조[11])에 따라 인권문제를 직접적으로 다루는 기관이다. 경사리의 인권관련 활동은 인권위원회와 인권소위원회가 주로 담당한다.

(1) 인권위원회[12]

1946년 경사리 결의에 의해 설립되었고, 경사리에서 선출되는 임기 3년의 53개 위원국으로 구성된다. 인권위의 주요 임무는 제반인권문제에 대한 토의 결과를 경사리에 보고하는 것이다. 인권위는 세계 인권상황의 검토, 각종 인권협약에 대한 평가, 취약계층의 인권보호문제 등을 다룬다. 인권위는 구속력 있는 결정을 할 수 없으나 관련 국가들에게 상당한 부담을 준다.

---

11) "경제사회이사회는 모든 사람을 위한 인권 및 기본적 자유의 존중과 준수를 촉진하기 위해 권고할 수 있으며 이와 관련한 협약안을 작성하여 총회에 제출할 수 있다."

12) 인권위원회는 2006년 3월 15일 UN총회 결의를 통해 '총회'산하의 인권이사회(Human Rights Council)로 대체되었다. 인권이사회는 UN총회의 보조기관이다. 인권이사회는 ① 중대하고 체계적인 인권침해 사태를 다루고 그것에 대해 권고한다. ② 모든 국가의 인권 의무 이행과 관련하여 정기적인 검토를 수행한다. ③ 인권비상사태에 대해 신속하게 반응한다. 인권이사회는 총회에서 '재적 과반수'에 의한 비밀투표를 통해 직접적이고 개별적으로 선출되는 47개 UN회원국으로 구성된다. 인권이사국의 임기는 3년이며 두 번 연속 이사국이 된 경우에는 즉각 재선출 될 수는 없다. 인권이사회의 본부는 제네바에 둔다.

(2) 인권소위원회

1947년 인권위원회의 결정에 따라 설립되었으며 매 2년마다 인권위에서 선출되는 임기 4년의 26명의 위원으로 구성된다. 위원들은 국가대표가 아니라 개인자격으로 활동한다. 인권소위의 주요 임무는 인권 관련 선언이나 협약의 초안을 마련하고 차별방지 및 소수민족보호에 대해 인권위에 권고하는 것이다. 경사리 및 인권위가 위임하는 문제를 토의하기도 한다. 1998년 8월 소위원회에서는 위안부 문제가 집중 토의되었고 '맥두걸 보고서'를 채택하였다.

5. 인권협약 산하기구

(1) 인권위원회(Human Rights Committee)

1966년에 채택되고 1976년에 발효된 '시민적 · 정치적 권리규약'(국제인권B규약)에 의거해 설립되었다. 위원회는 당사국들이 제출한 정기 보고서를 심의하는 한편, B규약 제1선택의정서에 따라 제출된 개인청원을 심의하고 결정하는 임무를 맡고 있다.

(2) 경제적 · 사회적 · 문화적 권리위원회

1966년 채택된 '경제적 · 사회적 · 문화적 권리규약'(국제인권A규약)과 관련하여 경사리 결의에 따라 설립되었다. 위원회는 A규약에 따라 매 5년마다 제출되는 정기보고서를 심의하는 것을 임무로 하며 위원회 활동은 매년 경사리에 보고된다.

(3) 인종차별철폐위원회 · 여성차별철폐위원회 · 아동권리위원회 · 고문방지위원회

UN은 국제인권규약 채택 이후 추가적으로 주요한 인권협약을 채택하였다. 인종차별철폐협약(1969년 발효), 여성차별철폐협약(1981년 발효), 고문방지협약(1987년 발효), 아동권리협약(1990년 발효). 이에 기초하여 산하 위원회들이 설립되었으며 각 조약의 국가별 이행을 감시 · 감독하며 보다 효과적인 이행을 위한 기술적인 지원을 담당하고 있다.

6. UN 인권고등판무관

1993년 비엔나 세계인권회의에서 본격 논의되고 1993년 UN총회 결의에 기초하여 UN고등판무관직이 신설되었다. 주요 임무는 (1) UN 인권조직 강화, (2) UN 인권 사무국을 전체적으로 감독, (3) UN 인권 관련 기관들의 활동을 총괄 조정, (4) 인권 관련 협약에의 가입과 이행을 촉진하는 것이다. UN인권고등판무관은 재정적 한계, 임무와 역할의 추상성과 불명확성으로 인권보호 활동에 한계가 있다는 지적이 있다.

Ⅳ UN의 인권보호제도에 대한 평가 및 과제

UN은 주권국가들로 구성된 정치기구라는 한계에도 불구하고 인권이 더 이상 국내문제가 아니라는 점을 국제사회에 인식시키고 인권의 국제적 보호를 위한 규범창설 등 적극적인 활동을 해오고 있다. UN헌장과 세계인권선언이 천명하고 있는 인권의 진정한 보호와 증진을 위해서는 다음 몇 가지 사항에 대한 관심과 이해가 필요하다.

1. 인권의 국제적 보장과 국가주권

인권은 국제적 관심사라는 점에 대해서는 상당한 컨센서스가 형성되어 있으나, 여전히 국가주권과 갈등을 빚고 있다. 국가들은 자국의 인권문제가 토의되는 경우 헌장 제2조 제7항에 기초하여 UN의 개입을 반대하고 있다. 인권은 국가주권에 대한 침해나 국내문제에 대한 간섭이 아니라는 인식의 제고가 필수적이다.

2. 인권의 보편성과 문화적 상대주의

인권문제가 인류의 보편적인 관심사라는 것은 현재 대체로 수용되고 있으나 보편적인 인권이 구체적으로 실현되는 방식은 국가나 지역에 따라 다른 역사적·문화적·종교적 특수성에 영향을 받을 수밖에 없다는 주장이 제3세계를 중심으로 강하게 대두되고 있다. 인권의 보편성과 특수성의 갈등문제로서 양자관계를 어떻게 설정할 것인지에 대한 국가들의 합의가 선결과제라 볼 수 있다.

3. 국제인권협약의 가입과 이행

인권침해국이라는 비판을 받는 많은 국가들이 주요 인권협약에 가입하지 않음으로써 조약의 실효성에 한계가 있다. 또한 조약에 가입하더라도 국내적 이행의무를 태만히 하는 경우가 많고 협약의 주요 내용에 대해 유보를 첨부하기도 한다. 인권협약 가입국들의 협약의무 이행을 확보하기 위한 제도가 보완되어야 한다.

4. UN 인권 관련 기관들 간 역할분담과 조정

UN 내에 인권관련 업무가 늘어나고 인권담당기관이 증대함에 따라 인권업무의 분산과 중복에 따른 혼선이 심각한 문제로 대두되고 있다. 이를 해결하기 위해 UN인권고등판무관직이 신설되었으나 고등판무관의 역할범위가 불명확함에 따라 기대된 조정역할을 하는 데 한계가 있다. UN기관 간 역할분담을 명확히 하고, UN인권고등판무관이 관련업무를 실질적으로 총괄할 수 있도록 제도를 정비해야 한다.

Ⅴ 결론

UN은 인권의 국제적 보호와 이를 통한 국제협력을 가장 중요한 목표의 하나로 추구해 오고 있다. 그러나 UN헌장 제2조 제7항에도 명시되고 있는 UN의 국내문제 불간섭의무는 UN이 좀 더 적극적이고 구속력 있는 결정들을 통해 인권보호에 개입하는 데 한계를 설정하고 있다. 그럼에도 불구하고 UN은 인권관련 국제규범의 창설과 이행, 인권침해 사태 발생 시 이에 대한 토의와 권고, 중대한 인권침해 사태 발생 시 무력사용의 허가 등을 통해 인권보호를 위한 의미있는 일들을 진행해 오고 있다. 보편국제기구로서 UN이 인권의 국제적 보호를 위해 보다 적극적인 활동을 전개해 나가기 위해서는 무엇보다 UN회원국들이 자발적으로 관련 규범에 가입하고 규범상의 의무를 이행하는 것이 중요할 것이다. 한편, UN 역시 자신에게 주어진 권한 내에서 보다 효율적으로 국제인권보호임무를 담당할 수 있도록 재원문제나 제도적 흠결을 보완해 나가야 할 것으로 생각한다.

제3절 UN안전보장이사회에 의한 인권보호

I 문제의 소재

냉전시기 안전보장이사회(안보리)는 남로디지아와 남아공화국 사태에 대해 헌장 제7장상의 조치를 취한 것을 제외하고 심각한 인권침해 문제에 대해 적극적으로 개입하지 않았다. 안보리는 인권문제를 총회나 경제사회이사회 등 다른 기관에 미루는 경향을 보여주었고 인권보호와 국제평화와 안전의 유지의 관계에 대해 적극적으로 검토하지 않았다. 그러나 냉전종식 이후 국제전의 가능성은 감소하였으나, 냉전시기 억압되어 있었던 인종갈등이나 종교갈등과 같은 내전이 국제적 못지 않은 대규모로 발생하고 내전과정에서 중대한 인권침해행위가 자행되자 안보리의 인식과 관행이 변화되고 있다. 즉, 진정으로 국제평화와 안전을 위협하는 분쟁은 국가 간에 발생하기보다 국가 내에서 발생하고 있으며, 그 가장 기본적인 원인이 인권침해에 있다는 것이다. 지속적인 평화는 기본적 인권이 존중되고 고취되는 분위기 속에서만 확보될 수 있다는 점에서 인권보호와 국제평화의 유지는 밀접히 연결되어 있음을 인식한 것이다. 이러한 인식하에 안보리는 (1) 국제평화와 안전의 개념 재정의, (2) 인권과 국제평화의 결합, (3) 인도적 구호를 위한 강제조치 발동, (4) 인권과 평화유지활동의 연계, (5) 인권침해자에 대한 형사책임 추궁 등의 관행을 보여주고 있다. 이에 대해 논의하고, 안보리가 인권문제에 개입함으로써 제기되는 법적 쟁점들을 검토한다.

II 안보리와 인권보호 관행

1. 국제평화와 안전 개념의 변화

통상적 의미의 평화란 국가 간에 조직적인 무력행사가 없는 상태를 말한다. 그러나 1990년대 안보리의 결의에 따르면 국제평화와 안전의 개념에 변화가 있다. 첫째, 안보리는 한 국가 내에서 발생하고 대외적으로도 심각한 영향을 미치지 않았던 사태에 대해 국제평화와 안전에 대한 위협을 구성함을 결의했다. 둘째, 안보리는 국제테러리즘과 그 용의자의 인도거부가 국제평화와 안전에 대한 위협을 구성한다고 인정하였다(로커비 사건과 관련한 안보리 결의 제748호, 1992). 셋째, 안보리는 심각한 인권침해를 국제평화와 안전에 대한 위협요인으로 적극 인정하기 시작했다. 안보리는 내전이나 군사쿠데타가 중대한 인권침해를 초래하는 경우 이를 국제평화와 안전에 대한 위협을 구성한다고 판단하였다.

2. 인권과 국제평화의 연결

안보리는 UN의 양대 설립 목적인 국제평화의 유지와 인권의 보호를 상호 연결된 개념으로 파악하고 있다. 1990년대를 거치면서 심각한 인권침해 사태의 해결은 국제평화와 안전 유지의 1차적 책임기관인 안보리가 담당하여야 할 새로운 중심적 관심사항으로 부각되었다.

Ⅲ 안보리에 의한 인권보호 사례

1. 쿠르드족 사태와 안보리 결의 제688호

이라크의 쿠웨이트 침공이 미국을 중심으로 한 다국적국의 공세에 밀리게 되자 시아파로 구성된 쿠르드족은 강력한 반정부활동을 전개하였다. 이에 대해 수니파 이라크 정부가 화학무기를 사용하는 등 대대적인 탄압을 전개하자 쿠르드족 주민들이 대량 난민이 되어 터키와 이란으로 탈출하였다. 이에 대해 터키와 이란은 안보리에 이 사안을 회부했다. 안보리 결의 제688호는 자국 내에서 자국민을 상대로 벌어지는 인권침해라는 비군사적 사태에 대해 안보리가 개입하는 새로운 선례가 되었다. 다만, 안보리는 한 국가의 자국민 탄압 자체를 국제평화와 안전에 대한 위협이라고 규정하기보다는 이의 대외적 파급효과(난민유입)가 국제평화와 안전을 위협한다고 규정함으로써 형식상 대외적 영향을 중요시하는 과거의 전통을 유지하는 입장을 취하였다.

2. 구유고연방 사태와 안보리 결의 제808호

구유고연방의 내전 및 분열과정에서 민간인의 대규모 학살, 강제추방, 대량 억류, 집단적 강간 등 비인도적 참상이 자행되었다. 안보리는 일련의 결의들을 통해 이러한 비인도적 행위들은 국제인도법 위반행위로서 동 지역에서의 평화노력에 대한 심각한 위협일 뿐 아니라 그러한 사태는 국제평화와 안전에 대한 위협을 구성한다고 결정하였다.

3. 소말리아 사태와 안보리 결의 제733호 및 제794호

소말리아 내전 과정에서 식량부족사태로 150만 명 이상의 소말리아인이 아사위기에 빠지자 국제사회가 적극적인 인도적 지원조치를 취했으나 군벌들의 약탈행위로 실효를 거두지 못하였다. 안보리는 이에 대해 결의 제733호를 통해 소말리아 사태는 국제평화와 안전에 대한 위협을 구성함을 확인하였다. 또한 결의 제794를 통해 분쟁으로 인한 대규모 인간적 비극과 이것이 인도적 원조의 분배상의 장애에 의해 더욱 악화됨으로써 국제평화와 안전에 대한 위협을 구성한다고 확인하는 한편, 인도주의적 구호활동을 위한 안전한 환경을 수립하기 위하여 헌장 제7장에 의거 UN사무총장과 회원국들이 모든 필요한 수단을 사용할 것을 허용함으로써 무력사용을 명백하게 허용하였다. 안보리 결의 제794호는 (1) 사태의 대외적 영향에 대한 고려 없이 국내적으로 발생한 상황만을 이유로 하여 국제평화와 안전에 대한 위협의 성립을 확인하였고 (2) 인권침해 결과 자체가 국제평화와 안전에 위협임을 직접적으로 언급하고 있다는 점에서 중요한 의미를 갖는다.

4. 르완다 사태와 안보리 결의 제929호

1990년 10월부터 후투족이 주력인 르완다 정부군과 투치족의 지지를 받는 르완다 애국전선(RPF) 간에 발발한 내전과정에서 르완다는 사실상 무정부상태에 빠지고 대규모 살육이 발생하였다. 안보리는 결의 제929호에서 르완다에서의 대규모 인도적 위기가 국제평화와 안전에 대한 위협을 구성한다고 지적하면서 인도적 목적을 달성하기 위해 필요한 모든 수단을 다할 것을 허용하였다. 동 결의 역시 내전의 대외적 영향을 고려함이 없이 국제평화와 안전에 대한 위협을 구성한다고 판단하였다.

5. 아이티 군사쿠테타와 안보리 결의

아이티에서 군사쿠테타가 발생하자 안보리는 민주주의의 회복과 합법적으로 선출된 대통령의 즉각적인 복귀를 요구하며 아이티 상황의 계속은 국제평화와 안전에 대한 위협을 구성한다고 결의하였다(안보리 결의 제841호). 안보리는 쿠데타 자체보다는 쿠데타 이후 군정기간에 벌어진 재판에 의하지 않은 처형, 자의적 체포, 불법감금, 납치, 강간, 강제실종 등 인도적 상황의 악화와 난민들의 절망적 탈출 등의 일련의 사태가 국제평화와 안전을 위협한다고 보았다(결의 제940호).

Ⅳ 인권보호를 위한 안보리의 주요 활동

1. 인도적 구호를 위한 강제조치의 발동

1991년 이후 안보리가 국제평화와 안전에 대한 위험을 결의한 경우에는 적극적으로 헌장 제7장을 발동하여 제재조치를 적용하고 있으며 무력사용도 빈번히 허용하고 있다. 1990년대 대부분의 제7장상의 조치의 대상은 인권침해사태와 관련이 있었으며, 특기할 점은 심각한 인권침해사태의 경우 이에 대한 인도적 구호활동을 수행하기 위해 강제수단의 사용을 빈번하게 허가하고 있다는 사실이다. 안보리 결의 제794호(소말리아 사태), 제929호(르완다사태) 등에서 인도적 구호활동의 안전한 환경확보 또는 인도주의적 목적 달성을 위하여 회원국에게 헌장 제7장에 의거하여 필요한 모든 수단을 사용할 것을 허용하였다.

2. 인권과 평화유지 활동의 연계

전통적 의미의 UN평화유지활동(UN Peace Keeping Operations)은 분쟁당사국의 동의하에 분쟁당사국 사이에 위치하여 양측 간 완충적 역할을 하는 것이었다. 중립성의 원칙에 기초하였으므로 활동지역에서 목격된 인권침해 사실에 대해서도 공개적인 보고를 하지 말도록 지시되었었다. 그러나 1990년대 이후 새로이 설치되는 UN 평화유지활동에 대해서는 안보리가 인권보호를 임무 중의 하나로 부과하는 경향이 현저하다. 1991년 7월부터 1995년 4월까지 엘살바도르에 파견된 ONUSAL은 UN 평화유지활동이 본격적으로 포괄적인 인권활동을 전개한 초기 사례이다. ONUSAL은 엘살바도르 내 어떠한 개인이나 단체로부터도 인권침해에 관한 통보를 접수할 수 있었고, 어떠한 공공장소라도 사전통고 없이 자유롭게 방문할 수 있었으며, 인권에 관한 홍보활동을 기획하고 실시할 수 있었다. 1992년 3월부터 캄보디아에 파견된 UNTAC에는 인권문제를 다룰 전담부서가 설치되기도 하였다. 현재 대부분의 평화유지활동이 인권전담부서를 설치하고 있으며, 평화유지활동에 이를 담당하기 위한 민간요원의 참여가 늘어가고 있다.

3. 인권침해자에 대한 형사책임 추궁

안보리는 분쟁과정에서 자행된 중대한 인권침해행위의 책임자에 대하여 안보리가 개인적인 책임을 묻는 경향이 현저하다. 안보리는 결의를 통해 심각한 인권 침해 사건에 대해 국제적 조사를 요청하기도 하고(결의 제1234호), 국제인도법을 중대하게 위반한 개인을 처벌할 특별재판소의 설치를 설치하여 당사국의 주도하에 책임자를 처벌할 것을 요청하기도 한다(결의 제1315호). 또한 위반자를 가장 확실하게 처벌하기 위해 헌장 제7장의 권한에 기초하여 특별국제형사재판소를 설치하기도 하였다. 안보리는 1993년 구유고연방에서 벌어진 심각한 국제인도법 위반행위를 처벌하기 위해 국제형사재판소(International Criminal Tribune for the Former Yugoslavia: ICTFY)를 설립하였다(결의 제808호). 또한 1994년 르완다 사태에 대한 책임자를 처벌하기 위해 국제형사재판소(International Criminal Tribune for Rwanda: ICTR)를 설립하였다(결의 제955호). 양 기관은 별개로 설립되었으나 공통의 검사가 기소를 하고, 상소심도 공동으로 운영하고 있다.

Ⅴ 법률적 쟁점

1. 안보리의 인권문제에 대한 권한 여부

두 가지 쟁점이 있다. 첫째, 인권문제는 국내문제로서 헌장 제2조 제7항에 의해 안보리의 개입이 배척되는지 여부, 둘째, 헌장 해석상 인권문제는 총회나 다른 기관의 배타적 권한사항이 아닌가 하는 점이다. 첫 번째 쟁점에 대해서는 (1) 인권문제는 더 이상 국내문제가 아니라는 점에 대한 국가들의 지지의사 (2) 국내문제라 할지라도 제2조 제7항 단서에 의해 안보리의 강제조치로부터 배제되지 않는다고 보는 것이 타당하다. 두 번째 쟁점의 경우 안보리는 헌장의 목적과 원칙에 배치되지만 않는다면 스스로의 관할사항을 결정함에 있어서 사실상의 재량권을 갖고 있다고 볼 수 있다. UN헌장은 인권과 기본적 자유의 실현을 설립목적의 하나로 규정하고 있으므로 인권문제가 안보리의 관할대상에서 배제된다고 볼 수 없다.

2. 인권침해와 국제평화와 안전에 대한 위협

인권침해가 국제평화와 안전에 대한 위협을 구성한다고 보는 안보리의 입장은 헌장과 합치하는 해석인지가 문제된다. 인권침해라는 비군사적 위협이 헌장 제7장의 범위에 해당되는지 의문이 있기 때문이다. 또한 UN헌장에 무엇이 국제평화와 안전에 대한 위협을 구성하는지에 대한 명문규정도 없고, UN이 유권해석을 한 적도 없어서 문제가 된다. 한편, 안보리가 국제평화와 안전에 대한 위협을 결정함에 있어서도 특별한 제한 조건은 없다. 따라서 안보리는 헌장의 목적과 원칙에 위배되지 않는 한 무엇이 이에 해당하는지를 결정할 광범위한 재량권을 갖는다고 보아야 한다. 인권침해가 국제평화와 안전에 대한 위협을 구성한다고 보는 것은 헌장의 목적과 원칙에 위배되지 않으므로 안보리의 해석과 관행은 헌장과 합치되는 해석이라 볼 것이다.

3. 국제평화와 안전에 위협을 구성하는 인권침해의 '수준'

안보리가 모든 인권침해 문제에 대해 국제평화와 안전에 대한 위협을 구성하는 것으로 보고 개입하는 것은 약소국의 국내문제에 대한 간섭의 시비를 초래할 수 있기 때문에 적절한 기준이 필요하다. 안보리의 관행은 '대규모의 인간적 비극', '대규모 인도적 위기'가 국제평화와 안전에 대한 위협을 구성한다고 본다. 또한 대규모 인도적 위기에는 이르지 않는다 할지라도 인권침해를 포함하여 여러 가지 사태를 종합적으로 판단하여 국제평화에 대한 위협을 구성한다고 본다. 대규모 인권침해의 정도를 계량화할 수 있는 것은 아니므로 어느 정도의 주관성은 불가피하다.

Ⅵ 결론

냉전 종식 이후 안보리가 반드시 대외적 영향을 갖지 않는 인권유린 사태에 대해서도 국제평화와 안전에 대한 위협을 구성한다고 보고 헌장 제7장에 따른 조치를 발동하는 것은 앞으로도 지속될 것으로 전망된다. 안보리는 즉각적이고 지속적인 대처능력의 보유, 빠른 의사결정의 가능성, 실제적 활동수단의 보유라는 점에서 타 국제기관과는 비교할 수 없는 잠재력을 갖고 있다. 따라서 안보리는 정치적 의지만 있고, 적절한 환경만 갖추는 경우 인권보호를 위해 강력한 기여를 할 수 있을 것으로 평가된다.

제4절 국제인권규약

I 의의

국제인권규약은 1948년의 '세계인권선언'의 법적 구속력이 결여된 한계점을 보완하기 위해 UN인권위원회 (Commission on Human Rights)의 작업에 기초하여 UN총회에서 채택되었다. 국제인권규약은 '경제적·사회적·문화적 권리에 관한 국제규약'(A규약)과 '시민적·정치적 권리에 관한 국제규약'(B규약) 및 B규약 선택의정서로 구성되어 있다. 국제인권규약은 1976년에 발효하였으며, UN총회는 1989년에 제2선택의정서를 채택하였다. 국제인권규약은 법적 구속력이 있는 조약이며, 당사국들이 국제인권규약상의 의무를 이행하도록 하기 위해 이행감독제도들을 도입하고 있는 점이 특징이다.

II 국제인권규약의 주요 규정[13]

1. 민족자결권

> 📑 **조문 | 경제적·사회적·문화적 권리에 관한 국제규약 제1조 제1항 – 민족자결권**
>
> 모든 인민은 자결권을 가진다. 이 권리에 기초하여 모든 인민은 그들의 정치적 지위를 자유로이 결정하고, 또한 그들의 경제적, 사회적 및 문화적 발전을 자유로이 추구한다.

> 📑 **조문 | 시민적·정치적 권리에 관한 국제규약 제1조 제1항 – 민족자결권**
>
> 모든 사람은 자결권을 가진다. 이 권리에 기초하여 모든 사람은 그들의 정치적 지위를 자유로이 결정하고, 또한 그들의 경제적, 사회적 및 문화적 발전을 자유로이 추구한다.

A규약과 B규약은 제1조에서 민족자결권조항을 두고 있다. 즉, 모든 민족은 자결권을 가지며, 자기의 정치적 지위를 자유로이 결정하고 자기의 경제적·사회적 및 문화적 발전을 자유로이 추구할 권리를 가지며, 천연의 부와 자원을 자유로이 사용·처분할 수 있으며, 어떠한 경우에도 자기의 생존수단을 박탈당하지 않는다. 규약당사국은 UN헌장에 따라 자결권을 존중하고 그 실현을 촉진해야 한다. 이러한 규정은 집단적 인권(collective human rights)인 민족자결권이 개별적 인권의 기초임을 함축하고 있다.

---

13) 국제인권규약에 대한 상세한 내용은 이중범 외 592–601면 참조.

2. 경제적·사회적·문화적 권리에 관한 국제규약

(1) 법적 성질

A규약의 조항들은 대체로 당사국들에게 즉각적인 이행을 촉구하기보다는 당사국들의 능력이 허용하는 범위 내에서 점진적인 보호를 위해 최선의 노력을 다하도록 하고 있다. 이러한 규범을 '연성법규'(soft law)라 하는 학설이 있다. 즉, 조약으로 성립되어 당사국들에게 구체적인 의무를 부과하는 'hard law'에 비해 구속력이 약한 규범을 연성법규라 한다. A규약의 경우 인권의 보편성과 특수성을 조화시키기 위해 연성규범화를 지향한 것으로 이해할 수 있다.

(2) A규약의 구조

A규약은 가능한 범위 내에서 당해 권리의 실현을 점진적으로 촉진할 의무를 당사국에 부과하고 있다. A규약은 전문과 31개조로 구성되어 있으며, 제1부에 민족자결권 규정, 제2부에 총칙규정, 제3부에 실체규정, 제4부에 집행장치규정, 제5부에 최종규정을 두고 있다.

(3) 총칙규정 – 제2조~제5조

> 🗎 **조문 | 경제적·사회적·문화적 권리에 관한 국제규약 제2조 제1항 – 당사국의 의무**
>
> 이 규약의 각 당사국은 특히 입법조치의 채택을 포함한 모든 적절한 수단에 의하여 이 규약에서 인정된 권리의 완전한 실현을 점진적으로 달성하기 위하여, 개별적으로 또한 특히 경제적·기술적인 국제지원과 국제협력을 통하여, 자국의 가용 자원이 허용하는 최대한도까지 조치를 취할 것을 약속한다.

> 🗎 **조문 | 경제적·사회적·문화적 권리에 관한 국제규약 제4조 제1항 – 권리의 제한**
>
> 이 규약의 당사국은, 국가가 이 규약에 따라 부여하는 권리를 향유함에 있어서, 그러한 권리의 본질과 양립할 수 있는 한도 내에서, 또한 오직 민주 사회에서의 공공복리증진의 목적으로 반드시 법률에 의하여 정하여지는 제한에 의해서만 그러한 권리를 제한할 수 있음을 인정한다.

총칙규정에서는 당사국이 규약상 권리의 실현을 점진적으로 달성하기 위한 제반조치를 취할 의무와 규약상 권리가 차별 없이 행사되도록 보장할 의무를 부과하고 있다(제2조). 단, 당사국은 민주적 사회에서의 공공복리를 증진하기 위해 법률로써 규약상 권리의 향유를 제한할 수 있다(제4조).

(4) 실체규정 – 제6조~제15조

실체규정은 경제적 권리(제6조~제8조), 사회적 권리(제9조~제12조), 문화적 권리(제13조~제15조)로 구분된다. 경제적 권리로는 노동권, 노동조건, 단결권이 규정되어 있고, 사회적 권리로는 사회보장, 가정에 대한 보호, 생활수준의 확보, 건강권이, 문화적 권리로는 교육권, 무상의 교육의무 등이 규정되어 있다.

3. 시민적·정치적 권리에 관한 국제규약

(1) B규약의 구조

B규약은 원칙적으로 즉시 적용가능한 기준을 정하여 이를 준수·실시할 의무를 당사국에 부과하고 있는 점에서 A규약과 다르다. B규약은 전문과 53개 조항으로 구성되어 있다. 제1부에 민족자결권 규정을, 제2부에 총칙규정을, 제3부에 실체규정을, 제4부에 집행장치 규정을, 제5부에 잡칙을, 제6부에 최종규정을 두고 있다.

(2) 총칙규정 – 제2조~제5조

> **📖 조문 | 시민적·정치적 권리에 관한 국제규약 제2조 제1항 – 권리의 존중과 확보**
>
> 이 규약의 각 당사국은 자국의 영토내에 있으며, 그 관할권하에 있는 모든 개인에 대하여 인종, 피부색, 성, 언어, 종교, 정치적 또는 기타의 의견, 민족적 또는 사회적 출신, 재산, 출생 또는 기타의 신분 등에 의한 어떠한 종류의 차별도 없이 이 규약에서 인정되는 권리들을 존중하고 확보할 것을 약속한다. (Each State Party to the present Covenant undertakes to respect and to ensure to all individuals within its territory and subject to its jurisdiction the rights recognized in the present Covenant, without distinction of any kind, such as race, colour, sex, language, religion, political or other opinion, national or social origin, property, birth or other status.)

> **📖 조문 | 시민적·정치적 권리에 관한 국제규약 제4조 제1항 – 비상사태하에서의 예외**
>
> 국민의 생존을 위협하는 공공의 비상사태의 경우에 있어서 그러한 비상사태의 존재가 공식으로 선포되어 있을 때에는 이 규약의 당사국은 당해 사태의 긴급성에 의하여 엄격히 요구되는 한도 내에서 이 규약상의 의무를 위반하는 조치를 취할 수 있다. 다만, 그러한 조치는 당해국의 국제법상의 여타 의무에 저촉되어서는 아니되며, 또한 인종, 피부색, 성, 언어, 종교 또는 사회적 출신만을 이유로 하는 차별을 포함하여서는 아니된다.

규약당사국에 의한 실시조치(제2조), 남녀의 평등권(제3조), 비상사태하에서의 예외(제4조) 등을 규정하고 있다. 제4조를 보면, 비상사태를 선언한 당사국은 필요한 한도까지 규약상 의무를 위반하는 조치를 취할 수 있으나, 그 조치는 당해국의 국제법상 의무와 상충되어서는 안 되며, 인종·성 등을 이유로 차별적이어서는 안 된다. 비상사태하에서도 생명권, 사형제도, 고문 및 잔학형의 금지 등 제반규정을 위반할 수 없다. 비상사태하에서 규약상 의무에 위반하는 조치를 취한 국가는 위반규정 및 위반이유를 UN사무총장을 통해 타당사국에 즉시 통보해야 하며, 동일경로를 통해 위반종료일을 통보해야 한다.

(3) 실체규정 – 제6조~제27조

> **📖 조문 | 시민적·정치적 권리에 관한 국제규약 제6조 – 생명권**
>
> 1. 모든 인간은 고유한 생명권을 가진다. 이 권리는 법률에 의하여 보호된다. 어느 누구도 자의적으로 자신의 생명을 박탈당하지 아니한다.
>
> 2. 사형을 폐지하지 아니하고 있는 국가에 있어서 사형은 범죄 당시의 현행법에 따라서 또한 이 규약의 규정과 집단살해죄의 방지 및 처벌에 관한 협약에 저촉되지 아니하는 법률에 의하여 가장 중한 범죄에 대해서만 선고될 수 있다. 이 형벌은 권한있는 법원이 내린 최종판결에 의하여서만 집행될 수 있다.

> **📖 조문 | 시민적·정치적 권리에 관한 국제규약 제7조 – 고문 등 금지**
>
> 어느 누구도 고문 또는 잔혹한, 비인도적인 또는 굴욕적인 취급 또는 형벌을 받지 아니한다. 특히 누구든지 자신의 자유로운 동의없이 의학적 또는 과학적 실험을 받지 아니한다.

합법적으로 이 규약의 당사국의 영역 내에 있는 외국인은, 법률에 따라 이루어진 결정에 의하여서만 그 영역으로부터 추방될 수 있으며, 또한 국가안보상 불가피하게 달리 요구되는 경우를 제외하고는 자기의 추방에 반대하는 이유를 제시할 수 있고 또한 권한있는 당국 또는 동 당국에 의하여 특별히 지명된 자에 의하여 자기의 사안이 심사되는 것이 인정되며, 또한 이를 위하여 그 당국 또는 사람앞에서 다른 사람이 그를 대리하는 것이 인정된다.

1. 모든 사람은 간섭받지 아니하고 의견을 가질 권리를 가진다.

2. 모든 사람은 표현의 자유에 대한 권리를 가진다. 이 권리는 구두, 서면 또는 인쇄, 예술의 형태 또는 스스로 선택하는 기타의 방법을 통하여 국경에 관계없이 모든 종류의 정보와 사상을 추구하고 접수하며 전달하는 자유를 포함한다.

3. 이 조 제2항에 규정된 권리의 행사에는 특별한 의무와 책임이 따른다. 따라서 그러한 권리의 행사는 일정한 제한을 받을 수 있다. 다만, 그 제한은 법률에 의하여 규정되고 또한 다음 사항을 위하여 필요한 경우에만 한정된다.

    (a) 타인의 권리 또는 신용의 존중

    (b) 국가안보 또는 공공질서 또는 공중보건 또는 도덕의 보호

    (The exercise of the rights provided for in paragraph 2 of this article carries with it special duties and responsibilities. It may therefore be subject to certain restrictions, but these shall only be such as are provided by law and are necessary:

    (a) For respect of the rights or reputations of others;

    (b) For the protection of national security or of public order(ordre public), or of public health or morals.)

생명권 및 사형제도, 고문 및 잔학형의 금지, 노예 및 강제노동의 금지, 신체의 자유 및 체포 · 구금의 요건, 공정한 재판을 받을 권리표현의 자유, 소수민족의 보호 등에 관한 실체규정들을 담고 있다.

4. A규약과 B규약의 차이점

(1) 당사국의 재량성

A규약은 B규약에 비해 이행에 있어서 당사국의 재량이 더 많다. A규약은 규약상 권리 실현을 점진적으로 달성함을 목표로 하고 있고, 당사국들은 목표달성에 있어서 자국의 가용자원이 허용하는 최대한도까지 조치를 취할 것을 약속하고 있다. 이에 비해 B규약은 각 당사국에게 규약상의 권리를 존중하고 자국 영토 및 관할권 내의 모든 개인에게 권리를 확보할 것을 요구함으로써 규약상 권리의 즉각적이고 완전한 실현을 목표로 하고 있다. B규약의 실현에는 정부당국의 의지가 중요한 반면, A규약 이행을 위해서는 경제력이 요구되기 때문에 재량성에 차이를 두고 있다.

(2) 외국인에 대한 차별

> **📄 조문 | 경제적·사회적·문화적 권리에 관한 국제규약 제2조 제3항 – 외국인에 대한 차별**
>
> 3. 개발도상국은, 인권과 국가 경제를 충분히 고려하여 이 규약에서 인정된 경제적 권리를 어느 정도까지 자국의 국민이 아닌 자에게 보장할 것인가를 결정할 수 있다.

A규약 제2조 제3항은 개도국들이 외국인에 대해 특정 조건하에서 차별을 할 수 있도록 인정하고 있다. 차별이 정당화되는 조건은 ① 외국인의 차별대우가 당해 개도국의 경제상황에 비추어 정당화되고 특정 국가 국민에 대한 차별이 아닐 것, ② 차별대우로 인하여 타인권에 대한 중대한 위반이 초래되지 않을 것.

(3) 이행감독제도의 차이

B규약에는 A규약과 달리 국가간고발제도와 개인청원제도를 도입하고 있다. 그러나 UN총회는 2008년 12월 10일 결의를 통해 경제적·사회적·문화적 권리에 관한 국제규약에 대한 선택의정서를 채택하였다. 동 결의를 통해 B규약과 유사한 국가간고발제도와 개인청원제도를 도입하였다. 따라서 이행감독장치와 관련하여 존재하던 양 협약의 차이는 소멸했다고 볼 수 있다.

(4) 인권의 서열의 인정 여부

B규약 제4조는 비상사태하에서 규약상의 인권이 제한될 수 있음을 인정하는 한편, 비상사태하에서도 위반이 허용되지 않는 인권을 적시하고 있다. 제6조의 생명권, 제7조의 고문과 잔혹한 형벌 또는 대우의 금지 조항 등이다. 이는 B규약에서 인권사이에 서열이 있음을 인정한 것으로서 제한가능한 인권을 '표준적 인권'(normal human rights), 제한불가능한 인권을 '훼손할 수 없는 인권'(non-derogable human rights)이라 한다. 한편, A규약의 관련규정인 제4조는 이러한 구별을 알지 못한다.

Ⅲ 국제인권규약의 이행감독제도

1. A규약상의 이행감독제도

(1) 보고제도

> **📄 조문 | 경제적·사회적·문화적 권리에 관한 국제규약 제16조 – 보고제도**
>
> 1. 이 규약의 당사국은 규약에서 인정된 권리의 준수를 실현하기 위하여 취한 조치와 성취된 진전사항에 관한 보고서를 이 부의 규정에 따라 제출할 것을 약속한다.
> 2. (a) 모든 보고서는 국제연합사무총장에게 제출된다. 사무총장은 이 규약의 규정에 따라, 경제사회이사회가 심의할 수 있도록 보고서 사본을 동 이사회에 송부한다.
>   (b) 국제연합사무총장은 이 규약의 당사국으로서 국제연합전문기구의 회원국인 국가가 제출한 보고서 또는 보고서 내용의 일부가 전문기구의 창설규정에 따라 동 전문기구의 책임에 속하는 문제와 관계가 있는 경우, 동 보고서 사본 또는 그 내용중의 관련 부분의 사본을 동 전문기구에 송부한다.

A규약의 모든 당사국은 규약상의 권리를 보장하기 위해 채택한 조치와 진전상황에 관해 정기적으로 UN 사무총장에게 보고서를 제출해야 한다. 이 보고서는 경제사회이사회가 검토한다. 경제사회이사회는 보고서 검토를 담당하기 위해 '경제적·사회적·문화적 권리에 관한 위원회'를 설치하였다.

(2) 국가간고발제도와 개인의 국가고발제도

2008년 선택의정서를 통해 도입하였다. 동 절차들은 이들 절차에 대한 경제적·사회적·문화적 권리위원회의 권한을 인정할 것을 선언한 국가들에 대해서만 발동할 수 있다. 체약국은 언제든지 그 선언을 할 수 있고(선택의정서 제10.1조, 11.1조), 언제든지 철회할 수 있다(제10.2조, 제11.8조).

(3) 사실심사절차

2008년 선택의정서를 통해 도입한 절차이다. 사실심사절차(inquiry procedure)는 당해 국가가 동의하는 경우 영토에 대한 방문 조사를 포함하는 절차이다.

2. B규약상의 이행감독제도

(1) 보고제도

📖 **조문 | 시민적·정치적 권리에 관한 국제규약 제40조 - 보고제도**

1. 이 규약의 당사국은 규약에서 인정된 권리를 실현하기 위하여 취한 조치와 그러한 권리를 향유함에 있어서 성취된 진전사항에 관한 보고서를 다음과 같이 제출할 것을 약속한다.

   (a) 관계당사국에 대하여는 이 규약의 발효 후 1년 이내

   (b) 그 이후에는 이사회가 요청하는 때

2. 모든 보고서는 국제연합 사무총장에게 제출되며 사무총장은 이를 이사회가 심의할 수 있도록 이사회에 송부한다. 동 보고서에는 이 규약의 이행에 영향을 미치는 요소와 장애가 있을 경우, 이를 기재한다.

3. 국제연합 사무총장은 이사회와의 협의 후 해당 전문기구에 그 전문기구의 권한의 분야에 속하는 보고서 관련 부분의 사본을 송부한다.

4. 이사회는 이 규약의 당사국에 의하여 제출된 보고서를 검토한다. 이사회는 이사회 자체의 보고서와 이사회가 적당하다고 간주하는 일반적 의견을 당사국에게 송부한다. 이사회는 또한 이 규약의 당사국으로부터 접수한 보고서 사본과 함께 동 일반적 의견을 경제사회이사회에 제출할 수 있다.

5. 이 규약의 당사국은 본조 제4항에 따라 표명된 의견에 대한 견해를 이사회에 제출할 수 있다.

당사국은 권리실현조치 및 실현성과에 대한 보고서를 규약 발효 후 1년 이내 및 그 후 위원회의 요청 시 UN사무총장에게 제출해야 한다. UN사무총장은 이를 인권위원회로 송부한다. 인권위는 당사국들이 제출한 보고서를 검토하고 자체보고서 및 적정하다고 생각되는 일반적 의견을 당사국에 송부하며, 또한 당사국으로부터 접수한 보고서 사본과 함께 일반적 의견(non-country-specific)을 경제사회이사회에 제출할 수 있다. 당사국은 상기 의견에 대한 견해를 위원회에 제출할 수 있다. 인권위원회는 1992년 '특정 국가에 대한 논평'(country-specific comments)을 채택할 것이라고 결정하였고 이후 특정 국가에 대한 논평을 제시하고 있다.

(2) 국가간고발제도(inter-state complaint machinery)

圖 조문 | 시민적·정치적 권리에 관한 국제규약 제41조 제1항 – 국가간고발제도

제41조

1. 이 규약의 당사국은 타 당사국이 이 규약상의 의무를 이행하지 아니하고 있다고 주장하는 일 당사국의 통보를 접수, 심리하는 이사회의 권한을 인정한다는 것을 이 조에 의하여 언제든지 선언할 수 있다. 이 조의 통보는 이 규약의 당사국 중 자국에 대한 이사회의 그러한 권한의 인정을 선언한 당사국에 의하여 제출될 경우에만 접수, 심리될 수 있다. 이사회는 그러한 선언을 행하지 아니한 당사국에 관한 통보는 접수하지 아니한다. 이 조에 따라 접수된 통보는 다음의 절차에 따라 처리된다.

   (a) 이 규약의 당사국은 타 당사국이 이 규약의 규정을 이행하고 있지 아니하다고 생각할 경우에는, 서면통보에 의하여 이 문제에 관하여 그 당사국의 주의를 환기시킬 수 있다. 통보를 접수한 국가는 통보를 접수한 후 3개월 이내에 당해문제를 해명하는 설명서 또는 기타 진술을 서면으로 통보한 국가에 송부한다. 그러한 해명서에는 가능하고 적절한 범위 내에서, 동 국가가 당해문제와 관련하여 이미 취하였든가, 현재 취하고 있든가 또는 취할 국내절차와 구제수단에 관한 언급이 포함된다.

   (b) 통보를 접수한 국가가 최초의 통보를 접수한 후 6개월 이내에 당해문제가 관련 당사국 쌍방에게 만족스럽게 조정되지 아니할 경우에는, 양 당사국중 일방에 의한 이사회와 타 당사국에 대한 통고로 당해문제를 이사회에 회부할 권리를 가진다.

   (c) 이사회는, 이사회에 회부된 문제의 처리에 있어서, 일반적으로 승인된 국제법의 원칙에 따라 모든 가능한 국내적 구제절차가 원용되고 완료되었음을 확인한 다음에만 그 문제를 처리한다. 다만, 구제수단의 적용이 부당하게 지연되고 있을 경우에는 그러하지 아니한다.

   (d) 이사회가 이 조에 의한 통보를 심사할 경우에는 비공개 토의를 가진다.

   (e) (c)의 규정에 따를 것을 조건으로, 이사회는 이 규약에서 인정된 인권과 기본적 자유에 대한 존중의 기초 위에서 문제를 우호적으로 해결하기 위하여 관계당사국에게 주선을 제공한다.

   (f) 이사회는 회부받은 어떠한 문제에 관하여도 (b)에 언급된 관계당사국들에게 모든 관련 정보를 제출할 것을 요청할 수 있다.

   (g) (b)에서 언급된 관계당사국은 당해문제가 이사회에서 심의되고 있는 동안 자국의 대표를 참석시키고 구두 또는 서면으로 의견을 제출할 권리를 가진다.

   (h) 이사회는 (b)에 의한 통보의 접수일로부터 12개월 이내에 보고서를 제출한다.

   　(i) (e)의 규정에 따라 해결에 도달한 경우에는 이사회는 보고서를 사실과 도달된 해결에 관한 간략한 설명에만 국한시킨다.

   　(ii) (e)의 규정에 따라 해결에 도달하지 못한 경우에는 이사회는 보고서를 사실에 관한 간략한 설명에만 국한시키고 관계당사국이 제출한 서면 의견과 구두 의견의 기록을 동 보고서에 첨부시킨다.

   모든 경우에 보고서는 관계당사국에 통보된다.

① 의의: 국가간고발제도는 B규약 제41조를 수락한 당사국 상호 간에 B규약상의 의무이행에 대해 감시·감독하는 제도를 말한다. 제41조의 수락선언은 언제든지 철회할 수 있다(제41조 제2항). B규약 제41조를 수락한 당사국은 타당사국의 규약상 의무위반을 통보할 수 있고 이에 따라 인권위원회는 자신이 주선하거나 특별조정위원회를 구성하여 조정할 수 있다.

② **당사국 간 통보:** 타당사국이 규약을 실시하지 않는다고 판단한 당사국은 서면통보(written communication)에 의하여 타당사국의 주의를 환기할 수 있다. 통보를 수령한 국가는 접수일로부터 3개월 이내에 문제를 제기한 국가에 해명서(written explanation)를 보내야 한다. 통보수령일로부터 6개월 이내에 원만하게 조정되지 못한 경우 일방당사국은 당해 문제에 대한 주선을 위원회에 부탁할 수 있다.

③ **인권위원회의 주선:** 인권위원회는 국내구제수단이 완료된 경우 사안을 다룰 수 있다. 단, 구제수단의 부당한 지연 시에는 국내구제를 완료하지 않아도 다룰 수 있다. 인권위는 통보된 사안을 검토하여 분쟁당사국들 간 분쟁의 우호적 해결을 위해 주선(good offices)을 제공한다. 인권위는 분쟁당사국들에게 정보제공을 요청할 수 있으며 당사국들은 구두 또는 서면 진술권이 있다. 인권위는 12개월 내에 보고서를 제출해야 하며 보고서는 당사국에 송부된다.

④ **특별조정위원회의 조정:** 인권위의 주선에 의해 분쟁이 해결되지 않은 경우 위원회는 분쟁당사국의 동의에 기초하여 특별조정위원회를 구성할 수 있다. 특별조정위원은 제41조를 수락한 국가의 국민이어야 하되, 분쟁당사국의 국민이어서는 안 된다. 특별조정위원회는 사안을 검토하여 인권위원장에게 12개월 이내에 보고서를 제출하고 인권위원장은 이를 당사국에 송부한다. 12개월 이내에 사안검토를 완료하지 못한 경우 보고서에는 문제의 검토상황에 대한 간단한 기술에 국한된 내용을 담을 수 있다. 우호적 해결에 도달한 경우 사실과 도달한 해결에 대해 진술한다. 우호적 해결에 도달하지 못한 경우 보고서에는 사실문제에 대한 위원회의 인정과 문제의 우호적 해결가능성에 대한 위원회의 의견을 기술한다. 또한 분쟁당사국들의 의견도 포함해야 한다. 당사국들은 보고서를 송부받은 후 3개월 내에 위원장에게 보고서 내용의 수락 여부를 통보해야 한다.

(3) 개인청원제도

개인청원제도 또는 개인의 국가고발제도란 B규약 선택의정서에 규정된 제도로서 B규약 및 B규약 선택의정서 가입당사국의 관할하에 있는 개인이 당사국의 B규약 위반에 대해 적절한 국내구제절차를 완료한 다음 인권위원회에 당사국을 고발하여 개인의 인권침해를 구제하는 절차를 의미한다. 인권위원회는 개인의 청원을 검토하여 관련 당사국에게 자신의 견해를 송부한다. 위원회의 의견은 법적 구속력이 없으나 국가들에 대한 정치적 압박수단으로서 실효성이 입증되고 있다.

Ⅳ 국제인권규약의 효용성 평가

국제인권규약은 기본적으로 개인의 인권을 국제적으로 보호 · 보장하는 것을 그 목적으로 한다. 국제인권규약이 개인의 인권을 보호하는 데 있어서 갖는 효용성에 대해 몇 가지 기준에 비추어 검토한다.

1. 국제인권규약의 비자기집행성

조약이나 조약규정의 자기집행성(self-executing)이란 조약이나 조약규정이 별도의 국내 입법조치 없이 국내법에 편입되는 것을 말한다. 국제인권규약이 자기집행적이라면 별도의 입법조치 없이 개인이 조약상의 권리를 법정에서 주장할 수 있을 것이나, 비자기집행적(non self-executing)인 경우 국내입법을 요한다. 해석상 A규약은 비자기집행적이며, B규약은 자기집행적이라고 본다. 비자기집행조약인 경우 별도의 국내입법조치를 요하므로 개인이 규약상의 권리를 향유함에 있어 한계가 있다.

2. 국제인권규약의 연성법규성

국제인권 A규약의 경우 조약으로 존재하는 연성법규(soft law)적 성격을 갖는다. 즉, 당사국들에게 구체적인 의무를 부과하기보다는 조약상의 의무를 점진적으로 이행할 것과, 당사국의 경제력의 허락한도 내에서 조약상의 의무를 이행하도록 규정하고 있다. 따라서 사실상 조약위반에 대한 책임을 추궁하기가 어렵다. 따라서 A규약은 경제적·사회적·문화적 권리 보호에 대한 방침을 규정한다고 볼 수 있다.

3. 이행감독제도의 한계

(1) 보고제도의 한계

국제인권규약은 보고제도, 국가간고발제도 및 개인청원제도를 규정하고 있다. 보고제도의 경우 정확한 사실조사에 대한 규정을 두고 있지 않아 규약당사국이 제출한 일방적인 보고서를 심리하는 것에 불과하다. 또한 심리결과에 대해서도 법적 구속력이 없는 일반적인 권고 및 논평에 그치기 때문에 실효성이 희박하다.

(2) 국가간고발제도

시민적·정치적 권리 규약의 당사국들은 국가간의 우호관계를 해할지도 모르는 국가간고발절차를 선호하지 않아 실효성이 없다.

(3) 개인청원제도

개인청원제도는 우선 인권위원회 논평에 법적 구속력이 없고, 구두심리절차가 없어 실체적 진실발견에 한계가 있다. 청원적격에 있어서도 법인이나, 피해자와 무관한 사인의 청원권을 부인함으로써 청원권의 주체가 협소하다.

4. 조약의 보편성의 문제

국제인권규약도 조약이므로 당사국에게만 효력이 있다. 주요 인권침해국으로 지탄받는 국가들이 인권조약에 가입하지 않음으로써 실효성을 반감하고 있다. 한편, 국가간고발제도의 경우 B규약 제41조를 수락한 당사국 상호간, 그리고 개인청원제도 역시 B규약에 가입하고 B규약선택의정서에도 가입한 국가의 관할권하의 개인에게만 인정되는 한계가 있다.

5. 유보의 문제

국제인권규약에서 유보는 명시적으로 금지되지 않았다. 따라서 국가들은 국제인권규약 비준이나 가입 시 자국법질서에서 수용하기 어려운 조항들에 대해서는 유보를 부가하였다. 예컨대, 인도는 인도 내 소수집단에 대한 자결권의 적용을 배제하는 선언을 하였고, 뉴질랜드, 노르웨이 등 대부분의 국가들은 특정 조항에 대해 자국 국내법을 우선 적용한다는 유보를 가하였다.

📖 조문 | B규약 선택의정서 – 개인청원 관련 주요 규정

제1조

이 의정서의 당사국이 된 규약당사국은 그 관할권에 속하는 자로서 동국에 의한 규약에 규정된 권리에 대한 침해의 희생자임을 주장하는 개인으로부터의 통보를 접수하고 심리하는 이사회의 권한을 인정한다. 이사회는 이 의정서의 당사국이 아닌 규약당사국에 관한 어떠한 통보도 접수하지 않는다.

제2조

제1조에 따를 것을 조건으로, 규약에 열거된 어떤 권리가 침해되었다고 주장하는 개인들은 모든 이용가능한 국내적 구제조치를 완료하였을 경우, 이사회에 심리를 위한 서면통보를 제출할 수 있다.

제3조

이사회는 이 의정서에 따른 통보가 익명이거나, 통보제출권의 남용 또는 규약규정과 양립할 수 없는 것으로 간주될 경우에는 그러한 통보를 허용할 수 없는 것으로 간주한다.

제4조

1. 제3조에 따를 것을 조건으로, 이사회는 이 의정서에 따라 제출된 통보에 대하여 규약 규정을 위반하고 있는 것으로 주장되는 당사국의 주의를 환기한다.

2. 이 당사국은 6개월 이내에 그 문제 및 취하여진 구제조치가 있는 경우 이를 설명하는 서면 설명서 또는 진술서를 이사회에 제출한다.

제5조

1. 이사회는 개인 및 관련 당사국으로부터 입수된 모든 서면정보를 참고하여, 이 의정서에 따라 접수된 통보를 심리한다.

2. 이사회는 다음 사항을 확인한 경우가 아니면 개인으로부터의 어떠한 통보도 심리하지 않는다.

   (a) 동일 문제가 다른 국제적조사 또는 해결절차에 따라 심사되고 있지 않을 것

   (b) 개인이 모든 이용가능한 국내적 구제조치를 완료하였을 것. 다만, 이 규칙은 구제조치의 적용이 불합리하게 지연되는 경우에는 적용되지 않는다.

3. 이사회는 이 의정서에 따라 통보를 심사할 때에는 비공개 회의를 갖는다.

4. 이사회는 관련당사국과 개인에게 이사회의 견해를 송부한다.

제6조

이사회는 규약 제45조에 의한 연례보고서에 이 의정서에 따른 활동의 개요를 포함한다.

Ⅰ 의의

1. 개념

개인청원제도 또는 개인의 국가고발제도라 함은 인권보호조약의 실효성 확보를 위해 조약상의 권리나 자유를 침해당한 개인이 조약에 예정된 절차에 따라 인권을 침해한 국가를 고발하거나 청원하는 제도를 의미한다.

2. 입법취지

개인청원제도를 도입한 취지는 기본적으로 인권보호조약의 실효성을 확보하기 위한 것이다. 인권조약은 조약 준수의 최대의 보장자로 당사국을 예정하고 있다. 따라서 국제절차가 최초의 구제수단이 될 수는 없다. 그러나 당사국이 자국영역 또는 관할 내의 개인에 대하여 충분한 보호를 하지 못한 경우 그 피해를 구제받지 못한 개인이 최후 수단으로 이용할 수 있게 하자는 취지로 볼 수 있다.

3. 연원

개인청원제도는 1953년에 발효한 '유럽인권협약', 1966년 체결된 '시민적·정치적 권리를 위한 인권규약'(이하 B규약)상의 권리 보호를 위한 'B규약 선택의정서', 1987년에 발효한 '고문방지협약'에 규정되어 있다. 이하에서는 B규약 선택의정서(이하 의정서)상의 개인청원 제도를 중심으로 서술한다.

Ⅲ 요건14)

1. 관할권

개인청원을 제기하기 위해서는 우선 관할권이 성립해야 한다. 첫째, 개인청원을 제기하기 위해서는 관련 국가가 B규약 및 B규약 선택의정서에 가입해야 한다. 둘째, B규약에서 정하는 권리 또는 자유의 침해를 내용으로 하지 않는 청원은 물적관할권의 흠결이 적용된다. 셋째, 조약불소급의 원칙상 조약이 당사국에 발효된 이후에 그리고 당사국에 의한 탈퇴의 효력이 발생하기 이전의 행위에 대해서만 인권위원회가 심의할 수 있다. 다만, 청원인에 대한 권리침해가 지속적인 경우 관할권을 인정한다(지속적 침해이론에 입각한 관할권). 넷째, B규약은 영토 내에 있으며 그 관할하에 있는 모든 개인에 대해 규약의 권리를 보호한다. 청원인은 당사국의 영토 및 관할하에 소재하고 있어야 한다.

2. 국내구제절차의 완료

규약에 열거된 권리가 침해되었다고 주장하는 개인은 모든 이용 가능한 국내적 구제조치를 완료하였을 경우 규약인권위원회에 심리를 위한 서면통보를 제출할 수 있다(의정서 제2조). 단, 구제조치의 적용이 불합리하게 지연되는 경우 적용되지 않는다(의정서 제5조 제2항 b의 단서). 피해자가 체포된 이후 4년 반 이상이나 최종판결이 선고되지 않은 것은 불합리한 지연으로서 사건을 심리할 수 있다고 보았다(Weiz v. Uruguay 사건).

3. 청원인

규약에 규정된 권리에 대한 위반의 '피해자임을 주장하는 개인'으로부터 청원을 수리한다(의정서 제1조). 피해자와 신청인 간에 충분한 연관성(a sufficient link)이 있으면 피해자가 신청서를 직접 제출할 수 없는 경우에도 동 피해자를 위한 대리인의 신청서를 접수한다. 법인은 청원의 주체가 될 수 없다. 임박한 피해를 주장하는 개인도 청원을 제출할 수 있다. B규약 인권위원회는 핵무기의 네덜란드 배치가 B규약 제6조를 침해한다고 주장하는 6588명 명의의 청원에 대한 결정에서 청원인은 국가의 작위 또는 부작위가 권리의 향유에 불리한 효과를 갖거나 또는 그러한 효과가 임박한(imminent) 것임을 보여주어야 한다고 하였다.

---

14) 김성준, 국제인권조약의 개인청원요건의 해석과 실제, 《국제법학회논총》, 제43권 제2호.

4. 다른 국제절차와의 중복 금지

동일문제가 다른 국제적 조사 또는 해결절차에 따라 심사되고 있지 않아야 한다[의정서 제5조 제2항 제(a)호]. 법정에 따라 상이한 결과가 나올 가능성을 배제하고, 각 국제기관 간의 갈등 방지를 목적으로 한다. 위원회의 관행에 의하면 다른 국제기관이 사실관계를 심사하지 않는 한 '다른 국제절차에서 심사 중'인 것으로 보지 않으며, 다른 국제절차에 부탁된 사안이라도 청원인이 이를 취소하면 B규약 인권위원회는 심의할 권한을 갖는다. 또한 과거에 심사하였더라도 현재 심의 중이 아니면 동일사항으로 취급하지 않는 경향을 보이고 있다. 일부 체약국들은 과거에 심사된 사안이 다시 인권위원회에서 검토되는 것을 막기 위해 유보를 가하고 있다.

5. 청원권 남용 및 익명 청원의 금지

청원권이 남용된 경우 수리를 거부할 수 있다(의정서 제3조). 과거 위원회가 수리거부한 사안과 동일하거나 유사한 사안을 청원하는 경우, 청원인의 주장이 포괄적 성격을 가지고 피해자 자격을 가졌는지에 대해 실증하는 바가 없는 경우 그 진실성에 대한 의문을 정당화시키고 청원권의 남용을 구성한다. 한편, 개인청원제도는 궁극적으로 개인이 입은 피해의 구제가 목적이므로 구체적인 구제대상이 존재하지 않는 것이므로 익명청원 (anonymous petitions)의 경우 이를 심리거부사유로 보고 있다(의정서 제3조).

6. B규약의 역외적용문제

(1) 문제의 소재

국제인권조약의 역외적용성의 문제는 국제인권조약에 가입한 국가가 자국 영역 밖에서 국민 또는 외국인에 대해 인권조약에 규정된 권리를 침해한 경우 당해 조약 위반으로 판단할 수 있을 것인지의 문제이다. 국제사법재판소나 국제인권위원회를 비롯하여 인권관련 기관은 역외적용성에 적극적인 태도를 보이고 있으나 미국 등 일부국가들은 이에 반대한다.

(2) ICJ 입장

국제사법재판소는 국제인권규약 제2조 제1항의 해석에 있어서 동 조약의 역외적용성을 긍정하였다. ICJ는 'Legal Consequences of the Construction of a Wall in the Occupied Palestinian Territory 사건'에서 인권규약 제2조 제1항의 '자국 영토 내의 그리고 그 관할권하에 있는 모든 개인'은 '체약국의 영토 내에 있는 개인들'과 '체약국의 영토 밖에 있지만 그 관할권하에 있는 개인들'을 포함한다고 판시하였다. 즉 ICJ는 '시민적 정치적 권리규약은 국가가 자국영토 밖에서 자신의 관할권을 행사함에 있어 행한 행위에 대해 적용될 수 있다'고 하였다.

(3) 시민적 정치적 권리규약 위원회 입장

동 위원회 역시 인권조약의 역외적용성을 긍정한다. 위원회는 아르헨티나에 살고 있는 한 우루과이 시민이 우루과이 보안정보군대에 의해 본국으로 납치되어 고문당하자 오스트리아에 거주하고 있는 그의 부인이 남편(Sergio Ruben Lopez Burgos)을 대리하여 진정서를 제출한 'Delia Saldias de Lopez v. Urguay 사건'에서, Lopez Burgos에 대한 체포와 최초구금 및 학대가 우루과이가 주장하는 바와 같이 외국영토에서 발생했다고 하더라도 그러한 행위가 우루과이 공무원에 의해 행해진 한 위원회가 신청인의 주장을 검토하는 것이 방해되지는 아니한다고 하였다. 위원회는 선택의정서 제1조의 '관할하에 있는 개인'의 의미는 개인이 소재하고 있는 장소에 대한 것이라기보다는 규약에 명시된 어떤 권리의 침해에 관하여 개인과 국가 간의 관계에 대해 언급하고 있는 것이라고 하였다.

또한 규약 제5조 제1항[15])에 따라 개인에게 규약상 부여된 권리를 제한하는 해석은 채택될 수 없다고 하였다. 상기 사건에서 위원회는 우루과이가 동 규약 제7조(고문금지), 제9조 제1항 및 제3항(신체의 자유와 안전), 제14조(공정한 재판을 받을 권리) 등을 위반하였다고 인정하면서 규약 제2조 제3항에 따라 즉각적인 석방, 출국허용 및 피해보상을 포함한 실효적 구제를 제공하고, 미래에 유사한 위반이 발생하지 않도록 확보할 조치를 취할 의무가 있다고 하였다. 위원회는 'Lilian Celiberti de Casariego v. Urguay 사건'에서도 동일한 입장을 취했다. 위원회는 1995년 미국이 제출한 보고서에 대한 논평에서 동 규약의 영토외적 적용성을 부인하는 미국정부의 견해를 반박했다. 또한 2004년 일반논평(general comment)에서도 각 체약국은 당해 국가의 영토 내에 있지 않다 하더라도 국가의 권력 또는 실효적 통제 내에 있는 그 누구에 대해서도 규약에 규정된 제 권리를 존중하고 확보해야 하며, 동 원칙은 영토 밖에서 행동하는 체약국 군대의 권력이나 실효적 통제 내에 있는 사람들에게도 적용된다고 하였다.

(4) 기타기관 및 협약

고문반대위원회(Committee against Torture)는 2006년 미국에 대한 보고서에서 고문반대협약의 역외적 용성을 긍정하였다. 유럽인권협약 제1조는 체약국이 협약에 명시된 권리와 자유를 보장해야 하는 대상을 '관할권 안에 있는 모든 이'(everyone within their jurisdiction)로 표현하고 있다. 미주인권협약 제1조도 '관할권하에 있는 모든 사람들'(all persons subject to their jurisdiction)로 표현하고 있다.

Ⅲ 심사절차 및 가보전조치[16])

1. 본안심리절차

개인청원의 본안심리절차는 청원인이 청원서를 작성하여 인권위원회에 제출함으로써 개시된다. 본안심리는 서면심리가 원칙이다(의정서 제5조 제1항). 개인청원이 인권이사회에 의해 수리된 다음, 그 수리통지를 받은 피청원국은 6개월 이내에 개인청원에 대한 설명서 혹은 성명서를 제출할 수 있다(의정서 제4조 제2항). 인권위는 이 규정을 국가의 정보제공의무로 해석하고 있다. 그러나, 6개월 이내에 설명서를 제출하지 않는 경우 인권위는 개인이 제출한 정보만으로 청원의 허용성 여부를 판단할 수 있다.

2. 가보전조치

인권이사회가 최종견해를 채택하기 이전에 급박한 사정이 있고, 또한 사후에는 회복곤란한 인권침해상황이 있는 경우 이를 사전에 해소하고자 하는 제도를 말한다. 규약이나 의정서에 명문규정이 없고 위원회 관행으로 운영되고 있다. 절차규칙 제86조에 기초한다. 위원회는 청원자의 건강에 대한 정보제공을 요청하기도 하고, 적극적으로 청원인에 대한 사형집행을 연기하도록 요청(request)하기도 한다. 인권위의 비회기에는 특별보고관이 가보전조치를 요청한다. 관련국에게 법적 구속력은 없으나, 여론 등을 통해 사실상의 구속력이 있다.

---

15) "이 규약의 어떠한 규정도 그 어떤 국가, 집단 또는 사람에 대해서도 이 규약에서 인정하는 권리 및 자유를 파괴하거나, 또는 이 규약에 규정된 것보다 더 넓게 제한하는 것을 목적으로 하는 활동에 종사하거나 그 같은 행위를 수행할 수 있는 권리를 함축하는 것으로 해석되지 아니한다."
16) 김태천, 국제인권규약의 개인청원제도, 《국제인권법》, 제2권, 145-168면.

Ⅳ 최종견해 채택 및 후속조치

1. 최종견해의 채택

위원회의 기본 임무는 규약상 권리의 위반에 관한 청원을 심리하고 그 위반사실을 확인하고 선언하는 것이다. 나아가 인권이사회는 존재한다고 확인된 위반행위에 대한 구제를 위하여 적절한 권고를 행할 권한을 가질 수 있다. 최종견해에는 책임자의 처벌 및 피해자에 대한 보상, 피해자의 권리회복, 권리를 침해하지 않겠다는 약속, 권리를 침해하는 법률의 개정을 포함할 수 있다. 1995년 손종규 대 대한민국 사건의 '최종견해'에서 손종규의 행위를 제3자개입금지조항으로 처벌한 것은 B규약 제19조 제2항이 보장한 표현의 자유를 침해한 것이라는 견해를 표명하고, 손종규에 대한 금전배상을 포함한 실질적인 구제조치, 제3자개입금지조항의 재검토 등을 요구하였다.

2. 최종견해의 공표

인권위원회가 채택한 최종견해는 일정한 절차에 따라 공표될 수 있다(의정서 제6조). 다만, 제6조가 "인권위원회는 제45조에 의한 연례 보고서에 이 의정서에 근거한 활동의 개요를 포함한다."라고만 규정하여 공표의 내용과 형식에 대한 명확한 규정을 두고 있지 않다. 특히 위원회 최종견해의 '전문'(a full text)을 연례 보고서에 기재할 수 있는지가 문제되나 위원회는 제6조의 목적상 전문의 기재가 가능하다고 해석하고 있다.

3. 최종견해의 법적 구속력

(1) 문제의 소재

국제인권위원회가 개인청원에 대해 조사하고 관련 국가에 대해 관련 국내법의 개정, 청원인에 대한 배상 등의 구체적 조치를 요구한 경우 관련 국가는 이에 따를 법적 의무가 있는가? 국제인권규약은 인권위원회의 견해의 법적 구속력에 대해 명시적 규정을 두지 않아 다툼이 있다.

(2) 긍정설

인권위원회 의견의 법적 구속력에 관한 학설은 긍정설, 부정설, 절충설 등이 대립하고 있다. 우선 긍정설은 조약에 구속력 여부에 관한 명문규정을 두고 있지 않아도 당사국의 일련의 자발적 행위, 즉 비준을 통한 당해 조약의 구속력의 인정을 통해 당해 조약의 법적 구속력뿐 아니라 당해 조약의 틀 안에서 기능하는 국제적·독립적 전문기관의 판단의 법적 구속력까지 수용한 것으로 해석할 수 있다고 본다.

(3) 부정설

부정설은 인권위원회의 견해는 단지 도덕적 권위(moral authority)를 가질 뿐이며 그 이상은 아니라는 견해이다. 자유권규약이나 그 선택의정서상에 법적 구속력을 인정하는 조항을 두지 않고 있는바, 이는 당사국들이 인권위원회의 견해에 대해 법적 구속력을 인정할 의사가 없다는 것으로 해석해야 함을 근거로 한다.

(4) 절충설

절충설은 인권위원회 견해에 대해 공식적인 법적 구속력까지 인정하지는 않지만 '자유권규약의 효력을 위한 주요한 자료'(a major source for interpretation of the ICCPR)로서 인정하거나 '상당한 설득적 권위'(considerable persuasive authority)를 보유하고 있는 것으로 본다. 이러한 견해는 UN총회 결의의 법적 효력에 관한 통설적 견해와 유사한 입장으로서 '연성법'적 성격을 인정할지언정 '경성법'적 성격을 인정할 수 없다는 견해로 평가된다.

(5) 국가관행

인권위원회의 견해의 구속력에 대한 국제관행도 일치하지 아니하나 법적 구속력을 인정하기보다는 설득적 권위를 인정하거나 부인하는 것이 대체적인 관행이다. 예컨대, 영국 추밀원 법사위원회나 일본 법원들은 인권위원회 의견을 인권규약 해석 지침으로 본다. 한편, 한국법원은 손종규 사건에서 인권위원회 견해에 한국법원이 기속되는 것은 아니라고 보아 법적 구속력을 부인하였다.

(6) 국제인권위원회(HRC)

인권위원회는 지속적으로 위원회 견해는 법적 구속력이 있으며 당해 국가들은 이를 받아들일 법적 의무가 있다고 주장하고 있다. 예컨대 샤이닌(Martin Scheinin)에 의하면 "조약상의 의무 자체는 응당 법적 구속력을 가지며, 당해 인권조약에 의해 설립된 국제전문기관은 당해 조약에 대해 가장 유권적인 해석자이다. 그러므로 UN인권조약기관이 조약에 대한 위반이 존재한다고 판단하는 경우 당해 당사국은 조약위반으로 인한 상황에 대해 구제수단을 강구할 법적 의무를 부담한다."

(7) 세계국제법협회(ILA)

세계국제법위원회는 인권위원회의 견해에 대한 개별 당사국들의 관행을 조사한 이후 절충설과 유사한 입장을 표명하였다. ILA는 인권위원회의 견해는 국내법적 차원에서의 직접적 적용(direct application)은 어려운 것으로 보면서도 그 간접적 적용(indirect application), 즉, 국내법원이 국내법규를 재판규범으로 적용함에 있어 이를 해석하기 위한 기준 또는 보강자료로서 이들 견해를 이용하는 것을 긍정하였다.

(8) 소결

학설 및 관행 등에 따르면 인권위원회의 견해가 법적 구속력이 있다고 볼 수 없다. 다만, 설득적 권위, 예컨대 위원회의 견해를 인권규약 또는 관련 국내법의 해석 지침으로 삼을 수는 있을 것이나 이것도 그러할 의무가 있다고 보기는 어렵다. 따라서 A국은 인권위원회의 견해를 이행할 '법적 의무'는 없다고 할 것이다.

4. 후속절차

선택의정서에는 인권위 견해의 실시조치나 이행절차에 관한 규정이 없으나, 위원회는 관행으로 피청원국이 제시한 후속조치에 관한 보고서를 공표하고 있다. 또한 위원회는 위원회의 최종견해 중 피청원국이 어떤 부분에 대해 어떠한 구체적인 조치를 취할지를 180일 이내에 통보하도록 요청한다. 이 기간 내에 통보가 없는 경우 국가명을 연례 보고서에 기재한다. 한편, 위원회는 견해의 추적조사를 위하여 '견해이행 특별보고자'(a Special Rapporteur for the Follow-Up of Views)를 임명한다. 이 특별보고자는 견해 채택 후의 상황에 대하여 관계 당사국, 모든 체약국 및 필요하다면 피해자로부터 구제에 관한 정보를 수집하고 필요한 이행수단에 대하여 위원회에 권고할 임무를 갖는다. 이러한 후속조치를 취하는 것에 대해 위원회의 월권행위라는 비판이 있으나 국제기구의 묵시적 권한이론에 의해 정당화된다. 또한 그 정당성에 대해 일반적인 consensus가 형성되어 있다.

Ⅴ 개인청원제도의 문제점

1. 조약의 보편성의 한계

1996년 현재 B규약의 가입국은 135개국이고, 이 중 선택의정서 수락국은 약 66%인 89개국이다. 당사국의 수가 점점 증가하고 있으나, 인권조약의 보편성을 확보하기 위해서는 더 많은 국가들이 가입해야 하며, 특히 인권유린국이라 비난을 받는 국가들의 가입이 중요하다.

2. 엄격한 개인청원 허용성 요건

B규약상의 개인청원제도는 피해자인 자연인만이 청원인 적격을 가지며, 피해자가 아닌 제3자, 법인, NGOs의 청원적격은 부인된다. 즉, 청원인적격을 가지기 위해서는 직접희생자여야 한다. 이는 개인청원제도가 활성화되는 데 가장 중요한 장애물이 되고 있다. 인권위원회는 선택의정서의 해석을 통해 허용성 요건을 보다 완화하기 위해 노력해 왔다. 절차규칙 제90조 제1항 제(b)호에 의하면 피해자는 본인 혹은 '대리인'(representative)을 선임하여 청원을 제출할 수 있다. 대리권을 부여받지 않은 경우에도 피해자와 밀접한 가족관계에 있는 자가 피해자를 대신하여 청원을 제출할 수 있음을 인정하고 있다.

3. 본안심리절차의 객관성 확보 문제

서면심리와 비공개를 원칙으로 하고 있어서 실체적 진실발견 측면에서 한계가 있다. 본안심리절차에 있어서 당사자에 대한 직접신문이나 증인신문 등 구두심리절차가 없다. 다만, 구두심리절차를 전면적으로 도입하는 것은 무기대등의 원칙에 반할 우려도 있다. 청원인은 피청원국에 비해 열악한 지위에 처할 수밖에 없고, 개인에 대한 소송구조제도도 마련되어 있지 못하기 때문이다.

4. 절차의 신속성 확보문제

절차의 지연으로 개인청원제도의 실효성을 반감시킬 뿐 아니라 개인청원제도의 활성화를 막고 있다. 위원회는 몇 가지 제도적 개선 노력을 기울여 왔다. 첫째, 특별보고관제도를 운영하고 있다. 특별보고관은 비회기 중에 접수되는 청원사건의 허용성 여부에 대한 간략한 보고서를 작성하여 보고하는 임무를 담당한다. 둘째, 5인으로 구성된 작업단을 통해 허용성 여부를 결정한다. 셋째, 여러 사건에 대한 병합심리방법을 도입하고 있다. 절차규칙 제88조 제2항에 의거하여 동일하거나 유사한 사건에 대해서는 병합심리한다. 넷째, 약식결정문을 채택한다.

5. 최종결정의 구속력과 집행의 실효성 문제

결정 및 이행권고는 피청구국에 법적 구속력이 없으며, 국가들은 실제 이행을 거부하기도 한다. 한국도 손종규 사건에서 법적 구속력이 없음을 이유로 결정의 국내적 실시를 거부하겠다는 의사를 표시하였다. 절차규칙을 통해 도입하고 있는 이행조치 역시 구속력이 없어 불충분하다.

Ⅵ 개인청원제도의 실효성 확보를 위한 입법론

1. NGOs에게 청원적격 부여

NGOs는 청원인의 대리인 자격으로 청원을 제기할 수는 있으나, 직접 청원적격을 가지지 못하므로, 개정을 요한다. 유럽인권협약 제25조의 경우 '개인, NGOs, 개인의 집단으로부터의 청원을 수리할 수 있다'고 규정하고 있다.

2. 실체적 진실발견을 위한 심리절차 개선

피청원국이 구두심리절차 채용에 대해 적극적으로 동의하는 경우 구두심리절차를 도입하고, 당사자 간 무기대등의 원칙의 실현을 위해 청원인이 구두심리절차에 참석하기 위한 비용을 피청원국에게 부담시키는 방법을 고려해 볼 수 있다. 예외적 구두심리에 있어서는 심리의 공개를 고려해 볼 수 있다.

3. 최종견해의 구속력 인정 문제

입법론적으로는 인권이사회의 최종결정은 법적 구속력을 가지도록 입법화되어야 하고, 그러한 결정은 경사리, 총회, 안보리, 국제사법법원 등과 같은 국제기관에 의해 집행될 수 있어야 한다. 그러나 주권에 민감한 국가들을 고려할 때 시간을 요하므로 견해 자체의 공평성·객관성을 높이려는 노력과 함께 피청원국이 주장을 충분히 제시할 수 있는 기회를 부여하는 것이 필요하다.

4. 인권위의 사법적 성격 강화

국제인권법원의 설치를 고려해야 한다. Lauterpacht는 "인간의 기본적 권리에 관한 문제에 있어서 구제절차는 그 최후의 수단으로서 사법적 구제절차가 이용가능하지 않다면 완전하다고 할 수 없다. 장기적으로는 국제인권법원이 인권헌장의 핵심적인 부분으로 고려되어야 한다."라고 하여 인권법원의 도입을 찬성하였다.

⚖ 판례 | 손종규 대 대한민국[17]

국제인권위원회에 청원을 제출한 손종규는 1990년 9월 27일 이래 주식회사 금호 노동조합 위원장이며 대기업 연대회의의 창립회원이었다. 1991년 2월 8일 경상남도 거제도에 있는 대우조선에서 노동쟁의가 일어났을 때 정부는 경찰병력을 동원하여 쟁의를 진압하겠다고 공표하였고, 손종규는 쟁의지점에서 400km 떨어진 서울에서 다른 연대회의 회원들과 1991년 2월 9일 모임을 가졌다. 모임 끝에 그들은 노동쟁의를 지지하고 정부의 병력투입 위협을 비난하는 성명을 채택하였다. 1991년 2월 10일 연대회의 모임을 마치고 나오던 중 손종규 및 연대회의 다른 회원들은 노동쟁의에 제3자 개입을 금지하는 '노동쟁의조정법' 위반혐의로 기소되었다. 1991년 8월 9일 손종규는 징역 1년 6개월과 3년의 집행유예형을 선고받았고 항소 및 상고는 기각되었다. 이에 손종규는 자유권규약위원회에 개인청원을 제기하였다. 이 사건에서 손종규는 '노동쟁의조정법' 제13조의2(제3자개입금지)가 노동운동 동조자를 처벌하고 노동자를 격리시키는 데 이용된다고 주장하였다. 또한 쟁의 당사자에게 영향을 주는 어떠한 행동도 금한다는 동 법 조항 자체의 불명료성이 죄형법정주의의 기본 원칙을 위반한다고 주장하였다. 더 나아가 대한민국의 조치는 자유권규약 제19조 제2항에 규정된 표현의 자유를 위반하였으며, 자신이 행사한 표현의 자유가 다른 사람의 권리나 명예를 침해한 것이 아니고, 또한 국가안보나 공공질서 및 공중보건이나 도덕을 위협한 것이 아니라고 주장하였다. 자유권규약위원회는 심리대상을 손종규가 대우조선 쟁의 지지성명을 발행하는 데 가담한 것과 정부의 쟁의 무력진압 위협에 대해 비판한 것으로 노동쟁의조정법 제13조의2에 의해 손종규를 처벌한 것이 자유권규약 제19조 제2항에 위반되는지의 문제로 국한시켰다. 위원회는 대한민국정부의 조치는 자유권규약 제19조 제2항을 위반하였으며, 제19조 제3항에 의해 정당화되지 아니한다고 판단하였다. 위원회는 표현의 자유에 대한 제한이 제19조 제3항에 의해 정당화되기 위해서는 법률에 의한 제한일 것, 제19조 제3항에 규정된 목적과 관련될 것, 정당한 목적을 위해 필요한 것일 것을 요건으로 한다고 하였다. 정당한 목적을 위해 필요한 것으로 인정되기 위해서는 표현의 자유 행사가 구체적으로 어떠한 위험을 초래하는지에 대해 명확하게 특정되어야 한다고 전제하였다. 대한민국은 손종규가 발행한 성명이 국가적 총파업을 선동하고 이로써 국가안보와 공공질서를 위협할 수 있다고 주장하였다. 그러나 위원회는 대한민국이 손종규의 표현의 자유 행사가 초래하였다고 주장하는 위협이 구체적으로 어떤 성격의 것이었는가에 대해 규명하지 못했다고 판단하였으며, 대한민국이 주장한 내용 중 어떠한 것도 제19조 제3항에 기술된 표현의 자유에 대한 제한의 충분조건이 되지 않았다고 판단하였다. 위원회는 손종규가 그의 표현의 자유를 행사한 것을 이유로 처벌을 받는 것에 대해 적절한 금전배상을 포함한 실질적인 보상을 받을 권리가 있다고 하였다. 나아가 위원회는 대한민국이 '노동쟁의조정법' 제13조의2를 재검토할 것을 권고하였다. 또한 당사국은 이와 유사한 위반이 앞으로 다시는 일어나지 않도록 보장할 의무가 있다고 하였다. 자유권규약위원회는 당사국이 앞으로 90일 이내에 자유권규약위원회의 견해를 이행하는 조치를 취하고 이를 알려줄 것을 기대한다고 하였다.

---

17) 자유권규약위원회, 1994년 3월 18일.

📚 판례 | 팔레스타인 점령지역에서의 이스라엘의 장벽 건설에 관한 권고적 의견(Legal Consequences of the Construction of a Wall in the Occupied Palestine Territory(advisory opinion), ICJ, 2004)

이 사건은 이스라엘이 팔레스타인 점령지역에서 장벽 건설조치의 적법성에 관한 것이다. 제2차 세계대전이후 팔레스타인은 팔레스타인과 이스라엘로 분할되었으며, 이스라엘과 팔레스타인 및 주변 아랍국 사이에 끊임없이 분쟁이 계속되었다. 특히 이스라엘이 예루살렘을 그들의 수도로 삼으려고 시도함으로써 갈등을 부추겼다. 이스라엘은 2002년 6월부터 중앙 및 북 서안지대로부터의 팔레스타인의 테러리스트들의 침입을 저지한다는 명분으로 동 예루살렘을 포함한 서안지대에서 장벽(wall) 건설을 추진하였다. 2005년 완공될 예정이었던 동 장벽은 총 길이가 720km에 이른다. 이 장벽으로 장벽과 그린 라인 사이에 폐쇄지역(close area) 및 위요지(Enclave)가 생겨나게 되었다. 장벽 내 출입은 짧은 기간동안 드물게 개방되는 출입문을 통해서만 가능하며 팔레스타인 주민들은 이스라엘 당국의 허가 또는 신분증 없이 그 지역에 거주하거나 출입할 수 없었다. 반면 이스라엘 시민과 영구 거주민 및 이스라엘 이민 가능자는 이스라엘 당국의 허가 없이 폐쇄지역에서 자유롭게 거주하고 출입할 수 있었다. 이러한 조치에 대해 UN총회는 결의 ES-10/13을 채택하여 이스라엘의 장벽 건설은 1949년 휴전선으로부터 벗어나 있으며 관련 국제법규정에 상반되는 동 예루살렘 및 그 주변을 포함한 팔레스타인 점령지역에서의 장벽 건설의 중지를 요청했다. 또한 2003년 12월 8일 제10차 긴급특별회기(Tenth Emergency Special Session)를 재개하여 동 월 10일에 채택된 결의 ES-10/14에 근거하여 ICJ에 권고적 의견을 요청하였다. 이 사안과 관련하여 이스라엘은 자신이 가입한 국제인권규약이 팔레스타인 점령지역에 적용되지 않는다고 하였다. 그 논거로서 무력충돌시에는 '국제인도법'이 배타적으로 적용되며, 설령 국제인권법이 적용가능하다고 하더라도 팔레스타인 점령지역은 자신의 영토 내의 지역이 아님을 제시하였다. ICJ는 국제인권법이 적용된다고 판단하였다. 첫째, 국제인권 B규약 제4조[18]를 고려해 보면 전시라고 해서 반드시 국제인권법의 모든 조항의 적용이 제한되는 것은 아니다. 둘째, 국제인권규약과 아동에 관한 협약은 당사국 영토 밖에서도 적용된다. B규약 제2조 제1항의 해석에 의하면 국가 영토 내의 개인과 국가의 관할권이 속하는 영토 밖의 개인 모두에게 동 규약이 적용된다. 국제인권위원회 역시 동 규약은 국가관할권이 행사되는 외국 영토에서도 적용가능한 것으로 보고 있다. A규약의 경우 적용범위에 관한 명문규정을 두고 있지 아니하나 영토 밖에서의 적용을 배제하는 것은 아니다. 아동에 관한 협약 제2조에 의해 동 조약 역시 팔레스타인 점령지에서 적용가능하다.

제6절 지역적 인권보장제도

Ⅰ 유럽

1. 주요 조약

(1) 유럽인권협약

1950년 채택되어 1953년 발효된 것으로 5개절 66개조로 구성되어 있다. 제1절은 기본적 인권의 내용을 규정하고, 제2절은 유럽인권위원회 및 유럽인권법원의 설치를 규정하고 있다. 제1절에서 열거되고 있는 권리는 세계인권선언 중 시민적·정치적 권리에 대하여 규정하고 있다.

---

18) 국민의 생존을 위협하는 공공의 비상사태의 경우에 있어서 그러한 비상사태의 존재가 공식으로 선포되어 있을 때에는 이 규약의 당사국은 당해 사태의 긴급성에 의하여 엄격히 요구되는 한도 내에서 이 규약상의 의무를 위반하는 조치를 취할 수 있다. 다만, 그러한 조치는 당해국의 국제법상 여타 의무에 저촉되어서는 아니되며, 또한 인종, 피부색, 성, 언어, 종교 또는 사회적 출신만을 이유로 하는 차별을 포함하여서는 아니 된다.

(2) 유럽사회헌장

1961년 채택되고 1965년에 발효하였다. 경제적·사회적 권리에 관해 규정하고 있다.

(3) 유럽인권협약 제(諸) 의정서

유럽인권협약이 채택된 이후 지금까지 14개의 의정서가 채택되었다. 실체규정을 개정하거나 이행장치를 변경시킨 것으로 대별할 수 있다. 특히 주목할 만한 의정서는 제9의정서와 제11의정서이다. 1990년 11월 6일 채택된 제9의정서는 자연인이나 비정부기구에 대해 유럽인권위원회 청원을 거쳐 유럽인권법원에 제소할 수 있는 권리를 부여하였다. 나아가 제11의정서는 제소절차를 더욱 간소하게 하여 개인은 인권위 청원을 거치지 않고 곧바로 인권법원에 제소할 수 있도록 하였다. 단, 국내구제수단을 완료해야 하며, 국내적 최종결정이 내려진 날로부터 6개월 내에 제기해야 한다.

(4) 유럽고문방지협약

1987년 11월 26일 채택되었다. 유럽인권협약 제3조의 이행을 위해 비사법적 성격의 국제사찰단인 '고문방지유럽위원회'를 설치하였다. 동 위원회는 협약당사국 관할 내의 각종 수형 및 구금시설에서 고문 등이 행해지고 있는지 확인하기 위해 관련 시설을 방문하고 필요하면 개선을 제안할 수 있다.

2. 주요 기관

(1) 유럽인권위원회

유럽인권위원회는 국가의 청원이나 개인이 당사국의 협약 위반으로 입은 자신의 피해를 이유로 제기한 청원에 대하여 이를 심리하고 조정한다. 국가 간 소청절차는 위원회가 의무적으로 취급해야 하나 개인청원은 위원회가 수리권한을 갖는다는 것을 선언한 국가에 대해서만 가능하다. 위원회의 의견은 당사국을 법적으로 구속하지 않는다.

(2) 유럽인권법원

유럽인권법원은 유럽이사회의 회원국 수와 동수의 법관으로 구성되며 협약의 해석과 적용에 관한 모든 사건의 관할권을 가진다. 유럽인권협약 제11의정서에 따라 협약당사국 및 유럽인권회 이외에 개인이나 비정부기구도 법원에 제소할 수 있다. 법원은 협약과 의정서의 해석에 관한 법적 문제에 대해 권고적 의견을 발할 수 있다. 인권법원의 판결은 체약국에 대해 최종적이고 구속적이다.

(3) 각료이사회

유럽이사회의 정치적 기관이자 집행기관으로 협약상의 인권에 대한 종국적 보장자로 활동한다. 인권위원회로부터의 비밀보고를 수리하고, 법원에 부탁되지 않은 모든 사건에 대하여 준사법적 역할을 담당한다. 각료이사회는 법원 판결의 집행을 감독한다. 각료이사회의 결정은 체약국을 구속한다.

Ⅱ 미주지역

1. 미주인권협약

1969년 채택되었다. 주로 시민적·정치적 권리를 대상으로 하되 사회권의 점진적 달성을 목적으로 한다. 협약 제2부는 미주인권위원회와 미주인권법원의 구조와 기능을 규정하고 있다. 회원국은 미주인권위원회의 요청에 따라 협약규정의 효과적인 적용에 관한 정보를 제공하여야 하고 매년 경제·사회·교육·과학·문화적 권리에 관한 보고서를 위원회에 제출해야 한다.

2. 미주인권위원회

미주국제기구(OAS) 총회에서 선출되는 임기 4년의 위원 7인으로 구성된다. 미주인권위원회의 권한을 인정한 국가는 타국의 협약 위반을 위원회에 통보할 수 있고 개인, 개인의 집단, 비정부기구는 미주인권위원회에 청원할 수 있다. 청원을 제기하기 전에 국내적 구제를 완료해야 한다. 또한 청원은 국내적 구제의 최종결정을 통보받은 이후 6개월 이내에 제기해야 한다. 위원회는 제기된 청원에 관한 정보를 요청할 수 있고 자신의 결론을 담은 보고서를 작성할 수 있다.

3. 미주인권법원

미주인권협약에 의해 설치된 기관으로 협약당사국이 선출한 임기 6년의 법관 7인으로 구성된다. 법원은 재판 사건관할권과 권고적 관할권을 갖는다. 체약국과 미주인권위원회만 당사자능력이 인정되고 개인의 제소권은 인정되지 않는다. 제소 전에 미주인권위원회 절차가 완료되어야 하고 위원회의 보고서가 당사자에게 송부된 이후 3개월 이내에 제소되어야 한다. 법원은 필요한 경우 잠정조치를 취할 수 있다.

Ⅲ 아프리카

1. 아프리카 인권헌장

아프리카 인권헌장의 특징은 (1) 시민적·정치적 권리와 함께 경제적·사회적·문화적 권리를 규정하고 있고, (2) 인민 자결의 권리를 포함하고 있으며, (3) 제3세대 인권에 해당하는 경제·사회·문화적 개발에 대한 권리와 국가적·국제적 평화와 안전에 대한 권리를 규정하고 있고, (4) 개인의 권리 이외에 가족·사회·국가·아프리카 공동체에 대한 개인의 의무에 관하여 자세한 이행장치를 두고 있다는 점이다.

2. 아프리카 인권헌장의 보장수단

헌장의 보장수단으로 관계국은 인권위원회의 조사 또는 조정의 방법을 통하는 것 이외에 우호적 해결을 권장하고 있다. 위원회의 권한을 인정하는 선언이 없어도 타국의 위반에 대한 통보가 가능하다. 여타 인권조약과 달리 인권법원은 설치되지 않았다.

현대국제법에서 인권존중의무는 '대세적 의무'로서의 법적 성격을 갖는다. 전통국제법하에서는 조약 또는 국제관습법에 의해 창설되는 국제의무는 기본적으로 국가 대 국가의 관계를 규율하며 국가책임 역시 가해국 대 피해국의 관계로 처리되었다. 그러나 현대국제법에서는 일반국제법의 다양한 의무 중 대세적 의무로 규정되는 의무가 등장하였다. ICJ판례에 의하면 침략행위의 금지의무, 제노사이드의 금지의무, 노예제도금지의무, 인종차별금지의무(이상 바르셀로나 트랙션 사건), 민족자결권 존중의무(East Timor 사건) 등이 대세적 의무에 해당한다. ICJ에 의하면 대세적 의무는 국가의 국제공동체 전체에 대한 의무로서 모든 국가는 대세적 의무의 보호에 법적 이익(訴의 이익)을 갖는다. 따라서 특정 국가가 대세적 의무를 위반한 경우 당해 의무 위반으로 직접적인 피해를 입지 않는 국가도 국가책임을 추궁할 수 있다.

제7절 기타 인권 관련 다자조약

I 집단살해방지 및 처벌에 관한 협약

1. 연혁

제2차 세계대전 당시 수백만에 달하는 유태인들이 살해된 것을 계기로 이와 같은 집단살해가 되풀이되는 것을 막기 위해 채택된 조약으로서 1948년 제3차 UN총회에서 채택되었다.

2. 주요 내용

(1) 집단살해죄를 정치적·인종적·국민적 또는 종교적 집단의 전부 또는 일부를 절멸하게 할 의도로 행해진 집단구성원 살해, 집단구성원에 대한 육체적 위해 등을 말한다.

(2) 전시·평시를 막론하고 집단살해가 국제법상 범죄임을 확인하였다.

(3) 집단살해를 직접 행한 자는 물론 공모자, 교사자, 미수자 및 공범도 처벌대상에 포함된다. 동 행위를 한 자의 지위 고하를 막론하고 개인으로서 처벌한다.

(4) 재판은 원칙적으로 행위지 관할국 법원에서 행하나 국제형사법원을 설치하여 동 법원에 의한 처벌을 규정하였다.

(5) 당사국은 UN의 권한 있는 기관이 집단살해를 방지 또는 억제하기 위한 조치를 취하도록 동 기관에 요청할 수 있다.

(6) 협약의 해석, 적용 또는 이행에 관한 체약국 간 분쟁은 분쟁당사국의 요구에 의하여 국제사법재판소에 부탁되어야 한다.

Ⅱ 인종차별철폐협약

1965년 UN총회에서 채택되었다. 제1조에서 인종차별을 정의하고 있다. 인종차별이란 인종, 피부색, 가계 또는 민족적·종족적 출생에 따른 구별·배제·제한 또는 차별로서, 정치적·경제적·사회적·문화적 또는 기타 공적 생활분야에 관한 인권 및 기본적 자유를 평등한 입장에서 향유 및 행사하도록 승인하는 것을 부정하거나 저해하는 목적 또는 효과를 갖는 조치이다. 당사국은 국내에서 인종차별을 철폐하기 위해 필요한 각종 조치를 취할 의무를 부담한다. 당사국은 타당사국이 협약상 의무를 이행하지 않는 경우 동 협약에 의해 구성된 위원회에 신고할 수 있다. 협약상 권리 침해를 주장하는 개인은 위원회에 청원을 제기할 수 있다. 협약 내용의 실천을 감시하기 위한 기구로 당사국 회의에서 선출된 18명의 위원으로 인종차별철폐위원회를 설치하였다. 한국은 1978년 12월 5일 유보 없이 비준서를 기탁하여 1979년 1월 4일부터 이 협약의 적용을 받고 있다.

Ⅲ 여성인권에 관한 협약

여성의 인권과 지위향상을 도모하는 협약으로는 '여성의 정치적 권리협약'(1953), '여성에 대한 모든 형태의 차별철폐협약'(1979), '기혼여성의 국적에 관한 협약'(1957) 등이 있다. '여성에 대한 모든 형태의 차별철폐협약'에 의하면 당사국은 자국헌법 및 관계 법령에 남녀평등 원칙을 규정하고, 여성차별을 금지하는 법령 및 조치를 제정·채택하며, 개인·단체·기업에 의한 여성차별을 철폐하기 위한 모든 적절한 조치를 취해야 한다. 1999년 선택의정서가 채택되어 여성차별철폐위원회에서 청원을 심사하는 제도를 도입하였다. 협약은 당사국의 의무이행을 감독할 기관으로 23명의 전문가로 구성된 여성차별철폐위원회를 설립했다. 한국은 1984년 12월 27일 비준서를 기탁하고 1985년 1월 26일부터 이 협약의 적용을 받고 있다. 한국은 또한 피해자가 직접 개인통보를 할 수 있도록 하는 선택의정서 역시 2006년 비준했다.

Ⅳ 아동권리보호에 관한 협약

1. 연혁

UN총회는 아동의 권리보호와 지위향상을 위하여 1959년 '아동권리선언'을 채택한 후 30년만인 1989년 '아동권리협약(Convention on the Rights of the Child)'을 채택하였다. 이를 통해 아동의 인권을 국제적으로 보장하고, 아동권리선언에 법적 구속력을 부여하였다. 한국은 1991년 11월 20일 비준서를 기탁하여 1991년 12월 20일부터 협약의 적용을 받고 있다. '아동의 무력분쟁 관여에 관한 선택의정서', '아동매매, 성매매, 및 아동음란물에 관한 선택의정서'가 추가로 채택되어 발효되어 있으며 한국은 이에 모두 가입했다. 2011년에는 아동권리협약에 관하여도 개인통보절차를 인정하는 선택의정서가 채택되었다(2014년 4월 발효). 이 선택의정서는 아동이라는 특성을 고려하여 아동권리위원회가 심각하고 체계적인 아동권리의 침해에 관한 정보를 입수한 경우 상황을 직권으로 조사하고 해당국에 권고안을 제시하는 제도를 마련하고 있다. 한국은 아직 비준하지 않았다.

2. 주요 내용

(1) 아동이란 18세 미만의 사람을 말한다.

(2) 당사국은 협약상 권리를 존중·보호하고 모든 차별로부터 아동을 보호하기 위한 조치를 취해야 한다.

(3) 아동은 출생 직후 성명·국적을 취득하고 자기 부모를 알고 그들의 보호를 받을 권리를 갖는다.

(4) 당사국은 아동의 언론·사상·양심·종교·결사·집회의 자유를 존중해야 한다.

(5) 당사국은 난민이 된 아동에 대해 적절한 보호와 인도적 원조를 제공해야 한다.

(6) 당사국은 아동의 교육을 받을 권리를 인정하고 초등교육을 의무·무상교육으로 하는 등 이 권리의 점진적 달성을 위한 조치를 취해야 한다.

(7) 당사국은 모든 성적 착취나 학대로부터 아동을 보호해야 한다.

(8) 당사국은 15세 미만의 아동의 군입대를 금지해야 한다.

(9) 협약상 의무 이행 검토를 위해 '아동권리위원회'를 설치하며 당사국에 의해 선출된 10명의 위원으로 구성한다.

(10) 당사국은 협약상 권리를 실시하기 위해 채택한 조치와 당해 권리의 향유달성도에 대한 보고서를 UN사무총장을 통해 위원회에 제출한다.

Ⅴ 고문방지협약

1984년 채택되었다. 주요 내용은 다음과 같다.

(1) 고문이란 관헌의 사주·동의·묵인하에 본인 또는 제3자로부터 정보나 자백을 얻기 위하여, 범죄행위를 처벌하기 위하여, 위협이나 강제하기 위하여, 또는 각종 차별을 이유로 육체적 또는 정신적인 극심한 고통을 가하는 행위를 말한다.

(2) 당사국은 자국 영역 내에서 고문행위를 방지할 효과적인 입법·행정·사법적 조치를 취해야 한다.

(3) 당사국은 타국이 고문할 우려가 있는 사람을 당해국으로 추방·송환할 수 없다.

(4) 고문범죄를 범한 자를 관계국에 인도하지 않을 경우에는 자국 내에서 형사소추해야 한다.

(5) 고문행위와 그 미수 및 공범은 기존 범죄인인도조약상의 인도범죄로 간주되며 또한 새로이 체결되는 조약에 인도범죄로 포함되어야 한다.

(6) 당사국은 협약상 취한 조치에 대한 보고서나 위원회가 요구하는 보고서를 '고문방지위원회'에 제출해야 한다(보고서제도).

(7) 협약상 의무불이행국에 대한 당사국의 통보를 접수·검토하는 위원회의 권능을 수락하는 선언을 당사국들이 하게 하고, 위원회는 접수한 통보를 처리한다(국가간고발제도).

(8) 협약규정을 위반한 당사국 국민인 고문행위의 피해자의 통보를 접수·검토하는 위원회의 권능을 수락하는 선언을 당사국들이 할 수 있다(개인통보제도).

Ⅵ 이주노동자권리협약

이주노동자란 자국 이외의 국가에서 노동하는 사람을 가리킨다. 이주노동자 중에는 숙련된 기능이나 지식을 바탕으로 높은 임금을 받는 경우도 없지 않지만 대부분은 저임금을 바탕으로 열악한 근로조건 속에서 근무한다. 합법적 체류자격을 갖추지 못한 경우도 적지 않다. 자연 이들은 근무지에서 열악한 인권상황에 처하기 쉽다. 이에 1990년 12월 18일 UN총회는 '모든 이주노동자와 그 가족의 권리보호에 관한 국제협약'을 채택했다. 협약은 보호대상을 불법체류자를 포함한 모든 이주노동자에게 일반적으로 보호될 권리와 특히 합법적 상황의 이주노동자에게 추가적으로 보호될 권리로 구분하여 규정하고 있다. 그 밖에 월경노동자, 계절노동자, 선원, 순회노동자 등 다양한 형태의 이주노동자에게는 그 구체적 근로형태에 따라 보호의 내용을 세분하고 있다. '이주노동자보호협약'은 주로 인력 송출국의 요구를 바탕으로 준비되고 작성되어 정작 이주노동자의 보호가 이루어져야 할 인력 수입국은 이 협약을 외면하고 있다. 인력 수입국의 가입이 사실상 전무한 형편이라 이 협약이 실효성을 거두기 어려운 상황이다. 한국도 이 협약을 비준하지 않았다.

Ⅶ 장애인권리협약

UN은 1981년을 세계 장애인의 해로 선언했고 1983년부터 1992년까지의 10년을 세계 장애인의 10년으로 선포했다. 2006년 12월 13일 UN총회는 만장일치로 '장애인권리협약'과 선택의정서를 채택했고, 2008년 5월 협약과 의정서가 발효되었다. 한국은 2008년에 협약에 가입하였다. 협약에 의하면 장애인이란 장기간의 신체적·정신적·지적 또는 감각적 손상으로 인하여 다른 사람들과의 동등한 기초 위에서 완전하고 효과적인 사회 참여에 어려움을 겪는 자를 말한다. 협약은 장애인들을 사회의 시혜적 보호대상이 아닌 적극적인 인권의 주체로 인정하고 장애인의 동등한 사회 참여를 위해 광범위한 내용의 권리보호를 규정하고 있다. 협약은 당사국의 보고서를 심사할 장애인권리위원회를 설치하고 있다. 협약 당사국이 선택의정서를 수락한 경우 권리를 침해당한 개인, 집단 또는 대리인이 개인청원을 제기할 수 있다.

기출 및 예상문제

1. 1966년 국제인권조약에 가입하고 있는 A국의 검찰은 자국 국민 甲(현직언론인)이 신문에 기고한 반정부적 칼럼을 이유로 기소하였고 1심법원은 국내법에 따라 유죄판결을 내렸다. 이와 관련하여 다음 물음에 답하시오.

   (1) 甲은 A국을 상대로 인권위원회(Human Rights Committee)에 청원(Petition)을 제기하고자 한다. 甲의 청원이 받아들여지기 위한 요건을 설명하시오.

   (2) 인권위원회는 甲의 청원을 받아들여 심사하고 A국이 국제인권B규약 제19조를 위반하였다고 결정하는 한편 A국이 관련 국내법을 1년 이내에 개정할 것과 甲에 대해 배상을 요구하는 서면의견서를 A국에 송부하였다. A국은 이를 받아들일 법적 의무가 있는가?

   (3) 1966년 인권조약에 가입하고 있는 B국이 A국에 대해 적절한 조치를 취할 것을 요청할 수 있는 국제법적 권리가 있는가?

2. A국 국가원수 甲은 자신의 집권과정에서 강력하게 반대한 자국민들에 대해 집권이후 다양한 인권탄압정책을 전개하였다. 甲은 집권과정에서 조직적으로 저항한 단체의 지도자들을 재판절차를 생략한 채 사형을 집행하는 한편, 공모자들을 색출하기 위해 고문을 가하기도 하였다. 또한 장기집권을 위해서는 반대종족을 영구히 제거하는 것이 필요하다고 보고 일부에 대해서는 강제로 국외추방정책을 단행하였고 항거하는 종족에 대해서는 강제단종조치를 취하였다. 이러한 정책에 대해 대상집단들이 조직적으로 저항하기 시작하여 현재 A국은 정부군과 당해 집단 간 내란이 전개되고 있다. 이 사안과 관련하여 다음 물음에 답하시오.

(1) 위 사안과 관련하여 UN총회가 취할 수 있는 조치에 대해 검토하시오.

(2) UN안전보장이사회는 헌장 제7장에 따라 A국의 인권탄압정책을 중단시키기 위해 UN회원국들에게 무력사용을 허가해 주고자 한다. 안보리는 이러한 조치를 취할 수 있는가?

(3) 국제형사재판소(ICC)는 甲에 대해 형사처벌할 수 있는가? 관할권을 중심으로 간략하게 논의하시오.

(4) 인접국인 B국은 A국에 대해 국가책임을 청구할 수 있는가?

3. B국 국적자인 甲은 2008년 A국의 한 초등학교 영어 원어민 교사로 해당 학교와 1년 간 근로계약을 체결하였다. A국 정부는 외국인 원어민 교사에게 계약 시마다 HIV/AIDS 및 마약 검사 결과를 제출할 의무를 부과하고 있으나, 동일 업무에 종사하는 자국민이나 재외동포에게는 그러한 의무를 부과하지 않고 있다. 甲은 계약 갱신 시 검사 결과 제출을 거부하였고 재계약은 이루어지지 않았다. 甲은 검사 결과 제출 요구가 차별이라는 이유로 A국 국내 법원에 소송을 제기하였다. 그러나 외국인 원어민 교사와 관련한 과거 유사 사안에 대한 소송 결과가 부정적이었으므로 긍정적 결과를 기대할 수 없어, 甲은 바로 자신이 입은 피해사실을 UN 인권위원회(Human Rights Committee)에 통보하였다. 동 위원회는 이 사건을 시민적·정치적 권리에 관한 국제규약(이하 '자유권규약')과 세계인권선언 위반이라는 견해를 채택하였다. 다음 물음에 답하시오. (단, A국과 B국 모두 자유권규약 및 자유권규약 선택의정서 당사국이다) (총 20점) [2021외교원]

(1) A국은 UN 인권위원회가 채택한 위 견해를 수용할 수 없다고 주장하였다. A국 주장의 근거를 제시하고, 그 타당성을 국제법에 따라 검토하시오. (10점)

(2) A국은 세계인권선언이 선언적 효과만 있을 뿐이며 법적 구속력이 없으므로 국제법적 효력을 갖지 않는다고 주장하였다. A국의 주장에 대해 그 타당성을 국제법에 따라 검토하시오. (10점)

제4장 | 국제난민법

제1절 난민의 국제법적 지위와 보호

I 의의

1. 난민의 개념 및 비교 개념

(1) 난민의 개념

난민협약 및 난민의 지위에 관한 의정서에 의하면 난민(refugee)이란 인종, 종교, 국적, 특정 사회 집단의 구성신분 또는 정치적 의견을 이유로 박해를 받을 우려가 있다는 충분한 이유 있는 공포로 인하여 국적국 밖에 있는 자로서 그 국적국의 보호를 받을 수 없거나 또는 그러한 공포로 인하여 그 국적국의 보호를 받는 것을 원하지 아니하는 자를 말한다.

(2) 현장난민

난민은 현재 국적국이나 상주국 밖에 사람이긴 하지만 그러나 이들이 국가를 떠날 때 이미 난민이 되는 것, 즉 이미 정치적 박해를 받고 있었을 것이 요구되지는 않는데 이처럼 개인이 국적국이나 상주국을 떠난 뒤 외국땅에서 추후 난민이 되는 경우를 현장난민이라고 한다.

(3) 위임난민

UNHCR사무소규정의 난민기준을 충족하는 자는 그가 1951년 협약이나 1967년 의정서의 당사국인 국가 내에 있는지에 관계없이, 또는 그가 피난국당국에 의하여 이들 두 조약 중에서 어느 하나에 의거하여 난민으로 인정되었느냐에 관계없이, UNHCR이 제공하는 UN의 보호를 받을 자격이 있다. UNHCR이 규정에 의거하여 UN으로부터 위임받은 권한, 즉 그의 mandate 내에 들게 되는 난민을 가리켜 mandate refugees 라고 칭한다.

(4) 국내피난민

국내피난민 또는 국내실향민의 보호 문제에 대해서도 국제공동체의 관심과 염려가 고조되고 있다. 난민과 피난민 개념은 일단 자신이 살던 국적국이나 상주국을 떠난 것을 전제로 하는 데 반해서, 국내피난민 혹은 국내실향민은 지금까지 자신이 살던 거주지에서 쫓겨나긴 했지만 국제적으로 승인된 국경선을 넘지는 않은 사람들을 지칭하기 위해 고안된 개념이다. UNHCR은 국내피난민들에게 보호와 지원을 제공할 일반적 권한은 갖고 있지 않으나 국내피난민의 일부 집단에 대해서는 제한된 범위 내에서 점차 책임을 떠맡고 있다. 이같은 활동은 UN사무총장이나 총회의 요청에 따라 관련 국가의 동의를 얻어 개시된다.

2. 난민의 국제적 보호의 필요성

국제법상 개인은 원칙적으로 국적국가의 속인적 관할권에 기초하여 국적국의 보호를 받는다. 그러나 국적국이 개인을 보호할 의사나 능력이 없는 경우는 타국이나 국제기구가 인권보호를 위해 개입할 필요가 있다. 이러한 인식하에 다양한 국제적 보호제도가 창설·유지되어 오고 있다.

3. 난민의 국제적 보호의 연혁

난민을 인도주의적 견지에서 보호하려는 노력은 국제연맹에서 최초로 시도되었다. 1921년 국제연맹은 '고등판무관사무소'를 설치하여 난민들에게 여행증명서를 발급해 주고, 중동난민과 독일난민을 보호해 주었다. 제2차 세계대전 중 1943년 국제연합국제부흥기구가 설립되어 유럽 및 극동의 난민보호활동을 하였으며, 1948년 국제난민기구가 설립되어 그 임무를 승계하였다. 1950년 국제연합 난민고등판무관사무소가 총회결의로 설립되었으며, 1951년에 '난민지위에 관한 협약', 1967년 '난민지위에 관한 의정서'[19]가 채택되어 난민을 국제적으로 보호하고 있다.

Ⅱ 난민의 정의

📖 조문 | 난민지위에 관한 협약 제1조 A(2) – 난민의 정의

1951년 1월 1일 이전에 발생한 사건의 결과로서, 또한 인종, 종교, 국적 또는 특정 사회집단의 구성원 신분 또는 정치적 의견을 이유로 박해를 받을 우려가 있다는 충분한 이유가 있는 공포로 인하여 국적국 밖에 있는 자로서 그 국적국의 보호를 받을 수 없거나 또는 그러한 공포로 인하여 그 국적 국의 보호를 받는 것을 원하지 아니하는 자 및 이들 사건의 결과로서 상주국가 밖에 있는 무국적자로서 종전의 상주 국가로 돌아갈 수 없거나 또는 그러한 공포로 인하여 종전의 상주국가로 돌아가는 것을 원하지 아니하는 자 (As a result of events occurring before I January 1951 and owing to well-founded fear of being persecuted for reasons of race, religion, nationality, membership of a particular social group or political opinion, is outside the country of his nationality and is unable, or owing to such fear, is unwilling to avail himself of the protection of that country; or who, not having a nationality and being outside the country of his former habitual residence as a result of such events, is unable or, owing to such fear, is unwilling to return to it.)

1. 난민지위에 관한 협약

(1) 의의

난민지위에 관한 협약 제1조는 이전 난민 관련 조약에 의해 난민으로 간주된 자를 협약상 난민으로 인정하는 한편, 1951년 이전에 발생한 사건의 결과로 발생한 난민을 협약난민으로 규정하였다. 1951년 1월 1일 이전에 발생한 사건이란 유럽에서 발생한 사건을 지칭하거나 유럽 또는 기타 지역에서 발생한 사건을 지칭할 수 있으며 체약국은 이에 대해 선택할 수 있다.

(2) 규정

동 조항에 의하면 난민은 첫째, 인종, 종교, 국적, 특정 사회집단의 구성원 신분 또는 정치적 의견을 이유로 박해를 받는다는 충분히 근거 있는 우려로 인하여 자신의 국적국 밖에 있고 국적국의 보호를 받을 수 없거나 그러한 우려로 인하여 국적국의 보호를 받기를 원하지 아니하는 자를 말한다. 둘째, 국적이 없고 또한 1951년 이전에 발생한 사건의 결과로서 종전에 상주하던 국가 밖에 있는 자로서, 상주국으로 돌아갈 수 없거나, 또는 그러한 우려로 인하여 상주국으로 돌아가기를 원하지 아니하는 자를 말한다.

---

19) 동 의정서는 1951년 난민지위에 관한 협약의 실체적 규정을 '1951년 1월 1일 이전에, 유럽에서, 발생한 사건의 결과로서'라는 조건을 떼어낸 채 적용하기 위하여 고안된 것이다. 단 이 의정서는 협약과 별개의 독립된 문서이기 때문에 의정서 가입은 협약당사국에 국한되지 않는다.

(3) 요건 해석

① **박해:** 박해사유는 인종, 종교, 국적, 특정 사회집단의 구성원 신분, 정치적 의견이다. 정치적 의견으로 인한 박해가 일반적이다. 경제적 사유는 박해의 사유로 볼 수 없다. '난민고등판무관사무소규정'은 순수한 경제적 이유(reason of purely economic character)는 난민의 자격요건에서 제외된다는 명시적 규정을 두고 있다. 박해의 내용은 인간의 존엄성을 무시하고 생명과 신체의 자유를 침해하는 행위라고 할 수 있다. 박해의 입증책임은 난민 측에 있다는 것이 일반적 견해이다. 미국은 Piere v. United States Case에서 박해의 입증책임은 소청인 측에 있다고 판시한 바 있다.

② **공포:** 공포는 주관적인 요소로서 '주관적인 느낌'과 객관적 요소로서 '합리적인 이유'가 있어야 한다. 객관적 요소를 협약과 의정서는 '충분한 이유가 있는'(well founded)으로 표시하고 있다. '충분한 이유가 있는'이란 문언은 '어떤 사람이 실제로 박해의 희생자로 되거나 또는 왜 그가 박해의 공포를 갖고 있는지의 합리적인 이유를 보일 수 있을 것'으로 해석된다. 박해로 인한 공포의 입증책임은 박해에 대한 공포로 본국으로 돌아갈 수 없고 그러한 의사가 없음을 입증해야 하는 것이며, 본국에 귀국하면 실제로 박해를 받게 된다는 것까지 입증해야 하는 것은 아니다.

③ **국적국 밖에 있는 자:** 국적을 갖고 있으면서 그의 국적국 밖에 있는 자로서 국적국의 보호를 받을 수 없거나 받기를 원하지 않는 자이므로 '사실상 무국적자'(de facto stateless persons)라 하며 법률상 국적이 없는 무국적자인 '법률상 무국적자'(de jure stateless persons)와 구별된다. '받을 수 없는'(unable)이란 '국적을 가지고 있는 난민이 여권이나 기타 보호가 국적국 정부에 의해 거절된 자'를 의미하고, '받기를 원치 않는'(unwilling)이란 '국적을 갖고 있는 난민이 그의 국적국 정부의 보호를 수락하기를 거절하는 자'를 의미한다.

④ **상주국 밖에 있는 자:** 법적으로 국적이 없는 자이므로 '법률상 무국적자'이다. 난민이 국적을 갖지 않는 경우는 그가 종전의 상주국의 영역 밖에 있어야 한다.

(4) 자격결정

난민협약의 목적을 위한 특정 집단과 인원의 난민자격의 결정은 체약당사국의 특권이다. 난민협약에는 난민지위결정을 위한 구체적인 절차를 담은 실체적 규정은 없다. 따라서 난민지위결정을 위한 구체적 절차는 각 체약국의 국내법에 맡겨져 있다. 한편, 협약 제35조에 의하면 UNHCR은 체약국과 협약을 통해 난민지위결정에 참여할 수 있다. 한 체약당사국에 의한 난민의 지위의 승인은 다른 체약당사국을 구속하는 것은 아니나 한 체약당사국에 의한 난민자격의 승인은 국제예양의 문제로 다른 체약당사국에 의해 승인되어 온 것이 통례이다.

(5) 자격배제

> 📑 **조문 | 난민지위에 관한 협약 제1조 F - 난민자격의 배제**
>
> 이 협약의 규정은 다음의 어느 것에 해당한다고 간주될 상당한 이유가 있는 자에게는 적용하지 아니한다.
>
> (a) 평화에 대한 범죄, 전쟁범죄 또는 인도에 대한 범죄에 관하여 규정하는 국제문서에 정하여진 그러한 범죄를 범한 자.
>
> (b) 난민으로서 피난국에 입국하는 것이 허가되기 전에 그 국가 밖에서 중대한 비정치적 범죄를 범한 자.
>
> (c) 국제연합의 목적과 원칙에 반하는 행위를 행한 자.
>
> (The provisions of this Convention shall not apply to any person with respect to whom there are serious reasons for considering that.

난민에 관한 일반적 자격요건을 구비한 자라도 난민으로서 보호할 수 없는 자는 난민의 자격이 배제된다. 이를 규정한 난민지위에 관한 협약 제1조 F항을 '배제조항'(exclusion clause)이라 한다. 첫째, 평화에 대한 죄, 전쟁범죄 또는 인도에 대한 죄에 관하여 규정하기 위해 작성된 국제문서에 정하여진 바의 범죄를 범한 경우. 이들에 대해서는 보편관할권이 성립되어 여하한 국가도 처벌할 수 있으므로 이들을 난민으로서 보호할 필요가 없다. 둘째, 난민으로서 피난국에 입국하는 것이 허가되기 전에 그 국가 밖에서 중대한 비정치적 범죄를 범한 자. 그가 비정치범죄인인 경우 그를 난민으로 보호해 주면 형사사법의 국제적 협력을 저해하게 되므로 중범죄인을 난민자격 부여 및 보호로부터 배제한 것이다. 중범죄는 피난국에 입국하는 것이 허가되기 전에 범한 것임을 요한다. 피난민이 입국하는 과정에서 피난의 수단으로 범해진 범죄는 난민의 자격이 배제되는 중죄로 보지 않는 것이 일반적으로 승인되어 왔다. 셋째, UN의 목적과 원칙에 반하는 행위를 한 자. 해석상 이러한 행위는 국제평화와 안전의 유지에 반하는 행위, 평등과 민족자결권에 반하는 행위, 국제적 협력에 반하는 행위, 인권을 존중하지 아니하는 행위 등을 포함한다.

(6) 난민의 지위상실

📋 조문 | 난민지위에 관한 협약 제1조 C – 난민지위의 상실

이 협약은 A의 요건에 해당하는 자에게 다음의 어느 것에 해당하는 경우 적용이 종지된다.

(1) 임의로 국적국의 보호를 다시 받고 있는 경우, 또는

(2) 국적을 상실한 후 임의로 국적을 회복한 경우, 또는

(3) 새로운 국적을 취득하고, 또한 새로운 국적국의 보호를 받고 있는 경우, 또는

(4) 박해를 받을 우려가 있다고 하는 공포때문에 정주하고 있는 국가를 떠나거나 또는 그 국가밖에 체류하고 있었으나 그 국가에서 임의로 다시 정주하게 된 경우, 또는

(5) 난민으로 인정되어 온 근거사유가 소멸되었기 때문에 국적 국의 보호를 받는 것을 거부할 수 없게 된 경우. 다만, 이 조항은 이 조 A (1)에 해당하는 난민으로서 국적국의 보호를 받는 것을 거부한 이유로서 과거의 박해에 기인하는 어쩔 수 없는 사정을 원용할 수 있는 자에게는 적용하지 아니한다.

(6) 국적이 없는 자로서, 난민으로 인정되어온 근거사유가 소멸되었기 때문에 종전의 상주 국가에 되돌아올 수 있을 경우. 다만 이 조항은 이 조 A (1)에 해당하는 난민으로서 종전의 상주국가에 돌아오기를 거부한 이유로서 과거의 박해에 기인하는 어쩔 수 없는 사정을 원용할 수 있는 자에게는 적용하지 아니한다.

난민지위에 관한 협약 제1조 C항에 따르면 난민으로서의 자격을 인정받은 자라도 그 후 난민으로서의 인정받은 객관적 사유가 소멸하게 된 경우 난민으로서의 지위를 상실한다. 임의로 국적국의 보호를 다시 받고 있는 경우, 국적을 상실한 후 임의로 다시 국적을 회복한 경우, 새로운 국적을 취득하고, 또한 새로운 국적국의 보호를 받고 있는 경우, 국적이 없는 자로서 난민으로 인정되게 된 관련 사정이 소멸되어 종전에 상주하던 국가로 돌아갈 수 있는 경우 등이 이에 해당한다. 난민이 그의 지위를 상실하고 계속 수용국에 재류하는 경우 그는 일반적인 외국인의 지위를 유지한다.

2. 난민지위에 관한 의정서

난민지위에 관한 의정서 상 난민의 정의는 난민지위에 관한 협약의 정의와 유사하나 몇 가지 차이점이 있다. 첫째, 난민협약의 경우 박해의 사유로서 특정 사회집단의 구성원 신분이 추가되어 있다. 둘째, 난민협약에는 개인적 사정(personal convenience)을 이유로 국적국의 외교적 보호나 상주국으로의 귀환을 거부할 수 없다는 내용이 삭제되어 있다. 셋째, 난민의정서의 경우 1951년 1월 1일이라는 특정 시점이나 유럽이라는 지리적 제한이 삭제되어 있다.

3. 난민개념의 확대 경향

난민보호를 위한 지역적 다자조약이나 선언의 경우 제네바난민협약에 비해 보호대상인 난민의 개념이 확대되고 있다. 1969년 채택된 '아프리카 난민문제의 특별한 측면들에 적용되는 협약'은 제네바난민조약상 난민 이외에도 '외부침략, 점령, 외국의 지배, 또는 출신국이나 국적국의 일부 혹은 전역에서 공공질서를 중대하게 문란케 하는 사건 때문에, 출신국이나 국적국 밖의 다른 장소에서 피난처를 구하기 위해 자신의 상주지역을 떠나지 않을 수 없게 된 모든 사람'도 난민으로 규정하고 있다. 또한 1984년 콜롬비아의 카테헤나에서 채택된 '카타헤나 난민선언'(Cartagena Declaration on Refugees)은 '대규모적인 인권침해' 때문에 출신국이나 국적국 밖의 다른 장소에서 피난처를 구하고 있는 사람도 난민으로 규정하였다. 1992년 채택된 '아랍세계에서 난민과 피난민의 보호에 관한 선언'(Declaration on the Protection of Refugees and Displaced Persons in the Arab World)은 제5조에서 1951년 협약, 1967년 의정서, 또는 발효 중인 타관련문서나 UN총회 결의들이 적용될 수 없는 상황이라 하더라도, 난민, 비호를 구하는 사람, 그리고 피난민(실향민)은 이슬람법과 아랍의 가치에 담겨 있는 인도적인 비호 원칙들에 의하여 보호되어야 한다고 규정하였다.

Ⅲ 난민의 국제적 보호

1. 난민의 비호

(1) 비호의 의의

비호(asylum)란 본국의 추적이 미치지 않는 외교사절공관, 외국군대병영, 외국군함, 외국군용항공기, 외국영사 내에 들어온 정치적 난민에게 망명을 허용하고 그 본국에의 인도를 거절하는 것을 말하며, 이러한 비호를 허용하는 주권국가의 권리를 '비호권'(right of asylum)이라 한다.

(2) 법적 성질

비호권은 망명을 허용할 주권국가의 권리이며, 망명처의 제공을 요구하는 개인의 권리가 아니다. 개인은 어떠한 경우도 망명을 허락받을 권리가 없으며 또한 어떤 국가도 개인의 망명을 허락해야 할 법적 의무가 없다.

(3) 외교적 비호

외교적 비호(diplomatic asylum)란 외교사절의 공관에 의한 비호를 의미한다. 외교적 비호권은 일반적으로 인정되지 않는다. 1961년 외교관계에 관한 비엔나협약 제41조 및 1950년 국제사법재판소의 '비호권 사건'에 의하면 외교적 비호권은 특별한 협정이 없는 한 인정되지 않는다.

(4) 영토적 비호

영토적 비호권은 주권국가의 영토고권의 당연한 내용으로서 일반국제법과 국제판례에 의해 일반적으로 승인되어 왔다. 1950년 '비호권 사건'에서 국제사법재판소는 "난민은 그가 범죄를 범한 국가의 영토 밖에 있는 것이며, 그에게 비호를 허용하는 결정은 결코 범죄지국의 주권을 훼손하는 것이 아니다."라고 판시하여 난민에 대한 영토적 비호권을 확인하였다.

2. 난민의 일반적 보호(난민협약)

(1) 입국

> **조문 | 난민지위에 관한 협약 제31조 제1항 – 난민의 불법입국 또는 체류**
>
> 체약국은 그 생명 또는 자유가 제1조의 의미에 있어서 위협되고 있는 영역으로부터 직접 온 난민으로서 허가없이 그 영역에 입국하거나 또는 그 영역 내에 있는 자에 대하여 불법으로 입국하거나 또는 불법으로 있는 것을 이유로 형벌을 과하여서는 아니된다. 다만, 그 난민이 지체없이 당국에 출두하고 또한 불법으로 입국하거나 또는 불법으로 있는 것에 대한 상당한 이유를 제시할 것을 조건으로 한다.

난민협약상 난민에게 타국에 입국할 권리를 부여하고 있지 않다. 다만, 난민이 불법으로 입국한 경우 그 불법입국 및 불법체류를 이유로 형벌을 과할 수 없도록 규정하고 있다(제31조 제1항). 지체없이 당국에 출두하여 불법입국 및 체류의 정당한 이유를 제시할 것을 조건으로 한다.

(2) 출국

① **자발적 출국**: 일반국제법상 외국인의 출국은 자유이며 체류국은 특별한 사유가 없는 한 이를 금지할 수 없다. 난민협약도 난민의 자유로운 출국을 인정하고 그에게 '여행증명서'(travel documents)를 발급해 주도록 규정하고 있다(제28조 제1항). 다만, 국가안보 또는 공공질서를 위해 부득이한 경우 출국의 자유를 제한할 수 있다.

② **강제출국**: 난민은 국가안보 또는 공공질서를 이유로 하는 경우를 제외하고는 추방할 수 없다(난민협약 제32.1조). 다만, 이 규정은 합법적으로 체약국 영토에 있는 난민을 대상으로 한다. 제32.2조에 의하면 공공질서나 국가안보를 이유로 한 추방은 적법절차에 따라 내려진 결정에 의해서만 이뤄져야 하며, 국가안보상의 불가피한 이유가 있는 경우를 제외하고는 난민에게 자기 변호의 기회를 주어야 한다. 난민을 추방하더라도 그 생명이나 자유가 위협받을 수 있는 영토로 추방할 수 없다(강제송환금지 원칙, 난민협약 제33조 제1항).

> **조문 | 난민지위에 관한 협약 제32조 – 추방(Expulsion)**
>
> 1. 체약국은 국가안보 또는 공공질서를 이유로 하는 경우를 제외하고 합법적으로 그 영역에 있는 난민을 추방하여서는 아니된다.
> 2. 이러한 난민의 추방은 법률에 정하여진 절차에 따라 이루어진 결정에 의하여서만 행하여진다. 국가안보를 위하여 불가피한 이유가 있는 경우를 제외하고 그 난민은 추방될 이유가 없다는 것을 밝히는 증거를 제출하고, 또한 권한있는 기관 또는 그 기관이 특별히 지명하는 자에게 이의를 신청하고 이 목적을 위한 대리인을 세우는 것이 인정된다.
> 3. 체약국은 상기 난민에게 타국가에의 합법적인 입국 허가를 구하기 위하여 타당하다고 인정되는 기간을 부여한다. 체약국은 그 기간동안 동국이 필요하다고 인정하는 국내조치를 취할 권리를 유보한다.

(3) 외국인으로서의 보호

① **최혜국민대우**: 난민은 원칙적으로 외국인과 동등한 대우를 받는다. 또한 외국인 중 최혜국민과 동등한 대우를 받는다. "체약국은 난민에게 이 협약이 더 유리한 규정을 두고 있는 경우를 제외하고, 일반적으로 외국인에게 부여하는 대우와 동등한 대우를 부여한다"(제7조 제1항).

② **내국민대우**: 난민은 일정한 기간이 경과한 후에는 내국민과 동등한 대우를 받는다(제7조 제2항). "모든 난민은 어떠한 체약국 영역 내에서 3년간 거주한 후 그 체약국의 영역 내에서 입법상의 상호주의로부터의 면제를 받는다."

3. 난민의 권리와 의무

(1) 난민의 권리

난민은 외국인과 같이 사권과 공권을 향유한다. 협약은 난민의 권리로서 종교의 자유(제4조), 거주의 자유(제10조), 동산·부동산의 소유권(제13조), 임금이 지급되는 직업에 종사할 권리(제17조) 등을 향유한다.

(2) 난민의 의무

난민도 외국인과 같이 재류국의 사법상·공법상 의무를 진다. 협약에 따르면 재류국의 법령준수의무 및 공법질서유지에 따른 의무(제2조), 납세의무(제29조) 등을 부담한다.

(3) 난민의 단계별 지위

제네바난민협약은 난민이 체약국 내에서 향유할 수 있는 권리를 그의 단계별 지위에 따라 구분하고 있다. 첫째, 협약 제3조(비차별), 제4조(종교), 제13조(동산과 부동산), 제16조(재판을 받을 권리), 제20조(배급), 제22조(공교육), 제27조(신분증명서), 제30조(자산의 이전), 제33조(강제송환금지) 등은 난민이 체약국에 합법적으로 있는지 불법적으로 있는지를 묻지 않고 모든 난민에게 적용된다. 둘째, 제18조(자영업), 제26조(이동의 자유), 제32조(추방) 등은 '합법적으로 체약국 영토에 있는 난민'에게 적용된다. 즉, 거주에 이르지 아니하는, 체약국의 법에 의하여 허가된 존재를 지칭한다. 셋째, 제15조(결사의 권리), 제17조(임금을 받는 고용), 제24조(노동입법과 사회보장), 제28조(여행증명서) 등은 '합법적으로 체약국 영토에 체류하고 있는 난민'에게 적용된다. '합법적 체류'(lawful stay)라 함은 항구적인 정착(permanent settlement)을 필요로 하지는 않지만 '단순한 합법적 존재'를 넘어 '일정기간 피난국에 정착하여 거주'하고 있음을 보여주어야 한다. 넷째, 제12조(개인적 지위), 제14조(저작권 및 산업재산), 제16조(재판을 받을 권리) 제2항·제3항 등은 '거주' 또는 '상주거소'(habitual residence) 등의 항구적 지위를 가진 난민에게 적용된다.

Ⅰ 의의

1. 개념

국제연합 난민고등판무관(United Nations High Commissioner for Refugees: UNHCR)은 국제연합 총회의 결의로 채택된 '국제연합 난민고등판무관사무소규정'에 의거하여 국제연합 사무총장의 임명에 따라 총회에서 선출되는 국제공무원으로서 '난민의 지위에 관한 협약'과 '난민의 지위에 관한 의정서'에 의거하여 체약국과 협조하여 난민문제를 처리하는 기관이다.

2. 연혁

난민고등판무관의 기원은 국제연맹으로 소급된다. 1921년 국제연맹은 '고등판무관사무소'를 설치하고, '고등판무관'(High Commissioner)을 임명하여 난민을 보호하였다. 1950년 국제연합 총회는 '국제연합 난민고등판무관사무소규정'을 채택하는 결의를 하여 '난민고등판무관사무소'를 설치하였다. 이 결의에 의해 규정이 UN총회에서 채택되어 UNHCR이 임명되었다. 1951년 채택된 '난민의 지위에 관한 협약'과 1967년 '난민의 지위에 관한 의정서'는 체약국들이 난민고등판무관과 협조할 것을 요구하는 규정을 두고 있다(협약 제35조; 의정서 제2조).

Ⅱ UNHCR의 법적 성격

1. 국제적 보호기관

UNHCR은 난민에 대한 국제적 보호를 보장하는 기능을 담당하는 국제기관이다. UNHCR은 국제연합 총회의 인가하에 국제연합의 이름으로 임무를 수행한다. UNHCR은 UN총회의 권능하에서 행동하며 총회나 경제사회이사회가 내리는 정책지침(policy directives)을 따라야 한다. UNHCR은 UN총회, 경제사회이사회 및 그 보조기관들에 출석하여 자신의 견해를 진술할 권리가 있다.

2. 준외교적·영사적 기관

국제연합 난민고등판무관은 난민에 대한 준외교적·준영사적 기능을 담당하는 기관이다. 협약은 난민이 외교적·영사적 보호를 받을 수 없는 경우에 이로부터 제기되는 법적 곤란성을 극복하기 위해 '국제적 당국'(international authority)의 조력을 받도록 규정하고 있다(제25조). 국제연합고등판무관은 난민의 국적국을 대표하여 난민에 대한 외교적·영사적 기능을 담당하는 기관이다.

3. 비정치적 기관

난민고등판무관의 과업은 전적으로 비정치적 성격(an entirely non-political character)을 가져야 한다. 그리고 그의 과업은 인도적·사회적인 것이어야 한다(국제연합난민고등판무관사무소규정 제2조). UNHCR은 일차적으로 난민집단에 관련된 업무를 수행하고 개별 난민을 보호하는 것이 책임은 아니나, 필요한 경우 특정 개인을 위하여 관련 정부의 의사결정에 개입할 수 있다.

4. 협조적 · 감독적 기관

난민협약에 의하면 체약국은 UN난민고등판무관의 임무수행에 있어서 협조할 것을 약속하고, 특히 이 기관이 협정의 규정을 적용하는 것을 감독하는 의무의 수행에 편의를 제공해야 한다(제35조).

Ⅲ UNHCR의 구성 및 기관

1. 선임

'국제연합난민고등판무관사무소규정'에 따르면 고등판무관은 국제연합 사무총장의 임명에 따라 총회에 의해 선출된다(제13항). 즉, 고등판무관의 선임은 총회와 사무총장의 공동관할사항이다.

2. 임기

'사무소규정'은 고등판무관을 1951년 1월 1일부터 5년을 1개 임기로 선출하다고 규정(제13항)하고, 고등판무관의 임기는 사무총장의 제의로 총회가 승인하도록 규정하고 있다(제13항).

3. 부고등판무관

사무소규정에 따르면 1인의 부고등판무관을 두며 이는 고등판무관에 의해 임명된다. 임기는 고등판무관의 임기와 동일하다. 부고등판무관은 고등판무관의 국적과 다른 일개의 국적을 가진 자 중에서 임명된다(제14항).

4. 사무직원

국제연합 난민고등판무소의 직원은 할당된 예산의 범위 내에서 고등판무관에 의해 임명된다. 이들 직원은 기능을 수행함에 있어서 고등판무관에 대해 책임을 진다[제15항 제(a)호]. 직원의 고용조건은 국제연합 총회에 의해 채택된 직원규정과 이 규정하에서 사무총장에 의해 제정된 규칙에 의해 규율된다(제15항 c).

5. 자문위원회

UN경제사회이사회는 UNHCR사무소규정 제4조에 따라 자문기관으로 난민위원회를 설치하였으며, 1955년 UN난민기금(Unites Nations Refugees Fund: UNREF)이 설치되면서 동 위원회는 UNREF집행위원회로 개편되었다. 집행위원회는 UNHCR구호사업의 이행을 감독하고 연간 활동예산과 계획을 결정하는 임무를 수행하다 1958년 고등판무관사업 집행위원회로 대체되었다. 동 위원회는 구호사업 계획을 승인하고 이행비용을 결정한다. UNHCR의 요청에 따라 자문하는 기능도 수행한다.

Ⅳ UNHCR의 임무

1. 일반적 임무

국제연합 난민고등판무관은 난민협약 또는 의정서의 체약당사국이 난민에 관한 임무를 수행하는 데 협조하고 또 이를 감독하는 일반적 임무를 수행한다(협약 제35조; 의정서 제2조). 또한 협약에 의해 난민에 대한 준외교적 · 영사적 기능을 담당한다(제25조).

2. 개별적 임무

(1) 난민의 보호에 관한 임무(제8조)

'사무소규정'은 난민보호임무를 다음과 같이 열거하고 있다. ① 난민의 보호에 관한 국제협약의 체결과 비준의 촉진, ② 관계정부와의 특별협정을 통해 난민의 상태개선을 위한 조치 시행의 촉진, ③ 자발적인 귀환 또는 새로운 국가 내에서의 동화를 촉진하기 위한 정부나 사인의 노력에 대한 지원, ④ 국가영토에서 난민의 접수의 촉진 등

(2) 난민의 귀환 · 정착 등에 관한 추가임무

고등판무관은 자원의 한계 내에서 난민의 귀환과 재정착을 위한 활동을 해야 한다(제9항).

(3) 기타 임무

고등판무관은 기금의 관리의무(제10항), 국제연합 총회와 경제사회이사회에 출석하여 그의 의견을 제시하고 보고할 의무(제11항), 각종 전문기관의 협조를 구하는 임무를 수행한다(제12항).

제3절 강제송환금지 원칙

📑 조문 | 난민지위에 관한 협약 제33조 – 강제송환금지 원칙

1. 체약국은 난민을 어떠한 방법으로도 인종, 종교, 국적, 특정사회 집단의 구성원신분 또는 정치적 의견을 이유로 그 생명이나 자유가 위협받을 우려가 있는 영역의 국경으로 추방하거나 송환하여서는 아니된다. (No Contracting State shall expel or return ("refouler") a refugee in any manner whatsoever to the frontiers of territories where his life or freedom would be threatened on account of his race, religion, nationality, membership of a particular social group or political opinion.)

2. 체약국에 있는 난민으로서 그 국가의 안보에 위험하다고 인정되기에 충분한 상당한 이유가 있는 자 또는 특히 중대한 범죄에 관하여 유죄의 판결이 확정되고 그 국가공동체에 대하여 위험한 존재가 된 자는 이 규정의 이익을 요구하지 못한다. (The benefit of the present provision may not, however, be claimed by a refugee whom there are reasonable grounds for regarding as a danger to the security of the country in which he is, or who, having been convicted by a final judgement of a particularly serious crime, constitutes a danger to the community of that country.)

Ⅰ 서론

현대 국제법질서에서 난민보호와 관련하여 가장 중요한 점은 난민의 정의와 강제송환금지 원칙이라 할 수 있다. 특히 강제송환금지 원칙은 급박한 인권침해의 발생을 막는다는 측면에서 볼 때 난민자격을 부여하는 것보다 더욱 중요한 법원칙이라 할 것이다. 강제송환금지 원칙은 19세기 초 비호의 개념 및 불인도(principle of non-extradition) 개념의 형성에서 그 기원을 찾을 수 있으며 국제법상 인권보호 가치의 중요성이 높아짐에 따라 난민협약을 비롯하여 다양한 국제규범들에서 동 원칙을 규정함으로써 그 적용범위를 지속적으로 확대해 가고 있다. 그 적용범위를 중심으로 강제송환금지 원칙에 대해 설명하고, 중국 내에 체류하고 있는 탈북자들이 동 원칙의 적용을 받는가에 대해 검토한다.

Ⅱ 강제송환금지 원칙의 의미와 연혁(연원)[20]

1. 의미

강제송환금지 원칙(principle of non-refoulement)이란 생명이나 자유가 위협받을 수 있고 또한 박해를 받을 우려가 있는 영역으로 개인의 의사에 반하여 강제로 송환될 수 없다는 원칙을 의미한다(1951년 난민협약 제33조).

2. 연혁(연원)

19세기 초부터 형성되기 시작한 동 원칙은 현대 국제법에서 다양한 형식으로 확인되고 있다. 주요 연원들을 검토한다.

(1) 조약

① **1933년 난민의 국제적 지위에 관한 협약**: 동 협약 제3조에 의하면 체약국은 자신의 영역에 체류하고 있는 난민을 추방이나 국경에서의 입국금지조치를 통해 그 영역으로부터 떠나지 않게 한다고 약속하였다. 단, 국가안보 혹은 공공질서에 반하는 경우에는 예외로 하였다.

② **1951년 난민협약**: 난민협약 제33조는 "어떠한 체약국도 인종, 종교, 국적 혹은 정치적 의견으로 인하여 그의 생명이나 자유가 위협받는 영역으로 어떠한 방법으로든지 난민을 추방하거나 귀환시켜서는 안 된다."라고 규정하고 있다.

③ **1984년 고문방지협약**: 동 조약 제3조에서도 동 원칙을 규정하고 있다. "귀환자가 고문을 당할 위험이 있다고 믿어지는 실질적인 근거가 있는 국가로 강제송환 되어서는 안 된다. 그러한 근거가 있는지를 결정하기 위하여 권한 있는 기관은 관련국의 명백한 또는 대규모의 인권침해가 지속적으로 존재하는지를 포함한 모든 관련 사항을 고려해야 한다."

④ **지역인권조약**: 1969년 아프리카단결기구 협약 제2조 제3항 및 1969년 미주인권협약 제22조 제8항 역시 강제송환금지 원칙을 규정하고 있다.

---

20) 장복희, "강제송환금지 원칙의 국제법적 지위와 적용범위", 《서울국제법연구》, 제8권 제1호, 112-116면.

(2) UN총회 결의

1946년 2월 UN총회는 자신의 출신국으로 돌아가는 것을 명백히 거부하는 의사를 가진 난민이나 실향민이 출신국으로 강제추방되어서는 안 된다는 것을 명확하게 선언하였다. UN총회에서 만장일치로 채택된 1967년 '영토적 비호에 관한 선언' 제3조 제1항 역시 비호를 구할 권리가 있는 자는 누구든지 국경에서 입국이 거부되는 조치나 자신이 박해를 받을 우려가 있는 국가로 추방되거나 강제송환되어서는 안 된다고 하였다. 1992년 '강제적 실종으로부터의 모든 사람의 보호에 관한 선언' 제8조는 어느 국가도 자신이 강제적 실종의 위험이 있다고 생각되는 실질적인 근거가 있는 국가에 사람을 추방, 송환 또는 인도해서는 안 된다고 규정하였다.

Ⅲ 강제송환금지 원칙의 법적 성질 및 적용범위

1. 법적 성질

강제송환금지 원칙이 조약상의 원칙인가, 또는 관습법상의 원칙인가, 더 나아가 일반국제법상 강행규범상의 지위를 갖는가에 대한 문제이다. 이는 동 원칙의 인적 적용범위, 즉, 모든 국가가 준수해야만 하는 원칙인가와도 관련된 문제이다. 1954년 무국적자 지위에 관한 UN회의에 참가한 27개국은 난민협약상의 강제송환금지규정은 '일반적으로 받아들여지는 원칙의 표현'이라고 하여 관습법성을 긍정하였다. 동 원칙이 다양한 관련 조약 및 총회 결의에서 확인되고 있는 것은 강제송환금지 원칙이 국제관습법으로서의 법적 확신을 얻어가고 있음을 보여준다고 할 것이다.

2. 인적 적용범위

난민협약상 강제송환금지 원칙은 난민자격을 부여받은 자에게만 제한적으로 적용되는가? 이것이 동 원칙의 인적 적용범위에 관한 문제이다. UNHCR집행위원회에 의하면 개인이 난민으로 공식적으로 인정된 것에 관계없이 동 원칙이 적용된다고 본다. 또한 개인이 불법으로 체류국 내에 존재하는가와도 무관한 것으로 본다. 따라서 강제송환금지 원칙의 인적 적용범위는 난민자격을 인정받은 자를 포함하여, 합법적으로 체류하고 있는 자, 불법적으로 체류하고 있는 자, 비호신청을 한 자 모두에 대해 적용된다.

3. 사항적 적용범위

강제송환금지 원칙은 개인이 송환되는 경우 인종, 종교, 국적, 특정 사회 집단의 구성원 신분 또는 정치적 의견을 이유로 생명이나 자유가 위협받을 우려가 있어야 한다. 또한 송환되는 경우 고문을 당할 위험이 있다고 믿어지는 실질적인 근거가 있어야 한다(고문방지협약 제3조). 강제실종의 위험이 있다고 생각되는 실질적인 근거가 있는 경우에도 강제송환할 수 없다(강제적 실종으로부터의 모든 사람의 보호에 관한 선언 제8조). 한편, 강제송환금지 원칙은 피난국 내에 존재할 때만 적용되는 것이 아니라 국경에서의 입국거부에 대해서도 적용된다.

Ⅳ 강제송환금지 원칙의 예외

1. 난민개념에서 배제된 자 - 제네바 협약 제1조 F섹션

난민자격을 인정받지 못한 자에 대해서도 강제송환금지 원칙이 적용되나, 애초부터 난민자격을 부여받을 가능성이 없는 자에 대해서 동 원칙이 적용된다고 볼 수 없다. 1951년 난민협약 제1조 F섹션은 난민자격이 배제되는 자를 열거하고 있다. 즉, 전쟁범죄인, 중죄인, 반국제연합행위자는 난민지위를 부여받을 수 없다.

2. 협약 제33조 제2항상의 예외

동 조항은 강제송환금지 원칙의 예외로서 난민이 체류하고 있는 국가의 안전을 위협하는 인물로 볼 만한 합리적인 사유가 있거나, 특히 중대한 범죄를 저질러 최종적으로 유죄판결을 받아 그 국가의 공동체에 대하여 위험한 존재가 되는 난민을 그의 추적국으로 강제송환하는 것을 허용하고 있다.

Ⅴ 강제송환금지 원칙과 탈북자 문제

1. 법적 쟁점

강제송환금지 원칙의 적용과 관련하여 동 원칙이 중국 내에 체류하는 탈북자에 대해서도 적용되는지가 문제된다. 특히 난민협약상의 동 원칙이 1986년에 체결된 중국과 북한 간의 '변경질서관리의정서'의 내용과 외견상 상충하는 듯하여 동 의정서의 법적 지위 및 양자 간 상충 시 어떤 협정을 우선시켜야 하는지 문제가 된다.

2. 의정서가 무효라는 견해

의정서가 무효라는 견해는 강제송환금지 원칙이 국제법상 강행규범에 해당함을 전제로 하여 밀입국자송환협정의 규정은 강행규범인 강제송환금지 원칙에 저촉되어 무효라는 것이다. 1969년 조약법협약 제53조는 일반국제법상 강행규범에 위반되는 조약은 절대적 무효라고 규정하고 있다. 조약법협약은 1980년에 발효되었으므로 중국과 북한이 조약법협약의 당사국인 경우 1986년에 체결한 변경관리의정서는 무효가 되는 것이다. 이 견해는 강제송환금지 원칙이 강행규범으로 성립되었는지가 불확실하다는 점에서 한계가 있다.

3. 강제송환금지 원칙이 우선적용된다는 견해

이 견해는 UN헌장 제103조에 기초한 견해이다. 즉, 난민협약상의 의무를 UN헌장상의 의무라고 보고, 밀입국자송환협정상의 의무는 UN회원국의 '국제협약상의 의무'에 해당한다고 본다. 이 경우 UN회원국은 UN헌장 제103조에 따라 UN헌장상의 의무를 우선시해야 한다. 따라서 중국은 UN헌장상의 의무인 강제송환금지의무를 우선적으로 준수해야 하는 것이다. 그러나, 이 견해는 강제송환금지 원칙 자체가 UN헌장에 규정되어 있지 않다는 점에서 한계가 있다.

4. 협약과 의정서가 양립한다는 견해

이 견해는 강제송환금지 원칙이 적용되는 대상과 의정서가 적용되는 대상을 구분함으로써 양 조약이 양립할 수 있다고 본다. 즉, 강제송환금지 원칙은 난민을 대상으로 하고, 의정서는 '밀입국자'를 대상으로 한다고 본다. 따라서 난민이 아닌 밀입국자를 송환하는 것은 강제송환금지 원칙을 위반하는 것이 아니라는 것이다. 양자의 구별에 난점이 있을 수 있으나 이는 '사실의 문제'이지 '법률의 문제'가 아니라고 본다.

I 서론

탈북자(북한이탈주민)란 북한을 이탈하여 제3국에 체류하거나 제3국의 협조를 받아 국내에 귀순하는 북한주민을 말한다. 중국에 체류하는 북한이탈주민의 유형은 크게 세 부류가 있다. 첫째는 '단순월경자'로서 식량획득을 위해 수 일 내지 수 주 동안 중국에 체류 후 귀환한다. 둘째, 조선족 친척 방문 등을 이유로 월경하여 상당 기간 중국 내에 불법 체류하는 '장기체류자'가 있다. 셋째, 북한 귀환의사가 없거나 돌아가지 못할 사정이 있어서 일정한 거처 없이 장기간 은신·도피생활을 하고 있는 자로서 좁은 의미의 '탈북자'가 있다. 탈북자들 중에는 중국체류희망자, 제3국정착희망자, 한국귀순희망자가 섞여 있다. 세 부류 중 보호를 요하는 사람은 '탈북자' 범주이다. 중국은 공식적으로 탈북자를 불법월경자로 취급하여 여하한 보호조치도 취하지 않고 있으며 북한과의 조약에 따라 북한 측에 송환하고 있다.[21] 송환되는 경우 중대한 인권유린을 당하는 것으로 보고되고 있다. 따라서 이들은 중국 당국의 체포를 피하기 위해 비인간적 생활을 하고 있다. 탈북자의 법적 지위와 국제법적 보호 방안에 대해 검토한다.

II 탈북자의 법적 지위

1. 탈북자의 국적

북한이탈주민의 법적 보호 주체와 관련하여 우선 이들의 국적이 문제된다.

(1) 대한민국국민이라고 보는 견해 – 한국 국내법 및 관행

한국의 국적법, 국내법 제도 및 관행은 북한주민을 당연히 대한민국국민으로 간주해 왔다. 북한은 헌법상 영토조항에 의하여 대한민국의 주권이 미치는 지역이라는 점에서 북한지역에 살고 있는 북한의 공민, 중국 및 한반도 이외의 지역에 거주하는 북한의 해외공민은 대한민국국민으로 본다. 한국정부는 북한으로부터의 귀순자에 대해 국적을 취득시키지 않고 호적을 창설하는 조치를 취하고 있다. 요컨대, 한국 국내법 및 관행은 북한의 국내법적 실체를 인정하지 않고, 북한거주민뿐 아니라 북한을 이탈한 주민 모두를 한국의 국민으로 간주하고 있다.

(2) 대한민국국민이 아니라고 보는 견해

① 국내법적 측면: 북한주민을 대한민국국민이 아니라고 보는 것이 헌법과 불합치하는 것은 아니라고 보고 대한민국국적설을 비판한다. 즉, 중요한 근거가 되고 있는 헌법 제3조의 영토조항은 현시점에서 통일 한국의 영역범위를 선언한 것으로 해석하면 된다고 본다. 또한 현실적으로 각각 다른 국가 또는 정부를 구성하여 이미 50여 년을 지났는데 단지 같은 언어를 사용하는 민족이라는 이유로 무조건 국민자격을 부여하는 것은 통일된 한국의 사회통합에 도움이 되지 않는다고 본다.

---

21) 1986년 중국과 북한은 '중국과 북한의 변경지역 관리에 관한 의정서'를 체결하였다. 동 조약 제4조 제2항에서는 조·중 쌍방이 불법월경자에 대한 명단과 자료를 상대방에게 통보하도록 하는 등 불법월경자 처리를 위해 상호 협력하도록 규정하고 있다. 동 조약의 유효기간은 20년으로 되어 있다.

② **국제법적 측면:** 국제법상 국가는 자신의 관할하의 사람에 대해 배타적 지배권을 보유하며 국적부여는 국제법에 저촉되지 아니하는 한 재량에 속한다. 북한이 국제법의 주체로서 국가라면 북한 영토에 존재하는 사람에 대해 국적을 부여할 수 있다. 국제법의 주체로서 국가의 성립에는 창설적 효과설과 선언적 효과설의 대립이 있는바, 북한은 어느 설에 따르더라도 국제법상 국가로 볼 수 있다. 선언적 효과설을 따르는 경우, 북한은 영토, 인민, 실효적 정부를 구성하고 있으므로 국가로서 성립한다. 또한 창설적 효과설에 따르더라도 다수의 국가가 북한을 국가로 승인하였으므로 북한은 국가로 성립한다. 또한 북한이 국가만 가입할 수 있는 UN회원국이라는 점도 북한이 국가라는 추정을 가능하게 한다.

(3) 문호개방이론과 북한이탈주민의 국적[22]

① **문호개방이론:** 서독연방헌법재판소는 동독이탈주민에게 서독국적을 부여함에 있어서 소위 '문호개방이론'을 적용하였다. 문호개방이론에 따르면, 동독주민도 기본법 제16조에 근거하여 독일인으로서 서독국적을 갖는다. 그러나 그가 동독의 영역 안에 머무는 한 이러한 독일국적은 그 효력이 정지상태에 있게되고, 동독의 영역을 벗어나 서독의 영역에 들어오면 효력정지상태에서 벗어난다. 또한 동독을 탈출하여 제3국에 머물고 있는 경우에도 이미 동독의 영역을 벗어난 것이므로 원칙적으로 자동적으로 독일국적의 효력정지상태에서 회복되어 즉시 독일국적을 취득한다.

② **북한이탈주민의 국적:** 문호개방이론에 따르는 경우, 북한주민은 대한민국의 국적을 가지나 북한지역에 머무르고 있는 동안에는 그 국적의 효력이 사실상 정지상태에 있으며, 북한을 탈출할 의사를 가지고 북한영역을 벗어나면 대한민국의 국적에 대한 효력정지상태가 해소되므로 북한이탈주민은 한국의 국민으로 대한민국의 보호를 받는다.

(4) 소결

최소한 국제법의 관점에서 볼 때 북한은 국제법주체로서 국가이므로 국적부여 능력이 있고, 따라서 타 국제법에 위반되지 않는 한 북한정부가 부여한 국적의 효력을 부인할 수 없으므로 북한이탈주민의 국적은 북한이라 본다.

2. 협약난민자격의 인정 문제

(1) 협약난민의 개념

협약난민이란 1951년 난민협약 제2조상의 자격요건을 갖춘 난민을 말한다. 동 조에 의하면 난민이란 '인종·종교·국적·특정 사회집단의 구성원 신분 또는 정치적 의견을 이유로 박해를 받을 우려가 있다는 충분한 근거가 있는 공포로 인하여 자신의 국적국의 보호를 받을 수 없거나 그러한 공포로 인하여 국적국의 보호를 받는 것을 원하지 않는 자 또는 무국적자로서 종전의 상주국으로 돌아갈 수 없는 자'를 말한다. 동 조의 정의는 이른바 '정치적 난민'을 대상으로 하는 것으로 해석된다.

(2) 난민의 요건

동 조항으로부터 난민자격을 인정받기 위한 실체적 요건으로는 박해의 존재, 박해로 인한 근거 있는 공포, 국적국 밖에 있는 자에 해당해야 한다. 이에 대한 입증책임은 난민자격을 신청하는 자에게 있다. 한편, 절차적으로는 난민체류국 당국으로부터 난민자격을 인정받아야 한다. 난민자격부여는 국가의 재량권에 속한다.

---

22) 김태천, 대량난민사태에 대한 국제법적 대응, 6면.

(3) 북한이탈주민의 난민 여부

① 학설

ㄱ **전부긍정설**: 탈북자 전체를 정치적 난민으로 인정하여 협약난민의 실체적 요건을 만족시킨다는 견해이다. 이 견해는 북한의 폐쇄성을 고려할 때 생명을 건 탈출행위는 그 자체가 정부 또는 체제에 대한 항거로서 1951년 난민협약상의 '정치적 의견'을 가지고 있는 것으로 간주해야 한다는 점을 논거로 한다.

ㄴ **일부긍정설**: 탈북자들 중 일부는 난민조약상 정치적 난민에 해당한다는 주장이다. 즉, 난민협약상의 난민보호요건을 갖추었는지 여부는 대상자 각각에 대해서 개별적으로 판단해야 한다는 것이 난민협약의 취지이므로, 탈북자 전체를 일괄적으로 경제적 난민으로 규정해서는 안 되고 탈북자 중 일부는 실정법상 정치적 난민으로 규정할 수 있다고 본다.

ㄷ **부정설**: 협약난민은 정치적 난민을 적용대상으로 하나, 탈북자들은 경제적 난민으로서 적용대상이 아니라고 보는 견해이다.

② **중국의 입장**: 탈북자에 대해 난민부여 여부는 국가의 재량이므로 중국의 입장이 중요하다. 현재 중국은 탈북자 전체에 대해 협약난민의 자격을 인정하지 않고 단순 불법체류자로 본다.

③ **소결**: 실체법적으로 볼 때 탈북자들 중 일부는 정치적 난민으로 볼 여지도 있다고 본다. 그러나 탈북자 전체에 대해서 정치적 난민이라고 보기는 어려울 것이다. 무엇보다 난민자격부여에 있어서 결정적인 역할을 하는 체류국 당국인 중국이 부정적이므로 난민자격을 인정하는 것은 어렵다. 다만, 일부 정치적 난민에 해당될 가능성이 있는 탈북자에 대해 중국 당국이 애초부터 난민판정의 기회를 봉쇄하고 있는 사실은 난민협약 당사국인 중국이 동 협약을 위반하고 있다고 볼 수 있고, 중국 당국의 주장을 결정적으로 약화시키고 있다.[23]

3. 위임난민 자격의 인정 문제

(1) 위임난민의 개념

1950년 12월 UN총회에서 채택된 '난민고등판무관사무소규정'상의 난민개념에 해당하는 난민을 '위임난민'(mandate refugee)이라 한다. UN총회로부터 위임받은 임무 내에 속하는 난민이기 때문이다. 위임난민 개념은 동적 개념으로서 인도적 지원을 필요로 하는 사람들에 대해 지속적으로 확대되고 있다. 현재 위임난민의 범주에는 협의의 정치적 난민뿐 아니라 경제적 난민, 환경난민, 전쟁난민, 국내유랑민(internally displaced persons)이 포함되는 것으로 간주된다. 위임난민은 UNHCR의 보호를 받을 수 있으나, 체류국의 동의를 받아야 한다.

(2) UNHCR의 위임난민 보호활동

UNHCR은 난민 체류국의 동의 또는 묵인에 기초하여 위임난민에 대한 보호활동을 한다. UNHCR의 보호활동은 ① 제3국 정착도모(resettlement), ② 인도적 보호 및 구호활동, ③ 난민의 본국귀환(repatriation)으로 대별된다. 인도적 보호 및 구호활동은 체류국의 동의나 묵인을 전제로 하나 '인도주의적 개입'의 관념에 비추어 UN이 독자적으로 구호활동을 할 수 있다는 관념도 형성되고 있다. 한편, 본국귀환의 경우 난민 체류국과 본국정부가 UNHCR의 지원하에 난민의 기본권 보장, 모니터링 허용 등을 내용으로 하는 협정을 체결함으로써 이뤄진다.

---

23) 제성호, 탈북자의 국제적 보호와 UN의 역할, 《국제법학회논총》, 제48권 제3호, 215면.

(3) 탈북자에 대한 위임난민의 인정문제

대부분의 탈북자의 경우 일종의 불가항력(force majeure)인 북한의 식량난을 피해 불법월경한 '집단유민'으로서 단순 불법체류자와 달리 보호대상이 된다. 즉, 위임난민의 실체적 요건을 인정하는 것은 문제가 없다. 다만, UNHCR의 보호를 위해서는 위임난민 체류국의 동의를 구해야 한다는 한계가 있다.

4. 불법입국 및 체류 외국인

국제법상 외국인이 타국에 입국을 요구할 수 있는 권리는 없다. 즉, 외국인의 입국은 영토국의 재량이므로 허가를 받아야 한다. 만약, 허가 없이 입국하는 경우 불법입국 및 체류에 해당하므로 강제추방할 수 있다. 중국에 체류하는 탈북자들이 중국의 허가 없이 입국 및 체류한 경우 이들은 강제추방을 면할 수 없다. 다만, 중국이 난민조약의 당사국이므로 협약 제33조상의 강제송환금지 원칙의 제한을 받을 여지가 있다.

Ⅲ 탈북자의 법적 보호방안

1. 대한민국의 외교적 보호권

(1) 부정설

대한민국의 외교적 보호권을 부인하는 견해로서 북한이탈주민이 북한국민이라는 것과, 이중국적자라도 실효적 국적의 원칙에 기초하여 대한민국의 외교적 보호권이 부인된다고 본다. 우선, 러시아와 중국은 북한과 한국보다 먼저 국교를 수립하였고, 한국이 이에 대해 아무런 항의도 제기하지 않았으므로 중국이 탈북자를 북한국민으로 인정하는 것에 이의를 제기할 수 없다는 것이다. 또한 이중국적자가 제3국에서 피해를 당한 경우 제3국은 이중국적국 중 일국에 대해서만 외교적 보호권을 긍정하는 것이 인정된다. 외교적 보호권의 주체를 인정함에 있어 적용되는 확립된 원칙은 이른바 '실효적 국적의 원칙'이다. 사실상의 연관성이 상대적으로 더 높은 국가의 외교적 보호의 주체성을 인정하는 원칙이다. 이에 비추어보면 탈북자는 북한의 외교적 보호권의 객체라는 추정이 가능하다는 것이다.

(2) 긍정설

첫째, 문호개방이론을 적용하여 북한주민이 북한의 영역을 벗어나는 경우 한국국적자로서 모든 효력이 발생하는 대한민국국민이므로 한국이 외교적 보호권을 행사할 수 있다. 둘째, 이중국적자의 경우에 대해 실효적 국적의 원칙이 적용되더라도 한국이 외교적 보호권을 행사할 수 있다. 실효적 국적의 원칙은 한국이 북한에 대하여 외교적 보호권을 행사할 수 없다는 것을 의미하는 것이지 한국이 중국에 대해 외교적 보호권을 주장할 수 없다는 것을 의미하는 것은 아니다. 즉, 중국과 러시아에 대해서는 북한이 적극적으로 외교적 보호권을 행사하지 않는 한, 한국정부는 북한이탈주민을 위한 외교적 보호권을 주장할 수 있다.[24]

2. 중국의 난민자격 부여와 보호

중국이 북한이탈주민에 대해 난민자격을 부여하는 경우 탈북자들은 협약에 규정된 난민의 권리를 향유할 수 있다. 기본적으로 난민은 외국인에 준하는 대우를 받으며 재산취득, 임금이 지급되는 직업에 종사할 권리, 자영업에 종사할 권리 등을 최혜국대우에 근거하여 취득한다. 또한 거주이전의 자유가 보장되고 신분증과 여행증명서가 발급된다.

---

24) 김태천, 전게논문, 9면.

3. UNHCR의 보호

UNHCR이 탈북자에게 위임난민의 지위를 부여하는 경우, UNHCR은 중국의 동의에 기초하여 중국 내에서 탈북자 보호활동을 할 수 있다. 즉, 중국 내에서 탈북자에 대한 인도적 지원조치나 제3국 정착지원조치를 할 수 있을 것이다.

4. 외교적 비호(diplomatic asylum)

탈북자에 대해 중국 주재 외국 공관에서 외교적 비호를 할 수 있는지가 문제된다. '외교관계에 관한 비엔나협약'은 이에 대해 침묵하고 있으며, ICJ는 외교적 비호권이 관습법으로 성립되어 있지 않았다고 확인하고 있으므로 별도의 협정이 존재하지 않는 한, 영토주권을 제약하는 외교적 비호를 인정하기 어렵다고 볼 것이다. 그러나 비엔나협약 제41조는 공관사용에 관하여 접수국과 파견국이 특별협정을 체결할 수 있음을 인정하고 있으므로 양자협정을 통해 외교적 비호를 인정할 여지는 있을 것이다. 단, 중국정부의 입장을 고려할 때 이같은 협정이 체결되기는 사실상 어렵다고 본다.

5. 강제송환금지 원칙의 적용문제

강제송환금지 원칙(non-refoulement principle)이란 어느 누구도 자신의 생명 또는 자유가 위협받을 수 있거나 박해를 받을 우려가 있는 영역으로 자신의 의사에 반하여 강제로 송환되지 아니한다는 원칙이다(제네바 난민협약 제33조). 동 원칙의 적용범위와 관련하여 난민자격을 부여받지 못한 자에 대해서도 적용되는지가 문제된다. 탈북자의 경우 협약난민의 요건에 해당하지 아니한다는 점에서 특히 문제가 된다. 이에 대한 UNHCR의 견해는 모든 난민은 그의 지위가 확정될 때까지는 난민이라는 추정하에서 다루어져야 하며, 강제송환금지 원칙은 공식적으로 난민자격이 확정되었는가 여부를 불문하고 적용되어야 한다는 것이다. 이에 따른다면 설령, 탈북자가 중국에 불법체류하고 있더라도 중국은 이들을 북한으로 강제송환해서는 안 된다.

6. 소결

탈북자에 대해 국제법적 보호는 법률상 한계 및 사실상 한계로 인해 난점이 많은 것으로 생각된다. 한국의 외교적 보호의 경우 북한이 외교적 보호를 주장하는 경우 행사하기 어려울 것이며, 난민자격부여와 UNHCR의 보호에 대해서는 중국의 입장이 결정적이나 중국이 소극적이므로 역시 적절한 보호를 제공하기 어렵다. 외교적 비호에 대해서도 법률상 한계가 있다. 다만, 난민자격을 인정받지 않은 자에 대해서도 적용되는 강제송환금지 원칙의 경우 제네바 난민협약 당사국인 중국도 이를 준수해야 할 국제법적 의무이나, 중국은 북한과의 정치적 관계 및 변경관리의정서에 기초하여 체포되는 경우 예외 없이 강제송환하고 있다. 요컨대, 현 국제법 체제하에서 탈북자에 대한 보호는 극히 제한적일 수밖에 없다. 다음 항에서 탈북자 보호의 문제를 구체적으로 논의하고, UN의 역할을 검토한다.

Ⅳ 탈북자 보호의 문제점[25]

탈북자문제를 다루는 현실에서의 문제점을 분석한다.

1. 양자문제로 인식

탈북자문제는 중국과 북한 간의 변경지역질서관리문제, 한중 간의 기획탈북문제 등 양자관계로 인식되고 있다. 양자문제로 보는 경우 탈북자문제의 근본적 해결이 어렵고 미봉책에 그칠 수 있다. 따라서 미국, 일본, 러시아, 몽고, 태국, 한국, 북한, 중국 등 이해관계국들이 다자차원에서 탈북자문제를 접근해야 한다.

2. 탈북자문제의 정치화

탈북자문제가 지나치게 정치화되어 있다. 중국은 대량탈북이나 북한붕괴의 관점에서 보고 있고, 한국은 탈북자 문제가 남북대화에 장애요인이 될 것을 우려한다. 미국 또한 이 문제를 대북 협상카드로 보고 있다. 순수한 인도주의적 접근이 필요하다. 탈북자문제의 탈정치화, 중립화, 인도적 문제화가 절실하다.

3. 한국의 주도적 역할의 문제

탈북자문제에 한국이 독자적으로 개입하는 것은 바람직하지 못하다. 특히 한국은 한국행을 희망하는 탈북자 전부를 수용한다는 입장이나, 이 역시 바람직하지 못하고 현실적이지 못하다. 탈북자문제의 1차적 책임은 북한에, 2차적 책임은 중국에 있으므로 '국제적 고통분담'(international burden-sharing) 차원에서 많은 나라의 참여를 유도하여 근원적인 해법을 모색해야 한다.

Ⅴ UN과 탈북자의 보호를 위한 UN의 역할[26]

탈북자문제의 근본적 해결을 위해서는 이 문제를 다자화 및 국제적 관심사항으로 하여 국제사회 전체 차원에서 접근할 필요가 있다. 이를 위해서는 무엇보다 UN의 역할이 중요하므로 UN의 역할에 초점을 맞춰서 논의한다.

1. 국제적 관심 환기 및 특별보고관 임명을 통한 조사활동

탈북자문제 해결을 위해서는 무엇보다 국제사회의 관심을 환기하는 것이 중요하므로 UN인권위원회나 인권소위원회가 매년 탈북자문제를 지속적으로 다루고, 그에 대한 대북 결의문을 채택하는 것이 바람직하다. 또한 UN인권위원회는 탈북자문제를 전담하는 주제별 특별보고관을 선임해 현장접근 및 탈북자 인권사찰을 실시하여 종합보고서를 작성하도록 하고 이를 심의·권고하는 것이 요망된다.

---

25) 제성호, 전게논문, 216-218면.
26) 제성호, 전게논문, 224-230면.

2. 중국의 입장 변화 유도 및 국제적 지원역량 강화

중국의 입장 변화나 국제적 지원 역량 강화에 있어서 UNHCR의 역할이 강화되어야 한다. UNHCR은 미국·일본·EU 등과 협의하여 중국 및 북한이 자신의 접근 및 개입을 허용하도록 다각적인 외교적 노력을 해야 한다. 또한 탈북자들에 대해 인도적 구호 및 도움을 제공할 의사가 있는 민간단체들의 지원 역량을 강화하고 서로 연대하는 데 있어서 UNHCR의 적극적인 역할이 있어야 한다.

3. UN차원의 탈북자 정착촌 건설 및 잠정적 보호 제공

탈북자문제를 가급적 '현지화'하는 것이 중요하다고 볼 때 이를 위해 UN 차원에서 대책이 세워져야 한다. UN은 현지국정부 및 국내외 NGO들과의 협력하에 몽골이나 중국·북한 접경지역에 정착촌을 건설하고 동 지역을 'UN특별관리구역'화 하는 방안을 모색할 수 있다. 정착촌에 거주하는 탈북자들에 대해 UNHCR은 '일시적 피난민'(temporary refugee) 지위를 부여하고 잠정적 보호를 제공할 수 있을 것이다.

4. 장기적 차원에서 본국(북한) 귀환 프로그램 준비

탈북자문제는 기본적으로 북한의 식량난과 경제난에서 비롯된 것이므로 본국의 사정이 나아질 경우 탈북자들의 자발적 귀환이 바람직하다. 단, 귀환을 위한 전제조건이 충족되야 한다. 즉, (1) 탈북자들이 자발적으로 귀환 의사가 있을 것, (2) 북한당국이 귀환 탈북자들을 처벌하지 않을 것, (3) UNHCR 등 국제기관이 탈북자들이 북한 내에 정착할 수 있도록 지원할 것, (4) 주기적으로 UNHCR 요원이나 국제 NGO활동가들이 귀환자들의 생활동향을 모니터링할 수 있을 것

Ⅵ 결론

앞에서는 탈북자의 법적 지위와 국제법적 보호방안에 대해 검토하고, 탈북자문제에 접근하는 국제사회의 태도에 있어서의 한계와 실효적인 탈북자 보호를 위한 UN의 역할에 대해 논의하였다. 현 국제법에서 다양한 보호방안이 예정되어 있으나, 탈북자를 실효적으로 보호할 수 있는 제도는 사실상 없다고 해도 과언이 아니다. 또한 조약상의 의무를 이행하지 않는 중국에 대해서도 법률상 또는 사실상 제재수단이 결여되어 있다는 점도 중대한 한계가 아닐 수 없을 것이다. 탈북자문제는 관련국가들이 정치적 사안으로 접근해 나가는 경우 해결책을 모색하기가 쉽지 않다는 점을 고려할 때, 순수한 인도주의적 관점에서 풀어나가야 할 것이다. 이를 위해서는 비교적 중립적·비정치적 입장을 견지해 나갈 수 있는 UNHCR의 역할이 중요하다고 생각한다.

📑 참고 우리나라 난민인정 절차

1. 난민인정 신청

(1) 난민인정 신청자

출입국관리법에 따르면 우리나라에서 난민신청을 할 수 있는 사람은 대한민국 안에 있는 외국인으로서 난민임을 인정 받고자 하는 자이다. 입국의 적법 여부와 관계없이 이미 국내에 체류 중인 외국인은 모두 포함된다. 다만, 영토 밖에서 의 신청자에 대하여는 공포가 있는 영역으로부터 도피하여 곧바로 대한민국에 비호를 신청하는 경우, 상당한 이유가 있다고 인정되는 때에는 90일의 범위에서 난민임시상륙을 허가할 수 있으므로, 난민임시상륙허가제도가 영토 밖에서 의 난민신청제도의 성격을 일부 가지고 있다고 볼 수 있다. 참고로 탈북자가 우리나라의 해외공관에 보호신청을 하는 경우, 탈북자는 외국인이 아니라는 점에서 난민신청과 다르고, 대한민국 밖에서 보호신청이 가능하다. 그리고 탈북난민 의 경우 '북한이탈주민보호 및 정착지원에 관한 법률'에 의해 보호받는다.

(2) 신청기간

난민신청은 그 외국인이 우리나라에 상륙 또는 입국한 날부터 1년 이내에 하여야 한다. 다만, 질병 기타 부득이한 사유 가 있는 때에는 예외를 인정하고 있다.

(3) 구비서류

난민인정신청서에 난민임을 입증하는 서류와 사진을 첨부하여 제출하여야 한다. 또한 여권, 선원수첩, 난민임시상륙허 가서, 외국인등록증 등 신분 증명 자료도 제시하여야 한다.

(4) 신청접수기관

난민지위신청은 출입국관리사무소, 출장소, 외국인보호소에 해야 한다.

2. 면담 및 사실조사

(1) 면담

난민신청자에 대한 면담은 안전한 곳에서 비공개로 개별적으로 이루어진다. 신청자가 본국을 떠날 수밖에 없고 본국에 돌아갈 수 없는 사유에 관한 진술을 청취한다.

(2) 사실조사

면담내용의 진위를 조사하고, 신청자의 적격성, 신청내용의 진실성 및 입증사실의 타당성 등을 조사한다.

3. 심사 및 결정

(1) 난민인정의 심사

면접 등 사실조사를 실시한 후 법무부장관에게 보고하면, 법무부장관은 난민담당관의 조사보고서, 신청인의 제출서류, UNHCR 및 외교통상부의 의견 등을 근거로 난민인정 여부를 심사하여 결정한다.

(2) 난민인정협의회의 협의

난민의 인정 및 이의신청 등에 관한 중요사항을 협의하게 하기 위하여 법무부에 난민인정협의회를 두고 있다. 협의회 는 난민의 인정 및 보호에 관한 사항, 이의신청에 관한 사항, 난민의 정착지원에 관한 사항, 기타 법무부장관이 난민업 무에 관련하여 필요하다고 인정하여 협의회에 회부하는 사항 등에 관하여 협의한다.

(3) 난민인정 등의 결정 및 통지

① 난민인정불허대상: 난민인정불허대상은 출입국관리법 제2조 제2의2에 따라 '난민협약의 적용을 받지 않은 자'이다. 구체적으로 살펴보면, ⊙ 박해를 충분히 입증하지 못한 자, ⓒ 박해가 그 나라 국민이 일반적으로 받고 있는 억압의 정도에 불과한 경우, ⓒ 충분한 근거 있는 공포 없이 국적국의 보호를 스스로 거부한 자, ② 다른 국가에서 난민인 정을 받은 적이 있는 자, ⑩ 우리나라에서 난민인정을 불허한 적이 있는 자, ⑭ 비정치적 범죄로 도피중인 자에 대 해서는 난민으로 인정하지 않고 있다.

② 난민인정 등의 결정 및 통지: 법무부장관은 난민의 지위를 인정받은 외국인에 대하여 난민인정증명서를 발급하며, 체류자격 F-2(거주)를 부여한다.

4. 이의신청

난민인정신청을 하였으나 난민으로 인정을 받지 못한 자는 그 통지를 받은 날로부터 7일 이내에 법무부장관에게 이의신청을 할 수 있다. 이때 법무부장관은 난민인정협의회를 개최하여 난민인정 여부를 심사하게 되며 그 결과를 신청인에게 통보한다.

1. '1952년 난민의 지위에 관한 협약'과 '1967년 난민의 지위에 관한 의정서'상 난민의 요건을 설명하고, 북한이 탈주민의 법적 지위에 대해 논하시오. [2012외시]

2. 북한에서 출생한 甲은 북한에서 반체제운동에 참여하고 있는 인물이다. 2011년 12월 1일 북한의 3代 세습을 반대하는 유인물을 준비하던 중 경찰에 발각되어 추적을 받게 되었다. 甲은 생명의 위협을 느끼던 중 적법한 절차를 거치지 아니하고 중국과 북한의 국경을 넘어 중국에 잠입하였다. 이와 관련하여 다음 물음에 답하시오. (단, 중국은 1951년 제네바 난민조약의 당사국이다)

   (1) 甲은 국제법상 난민으로 인정될 수 있는가?
   (2) 중국공안은 甲을 발견하고 북한으로 강제송환하였다. 중국의 행위는 국제법상 적법한가?
   (3) 중국의 조치에 대해 한국이 외교적 보호권에 기초하여 개입할 수 있는가?

3. A국은 자국에 불법입국한 갑(甲)에 대해 불법입국을 이유로 자국의 국내법절차에 따라 구금하였고, 갑(甲)의 국적국인 B국에 강제송환하였다. 이 과정에서 갑(甲)은 자신이 정치적 이유에서 국적국으로부터 탈출한 정치적 망명자임을 주장하고 A국에 대하여 난민지위의 인정을 요구하였다. 상기 사안에서 A국의 행위와 갑(甲)의 주장에 대해 국제법적 타당성을 검토하시오.

4. 북한주민 '홍길동씨 가족'(홍길동씨와 그의 처 김옥순씨 및 아들 홍상모군)은 북한의 식량난에 따른 굶주림에 지쳐 고국인 북한을 탈출하여 만주를 건너 중국 북경 거리에서 걸식을 하며 연명하던 중 중국 공안원에 잡혀 북한으로 강제 송환되었다. 중국은 북한과 체결한 '밀입국자 송환 협정'에 따라 불법으로 입국한 북한주민을 북한으로 송환할 의무를 지고 있다. 북한관헌을 따라 북한으로 이송되던 중 극적으로 탈출한 홍길동 씨 가족은 모두 위조된 중국 여권을 구해 김포공항에 도착하자마자 북한주민임을 밝히고 한국 내 거주의사를 표명하였다. 그러나 한국정부는 이들에게 대공(對共)용의점은 없었으나 그들을 받아들일 경우 중국 여권을 위조하여 무더기로 입국하려는 사태가 잇따를 것을 우려하여 이들을 강제추방하기로 결정하였다. 상기 사례에서 1951년 '난민의 지위에 관한 조약'과 1967년 '난민의 지위에 관한 의정서'의 당사국으로서 중국정부는 홍길동씨 가족에 대해 국제법상 어떠한 의무를 지는가? 상기 북한주민이 한국에 입국 거주하려 할 경우 한국 정부는 국내법상, 국제법상 그들을 받아들여야 하는가? 강제추방할 수 있는가? (단, 한국과 북한 및 중국은 모두 상기 조약들의 당사국이다)

제5장 | 국제형사재판소

제1절 총설

Ⅰ 연혁

Genocide협약(1948년)은 국제형사법원의 설립을 예정하고 있었으나 냉전과 국제관할권을 인정하기를 거부하는 국가들의 반대로 이의 설립은 계속 지연되어 왔다. 이후 UN총회는 ILC로 하여금 ICC설립규정초안을 작성하도록 하였으나, 별 진전이 없다가 1990년대 초반 유고 및 르완다의 전범특별재판소가 설치되면서 상설 ICC 설립 움직임이 다시 활기를 되찾은 후, 1994년 ILC는 상설국제형사재판소설립규정 초안을 채택하였고, 1998년 7월 로마 외교회의에서 역사적인 ICC 설립규정이 채택되었다. Genocide협약 채택과 세계인권선언 이후 50년 만의 일이다. 2002년 4월 11일, 10개국이 동시에 비준서를 기탁함에 따라 총 비준국가는 60개국을 넘게 되었고(66개국), 그 결과 ICC협약은 2002년 7월 1일 발효하게 되었다.

Ⅱ UN과의 관계

ICC는 UN과는 독립된 기구이며, 향후 UN과 별도의 협정을 체결하여 양자 간 관계를 정립할 예정이다(제2조).

Ⅲ 소재지

재판소의 소재지는 네덜란드의 헤이그로 한다. 재판소는 당사국 총회가 승인하고 그 후 재판소를 대표하여 재판소장이 체결하는 본부 협정을 소재지국과 맺는다. 재판소는 이 규정에 정한 바에 따라 재판소가 바람직하다고 인정하는 때에는 다른 장소에서 개정할 수 있다(제3조).

> **참고 개인의 국제형사책임과 국가책임**
>
> 국제형사법을 위반한 개인의 행위는 동시에 국가의 국제법 위반책임을 야기할 수 있다. 개인의 국제형사책임 성립이 자동적으로 국가의 국제책임을 성립시키는 것은 아니다. 개인의 행위가 국가로 귀속될 경우에만 국제책임이 성립한다. 국가의 국제책임이 인정된다고 해서 국가기관인 행위자 개인이 면책되지 않는다. 국가책임은 국제법 위반의 결과가 객관적으로 발생했는지를 판단하나, 개인의 국제형사책임에서는 행위자의 주관적 의도가 중요한 판단기준이 된다. 국가의 국제책임은 피해의 전보를 1차적 목적으로 하나, 개인 형사 책임제도는 범죄자에 대한 형사 처벌을 목적으로 한다. 현재 국가 자체에게 국제법상 형사책임을 부과하려는 시도는 수락되지 않고 있다.

I 서론

ICC가 실제로 관할권을 행사하기 위해서는 (1) 개인이 행한 행위가 ICC의 관할대상범죄에 속해야 하며, (2) ICC가 그 범죄에 대하여 관할권을 가져야 하며, (3) ICC가 그러한 범죄를 범한 개인에 대해 관할권을 행사할 수 있는 요건을 충족해야 한다. (4) 그 범죄를 이유로 ICC가 관할권을 행사해 주도록 제소주체에 의한 제소가 있어야 한다. (5) 관할권을 확보한 ICC가 어떤 구체적 사건에 대해 실제로 재판을 할 수 있다는 재판적격성을 가져야 한다.

II ICC의 시간적 관할 및 인적 관할

1. 시간적 관할권

ICC는 규정이 발효되기 전에 발생한 범죄에 대해서는 관할권을 가지지 아니한다(제11조 제1항). 신규가입국의 경우 가입 이후 발생한 범죄에 대해서만 적용된다(제11조 제2항). 신규가입국의 발효일은 비준서 기탁된 후 60일이 경과한 날 이후의 달의 첫 번째 날이다(제126조 제2항). ICC규정 제24조는 '사람에 대한 소급금지'를 천명하면서 '어느 누구도 이 규정이 발효하기 전에 행한 행위를 이유로 이 규정에 따라 책임을 지지 아니한다'라고 규정하고 있다. 시간적 관할권의 문제와 '죄형법정주의'는 구별된다. 죄형법정주의는 '법이 없으면 범죄도 처벌도 없다'(nullum crimen nulla poena sine lege)는 규범으로서 행위 당시 범죄로 규정되어 있지 않으면 이를 기소할 수 없다는 원칙이다.

2. 인적 관할권

> **📑 조문 | 로마협약 제25조 제1항 – 인적 관할**
>
> 재판소는 이 규정에 따라 자연인에 대하여 관할권을 갖는다.

> **📑 조문 | 로마협약 제27조 제1항 – 공적 지위의 무관련성**
>
> 이 규정은 공적 지위에 근거한 어떠한 차별없이 모든 자에게 평등하게 적용되어야 한다. 특히 국가 원수 또는 정부 수반, 정부 또는 의회의 구성원, 선출된 대표자 또는 정부 공무원으로서의 공적 지위는 어떠한 경우에도 그 개인을 이 규정에 따른 형사책임으로부터 면제시켜 주지 아니하며, 또한 그 자체로서 자동적인 감형사유를 구성하지 아니한다.

ICC의 인적 관할권은 단지 개인에게만 미칠 뿐, 국가나 법인에게는 미치지 아니한다(제1조, 제25조 제1항). 개인의 국제형사책임을 인정하는 이유는 개인의 국제범죄를 처벌해야만 국제법이 준수될 수 있음을 인정하기 때문이다. ICC에서는 어떠한 개인도 국내법이 부여한 공적 자격에 기초하여 형사책임으로부터 면제되지 아니한다(제27조). 한편, 제26조는 범죄행위 시 18세 미만의 자에 대해서는 ICC가 관할권을 가질 수 없다고 규정하고 있다.

Ⅲ ICC 관할대상범죄(물적 관할권)

1. 집단살해죄

> **📖 조문 | 로마협약 제6조 - 집단살해죄**
>
> 이 규정의 목적상 "집단살해죄"라 함은 국민적, 민족적, 인종적 또는 종교적 집단의 전부 또는 일부를 그 자체로서 파괴할 의도를 가지고 범하여진 다음의 행위를 말한다.
>
> (가) 집단 구성원의 살해
>
> (나) 집단 구성원에 대한 중대한 신체적 또는 정신적 위해의 야기
>
> (다) 전부 또는 부분적인 육체적 파괴를 초래할 목적으로 계산된 생활조건을 집단에게 고의적으로 부과
>
> (라) 집단 내의 출생을 방지하기 위하여 의도된 조치의 부과
>
> (마) 집단의 아동을 타집단으로 강제 이주

(1) 개념

제노사이드란 국민적·민족적·인종적 또는 종교적 집단의 전부 또는 일부를 파괴할 의도하에서 그 집단 구성원을 살해하거나 중대한 신체적 또는 정신적 위해를 야기하는 등 기타 유사한 행위를 하는 것을 의미한다. 오늘날 제노사이드 금지는 국제법상 강행규범의 일부로 간주되고 있다.

(2) 연혁

제노사이드를 국제범죄로 처벌하게 된 출발점은 나치 정권의 유태인 학살이었다. 제2차 세계대전 후 독일 전범을 처벌하기 위한 런던 헌장은 민간인 집단에 대한 살인 절멸 등을 인도에 반하는 죄의 일종으로 규정하였다. UN총회는 1946년 만장일치로 제노사이드가 국제법상의 범죄임을 확인했고, 1948년에는 '제노사이드방지협약'을 역시 만장일치로 채택했다. 구 유고와 르완다 국제형사재판소 규정은 물론 국제형사재판소 규정도 제노사이드를 국제범죄로 규정했다.

(3) 제노사이드 범죄의 대상

제노사이드 범죄로부터 보호되는 대상은 국민적·민족적·인종적 또는 종교적 집단이다. 보호대상인 국민적·민족적·인종적 또는 종교적 집단이 무엇을 의미하는지 항상 명확하지는 않다. 다만 보호대상은 일정한 지역의 비(非)세르비아인과 같은 부정적 방법으로 정의될 수 없으며 일정한 지역의 무슬림인과 같이 적극적 방법으로 정의되어야 한다. 제노사이드는 특정 개인을 목표로 하는 범죄가 아니며 집단을 파괴할 의도하에 진행되는 범죄이다. 제노사이드란 주로 출생에 의해 비자발적으로 소속되게 되는 집단의 구성원들을 물리적으로 파괴하는 행위를 의미한다. 현재의 제노사이드의 정의에 따른다면 문화적 말살행위는 제노사이드에 해당하지 않는다. 집단 전체가 아닌 일부(in part)만을 대상으로 하는 제노사이드도 성립할 수 있으나, 일부의 파괴가 전체 집단에 상당한 충격을 줄 정도의 규모가 되어야 한다.

(4) 특별한 의도

제노사이드가 성립되려면 살해 등 제노사이드 범죄를 구성하는 행위를 범하려는 의도에 더해 보호집단의 전부 또는 일부를 파괴하려는 특별한 의도가 있어야 한다. 이러한 '의도'는 제노사이드를 살인 등 다른 범죄로부터 구별 짓는 중요한 특징이다. 특별의도의 증명은 쉽지 않을 것이다. 자백이 없다면 그러한 의도는 여러 사실을 통한 추론에 의해 확인할 수밖에 없다.

(5) 행위

로마규정 제6조는 제노사이드 범죄를 실행하는 행위로서 5가지 유형을 제시하고 있다. 살해가 가장 기본적인 행위 유형이지만 여성에 대한 강간과 성폭행도 집단을 파괴하려는 과정에서 흔히 수반된다. 일정한 지역에서 특정한 인구집단을 단순히 추방하는 조치만으로는 제노사이드에 해당한다고 보기 어렵다. 그러나 특정 집단을 파괴할 의도하에 진행되는 체계적인 추방이나 살해는 제노사이드에 해당할 수 있다. 제노사이드는 인도에 반하는 죄와 달리 민간인 주민에 대한 광범위하거나 체계적인 공격의 일환으로 범행되었을 것을 요건으로 하지는 않는다.

2. 인도에 반한 죄

> ### 📑 조문 | 로마협약 제7조 제1항 – 인도에 반한 죄
>
> 이 규정의 목적상 "인도에 반한 죄"라 함은 민간인 주민에 대한 광범위하거나 체계적인 공격의 일부로서 그 공격에 대한 인식을 가지고 범하여진 다음의 행위를 말한다.
>
> (가) 살해
>
> (나) 절멸
>
> (다) 노예화
>
> (라) 주민의 추방 또는 강제이주
>
> (마) 국제법의 근본원칙을 위반한 구금 또는 신체적 자유의 다른 심각한 박탈
>
> (바) 고문
>
> (사) 강간, 성적 노예화, 강제매춘, 강제임신, 강제불임, 또는 이에 상당하는 기타 중대한 성폭력
>
> (아) 이 항에 규정된 어떠한 행위나 재판소 관할범죄와 관련하여, 정치적·인종적·국민적·민족적·문화적 및 종교적 사유, 제3항에 정의된 성별 또는 국제법상 허용되지 않는 것으로 보편적으로 인정되는 다른 사유에 근거하여 어떠한 동일시될 수 있는 집단이나 집합체에 대한 박해
>
> (자) 사람들의 강제실종
>
> (차) 인종차별범죄
>
> (카) 신체 또는 정신적·육체적 건강에 대하여 중대한 고통이나 심각한 피해를 고의적으로 야기하는 유사한 성격의 다른 비인도적 행위

(1) 의의

인도에 반한 죄라 함은 민간인 주민에 대한 광범위하거나 체계적인 공격의 일부로서 그 공격에 대한 인식을 가지고 범하여진 살해, 절멸, 노예화, 고문 등의 행위를 말한다. 인도에 반한 죄는 ICC규정 제7조에서 정의하고 있다.

(2) 제2차 세계대전 이후 인도에 반한 죄 개념의 역사적 발전

인도에 대한 죄의 개념은 제2차 세계대전 중 독일의 유대인에 대한 학살과 참혹한 박해에 대한 역사적 경험으로부터 발전되기 시작하였다. 1945년 런던협정과 불가분의 일체를 이루고 있었던 국제군사재판소헌장 제6조 (c)에서 구체적 규정을 두었다. 동조항에 따르면 인도에 반한 죄는 '① 전쟁 전 또는 전쟁 동안 민간인에 대해 행해진, 살해, 절멸, 노예화, 추방, 및 다른 비인도적 행위, ② 국내법 위반 여부와 관계없이, 재판소 관할권 내의 어떠한 범죄와 관련하여 또는 그 실행과정 중의 정치적·인종적·종교적 사유에 의한 박해'를 말한다. 동조항은 인도에 대한 죄가 기본적으로 전쟁과 관련된 것으로 상정하였다. 전쟁관련성은 1950년 ILC의 인도에 반한 죄의 개념에서는 삭제되었다. 한편, 동조항은 '강간'(rape)에 대해서는 명확한 규정이 없으나, '다른 비인도적 행위'에 포함되는 것으로 해석되었다.

(3) 제7조 제1항상 인도에 반한 죄의 정의

① **민간인(civilian population)에 대한 공격:** 협상과정에서 프랑스는 '민간인'이라는 표현이 인도에 반한 죄와 무력충돌상황의 연관성을 요구하는 것으로 간주될 수 있다고 주장하고 이 표현을 삭제할 것을 요구하였으나, 인도에 대한 죄가 무력충돌상황과 무관하다는 점은 이미 관습국제법으로 성립되어 있다는 점에서 받아들여지지 않았다. 구유고전범재판소(ICTY)는 "국제관습법은 더 이상 인도에 반한 죄와 무력충돌간의 어떠한 연관성도 인정하지 않는다."라고 명백히 선언하였다. ICC 규정 제7조 제2항 (a)호는 '민간인에 대한 공격'의 정의규정을 두고 있다. 이에 따르면 '민간인에 대한 공격'은 '그러한 공격을 행하려는 국가나 조직의 정책에 따르거나 이를 조장하기 위하여 민간인 주민에 대하여 제1항에 규정된 행위를 다수 범하는 것에 관련된 일련의 행위를 말한다.' 인도에 대한 죄는 '조직'(organization)의 정책에 의해 범해질 수 있으므로 테러조직이나 반란, 분리운동조직도 인도에 대한 죄를 범할 수 있다.

② **무력충돌과의 관련성:** ICC규정은 인도에 반한 죄와 무력충돌과의 관련성을 인정하지 않는다. 따라서 인도에 대한 죄는 평화 시, 내전 시, 국제전시이든 어느 때이든지 발생할 수 있고, ICC 대상범죄에 해당한다.

③ **'대량으로 행해진'(committed on a massive scale)의 요건:** 이 요건은 논의과정에서 삭제되었다. 따라서 인도에 반한 죄는 하나의 범죄(single crime)가 광범위하거나 체계적인 공격의 일부로서 행해졌을 때에는 인도에 반한 죄가 될 수 있다. 즉, '민간인에 대한 광범위하거나 체계적인 공격의 맥락에서 가해자가 행한 하나의 행위(single act)도 개인의 형사책임을 수반하며 범죄자 개인은 다수의 범죄를 범해야만 처벌되는 것이 아니다.'(ICTY, Tadic 사건)

(4) 인도에 반한 죄를 구성할 수 있는 행위

① **살해(murder):** 2000년 6월 30일 ICC 설립준비위원회가 ICC규정 제9조에 따라 채택한 구성요건 초안에 의하면, 살해에 의한 인도에 반한 죄의 구성요건은 ⊙ 가해자가 한 사람 또는 다수의 사람을 죽이고, ⓛ 상기 행위가 민간인에 대한 광범위하거나 체계적인 공격의 일부로서 행해졌고, ⓒ 가해자가 상기 행위가 민간인에 대한 광범위하거나 체계적인 공격의 일부임을 알았거나 일부가 될 것을 의도하였을 것이다.

② **절멸(extermination):** ICC규정 제7조 제2항 제(b)호에 의하면 절멸이란 '주민의 일부를 말살하기 위하여 계산된, 식량과 의약품에 대한 접근 박탈과 같이 생활조건에 대한 고의적 타격'을 말한다. 일정한 수용시설에 사람들을 구금하고 식량을 주지 않음으로써 사망하게 하는 것이 절멸의 예에 해당한다. 실제 사망하지 않더라도 사람들을 구금하고 식량에 대한 접근을 박탈하는 것 자체도 절멸의 구성요건은 성립한다. 집단살해는 대상집단이 특정한 정치적·종교적·인종적 공통점을 가지고 있어야 하나, 절멸은 이를 요하지 않는다.

③ **노예화(enslavement):** 노예화란 사람에 대하여 소유권에 부속된 어떠한 또는 모든 권한을 행사하는 것을 말하며, 사람, 특히 여성과 아동을 거래하는 과정에서 그러한 권한을 행사하는 것을 포함한다[동조항 제(c)호]. 강제노역, 노예제도, 노예무역, 노예적 지위(servile status)에 처하게 하는 것이 포함된다.

④ **주민의 추방 또는 강제이동(deportation or forcible transfer of population):** 주민의 추방 또는 강제이주란 국제법상 허용되는 근거 없이 주민을 추방하거나 또는 다른 강요적 행위에 의해 그들이 합법적으로 거주하는 지역으로부터 강제적으로 퇴거시키는 것을 말한다(동조항 제(d)호). 추방은 한 국가에서 다른 국가로 강제 이동시키는 것이나, 주민의 강제이주는 한 국가 내에서 주민을 한 지역에서 다른 지역으로 강제 이동시키는 것을 말한다.

⑤ **고문(torture)**: 고문이라 함은 자신의 구금하에 있거나 통제하에 있는 자에게 고의적으로 신체적 또는 정신적으로 고통이나 괴로움을 가하는 것을 말한다. 단, 오로지 합법적 제재로부터 발생하거나, 이에 내재되어 있거나 또는 이에 부수하는 고통이나 괴로움은 포함되지 아니한다[동조항 제(e)호]. 고문의 경우 '목적요건'(purpose element)을 요하지 않으므로, 고문에 의한 인도에 반한 죄는 정보획득이나 자백을 강요하기 위한 목적이 아닌 경우에도 성립할 수 있다.

⑥ **강간 등 성범죄**: 이 조항은 제2차 세계대전 동안 대부분 우리나라 여성이었던 약 20만 명의 군대위안부여성들을 성적 노예화한 일본군의 만행과 구유고 전쟁 동안 약 3만 명의 보스니아 여성들이 강제임신과 강간의 희생자가 된 역사적 경험을 반영하여, 성적 노예화(sexual slavery), 강제매춘(enforced prostitution), 강제임신(forced pregnancy), 강제불임(enforced sterilization), 기타 성폭력(sexual violence) 등을 인도에 반한 죄의 구성행위로 규정하고 있다.

⑦ **인종차별(apartheid)**: 인종차별행위는 1973년 인종차별범죄의 진압과 처벌에 관한 국제협약에 의해 인도에 반한 죄로서 선언되었다. 인종차별범죄란 한 인종집단의 다른 인종집단에 대한 조직적 억압과 지배의 제도화된 체제의 맥락에서 그러한 체제를 유지시킬 의도로 범하여진, 제1항에서 언급된 행위들과 유사한 성격의 비인도적인 행위를 말한다(동조항 제(h)호).

3. 전쟁범죄

> **📋 조문 | 로마협약 제8조 제1항 – 전쟁범죄**
>
> 재판소는 특히 계획이나 정책의 일부로서 또는 그러한 범죄의 대규모 실행의 일부로서 범하여진 전쟁범죄에 대하여 관할권을 가진다.

(1) 의의

전쟁범죄라 함은 1949년 제네바 4개 협약의 규정하에 보호되는 사람을 고의적으로 살해하는 등 제네바협약의 중대한 위반과 기타 국제적 무력충돌에 적용되는 법과 관습에 대한 중대한 위반, 제네바 4개 협약 공통 제3조의 중대한 위반과 기타 비국제적 성격의 무력충돌에 적용되는 법과 관습에 대한 중대한 위반행위를 말한다.[27]

(2) ICC규정 제8조의 구성

ICC규정 제8조는 크게 네 가지 종류의 전쟁범죄를 규정하고 있다. ① 1949년 제네바협약들의 중대한 위반(grave breaches)행위[제2항 제(a)호], ② 국제법의 확립된 체제 내에서 국제적 무력충돌 시 적용할 수 있는 법과 관습에 대한 다른 중대한 위반[제(b)호]. 이는 주로 제네바협약 제1추가의정서와 헤이그규칙을 의미한다. ③ 제네바 4개 협약에 공통된 제3조의 중대한 위반[제(c)호]. 비국제적 무력충돌 시 발생하는 전쟁범죄 중 공통된 제3조 위반행위를 전쟁범죄로 명문화한 것이다. ④ 국제법의 확립된 체제 내에서 비국제적 무력충돌 시 적용할 수 있는 법과 관습에 대한 다른 중대한 위반[제(e)호]. 제네바협약 제2추가의정서를 의미한다. 비국제적 무력충돌과정에서 발생하는 행위도 전쟁범죄의 범주에 포함되었다.

---

27) 김영석. 국제형사재판소법강의. 80면.

(3) 제8조 제1항의 문제

"재판소는 특히 계획이나 정책의 일부로서 또는 그러한 범죄의 대규모 실행의 일부로서 범하여진 전쟁범죄에 대하여 관할권을 가진다."라는 제8조 제1항은 재판소가 관할하는 전쟁범죄를 제한하는 문턱조항(threshold)의 의미를 갖는다. '특히'라는 표현을 쓰고 있으므로, 제2항에 열거된 전쟁범죄가 반드시 계획이나 정책의 일부로서 행해지거나 광범위한 범죄수행의 일부로서 저질러진 경우가 아니더라도 재판소는 관할권을 행사할 수 있다.

(4) 제8조 제2항의 전쟁범죄 정의규정

① 제8조 제2항 제(a)호: 제네바협약상의 중대한 위반행위. 1949년 제네바 4개 협약은 각각 중대한 위반행위를 규정하고 있는바, 제8조 제2항 제(a)호는 이러한 중대한 위반행위를 전쟁범죄로 규정하고 있다. 제네바 제1협약(육전에서의 상병자 보호) 제50조, 제네바 제2협약(해전에서의 상병자 보호) 제51조, 제네바 제3협약(포로의 대우) 제130조, 제네바 제4협약(전시민간인의 보호) 제147조는 각 협약상의 중대한 위반행위를 규정하고 당사국에게 그러한 위반행위를 처벌할 의무를 부과하고 있다.

② 제8조 제2항 제(b)호: 국제적 무력충돌 시 적용되는 국제인도법과 관습에 대한 다른 중대한 위반행위. 동 조항은 제네바협약의 제1추가의정서와 헤이그규칙에서 유래한 행위들을 규정하고 있다. 민간인에 대한 고의적 공격, 무기를 내려놓았거나 더 이상 방어수단이 없이 항복한 전투원을 살해하거나 부상시키는 행위 등을 규정하고 있다.

③ 제8조 제2항 제(c)호: 제네바협약의 공통된 제3조 위반행위. 동조항은 비국제적 무력충돌 시 금지되는 행위를 규정한 제네바 4개 협약의 공통된 3조에서 유래한 전쟁범죄행위이다. 비국제적 무력충돌에 있어서 무기를 버린 군대구성원과, 질병·부상·억류 또는 기타 사유로 전투능력을 상실한 자를 포함하여 적대행위에 적극적으로 가담하지 않은 자에 대하여 범해진 생명 및 신체에 대한 폭행, 인질행위 등을 전쟁범죄로 처벌할 것을 규정하고 있다.

④ 제8조 제2항 제(e)호: 비국제적 무력충돌 시 적용되는 국제법과 관습에 대한 다른 중대한 위반행위. 제2추가의정서상의 금지행위로부터 유래한 행위들을 규정하고 있다. 협상과정에서 제2추가의정서의 금지행위가 국제관습법이 되지 않았다는 이유로 동조항의 포함에 반대하는 국가도 있었으나, 비국제적 무력충돌의 희생자가 실제 다수 발생하고 비국제적 무력충돌의 경우에도 국제적 무력충돌 시 적용되는 금지규정들을 적용할 필요성이 절실함을 이유로 포함되었다. 비국제적 무력충돌과정에서 민간인 주민에 대한 고의적 공격, 국제연합헌장에 따른 인도적 원조나 평화유지임무에 관련된 요원 등에 대한 고의적 공격 등을 전쟁범죄로 처벌한다.

⑤ 비국제적 무력충돌과 구별되는 개념: 제8조 제2항 제(d)호는 제(c)호가 적용되는 비국제적 무력충돌의 범위에 '폭동, 고립되고 산발적인 폭력행위 또는 이와 유사한 성격의 다른 행위와 같은 국내적 소요나 긴장상태'는 포함되지 아니함을 명시하고 있다. 한편, 제2항 제(f)호는 제(e)호가 "정부당국과 조직된 무장집단 간 또는 그러한 무장집단 간에 장기간의 무력충돌이 존재할 때, 그 국가의 영역에서 발생하는 무력충돌에 적용된다."라고 규정하고 있다.

(5) 핵무기 등의 사용금지 문제

제8조 제2항 (b) (xx)는 핵무기 등의 사용금지와 그러한 무기를 사용하는 것을 전쟁범죄로 규정하고자 하는 것과 관련되는 조항이다. 이 조항은 핵무기보유국과 비보유국 간 입장이 첨예하게 대립되었던 조항이다. 동 조항은 '과도한 상해나 불필요한 고통을 야기하는 성질을 가지거나 무력충돌에 관한 국제법을 위반하여 본래부터 무차별적인 무기, 발사체, 물질과 전투방식을 사용하는 것'을 전쟁범죄로 규정하여 이론상 핵무기 등의 전쟁범죄화가 가능하다. 그러나 동 조항은 단서로서 "다만 그러한 무기, 발사체, 물질과 전투방식은 포괄적 금지의 대상이어야 하고, 제121조와 제123조에서 정해진 관련 규정에 따른 개정에 의하여 이 규정의 부속서에 포함되어야 한다."라고 규정하고 있어 사실상 핵무기 등의 전쟁범죄화는 실현되기 어렵다.

(6) 경과조항

ICC규정 제124조는 전쟁범죄와 관련하여 경과규정을 두고 있다. 제124조는 제12조 제1항 및 제2항에도 불구하고 국가는, 이 규정이 당사자가 되는 때에, 제8조에 규정된 범죄의 범주에 속하는 범죄가 그 국민에 의해 행해지거나 또는 그 영역에서 발생한 혐의를 받는 경우, 이 규정이 그 국가에 대해 발효한 후 7년의 기간 동안 이러한 범주의 범죄에 대한 재판소의 관할권을 수락하지 아니한다고 선언할 수 있다고 규정하고 있다. 단, 동조에 의한 재판소 관할권 면제는 재판소의 관할권이 당사국의 회부에 의해서나 또는 소추관이 독자적으로 수사를 시작한 경우에만 해당한다. 즉, UN안전보장이사회가 재판소에 상황을 회부하여 재판소가 관할권을 행사하는 경우에는 제124조가 적용되지 않는다.

4. 침략범죄

(1) 의의

로마규정 협상 시에 침략범죄를 재판소의 관할범죄에 포함시키기로 합의는 되었으나 무엇이 침략범죄를 구성하느냐에 대해 합의를 볼 수 없었다. 이에 따라 일단 침략범죄의 정의는 미결로 두고 침략범죄에 대한 처벌을 보류한 상태에서 국제형사재판소가 출범했다. 이후 약 10여년간의 회의 끝에 국제형사재판소 규정 당사국들은 2010년 6월 침략범죄에 대한 새로운 정의 규정에 합의했다. 이후 2017년 12월의 당사국 총회 결의에 따라 침략범죄에 대한 국제형사재판소의 관할권 행사는 2018년 7월 17일부터 개시되었다.

(2) 침략행위

침략행위란 한 국가가 다른 국가의 주권, 영토적 일체성 또는 정치적 독립에 반하여 무력을 행사하거나 또는 UN헌장에 위배되는 다른 방식으로 무력을 사용하는 것을 말한다. 침략은 무력행사를 가리키므로 경제적 봉쇄나 정치적 압력만으로는 침략행위에 해당하지 않는다. 국가만이 침략행위의 주체가 될 수 있으므로 테러단체의 유사행위는 이에 포함되지 않는다.

(3) 침략범죄

침략범죄란 한 국가의 정치적 또는 군사적 행동을 실효적으로 통제하거나 지시할 수 있는 지위에 있는 자가 침략행위를 계획·준비·개시·실행하는 것을 말한다. 국제형사재판소가 처벌대상으로 하는 침략행위는 성격과 중대성 그리고 규모에 비추어 볼 때 모든 면에서 UN헌장을 명백히 위반하고 있어야 한다. 침략범죄란 지도자 범죄이며 국가의 침략행위에 단순 참가하거나 동원된 자들은 이를 통해 처벌되지는 않는다. 범죄의 특성상 주로 국가의 공조직의 고위직책자가 해당될 것이나 이에 속하지 않는 산업계의 지도자도 포함될 수 있다.

(4) 침략범죄에 관한 관할권 행사

① **안전보장이사회의 회부:** 안보리는 로마규정의 당사국은 물론 비당사국의 침략행위도 재판소로 회부할 수 있다. 안보리가 회부한 경우 개별 국가가 침략범죄에 대한 재판소의 관할권을 수락했는지 여부가 문제되지 않는다. 사태회부에 앞서 안보리가 침략행위의 존재를 확인하는 결정을 내려야 하는 것은 아니다.

② **당사국의 회부 또는 소추관의 독자적 수사 개시:** 소추관이 침략범죄에 관한 조사를 할 필요가 있다고 판단하면 그는 이 사실을 UN사무총장에게 통고한다. 통고 이후 6개월이 경과하도록 안보리가 아무런 결정도 하지 않을 경우 소추관은 재판소 전심 재판부의 허가를 얻어 정식 수사를 개시할 수 있다.

③ **관할권 배제:** 다른 당사국 회부나 소추관의 독자적 수사에 대하여는 당사국이 사전에 침략범죄에 대한 재판소의 관할권을 수락하지 않겠다는 배제선언을 할 수 있다. 또한 비당사국의 국민에 의해 범해졌거나 비당사국의 영토에 대해 범해진 침략범죄에 관하여는 재판소가 관할권을 행사할 수 없다.

📖 **참고 로마조약 재검토회의(2010.5.31~2010.6.11, 우간다)와 침략범죄의 정의 및 구성요건 채택**

1. 침략범죄의 정의

침략범죄란 국가의 정치적 또는 군사적 행동을 실질적으로 통제하거나 지휘하는 자에 의한 침략행위의 계획, 준비, 개시 및 실행으로서 UN헌장의 명백한 위반을 구성하는 행위를 말한다. '명백한 위반'(manifest violation)이란 행위의 성격, 중대성, 규모 등 제반 사항을 종합적으로 고려하여 판단한다.

2. 침략행위

침략범죄를 구성하는 '침략'이란 타국의 주권, 영토보전 또는 정치적 독립에 위반되거나 기타 UN헌장에 위배되는 국가의 무력사용을 의미하며, 선전포고의 존재 여부와는 무관하다. 침략행위에 관해서는 '침략정의에 관한 UN총회 결의'(1974)를 인용하여 타국 영토에 대한 무력 침략, 타국 영토에 대한 공습, 군사력에 의한 항구 또는 연안의 봉쇄, 타국 군대에 대한 공격 등을 의미한다.

3. 침략범죄에 대한 관할권 행사 요건

침략범죄에 대한 제소는 안보리, 검사, 당사국이 모두 할 수 있다. 첫째, UN안전보장이사회는 UN헌장 제7장에 따라 침략행위의 존재를 결정하고 관련자에 대해 ICC에 제소할 수 있다. 둘째, UN안전보장이사회가 침략행위의 존재에 대한 결정을 내리지 않는 경우, 당사국이 제소하거나 소추관이 직권으로 수사를 개시할 수 있다. 소추관이 직권으로 수사를 개시하는 경우 우선 안보리의 침략행위 존재 결정이 있는지 확인한 후 UN사무총장에게 이 상황을 통보해야 한다. 그 후 6개월 이내에 침략행위 존재에 대한 안보리의 결정이 없으면 전심재판부의 허가를 얻어 직권으로 수사를 개시할 수 있다.

4. 개정안의 발효 요건

침략범죄에 대한 본격적인 관할권은 재검토회의에서 채택된 개정안이 발효되어야 행사할 수 있다. 개정안이 30개 이상의 당사국에 의해 비준된 후 1년이 경과한 시점 또는 2017년 1월 1일 이후 당사국이 결정하는 특정 시점 중 늦은 시점부터 침략범죄에 대해 관할권이 발생한다. 따라서 빨라도 2017년 이전까지는 침략범죄에 대해 ICC가 관할권을 행사할 수 없다.

Ⅳ 관할권 행사의 전제요건

1. 자동관할권

📋 **조문 | 로마협약 제12조 제1항 – 자동관할권**

이 규정의 당사국이 된 국가는 이에 의하여 제5조에 규정된 범죄에 대하여 재판소의 관할권을 수락한다.

자동적 관할권(automatic jurisdiction)이란 국가들이 ICC규정의 당사국이 되면 자동적으로 ICC 관할대상범죄 모두에 대해 ICC의 관할권을 수락하는 것으로 본다는 것이다(제12조 제1항). 미국은 관할권의 전제요건으로서 피의자 또는 피고인 국적국의 동의 또는 집단살해죄 이외의 범죄에 대해서는 안보리의 기소를 요한다는 입장을 견지했으나, ICC의 실효성을 우려하는 독일 등 유럽국들의 지지를 얻지 못했다. ICC의 자동관할권제도는 ICJ의 관할권 방식과 다르다. ICJ의 경우 ICJ규정의 당사국이 되는 것과 ICJ의 관할권을 수락하는 것은 별개의 일이기 때문이다. 그러나, ICC의 경우 당사국과 대상범죄에 대한 관할권 수락이 동시에 이뤄지는 것이다.[28]

2. 관할권의 행사의 전제요건

> ▤ **조문 | 로마협약 제12조 제2항, 제3항 – 관할권행사의 전제조건**
>
> 2. 제13조 가호 또는 다호의 경우, 다음 중 1개국 또는 그 이상의 국가가 이 규정의 당사국이거나 또는 제3항에 따라 재판소의 관할권을 수락하였다면 재판소는 관할권을 행사할 수 있다.
>
>   (가) 당해 행위가 발생한 영역국, 또는 범죄가 선박이나 항공기에서 범하여진 경우에는 그 선박이나 항공기의 등록국
>
>   (나) 그 범죄 혐의자의 국적국
>
> 3. 제2항에 따라 이 규정의 당사국이 아닌 국가의 수락이 요구되는 경우, 그 국가는 사무국장에게 제출되는 선언에 의하여 당해 범죄에 대한 재판소의 관할권 행사를 수락할 수 있다. 그 수락국은 제9부에 따라 어떠한 지체나 예외도 없이 재판소와 협력한다.

ICC는 자동관할권제도를 규정함으로써 ICC당사국은 모든 ICC물적대상범죄에 대해 관할권을 수락하는 것이지만, 실제 관할권을 행사하기 위해서는 '국가의 동의'를 요한다. 이는 ICC관할권제도가 '보편관할권'을 도입하고 있지는 않다는 것을 의미한다. ICC규정 제12조 제2항은 당사국이나 소추관이 독자적 수사개시를 하는 경우에는, '범죄행위지국 또는 범죄가 선박이나 항공기에서 범해진 경우에는 그 선박이나 항공기의 등록국'[제12조 제2항 제(a)호] 또는 '범죄 혐의자의 국적국'[동 제(b)호] 동의를 요한다. 두 유형의 국가 중 일국이라도 ICC당사국인 경우, 또는 당사국이 아닌 경우라도 제12조 제3항의 '선언'에 의해 관할권 행사를 수락한 경우 ICC관할권의 전제요건이 충족된다. 한편, 안전보장이사회의 제소가 있는 경우는 별도의 국가동의를 요하지 않는다. 따라서 안보리의 제소의 경우는 '보편관할권'이 도입된 것과 유사하다.

3. 국제협력확보와의 구별

ICC관할권 행사의 전제조건이 충족되었다고 하더라도 반드시 ICC가 범죄인을 재판하여 처벌할 수 있는 것은 아니므로 ICC의 실효성을 위해서는 국제협력확보가 중요하다. 범죄행위지국이나 피고인 국적국의 관할권 수락으로 전제조건을 충족하더라도, 범죄실행지국이 ICC당사국이 아니라면 수사, 증거조사 및 수집, 증인신문 등이 제약을 받을 것이다. 또한, 범죄인 소재지국이 비당사국이고 인도를 거부하는 경우 역시 궐석재판을 금지하고 있는 ICC규정상(제63조 제1항), 처벌이 불가능해질 것이다. 관할권행사의 전제조건충족과 범죄인의 실효적 처벌은 다른 문제로서 국제협력이 중요하다.

---

28) 김영석, 국제형사재판소법강의, 106면.

📖 조문 | 로마협약 제13조 – 제소장치(관할권의 행사)

재판소는 다음의 경우 이 규정이 정한 바에 따라 제5조에 규정된 범죄에 대하여 관할권을 행사할 수 있다.

(가) 1개 또는 그 이상의 범죄가 범하여진 것으로 보이는 사태가 제14조에 따라 당사국에 의하여 소추관에게 회부된 경우

(나) 1개 또는 그 이상의 범죄가 범하여진 것으로 보이는 사태가 국제연합헌장 제7장에 따라 행동하는 안전보장이사회에 의하여 소추관에게 회부된 경우

(다) 소추관이 제15조에 따라 그러한 범죄에 대하여 수사를 개시한 경우

---

1. 의의

ICC가 관할권을 행사하려면 ICC관할대상범죄가 발생하였다고 ICC에 제소함으로써 수사를 개시시키는 절차가 필요하다. 이를 제소장치(trigger mechanism)라 한다. 제소 전까지 ICC의 관할권 행사는 정지되어 있는 것이므로, 제소는 ICC관할대상범죄가 발생한 듯이 보인다는 정보를 ICC에 제공함으로서 ICC에 의한 수사 및 기소를 개시시키는 것을 말한다. 제소주체는 ICC규정 당사국, 안보리, 소추관(prosecutor)이다(제13조).

2. 당사국에 의한 제소[제13조 제(a)호]

당사국이 제소하는 경우 제소는 가능한 한 정확하고 포괄적이어야 하므로 관련 사정을 명기하고 제소국이 입수할 수 있는 증빙서류를 첨부해야 한다(제14조 제2항). 당사국에 의한 제소의 대상은 '상황'(situation)으로서 소추관의 독자적인 수사 개시 대상이 '범죄'(crime)인 것과 다르다. '상황'이라 함은 ICC관할대상범죄가 발생하였다고 믿어지는 전반적인 사실적 맥락을 말한다.

3. 안보리에 의한 제소(제13조 제(b)호]

UN헌장 제7장에 따라 행동하는 안보리는 ICC 물적 대상범죄가 범해진 것으로 보이는 상황(situation)을 소추관에게 회부할 수 있다. 안보리의 제소권을 인정한 이유는 안보리가 국제평화와 안전의 유지를 위한 제1차적 책임을 지고 있다는 점, 안보리에게 제소권이 인정되지 않으면 안보리가 국제형사재판소를 설치할 것이고 이는 ICC의 실효성을 반감시킬 것이라는 점 때문이다. 안보리가 헌장 제7장에 따라 행동하고 있어야 한다는 것은 안보리가 제소하는 상황이 UN헌장 제39조상의 '평화에 대한 위협' '평화의 파괴' '침략'의 상황을 포함해야 한다는 의미이다. 안보리가 상황을 회부하는 경우는 범죄발생지국이나 피고인국적국이 ICC규정 당사국인지 여부와 독립적이다.

4. 소추관의 독자적인 수사개시권[제13조 제(c)호]

소추관은 안보리 또는 ICC 규정 당사국에 의한 회부가 없더라도 독자적으로(proprio motu) ICC관할대상 범죄(crime)에 대해 수사를 개시할 수 있다. 소추관은 당사국 또는 안보리에 의한 제소의 경우와 달리 '상황'의 회부가 아닌 특정한 '범죄'에 대해 수사를 하게 된다. ICC규정은 소추관의 권한 남용을 통제하기 위한 제도적 장치를 두고 있다. 소추관은 수사를 개시할 만한 합리적인 근거가 있다고 결론을 내리는 경우 수집한 증빙자료를 송부하여 '전심재판부'(Pre-Trial Chamber)의 허가를 구할 의무가 있다(제15조 제3항). 전심재판부가 수사개시허가를 거절하는 경우 소추관은 동일한 상황에 대해 새로운 사실이나 증거에 기초하여 다시 허가를 구할 수 있다(제15조 제5항).

ICC의 관할권 행사구도는 이전의 조약체제와 다른 양상을 보여준다. ICC규정을 비준하지 않은 국가의 국민도 ICC에서 기소되어 처벌받을 수 있는 관할권구조를 갖추었기 때문이다. 범죄행위지국이 ICC의 당사국이거나, 범죄행위지국이 ICC비당사국이라 할지라도 관할권의 수락선언을 통해 관할권 행사의 전제요건을 충족시킬 수 있기 때문이다.[29] 그러나, 이러한 관할권 행사의 전제요건의 구도는 국제범죄의 처벌에 있어서 실효성을 반감시킬 우려도 있다. 예컨대, 범죄행위지국, 피고인 국적국이 모두 ICC당사국이 아니고, 관할권 수락선언도 없으며, 안보리의 제소도 없는 경우, 국제범죄인에 대해 관할권의 전제조건이 충족되지 않는다. 따라서 한국이 제안했던 바와 같이 피해자 국적국이나 구금국이 ICC당사국이거나, 관할권 수락선언을 한 경우 관할권 행사의 전제조건을 충족시키도록 하는 것이 바람직하다고 생각된다. 한편, ICC규정은 2007년 7월 1일 발효하였으나, 그 실효성을 위해서는 당사국의 확대로 조약의 보편성을 획득하는 것이 중요함은 재론할 여지가 없을 것이다. 이와 관련하여 미국이 ICC규정을 비준하지 않은 점은 국제평화와 안전의 유지에 있어서의 영향력을 고려할 때 아쉬운 점이라 할 수 있다. 미국이 비준하지 않은 핵심이유는 관할권의 행사에 있어서 국적국의 동의 이외에 범죄행위지국의 동의도 전제요건에 포함하고 있어, 미국의 의사와 무관하게 자국군대의 일원이 ICC에서 기소되거나 재판받을 수 있다는 점 때문이다. 그러나, ICC에 참여함에 있어 갖게 되는 미국의 이익은 미국이 ICC에 대하여 가상적으로 가질 수 있는 최대한의 염려보다 훨씬 크다고 할 수 있다.[30]

제3절 재판적격성

Ⅰ 의의

1. 재판적격성의 개념

재판적격성(admissibility)이라 함은 ICC가 적절하게 관할권을 가지는 사건(case)을 재판할 수 있다는 것을 의미한다. ICC가 특정사건에 대해 관할권을 행사할 수 있는 경우에도 재판적격성이 충족되지 않으면 재판을 할 수 없다. '사건'(case)이라 함은 제소대상인 '상황'(situation)과 달리 엄격히 특정한 범죄로 인하여 피고인이 된 특정인을 지칭한다.

2. 제도적 취지

재판적격성 제도는 ICC의 설립목적을 분명하게 보여주는 것인바, 한편으로는 피고인의 권리를 보호하면서 다른 한편으로는 국내관할권을 보충함으로써 중대한 범죄를 범한 자를 정당하게 처벌하는 것을 보장한다.

---

29) 최태현, 전게논문, 114면.
30) 최태현, 전게논문, 116면.

Ⅱ 재판적격성의 판단기준

> ### 📑 조문 | 로마협약 제17조 – 재판적격성
>
> 1. 전문 제10항과 제1조를 고려하여 재판소는 다음의 경우 사건의 재판적격성이 없다고 결정한다.
>
>   (가) 사건이 그 사건에 대하여 관할권을 가지는 국가에 의하여 수사되고 있거나 또는 기소된 경우. 단, 그 국가가 진정으로 수사 또는 기소를 할 의사가 없거나 능력이 없는 경우에는 그러하지 아니하다.
>
>   (나) 사건이 그 사건에 대하여 관할권을 가지는 국가에 의하여 수사되었고, 그 국가가 당해인을 기소하지 아니하기로 결정한 경우. 단, 그 결정이 진정으로 기소하려는 의사 또는 능력의 부재에 따른 결과인 경우에는 그러하지 아니하다.
>
>   (다) 당해인이 제소의 대상인 행위에 대하여 이미 재판을 받았고, 제20조 제3항에 따라 재판소의 재판이 허용되지 않는 경우
>
>   (라) 사건이 재판소의 추가적 조치를 정당화하기에 충분한 중대성이 없는 경우
>
> 2. 특정 사건에서의 의사부재를 결정하기 위하여, 재판소는 국제법에 의하여 인정되는 적법절차의 원칙에 비추어 적용 가능한 다음 중 어느 하나 또는 그 이상의 경우가 존재하는지 여부를 고려한다.
>
>   (가) 제5조에 규정된 재판소 관할범죄에 대한 형사책임으로부터 당해인을 보호할 목적으로 절차가 취해졌거나, 진행중이거나 또는 국내적 결정이 내려진 경우
>
>   (나) 상황에 비추어, 당해인을 처벌하려는 의도와 부합되지 않게 절차의 부당한 지연이 있었던 경우
>
>   (다) 절차가 독립적이거나 공정하게 수행되지 않았거나 수행되지 않고 있으며, 상황에 비추어 당해인을 처벌하려는 의도와 부합되지 않는 방식으로 절차가 진행되었거나 또는 진행중인 경우
>
> 3. 특정 사건에서의 능력부재를 결정하기 위하여, 재판소는 당해 국가가 그 국가의 사법제도의 전반적 또는 실질적 붕괴나 이용불능으로 인하여 피의자나 필요한 증거 및 증언을 확보할 수 없는지 여부 또는 달리 절차를 진행할 수 없는지 여부를 고려한다.

1. 보충성의 원칙[제17조 제1항 제(a), (b)호, 제2항, 제3항]

(1) 의의

보충성의 원칙이란 ICC는 국내법원을 보충하는 것이며 이를 대체하는 것은 아니므로 국제법상 중대한 범죄를 행한 자를 재판부에 회부할 제1차적 책임은 국내법원이 져야 하고 ICC는 다만 국내법원이 이러한 기능을 제대로 수행하지 않을 때 보충적으로 관할권을 행사할 수 있을 뿐이라는 의미이다. ICC규정 전문 제10항은 "이 규정에 따라 설립되는 국제형사재판소는 국가의 형사관할권을 보충하는(complementary) 것"이라고 천명하고 있고 제1조 및 제17조 제1항에서 반복 언급되고 있다.

(2) 보충성을 충족하는 경우

첫째, 사건이 그 사건에 대해 관할권을 가지는 국가에 의해 수사되고 있거나, 또는 기소된 경우. 둘째, 사건이 그 사건에 대하여 관할권을 가지는 국가에 의해 수사되었고, 그 국가가 당해인을 기소하지 아니하기로 결정한 경우. 단, 기소의사가 없거나, 기소불능인 경우는 그러하지 아니하다.

(3) 기소의사부재(unwillingness to prosecute)

국가의 기소의사가 없는 경우, 재판적격성이 있다. 기소의사가 없는 경우는 다음과 같다. 첫째, 제5조에 규정된 재판소 관할 내의 범죄에 대한 형사책임으로부터 관련자를 보호할 목적으로 소송절차가 착수되었거나 또는 착수 중이거나 또는 국내적 결정이 내려진 경우[제17조 제2항 제(a)호]. 둘째, 관련자를 재판에 회부하려는 의도와 양립할 수 없는 소송절차에 있어서의 부당한 지연이 있었던 경우[제17조 제2항 제(b)호]. 셋째, 소송절차가 독립적으로 또는 공정하게 진행되지 않았거나 진행되지 아니하고 있으며, 또한 관련자를 재판에 회부하려는 의도와 양립할 수 없는 방식으로 소송절차가 진행되었거나 또는 진행 중인 경우[제17조 제2항 제(c)호].

(4) 기소불능(inability to prosecute)

국가의 기소불능의 경우에도 재판적격성이 충족된다. 제17조 제3항은 "특정사건에서 당해 국가의 무능력을 결정하기 위하여, 재판소는 그 국가의 사법제도의 전반적인 또는 실질적인 붕괴나 이용불가능으로 인하여 그 국가가 피고인이나 필요한 증거 및 증언을 확보할 수 없는지 또는 달리 그 소송절차를 수행할 수 없는지 여부를 고려한다."고 규정하고 있다. 기소불능의 예는 ① 사법제도의 전반적인 또는 실질적인 붕괴, ② 문제의 행위가 국내법상 범죄가 아닌 경우, ③ 문제의 행위가 그 국가에서 발생한 것으로 되지 않는 경우, ④ 형사재판제도가 존재하지 않는 경우를 들 수 있다.

2. 일사부재리 원칙[principle of ne bis in idem, 제17조 제1항 제(c)호, 제20조]

> ### 📖 조문 | 로마협약 제20조 – 일사부재리
>
> 1. 이 규정에 정한 바를 제외하고, 누구도 재판소에 의하여 유죄 또는 무죄판결을 받은 범죄의 기초를 구성하는 행위에 대하여 재판소에서 재판받지 아니한다.
>
> 2. 누구도 재판소에 의하여 이미 유죄 또는 무죄판결을 받은 제5조에 규정된 범죄에 대하여 다른 재판소에서 재판받지 아니한다.
>
> 3. 제6조, 제7조 또는 제8조상의 금지된 행위에 대하여 다른 재판소에 의하여 재판을 받은 자는 누구도, 그 다른 재판소에서의 절차가 다음에 해당하지 않는다면 동일한 행위에 대하여 재판소에 의하여 재판받지 아니한다.
>
>   (가) 재판소 관할범죄에 대한 형사책임으로부터 당해인을 보호할 목적이었던 경우
>
>   (나) 그 밖에 국제법에 의하여 인정된 적법절차의 규범에 따라 독립적이거나 공정하게 수행되지 않았으며, 상황에 비추어 당해인을 처벌하려는 의도와 부합하지 않는 방식으로 수행된 경우

(1) 의의

보충성 원칙과 유사하게 국내법체계가 이미 관할권을 행사한 경우 ICC가 다시 관할권을 행사하는 것을 금지시키는 원칙이다. 제17조 제1항 제(c)호에 따르면 '당해인이 제소의 대상인 행위에 대하여 이미 재판을 받았고, 제20조 제3항에 따라 재판소의 재판이 허용되지 않는 경우' 재판적격성이 없다고 결정한다.

(2) 적용범위

ICC규정 제20조에 따르면, 첫째, 동일인을 동일행위로 두 번 처벌하지 않도록 하고 있다(제1항). 둘째, ICC에 의해 재판을 받은 사람을 다른 국가 등의 재판소에서 다시 재판받지 않도록 규정하고 있다(제2항). 셋째, 다른 국가 등의 재판소에서 재판을 받은 자는 ICC에서 다시 재판을 받지 않는다(제3항). 단, 국내법원에 의해 유죄선고를 받거나 무죄석방된 경우에는 ICC에서의 제2차적 기소는 금지되나, 타국 법원에서의 제2차적 기소는 금지하고 있지 않다.[31]

---

31) 최태현, 전게논문, 113면.

(3) 예외

제20조 제3항에 의하면, 이미 국내법원에서 재판을 받은 자라 할지라도, ICC의 재판적격성이 인정될 수 있는 예외를 규정하고 있다. 첫째, 다른 재판소에서의 절차가 재판소 관할범죄에 대한 형사책임으로부터 당해인을 보호할 목적이었던 경우, 둘째, 국제법에 의해 인정된 적법절차의 규범에 따라 독립적이거나 공정하게 수행되지 않았으며, 상황에 비추어 당해인을 처벌하려는 의도와 부합하지 않는 방식으로 수행된 경우.

3. 범죄의 중대성[제17조 제1항 제(d)호]

ICC는 국제공동체 전체가 관심을 갖는 가장 중대한 범죄만을 재판할 수 있다. 충분한 중대성(sufficient gravity)을 갖추지 못한 범죄는 어떤 사건의 재판적격성의 근거를 제공하지 못한다.

Ⅲ 재판적격성의 판단주체 – 제19조 제1항

재판적격성에 대한 결정은 ICC가 직권으로 결정할 수 있다(제19조 제1항). 입법과정에서 국가의 형사주권의 우월성을 강조하는 중국, 인도 등 일부국가들은 이러한 결정주체는 국내법원이 되어야 한다고 주장하였으나, 받아들여지지 않았다. ICC에서 관할권에 대한 규칙은 엄격하고 예외를 허용하지 않으나, 재판적격성은 어느 정도의 재량의 여지가 있다.[32)]

Ⅳ 재판적격성에 대한 예비적 판단 – 제18조

> ### 📋 조문 | 로마협약 제18조 – 재판적격성에 대한 예비적 판단
>
> 1. 사태가 제13조 가호에 따라 재판소에 회부되어 소추관이 수사를 개시할 합리적인 근거가 있다고 결정하였거나 소추관이 제13조 다호와 제15조에 따라 수사를 개시한 경우, 소추관은 모든 당사국과 이용 가능한 정보에 비추어 당해 범죄에 대하여 통상적으로 관할권을 행사할 국가에게 이를 통지한다. 소추관은 그러한 국가에게 비밀리에 통지할 수 있으며 또한 소추관이 어느 자를 보호하거나 증거의 인멸을 방지하거나 또는 어느 자의 도주를 방지하기 위하여 필요하다고 믿는 경우, 국가에게 제공되는 정보의 범위를 제한할 수 있다.
>
> 2. 그러한 통지를 접수한 후 1개월 내에, 국가는 제5조에 규정된 범죄를 구성하며 자국에 대한 통지에서 제공된 정보와 관련된 범죄행위에 대하여, 자국의 관할권 내에 있는 자국민 또는 기타의 자를 수사하고 있다거나 수사하였음을 재판소에 통지할 수 있다. 전심재판부가 소추관의 신청에 따라 수사를 허가하기로 결정하지 아니하는 한, 소추관은 당해 국가의 요청이 있으면 당해인에 대한 그 국가의 수사를 존중한다.
>
> 3. 국가의 수사 존중에 따른 소추관의 보류는 보류일로부터 6개월 후 또는 그 국가의 수사를 수행할 의사 또는 능력의 부재에 근거한 중대한 사정변경이 있는 때에는 언제든지 소추관에 의하여 재검토된다.
>
> 4. 당해 국가 또는 소추관은 전심재판부의 결정에 대하여 제82조에 따라 상소심재판부에 상소할 수 있다. 상소는 신속하게 심리될 수 있다.
>
> 5. 소추관이 제2항에 따라 수사를 보류한 경우, 소추관은 당해 국가가 정기적으로 수사 및 후속 기소의 진전상황에 대하여 통지하여 줄 것을 요청할 수 있다. 당사국은 부당한 지체 없이 그 요청에 응하여야 한다.

---

32) 최태현, 전게논문, 104면.

6. 전심재판부의 결정이 계류 중이거나 또는 소추관이 이 조에 따라 수사를 보류한 때에는 언제든지, 소추관은 중요한 증거를 확보할 유일한 기회가 있는 경우 또는 그러한 증거를 이후에는 입수할 수 없게 될 중대한 위험이 있는 경우에는 예외적으로 증거를 보전하기 위하여 필요한 수사상의 조치를 취하기 위한 허가를 전심재판부에 요청할 수 있다.

7. 이 조에 따른 전심재판부의 결정에 이의를 제기한 국가는 추가적인 중대한 사실 또는 중대한 사정변경을 근거로 제19조에 따라 사건의 재판적격성에 대한 이의를 제기할 수 있다.

1. 의의

로마규정 제18조의 예비적 판단제도는 당사국 여부에 관계없이 모든 국가에게 소추관이 수사를 개시하기 전에 통보하고, 이에 대해 관련국가가 특정 범죄행위를 수사하고 있음을 소추관에게 통보함으로써 ICC의 수사를 보류시킬 수 있는 제도이다. 이는 사건의 재판적격성을 예비결정하도록 요청할 수 있는 효과를 가진다. 제18조는 보충성의 원칙을 충족시키기 위한 중첩적이고 엄격한 절차를 규정하고 있는 것으로 볼 수 있으며, 또한 ICC가 투명하고 책임감 있게 운영되도록 하기 위한 안전장치로서의 기능도 가진다고 볼 수 있다.

2. 절차

(1) 소추관의 통지

소추관은 당사국의 제소에 대해 수사를 개시할 합리적 근거가 있다고 결정하였거나, 독자적으로 수사를 개시한 경우, 모든 당사국과 당해 범죄에 대해 통상적으로 관할권을 행사할 국가에게 이를 통지해야 한다(제1항).

(2) 당해 국가의 통지

소추관의 통지를 접수한 국가는 1개월 내에 관련 범죄행위에 대해 자국민 등을 수사하고 있음을 ICC에 통지할 수 있고, 소추관은 당해 국가의 요청이 있으면 그 국가의 수사를 존중하여 수사를 보류해야 한다. 단, 전심재판부는 소추관의 신청에 따라 수사 개시를 허가하기로 결정할 수 있다(제2항).

(3) 상소

당해 국가 또는 소추관은 전심재판부의 결정에 대해 제82조에 따라 상소심재판부에 상소할 수 있다. 상소는 신속하게 심리될 수 있다(제4항).

(4) 소추관의 권한

국가의 수사권 존중에 따른 소추관의 보류는 보류일로부터 6개월 후 또는 그 국가의 수사를 수행할 의사 또는 능력의 부재에 근거한 중대한 사정변경이 있는 때에는 언제든지 소추관에 의해 재검토된다(제3항). 또한 소추관이 수사를 보류한 경우 소추관은 당해 국가가 정기적으로 수사 및 후속 기소의 진전상황에 대하여 통지하여 줄 것을 요청할 수 있고, 당사국은 부당한 지체 없이 그 요청에 응하여야 한다(제5항). 전심재판부의 결정이 계류 중이거나 또는 소추관이 이 조에 따라 수사를 보류한 때에는 언제든지 중요한 증거를 확보할 유일한 기회가 있거나, 그러한 증거를 이후에는 입수할 수 없게 될 중대한 위험이 있는 경우에는 예외적으로 증거를 보전하기 위하여 필요한 수사상의 조치를 취하기 위한 허가를 전심재판부에 요청할 수 있다(제6항).

📋 조문 | 로마협약 제19조 – 재판적격성에 대한 이의제기

1. 재판소는 자신에게 회부된 모든 사건에 대하여 재판소가 관할권을 가지고 있음을 확인하여야 한다. 재판소는 직권으로 제17조에 따라 사건의 재판적격성을 결정할 수 있다.

2. 제17조의 규정에 근거한 사건의 재판적격성에 대한 이의제기 또는 재판소의 관할권에 대한 이의제기는 다음에 의하여 이루어질 수 있다.

   (가) 피의자 또는 제58조에 따라 체포영장이나 소환장이 발부된 자

   (나) 사건을 수사 또는 기소하고 있거나 또는 수사 또는 기소하였음을 근거로 그 사건에 대하여 관할권을 갖는 국가

   (다) 제12조에 따라 관할권의 수락이 요구되는 국가

3. 소추관은 관할권 또는 재판적격성의 문제에 관하여 재판소의 결정을 구할 수 있다. 관할권 또는 재판적격성에 관한 절차에 있어서는 피해자뿐만 아니라 제13조에 따라 사태를 회부한 자도 재판소에 의견을 제출할 수 있다.

4. 사건의 재판적격성 또는 재판소의 관할권에 대한 이의는 제2항에 규정된 자 또는 국가에 의하여 1회에 한하여 제기될 수 있다. 이의제기는 재판이 시작되기 전 또는 시작되는 시점에 이루어져야 한다. 예외적인 상황에서 재판소는 1회 이상 또는 재판시작 이후의 이의제기를 허가할 수 있다. 재판이 시작되는 시점에서 또는 재판소의 허가를 받아 그 후에 행하는 사건의 재판적격성에 대한 이의제기는 오직 제17조제1항다호에 근거하여 할 수 있다.

5. 제2항 (나)호와 (다)호에 규정된 국가는 가능한 한 신속하게 이의제기를 한다.

6. 공소사실의 확인 이전에는 사건의 재판적격성 또는 재판소의 관할권에 대한 이의제기는 전심재판부에 회부된다. 공소사실의 확인 이후에는 이의제기가 1심재판부에 회부된다. 관할권 또는 재판적격성에 관한 결정에 대하여 제82조에 따라 상소심재판부에 상소할 수 있다.

7. 제2항 (나)호 또는 (다)호에 규정된 국가가 이의제기를 한 경우, 소추관은 재판소가 제17조에 따라 결정을 내릴 때까지 수사를 정지한다.

8. 재판소의 결정이 계류 중인 동안, 소추관은 재판소로부터 다음의 허가를 구할 수 있다.

   (가) 제18조 제6항에 규정된 종류의 필요한 수사 조치의 수행

   (나) 증인으로부터의 진술이나 증언의 취득 또는 이의제기를 하기 전에 시작된 증거의 수집 또는 조사의 완료

   (다) 관련 국가들과 협력하여, 소추관이 제58조에 따라 이미 체포영장을 신청한 자의 도주 방지 조치

9. 이의제기는 이의제기 이전에 소추관이 수행한 여하한 행위 또는 재판소가 발부한 여하한 명령이나 영장의 효력에 영향을 미치지 아니한다.

10. 재판소가 제17조에 따라 사건의 재판적격성이 없다고 결정하였더라도, 소추관은 그 사건이 제17조에 따라 재판적격성이 없다고 판단되었던 근거를 부정하는 새로운 사실이 발생하였음을 충분히 확인한 때에는 그 결정에 대한 재검토 요청서를 제출할 수 있다.

11. 소추관이 제17조에 규정된 사항을 고려하여 수사를 보류하는 경우, 소추관은 관련국이 절차 진행에 관한 정보를 제공하여 줄 것을 요청할 수 있다. 그 정보는 관련 국가의 요청이 있으면 비밀로 한다. 소추관이 그 후 수사를 진행하기로 결정하는 경우, 소추관은 자신이 보류하였던 절차에 관하여 해당 국가에게 통지 한다.

1. 의의

ICC규정 제19조는 재판소의 관할권 또는 사건의 재판적격성에 대한 이의제기에 대해 규정하고 있다. 제19조는 사건의 재판적격성과 재판소의 관할권과 관련하여 소추관, 이의제기를 할 수 있는 주체 및 재판부와의 균형을 이루려는 제도이다. 또한 제19조는 보충성의 원칙과 효율적인 재판소의 운영을 통한 정의의 실현이라는 원칙 사이의 조화를 이루기 위한 조항이라고 보아야 할 것이다.

2. 이의제기의 주체

재판적격성 또는 관할권에 대한 이의제기는 (1) 피의자 또는 제58조에 따라 체포영장이나 소환장이 발부된 자, (2) 사건을 수사 또는 기소하고 있거나 또는 수사 또는 기소하였음을 근거로 그 사건에 대해 관할권을 갖는 국가, (3) 제12조에 따라 관할권의 수락이 요구되는 국가가 할 수 있다. 즉, 비당사국도 할 수 있다.

3. 이의제기의 시기 등

이의제기는 원칙적으로 재판이 시작되기 전 또는 시작되는 시점에 1회에 한하여 행해질 수 있다. 예외적인 상황에서 재판소는 1회 이상 또는 재판 시작 이후의 이의제기를 허가할 수 있다(제4항).

4. 이의제기에 대한 관할

공소사실의 확인 이전에 사건의 재판적격성 또는 관할권에 대한 이의제기는 '전심재판부'에 회부된다. 공소사실의 확인 이후에는 '1심재판부'에 회부되며, 관할권 또는 재판적격성에 관한 결정에 대해서는 제82조에 따라 상소심재판부에 상소할 수 있다(제6항).

5. 이의제기의 효과

제19조 제2항 b호 및 c호에 규정된 국가가 이의를 제기하는 경우, 소추관은 재판소가 제17조에 따라 결정을 내릴 때까지 수사를 정지한다(제7항). 단, 이의제기가 있더라도 이의제기 이전에 소추관이 수행한 여하한 행위 또는 재판소가 수행한 여하한 명령이나 영장의 효력에 영향을 미치지 아니한다(제9항).

제4절 국제협력과 사법공조

Ⅰ 의의

ICC규정 제9부는 ICC와 규정당사국과 비당사국 간 국제적 협력과 사법공조(judicial assistance)를 규정하고 있다. 이와 관련하여 ICC 규정은 크게 ICC와 관련 국가 간의 범죄인인도에 대한 규정과 ICC와 관련 국가 간의 형사사법공조에 대한 규정으로 대별된다. 범죄인인도(Surrender)와 형사사법공조는 ICC의 실효적 운영과 관련하여 매우 중요한 의미를 갖는다. ICC의 다른 쟁점들이 충족된다고 할지라도 로마규정 당사국들이 ICC의 협력요청을 거부하는 경우 ICC가 제대로 기능하기 어렵기 때문이다. ICC규정 제102조는 국가 간 범죄인인도를 'extraditon'(범죄인인도)이라 하고, 국가가 ICC규정에 따라 사람을 재판소에 넘겨주는 것을 'surrender'(인도)라고 명명하고 있다. ICC규정 제89조~제92조를 중심으로 'surrender'에 대한 주요 규정을 검토한다.

Ⅱ 재판소에의 인도(제89조)

📖 조문 | 로마협약 제89조 – 재판소에의 인도

1. 재판소는 어떤 자에 대한 체포 및 인도청구서를 제91조에 기재된 증빙자료와 함께 그 영역 안에서 그 자가 발견될 수 있는 국가에 송부할 수 있으며, 그 자의 체포 및 인도에 관하여 그 국가의 협력을 요청한다. 당사국은 이 부의 규정과 자국 국내법상의 절차에 따라 체포 및 인도청구를 이행한다.

2. 인도청구된 자가 제20조에 규정된 일사부재리의 원칙에 근거하여 국내법원에 이의를 제기한 경우, 피청구국은 재판적격성에 대한 관련 결정이 있었는지 여부를 확정하기 위하여 재판소와 즉시 협의한다. 그 사건이 재판적격성이 있는 경우, 피청구국은 그 요청을 이행한다. 재판적격성에 관한 결정이 계류중인 경우, 피청구국은 재판소가 재판적격성에 대한 결정을 내릴 때까지 인도청구의 이행을 연기할 수 있다.

3. (가) 자국을 통한 통과가 인도를 방해하거나 지연시키게 될 경우를 제외하고, 당사국은 다른 국가가 재판소로 인도 중인 자가 자국의 영역을 통하여 이송되는 것을 자국의 국내절차법에 따라 허가한다.

   (나) 재판소의 통과요청서는 제87조에 따라 전달된다. 통과요청서는 다음을 포함한다.

   (i) 이송될 자에 대한 설명

   (ii) 사건의 사실 및 그 법적 성격에 대한 간략한 서술

   (iii) 체포 및 인도영장

   (다) 이송되는 자는 통과기간 동안 구금된다.

   (라) 항공편으로 이송되고 통과국의 영역에 착륙이 예정되지 아니한 경우, 허가를 받도록 요구되지 아니한다.

   (마) 통과국의 영역에서 예정되지 아니한 착륙이 이루어지는 경우, 통과국은 나호에 규정된 통과요청서를 재판소에 요구할 수 있다. 통과국은 통과요청서가 접수되고 통과가 이루어질 때까지 이송중인 자를 구금한다. 다만 이 호의 목적을 위한 구금은 96시간 내에 요청서가 접수되는 경우를 제외하고는, 예정되지 아니한 착륙으로부터 96시간을 초과하여 연장될 수 없다.

4. 인도청구된 자가 재판소가 인도를 구하는 범죄와 다른 범죄로 피청구국에서 절차가 진행 중이거나 형을 복역하고 있는 경우, 그 청구를 허가하기로 결정한 피청구국은 재판소와 협의한다.

---

1. 인도청구(제1항)

재판소는 어떤 자에 대한 체포 및 인도청구서를 제91조에 기재된 증빙자료와 함께 그 영역 안에서 그 자가 발견될 수 있는 국가에 송부할 수 있으며, 그 자의 체포 및 인도에 관하여 그 국가의 협력을 요청할 수 있다. 당사국은 제9부의 규정과 자국 국내법상의 절차에 따라 체포 및 인도청구를 이행한다. 제88조는 자국 국내법상의 절차로 인해 체포 및 인도청구를 이행할 수 없는 일이 발생하지 않도록 하기 위해 "당사국은 이 부에 명시된 모든 형태의 협력에 이용 가능한 절차가 국내법에 포함되도록 한다."라는 규정을 두고 있다.

2. 인도청구된 자의 이의제기(제2항)

인도청구된 자가 제20조에 규정된 일사부재리의 원칙에 근거하여 국내법원에 이의를 제기한 경우, 피청구국은 재판적격성에 대한 관련 결정이 있었는지 여부를 확정하기 위해 재판소와 즉시 협의해야 한다. 재판적격성이 있는 경우 피청구국이 요청을 이행하고, 계류 중인 경우에는 결정이 내려질 때까지 인도청구의 이행을 연기할 수 있다.

3. 인도 중인 자의 통과(제3항)

당사국은 다른 국가에서 재판소로 인도 중인 자가 자국의 영역을 통과하여 이송되는 것을 자국의 국내법 절차에 따라 허가하여야 한다. 단, 자국을 통한 통과가 인도를 방해하거나 지연시키게 될 경우에는 그 통과를 허가하지 않을 수 있다. 재판소의 통과요청서는 제87조에 따라 전달되며, 이송될 자에 대한 설명, 사건의 사실 및 법적 성격에 대한 간략한 서술, 체포 및 인도영장을 포함해야 한다.

4. 재판소와의 협의(제4항)

인도청구된 자가 재판소가 인도를 구하는 범죄와 다른 범죄로 피청구국에서 절차가 진행 중이거나, 형을 복역하고 있는 경우, 청구를 허가하기로 결정한 피청구국은 재판소와 협의해야 한다. 이는 피청구국에서의 절차진행이나 형의 복역이 인도청구의 연기사유가 되지 않도록 하기 위한 규정이다.

Ⅲ 청구의 경합(제90조)

> ### 📋 조문 | 로마협약 제90조 – 청구의 경합
>
> 1. 제89조에 따라 재판소로부터 인도청구를 접수한 당사국이 재판소가 인도를 구하는 자의 범죄의 기초를 구성하는 것과 동일한 행위에 대하여 다른 국가로부터 범죄인인도 청구를 접수한 경우, 그 당사국은 재판소와 그 청구국에 그 사실을 통지한다.
>
> 2. 청구국이 당사국인 경우, 피청구국은 다음의 경우에 재판소의 청구에 우선권을 준다.
>
>   (가) 재판소가 제18조 또는 제19조에 따라 인도가 청구된 사건에 대하여 재판적격성이 있다는 결정을 내렸고, 그 결정이 청구국이 범죄인인도 청구와 관련하여 수행한 수사 또는 기소를 고려한 경우
>
>   (나) 재판소가 제1항에 따른 피청구국의 통지에 따라 가호에 기술된 결정을 내린 경우
>
> 3. 제2항 (가)호에 따른 결정이 내려지지 아니한 경우, 피청구국은 제2항 (나)호에 따른 재판소의 결정이 계류중인 동안 재량에 따라 청구국의 범죄인인도 청구의 처리를 진행할 수는 있으나, 재판소가 그 사건에 재판적격성이 없다고 결정할 때까지 범죄인인도를 하여서는 아니된다. 재판소의 결정은 신속히 이루어져야 한다.
>
> 4. 청구국이 이 규정의 당사국이 아닌 경우, 피청구국은 자신이 청구국에 범죄인인도를 하여야 할 국제적 의무를 부담하지 않는다면, 재판소가 그 사건이 재판적격성이 있다고 결정한 경우 재판소의 인도청구에 우선권을 준다.
>
> 5. 제4항에서 재판소가 사건에 재판적격성이 있다고 결정하지 아니한 경우, 피청구국은 재량으로 청구국으로부터의 범죄인인도 청구에 대한 처리를 진행할 수 있다.
>
> 6. 피청구국이 이 규정의 당사국이 아닌 청구국에 범죄인인도를 하여야 할 기존의 국제적 의무를 부담하고 있다는 점을 제외하고는 제4항이 적용되는 경우, 피청구국은 그 자를 재판소에 인도할 것인지 또는 청구국에 인도할 것인지를 결정한다. 결정을 함에 있어서 피청구국은 다음 사항을 포함하나 이에 국한되지 않는 모든 관련 요소를 고려한다.
>
>   (가) 각 청구일자
>
>   (나) 관련되는 경우, 범죄가 청구국의 영역안에서 범하여졌는지 여부 및 피해자와 인도청구된 자의 국적을 포함한 청구국의 이해관계
>
>   (다) 재판소와 청구국 간의 추후 인도 가능성

7. 재판소로부터 인도청구를 받은 당사국이 다른 국가로부터 재판소가 인도를 구하는 범죄를 구성하는 행위 이외의 행위로 동일한 자에 대한 범죄인인도 청구를 받는 경우,

   (가) 피청구국이 청구국에 범죄인인도를 하여야 할 기존의 국제적 의무를 부담하지 않는 경우, 재판소의 청구에 우선권을 준다.

   (나) 피청구국이 청구국에 범죄인인도를 하여야 할 기존의 국제적 의무를 부담하고 있는 경우, 재판소에 인도할 것인지 또는 청구국에 범죄인인도를 할 것인지를 결정한다. 그 결정을 함에 있어서 피청구국은 제6항에 열거된 사항을 포함하나 이에 국한되지 않는 모든 관련 요소를 고려하되, 관련 행위의 상대적 성격과 중대성을 특별히 고려한다.

8. 이 조에 따른 통지로 재판소가 사건이 재판적격성이 없다는 결정을 내리고 그 후 청구국에 대한 범죄인인도가 거절된 경우, 피청구국은 그 결정을 재판소에 통지한다.

1. 의의

청구의 경합(competing requests)은 ICC의 인도청구와 다른 국가의 인도청구가 동일인에 대해 같이 이루어지는 경우 피청구국이 범죄인을 어디에 인도해야 할지 결정해야 하는 것을 말한다. ICC규정은 청구경합으로 인도할 국가를 결정할 때 일정한 조건하에 ICC의 청구에 우선권을 주도록 규정하고 있다.

2. 동일인에 대한 동일한 행위를 근거로 한 인도청구 경합

(1) 청구경합의 통지(제1항)

재판소로부터 인도청구를 접수한 당사국이 재판소가 인도를 구하는 자의 범죄의 기초를 구성하는 것과 동일한 행위에 대해 다른 국가로부터 범죄인인도청구를 접수한 경우, 피청구국은 재판소와 청구국에게 그 사실을 통지한다.

(2) 청구국이 규정당사국인 경우(제2항)

청구국이 규정당사국인 경우, ICC가 당해사건이 재판적격성이 있다는 결정을 내리는 경우 피청구국은 ICC의 청구에 우선권을 주어야 한다.

(3) 재판적격성 결정이 진행 중인 경우(제3항)

재판적격성이 계류 중인 경우 피청구국은 그 재량으로 청구경합 시 청구국의 범죄인인도청구 처리를 진행할 수 있으나, 재판소가 그 사건에 재판적격성이 없다고 결정할 때까지는 범죄인인도를 하지 않도록 하고 있다.

(4) 청구국이 비규정당사국이고 피청구국의 국제적 의무가 없는 경우(제4항 · 제5항)

ICC가 그 사건에 재판적격성이 있다고 결정할 경우 ICC의 인도청구에 우선권을 주도록 하고 있다(제4항). 그러나 ICC가 재판적격성이 있다고 결정하지 않은 경우, 동조 제5항은 피청구국이 재량으로 청구국으로부터의 범죄인인도청구에 대한 처리를 진행할 수 있도록 하고 있다.

(5) 청구국이 비규정당사국이고 피청구국이 국제적 의무가 있는 경우(제6항)

피청구국이 범죄인을 ICC에 인도할 것인지 또는 청구국에 인도할 것인지를 결정하도록 하고 있다. 피청구국은 그 결정에 있어서 ① 청구일자, ② 범죄가 청구국의 영역 안에서 범하여졌는지 여부 및 피해자와 인도청구된 자의 국적을 포함한 청구국의 이해관계, ③ 재판소와 청구국 간의 추후인도가능성 등을 고려한다.

3. 동일인에 대한 다른 행위를 근거로 한 인도청구 경합(제90조 제7항)

피청구국이 청구국에 범죄인인도를 해야 할 기존의 국제적 의무를 부담하지 않는 경우 ICC의 청구에 우선권을 준다. 반면, 피청구국에 국제적 의무가 있는 경우 피청구국이 재량적으로 결정한다. 이 경우 제90조 제6항상의 관련 요소를 고려하되, 관련 행위의 상대적 성격과 중대성을 특별히 고려해야 한다.

4. 피청구국의 청구국에 대한 인도거절의 ICC 통지(제8항)

ICC가 재판적격성이 없다는 결정을 내리고 청구국에 대한 범죄인인도가 거절된 경우 로마규정 제90조 제8항은 피청구국이 범죄인인도거절결정을 ICC에 통지하도록 규정하고 있다.

Ⅳ 체포 및 인도청구의 내용(제91조)

> **📖 조문 | 로마협약 제91조 – 체포 및 인도청구의 내용**
>
> 1. 체포 및 인도의 청구는 서면으로 한다. 긴급한 경우, 청구는 문자기록을 전달할 수 있는 어떠한 매체에 의하여도 이루어질 수 있으나 제87조 제1항 (가)호에 규정된 경로를 통하여 확인되어야 한다.
>
> 2. 전심재판부가 제58조에 따라 체포영장을 발부한 자의 체포 및 인도청구의 경우, 그 청구는 다음을 포함하거나 또는 이에 의하여 증빙되어야 한다.
>   - (가) 인도청구된 자의 신원 확인에 충분하게 기술된 정보 및 인도청구된 자의 개연적 소재지에 관한 정보
>   - (나) 체포영장의 사본
>   - (다) 피청구국에서의 인도절차상의 요건을 충족시키는데 필요한 문서, 진술 또는 정보. 다만 그 요건은 피청구국과 다른 국가 간의 조약 또는 약정에 따른 범죄인인도 청구에 적용할 수 있는 것보다 부담이 더 커서는 아니되며, 가능한 경우 재판소의 특성을 고려하여 부담이 덜 되어야 한다.
>
> 3. 이미 유죄판결을 받은 자에 대한 체포 및 인도청구의 경우, 청구는 다음을 포함하거나 또는 이에 의하여 증빙되어야 한다.
>   - (가) 인도청구된 자에 대한 체포영장 사본
>   - (나) 유죄판결문 사본
>   - (다) 인도청구된 자가 유죄판결문에서 언급된 자임을 증명하는 정보
>   - (라) 인도청구된 자가 형을 선고받은 경우, 부과된 선고형량문의 사본과 징역형인 경우에는 이미 복역한 기간과 잔여형기에 대한 서술
>
> 4. 재판소의 청구가 있으면 당사국은 일반적 또는 특정한 사안에 대하여 제2항 (다)호에 따라 적용될 수 있는 자국 국내법상의 요건에 관하여 재판소와 협의한다. 협의 중에 당사국은 자국 국내법상의 특별한 요건에 관하여 재판소에 조언한다.

1. 공통요건

ICC규정 제91조는 체포 및 인도청구의 내용을 인도청구인이 유죄판결을 받기 이전의 경우와 유죄판결을 받은 경우로 나누어서 규정하고 있다. 제1항은 두 경우 공통적으로 갖추어야 할 요건을 정하고 있다. 즉, 체포 및 인도청구는 서면으로 이루어져야 한다. 긴급한 경우 팩스나 이메일을 통해 청구할 수 있으나, 제87조 제1항 제(a)호에 규정된 경로를 통해 확인되어야 한다.

2. 유죄판결을 받기 이전인 자의 경우(제2항)

전심재판부가 제58조에 따라 체포영장을 발부한 자의 체포 및 인도청구의 경우, (1) 신원확인용 정보 및 인도청구된 자의 개연적 소재지에 관한 정보, (2) 체포영장 사본 등을 포함해야 한다.

3. 유죄판결을 받은 자의 경우(제3항)

유죄판결을 받은 자에 대한 체포 및 인도청구의 경우 (1) 체포영장 사본, (2) 인도청구된 자가 유죄판결문에서 언급된 자임을 증명하는 정보, (3) 선고형량문의 사본 및 이미 복역한 잔여형기에 대한 서술, (4) 유죄판결문 사본 등을 청구에 포함해야 한다.

Ⅴ 긴급인도구속(제92조)

> ### 📖 조문 | 로마협약 제92조 – 긴급인도구속
>
> 1. 긴급한 경우, 재판소는 인도청구서 및 제91조에 명시된 청구증빙서류가 제출되기 전에 피청구자의 긴급인도구속을 청구할 수 있다.
> 2. 긴급인도구속에 대한 청구는 문자기록을 전달할 수 있는 어떠한 매체에 의하여도 이루어질 수 있으며 다음을 포함한다.
>   (가) 긴급인도구속이 청구된 자의 신원확인에 충분하게 기술된 정보 및 그 자의 개연적 소재지에 관한 정보
>   (나) 가능한 경우 범죄의 일시 및 장소를 포함하여 긴급인도구속이 청구된 자의 청구가 요청된 범죄와 그 범죄를 구성하는 것으로 주장되는 사실에 대한 간결한 서술
>   (다) 긴급인도구속이 청구된 자에 대한 체포영장 또는 유죄판결문의 존재에 관한 서술
>   (라) 긴급인도구속이 청구된 자에 대한 인도청구가 뒤따를 것이라는 서술
> 3. 피청구국이 절차 및 증거규칙에 명시된 시한 내에 인도청구서 및 제91조에 명시된 청구증빙서류를 접수받지 못하는 경우, 긴급인도구속된 자는 석방될 수 있다. 그러나 피청구국의 국내법상 허용되는 경우, 그 자는 이 기간의 만료 전에 인도에 동의할 수 있다. 이 경우 피청구국은 가능한 한 신속히 그 자를 재판소에 인도하기 위하여 절차를 취한다.
> 4. 긴급인도구속이 청구된 자가 제3항에 따라 구금으로부터 석방되었다는 사실은 인도청구서와 청구증빙서류가 뒤늦게 전달되더라도 그 자에 대한 추후의 체포와 인도를 저해하지 아니한다.

1. 의의

ICC 규정 제92조 제1항은 긴급한 경우 재판소가 인도청구서 및 제91조에 명시된 청구증빙서류가 제출되기 전에 피청구자의 긴급인도구속을 청구할 수 있도록 하고 있다. 긴급인도구속은 임시구속으로서 피청구자의 도주 등을 방지하기 위해 그 필요성이 인정되고 있다.

2. 긴급인도구속청구의 내용(제2항)

긴급인도구속에 대한 청구는 문자기록을 전달할 수 있는 어떠한 매체에 의해서도 이루어질 수 있다. 청구에 있어서 (1) 긴급인도구속이 청구된 자의 신원확인 및 개연적 소재지에 관한 정보, (2) 청구가 요청된 범죄와 그 범죄를 구성하는 것으로 주장되는 사실에 대한 간결한 서술, (3) 체포영장 또는 유죄판결문의 존재에 관한 서술 등을 포함해야 한다.

3. 긴급인도구속된 자의 석방(제3항)

피청구국이 '절차 및 증거 규칙'에 명시된 시한(60일) 내에 인도청구서 및 제91조에 명시된 청구증빙서류를 접수받지 못하는 경우, 긴급인도구속된 자가 석방될 수 있다. 단, 피청구국의 국내법이 허락하는 경우 긴급인도구속된 자가 이 기간의 만료 전에 ICC로 인도되는 것에 동의할 수 있다.

4. 기간 만료 후에 인도청구서가 도달된 경우(제4항)

긴급인도구속이 청구된 자가 인도청구서와 청구증빙서류가 60일 이내에 접수되지 않을 경우 구금으로부터 석방되었다는 사실이 그 자에 대한 추후의 체포와 인도를 저해하지 않는다. 따라서 60일 이후에 인도청구서와 청구증빙서류가 접수되더라도 피청구국은 석방되었던 자를 다시 체포하여 인도할 수도 있다.

Ⅵ 국가 간 범죄인인도와 비교

ICC규정상 ICC로의 범죄인인도는 독특한(sui generis) 성격을 가진 것으로서 기존의 국가 간 범죄인인도제도와 차이를 보이는 점이 있다. 첫째, 인도거절사유에 차이가 있다. 로마규정상의 인도제도에는 기존의 국가 간 범죄인인도조약상의 인도거절사유인 (1) 정치범불인도, (2) 자국민불인도, (3) 순수군사범불인도 등 원칙이 적용되지 않으며, 또한 (4) 쌍방범죄성 원칙, (5) 공소시효제도도 적용되지 않는다. 또한 일사부재리 원칙은 인도거절사유가 아닌 협의사유로써 인정되고 특정성의 원칙도 완화된 요건하에 적용되도록 하였다. 둘째, 인도주체에 차이가 있다. ICC로의 인도는 범죄인인도의 주체가 관련 당사국과 국제기구인 ICC로서 기존의 주권국가 간의 범죄인인도제도와 차이가 있다. 또한 ICC로의 인도는 한 국가에서 이민법상 불법체류자의 송환(deportation)과도 다른 개념이다.

제5절 주요 재판 절차

Ⅰ 형법의 일반 원칙

ICC 규정은 형법의 일반 원칙으로 죄형법정주의(제22, 23조), 소급금지 원칙(제24조), 개인의 형사책임(제25조), 국가원수 등 공직종사 사실의 비면책(제27조) 등을 명시하고 있다.

Ⅱ 수사 및 기소

소추관은 관할대상범죄의 입증이 있고, 재판적격성이 있는 경우에도 사건의 경중, 피해자의 이해관계 등을 고려하여 수사 불개시 또는 불기소의 결정을 할 수 있다. 이 경우에는 전심재판부에 이를 통보해야 한다. 소추관의 독자적인 수사개시를 인정하는 대신 소추관의 권한 남용을 견제하기 위한 장치의 일환으로 소추관의 기소 시 전심재판부가 기소확인을 하도록 하고 있다.

Ⅲ 일반적 재판절차

달리 결정하지 않는 한 재판은 ICC소재지에서 진행됨이 원칙이다. ICC규정에는 유무죄 선고와 양형결정의 분리가 가능하도록 되어 있다. 이는 유무죄 선고와 양형결정을 동시에 하는 대륙법계의 전통과 이를 분리하는 영미법계의 전통을 조화시키기 위한 것이다. 따라서 사실심재판부는 당사자의 신청이 있으면 유무죄 선고 이후 양형을 위한 추가재판을 하여야 한다. 직권으로 이러한 추가재판을 할 수 있다.

Ⅳ 형벌

형벌은 개별 범죄별로 법정형을 구분하지 아니하고 일괄하여 정하고 있으며 형벌의 종류로는 30년 이하의 유기징역과 무기징역만을 열거하고 있을 뿐 사형은 포함하고 있지 않다. 징역형에 부가하여 몰수형·벌금형을 부가형으로 규정하고 있다.

Ⅴ 상소 및 재심

유죄선고를 받은 자는 유무죄뿐만 아니라 양형부당에 대하여도 상소를 할 수 있다. 소추관도 무죄판결뿐만 아니라 양형부당에 대해서도 상소할 수 있다. 상소심은 환송뿐만 아니라 직접 사실조사도 할 수 있다. 유죄확정 후에 중대한 새로운 증거가 발견된 때에는 재심도 가능하다.

Ⅵ 집행

징역형의 선고는 ICC에 대하여 선고를 받은 자를 받아들일 의사를 표명한 국가들의 명단 중에서 ICC가 지정한 국가에서 집행된다.

1. 국제형사재판소(International Criminal Court, ICC)에 관한 다음의 질문에 대해 답하시오. [2010외시]

(1) 국제형사재판소의 관할권 행사에 있어 '보충성의 원칙'에 대하여 설명하시오.

(2) 국제형사재판소의 제소절차(trigger mechanism)와 관할권 행사의 전제조건(precondition)에 관하여 설명하시오.

(3) 국제형사재판소규정의 침략범죄에 관하여 설명하시오.

2. A국 대통령 甲은 자국 내에서 자신의 집권에 반대하는 자국국적의 소수민족들을 말살시킬 의도를 가지고 친위대를 파견하여 소수민족 거주지에 대해 군사공격을 감행하는 한편, 강제단종조치를 취하였다. 甲에 대해 국제적 비판이 고조되자 甲은 대통령직을 사임하고 B국으로 피신하여 현재 B국에 체류 중이다. A국에서는 신정부가 수립되었고, 현재 甲에 대한 형사소추를 위한 국내법 절차가 진행되고 있다. 이와 관련하여 다음 물음에 답하시오. (단, A국과 B국은 국제형사재판소 설립을 위한 로마조약의 당사국이라고 가정하시오)

(1) ICC는 甲에 대해 관할권을 갖는가?

(2) ICC는 甲에 대한 재판 적격성을 갖는가?

(3) ICC 당사국이 아닌 C국이 보편관할권에 기초하여 B국에 대해 甲의 인도(extradition)를 청구하여 ICC의 인도(surrender)청구와 경합한다고 하자. 이 때, B국은 누구에게 甲을 인도해야 하는가?

3. 다음 제시문을 읽고 국제형사재판소(ICC) 설립을 위한 로마규정에 근거하여 물음에 답하시오. [2020외교원]

> 2003년 8월 A국 정부군과 반란단체 간의 무력충돌로 인해 내전이 발생하였다. A국은 반란단체를 진압하기 위해 군사 작전을 수행하였다. A국 정부군 소속의 甲대위는 상부의 지시하에 작전을 수행하던 중 항복한 반란단체의 조직원과 그 가족 구성원의 처리 문제에 대해 상부에 문의하였다. 乙대령은 반란단체의 조직과 가족들이 중대한 반역행위를 했기에 그들을 몰살하라고 지시하였다. 이에 甲대위는 해당 조직원과 그 가족들을 적법한 절차를 거치지 않고 즉시 살해하였다. 甲대위와 乙대령은 전쟁범죄 혐의로 2020년 1월 국제형사재판소(ICC)에 기소되었다.
>
> ※ A국은 ICC규정의 당사국이다.

(1) 甲대위가 상부의 지시에 따라 행한 살해행위가 형사책임 면제에 해당하는지 논하시오. (10점)

(2) 만약 甲대위가 상부의 지시 없이 반란단체의 가족들을 집단살해한 경우, 乙대령에게 형사책임을 추궁할 수 있는지 논하시오. (10점)

해커스공무원 학원·인강
gosi.Hackers.com

제5편
국제법의 객체

제1장 │ 영토

제1절 영토취득

I 의의

1. 개념

국가영역의 변경이란 국가영역의 취득·상실(acquisition and loss)을 의미한다. 영역의 변경은 결국 영토의 변경을 의미하는바, 영수와 영공은 영토의 변경에 따라 자동적으로 변경되기 때문이다. 국가영역의 취득·상실은 영역주권(territorial sovereignty)의 취득·상실을 의미한다. 영역주권 또는 영토주권이란 당해 영토 안에서 다른 국가를 배제하고 국가의 기능을 수행할 수 있는 권리를 의미한다.

2. 구별개념

국가영역의 변경은 점령·조차·국제지역의 설정 등에 의해 이루어지는 '국가영역의 제한'과 구별된다. 국가영역의 변경은 원칙적으로 영구적 영역권의 변경이고 양적 변경이나, 국가영역의 제한은 원칙적으로 일시적인 영역권의 변경이고 질적 변경이다.

3. 원인

(1) 국가행위와 자연작용

국가영역의 변경원인은 국가행위에 의한 경우와 자연적인 경우로 대별되며, 전자는 다시 쌍방행위(할양, 병합)와 단독행위(정복·선점)로 나눌 수 있다.

(2) 원시적 취득과 승계취득

선점과 첨부는 원시적 취득으로서, 종전에 어느 국가의 영역에도 귀속되지 않은 지역을 선점 기타의 권원에 의하여 국가영역에 편입하는 것을 말한다. 승계취득이란 지금까지 다른 국가의 영역이었던 부분을 할양 기타의 권원에 의하여 국가영역에 편입하는 것이다.

Ⅱ 영토취득의 방법

1. 할양(cession)

양도국과 양수국 간의 합의에 의한 영역 일부의 이전을 할양이라 한다. 할양이 국제법상 유효하게 성립하기 위해서는 국가 간의 합의에 의한 이전이어야 하고, 영역일부의 이전이어야 한다. 합의에 의한 이전이라는 점에서 정복과 구별되고, 영역 일부의 이전이라는 점에서 영역 전부가 이전되는 병합과 구별된다. 특별조건으로 경우에 따라서는 주민의 일반투표를 요건으로 하기도 한다. 할양은 원칙적으로 제3국의 동의를 요하지 않는다. 할양의 요건이 구비되면 양도국은 할양지를 상실하고 양수국은 이를 취득한다. 주민의 국적은 특별규정이 없는 한 원칙적으로 양수국의 국적을 새롭게 취득하나, 일반적으로 주민에게 국적 선택권을 부여한다. 한편, 양도국의 국제법상 권리·의무는 승계되지 않는 것이 원칙이다. 할양은 영토의 일부 이전이므로 할양 후에도 양도국은 여전히 국가로서 존속하기 때문이다.

2. 병합(annexation)

양도국과 양수국 간의 합의에 의한 영역 전부의 이전을 말한다. 병합이 국제법상 유효하게 성립하려면 국가 간의 합의, 영역 전부의 이전을 요한다. 병합으로 인해 피병합국의 영역 전부를 취득하고 피병합국은 소멸한다. 피병합국의 국민은 종래의 국적을 상실하고 병합국의 국적을 취득한다.

3. 정복(subjugation)

(1) 의의 및 요건

국가가 무력에 의해 타국의 영역 전부를 강제적으로 취득하는 것을 말한다. 정복의 요건으로는 첫째, 정복국이 피정복국의 영역 전부를 실효적으로 점령해야 한다. 피정복국의 완전한 복종이 있어야 하므로 전시점령은 정복이 아니다. 전시점령은 실효적 지배가 배제될 가능성이 있는 상태이기 때문이다. 둘째, 정복국이 피정복국의 영역 전부를 자국영역으로 취득한다는 의사표시를 해야 한다.

(2) 효과

정복국은 피정복국의 영역 전부를 취득하고, 피정복국은 영역 전부를 상실함으로써 국가가 소멸한다. 피정복국의 국민은 정복국의 국적을 취득한다. 피정복국의 국제법상 권리·의무는 승계되지 않는 것이 원칙이나, 예외적으로 속지적 권리·의무가 승계되는 경우도 있다.

(3) 합법성

① 학설: 종래 정복은 영역의 원시적 취득방법의 하나로서 원칙적으로 제3국이 이에 간섭할 권리가 없으며, 또한 정복국의 정복의 유효성은 제3국의 승인을 필요로 하지 않았다. 그러나 오늘날 국제법은 무력행사를 금지 내지는 불법화하고 있으므로 이에 위반하여 행해진 정복은 무효라 볼 것이다. 다만, 정복에 의한 영역권 변경을 긍정하는 학자도 있다. 켈젠은 '실효성의 원칙'(principle of effectiveness)에 기초하여 성공한 정복은 사실상 영역변경의 효과를 갖는다는 것을 인정할 수밖에 없다고 본다.

② 1970년 우호관계 원칙 선언: ㉠ 국가의 영토는 헌장에 위배되는 무력사용에 기초한 군사점령의 대상이 되지 않으며, ㉡ 무력의 위협 또는 사용에 의한 취득의 대상이 되지 않으며, ㉢ 무력의 위협 및 사용으로 인한 영토취득이 합법으로 승인되어서는 안 된다. ㉠에 의하면 UN헌장에 위배되지 않는 군사점령은 합법이다. ㉡에 따르면 합법적인 무력사용에 의하더라도 영토의 취득은 무효이다.

③ **1974년 침략정의 결의(총회 결의 제3314호)**: 제3조 제(a)호는 힘에 의한 타국영토의 일부 또는 전부의 병합을 침략의 한 유형으로 열거하고 있으며, 제5조 제3항은 침략에 의한 영토취득이나 이익이 합법으로 승인되어서는 안 된다고 규정하고 있다.

④ **UN안전보장이사회**: 1967년 아랍-이스라엘 전쟁 시 이스라엘이 이집트의 시나이반도와 가자지구 등을 점령한 사건과 관련된 안보리 결의 제242호에서 안보리는 전쟁에 의한 영토취득의 불가를 강조하였다. 또한 같은 문제와 관련된 1981년 결의 제497호 역시 이스라엘의 골란고원 병합은 무효이며 국제법적 효력이 없다고 선언하였다.

⑤ **ICJ**: ICJ는 2004년의 권고적 의견에서 전쟁 또는 무력의 위협 또는 사용에 의한 영토취득은 불가하며 이는 국제관습법규라고 판시하였다.

4. 선점(occupation)

(1) 의의

국가가 무주의 지역을 타국보다 먼저 실효적 점유에 의해 자기의 영역으로 취득하는 것을 말한다.

(2) 요건

① **무주지(terra nullius)**: 선점의 대상이 되는 지역은 무주지에 한한다. 무주지란 어느 국가에도 귀속되지 않은 지역으로서 주민의 유무와는 무관하다. 일정한 문명수준에 이르지 않은 토착민이 거주하거나 사인자격으로 거주하는 지역은 선점할 수 있다. 그러나 정치적·사회적 조직화가 이루어져 있고 인민을 대표하는 족장을 가진 부족의 거주지는 무주지가 아니다(서부 사하라 사건, ICJ, 1975년). 무주지에는 처음부터 어느 국가에도 귀속되지 않은 무주지와 버려진 땅으로서의 무주지가 있다. 포기된 땅으로서 무주지이기 위해서는 포기의 사실과 포기의 의사표시를 요한다. '산타루치아섬 중재 사건'에서 동 도서는 애초 영국의 식민지였으나 이후 영국이 재점령하지 않자 프랑스가 점령하였다. 중재법관은 영국이 계쟁도서의 점유를 포기했다고 보고 프랑스의 영유권을 인정하였다.

② **국가에 의한 선점**: 선점의 주체는 국가이어야 한다. 사인이나 사조직이 선점하는 경우 사전에 국가의 위임을 받거나 사후에 국가의 추인을 받아야 한다.

③ **영유의사**: 선점의 주관적 요소(animus)로서 영유의사를 요한다. 영유의사(animus occupandi)란 무주지역을 자국영역으로 취득하려는 의사를 말한다. 타국에 대한 선언, 통고, 국기 및 그 밖의 표지의 설정, 입법·행정상의 조치 등에 의해 표시된다.

④ **통고(notification)의 요건성**: 선점의 사실의 이해관계국에 대한 통고를 선점의 요건으로 볼 것인가에 대해 학설대립이 있으며 국제관행도 일치하지 않는다. '팔마스섬 사건'에서는 통고의 요건성을 부정하였으나, 1885년 베를린회의에서 작성된 콩고의정서는 선점의 요건으로 통고의무를 규정하였다. 통설은 통고의 요건성을 부인하나, 당사국 또는 제3국에게 승인 또는 거절의 기회를 부여함으로써 국제분쟁을 미연에 방지한다는 견지에서 통고의 요건성을 긍정하는 것이 타당하다.

⑤ **실효적 지배(effective control)**: 다음 (3)에서 상술한다.

(3) 실효적 지배

① **개념:** 선점(occupation)은 영토취득의 권원의 하나로 인정된다. 선점은 점령 당시에 타국의 주권에 속하지 않는 영토를 국제적으로 취득하는 것이다. 선점에 의해 영토를 취득하기 위해서는 국가가 무주지에 대해 영유의사를 가지고 실효적으로 지배해야 한다. 선점하려는 실제적 의도가 있어야 한다는 의미에서 실효적(effective)인 선점이어야 하며, 영토에 대한 국가기능의 실제적 행사가 따라야 한다. 실효적 지배의 개념에 대해 '영토의 물리적 점유'(physical possession)으로 이해하는 견해(바텔, 오펜하임)와 '영토에 대한 정부기능의 선언과 행사'로 이해하는 견해(Waldock)가 대립한다.

② **실효적 지배의 기준:** 국제판례에 의하면 실효적 지배의 필요 요소가 영토를 물리적으로 점유하는 것으로부터 그러한 영토에 대하여 국가기능을 행사하거나 표명하는 것으로 변화되었다. 판례에 의하면 주권의 행사나 표명은 영토에 대한 유효한 권원(title)을 부여하기 위하여 평화적(peaceful)이고 실제적(actual)이며 충분하여야(sufficient) 하며 계속적(continuous)이어야 한다.

　　㉠ **평화적(peaceful):** 주권의 행사나 표명이 평화적이어야 한다는 것은 주권을 주장한 것이 최초이어야 하며, 타국이 이미 점령하고 있는 것을 빼앗는 형태를 취하지 않아야 한다는 것을 의미한다. 상대편 국가로부터의 단순한 항의는 평화적 점령에 치명적이지는 않으나 오랜 기간에 걸쳐 항의가 일관되게 이루어지고 주권을 주장하는 국가가 반박하지 않으면 평화적 지배라는 성격이 방해받을 수 있다.

　　㉡ **실제적(actual):** 주권의 행사나 표명이 실제적이어야 한다는 것은 이러한 주권의 행사나 표명이 주권의 행위로 가장되는 허위의 단순한 문서상의 주장(mere paper claim)이어서는 안 된다는 것이다. 다만, 영토의 모든 구석까지 주권행위의 두드러진 영향이 있어야 한다고 요구하는 것은 아니다. '실제적'이란 '진정한(genuine)' 것을 의미하며 단순한 주장이나 명목상의 점유는 실제적 지배라 볼 수 없다. 주권의 실제적 행사나 표명은 사람이 사는 영토와 살지 않는 영토에 따라 다르게 나타날 수 있다.

　　㉢ **충분한(sufficient):** 주권에 유효한 권원을 부여하는 국가활동의 충분성(sufficiency)은 실제성(actuality)과 마찬가지로 각 영토의 상황에 따라 다르다. 팔마스섬 사건에서 국가의 활동이 국제법에 따라 외국과 외국국민에 대한 최소한의 보호를 제공하기 위해 충분해야 한다고 판단하였다. Schwarzenberg는 작은 섬이나 밀림지역의 경우 물리적 소유에는 한계가 있으며 사람이 살지 않는 섬의 경우 주권을 최초로 표명하고 그 이후에 주권을 포기하지 않았다면 권원을 유지하는 데 충분하다고 하였다.

　　㉣ **계속적(continuous):** 주권의 행사나 주권의 표명이 계속되어야 한다는 규칙은 팔마스섬 사건에서 막스 후버 중재재판관에 의해 언급되었고, 동부 그린란드 사건에서도 언급되었다. 실제 이러한 판결들은 주권의 행사가 계속적이어야 한다는 것을 실효적 지배의 기본적 요소로서 다루었다. 국가활동의 표명에서 계속성(continuity)을 입증하지 못하게 되면 영유의사(animus occupandi)가 있다 할지라도 권원에 대한 주장은 좌절될 수 있다.

③ **실효적 지배와 발견의 관계:** 발견은 실효적 지배에 의해 대체되지 않는 경우 영토주권을 확정적으로 취득하지 못한다. 팔마스섬 사건에서 후버 중재관은 '발견'은 '미완성의 권원'(inchoate title)에 불과하고, 실효적 선점에 의해서 주권을 수립할 수 있는 청구권으로서만 존재한다고 판단하였다. 따라서 설사 미성숙의 권원이 critical date 시점까지 유효하게 존속할지라도 계속적 · 평화적 권력의 표시에 입각한 타국의 확정적 권원에 우월할 수 없다.

④ 실효적 지배의 정도: 실효적 점유에 있어서 실효성의 정도는 토지의 지리적 상황이나 거주인구의 밀도 등에 의해 결정된다. 즉, 도달의 난이, 인구의 다소, 타국의 경합적 권원의 유무 등 각 지역의 사정에 따라 다르다. 실효적 점유라 할지라도 토지의 현실적 사용이나 정주인구와 같은 물리적 지배보다는 그 지역에 대한 지배권의 확립(법질서의 유지, 실력의 유지)이라는 사회적 점유가 중요하다. 지리적 조건에 따라서는 실효성의 원칙이 완화될 수 있다. '클리퍼튼섬 사건'에서 무인도에 대한 상징적 지배를 인정하였으며(중재재판, 1931), PCIJ도 '동부그린란드 사건'에서 정주인구가 없는 극지의 실효적 점유에 관하여 상징적 지배를 인정하였다.

⑤ 최근 판례

㉠ 엘살바도르와 온두라스간 영토 및 해양분쟁 사건(ICJ, 1992)[1]: 이 사건에서 ICJ는 엘살바도르가 주장하는 '국가권한의 평화적이고 계속적인 행사'의 실체가 되는 다양한 증거를 검토하여 민구에라(Meanguera)섬에 대하여 엘살바도르의 주권을 인정하였는데, 재판부가 엘살바도르의 실효적 지배를 인정한 주요한 요소로는 19세기 후반부터 민구에라섬에 대한 엘살바도르의 행정권한이 강화되었다는 점이다. 엘살바도르 측은 이섬에 대한 행정권한의 계속적 행사를 나타내는 다양한 증거서류들을 재판부에 제출하였는데, 동 재판부는 제출된 서류들이 엘살바도르의 주장의 정당성을 나타내는데 충분하였다고 판단하였다.

㉡ 말레이시아와 인도네시아 간의 리기탄 및 시파단 도서분쟁 사건(ICJ, 2002): ICJ는 말레이시아가 리기탄과 시파단에 바다거북 보호령을 내려 규제한 사실과 등대를 설치하여 관리한 데 대하여 인도네시아가 항의하지 않은 점을 근거로 두 섬의 영유권을 말레이시아에 있다고 판결하였다. 재판소는 말레이시아가 자신의 이름으로 그리고 영국의 승계국의 이름으로 수행해 왔던 활동들이 그 성격상 다양하며, 입법적·행정적 및 준사법적 활동까지도 포함하고 있으며, 이들 활동이 상당한 기간에 걸쳐 이루어지고 다양한 행정행위를 한 것으로서 이들 행위가 양 도서에 관하여 국가기능을 행사하려는 의도를 나타낸 것으로 볼 수 있다고 하였다.

㉢ 싱가포르와 말레이시아 간의 도서영유권 사건(ICJ, 2008): ICJ는 페드라 브랑카섬에 대한 말레이시아의 역사적 권원을 인정하면서도 최종적으로는 싱가포르의 실효적 지배사실에 무게를 두어 싱가포르에게 승소판결을 내렸다. 재판소는 1953년 이후 페드라 브랑카에 대한 양 당사국의 실효적 지배에 대한 문제를 중점적으로 검토하였다. 이 사건에서 ICJ는 역사적 권원보다는 권원을 가졌다고 여겨지는 국가가 실효적 지배라는 주권행사를 통해 자신의 권원을 공고히 하여 왔는가에 초점을 맞추었다.

㉣ 니카라과와 온두라스 간의 도서영유권 사건(ICJ, 2007)[2]: ICJ는 온두라스가 분쟁이 된 섬에 행사한 형사재판관할권과 민사재판관할권, 외국인에 대한 작업허가서 발급 등과 같은 이민통제, 미국과 공동으로 마약단속을 한 것 등이 실효적 지배를 뒷받침하는 유효한 권한 행사라고 인정하였다. 문제된 섬의 인접수역에 대한 유전개발권의 양허의 경우, 섬 자체를 대상으로 한 것이 아니기 때문에 섬에 대한 주권행사로 볼 수 없지만, 유전개발과 관련되어 국가기관의 승인하에 문제의 섬에 안테나 시설을 설치한 행위 등은 주권행사의 증거로 보았다.

---

1) The Land, Island and Maritime frontier Dispute(El Salvadore/Hounduras)
2) Case Concerning Territorial and Maritime Dispute between Nicaragua and Honduras(Nicaragua v. Honduras)

(4) 효과

선점의 요건이 구비되면 선점하는 국가는 그 지역을 국가영역으로 취득한다. 선점이 확립된 후에는 일시적 점유 중단이 있더라도 선점이 무효가 되는 것은 아니며, 선점지역이라도 일단 포기하면 타국의 선점대상이 된다.

5. 첨부

영토취득의 원인 중 가장 오래된 형태로서 자연적 현상에 의해 영토(영역)가 증가되는 경우를 말한다. 하구의 삼각주 형성, 해안의 충적지 형성 등이 이에 속한다. 첨부가 발생한 경우 영해의 폭원을 측정하는 기선도 변경된다. 첨부에 의한 영토취득에는 국가의 법적 행위나 국제법적 승인을 요하지 않으며, 국경하천에서 첨부가 있는 경우 국경선도 그에 따라 변경된다. 그러나 국경하천에서 급격한 전위(avulsion)가 발생한 경우에는 원래의 국경선이 그대로 유지된다(Chamizal Arbitration).

6. 시효(prescription)

(1) 의의

장기간에 걸쳐 평온하게 타국영토를 점유·지배함으로써 그 영토를 취득하는 제도를 말한다. 즉, 시효는 시효 경과의 효력으로 인한 권리의 취득·소멸을 인정하는 법제도로서 그 기원의 선의(bona fide) 또는 악의(mala fide)를 묻지 않고 장기간 계속된 일정 사태를 적법으로 간주하는 것이다.

(2) 인정 여부

국제법상 시효취득을 인정할 것인가에 대해 학설 대립이 있다. Grotius, Vattel 등 긍정론자들은 시효제도의 인정 없이는 국제분쟁이 계속될 것이므로 국제사회의 안정을 위해 필요하며, 구체적인 시효완성의 기간은 국제조직의 법적 확신에 의해 결정해야 한다고 주장한다. 반면, Martens, Ullmann 등 부정론자들은 시효제도가 필요하다고 할지라도 시효완성에 필요한 일정 점유기간을 확립하기가 곤란하여 오히려 국제분쟁을 유발할 가능성이 있으므로 시기상조라고 본다. 시효제도의 난점은 악의(mala fide)의 방법으로 영토를 취득하는 것을 허용하는 데 있다. 무력 사용의 불법화가 일반 국제법으로 인정된 오늘날에 있어서 불법(사실)으로부터 법을 발생하게 하는 시효제도란 그 존재의 기반을 상실한 것이라 할 수 있다.

(3) 요건

국제법상 시효가 성립하려면 다음의 요건을 요한다.

① 타국영토를 점유·지배해야 한다. 이 점에서 무주지를 점유하는 선점과 다르다.

② 점유·지배는 장기적이어야 한다. 기간에 대해서는 국제법상 확립된 바 없다.

③ 평온하게 점유·지배해야 한다. 만일 타국이 항의하거나 그 밖의 방법으로 반대의사를 표명한 경우에는 평온한 상태가 되지 않는다.

(4) 효과

시효의 요건을 갖추고 시효가 완성된 경우 그 영역은 현실적으로 지배하고 있는 국가의 영유가 된다.

(5) 판례

① Chamizal 사건(미국 대 멕시코, 중재위원회, 1911): 멕시코의 영토였던 샤미잘 지역이 홍수로 인해 미국 측으로 넘어가자 미국은 이곳에서 공권력을 행사하고 시효에 의해 문제의 영토를 취득하였다고 주장하였다. 그러나 멕시코는 이에 대해 여러 해에 걸쳐 항의를 하였다. 중재위원회는 미국의 점유가 방해받지 않고 차단되지 않는 점유에 해당하지 않는다고 보아 멕시코의 주장을 인용하였다. 동 지역의 점유가 미국 측의 무력의 위협 및 사용에 의존하고 있었으므로 멕시코의 외교적 항의는 미국의 시효취득을 막는 데 충분하다고 판단하였다.

② Temple of Preah Vihear 사건(캄보디아 대 태국, ICJ, 1962): 이 판례는 시효에 의한 영토취득을 인정한 고전적 판례로 간주된다. 태국과 캄보디아(당시 프랑스의 종속국)의 국경선 획정 사건으로서, 양국 공동위원회는 프랑스 장교에게 국경획정을 위임하였고 태국은 이들의 지도를 아무런 이의 없이 승인하였다. 동 지도는 태국 측에 속하는 동 사원지역을 캄보디아의 영역으로 오기하고 있었다. 국제사법재판소는 두 가지 이유에서 캄보디아의 항변을 인용했다. 첫째, 태국정부가 지도를 교부받던 당시 항의하는 대신 사본을 요구함으로써 승인하는 듯한 행위를 하였다. 둘째, 1930년 태국의 왕자가 동 지역을 방문하던 당시 동 사원이 프랑스 국기를 게양하고 있었음에도 아무런 항의를 하지 않았다. 즉, ICJ는 적절한 시한 내에 이의를 제기하지 않은 것은 금반언과 같은 효과를 가진다고 판시하였다.

Ⅲ 상대적 권원

1. 의의

영역취득의 권원, 특히 선점과 시효는 이론상 구분이 명확하나 실제 분쟁의 경우 요건 포섭 여부를 판단하는 것이 쉽지 않다. 이 경우 영토분쟁의 어느 당사자가 '상대적으로' 더욱 실효적 지배를 행사해 왔는가를 기준으로 영토주권자를 판단할 수밖에 없다.

2. 판례

(1) 팔마스섬 사건

팔마스섬은 필리핀의 민다나오섬과 네덜란드령 동인도제도에 속한 나마사군도의 중간에 위치하고 있으며 이 섬은 1500년대 중반 스페인 탐험가들에 의하여 발견되었다. 미서전쟁 이후 1898년 파리조약이 체결되어 스페인은 필리핀을 미국에 할양하였는데, 미국은 이 조약에 의해 팔마스섬이 당연히 자국의 관할권에 속한다고 생각하였다. 1906년 미국의 미트 장군이 팔마스섬을 방문 시 이 섬에 네덜란드국기가 게양되어 있는 것을 발견하고 미국정부에 보고한 이후 미국과 네덜란드가 분쟁이 야기되었다. 이 사건에서 Max Huber 중재관은 팔마스섬의 주권자는 네덜란드라고 확정하였다. 그는 파리조약 체결 시에 팔마스섬이 스페인령의 일부였는지 아니면 네덜란드령의 일부였는지를 심사하였다. 1677년 네덜란드 동인도 회사가 원주민의 수장과 협약을 체결함으로써 팔마스섬에 대한 주권을 확립하였으며 이후 약 200년간 어떤 국가도 이것을 다투지 않았다고 판단하였으며, 네덜란드는 팔마스섬에 대해 장기간 계속해서 평온하게 실효적 지배력을 행사해 왔으므로 팔마스섬에 대한 영역주권을 확립하였다고 판정하였다.

(2) 동부그린란드 사건

그린란드 섬은 900년 경에 발견되어 약 1세기 후부터 식민활동이 개시되었으며, 13세기에는 동 지역에 노르웨이 왕국이 식민지를 건설하였다. 노르웨이와 덴마크는 동군연합을 형성하고 있었으나 1814년 키일조약에 의해 덴마크는 그린란드 및 아이슬란드를 제외한 노르웨이를 스웨덴에 이양하였다. 노르웨이는 스웨덴과 동군연합을 형성하고 있다 1905년 독립하였다. 19세기부터 20세기 초에 걸쳐 덴마크는 그린란드를 자신의 주권하에 두었고, 제1차 세계대전 중 및 종료 후에 미국, 영국, 프랑스, 일본, 이탈리아, 스웨덴 등에 대해 동 지역에 대한 주권의 승인을 요구하였다. 대부분의 국가는 덴마크의 주권 승인 요구에 긍정적이었으나, 노르웨이는 동부 그린란드에서의 자국민의 어업의 자유를 주장하면서 덴마크의 주권 승인 요구를 거부하였다. 1931년 7월 10일 노르웨이는 동 지역이 무주지라고 주장하고 선점을 선언하였다. 이로 인해 노르웨이와 양국 간 분쟁이 발발하였으며, 덴마크는 양국이 모두 수락한 선택조항에 기초하여 이 사건을 PCIJ에 제소하였다. PCIJ는 실효적 지배의 원칙에 기초하여 덴마크의 영역권을 승인하였다. 법원은 할양조약과 같은 권원이 아니라 권위의 계속적인 표시만을 주권의 근거로 삼기 위해서는 두 가지 요소가 필요하다고 보았다. 즉, 당해 지역에 대한 주권자라는 의사와 그러한 의사에 기초하는 권위가 실제로 어느 정도 행사되거나 표시되어야 한다는 것이다. 그리고 법원은 만일 타국이 당해 영역에 대하여 주권을 주장하고 있다면 어느 정도 그 사정도 고려해야 한다고 하였다. 덴마크는 타국들과 체결한 조약에서 동부 그린란드를 덴마크의 영토로 언급하고 그곳에서의 무역을 허락하였으며, 덴마크의 일부 입법적·행정적 규정을 그곳에 대해서도 적용하고, 국제적 승인을 얻으려고 시도하기도 하였다. 이러한 사실들은 덴마크가 실효적 지배를 통해 영역권을 취득했다고 인정할 수 있는 충분한 증거들이라고 하였다.

(3) 멩끼에 및 에끄레오 사건

두 도서는 영국령 Channel군도의 하나인 Jersey섬과 프랑스령 Chausey섬 사이에 위치한 작은 군도로서 19세기 말 이후 영국과 프랑스 간 영역권의 귀속에 관한 다툼이 있었다. 영국과 프랑스는 특별협정을 체결하여 영역권의 귀속주체를 판단해 줄 것을 요청하였다. ICJ는 중세시대의 권원에 기초한 영역권 주장을 배척하고 후대의 법에 기초한 영역권의 귀속 여부를 각국이 제시한 증거에 기초하여 판단하였다. 그 결과 ICJ는 영국의 영역권을 승인하였다. 영국은 19세기 초 양 섬에서 수차례 형사재판권을 행사하였고, 그 곳에 건축된 가옥을 과세대상으로 삼았으며, 동 섬에서의 부동산 매매는 영국 지방행정당국의 통제를 받았다. 반면, 프랑스는 이와 비슷한 주권의 표현을 입증하지 못했다. 따라서 재판소는 자신이 부탁받은 임무대로 상반되는 주장들의 '상대적 힘'을 평가하여 만장일치로 영국의 영토주권을 인정하였다.

(4) Sovereignty over Pulau Ligitan and Pulau Sipadan 사건

이 사건은 인도네시아와 말레이시아 간 영유권 분쟁이다. ICJ는 인도네시아가 제시한 조약이나 말레이시아가 제시한 권원의 사슬 주장을 배척하고 상대적 권원에 의해 분쟁을 해결하였다. 인도네시아는 자국 어부들이 문제의 섬 인권에서 어업활동을 해 왔다고 주장하였으나 ICJ는 사인의 행위가 정부권한하에서 발생하지 않으면 주권적 권한의 행사로 볼 수 없다고 하였다. 반면, ICJ는 말레이시아의 주장은 인용하였다. 말레이시아는 두 섬에서 행해지던 거북알의 채취를 규율하기 위해 1917년 거북보존포고령을 발포하고 동 포고령에 기초하여 Sipadan섬을 조류보호지구로 지정하기도 하였다. ICJ는 이러한 환경관련 국내입법을 영토에 대한 주권적 권한의 실효적 행사로 인정하고 말레이시아의 영역주권을 확정지었다.

Ⅳ 영토취득 관련 기타 법리

1. 승인 · 묵인 · 금반언

일국이 특정영토에 대한 주권을 수립함에 있어서 경쟁국의 승인(recognition), 묵인(acquiescence), 금반언(estoppel)은 결정적인 역할을 수행할 수 있다. 'Temple of Preah Vihear 사건'에서는 태국이 상당한 기간 동안 동 사원지역에 대한 캄보디아의 지배를 문제삼지 않은 것이 묵인으로 인정되어 캄보디아의 영유권을 승인하였다. ICJ는 'Sovereignty over Pedra Branca/Pulau Batu Puteh, Middle Rocks and South Ledge 사건'에서 Pedra Banca에 대해 말레이시아가 시원적 권원(original title)을 가지고 있었으나 싱가포르당국이 1953년 조호르정부로부터 당해 섬에 대한 소유권을 주장하지 않는다는 답신을 받은 후 주권자의 자격으로 행한 행위들에 대해 반응을 보이지 않음으로써 분쟁이 구체화된 1980년에 이르러서는 동 섬이 이미 싱가포르로 넘어간 뒤였다고 판시하였다.

2. 근접성

문제의 영토가 일방 분쟁당사국의 본토나 섬 등의 기타 영토로부터 지리적으로 가까이에 또는 접속하여 위치하고 있다는 사실은 당해 국가가 그 영토에 대하여 권원을 수립함에 있어 결정적 역할을 담당할 수 있는지 문제된다. 일부 국가들은 '선형이론'(sector theory)에 기초하여 극지방에 대한 영토주권을 주장하기도 한다. 지리적 근접성이 주권자를 결정함에 있어 아무런 역할을 하지 않는다고 보기는 어렵다. 'Legal Status of Eastern Greenland 사건'에서 보듯이 근접성은 상황에 따라서는 문제의 영토에 근접한 국가에게 유리한 '추정'(presumption)을 불러일으킬 수 있다. 다만, 이러한 추정은 상대적 또는 절대적 권원에 기초한 주장을 당할 수는 없다.

3. 지도의 증거력

영토분쟁에서 당사자들이 제시하는 지도는 증거적 가치가 있는가? 이에 관하여 'Island of Palmas 사건'에서 Max Huber 중재관은 지도는 법적 문서에 부속된 경우를 제외하고는 권리의 승인 또는 포기를 동반하는 법적 문서로서의 가치를 가지지 않는다고 하였다. ICJ도 'Frontier Dispute 사건'에서 지도는 자기 스스로 그리고 존재 그 자체만으로 한 개의 영토적 권원, 즉 국제법에 의하여 영토적 권리를 수립하기 위한 목적의 고유한 법적 힘을 부여받은 문서를 구성할 수 없다고 하였다. 다만, 지도가 공식적인 문서에 부속되어 그것의 불가분의 일부를 구성하는 경우 법적 힘을 획득할 수도 있다고 하였다.

⚖️ 판례 | 프레아 비헤아 사원 사건(Case Concerning the Temple of Preah Vihear, ICJ, 1962)

고대 사원인 프레아 비헤아는 태국과 캄보디아의 국경을 이루고 있는 Dangrek산의 돌기에 위치하였고, 고고학적인 가치를 지닌 종교인들의 순례의 장소로 알려져 있는 곳이다. 이 사건은 동 사원의 귀속에 관한 것이다. 1904년 당시 태국의 옛 명칭인 샴과 캄보디아의 보호국이었던 프랑스는 조약을 체결하여 양국의 국경선을 산의 분수령을 따라 정하기로 합의하였다. 이에 따라 실제 경계획정을 위하여 합동위원회를 구성하였으나 1907년까지 경계획정이 되지 않자, 샴 정부는 프랑스 조사단에게 이 지역의 지도 작성을 위임하였다. 1907년에 정식으로 발행되어 샴 정부에게도 전달된 프랑스 당국에 의해 작성된 지도에는 프레아 비헤아 사원이 캄보디아 측에 위치한 것으로 되어 있었다. 그 후 이 지역을 직접 답사한 샴 정부는 문제의 사원이 실제로 자국 측 분수령에 위치하였다는 것을 알게 되었고, 자국의 경비대를 동 사원에 배치하였다. 이에 프랑스와 캄보디아는 이에 대하여 몇 차례의 항의를 하였다. 1953년 캄보디아가 독립한 후, 이 사원에 대한 관할권을 회복하려 하였으나 이루어지지 않았고 문제 해결을 위한 외교협상도 실패하자, 캄보디아는 국제사법재판소에 이 문제의 해결을 부탁하였다. ICJ는 동 사원에 대한 주권자가 캄보디아라고 판결하였다. 1908년 당시 합동위원회 및 조사단이 작성한 지도에 확정적 효력이 부여되지 않았다. 따라서 이후 국가의 행동이 지도의 효력을 인정하였는지가 문제되었다. 태국 당국은 지도의 교부를 받고 지도를 광범하게 배포하였으며, 합리적인 기간 내에 어떠한 대응도 하지 않았다. 또한 지도의 복제를 프랑스에 요구하기도 하였다. 이러한 사실은 태국이 지도에 구속력을 부여한 것으로 인정된다고 하였다. 한편, 태국은 지도의 무효 사유로 '착오'를 원용할 수 없다고 하였다. 태국은 지도가 합동위원회가 작성한 것이 아니고 더군다나 실질적인 착오에 의해 작성된 것이므로 무효라고 주장하였으나, 재판부는 당해 지도가 합동위원회의 작업에 기초하여 작성된 것으로, 작성상 착오가 있다고 하더라도 이는 태국이 지명한 조사단에 의해 작성되었고 태국이 이를 묵인하였으므로 무효를 주장할 수 없다고 판시하였다. 또한, 지도 작성이 끝난 이후에도 태국은 지도상의 국경을 인정하였다는 추정이 가능한 행동을 하였다고 하였다. 1958년까지 지도에 대해 의문을 제기한 적이 없으며, 1934년 이후에는 동 지도를 공식적으로 사용해 오고 있기 때문이었다. 1937년에는 프랑스와 당시 국경을 재확인하기도 하였으며, 1930년 태국의 Darmong 왕은 동 사원을 공식 방문하여 프랑스 국기 하에서 캄보디아 주재 프랑스 대표의 공식 접대를 받은 점도 지도의 효력을 인정한 사례로 판단하였다. 요컨대, ICJ는 태국은 지도를 받은 시점에서 동 지도가 국경 획정 작업의 결과를 가리키는 것으로서 그것을 수락하였고, 그 후의 행위도 이 수락을 인정한 것으로 판단하였다. 따라서 태국은 사원과 그 주변지역에서 군대, 경비대 등을 철수 시켜야 하며, 동 사원에서 가지고 나온 고미술품 등을 캄보디아에 반환할 의무를 진다고 판시하였다.

⚖️ 판례 | 서부 사하라 사건[3]

스페인은 1884년부터 서부 사하라 지역을 식민지로 보유해오다 1960년 동 지역을 UN헌장에 따라 비자치지역으로 독립시키고자 하였고 UN총회는 동 지역을 비자치지역으로 승인하였다. 이에 대해 모로코와 모리타니아가 이의를 제기하고 서부 사하라가 자국에 귀속되어야 한다고 주장하였다. 양국은 동 지역이 스페인의 식민지가 되던 당시부터 그 지역에 대한 주권을 행사하고 있었다고 주장하였다. UN총회는 서부 사하라의 지위에 관해 ICJ에 권고적 의견을 요청하기로 하였다. 의견 요청 사항은 서부 사하라가 스페인의 식민지가 되던 당시 동 지역은 무주지였는지 여부 및 서부 사하라 지역과 모로코 및 모리타니아와의 법적 유대는 무엇인지였다. ICJ는 당시 서부 사하라 지역은 무주지가 아니라고 판단하였다. 시제법의 원칙상 당해 지역이 무주지인 여부는 당시 국제법에 따라 판단해야 하는바, 당시 국제법에 따르면 사회적·정치적 조직을 갖는 부족이나 주민이 거주하는 지역은 무주지로 간주되지 않았다고 하였다. 당시 서부 사하라는 주민들이 사회적·정치적으로 조직화되어 있었으며 주민들을 대표하는 권한을 가진 정치적 지도자도 존재하였으므로 서부 사하라 지역은 당시 무주지가 아니었다고 판시하였다. 한편, ICJ는 서부 사하라와 모로코 및 모리타니아 간의 법적 관계가 무엇이든 간에 그것이 UN총회 결의에 의해 서부 사하라를 독립시키는 데 영향을 미치거나 서부 사하라 지역민의 자결권을 제한할 정도는 아니라고 판단하였다.

---

3) Advisory Opinion, ICJ, 1975년.

📜 판례 | 클리퍼튼섬 사건(Clipperton Island Arbitration)[4]

클리퍼튼섬은 태평양에 있는 무인도로서 산호초로 구성되어 있고 멕시코 서부 해안에서 남서쪽으로 약 670마일 거리에 위치하고 있다. 1858년 프랑스 해군장교는 정부의 지시를 받고 클리퍼튼섬을 탐험하고 상세한 지리적 좌표를 만들어 프랑스 주권을 선포하였다. 프랑스는 이러한 사실을 하와이 정부에 통고하였으며 이에 관한 吿示가 하와이 신문에 공표되었다. 1897년 세 명의 미국인 클리퍼튼섬에서 허가 없이 구아노를 줍다 적발되자 프랑스와 멕시코가 서로 관할권을 주장하여 양국 간 분쟁이 야기되었다. 멕시코는 1821년 스페인으로부터 독립하였는데, 멕시코는 스페인이 동 섬을 발견하였으므로 주권이 자국에게 귀속된다고 주장하였다. 이 사안에서는 특히 프랑스의 클리퍼튼섬에 대한 상징적 지배 인정 여부가 문제되었다. 즉, 1897년 이전에 동 섬에 대한 주권선포 행위는 1858년 프랑스에 의해 행해진 것밖에 없으므로 동 행위에 의해 프랑스가 영토주권을 취득하는지가 문제되었다. 이에 대해 중재관은 클리퍼튼섬은 완전히 무인도였기 때문에 단순한 주권의 천명만으로도 섬을 프랑스의 실효적 지배하에 두기에 충분하다고 보고, 프랑스가 1858년에 영토주권을 취득하였다고 판단하였다. 한편, 멕시코는 스페인이 클리퍼튼섬을 발견했다고 주장하였으나 스페인이 동 섬을 발견했다는 증거도 없을 뿐만 아니라 설사 스페인이 동 섬을 발견했다고 하더라도 그러한 발견은 실효적인 점유를 동반해야 하는데, 그 점 또한 입증되지 않았다고 판결하였다.

📜 판례 | Chamizal Arbitration[5]

차미잘 지역은 애초에 멕시코의 영역이었으나 1846년 리오그란데 강이 갑작스럽게 수로를 변경하여 탈베크 원칙에 따르면 미국에 속하게 되었다. 미국정부에서 차미잘 지역에서 공권력을 행사하였고, 이후 미국은 시효에 의해 대상 지역에 대한 영토주권을 취득하였다고 주장하였다. 멕시코는 이에 대해 반복해서 외교적 항의를 제기하였다. 미국과 멕시코는 이를 중재재판에 회부하였으며 중재법원은 미국의 시효취득을 부인하였다. 중재법원에 의하면 시효에 의한 영토취득을 위해서는 타국영토에 대한 점유가 '방해받지 않고 차단되지 않으며 이의를 제기받지 않았어야 한다(undisturbed, uninterrupted and unchallenged).' 또한 '평온했어야(peaceable)' 한다. 그러나 멕시코는 여러 해에 걸쳐 반복하여 항의를 제기하였으므로 미국은 시효로 동 지역을 취득하지 못한다고 판단하였다. 한편, 항의의 정도가 문제되었다. 중재법원에 의하면 국제법상 시효완성을 중단시키기 위한 항의(protest)의 형식에는 단순한 외교적 항의로부터 국제재판에 회부하는 것까지 다양하다. 당시 미국이 차미잘 지역에 대해 무력을 수반하여 점유를 유지하고 있었으므로 멕시코가 영토 탈환을 시도한다면 무력분쟁이 발생할 수 있었을 것이다. 따라서 그러한 상황하에서 멕시코가 단지 외교적 항의만 제기한 것은 미국의 시효취득을 막는 데 충분한 것으로 수락될 수 있다.

---

4) France v. Mexico, 국제중재, 1931년.
5) US v. Mexico, 국제중재, 1911년.

⚖ 판례 | 팔마스섬(Island of Palmas) 사건[6]

팔마스섬은 필리핀의 민다나오 섬과 네덜란드령 동인도 제도에 속한 나마사군도의 중간에 위치하고 있다. 이 섬은 1500년대 중반에 스페인 탐험가들에 의하여 발견되었다. 미서전쟁 이후 1898년 파리조약이 체결되어 스페인은 필리핀을 미국에 할양하였다. 미국은 이 조약에 의해 팔마스섬이 당연히 자국의 관할권에 속한다고 생각하였다. 1906년 미국의 미트 장군이 팔마스섬을 방문하고 이 섬에 네덜란드 국기가 게양되어 있는 것을 발견하고 미국정부에 보고한 이후에 미국과 네덜란드가 분쟁이 야기되었다. 이 분쟁에 대해 미국과 네덜란드는 중재법원을 구성하였다. Max Huber 중재관은 팔마스섬의 주권자는 네덜란드라고 확정하였다. 그는 파리조약 체결 시에 팔마스섬이 스페인령의 일부였는지 아니면 네덜란드령의 일부였는지를 심사하였다. 1677년 네덜란드 동인도 회사가 원주민의 수장과 협약을 체결함으로써 팔마스섬에 대한 주권을 확립하였으며 이후 약 200년간 어떤 국가도 이것을 다투지 않았다. 네덜란드는 팔마스섬에 대해 장기간 계속해서 평온하게 실효적 지배력을 행사해왔으므로 팔마스섬에 대한 영역주권을 확립하였다고 하였다. 한편, 발견으로부터 발생하는 원시적 권원은 스페인에게 속한다고 인정할 수 있으나 권리의 창설과 권리의 존속은 구별되어야 한다고 하였다. 19세기 국제법에 따르면 선점이 영역주권에 대한 청구로 되기 위해서는 실효적이어야 하며, 팔마스섬을 발견만 하고 어떠한 후속 행위도 없는 경우 주권을 수립하는 데 충분하지 않다고 하였다. 발견은 주권의 최종적 권원을 창설하는 것이 아니며 단순히 '불완전한 권원'(inchoate title)을 창설하는 것에 지나지 않으므로 발견이라는 미완성의 권원은 실효적 지배에 의해 상당기간 내에 보완되어야 한다고 하였다. 그렇지 않은 경우 발견에 의해 미완성 권원이 존속되고 있었다고 하더라도 계속적이고 평온하게 실효적 지배력을 행사한 국가보다 우선할 수 없다고 재정하였다.

⚖ 판례 | Legal Status of Eastern Greenland 사건[7]

그린란드섬은 900년경에 발견되어 약 1세기 후부터 식민활동이 개시되었으며 13세기에는 동 지역에 노르웨이 왕국이 식민지를 건설하였다. 노르웨이와 덴마크는 동군연합을 형성하고 있었으나 1814년 키일조약에 의해 덴마크는 그린란드 및 아이슬란드를 제외한 노르웨이를 스웨덴에 이양하였다. 노르웨이는 스웨덴과 동군연합을 형성하고 있다 1905년 독립하였다. 19세기부터 20세기 초에 걸쳐 덴마크는 그린란드를 자신의 주권하에 두었고, 제1차 세계대전 중 및 종료 후에 미국, 영국, 프랑스, 일본 이탈리아, 스웨덴 등에 대해 동 지역에 대한 주권의 승인을 요구하였다. 대부분의 국가는 덴마크의 주권 승인 요구에 긍정적이었으나 노르웨이는 동부 그린란드에서의 자국민의 어업의 자유를 주장하면서 덴마크의 주권 승인 요구를 거부하였다. 1919년 노르웨이 외무장관은 그린란드 전체에 대한 덴마크의 영유권 문제에 관해 이의를 제기하지 않겠다는 구두약속을 한 바 있었다. 1931년 7월 10일 노르웨이는 동 지역이 무주지라고 주장하고 선점을 선언하였다. 덴마크는 양국이 모두 수락한 선택조항에 기초하여 이 사건을 PCIJ에 제소하였다. PCIJ는 실효적 지배의 원칙에 기초하여 덴마크의 영역권을 승인하였다. 법원은 할양 조약과 같은 권원이 아니라 권위의 계속적인 표시만을 주권의 근거로 삼기 위해서는 두 가지 요소가 필요하다고 보았다. 즉, 당해 지역에 대한 주권자라는 의사와 그러한 의사에 기초하는 권위가 실제로 어느 정도 행사되거나 표시되어야 한다는 것이다. 그리고 법원은 만일 타국이 당해 영역에 대하여 주권을 주장하고 있다면 어느 정도 그 사정도 고려해야 한다고 하였다. 덴마크는 타국들과 체결한 조약에서 동부 그린란드를 덴마크의 영토로 언급하고 그곳에서의 무역을 허락하였으며, 덴마크의 일부 입법적·행정적 규정을 그곳에 대해서도 적용하고, 국제적 승인을 얻으려고 시도하기도 하였다. 이러한 사실들은 덴마크가 실효적 지배를 통해 영역권을 취득했다고 인정할 수 있는 충분한 증거들이라고 하였다. 한편, PCIJ는 다른 국가가 더 우월한 주장을 입증할 수 없는 한 인구가 별로 없거나 살지 않는 지역의 경우에는 주권적 권리의 실제적 행사가 거의 요구되지 않는다고 하였다. 동 지역에 대한 덴마크의 상징적 지배를 인정하였다. 또한, 재판부는 1919년 7월 22일 노르웨이 외무장관의 덴마크 공사에 대한 구두 답변은 그린란드에 대한 덴마크의 주권을 확정적으로 승인한 것이라고는 할 수 없지만, 외무장관의 선언에 의한 약속의 결과로서 노르웨이는 그린란드 전체에 대한 덴마크의 주권을 다투지 않을 것과 그 영토를 점령해서는 안 될 의무를 부담하였다고 판시하였다.

---

6) US v. The Netherlands, 국제중재, 1928년.
7) Denmark v. Norway, PCIJ, 1933년.

🏛 판례 | Minquiers and Ecrehos 사건[8]

두 도서는 영국령 Channel 군도의 하나인 Jersey섬과 프랑스령 Chausey섬 사이에 위치한 작은 군도로서 19세기 말이후 영국과 프랑스 간 영역권의 귀속에 관한 다툼이 있었다. 영국과 프랑스는 특별협정을 체결하여 영역권의 귀속주체를 판단해 줄 것을 요청하였다. 영역권의 귀속과 관련하여 ICJ는 중세시대의 권원에 기초한 영역권 주장을 배척하고 후대의 법에 기초한 영역권의 귀속 여부를 각국이 제시한 증거에 기초하여 판단하였다. 그 결과 ICJ는 영국의 영역권을 승인하였다. 영국은 19세기 초 양 섬에서 수차례 형사재판권을 행사하였고, 그곳에 건축된 가옥을 과세대상으로 삼았으며, 동 섬에서의 부동산 매매는 영국 지방행정당국의 통제를 받았다. 반면, 프랑스는 이와 비슷한 주권의 표현을 입증하지 못했다. 따라서 재판소는 자신이 부탁받은 임무대로 상반되는 주장들의 '상대적 힘'을 평가하여 만장일치로 영국의 영토주권을 인정하였다. 한편, 이 사건에서는 어업협정과 영역권의 관계가 문제되었다. ICJ는 양 섬이 공동어업수역 내에 위치하고 있다고 하더라도 그 같은 공동어업수역이 소도와 바위의 육지영토의 공동사용권 체제(a regime of common user of the land territory of the islets and rocks)를 수반할 것이라는 점을 인정할 수 없다고 하였다. 원용된 조약규정들이 단지 어업만을 언급하고 있을 뿐 그 어떤 종류의 육지영토의 사용권에 대해서도 언급하고 있지 않기 때문이다. 즉, 어업협정상 양 섬이 공동어업수역 내에 있다고 하더라도 어업협정이 양 섬의 주권자를 결정하는 데 하등 영향을 주지 않는다는 것이다.

🏛 판례 | 페드라 브랑카, 미들락스 및 사우스레지 영유권 분쟁 사건[9][10]

페드라 브랑카는 무인도로서 길이 137m, 평균 폭 60m의 화강암지대이다. 인도양과 남중국해를 잇는 국제무역항로이자 매일 900여 척의 선박이 통항하는 싱가포르 해협의 동쪽 입구에 위치하고 있다. 미들락스는 페드라 브랑카로부터 남쪽으로 약 0.6해리 떨어져 있으며, 항상 수면 위에 있는 두 개의 암초군이다. 사우스 레지는 페드라 브랑카로부터 남서쪽으로 약 2.2해리 떨어져 있는 간출지(low-tide elevation)이다. 말레이시아가 1979년 출판한 정부 간행 지도에 페드라 브랑카(또는 풀라우 바투 푸테) 섬을 '풀라우 바투 푸테'라는 이름을 붙여 자국의 영해 내에 속하는 것으로 표시하자, 실질적으로 동 섬을 관할하고 있던 싱가포르가 1980년 서면 항의함으로써 페드라 브랑카 도서 영유권 분쟁이 발생하였다. 싱가포르와 말레이시아는 합의에 의해 ICJ에 제소하였다. 이 사안의 쟁점은 분쟁 도서 및 간출지에 대한 영유권의 귀속국가에 대한 것이다. 싱가포르는 '무주지 선점론'과 '말레이시아의 영유권 부인 또는 묵인'에 기초하여 영유권을 주장했다. 반면, 말레이시아는 고유영토론을 주장했다. ICJ는 페드라 브랑카의 영유권은 싱가포르에게 있고, 미들락스의 영유권은 말레이시아에게 있으며, 사우스 레지는 영해 중첩 수역에 있으므로 추후 경계획정에 따라 결정될 것이라고 판시하였다. ICJ가 페드라브랑카에 대해 싱가포르 영유권을 인정한 주요 근거는 영유권의 이전이었다. ICJ는 페드라 브랑카가 말레이시아의 고유영토였다고 해도 이러한 영유권은 싱가포르에 이전되었다고 판단하였다. ICJ는 '타방 국가가 주권자로서의 자격으로 한 행위, 즉 타방 국가가 명시적으로 영유권을 표명한 것에 대해 영유권을 가지고 있는 국가가 대응(respond)하지 않는다면 그 결과 특별한 사정하에서 영유권이 양도될 수 있다'고 하였다. 이러한 관점에서 ICJ는 1957년 조호르 국왕의 회신을 결정적인 증거로 판단하였다. 싱가포르 식민당국이 페드라 브랑카의 법적 지위가 불분명하므로 동 섬의 임대나 할양 및 처분 여부를 알 수 있는 어떠한 문서가 있는지 알려주라고 요청하자 조호르 정부는 페드라 브랑카 암석의 소유권(ownership)을 주장하지 않는다는 것을 통보해 주었다. ICJ는 이러한 회신을 조호르 국왕의 페드라 브랑카에 대한 '영유권'(sovereignty)의 포기로 간주했다.

---

8) Fracne/UK, ICJ, 1953년.
9) *Sovereignty over Pedra Branca/Pulau Batu Puteh, Middle Rocks and South Ledge*, Malaysia/Singapore, ICJ, 2008년 5월 23일 판결.
10) 김용환(2008), 페드라 브랑카, 미들락스 및 사우스레지의 영유권에 관한 ICJ 판례 분석, 국제법학회논총 제53권 제2호.

⚖ 판례 | 부루키나 파소 대 말리 국경분쟁 사건[11]

서아프리카에 위치하는 부루키나 파소(분쟁 부탁 시 국명은 Upper Volta)와 말리 공화국은 모두 프랑스의 식민지였으나 1960년에 각각 독립했다. 양국의 국경선은 약 1300km에 걸쳐 있었으나 식민지 시대에 행정구획이 종종 변경되었기 때문에 불명확한 부분이 있었다. 1974년 무력충돌을 계기로 아프리카단결기구(OAU)의 중개위원회에서 국경문제가 심의되었으나 분쟁을 해결하지 못했다. 1983년 양국은 특별협정을 체결하여 동 사건을 ICJ에 회부했다. 재판절차가 진행 중이던 1985년 12월 양국 간 국경에서 무력충돌이 발생하자 양국은 가보전조치를 요청했다. 이 사안에서 양국 간 국경선 획정문제가 주요 쟁점이 되었다. 국경선획정에 있어서 Uti Possidetis 원칙의 법적 성질, 형평의 원칙의 적용가능성, 지도의 효력, 실효적 지배와 Uti Possidetis 원칙의 관계 등이 세부 쟁점이 되었다. 첫째, Uti Possidetis 원칙과 관련하여 재판부는 특별합의 전문에 분쟁 해결이 '특히 식민지 시대부터 계속되어 온 국경선의 불가변성이라는 원칙의 존중에 기하여' 행해져야 한다는 문언에 주의하여 'uti possidetis 원칙'[12]을 적용하였다. 동 원칙은 스페인령 아메리카에서 최초로 사용되었으나 이는 국제법의 특정 체계에 관한 특별규칙이 아니라 일반적 원칙이며 그 목적은 식민본국 철수 후에 국경선을 둘러싼 분쟁에 의하여 신국가의 독립과 안정성이 위험에 처하는 것을 방지하는 데 있다고 하였다. 또한 동 원칙은 인민의 자결권과 모순되지만, 아프리카에서의 영역의 현상유지는 독립 투쟁에 의하여 달성된 것을 유지하고, 다수의 희생에 의해 획득한 것을 유지하는 최선의 방법으로 확인하고, uti possidetis 원칙은 가장 중요한 법적 원칙의 하나로서 확립되었다고 하였다. 둘째, 형평의 원칙과 관련하여 양 당사국은 ICJ규정 제38조에 의한 형평과 선에 따라 재판하는 권한을 재판소에 부여하지 않았다. 재판소에 따르면, 국경선 획정 문제에서는 해양경계획정 시에 적용되는 '형평원칙'과 동등한 개념은 존재하지 않는다. 양 당사국이 합의하지 않았기 때문에 '법에 반하는(contra legem) 형평'에 기초한 주장도 부정되어야 하고, '법을 초월한(praeter legem) 형평'도 적용할 수 없다. 다만, 재판부는 '법 아래에서의(infra legem) 형평', 즉 유효한 법의 해석방법을 구성하고 동시에 동 법의 속성의 하나인 형평의 형태를 검토할 수 있으므로 재판부는 국경획정에 있어서 식민지 당시 프랑스 해외영토법을 고려할 수 있다고 하였다. 셋째, 말리 대통령의 일방행위의 효력과 관련하여, 말리의 대통령은 1975년의 OAU 중개위원회의 법률소위원회에 의한 판단에 따른다는 취지의 표명을 하였다. 그러나 재판부는 말리 대통령의 일방행위로부터 어떠한 법적 의무도 도출되지 않는다고 판시하였다. 중개위원회는 법적 구속력 있는 결정을 할 수 없으며, 소위원회의 작업이 종료되지 않았다는 점에 대해 다툼이 없기 때문이다. 호주와 뉴질랜드 대 프랑스의 핵실험 사건에서 보듯이 일방적 행위가 법적 의무를 창설하는 경우가 있지만, 그것은 당해국의 의사에 의한 것이었으며, 본 건의 경우는 그와 다르다고 하였다. 넷째, 지도의 효력과 관련하여 국경 분쟁에 있어서 지도는 단순한 사정에 지나지 않고, 영역 확정에 있어서 국제법상 고유의 효력을 부여하는 자료로 인정되지 않는다고 하였다. 지도의 증거적 가치는 보조적·확인적인 것에 불과하고 입증책임을 전환시킬 만큼의 충분한 법적 추정은 주어지지 않는다고 판단하였다. 다섯째, 실효적 지배와 Uti Possidetis 원칙의 관계에 관하여, 양 당사국은 식민지통치의 실효성을 원용하였으나 실효적 통치와 Uti Possidetis 원칙, 즉 행위와 법의 사이에 존재하는 관계에 대해서는 다음과 같이 정리할 수 있다고 하였다. 첫째, 행위가 법과 일치하는 경우 실효성의 역할은 법적 권원으로부터 나오는 권리의 행사를 확인하는 것에 지나지 않는다. 둘째, 행위와 법이 일치하지 않는 경우 법적 권원을 갖는 국가에 우위성이 부여된다. 셋째, 실효성이 법적 권원을 수반하지 않는 경우, 실효성은 항상 고려되어야 한다. 넷째, 법적 권원이 관련하는 영역의 범위를 정확하게 나타낼 수 없는 경우, 실효성은 법적 권원이 실제와 같이 해석되는지 여부를 나타내는 본질적 역할을 한다.

---

11) Case Concerning The Frontier Dispute, Burkina Faso v. Republic of Mali, ICJ, 1986년.
12) uti possidetis juris는 '모든 회원국은 독립을 달성할 당시의 국경선을 존중할 것을 약속한다'는 규칙이다. 현상유지원칙을 의미한다. 동 원칙은 19세기 초반 남미에서 스페인의 식민지들이 독립할 때 식민통치 당시의 행정경계선을 국경선으로 채택함으로써 적용되었다.

🔨 판례 | 육지 · 섬 · 해양경계 분쟁 사건13)14)

엘살바도르와 온두라스는 1821년 9월 15일 스페인으로부터 독립하여 코스타리카 등과 함께 중앙아메리카공화국연방이 되었다가 1839년 이 연방의 해체로 개별국가를 이루게 되었다. 1854년 미국이 온두라스, 엘살바도르, 니카라과 3국이 면하고 있는 폰세카만의 El Tigre섬을 온두라스에게 구입하겠다고 제안하자 엘살바도르가 이에 대해 항의하며 Meanguera섬과 Meanguerita섬에 대해 영유권을 주장하였다. 1884년 Cruz-Letona협정에 의해 폰세카만 수역에 있어서 두 국가 간에 경계획정이 이루어졌지만, 온두라스 의회가 이를 비준하지 않아 발효되지 못하였다. 그 후 엘살바도르와 온두라스 간의 경계분쟁은 그 이후에도 계속되었으며 1969년에는 무력충돌로까지 악화되었다. 1976년 10월 '엘살바도르와 온두라스 간의 중개절차 채택에 관한 조약'이 미주기구의 협력에 의해 체결되었고 1978년 1월에 시작한 중개의 결과 1980년 10월 30일에 일반평화조약(General Treaty of Peace)이 체결되었다. 이 조약에 근거해 설립된 합동경계위원회는 그 후 5년 동안 43회에 걸쳐 회의를 하였으나 아무런 성과를 내지 못하였고, 결국 5년이 경과한 후에도 협의가 이루어지지 않는 경우에는 ICJ에 부탁하기로 한다는 일반평화조약 제31조에 의하여 1986년 5월 24일 본 사건의 특별협정이 체결되었다. 1986년 12월 11일 엘살바도르와 온두라스는 그들이 1986년 5월 24일 체결한 특별협정(Special Agreement)을 ICJ 서기국에 제출하였다. 이 특별협정 제2조에서는 1980년 10월 30일 체결한 일반평화조약 제16조에 규정되어 있지 않은 6개 지역의 경계를 획정해 줄 것과 폰세카만 내에 있는 섬과 수역의 법적지위를 결정해 줄 것을 특별재판부(Chamber)에 요청하고 있다. 특히 El Tigre섬의 법적 지위, Meanguera섬과 Meanguerita섬의 법적 지위에 대해 결정해 줄 것을 요청하였다. 첫째, El Tigre섬의 법적 지위와 관련하여 엘살바도르는 El Tigre섬이 1833년 이전에 자국에게 속해 있었고, 그 이후에는 이 섬에 있어서 온두라스의 존재는 인정하지만 자국이 공인한 범위 내에서 이루어진 것이라고 주장하였다. 즉 1833년 이후 온두라스의 이 섬에 대한 점유는 '1833년에 엘살바도르가 공인한 범위 내에서 이루어진 사실상의 점령(a de facto occupation)에 불과한 것'이라고 주장하였다. 이에 대해 재판부는 1849년 12월 영국이 일시적으로 이 섬을 점령했지만 온두라스에 반환한다고 진술한 점, 같은 해 10월 온두라스가 미국과 이 섬을 18개월간 이양한다고 하는 조약을 체결한 점, 1854년 온두라스가 폰세카만 연안과 섬의 토지를 매각하려고 할 때 엘살바도르가 El Tigre섬에 대해 주권을 주장하지 않았다는 점 등 역사적 사건들을 고려하여, 양국의 행위는 일관되게 El Tigre섬이 온두라스에 속하는 것으로 가정하고 있다는 결론을 내렸다. 둘째, Meanguera섬과 Meanguerita섬의 법적 지위에 관해 재판소는 Meanguerita는 크기가 작고, 보다 큰 섬에 근접해 있으며, 사람이 거주하지 않는다는 이유로 Meanguera의 부속섬(dependency)으로 다루었다. 이는 양 당사국도 인정한 것이었다. 재판소는 다양한 증거자료들을 검토한 후 Meanguera섬에 대한 엘살바도르의 주권을 승인하였으며, 이에 따라 Meanguerita섬 역시 엘살바도르의 주권을 인정하였다. 몇 가지 증거들을 보자.

① 1856년 및 1879년에 엘살바도르 공공간행물이 Meanguera섬에 대한 행정적 조치를 보도하였으나 온두라스는 이에 대해 어떠한 항의나 반응도 보이지 않았다.
② 19세기 이후 엘살바도르는 19세기 이후 온두라스의 반대나 항의 없이 동 섬에 있어서 실효적 지배를 강화해 왔다.
③ 1900년 온두라스와 니카라과 간의 해양경계획정 시에 등거리선이 사용되었고, 그 기준점을 Meanguera섬이 아니라 El Tigre섬으로 하였다.

요컨대, 재판부는 1821년의 uti possidetis 원칙의 지위를 식민지 권원과 실효성(colonial titles and effectivités)에 근거하여 만족스럽게 확인할 수 없지만, 엘살바도르가 1854년에 Meanguera에 대해 주권을 주장하고 그 이후 동 섬에 대하여 실효적 점유와 지배를 행해 왔다고 하는 사실에 기초하여 엘살바도르를 동 섬에 대한 주권국으로 간주할 수 있다고 하였다.

---

13) Land, Island and Maritime Frontier Dispute, El Salvador/Honduras, Nicaragua intervening, ICJ, 1992년.
14) 홍성근(1999), Fonseca만의 섬의 법적 지위와 독도문제, 외법논집 제7집.

I 결정적 기일(critical date)

1. 개념

장기간에 걸친 영토분쟁에 있어서 어느 사실이 권원요소의 증거로서 채택될 수 있는지 여부를 결정하는 시간적 한계는 당사자 간에 주요 계쟁점의 하나로 등장하게 되며, 이 시간적 한계를 결정하는 시점을 결정적 시점이라 한다.

2. 판례

(1) 'critical date'를 명시적 또는 묵시적으로 언급한 판례

① 팔마스섬 사건(중재, 1928): 필리핀군도 일부를 구성하고 있었던 팔마스섬에 대해 미국과 네덜란드가 영유권을 주장한 사건이다. 양국은 특정날짜를 critical date로 설정해 달라고 요청하지는 않았다. 재판부는 결정적 기일을 파리조약[15]이 체결되고 발효한 시점(1898년 12월 10일)으로 잡고 이 시점에 팔마스섬에 대한 주권을 누가 갖는가를 집중 심리하여 네덜란드 영유권을 인정하였다. 한편, 중재재판관은 양국의 분쟁이 현실적으로 발생한 시점은 당시 미국의 당해 지방총독이었던 Wood 장군이 팔마스섬을 시찰하면서 네덜란드 국기가 게양된 사실에 관해 본국정부에 통고한 1906년으로 간주하였다. 이에 대해 이 판례에서 언급한 결정적 기일이란 분쟁이 '발생한' 일자(1898)가 아니라 분쟁이 '표면화된' 일자(1906)라는 주장도 있다(Y. Z. Blum).

② 클리퍼튼섬 사건(중재, 1931): 태평양상에 위치한 산호초로 구성된 작은 섬 클리퍼튼의 영유권에 대해 프랑스와 멕시코가 다툰 사건이다. 프랑스는 1858년 프랑스 선박의 발견, 상륙, 해도작성, 하와이 주재 프랑스 영사에게의 통고 등을 통해 선점함으로써 영유권을 취득했다고 주장한 반면, 멕시코는 1897년 이 섬에 군함을 파견하여 자국 국기를 게양하였으며, 스페인이 1858년 이전에 이 섬을 발견하였으므로 무주지가 아니고, 프랑스 측의 실효적 점유행위가 없었으므로 자국에게 영유권이 있다고 주장하였다. 이 사건 당시 critical date라는 소송기술상의 용어는 알려져 있지 않았다고 보여진다. 다만, 양 당사국은 프랑스가 클리퍼튼섬을 발견한 1858년 11월 17일을 기준으로 당시 과연 동 섬이 무주지였는가의 여부에 초점을 맞추었다. 판결문 역시 현대적 의미의 critical date에 대한 언급은 없으나 1897년 이전까지 클리퍼튼섬이 무주지였다는 멕시코의 주장을 배척하기 위한 논리를 전개하였다. 재판관은 1858년 프랑스가 '선점'에 의해 영토를 적법하게 취득한 것으로 판시하였다.

③ 동부 그린란드 사건(PCIJ, 1933): 재판부는 판결문에서 명시적으로 1931년 7월 10일(노르웨이의 동부 그린란드지역에 대한 선점 선언일)을 critical date란 용어로 언급하였다. 그러나 '증거허용능력'이라는 소송기술적 측면에서 언급한 것이 아니라 단지 덴마크가 자신의 주권이 그 시점 이전에 당해지역에서 당연히 존재하고 있었다는 주장을 배척하기 위한 목적으로 사용된 것으로 평가된다.

---

15) 미국–스페인 전쟁을 종결한 조약으로서 미국은 이 조약에 의해 필리핀군도를 스페인으로부터 할양받았다.

④ 망키에 · 메크르오제도 사건(The Minquires and Ecrehos case, ICJ, 1953): 프랑스는 양국 간 어업협정 체결일인 1839년 8월 2일을 critical date라고 주장하면서 그 이후 이루어진 일방의 행위는 영토주권에 관한 한 타방에 대항할 수 없다고 주장하였다. 반면, 영국은 양국이 ICJ에 제소하기로 합의된 1950년 12월 29일을 critical date로 주장하면서 최근까지의 자신의 행위의 유효성을 강조하였다. 재판부는 critical date의 개념을 'when a dispute first arose' 또는 'date when dispute over sovereignty first arose, and date when it became crystallized'로 정의하였다. 이 정의에 기초하여 프랑스가 최초로 Ecrehos와 Minquires에 대한 청구를 제기한 1886년과 1888년을 critical date로 간주하였다. 재판부는 결정적 기일 이후에 이루어진 양 당사국의 행위가 당사국의 법적 지위를 개선할 목적으로 이루어진 것이 아니라면 그 효력을 인정할 수 있다고 보았다. 관련 당사국의 행위가 영토주권에 관한 분쟁 발생 이전에 이미 점차적으로 발전된 것이며 또한 중단 없이 동일한 방식으로 계속되어 왔다고 판단했기 때문이다.

⑤ 엘살바도르와 온두라스 간 경계획정 사건(ICJ, 1992): 재판부는 결정적 기일 대신 'critical period'(결정적 기간)이란 표현을 사용하여 재판부가 특히 고려할 당사국행위의 범위를 제한시켰다. 엘살바도르와 온두라스 모두 16세기까지 거슬러 올라가는 고증자료를 제시하였으나 재판부는 임의로 분쟁당사국들이 스페인으로부터 독립한 1821년부터 1986년 ICJ 제소를 위한 특별협정체결시점까지 행한 행위의 분석에 특히 중점을 두었다.

(2) critical date에 대해 유보 내지 변형한 판례

모든 소송에서 항상 결정적 기일이 중시되는 것은 아니며, 분쟁의 성격에 따라 논의 자체를 배제하거나 의미를 축소 또는 변형하기도 한다. Emirates de Dubai v. Sharjah case(1981)에서 중재법원은 팔마스섬 사건이나 동부그린란드 사건처럼 분쟁대상이 되고 있는 영토에 대해 과거 어느 시점에 일국에 의해 주권이 행사되었는가를 명확하게 설정하는 것이 필요한 사건에서만 결정적 기일이 필요하다고 하였다. Canal of Beagle 사건(1977)에서 국제중재법원 역시 영토주권에 관한 분쟁이 있는 지역에서 오랜 기간 동안 별다른 변화 내지 진전이 없는 상황에서는 결정적 기일에 대한 논의가 불필요하다고 하였다. 한편, 인도와 파키스탄 간의 Rann of Kutch 사건이나 프랑스와 멕시코 간의 클리퍼턴섬 사건의 경우 2개의 결정적 시점이 집중 검토되기도 하였다. 또한 엘살바도르와 온두라스 간 경계획정 사건이나 이집트와 이스라엘 간 국제중재의 경우 '결정적 기간(critical period)'을 설정하여 중점 검토하였다.

(3) 소결

판례를 통해 볼 때 critical date에 대해 다음과 같이 정리할 수 있다. 첫째, critical date란 대체로 분쟁당사국 간 영토주권을 둘러싼 분쟁 또는 영토주권 그 자체의 존재 여부에 대한 의문이 최초로 발생한 시점으로 규정되고 있다. 둘째, 결정적 기일 설정문제가 중요한 이유는 분쟁당사국이 제시하는 각종 사실, 행위 등의 증거효력이 재판부에 의해 중요하게 다루어질 수 있는지 여부와 결부되어 있기 때문이다. 셋째, 재판부는 분쟁당사국의 의도와 관계없이 critical date를 임의적으로 정하거나 아예 고려하지 않기도 한다.

3. 학설

(1) Sir. G. Fitzmaurice

결정적 기일을 '어떤 분쟁에 관하여 그 일자 이후에는 당사자의 행위가 그 문제에 더 이상 영향을 미칠 수 없는 날짜'로 정의하고 분쟁이 개시된 일자, 원고국이 당해 지역에 대해 명확한 요구를 행한 일자, 분쟁이 당사국 간 영토주권에 관하여 명확한 쟁점으로 결정화된 일자 등에서 어느 하나가 지정될 가능성이 높다고 하였다. 또한 결정적 기일을 결정함에 있어서 고려해야 할 사항을 제시하였다. 첫째, 결정적 기일 결정에 있어서 모든 사정을 참작하여 정당하고 공평한 근거에 입각해서 결정해야 한다. 둘째, 너무 빠르거나 너무 늦게 결정해서는 안 된다. 셋째, 결정적 기일 문제는 재판에 있어서 선결적 문제가 아니라 분쟁의 사실 및 본안과 결부되어 있으므로 이와 분리하여 고려될 수 없으며 또한 결정적 기일의 설정은 각 영토분쟁의 형태와 직결되어 있다는 점을 명심해야 한다.

(2) Y. Z. Blum

모든 영토분쟁에는 내재적으로 critical date 문제가 존재하며 그러한 날짜를 결정하는 작업은 당해 영토분쟁에 있어서 가장 중요한 의미를 갖는다고 본다. 따라서 결정적 기일의 결정은 자의적으로 행해져서는 안 되며 승인된 법원칙에 따라야 한다.

(3) Mengel

시간이라는 요소는 국제법상 국가 간 분쟁해결에서 중요하다고 전제한 후, critical date 이론은 사건을 의뢰받은 법원이 어떠한 사실, 행위 또는 법에 근거하여 영토주권에 관한 분쟁을 풀어야 하는지에 대한 일종의 해결책으로 등장했다고 본다. 그러나 그는 critical date 이론이 영토분쟁에 있어서 더욱 정당하고 형평스러운 해결책을 모색함에 있어서 반드시 적절하다고 볼 이유는 없다고 간주한다. 그 이유는 결정적 기일을 설정하는 과정에서 제기되는 난점들이 해결되지 않은 채 그대로 남아있다는 점뿐 아니라 critical date를 적용함으로써 야기되는 또 다른 문제점이 있다고 본다. 특히 육지영토를 둘러싼 분쟁의 경우 인위적인 결정적 기일을 설정함으로써 당사국들에 의해 중요하다고 간주되는 일정한 사회학적 사실의 고려가 배제되는 위험이 있다고 본다.

(4) D. Bardonnet

critical date 이후에 발생한 사실이나 행위가 재판부에 의해 참작 가능하기 위한 조건을 제시하였다. 첫째, critical date 전후의 당사국들의 행위가 분쟁대상인 영토와 분쟁당사국의 상호관계에 상당히 다른 점이 없는 경우. 둘째, critical date 이후의 행위가 critical date 이전의 행위의 계속적인 발전의 의미를 갖는 경우. 셋째, critical date 이후의 행위가 일방의 입장을 크게 강화시킬 의도로 또는 타방의 입장을 크게 훼손시킬 정도가 아닌 경우.

Ⅱ 시제법

1. 개념

팔마스섬 사건에서 Max Huber 재판관에 의하면 시제법원칙이란 '법적인 사실은 그 당시의 법에 의하여 평가되어야 하며 그에 관한 분쟁이 발생하거나 해결되는 시점에 유효한 법에 의하여 평가되어서는 안 된다'는 원칙을 말한다. 페어드로스(Verdross)와 짐마(Simma)는 시제법을 '주요원칙'(Hauptgrundsatz)으로 평가하면서 '모든 행위와 사태는 그것이 발생하고 존속된 시간에 유효하였던 규범에 따라 평가되어야 한다'라는 의미로 정의하여 Max Huber 재판관과 유사한 입장을 취하고 있다.

2. 시제법과 결정적 기일의 관계

시제법의 원칙은 결정적 기일과 관계가 있다. 시제법의 원칙을 적용하기 위해 '법적인 사실이 발생한 시점에 존재하였던 당시의 법'을 확인하려면 그러한 '시점'을 특정하지 않으면 안 된다. '결정적 기일'의 이론은 그러한 시점을 결정하는 기능을 한다. 시간의 경과를 통하여 형성되는 권리와 의무 또는 법적 상태와 관련된 일정한 법적 문제에 관하여 '그 이후로는 당사자의 행위가 법적 상태에 영향을 미칠 수 없는 일자'가 '결정적 기일'의 이론에 의해 결정되면, 그러한 일자에 유효하였던 법이 '시제법의 원칙'에 의해 당해 법적 문제에 적용되는 것이다.

3. 법적 성질

시제법은 이론, 원칙 또는 국제법규칙 등으로 불리나 대체로 '법의 일반 원칙'으로 평가된다. 제닝스(R. Y. Jennings)는 시제법의 규칙을 법률불소급의 규칙의 한 측면에 지나지 않는다고 설명하고 그러한 범위에서 그것은 '법의 일반 원칙'(general principle of law)으로 간주될 수 있다고 하였다. 블룸(Yehuda Z. Blum) 역시 시제법에 대해 '법 사이의 시간적 충돌'의 문제는 국내법과 국제법 모두에서 볼 수 있는 일반적 문제이며, 원칙적으로 어떤 법규범에 대해서도 소급 적용이 허용되어서는 안 된다는 것은 문명국에 의하여 일반적으로 승인된 규칙이라고 하였다.

4. 국제법상 시제법의 문제상황

실제 사건에서 시제법이 문제될 수 있는 상황은 우선 특정 법적 문제가 오래 전에 발생한 사실 또는 오랜 기간에 걸쳐 지속된 사실과 관련되는 경우이다. 이러한 경우 법적 문제 발생시점에 적용 가능한 법규범이 시간이 지나면서 변경될 가능성이 있다. 또한, 특정 법적 문제에 대해 관련 규범이 최근에 급격하게 변경된 경우에 시제법이 문제된다. 최근 국제법에도 주권면제, 해양법관련 규범, 국제인권법 영역에서 급격한 규범 변경이 있었다.

5. 시제법 관련 판례

(1) 영역권원

영토와 관련된 분쟁은 그 역사적 기원이 오래된 경우가 많기 때문에 시제법 문제와 가장 밀접한 관련이 있는 국제법적 문제이다. '팔마스섬 사건'의 경우 후버 중재관은 이른바 '권리존속에 관한 시제법 이론'을 적용함으로써 논란을 불러 일으키기도 하였다. 미국과 네덜란드 간에 제기된 이 사건에서 미국은 스페인이 16세기 초에 '발견'에 의해 영유권을 갖게 되었고 1898년 파리조약에 의해 필리핀과 함께 넘겨받았다고 주장했다. 그러나 중재관은 16세기 전반에 '발견'한 것만으로 영토를 취득할 수 있는지에 대해 판단하지 않았고, 16세기 이후에 발전된 국제법에 의해 영토주권이 유지되어야 한다고 판단하였다. 즉, 새로운 국제법에 의해 요구되는 '실효적 지배' 요건을 갖추어야 한다고 본 것이다. 그러나 스페인이 그러한 요건을 갖추지 못하였으므로 영토주권을 취득한 것으로 볼 수 없다고 하였다. 이에 대해 Malanczuk은 후버 판사가 제시한 '권리존속에 관한 시제법론'은 법의 소급적 적용에 대한 주장으로서 법적 안정성을 현저하게 해한다고 비판하였다.

(2) 경계획정

해양경계획정에 있어서 시제법 원칙이 적용된 사례로 덴마크와 스웨덴 사이의 '그리스바다르나(Grisbadarna) 사건'(PCA, 1909)이 있다. 이 사건에서 재판부는 경계획정에 있어서 '당시의 법원칙에 의하여야 한다'고 하면서 해안선의 일반적 방향에 따른 경계획정의 원칙을 그리스바르나 지역이 스웨덴으로 할양되던 1658년 당시 경계획정에 관한 국제법으로 인정하였다. 재판부는 재판을 하던 1909년 당시에 경계획정 원칙이 중간선 원칙이나 탈베크(Thalweg) 원칙이었으나 동 원칙을 적용하지 않았다. 시제법의 원칙에 따른 판례이다.

(3) 주권면제

주권면제는 절대적 주권면제의 법리에서 제한적 주권면제로 변경되었다. 이에 관한 판례로는 영국에서 문제된 '트렌텍스(Trendtex) 사건'이 있다. 나이지리아정부에 시멘트를 공급한 트렌텍스사가 나이지리아 중앙은행을 상대로 영국법원에 제소한 이 사건에서 1심법원은 주권면제법리를 적용하여 원고 패소 판결하였다. 그러나 항소심은 주권면제에 관한 법리가 제한적 주권면제로 변경되었고, 이 사건의 경우 상업적·사적 성질의 행위이므로 면제가 제한된다고 판시하고 원고 승소 판결하였다. 항소심 재판부는 시제법의 원칙에 따라 제한적 주권면제론을 적용한 것으로 평가된다.

(4) 조약법

조약법 분야에 있어서 시제법이 문제되는 것은 조약체결 당시 조약의 문언의 의미가 조약체결 이후 변경된 경우이다. 이러한 경우 국제사법재판소는 '동시대성의 원칙(principle of contemporaneity)'에 따라 조약체결 당시 문언의 의미에 따라 해석하였다. 'Case concerning rights of nationals of the United States of America in Morocco'에서 국제사법재판소는 문제가 된 조약에 있어서 '분쟁(dispute)'이라는 의미는 조약체결 당시 문언의 의미에 따라 민사와 형사적 분쟁을 모두 포함하는 것으로 해석하였다. 또한 그리스와 터키 사이의 '에게해 대륙붕 사건' 역시 조약 해석과 관련하여 시제법 문제가 주요 쟁점이 되었던 사건이다. 그리스는 1928년에 체결된 '국제분쟁의 평화적 해결에 관한 일반 의정서' 제17조에 대한 자신의 유보에도 불구하고 ICJ관할권이 성립한다고 주장하였다. 그리스는 동 유보에 있어서 '그리스의 영토적 지위'와 관련된 분쟁의 범위에 대륙붕 관련 분쟁은 포함되지 않는다고 항변하였다. 그러나 ICJ는 '영토적 지위에 관한 분쟁'은 조약체결 당시의 문언에 의해서도 '대륙붕 관련 분쟁'이 포함된다고 판단하였다. 따라서 그리스와 터키 분쟁에 대해 관할권이 없다고 판단하였다.

6. 시제법 원칙의 예외

(1) 나미비아 사건에 관한 권고적 의견(ICJ, 1971)

국제사법재판소는 이 사건에서 조약의 해석은 사후적인 국제법의 발전에 영향을 받으며 국제적 문서들은 해석 당시에 지배적인 전체적인 법체계의 구조 속에서 해석되고 적용되어야 한다고 판시하였다. 다만, 동 권고적 의견은 국제연맹규약 제22조상의 '현대 세계의 엄혹한 상황', '관련 인민들의 복지와 발전', '신성한 위임' 등의 문언들이 그 정의상 '발전적'인 것이라는 점을 지적하면서, 그것이 국제연맹규약 체결 당시의 당사자의 의사에 의한 것이라는 점을 언급함으로써 국제연맹규약의 발전적 해석이 시제법 원칙의 예외가 아니라는 점을 나타내주었다.

(2) 유럽인권법원

유럽인권법원은 유럽인권협약의 해석에 있어서 '발전적 해석'(evolutionary interpretation) 태도를 보여 주고 있다. 즉, 유럽인권협약은 '살아 있는 문서'(a living instrument)로서 오늘날의 상황에 비추어 해석 되어야 한다고 하였다.16)

(3) 가브치코보 – 나기마로스 계획 사건(ICJ, 1998)

이 사건에서 ICJ는 발전적 해석 규칙을 배척하고 조약 해석의 동시대성의 원칙을 채용하였다. 헝가리는 1977년 조약의 해석에 있어서 더 발전되고 더 엄격한 환경법 및 국제수로법의 맥락에서 해석되어야 한다 고 주장하였으나 ICJ는 이를 배척했다. 이러한 재판소의 태도를 베자위(Bedjaoui) 판사는 조약 해석에 있 어서 '고정적 참조'(fixed reference)와 '유동적 참조'(mobile reference) 중에서 '고정적 참조'를 채택한 것으로 이해하고 그러한 재판소의 태도를 정당한 것으로 보았다. 강행규범과 저촉되지 않는 한 '조약은 준 수되어야 한다'는 원칙이 존중되어야 하고, 조약의 해석은 조약 체결 시에 표명된 당사자의 의사에 따라야 하므로 고정적 참조가 유동적 참조보다 우월하다는 것이 그 이유이다. 베자위 판사는 1971년 나미비아 사 건에 관한 권고적 의견에서 언급된 '발전적 해석'은 예외적인 상황에서만 허용될 수 있는 것이므로 모든 통 상적인 상황에서는 조약의 발전적 해석, 조약의 해석에서의 '유동적 참조'는 허용될 수 없는 것으로 보고 있다.

Ⅲ Thalweg 원칙

Thalweg 원칙은 항행이 가능한 하천의 경우 주된 수로(가항수로)의 중앙선이 국경선으로 된다는 원칙이다. ICJ는 2005년 Frontier Dispute, Benin · Niger 사건에서 국경을 형성하는 가항하천 위에 교량이 있는 경우 별도의 합의가 없는 한 중간선이 아닌 중심 수류의 수직상공에 해당하는 교량 지점을 국경으로 판단했다. 두 국가 간에 국경을 형성하는 강의 수로가 점진적으로 변경되면 'Thalweg의 원칙'상 점진적으로 변화된 강의 수 로에 따라 국경도 변화되나, 하천의 수로가 홍수 등으로 급격하게 변경된 경우 국경선은 원래의 위치로부터 변경되지 않는다는 'Thalweg의 예외'가 적용된다.

---

16) Tyrer v. The United Kingdom(1978, European Court of Human Rights)

Ⅳ effectivités

권원 취득에 직접 관계되는 주권의 표시를 의미한다. 이미 성립된 권원을 확인하기 위한 증거로서의 관할권의 행사나 표시를 말한다. 유효한 권원이 성립된 경우 effectivités는 권원을 확인시키는 역할을 한다. 확립된 권원과 충돌하는 effectivités는 별다른 효력을 가질 수 없다. 권원이 확인되지 않은 경우 effectivités는 영유권 판단에 중요한 역할을 한다.

Ⅴ 역사적 응고이론(historic consolidation)

de Vissher가 주장한 이론이다. 영역주권이 특정한 권원취득방식에 의해 획득되기보다 당초 불안정한 권원이 기간의 경과, 합의, 승인, 묵인 등의 요소에 의해 서서히 응고되고 확정되어 간다는 주장이다. 당초 권원취득의 불법성을 문제시하지 않는다는 문제점이 있다. I. Brwonlie, J. Crawford 등은 동 개념을 부인한다. 국제사법재판소도 역사적 응고이론을 지지하지 않았다.

Ⅵ Condominium

한 지역에 대해 복수의 국가가 동등하게 주권을 행사하는 것을 콘도미니엄이라고 한다. ICJ에 의하면 폰세카만은 니카라과, 엘살바도르, 온두라스의 공동주권에 속하는 수역이다. New Hebrides는 과거 영국과 프랑스가 공동주권을 행사하는 Condominium에 해당된 지역이었다.

제3절 국제지역과 조차지

Ⅰ 의의

국가의 영역, 특히 영토에 대한 국권은 원칙적으로 배타적이나 영역권의 내용은 절대적인 것이 아니며 국제관계의 현실적 요청에 따라 국제법상 제한을 받을 수 있다. 국제법에 의해 영역권이 제한되는 경우 국가는 제한된 범위에서만 국권을 행사할 수 있다. 영역권에 대한 제한은 무해통항권과 같이 일반국제법에 의한 경우와 조약에 의한 제한으로 대별할 수 있다. 조약에 의한 제한으로는 국제지역, 조차, 국제하천, 국제운하가 있다.

Ⅱ 국제지역

1. 개념

국가 간의 특별한 합의에 의해 일정한 국가영역에 부과되는 영역권의 특별한 제한을 말한다. 국제지역이 설정된 지역을 승역지(servient land)라 하고 그 지역이 속하는 국가를 승역국이라 하며, 국제지역에 의해 이익을 받는 국가를 요역국이라 한다.

2. 구별개념

지역권은 '특별한 부담'이라는 점에서 통치작용이 포괄적으로 배제되는 조차지와 다르다. 또한 지역권은 '특정 국가'의 영토에 부과되는 부담이라는 점에서 일반국제법에 의해 '모든' 국가에 부과되는 일반적 의무인 무해통항권과 구별된다.

3. 유형

내용을 기준으로 요역국이 승역지를 적극적을 이용할 수 있는 '적극적 지역'과 요역지의 이용에 있어서 승역국에 대해 일정한 부작위의무를 부과하는 '소극적 지역'이 있다. 철도부설권, 군대통과권, 어업권 등이 전자의 예이며, 승역국이 승역지에서 요새를 건설하지 않을 의무는 후자의 예에 속한다. 한편, 요역국의 수를 기준으로 특별지역권(요역국이 1개), 일반지역권(다수 국가), 보편지역권(모든 국가가 요역국)으로 분류된다.

4. 성질 – 지역권의 물권적 효력성

(1) 법적 쟁점

지역권 개념은 국내법에서 유추된 개념으로서 국내법이 소유권에 대한 제한으로서의 지역권에 대해 물권적 성격, 즉 대물적 성격을 부여하여 소유주의 권리승계인 역시 지역권의 부담하에 놓이는 것과 같이, 국제법상 지역권이 승계되는가에 대해 논란이 있다.

(2) 학설

Akehurst 등 긍정론자들은 국제관계의 법적 안정성을 중시하여 일정한 경우 '대물적' 지역권의 개념을 인정할 필요가 있다고 본다. 반면, 법실증주의자들은 어떤 국가의 특별한 의무는 당해 국가의 명시적·묵시적 동의로부터 발생하는 것이므로 이들 의무는 대인적이고 따라서 승계되지 않는다고 본다. Oppenheim 등 다수설은 국내법상의 지역권 이론을 국제법에 적용하여 국제지역의 물권성을 인정하나, 국제지역의 경우 당해 승역지의 영유권을 새로이 취득한 국가가 명시적 또는 묵시적으로 국제지역권을 인정하지 않는 한 의무를 부담하지 않는 것이 현 국제사회의 실정이므로 국제지역의 물권성을 인정하기는 곤란하다고 본다.

(3) 판례

PCIJ는 1932년 '자유지역 사건'에서 프랑스는 사르디니아로부터 획득한 사보이 지역에서 무관세지역을 유지키로 했던 사르디니아의 스위스에 대한 과거 약속을 이행할 의무가 있다고 판결하였다. 한편, 스웨덴과 핀란드 간 '올란드섬 사건'에서 국제법률가위원회는 러시아로부터 분리독립한 핀란드는 러시아가 크리미아 전쟁 이후 체결된 일반강화조약에서 약속한 올란드섬의 비요새화 의무를 승계해야 한다고 판단하였다.

(4) 국제조약

1978년 조약에 대한 국가승계에 관한 비엔나협약 제12조는 다른 국가들의 이익을 위하여 수립된 영토에 관련한 조약상의 권리·의무, 즉 지역권 설정조약은 국가승계의 영향을 받지 않으나 예외적으로 외국군대 기지설정조약은 승계되지 않는다고 규정하고 있다.

5. 요건

(1) 국가 간의 합의를 요한다.

(2) 특별국제법상의 합의이다. 따라서 일반국제법상 부과된 부담은 국제지역이 아니다.

(3) 국제지역의 객체는 승역국의 일정한 영역이므로 승역국의 영역권은 승역지에서만 일정한 제한을 받는다.

6. 효과

국가 간의 합의에 의해 국제지역이 설정되면, 요역국은 승역지상에 일정한 권리를 취득하며 승역국은 요역국에 대한 일정한 의무를 부담한다. 지역권의 구체적 내용은 합의에 따라 결정된다.

Ⅲ 조차

1. 의의

조차란 국가가 타국과의 특별한 합의에 의해 타국영역의 일부를 차용하는 것을 말한다. 차용하는 국가를 조차국, 대여하는 국가를 조대국, 조차의 대상이 되는 지역을 조차지(leased territory)라 한다.

2. 성질

조대국은 조차기간 중 조차지에 대해 잠재적 영역권만을 가질 뿐 이에 대한 영역권은 조차국이 행사한다. 따라서 조차지는 조대국의 영역권이 포괄적으로 배제되는 점에서 국제지역과 다르다. 그러나 조차국은 조차지를 처분할 수 없고 조차기간이 만료되면 반환해야 하며, 조차국이 소멸하거나 조차국이 조차권을 포기한 경우 조대국의 영역권이 회복된다. 조차지의 주민은 조대국의 국적을 보유하나, 실제적인 관할권 및 보호권은 조차국이 행사한다.

3. 주요 사례

조차는 일종의 위장된 영토할양(disguised cession)의 한 방법으로서 과거 서구열강의 중국 지배 방법의 하나로 이용되었다. 예컨대, 홍콩섬과 구룡반도는 1842년 남경조약 및 1860년 북경조약에 의해 각각 할양되고, 신계지는 1898년 제2차 북경조약에 의해 99년간 영국이 조차하였으나, 1984년 반환협정에 의해 홍콩 전역을 중국에 반환하였다. 미국은 1903년 쿠바의 관타나모만을 조차하여 지금까지 군사기지로 사용하고 있다.

제4절 **UTI POSSIDETIS 원칙**[17)]

Ⅰ UTI POSSIDETIS의 역사적 발전

1. 로마법

로마법에서 유래한 UTI POSSIDETIS란 용어는 '고유의 상태에 따라' 또는 '사실상의 상태에 따라'라는 의미를 가진다. 로마법상 UTI POSSIDETIS는 부동산 소송에 있어 양 당사자의 소유상태 변경을 금지하는 집정관의 금지 명령을 의미하였다. 즉, 현상(Status Quo)의 변경을 금지하는 것이었다.

---

17) 박희권(1990), UTI POSSIDETIS 原則의 研究, 국제법학회논총 35(1).

2. 국제법

국제법에서 UTI POSSIDETIS는 전쟁법에 먼저 도입되었는데, 평화조약에 명시적인 반대 규정이 없는 한 전승국이 전쟁 중 무력으로 획득한 것을 그대로 보유한다는 의미로 사용되었다. 즉, 전쟁 후의 현상(Status Quo Post Bellum)을 의미하였다. 이러한 UTI POSSIDETIS가 널리 알려지게 된 것은 19세기 초반 중남미국가들이 스페인의 식민통치에서 독립하면서 당시 존재하던 식민지의 행정구역을 기준으로 국경선을 확정하면서부터인데, 다음 두 가지를 그 이론적 배경으로 한다. 첫째, 중남미에는 무주지가 존재하지 않는다는 전제, 즉 실효적 선점을 통해 취득 가능한 영역이 존재하지 않는다는 원칙이다. 이는 스페인과 포르투갈이 교황의 칙령과 자국민에 의한 발견을 토대로 신대륙의 광활한 지역에 영토주권을 선포, 확립한 역사적 사실에 기인하는 것인데, 중남미 제국이 이러한 스페인의 영토주권을 UTI POSSIDETIS 원칙에 따라 승계했다고 주장한 것이다. 이러한 주장의 근저에는 무주지임을 이유로 신대륙을 선점하려는 유럽 열강들의 기도를 배격하고자 하는 정치적 고려가 자리했다. 둘째, 국가승계의 이론적 귀결로서 식민지 시대에 식민통치국의 행정구역에 의해 분할되었거나 동일한 행정구역을 구성하였던 신생독립국가는 국경선 획정의 기준으로서 식민지법에 규정된 내용상의 적용을 받는다는 원칙이다.

Ⅱ UTI POSSIDETIS의 적용범위

1. 장소적 적용범위

UTI POSSIDETIS가 중남미나 아프리카뿐 아니라 전 세계적으로 보편적 적용을 받을 수 있을 것인가의 문제를 제기할 수 있다. 학설은 UTI POSSIDETIS가 대체로 라틴아메리카에서 시작되었음을 인정하고 있다. ICJ도 동 판결에서 UTI POSSIDETIS가 중남미에서 기원하고 아프리카에서 발전되었음을 명시하고 있다. 유럽 열강의 식민지 지배 대상이었던 아프리카 국가들이 20세기에 들어와 독립을 시작하자, UTI POSSIDETIS는 동 대륙에서 점차로 발전적 적용을 받게 된다. 많은 아프리카의 정치 지도자들은 독립 당시의 영토 현상을 유지하고, 국제협정이나 식민통치국의 국내법에 규정된 국경선을 존중한다는 원칙을 천명하였는데, 이는 UTI POSSIDETIS의 본질적 내용을 구성하는 것으로 평가된다. 1964년 카이로 아프리카 국가 원수·정부 수반 회의 제1회기에서 채택된 결의{AGH/Res. 16(1)}에서는 모든 회원국이 독립 당시 존재하였던 국경선을 존중한다는 원칙을 천명함으로써 UTI POSSIDETIS를 명백히 수용하고 있다. 그러나 ICJ의 입장을 뒷받침하는 상기 사실과는 달리 일부 학자들은 UTI POSSIDETIS가 모로코, 소말리아, 우간다, 탄자니아 등 일부 아프리카 국가들에 의해 그 적용이 배척되고 있음을 지적하고 있다. 한편, 아프리카에 비해 훨씬 다양한 역사적 배경과 복잡한 식민지 해방과정을 거친 아시아에서 UTI POSSIDETIS가 일반적으로 인정을 받는다는 것은 논리적 비약이며, 그 적용 선례도 찾아보기 어렵다.

2. 시간적 적용범위 – UTI POSSIDETIS의 적용시점(Date of Reference)

이론적으로 신생독립국이 독립 당시 존재하는 식민통치국의 행정구역에 주권을 행사하는 것이 당연하나 실제 이 행정구역의 결정에 사용될 시점은 그렇게 간단한 문제가 아닌데, 식민지 독립전쟁이 일시에 끝난 것이 아니라 장기간의 과정을 거친 데에 주요 원인이 있다. 라틴아메리카에서도 식민지 독립투쟁은 상당한 기간에 걸쳐 행해졌다. 혁명 운동은 1806년 베네수엘라에서 시작되어 남미 전역으로 번졌고 중미국가들은 1821년에야 독립을 쟁취하게 된다. 지금까지의 UTI POSSIDETIS 적용시점을 살펴보면, 첫째, 남미국가 간 적용되는 UTI POSSIDETIS OF 1810년을 들 수 있다. 1810년은 남미에서 식민지 해방전쟁이 종전의 산발적이고 소규모였던 점을 탈피하여 전면전으로 확대되는 시점으로서 널리 적용되었다. 둘째, UTI POSSIDETIS OF 1821년인데, 중미지역에서는 남미지역보다 훨씬 늦게 식민지 해방전쟁이 전개되어, 이곳에서는 1821년이 적용시점으로 사용되었다. 셋째, 특수한 경우에는 다른 시점이 적용되었는데, 아이티–도미니카 공화국 간 국제분쟁 시에는 1856년과 1874년이 적용되었는데, 이는 1874년의 조약이나 전쟁 후의 현상(status quo post bellum)을 근거로 한 것이었다. 이외에도 '독립 전' 또는 '독립전쟁 전' 등 다양한 적용시점이 발견된다. 1986년 분쟁에서 부르키나파소–말리 양국은 OAU헌장이나 결의 16(I)이 양국이 독립한 1960년 이후 채택되었음을 들어 적용시점 문제를 거론하였다. 하지만 ICJ는 상기 문서에 표명된 '아프리카 제국 독립 당시 국경선 존중'의 원칙이 창설적인 것이 아니며 단지 기존 원칙을 인정·확인하는 선언적 효과를 가진다고 하면서 동 분쟁에서 UTI POSSIDETIS의 적용은 결코 도전받을 수 없다고 규정하고 있다.

3. UTI POSSIDETIS JURIS와 UTI POSSIDETIS DE FACTO

1986년의 ICJ판결은 '주권의 기초로서 실효적 점유에 우월하는 법적 권원'으로서의 UTI POSSIDETIS JURIS를 적용함을 명백히 하고 있다. 그러나 역사적으로 볼 때 이론상으로나 라틴아메리카 국가 간 실행으로 보나 일반화된 개념인 UTI POSSIDETIS JURIS 외에도 UTI POSSIDETIS의 브라질 측 개념인 UTI POSSIDETIS DE FACTO가 존재, 논의되어 왔음을 알 수 있다. 라틴아메리카국가 간 UTI POSSIDETIS는 그들이 독립 당시 무주지가 존재하지 아니하였으며 실효적 지배하에 있지 않은 영토라도 의제적 점유를 원용, 배타적 권리를 행사하려는 데 내용상의 본질이 있다. 그러나 브라질은 UTI POSSIDETIS가 사실상의 실효적 점유를 의미한다고 주장하고 인접국과의 국경조약에서 이를 적용하기 시작하였는데 그 후 이러한 브라질의 입장이 UTI POSSIDETIS DE FACTO라고 불리게 된 것이다. 이러한 상이한 입장은 각기 다른 역사적 배경에서 설명될 수 있는데, 1822년 포르투갈로부터 독립한 브라질의 경우 유일한 국경선 획정의 기준으로서 스페인 국왕이 통치하던 행정구역 경계를 존중할 실익이 없었던 것이다. 이에 반해 스페인 식민지하에 있었던 중남미 국가들은 사실상의 상태는 인정할 수 없다는 입장을 표명하고 종래의 UTI POSSIDETIS라는 표현에 JURIS를 첨가하였던 것이다. 그러나 UTI POSSIDETIS DE FACTO라는 표현이 조약, 국제회의 또는 국내 헌법 등에 명시된 적은 없다. 외교관이나 학자들이 UTI POSSIDETIS JURIS 개념의 적용을 반대하면서 고안·적용하였을 뿐이다. 하지만 몇몇 학자들은 보조 개념으로서의 역할 가능성에 주목하기도 한다. 많은 경우에 있어 명확한 UTI POSSIDETIS 라인이 존재하지 않는데, 당사국에 의해 제출된 증거가 모호하거나 모순되며, 과거 식민지 통치에 의한 행정구역 선포 시로부터 독립까지 많은 시간이 경과한 경우가 허다하기 때문이다. 이때 각 당사자는 UTI POSSIDETIS 라인 결정에 유용하다고 판단되는 각종 자료를 제출하며 사실상의 점유에 기초한 논거를 제공하는데, 여기서 UTI POSSIDETIS DE FACTO의 중요성을 찾을 수 있다는 것이다.

Ⅲ UTI POSSIDETIS의 실제적 적용 – 국제판례의 검토

국제재판에서의 UTI POSSIDETIS 원칙은 중재재판 부탁합의(Compromis)나 조약 또는 국제법의 규정에 의해 적용된다. 중남미에서 UTI POSSIDETIS 원칙이 적용된 가장 오래된 판결은 1891년 베네수엘라–콜롬비아 간 국경분쟁에서 스페인의 섭정왕후가 내린 판결로 알려져 있다. 양 당사국은 Compromis를 통해 UTI POSSIDETIS 원칙을 적용하기로 합의하였으나 이를 통한 해결이 불가능할 경우에 대비하여 재판관에게 특별권능을 부여하였다. 코스타리카–콜롬비아 간 국경분쟁에서도 1825년 조약에 의해 UTI POSSIDETIS의 적용이 합의되었다. 1906년 온두라스–니카라과 간 국경분쟁에서는 중재재판관이 양국의 역사적 권리(historical right)를 기초로 하여 판결을 내렸다. 후에 니카라과는 재판관이 월권행위를 행하고 본질적 착오를 범하였으며 논리적 근거가 박약하다는 이유로 중재재판의 무효를 주장하였는데, 결국 1960년 ICJ는 금반언(estoppel)의 원칙을 적용하여 니카라과의 주장을 배척하였다. 1912년 페루–볼리비아 분쟁에서도 UTI POSSIDETIS 원칙에 의거 판결할 것을 합의하였고, 이를 통해 명백한 국경선 획정이 어려운 경우 재판관이 형평(equity)에 의거 해결하도록 권능을 부여하였다. 과테말라–온두라스 간 분쟁에서도 UTI POSSIDETIS의 적용이 합의를 통해 규정되었으나 특별한 사정이 있는 경우에는 이를 수정할 수 있다는 권능이 중재재판관에게 부여되었다.

Ⅳ UTI POSSIDETIS의 법적 성질

1. 학설

UTI POSSIDETIS의 법적 성질에 관하여 학설이 대립하고 있으며 다수설은 그 법규성 인정에 신중한 입장을 취하고 있다. 부정설에 따르면 UTI POSSIDETIS는 그 자체 법규범이 될 수 없으며 당사국 간 합의를 전제로 적용되는 국경선 획정의 절차나 기술적 규칙에 불과하다. 당사국이 합의하기에 따라서는 UTI POSSIDETIS를 적용할 수 있으나 그 자체로서 당사국을 구속할 수는 없다는 것이다. UTI POSSIDETIS의 법적 성질을 부정하는 이러한 입장은 영미의 학자들에 의해 지지되고 있다. R. Y. Jennings는 UTI POSSIDETIS를 역사적 계속성의 원칙으로 보는데, 그것은 적용 여부가 정치적으로 결정되기 때문이다. H. Waldock은 UTI POSSIDETIS 독트린이 불분명하고 애매모호하다고 주장하며, L. M. Bloomfield는 어떠한 경우에도 국제사회가 UTI POSSIDETIS를 국제법상의 제도로 인정한 적이 없고 기껏해야 당사국이 조약에 의해 합의하는 경우에만 구속력이 있다고 지적한다. UTI POSSIDETIS를 법원칙으로 인정하는 라틴아메리카 다수학자들의 학설을 제외하면 UTI POSSIDETIS의 법적 성질을 부정하는 것이 큰 흐름임이 명백하다. 하지만 이러한 학설들의 대부분이 ICJ판결이 나오기 훨씬 전에 표명된 것들임을 참작할 필요도 있다.

2. ICJ 입장

학설과는 달리 UTI POSSIDETIS를 법원칙으로 인정하려는 ICJ의 태도는 확고하다. ICJ가 UTI POSSIDETIS를 가장 중요한 법원칙 중의 하나로 규정하고 있는 것은 UTI POSSIDETIS가 식민지 해방운동의 이론적 기반인 민족자결권 및 국경선의 존중, 즉 영토 불가침 원칙과 논리적으로 불가분의 일체를 이룬다는 데 기초하고 있다. 즉, UTI POSSIDETIS는 UN헌장 제1조 및 제2조와 UN총회의 결의 2625(XXV) 등에 구현된 국제법상의 중요원칙과 밀접한 관계가 있다. 물론 식민지 해방을 위해 투쟁한 인민들이 자국의 국경선을 식민지 시대의 유산에 의거하여 결정하여야 하는 것이 모순이라는 지적이 있을 수 있는데, 이런 점에서 ICJ의 판결도 UTI POSSIDETIS 원칙이 일견 민족자결권과 상충됨을 지적하고 있다.

그러나 중남미나 아프리카에서 식민지 해방 시에 신생독립국에 의한 영토권 현상(status quo)의 존중이 그들 간의 영토분쟁을 미연에 방지하고 정치적 독립을 유지, 공고히 하는 데 크게 기여한다는 사실에서 UTI POSSIDETIS 원칙의 일차적 중요성을 찾을 수 있다. 또한 ICJ는 국가승계의 경우 국가가 기존 국경선을 존중하여야 함은 UTI POSSIDETIS라는 원칙으로 표현되느냐의 여부에 관계없이 국제법의 일반 원칙에서 파생되는 의무로 본다.

제5절 독도영유권

Ⅰ 문제의 소재

독도영유권에 대한 한국의 입장은 '독도는 명백한 한국의 영토이며 일본의 어떠한 주장에도 불구하고 영유권 문제는 협상의 대상이 될 수 없다.'는 것이며 일관되게 이를 천명하고 있다.[18] 이러한 입장을 고수하기 위해 '독도는 명백한 역사적·지리적 근거에 의해 한국의 영토임이 분명하고 현재도 한국이 평화적이고 계속적으로 영토주권을 독도에 대해 행사하고 있으므로 독도에 관한 한 영유권 분쟁은 존재하지 않는다.'라는 입장을 취한다. 한국정부는 일본과의 영유권 분쟁의 존재를 인정하는 것이 한국의 독도에 관한 법적 지위를 훼손하는 것으로 간주하고 있다. 그럼에도 불구하고 일본은 지속적으로 독도에 대한 영유권을 주장하고 있다. 독도 영유권에 대한 한국과 일본의 주장을 검토하고, 최근 문제가 되는 한일어업협정과 독도영유권의 문제를 논의한다.

Ⅱ 일본 측의 주장

일본 측의 영유권 주장은 대체로 (1) 독도에 대한 선점, (2) 한국의 묵인, (3) 대일평화조약 제2조의 해석론에 기초하고 있다.

1. 독도에 대한 선점

일본의 주장은 우선 독도를 선점함으로써 원시취득했다는 것이다. 일본은 독도가 태종 대의 공도정책 이래 방기된 땅으로서의 무주지였고, 1905년 독도를 시마네현에 편입시킴으로써 선점을 완료하였다고 주장한다.

2. 한국의 묵인

일본정부는 독도를 일본이 편입한 후 어느 외국에 의해서도 문제된 일이 없고, 한국 측으로부터 편입조치에 대한 항의가 없었음을 이유로 독도편입에 대한 묵시적 승인이 있었다고 주장한다.

3. 샌프란시스코 대일평화조약 제2조 제(a)호

동 조항은 일본이 한국의 독립을 승인하고 '제주도, 거문도 및 울릉도를 포함하는 한국에 대한 모든 권리와 권원 및 청구권을 포기한다'고 규정하고 있다. 이에 대해 일본정부는 포기되는 한국영토에 독도가 포함되지 않았음을 이유로 일본이 독도를 방기한 바 없다고 주장한다.

---

18) 김영구, 한국과 바다의 국제법, 433면.

Ⅲ 일본 측 주장에 대한 비판

1. 선점 주장에 대한 비판

(1) 무주지인가?

일본의 선점에 의한 영유권 취득 주장에 대해서는 일본이 선점의 요건을 단 하나도 충족하지 못했다고 반박할 수 있다. 포기에 의한 무주지의 경우 포기의 사실과 포기의사가 존재해야 하나, 한국은 영유권 포기의사를 표명한 바가 없다. 오히려 태종 대의 공도정책 이후 세종 대에 울릉도와 함께 독도를 강원도 울진현에 편입하는 적극적인 정책을 취했다. 또한 공도정책을 펴는 와중에서도 수년에 한번씩 이 지역을 정기적으로 순찰해 온 기록이 있는바, 이는 이 지역에 대한 실효적인 지배를 해온 것으로 본다.

(2) 영유의사가 있었는가?

선점의 주관적 요소인 영유의사가 결여되어 있다. 선점의 의사는 대외적으로 표시되어야 한다. 그러나 일본정부는 독도에 대한 선점의 의사를 대외적으로 표시한 바가 없다. 1905년 1월 28일 독도편입조치를 위한 일본 각의의 결정과 동년 2월 22일 島根縣(시마네현) 고시는 선점의 의사를 대내적으로 표시한 것에 불과하므로 대외적으로 이를 표시한 것으로 인정할 수 없다.

(3) 통고하였는가?

선점에 있어서 통고의 의무가 반드시 국제법상 확립된 것은 아니라 할지라도 통고를 한 선례가 있고 또한 국제분쟁의 방지 차원에서 바람직하다고 볼 때 일본이 독도의 편입조치에 있어서 이해관계 당사국인 한국에 통고를 하지 않았다는 것은 일본의 독도 편입조치의 근거가 박약함을 말해준다.

2. 묵인에 대한 반박논리

첫째, 1904년 8월 22일 제1차 한일협약에 의해 한국의 외교권이 사실상 박탈된 후였으므로 한국 측은 의사표시를 할 수 없었다. 둘째, 한국에 시마네현 고시 관련 사실이 알려진 것은 1905년 을사조약에 의해 한국의 외교권이 박탈된 후였다. 요컨대, 1905년 11월 이전에 한국이 외교권을 행사할 수 있었다 할지라도 일본의 편입 사실을 알지 못했으며, 동 사실을 알고 항의할 수 있는 시점에서는 외교권이 박탈됨으로써 항의할 수 없었다. 따라서 한국이 일본의 독도 편입을 묵인했다는 주장은 타당하지 않다.

3. 대일평화조약 제2조의 해석문제

한국학자들의 견해는 일본의 해석론과 다르다. 첫째, 동조항은 열거방식이 아니라 예시방식으로 규정되고 있으므로 포기되는 도서는 이에 국한되지 않는다. 둘째, 대일평화조약은 기존의 관련합의[19]를 확인한 것에 불과하며 이전의 합의에서 독도가 포기됨이 명시되었으므로 대일평화조약에 독도를 일본의 영토에서 배제하지 않는다는 명시적 규정이 없는 한 독도를 일본으로부터 분리되는 지역으로 규정할 수 없다. 셋째, 동 조항에 열거된 섬이 한국의 최외측에 위치한 도서만을 열거한 것은 아니다. 제주도 남방 외측에 마라도가 위치하고 있으나 동 조항은 마라도를 열거하지 아니하고 제주도를 열거하고 있다.

---

19) 예컨대 '연합국 최고사령부 지령(SCAPIN: Supreme Command Allied Powers Instruction) 제677호'는 '일본정부가 독도에 대하여 정치상 또는 행정상의 권력을 행사하거나 또는 행사하려고 기도하는 것을 정지한다'라고 규정하고 있다. 이 지령에 의해 독도는 일본영토로부터 분리되었으며 따라서 앞으로 연합국이 독도를 일본령에 포함시킨다는 적극적 결정이 없는 한 독도가 일본령으로부터 분리되는 것으로 해석된다.

Ⅳ 신한일어업협정과 독도영유권

1. 법적 쟁점

1999년 1월 22일 발효한 한일어업협정은 독도에 대한 전속관할수역주장을 포기하고 중간수역(또는 잠정수역)을 설정하여 이에 독도를 포함시켰다. 이 조치가 한국의 독도영유권을 손상시키는가의 여부에 대해 견해가 대립된다.

2. 중간수역의 법적 성질

신한일어업협정에 의해 창설된 '중간수역'에서 각 당사국은 상대방 국민과 어선에 대해서 자국의 법령을 적용하지 못하며, 한일어업공동위원회에서 정하는 권고를 존중하여 자국어선에 대해 어업종류별 조업선박 수 등 적절한 자원보존조치를 취해야 하고, 이러한 조치는 모두 상대방 국가에 통보되어야 한다. 어업공동위원회에서 정하는 권고를 위반한 상대방국가의 어선이 발견되면 이는 그 상대방국가에 통보되고 상대방국가는 그 위반어선에 대해 통보된 위반사실을 확인하고 필요한 조치를 취해야 하며, 그 결과를 통고해야 한다.[20] 즉, 한일중간수역의 법적 성질은 공동관리수역은 아니다. 또한 제3국에 대해서는 국가관할권이 적용되므로 공해의 지위를 갖는 것도 아니다.

3. 신한일어업협정과 독도영유권

(1) 독도영유권을 약화시키지 않는다는 견해

신한일어업협정이 독도영유권과 무관할 뿐 아니라 영유권을 훼손하지 않는다고 보는 견해의 논거는 첫째, 중간수역의 법적 지위가 '공동관리수역'이 아니기 때문에 일본이 동 해역에 대해 자국의 주권을 미치는 것은 아니라는 것이다.[21] 둘째, 협정 자체에서 한일어업협정은 기본적으로 어업에 관한 협정으로서 어업 이외의 상황은 영향을 주지 않는 것으로 합의되어 있다(제15조[22], disclaimer조항). 셋째, 동협정은 배타적 경제수역에 대한 협정이므로 독도의 영유권이나 독도의 영해 및 접속수역에서 어느 일방이 동 협정에 따라 관할권을 행사할 수 있는 것은 아니다.[23]

(2) 독도영유권을 약화시킨다는 견해

신한일어업협정이 한국의 독도에 대한 배타적 지배권을 약화시킨다는 주장은 우선, 중간수역의 법적 성질을 '공동관리수역'으로 본다. 독도영유권과 무관하다고 보는 견해가 이 수역을 '공해적 성격'을 갖는 수역으로 보는 것과 대비된다. 중간수역의 어족자원의 보존과 개발을 한국과 일본이 공동으로 하게 됨으로써 독도에 대한 한국의 배타적 지배권을 명시적으로 부인하게 되었다는 것이다. 둘째, 제15조에 의해 어업문제와 영유권문제를 분리시킨 것이 아니라 오히려 독도에 대한 영유권분쟁이 신한일어업협정을 통해 양국에 공인되었다. 또한, 제15조에서 주권적 권리주장의 근거로서의 증명력을 배제하는 문안이 빠져 있으므로 일본이 어업협정을 일본의 영유권주장의 한 근거로서 원용할 수 있는 여지가 남게 되었다.

---

20) 신한일어업협정 부속서 Ⅰ 제2항.
21) 이창위, "동북아지역의 신 어업협정체제와 중간수역에 대한 고찰", 《국제법학회논총》
22) "이 협정의 어떠한 규정도 어업에 관한 사항 이외의 국제법상 문제에 관한 각 체약국의 입장을 해하는 것을 간주되지 않는다."
23) 오윤경 외, 21세기 현대 국제법질서, 365면.

V 결론

앞서 논의한 바와 같이 일본의 독도영유권 주장은 그 논거가 매우 빈약하다고 아니할 수 없다. 그럼에도 불구하고 신한일어업협정에서 한국의 독도영유권을 명시적 전제로 삼고 있음이 명확히 나타나지 않는 것은 문제라 생각된다. 독도영유권을 전제로 한 새로운 어업협정의 체결이 필요하다고 본다. 한편, 한국정부는 독도를 분쟁지역으로 인정하는 것 자체가 한국의 독도에 대한 지위가 훼손된다는 전제에서 분쟁지역화하지 않는다는 입장을 취하고 있다. 그러나 영유권 분쟁의 존재를 인정한다고 해서 반드시 법률적으로 한국의 독도에 관한 지위가 훼손되는 것은 아니다. 객관적으로 사실상 독도문제에 관한 일본과의 영유권 분쟁은 이미 존재하고 있다. 객관적인 제3자가 볼 때 한국정부의 태도는 객관성을 결여한 불합리하고도 불안정한 것이라고 비판될 수 있다. 또한 만약 한국정부의 이러한 회피적인 태도가 반복되는 경우 한국의 영유권 주장 자체의 객관성마저도 훼손될 수 있을 것이다. 따라서 한국은 상대적으로 중립적인 중재재판을 통해 한일 간 독도영유권 문제를 명확하게 해결짓는 것이 바람직하다고 본다.

기출 및 예상문제

1. A국과 B국의 해안으로부터 각각 30해리, 35해리 떨어진 곳에 위치한 X섬은 그 규모가 매우 작은 무인도로서 1960년대까지만 하더라도 양국 어부들이 가끔씩 폭풍우를 피하기 위하여 이용하였을 뿐이었다. 1965년 이 섬의 인근지역에 석유매장 가능성이 발표되자 갑자기 A국과 B국은 이 섬에 대한 영유권을 주장하기 시작하였다. 그 이전 시기에 있어 이 섬과 관련된 A국의 행위는 1935년과 1959년에 A국 해군이 이 섬 주위를 순찰하고, 순찰기록을 남기고 있는 것에 국한된다. B국의 경우 1950년대에 이 섬에 서식하는 조류의 알의 채집과 관련된 자국민들 간의 분쟁을 행정당국이 해결한 바 있다. 상기 사안의 논점을 적시하고 논하시오.

2. A국은 현재 무인도인 X島를 실효적으로 지배하고 있다. 그런데, B국은 X도에 대한 역사적 권원을 주장하면서 지속적으로 A국의 영유권에 대해 항의하면서 X도 주변에서 무력시위를 벌이고 있다. X도의 영유권과 관련하여 다음 물음에 답하시오.

   (1) A국은 X도를 선점에 의해 영유권을 취득했다는 입장을 취하고 있다 A국이 선점에 의해 국제법상 적법하게 영토를 취득하기 위한 요건에 대해 논의하시오.

   (2) A국과 B국이 X도에 대한 문제를 국제재판소에서 해결하고자 하는 경우, '시제법'과 '결정적 기일'이 우선적으로 문제될 것으로 예상할 수 있다. 시제법과 결정적 기일에 관하여 설명하시오.

3. A국과 B국은 'X하천'의 각각 상류국과 하류국이다. 상류국인 A국은 'X하천'의 자국관할 유역에 댐('Y댐')을 건설하여 'X하천'을 관리해 오고 있다. A국과 B국 간 특별조약은 체결되지 아니하였으나 오랜 기간 동안 A국은 댐을 방류할 때는 B국에 통보를 해 주었다. 2010년 5월 A국과 B국은 군비경쟁에 돌입하면서 양국 간 긴장이 고조되었다. 2010년 8월 A국은 B국에 대해 여하한 통보도 하지 않고 'X하천'에 건설된 'Y댐'을 갑작스럽게 방류하여 B국 국민 100여명이 숨지고 농경지 침수로 막대한 재산상의 손해를 입게 되었다. 이와 관련하여 다음 물음에 답하시오.

   (1) B국은 A국에 대해 손해배상을 청구하였으나, A국은 B국에 대해 책임을 부정하는 한편, 국내적 구제가 선행되어야 한다고 주장하고 있다. A국의 주장은 국제법적으로 타당한가?

   (2) B국은 A국에 대해 손해배상 책임이 있다고 주장하고 있다. B국의 주장은 국제법적으로 타당한가?

   (3) B국의 주장이 타당하다고 전제할 때, A국이 책임을 이행하지 않는 경우 국제법상 대응수단이 있는가? 요건은?

제2장 │ 해양법

제1절 해양법의 발달과정

I 해양법의 의의

해양법이란 해양에 관련된 국가들의 활동과 관계를 다루는 국제법 분야이다. 따라서 해양법에는 연안국의 관할권에 속하는 해역에 대한 연안국과 다른 국가들 간의 관계를 규율하는 법규칙들과 국가관할권 밖에 있는 해양과 해저에 적용되는 법규칙들이 포함된다.

II 해양법의 역사

1. 근대

근대해양법의 역사는 자유해론과 폐쇄해론의 대립의 역사라고 볼 수 있다. 그로티우스는 '해양자유론'이라는 책을 통해 해양자유를 주장하였다. 반면 셀덴(Selden)은 폐쇄해론을 주장하여 그로티우스의 해양자유론을 반박하였다. 해양자유론은 연안국의 권리보다는 항행국의 권리를 강조하는 이론인 반면, 폐쇄해론은 연안국의 권리 보호를 상대적으로 중시하는 입장이다.

2. 제1·2차 UN해양법회의

제1차 UN해양법회의는 1958년 제네바에서 개최되었으며 '영해 및 접속수역에 관한 협약', '공해에 관한 협약', '공해상 어업 및 생물자원보존 협약', '대륙붕에 관한 협약' 등 4개 협약을 채택하였다. 1960년 제2차 UN해양법회의는 영해의 범위를 확정하는 것이 주요 의제였으나 국가 간 갈등이 첨예하여 별다른 성과 없이 막을 내렸다.

3. 제3차 UN해양법회의

제3차 UN해양법회의를 통해 1982년 4월 30일 'UN해양법협약'이 채택되었다. UN해양법협약은 영해를 12해리로 확장하였고, 국제해협에 통과통항제도를 도입하였으며, 군도수역과 경제수역을 새로이 성문화하고, 대륙붕을 확장하였으며, 심해저와 그 자원을 인류의 공동유산으로 하였고, 국가들의 해양환경보호 의무와 책임을 규정하였으며, 국제해양법재판소를 설립하는 등 분쟁해결절차를 정비하였다.

4. UN해양법협약 제11부 이행협정

UN해양법협약은 1994년 11월 16일 발효하였다. 그러나 심해저 제도에 대한 선진국들의 반발로 이들의 가입이 불확실하자 UN총회는 1982년 12월 10일의 UN해양법협약 제11부의 이행에 관한 협정을 채택하였다. 이를 통해 선진국의 기술, 자본, 기득권을 보호하는 방향으로 개정하였다. 이로써 인류의 공동유산으로서의 심해저의 법적 지위는 상당부분 후퇴하였으며 국가주권을 기초로 하는 현대국제법의 한계를 보여주었다.

I 의의

UN해양법협약(이하 본장에서 조항만 언급한다) 제8조 제1항에 의하면 내수(internal waters)란 영해의 측정 기준이 되는 기선의 육지 측 수역을 말하며, 호소, 하천, 운하, 항, 만, 내해로 구분된다. 내수의 범위는 기선의 위치와 밀접한 관련을 갖는다. 내수는 領水(영수) 중에서 연안국의 주권이 가장 강력하게 미치는 수역이다.

II 내수의 구성요소

1. 호소(湖沼, lake)

호소란 사방이 육지로 둘러싸여 있는 수역을 말한다. 호소 중에는 해양에 전혀 연결되지 않은 것과 하천이나 운하로써 해양에 연결된 것이 있다. 호소가 1국의 영토에 둘러싸여 있을 때에는 그 국가의 내수의 일부를 구성하나, 2개국 이상의 영토에 둘러싸인 국제호소의 경우 학설 대립이 있으나, 다수설은 이 경우 호소가 호안국(湖岸國)에 분속되어 각각 호안국 내수의 일부를 구성한다고 본다.

2. 하천(river)

(1) 의의

수원(水源)에서 하구(河口)까지 1국의 영토 내를 흐르는 하천을 국내하천이라 하고, 복수국의 경계를 구성하거나 또는 복수국의 영토를 관류하는 하천으로서 공해로부터의 선박의 항행이 가능하거나 복수국에 의해 그 하천수가 비항행적 목적으로 이용되는 것을 국제하천이라 한다.

(2) 법적 지위

국내하천이 내수라는 점은 의문이 없고, 복수국의 영토를 관류하는 국제하천의 경우에는 각국 영토 내를 흐르는 부분은 당해국의 내수가 된다.

(3) 경계

국가 간 특별합의가 있는 경우 이에 따른다. 특별합의가 없는 경우 관계국가를 관류하는 하천의 경계는 경계양안의 점을 연결한 직선이 되고, 관계국가의 경계를 형성하고 있는 하천은 그 중앙선이 국경선이 된다. 그러나 항행 가능한 하천의 경우는 가항수로의 가장 강한 수류(水流)의 중앙선이 경계선이 된다(Thalweg의 원칙).

(4) 국제하천의 이용

국제하천은 종래 항행적 이용(navigational use)의 측면에서 규율되었으나, 20세기 들어와서는 수력발전, 관개용수, 산업용수 등 비항행적 목적을 위한 하천이용(non-navigational use)이 급증함에 따라 이에 관한 국제법이 발달하고 있다. 항행적 이용에 관한 대표적인 규범은 1921년 국제관계가 있는 가항수로에 관한 협약(바르셀로나협약)이 있고, 후자의 경우 관습법상 '형평한 이용의 원칙'에 의해 규율되어 오다가 ILC 작업에 기초하여 UN총회에서 국제수로의 비항행적 이용에 관한 협약이 채택되었다.

3. 운하(canal)

(1) 의의

국제운하란 인공적으로 조성된 수로로서 국제교통상 특히 중요한 운하를 말한다. 국제운하는 조약에 의해 국가들에게 항행자유가 인정되어 있다.

(2) 법적 지위

국제운하는 완전히 한 국가의 영토 내에 위치하고 있음에도 불구하고 다른 국가들을 위하여 국제적 부담을 안고 있는 '국제지역'(international servitude)의 지위를 갖는다.

(3) 주요운하

① 수에즈운하: 1888년 콘스탄티노플조약에 의해 항행자유와 중립화가 인정되었다. 동 조약에 의하면, 수에즈운하는 평시·전시를 막론하고 모든 국가의 선박에게 개방되나, 운하의 수로 중에 군함정박은 금지되고 양안에 영구적 요새의 건설이나 운하에서의 전투행위는 금지된다. 수에즈운하는 1956년에 이집트에 의해 국유화되었으나, 이집트정부는 콘스탄티노플조약상의 의무를 존중할 것을 재확인하고, 협약과 관련 분쟁이 발생하는 경우 ICJ의 관할권 수락에 동의하였다.

② 파나마운하: 대서양과 태평양을 연결하기 위해 미국이 파나마로부터 조차한 토지에 개설한 운하이다. 미국은 영국과 1901년 헤이 폰스포트조약, 1903년 파나마와 Hay-Banau-Varilla조약을 체결하여 모든 국가의 선박에 대한 자유항행과 운하의 중립화를 규정하였다. 1977년 미국은 파나마와 파나마운하조약을 체결하여 파나마운하지대에 대한 주권을 파나마에 양도하였다. 다만, 별도의 조약을 체결하여 파나마운하의 항구적 중립과 자유항행을 재확인하였다.

③ Kiel운하: 북해와 발트해를 연결하기 위해 1895년 개설된 독일 영역 내에 있는 운하이다. 베르사유평화조약 제380조[24] 및 제386조에 의해 항행자유가 인정되어 오다 1936년 독일이 이 조약을 일방적으로 폐기하였으나, 현재는 외국선박에게 평등하게 개방되어 있다.

4. 항(port)

(1) 의의

항(港)이란 선박이 정박하여 하역·승선·하선 등을 하기 위하여 인공적으로 해안에 설치한 시설을 말한다. 항은 정박지와 구별된다. 정박지(roadsteads)란 항구에 인접한 연안의 해역 내 지점으로써, 더 이상 항내로 접근하지 못하는 선박이 하물을 적재하거나 하역하기 위해 정박할 수 있는 장소를 말한다. 정박지는 영해에 포함된다(제12조).

(2) 범위

항은 항의 필수부분을 형성하는 최외측의 영구적 시설을 경계선으로 하는데(제11조), 보통은 항 양안의 방파제이다. 방파제의 내측은 내수이며 외측은 영해이다.

(3) 연안국의 국권

연안국은 항에서 무해입항, 무해정박을 허용할 의무가 없으나 일반적으로 외국선에 개방된 항에서는 무해입항, 무해정박을 허용한다. 단, 예외적으로 선박의 고장이나 해난 등 불가항력인 경우 입항을 허용해야 한다.

---

24) "키일운하는 완전한 평등의 조건 위에서 독일과 평화관계에 있는 모든 국가의 상선과 군함에 자유롭게 개방된다."

5. 만(bay)

📖 조문 | UN해양법협약 제10조 – 만

1. 이 조는 그 해안이 한 국가에 속하는 만에 한하여 적용한다.

2. 이 협약에서 만이라 함은 그 들어간 정도가 입구의 폭에 비하여 현저하여 육지로 둘러싸인 수역을 형성하고, 해안의 단순한 굴곡 이상인 뚜렷한 만입을 말한다. 그러나 만입 면적이 만입의 입구를 가로질러 연결한 선을 지름으로 하는 반원의 넓이에 미치지 못하는 경우, 그러한 만입은 만으로 보지 아니한다.

3. 측량의 목적상 만입면적이라 함은 만입해안의 저조선과 만입의 자연적 입구의 양쪽 저조지점을 연결하는 선 사이에 위치한 수역의 넓이를 말한다. 섬이 있어서 만이 둘 이상의 입구를 가지는 경우에는 각각의 입구를 가로질러 연결하는 선의 길이의 합계와 같은 길이인 선상에 반원을 그려야 한다. 만입의 안에 있는 섬은 만입수역의 일부로 본다.

4. 만의 자연적 입구 양쪽의 저조지점 간의 거리가 24해리를 넘지 아니하는 경우, 폐쇄선을 두 저조지점 간에 그을 수 있으며, 이 안에 포함된 수역은 내수로 본다.

5. 만의 자연적 입구 양쪽의 저조지점 간의 거리가 24해리를 넘는 경우, 24해리의 직선으로서 가능한 한 최대의 수역을 둘러싸는 방식으로 만안에 24해리 직선기선을 그어야 한다.

6. 전항의 규정들은 이른바 "역사적" 만에 대하여 또는 제7조에 규정된 직선기선제도가 적용되는 경우에는 적용하지 아니한다.

---

(1) 의의

만이란 일방의 입구가 해양에 접속된 수역으로 그 굴입도(屈入度)가 입구 폭에 비해 훨씬 깊어서 육지에 둘러싸인 수역을 포함하며, 또한 단순한 해안의 굴곡 이상의 것을 구성하는 수역을 말한다(제10조 제2항).

(2) 요건

만이 연안국의 내수로 인정되려면 ① 만을 둘러싼 육지가 동일국에 속해야 한다(제10조 제1항). 연안국이 2개 이상인 경우는 폐쇄해 또는 반폐쇄해(enclosed or semi-enclosed sea)라고 정의하고(제122조), 권리의무행사에 있어서 연안국의 협력의무가 부과된다(제123조). ② 만구(灣口)의 폭이 24해리를 초과하지 않아야 한다(제10조 제4항). 단, 역사만인 경우 24해리를 초과할 수 있다(제10조 제6항). ③ 만의 형태는 상당히 깊숙이 육지로 굴입(屈入)하여 해안의 단순한 굴곡 이상의 것을 구성하는 명백한 만입이어야 하고(제10조 제3항), 그 만입은 만구(灣口)를 직경으로 한 반원의 면적 이상이어야 한다(제10조 제2항).

📑 참고 역사적 만(historic bays)

역사적 만은 캐나다 허드슨 만, 러시아 피요르트 만, 호주 스펜서 만 및 남미3국의 폰세카 만 등과 같이 해양법협약 규정에 의한 '통상의 만'이 아닌 연안국의 역사적 권원에 의해 만으로 인정되고 내수로서의 법적 지위를 인정받은 수역을 말한다. 역사적 만은 만입구가 영해의 폭의 2배인 통상의 만에 비해 넓은 만입구를 갖는 예외적인 만이다. 1958년의 제1차 UN해양법회의는 역사적 만의 정의를 시도하였지만 자료가 충분히 조사되지 않아 그 검토를 뒤로 미루고 영해와 접속수역에 관한 협약 제7조 제6항은 만에 관한 일반규정은 역사적 만에 적용되지 않으며 또한 제4조에 규정한 직선기선의 방법의 적용에 있어서도 이것을 적용하지 않는다고 하고 있다. 1982년의 UN해양법 제10조 제6항은 영해와 접속수역에 관한 협약 제7조 제6항의 규정을 그대로 답습하여 만에 관한 규정들은 '역사적 만'에 대하여 적용되지 않는다고 규정하고 있다. 남미3국의 폰세카만 등과 같이 역사적 만(historic bays)은 그 해안이 한 국가에 속하지 않아도 만으로 인정될 수 있다. ICJ는 연안이 니카라과, 온두라스, 엘살바도르 3개국으로 둘러싸인 Fonseca만을 3개국 공동주권이 인정되는 역사적 만으로 인정하였다. 국제관습법에 따르면 역사적 만으로 인정받기 위해서는 연안국이 상당한 기간 동안 만을 내수로 주장하고 그 안에서 실효적 권한을 행사하였으며, 이 기간 중 타국가들이 연안국의 이러한 주장에 묵인하였어야 한다.

---

6. 내해(inland sea)

수역이 육지에 둘러싸여 있고 2개 이상의 입구에 의하여 배타적 경제수역 또는 공해와 접속된 수역을 말한다(제122조). 내해가 국제법상 내수로 인정되기 위한 요건은 (1) 주위의 육지가 동일국에 속하고, (2) 모든 입구의 폭이 일정한 거리를 초과하지 않아야 한다. 내수로 인정되는 내해라도 만의 경우와 달리 국제교통의 요로가 되는 경우 외국선에 대한 무해통항권이 인정된다(다다넬스해협과 보스포러스해협 사이에 있는 Marmara해).

Ⅲ 내수의 법적 지위[25)

1. 일반적 지위

내수는 육지영토의 일부로 간주된다. 따라서 연안국의 배타적 주권이 미치며, 원칙적으로 연안국의 국내법의 지배를 받는다. 다만, 해양법협약상 (1) 입항권, (2) 재판관할권, (3) 무해통항권에 대해 특별규정을 두고 있다.

2. 내수로의 入港權(입항권)

(1) 항

항에서 연안국은 절대적·배타적 주권을 행사한다. 항에의 입항과 관련하여 다음의 규칙이 인정된다.

① 연안국은 국제무역을 위해 개방할 자국의 항구를 선정할 권한이 있다.

② 연안국은 그 평화와 안전 및 시민의 편의를 위해 필요한 경우 국제교통을 위해 일단 개방한 항구라도 이를 폐쇄할 권한을 갖는다.

③ 타국선박이 자국의 항에 입항함에 따르는 여러 가지 조건을 설정할 수 있는 광범위한 재량권을 갖는다.

④ 조난을 당한 선박은 입항할 권리를 갖는다.

(2) 하천

항과 달리 국제하천의 경우 외국 선박의 입항권 및 항행권이 광범위하게 인정된다. 1919년 베르사유회의에서 '국제하천의 항행자유의 원칙'이 일반적 규범으로 확인되었고, 1921년 국제관계가 있는 가항수로에 관한 협약(바르셀로나협약)이 채택되었다. 국제하천의 항행적 이용에 있어서 국제하천에 인접해 있지 아니한 국가(非沿河國: 비연하국)의 자유통항권 보장이 문제된다. 다뉴브강의 경우 1921년 다뉴브강규약이 채택되어 비연하국의 자유통항을 인정하였으나, 구소련 등에 의해 1948년 Belgrade협약이 채택되어 비연하국의 자유항행권을 부인하였다.

(3) 운하

운하는 원칙적으로 영토국가의 배타적 관할권이 적용되는 영역이나, 국제 해상교통을 위해 구축되었으므로 타국 선박의 자유항행이 보장될 필요가 있다. 수에즈운하의 경우 1888년 콘스탄티노플조약에 의해 전·평시를 막론하고 모든 국가의 선박의 자유통항을 보장하고 있다. 파나마운하 역시 1903년 미국과 파나마 간 조약에 의해 자유항행제도가 확인되었다.

---

25) 김영구, 한국과 바다의 국제법, 94면–102면.

3. 항 내 외국선박에 대한 연안국의 관할권

(1) 일반 원칙

연안국은 내수(항) 내의 외국상선에 대해 자국의 민·형사 관할권을 완전하게 행사할 수 있다. 다만 동 원칙은 민사사건에는 전적으로 적용되나, 형사사건에는 프랑스주의와 영국주의의 관행이 대립한다. 다수설인 프랑스주의에 의하면 선박내부사항 및 승무원 상호 간의 사건에 관해서는 원칙적으로 연안국에는 관할권이 없으나, ① 선장 또는 선적국 영사의 요청, ② 연안국의 이해관계 또는 항의 질서를 해하는 경우에 연안국이 관할권을 행사할 수 있다고 본다. 영국주의는 모든 경우에 연안국의 관할권이 있다고 본다. 프랑스주의가 관행이라고 해도 이것이 법원칙은 아니며 은혜와 편의의 문제이다. 연안국이 외국선박에 대한 관할권을 가지므로 피난 중인 혐의자를 연안국 관헌은 그 선박 내부까지 추적하여 체포할 수 있다. 1949년 Eisler case에서 영국은 폴란드 국적의 Eisler를 영국항에 정박한 폴란드 선박에서 체포하였다. 영국은 이를 국제법 원칙으로 주장하였다.

(2) 조난 또는 불가항력

사선박이 자발적으로 연안국에 입항한 경우 연안국이 관할권을 가지나, 조난(distress)이나 불가항력(force majeure)으로 타국의 내수에 들어간 경우 연안국의 관할권 행사는 허용되지 않는다. 이 경우 기국만 관할권을 갖는다. 미국국적의 노예 수송선박에서 선상반란이 발생한 후 선박이 영국령의 바하마제도의 섬에 입항한 Creole호 사건에서 중재재판관은 동 선박에 대해 영국의 노예금지관련 법규를 적용할 수 없다고 판정하였다.

4. 내수에서 외국 군함의 법적 지위

군함의 내수 출입을 허락할 것인지 여부는 연안국의 자유재량이다. 다만, 조난을 당하여 불가피하게 寄港(기항)하는 경우에는 인도주의적 동기에서 그 출입권이 인정된다. 전쟁 시 중립국 군함의 출입은 반드시 허가를 요한다. 군함은 체류 시 특권면제를 향유한다. 따라서 연안국은 수색·체포 기타 강제조치를 취하기 위해 선박 안에 들어갈 수 없다. 범죄인 비호권과 관련하여 정치범에 대해서는 망명을 인정할 수 있다는 것이 다수의 견해이나 일반 범죄인은 연안국에 인도해야 한다. 항행과 보건에 관한 연안국 법령을 준수해야 한다. 승무원이 연안국 영토상에서 범죄를 한 경우 연안국은 이 범인을 재판할 수 있다.

5. 내수에서 외국 비상업용 정부 선박의 법적 지위

비상업용 정부 선박은 군함과 유사하게 내수에서 특권이나 면제가 인정된다. 이러한 면제가 연안국의 법 자체로부터 면제를 의미하는 것은 아니다. 이는 Chung Chi Cheung v. The King(1939)이 잘 보여준다. 중국 세관선에 고용된 영국인 Chung Chi Cheung이 이 선박이 영국관할하의 홍콩 내수에 있는 동안 선장을 살해했다. 이 선박 일등항해사의 요청에 따라 영국관헌이 그를 체포하여 홍콩재판소에 기소하였다. 그는 문제의 선박은 중국영토로 간주되므로 영국의 재판관할권 행사가 허용되지 않는다고 주장했다. 영국추밀원은 중국 공선(公船)은 '객관적 치외법권'을 향유하는 것이 아니라, 외국의 자격 있는 대표자에 의해 포기될 수 있는 '일정 면제'만을 향유하는 것이라고 판결하였다. 외국의 국가선박이 내수에 합법적으로 존재하는 경우 연안국의 재판관할권으로부터 면제된다는 점을 인정한 판결이다. 그러나 정부선박이 기국 영토의 일부로 대우받을 권리, 즉 치외법권을 향유하는 것은 아니라고 본 판결이다.

6. 내수에서의 외국 선박의 무해통항권

> **조문 | UN해양법협약 제8조 제2항 – 내수에서의 무해통항권**
>
> 제7조에 규정된 방법에 따라 직선기선을 설정함으로써 종전에 내수가 아니었던 수역이 내수에 포함되는 경우, 이 협약에 규정된 무해통항권이 그 수역에서 계속 인정된다.

내수에서 외국선박의 무해통항권은 원칙적으로 인정되지 않는다. 단, 예외적으로 연안국에 의해 직선기선이 획정됨으로써 종래에는 내수가 아닌 수역이 기선의 내측에 포함되어 내수가 된 경우 그러한 수역에 대해서는 무해통항권을 인정해야 한다(제8조 제2항).

제3절 국제하천

1. 개념

국제하천이란 복수국의 경계를 구성하거나, 또는 복수국의 영토를 관류하는 하천으로서 공해로부터의 선박의 항행이 가능하거나 복수국에 의해 그 하천수가 비항행적 목적으로 이용되는 것을 말한다. 국제하천은 水源(수원)에서 河口(하구)까지의 1국의 영토 내를 흐르는 하천을 의미하는 국내하천과 구별된다.

2. 법적 지위

복수국의 영토를 관류하는 국제하천에서 각국 영토 내를 흐르는 부분은 당해국의 내수가 된다.

3. 항행적 이용(navigational use)

국제하천의 항행적 이용, 즉 선박의 항행과 관련된 규칙은 관련국과의 조약을 통해 규율되고 있다. 1921년 국제하천의 가항수로체제에 관한 바르셀로나 협약과 규정은 평등에 기초하여 서로의 국제수로에서 체약국상선의 자유항행을 규정하고 있다. 다만, 연안운송의 경우는 자국 선박에게만 유보할 수 있으며, 공선이나 경찰선의 항행의 자유는 인정되지 않는다.

4. 비항행적 이용(non-navigational use)

(1) 법적 쟁점

국제하천의 비항행적 이용이란 동력·홍수방지·灌漑(관개)·폐기물 처리 등 선박항행 이외의 목적으로 하천을 사용하는 것을 말한다. 국제하천의 비항행적 이용이 증가함에 따라 하류국에 미치는 불이익을 최소화하기 위한 규범의 확립이 중요한 쟁점으로 대두되었다.

(2) 이용규칙

① **학설**: 전통적으로는 '절대적 영역주권설', 일명 하몬주의(Harmon Doctrine)가 통용되었다. 즉, 국가는 자국 영토 내의 하천수를 자유로이 사용·처분할 수 있으며 하류국은 상류국의 행위에 대해 이의를 제기할 수 없다는 주장이다. 현재의 통설은 '제한적 영역주권설'로서 국가는 자국영토 내를 흐르는 하천을 자유로이 이용할 수 있으나 그 이용이 타국의 이익을 침해해서는 안 된다는 견해로서, 관계유역국은 하천이용에 관하여 상호적으로 권리·의무를 향유한다고 한다.

② **판례**

　㉠ 라누호 중재 사건(스페인 대 프랑스, 1957): 프랑스가 라누호의 물을 유로변경하여 수력발전에 이용하고 나서 수로를 건설하여 이를 다시 스페인의 까롤강에 되돌려주고자 하였던 사건에서, 재판부는 국제법상 상류국은 하류국의 이익을 침해하지 않는 범위 내에서 국제하천수를 이용할 수 있다고 밝히고, 관련국은 모든 연락과 협상을 성실하게 받아들여야 할 의무가 있다고 裁定(재정)하였다.

　㉡ 뮤즈강수로변경 사건(벨기에 대 네덜란드, PCIJ, 1937): PCIJ는 당사국은 하천수의 양·수위·유속 등에 대한 변경을 가져오지 않는 한도 내에서 당해 하천을 자유로이 이용할 수 있다고 판시하였다.

③ **조약**: 1997년 UN총회는 국제수로의 비항행적 이용에 관한 법을 위한 협약을 채택했다. 동 조약 제5조에 의하면 유역국은 자국영토 내에서 국제수로를 형평하고 합리적인 방법(in an equitable and reasonable manner)으로 이용하여야 한다. 유역국은 국제수로를 적절히 보호하면서 최적의 이용과 이익을 성취하기 위해 이를 이용 및 개발해야 한다. 이 밖에도 '중대한 손해를 야기하지 않을 의무', '일반적 협력의무', '자료와 정보의 교환' 등의 의무를 규정하고 있다.

⚖ 판례 | 라누호 중재 사건[26]

까롤강은 라누호에서 프랑스로 유입되며 다시 스페인 영역으로 흘러들어간다. 프랑스가 라누호의 물을 프랑스령 Ariège강으로 유로를 변경시켜 수력발전소를 건설하려고 하자 스페인이 이에 반대하여 양국 사이에 분쟁이 발생하였다. 양국은 합의에 의해 중재재판소를 구성하였다. 법적 쟁점은 국제하천의 이용에 관한 국제법 원칙 및 프랑스가 관련 국제법 원칙을 위반하였는지 여부였다. 중재법원은 상류국은 하류국의 이익을 침해하지 않는 범위 내에서 국제하천수를 이용할 수 있다는 국제법 원칙을 확인하였다. 유역국 간 분쟁이 발생하는 경우 최선의 해결책은 관계국 사이에 이해를 조정하여 합의하는 것이고, 당사국은 모든 연락과 협의 요청을 성실하게 받아들여야 할 법적 의무가 있다고 하였다. 한편, 중재법원은 프랑스 행위에 위법성이 없다고 재정하였다. 프랑스의 수력발전이 까롤강의 수량을 변경시키는 것이 아니므로 프랑스의 유로변경식 수력발전소 건설은 적법하다고 판단하였다.

---

26) Spain v. France, 국제중재, 1957년.

I 의의

1. 개념

영해(territorial sea)는 국가의 영토와 내수 외측에, 군도국가의 경우는 군도수역의 외측에 인접하고 있는 '일정한 범위의 해역'으로서 국가의 영유권에 속하는 공간이다. 광의의 영해는 국가가 영유하고 있는 수역의 모든 부분으로서 협의의 영해인 '연안해'를 포함하여 '내수(internal waters)'가 포함되나, 통상적으로 협의의 영해를 지칭한다.

2. 제도적 취지

영해제도는 연안국의 이익을 보호하는 한편, 국제교통의 안전확보를 위해 인정되고 있다. 즉, 영해를 인정함으로써 국방상의 이익, 경제적 이익 등 연안국의 이익을 보호하고, 연안국의 책임하에 연안해의 질서유지를 확보함으로써 국제교통의 안전을 확보하고자 하는 것이다.

3. 영해의 범위

> **📖 조문 | UN해양법협약 제3조 – 영해의 폭**
>
> 모든 국가는 이 협약에 따라 결정된 기선으로부터 12해리를 넘지 아니하는 범위에서 영해의 폭을 설정할 권리를 가진다.

전통적으로 1702년 Cornelius von Bynkershoek가 그의 저서 '영해론'(De Domino Maris)에서 '국토의 권력은 무기의 힘이 그치는 곳에서 그친다'라고 하여 3해리설을 주장한 이래 국가들은 3해리를 영해의 범위로 인정해 왔다. 그러나 제3차 해양법회의의 결과 채택된 '해양법협약'은 영해범위를 12해리 범위 내에서 연안국이 재량적으로 정하도록 규정하고 있다(제3조). 한국은 영해 12해리를 원칙으로 하되 대한해협은 3해리로 규정하고 있다. 영해 12해리는 일반국제관습법으로 인정된다.

II 영해 기선제도

1. 개념

> **📖 조문 | UN해양법협약 제14조 – 기선결정 방법의 혼합**
>
> 연안국은 서로 다른 조건에 적합하도록 앞의 각 조에 규정된 방법을 교대로 사용하여 기선을 결정할 수 있다.

영해의 폭을 측정하는 육지 측의 기준선을 영해의 기선(baseline)이라 하며 두 가지 설정방법이 있다. 연안국은 자국해안선의 조건에 따라 여러 종류의 기선을 혼합하여 사용할 수 있다(제14조). 한국은 대체로 서남해안에서는 직선기선방식을, 동해안에서는 통상기선방식을 적용하고 있다.

2. 통상기선

📄 **조문 | UN해양법협약 제5조 – 통상기선**

영해의 폭을 측정하기 위한 통상기선은 이 협약에 달리 규정된 경우를 제외하고는 연안국이 공인한 대축척해도에 표시된 해안의 저조선으로 한다.

통상기선(normal baseline)이란 연안국이 공인하는 대축척지도에 기재되어 있는 연안의 저조선을 말한다(제5조). 환초(atolls)상에 위치한 섬이나 가장자리에 암초(reefs)를 가진 섬의 경우 연안국에 의해 공인된 해도상에 적절한 기호로 표시된 암초의 바다쪽 저조선이 기선이다(제6조).

3. 직선기선

📄 **조문 | UN해양법협약 제7조 – 직선기선**

1. 해안선이 깊게 굴곡이 지거나 잘려들어간 지역, 또는 해안을 따라 아주 가까이 섬이 흩어져 있는 지역에서는 영해기선을 설정함에 있어서 적절한 지점을 연결하는 직선기선의 방법이 사용될 수 있다.

2. 삼각주가 있거나 그 밖의 자연조건으로 인하여 해안선이 매우 불안정한 곳에서는, 바다쪽 가장 바깥 저조선을 따라 적절한 지점을 선택할 수 있으며, 그 후 저조선이 후퇴하더라도 직선기선은 이 협약에 따라 연안국에 의하여 수정될 때까지 유효하다.

3. 직선기선은 해안의 일반적 방향으로부터 현저히 벗어나게 설정할 수 없으며, 직선기선 안에 있는 해역은 내수제도에 의하여 규율될 수 있을 만큼 육지와 충분히 밀접하게 관련되어야 한다.

4. 직선기선은 간조노출지까지 또는 간조노출지로부터 설정할 수 없다. 다만, 영구적으로 해면 위에 있는 등대나 이와 유사한 시설이 간조노출지에 세워진 경우 또는 간조노출지 사이의 기선설정이 일반적으로 국제적인 승인을 받은 경우에는 그러하지 아니하다.

5. 제1항의 직선기선의 방법을 적용하는 경우, 특정한 기선을 결정함에 있어서 그 지역에 특유한 경제적 이익이 있다는 사실과 그 중요성이 오랜 관행에 의하여 명백히 증명된 경우 그 경제적 이익을 고려할 수 있다.

6. 어떠한 국가도 다른 국가의 영해를 공해나 배타적 경제수역으로부터 격리시키는 방식으로 직선기선제도를 적용할 수 없다.

(1) 의의

직선기선(straight baseline)은 해안선이 심히 굴곡되고(deeply indented) 돌입한 지역 또는 바로 인근에 도서가 산재해 있는 경우 적당한 지점을 연결한 기선을 의미한다(제7조 제1항). ICJ는 'Maritime Delimitation and Territorial Questions between Qatar and Bahrain 사건'에서 직선기선은 기선 결정을 위한 통상의 규칙(the normal rules)에 대한 예외로써 제한적으로 적용되어야 한다고 하였다.

(2) 연혁

1935년 6월 12일 노르웨이는 국내법으로 전관어업수역을 설정하면서 직선기선제도를 채택했다. 1951년 국제사법재판소는 영국-노르웨이 어업 사건에서 직선기선제도를 인정하는 판결을 내렸다. 1958년 영해 및 접속수역에 관한 협약은 이를 성문화하였고 1982년 해양법협약도 같은 규정을 두고 있다. ICJ는 'Maritime Delimitation and Territorial Questions between Qatar and Bahrain 사건'(2001)에서 직선기선방식은 통상의 규칙에 대한 예외로써 제한적으로 적용되어야 한다고 판시하였다.

(3) 요건

① **직선기선의 설정지역**: 직선기선을 인정할 수 있는 지역은 해안선이 깊이 굴곡한 지역 또는 바로 인접한 해안을 따라 일련의 도서가 산재한 지역이어야 한다(제7조 제1항).

② **직선기선의 설정방향**: 직선기선의 설정방향은 해안의 일반적 방향으로부터 현저히 이탈할 수 없으며, 직선기선의 내측 수역은 내수제도에 종속될 수 있도록 육지영역에 충분히 밀접하여야 한다(제7조 제3항).

③ **직선기선의 설정기점**: 직선기선의 설정기점은 간출지가 아니어야 한다. 즉, 간출지로부터 또는 간출지까지 직선기선을 설정할 수 없다. 다만, 항구적으로 해면 위에 있는 등대 또는 유사한 시설이 간출지상에 세워지거나 또는 이러한 간출지로부터의 기선설정이 국제적 승인을 받는 경우는 직선기선을 설정할 수 있다(제7조 제4항).

④ **직선기선의 설정중요성**: 직선기선을 설정하는 중요성이 장기적인 관행에 의하여 명백히 증명된 경제적 이익을 고려할 수 있는 것이어야 한다(제7조 제5항).

⑤ **직선기선의 설정적용**: 일국의 직선기선의 적용이 타국의 영해를 공해 또는 배타적 경제수역으로부터 차단하는 방법이 되어서는 안 된다(제7조 제6항).

(4) 하천과 만의 직선기선

강이 직접 바다로 흘러 들어가는 경우, 기선은 양쪽 강둑의 저조선상의 지점을 하구를 가로질러 연결한 직선으로 한다(제9조). 만의 입구에 직선기선을 설정할 수 있으나, 협약 제10조에 규정된 만의 요건을 갖추어야 한다. 특히 만구는 원칙적으로 24해리를 넘을 수 없다.

4. 기선의 효과

(1) 일반적 효과

영해기선은 내수와 영해의 경계선의 역할 및 영해, 접속수역, 배타적 경제수역, 대륙붕의 범위를 획정하는 기선의 역할을 한다.

(2) 직선기선의 특별효과

기선의 내측은 통상 내수로서 선박의 무해통항권이 인정되지 않는다. 그러나 해양법협약 제8조 제2항은 직선기선에 의해 종전에 영해로 인정되던 수역이 내수로 편입된 경우 그 수역에서는 무해통항권을 인정하여 연안국과 항행국의 권리를 적절하게 조화시키고 있다. 해양법협약에 의해 내수는 무해통항권이 인정되는 내수와 무해통항권이 인정되지 아니하는 내수로 이원화되었고, 무해통항권이 인정되는 내수를 '준내수' 또는 '준영해'로 칭하는 견해도 있다.

5. 영해 중첩과 경계획정

> **📋 조문 | UN해양법협약 제15조 – 대향국 또는 인접국 간 영해 경계획정**
>
> 두 국가의 해안이 서로 마주보고 있거나 인접하고 있는 경우, 양국 간 달리 합의하지 않는 한 양국의 각각의 영해 기선상의 가장 가까운 점으로부터 같은 거리에 있는 모든 점을 연결한 중간선 밖으로 영해를 확장할 수 없다. 다만, 위의 규정은 역사적 권원이나 그 밖의 특별한 사정에 의하여 이와 다른 방법으로 양국의 영해의 경계를 획정할 필요가 있는 경우에는 적용하지 아니한다.

(1) 협약 규정

두 국가의 해안이 서로 마주보고 있거나 인접하고 있는 경우, 양국 간 달리 합의하지 않는 한 양국의 각각의 영해 기선상의 가장 가까운 점으로부터 같은 거리에 있는 모든 점을 연결한 중간선 밖으로 영해를 확장할 수 없다. 다만, 위의 규정은 역사적 권원이나 그 밖의 특별한 사정에 의하여 이와 다른 방법으로 양국의 영해의 경계를 획정할 필요가 있는 경우에는 적용하지 아니한다(제15조).

(2) ICJ 입장

ICJ는 영해경계 획정의 방법론과 관련하여 'Maritime Delimitation and Territorial Questions between Qatar and Bahrain 사건'에서 1982년 협약의 제15조는 영해 및 접속수역에 관한 1958년 협약의 제12조 제1항과 사실상 동일하며, 관습적 성격을 가진다고 하였다. 가장 논리적이고 광범위하게 사용되고 있는 방법은 우선 잠정적으로 등거리선을 긋고, 그런 다음 이 등거리선이 특별한 사정의 존재에 비추어 조정되어야 하는지의 여부를 검토하는 것이다. ICJ는 2018년 'Maritime Delimitation in the Caribbean Ses and the Pacific Ocean and Land Boundary in the Northern Part of Isla Portillos(Costa Rica v. Nicaragua) 사건'에서 영해경계 획정을 위한 이 2단계 방법론을 '자신의 확립된 판례'로 지칭한 바 있다.

Ⅲ 영해에서 연안국의 권리

1. 연안국의 권리의 법적 성질

(1) 주권설

영해는 영토·영공과 같이 국가영역의 일부를 구성하므로, 국가의 영토에 대한 권리가 주권인 것과 같이 영해에 대한 권리도 주권이라고 보는 학설로서 다수설이다. 다만, 국제법상 영토와 달리 다양한 제한을 받고 있으므로 주권과 다르다는 비판도 있다.

(2) 소유권설

소유권설은 사법상 토지에 대한 소유자의 권리와 같이 보는 학설로, 연안국이 영해에 대해 포괄적 지배권을 행사하고 연안국의 권리가 배타적으로 인정되는 점에 기초한다. 그러나 소유권설은 연안국의 영해에 대한 인적지배권을 설명하지 못한다.

(3) 지역권설

연안국의 국권의 성질을 국제지역권(international servitude)으로 보는 학설이다. 영해를 국가영역이 아니라 공해의 일부로 보고 연안국은 인접공해의 일부를 자국이익을 보호하기 위해 일정한 방법으로 이용하는 국제지역권을 가질 뿐이라고 주장한다. 지역권설의 문제점은 첫째, 지역권은 조약에 의해 성립되나 영해는 관습법으로 확립된 제도라는 점, 둘째, 국제지역권은 '타국영역'을 이용하는 것이나, 영해는 연안국이외의 어떤 국가에도 속하지 않는다는 점, 셋째, 영해는 전통적으로 공해와 구분되는 수역으로 인정되어왔다는 점을 설명하지 못한다는 것이다.

(4) 관할권설

영해에 대한 국권을 관할권(jurisdiction)이라고 보는 학설로, 영해에 대한 권리가 국제법에 의해 인정되었고 영토권에 비해 중대한 제한을 받는다는 점에 기초한다. 그러나 영토에 대한 권리도 국제법에 의해 인정되나 영토권은 '주권'이라는 점, 또한 권리가 제한된다고 하여 권리 자체의 본질이 변화되지는 않는다는 점에서 한계가 있다.

(5) 검토

📖 조문 | UN해양법협약 제2조 – 영해, 영해의 상공·해저 및 하층토의 법적 지위

1. 연안국의 주권은 영토와 내수 밖의 영해라고 하는 인접해역, 군도국가의 경우에는 군도수역 밖의 영해라고 하는 인접해역에까지 미친다.

2. 이러한 주권은 영해의 상공·해저 및 하층토에까지 미친다.

3. 영해에 대한 주권은 이 협약과 그 밖의 국제법규칙에 따라 행사된다.

주권개념을 최고성, 절대성, 제한불가성 등으로 보는 경우 관할권설이 적절할 수 있으나, 주권개념을 최고 절대적인 것으로 보지 않고 국제법에 의거하여 국가가 가지고 있는 권리라는 의미로 사용한다면 영해에 대한 국권을 주권으로 볼 수 있다. 해양법협약은 영해에 대한 연안국의 권능을 '주권'으로 규정하여 주권설을 반영하고 있다(제2조).

2. 주권의 공간적 범위

수평적 범위는 영해라는 수역(a belt of sea)이며 수직적 범위는 영해의 상부공역(air space)과 영해의 해상(sea bed) 및 그 해저지하(subsoil)에 미친다. 영해에 대한 권리는 '해수'(waters) 그 자체에도 미친다.

3. 권리의 내용

(1) 경찰권

연안국은 영해에서의 안전과 질서를 유지하기 위한 규칙을 제정하여 이를 실시할 수 있으며 선박이 이를 위반하는 경우 처벌할 수 있다. 규칙은 주로 관세, 위생, 항행 및 안전에 관한 것이다.

(2) 어업통제권

연안국은 영해에서 어업에 관한 국내법을 실시할 수 있고, 연안어업을 자국민에게만 허용할 권리가 있다. 따라서 허가 없이 이에 종사하는 외국선박을 처벌할 수 있다.

(3) 연안무역권

연안국은 연안무역(cabotage)을 자국민에게만 허용할 수 있다. 연안무역이란 동일 국가의 영해에 속하는 항구 간의 무역을 의미한다. 대부분의 통상항해조약에서 연안무역에 대한 내국민대우의 예외를 명시하고 있다.

(4) 해양과학조사권

연안국은 영해 내에서 해양과학조사에 관한 배타적 권리를 행사하며, 외국선박은 연안국의 명시적 동의 없이는 영해 내에서 해양과학조사를 할 수 없다(제245조).

(5) 해양오염규제권

연안국은 영해 내에서 해상투기(dumping)와 외국선박에 의한 해양오염규제를 위한 법령을 제정·실시하며 기타의 조치를 취할 수 있다(제210조, 제241조).

Ⅳ 영해에서 외국선박에 대한 재판관할권

1. 의의

영해에서 연안국의 권리는 '주권'이므로 영해에서 연안국은 사법권 또는 재판관할권을 행사할 수 있다. 그러나 항행의 자유 및 외국 주권의 존중을 위해 재판관할권이 제한을 받는다. 선박의 종류별로 검토한다.

2. 상선과 상업용 정부선박

(1) 국제관행

영국주의와 프랑스주의의 대립이 있다. 영국주의는 속지주의를 엄격하게 적용하여 선박 내외의 사건을 막론하고 모든 사건의 재판관할권이 연안국에 있다는 주장이다. 반면, 프랑스주의는 선박 내부사건과 외부사건을 구분하여 선박 외부사건은 원칙적으로 연안국에 관할권이 있으나, 선박 내부사건은 원칙적으로 선박소속국에 있다고 본다. 다만, 선박 내부사건에 대해서도 예외적으로 연안국의 질서와 안전을 해하거나 선박소속국이 연안국의 협력을 요하는 경우에 한하여 연안국에 관할권이 있다고 본다.

(2) UN해양법협약

① 형사재판관할권

📋 **조문 | UN해양법협약 제27조 – 외국선박 내에서의 형사관할권**

1. 연안국의 형사관할권은 오직 다음의 각호의 경우를 제외하고는 영해를 통항하고 있는 외국선박의 선박 내에서 통항 중에 발생한 어떠한 범죄와 관련하여 사람을 체포하거나 수사를 수행하기 위하여 그 선박 내에서 행사될 수 없다.

    (a) 범죄의 결과가 연안국에 미치는 경우

    (b) 범죄가 연안국의 평화나 영해의 공공질서를 교란하는 종류인 경우

    (c) 그 선박의 선장이나 기국의 외교관 또는 영사가 현지 당국에 지원을 요청한 경우

    (d) 마약이나 향정신성물질의 불법거래를 진압하기 위하여 필요한 경우

2. 위의 규정은 내수를 떠나 영해를 통항 중인 외국선박 내에서의 체포나 수사를 목적으로 자국법이 허용한 조치를 취할 수 있는 연안국의 권리에 영향을 미치지 아니한다.

3. 제1항 및 제2항에 규정된 경우, 연안국은 선장이 요청하면 어떠한 조치라도 이를 취하기 전에 선박기국의 외교관이나 영사에게 통고하고, 이들과 승무원 간의 연락이 용이하도록 한다. 긴급한 경우 이러한 통고는 조치를 취하는 동안에 이루어질 수도 있다.

4. 현지당국은 체포 여부나 체포방식을 고려함에 있어 통항의 이익을 적절히 고려한다.

---

5. 제12부에 규정된 경우나 제5부에 따라 제정된 법령위반의 경우를 제외하고는, 연안국은 외국선박이 외국의 항구로 부터 내수에 들어오지 아니하고 단순히 영해를 통과하는 경우, 그 선박이 영해에 들어오기 전에 발생한 범죄와 관련하여 사람을 체포하거나 수사를 하기 위하여 영해를 통항 중인 외국선박 내에서 어떠한 조치도 취할 수 없다.

⊙ **연안국의 영해를 통과 중인 상선**: 원칙적으로 영해를 통과 중인 '외국선박 내'에서의 범죄에 관한 형사재판관할권은 선박소속국에 있으며 연안국은 이를 행사할 수 없다[27](제27조 제1항). 다만, 예외적으로 연안국이 관할권을 행사할 수 있는 경우는 ⓐ 범죄의 결과가 연안국에 영향을 주는 경우, ⓑ 범죄가 연안국의 평화 또는 영해의 질서를 교란하는 성질의 것인 경우, ⓒ 선박의 선장 또는 기국의 외교관이나 영사에 의하여 연안국 지방관청의 원조가 요청되는 경우, ⓓ 마약의 불법매매의 진압을 위하여 필요한 경우이다. 프랑스주의를 채택한 것이다. 특정한 경우 연안국의 형사재판관할권의 행사가 인정된다고 할지라도 그 실시에 있어서는 범죄의 중대성의 정도와 운항저지의 위험을 비교·형량하여 항행이익에 타당한 고려를 할 필요가 있다.

© **연안국의 내수를 떠나 영해를 통과 중인 상선**: 연안국은 형사관할권의 행사를 위해 어떠한 조치도 취할 수 있다. 이 경우 범죄가 내수 내의 상선에서 발생한 것과 동등하게 취급된다. 불가항력 등 합리적 사유가 없이 '영해에 정박 중인' 외국상선 내에서 범죄가 발생한 경우에 관해서는 명시적 규정이 없으나 이 경우도 관할권을 행사할 수 있다.

© **영해에 진입하기 전에 범죄가 발생한 경우**: 외국의 항구를 출발하여 연안국의 영해에 들어오기 전에 이미 외국상선 내에서 범죄가 발생한 경우, 당해 선박이 내수에 들어오지 않는 한 연안국은 외국선박 내에서 형사관할권을 행사하지 않을 '법적' 의무를 부담한다.

② **민사재판관할권**: 원칙적으로 영해 내의 외국선박 내에서의 민사사건에 대한 재판관할권은 선박소속국에 있다. 연안국은 영해를 통과하는 외국선박 내에 있는 자에 관한 민사재판관할권을 행사하기 위하여 그 선박을 정지시키거나 항로를 변경시킬 수 없다(제28조 제1항). 프랑스주의를 채택한 것이다. 다만, 예외적으로 ⊙ 선박이 연안국수역을 항행 중 또는 항행하기 위해 스스로 부담한 채무 또는 책임에 관한 강제집행 또는 보전처분을 하는 경우(제28조 제2항), © 영해 내에 정박하거나 내수에서 나와 영해를 항행하는 외국선박에 대한 강제집행 또는 보전처분을 하는 경우(제28조 제3항) 연안국에 관할권이 있다.

📖 **조문 | UN해양법협약 제28조 - 외국선박과 관련한 민사관할권**

1. 연안국은 영해를 통항 중인 외국선박 내에 있는 사람에 대한 민사관할권을 행사하기 위하여 그 선박을 정지시키거나 항로를 변경시킬 수 없다.

2. 연안국은 외국선박이 연안국 수역을 항행하는 동안이나 그 수역을 항행하기 위하여 선박 스스로 부담하거나 초래한 의무 또는 책임에 관한 경우를 제외하고는 민사소송절차를 위하여 그 선박에 대한 강제집행이나 나포를 할 수 없다.

3. 제2항의 규정은 영해에 정박하고 있거나 내수를 떠나 영해를 통항 중인 외국선박에 대하여 자국법에 따라 민사소송절차를 위하여 강제집행이나 나포를 할 수 있는 연안국의 권리를 침해하지 아니한다.

---

27) 이 경우 형사관할권 행사의 제한은 '예양'에 기초한 것이므로 연안국은 원한다면 이 네 가지 이외의 사항에 대해서도 형법을 강제할 수 있다. 제27조 제1항의 문언상 'should'는 법적의무를 부과하지 않는 충고, 권고로 해석된다(김대순 785면).

3. 군함과 비상업용 정부선박

(1) 일반국제법

일반국제법상 영해 내에 있는 외국의 군함과 비상업용 정부선박 내의 형사·민사재판관할권은 선박 소속국에 있다는 것이 확립되어 있다.

(2) 해양법협약

📑 **조문 | UN해양법협약상 군함 관련 조문**

제29조 – 군함의 정의

이 협약에서 "군함"이라 함은 어느 한 국가의 군대에 속한 선박으로서, 그 국가의 국적을 구별할 수 있는 외부표지가 있으며, 그 국가의 정부에 의하여 정식으로 임명되고 그 성명이 그 국가의 적절한 군적부나 이와 동등한 명부에 등재되어 있는 장교의 지휘 아래 있으며 정규군 군율에 따르는 승무원이 배치된 선박을 말한다.

제30조 – 군함의 연안국 법령 위반

군함이 영해통항에 관한 연안국의 법령을 준수하지 아니하고 그 군함에 대한 연안국의 법령준수 요구를 무시하는 경우, 연안국은 그 군함에 대하여 영해에서 즉시 퇴거할 것을 요구할 수 있다.

제31조 – 군함이나 그 밖의 비상업용 정부선박에 의한 손해에 대한 기국의 책임

기국은 군함이나 그 밖의 비상업용 정부선박이 영해통항에 관한 연안국의 법령 또는 이 협약이나 그 밖의 국제법규칙을 준수하지 아니함으로써 연안국에게 입힌 어떠한 손실이나 손해에 대하여도 국제책임을 진다.

제32조 – 군함과 그 밖의 비상업용 정부선박의 면제

제1관, 제30조 및 제31조에 규정된 경우를 제외하고는 이 협약의 어떠한 규정도 군함과 그 밖의 비상업용 정부선박의 면제에 영향을 미치지 아니한다.

원칙적으로 영해 내에 있는 외국의 군함과 공선 내의 형사·민사재판관할권은 선박소속국에 있다(제32조). 이에 대한 예외는 없다. 다만, 연안국은 ① 군함의 경우 연안국의 법령을 준수하지 아니하는 경우에 그 군함을 즉시 퇴거시킬 수 있다(제30조). ② 비상업용정부선박의 경우 연안국의 법령을 준수하지 아니한 경우 선박의 기국에 대해 국제책임을 물을 수 있다(제31조).

I 개념

무해통항권(right of innocent passage)이란 평시에 모든 국가의 선박이 연안국의 평화, 공공질서 및 안전보장을 침해하지 않고 영해를 통항하는 권리를 말한다.

II 연혁

무해통항권은 국제관습법으로 확립되었다. 1949년 '코르푸해협 사건'에서 국제사법재판소는 연안국이 외국선박에게 무해통항권을 인정해야 함은 국제법상 확립된 원칙이라고 판시하였다. 1958년 '영해협약'이 이를 성문화했으나 구체적인 무해 또는 유해 행위를 열거하지는 못했다(제14조). 1982년 '해양법협약'은 무해·유해의 판단기준을 '통항방법'에 의하도록 구체적 행위를 열거하였다(제19조 제2항).

III 무해의 의미

> ### 📖 조문 | UN해양법협약 제19조 – 무해통항의 의미
>
> 1. 통항은 연안국의 평화, 공공질서 또는 안전을 해치지 아니하는 한 무해하다. 이러한 통항은 이 협약과 그 밖의 국제법규칙에 따라 이루어진다.
>
> 2. 외국선박이 영해에서 다음의 어느 활동에 종사하는 경우, 외국선박의 통항은 연안국의 평화, 공공질서 또는 안전을 해치는 것으로 본다.
>   (a) 연안국의 주권, 영토보전 또는 정치적 독립에 반하거나, 또는 국제연합헌장에 구현된 국제법의 원칙에 위반되는 그 밖의 방식에 의한 무력의 위협이나 무력의 행사
>   (b) 무기를 사용하는 훈련이나 연습
>   (c) 연안국의 국방이나 안전에 해가 되는 정보수집을 목적으로 하는 행위
>   (d) 연안국의 국방이나 안전에 해로운 영향을 미칠 것을 목적으로 하는 선전행위
>   (e) 항공기의 선상 발진·착륙 또는 탑재
>   (f) 군사기기의 선상 발진·착륙 또는 탑재
>   (g) 연안국의 관세·재정·출입국관리 또는 위생에 관한 법령에 위반되는 물품이나 통화를 싣고 내리는 행위 또는 사람의 승선이나 하선
>   (h) 이 협약에 위배되는 고의적이고도 중대한 오염행위
>   (i) 어로활동
>   (j) 조사활동이나 측량활동의 수행
>   (k) 연안국의 통신체계 또는 그 밖의 설비·시설물에 대한 방해를 목적으로 하는 행위
>   (l) 통항과 직접 관련이 없는 그 밖의 활동

1. 의의

무해란 연안국의 평화 · 공공질서 · 안전보장을 해하지 않으며 또한 국제법 및 기타 법규에 합당함을 의미한다 (해양법협약 제19조 제1항).

2. 무해의 판단기준

무해의 판단은 '통항자체'로 하거나 '통항방법'으로 할 수 있다. 통항자체를 기준으로 하는 경우 군함이나 핵무기수송선 등의 통항은 그 자체로 연안국의 안전을 해하는 것으로 간주되어 유해한 통항이다. 반면, 통항방법으로 판단하는 경우 군함이 통항하더라도 무해할 수 있다. 국제사법재판소는 '코르푸해협 사건'에서 통항방법을 기준으로 선택했으며, '해양법협약'도 통항방법을 기준으로 설정하고 유해한 행위를 열거하고 있다.

3. 유해행위

해양법협약 제19조 제2항에서 (1) 연안국의 주권 · 영토보전 및 정치적 독립을 침해하거나 국제연합헌장에 구현된 국제법원칙을 위반하는 기타 방법에 의한 무력의 위협 또는 행사, (2) 어떠한 종류이든 무기를 사용한 훈련 또는 연습, (3) 연안국의 방위 또는 안전에 유해한 정보수집을 목적으로 한 행위, (4) 연안국의 방위 또는 안전에 영향을 미치는 것을 목적으로 한 선전행위 등을 '유해행위'로 열거하고 있다.

Ⅳ 통항의 의미

📖 조문 | UN해양법협약 제18조 – 통항의 의미

1. 통항이라 함은 다음의 목적을 위하여 영해를 지나서 항행함을 말한다.

    (a) 내수에 들어가지 아니하거나 내수 밖의 정박지나 항구시설에 기항하지 아니하고 영해를 횡단하는 것; 또는

    (b) 내수를 향하여 또는 내수로부터 항진하거나 또는 이러한 정박지나 항구시설에 기항하는 것

2. 통항은 계속적이고 신속하여야 한다. 다만, 정선이나 닻을 내리는 행위가 통상적인 항행에 부수되는 경우, 불가항력이나 조난으로 인하여 필요한 경우, 또는 위험하거나 조난상태에 있는 인명 · 선박 또는 항공기를 구조하기 위한 경우에는 통항에 포함된다.

---

1. 통항의 범위

영해를 통과하는 항행으로서의 통항(passage)은 첫째, 내수에 들어가지 않고 영해를 횡단하거나 또는 내수 밖에 위치한 정박지 또는 항구의 시설을 방문할 목적으로 항행하는 경우, 둘째, 내수 또는 내수로부터 항진하거나 또는 이러한 정박지 또는 항구시설을 방문할 목적으로 항행하는 경우를 말한다(제18조 제1항).

2. 통항방법

통항은 계속적이고 신속해야 한다. 다만, 통상항행에 부수적이거나 불가항력 또는 해난으로 인하여 필요한 경우 위험 또는 해난상태의 사람, 선박, 항공기를 구조하기 위한 정박과 투묘(投錨)를 포함한다(제18조 제2항).

Ⅴ 적용범위

1. 적용국가

무해통항권은 연안국이든 무연안국이든 불문하고 '모든 국가의' 선박에 인정된다(제17조).

2. 적용선박

(1) 상선

상선은 안전한 무해통항권이 인정된다.

(2) 어선

외국어선은 어업금지를 위한 연안국의 법령을 준수할 것을 조건으로 무해통항권이 인정된다(제17조).

(3) 특수선박

> 📖 **조문 | UN해양법협약 제23조 – 핵추진선박과 핵물질 등의 운반 선박**
>
> 외국의 핵추진선박과 핵물질 또는 본래 위험하거나 유독한 그 밖의 물질을 운반 중인 선박은 영해에서 무해통항권을 행사하는 경우, 이러한 선박에 대하여 국제협정이 정한 서류를 휴대하고 또한 국제협정에 의하여 확립된 특별예방조치를 준수한다.

핵추진선박 및 핵 또는 기타 본질적으로 위험하거나 유해한 물질을 운반하는 선박은 서류를 휴대하고 국제협정에 의한 특수예방조치를 준수할 것을 조건으로 무해통항권이 인정된다(제23조).

(4) 군함

후술한다.

(5) 잠수함

잠수함은 수면 위로 부상하여 국기를 게양할 것을 조건으로 무해통항권이 인정된다(제20조). 잠수함은 수중을 항행할 때 그의 본래 기능을 발휘할 수 있으며 수상을 통과할 경우는 본래 기능을 발휘할 수 없기 때문이다. 요건을 위반한 경우 구소련은 잠수함을 파괴의 대상이 되는 것으로 보았으며, 스웨덴도 영해 안의 소련 잠수함에 대해 수중폭탄을 사용한 바 있다.

3. 군함의 무해통항권

(1) 문제의 소재

무해통항권의 향유주체로서 군함의 무해통항이 인정되는가의 문제는 항행의 자유와 연안국의 보호라는 두 법익의 첨예한 대립을 보여주는 쟁점이라 볼 수 있다. 그럼에도 불구하고 1982년 UN해양법협약에서 명확하게 입법적 해결을 보지 못하여 현재까지 논란이 계속되고 있다.

(2) 군함의 개념

제29조에 의하면 군함이란 일국의 해군부대에 소속하는 선박으로서 그 국가의 군함인 것을 나타내는 외부표식을 가지며 정부에 의하여 정식으로 임명되고 또한 그 성명이 해군명부에 기재되어 있는 장교의 지휘 하에 있으며 또한 정규의 해군기율에 복종하는 선원이 배치된 것을 말한다.

(3) 학설

① **부정설**: William E. Hall이나 Ian Brownlie는 군함에 대해서 무해통항권을 인정하는 것은 영해의 소유국과 제3국에 위험을 준다는 것을 논거로 군함에 대해 무해통항권을 확장할 수 없다고 한다. 또한 '영해협약'과 '해양법협약'은 '군함이 영해통항에 관한 연안국의 법령을 준수하지 않고 연안국의 준수요청을 무시하는 경우, 연안국은 군함에 대하여 신속히 영해를 떠날 것을 요구할 수 있다'(영해협약 제23조; 해양법협약 제30조)고 규정하고 있으며 위의 '법령' 중에는 사전허가나 사전통고가 포함되어 있으므로 군함의 무해통항권은 인정되지 않는다고 한다.

② **긍정설**: 반면, John Westlake나 Hans Kelsen은 연안국은 영역주권에 의거하여 군함의 무해통항의 남용을 방지할 수 있다는 것을 근거로 군함의 무해통항권을 긍정한다. 또한 '영해협약' 제3장 A절의 '모든 선박에 적용되는 규칙' 중에서 무해통항권을 인정하고 있으며, D절의 '군함에 적용되는 규칙' 중에 무해통항권을 배제하는 특별한 규정이 없으므로 군함에 대해서도 무해통항권이 인정된다고 한다. '해양법협약'도 제2장 제3절 A관의 '모든 선박에 적용되는 규칙' 중에서 무해통항권을 인정하고 있으며 C관의 '군함 및 비상업용정부선박에 적용되는 규칙' 중에 무해통항권을 배제하는 특별한 규정이 없으므로 군함에 대해서도 무해통항권이 인정된다고 한다.

(4) 국제관행

관행상 무해통항권을 인정하는 국가도 있으나 대부분의 국가는 사전통고제나 사전허가제를 취하고 있는 실정이다. 제3차 해양법회의에서도 군함의 무해통항권은 연안국에 대한 사전허가제나 사전통고제를 요건으로 인정하는 최종수정안이 제의된 바 있으나 채택되지 못하였다. 한편, 우리나라 영해법령은 3일 전 사전통고를 요건으로 하고 있다(영해법 제5조 제1항, 영해법 시행령 제4조).

(5) 소결

외국선박의 무해통항권은 국제무역의 필요에 의하여 인정되고 있음에 반하여 군함의 경우에는 영해의 통과 그 자체가 연안국의 안전에 대한 위협이 되는 것이므로 연안국이 명시적 또는 묵시적으로 인정하는 경우를 제외하고는 군함의 무해통항권은 인정되지 않는 것으로 보아야 한다.

4. 적용시기

무해통항권은 평시에 인정되며 전시에는 인정되지 않는다. 연안국과 선박소속국이 전쟁상태에 있는 경우 그 선박은 공·사를 불문하고 포획의 대상이 된다. 연안국과 선박소속국 이외의 국가와 전쟁상태에 있는 경우 그 선박은 중립선으로서 봉쇄의 침파, 전시금제품의 수송, 군사적 원조에 종사하는 경우는 공·사를 불문하고 포획의 대상이 된다.

Ⅵ 연안국의 권리와 의무

1. 연안국의 권리

📖 **조문 | UN해양법협약 제21조 – 법령제정권**

1. 연안국은 이 협약의 규정과 그 밖의 국제법규칙에 따라 다음 각호의 전부 또는 일부에 대하여 영해에서의 무해통항에 관한 법령을 제정할 수 있다.
   (a) 항행의 안전과 해상교통의 규제
   (b) 항행보조수단과 설비 및 그 밖의 설비나 시설의 보호
   (c) 해저전선과 관선의 보호
   (d) 해양생물자원의 보존
   (e) 연안국의 어업법령 위반방지
   (f) 연안국의 환경보전과 연안국 환경오염의 방지, 경감 및 통제
   (g) 해양과학조사와 수로측량
   (h) 연안국의 관세 · 재정 · 출입국관리 또는 위생에 관한 법령의 위반방지
2. 이러한 법령이 일반적으로 수락된 국제규칙이나 기준을 시행하는 것이 아닌 한 외국선박의 설계, 구조, 인원배치 또는 장비에 대하여 적용하지 아니한다.
3. 연안국은 이러한 모든 법령을 적절히 공표하여야 한다.
4. 외국선박이 영해에서 무해통항권을 행사하는 경우, 이러한 모든 법령과 해상충돌방지에 관하여 일반적으로 수락된 모든 국제규칙을 준수하여야 한다.

📖 **조문 | UN해양법협약 제22조 – 통항로지정권 및 분리통항제도실시권**

1. 연안국은 항행의 안전을 위하여 필요한 경우 자국의 영해에서 무해통항권을 행사하는 외국선박에 대하여 선박통항을 규제하기 위하여 지정된 항로대와 규정된 통항분리방식을 이용하도록 요구할 수 있다.
2. 특히 유조선, 핵추진선박 및 핵물질 또는 본래 위험하거나 유독한 그 밖의 물질이나 재료를 운반 중인 선박에 대하여서는 이러한 항로대만을 통항하도록 요구할 수 있다.
3. 연안국은 이 조에 따라 항로대를 지정하고 통항분리방식을 규정함에 있어서 다음 사항을 고려한다.
   (a) 권한 있는 국제기구의 권고
   (b) 국제항행에 관습적으로 이용되고 있는 수로
   (c) 특정한 선박과 수로의 특성
   (d) 선박교통량
4. 연안국은 이러한 항로대와 통항분리방식을 해도에 명시하고 이를 적절히 공표한다.

연안국은 법령제정권을 갖는다. 즉, 연안국은 무해통항을 하는 외국선박이 준수해야 할 법령을 제정 · 공시할 수 있다(제21조 제1항). 또한 통항로지정권 및 통항분리제도실시권을 갖는다. 연안국은 항행의 안전을 위해 필요한 경우 영해상에 통항로를 지정하여 분리통항제를 실시할 수 있다. 특히 유조선, 핵추진선박 및 핵 · 유해물질적재선박의 통항은 지정된 통항로에 한정시킬 수 있다(제22조). 통항분리제도 실시에 있어서 연안국은 권한 있는 국제기구의 권고 또는 국제항행에 관습적으로 이용되고 있는 수로, 특정한 선박과 수로의 특성 및 선박교통량을 고려해야 한다(제22조). 핵추진선박이나 위험물질을 운반 중인 선박은 국제협정이 정한 서류를 휴대하고 국제협정에 의해 확립된 특별사전주의조치(special precautionary measures)를 준수해야 한다(제23조).

2. 연안국의 의무

연안국은 첫째, 방해금지의무를 진다. 연안국은 외국선박의 무해통항을 방해해서는 안 되며, 실질적으로 무해통항권을 부인 또는 침해하는 요건을 부과하거나 외국선 간 차별을 두어서는 안 된다(제24조 제1항). 둘째, 위험공시의무를 진다. 연안국은 자국영해 내에서 탐지한 항행상의 위험을 적절히 공시해야 한다(제24조 제2항). 셋째, 과징금 부과금지의무를 진다(제26조).

Ⅶ 무해통항권의 제한(연안국의 보호권)

1. 의의

연안국은 자국의 안전 및 재정상의 보호를 위해 무해하지 아니한 항행을 방지하기 위해 필요한 조치를 취할 수 있는바, 이를 연안국의 보호권(rights of protection)이라 한다(제25조 제1항). 연안국은 보호권의 발동으로서 영해의 특정수역에서 외국선박의 무해통항을 일시적으로 중지시킬 수 있다(제22조 제3항).

2. 필요한 조치의 범위

협약상 무해하지 아니한 통항을 방지하기 위해 필요한 조치의 범위가 어디까지인지 명확하지 않다. 스웨덴은 소련 잠수함의 잠항에 대해 수중폭탄(depth charges)을 사용한 바 있다. 제30조 규정을 고려하면 우선 떠날 것을 요구한 다음 무력행사가 가능하다.

3. 보호권의 발동조건

보호권의 발동 시 외국선박 간 차별을 두어서는 안 되며(제25조 제3항), 보호권의 발동은 일시적이어야 한다(제25조 제3항).

⚖ 판례 | 코르푸해협 사건[28] – 군함의 무해통항권

코르푸해협은 알바니아 본토와 코르푸섬 사이에 위치한 해협으로서 알바니아의 영해에 해당하며 공해의 두 부분을 연결하고 있으며 국제 해상교통에 유용한 항로로 평가된다. 영국은 1946년 10월 2일 군함을 코르푸해협에 파견하였다. 동 해협을 항행하던 중 기뢰가 폭발하여 군함에 심한 손상을 입었다. 3주 후 영국은 掃海船(소해선)을 파견하여 코르푸해협에서 기뢰 제거작업을 하여 22발의 기뢰선을 절단하였다. ICJ에 제소된 이 사안에서 코르푸해협에서 군함이 무해통항권을 갖는지가 문제되었다. ICJ는 코르푸해협에서 군함이 무해통항권을 갖는다고 판시하였다. 코르푸 해협은 공해의 두 부분을 연결하는 지리적 위치와 국제 통항에 이용되고 있는 사실에서 국제 해상교통의 유용한 항로이므로 타국이 그 군함을 연안국의 사전 동의를 얻지 않고 통항시킬 권리를 갖는 해협이며 연안국은 조약에 특별한 규칙이 없으면 그러한 통항을 금지할 수 없다고 판시하였다. UN해양법협약은 일반영해에서 군함의 무해통항권에 대해 명시적 규정을 두고 있지 않아 인정 여부에 대해 학설 대립이 있다. 다만, 영해인 해협에서는 군함도 '통과통항권'을 향유한다. 코르푸해협 사건은 해협인 영해에서 인정되는 통과통항권에 대한 선례로 평가된다. 즉, 일반영해에서 군함의 무해통항권을 인정한 사례로 보기는 어렵다는 것이다.

제6절 접속수역

📋 조문 | UN해양법협약 제33조 – 접속수역

1. 연안국은 영해에 접속해 있는 수역으로서 접속수역이라고 불리는 수역에서 다음을 위하여 필요한 통제를 할 수 있다.

   (a) 연안국의 영토나 영해에서의 관세 · 재정 · 출입국관리 또는 위생에 관한 법령의 위반방지

   (b) 연안국의 영토나 영해에서 발생한 위의 법령 위반에 대한 처벌

2. 접속수역은 영해기선으로부터 24해리 밖으로 확장할 수 없다.

Ⅰ 의의

1. 개념

접속수역(contiguous zone)이라 함은 보충수역(supplementary zone) 또는 인접수역(adjacent zone)이라고도 하며, 영해에 접속한 일정한 범위의 공해에 대하여 관세 · 재정 · 이민 · 위생 등의 사항에 관한 연안국의 국권행사가 인정된 수역을 말한다(제33조).

---

28) UK 대 알바니아, ICJ, 1949년.

2. 제도적 취지

국제교통의 발달과 항해기술의 발달에 따라 종래 12해리 영해로서는 연안국의 이익과 안전을 확보하기가 어렵게 되어 연안국의 관할권을 확대할 필요성이 절실하게 요청되었다. 다만, 영해범위를 확장시키는 것은 국가 간 이해관계 조정이 어렵기 때문에 접속수역제도가 창안되었다.

3. 법적 성질

접속수역은 확장된 '영해'가 아니라 국권행사가 인정되는 일정 범위의 '공해'이다. 따라서 접속수역은 공해사용의 자유에 대한 제한이 된다.

Ⅱ 접속수역의 범위

1. 접속수역의 폭

영해협약은 접속수역의 범위를 영해의 폭을 측정하는 기선으로부터 12해리를 초과할 수 없다고 규정하였으나(제24조 제2항), 해양법협약은 영해기선으로부터 24해리를 초과할 수 없다고 규정하고 있다(제33조 제2항). 따라서 접속수역의 실제상의 폭은 설정된 접속수역의 폭으로부터 인정된 영해의 폭을 공제한 부분이다.

2. 기선

접속수역의 기선은 영해의 폭을 측정하는 기선이다. 군도국가의 경우는 군도기선이 영해의 기선이고 또한 접속수역의 기선이다.

3. 접속수역의 경계획정

2개의 연안이 상호 대향하거나 인접하고 있는 경우 접속수역의 경계획정에 관해 1952년 '영해협약'은 당사국 간 별도의 합의가 없는 한 '중간선 원칙'에 따르도록 규정하고 있었으나, 1982년 '해양법협약'에는 이 같은 규정이 없다. 따라서 영해의 경계획정을 규정한 제15조를 준용하여 '중간선의 원칙'을 따라야 할지 배타적 경제수역의 경계를 획정하는 규정인 제74조를 준용하여 '균형의 원칙'을 따라야 할 것인지가 문제된다.

Ⅲ 접속수역에 대한 연안국의 권리

1. 연안국의 권리의 성질

해양법협약 제33조 제1항은 접속수역에 대한 연안국의 권리를 '통제'로 표현하고 있으나, 주권·관할권과 법적 성질이 같은 것으로 해석된다. 이들 개념은 모두 '국가권력'이라는 점에서는 동일하기 때문이다. 접속수역에 대한 연안국의 권리는 영토나 영해 내의 규정에 대한 위반의 방지나 처벌 등의 집행권을 말하며, 접속수역 내의 입법권은 명시적 규정이 없으므로 포함되지 아니한다. 그러나 접속수역에 대한 연안국의 권리는 '예방'과 '처벌'이며 이는 국내입법에 의해야 하므로 연안국의 '통제권'에는 입법권이 포함된다는 반대견해가 있다.

2. 연안국의 권리

(1) 통제사항

접속수역에 대한 연안국의 통제사항은 관세, 재정, 이민, 위생법규의 위반에 관한 사항에 한정된다. 따라서 어업에 관한 사항이나 안전에 관한 사항에 관해서는 통제권이 미치지 아니한다.

(2) 통제공간

접속수역에 대한 연안국의 형식적 통제권이 미치는 공간은 접속수역 내이고 추적권을 행사할 경우에 공해까지 확장 인정된다. 그러나 실질적 통제권이 미치는 공간은 '연안국의 영토와 영역 내'의 사항에 한정된다. 따라서 접속수역이나 공해에서 관세, 재정, 이민, 위생법규를 위반한 사항에 관해서는 연안국의 통제권이 미치지 아니한다.

(3) 통제방법

접속수역에 대한 연안국의 통제방법은 '위반의 방지', 즉 사전적 예방통제(제33조 제1항 제(a)호)와 '위반에 대한 처벌', 즉 사후적 구제통제(제33조 제1항 제(b)호)가 포함된다.

제7절 국제해협

I 의의

1. 개념

해협(strait)이란 2개의 해양을 연결하는 자연적 수로를 말한다. 한편, 국제해협이란 '공해 또는 배타적 경제수역의 일부와 공해 또는 배타적 경제수역의 다른 부분'을 연결하여 국제항행에 사용되는 수로를 의미한다. 1982년 UN해양법협약에 의하면 국제항행해협은 해협의 내측에 있는 내수, 해협의 외측에 있는 경제수역이나 공해 또는 국제협약에 의해 통항이 규제되는 해협을 제외한 수역을 말한다(제35조).

2. 입법취지

해협은 제3차 UN해양법회의에서 새롭게 도입된 제도이다. 이를 도입한 취지는 12해리 영해의 확립에 따라 기존의 해협의 공해대가 소멸됨에 따라 전통적으로 인정되던 자유통항을 확보하고자 하는 것이다. 또한 해협국과 해협이용국의 이익균형을 보장하자는 취지도 있다. 영해확장으로 해협국은 이익을 얻게 되나 해협이용국은 자유통항에서 무해통항으로 통항제도가 변경됨에 따라 통항에 타격을 받게 되기 때문이다.

II 해협의 법적 지위 및 해협국의 국권

1. 법적 지위

해협국의 해협에 대한 국권의 성질은 연안국의 영해에 대한 국권의 성질과 동일하다(제34조).

2. 해협국의 국권

해협은 해협국의 영해를 구성하므로 국제법상 제한이 있는 경우 외에는 해협국은 연안국이 영해에 대해 행사하는 것과 동일한 국권을 가진다(제34조).

3. 국권의 제한

해협국은 무해통항권과 통과통항권을 보장할 의무가 있다. 즉, 해협국은 모든 외국선박 및 외국항공기에 대해 통과통항제도가 적용되지 않는 자국해협에서 무해통항권을 보장해야 한다(제45조 제1항). 이 경우 해협국은 일시적으로도 외국선박 및 외국항공기의 무해통항을 정지할 수 없다(제45조 제2항).

Ⅲ 통과통항권

1. 의의

국제항행해협에서 모든 국가의 선박과 항공기에 인정되는 통과통항의 권리를 말한다(제38조 제1항). 해협국은 이를 인정할 의무가 있으며, 반대로 선박이나 항공기는 권리를 가진다.

2. 적용범위

(1) 통과통항이 인정되는 해협

통과통항권이 인정되는 해협은 통항로의 양 입구가 모두 공해나 배타적 경제수역으로 연결된 국제항행용 해협이다(제37조).

(2) 통과통항이 인정되지 않는 해협

> **📑 조문 | UN해양법협약 제36조 – 무해통항이 적용되는 해협**
>
> 항행상 및 수로상 특성에서 유사한 편의가 있는 공해 통과항로나 배타적 경제수역 통과항로가 국제항행에 이용되는 해협 안에 있는 경우, 이 부를 그 해협에 적용하지 아니한다. 이러한 항로에 있어서는 통항 및 상공비행의 자유에 관한 규정을 포함한 이 협약의 다른 관련 부를 적용한다.

> **📑 조문 | UN해양법협약 제38조 제1항 – 무해통항이 적용되는 해협**
>
> 1. 제37조에 언급된 해협 내에서, 모든 선박과 항공기는 방해받지 아니하는 통과통항권을 향유한다. 다만, 해협이 해협연안국의 섬과 본토에 의하여 형성되어 있는 경우, 항행상 및 수로상 특성에서 유사한 편의가 있는 공해 통과항로나 배타적 경제수역 통과항로가 그 섬의 바다쪽에 있으면 통과통항을 적용하지 아니한다.

첫째, 국제항행용 해협이라도 통항로 입구의 일방이 외국 영해로 연결된 경우 무해통항권만 인정된다(제45조 제1항). 둘째, 해협의 중간수역에 존재하는 공해 또는 배타적 경제수역을 통항로로 갖는 국제항행해협으로서 당해 통항로가 항행 및 수로학적 특성상 유사한 편의의 통항로(a route of similar convenience)인 경우에는 당해 해협에는 통과통항제도가 적용되지 않는다(제36조). 셋째, 해협국의 본토와 도서 사이에 형성되어 있는 국제항행해협으로서 당해 도서 외측으로 유사한 편의의 통로가 존재하는 경우에는 당해 해협에서는 통과통항권은 인정되지 않는다(제38조 제1항 단서).

(3) 주체

협약은 모든 선박과 항공기에 대해 통과통항권을 인정하고 있다. 즉, 비연안국에도 인정되고, 군함에게도 인정된다.

3. 통과통항

(1) 의의

통과통항(right of transit passage)이란 국제항행용 해협의 일방수역인 공해 또는 배타적 경제수역과 타방수역인 공해 또는 배타적 경제수역 사이를 오로지 계속적이고 신속하게 통과하기 위한 목적으로 방해받지 않고 항행 또는 상공비행하는 것을 말한다(제38조 제2항 본문). 잠수항행도 포함한다.

(2) 비통과통항행위

해양법협약은 통과통항권의 행사가 아닌 행위는 협약의 관계규정에 의해 결정된다(제38조 제3항)고 하여 명시적 규정을 두고 있지 않다. 따라서 통과통항 중인 선박과 항공기의 의무를 규정한 제39조에 따라 판단해야 할 것이다.

4. 해협국의 권리

(1) 통항로지정권 및 분리통항방법설정권

해협국은 항행안전의 증진을 필요로 하는 경우 해협에 통항로(sea lane)를 지정하고 분리통항방법(traffic separation schemes)을 설정할 수 있다(제41조 제1항). 단, 이는 일반적으로 수락된 국제법규에 부합되어야 한다(제41조 제3항). 무해통항과 달리 통과통항체제에서는 해협연안국은 항로대나 통항분리방식을 일방적으로 지정할 수 없다. 연안국은 자신의 제안이 권한 있는 국제기구에 의하여 채택된 이후에 항로대나 통항분리방식을 설정할 수 있다(제41조 제4항).

(2) 법령제정권

해협국은 통과통항권을 행사하는 외국선·항공기가 준수해야 할 법령을 제정·공시할 수 있다(제42조 제1항·제3항). 해협국의 법령은 외국선 간에 차별을 두어서는 안 되며, 법령적용상 통과통항권을 부인·저해 또는 침해하는 효과를 가져서는 안 된다(제42조 제2항).

5. 해협국의 의무

해협국은 (1) 통항로 등을 공시해야 하며(제42조 제6항), (2) 통과통항을 방해하거나 일시적으로 정지할 수 없으며(제44조), (3) 위험사항을 공시해야 한다(제44조).

6. 외국선 및 외국항공기의 의무

(1) 통항방법준수의무

외국선·외국항공기는 ① 지체 없이 전진해야 하며, ② 해협국의 주권·영토보전 및 정치적 독립을 침해하거나 UN헌장에 구체화된 국제법 원칙에 위반되는 무력의 위협이나 사용을 삼가야 하고, ③ 불가항력이나 해난의 경우 외에는 계속적이고 신속한 정상적 통항방법 외의 행위를 삼가야 한다(제39조 제1항). ④ 해협국이 지정한 통항로나 분리통항방법을 존중해야 한다(제41조 제7항).

(2) 법령준수

통과통항권을 행사하는 모든 외국선 · 항공기는 해협국 법령을 준수해야 한다(제42조 제4항). 면제를 향유하는 외국의 국가선박 · 항공기가 해협국 법령을 위반하여 해협국에 손해를 끼친 경우에 당해 기국 또는 등록국은 국제책임을 진다(제42조 제5항). 한편, 국제법규도 준수해야 한다. 선박의 경우 국제해상충돌방지규정 등을 준수해야 하고(제39조 제2항), 항공기의 경우 국제민간항공기구가 제정한 규칙을 준수해야 한다(제39조 제3항).

(3) 조사측량활동금지

외국선은 통과항행 중 해협국의 사전허가 없이 어떠한 조사나 측량활동을 해서는 안 된다(제40조).

7. 해협이용국과 해협국의 협력

해협이용국과 해협국은 협정을 체결하여 (1) 필요한 항행 및 안전시설 또는 국제항행을 위한 기타 개선시설의 설치 · 유지 및, (2) 선박으로부터의 오염의 방지 · 감소 및 통제에 대해 협력해야 한다(제43조).

Ⅳ 무해통항권과 통과통항권의 비교

1. 적용범위

무해통항은 영해 · 비국제항행용해협 및 군도수역에서 인정되나, 통과통항은 국제항행용해협에서만 인정된다.

2. 주체

무해통항에서는 항공기의 상공비행이 허용되지 않으나, 통과통항에서는 상공비행이 인정된다.

3. 잠수함의 항행방법

무해통항에서는 잠수함은 수면에 부상하여 국기를 게양하고 항행하여야 하나(제20조), 통과통항에서는 명시적 제한규정이 없으므로 잠수항행이 허용된다고 해석된다.

4. 일시정지

무해통항에서는 안보상의 이유로 특정수역에서 외국선의 항행을 일시적으로 정지할 수 있으나(제25조 제3항), 통과통항에서는 일시적으로도 정지할 수 없다(제44조).

5. 권리상실사유

무해통항권을 상실하게 되는 유해통항행위는 12가지 범주의 행위로 규정되어 있어 그 제한범위가 매우 광범하다(제19조 제2항). 통과통항권을 보장받지 못하게 되는 비통과통항행위는 협약상 명시적 규정은 없으나 협약 제39조에 의해 판단해 보면 3가지 범주로 제한적으로 규정되고 있다(제38조 제3항).

V 한국의 해협

1. 대한해협

대한해협의 가장 좁은 폭은 23해리이다. 한국과 일본은 모두 12해리 영해법을 제정하여 시행하고 있으나, 대한해협에서는 모두 3해리로 한정하고 있다. 따라서 대한해협은 중간에 '공해대'가 존재하고 있으므로 국제항행해협이 아니다. 대한해협에서는 통과통항이 아닌 '자유통항'이 인정된다.

2. 제주해협[29]

제주해협은 공해와 공해를 연결하는 해협이지만, 항행 및 수로상 특성에 관해 유사한 편의를 가지는 공해통과통로가 도서의 해양 측에 존재하고 있는 경우이므로 제주해협에는 통과통항권이 인정되지 않고 무해통항만 인정된다.

제8절 군도수역

I 의의

1. 군도국가의 개념

> **📖 조문 | UN해양법협약 제46조 – 군도국가 및 군도의 정의**
>
> 이 협약에서,
> (a) "군도국가"라 함은 전체적으로 하나 또는 둘 이상의 군도로 구성된 국가를 말하며, 그 밖의 섬을 포함할 수 있다.
> (b) "군도"라 함은 섬의 무리(섬들의 일부를 포함), 연결된 수역 및 그 밖의 자연지형으로서, 이들이 서로 밀접하게 관련되어 있어 그러한 섬, 수역 및 그 밖의 자연지형이 고유한 지리적·경제적 또는 정치적 단일체를 이루고 있거나 또는 역사적으로 그러한 단일체로 인정되어 온 것을 말한다.

군도국가(archipelagic state)란 국가 전체가 1개 또는 다수의 군도로 구성된 국가를 말한다. 군도(acrhipelago)는 서로 밀접하게 관련하여 하나의 본질적인 지리적·경제적·정치적 실체를 구성하는 도서군, 인접수역 및 기타 자연형태의 총체를 의미한다(제46조 제(b)호).

2. 군도수역의 개념

군도수역(archipelagic waters)은 군도국가의 외곽을 직선으로 연결하여 구성되는 내측의 수역을 말한다. 군도수역의 내측에 내수의 경계를 획정하기 위한 폐쇄선(closing line)을 설정할 수 있으나(제50조), 이는 내수와 군도수역의 경계선으로 기능할 뿐이고, 영해를 포함한 군도국가의 제수역의 출발선으로 기능하는 것은 아니다.

---

29) 최종화, 현대국제해양법, 72면.

3. 연혁

제3차 해양법회의에서 군도국가의 강력한 주장을 받아들여 협약상 군도국가의 특수성을 인정하고 이에 따라 협약에 군도수역을 규정하고 특별한 지위를 부여하였다. 군도수역제도는 제3차 해양법회의에서 새롭게 창설된 제도이다.

Ⅲ 군도기선

🗒 조문 | UN해양법협약 제47조 – 군도기선

1. 군도국가는 군도의 가장 바깥쪽 섬의 가장 바깥점과 드러난 암초의 가장 바깥점을 연결한 직선군도기선을 그을 수 있다. 다만, 이러한 기선 안에는 주요한 섬을 포함하며 수역의 면적과 육지면적(환초 포함)의 비율이 1대 1에서 9대 1 사이이어야 한다.

2. 이러한 기선의 길이는 100해리를 넘을 수 없다. 다만, 군도를 둘러싼 기선 총 수의 3퍼센트까지는 그 길이가 100해리를 넘어 최장 125해리까지 될 수 있다.

3. 이러한 기선은 군도의 일반적 윤곽으로부터 현저히 벗어날 수 없다.

4. 이러한 기선은 간조노출지와 연결하여 설정할 수 없다. 다만, 영구적으로 해면 위에 있는 등대나 이와 유사한 시설이 간조노출지에 설치되어 있거나, 전체적 또는 부분적으로 간조노출지가 가장 가까운 섬으로부터 영해폭을 넘지 아니하는 거리에 있는 경우에는 그러하지 아니하다.

5. 군도국가는 다른 국가의 영해를 공해나 배타적 경제수역으로부터 격리시키는 방식으로 이러한 기선제도를 적용할 수 없다.

6. 군도국가의 군도수역의 어느 일부가 바로 이웃한 국가의 두 부분 사이에 있는 경우, 이웃한 국가가 이러한 수역에서 전통적으로 행사하여 온 기존의 권리와 그 밖의 모든 합법적인 이익 및 관련국 간의 합의에 의하여 규정된 모든 권리는 계속하여 존중된다.

7. 제1항에 규정된 수역과 육지의 비율을 산정함에 있어서 육지면적은 섬을 둘러싸고 있는 암초와 환초 안쪽에 있는 수역을 포함할 수 있으며, 또한 급경사가 있는 해양 고원에 있어서는 그 주변에 있는 일련의 석회암 섬과 드러난 암초에 의하여 둘러싸여 있거나 거의 둘러싸인 수역도 포함할 수 있다.

8. 이 조에 따라 그은 기선은 그 위치를 확인하기에 적절한 축척의 해도에 표시한다. 이는 측지자료를 명기한 각 지점의 지리적 좌표목록으로 대체할 수 있다.

9. 군도국가는 이러한 해도나 지리적 좌표목록을 적절히 공표하고, 그 사본을 국제연합 사무총장에게 기탁한다.

---

1. 의의

군도국가는 군도직선기선을 설정할 수 있다. 즉, 군도국가는 군도의 최외곽도서 및 건암초의 최외곽점을 연결하는 군도직선기선을 설정할 수 있다(제47조 제1항). 군도국가의 영해, 접속수역, 배타적 경제수역 및 대륙붕의 폭은 이 군도직선기선으로부터 획정된다(제48조).

2. 군도직선기선 설정기준

(1) 육지와 바다의 비율

군도직선기선 내의 육지와 바다와의 면적의 비율은 1:1에서 1:9 이내에 있어야 한다(제47조 제1항). 이 조건은 군도직선기선 내에 포섭되는 바다가 군도수역제도를 적용하여 일정한 특권을 군도국가에 부여할 수 있을 만큼 충분히 육지영역과 연관성을 유지할 것을 요구하는 조건이라고 할 수 있다.[30]

(2) 군도직선기선의 길이

기선의 길이는 100해리를 초과할 수 없다. 그러나 군도를 둘러싸는 기선 전체 수의 3%까지는 125해리까지로 획정될 수 있다(제47조 제2항). 일반 영해의 직선기선에 있어서 그 길이의 제한이 명시되어 있지 않은 것과 대비되는 조항이다.

(3) 간출지

군도직선기선은 원칙적으로 간출지와 연결하여 그을 수 없다. 그러나 등대나 항상 해면 위에 있는 유사한 시설물이 간출지에 설치되어 있는 경우와, 간출지가 전체적으로 또는 부분적으로 가장 가까운 섬으로부터 영해 폭을 초과하지 않는 거리에 있는 경우에는 그러하지 아니하다(제47조 제4항).

(4) 주도(主島)의 위치

주도, 즉 군도 중에 지리학적으로 가장 큰 섬 및 정치·경제적으로 가장 중요한 섬은 군도직선기선의 내측에 위치하고 있어야 한다(제47조 제1항).

(5) 군도직선기선의 방향

군도직선기선은 군도의 일반적 형태로부터 현저히 이탈해서는 아니 된다(제47조 제3항).

(6) 타국의 수역과의 관계

군도직선기선은 타국의 영해를 공해 또는 배타적 경제수역으로부터 격리시키는 방법으로는 설정될 수 없다(제47조 제5항).

(7) 공시의무

군도국가는 적절한 축척의 해도 위에 군도직선기선을 명백히 표시하여 이를 공시해야 한다. 단, 지리적 좌표목록으로 대신할 수도 있다. 또한 그 해도나 목록의 사본을 UN사무총장에게 기탁해야 한다(제47조 제8항·제9항).

---

30) 김영구, 전게서, 279면.

Ⅲ 군도국가의 국권 및 제한

> **🗒 조문 | UN해양법협약 제49조 – 군도수역과 그 상공 · 해저 및 하층토의 법적 지위**
>
> 1. 군도국가의 주권은 군도수역의 깊이나 해안으로부터의 거리에 관계없이 제47조에 따라 그은 군도기선에 의하여 둘러싸인 군도수역이라고 불리는 수역에 미친다.
>
> 2. 이러한 주권은 군도수역의 상공 · 해저와 하층토 및 이에 포함된 자원에까지 미친다.
>
> 3. 이러한 주권은 이 부에 따라 행사된다.
>
> 4. 이 부에 따라서 설정된 군도항로대 통항제도는 다른 면에 있어서 군도항로를 포함한 군도수역의 지위 또는 군도수역, 군도수역의 상공 · 해저 및 하층토와 이에 포함된 자원에 대한 군도국가의 주권행사에 영향을 미치지 아니한다.

1. 국권의 범위 및 내용

군도국가의 국권은 수심과 연안으로부터의 거리에 관계없이 군도기선 내에 포함된 모든 수역에 미친다(제49조 제1항). 군도국가는 군도수역 내의 수역 · 상부공역 · 해저 및 하층토 및 이에 포함된 자원에 대하여 주권을 행사한다(제49조 제2항). 군도수역의 내측은 내수이고 외측은 영해이므로, 군도수역에 대한 군도국가의 주권은 내수에 대한 주권과 영해에 대한 주권의 중간형태라고 보아야 할 것이다.

2. 국권의 제한

> **🗒 조문 | UN해양법협약 제52조 – 무해통항권**
>
> 1. 제53조에 따르고 제50조를 침해하지 아니할 것을 조건으로, 모든 국가의 선박은 제2부 제3절에 따라 군도수역에서 무해통항권을 향유한다.
>
> 2. 군도국가는 자국의 안전을 보장하기 위하여 불가피한 경우에는 외국선박 간에 형식상 또는 실질상 차별하지 아니하고 군도수역의 특정수역에서 외국선박의 무해통항을 일시적으로 정지시킬 수 있다. 이러한 정지조치는 적절히 공표한 후에만 효력을 가진다.

군도수역에 대한 국권에 몇 가지 제한이 있다.

(1) 군도국가는 타국과의 기존협정을 존중해야 하며 인접국가의 전통어업권과 기타 군도수역 내의 합법적 활동을 인정하고, 관계당사국의 요구에 의해 양자조약을 체결해야 한다(제51조 제1항).

(2) 타국이 부설한 기존 해저전선을 존중하고 그 정비와 교체를 허용해야 한다(제51조 제2항).

(3) 모든 국가의 선박에게 영해에서 인정되는 것과 동일하게 군도수역을 무해통항할 권리를 보장해야 한다(제52조 제1항).

Ⅳ 군도해로통항권

1. 의의

군도해로통항권(the right of archipelagic sea lanes passage)이란 일방국가의 공해 또는 배타적 경제수역으로부터 타방국가의 공해 또는 배타적 경제수역으로 통과하기 위해 계속적으로 신속하게 방해받지 아니하고 항행 또는 비행하는 권리를 말한다(제53조 제3항).

2. 적용범위

모든 국가의 선박과 항공기는 군도국가가 지정하는 통항로에 있어서 군도해로통항권을 향유한다(제53조 제2항). 군도국가가 군도통항로를 지정하지 않는 경우에도 군도해로통항권은 국제항행을 위해 통상적으로 사용되는 모든 항로에서 행사된다(제53조 제12항).

3. 군도국가의 권리

(1) 통항로지정권

군도국가는 군도수역과 인접영해와 그 상부공역의 해로와 공로(空路)에 통항로(sea lanes)를 지정할 수 있다(제53조 제1항). 통항로는 군도수역과 인접영해를 횡단하는 것이어야 하며 국제항행에 통상적으로 사용되는 항로와 모든 통상항로를 포함해야 한다(제53조 제4항).

(2) 통항방법설정권

군도국가는 선박의 안전항행을 위해 분리통항방법(traffic separation scheme)을 설정할 수 있다(제53조 제6항). 군도통항로와 분리통항방법은 일반적으로 수락된 국제법규에 부합되어야 한다(제53조 제8항).

4. 군도국가의 의무

군도국가는 지정한 통항로의 축선(軸線)과 설정한 분리통항방법을 해도에 명시하고 이를 공시해야 한다(제53조 제10항).

5. 외국선박 · 항공기의 의무

모든 외국선박과 항공기는 통항 시 통항로축선의 양측으로 25해리를 이탈해서는 아니 되며, 대향하는 양 도서의 최단지점 간 거리의 10% 이내로 도서 연안에 근접하여 항행해서는 아니 된다(제53조 제5항).

제9절 배타적 경제수역

I 의의

1. 개념

배타적 경제수역이란 영해에 접속된 특정수역으로서 연안국이 당해 수역의 상부수역 · 해저 및 하층토에 있는 천연자원의 탐사 · 개발 및 보존에 관한 주권적 권리와 당해 수역에서의 인공도 · 시설의 설치 · 사용, 해양환경의 보호 · 보존 및 과학적 조사의 규제에 대한 배타적 관할권을 행사하는 수역을 말한다.

2. 제도적 취지

배타적 경제수역을 창설한 취지는, 우선 제2차 세계대전 이후 어업기술의 급속한 발달로 인한 남획으로 공해의 어족자원이 고갈되어가자 연안국이 어족자원을 효과적으로 보존하도록 하기 위한 것이다. 또한, 1960년대 독립한 신생국들이 어족자원을 포함한 모든 천연자원에 대한 강력한 경제주권을 주장함에 따라 공해에 대한 연안국의 관할권 확장을 인정하기 위해 도입되었다.

3. 연혁

1945년 미국의 '공해의 일정한 수역에서의 연안어업에 관한 미국의 정책에 관한 대통령포고'(트루먼선언)에서 보존수역을 창안한 것을 효시로 본다. 이후 대부분의 국가들이 유사한 수역제도를 도입하였다. 1972년 UN총회는 압도적 다수로 대륙붕상부수역의 해양자원에 대한 연안국의 주권을 승인하는 결의를 채택하였다. 1970년대 후반 많은 국가들이 자국의 경제수역을 선포하였고, 마침내 1982년 해양법협약은 제5장(제55조~제75조)에서 배타적 경제수역제도를 규정함으로써 국제법제도로 확립되었다.

4. EEZ와 대륙붕의 차이

(1) 구성

대륙붕은 해저의 해상(sea bed), 해저지하(subsoil)로 구성되나(제76조 제3항), EEZ는 해저의 해상(sea bed), 해저지하 및 상부수역(superadjacent waters)으로 구성된다(제56조 제1항 제(a)호).

(2) 자원관할

대륙붕에 대한 국권은 광물 및 비생물 자원 또는 고착되어 있거나 해상에 밀착하지 아니하고 이동이 불가능한 유기체에 미치나(제77조 제4항), EEZ의 경우 일체의 생물·비생물자원에 미친다(제56조).

(3) 횡적범위

대륙붕의 횡적범위는 200해리 또는 350해리 이내로 결정되나(제76조 제1항·제5항), EEZ는 수심에 관계없이 영해 기선으로부터 200해리를 초과하지 못한다(제57조).

(4) 상부수역의 법적 지위

대륙붕의 상부수역은 공해로서의 성격을 갖고 있으나(제78조), EEZ 상부수역은 공해인지 영해인지 또는 제3의 새로운 수역인지 확립되어 있지 않다. 해양법협약은 제3의 수역으로 본다(제86조).

(5) 취득방식

대륙붕에 관한 연안국의 권리는 당연히 당초부터(ipso facto, ab initio) 존재하므로 실효적으로나 관념적으로 점유나 명시적 선언 등에 의존하지 아니한다(제77조 제3항). 그러나 EEZ의 경우 연안국의 별도의 명시적 주장과 점유 등 명백한 법적 행위가 선행되어야 한다.

Ⅱ 법적 지위 및 특성

1. 법적 지위

배타적 경제수역은 연안국의 주권적 권리 및 관할권과 공해자유의 일부가 병존하는 제3의 특별수역으로서 영해와 공해의 중간적 법제도이다(제55조). 즉, 연안국의 경제적 이익과 국제사회의 이익이 기능적으로 종합된 법제도이다.

2. 특성

(1) 기능적 포괄성

배타적 경제수역제도는 해양의 경제적 이용에 관한 기능을 연안국의 주권적 권리 및 관할권에 포괄적으로 종속시킴으로써 연안국의 관할권확장욕구를 충족하고 종래의 공해자유제도에 중대한 변화를 가져 왔다.

(2) 관할권의 배타성

연안국의 생물자원에 대한 권리는 자원보존의 우선적 권리로부터 주권적 권리로 강화되어 생물자원에 대한 제3국의 접근은 연안국의 동의 없이는 불가능하다. 또한 비생물자원에 대한 권리도 배타적이므로, 제3국은 연안국의 동의 없이 탐사·개발할 수 없다.

(3) 공간적 광역성

배타적 경제수역은 종래 12해리까지 인정되던 관할범위가 200해리로 확대됨에 따라 광대한 해양을 점유하게 되었고, 그 상부수역·해저 및 하층토에 대해서도 관할권을 행사하게 되었다.

Ⅲ 범위

1. 폭 및 기선

배타적 경제수역의 폭은 영해측정기선으로부터 200해리를 초과하지 못한다(제57조).

2. 대향·인접하는 경제수역의 경계

> **📑 조문 | UN해양법협약 제74조 – 대향국 간 또는 인접국 간 EEZ 경계획정**
>
> 1. 서로 마주보고 있거나 인접한 연안을 가진 국가 간의 배타적 경제수역 경계획정은 공평한 해결에 이르기 위하여, 국제사법재판소규정 제38조에 언급된 국제법을 기초로 하는 합의에 의하여 이루어진다.
> 2. 상당한 기간 내에 합의에 이르지 못할 경우 관련국은 제15부에 규정된 절차에 회부한다.
> 3. 제1항에 규정된 합의에 이르는 동안, 관련국은 이해와 상호협력의 정신으로 실질적인 잠정약정을 체결할 수 있도록 모든 노력을 다하며, 과도적인 기간 동안 최종 합의에 이르는 것을 위태롭게 하거나 방해하지 아니한다. 이러한 약정은 최종적인 경계획정에 영향을 미치지 아니한다.
> 4. 관련국 간에 발효 중인 협정이 있는 경우, 배타적 경제수역의 경계획정에 관련된 사항은 그 협정의 규정에 따라 결정된다.

(1) 경계획정 원칙

대향 또는 인접하는 국가 사이의 배타적 경제수역의 경계는 형평한 해결을 달성하기 위해 ICJ규정 제38조에 의거한 국제법을 기초로 하여 합의에 의해 획정되어야 한다(제74조 제1항).

(2) 잠정조치

관계국은 합의에 도달할 때까지 상호이해와 협력의 정신으로 실질적인 잠정협정을 체결하도록 모든 노력을 다하고, 과도기간 동안 최종합의에 이르는 것을 위태롭게 하거나 방해하지 않아야 한다.

(3) 분쟁해결

상당한 기간 내에 최종합의에 이르지 못하는 경우 관련국들은 제15부(분쟁해결)에 규정된 강제절차에 회부된다. 단, 제298조에 의하면 각국은 EEZ경계획정분쟁을 구속력 있는 결정을 수반하는 강제관할절차에 맡기지 않겠다는 선언을 언제든지 할 수 있으며, 이 경우 '의무적 조정'(compulsory conciliation)이 적용된다.

(4) 판례의 태도

국제사법재판소나 UN해양법법원 등은 대체로 형평한 해결을 구현하기 3단계접근법을 적용하고 있다. 1단계에서는 잠정적 경계선을 획정하고, 2단계에서는 해안선의 길이 등을 고려하여 잠정적 경계선을 조정한다. 마지막 3단계에서는 해안선의 길이 비율과 잠정적으로 획정된 내포수역의 면적 비율 간 비례성을 판단하여 최종적으로 확정한다.

(5) EEZ와 대륙붕의 단일경계 획정 여부

EEZ와 대륙붕은 별개의 제도이므로 대향국이나 인접국 간 경계가 반드시 일치해야 하는 것은 아니다. 호주-파푸아뉴기니, 호주-인도네시아 등은 EEZ와 대륙붕 경계를 달리 획정하였다. 국제관행은 관리상의 난점 등을 이유로 단일한 경계로 획정하기도 한다.

3. 수역획정선의 표시 · 공시

배타적 경제수역의 외측한계선과 대향 또는 인접한 수역의 획정선은 해도상에 표시되어야 하며(제75조 제1항), 연안국은 당해 해도를 공시하고 그 사본을 UN사무총장에게 기탁해야 한다(제75조 제2항).

Ⅳ 연안국의 권리와 의무

> **📑 조문 | UN해양법협약 제56조 – EEZ에서 연안국의 권리 · 관할권 · 의무**
>
> 1. 배타적 경제수역에서 연안국은 다음의 권리와 의무를 갖는다.
>   - (a) 해저의 상부수역, 해저 및 그 하층토의 생물이나 무생물등 천연자원의 탐사, 개발, 보존 및 관리를 목적으로 하는 주권적 권리와, 해수 · 해류 및 해풍을 이용한 에너지생산과 같은 이 수역의 경제적 개발과 탐사를 위한 그 밖의 활동에 관한 주권적 권리
>   - (b) 이 협약의 관련규정에 규정된 다음 사항에 관한 관할권
>   - (i) 인공섬, 시설 및 구조물의 설치와 사용
>   - (ii) 해양과학조사
>   - (iii) 해양환경의 보호와 보전
>   - (c) 이 협약에 규정된 그 밖의 권리와 의무
> 2. 이 협약상 배타적 경제수역에서의 권리행사와 의무이행에 있어서, 연안국은 다른 국가의 권리와 의무를 적절히 고려하고, 이 협약의 규정에 따르는 방식으로 행동한다.
> 3. 해저와 하층토에 관하여 이 조에 규정된 권리는 제6부에 따라 행사된다.

1. 주권적 권리

(1) 생물 · 비생물자원의 이용 및 보존권

연안국은 배타적 경제수역의 상부수역, 해저 및 하층토에서의 생물 및 비생물천연자원의 탐사 · 개발 · 보존 · 관리를 위한 주권적 권리를 가진다(제56조 제1항).

(2) 수역의 경제적 이용권

연안국은 수력 · 조력 · 풍력발전을 포함하여 배타적 경제수역의 경제적 탐사 · 개발을 위한 활동에 대한 주권적 권리를 가진다.

2. 관할권[31]

(1) 인공도 · 시설 및 구조물의 설치 · 사용권

연안국은 배타적 경제수역에서 인공도 · 시설 및 구조물의 설치 및 사용에 대한 배타적 관할권을 가진다. 타국은 연안국의 허가 없이 인공도 등을 설치할 수 없다(제60조 제1항). 연안국은 인공도 등의 주위에 반경 500미터 이내의 안전수역(safety zone)을 설정할 수 있다(제60조 제4항 · 제5항).

(2) 해양환경의 보호 · 보존권

연안국은 EEZ에서의 해양환경보호 및 보존에 대한 관할권을 가진다(제56조 제1항, 제210조 제5항, 제211조 제5항 · 제6항). 연안국은 배타적 경제수역에서의 외국선의 위반행위에 대해 벌금형을 부과할 수 있다(제230조 제1항).

(3) 해양과학조사권

연안국은 EEZ에서 해양과학조사에 대한 관할권을 가진다(제56조 제1항). 타국은 연안국의 동의 없이 해양과학조사를 할 수 없다(제246조 제2항).

3. 연안국의 의무

> **📖 조문 | UN해양법협약 제58조 – 배타적 경제수역에서의 다른 국가의 권리와 의무**
>
> 1. 연안국이거나 내륙국이거나 관계없이, 모든 국가는, 이 협약의 관련규정에 따를 것을 조건으로, 배타적 경제수역에서 제87조에 규정된 항행 · 상공비행의 자유, 해저전선 · 관선부설의 자유 및 선박 · 항공기 · 해저전선 · 관선의 운용 등과 같이 이러한 자유와 관련되는 것으로서 이 협약의 다른 규정과 양립하는 그 밖의 국제적으로 적법한 해양이용의 자유를 향유한다.
>
> 2. 제88조부터 제115조까지의 규정과 그 밖의 국제법의 적절한 규칙은 이 부에 배치되지 아니하는 한 배타적 경제수역에 적용된다.
>
> 3. 이 협약상 배타적 경제수역에서 권리행사와 의무를 이행함에 있어서, 각국은 연안국의 권리와 의무를 적절하게 고려하고, 이 부의 규정과 배치되지 아니하는 한 이 협약의 규정과 그 밖의 국제법규칙에 따라 연안국이 채택한 법령을 준수한다.

연안국은 EEZ에서 타국선박의 항행이나 항공기의 상공비행을 방해해서는 아니 되며, 타국의 해저전선 및 관선부설의 자유를 저해하지 못한다(제58조 제1항). 공해에 대한 해양법협약의 제규정은 연안국의 EEZ에 대한 권리를 침해하지 않는 한 배타적 경제수역에 적용된다(제58조 제2항). EEZ에서 타국의 해군연습이 허용되는지, 허용된다면 그 한계가 무엇인지 분명하지 않다. EEZ 내에서 고기가공(fish processing)에 종사하는 선박은 연안국이 관할권을 행사할 수 없다(Franco-Canadian Fisheries Arbitration, 1986). 국제해양법재판소에 의하면 EEZ에서 연안국은 인공섬과 시설 및 구조물에 대해서는 세관법령을 적용할 관할권이 있으나, EEZ의 다른 부분에서는 연안국의 관세법률을 적용할 수 없다. 따라서 동 재판소는 기니의 배타적 경제수역에서 어선들에게 연료를 공급하고 있던 세인트빈센트-그레나딘 선적의 M/V Saiga호를 나포하고 선장을 소추한 것은 해양법협약 위반이라고 판정하였다.

---

31) 관할권은 주권과 달리 UN해양법협약의 관련규정에 규정된 바의 것이므로 연안국의 EEZ에 대한 관할권은 세 가지 대상에 대한 관련규정에 종속되어 있다(김대순, 2011, 987면).

V 배타적 경제수역의 어업제도

1. 생물자원보존권

> **📖 조문 | UN해양법협약 제61조 – 생물자원의 보존**
>
> 1. 연안국은 자국의 배타적 경제수역에서의 생물자원의 허용어획량을 결정한다.
>
> 2. 연안국은 자국이 이용가능한 최선의 과학적 증거를 고려하여, 남획으로 인하여 배타적 경제수역에서 생물자원의 유지가 위태롭게 되지 아니하도록 적절한 보존 · 관리조치를 통하여 보장한다. 적절한 경우, 연안국과 권한 있는 소지역적 · 지역적 또는 지구적 국제기구는 이를 위하여 협력한다.
>
> 3. 이러한 조치는 최대지속생산량을 가져올 수 있는 수준으로 어획대상 어종의 자원량이 유지 · 회복되도록 계획한다. 이러한 조치를 취함에 있어서 연안어업지역의 경제적 필요와 개발도상국의 특별한 요구를 포함한 환경적 · 경제적 관련 요인에 의하여 입증되고 또한 어로방식 · 어족 간의 상호의존성 및 소지역적 · 지역적 또는 지구적 기준 등 어느 기준에서 보나 일반적으로 권고된 국제적 최소기준을 고려한다.
>
> 4. 이러한 조치를 취함에 있어서 연안국은 어획되는 어종에 연관되거나 종속되는 어종의 자원량의 생산량이 중대하게 위태롭게 되지 아니할 수준 이상으로 유지 · 회복하기 위하여 연관어종이나 종속어종에 미치는 영향을 고려한다.
>
> 5. 이용가능한 과학적 정보, 어획량과 어업활동 통계 및 수산자원의 보존과 관련된 그 밖의 자료는 배타적 경제수역에서 그 국민의 입어가 허용된 국가를 포함한 모든 관련국의 참여 아래 적절히 권한 있는 소지역적 · 지역적 또는 지구적 국제기구를 통하여 정기적으로 제공되고 교환된다.

EEZ 내의 생물자원의 보존은 연안국의 배타적 관할사항이며, 연안국이 과학적 자료를 기초로 하여 남획방지를 위한 적절한 보존조치를 취한다(제61조 제2항). 그러한 보존조치는 환경적 · 경제적 요소, 개발도상국의 특별수요, 어로방법, 어족상호관계 등을 고려하여 어족의 '최대지속적 생산'(maximum sustainable yield)을 유지 · 회복할 수 있도록 마련되어야 한다(제61조 제3항).

2. 생물자원이용권

> **📖 조문 | UN해양법협약 제62조 – 생물자원의 이용**
>
> 1. 연안국은 제61조의 규정을 침해하지 아니하고 배타적 경제수역에서 생물자원의 최적이용목표를 달성한다.
>
> 2. 연안국은 배타적 경제수역의 생물자원에 관한 자국의 어획능력을 결정한다. 연안국이 전체 허용어획량을 어획할 능력이 없는 경우, 협정이나 그 밖의 약정을 통하여 제4항에 언급된 조건과 법령에 따라 허용어획량의 잉여량에 관한 다른 국가의 입어를 허용한다. 이 경우 연안국은 제69조 및 제70조의 규정, 특히 이러한 규정이 언급한 개발도상국에 대해 특별히 고려한다.
>
> 3. 이 조에 따라 배타적 경제수역에서 다른 국가의 입어를 허용함에 있어서, 연안국은 모든 관련 요소를 고려한다. 특히 그 수역의 생물자원이 연안국의 경제와 그 밖의 국가이익에 미치는 중요성, 제69조 및 제70조의 규정, 잉여자원 어획에 관한 소지역 내 또는 지역 내 개발도상국의 요구 및 소속 국민이 그 수역에서 관습적으로 어로행위를 하여 왔거나 어족의 조사와 식별을 위하여 실질적인 노력을 기울여 온 국가의 경제적 혼란을 극소화할 필요성을 고려한다.

(1) 배타적 어로권

연안국은 배타적 경제수역 내의 생물자원에 대한 배타적 어로권을 가진다. 연안국은 보존조치를 고려하여 경제수역 내의 생물자원의 허용어획량(allowable catch)을 결정하고(제61조 제1항), 또한 자국의 어획능력량(capacity to harvest)을 결정해야 한다(제62조 제2항).

(2) 잉여어획량

연안국은 허용어획량 중 자국어획능력량을 초과하는 잉여어획량에 대해서는 연안국 자체의 이익, 내륙국이나 지리적 불리국의 이익, 역내개발도상국의 수요, 전통적 어로국의 경제적 손실의 극소화 등을 고려하여 타국에 어로를 허용해야 한다(제62조 제2항·제3항).

3. 연안국의 법령제정권

연안국은 양자협정 또는 지역협정을 체결하여 타국에 어로를 허용하며, 국내입법을 통해 타국어선의 입어를 규제한다. 타국어선은 보존조치와 연안국 법령을 준수해야 한다(제62조 제4항).

4. 집행조치

연안국은 배타적 경제수역 내의 생물자원이용에 관한 주권적 권리를 행사함에 있어서 자국법령의 이행을 보장하기 위해 승선·검색·나포·사법절차 등의 집행조치를 취할 수 있다(제73조 제1항). 단, 나포된 선박이나 체포된 선원이 보석금을 예치하는 경우 즉시 석방되어야 하며(제73조 제2항), 관계국의 동의 없이 법령 위반에 대해 체형(體刑)을 부과할 수 없고(제73조 제3항), 연안국은 외국선의 나포·억류 시 소속국에 신속히 통보해야 한다(제73조 제4항).

5. 내륙국·지리적 불리국의 권리

배타적 경제수역을 갖지 못하는 내륙국·지리적 불리국에 대하여 경제수역의 설정으로 종래의 공해어로자유의 상실로 인한 불이익을 보상하기 위해 인접연안국 또는 역내 연안국의 배타적 경제수역 내에 형평에 입각한 입어권이 부여되었다(제69조 ~ 제72조).

6. 분쟁해결

연안국은 허용어획량, 자국어획능력량, 잉여량배분, 보존 및 관리법령에 관한 주권적 권리의 행사와 관련된 분쟁에 대해 법원의 강제적 관할에 의한 분쟁해결방법에 부탁하는 것에 동의할 의무가 없다(제297조 제3항 제(a)호 단서). 그러나 연안국의 명백한 생물자원보존 및 이용의무의 위반, 자의적 허용어획량 및 자국어획능력량의 결정거부 및 자의적 잉여량 할당거부에 관한 분쟁은 '강제조정'에 부탁된다(제297조 제3항 제(b)호).

7. 특정어족에 관한 규정

첫째, 동일어족이나 연관된 종의 어족들이 2개국 이상의 연안국의 EEZ에 출현하는 경우, 연안국들은 직접 또는 적절한 소지역기구나 지역기구를 통하여 이러한 어족의 보존과 개발을 조정하고 보장하는 데 필요한 조치에 합의하도록 노력해야 한다. 둘째, 동일어족이나 연관된 종의 어족들이 EEZ뿐만 아니라 그 바깥의 인접수역에서도 출현하는 경우, 연안국과 인접수역에서 동 어족을 어획하는 국가는 직접 또는 적절한 소지역기구나 지역기구를 통하여 인접수역에서 이러한 어족의 보존에 필요한 조치에 합의하도록 노력해야 한다(제63조). 셋째, 고도회유성어종(highly migratory species)의 경우 연안국과 동 어종을 어획하는 국민이 있는 국가는 어종의 보존을 보장하고 최적이용목표를 달성하기 위하여 직접 또는 적절한 국제기구를 통하여 협력해야 한다(제64조). 넷째, 해양포유동물(marine mammals)의 경우 연안국 또는 국제기구는 UN해양법협약 제5부에 규정된 것보다 더 엄격하게 포획을 금지·제한·규제할 수 있다.

VI 한국의 배타적 경제수역

1. 배타적 경제수역에 관한 법률제정

한국은 1996년 1월 29일 UN해양법협약을 비준하고, 1996년 8월 8일 배타적 경제수역법을 제정 · 공포하였다. 한편, 일본은 동년 6월 14일에 배타적 경제수역 및 대륙붕에 관한 법률을 공포하였으며, 중국 역시 1996년 6월 26일 중화인민공화국의 배타적 경제수역 및 대륙붕에 관한 법률을 공포하였다. 3국 모두 200해리 배타적 경제수역을 선포하고 있으므로, 3국 간 EEZ 경계획정문제가 중요한 문제로 대두되어 있다.

2. 신한일어업협정

(1) 의의

1998년 9월 체결되고 1999년 1월 22일에 발효하였다. 이 조약은 EEZ 경계획정문제가 아닌 양국 간 어업문제를 다룬 조약으로서, EEZ와 중간수역에서의 어업문제를 규율하고 있다.

(2) 주요 내용

첫째, 양국은 자국 연안으로부터 35해리 이상의 다양한 폭을 가지는 경제수역을 설정하고, 경제수역에서 상호 입어를 허용하였다. 둘째, 경제수역의 경계획정이 어려운 동해와 제주도 남부수역에 양국의 어민이 같이 조업할 수 있는 중간수역 · 잠정수역을 설정하였다. 이 수역 내에서는 양국이 자국의 국내법을 통하여 보존조치를 취하도록 하고, 조업실적 등의 정보를 상호 제공하며, 위반어선을 발견했을 때는 타방 체약국에 통보하고 통보를 받은 국가는 조치결과에 대해 회신한다. 셋째, 양국의 경제수역 내에서 전통적 조업실적이 인정되었다. 넷째, 도서의 영유권 문제 및 경계획정 문제를 배제하였다. 한일어업협정은 기본적으로 어업에 관한 협정으로 어업 외의 상황은 영향을 미치지 않게 되어 있다(협정 제15조). 독도문제나 제주도 남부수역의 경계획정문제가 어업협정에 의해 간접적으로 영향을 받을 수도 있는 소지를 차단하기 위하여 중간수역 명칭도 협정문에 기재하지 않고 해당 좌표로만 표시하였다.

(3) 중간수역

첫째, 동해 중간수역(일본은 잠정수역이라 함)은 '기국주의'에 입각해서 자국민에 대한 관할권을 행사하되 해양생물자원의 보존과 관리를 위해 어업공동위원회의 권고를 따르도록 한다. 따라서 동해 중간수역은 '공동관리수역'이 아니다. 제3국에 대해서는 국가관할권이 적용되므로 공해의 지위를 가지는 것은 아니다. 공동관리수역이 아니기 때문에 영유권 주장과는 무관하다. 둘째, 반면 제주도 남부수역은 공동위원회의 결정에 따르도록 하였다. 공동관리의 성격이 강한 수역이다.

3. 한중어업협정

(1) 주요 내용

첫째, 서해와 동중국해 일부해역에서 경제수역 실시하였다. 둘째, 서해 중간의 일정해역을 잠정조치수역으로 정하였는데 범위는 서해 중간선을 기준으로 양측의 면적이 비슷한 수준에서 정하였다. 잠정조치수역에서는 양국 정부가 공동으로 관리한다. 어업조건을 위반하는 선박에 대한 관할권은 기국주의를 원칙으로 하나 상대국은 위반어선에 대해 주의환기조치하고 기국에 위반사실을 통보할 수 있다. 셋째, 잠정조치수역의 동서측 외측에 각각 20해리 폭의 '과도수역'을 설정하였다. 협정 발효 후 4년이 지나면 연안국의 경제수역으로 귀속되는 한시적 성격의 수역으로 중국의 기존 조업권 존중 취지에서 규정되었다. 넷째, 어업공동위원회를 설치하였다.

(2) 중간수역

공동위원회의 '결정'에 따르는 운영체제를 채택하였다. 따라서 잠정조치 수역은 '잠정적 성격의 공동관리수역'의 법적 지위를 가진다. 과도수역은 '한시적 성격의 공동관리수역'이다. 잠정조치수역에서는 기국주의가 적용되나 공동위원회의 조치를 위반한 선박에 대해서는 상대국 어선도 주위를 환기할 수 있고, 과도수역에서는 한중양국이 공동승선, 정선 등 공동검사조치를 취할 수 있다.

⚖ 판례 | 흑해 해양경계획정 사건[32][33]

이 사건은 루마니아와 우크라이나의 EEZ 및 대륙붕의 단일 경계획정에 관한 것이다. 경계획정에 있어서 뱀섬(Serpents' Island, 세르팡 섬)의 법적 지위가 문제되었다. 뱀섬은 본래 루마니아 영토였으나 1948년 구 소련에 양도되었다가 1991년 구 소련 해체 이후 다시 우크라이나에 귀속하게 되었다. 루마니아와 우크라이나는 해양경계획정 문제와 해저개발권을 놓고 1998년부터 6년간 10차례 전문가 수준의 협상을 포함하여, 총 24차례 협상을 가졌으나 합의에 이르지 못했다. 루마니아는 1997년 2월 체결한 우호협력조약 제2조에 따른 추가협정 제4조에 기초하여 우크라이나를 ICJ에 제소하였다. 우크라이나는 2001년 이전까지는 분쟁 해역에서 우크라이나의 석유 및 가스 탐사 허가나 어로 행위 규제 및 불법선박 단속에 대해 루마니아의 항의가 없었다는 이유로 이러한 국가행위(effectivités)를 '잠정적 중간선을 수정하는 관련 사정'으로 주장했다. ICJ는 '바베이도스와 트리나다드 토바고 간 중재 판결'을 인용하여 우크라이나의 주장을 기각했다. "자원관련 기준은 국제법정이나 재판소의 결정에 의해 보다 신중히 취급되어 왔는바, 일반적으로 이러한 요소를 관련사정으로 적용하지 않았다." 이 사안의 주요 쟁점은 뱀섬의 법적 지위 및 중첩 EEZ 및 대륙붕 경계획정에 관한 것이었다. 이에 관해 우크라이나는 뱀섬은 '바위섬'이 아니라 '섬'이라고 주장했다. 뱀섬에는 물도 있고 야생식물도 존재하며 제121조 제3항의 요건인 '인간의 거주'(human habitation)와 '독자적 경제생활'(economic life of their own)도 충족시킨다고 하였다. 뱀섬에 인간의 거주 흔적은 고대로부터 나타났으며, 고고학적 유물이 이를 증명해 주며, 또한 뱀섬에 대한 매립작업 등은 갑작스레 이루어진 것이 아니라 우크라이나 독립 후 시작된 현대화 작업의 일환으로 1995년에 시작된 것이라고 강변하였다. 반면, 루마니아는 양국 간 경계획정은 등거리선에 의해 이루어져야 한다고 주장했다. 뱀섬은 해양법협약 제121조 제3항에 해당하는 섬의 요건을 충족하지 못한 '바위섬'이므로 영해 이외에 EEZ나 대륙붕을 가질 수 없고 따라서 뱀섬을 경계획정의 기점으로 사용할 수 없다고 하였다. 이에 대해 ICJ는 경계획정에 있어서 두 단계로 나눠서 접근하였다. 우선 제1단계로 기하학적으로 객관적이며 그 지역의 형상에 맞는 방법을 사용해 잠정적 중간선 또는 등거리선을 긋고, 제2단계에서 형평한 해결에 도달하기 위해 그 잠정적 중간선을 수정하거나 이동시켜야 할 만한 관련 사정이 있는지 검토하였다. ICJ는 뱀섬이 우크라이나 해안선의 일반적 형상이 아니므로 잠정적 등거리선의 기점이 될 수 없다고 하였다. 뱀섬이 본토에서 20해리 정도 떨어져 있어 우크라이나의 해안선을 구성하는 주변 도서군 중의 하나가 아니라고 본 것이다. 또한 뱀섬은 잠정적 중간선을 수정할 만한 관련사정에도 해당하지 않는다고 하였다. 그 이유는 첫째, 본 사건의 경계획정 대상 수역이 우크라이나의 본토 해안선에서 200해리 이내에 있고, 둘째, 뱀섬은 본토 해안선에서 20해리 떨어져 있으며, 셋째, 우크라이나는 뱀섬이 UN해양법협약 제121조 제2항의 범주에 든다고 보았으면서도 이를 반영해 관련 지역의 한계를 더 확장하여 주장하지도 않았기 때문이다.

---

32) Case concerning Maritime Delimitation in the Black Sea(Rumania 대 Ukraine), 2009년 2월 3일, ICJ.
33) 김용환(2009), ICJ 흑해 해양경계획정 판결의 주요 쟁점 및 시사점, 국제법학회논총 제54권 제2호.

I 의의

1. 개념

> **📖 조문 | UN해양법협약 제76조 제1항 – 대륙붕의 정의**
>
> 연안국의 대륙붕은 영해 밖으로 영토의 자연적 연장에 따라 대륙변계의 바깥 끝까지, 또는 대륙변계의 바깥 끝이 200해리에 미치지 아니하는 경우, 영해기선으로부터 200해리까지의 해저지역의 해저와 하층토로 이루어진다.

1982년 해양법협약에 따르면, 해안에 인접하되 영해 밖으로 뻗친 해저지역의 해상 및 그 지하로서 대륙변계의 외연이 영해기선으로부터 200해리 내에 있는 경우는 200해리까지, 200해리 외에 있는 경우는 350해리 또는 2500미터 등심선(等深線)으로부터 100해리까지를 말한다(제76조).

2. 인정근거

대륙붕제도를 인정하는 근거는 해저자원의 개발의 필요성과 공해사용의 자유와 저촉하지 않는다는 것이다. 즉, 과학기술발달로 해저자원의 탐사 및 개발이 가능하게 되었고, 대륙붕에서의 천연자원의 개발은 공해사용의 자유와 양립하기 때문이다.

3. 법적 성격

대륙붕에 대한 연안국의 권리는 '주권적 권리'(sovereign rights)이나 그 상부수역은 공해로서의 지위를 가진다. 따라서 공해사용의 자유의 제한을 받는다. 그러나 해양법협약은 '대륙붕협약'(제3조)과 달리 대륙붕 상부수역은 '공해'라는 직접적인 규정을 두지 않고 있다.

4. 연혁

1945년 트루만 선언이 최초의 대륙붕 선언이다. 이후 많은 국가들이 다자조약, 일방적 선언, 국내법에 규정 등의 방식으로 대륙붕에 대한 주권을 확장하였다. 우리나라는 1952년 '인접해양에 대한 주권선언'(평화선 선언)을 통해 대륙붕에 대한 주권을 선언하였다. 1958년 대륙붕에 관한 조약(대륙붕협약), 1982년 해양법협약이 성립되었다.

Ⅲ 대륙붕의 기선과 폭

1. 기선

해양법협약 제76조에 따르면 대륙붕의 폭을 측정하는 기선은 영해의 폭을 측정하는 기선과 같다.

2. 폭

(1) 1958년 대륙붕협약 제1조

대륙붕협약에서는 대륙붕을 연안에 인접하되 영해지역 밖으로 뻗친 해저지대의 해상과 하층토로서 수심 200미터까지의 것, 또는 이 한도를 넘더라도 상부수역의 수심이 해저천연자원의 개발을 허용하는 곳까지로 정의하였다. 그러나 이러한 정의는 기술 발달에 따라 대륙붕이 자동 확대된다는 해석이 가능하다는 점, 수심 200미터 정의는 연안국들의 대륙붕 확대 욕구를 충족시켜주지 못한다는 점 등이 한계로 지적되었다.

(2) 1982년 UN해양법협약

> 📋 **조문 | UN해양법협약 제76조 제1항 ~ 제10항 – 대륙붕의 범위**
>
> 2. 연안국의 대륙붕은 제4항부터 제6항까지 규정한 한계 밖으로 확장될 수 없다.
>
> 3. 대륙변계는 연안국 육지의 해면 아래쪽 연장으로서, 대륙붕·대륙사면·대륙융기의 해저와 하층토로 이루어진다. 대륙변계는 해양산맥을 포함한 심해대양저나 그 하층토를 포함하지 아니한다.
>
> 4. (a) 이 협약의 목적상 연안국은 대륙변계가 영해기선으로부터 200해리 밖까지 확장되는 곳에서는 아래 선 중 어느 하나로 대륙변계의 바깥끝을 정한다.
>   (ⅰ) 퇴적암의 두께가 그 가장 바깥 고정점으로부터 대륙사면의 끝까지를 연결한 가장 가까운 거리의 최소한 1퍼센트인 가장 바깥 고정점을 제7항에 따라 연결한 선
>   (ⅱ) 대륙사면의 끝으로부터 60해리를 넘지 아니하는 고정점을 제7항에 따라 연결한 선
>   (b) 반대의 증거가 없는 경우, 대륙사면의 끝은 그 기저에서 경사도의 최대변경점으로 결정된다.
>
> 5. 제4항 (a) (ⅰ)과 (ⅱ)의 규정에 따라 그은 해저에 있는 대륙붕의 바깥한계선을 이루는 고정점은 영해기선으로부터 350해리를 넘거나 2500미터 수심을 연결하는 선인 2500미터 등심선으로부터 100해리를 넘을 수 없다.
>
> 6. 제5항의 규정에도 불구하고 해저산맥에서는 대륙붕의 바깥한계는 영해기선으로부터 350해리를 넘을 수 없다. 이 항은 해양고원·융기·캡·해퇴 및 해저돌출부와 같은 대륙변계의 자연적 구성요소인 해저고지에는 적용하지 아니한다.
>
> 7. 대륙붕이 영해기선으로부터 200해리 밖으로 확장되는 경우, 연안국은 경도와 위도 좌표로 표시된 고정점을 연결하여 그 길이가 60해리를 넘지 아니하는 직선으로 대륙붕의 바깥한계를 그어야 한다.
>
> 8. 연안국은 영해기선으로부터 200해리를 넘는 대륙붕의 한계에 관한 정보를 공평한 지리적 배분의 원칙에 입각하여 제2부속서에 따라 설립된 대륙붕한계위원회에 제출한다. 위원회는 대륙붕의 바깥한계 설정에 관련된 사항에 관하여 연안국에 권고를 행한다. 이러한 권고를 기초로 연안국이 확정한 대륙붕의 한계는 최종적이며 구속력을 가진다.
>
> 9. 연안국은 측지자료를 비롯하여 항구적으로 자국 대륙붕의 바깥한계를 표시하는 해도와 관련정보를 국제연합사무총장에게 기탁한다. 국제연합사무총장은 이를 적절히 공표한다.
>
> 10. 이 조의 규정은 서로 마주보고 있거나 이웃한 연안국의 대륙붕경계 획정문제에 영향을 미치지 아니한다.

UN해양법협약에 따르면 육지영토의 자연적 연장을 따라 영해 밖으로 뻗친 대륙변계의 바깥 끝까지, 또는 이것이 200해리에 미치지 못하는 경우에는 기선으로부터 200해리까지의 해저지대의 해상과 하층토를 대륙붕이라고 한다(제76조 제1항). 이 정의에 따르면 연안국은 최소 기선으로부터 200해리까지의 법적 대륙붕을 갖게 되며 이는 신국제관습법규로 간주된다. 영해의 해상과 하층토는 지질학적 의미에서는 대륙붕이라 하더라도 법적 의미의 대륙붕에서는 제외된다. 법적 대륙붕은 연안국의 영해 밖의 해저지대이기 때문이다. 대륙변계가 200해리를 넘어서더라도 대륙붕은 기선으로부터 350해리를 넘거나 2500미터 등심선(수심 2500m 되는 지점을 연결한 선)으로부터 100해리를 넘을 수 없다(제76조 제4항). 영해기선으로부터 200해리를 넘는 대륙붕의 한계에 관한 정보는 연안국에 의해 대륙붕한계위원회에 제출되어야 하며, 위원회는 대륙붕의 외측한계 설정에 관련된 사항에 관해 연안국에 권고한다. 이러한 권고를 기초로 연안국이 확정한 대륙붕의 한계는 최종적이며 구속력이 있다(제76조 제8항).

Ⅲ 대륙붕에 대한 국가의 권리의무

1. 권리

> **📖 조문 | UN해양법협약 제77조 - 대륙붕에 대한 연안국의 권리**
>
> 1. 연안국은 대륙붕을 탐사하고 그 천연자원을 개발할 수 있는 대륙붕에 대한 주권적 권리를 행사한다.
>
> 2. 제1항에 언급된 권리는 연안국이 대륙붕을 탐사하지 아니하거나 그 천연자원을 개발하지 아니하더라도 다른 국가는 연안국의 명시적인 동의 없이는 이러한 활동을 할 수 없다는 의미에서 배타적 권리이다.
>
> 3. 대륙붕에 대한 연안국의 권리는 실효적이거나 관념적인 점유 또는 명시적 선언에 의존하지 아니한다.
>
> 4. 이 부에서 규정한 천연자원은 해저와 하층토의 광물, 그 밖의 무생물자원 및 정착성어종에 속하는 생물체, 즉 수확 가능단계에서 해저표면 또는 그 아래에서 움직이지 아니하거나 또는 해저나 하층토에 항상 밀착하지 아니하고는 움직일 수 없는 생물체로 구성된다.

(1) 권리의 법적 성질

대륙붕에 대한 국가의 권리는 주권적 권리(제77조 제1항), 배타적 권리(제77조 제2항), 원시적 권리(제77조 제3항)이다. 따라서 타국은 연안국의 명시적 동의 없이 그 대륙붕에서 활동하거나 권리를 주장할 수 없다. 또한 원시적 권리이므로 대륙붕에 관한 권리 취득을 위해 실효적 점유, 또는 관념적 점유나 명시적 선언을 요하는 것은 아니다.

(2) 권리의 내용

① **천연자원 개발권**: 연안국은 대륙붕을 탐사하고 그 천연자원을 개발할 수 있는 주권적 권리를 가진다(제76조 제1항). 천연자원이란 해상과 지하의 광물 기타의 비생물자원 및 정착어종에 속하는 생물을 말한다(제77조 제4항). 주권적 권리(sovereign rights)라는 표현은 연안국이 대륙붕의 천연자원을 탐사하고 개발할 배타적 권리를 가지되 그 상부수역의 공해로서의 성격과 그 상부공간의 법적 지위는 영향을 받지 아니한다는 것을 지칭하기 위해 ILC에 의해 고안되었다.

② 시설의 설치 · 유지 · 운영권: 연안국은 대륙붕자원의 개발을 위하여 필요한 시설을 설치 · 유지 · 운영할 수 있으며, 그 시설의 주변에 반경 500m 한도까지 안전수역을 설정할 수 있다. 선박은 이를 존중하여야 한다(제80조).

③ 시추 · 굴착권: 연안국은 천연자원의 탐사, 개발을 위해 대륙붕을 시추(drilling) 또는 굴착(tunnelling)할 권리를 갖는다(제81조, 제85조).

2. 연안국의 의무

(1) 항행의 자유보장의무

> 📋 **조문 | UN해양법협약 제78조 – 상부수역과 상공의 법적 지위 및 다른 국가의 권리와 자유**
>
> 1. 대륙붕에 대한 연안국의 권리는 그 상부수역이나 수역 상공의 법적 지위에 영향을 미치지 아니한다.
>
> 2. 대륙붕에 대한 연안국의 권리행사는 다른 국가의 항행의 권리 및 이 협약에 규정한 다른 권리와 자유를 침해하거나 부당한 방해를 초래하지 아니한다.

대륙붕의 상부수역은 공해로서의 법적 지위와 상부공역의 법적 지위에 영향을 미치지 아니하므로 연안국은 대륙붕에 관한 주권적 권리를 행사함에 있어서 제3국의 항행 및 기타의 자유를 부당히 방해해서는 안 된다(제78조).

(2) 해저전선 및 관선의 방설보장의무

> 📋 **조문 | UN해양법협약 제79조 – 대륙붕에서의 해저전선과 관선**
>
> 1. 모든 국가는 이 조의 규정에 따라 대륙붕에서 해저전선과 관선을 부설할 자격을 가진다.
>
> 2. 연안국은 대륙붕의 탐사와 대륙붕의 천연자원 개발, 그리고 관선에 의한 오염의 방지, 경감 및 통제를 위한 합리적 조치를 취할 권리에 따라 이러한 전선이나 관선의 부설이나 유지를 방해할 수 없다.
>
> 3. 대륙붕에서 위의 관선 부설경로의 설정은 연안국의 동의를 받아야 한다.
>
> 4. 이 부의 어떠한 규정도 자국 영토나 영해를 거쳐가는 전선이나 관선에 대한 조건을 설정하는 연안국의 권리, 대륙붕의 탐사나 그 자원의 개발 또는 자국 관할권 아래에 있는 인공섬 · 시설 및 구조물의 운용과 관련하여 부설하거나 사용하는 전선과 관선에 대한 연안국의 관할권에 영향을 미치지 아니한다.
>
> 5. 각국은 해저전선이나 관선을 부설함에 있어서 이미 설치된 전선이나 관선을 적절히 고려한다. 특히 기존전선이나 관선을 수리할 가능성을 방해하지 아니한다.

연안국은 제3국이 자국의 대륙붕상에 해저전선과 관선을 부설하고 유지할 자유를 방해할 수 없다(제79조 제1항). 다만, 대륙붕에 관선을 부설하기 위한 경로의 설정은 연안국의 동의를 받아야 한다(제79조).

(3) 해양오염방지의무

연안국은 대륙붕의 해저개발행위와 관련하여 발생하는 해양오염을 방지해야 할 의무를 지며 이에 관한 규칙을 제정해야 한다(제208조, 제214조).

(4) 200해리 이원의 대륙붕 개발기금 납부의무

> **조문 | UN해양법협약 제82조 – 200해리 밖의 대륙붕개발에 따른 금전지급 및 현물공여**
>
> 1. 연안국은 영해기선으로부터 200해리 밖에 있는 대륙붕의 무생물 자원 개발에 관하여 금전을 지급하거나 현물을 공여한다.
>
> 2. 금전지급과 현물공여는 생산개시 5년 후부터 그 광구에서 생산되는 모든 생산물에 대하여 매년 납부된다. 6년째의 금전지급이나 현물공여의 비율은 생산물의 가격이나 물량의 1퍼센트로 유지한다. 그 비율은 12년째까지 매년 1퍼센트씩 증가시키고 그 이후에는 7퍼센트로 한다. 생산물의 개발을 위하여 사용한 자원은 포함하지 아니한다.
>
> 3. 자국의 대륙붕에서 생산되는 광물자원의 순수입국인 개발도상국은 그 광물자원에 대한 금전지급이나 현물공여로부터 면제된다.
>
> 4. 금전지급과 현물공여는 해저기구를 통하여 이루어지며, 해저기구는 이를 개발도상국 특히 개발도상국 중 최저개발국 및 내륙국의 이익과 필요를 고려하고 공평분배의 기준에 입각하여 이 협약의 당사국에게 분배한다.

연안국은 200해리를 초과하는 대륙붕에서의 비생물자원의 개발에 대하여 기여금을 금전 또는 현물로 납부할 의무를 진다(제82조 제1항). 다만, 자국 대륙붕에서 생산되는 광물자원의 순수입국인 개발도상국은 그 광물자원에 대한 금전납부나 현물공여가 면제된다.

Ⅳ 중첩 대륙붕의 경계획정

1. 대륙붕협약

2개국 이상의 영역에 동일한 대륙붕이 대향·인접되어 있는 경우 대륙붕의 경계는 연안국 간의 '합의'에 의하여 결정되며, 합의가 없는 경우에는 특수사정[34]에 의한 정당한 경계선이 달리 인정되지 않는 한 대륙붕의 '중간선'을 경계로 한다(제6조).

2. 해양법협약

> **조문 | UN해양법협약 제83조 – 대향국 간 또는 인접국 간의 대륙붕의 경계획정**
>
> 1. 서로 마주보고 있거나 인접한 연안국 간의 대륙붕 경계획정은 공평한 해결에 이르기 위하여, 국제사법재판소규정 제38조에 언급된 국제법을 기초로 하여 합의에 의하여 이루어진다.
>
> 2. 상당한 기간 내에 합의에 이르지 못할 경우, 관련국은 제15부에 규정된 절차에 회부한다.
>
> 3. 제1항에 규정된 합의에 이르는 동안 관련국은, 이해와 상호협력의 정신으로, 실질적인 잠정약정을 체결할 수 있도록 모든 노력을 다하며, 과도적인 기간 동안 최종 합의에 이르는 것을 위태롭게 하거나 방해하지 아니한다. 이러한 약정은 최종적 경계획정에 영향을 미치지 아니한다.
>
> 4. 관련국 간에 발효 중인 협정이 있는 경우, 대륙붕의 경계획정에 관련된 문제는 그 협정의 규정에 따라 결정된다.

---

[34] 특별한 사정이 무엇인가는 명료하지 않다. 국제법위원회의 심의단계에서는 '연안의 예외적인 형상, 섬 또는 가항수로의 존재'등이 예시되었다(이한기, 359면).

인접 또는 대향국 간의 대륙붕의 경계측정은 '형평한 해결'에 도달하기 위하여 국제사법재판소규정 제38조에 규정된 국제법을 기초로 합의에 의해 성립되어야 한다. 상당한 기간 내에 합의에 도달할 수 없는 경우 관계국은 제15장에 규정된 절차에 부탁하여야 한다(제83조). 다만, 제298조에 의하면 각국은 대륙붕 경계획정 분쟁을 구속력 있는 결정을 수반하는 강제절차에 맡기지 않겠다는 선언을 할 수 있으며, 이 경우 의무적 조정이 적용된다.

3. 주요 판례

(1) 북해대륙붕 사건[35] – ICJ, 1969

서독과 네덜란드, 서독과 덴마크 간에 북해대륙붕의 경계획정을 둘러싼 이 사건에서 네덜란드와 덴마크는 대륙붕협약 제6조에 규정된 '등거리선 원칙'이 관습법임을 주장하며 동 원칙의 적용을 주장하였으나, 서독은 등거리선의 경우 관습법이 아닐 뿐더러 이에 따르면 서독에게 형평한 몫이 배분되지 못한다고 주장하였다. 이에 대해 ICJ는 등거리선 원칙의 관습법을 부인하고, 연안형태, 물리적·지질학적 구조, 천연자원 등을 고려한 형평의 원칙이 적용되어야 한다고 판시하였다. 또한 중복지역의 합의분할에 실패하는 경우 공동관할·공동사용·공동개발제도를 고려하도록 하였다.

(2) 영불대륙붕 사건 – 중재재판, 1977

영불양국은 대부분 중간선으로 경계를 획정하였으나, 영국령인 두 섬 Channel Islands(채널제도)와 Scilly Isles(실리도)와 관련된 수역에서 분쟁이 발생하였다. 전자는 프랑스에 근접한 섬이었다. 이 사건에서는 두 섬이 중간선을 경계획정기준으로 설정하는 데 영향을 주는가 하는 점과 두 섬의 기선의 해양경계획정에 대한 효과는 무엇인가 하는 점이었다. 중재재판부는 영불 양국은 거의 동등한 대향 해안선을 가지므로 양국 대륙붕의 경계는 원칙적으로 중간선이라고 판단하고, 도서에 관해서는 채널제도는 Zero Effect를, 실리섬에 대해서는 Half Effect를 부여하였다.

(3) 리비아·몰타 대륙붕 사건 – ICJ, 1985

대향국인 리비아와 몰타의 대륙붕 경계획정 사건으로, 몰타는 중간선 원칙을 주장하며 200해리 이내의 대륙붕에 대해서는 자연적 연장 원칙을 적용할 수 없다고 하였다. 반면 리비아는 경계획정은 육지의 자연적 연장 원칙에 따라 형평의 원칙에 입각해야 한다고 주장하였다. ICJ는 200해리 이내의 대륙붕의 경우 자연적 연장 원칙과 지질학적·지형학적 기준은 배제되고 중간선 원칙이 중시되어야 한다고 설시하면서 대향하는 해안선의 길이의 차이는 고려될 요소이나 반드시 산술적 비례로 계산되어야 하는 것은 아니라고 하였다.

(4) 방글라데시와 미얀마 벵골만 해양경계획정 사건

2011년 3월 14일 국제해양법재판소(ITLOS)는 재판소 역사상 처음으로 해양경계획정에 관한 판결을 내렸다. 최근까지 해양경계획정에 관한 사건은 모두 국제사법법원(ICJ)과 국제중재재판소에 의해 해결되었기 때문에, 이번 방글라데시와 미얀마의 해양경계획정 사건에 관한 재판소의 판결은 많은 주목을 받았다. 결론적으로 ITLOS는 기존의 해양경계획정에 관한 ICJ와 국제중재재판소의 선례를 검토하였고, 관련 사건을 인용하고 존중하는 형태의 결정을 하였다. 재판소는 벵골 만에서 인접하고 있는 방글라데시와 미얀마의 영해, 200해리 이내의 배타적 경제수역과 대륙붕, 그리고 200해리 이원의 대륙붕 이렇게 세 부분에 대하여 해양경계획정 판결을 하였다. 동 판례에서 ITLOS는 등거리 방법에 의한 잠정적 경계선의 타당성과 이등분선의 부적합성을 설명한 이후, 최종적으로 잠정적 등거리선을 그었다. 다음으로 관련상황을 고려하여 형평한 결과를 도출할 수 있도록 조정하고, 마지막으로 관련해안선의 길이와 관련해역의 면적을 비교하는 세 단계 방법을 사용하였다.

---

35) 국제법판례특강. 2면 참조.

(5) Jan Mayen 사건(1993)

ICJ는 국제법은 형평한 해결에 도달하기 위해 해양경계획정을 요하는 모든 영역에 걸쳐 단일 방법을 채택할 것을 명령하고 있지는 아니하며, 필요하면 대상 지역의 여러 부분에 여러 방법을 적용할 수 있다고 하였다.

(6) Maritime Delimitation in the Black Sea 사건(2009)

ICJ는 형평한 해결을 위해 3단계 방법론을 적용하였다. 3단계 방법론에서 제3단계에서 이루어지는 것은 불균형검사(disproportionality test)이지 균형검사(proportionality test)가 아니므로 각각의 해역이 연안의 길이에 정확하게 비례해야 하는 것은 아니라고 하였다. 또한 EEZ와 대륙붕은 EEZ와 대륙붕은 별개의 제도이므로, 대향국들이나 인접국들은 대륙붕과 EEZ 공동의 단일경계선을 선택할 수도 있고 별개의 경계선을 선택할 수도 있다고 하였다.

(7) Territorial and Maritime Dispute between Nicaragua and Honduras in the Caribbean Sea 사건

ICJ는 육지가 바다를 지배하므로 섬에 대한 주권은 해양경계획정 이전에 그리고 그것과는 별도로 결정될 필요가 있다고 하였다.

4. 대륙붕 경계획정에 관한 ICJ의 입장

(1) 형평의 원칙

오늘날 해양경계획정의 대원칙은 형평의 원칙이다. 1969년 '북해대륙붕 사건'에서 ICJ가 '경계획정은 다른 국가영토의 자연적 연장에 저촉함이 없이, 가능한 한 각국에게 육지 영토의 자연적 연장을 구성하는 대륙붕 전체를 주도록 형평의 원칙에 따라 모든 관련사정을 고려하여 이루어져야 한다'라고 한 이후 형평의 원칙은 해양경계획정의 원칙으로 자리잡아 왔다.

(2) 형평의 원칙과 등거리선의 관계

형평의 원칙과 등거리선 원칙을 대립적인 관계가 아니라 상호보완적이며 밀접히 연관되어 있는 하나의 원칙으로 보려는 경향이 강해지고 있다. 국제사법재판소는 카타르 대 바레인 사건에서 등거리선 · 특별상황규칙(equidistance · special circumstances)과 대륙붕과 경제수역 경계획정에 관한 1958년 이후의 판례법과 국가실행 가운데 발전해 온 형평의 원칙 · 관련상황규칙(equitable principles · relevant circumstances)은 밀접히 연관되어 있다고 하였다.

(3) 대륙붕과 경제수역 경계선

해양법협약을 만드는 과정에서 국가들은 인접국 간의 대륙붕과 경제수역 경계선은 일치하는 것이 바람직하다고 생각하였으며, 실제로 1970년대 중반 이후 체결된 대부분의 해양경계협정들과 국제적인 사법기관들의 판결들도 단일경계선을 지지하고 있다. '리비아와 몰타 간 대륙붕 사건'에서 재판소는 해양법협약에서 두 가지 제도가 서로 깊이 연결되게 된 점을 지적하면서, 경계획정에서 해안에서의 거리와 같이 양쪽 개념에 공통된 요소가 보다 중시되어야 한다고 하였다. 그러나 해양법협약상 대륙붕과 EEZ는 별개의 제도이고 대륙붕과 EEZ경계획정을 별도로 규정하고 있으므로, 양자의 경계선이 반드시 일치되어야 하는 것은 아니다. 결국 대향국이나 인접국들은 대륙붕과 EEZ의 단일경계선을 선택할 수도 있고 별개의 경계선을 선택할 수도 있다.

(4) 섬의 효과

섬의 해양경계선에 대한 영향은 섬의 위치와 크기, 주민 수, 경제적 중요성 등에 의하여 결정된다. 면적이 넓고 많은 주민이 거주하고 있으며 경제적으로 중요한 섬들은 경계획정 시 육지영토에 준하는 대우를 받지만, 그렇지 못한 섬들의 효과는 제한적이 된다. 국가 간 해양경계획정에서 논란의 대상이 되는 섬들은 그 면적 위치, 인구와 경제적 중요성을 고려할 때, 섬의 경계선에 대한 효과를 완전하게 인정할 수도 없고 무시할 수도 없는 경우가 대부분이다. 이러한 경우 섬들은 섬의 가치에 합당한 부분적인 효과를 인정받게 된다. 섬에 부분적인 효과를 부여하는 것은 경계선을 이동시키거나 경계선의 각도를 조정하는 방법 등에 의하여 이루어진다.

(5) 경제적인 요소

국제사법재판소는 경제적인 요소를 해양경계획정에서 중요한 사항으로 고려하지 않는다. 1982년 '튀니지 대 리비아 대륙붕 사건'에서 튀니지는 자국의 상대적 빈곤을 경계획정에 고려해 주도록 요청하였으나 국제사법재판소는 경제적 요소란 가변적인 것이라고 하면서 이를 받아들이지 않았다. 1985년 '리비아와 몰타 간 대륙붕에 관한 사건'에서는 몰타가 양국 간 대륙붕 경계획정 시 형평적 고려사항에 경제적 요소와 안보도 포함시켜 달라고 요청하였다. 몰타는 리비아와의 경계획정이 형평성을 갖추려면 자국의 부족한 에너지자원과 개발도상에 있는 도서국가로서의 상황, 자국의 기존의 어업활동 범위를 고려해야 한다고 주장했다. 재판소는 이에 대해 해양경계획정이 양국의 상대적인 경제적인 상황에 좌우되면 아니 된다고 하면서, 경계획정으로 가난한 국가의 부족한 경제자원을 보충해 주기 위하여 그 국가의 대륙붕을 확장해 줄 수는 없다고 하였다. 반면, '그린란드와 얀마옌 사이의 해양경계획정 사건'에서는 당해수역의 가장 중요한 경제적 요소인 어업자원이 경계선획정에 큰 영향을 미쳤다. 국제사법재판소는 '덴마크와 노르웨이 간의 이 사건'에서 일단 임시경계선을 그은 후 이를 이동하여 덴마크에게 보다 많은 수역을 부여하였다. 재판소는 관할권 주장이 중복되는 수역을 3개 구역으로 나눈 후 제1구역에서는 이동성어종인 Capelin에 대한 형평에 맞는 접근을 보장하기 위하여 양측에 같은 넓이의 수역을 부여했다.

(6) 해안선의 길이

국제사법재판소는 해양경계획정 시 일단 획정된 경계선의 형평성을 판단하는 데 있어서 연안국들의 해안선의 길이와 각국에게 속하게 될 수역 면적 간의 비율을 사용하였다. 그런데 여기서 말하는 합리적인 비율이란 공평하고 형평에 맞는 분배와는 다르며, 형평은 산술적으로 정확한 비율을 요구하지도 않으므로, 합리적인 정도의 비율이면 형평에 어긋나지 않는 것으로 보았다. 국제사법재판소는 1969년 '북해대륙붕 사건'에서 마지막으로 고려할 요소는 형평의 원칙에 따른 경계획정은 각국에 속하게 될 대륙붕 면적과 각국의 해안선의 길이의 비교에 의하여 이루어지는 합리적인 정도의 비례성(reasonable degree of proportionality)이라고 하였다. 재판소가 비례성을 언급한 것은 해안의 어떤 예외적인 형상으로 인하여 해양경계선에 커다란 왜곡이나 불비가 초래되는 것을 방지하려는 데 목적이 있었다.

Ⅴ 우리나라의 대륙붕 제도

1. 평화선 선언

한국은 1952년 평화선 선언이 있은 후 1970년 1월 '해저광물자원개발법'을 제정·공포하고, 5월 30일 7개 광구에 대한 영유권을 주장하는 대륙붕 선언을 하였다.

2. 해저광물자원개발법

1970년에 제정된 해저광물자원개발법에 따라 서해, 제주도 남부, 동중국해, 대마도북동수역 등에 7개 광구를 설치하였다. 서해에 설정된 4개 광구의 서쪽 경계선은 중국본토와 우리나라 본토 간의 중간선을 선택하였고, 대마도북동수역에 설정된 제6광구의 일본 쪽 경계선도 우리나라와 일본 본토 간의 중간선을 선택하였다. 그러나 제주도 남부 동중국해에 설정된 것으로 석유부존가능성이 높은 제7광구는 육지영토의 자연연장설에 근거하여 동중국해의 대륙붕이 오키나와해구로 단절된 부분까지를 전체적으로 하나의 계속된 대륙붕으로 보아 제주도 남단 마라도에서 280해리에 이르는 해역을 그 범위로 하고 있다.

3. 한일북부대륙붕 경계협정과 남부대륙붕 공동개발협정

1974년에 대한민국과 일본국 간의 양국에 인접한 대륙붕구역 경계획정에 관한 협정을 체결하여 대한해협에서의 양국의 대륙붕 경계를 중간선 원칙에 따라 획정하기로 합의하였다. 또한 1978년에 발효된 대한민국과 일본국 간의 양국에 인접한 대륙붕남부구역 공동개발에 관한 협정을 체결하였는바, 동 협정은 우리나라 제5광구 일부수역과 제7광구의 전체를 포함하는 해역 중에서 우리나라와 일본의 대륙붕 주장이 중복되고 있는 동중국해 지역을 공동 개발한다는 내용을 담고 있다.

4. 대륙붕에 관한 법률의 정비

우리나라는 1996년 8월 배타적 경제수역법 제정 당시 1970년의 해저광물자원법에 의거한 7개 광구의 설치와 이에 따른 일본과의 2개 조약 등을 고려하여 대륙붕에 관한 별도의 명문조항을 규정하지 않았다. 그러나 1970년 해저광물자원개발법의 입법목적이 대륙붕에 부존하는 석유 및 천연가스 등의 개발에 한정된 점을 감안하여, 대륙붕의 범위에 대륙붕에 관한 권리를 명확히 하는 입법 작업을 추진 중이다.

🔏 판례 | 북해대륙붕 사건(North Sea Continental Shelf Case, ICJ, 1969)

북해대륙붕 사건은 북해대륙붕 일부의 경계획정과 관련하여 서독과 덴마크, 서독과 네덜란드 사이에 발생한 분쟁이다. 이 사건의 쟁점은 1958년 체결된 대륙붕조약 제6조에 규정된 중첩대륙붕 경계획정원칙인 '중간선' 또는 '등거리선' 원칙이 당해사건에 적용될 수 있는지, 적용될 수 없다면 다른 경계획정 원칙은 무엇인지에 관한 것이었다. 재판소는 중간선 원칙이 관습법도 아니고 서독이 동 조약에 가입한 것도 아니므로 서독에 대해 적용할 수 없다고 판정하였다. 나아가 분쟁당사국들의 요청에 따라 경계획정 원칙을 제시하였다. 재판소는 경계획정에 적용될 국제법과 규칙은 다음과 같다고 판시하였다. ① 경계획정은 형평의 원칙과 모든 관련사항을 고려하여 타국 영토의 자연연장을 침해하지 않고 자국영토의 자연연장을 구성하는 대륙붕의 모든 부분을 가장 많이 부여하도록 합의에 의해 행해져야 한다. ② 위의 방법을 적용하여 경계획정이 당사자에게 중복되는 구역이 발생하는 경우에는 당사자들 사이의 합의된 비율로, 합의가 되지 않는 경우에는 동일하게 배분되어야 한다. ③ 중복된 지역이나 그 일부에 대해 당사자들이 공동관할, 사용, 혹은 개발을 결정하는 경우 동일하게 배분되지 않을 수 있다. 재판소는 경계획정을 위한 교섭과정에서는 첫째, 당사국 해안의 특수하거나 예외적인 형태뿐만 아니라 일반적인 형세, 둘째, 관련 대륙붕 지역의 물리적, 지질학적 구조와 천연자원, 셋째, 형평의 원칙에 따른 경계획정으로 연안국에게 돌아가는 대륙붕의 범위와 해안의 일반적인 방향으로 측정된 연안의 길이 사이의 합리적인 비례성의 정도 등을 고려할 것을 제안하였다.

⚖️ 판례 | 영불대륙붕 경계획정 사건[36]

영국과 프랑스는 1970년부터 4년간 대륙붕 경계획정에 관한 교섭의 결과 대부분의 영국해협수역에는 중간선을 채택하는 데 합의했으나 일부 해협수역에 대해서는 합의를 보지 못했다. 합의를 보지 못한 Channel Islands와 Scilly Island는 모두 영국령이나 전자는 프랑스의 본토연안에 근접위치하고 후자는 영국 본토연안에 근접위치하고 있었다. 양국은 5명으로 구성된 특별중재재판소에 제소하기로 합의하였다. 이 사건의 법적 쟁점은 첫째, 양제도의 지형은 등거리의 원칙의 적용을 배제하는 특별상황에 해당되는가? 둘째, 양제도의 존재가 양국 본토 간의 대륙붕 경계획정에 영향을 미치는지 여부이다. 특별중재재판소는 영국과 프랑스는 거의 동등한 대향해안선을 가지므로 양국 대륙붕의 경계는 원칙적으로 중간선이라고 판정하였다. 또한, 도서에 관해서는 Channel Islands의 존재는 무시하고 12해리의 영해만 인정하였다. Scilly Islands에 대해서는 半分效果만을 인정하였다. 나아가 중재법원은 등거리 원칙은 결국 형평의 원칙과 동일한 목적을 갖는 법적 원리이며 형평의 원칙은 등거리 원칙의 해석을 위한 가장 적절한 원리이며 수단이라고 판정하였다.

⚖️ 판례 | 튀니지 – 리비아 대륙붕 사건[37]

리비아와 튀니지는 그들의 인접대륙붕의 경계에 대해 리비아는 대륙붕의 경계선이 북상해야 한다고 주장하고 튀니지는 동쪽으로 그어져야 된다고 주장하였다. 양국은 특별협정을 체결하여 국제사법재판소에 부탁하였다. 양국은 대륙붕의 경계를 획정하는 데 적용할 특별상황을 고려한 형평의 원리와 제3차 해양법회의의 최근 경향을 반영할 국제법의 원리와 원칙을 묻고, 아울러 판결 후에 양국의 전문가들이 이를 적용하여 어려움 없이 대륙붕 경계를 획정할 수 있는 실제적 방식을 제시해 줄 것을 부탁했다. 양당사국은 다같이 등거리선을 배척하고 제반 관계사정을 고려하여 형평의 원칙에 따라야 한다고 주장하고 형평의 원칙을 자연연장론과 관련지어 전개해야 한다는 점에서는 동의했다. 그러나 형평의 원칙의 적용에 있어서 양국 간 이견이 존재하였다. ICJ의 판정은 다음과 같다. 첫째, 대륙붕을 지질학적 또는 지형학적 측면에서만 파악하려는 것이 타당하지 않다고 지적하고 과학적으로 대륙붕의 영유를 밝힐 수 있다는 양국의 주장을 배척하였다. 둘째, 대륙붕의 영유문제는 국제법의 표준에 의해야 한다고 단정하고, 자연적 연장을 구성하는 물리적 형태는 그 자체에 법적 권원이 있는 것이 아니라 형평한 해결을 위해 고려되어야 할 여러 상황 중의 하나에 불과하다고 선언했다. 셋째, 형평의 원리를 국제법의 일부분으로 적용하는 데 있어서 형평한 결과를 생산해내도록 제반 관계상황을 고려해야 한다고 판시했다.

---

36) Anglo–French Continental Shelf Arbitration, 국제중재, 1979년.
37) Tunisia–Libya Continental Shelf Case, ICJ, 1982년.

⚖ 판례 | 메인만 경계획정 사건[38)39)]

미국의 북동부에 위치한 메인만 지역은 약 36,000 평방마일로서 어업자원이 풍부하고 석유와 가스가 상당량 매장되어 있는 것으로 알려져 있다. 특히 메인만 지역에 위치한 Georges Bank는 세계적으로 가장 풍부한 어장 중의 하나로서 북해보다는 두 배, 북동북극해보다는 다섯 배의 어획량을 보이는 것으로 알려져 있다. 미국과 캐나다는 이 지역에서 일방적으로 해양관할권을 확대함으로써 관할수역이 중복되게 되어 경계획정과 관련하여 분쟁이 발생하였다. 양국 간의 본격적인 분쟁은 캐나다가 1964년에 Georges Bank의 북동쪽 부분에 석유와 가스 탐사를 허가한 때 개시되었다. 양국은 1979년 협정을 체결하여 분쟁을 사법적으로 해결하기로 하였고, 1984년 10월 12일 국제사법재판소의 특별재판부는 메인만 지역에서의 미국과 캐나다 간의 해양경계선분쟁에 대한 판결을 내렸다. 경계획정에 관해 제기된 몇 가지 쟁점 및 판결은 다음과 같다. 첫째, 미국은 자연경계선을 주장하였으나, 재판소는 동 지역처럼 매우 역동적인 환경에는 안정적인 자연적 경계선은 없다고 판시하였다. 재판소는 해양 또는 육지의 경계획정은 법정치적인 작업이며, 자연적 경계선을 수용해야 하는 것은 아니라고 하였다. 둘째, 재판소는 사회경제적 조건, 즉 동 지역 경제가 어업에 의존하고 있다는 사실은 경계획정과정에 직접적으로 영향을 주는 요소가 아니라고 판시하였다. 재판소는 국제법은 해양경계획정에 있어서 지리적 기준만을 고려하도록 하고 있기 때문이라고 하였다. 다만, 사회경제적 조건들은 잠정적 경계획정이 수행된 이후 그것이 형평한 결과에 이르는지를 확인하기 위해서 고려할 수는 있을 것이라고 하였다. 셋째, 재판소는 캐나다가 주장한 인접성의 개념을 인정하지 않았다. 재판소는 어떤 해양이나 해저지역에 대한 법적인 권원은 법적인 작용의 효과이며, 권원의 범위의 경계선은 법규칙으로부터 도출되는 것이지 순전히 물리적인 사실에 고유한 것으로부터 나오는 것은 아니라고 하였다. 다섯째, 캐나다는 1964년에 Georges Bank에서 석유의 독점적 개발을 위한 허가를 시작한 이후 지질탐사를 수행하였으나 미국이 이를 알면서도 항의하지 않았으므로 묵인한 것이라고 주장하였다. 이에 대해 미국은 캐나다가 자국의 주장을 국제적으로 알리기 위한 공식적인 선언이나 발표를 하지 않았다고 반박하였다. 재판소는 미국이 중간선에 의해 Georges Bank대륙붕의 경계획정을 묵인하였다는 결론을 도출할 수 없고, 캐나다와의 해양경계획정에 대한 미국의 태도는 1960년대 말까지 불확실하였고 일관성이 없다고 하였다. 여섯째, 재판소는 연안의 길이의 현저한 차이와 인접성에서 대향으로의 변화에 따른 연안 방향의 변화를 중요하게 고려하였다. 재판소는 연안의 길이의 차이는 등거리선이나 다른 선의 수정을 정당화하는 비중 있는 특별한 상황이라고 하였다.

제11절 | 공해

Ⅰ 의의

1. 개념

> 📖 **조문 | UN해양법협약 제86조 – 공해의 범위**
>
> 이 부의 규정은 어느 한 국가의 배타적 경제수역·영해·내수 또는 군도국가의 군도 수역에 속하지 아니하는 바다의 모든 부분에 적용된다. 이 조는 제58조에 따라 배타적 경제수역에서 모든 국가가 향유하는 자유에 제약을 가져오지 아니한다.

공해(high seas)란 1958년 공해협약에 의하면, 국가의 영해 또는 영수에 포함되지 아니한 해양의 모든 부분을 의미한다. 한편, 1982년 해양법협약 제86조에 의하면, 국가의 내수, 군도수역, 영해 및 배타적 경제수역에 포함되지 않는 수역으로서 국가의 주권이 배타적으로 행사되지 않는 해양의 모든 부분을 말한다.

---

38) Case Concerning the Delimitation of the Maritime Boundary in the Gulf of Maine Area, 캐나다 대 미국, ICJ, 1984년.
39) 박찬호, 미국과 캐나다 간 메인만에서의 해양경계획정에 관한 소고, 저스티스 통권 제89호.

2. 법적 지위

기존에 무주물설(res nullius), 공유물설(condominium), 공공물설(res communis omnium) 등이 대립하고 있었으나, 공공물설이 통설이다. 즉, 공해는 어떤 국가의 영토주권에도 귀속되지 않지만 모든 국가들의 사용을 위해 개방된다.

Ⅱ 공해자유의 원칙

1. 의의

공해자유의 원칙이란 공해는 어느 국가에도 속하지 않으며 따라서 어느 국가도 이를 영유할 수 없다는 원칙, 즉 공해귀속의 자유를 의미한다. 공해사용의 자유는 모든 국가는 타국에 대하여 부당한 손해를 끼치지 않는 범위 내에서 공해를 자유로이 사용할 수 있는 것을 말하는바, 공해사용의 자유는 공해자유의 결과로서 인정된다.

2. 연혁

1609년 Grotius의 '해양자유론'(Mare Liberum) 이후 공해자유는 학설상 통설로 인정되었으며, 영국은 1878년 '영수조례'(Territorial Waters Jurisdiction Act)를 제정하여 해양폐쇄론을 포기하고 공해자유의 원칙을 선택하였다. 이후 윌슨의 '14개 조항', '대서양헌장', 1958년 '공해협약', 1982년 '해양법협약'에서 재확인되었다.

3. 이론적 근거

(1) 공해는 국제교통의 안전과 자유를 확보하기 위하여 어느 국가도 배타적으로 관할할 수 없으며, (2) 공해는 광대하므로 어느 국가도 이를 실효적으로 점유하기 곤란하고, (3) 공해 자원은 무한하므로 어느 국가라도 다른 국가에게 해를 끼치지 않고 이를 행사할 수 있다. 과학이 고도로 발달된 오늘날은 첫 번째 논거로 이해되고 있다.

4. 공해사용의 자유

> ### 📖 조문 | UN해양법협약 제87조 – 공해자유 원칙
>
> 1. 공해는 연안국이거나 내륙국이거나 관계없이 모든 국가에 개방된다. 공해의 자유는 이 협약과 그 밖의 국제법규칙이 정하는 조건에 따라 행사된다. 연안국과 내륙국이 향유하는 공해의 자유는 특히 다음의 자유를 포함한다.
>   (a) 항행의 자유
>   (b) 상공비행의 자유
>   (c) 제6부에 따른 해저전선과 관선 부설의 자유
>   (d) 제6부에 따라 국제법상 허용되는 인공섬과 그 밖의 시설 건설의 자유
>   (e) 제2절에 정하여진 조건에 따른 어로의 자유
>   (f) 제6부와 제13부에 따른 과학조사의 자유
> 2. 모든 국가는 이러한 자유를 행사함에 있어서 공해의 자유의 행사에 관한 다른 국가의 이익 및 심해저활동과 관련된 이 협약상의 다른 국가의 권리를 적절히 고려한다.

(1) 개념

공해사용의 자유란 모든 국가가 타국에 대하여 부당한 손해를 끼치지 않는 한 공해를 자유로이 사용할 수 있는 자유를 말한다(제87조).

(2) 내용

UN해양법협약 제87조는 항행의 자유 등 여섯 가지를 규정하고 있으나, 이는 예시적인 것이며 이외에도 국제법의 원칙에 의해 인정되는 기타의 자유도 포함될 수 있다. 첫째, 항행의 자유가 인정된다. 즉, 모든 국가의 선박·항공기는 자유로이 공해를 항행할 수 있다. 다만, 항행에 관한 국제법상의 규칙을 준수해야 한다. 둘째, 모든 국가는 공해에서 자유로이 어업에 종사할 수 있다(어업의 자유). 셋째, 해저전선 및 관선 부설의 자유가 있다. 넷째, 공해의 해저 지하의 탐사 및 개발의 자유. 다섯째, 과학적 조사의 자유. 여섯째, 국제법이 허용하는 인공도 및 기타 시설을 설치하는 자유가 인정된다(시설설치의 자유).

(3) 적용범위

공해사용의 자유는 '모든 국가', '모든 선박 및 항공기'에 대해 인정된다. 또한 평시뿐 아니라 전시에도 인정된다.

(4) 제한

① **타국이익의 합리적 고려**: 공해자유는 타국이익과 심해저활동에 관한 권리에 대해 합리적 고려하에 행사되어야 한다(제87조 제2항).

② **귀속으로부터 자유의 제한**: 연안국은 국가의 특정목적을 위하여 공해상에 접속수역, 배타적 경제수역, 대륙붕 등 보충수역을 설정할 수 있다. 이러한 공해에 대한 연안국의 국권의 확장은 공해의 일부를 연안국의 관할하에 귀속시키는 것으로서 공해 자체에 대한 자유를 제한하는 것이다.

③ **평화적 목적을 위한 이용**: 공해는 평화적 목적을 위해 유보된다(제88조). 공해에서 핵실험을 할 수 있는지 문제된다. 1963년 '대기권, 외기권 및 수중에 있어서의 핵무기실험금지조약'은 공해에서의 핵실험을 금지하고 있다. 그러나 조약이 없는 경우도 핵실험은 '평화적 목적'의 이용에 반하여 금지된다고 보아야 한다. 1974년 'Nuclear Test Case'에서는 공해상 핵실험이 공해사용의 자유를 침해하는 것인지에 관해 판단을 내리지 못했다.

Ⅲ 공해의 법질서

1. 기국주의

(1) 의의

모든 국가는 공해에서 자국기를 게양한 선박을 항행시킬 권리를 가진다(제90조). 선박의 국적은 등록에 의하여 결정된다. 또한 선박은 등록된 국가의 국기를 게양할 권리를 가지는바, 이 등록국을 기국(state of flag)이라 한다.

(2) 선적

> **📋 조문 | UN해양법협약 제91조 – 선박의 국적**
>
> 1. 모든 국가는 선박에 대한 자국국적의 부여, 자국영토에서의 선박의 등록 및 자국기를 게양할 권리에 관한 조건을 정한다. 어느 국기를 게양할 자격이 있는 선박은 그 국가의 국적을 가진다. 그 국가와 선박 간에는 진정한 관련이 있어야 한다.
>
> 2. 모든 국가는 그 국기를 게양할 권리를 부여한 선박에 대하여 그러한 취지의 서류를 발급한다.

선적은 공해의 법질서를 조직하는 실제적 수단이지만 국가가 선적의 부여 시에 채용하는 표준은 각국의 국내법에 일임되고 있다(제91조). 기국과 선박 사이에는 '진정한 관련'(genuine link)이 존재해야 한다. 진정한 관련의 내용에 대해서는 학설상 대립이 있으나, 일반적으로는 자국적의 선박에 대하여 실효적인 관할·규제를 유지할 것을 기국에 요구함에 불과한 것이고 이것을 어떠한 방법에 의하여 확보하는가는 각국의 판단에 맡기고 있으며, 국적부여의 기준에까지 개입하는 것은 아니라는 것이 유력한 해석이다. 따라서 전적으로 외국인이 소유하는 선박에 대해서도 자유롭게 등록을 허가하여 편의치적(flag of convenience)을 인정하는 국가에 대해 국제위법성이 인정되기는 어렵다. 한편, 편의치적의 국내법적 효력과 관련하여 우리나라 대법원은 법인격부인론에 기초하여 편의치적의 효력을 부인하였다.[40]

(3) 기국주의

> **📋 조문 | UN해양법협약 제92조 – 선박의 지위**
>
> 1. 국제조약이나 이 협약에 명시적으로 규정된 예외적인 경우를 제외하고는 선박은 어느 한 국가의 국기만을 게양하고 항행하며 공해에서 그 국가의 배타적인 관할권에 속한다. 선박은 진정한 소유권 이전 또는 등록변경의 경우를 제외하고는 항행 중이나 기항 중에 그 국기를 바꿀 수 없다.
>
> 2. 2개국 이상의 국기를 편의에 따라 게양하고 항행하는 선박은 다른 국가에 대하여 그 어느 국적도 주장할 수 없으며 무국적선으로 취급될 수 있다.

공해질서유지에 대한 1차적 책임은 기국이 부담하며, 이를 기국주의라 한다. 즉, 기국주의란 공해상의 선박은 기국의 배타적 집행관할권하에 놓인다는 원칙을 말한다(제92조). 선박은 어느 한 국가의 국기만을 게양해야 하며(제92조), 진정한 소유권의 이전 또는 진정한 등록변경의 경우를 제외하고 항행 중이나 기항 중에 국적을 변경할 수 없다(제92조). 게양할 권리가 있는 국기를 게양하지 않았거나, 어떤 국가에도 등록되지 않았거나, 2개국 이상의 국기를 동시에 또는 편의에 따라 선택적으로 게양하는 선박은 무국적선(stateless ships)으로 취급된다(제92.2조). 영국 추밀원은 Molvan v. Attorney-General for Palestine 사건(1948)에서 유태인이민을 불법으로 수송한다는 혐의를 받고 있었던 Molvan 소유의 Asya호에 대해 영국 군함이 나포한 행위가 합법이라고 판결하였다. 영국 추밀원은 Asya호가 당초 아무 국기를 게양하지 않았다가 이후 터키 깃발 및 시온기를 게양하였으므로 무국적선이라고 판단하였다.

---

40) 대법원은 홍콩의 칩스테드사가 라이베리아에서 그랜드하모니라는 편의치적 회사를 설립하고, 그랜드하모니 소속 선박 수리비용 납부를 거절하자 현대 측의 가압류 신청을 받아들였다. 그랜드하모니는 현대 측의 가압류 신청에 대해 가압류 집행 불허를 요구하는 소송을 제기하였으며, 자신은 칩스테드사와 별개의 회사이고, 선박 수리를 의뢰한 회사는 칩스테드사이므로 대금을 지급할 이유가 없다고 항변하였다. 이에 대해 대법원은 편의치적의 목적으로 설립된 원고가 자신은 칩스테드사와 별개의 법인격자라고 주장하는 것은 신의성실 위반 또는 법인격남용으로서 허용되지 아니한다고 판결하였다. 이는 대법원이 최초로 법인격부인론을 정면으로 수용한 판결로 이해된다. 법인격부인론이란 회사의 법인격 인정으로 인하여 정의와 형평에 반하는 결과를 초래하게 되는 경우, 회사 자체의 독립된 법인격을 부인할 수 있다는 이론이다(김대순, 2011, 1013면).

2. 기국주의의 예외

(1) 의의

공해법질서 유지를 위해 기국주의의 예외가 인정된다. UN해양법협약에는 해적, 임검권, 추적권 세 가지 예외가 규정되어 있다. 그 밖에도 국가들은 조약을 체결하여 자국 선박에 대한 관할권을 인정할 수 있다. 전쟁법에 의한 기국주의 예외도 인정되며, UN헌장 제7장에 기초한 안전보장이사회의 수권(授權)에 의해 타국선박에 대해 관할권을 행사할 수 있다.

(2) 해적행위

> 📑 **조문 | UN해양법협약 제101조 – 해적의 정의**
>
> 해적행위라 함은 다음 행위를 말한다.
> (a) 민간선박 또는 민간항공기의 승무원이나 승객이 사적 목적으로 다음에 대하여 범하는 불법적 폭력행위, 억류 또는 약탈 행위
>   (i) 공해상의 다른 선박이나 항공기 또는 그 선박이나 항공기내의 사람이나 재산
>   (ii) 국가 관할권에 속하지 아니하는 곳에 있는 선박·항공기·사람이나 재산
> (b) 어느 선박 또는 항공기가 해적선 또는 해적항공기가 되는 활동을 하고 있다는 사실을 알고서도 자발적으로 그러한 활동에 참여하는 모든 행위
> (c) (a)와 (b)에 규정된 행위를 교사하거나 고의적으로 방조하는 모든 행위

① **정의**: 해적행위란 사유의 선박 또는 항공기의 승무원이나 승객이 사적인 목적을 위하여 공해상에서나 기타 국가관할권 이외의 지역에서 타 선박, 항공기 또는 그 선박 내의 인원이나 재산에 대해 행하는 불법적인 폭력행위, 압류 및 탈취행위를 말한다(제101조). 분설하면 다음과 같다. 첫째, 해적행위의 성립을 위하여 재물을 불법적으로 취득하려는 의도는 필요적 요건이 아니다. 둘째, 해적행위는 반드시 사유의 선박이나 항공기에 의해서만 이루어질 수 있다. 단, 군함이나 정부선박의 승무원이 반란을 일으켜 이를 지배하고, 해적행위를 하는 경우 그 선박은 사유선박으로 간주된다(제102조). 셋째, 선박 또는 항공기를 지배적으로 관리하고 있는 자가 해적행위를 위하여 이를 사용할 것을 기도하거나 실제로 이를 사용해 온 경우에 그 선박·항공기는 해적선·해적항공기로 간주된다(제103조). 넷째, 해적행위는 반드시 해적선 이외의 다른 선박이나 항공기에 대해 행해져야 한다. 따라서 선박이나 승무원이 선박의 지배권을 획득하기 위하여 시도하는 행위는 Hijacking이나 선상반란이 될 수 있으나 그 자체로 해적행위를 구성하는 것은 아니다. 다섯째, 해적행위는 공해 또는 국가관할권 밖의 장소에서 행해져야 한다. 국가관할권 밖의 장소에는 무주지(Terra Nullius)가 포함된다. 배타적 경제수역에서도 해적행위가 행해질 수 있다. UN해양법협약 제58조 제2항은 공해 관련 규정의 EEZ에 대한 준용을 명시하고 있으며, 해적관련 규정을 EEZ에 준용하는 것은 EEZ제도와 배치되지 않는 것으로 볼 수 있기 때문이다.

② **해적선·해적항공기의 나포와 처벌**: 해적은 인류의 공공의 적(*hostes humani generis*)으로 간주되어 임의적 보편관할권(facultative universal jurisdiction)이 적용된다. 해적선 및 해적항공기와 그러한 혐의가 있는 선박과 항공기(제110조 제1항 제(a)호) 및 해적행위로 탈취되어 해적의 지배하에 있는 선박이나 항공기는 국가가 이를 나포할 수 있다(제105조). 나포가 적절한 근거가 없는 경우 피나포 선박 또는 항공기의 국적국에 대해 손해를 배상해야 한다(제106조). 군함 및 군용항공기, 또는 특별히 해적선 나포의 임무를 부여받고 이러한 권한이 명백히 표시된 정부선박은 이러한 나포에 임할 수 있다(제107조). 해적행위는 어떤 국가든지 해적선·해적항공기를 나포한 국가의 법원에 기소되어 재판을 받는다.

모든 국가는 공해 또는 국가관할권 밖의 어떠한 곳에서라도, 해적선·해적항공기 또는 해적행위에 의하여 탈취되어 해적의 지배하에 있는 선박·항공기를 나포하고, 그 선박과 항공기 내에 있는 사람을 체포하고, 재산을 압수할 수 있다. 나포를 행한 국가의 법원은 부과될 형벌을 결정하며, 선의의 제3자의 권리를 존중할 것을 조건으로 그 선박·항공기 또는 재산에 대하여 취할 조치를 결정할 수 있다.

해적행위를 이유로 한 나포는 군함·군용항공기 또는 정부업무를 수행 중인 것으로 명백히 표시되고 식별이 가능하며 그러한 권한이 부여된 그 밖의 선박이나 항공기만이 행할 수 있다.

(3) 임검권(臨檢權, right of visit)

① 의의: 임검권이란 완전한 면제를 향유하는 선박을 제외한 외국선박을 공해에서 군함이나 군용항공기가 접근하여 그 혐의에 대해 조사하는 권한을 의미한다. UN해양법협약은 다섯 가지 혐의에 대해 한정적으로 임검권을 인정하고 있다. 해적행위 이외의 다음 네 가지 사안이 임검권의 대상이다.

② 노예수송: 노예매매는 국제법상 금지된다. 공해상에서의 노예매매는 최초로 1890년 브뤼셀회의의 '노예금지협약일반의정서'에 의해 금지되었다. UN해양법협약은 모든 국가는 자국기를 게양하는 선박의 노예수송을 방지·처벌하는 동시에 노예수송을 위해 자국기가 불법으로 사용되지 않도록 유효한 조치를 취해야 하며, 노예가 다른 선박에 피난한 경우 그 노예는 자유를 회복한다고 규정하고 있다(제99조). 선박이 노예무역에 종사하고 있다고 판단되는 경우 군함은 외국선박을 임검할 수 있다. 다만, 사실로 판명되더라도 범인들의 재판을 위해서 기국으로 인도해야 한다.

모든 국가는 자국기 게양이 허가된 선박에 의한 노예수송을 방지하고 처벌하며 자국기가 그러한 목적으로 불법사용되는 것을 방지하기 위하여 실효적인 조치를 취한다. 선박에 피난한 노예는 그 선박의 기국이 어느 나라이건 피난사실 자체로써 자유이다.

③ 무허가방송: 모든 국가는 공해로부터의 무허가방송의 방지에 협력할 의무가 있다(제109조 제1항). 무허가방송이란 공해상의 선박 또는 설비로부터 행해지는 방송으로서 일반 공중의 수신을 의도한 것을 말한다. 다만, 무허가방송선박에 대해 관할권을 행사할 수 있는 국가는 모든 국가가 아니다. 즉, 방송선박소속국, 방송시설등록국, 방송자국적국, 방송청취국, 방송피방해국이 관할권을 행사하여 기소할 수 있다.

1. 모든 국가는 공해로부터의 무허가방송을 진압하는 데 협력한다.

2. 이 협약에서 "무허가방송"이라 함은 국제규정을 위배하여 일반대중의 수신을 목적으로 공해상의 선박이나 시설로부터 음성무선방송이나 텔레비전방송을 송신함을 말한다. 다만, 조난신호의 송신은 제외한다.

3. 무허가방송에 종사하는 자는 다음 국가의 법원에 기소될 수 있다.

   (a) 선박의 기국

   (b) 시설의 등록국

   (c) 종사자의 국적국

   (d) 송신이 수신될 수 있는 국가

   (e) 허가된 무선통신이 방해받는 국가

4. 제3항에 따라 관할권을 가지는 국가는 무허가방송에 종사하는 사람이나 선박을 제110조의 규정에 따라 공해에서 체포하거나 나포하고 방송기기를 압수할 수 있다.

④ **무국적선박**: 선박이 무국적선이라는 의심이 가는 경우 임검권을 행사할 수 있다(제110조 제1항 제(d)호). 선박은 반드시 1국의 국기만을 게양해야 하며, 2개 이상의 국기를 게양하는 선박은 무국적선으로 간주된다(제92조 제2항).

⑤ **타국 국기 게양**: 선박이 외국기를 게양하고 있거나 국기제시를 거절하였음에도 불구하고 실제로는 군함과 동일한 국적을 보유하고 있다는 의심이 가는 경우 임검권을 행사할 수 있다(제110조 제1항 제(e)호).

(4) 추적권

'제12절'에서 상술한다.

Ⅳ 선박의 안전항행과 충돌

1. 선박의 안전항행을 위한 제도

(1) 의의

선박에 의한 안전한 수송은 선박소유자·선원·승객·하주(荷主)의 이익을 위해 중요하므로 항행사고는 최대한 감소되어야 한다. 이를 위해 모든 국가는 소속 선박에 대해 일반적으로 수락된 기준에 따라 해상안전을 확보하는 데 필요한 조치를 취해야 한다(제94조).

(2) 감항력(堪航力, Seaworthiness)[41]

1974년 해상에서의 인명안전에 관한 국제협약에서 주로 다루고 있다. 선박구조, 화재안전조치, 인명구조기구, 항행안전장비 등에 대한 규정을 담고 있다.

(3) 충돌예방

해상충돌의 예방을 위한 국제규정(1972년 채택)은 해상교통질서와 안전항해를 확보하기 위한 해상충돌의 예방에 관한 기본국제법이다. 항법규정, 음향 및 발광신호규정 등을 담고 있다.

---

41) 배가 안전하게 항해하는 데 필요한 승무원 및 시설을 잘 갖추어 목적지까지 안전하게 갈 수 있도록 정비하고 있는 상태를 말한다.

2. 선박충돌

(1) 충돌 시의 구제

1910년에 채택된 선박충돌에 관한 규칙의 통일을 위한 국제협약(선박충돌협약)은 선박충돌 시의 구제에 관하여 규정하고 있다. 동 협약은 당사국의 공선이나 군함을 제외한 선박에 대해 적용된다. 충돌선의 선장은 충돌 후 자기 선박·선원 및 승객에 중대한 위험이 없는 한 타선박 또는 그 선원·승객에게 원조를 부여할 의무가 있으나, 그 위반에 대해 책임을 지는 것은 아니다.

(2) 손해배상

선박충돌협약은 선박충돌로 발생하는 손해배상에 관해 규정하고 있다. 충돌이 우연이나 불가항력으로 발생하거나, 정박 중인 선박에 대해 발생한 경우에는 피해선이 손해를 부담한다. 선박의 일방에 과실이 있는 경우 그 선박이 책임을 지고, 쌍방과실인 경우 과실의 정도에 따라 책임을 분담한다.

(3) 민사재판관할권

1952년에 채택된 선박충돌에 관한 민사재판관할규칙의 통일을 위한 국제협약에 의하면, 피해자는 가해선의 기국 또는 가해선을 억류한 국가의 어느 편에든지 선택적으로 소송을 제기할 수 있다. 단, 당사자 간 합의가 있으면, 특정국가의 법원에 제소하거나 국제중재법원에 부탁할 수 있다.

(4) 형사재판관할권

① **로터스호 사건(PCIJ, 1927)**: 터키 인근 공해상에서 프랑스 기선 로터스호가 터키 석탄운반선과 충돌하여 침몰시키고 터키인을 익사하게 하자 터키가 자국 항에서 로터스호 관련자들을 형사소추하여 유죄를 선고한 것에 대해 프랑스가 PCIJ에 제소한 사건이다. 프랑스는 입법관할권의 경우 터키형법상 수동적 속인주의가 국제법에 의해 허용되지 아니하며, 공해상의 선박충돌 사건에는 가해선 국적국이 집행관할권을 가지는 것이 국제관습법이라고 주장하였다. PCIJ는 입법관할권이 주권사항임을 확인하고 프랑스는 주관적 속지주의, 터키는 객관적 속지주의에 기초하여 관할권을 가지며, 가해선 국적국의 집행관할권은 관행이 있는 것은 사실이나, 법적 확신을 얻어 관습법화되었다고 볼 수는 없다고 하였다.

② **형사재판관할협약**: 1952년에 채택된 선박충돌 및 기타 항행사고에 관한 형사재판관할규칙의 통일을 위한 국제협약은 로터스호 사건의 반성에 기초하여 형사재판관할권은 '가해선의 기국'에 있는 것으로 규정하였다. 이는 로터스호 사건 당시 프랑스의 주장을 채택한 것으로 국제통상에 따르는 항해를 피해선의 선적국의 가혹한 재판으로 인한 위축으로부터 보호하고자 한 것이다.

③ **UN해양법협약**: 공해상의 충돌 등 항행사고와 관련된 선장 등에 대한 형사소송은 '가해선의 기국'이나 '당해 선장 등의 국적국'에만 제기할 수 있다(제97조 제1항). 기국 이외의 국가는 비록 수사를 위해서라도 선박의 나포·억류를 명할 수 없다(제97조 제3항).

📖 조문 | UN해양법협약 제97조 – 충돌 또는 그 밖의 항행사고에 관한 형사관할권

1. 공해에서 발생한 선박의 충돌 또는 선박에 관련된 그 밖의 항행사고로 인하여 선장 또는 그 선박에서 근무하는 그 밖의 사람의 형사책임이나 징계책임이 발생하는 경우, 관련자에 대한 형사 또는 징계 절차는 그 선박의 기국이나 그 관련자의 국적국의 사법 또는 행정당국 외에서는 제기될 수 없다.

2. 징계문제와 관련, 선장증명서, 자격증 또는 면허증을 발급한 국가만이 적법절차를 거친 후, 이러한 증명서의 소지자가 자국국민이 아니더라도, 이러한 증명서를 무효화할 권한이 있다.

3. 선박의 나포나 억류는 비록 조사를 위한 조치이더라도 기국이 아닌 국가의 당국은 이를 명령할 수 없다.

V 공해에서의 의무

1. 해상구조의무

자선(自船)및 자선의 인원에 중대한 위험이 없는 한 모든 선박의 선장은 해난을 당한 선박, 선원 및 승객을 구조할 의무가 있다(제98조 제1항).

2. 해저전선·관선의 보호의무

공해에서 고의 또는 과실로 해저에 부설된 전선이나 관선을 절단 또는 파손하여 통신을 방해 내지 불통하게 해서는 아니 된다. 모든 국가는 자국 선박의 이러한 행위를 처벌하는 데 필요한 국내법령을 제정해야 한다(제113조).

3. 해양환경의 보호·보존의무 – 제12장

(1) 보호·보존의무

국가는 폐기물 기타 물질의 투기로 해양환경을 오염시켜서는 아니 된다. 모든 국가는 천연자원을 개발하는 데 있어 해양환경을 보호·보존해야 하며(제193조), 또한 심해저개발활동에 있어서도 해양환경을 보호·보존해야 한다.

(2) 국제협력

국가는 해양환경이 즉시 오염될 염려가 있거나 이미 오염되고 있음을 알았을 때에는 그 사실을 오염피해를 입을 염려가 있는 국가와 관계 국제조직에 대해 통고해야 한다(제198조). 또한 해양오염에 관한 연구를 촉진하고, 과학조사계획을 실시하며 관계 정보나 자료를 교환하기 위해 직접 또는 관계 국제조직을 통해 상호 협력해야 한다(제200조).

(3) 감시 및 환경평가

국가는 해양오염의 위험이나 효과를 승인된 과학적 방법에 의해 관측·측정·평가 또는 분석하도록 직접 또는 관계 국제조직을 통해 노력해야 하고, 국가가 허용 또는 참가하고 있는 특정활동이 해양을 오염시킬 가능성이 있는지 결정하기 위해 당해 활동을 계속 감시해야 한다(제204조).

(4) 해양오염의 방지·감소·통제를 위한 규제입법

국가는 국제법이나 관행을 고려하여 하천·하구·등을 포함한 육상오염원에 의한 해양오염의 규제를 위하여 국내법령을 제정해야 하며(제207조 제1항), 지역적 차원에서 정책의 조화에 대해 노력해야 한다(제207조 제3항).

조문 | UN해양법협약 제111조 – 추적권

1. 외국선박에 대한 추적은 연안국의 권한 있는 당국이 그 선박이 자국의 법령을 위반한 것으로 믿을 만한 충분한 이유가 있을 때 행사할 수 있다. 이러한 추적은 외국선박이나 그 선박의 보조선이 추적국의 내수·군도수역·영해 또는 접속수역에 있을 때 시작되고 또한 추적이 중단되지 아니한 경우에 한하여 영해나 접속수역 밖으로 계속될 수 있다. 영해나 접속수역에 있는 외국선박이 정선명령을 받았을 때 정선명령을 한 선박은 반드시 영해나 접속수역에 있어야 할 필요는 없다. 외국선박이 제33조에 정의된 접속수역에 있을 경우 추적은 그 수역을 설정함으로써 보호하려는 권리가 침해되는 경우에 한하여 행할 수 있다.

2. 추적권은 배타적 경제수역이나 대륙붕(대륙붕시설 주변의 안전수역 포함)에서 이 협약에 따라 배타적 경제수역이나 대륙붕(이러한 안전수역 포함)에 적용될 수 있는 연안국의 법령을 위반한 경우에 준용한다.

3. 추적권은 추적당하는 선박이 그 국적국 또는 제3국의 영해에 들어감과 동시에 소멸한다.

4. 추적당하는 선박이나 그 선박의 보조선이 또는 추적당하는 선박을 모선으로 사용하면서 한 선단을 형성하여 활동하는 그 밖의 보조선이 영해의 한계 내에 있거나, 경우에 따라서는, 접속수역·배타적 경제수역 한계 내에 또는 대륙붕 상부에 있다는 사실을 추적선박이 이용 가능한 실제적인 방법으로 확인하지 아니하는 한, 추적은 시작된 것으로 인정되지 아니한다. 추적은 시각이나 음향 정선신호가 외국선박이 보거나 들을 수 있는 거리에서 발신된 후 비로소 이를 시작할 수 있다.

5. 추적권은 군함·군용항공기 또는 정부업무에 사용 중인 것으로 명백히 표시되어 식별이 가능하며 그러한 권한이 부여된 그 밖의 선박이나 항공기에 의하여서만 행사될 수 있다.

6. 추적이 항공기에 의하여 행하여지는 경우
   (a) 제1항부터 제4항까지의 규정을 준용한다.
   (b) 정선명령을 한 항공기는 선박을 직접 나포할 수 있는 경우를 제외하고는 그 항공기가 요청한 연안국의 선박이나 다른 항공기가 도착하여 추적을 인수할 때까지 그 선박을 스스로 적극적으로 추적한다. 선박의 범법사실 또는 범법혐의가 항공기에 의하여 발견되었더라도, 그 항공기에 의하여 또는 중단 없이 계속하여 그 추적을 행한 다른 항공기나 선박에 의하여 정선명령을 받고 추적당하지 아니하는 한, 영해 밖에서의 나포를 정당화시킬 수 없다.

7. 어느 국가의 관할권 내에서 나포되어 권한 있는 당국의 심리를 받기 위하여 그 국가의 항구에 호송된 선박은 부득이한 사정에 의하여 그 항행 도중에 배타적 경제수역의 어느 한 부분이나 공해의 어느 한 부분을 통하여 호송되었다는 이유만으로 그 석방을 주장할 수 없다.

8. 추적권의 행사가 정당화되지 아니하는 상황에서 선박이 영해 밖에서 정지되거나 나포된 경우, 그 선박은 이로 인하여 받은 모든 손실이나 피해를 보상받는다.

I 의의

1. 개념

추적권(right of hot pursuit)이란 연안국의 권한 있는 당국이 연안국의 내수, 군도수역, 영해, 배타적 경제수역 또는 대륙붕상에서 연안국의 법령을 위반하였다고 믿을 만한 외국선박을 당해 관할수역으로부터 공해까지 추적하여 나포하거나, 나포 후에 재판을 위하여 연안국에 인치(引致)할 수 있는 권리를 말한다. 추적권이 연안국의 관할수역 밖으로 행사될 경우 공해사용의 자유에 대한 제한으로 이해된다.

2. 연혁

19세기 말 경 국제관습법으로 성립되었으며 1935년 'I'm Alone호 사건'에서 국제판례로 승인되었다. 1958년 공해협약(제23조) 및 1982년 해양법협약(제111조)에서 성문화되었다.

3. 제도적 취지

추적권은 우선 연안국의 법질서유지를 위해 인정된다. 연안국의 관할수역에 있어서 법질서를 유지하기 위해서는 질서를 위반한 외국선박에 대해 관할수역 밖에까지 추적하여 연안국이 국권을 행사할 수 있는 권리가 인정되어야 한다. 둘째, 공해의 비호배제를 위해 인정된다. 연안국이 공해에서 예외적으로 국권을 행사할 수 없다면 공해는 범법외국선박의 비호처가 될 것이다. 이를 배제하기 위해 추적권을 인정하는 것이다.

Ⅲ 추적권의 요건

1. 추적사유

UN해양법협약 제111조 제1항에 의하면 추적권은 외국선박이 연안국의 법령을 위반한 것으로 믿을 만한 충분한 사유(Good Reason To Believe)가 있어야만 행사될 수 있다. 따라서 어떤 선박이 연안국의 법령을 위반했으리라는 단순한 추측만으로는 그 선박에 대해 추적권을 행사할 수 없다. 어떤 선박이 공해상으로 도주하는 경우 연안국의 법령을 위반했다고 믿을 만한 상당한 이유가 있는 것으로 판단할 수 있다(Robert C. Reuland).

2. 추적선

UN해양법협약 제111조 제5항에 의하면 추적권의 행사는 군함이나 군용항공기에 의해 이루어질 수 있으며, 기타 특별한 권한이 부여된 정부 선박이나 항공기도 추적권을 행사할 수 있다. 특별한 권한이 부여된 그 밖의 선박이나 항공기는 정부업무에 사용 중인 것으로 명백히 표시되어 식별이 가능해야 한다. 한국의 경우 해양경찰함정(Coast Guard Ship)이나 어업지도선(Fishery Patrol Ship)이 여기에 해당한다.

3. 피추적선의 위치

(1) 의의

추적을 개시할 당시 피추적선은 내수, 군도수역, 영해, 접속수역, 배타적 경제수역 또는 대륙붕의 상부수역에 있어야 한다.

(2) 접속수역이나 EEZ에서 추적권 발동 문제

원래 추적권의 취지는 영토주권에 종속되는 내수나 영해로부터 시작된 관할권 행사의 계속성을 인정한다는 것이다. 따라서 종래 접속수역이나 배타적 경제수역에서도 추적권 행사의 개시가 가능한지 문제되었다. 미국법원은 일본의 참치잡이 어선 타이요 마루 28호가 미국 접속수역에서 불법어로를 하다가 미국 해안경비대의 추적을 받아 나포된 사건에서 접속수역에서의 추적권의 개시를 적법한 것으로 판시하였다. 미국법원은 비록 UN해양법협약 제24조에 자국의 어업법 집행을 위한 목적으로 접속수역을 설정하는 것을 금지하지 않았으므로 어업법을 위반한 선박을 접속수역에서 추적을 개시하는 것이 허용된다고 하였다. 영미합동위원회 역시 'I'm Alone호 사건'에서 외국선박이 접속수역 내부에 있을 때 접속수역의 설정에 의해 보호하려는 권리의 침해가 있을 경우 연안국의 추적권이 행사될 수 있다고 하였다. 현재 UN해양법협약은 명시적으로 접속수역 및 배타적 경제수역에서도 추적권이 개시될 수 있음을 규정하고 있다.

(3) 추정적 존재의 이론

모선(母船)은 공해상에 있으나 자선(子船)은 관할수역 내에서 연안국의 법령에 위반하여 추적대상이 된 때에는 모선도 추적대상이 된다. 이는 마치 모선박이 직접 연안국 수역에 들어가 범죄를 행한 것으로 간주된다는 의미에서 추정적 존재의 이론으로 불린다. 이 경우 모선박에 대해 추적을 개시하려면 정선명령은 직접 모선박에게 발해야 한다. 추정적 존재의 상황은 '단순 추정적 존재'와 '확대 추정적 존재'로 구분되기도 하는데 전자는 선박이 자신의 자선을 이용하는 경우이고, 후자는 다른 선박을 이용하는 경우이다. 그리고 후자의 경우 두 선박의 국적이 다를 수 있다. 추정적 존재의 이론은 UN해양법협약 제111조 제1항과 제4항에 의해 인정되고 있다.

(4) The Arctic Sunrise Arbitration 사건

추적을 개시하기 위해서는 외국선박이 추적 개시시점에 연안국이 보호하고자 하는 관련 수역 내에 있어야 하나, 중재재판소는 'The Arctic Sunrise Arbitration 사건'에서 러시아 측의 최초 정선명령이 Arctic Sunrise호의 자선들이 안전수역을 벗어나고 1분 내지 2분 뒤에 발령된 것으로 추측되었지만 500m 안전수역이라는 것이 너무 작은 수역이라는 사건의 특수성에 비추어 문제삼지 않았다.

4. 추적방법

추적은 정선명령을 내린 후가 아니면 개시될 수 없으며, 정선명령은 보고 들을 수 있는 거리에서 시각신호와 청각신호로 해야 한다. 중재재판소는 'The Arctic Sunrise Arbitration 사건'에서 이제는 연안국들이 단속해야 할 수역이 광대할 뿐만 아니라 더욱 신뢰할 수 있는 발전된 과학기술도 이용가능한 마당에 '무선통신'에 의한 정선명령을 보거나 들을 수 있는 거리로 국한하는 것은 이치에 맞지 않는다고 판시하면서, 어쨌든 본 사건에서 라디오 메시지에 의한 정선명령이 발해졌을 때 추적선과 피추적선 간의 거리가 대략 3마일 이내였기 때문에 남용의 가능성도 없었다고 보았다. 한편, 추적은 중단되어서는 안 되며 계속적인 것이어야 한다. 한 추적선이 추적하다 다른 추적선에 인계할 수 있는가에 대한 명문규정은 없으나, 가능한 것으로 해석된다.

5. 추적권의 종료

추적권은 연안국의 관할수역인 내수, 군도수역, 영해, 배타적 경제수역 또는 대륙붕 상부수역에서 인정된다. 추적권은 공해에서 행사할 수 있으며 피추적선이 피추적국 또는 제3국의 영해 내에 들어가면 추적권을 행사할 수 없다. 그러나 피추적국 또는 제3국의 배타적 경제수역에 들어간 경우 계속 추적권을 행사할 수 있다고 본다.

Ⅲ 추적권 발동 시 무력사용의 적법성

1. 무력사용 가능성

연안국은 추적권을 행사함에 있어서 피추적선에 대해 승선하여 임검하고 나포하는 등의 강제조치를 취할 수 있으며, 추적의 목표 달성을 위해 필요한 합리적 범위 내의 실력행사(necessary and reasonable force)도 가능하다.

2. 한계

용의 선박에 총격을 가하거나 격침시키는 것은 우발적인 경우가 아니라 피추적선이 정선을 거부했다는 이유에서 의도적으로 이루어진 것이라면 추적권의 과잉행사이며 위법하다.

3. 판례

'I'm Alone호 사건'에서 중재재판소는 피추적선을 고의로 격침시킬 권리는 추적권의 내용에 포함되지 않지만 나포 과정에서 우발적으로 침몰시킨 경우에는 불법이라 할 수 없다고 하였다. 1999년 'M/V Saiga호 사건'에서 국제해양법재판소는 추적권 행사 시 가능한 한 무력의 사용이 회피되어야 하며, 무력의 사용을 회피할 수 없다면 그 상황에서 합리적이고 필요한(reasonable and necessary)정도를 초과해서는 안 된다고 하였다.

Ⅳ 추적권의 효과

추적권의 요건을 구비한 적법한 추적권의 행사에 의한 정선명령·나포·인치는 적법한 것으로 인정된다. 그러나 추적권의 행사가 정당화되지 아니하는 상황에서 선박이 영해 밖에서 정지되거나 나포된 경우, 그 선박은 이로 인하여 받는 모든 손실이나 피해를 보상받는다(제111조 제8항).

⚖ 판례 | I'm Alone호 사건[42]

1919년 미국은 금주법을 제정하여 주류의 제조·판매·운송 및 수입을 금지하였다. 동법의 시행으로 밀수가 급증하자 관세법을 통해 연안으로부터 12해리까지의 해역에 출입하는 모든 선박을 임검·수사할 수 있도록 규정하였다. 그러나 미국은 공해상에서의 외국 선박의 수사에 대한 영국의 항의를 받아들여 양자조약을 통해 영국 선박에 대해서는 한 시간 항행거리 내에서만 주류 밀수 단속을 하기로 합의하였다. I'm Alone호는 주류 밀수 선박으로서 미국 통상기선으로부터 6.5해리 밖에서 정박 중 미국 세관선에 발각되어 정선명령을 받았으나 도주하였다. 세관선 Wolcott호는 무선교신을 통해 협조할 것을 요청하였으나 계속 도주하자 도중에 합세한 세관선 Dexter호의 공격을 받고 공해상에서 침몰하였다. 영국은 선박과 선원의 피해배상을 요구함으로써 분쟁이 발생하였고 양자조약에 따라 합동위원회(위원회 보고서가 존중될 것으로 조약에 규정됨)에 부탁하였다. 이 사안에서 추적권의 관습법성 여부 및 추적권 발동의 정당성이 문제되었다. 추적권과 관련하여, 미국은 조약에 기초하여 연안에서 한 시간 항행거리 내의 해역에 위반 선박이 존재하는 때에도 추적권을 행사할 수 있다고 주장하였으나, 위원회는 이 점에 대해 최종적인 합의에 이르지 못하였다. 다만 위원회는 설령 추적권이 인정된다고 하더라도 피의선박의 고의적인 격침은 조약의 어떤 규정에 의해서도 정당화되지 않는다고 판단하였다. 미국의 배상책임의 범위에 관하여는 다음과 같이 판시하였다. 첫째, 동 선박이 조약을 위반하여 주류 밀수에 사용되어 왔다는 사실, 미국인에 의해 실질적으로 소유·관리된 사실, 사건 당시 선박의 운항에서 적재물의 처리까지 미국인이 지휘하였다는 사실을 근거로 선박과 적재물의 손실에 대해서는 배상할 필요가 없다고 하였다. 둘째, 미국의 격침행위는 위법한 행위이므로 미국은 캐나다 정부에게 위법사실을 시인하고 사죄하여야 하며, 캐나다 정부에게 US$25,000의 배상금을 지불하라고 결정하였다.

⚖ 판례 | M/V Saiga호 사건 Ⅱ[43]

세인트빈센트 그레나딘은 M/V Saiga호 사건에 대한 국제해양법법원의 판결에 따라 40만 달러의 은행보증서를 기니의 소송대리인에게 제출하였다. 그러나 기니는 은행보증서의 규정조건들에 이의를 제기하며 변경을 요청하였다. 세인트빈센트 그레나딘은 기니의 변경요청은 불합리하며 받아들일 수 없다고 반박하였다. 또한 세인트빈센트 그레나딘은 기니가 판결의 이행을 미루면서 M/V Saiga호의 선장에 대해 형사소송을 개시하였다고 주장하였다. 즉 Conarkry의 일심법원은 M/V Saiga호의 선장에 대해 경유의 불법수입, 밀수, 사기, 탈세 등의 혐의로 유죄평결을 하고 벌금을 부과하였고, 벌금의 지급을 보장하기 위해 선박과 화물의 몰수를 명령하였다. 이에 선장은 Conarkry의 항소법원에 항소하였고, 동 법원은 하급심의 판결을 확정하였다.

---

42) Canada 대 US, 합동위원회, 1935년.
43) The M/V "Saiga"(No.2), Saint Vincent and the Grenadines v. Guinea, International Tribunal for the Law of the Sea, 1999년.

한편, 기니는 선장의 형사소송과 관련하여 소환일정에 세인드빈센트 그레나딘이 민사적으로 책임이 있는 것으로 기록하였다. 이에 세인트빈센트 그레나딘 정부는 동 사건에 대해 중재법원의 구성을 요청하였으며, 국제해양법법원에게 중재법원이 구성되는 동안의 잠정조치명령을 요청하였다. 그러나 양 당사국은 중재법원 대신에 국제해양법법원에 분쟁의 본안심리를 부탁하는 특별협정을 체결하였다. 따라서 법원은 이를 받아들여 동 사건을 M/V Saiga호(No.2)로 사건목록에 올렸다. 이 사건의 본안판단은 기니의 추적권 행사의 적법성이 쟁점이 되었다. 법원은 기니의 추적권 행사가 관련 국제법 규정을 위반하였다고 판정하였다. 법원은 기니가 배타적 경제수역을 포함하는 관세범주에서 관세법을 적용함으로써 협약을 위반하였으며, 그 결과로 발생한 M/V Saiga호의 체포와 억류, 선장의 기소와 유효평결, 화물의 몰수 그리고 선박의 압류도 역시 협약에 반한다고 판결하였다. 또한 기니가 배타적 경제수역에 대해 관세법을 불법적으로 적용한 것은 필요상황에 의해 정당화될 수 있는 가능성이 있으나, 기니의 행동을 정당화하는 필요상황이 존재하지 않았다고 판시하였다. 또한, 법원은 협약 제111조하의 추적권의 행사에 대한 요건은 추적과정 전체에 걸쳐 판단되어야 하며, 현 사건에서 이들 중 몇 개의 요건은 이행되지 않았다고 판결하였다. 즉, 추적이 중단되었으며, 추적개시 전에 어떠한 시각적·청각적 신호도 없었고, 나아가 M/V Saiga호는 협약상 추적을 허용하는 기니의 국내법 또는 규칙 위반 사실이 없었다고 판시하였다. 결국 법원은 동 사건에서 기니의 추적권 행사는 그 어떤 법적 기초도 없다고 하였다. 나아가 법원은 국제법상 무력의 사용이 허용되지 않으며 무력이 불가피한 경우에도 합리적이고 필요한 범위를 벗어날 수 없다고 언급하면서, 경비선이 M/V Saiga호에 접근하였을 때 선박에 대해 국제법과 관습에서 요구되는 어떠한 신호나 경고도 주지 않고 실탄을 발사한 사실은 변명의 여지가 없다고 판시하였다. 또한 선원으로부터 어떠한 무력 사용이나 위협이 없었음에도 불구하고 선원과 엔진에 무차별 총격을 가하였으며 2명의 선원에게 중상을 가하였으므로, 기니는 과도한 무력을 행사하였다고 판결하였다. 결론적으로 법원은 타국의 국제불법행위에 대해 피해국이 가해국에 대해서 손해배상을 받을 권리가 있다는 것은 확립된 국제법상 원칙이라고 언급하였다. 따라서 세인트빈센트 그레나딘이 관련 또는 이해관계인을 포함하여 M/V Saiga호의 운용으로부터 받은 피해 또는 기타 손실은 물론 그로부터 직접적으로 얻은 피해에 대해 손해배상을 받을 자격이 있으며, 그 피해 또는 기타 손실은 선원의 부상, 불법체포, 억류 또는 기타 학대, 선박의 재산상 피해 또는 압류 그리고 이익의 상실을 포함한 경제적 손실로 구성된다고 판시하였다.

⚖ 판례 | The Artic Sunrise호 중재 사건

2013년 9월 18일 러시아의 북극해 석유 생산에 항의하는 그린피스 소속의 환경보호 운동가들이 네덜란드 국기를 단 쇄빙선 'Arctic Sunrise 호'에서 4척의 고속고무보트를 내려-러시아의 세계최대 가스 생산업체-가즈프롬의 석유시추 플랫폼(유정 굴착 장치)프리라즈롬나야에 올라가 시위를 벌이려 시도하다 러시아 해안경비대의 의해 프리라즈롬나야의 500m 안전수역 밖으로 쫓겨났다. 그리고 러시아는 Arctic Sunrise호의 자선들이 프리라즈롬나야의 500m 안전수역 내에 있었으므로 안전수역 밖 EEZ의 모선에 대한 추적을 단행하였다. 러시아는 Arctic Sunrise호 및 30명의 승선자를 나포하고 국내법에 따라 처벌하였다. Arctic Sunrise호의 기국인 네덜란드 정부는 러시아에 대해 선박과 탑승자들의 즉각적인 석방을 요구하였으나 응하지 않자 중재재판을 청구하였다. 네덜란드 정부는 선박이 나포 당시 러시아 영해 밖에 있었고 유정 굴착 장치 주변의 500m 안전수역 밖에 있었으며 러시아의 EEZ 내에 있긴 하였지만 UN해양법협약에 의해 항행의 자유가 인정되기 때문에 Arctic Sunrise호는 러시아의 주권적 권리와 관할권 밖에 있었다고 주장하였다. 2015년 8월 14일 중재재판소는 만장일치의 결정을 통해 러시아가 UN해양법협약을 위반하여 행동하였으며 피해 선박의 기국인 네덜란드는 Arctic Sunrise호에 가해진 중대한 손해에 대해(이자와 함께) 금전배상을 받을 권리가 있다고 판시하였다. 중재재판소에 의하면 러시아 EEZ 내의 석유시추 플랫폼 프리라즈롬나야는 선박이 아닌 '고정된 플랫폼'이기 때문에 해적행위가 성립하기 위한 '타 선박'의 요건에 해당하지 않는다. 중재재판소에 의하면 국제해양법재판소가 M/V Saiga호 사건(No.2)에서 지적한 바와 같이 UN해양법협약 제111조에 명시된 추적권 행사를 위한 요건은 누적적인 것으로 각 요건이 모두 충족되어야 하는데, 사실 검토 결과 러시아의 추적은 도중에 중단되었기 때문에 추적권 행사를 위한 누적적 요건을 충족시키지 못하였다.

I 서론

2011년 5월 벨리즈에 선적 등록된 북한 선박 M/V Light호가 미사일 부품으로 추정되는 물자를 싣고 미얀마를 향하던 중 미국 측의 압박을 받고 공해를 떠돌다 북한으로 회항하는 사건이 발생하였다. 벨리즈는 미국의 요청을 받아들여 선박의 검색을 허용하였고 이에 급파된 미 해군 구축함이 중국 상하이 남쪽 해상에서 M/V Light호를 따라잡았는데, M/V Light호는 승선 요구를 모두 거부하였다. 미국은 여러 정치적 여파를 우려해 강제승선을 유보한 채 외교적 압박을 가하였고, 이에 M/V Light호가 결국 북한으로 회항하였던 것이다. 사실 WMD 확산 방지 목적이 아니더라도 어업관리, 마약 거래 방지, 밀입국 방지 등 여러 가지 목적하에 해상에서 외국선박 차단은 자주 이루어지기 때문에 강제승선이 시도될 가능성은 늘 존재하고, 이 과정에서 무력사용도 수반될 수 있다. 이러한 무력사용이 허용되는지, 어떠한 기준과 조건하에서 허용되는지가 문제된다.

II 외국선박 차단의 국제법적 근거

1. 차단조치의 의미

차단은 다양하고 복잡한 이해관계가 교차하는 바다에서 금지행위를 한 혐의가 있는 선박에 대한 통제를 가하기 위하여 사용되는 수단으로, 혐의선박에 대한 정선·승선·검색과 그러한 혐의가 입증된 경우의 선원체포·나포·화물압류 등의 다양한 조치를 포함한다. 이러한 조치는 집행관할권의 행사에 포함되는데, 집행관할권을 규율하는 가장 기본적인 원칙은 국가의 집행관할권은 자국의 영토로 제한된다는 것이다. 하지만 예외적으로 국제관습법, 조약, 타국의 동의에 의하여 그 영토 밖에서 행사하는 것이 허용될 수 있다.

2. UN해양법협약상 외국선박에 대한 관할권

(1) 영해

영해는 연안국의 기선 외곽에 최대 12해리까지 설정할 수 있는 연안국의 주권이 미치는 인접해역이지만, 영해에 대한 주권은 UN해양법협약과 그 밖의 국제법 규칙에 따라 행사되어야 하므로 영토와 달리 영해에서는 연안국의 관할권 행사가 상당 부분 제한된다. 우선 연안국은 영해를 단순히 통과 중인 외국선박 내에서 범죄가 발생하였을 때, 범죄의 결과가 연안국에 미치는 경우 등 UN해양법협약 제27조 제1항에 열거된 경우에는 외국선박 내에서 체포, 수사 등 형사관할권을 행사할 수 있다. 연안국의 내수를 떠나 영해를 통과 중인 외국선박에서 범죄가 발생한 경우에는 위와 같은 조건 없이 형사관할권 행사를 위해 어떠한 조치도 취할 수 있다(UN해양법협약 제27조 제2항). 그리고 연안국의 영해를 통과하는 동안이나 통과하기 위하여 외국선박 스스로 부담하거나 초래한 의무 또는 책임이 존재하는 경우와 외국선박이 영해에 정박하고 있거나 내수를 떠나 영해를 통과 중인 경우에는 민사소송절차를 위해 강제집행이나 나포를 할 수 있다(제28조 제2항·제3항).

---

44) 도경옥(2011), 외국선박 차단 시의 무력사용에 대한 국제법적 검토, 국제법학회논총 제56권 제3호.

(2) 접속수역

접속수역에서 연안국은 그 영토나 영해에서의 관세·재정·출입국관리·위생에 관한 법령의 위반 방지 또는 그 영토나 영해에서 발생한 위의 법령의 위반에 대한 처벌을 위하여 필요한 통제를 할 수 있다(제33조 제1항).

(3) 배타적 경제수역

배타적 경제수역에서 연안국은 해저의 상부수역, 해저 및 그 하층토의 생물이나 무생물 자원 등 천연자원의 탐사, 개발, 보존 및 관리를 목적으로 하는 주권적 권리와 해수, 해류 및 해풍을 이용한 에너지 생산과 같은 이 수역의 경제적 개발 및 탐사를 위한 그 밖의 활동에 관한 주권적 권리를 가진다(제56조). 특히 연안국이 생물자원을 탐사, 개발, 보존, 관리하는 주권적 권리를 행사함에 있어서는 승선, 검색, 나포, 사법절차를 포함한 필요한 조치를 취할 수 있다(제73조).

(4) 공해

공해에서 선박은 기국의 배타적 관할권하에 놓인다(제92조 제1항). 이러한 기국주의는 국제법이 연안국에게 관할권을 부여하고 있지 않은 부분과 관련해서는 앞에서 살펴본 연안국 인접 해역에서도 마찬가지로 적용된다. 여기에는 몇 가지 예외가 인정되는데, 가장 먼저 UN해양법협약 제110조의 임검권(right of visit)을 들 수 있다. 단, UN해양법협약은 해적행위(제105조)와 무허가방송(제109조)의 경우에만 승선 및 서류 검사에서 나아가 선박 나포, 선원 체포, 화물 압류 등을 명시적으로 규정하고 있음에 유의해야 한다. 무국적선의 경우 UN해양법협약에서 직접적으로 다루어지지 않아 나포, 체포 등이 가능한지에 대한 논란이 존재하나, 이를 긍정하는 견해가 보다 일반적이며 미국, 영국 등의 판례에서도 이 같이 판시된 바 있다. 이러한 경우 외에 공해에서 외국선박을 차단하기 위해서는 기국의 동의를 요한다. 그런데 국가들은 특정한 목적에 있어서는 이 과정을 보다 용이하게 하기 위한 규정을 포함하는 조약들을 체결해 왔으며, 최근에는 이러한 추세가 더욱 분명하게 나타나고 있다. 이러한 조약들은 '동의에 기초한 차단(consensual interdiction)' 조약으로 지칭되기도 하는데, 다른 국가의 주권을 완전히 존중하면서도 즉각적이고 효과적인 차단을 가능하게 해주는 틀을 제공한다. UN해양법협약 제110조 제1항에도 '간섭행위가 조약에 따라 부여된 권한에 의한 경우'에 임검권의 행사가 정당화됨이 명시되어 있다. 동의에 기초한 차단 조약들은 마약거래 방지 관련 분야에서 다수 체결되어 왔고, WMD 운송 차단과 관련하여서는 미국이 여러 국가들과 양자 간 PSI 승선협정을 체결해 나가고 있는데, 대부분 일정 상황에서의 동의간주 규정을 두고 있다.

Ⅲ 외국선박 차단 시 무력사용의 성격

1. 가이아나 – 수리남 중재판정(2007)

(1) 2000년 6월 수리남 해군의 경비정 두 척이 수리남과 가이아나가 각각 관할권을 주장하고 있는 대륙붕에서 가이아나의 허가하에 탐사시추활동을 수행하던 캐나다 회사의 석유시추선 C.E. Thornton호에 접근하였다. 수리남 측은 C.E. Thornton호에 활동을 즉시 중단하고 수리남의 해역을 떠날 것을 요구하였으나, C.E. Thornton호는 자신들이 수리남의 해역에 있는 것으로 인식하고 있지 않다고 응답하였다. 이에 수리남 측은 다시 철수를 요구하면서 이를 따르지 않을 경우 초래되는 결과는 C.E. Thornton호의 책임이라고 반복적으로 경고하였지만, C.E. Thornton호를 해할 의도는 없다는 점도 함께 언급하였다.

(2) 이 사건에서 가이아나 측은 수리남 측 해군이 무력을 행사할 것이라는 두려움에 선원들이 그 해역에서 철수한 것이라고 주장하였다. C.E. Thornton호 선원들이 수리남 측의 조치에 상당한 위협감을 느꼈다는 것이다. 따라서 수리남이 군사력을 사용함으로써 평화로운 수단에 의해 분쟁을 해결할 UN해양법협약·UN헌장·일반국제법상의 의무를 위반하였다고 주장하였다.

(3) 중재재판소는 다음과 같이 판결하였다. "재판소는 그것이 불가피하고, 합리적이고, 필요한 것이라면 국제법상 무력이 법집행활동에서 사용될 수도 있다는 주장을 인정한다. 그러나 수리남이 취한 조치는 단순한 법집행활동이라기보다는 군사적 행동의 위협에 보다 가까운 것으로 보인다. 따라서 수리남의 조치는 UN해양법협약·UN헌장·일반국제법을 위반한 무력행사의 위협을 구성한다."

(4) 이 판례에서 재판소는 일정한 조건이 충족된다면 외국선박에 대한 법집행활동 시 무력을 사용하는 것이 국제법상 허용될 수 있다는 것을 전제로 하고 있다. 재판소도 인용하고 있듯이 이는 *I'm Alone*호 사건, *Red Crusader*호 사건, *M/V Saiga*호 사건 등을 통해 확인되었으며, 상당수의 학자들도 이를 지지하고 있다. 주목할 점은 재판소가 외국선박 차단과정에서 취해진 조치가 경우에 따라서는 국제법상 금지되는 무력행사의 위협을 구성할 수도 있다고 보았다는 사실이다. 그러나 이런 결론에 도달한 이유를 명확히 제시하지 않음으로써 외국선박 차단 시의 무력사용을 법집행활동의 일환인 무력사용과 국제관계에서의 무력행사로 구별하는 기준에 대한 논란의 여지를 남겨놓았다.

2. 법집행의 일환인 무력사용과 국제관계에서의 무력행사

외국선박 차단 시의 무력사용이 법집행활동의 일환인 무력사용인지 아니면 국제관계에서의 무력행사인지를 구별하는 데 있어서는 특히 조치의 목적과 적용되는 법적 근거가 중요한 기준으로 제시된다. 즉, 해당 조치가 법과 질서를 유지하기 위한 것인가 아니면 외부의 위험으로부터 국가를 방위하기 위한 것인가, 그리고 적용되는 법적 근거가 관할권 행사를 허용하는 국내법인가 아니면 무력행사에 관한 국제법과 교전규칙인가가 외국선박 차단 시 무력사용의 성격을 결정하는 기준이 될 수 있다. 조치의 목적과 적용되는 법적 근거 기준은 *Fisheries Jurisdiction* 사건에서도 채택된 것으로 보인다. ICJ는 "승선, 검색, 체포 및 그러한 목적하에 행해진 최소한의 무력사용은 모두 개념의 '자연스럽고 합리적인' 해석에 따라 보존 및 관리 조치의 집행 개념 범위 내에 포함된다."고 판시한 바 있다. 가이아나 – 수리남 사건의 중재재판소도 이와 유사한 기준에 입각하여 문제된 조치의 성격을 판단하였다고 볼 수 있다. 양국은 해양경계획정을 둘러싸고 오랫동안 분쟁상태에 있었던 만큼 수리남이 취한 조치의 주요 목적은 자국에 대한 위협을 제거하기 위한 것으로 추정이 가능하기 때문이다.

이러한 논의와 관련하여 외국선박 차단의 국제법상 허용 여부가 그러한 조치의 성격 결정에 있어서 어떠한 관련성을 가지는가의 문제도 검토가 필요하다. 이에 대해서는 서로 다른 견해가 대립하고 있는데, 일각에서는 외국선박에 대한 차단이 국제법상 허용된 것이 아니라면 국제법상 무력행사금지 원칙에 위배되는 것이라고 주장하고, 다른 일각에서는 외국선박 차단의 국제법상 허용 여부가 그러한 조치의 성격을 결정하는 것은 아니라고 주장한다. 즉, 외국선박 차단의 국제법적 권한이 존재하지 않거나 불분명한 경우라고 해도 그러한 차단은 법집행활동의 성격을 가질 수 있다는 것이다. 이와 관련하여 *Fisheries Jurisdiction* 사건에서 ICJ는 '그러한 조치의 권한, 그러한 조치에 의해 영향받는 영역, 그러한 조치가 집행되는 방법은 보존 및 관리 조치의 개념에 내재하는 본질적인 속성에 속하지 않으며 … 국제법상 그러한 조치의 적법성을 결정하기 위해 고려되어야 하는 요소이다.'라고 판시한 바 있다. 실제로 국제법적 권한이 존재하지 않거나 불분명한 상황에서 외국선박에 대한 차단이 이루어진 경우 국제법 위반에 따른 국가책임이 성립할 수는 있겠으나, 그러한 차단이 그 자체로 국제법상 금지되는 무력행사에 해당한다고 하기는 어려울 것으로 보인다.

Ⅳ 외국선박에 대한 법집행활동 시 무력사용의 기준

1. 관련 판례

(1) I'm Alone호 사건(1935)

캐나다선적의 영국선박 I'm Alone호가 주류를 미국으로 밀반입하려다가 미국경비정의 사격을 받고 침몰하면서 캐나다와 미국 간에 발생한 분쟁이다. 미국과 영국 간에는 미국연안 인근의 주류 밀반입 혐의가 있는 영국선박을 미국관헌이 단속하는 것을 허용하는 조약이 1924년에 체결되어 있었다. I'm Alone호의 주류 밀수 사실을 포착한 미국연안경비대 소속 경비정 Wolcott호와 세관 경비정 Dexter호는 도주하는 I'm Alone호를 추적하였는데, 몇 차례의 정선명령과 경고사격 후에도 I'm Alone호가 응하지 않자 사격을 가해 침몰시켰다. 중재인들은 미국이 1924년 협약에 따라 혐의선박에 합리적인 무력을 사용할 수 있으며, 침몰이 그 결과로서 우발적으로(incidentally) 발생한 것이라면 무력사용은 정당하다고 전제하였는데, 미국은 혐의선박을 고의적으로 침몰시켰기 때문에 정당화될 수 없다고 결론지었다. 이 판결은 외국선박에 대한 법집행활동 시 무력사용의 적법성 평가 기준으로 필요성과 합리성을 제시하였고 우연적으로 침몰된 것과 고의적으로 침몰시킨 것을 구별하였다는 점에서 의미를 지닌다.

(2) Red Crusader호 사건(1962)

영국 트롤어선 Red Crusader호가 덴마크 페로제도 근처에서 목격되자 덴마크 군함 Niels Ebbesen호가 불빛신호와 사이렌을 통해 정선을 명령하였고, 도주하는 Red Crusader호에 포탄을 발사하여 선박이 손상된 사건이다. 이 사건의 조사를 위해 구성된 사실심사위원회는 경고 없이 발포하였고 필요성에 대한 입증 없이 승선자들의 생명을 위태롭게 하였다는 점에서 적법한 무력사용 범위를 초과하였다고 판단하였다. 또한 정선시키기 위한 다른 수단들이 시도되었어야 했다는 견해를 제시했다. 이 판정은 무력사용 전에 그에 대한 적절한 경고가 있어야 한다는 점을 분명히 한 것에서 그 의의를 찾을 수 있다.

(3) M/V Saiga호 사건(1999)

기니가 세인트빈센트 그레나딘 선적의 M/V Saiga호를 차단하면서 발생한 분쟁이다. M/V Saiga호는 다른 어선들에 대한 급유를 위해 기니의 배타적 경제수역 밖에서 기다리며 항해하던 중 관세법 위반 혐의로 기니 순찰선에 의해 나포되었는데, 이 과정에서 무력이 사용되어 선원 2명이 부상당하고 선박도 상당한 손상을 입었다. 세인트빈센트 그레나딘은 M/V Saiga호가 비무장 연료보급선이었으며, 기니 측이 과도하고 비합리적인 무력을 사용하였다고 주장하였고, 기니는 정선하라는 청각적 및 시각적 신호에도 불구하고 정선을 거부하였기 때문에 발포 외에는 다른 방법이 없었다고 주장하며, 무력사용은 과도하지도 비합리적이지도 않았다고 반박하였다.

국제해양법재판소(ITLOS)는 다음과 같이 전제하였다. "UN해양법협약 제293조에 의해 적용되는 국제법은 무력사용이 가능한 한 회피되어야 하며 회피할 수 없는 경우라도 그 상황에서 합리적이고 필요한 정도를 초과하지 말 것을 요구하고 있다. 해양법에서도 인도주의적 고려가 적용되어야 한다. 해양에서 선박을 정지시키는 통상적인 관행은 먼저 국제적으로 인정되는 신호를 사용하여 청각적 또는 시각적 정지 신호를 보내는 것이다. 이것이 성공하지 않을 경우 선박의 선수에 대한 사격을 비롯한 다양한 조치를 취할 수 있다. 이때에도 선박에 적절한 경고를 해야 하며 인명을 위태롭게 하지 않기 위한 모든 노력을 기울여야 한다."

재판소는 기니 측이 국제법과 관행에 의해 요구되는 신호와 경고 없이 M/V Saiga호 그 자체에 실탄을 발사했으며 승선 이후에도 과도한 무력을 사용하였다고 결론내리고, 기니가 승선 전후에 과도한 무력을 사용하였고 인명을 위태롭게 함으로써 국제법상 세인트빈센트 그레나딘의 권리를 침해하였다고 판정하였다. 이 판결은 외국선박에 대한 법집행활동 시의 무력사용에 관한 기본 원칙이 국제관습법상 확립된 것임을 재판소가 명시적으로 확인하였다는 점에서 중요한 의미를 지닌다. 재판소는 당시 미발효 상태였던 UN공해어업협정 제22조 제1항 제(바)호를 인용하기도 하였는데, 제(바)호에는 '검색관이 자신의 안전을 보장하기 위하여 필요한 경우와 그 임무수행에 방해를 받는 경우를 제외하고는 무력사용을 회피해야 하며 사용되는 무력의 정도는 그 상황에서 합리적으로 요구되는 정도를 넘지 않아야 한다.'라고 규정되어 있다. 이는 재판소가 무력사용의 적법성 평가 기준인 필요성과 합리성 기준이 승선 이전뿐만 아니라 승선 이후에도 동일하게 적용되는 것으로 보고 있음을 알 수 있다.

2. 관련 조약 규정

(1) 다자조약

UN해양법협약 이후에 체결된 다자조약 형태의 동의에 기초한 차단 조약들에서는 외국선박에 대한 법집행활동 시 무력사용에 관한 명문 규정을 두는 추세이다. 대표적으로 '항해의 안전에 대한 불법행위 억제를 위한 협약의 2005년 의정서' 제8조의2 제9항은 UN공해어업협정 제22조 제1항 제(바)호와 유사하게 허가된 조치 수행 시 승선한 공무원들과 사람들의 안전을 보장하기 위해 필요한 경우 또는 공무원들이 허가된 조치의 실행에 방해를 받는 경우를 제외하고는 무력사용을 회피해야 하며 이 조에 따른 모든 무력사용은 그 상황에서 필요하고 합리적인 최소한의 정도를 초과해서는 안 된다고 규정하고 있다.

(2) 양자조약

양자 간 PSI 승선협정의 경우에도 협정에 따라 보다 다양한 형태의 무력사용 관련 규정이 채택되고 있다. 특히 대부분의 양자 간 PSI 승선협정들은 승선·검색·억류에 대한 허가에는 일정한 조건에 따라 무력을 사용할 권한이 포함된다는 점을 명시적으로 규정하고 있다. 단, 경비정 및 공무원들의 안전을 보장하기 위하여 필요한 경우와 임무수행을 방해받는 경우를 제외하고는 무력사용을 회피해야 하며 그 상황에서 합리적으로 필요한 무력만이 사용될 수 있다고 규정되어 있다. 여기에는 외국선박에 대한 법집행활동 과정에서 무력사용이 수반될 수 있다는 점을 분명히 하고자 하면서도 다른 한편으로는 그것이 남용될 것을 우려하는 국가들의 인식이 반영되어 있는 것이다.

3. 검토

외국선박에 대한 법집행활동 시 무력사용은 가능한 한 회피되어야 하며 회피 불가능한 경우에도 그 사용은 그 상황에서 필요하고 합리적인 최소한의 정도로 제한되어야 한다는 원칙은, 판례를 통해서 확인되기도 하였지만 동의에 기초한 차단 조약들의 무력사용 관련 조항에서도 공통적으로 규정되고 있다. 이에 따라 다음의 원칙들은 국제관습법의 지위를 획득한 것으로 보인다. 첫째, 무력사용은 가능한 한 회피되어야 하며 회피 불가능한 경우에도 그 사용은 그 상황에서 필요하고 합리적인 최소한의 피해정도로 제한되어야 한다는 원칙이다. 이러한 필요성 및 합리성 원칙의 적용에 있어서는 대상 선박의 범죄혐의의 성격이 중요한 변수로 작용할 수 있다. 즉, 동일한 수준의 무력이 사용되었다고 하더라도 그것이 어업관리, 환경보호 목적의 차단인 경우에는 불필요하거나 비합리적인 것으로 간주될 수 있으나 마약거래방지, WMD 확산방지 목적의 차단에서는 반드시 그렇지 않을 수도 있는 것이다. 둘째, 모든 무력사용은 무력사용 자체에 대한 경고 후 이루어져야 한다는 원칙이다. 셋째, 법집행 또는 기타 공무원들은 고유한 자위권을 행사할 권한이 있다는 원칙이다. 이외에도 무력사용 후 기국에 대한 즉각적인 보고 의무는 국제관습법으로의 발전가능성을 염두에 두고 좀 더 지켜볼 필요가 있다.

> **☰ 조문 | UN해양법협약 제121조 – 섬**
>
> 1. 섬이라 함은 바닷물로 둘러싸여 있으며, 밀물일 때에도 수면 위에 있는, 자연적으로 형성된 육지지역을 말한다.
> 2. 제3항에 규정된 경우를 제외하고는 섬의 영해, 접속수역, 배타적 경제수역 및 대륙붕은 다른 영토에 적용 가능한 이 협약의 규정에 따라 결정한다.
> 3. 인간이 거주할 수 없거나 독자적인 경제활동을 유지할 수 없는 암석은 배타적 경제수역이나 대륙붕을 가지지 아니한다.

I 의의

1. 개념

UN해양법협약 제121조 제1항에 의하면 섬이라 함은 바닷물로 둘러싸여 있으며, 밀물일 때에도 수면 위에 있는, 자연적으로 형성된 육지지역을 말한다.

2. 요건

위 개념에 따르면 섬의 요건은 세 가지이다. 첫째, 자연적으로 형성된 육지이어야 한다. 둘째, 바닷물로 둘러싸여 있어야 한다. 셋째, 만조 시에도 수면위에 있어야 한다.

3. 구별개념

섬은 자연적으로 형성되지 않은 인공섬과 구별되고, 간조 시에만 드러나는 간조노출지(low-tide elevation)는 항상 수면 위에 있는 구조물이 그 위에 설치되어 있는 경우에도 섬이 아니다.

II 섬의 해양수역

1. UN해양법협약의 규정

UN해양법협약 제121조 제2항에 의하면, '제121조 제3항에 규정된 경우'를 제외하고, 섬의 영해, 접속수역, 배타적 경제수역 및 대륙붕은 다른 영토에 적용 가능한 이 협약의 규정에 따라 결정한다. 제121조 제3항은 '인간이 거주할 수 없거나 독자적인 경제활동을 지탱할 수 없는 바위섬(rock)은 배타적 경제수역이나 대륙붕을 가지지 아니한다.'라고 규정한다.

2. 영해

과거 섬은 육지 영토와 동일하게 취급되어 자체 영해가 인정되지 않았으나, 1805년 Anna 사건에서 최초로 섬의 자체 영해가 인정되었다. 1958년 영해 및 접속수역에 관한 협약(영해협약) 제10조 제2항에서 최초로 섬의 영해가 성문화되었으며, 1982년 UN해양법협약(해양법협약) 제121조 제2항에서도 섬의 영해를 인정하고 있다.[45]

---

45) 박찬호, "섬의 국제법상 지위-바위섬의 해양관할권을 중심으로", 《국제법학회논총》, 제47권 제2호, 26면.

제5편

3. 접속수역

접속수역은 영해에 접속한 수역으로, 연안국이 영토나 영해 내에서 관세, 조세, 출입국관리, 보건관계법령의 위반을 방지하거나 처벌하기 위해 통제권을 행사하는 수역이다. 1958년 영해협약 제24조에서 섬의 접속수역을 명시적으로 규정하지 않았으나, 접속수역도 설정할 수 있다는 것이 보편적으로 수락되고 있었다.[46] 해양법 협약은 명문 규정을 두고 있다.

4. 대륙붕

1958년 대륙붕에 관한 협약 제1조는 대륙붕을 '연안에 인접하되 영해 밖에 있는 해저지역의 해상과 그 지하로서 수심 200미터까지의 것, 또는 이 한도를 넘더라도 상부수역의 수심이 해저천연자원의 개발을 허용하는 곳까지'로 정의하면서 '도서의 연안에 인접한 이와 유사한 해저지역의 해상과 그 지하'도 대륙붕이라고 하여, 섬에 대해서도 대륙붕을 인정하였다. 1958년 협약에 의하면 섬은 크기, 인간의 거주 여부, 자체의 경제적인 생활을 유지할 능력 등의 기준과 관계없이 대륙붕을 가지는 것으로 인정되었다. 그러나, 해양법협약 제121조 제3항에 해당하는 바위섬에 대해서는 대륙붕을 인정하지 않고 있다.

5. 배타적 경제수역

대륙붕과 마찬가지로 인간의 거주나 자체 경제활동을 지탱할 수 없는 바위섬을 제외한 섬에 대해서만 배타적 경제수역을 설정하는 것이 허용된다(제121조 제2항).

Ⅲ 바위섬[47]

1. 법적 쟁점

UN해양법협약은 '바위섬(rock)'에 대한 정의규정 없이 '인간의 거주 또는 독자적인 경제활동을 지탱할 수 없는 바위섬은 배타적 경제수역 또는 대륙붕을 가질 수 없다'고 규정하여 일반적인 섬(island)과 바위섬(rock)의 구분에 있어서 논란이 되고 있다. 또한 (1) 인간의 거주와 (2) 독자적인 경제활동 모두를 충족해야 배타적 경제수역과 대륙붕을 가질 수 있는지, 아니면 둘 중 하나만 충족해도 되는지에 대해서도 다툼이 있다.

2. 인간의 거주 가능성

(1) 인간

동 조항의 해석과 관련하여 '인간'의 범주에는 군인이나 과학조사를 목적으로 상주하는 과학자는 제외되는 것으로 본다. 섬 주위에 관할권을 인정하는 이유가 섬에 거주하는 원주민으로 하여금 이 수역을 개발하고 보전하는 것이라는 것을 고려할 때 민간인의 거주를 전제하고 있다고 볼 수 있기 때문이다.

(2) 거주의 '지탱 가능성'

인간의 거주를 지탱할 수 있기 위해서는 대체로 식수와 경작 가능한 토양이 존재해야 한다. 그리고 인간의 거주는 일시적인 것이 아닌 일정기간 지속적으로 거주가 가능해야 할 것이다.

---

46) 박찬호, 전게논문, 27면.
47) 박찬호, 전게논문, 28-32면.

(3) 인간의 '거주'

'인간의 거주를 지탱할 수 없는' 것이란 현재 인간이 거주하지 않는(uninhabited) 것을 의미하는 것이 아니라, 인간이 거주할 수 없는(uninhabitable) 경우를 의미하는 것으로 본다. 따라서 현재는 인간이 거주하지 않는 바위섬이라 할지라도 인간이 거주할 수 있는 경우에는 배타적 경제수역이나 대륙붕을 설정할 수 있다고 할 것이다.

3. 독자적인 경제활동(economic life of their own)

UN해양법협약에는 독자적인 경제활동의 기준에 대해 명시적 규정이 없으므로 어느 정도 섬 자체의 자원에 의한 생활을 '독자적인' 경제생활이라고 할 것인가에 대해 논란이 있다. 독자적인 경제활동의 개념이 외부의 도움을 받고 있는 섬을 전적으로 배제하는 것은 아니다. 그러나 '독자적'이란 기본적으로 다른 영토로부터의 자원에 '전적으로 의존'하여 경제생활을 하는 경우에는 배제하는 것으로 해석해야 할 것이다. 그리고 국가가 바위섬의 크기를 인공적으로 확장하여 인간의 거주가 가능하도록 하고 경제적으로 가치있게 하더라도 배타적 경제수역이나 대륙붕을 갖는 섬으로 되지 않는다고 할 것이다(Bowett).

4. 인간의 거주가능성과 독자적인 경제활동의 관계

한편, 바위섬이 아닌 섬에 해당하기 위해서는 인간의 거주가능성과 '동시에' 독자적인 경제활동 가능성을 요하는가에 대해 다툼이 있다. 제121조 제3항에 규정된 바와 같이 바위섬에 대해 관할수역을 제한하는 이유가 사람이 살지 않거나 연안으로부터 멀리 떨어져 있는 작은 섬에 대해 광대한 수역을 인정함으로써 인류 공동수역이 실제로 제한받는 것을 막는 것이라고 한다면 두 가지 요건을 충족시키는 경우에 배타적 경제수역이나 대륙붕을 설정할 수 있다고 엄격하게 해석하는 것이 타당할 것이다.

5. 남중국해 중재판정 재판부(South China Sea Arbitration, 2016) 입장

중재재판부는 해양법 협약상 배타적 경제수역과 대륙붕을 가질 수 있는 통상적인 섬과 이를 가질 수 없는 제121조 제3항 암석의 구별기준을 제시하였다. 첫째, 인간의 거주와 독자적 경제활동 중 하나의 요건만 만족시키면 EEZ와 대륙붕을 가질 수 있다. 둘째, 객관적으로 인간의 거주와 독자적 경제활동이 가능한가를 기준으로 판단하며 실제의 거주나 경제활동의 진행이 요구되지는 않는다. 셋째, '유지한다'는 적절한 수준에 맞게 지속적으로 사람이 살 수 있게 해 주어야 함을 뜻한다. 넷째, 인간의 거주에 해당하려면 섬이 일단의 인간에게 식량, 음수, 거처를 제공해주고, 오랜 기간 동안 계속적으로 거주할 수 있는 여건을 제공해주어야 한다. 다섯째, 독자의 경제생활에 해당하려면 주로 외부 지원에 의존하지 않으면서 섬 자체가 독자적인 경제생활을 지탱해 줄 수 있어야 한다.

6. 국가들의 실행[48]

(1) 조어군도(센카쿠열도)

일본이 실효적으로 점유하고 있으나, 중국이 영토권을 주장하여 양국 간 분쟁이 존재한다. 조어군도를 둘러싼 중일분쟁은 1969년 조어군도 부근의 대륙붕에 석유가 대량으로 매장되어 있을 가능성이 있다는 UN 보고서가 발표된 이후 본격화되었다. 조어군도의 법률적 지위에 대해 중국은 조어군도는 면적이 작고, 인간이 거주할 수 없으며, 독자적인 경제생활을 영위할 수 없기 때문에 EEZ나 대륙붕을 가지지 못한다고 하는 반면, 일본은 EEZ와 대륙붕을 인정하고 있다.

---

48) 박찬호, 전게논문, 33-37면.

(2) 남사군도

중국, 대만, 베트남, 말레이시아, 필리핀, 브루나이 등 6개국이 남사군도에 대해 영유권을 주장하고 있다. 남사군도 대부분의 섬은 면적이 작아서 항구적인 거주민이 없고, 중국을 비롯하여 영유권을 주장하는 국가들이 주둔시킨 1600여명의 군인이 있을 뿐이다. 남사군도는 항구적이고 독자적인 거주를 가능하게 하기에는 적합하지 않으며, 많은 학자들은 남사군도는 제121조 제3항상의 바위섬에 해당한다고 본다.

(3) 오키노토리시마(沖ノ鳥島)

일본이 영유권을 행사하고 있는 작은 바위섬이다. 오키노토리시마는 한 때 면적이 수 평방 마일이었으나 급격한 침식작용으로 수면위에서 사라질 위기에 처하자, 일본정부는 섬 주위에 9000여개의 철강구조물과 콘크리트로 인공구조물을 설치하는 공사를 하였다. 그러나 오키노토리시마는 인간이 거주할 수 있거나 독자적인 경제활동을 영위할 수 있는 섬이 아니기 때문에 EEZ나 대륙붕은 인정되지 않을 것이다. 그러나 이 섬은 원래 자연적으로 형성된 섬에 인공구조물을 첨가한 것이므로 영해는 인정된다고 할 것이다.

Ⅳ 해양경계획정과 섬

1. 법적 쟁점

해양경계획정에 있어서 섬과 관련한 쟁점은 (1) 특정섬에 배타적 경제수역이나 대륙붕이 인정되는가의 문제와 (2) 경계획정 시 섬의 효과를 어느 정도 인정할 것인가의 문제이다. 두 번째 문제를 중심으로 검토한다.

2. UN해양법협약

UN해양법협약 제74조 및 제83조는 EEZ의 경계획정과 대륙붕의 경계획정에 관해 규정하고 있다. 동 조항들에서는 경계획정에 있어서 '형평한 해결'에 이르기 위하여 ICJ규정 제38조에 언급된 국제법을 기초로 하는 합의에 의하도록 규정하고 있으나, 구체적인 기준을 제시하고 있지는 않다.

3. 국제관행

국가 간 해양경계획정에서 논란의 대상이 되는 섬들은 그 면적, 위치, 인구, 경제적 중요성들을 고려하여 완전효과(full effect), 부분효과(half effect), 무효과(zero effect)를 부여하고 있다. 즉, 섬 자체가 해당국가의 본토를 구성하거나, 부속도서이더라도 본토 못지 않게 큰 경우는 완전효과를 부여하나, 섬이 타국의 영토에 근접하거나, 규모가 작은 경우 부분효과만 인정하거나 효과를 인정하지 않는다. 섬에 부분적인 효과를 부여하는 것은 경계선을 이동시키거나 경계선의 각도를 조정하는 방법 등에 의해 이루어진다.[49]

---

49) 이석용, 〈국제사법재판소의 도서영유권 및 해양경계획정 관련 분쟁해결〉 – 《국제법학회논총》, 제51권 제1호(2006년), 139면.

V 독도

독도의 해양수역과 관련하여 제기되는 쟁점은 **1.** 독도가 섬인가?, **2.** 독도의 해양수역, **3.** 독도의 경계획정시의 효과 등이다. 이에 대해 검토한다.

1. 독도는 섬인가?

앞에 검토한 바와 같이 섬의 요건은 (1) 자연적으로 형성된 육지이어야 하고, (2) 바닷물로 둘러싸여 있어야 하며, (3) 만조 시에도 수면위에 있어야 한다. 독도는 섬의 요건을 충족하므로 제121조 제1항상의 법률상 섬에 해당한다.

2. 독도의 해양수역

제121조 제3항상의 요건에 비추어 볼 때 독도는 EEZ나 대륙붕을 갖는 섬(island)에 해당한다.[50] 즉, 독도는 인간의 거주가능성이 있고 또한 독자적 경제생활을 지탱할 수 있다.

3. 독도의 해양경계획정 시의 효과

독도를 기점으로 해양경계획정을 함에 있어서 독도에 완전한 효과를 부여할 것인가의 문제는 '형평의 원칙'에 입각해 볼 때 그리 바람직하지는 않다. 독도가 일본과 인접해 있어서 부분효과를 인정하는 것이 타당하다.

제15절 심해저

I 의의

1. 개념

심해저(area)란 연안국 주권하에 있는 대륙붕의 한계 외측에 위치하는 공해의 해저와 해양저(ocean floor) 및 그 하층토를 말한다(제1조 제1항).

2. 법적 지위

심해저와 그 자원은 '인류의 공동유산'(common heritage of mankind)이다(제136조). 심해저의 자원에 대한 모든 권리는 인류 전체에게 부여된 것이며, 국제해저기구는 인류전체를 위하여 행동한다. 국가, 자연인 및 법인은 협약 제11부에 의하지 아니하고는 심해저로부터 채취된 광물에 대해 권리를 주장, 취득 또는 행사할 수 없다(제137조).

---

50) 김찬규, 〈독도에 관한 국제법적 제문제〉 - 《국제법평론》, 1996년.

3. 범위

심해저의 범위는 연안국 주권하에 있는 대륙붕의 한계 외측에 있는 해저지역이다. 1982년 해양법협약에 의하면, 대륙붕의 자연연장이 영해측정기선으로부터 200해리 미만인 경우는 200해리까지, 200해리를 넘어 연장되는 경우 최대 350해리까지 대륙붕이 인정된다. 따라서 지질학적 심해저와 법률적 심해저가 항상 일치하는 것은 아니다.

4. 연혁

1967년 UN총회에서 말타 대표 Pardo에 의해 심해저에 대한 국제제도 수립이 제안되었다. 이에 따라 1968년 심해저평화적이용위원회가 설치되었고, 1970년 심해저원칙선언이 채택되었다. 1982년 UN해양법협약 제11부에서 심해저에 대한 국제제도를 성문화했다. 1994년 7월에 1982년 12월 10일자 UN해양법협약 제11부의 이행에 관한 협정(이행협정)이 체결되어 인류공동유산 원칙을 수용하면서도 상업 원칙에 입각하여 개발제도를 대폭 수정하였다.

Ⅱ 심해저활동의 준칙 및 목적

1. 심해저에 관한 국가행위의 준칙

(1) UN헌장 및 국제법원칙의 준수

심해저에 관한 국가의 일반적 행위는 UN해양법협약의 심해저 조항 및 UN헌장에 구체화된 원칙과 평화 · 안전의 유지와 국제협력 및 상호이해 증진을 위한 기타 국제법 원칙에 따라야 한다(제138조).

(2) 인류의 이익

심해저에서의 제활동은 국가의 지리적 위치와 연안국 · 비연안국을 불문하고 전인류의 이익을 위해 수행되어야 하며, 특히 개도국의 인민의 이익과 필요를 고려해야 한다(제140조 제1항). 국제해저기구는 심해저활동으로부터 발생하는 이익에 대한 형평한 배분방법을 마련해야 한다(제140조 제2항).

(3) 평화적 이용

심해저는 모든 국가에 차별 없이 평화적 목적을 위해서만 사용되도록 개방된다(제141조).

(4) 연안국 이익의 고려

심해저에서 활동함에 있어서 연안국의 합법적 이익을 고려해야 하며(제142조 제1항), 연안국 관할권하에 있는 자원을 개발할 때는 사전동의를 얻어야 한다(제142조 제2항).

2. 심해저활동의 정책

심해저활동은 세계경제의 건전한 발전과 국제무역의 균형된 성장을 증진하는 방법으로 수행되어야 하며, 특히 개도국을 포함한 모든 국가의 발전을 위한 국제협력을 증진하는 방법으로 수행되어야 한다(제150조).

3. 심해저활동의 목적

심해저활동의 구체적 목적은 (1) 심해저자원의 질서 있고 안전한 개발과 합리적 관리 및 건전한 보존책과 불필요한 낭비의 제거, (2) 개발도상국의 심해저활동에의 참여기회 확대, (3) 심해저 생산 광물의 공급증대 등이다.

Ⅲ 심해저의 개발

1. 개발제도

국제해저기구가 인류전체를 대리하여 심해저에서의 제활동을 조직·수행·통제한다(제153조 제1항). 해저기구는 심해저활동에 있어서 차별해서는 안 되나(제152조 제1항), 개도국이나 지리적 불리국에 대한 협약상 규정에 따른 특별한 고려는 인정된다(제152조 제2항).

2. 개발주체

개발주체에 대해 개도국들은 심해저기업의 단독개발체제를 주장하였으나, 선진국들은 심해저기업 외에 협약당사국 및 그 국민도 개발에 참여하는 '병행개발체제'(Parallel System)를 주장하였다. 협약은 선진국의 자본과 기술이 개발이 필요하다는 현실적 고려에서 병행개발체제를 채택하였다. 따라서 심해저기업 외에 해저기구와의 제휴하에 협약당사국, 국가기업, 당사국이 보증하는 당사국 국적의 자연인이나 법인도 개발주체로 참여할 수 있다(제153조).

3. 탐사 및 개발절차

탐사 및 개발은 (1) 사업계획서의 제출 및 승인, (2) 광구의 지정과 유보, (3) 생산허가의 절차를 통해 진행된다. 광구의 지정에 있어서 신청자는 2개의 광구를 지정해야 하며, 그 중 하나는 유보광구로 지정되어 해저기구가 심해저기업을 통하여 또는 개도국과 협력하여 개발한다.

4. 개발제도의 검토

해저기구는 협약발효 후 매 5년마다 심해저개발제도의 실제운영방법에 대해 전반적이고 체계적인 검토를 행하고, 그 결과 운영개선을 위한 조치를 채택하거나 관계기구에 채택을 권고할 수 있다(제154조).

Ⅳ 심해저기구(International Sea-Bed Authority)

1. 의의

심해저기구는 UN해양법협약 당사국들이 심해저활동을 조직하고 통제하기 위해 수립한 기구이다.

2. 설립

모든 협약당사국은 당연히 국제해저기구의 회원국이 된다(제156조 제2항). 해저기구는 Jamaica에 위치하며(제156조 제3항), 기능수행을 위해 필요한 경우 지역사무소를 둘 수 있다(제156조 제4항).

3. 법적 지위

해저기구는 국제법인격을 가지며(제176조), 그의 기능을 수행함에 있어 협약당사국의 영역에서 특권과 면제를 향유한다(제177조).

4. 기관

해저기구는 주요기관으로 총회, 이사회, 사무국을 두며(제158조), 심해저개발활동을 직접 수행할 심해저기업을 설치하고, 필요에 따라 보조기관을 둘 수 있다.

Ⅴ 심해저기업(Enterprise)

1. 법적 지위

심해저기업은 협약에 의거하여 심해저활동과 개발한 광물의 수송, 가공 및 판매를 직접 수행하는 해저기구의 산하기관이다(제170조 제1항). 심해저기업은 국제법적 인격을 가지며, 협약, 해저기구의 규정 및 절차, 총회의 일반정책에 의거하여 행동해야 하며, 해저기구 이사회의 지시와 통제를 받는다(제170조 제2항).

2. 개발활동

심해저기업은 초기개발사업을 합작투자를 통해 시작한다(이행협정부속서 제2절 제2항). 심해저기업의 독자적 활동개시는 이사회의 지침에 의하되, 이사회는 심해저기업이 건전한 상업 원칙에 입각하여 합작사업을 수행하고 있다고 평가될 때 독자적 개발활동을 승인한다.

3. 기관

심해저기업은 집행위원회와 사무국장 및 필요한 직원을 둔다.

Ⅵ 분쟁해결

1. 전담재판부의 설치

심해저와 관련된 모든 법적 분쟁이 UN헌장 규정에 의한 임의적 해결방법에 의해 해결되지 않는 경우 이를 전담하여 해결하기 위해 국제해양법원에 심해저분쟁재판부(Sea-Bed Disputes Chamber)를 설치한다(제186조).

2. 관할권

심해저분쟁재판부는 협약 및 부속서의 해석·적용에 관한 당사국 간 분쟁, 해저기구와 당사국 간 분쟁, 계약 당사자 간의 분쟁에 관해 관할권을 가지나(제187조), 해저기구의 재량사항에 관해서는 관할권을 갖지 않는다(제189조). 심해저분쟁재판부는 총회와 이사회의 법적 문제에 관해 권고적 의견을 부여할 수 있다(제191조).

Ⅶ 심해저제도의 한계

첫째, UN해양법협약은 심해저개발 이익을 분배하기 위한 기준을 구체화하지 못하였다. 협약은 총회가 개도국 등의 필요를 고려하여 이사회 권고에 기초하여 개발 이익의 형평한 배분에 관한 규칙과 절차를 검토·승인하도록 하고 있다(제160조). 둘째, 인류의 공동유산에 관한 규정은 강행규범(*jus cogens*)에 속한다는 조항을 삽입하자는 제안이 거부되어, 심해저개발체제를 훼손하는 추후 국제협정이 체결되더라도 위법이거나 무효가 된다고 볼 수는 없다. 셋째, 많은 선진국들은 심해저개발체제에 대한 불만을 이유로 UN해양법협약이 채택되기 전에 심해저의 일방적 개발을 결정하였다. 선진국들은 인류의 공동유산 관념을 수락하기를 거절하고 있다.

I 서론

다른 국제분쟁과 마찬가지로 해양분쟁, 즉 UN해양법협약의 해석 및 적용에 관한 분쟁 역시 평화적으로 해결되어야 한다. 협약 제279조는 협약의 해석이나 적용에 관한 협약당사국 간 모든 분쟁은 UN헌장 제2조 제3항에 따라 평화적 수단에 의해 해결하여야 하고, 이를 위하여 헌장 제33조 제1항에 나타난 수단들에 의한 해결을 추구할 것을 규정하고 있다. 그러나 일반국제법상 분쟁해결제도는 강제절차의 적용이 확립되어 있지 않기 때문에 법적 제도로서는 매우 불완전하고, 해양법상의 분쟁은 전문적·기술적 성격을 띠고 있고 국가들 간 이해관계가 첨예하게 대립되는 측면이 있기 때문에 1982년 UN해양법협약은 자유로운 분쟁해결절차를 원칙으로 하면서도 강제절차의 선택제도를 도입하여 제도적 성격을 강화하고 있다. 1982년 UN해양법협약 제15부를 중심으로 해양분쟁해결제도를 검토한다.

II 분쟁해결의 기본구조

1. 분쟁해결의 일반 원칙

UN해양법협약 제15부에 규정된 분쟁해결의 제1원칙은 제279조상의 분쟁의 평화적 해결 원칙이다. 제2원칙은 각 협약당사국은 협약의 해석 및 적용에 관한 분쟁을 자신들이 선택하는 평화적 수단에 의해 해결하기로 언제든지 합의할 수 있다는 것이다(제280조). 따라서 협약상의 분쟁해결제도는 달리 합의가 존재하지 않고, 또한 합의로서 협약상 절차를 배제하지 않는 경우에만 적용되는 것이다.

2. 조정절차와 강제절차

UN해양법협약상 분쟁해결제도는 조정절차와 강제절차로 구분된다. 조정절차는 부속서V에서 상세하게 규정하고 있다. 강제절차는 4가지가 예정되어 있는바, (1) 국제해양법법원, (2) 국제사법법원, (3) 중재법원, (4) 특별중재법원이 있다. 당사국의 하나 이상의 선택·선언이 없으면 중재법원을 선택한 것으로 간주되며, 분쟁당사자 간 공통된 강제절차에 의해 분쟁을 해결하는 것이 원칙이다.

3. 강제절차의 선택

제287조에 의하면 당사자들은 협약을 서명·비준·가입할 때 해양법협약의 해석이나 적용에 관한 분쟁을 해결하기 위해 4가지 강제절차 중에서 하나 이상을 선택·선언할 수 있다. 이 선택은 서면으로 해야 한다. 선언을 철회할 수 있으나, 철회통고를 UN사무총장에게 기탁시킨 지 3개월이 경과하기까지는 선언의 효력이 지속된다. 그리고 선언이 철회되거나 기간이 만료된 경우에도 이미 진행되는 법원절차에는 영향이 없다(제287조 제7항).

4. 강제절차의 적용의 제한 및 배제

구속력 있는 결정을 수반하는 강제절차는 두 가지 경우 적용되지 아니한다.

(1) 강제절차 적용의 제한 – 제297조 제2항~제3항

협약상 열거된 특정분쟁의 경우에는 연안국은 강제절차를 수락할 의무를 부담하지 않는다. 대신 이들 분쟁에 대해서는 제5부속서 제2절에 규정된 강제조정(compulsory conciliation)절차가 적용된다. 그러한 분쟁은 다음과 같다.

① EEZ와 대륙붕에서 해양과학조사에 관련한 연안국의 권리나 재량권 행사

② EEZ와 대륙붕에서의 해양과학조사의 정지나 중지를 명령하는 연안국의 결정

③ EEZ의 생물자원에 대한 연안국의 주권적 권리 및 행사에 관련한 분쟁. 예컨대, 허용어획량, 자국의 어획능력, 다른 국가에 대한 잉여량 할당 및 자국의 보존관리법에서 정하는 조건을 결정할 재량권 등

(2) 강제절차의 선택적 배제(optional exception) – 제298조

① **의의:** 국가는 ㉠ 해양경계획정과 역사적 만 또는 권원, ㉡ 군사활동, ㉢ 해양과학조사 및 어업에 대한 연안국의 법집행활동, ㉣ UN안전보장이사회에서 다루고 있는 분쟁 등 네 가지 사항의 어느 하나 이상에 관하여 UN해양법협약의 서명 · 비준 · 가입 시에 또는 그 이후 어느 때라도 구속력 있는 강제절차들 중 어느 하나 이상을 수락하지 아니한다는 것을 서면으로 선언할 수 있다. 이를 선택적 배제라 한다.

② **효력:** 선택적 배제가 있는 경우, 관련분쟁은 구속력 있는 강제절차로부터 배제된다. 단, '해양경계획정과 역사적 만 · 권원'에 대한 분쟁은 이 경우 의무적 조정절차가 적용되나, 육지나 섬에 대한 주권이나 기타 권리에 관한 미해결분쟁이 반드시 함께 검토되어야 하는 '혼합분쟁'(mixed disputes)은 의무적 조정절차로부터도 면제된다. 선택적 배제선언은 다른 당사국도 원용할 수 있으므로 상호적이다.

③ **철회:** 선택적 배제를 선언한 당사국은 언제든지 철회할 수 있으며, 선택적 배제 선언에 의해 배제된 분쟁이 발생한 경우 이를 협약에 명시된 절차에 회부하는 데 동의할 수도 있다(제298조 제2항). 새로운 선언이나 그 철회는 이미 계류 중인 소송절차에는 영향을 미치지 않는다(제298조 제5항). 선언이나 철회는 UN사무총장에게 기탁해야 한다(제298조 제6항).

④ **우리나라의 선택적 배제 선언:** 대한민국은 2006년 4월 18일 UN해양법협약 제298조에 따른 선택적 배제선언을 하였다. 선언의 내용은 다음과 같다. 첫째, 대한민국은 협약 제298조 제1항에 따라 협약 제298조 제1항 제(a), (b)호 및 (c)호에 언급된 모든 범주의 분쟁에 관하여 협약 제15부 제2절에 규정된 모든 절차를 수락하지 아니함을 선언한다. 둘째, 현재의 선언은 즉시 유효하다. 셋째, 현재 선언의 어느 부분도 대한민국이 다른 당사국 간 분쟁에 대한 결정에 의하여 영향을 받을 수 있는 법률적 성질의 이해관계를 가진다고 여기는 경우, 대한민국이 동 협약 제287조에 언급된 재판소에 소송 참가 허가를 요청할 권리에 영향을 미치지 아니한다.

Ⅲ 조정

1. 조정의 개념

일반적으로 조정(conciliation)이란 독립적 지위에 있는 제3자가 분쟁을 심사하고 해결조건을 작성하여 분쟁 당사국에 권고함으로써 분쟁을 해결하려는 제도를 말한다.

2. 절차의 개시

조정은 분쟁 당사자가 합의함으로써 절차가 개시된다(제284조). 즉, 조정은 임의조정이 원칙이다. 단, 구속력 있는 강제절차의 적용이 제한되는 사안에 대해서는 강제조정이 예정되어 있다. 강제조정의 경우는 일방당사자의 신청에 의해 조정절차가 개시된다. 조정은 제5부속서에서 상세하게 규정하고 있다.

3. 조정위원회의 구성

모든 협약당사국은 각 4명씩의 조정위원을 지명하여 UN사무총장이 유지하는 조정위원명부에 등재하도록 한다. 별도의 합의가 없는 한 조정위원회는 5인으로 구성된다. 이 중 당사국은 2인씩을 지명한다. 제5번째 조정위원은 4인이 합의로 정하고, 선임되지 못한 경우 UN사무총장이 선임한다(제5부속서 제2조, 제3조).

4. 조정절차

조정위원회는 그 자체의 절차를 스스로 결정할 수 있으며 분쟁해결을 위한 조정위원회의 보고 및 권고에 관한 결정을 할 수 있다. 결정은 위원 과반수로 행한다(제5부속서 제4조). 위원회는 당사자의 동의하에 타 체약국에게 구두 또는 서면 견해 제출을 요구할 수 있다. 조정위원회의 기능은 당사자의 진술을 듣고, 그 주장과 반론을 검토하여 우호적 해결에 도달하기 위하여 당사자에게 제안을 하는 것이다(제5부속서 제6조).

5. 조정보고서

조정위원회는 구성 후 12개월 이내에 분쟁사건에 관한 조정보고를 해야 한다. 보고서에는 분쟁사건에 관련된 사실문제 모두에 대한 결론과 우호적인 해결을 위하여 적절하다고 판단되는 권고를 기록해야 한다(제5부속서 제7조). 조정위원회의 결론이나 권고를 포함한 보고는 당사자를 구속하지 아니한다.

Ⅳ 중재

1. 중재절차에의 부탁

중재절차의 개시는 (1) 분쟁당사자가 모두 중재절차를 선택한 경우(제280조), 또는 (2) 분쟁당사국이 선택한 절차가 상호 다르나 달리 합의가 없는 경우(제287조 제5항), (3) 구속력 있는 결정을 내리는 강제절차를 선택하지 않은 경우(제287조 제3항). 분쟁당사자는 서면통고로써 제7부속서에 규정된 중재절차를 개시할 수 있다.

2. 중재재판소의 구성

당사국은 각 4명씩의 중재관을 지명하여 UN사무총장이 유지하는 중재관 명부에 등재한다. 중재관의 자격은 '해사에 경험이 풍부하고, 공정성·능력·성실성에 있어서 높은 평판을 가지는 자'이어야 한다(제2조 제1항). 각국은 자국적인 중재관을 1인씩 선임하고 나머지 3인은 제3국 국적인으로 합의하여 선임한다.

3. 중재재판

당사자가 달리 합의하지 않는 한, 중재재판부는 그 자체의 절차를 스스로 결정할 수 있다. 중재재판소의 결정은 중재관들의 과반수로 행하고 가부동수인 경우 중재재판장이 결정투표권을 가진다(제8조).

4. 중재판정

중재판정은 분쟁당사국을 기속한다. 중재판정은 최종적이며 확정적이다. 미리 당사국 간 상호절차에 관한 합의가 없는 한 상소로 다툴 수 없다. 분쟁당사자는 판정내용을 이행해야 한다(제11조).

Ⅴ 특별중재

1. 특별중재절차의 관할사항

당사국들이 특별중재절차를 선택한 경우 이 절차를 이용할 수 있다. 특별중재재판의 관할권은 특정적이다. (1) 어업, (2) 해양환경의 보호 및 보존, (3) 해양 과학 조사, (4) 선박기인오염 및 투기오염에 관련된 항행문제 등 4가지이다(제8부속서 제1조).

2. 특별중재재판소의 구성

중재관 선임을 위한 전문가 명부는 분야별로 어업은 FAO, 해양환경보호·보존은 UNEP, 해양과학조사분야는 ICO, 선박기인 및 투기오염에 관련된 선박문제는 IMO가 각각 작성·유지한다(제2조 제1항·제2항).

3. 재판 및 판정

특별중재의 재판과 판정에 대해서는 중재재판에 관한 규정(제7부속서 제4조 내지 제12조)을 준용한다(제4조).

Ⅵ 국제해양법법원

1. 법원의 설립

국제해양법법원(International Tribunal for Law of the Sea: ITLOS)은 해양분쟁해결기관으로서 UN해양법협약의 규정과 제6부속서(이하 ITLOS와 관련하여 동일하며 조항만 언급한다)인 국제해양법법원규정에 의거하여 설립되었다.

2. 구성

ITLOS는 공정하고 성실하다는 훌륭한 평판을 갖고, 해양법 분야에 공인된 권위와 능력이 있는 인사 중에서 선발된 독립된 자격의 21명의 판사로 구성된다(제2조). 동일국적의 판사는 2인을 초과할 수 없고, UN이 작성한 지리적 안배를 고려해야 한다(제3조). 판사는 UN사무총장이 소집하는 당사국회의에서 2/3 출석과 2/3의 다수결로 결정된다. 법원은 특별한 범주의 분쟁을 처리하기 위해 필요한 경우 3인 이상의 재판관으로 구성되는 특별부(special chamber)를 설치할 수 있다(제15조).

3. 당사자적격(인적관할)

UN해양법협약의 모든 당사국은 이 재판소의 소송당사자가 될 수 있다. 협약의 당사국이 아니더라도 해양법협약 제11장에 명시적으로 규정되거나, 이 재판소의 관할권을 인정하는 다른 협약에 따라 분쟁해결을 부탁하는 모든 주체도 이 재판소의 소송당사자가 될 수 있다(제20조).

4. 재판관할권

국제해양법법원은 해양법협약에 따라 법원에 부탁되는 모든 분쟁과 신청 및 법원에 관할권을 부여하는 다른 협정에 규정되어 있는 분쟁을 다룬다. 국제해양법법원은 당사국의 선택에 따라 국제사법법원 및 중재법원과 해양분쟁에 대한 관할권을 나누어 가지고 있으나, 두 가지는 배타적 관할권을 가진다. 첫째, 억류된 선박과 선원의 신속한 석방을 위한 특별절차에 관한 것으로 해양법협약 제292조 제1항은 적정한 보석금이나 금융보증이 제공되었음에도 어느 한 국가가 협약 규정에 위반하여 계속 억류하고 있는 경우 당사국 간 별다른 합의가 없는 한 당사국 간 합의된 법원에 부탁될 수 있으나, 억류일로부터 10일 이내에 그러한 합의가 이루어지지 아니하면 억류국이 수락한 재판소나 국제해양법재판소에 회부된다. 둘째는 심해저 자원개발 관련 분쟁의 관할권에 관한 것이다. 해양법협약 제187조는 심해저 및 관련 부속서에 관한 분쟁은 국가 간 분쟁뿐 아니라 국가, 심해저기구, 심해저기업, 국영기업, 자연인, 법인 간의 분쟁에 대해서도 심해저분쟁재판부가 관할권을 가진다고 하였다.[51]

5. 절차

재판소가 다루는 모든 사건은 제소의 특별협정이나 서면신청을 서기에게 송부함으로써 절차가 개시된다. 심리는 원칙적으로 공개된다(제26조 제2항). 모든 문제는 출석한 재판관의 과반수 동의로 결정된다. 가부동수인 경우 재판소장이 결정권을 가진다(제29조).

6. 판결

판결은 기초가 된 이유를 제시해야 하고, 판결에는 결정에 참여한 판사의 이름을 포함시켜야 한다(제30조). 판결은 최종적이며, 모든 당사자를 구속한다(제33조).

7. 권고적 관할권

UN해양법협약의 경우 심해저분쟁재판부에는 일정한 경우 권고적 의견을 발할 수 있는 권한을 부여하였으나, 국제해양법재판소에는 부여하지 않았다. 그러나 국제해양법재판소는 재판소규칙(Rules of the Tribunal) 제138조를 신설하여 권고적 의견을 부여할 수 있는 근거를 마련하였다.

---

51) 이석룡, 〈UN해양법협약상 분쟁해결제도〉 – 《국제법학회논총》, 제49권 제3호(2004년), 75-76면.

Ⅶ 심해저분쟁재판부

1. 설치와 구성

심해저분쟁재판부는 제11장과 제6부속서 제4절에 따라 ITLOS 내에 둔다. ITLOS의 법관 중 법원의 다수결로 선출된 11명의 법관으로 구성한다. 의결정족수는 과반수이다.

2. 관할권

심해저분쟁재판부는 해저지역 내 자원의 탐사 및 개발활동에 관련된 분쟁에 대한 관할권을 가진다. 제187조에 의하면 (1) 당사국 간, (2) 당사국과 해저기구 간, (3) 해저기구와 개발계약자 간, (4) 국가기업 및 자연인 또는 법인을 막론하고 개발계약자 상호 간의 분쟁들을 포함한다.

3. 해저분쟁재판부의 특별부

심해저분쟁재판부는 특정사건을 취급하기 위하여 3인의 재판관으로 구성되는 특별부를 둘 수 있다. 사건은 일 방당사국의 요청으로 이 특별부에 회부될 수 있다(제188조 제1항).

4. 심해저분쟁재판부 결정의 집행

재판부의 결정은 그 당사국의 국내 최상급 법원의 판결을 그 영토 내에서 집행하는 것과 동일한 방식으로 집행된다(제6부속서 제39조).

Ⅷ 결론

해양법협약상 분쟁해결제도의 특징은 우선, 대부분의 분쟁에 있어서 어느 분쟁당사국의 일방적 요청에 의해 강제절차에 부탁할 수 있는 강제관할권을 승인한 점이다. 현재 빈번하게 이용되는 것은 협약 제292조에 의한 강제관할(선박·선원의 신속한 석방)의 시행이다. 두 번째 특징은 당사자적격을 확대했다는 점이다. ICJ가 국가만을 쟁송관할의 당사자로 인정한 반면, 해양분쟁해결제도는 국가 이외의 당사자, 심해저기구, 심해저기업, 자연인, 법인 등에 의해서도 이용될 수 있다. 급속히 변모하는 국제사회에서 '법의 지배의 원리'를 구현하기 위해서는 국제법주체들의 당사자적격이 확대되어야 한다는 점을 고려할 때 발전적인 점이라 볼 수 있다. 그러나 해양분쟁해결제도의 발전과 함께 국제분쟁해결제도의 난립에 따른 우려도 제기되고 있다. 즉, 다양하게 공존하는 국제재판기관들 상호 간에 아무런 계층적 위상이 정립되어 있지 않다는 것이다. 각 국제재판기관은 독자적인 관할권을 가지는 것으로 전제되나 이들의 관할범위가 중복되고 있고 따라서 충돌될 수도 있는 것이다. 따라서 국제법규범과 법원칙에 하나의 일관된 해석을 확보하기 위해서는 각종의 국제재판기관의 판결을 통일적으로 검증하는 심급제도와 유사한 장치가 필요하다고 생각된다.

I 해양환경의 보호와 보전

1. 당사국의 의무

(1) 각국은 해양환경오염방지조치를 취함에 있어서 피해나 위험을 다른 지역으로 전가해서는 아니 된다.

(2) 해양환경보호조치를 취함에 있어서 지구적 · 지역적 차원에서 협력해야 한다.

(3) 개도국에 대해 과학적 · 기술적 원조를 제공해야 한다.

(4) 가능한 범위에서 해양오염을 감시하고 결과를 권한 있는 국제기구에 보고한다.

(5) 해양환경보호를 위한 의무를 이행하지 않으면 국제법에 따라 책임을 진다. 자국 관할하에 있는 자연인이나 법인에 의한 해양오염으로 인한 손해에 관한 한 신속하고 적절한 배상을 위한 국내법제도를 확보해야한다.

2. 선박에 의한 오염

(1) 입법관할권

선박에 의한 오염의 방지를 위한 조치를 수립할 1차적 책임은 기국에게 있다. 국가는 관련 법령을 제정해야 하며, 이러한 법령은 일반적으로 수락된 국제규칙 및 기준과 적어도 동등한 효력을 가져야 한다.

(2) 집행관할권

기국은 자국 선박이 국제법을 준수하도록 확보할 1차적 책임을 진다. 위반이 있는 경우 신속히 조사하고 적절한 경우 소추해야 한다. 형벌은 위반을 억제하기에 충분할 만큼 엄격해야 한다. 연안국도 제한적으로 오염법령을 집행할 권한을 가진다.

3. 기항국 관할권

기항국은 자국의 내수 · 영해 · EEZ 밖에서, 즉 공해 또는 타국의 해양수역(내수, 영해 또는 EEZ)에서 외국선박이 행한 오염물질배출에 대해 소추할 권리를 가진다. 그러나 기항국의 이 권리는 기본적으로 다음의 두 가지 조건에 의하여 제한된다. 첫째, 외국선박이 '자발적으로' 기항국의 항구에 들어왔어야 한다. 둘째, 권한 있는 국제기구나 일반외교회의를 통하여 수립된 적용 가능한 국제 규칙과 기준을 위반했어야 한다. 기항국은 그러한 오염배출로 자국의 내수, 영해 또는 EEZ가 오염되거나 오염될 위험이 있거나 아니면 관련 국가들, 즉 그 타국, 기국 또는 피해 및 피해우려국의 요청이 있어야만 소추할 수 있다.

4. 연안국 또는 기항국 관할권 남용 통제

협약은 연안국이나 기항국이 외국선박에 대하여 집행관할권을 남용하는 것을 막기 위한 여러 가지 '보장제도'를 규정하고 있다. 외국선박에 형벌을 부과하는 소송은 위반발생일로부터 3년이 지난 후에는 제기될 수 없다. 또한 해양오염법규를 위반한 것에 대해서는 언제나 예외 없이 벌금만 부과할 수 있다.

Ⅱ 해양과학조사

1. 일반 원칙

해양과학조사는 평화적 목적을 위해 수행되어야 한다. 국가와 국제기구는 이를 위해 상호 협력해야 한다. 해양과학조사활동은 해양자원에 대한 요구의 법적 기초가 되지 않는다.

2. 영해에서 해양과학조사

연안국은 영해에서 해양과학조사를 규제하고, 허가하고, 수행할 배타적 권리를 가진다. 해양과학조사는 연안국의 명시적 동의와 연안국이 정한 조건에 따라서만 수행되어야 한다.

3. EEZ와 대륙붕에서 해양과학조사

연안국은 이에 대해 관할권을 가진다. 연안국은 협약의 관련 규정에 따라 자국의 EEZ와 대륙붕에서의 해양과학조사를 규제·허가·수행할 권리를 가진다. EEZ와 대륙붕에서의 타국의 해양과학조사는 연안국의 동의하에 수행되어야 한다. 영해와 달리 반드시 명시적 동의를 요하는 것은 아니다. 타국이나 국제기구가 평화적 목적을 위해, 그리고 인류 모두를 위한 해양환경과학지식을 증진시키기 위한 해양과학조사사업에 동의를 부여해야 한다. 이 경우 국가나 국제기구는 6개월 전에 관련 정보를 연안국에 제공해야 한다.

Ⅲ 해양기술의 개발과 이전

1. 해양기술의 개념

협약상 해양기술은 해양자원의 탐사, 개발, 보존 및 관리, 해양환경의 보호와 보존, 해양과학조사, 해양환경에 있어서의 기타 활동 등을 말한다.

2. 해양기술의 개발과 이전

협약은 해양기술의 개발과 이전을 위해 국제협력과 국내연구소의 설립을 장려하고 있다. 각국은 심해저활동과 관련된 해양기술을 개도국과 그 국민 및 심해저공사에 이전하도록 장려하고 촉진하기 위해 권한 있는 국제기구 및 국제해저기구와 적극적으로 협력해야 한다. 기술이전은 형평하고 합리적인 조건에 따라 이루어져야 한다.

Ⅳ 해양고고학

1. 협력의무

국가들은 해양에서 발견된 고고학적·역사적 물건을 보호하고 이를 위하여 서로 협력할 의무가 있다.

2. 접속수역

연안국의 승인 없이 접속수역의 해저지대로부터 고고학적 혹은 역사적 물건을 반출하는 행위는 그 연안국에 의해 그 영토 또는 영해 내에서의 법령 위반 행위로 추정될 수 있으며, 연안국을 필요한 조치를 취할 수 있다. 그러나 확인 가능한 소유주의 권리에 영향을 미치지 않는다.

3. 심해저

심해저에서 발견되는 고고학적 혹은 역사적 물건은 인류 전체의 이익을 위하여 보존하거나 처분하며 특히 문화적 기원국이나 역사적·고고학적 기원국의 우선적 권리를 특별히 고려한다.

Ⅴ 폐쇄해(enclosed sea) 및 반폐쇄해(semi-enclosed sea)

1. 개념

폐쇄해 또는 반폐쇄해는 2개국 이상의 국가들에 의하여 둘러싸이고 좁은 출구에 의해 다른 바다나 대양에 연결되거나, 또는 전체나 그 대부분이 2개국 이상의 연안국의 영해와 EEZ로 이루어진 만(gulf), 내만(basin) 또는 바다(sea)를 말한다. 한국을 둘러싼 동해, 서해, 동중국해가 여기에 해당된다. 중국, 베트남, 말레이시아, 브루나이, 필리핀, 대만에 의해 둘러싸인 남중국해도 여기에 속한다.

2. 규정

폐쇄해 또는 반폐쇄해의 연안국들은 해양생물자원의 관리·보존·탐사·이용 및 해양환경의 보호·보존을 조정하기 위해 서로 협력해야 한다.

Ⅵ 내륙국

1. 개념

해안이 없는 국가를 내륙국(land-locked states)이라고 한다.

2. 해양출입권

내륙국은 해양출입권을 가지며, 이를 위해 모든 수송수단에 의해 통과국(transit state)의 영토를 지나는 통과의 자유를 향유한다. 통과의 자유를 행사하기 위한 조건과 방식은 내륙국과 관련 통과국 사이의 양자협정이나 소지역적 혹은 지역적 협정을 통하여 결정해야 한다.

3. 최혜국대우 적용 배제

내륙국의 해양출입에 관련한 UN해양법협약의 규정과 특별협정은 최혜국대우조항의 적용에서 제외된다.

4. 부과금 징수 금지

통과교통에 있어서 제공된 특별한 용역에 대하여 징수되는 부과금을 제외하고 어떠한 관세, 조세 또는 기타 부과금도 징수할 수 없다.

1. A국은 자국 영해의 일부 수역에 기뢰를 부설하고 자국 영해 내에 들어오는 외국 군함에 대해서 사전통고의무를 부과하는 한편, 사전통고의무를 준수하지 않는 선박에 대해서는 기뢰부설장소를 알려주지 않고 있다. B국 군함 '크리스티나'호가 사전통고없이 A국 영해를 통과하여 공해로 진행하자, A국 군함 '덱스터'호가 '크리스티나'호를 나포하기 위하여 공해상까지 추적하였다. A국과 B국은 1982년 UN해양법협약의 당사국이다. [2010외시]

(1) A국은 타국 군함에 대해 자국 영해 통과 시 사전통고의무를 부과할 수 있는가?

(2) A국 군함 '덱스터'호는 공해상에서 B국 군함 '크리스티나'호를 나포할 수 있는가?

(3) 만약 A국이 부설한 기뢰의 위치를 알려주지 아니하여 B국 군함 '크리스티나'호가 파손되었다면 A국은 이에 대해 국가책임을 부담하는가?

2. A국과 B국의 중간수역에 D섬이 위치하고 있다. A국은 이 섬에 1950년대 초부터 경찰을 주둔시키고 있지만, B국은 17세기부터 이 섬을 자국의 고유영토라고 주장하고 있어 양국 간에 외교분쟁의 대상이 되어 왔다. 또한 D섬을 둘러싸고 UN해양법협약상의 배타적 경제수역(EEZ)을 설정할 수 있는가에 대해 견해가 나누어져 있다. [2010행시]

(1) 국제법상 영토취득의 방법을 설명하시오.

(2) 국제법상 섬의 해양관할권에 대해 설명하시오.

3. 2002년 12월 9일 스페인 - 미국 연합 해군은 예멘을 향하여 항해중이던 Sosan호를 아라비아만에서 정선시키고 임검했다. Sosan호는 북한을 위해 미사일 부품을 운송 중이라는 혐의를 받고 있었으나, 그 정선과 임검의 법적 근거로 제시된 것은 Sosan호가 진정한 자국 국기를 게양하지 않았다는 의혹이었으며, 임검 결과 Sosa호에서는 스커드 미사일 부품들이 발견되었다고 한다. Sosan호에 스페인 - 미국 연합 해군이 승선할 당시 미국과 예멘은 물론 스페인과 예멘도 전쟁 상태에 있지 않았다. 1982년 UN해양법협약이 이 사건에 적용될 수 있다고 가정할 때, 국제법상 스페인 또는 미국이 Sosan호를 나포할 수 있는지, 그리고 그 화물을 몰수할 수 있는지 논하시오.

4. 갑(甲)호는 A국의 석유회사 을(乙)이 소유(所有)하고 있으나 상대적으로 선박 등록세(登錄稅) 및 운항세(運航稅)가 낮은 B국에서 국적(國籍)을 취득한 유조선(油槽船)이다. 갑(甲)호는 A국으로부터 C국으로 석유를 수송한 다음 A국으로 귀환하기 위해 공해(公海)를 항행하고 있었다. 한편 2001년 9월 11일 테러리스트의 공격으로 막대한 인명 및 재산상의 피해를 입은 D국은 A국과 C국을 테러의 배후 및 지원국으로 지목하고 동맹국인 E국 및 F국과 공모하여 테러지원국 국적 선박에 대해 테러리스트 및 테러를 위한 대량살상무기(WMD) 등에 대해 철저한 감시체계를 구축하기로 합의해 두고 있었다. 이러한 합의에 따라 D, E, F국 군함은 공해를 항진하는 갑(甲)호에 대해 정선(停船)명령(命令)을 내렸으나 갑(甲)호가 도주하자 경고(警告)사격(射擊)을 가하여 강제(强制)로 정선(停船)하게 하여 임검(臨檢)하였다. 그러나 테러관련자나 WMD 등을 확인하는 데 실패하였다. 강제 임검 과정에서 갑(甲)호는 1억 원의 손해를 입었다. 이 사안과 관련하여 다음 물음에 답하시오.

(1) D국의 행위는 국제법에 위반되는가?

(2) D국의 행위가 D국 영해에서 발생하였다면 국제법상 정당한가?

(3) 이 사안에서 국가책임을 원용할 수 있는 국가는?

(4) 이 사안에서 D국이 적법하게 임검권을 행사할 수 있는 국제법적 방안은?

5. A국 국적의 선박 甲호는 인접국인 B국의 영해에서 어로활동을 하다 B국 경비정에 발각되었다. B국 경비정은 甲호에 대해 정선명령을 내렸으나 甲호는 이를 무시하고 도주하기 시작하였다. 이에 따라 B국 경비정은 甲호를 추적하여 C국 배타적 경제수역 내에서 기관실에 조준사격을 가하였다. 이로 인해 甲호 선장 乙과 선원 10명이 사망하고 甲호는 침몰하였다. 이 사안에 관련된 국제법적 쟁점을 제시하고 논평하시오. (단, A, B, C국은 모두 1982년 UN해양법협약의 당사국이다)

6. A국의 상선 X가 B국 영해를 항행하던 중 선내에서 C국 선장 甲이 D국 항해사 乙을 살해하는 사건이 발생하였다. C국과 B국 간에는 범죄인인도조약이 체결되지 않았으며, 양국 모두 범죄인인도와 관련된 다자조약의 당사국이 아니다(A, B, C, D국은 모두 해양법에 관한 국제연합협약의 당사국이다). 다음 물음에 답하시오. 2018외교원

   (1) B국이 甲을 C국에 인도할 수 있는지를 검토하시오. (10점)
   (2) B국이 甲에 대한 형사관할권을 행사할 수 있는지를 검토하시오. (10점)

7. X해협은 A국 영해로 구성된 국제항행용 수로이다. A국 인근 공해상에서 훈련 중이던 B국의 해군 함대는 C국과의 연합훈련을 위해 X해협을 통과하여 C국의 배타적 경제수역으로 진출하고자 하였다. B국의 함대는 군함과 해수면 아래로 항해 중인 잠수함으로 구성되어 있다. 다음 물음에 답하시오. 2017외교원

   (1) A국은 B국 함대가 사전통고 없이 자국 영해에 진입하는 것은 국제법 위반이라고 주장한다. A국이 B국 함대에 대하여 퇴거를 요구할 수 있는 국제법적 근거에 대하여 설명하시오. (15점)
   (2) B국이 A국의 퇴거 요구에 대해서 반박할 수 있는 국제법적 근거에 대하여 설명하시오. (15점)

8. A국의 국영석유회사는 최근 A국의 배타적 경제수역(EEZ) 내에서 막대한 양의 유정을 찾는 데 성공하여 이곳에 석유시추장치(oil platform)를 설치하였다. World Wide Ocean(WWO)은 전세계적으로 해양 환경 보호에 주도적인 역할을 수행하는 시민단체이다. WWO는 A국이 수년 동안 유정발견, 시험발굴, 상업개발에 이르는 일련의 과정에서 발생한 오염사고를 주목하면서 A국의 석유시추장치 개발을 강하게 반대하고 있다. B국의 깃발을 게양한 WWO의 선박 'Ocean Sunset'(OS호)이 A국의 석유시추장치 하단부에 접근하자 A국은 특수부대를 투입한 후 선원 10명과 20명이 환경운동가를 모두 체포하고 OS호를 A국 항에 강제로 정박시켰다. A국은 자국의 '배타적 경제수역 내 시설물 관리 및 해적행위 특별법'에 따라서 '해적행위'로 처벌하기로 하고 전원 구속시켰으며 선박은 몰수하기로 하였다. B국은 구속된 선원과 선박을 모두 석방하도록 A국에 공식적으로 요청하였다. (A국과 B국은 『해양법에 관한 국제연합협약』의 당사국이다) 다음 물음에 답하시오. 2016행시

   (1) 석유시추장치 설치와 관련하여 A국이 연안국으로서 주장할 수 있는 권리에 대하여 설명하시오. (20점)
   (2) 선박나포와 관련하여 A국과 B국이 각각 주장할 수 있는 국제법상의 권리에 대하여 논하시오. (30점)

제3장 │ 영공

제1절 총설

I 의의

영공이란 영토 및 영수를 덮고 있는 상공으로 구성된 국가영역을 말한다. 영공은 영토와 영수를 기준으로 그 범위가 결정된다. 제1차 세계대전 이전까지 국가영역 상공은 자유라는 견해와 국가는 영역상공에 대해 절대적·배타적 주권을 가진다는 견해가 대립하였으나, 제1차 세계대전에서 항공기를 이용한 공중전이 대규모로 전개되자 중립국들을 중심으로 영역상공에 대한 즉각적이고도 배타적인 주권을 주장하게 되었다. 현재 영공의 배타성에 대해서는 국제관습법으로 확립되어 있다. 영공에 대한 국제법적 규율은 1919년 파리국제항공협약 및 이를 대체한 1944년 시카고민간항공협약(이하 '시카고협약'이라 한다)에 의해 이루어지고 있다. 또한 시카고협약의 보충협정으로서 국제항공업무통과협정 및 국제항공운송협정이 있다.

II 방공식별구역

1. 개념

방공식별구역이란 국가안보의 목적상 항공기의 용이한 식별, 위치 확인, 통제 등을 위해 영공 외곽에 설정되는 공역이다.

2. 법적 근거 및 지위

방공식별구역의 법적 근거에 대해 자유비행이 인정되는 공해 등의 상공에 이러한 통제를 강제할 국제법적 근거가 없다는 주장, ICAO협약 제11조 또는 제12조에서 근거를 찾을 수 있다는 주장, 오랜 실행과 묵인을 통해 이제는 관습국제법(최소한 지역관습법)이 되었다는 주장 등이 제시되고 있다. 현대 항공기가 무기의 발달수준에 비추어 볼 때 방공식별구역 설정의 필요성은 대체로 인정되고 있으나 국제법상 상공비행의 자유가 인정되는 구역에 연안국이 일방적으로 규제를 설정할 수는 없다. 현재 방공식별구역은 대부분의 국가가 실시하고 있는 제도가 아니며 그 운영폭도 다르고 통일된 기준도 없으므로 일반적 관행이 수립되었다고 할 수 없다. 방공식별구역의 운영은 어디까지나 자발적 협조를 근거로 하고 있으며, 이 구역에서 외국 비행기가 연안국의 통제에 따르지 않는다고 하여 제재를 가하거나 공격 등을 할 수는 없다.

3. 관행

(1) 미국

6 · 25전쟁 발발 직후인 1950년 12월 미국정부는 대서양과 태평양 상공에 폭 250~350해리 구역의 방공식별구역을 선포했다. 미국은 제2차 세계대전 중에도 유사한 제도를 운영했다. 방공식별구역의 대부분은 공해의 상공이었으나 이 구역을 통해 미국 영공으로 진입하려는 모든 비행기는 사전에 경로, 목적지, 비행기에 관한 명세 등을 고지하고 지상관제소의 통제에 따르도록 요구되었다. 주로 방위의 목적으로 실시되었다.

(2) 북한

북한은 방공식별구역을 별도로 선포하지 않았으나 1977년 동해와 서해에 군사경계수역을 선포하고 이의 상공에서는 군용항공기는 물론 민간항공기도 북한당국의 허가를 받아야만 출입할 수 있도록 하였다. 이를 통해 방공식별구역 선포 이상의 강력한 통제를 실시하고 있다.

(3) 중국 등

중국은 2013년 11월 23일 한국 측 기존 구역의 남단 일부를 포함하고 일본 측 구역과 광범위하게 겹치는 동중국해 방공식별구역을 선포했다. 캐나다, 일본, 필리핀, 인도, 영국 등 약 30여개 국가가 방공식별구역을 설정 · 운영하고 있다. 러시아는 공식적인 방공식별구역을 선포하지 않고 있다.

4. 우리나라 관행

한국의 방공식별구역은 1951년 3월 22일 미국 태평양 공군사령부가 한국, 일본, 대만 등에 관해 이를 설정한 데서 시작된다. 이는 6 · 25전쟁 진행 중인 당시 미 태평양 공군의 방위책임구역을 분배하는 형식으로 설정되었는데, 휴전협정 이후에도 별다른 국내조치 없이 그대로 유지되었다. 한국은 2007년에야 '군용항공기운영 등에 관한 법률'을 제정함으로써 비로소 이에 관한 국내법상의 근거를 만들었다. 그러나 2008년 고시된 한국의 방공식별구역은 과거 미국 공군이 작전 구획용으로 설정한 선을 기준으로 삼았기 때문에 영공조차 포함되지 못한 지역이 있었고, 이어도 상공 등 한국의 배타적 경제수역으로 예상되는 지역이 배제되기도 하였다. 한국정부는 ICAO의 인천 비행정보구역에 맞추어 남부지역의 방공식별구역을 확대하기로 결정하고 이를 2013년 12월 15일부터 시행하고 있다.

> **📑 참고 비행정보구역**
>
> 비행정보구역이란 ICAO에서의 합의를 바탕으로 할당되어 비행정보와 경보 등의 서비스가 제공되는 일정 구간의 공역이다. ICAO는 전세계 공역을 세분하여 각 구역마다 책임 당국을 지정하고 이들에게 항공기 운항에 필요한 관제정보를 통신으로 제공하게 한다. 공해상에도 설정된다. 작은 국가의 경우 수개국 영공이 통합되어 하나의 비행정보구역으로 지정되기도 하고 면적이 큰 국가는 여러 개의 비행정보구역으로 나뉘기도 한다. 구역을 책임진 국가는 항공관제 서비스를 제공할 의무를 지지만 이에 대한 금전적 대가도 받는다. 항공기 사고 시 구조와 수색의 1차적 책임을 진다. 민간항공의 안전과 효율을 도모하기 위한 제도에 불과하며 비행정보구역은 영공 주권의 인정과는 직접 관계가 없다.

Ⅲ 영공의 수직적 한계

1. 문제의 제기

제2차 세계대전 이후, 특히 1950년대 들어서면서부터 로켓트 및 인공위성의 급속한 발달로 외기권에까지 인간의 과학이 지배하게 되었다. 그 전까지 국가들은 영공의 상방은 무한적으로 영토국이 지배한다는 인식을 가지고 있었으나, 우주활동이 본격화되면서 이러한 주장이 폐기된 것이다. 이와 동시에 우주법이 발달하면서 영공과 우주의 경계설정, 또는 영공의 수직적 한계 설정문제가 긴요한 문제로 대두되었다.

2. 학설

영공의 수직적 한계를 설명하는 학설로는 항공기도달설, 실효적 지배설, 대기권설, 인공위성설이 대립하고 있다. 항공기도달설은 항공기가 비행할 수 있는 상방한계까지를 영공의 한계로 본다. 실효적 지배설은 상공에 영토국의 실효적 지배가 가능한 한 영토국의 주권이 미친다는 학설이다. 대기권설은 공기가 존재하는 곳을 영공으로 보는 것이고, 인공위성설은 인공위성의 우주활동이 가능한 공간의 하한선을 경계로 하여 지상에서 여기까지의 공역을 영공이라 보는 견해다. 이 밖에도 지구표면으로부터의 거리 대신 활동의 성질을 기준으로 하는 기능적 접근법도 제기된다.

3. 관행

인공위성이 발사되어 지구상의 거의 모든 국가의 상공을 통과함에도 불구하고 발사국들은 영토국에게 사전통고를 하지 않으며, 다른 국가들도 영공침해로 항의하지 않는다. UN총회나 '우주공간의 평화적 이용위원회'에서의 각국 대표의 발언에 의하면 각국은 상방공역을 '대기권'과 '외기권'으로 구별하여 외기권에 대해서는 지상국가의 영역권이 미치지 않는다는 점을 승인하고 있다.

4. 소결

영공의 범위를 확정할 수 있으나 현행 조약이나 국제관행 또는 유력한 학설이 존재하지 않는다. 우주항공의 물리적 성질 및 항공기술에 관한 과학적 지식을 전제로 하여, 지상국가의 안전성과 인류의 공동이익을 충분히 조정하여 새로운 입법을 시도해야 할 것이다.

I 국권의 법적 성질

> **조문 | 시카고민간항공협약 제1조 – 주권**
>
> 체약국은 각국이 그 영역상의 공간에 있어서 완전하고 배타적인 주권을 보유한다는 것을 승인한다.

영공에 대한 영토국의 국권의 법적 성질에 대해서는 '완전주권설'이 통설이다. 즉, 국가는 원칙적으로 영공에 대해 배타적 주권을 행사한다. 파리협약과 시카고협약 역시 '모든 국가는 영역상부공역에서 완전하고도 배타적 주권을 갖는다.'라고 규정하여 완전주권설을 확인하고 있다.

II 내용

국가는 영공에 대해 배타적 주권을 행사할 권능을 가진다. 따라서 일반국제법상 제한이 없는 한 국가는 영공에서 외국항공기의 비행을 금지할 수 있다. 현재 영공주권에 대한 일반국제법상 제한은 존재하지 않고, 국가는 타국가들과 조약에 의해서만 외국항공기의 자국영공 비행을 허용할 의무를 질뿐이다.

III 영토국의 국권에 대한 제한 – 영공침범의 경우

1. 민간항공기의 영공침범

(1) 조난에 의한 영공침범

> **조문 | 시카고민간항공협약 제25조 – 조난항공기**
>
> 각 체약국은 그 영역 내에서 조난한 항공기에 대하여 실행 가능하다고 인정되는 구호조치를 취할 것을 약속하고 또 동 항공기의 소유자 또는 동 항공기의 등록국의 관헌이 상황에 따라 필요한 구호조치를 취하는 것을, 그 체약국의 관헌의 감독에 따르는 것을 조건으로, 허가할 것을 약속한다. 각 체약국은 행방불명의 항공기의 수색에 종사하는 경우에 있어서는 본 협약에 따라 수시 권고되는 공동조치에 협력한다. (Each contracting State undertakes to provide such measures of assistance to aircraft in distress in its territory as it may find practicable, and to permit, subject to control by its own authorities, the owners of the aircraft or authorities of the State in which the aircraft is registered to provide such measures of assistance as may be necessitated by the circumstances. Each contracting State, when undertaking search for missing aircraft, will collaborate in coordinated measures which may be recommended from time to time pursuant to this Convention.)

시카고협약 제25조는 조난항공기에 대한 원조의무를 규정하고 있다. 따라서 조난에 의한 영공침범의 경우 긴급착륙을 포함해서 무해통과권을 인정하는 것이 합리적이다. 한편, 동조항은 체약국에 대해서만 원조의무를 부과하고 있으나, 오늘날 국제관습법화되었다고 볼 수 있다.

(2) 고의 · 과실에 의한 영공침범

고의적인 영공침범의 경우 영토국이 경고 및 착륙요구를 한 뒤 최종적으로 무력을 사용할 수 있다. 그러나 민간여객기에 대해서는 어떠한 경우에도 무력을 사용해서는 안 된다. 한편, 과실에 의한 영공침범의 경우 는 조종사가 경고조치나 착륙명령에 따르지 않는다고 하더라도 결코 무력사용에 호소할 수 없다.

2. 국가항공기의 영공침범

국제관습법상 어떤 국가의 국가항공기도 사전허가 없이 고의 · 과실로 타국 영공에 들어가서는 아니 된다. 또한 허가 없이 고의 또는 과실로 진입한 국가항공기에 대해서는 국가면제 및 불가침성이 인정되지 않는다. 다만, 조난 또는 악천후로 인한 영공침범의 경우 일종의 무해통과권을 인정해야 한다(유고의 미군수송기 격추 사건, 1946).

제3절 시카고협약의 주요 내용

Ⅰ 항공기의 정의

시카고협약 제7부속서에 의하면 항공기란 공기의 반동으로 대기부양을 얻을 수 있는 모든 기계를 말한다. 비행기, 수상비행기, 헬리콥터, 글라이더, 연 등이 포함된다. 그러나 미사일, 로켓트, 지구위성 등은 공기의 반동으로 얻어지는 부양에 관계없이 하늘을 날 수 있으므로 항공기의 범주에 들지 않는다.

Ⅱ 항공기의 국적

시카고협약에 의하면 항공기는 등록된 국가의 국적을 가진다(제17조). 항공기의 등록에 진정한 관련(genuine link)이 요구되는가에 대해서는 시카고협약에 명문규정이 없다. 한편, 1980년 몬트리올의정서에 의해 채택된 시카고협약 제8조는 등록국이 항공기의 주영업지 소재지국에게 등록국으로서의 권리와 의무를 이전하는 것을 허용하고 있다.

Ⅲ 부정기항공기에 대한 영공개방

> **📖 조문 | 시카고민간항공협약 제5조 – 부정기비행의 권리**
>
> 각 체약국은, 타 체약국의 모든 항공기로서 정기 국제항공업무에 종사하지 아니하는 항공기가 사전의 허가를 받을 필요 없이 피비행국의 착륙요구권에 따를 것을 조건으로, 체약국의 영역 내에의 비행 또는 그 영역을 무착륙으로 횡단비행하는 권리와 또 운수 이외의 목적으로서 착륙하는 권리를 본 협약의 조항을 준수하는 것을 조건으로 향유하는 것에 동의한다. 단, 각 체약국은 비행의 안전을 위하여, 접근하기 곤란하거나 또는 적당한 항공 보안시설이 없는 지역의 상공의 비행을 희망하는 항공기에 대하여 소정의 항로를 비행할 것 또는 이러한 비행을 위하여 특별한 허가를 받을 것을 요구하는 권리를 보류한다. 전기의 항공기는 정기 국제항공업무로서가 아니고 유상 또는 대체로서 여객화물 또는 우편물의 운수에 종사하는 경우에도 제7조의 규정에 의할 것을 조건으로, 여객, 화물, 또는 우편물의 적재와 하재를 하는 권리를 향유한다. 단, 적재 또는 하재가 실행되는 국가는 그가 필요하다고 인정하는 규칙, 조건 또는 제한을 설정하는 권리를 향유한다.

시카고협약 당사국 상호 간에는 부정기항공기에 대한 일종의 무해통항권을 인정해야 한다. 시카고협약 제5조는 정기국제항공업무에 종사하지 아니하는 항공기가 사전의 허가를 받을 필요 없이 무착륙 횡단비행 또는 운송 이외의 목적으로 착륙하는 권리를 체약국들이 부여하도록 규정하고 있다. 이 경우 피비행국은 착륙요구권을 보유한다. 부정기항공기라 할지라도 전세항공에 종사하는 경우는 제6조의 규율을 받아 사전허가를 얻어야만 체약국에 들어갈 수 있다.

Ⅳ 정기국제항공기에 대한 영공개방

정기국제항공기에 대해서는 국제항공업무통과협정(두 개의 자유협정)과 국제항공운송협정(다섯 개의 자유협정)에 의해 규율하고 있으나, 국가별 양자협정이 보다 중요한 역할을 한다. 두 개의 자유협정상의 자유는 (1) 정기국제항공기가 체약국의 영공을 무착륙으로 통과할 권리, (2) 운송 이외의 목적으로 체약국에 영토에 착륙할 권리, 즉 기술적 착륙의 자유를 의미한다.

한편, 다섯 개의 자유협정에서 추가된 자유는 (1) 기국으로부터 허가국으로 승객·화물·우편물을 운송할 권리, (2) 허가국으로부터 기국으로 승객·화물·우편물을 운송할 권리, (3) 기국을 경유하여 허가국과 타국 사이에서 승객·화물·우편물을 운송할 권리를 말한다.

제4절 항공범죄에 대한 국제법적 규제

Ⅰ 서론

국제법상 항공범죄라 함은 민간항공기에 대한 불법탈취(hijacking), 불법점거행위, 기타 항공기의 항행의 안전을 위태롭게 하는 범죄를 의미한다. 이러한 항공범죄들은 인명과 재산의 안전을 위태롭게 하고 항공업무수행에 중대한 장해를 주어 민간항공의 안전에 대한 전세계 인류의 신뢰를 저해한다. 종래 항공범죄 특히 항공기 불법탈취행위는 '공해'상의 해적행위와 유사한 법리하에서 다루어 왔으나 항공범죄를 모두 처벌하는 데는 기술적인 한계가 있음을 인식하고, 새로운 규제제도를 발전시켜 왔다. 각국은 항공범죄에 대한 조약체결과 관련 국내법을 제정하여 항공범죄에 대응하고 있다. 항공범죄에 대한 주요 조약인 1963년 항공기 내에서 범한 범죄 및 기타 행위에 관한 동경협약(이하 '동경협약'이라 한다), 1970년 항공기 불법납치 억제를 위한 헤이그협약(이하 '헤이그협약'이라 한다), 1971년 민간항공의 안전에 대한 불법행위 억제를 위한 몬트리올협약(이하 '몬트리올협약'이라 한다)을 중심으로 논의한다.

Ⅱ 동경협약

1. 적용범위

(1) 사항적 적용범위

동경협약은 ① 형법에 위반하는 범죄, ② 범죄의 성립 여부를 불문하고 항공기와 기내의 인명 및 재산의 안전을 위태롭게 할 수 있거나 위태롭게 하는 행위 또는 기내의 질서 및 규율을 위협하는 행위에 대해 적용된다. 항공기상의 일반형사범죄행위를 규율하는 점과, '항공기의 불법탈취행위'를 대상으로 하지 않는 점이 특징이다.

(2) 공간적 적용범위

동경협약은 체약국에 등록된 항공기가 비행 중이거나 공해의 수면상에 있거나 또는 어느 국가의 영토에도 속하지 않는 지역의 표면에 있는 경우에도 적용된다. '비행 중'이라 함은 '이륙의 목적을 위해 시동이 된 순간부터 착륙이 끝난 순간까지'를 의미한다.

2. 형사재판관할권

(1) 관할국가

원칙적으로 '항공기의 등록국'이 관할권을 행사한다. 항공기의 등록국은 동 항공기 내에서 행해진 범죄나 행위에 대한 재판관할권을 행사할 권한을 가진다(제3조 제1항). 항공기등록국 이외의 국가도 다음의 경우 관할권을 가진다.

① 범죄가 항공기의 등록국이 아닌 국가의 영역에 미칠 경우

② 항공기 등록국이 아닌 국가의 국민에 의해 또는 국민에 대해 범죄가 행해진 경우

③ 범죄가 국가의 안전에 반하는 경우 등

(2) 관할권의 경합 및 범죄인인도

관할권의 경합이 발생할 수 있으나, 동경협약은 어떤 국가가 우선적인 관할권을 가지는지에 대해 규정하지 않고 있다. 따라서 사실상 범인 또는 피의자를 구치한 국가가 관할권을 행사하게 된다. 한편, 동경협약은 범죄인인도조약을 체결할 의무를 과하고 있지 않고 또한 직접 인도의무를 규정하고 있지도 않다.

3. 경찰권

(1) 기장의 경찰권

기장은 항공기 내에서 어떤 자가 동경협약이 적용되는 범죄를 범했거나 범했다고 믿을 만한 상당한 이유가 있는 경우 항공기의 기내의 인명 및 재산보호, 기내의 질서 및 규율의 유지 등을 위해 필요한 감금 등 필요한 조치를 부과할 수 있다. 기장은 이를 위해 다른 승무원에게 원조를 요구하거나 권한을 부여할 수 있으며, 승객에게도 원조를 요청할 수 있다.

(2) 착륙국 등의 경찰권

착륙국은 기장이 감금하고 있는 피의자의 하기조치(下機措置)를 인정해야 하며, 기장이 인도하는 자를 인수해야 한다(제13조 제1항). 또한 정당하다고 확신하는 경우 피의자에 대한 구금 또는 기타의 조치를 취해야 한다. 착륙국은 형사재판관할권의 존부와 관계없이 이러한 경찰권을 행사할 수 있다.

4. 동경협약 개정의정서(몬트리올의정서)

2014년 동경협약을 개정하기 위한 의정서(이하 '몬트리올의정서'라 한다)가 채택되었다. 몬트리올의정서가 동경협약에 가한 개정 중에서 가장 주된 것은 항공기 내의 범죄에 대한 형사재판관할권을 '항공기의 등록국'에서 일정조건하에서 '운영자의 국가' 와 '착륙국'으로 확대하는 내용이다. 항공기 내에서 행하여진 범죄에 대하여 재판관할권을 확립하기 위하여 필요한 조치를 취할 의무가 등록국에서 일정조건하에서 착륙국과 운영자의 국가에게로 확대되었다. 국가가 착륙국의 자격으로 관할권을 행사할 때에는 문제의 범죄가 운영자의 국가에서도 범죄인지의 여부를 고려에 넣어야 한다. 체약국이 협약 제3조의 관할권을 행사함에 있어 타 체약국이 동일범죄 혹은 동일행위에 대하여 수사, 소추 혹은 사법절차를 수행하고 있음을 통지받았거나 달리 알게 된 경우 그 체약국은 행동을 적절히 조율하기 위해 그들 타 체약국의 의견을 구하여야 한다. 한편, 몬트리올의정서는 '비행 중'의 개념을 헤이그협약과 일치시켰다. 즉, '비행 중'이라 함은 탑승 후 모든 외부의 문이 닫힌 순간부터 하기하여 문이 열려 있는 순간까지를 의미한다.

Ⅲ 헤이그협약

1. 적용범위

(1) 사항적 적용범위

동경협약과 달리 비행 중 기내의 모든 범죄가 아니라 항공기의 불법탈취행위에 한해 적용된다. 즉, 비행 중에 있는 항공기에 탑승한 자에 의해 행해지는 폭력, 위협, 또는 기타 협박에 의해 불법적으로 항공기를 납치 또는 점거하거나 이 같은 행위를 시도하는 경우에 적용된다(제1조 제1항). '비행 중'이라 함은 '탑승 후 모든 외부의 문이 닫힌 순간부터 하기하여 문이 열려있는 순간까지'를 의미한다. 항공기에 탑승하지 않은 자에 의한 항공기의 불법탈취행위 및 항공기에 대한 공격이나 항공시설을 파괴하는 행위는 동 협약의 적용범위에 속하지 않는다.

(2) 항공기 불법납치의 성립요건

첫째, 항공기의 납치나 점거가 힘(force)의 불법적 사용 또는 위협에 의해 발생해야 한다. 둘째, 항공기가 비행 중 납치되어야 한다. 셋째, 불법행위는 기내탑승자에 의해 행해져야 한다. 넷째, 항공기의 이륙장소 또는 실제의 착륙장소가 당해 항공기등록국의 영토 밖에 있어야 한다.

(3) 공간적 적용범위

헤이그협약은 범죄가 행해지고 있는 항공기의 이륙장소 또는 실제 착륙장소가 그 항공기의 등록국가의 영토 외에 위치한 경우에만 적용되며 그 항공기가 국제 혹은 국내항공에 종사하는지의 여부는 가리지 않는다(제3조 제3항). 즉, 국내에서의 항공기의 불법탈취행위에는 적용되지 않는다.

2. 형사재판관할권

등록국, 착륙국, 항공기 임차인의 주영업지 또는 주소지 국가, 현재 범인이 숨어 있는 일체의 체약국이 재판관할권을 행사할 수 있다(제4조 제1항·제2항). 국내법에 따라 행사하는 형사재판관할권도 배제되지 않는다(제4조 제3항).

3. 강제적 보편관할권

헤이그협약은 인도 아니면 소추 원칙(*aut dedere, aut judicare*)을 창설하였다. 동 원칙에 의하면 영토 내에서 범인이 발견된 체약국은 그를 관련 체약국에게로 인도하지 않는 한 예외 없이 그리고 그 영토 내에서 범죄가 행해진 것인지 여부를 불문하고 소추를 위하여 권한 있는 당국에 동 사건을 회부해야 한다(제7조). 소추의무에 대한 규정이므로 반드시 재판에 회부할 의무가 체약국에 부과된 것은 아니다.

4. 범죄인인도

항공기불법탈취 범죄는 체약국들 간에 현존하는 인도조약상의 인도범죄에 포함되는 것으로 간주된다(제8조 제1항). 인도에 관하여 조약의 존재를 조건으로 하는 체약국이 상호 인도조약을 체결하지 않은 타 체약국으로부터 인도요청을 받은 경우에는, 그 선택에 따라 본 협약을 범죄에 관한 인도를 위한 법적인 근거로서 간주할 수 있다. 인도는 피요청국의 법률에 규정된 기타 제조건에 따라야 한다(제8조 제2항).

Ⅳ 몬트리올협약

1. 의의

몬트리올협약은 특히 비행 또는 운항 중인 항공기나 공항시설에 대한 폭발물투척과 같은 민간항공에 대한 사보타지를 규율하기 위해 체결되었다. 1988년 몬트리올 보충의정서에 의해 '국제공항에서 상해나 사망을 야기하는 일정 폭력행위'와 '국제공항에서 운항 중에 있지 아니한 항공기를 파괴하는 행위'에 대해서도 적용되도록 개정되었다. 협약을 폐기하면 의정서도 같이 폐기되나, 의정서를 폐기해도 협약 폐기 효과는 없다.

2. 적용범위

(1) 사항적 적용범위

불법적이며 고의적인 다음과 같은 행위에 대해 적용된다. ① 비행 중인 항공기에 탑승한 자에 대해 폭력을 행사하고 그 행위가 항공기의 안전에 위해를 가할 가능성이 있는 경우, ② 운항 중인 항공기를 파괴하는 경우, ③ 항공시설을 파괴 혹은 손상하거나 그 운영을 방해하고 그러한 행위가 비행 중인 항공기의 안전에 위해를 줄 가능성이 있는 경우 등에 적용된다. 타 협약에 비해 규율범위가 광범한 점, 비행 중인 항공기에 탑승한 자에 의한 행위로 한정되지 않은 점, '고의적인 행위'만을 대상으로 하는 점이 특징이다.

(2) 공간적 적용범위

항공기가 국제 또는 국내선에 종사하는지를 불문하고, ① 항공기의 실제 또는 예정된 이륙 또는 착륙장소가 그 항공기의 등록국가의 영토 외에 위치한 경우, ② 범죄가 그 항공기의 등록국 이외의 국가영토 내에서 범해진 경우에만 적용된다.

3. 형사재판관할권

형사재판관할권은 (1) 범죄행위지국, (2) 등록국, (3) 착륙국, (4) 사업장 또는 영구 주소국이 행사한다. 관할권의 경합 시의 우선순위를 정하지 못했다. 몬트리올협약은 헤이그협약과 유사하게 인도 아니면 소추 원칙(*aut dedere, aut judirace*)을 규정하고 있다.

4. 경찰권

기장의 경찰권에 대한 직접적인 규정은 물론 간접적인 규정도 없다. 체약국은 국제법 및 국내법에 따라 몬트리올협약에 언급된 범죄를 방지하기 위한 모든 실행 가능한 조치를 취하도록 노력해야 한다(제10조 제1항).

Ⅴ 북경협약 및 북경의정서(2010)

1. 의의

북경협약은 1971년 몬트리올협약 및 이를 개정한 1988년 동 의정서를 수정·보완한 조약이다. 2010년 국제민간항공기구(ICAO) 북경외교회의에서 채택되었다. 북경회의는 2개의 조약을 채택하였는바, '국제 민간항공과 관련된 불법적 행위의 억제를 위한 협약'(북경협약) 및 '항공기의 불법납치 억제를 위한 협약 보조의정서'(북경의정서)가 이에 해당한다. 북경협약은 몬트리올협약 및 동 의정서를 보충하는 조약이며, 북경의정서는 헤이그협약에 대한 보충조약이다.

2. 북경협약에 의해 추가된 범죄

북경협약은 몬트리올 협약의 대상범죄에 네 가지 범죄를 신설·추가하였다. (1) 사망, 중대한 육체적 침해, 또는 재산이나 환경에 대한 중대한 손해를 초래하기 위해 민간항공기를 사용하는 행위, (2) 사망, 중대한 육체적 침해, 혹은 재산이나 환경에 대한 중대한 손해를 초래하거나 초래할 가능성이 있는 방식으로 생물무기, 화학무기 또는 핵무기 등을 운항 중인 항공기로부터 발사 또는 방출하는 행위, (3) 두 번째 범죄에 명시된 물질을 운항 중인 항공기에 대하여 또는 운항 중인 항공기 내에서 사용하는 행위, (4) 폭발성 또는 방사성 무기, 생물무기, 화학무기, 핵무기 등을 항공기로 운송하는 행위이다. 네 번째 범죄의 각 대상에는 '인식' 혹은 '의도' 등의 심리적 요건이 부가되어 있다.

3. 미수범의 처벌

북경협약과 동 의정서는 보조범죄나 미완성의 범죄도 처벌한다. 주요 범죄를 범하겠다고 직접 또는 간접적으로 위협하는 행위, 범죄수행을 조직하거나 지시하는 행위도 범죄로 본다. 또한 범죄인이 수사, 소추 혹은 처벌을 피하도록 돕는 것도 범죄이다. 각 당사국은 공모나 방조도 범죄로 규정해야 한다.

4. 재판관할권

북경협약과 동 의정서는 각 당사국이 재판관할권을 수립해야 하는 경우와 수립할 수 있는 경우로 구분한다. 전자에 범죄인의 국적국이 포함되며, 후자에는 자국민이 범죄피해자인 경우와 범죄가 자국영토 내에 상주거소(habitual residence)를 두고 있는 무국적자에 의해 행해진 경우를 규정하고 있다.

5. 적용배제

북경협약과 동 의정서는 무력충돌 중의 군대의 활동에는 적용되지 아니한다.

6. 정치범죄 인정배제

북경협약과 동 의정서는 적용대상 범죄들을 정치범죄(political offence)로 간주하지 아니한다고 명시하고 있는데, 이는 헤이그협약이나 몬트리올협약에는 없는 규정이다. 단, 범죄인인도나 사법공조 요청이 인종, 종교, 국적 등의 차별적 사유에 근거한 소추나 처벌로 이어질 수 있다고 믿을 만한 실질적인 이유들이 있는 경우 범죄인인도나 사법공조를 제공할 것으로 강요당하지 아니한다.

7. 형량

북경협약 및 동 의정서에는 범죄에 적용될 수 있는 형량에 대해 구체적으로 언급함이 없이 단지 '엄중한 형벌로(by severe penalties)' 처벌해야 한다고만 규정하고 있다.

8. 강제적 보편관할권

북경협약 및 동 의정서 역시 헤이그협약이나 몬트리올협약과 마찬가지로 '인도 아니면 소추', 즉 강제적 보편관할권을 규정하고 있다.

Ⅵ 결론

항공기의 범죄에 관한 국제법상 규제는 앞서 언급한 세 조약에 의해 주로 규율되고 있다. 다만, 동경협약은 '비행 중 항공기 내에서의 범죄'를 대상으로 하여 규율범위가 좁다는 점, 헤이그협약은 '비행 중에 있는 항공기에 탑승한 자'에 의한 행위만을 대상으로 한다는 점, 몬트리올협약은 '단순하게 운항만을 방해하는 기내의 행위는 포함되지 아니한 점' 등이 한계로 지적된다. 세 협약 모두 협약상의 의무불이행에 대한 제재방법이 규정되지 않은 점도 문제점이다. 세 협약은 범죄인을 국내절차에 따라 처벌하도록 규정하고 있으나, 국제형사재판소의 관할대상범죄로 규정하여 항공범죄를 엄단함으로써 사전에 항공범죄 발생을 확실하게 방지하기 위한 국제공동체의 노력이 요구된다고 생각된다.

기출 및 예상문제

1. A국 민간항공기가 조종사의 실수로 B국의 영공을 침범하였다. B국은 군사첩보로 오인하여 B국 전투기를 총출동시켜 요격을 명령하자 이에 B국 전투기 조종사는 아무런 적절한 조치를 취하지 않고 격추시켜 수백명의 사상자가 발생하였다. B국은 이를 정당한 자위권 발동이라 주장하는데, B국의 국제법상 적법조치, 관련법적 주장 및 법적책임을 논하라. 2001외시

2. 300명이 넘는 승객과 승무원이 탑승한 A국의 민간항공기는 지정된 비행경로를 크게 벗어나 B국 영공을 비행하던 중 B국 전투기에 의해 요격을 당해 추락, 탑승객 전원이 사망하였다. 공해상공 비행 중 격추가 일어났다고 주장하는 A국의 항의와 손해배상청구에 대해 B국은 죄 없는 민간인을 사망하게 한 데 대해서는 애도의 뜻을 표시하였으나, 손해배상은 거부하였다. B국은 문제의 항공기가 B국 측에서 보낸 무선신호 등에 의한 착륙명령을 무시하였을 뿐 아니라 조명탄에 의한 사전경고마저 무시했기에 국가주권을 보호하기 위한 차원에서 격추시켰다고 항변하였다. B국의 조치는 국제법상 어떻게 평가받는가? 양국 모두 시카고협약 당사국이다.

제4장 | 우주공간 및 극지방

제1절 우주공간 총설

I 우주공간의 의의

우주공간(outer space)은 영공이원의 공간으로서 국가의 영역주권이 미치지 아니하는 상부공역을 말한다. 영공의 상부한계를 대기권(air space) 내로 본다면 우주공간은 '대기권 외', 즉 '외기권'(outer space)을 의미하게 된다. 영공의 상부한계에 관한 논쟁이 계속되고 있어 우주공간의 정확한 정의를 내리기는 어렵다. 다만, 영공의 상부외역이 우주공간이라는 관념은 확립되었다. 우주공간을 규율하는 국제법은 1966년의 '달과 천체를 포함한 우주공간의 탐사와 이용에 있어서의 국가 활동을 규율하는 원칙에 관한 조약'(우주조약), 1968년 '우주비행사의 구조·귀환 및 우주공간에 발사된 물체의 귀환에 관한 협정'(우주구조반환협정), 1972년 '우주공간발사체로 인한 손해의 국제적 배상책임에 관한 협약'(우주책임협약), 1974년 '우주공간에 발사된 물체에 관한 협정'(우주물체등록협정), 1979년 '달 기타 천체에서의 국가활동에 관한 협약'(달조약) 등이 있다.

II 우주공간의 법적 지위에 관한 학설

1. 무주물설

우주는 무주물(res nullius)이라는 견해이다. 무주물은 선점의 대상이 되므로 이에 따르면 우주공간은 선점의 대상이 된다. 그러나 우주공간은 배타적 관할권이 인정되지 않고 있으므로 받아들이기 어려운 견해이다.

2. 공공물설

우주는 국가들의 자유로운 사용을 위해 자유로이 개방되어야 한다는 견해이다. 이는 해양자유원칙의 법리로부터 유추된 것으로, 우주는 공해와 유사하며 선점의 대상이 될 수 없는 공공물(res communis)로 전인류에게 자유로이 개방되어야 한다고 본다.

3. 인류의 공동유산설

우주공간 및 그 천체는 인류의 공동유산(common heritage of mankind)이라는 견해이다. 인류의 공동유산은 공공물과 어느 국가에도 귀속되지 않는다. 그러나 공공물과 달리 국가에 의한 자유사용이 인정되지 않으며 인류전체를 대변하는 기구를 설립하고, 동 기구의 관할에 따라 이용할 수 있으며, 형평의 원칙이 적용된다.

4. 검토

우주공간은 어떤 특정국가의 주권에도 종속되지 않을 뿐 아니라 어떤 특정국가도 이를 배타적으로 사용·수익·처분할 수 없으며, 우주는 자유로이 평화적 목적에 이용될 수 있도록 개방되어야 하므로 공공물설이 타당하다. 단, 달과 그 천연자원의 경우 달조약에 의해 인류의 공동유산의 지위를 가진다.

Ⅲ 우주물체 및 우주비행사

1. 우주물체

(1) 소유권 및 관할권

우주물체의 소유권(ownership)은 어디에 존재하는가를 불문하고 발사되기 전에 속했던 국가, 법인 또는 개인에게 소유권이 있다(우주조약 제8조). 그러나 우주물체와 우주비행사에 대한 관할권(jurisdiction)과 통제권(control)의 경우 외기권에서는 등록국(발사국)이 가지나, 타국영역에 떨어진 경우 당해 영토국이 관할권을 가진다. 그러나 소유권은 등록국에 있으므로 등록국이 반환을 요청하는 경우 이를 등록국에 반환해야 한다(우주조약 제8조).

(2) 등록

우주물체등록협약은 우주물체의 의무적 등록을 규정하고 있다. 우주물체가 외기권에 발사되는 경우 발사국은 우선 자국의 적절한 등록부에 등록하고 이후 UN사무총장에게 가능한 한 신속하게 발사국의 이름, 우주물체의 명칭 또는 등록번호, 발사지역 및 위치, 기본 궤도변수, 우주물체의 일반적 기능 등에 대한 정보를 제공해야 한다(우주조약 제2조, 제3조).

2. 우주비행사

우주비행사는 외기권에서 인류의 사절로 간주된다(우주조약 제5조). 우주비행사는 외기권에서의 인류의 사절로서 인류전체의 이익과 양립할 수 없는 활동에 가담해서는 아니 되며 발사국들은 그들의 생명과 건강을 보호하기 위해 가능한 한 모든 조치를 취해야 한다. 외기권에서 활동하는 우주비행사들은 상호 간 가능한 한 모든 원조를 제공해야 한다(우주조약 제5조). 조난을 당하거나 발사국의 영토 밖에서 비상착륙한 우주비행사에 대해 가능한 한 모든 원조를 제공해야 하며 안전하고 신속하게 발사국으로 송환해야 한다(우주조약 제5조).

제2절 | 우주법의 기본원칙

Ⅰ 우주활동 자유의 원칙

1. 의의

> **📖 조문 | 우주조약 제1조 – 우주자유 원칙**
>
> 달과 기타 천체를 포함한 외기권의 탐색과 이용은 그들의 경제적 또는 과학적 발달의 정도에 관계없이 모든 국가의 이익을 위하여 수행되어야 하며 모든 인류의 활동 범위이어야 한다. 달과 기타 천체를 포함한 외기권은 종류의 차별 없이 평등의 원칙에 의하여 국제법에 따라 모든 국가가 자유로이 탐색하고 이용하며 천체의 모든 영역에 대한 출입을 개방한다. 달과 기타 천체를 포함한 외기권에 있어서의 과학적 조사의 자유가 있으며 국가는 이러한 조사에 있어서 국제적인 협조를 용이하게 하고 장려한다.

우주활동의 자유의 원칙은 달 기타 천체를 포함한 우주공간의 탐사와 이용은 모든 국가의 이익을 위하여 수행되어야 하며 모든 국가는 차별 없이 평등하게 달과 기타 천체를 포함한 우주를 국제법에 의거하여 자유로이 이용할 수 있다는 원칙을 말한다(우주조약 제1조).

2. 우주활동 자유의 주체와 객체

우주활동 자유의 주체는 '모든 국가'이다. 국가는 그의 경제적 과학적 발전 정도에 관계없이 우주활동 자유의 주체이다. 한편, 우주활동 자유의 대상은 '달 기타 천체를 포함한 우주공간', 즉 '우주공간'과 '천체'이다.

3. 우주활동 자유의 행위

우주활동은 구체적으로 '탐사'(exploration)와 '이용'(use)이다. 탐사는 조사와 관찰을 의미하고, 이용은 점유나 사용으로부터 나오는 재산상의 이익을 말하며, 이에는 자원의 채취가 포함된다.

4. 우주활동 자유의 제한

모든 국가는 우주개발활동을 함에 있어 타국의 대응하는 이익에 타당한 고려를 해야 한다(우주조약 제9조). 타국의 대응하는 이익이란 1국의 우주활동에 의해 영향을 받는 우주활동상의 이익 또는 이에 관련되는 이익을 말한다. 또한 모든 국가는 우주활동을 함에 있어 국제법에 의거해야 한다(우주조약 제9조).

Ⅱ 영유금지의 원칙

1. 의의

우주공간은 어떤 국가의 배타적 이용의 대상이 되지 아니한다는 원칙을 말한다. 우주조약 제2조는 '달 기타 천체를 포함한 우주공간은 주권의 주장에 의하여 또는 이용과 점유에 의하여 또는 기타 모든 수단에 의하여 국가전용의 대상이 되지 않는다'라고 하여 영유금지의 원칙을 규정하고 있다.

2. 영유금지의 주체 및 객체

영유금지의 주체는 '국가'이다. 한편, 영유금지의 대상은 '달 기타 천체를 포함한 우주공간'이다. 따라서 천체뿐 아니라 우주공간 자체도 국가의 영유대상이 되지 아니한다.

3. 영유금지의 수단

영유금지의 수단은 '주권의 주장', '이용과 점유', '기타의 수단'이다. 주권의 주장은 실효적·물리적 이용이나 점유에 의하지 않고 관념적 영유를 주장하는 것을 말한다. 영구적 또는 반영구적 성질을 가진 장치를 달이나 기타 천체에 설치하는 것은 '점유'에 해당한다는 주장이 있으나 타당하지 않다.

Ⅲ 평화적 이용의 원칙

> **📑 조문 | 우조조약 제4조 - 우주공간의 평화적 이용 원칙**
>
> 본 조약의 당사국은 지구주변의 궤도에 핵무기 또는 기타 모든 종류의 대량파괴 무기를 설치하지 않으며, 천체에 이러한 무기를 장치하거나 기타 어떠한 방법으로든지 이러한 무기를 외기권에 배치하지 아니할 것을 약속한다. 달과 천체는 본 조약의 모든 당사국에 오직 평화적 목적을 위하여서만 이용되어야 한다. 천체에 있어서의 군사기지, 군사시설 및 군사요새의 설치, 모든 형태의 무기의 실험 그리고 군사연습의 실시는 금지되어야 한다. 과학적 조사 또는 기타 모든 평화적 목적을 위하여 군인을 이용하는 것은 금지되지 아니한다. 달과 기타 천체의 평화적 탐색에 필요한 어떠한 장비 또는 시설의 사용도 금지되지 아니한다. (States Parties to the Treaty undertake not to place in orbit around the earth any objects carrying nuclear weapons or any other kinds of weapons of mass destruction, install such weapons on celestial bodies, or station such weapons in outer space in any other manner. The moon and other celestial bodies shall be used by all States Parties to the Treaty exclusively for peaceful purposes. The establishment of military bases, installations and fortifications, the testing of any type of weapons and the conduct of military manoeuvres on celestial bodies shall be forbidden. The use of military personnel for scientific research or for any other peaceful purposes shall not be prohibited. The use of any equipment or facility necessary for peaceful exploration of the moon and other celestial bodies shall also not be prohibited.)

1. 의의

평화적 이용의 원칙은 우주공간을 평화적 목적으로만 이용할 수 있고 군사적 목적으로 이용할 수 없다는 원칙을 말한다(우주조약 제4조).

2. 핵무기 등의 설치 금지

지구주변의 궤도에 핵무기 또는 기타 모든 종류의 대량살상무기를 설치하는 것이 금지되며, 천체에 이러한 무기를 장치하거나 기타 어떠한 방법으로든지 이러한 무기를 외기권에 배치하는 것은 금지된다. 우주조약이 금지 대상으로 규정하는 것은 핵무기와 기타 대량 파괴무기에 한정하고, 그 밖의 무기, 군사시설 또는 군사요원은 금지의 대상이 아니다. 따라서 정찰위성·통신위성의 설치나 지구주변궤도에 진입하지 않는 대륙간유도탄(ICBM)의 발사는 금지되지 않는다.

3. 천체에 군사기지 등의 설치 금지

천체상에서 군사기지, 군사시설, 방위시설의 설치 및 모든 형태의 무기실험과 군사연습의 실시도 금지된다. 군사요원이나 군사시설을 사용하더라도 평화적 목적을 위한 것이면 합법하다.

Ⅳ 국제적 협력의 원칙

1. 의의

국제적 협력의 원칙은 우주공간의 탐사와 이용을 국제적 협조와 이해의 증진을 위해 수행해야 하는 원칙을 말한다(우주조약 제3조).

2. 우주조약상 구체적 내용

첫째, 당사국은 다른 당사국의 상응한 이익을 충분히 고려해야 한다(제9조). 둘째, 우주물체를 발사한 당사국은 다른 국가의 요청이 있는 경우 발사한 우주물체의 비행을 관찰할 기회를 평등의 원칙하에 고려해야 한다(제10조). 셋째, 외기권의 탐사 및 이용에 있어서 우주활동의 성질, 수행, 결과 등을 실행 가능한 최대 한도 내에서 일반대중, 과학단체, 국제연합사무총장에게 통보해야 한다(제11조).

제3절 우주활동과 국제책임

Ⅰ 서론

우주활동이 점차 증가함에 따라 우주물체가 증가하고 우주물체 간의 충돌가능성 및 우주물체가 우주나 지구에 위협을 줄 가능성이 점차 커져가고 있다. 우주활동으로 인한 손해의 경우 대규모로 발생할 가능성이 있기 때문에 이를 구제하기 위한 책임법이 요청되었고, 1972년 '우주물체에 의하여 야기된 손해에 대한 국제책임에 관한 협약'(책임협약)이 채택 및 발효되었다. 한국에는 1980년 발효되었다. 동 조약은 1967년에 체결된 '달과 기타 천체를 포함한 외기권을 탐사하고 이용하는 국가활동에 적용되는 제원칙에 관한 조약'(우주조약) 제6조 및 제7조의 세부이행조약의 성격을 가지고 있다. 책임협약의 주요조항을 검토한다.

Ⅱ 용어

1. 손해(Damage)

'손해 없으면 책임 없다'는 원칙은 우주활동에서도 타당하다. 책임협약 제1조 제(a)호에 따르면 손해는 인적손해와 물적손해로 구분된다. 인적손해란 사망이나 우주활동의 결과로 희생자들이 입은 육체적 정신적 손해를 말하며, 직접손해뿐 아니라 간접손해도 포함한다. 물적손해란 국가 및 그 관할하의 사인의 재산상의 손실이나 피해를 의미한다. 또한 국제 정부 간 기구의 재산에 대한 피해도 포함한다.

2. 발사(Launching)

우주활동은 우주물체의 발사에서 시작되어 우주물체의 회수가 이루어지는 동안 전개되므로, 우주물체로 간주되기 위해서는 우주물체를 우주로 발사하는 행위가 전제되어야 한다. 발사행위에는 '시도된 발사'(attempted launching)를 포함한다(제1조 제(b)호). 발사 또는 시도된 발사에 대한 정의규정은 없으나, 발사의 의미는 시험발사이든 실제의 배치를 위한 발사이든 엔진이 시동되는 순간부터 그 후의 모든 단계가 포함되도록 가급적 넓게 해석하는 것이 피해자를 두텁게 보호하는 것이 될 것이다.

3. 발사국(Launching state)

우주물체의 발사는 국가, 개인(법인포함), 국제조직에 의해 이루어지나 손해에 대한 책임의 궁극적 귀속주체는 발사국이다. 책임협약상 발사국에는 (1) 우주물체를 발사하는 국가, (2) 발사행위를 조장하는 국가, 즉 발사비용을 제공하거나, 발사를 요청하거나, 발사를 지휘하는 국가 등, (3) 우주물체가 발사되는 영역국, (4) 우주물체의 발사에 사용된 시설의 소유국이 포함된다.

4. 우주물체(Space Object)

책임협약 제1조 제(d)호는 '우주물체에는 발사체와 그 부품뿐 아니라 우주물체의 구성품이 포함된다'라고 규정하고 있다. 우주물체에는 발사행위와 관련 없이 외계의 물질로 우주공간에 건설되거나 조립된 물체도 포함한다. 또한 폭발이나 충돌의 발생으로 인한 우주물체의 파편 등 우주쓰레기도 우주물체의 범위에 포함되며 그에 대한 책임도 발사국에 있다. 우주물체에 탑승하고 있는 사람과 탑승자의 소지품은 우주물체가 아니므로 이로 인한 손해는 책임협약의 적용범위를 벗어난다. 그러나 이러한 경우는 우주조약 제6조에 의해 발사국이 책임을 진다. 우주왕복선(space shuttle)의 법적 지위에 대한 논란이 있으나 통설은 우주왕복선을 항공기로 보지 않고 우주물체로 본다.

Ⅲ 책임유형

책임협약 제2조~제6조는 무과실책임, 과실책임, 공동 및 개별책임, 책임의 면제로 유형화하여 규정하고 있다.

1. 무과실책임(절대책임: Absolute Liability)

(1) 규정

제2조는 발사국은 자국의 우주물체에 의하여 '지표 또는 비행 중인 항공기'에 발생된 손해에 대하여 절대적으로 배상할 책임이 있다고 규정하고 있다.

(2) 무과실책임 인정 이유

무과실책임을 인정하는 이유는 ① 우주활동은 고도의 위험성을 수반하는 행위이므로 행위자에게 요구되는 주의 정도와 관계없이 책임을 져야 하고, ② 각국의 우주프로그램이 비밀에 싸여 있으므로 과실을 입증하는 데 필요한 정보를 얻을 수가 없으며, ③ 고도로 그리고 특별히 위험하다는 것을 알고 그 행위로 나아가는 자는 그로부터 얻는 경제적 이익뿐 아니라 경제적 부담도 받아들여야 하기 때문이다.

(3) 무과실책임 인정의 장소적 범위

'지표'(surface of the earth)란 육지 · 바다 · 지하를 포괄하는 개념이며, '비행 중인 항공기'(aircraft in flight)란 공중(airspace)에 배치된 모든 인공물체를 포함한다.

2. 과실책임(Fault Liability)

(1) 의의

제3조는 지표 이외의 곳에서, 즉 우주에서 우주물체끼리 충돌하거나 전자기적 간섭 등으로 손해가 발생한 경우 우주물체 발사국들 상호 간의 책임관계를 규정하고 있다. 발사국을 달리하는 우주물체들 간의 충돌의 경우 발사국 상호 간에는 '과실책임주의'를 따른다. 우주에서 우주물체들로 인해 발생된 손해에 대해 과실책임을 인정하는 것은 행위의 결과에 대한 인식과 위험의 수용에 관하여 관련 당사자들이 대등하기 때문이다.

(2) 과실의 표준

전통적으로 과실책임은 어떤 상황에서 합리적이라고 생각되는 주의의 정도를 다하지 못한 때에 발생한다. 책임협약에는 과실 여부를 판단하기 위한 행위규범을 정의하지 않고 있다. Baker는 발사국에 과실이 있다고 하기 위해서는 ① 발사국이 회수기술을 보유하고 있으면서 고의로 위성을 방치하거나, ② 정지궤도에서 요구되는 위성 간 거리를 유지하지 않거나, ③ 비활동위성을 처분궤도에 배치하지 않거나, ④ 우주쓰레기의 발생을 완화시키지 않거나, ⑤ 우주활동으로 발생하는 우주쓰레기를 제거하는 것을 거부하는 등의 행위가 있어야 한다고 본다.

3. 공동 및 개별책임(Joint and Several Liability)

협약은 공동 및 개별책임을 지는 형태를 두 가지로 구분하고 있다.

(1) 제4조

어느 발사국의 우주물체 또는 그 우주물체상의 사람 또는 재산이 타 발사국의 우주물체에 의해 지상 이외의 곳에서 손해를 입고, 그로 인해 제3국 또는 제3국 국민에게 손해를 발생시킨 경우 앞의 두 국가는 제3국에 공동 및 개별책임을 진다. 손해에 대한 책임부담은 과실의 정도에 따라 배분되나, 과실의 범위가 입증되지 않는 경우 동등하게 분담된다. 제3국은 어느 국가에게든지 완전보상을 요구할 권리가 있다(개별책임).

(2) 제5조

2개국 이상이 공동으로 하나의 우주물체를 발사한 경우에는 발생된 손해에 대해 공동 및 개별책임을 진다. 손해를 배상한 국가는 공동발사에 참여한 국가에 대해 구상권을 가진다. 공동발사 참여자들은 상호 그들의 분담분에 관한 협정을 체결할 수 있으나, 그러한 협정은 피해국의 권리를 침해할 수 없다.

4. 책임의 면제

(1) 의의

제6조 제1항에 의하면 일정한 경우 가해자는 무과실책임에서 면제된다. 즉, 손해가 피해자 측의 중대한 과실이나 고의로 행한 부작위에 의해서 전적으로 또는 부분적으로 발생하였음을 발사국이 입증한 경우에는 그 범위 내에서 책임이 면제된다. 동 조는 무과실책임의 면제와 관련된 규정이고, 과실책임의 경우는 자동적으로 상계가 이루어지므로 과실책임으로부터의 면제는 불필요하다.

(2) 면제되는 무과실책임과 과실책임의 차이

제6조의 규정은 무과실책임과 과실책임의 차이를 모호하게 만드는 측면이 있으나, 입증책임의 분배차원에서 여전히 차이가 유지된다. 책임을 면하기 위해서는 무과실책임의 경우 피해자 측에 과실이 있다는 점을 발사국이 입증해야 한다. 이는 무과실책임의 경우 과실이 추정되기 때문이다. 반면, 과실책임의 경우에는 발사국의 과실을 피해자가 입증해야 한다. 이는 과실책임의 경우 무과실로 추정되기 때문이다.

(3) 책임면제의 제한

무과실책임의 면제는 피해자 측에 중대한 과실이나 고의가 있을 때에만 인정되고, 발사국의 행위가 특히 UN헌장, 우주조약을 포함한 국제법과 일치하지 않는 방법으로 행해진 경우에는 피해자의 과실에 관계없이 발사국에 책임을 인정한다.

Ⅳ 손해배상청구절차

책임협약은 제8조 내지 제20조에서 손해배상청구절차를 규정하고 있다.

1. 청구주체 – 제8조

피해자가 국가인 경우에는 피해국만이 청구를 제기할 수 있다. 그러나 개인이 손해를 입은 경우에는 국적국, 손해가 발생한 영역국 및 피해자의 영주지국이 청구를 제기할 수 있다. 개인피해자의 청구제기에는 순서가 있으며, 국적국, 손해발생지국, 영주지국의 순이다. 일반국제법상 국적국만이 국민의 피해에 대한 청구를 제기할 수 있다는 점에서 보면, 손해발생지국이나 영주지국이 손해를 입은 개인을 위해 청구를 제기하는 것은 국제법의 발전적 측면으로 평가할 수 있다. 다만, 이 세 주체가 모두 청구를 포기하는 경우 개인의 피해를 구제할 수 없다.

2. 청구절차 – 제9조

손해배상청구는 외교채널을 통해 발사국에 한다. 외교관계가 없는 경우 제3국이나 UN사무총장을 통해서 청구할 수 있다. UN사무총장을 통해 청구하는 경우에는 발사국과 청구국이 모두 UN회원국이어야 한다. 또한 제3국은 반드시 책임협약의 당사국이 아니어도 된다. 책임협약상 명문규정은 없으나, 청구에 있어서는 (1) 손해발생사실, (2) 손해가 우주물체에 의해 발생되었다는 것, (3) 우주물체가 피청구국에 의해 발사되었다는 사실, (4) 발사국이 본 협약의 당사국이라는 사실을 입증해야 할 것이다.

3. 청구권의 행사기간 – 제10조

제1항에 의하면 손해배상청구는 손해가 발생한 때로부터 또는 우주물체의 발사국을 확인한 때로부터 1년 이내에 제기해야 한다. 그러나 제2항은 손해의 발생이나 발사국을 확인하지 못했을 경우에는 그러한 사실을 인지한 날로부터 1년 이내에 제출할 수 있다고 규정하고 있다. 또한 손해의 전범위가 추후에 모두 알려진 경우에는 손해의 전범위가 확인된 이후 1년 이내에 추가적인 증거자료를 제출할 수 있다(제3항). 제3항은 우주활동은 초위험적 성격을 띠기 때문에 손해의 범위가 상당한 기간 동안 파악되지 않을 수 있음을 반영한 조항이다.

4. 국내구제완료 원칙의 배제 – 제11조

전통적으로 외교적 보호권은 국내구제가 완료될 때까지 발동이 정지된다. 그러나 협약은 국내적 구제를 다하는 것을 기다리지 않고 바로 청구를 제기할 수 있도록 하여 전통국제법에 중대한 수정을 가하고 있다. 그러나 개인이 발사국 국내법원에 대한 손해배상청구의 제기를 막는 것은 아니다. 다만, 이 경우 피해국가는 발사국에 대한 청구를 제기할 수 없다. 그러나 피해사인이 패소한 경우에는 피해국이 국제청구를 제기할 수 있다.

5. 배상액 및 배상형식 – 제12조 및 제13조

배상액은 발사국이나 피해국의 국내법이 아니라 국제법 및 정의와 공평의 원칙에 따라 결정되어야 한다(제12조). 배상액은 피해자로 하여금 손해가 발생하지 않았다면 존재했을 상태로 회복하게 하는 정도의 배상이어야 한다. 또한 배상의 형식에 관하여 달리 합의가 없는 한 금전배상이 원칙이다(제13조). 금전배상 시에도 청구국의 통화로 지급하는 것이 원칙이나, 청구국이 요구하는 경우 피청구국의 통화로 지급할 수 있다.

6. 청구위원회 – 제14조 ~ 제20조

외교교섭을 시작한 지 1년 이내에 청구가 해결되지 않을 경우, 어느 일방 당사국의 요청에 따라 청구위원회(claims commission)가 설치된다. 청구위원회는 배상청구의 타당성 여부를 결정하고, 타당할 경우 지불해야 할 배상액을 확정한다. 청구위원회의 결정은 당사국들이 동의하는 경우에 한해서 최종적이며 구속력이 있다(final and binding). 당사국들이 동의하지 않는 경우, 청구위원회는 최종적이며 권고적인 판정(final and recommendatory award)을 내리되 당사국들은 이를 성실히 고려해야 한다.

V 기타 조항

1. 협약의 적용배제 – 제7조

책임협약은 발사국의 우주물체로 발생된 손해에 대해 일정한 경우 책임협약의 적용을 배제하고 있다. 제7조에 의하면 (1) 발사국의 국민, (2) 우주물체 발사의 때로부터 또는 그 후의 어느 단계에서 하강까지 우주물체의 운영에 참가하거나, 발사국의 초청으로 계획된 발사 혹은 회수지역의 인근에 있는 외국인에 대해서는 협약의 규정을 적용하지 않는다.

2. 환경손해에 대한 책임 – 제21조

우주물체에 의해 야기된 손해가 인간생활에 대규모 위험을 주거나 주민의 생활조건이나 중요시설의 기능에 심각하게 간섭을 하는 경우에는 당사국들 특히 발사국은 요구가 있을 경우 손해를 입은 국가에 적절하고도 신속한 원조를 제공할 수 있는 방법을 강구해야 한다. 공해나 어느 국가의 관할권에도 속하지 않은 곳에 환경위협이 있을 경우 모든 당사국들이 발사국에 대해서 필요한 조치를 취할 수 있다고 해석된다.

3. 국제조직의 우주활동과 책임 — 제22조

(1) 의의

책임협약은 우주활동에 종사하는 정부 간 국제기구들에게도 적용된다. 단, 국제기구가 책임협약에 규정된 권리와 의무를 수락한다는 선언을 하고, 또한 국제기구의 과반수 회원국이 책임협약 및 우주조약의 당사국인 경우에 한한다. 당해기구와 당해기구의 회원국이면서 동시에 책임협약의 당사국인 국가들은 공동으로 그리고 개별적으로 책임을 진다.

(2) 가해자로서의 책임

책임협약이 적용되는 국제기구가 가해자인 경우, 청구는 우선 국제기구 측에 먼저 제기되어야 한다. 청구국은 국제기구가 6개월 이내에 배상금을 지급하지 않는 경우 국제기구 회원국이면서 동시에 책임협약의 당사국인 국가들에게 이 금액의 지급책임을 물을 수 있다.

(3) 피해자로서의 배상청구

책임협약이 적용되는 국제기구에 가해진 손해에 대한 배상청구는 당해 국제기구의 회원국이면서 동시에 책임협약의 당사국인 한 국가에 의해 제기되어야 한다.

Ⅵ 결론

책임협약은 몇 가지 점에서 입법론이 제기되고 있다. 첫째, 청구위원회의 판결에 의무적 구속력을 부인한다. 둘째, 환경손해에 대해서는 절대책임을 부여한다. 셋째, 개인희생자 보호에 만전을 기하기 위해서는 개인도 UN사무총장을 통해 배상청구를 할 수 있어야 한다. 넷째, 우주활동을 하는 국제조직에 국가와 같은 법인격을 인정해야 한다. 다섯째, 발사국 확인을 용이하게 하기 위한 국제위성감시기구를 설치할 필요가 있다.

제4절 인공위성에 관한 국제법적 쟁점

Ⅰ 위성직접TV방송(Satellite Direct Television Broadcasting)

1. 쟁점

위성직접TV방송에 대해 제3세계 및 사회주의 진영과 미국을 위시한 서방 선진국의 입장이 대립하고 있다. 제3세계 진영의 경우 영토국에 대한 사전통고와 영토국의 동의 없는 위성TV방송은 허용될 수 없다는 입장이다. 반면, 서구진영 국가들은 인권, 특히 정보의 자유(freedom of information)라는 관점에서 이에 반대한다.

2. UN총회 결의

UN총회는 1982년 '국제직접TV방송을 위한 지구인공위성의 국가사용을 규율하는 제원칙'(Principles Governing the Use by States of Artificial Earth Satellite for International Direct Television Broadcasting)을 채택했다. 이에 따르면 타국영토에 대한 위성직접TV방송은 방송수신예정국에 대한 지체 없는 통고(Notification without Delay)에 이은 신속한 협의(Prompt Consultation) 및 특별협정을 기초로 해서만 수행될 수 있다. 단, 불가피한 전파침투(Unavoidable Spillover) 문제에 대해서는 국제통신연합(ITU)의 관련 문서들이 전적으로 적용된다고 하였다.

Ⅱ 지구원격탐사(remote sensing of the Earth)

1. 쟁점

지구원격탐사는 항공기 또는 인공위성에 탑재한 감지기(Sensor)를 통해 지구를 탐지 및 분석하는 것을 말한다. 원격탐사의 목적은 군사적 첩보수집, 기상관측, 해양과 육지의 관찰, 지하 부존자원 확인 등 다양하다. 인공위성을 통해 타국가를 탐사하는 활동에 대해 제3세계 국가들은 대체로 피탐사국의 사전동의가 있어야만 당해 국가에 대한 원격참사와 그로부터 얻은 정보가 공표될 수 있다고 주장한다. 소련과 프랑스도 '자국의 천연자원과 그에 관한 정보를 처분할 수 있는 국가의 불가양의 권리'를 주장하고 있다. 반면, 미국은 원격탐사와 그로부터 얻은 정보의 자유로운 이용에 대한 여하한 규제에도 반대하는 입장을 취하고 있다.

2. UN총회 결의

1986년 UN총회는 '외기권에서 지구의 원격탐사에 관한 제원칙'(Principles relating to Remote Sensing of the Earth from Outer Space)을 채택하였다. 동 결의 제13원칙은 원격탐사에 있어서 탐사국은 피탐사국의 사전동의를 구할 의무가 없고, 다만 피탐사국의 요청이 있는 경우 '협의'(Consultation)에 응해야 한다고 규정하였다.

Ⅲ 지구정지궤도(Geostationary Orbit)

1. 쟁점

지구정지궤도란 적도상공 약 36000km(22300마일) 지점의 외기권을 의미한다. 이 지점에서는 인공위성이 동력에 의존함이 없이 지구가 회전하는 속도와 동일하게 회전하므로 지구에서 보면 인공위성이 움직이지 않고 정지되어 있는 것처럼 보인다. 지구정지궤도는 하나의 위성을 통하여 지상방송국들 간에 계속적인 접촉을 제공할 수 있는 '유일한' 궤도이므로 유한한 자원의 성격을 띠고 있다. 따라서 1976년 적도국가인 브라질, 콜롬비아, 콩고, 에콰도르, 인도네시아, 케냐, 우간다, 자이레 등은 '보고타선언'(Bogota Declaration)을 통해 지구정지궤도가 자신들의 주권이 미치는 영토의 일부라고 주장하였다.

2. 국제적 논의 동향

오늘날 영공의 상방한계는 최고 100마일 정도로 인식되므로 적도국가들의 영유권 주장은 배척되고 있다. 국제사회는 이 문제에 대해 유한한 자원의 '형평한 이용'을 위한 법적 기준 마련 문제로 접근하고 있으나 구체적 기준은 마련되지 않고 있다.

I 북극

1. 의의

북극은 대체로 얼음으로 구성되어 있다. 그린란드는 덴마크령이며, Svalbard군도는 노르웨이령이다. 러시아와 캐나다는 명시적 또는 묵시적으로 선형이론에 근거하여 북극지방에 산재하고 있는 섬들에 대해 주권을 주장해 오고 있다. 반면, 미국, 노르웨이, 덴마크, 핀란드 등의 다른 북극지방 국가들은 이 이론을 원용하지 않고 있다.

2. 오타와 선언(1996)

북극지역 영토에 대해 주권을 가진 '북극극가(Artic States)' 8개국이 1996년 오타와선언을 발표하고 '북극이사회'를 설립했다. 북극이사회는 국제기구로 의도된 것은 아니다. 북극이사회에는 토착민공동체가 업무에 참여하고 있다. 즉, 북극지역의 원주민을 대표하는 일반 민간단체(NGO)는 '영구참여자(Permanent Participants)'의 자격으로 북극이사회의 모든 업무에 참여한다. 북극이사회의 의사결정은 '컨센서스'이며 영구참여자들은 투표권이 없다. 비북극국가들, 세계적 및 지역적 차원의 정부 간 및 의회 간 기구, 비정부기구는 북극이사회의 옵서버 지위를 부여받을 수 있다. 북극이사회는 2011년 5월 상설사무국을 설립하여 이사회를 강화하기로 하였다. 사무국은 노르웨이 트롬서시에 소재하고 있다.

3. 북극지방 수색과 구조 협정(2011)

북극이사회 8개 회원국이 채택한 조약이다. 이 협정은 북극 이사회 후원하에 교섭된 최초의 구속력 있는 조약이다.

4. Polar Code

지구 기온이 상승하면서 극지방 주변의 해로가 열리거나 확대됨에 따라 'Polar Code'가 채택되었다. 이는 선박의 안전한 운항과 오염 방지를 도모하기 위한 것이다. 국제해사기구는 2014년과 2015년에 'Polar Code' 즉 '극지 해역 운항선박 국제기준'을 채택하고, '해상인명안전 국제협약' 및 '선박오염방지 국제협약'에 규정하였다. 두 조약을 일부 개정한 것이다.

Ⅱ 남극

1. 영유권

영국 등 7개국이 선형이론에 기초하여 영유권을 주장하고 있다. 미국과 러시아는 영유권 주장을 유보하였고 기타 국가들은 영유권 주장을 하지 않았다.

2. 남극조약

(1) 평화적 이용 – 제1조

남극지역은 평화적 목적을 위하여서만 이용된다. 특히, 군사기지와 방비시설의 설치, 어떠한 형태의 무기 실험 및 군사훈련의 시행과 같은 군사적 성격의 조치는 금지된다. 다만, 이 조약은 과학적 연구를 위하거나 또는 기타 평화적 목적을 위하여 군의 요원 또는 장비를 사용하는 것을 금하지 아니한다.

(2) 영유권 주장 동결 – 제4조

남극 조약의 어떠한 규정도, ① 어느 체약당사국이 종전에 주장한 바 있는 남극지역에서의 영토주권 또는 영토에 관한 청구권을 포기하는 것, ② 어느 체약당사국이 남극지역에서의 그 국가의 활동 또는 그 국민의 활동의 결과 또는 기타의 결과로서 가지고 있는 남극지역의 영토주권에 관한 청구권의 근거를 포기하는 것 또는 감소시키는 것, ③ 남극지역에서의 타국의 영토주권, 영토주권에 관한 청구권 또는 그 청구권의 근거를 승인하거나 또는 승인하지 않는 것에 관하여 어느 체약당사국의 입장을 손상하는 것으로 해석되지 아니한다. 또한, 이 조약의 발효 중에 발생하는 여하한 행위 또는 활동도 남극지역에서의 영토주권에 관한 청구권을 주장하거나 지지하거나 또는 부인하기 위한 근거가 되지 아니하며, 또한 남극지역에서의 어떠한 주권적 권리도 설정하지 아니한다. 이 조약의 발효 중에는 남극지역에서의 영토주권에 관한 새로운 청구권 또는 기존 청구권의 확대를 주장할 수 없다.

(3) 핵실험 등 금지 – 제5조

남극지역에서의 모든 핵폭발과 방사선 폐기물의 동 지역에서의 처분은 금지된다.

(4) 남극조약의 적용범위 – 제6조

남극조약은 모든 빙산을 포함하여 남위 60도 이남의 지역에 적용된다. 그러나 이 남극조약의 어떠한 규정도 동 지역 내의 공해에 관한 국제법상의 어느 국가의 권리 또는 권리의 행사를 침해하거나 또는 어떠한 방법으로도 동 권리 또는 동 권리의 행사에 영향을 미치지 아니한다.

(5) 감시원의 지명 – 제7조

남극조약의 목적을 증진하고, 또한 남극조약의 제규정의 준수를 확보하기 위하여 각 체약당사국은 조사를 행할 감시원을 지명할 권리를 가진다. 감시원은 그를 지명하는 체약당사국의 국민이어야 한다. 감시원의 이름은 감시원을 지명할 권리를 가지는 다른 모든 체약당사국에게 통보되며, 또한 그들의 임명의 종료에 관하여도 똑같이 통고된다. 각 감시원은 남극지역의 어느 지역 또는 모든 지역에 언제든지 접근할 완전한 자유를 가진다. 남극지역 내의 모든 기지, 시설 및 장비와 남극지역에서 화물 또는 사람의 양륙 또는 적재 지점의 모든 선박과 항공기를 포함하여 남극지역의 모든 지역은 이 제1항에 따라 지명된 감시원에 의한 조사를 위하여 언제든지 개방된다.

(6) 남극지역에서의 관할권 - 제8조

감시원, 과학요원 및 그러한 사람을 동행하는 직원은, 이 조약에 따른 자기의 임무의 수행을 용이하게 하기 위하여, 남극지역에서의 모든 사람에 대한 관할권에 관한 체약당사국의 각자 입장을 침해함이 없이, 남극지역에 있는 동안 자기의 임무를 수행할 목적으로 행하는 모든 작위 또는 부작위에 대하여 그들의 국적국인 체약당사국의 관할권에만 복종한다. 남극지역에서의 관할권의 행사에 관한 분쟁에 관계된 체약당사국은 상호 수락할 만한 해결에 도달하기 위하여 즉시 서로 협의하여야 한다.

(7) 남극조약 협의 당사국

남극조약 협의 당사국(Antartic Treaty Consultative Parties: ATCPs)은 남극조약 당사국 중에서 12개 원회원국과 그 밖에 가입국 중에서 과학기지의 설치 또는 과학탐험대의 파견과 같은 남극에서의 실질적인 과학연구활동을 통해 남극에 대해 관심을 표시하고 있는 국가를 말한다. 남극에 관련된 중요한 결정은 이들 국가로 구성되는 남극조약협의회의에서 결정한다. 남극조약 채택 50주년이 되는 2009년 4월 제32차 남극조약 협의당사국회의에서 협의당사국들은 공식선언을 통해 모든 인류의 이익을 위하여 지난 50년간 남극조약과 남극조약체제에서 수립된 그들의 협력을 계속하고, 확대하기로 결정한 바 있다.

3. 물개보존협약

남극의 물개를 보존하기 위하여 1972년 '남극물개보존협약'이 체결되어 6종의 물개의 보존을 위하여 어획에 관한 양, 허용기관, 구역, 방법 등을 규제하고 있으며 5년마다 검토회의를 개최한다.

4. 해양생물자원보존협약

남극지역의 해양생물자원의 보존을 위하여 미국·소련·일본을 포함하여 15개국 간에 1980년 체결되었다. 협약은 어족·대륙붕생물자원·근해서식조류를 해양생물자원에 포함하고 있으며, 해양생물자원의 합리적 이용과 보존을 목적으로 하며 이를 위하여 보존위원회를 두고 있다. 이 협약은 남위 60도 이남지역에 있어서 남극해양생물자원 및 남위 60도와 남극수렴선 사이의 지역에 있어서의 남극해양생태계에 속하는 남극해양생물자원에 대하여 적용한다. 남극조약의 당사국이 아닌 체약당사국은 남극조약지역의 환경보호 및 보존을 위한 남극조약 협의당사국의 특별한 의무와 책임을 인정한다.

5. 남극조약환경보호의정서

남극의 환경보호를 위해 1991년 채택되었다. 남극환경에 악영향을 미치는 행위의 방지, 활동계획에 대한 사전 환경영향평가 실시, 긴급사태 발생 시 대응조치의 실시, 수행 중 활동에 대한 감시 및 과학조사활동의 우선적 수행의 보장 등을 명시하고 있다. 과학조사 이외의 모든 광물자원개발활동은 의정서 발효 후 50년간 금지된다.

6. 남극 광물자원활동의 규제에 관한 협약

1988 6월 2일 뉴질랜드 웰링턴에서 채택되었다. 이 협약은 남극에 대해 영유권을 주장하는 7개국을 포함하여 16개국이 비준해야 발효한다. 1989년 5월 오스트레일리아 외무장관은 남극 자원개발을 승인하기 위해 엄격한 절차를 설정하고 있고 또 환경지침을 수립하고 있는 이 협약이 남극을 보호하는 유일한 방법일지도 모른다고 항변하였다. 이 협약에 대해 거부권을 가지고 있는 프랑스는 비준거부 의사를 천명하면서 환경보존책을 더욱 강화할 새로운 교섭을 요구하였다.

제1절 총설

Ⅰ 국제환경법의 의의

1. 국제환경법의 정의

국제환경법이란 환경보호를 목적으로 하는 국제법규범의 총체이다. 환경보호란 생태계를 구성하고 있는 모든 요소를 보호 · 보전하고 생태학상의 균형을 유지하는 것을 말한다.

2. 환경에 대한 국제법의 시각 변화

전통국제법은 타국의 주권적 권리는 존중되어야 한다는 기본원칙에 근거하여 타국의 환경을 침해하는 것을 금지하였을 뿐, 환경 자체를 보호하지 않았다. 따라서 국가는 국가관할권하에 있지 아니하는 환경이나 당해 국가 자신의 환경을 손상시킬 자유가 있었다. 그러나 오늘날 국제법에서 환경은 그 자체로서 보호의 대상이 되고 있다. 모든 국가는 타국의 환경뿐 아니라 자국환경과 국가관할권 밖의 지역 환경을 침해하지 않아야 하며, 모든 국가는 타국의 행동으로 손해를 입었느냐와 관계없이 환경에 대한 존중을 요구할 권리를 가진다. 이는 국제공동체가 주권 및 상호주의 원칙으로부터 결속과 국제공동체의 가치를 지지하는 방향으로 이행하고 있음을 보여주는 좋은 예이다.

Ⅱ 국제환경법의 특성

1. 연성법

국제환경법은 연성법(Soft Law)으로서 강력한 법적 구속력을 갖고 있지 않다. 즉, 구체적인 법적 의무를 창설하고 위반 시 국가책임을 추궁하려 하기보다는 관련 분야 보호 · 보존을 위한 원칙을 제시하여 당사국들이 자발적으로 이행하도록 한다.

2. 단계적 법형식

국제환경협약은 기본조약과 의정서의 단계적 형식으로 체결되는 경우가 많다. 기본조약은 일반적 · 추상적 내용을 규정하고, 의정서는 기본조약에서 규정한 내용을 구체화하여 조약이행을 위한 보호조치와 기준을 설정한다.

3. 보편화의 추구

국제환경조약에는 환경보호를 위한 '일반적 의무조항'이 포함되어 조약상 의무의 보편화를 추구한다. 이는 환경문제가 당사국만의 문제가 아니라 모든 당사국 및 모든 국가의 문제가 되고 있기 때문이다.

I 의의

지속가능개발(sustainable development) 원칙이란 국가가 자연자원을 개발하고 사용함에 있어 지속가능하도록 보장해야 한다는 것이다. 세계환경개발위원회 보고서(1987)에 의하면 지속가능개발이란 그들 자신의 필요를 충족시킬 수 있는 미래세대의 능력을 위태롭게 하지 않는 범위 내에서 현재의 필요를 충족시키는 개발(development that meets the needs of the present without compromising the ability of future generations to meet their own needs)을 말한다. 개발이 지속가능해야 한다는 것은 환경보호가 개발과정에 통합되어야 함을 의미한다.

II 지속개발 원칙의 구체적 내용

1. 세대 간 형평의 원칙

(1) 의의

Weiss에 의하면 세대 간 형평개념은 지구상의 한 생명체로서 인류는 지구상의 현세대 구성원과 과거 및 미래 세대와 공동으로 지구의 자연 및 환경자원을 공유하고 있다는 인식에 기초하고 있다. 따라서 현세대는 미래세대에 대해 일정한 의무를 부담하는바, 현세대가 전 세대로부터 받은 것보다 나쁘지 않은 상태로 이 지구를 미래세대에 물려주어야 한다. 구체적으로는 ① 자원을 보존하고 형평한 사용을 보장하는 것, ② 환경에의 악영향을 피하고 재난을 방지하며 그 피해를 최소화하는 것, ③ 긴급상황에서 상호 지원하는 것이다.

(2) 국제관행

스톡홀름선언 원칙 1은 미래세대를 위하여 지구의 자연유산을 보존할 필요가 있다는 참가국들의 합의를 밝히고, 인간은 현세대와 미래세대를 위하여 환경을 보존하고 증진할 엄숙한 책임이 있다고 선언하였다. 리우환경선언은 이에 대한 직접적 언급은 없으나 스톡홀름선언의 원칙들을 재확인한다고 밝히고 있다(서문). 한편, 국제사법재판소는 'Legality of the Threat or Use of Nuclear Weapon 사건'에서 '환경은 추상적인 것이 아니고 아직 태어나지 않은 세대를 포함하는 인간의 생활공간, 삶의 질 및 건강을 대표하는 것'이라고 밝히면서 미래세대를 언급하고 있다.

2. 자연자원과 환경의 지속가능한 이용의 원칙

(1) 개념

자연자원과 환경의 지속가능한 이용이란 자연자원과 환경의 재생능력을 고려하여 그들의 적절한 양적·질적 상태의 유지가 가능하도록 하면서 자연자원 및 환경을 이용해야 한다는 원칙이다.

(2) 국제관행

우선, UN해양법협약 등 해양생물자원에 대한 조약들이 이 원칙을 규정하고 있다. 해양생물자원 이용에 있어서 '지속가능한 최대수준'(maximum sustainable level)을 유지할 것을 당사국들에게 요구하고 있다. 둘째, 기후변화협약, 생물다양성협약 등에서도 이 원칙을 규정하고 있다. 셋째, 스톡홀름환경선언이나 리우환경선언도 직접적·간접적으로 동 원칙을 언급하고 있다. 스톡홀름선언은 '지속가능한 이용'이라는 직접적 표현은 없으나 '재생가능 자연자원의 비소진'과 필수적인 '재생가능자연자원을 생산하는 지구의 능력 제고'등을 요구하여 간접적으로 자연자원 및 환경의 지속가능한 이용의 원칙을 선언하고 있다.

3. 자연자원 및 환경의 형평한 이용의 원칙

국제사회의 구성원이 지구가족으로서 자연자원 및 환경을 이용함에 있어 그들의 경제적 사정과 필요, 그간의 지구환경에 미친 영향 등을 고려하여 공평한 몫이 돌아갈 수 있도록 이용해야 한다는 원칙이다. 기후변화협약 제3조 제4항, 생물다양성협약 제1조, 리우선언 원칙 3 등에서 언급하고 있다.

4. 환경과 개발의 통합 원칙

환경과 개발의 통합원칙이란 경제 및 기타 개발정책을 수립하고 이를 수행하는 과정에서 반드시 환경적인 면을 고려하여 환경의무를 입법하고 적용해야 하며, 이를 해석하는 과정에서도 경제 및 기타 개발의 필요성을 반드시 고려해야 한다는 것이다. 스톡홀름 원칙 13은 인간환경을 보호하고 증진할 필요성에 그들의 개발계획이 양립되게 보장할 수 있도록 그들의 개발계획에 통합되고 조정된 접근을 하도록 요구하고 있다. 리우선언 원칙 4도 지속가능한 개발을 달성하기 위하여 환경보호는 개발과정의 불가분의 일부를 이루며 분리하여 고려될 수 없다고 선언하고 있다.

제3절 국제환경법의 주요원칙

Ⅰ 서론

국제환경법이란 자연자원의 보존을 포함한 환경보호와 관련된 국제법규를 말한다. 따라서 국제법과 별개의 다른 국제환경법이라는 법체계가 존재하는 것이 아니라 조약, 국제관습법 등으로 이루어진 국제법 중에서 그 법규의 주요 규율대상과 목적이 환경문제에 관련된 것을 의미한다. 국제환경법의 역사는 비교적 짧지만 1970년 이후 세계환경상황의 급속한 악화로 인해 법적 규제의 필요성이 절실해지면서 급속도로 법적 발전이 이루어졌고, 그 과정에서 국제관습법적 법규로 인정될 수 있고 환경보호의 각 분야에서 공통적으로 적용될 수 있는 기본 원칙들이 형성되어 가고 있다. 어떤 원칙들이 국제환경법의 일반 원칙에 포함될 수 있는가에 대해 다양한 견해가 있으나 대체로 (1) 환경손해를 야기하지 않을 책임, (2) 환경보호를 위한 협력 원칙, (3) 오염자비용부담 원칙, (4) 사전주의 원칙, (5) 지속가능개발 원칙, (6) 공동의 그러나 차별적 책임 원칙, (7) 환경보호를 위한 절차적 원칙으로서 정보제공 및 협의, 의사결정과정에의 참여, 환경영향평가 등이 제시되고 있다.

Ⅱ 환경손해를 야기하지 않을 책임

1. 개념

국제환경법상의 원칙의 하나로서 '환경손해를 야기하지 않을 책임'은 국가가 자국의 관할권 또는 통제하에 있는 활동으로 인해 다른 국가 또는 국가관할권 밖에 있는 지역의 환경에 손해를 가하지 않도록 보장해야 할 책임을 말한다.

(1) 관할권

영토주권보다 더 넓은 개념으로 국가주권이 미치는 육지영토, 영해 및 영공 이외에 접속수역, 군도수역, 배타적 경제수역, 대륙붕 등과 같이 국가의 제한적인 권한이 미치는 지역에서의 활동도 국가가 일정한 주의의무를 다하여 환경에 손해를 가하지 않도록 보장해야 한다.

(2) 통제

국가의 '통제'(control)하에 있다는 것은 국가에 등록된 선박에 대해 등록국 또는 기국이 그 선박에 대해 일정한 국가권한을 행사할 수 있는 것과 같이 항공기, 우주발사체 등과 같이 국가영토 또는 관할권 범위 밖의 지역에 있다 하더라도 등록국이 그에 대한 일정한 권한행사가 가능한 것을 말한다.

2. 법규의 형성

(1) 국제판례

① Trail Smelter 사건: 캐나다가 자국영토 내에서 건설하여 가동 중인 제련소에서 나온 매연으로 인접국인 미국의 워싱턴주 주민이 피해를 입어 발생한 사건으로, '타국영토 또는 국가관할권 범위 밖의 지역환경에 대해 손해를 야기하지 않을 책임의 원칙'이 최초로 언급되었다.

② Corfu Channel 사건(ICJ, 1949): 직접 환경문제를 다룬 사건은 아니나, 국제사법재판소는 '모든 국가는 다른 국가의 권리에 반하게 자국영토가 고의적으로 다른 국가에 해를 가하는 방식으로 사용되는 것을 허용하지 않을 의무가 있다'고 선언하였다.

③ Lake Lanoux 사건: 프랑스와 스페인 간에 Carol강의 일부 수로변경과 관련하여 발생한 사건으로 하천의 상류국은 하류국에 심각한 손해를 야기할 수 있는 상황에서 강의 유수에 변경을 주는 것을 금지하는 법규가 있다는 것을 인정하였다.

④ Nuclear Test 사건(ICJ, 1974): 프랑스의 남태평양에서의 핵실험으로 인근국가인 호주와 뉴질랜드가 핵실험의 불법성을 주장하여 제기된 사건에서 de Castro 재판관은 반대의견에서 '인근국가에게 독성매연 방출의 금지를 요구할 권리가 일반적으로 인정된다면 유추해석에 의해 이 사건에서 제소국이 본 재판소로 하여금 프랑스가 그들 국가영토에 방사능낙진을 배출시키는 것을 중단하도록 명하는 판결을 요구할 수 있다'라고 주장했다.

⑤ Legality of the Threat or Use of Nuclear Weapons 사건(ICJ, 1996): '자국관할권 및 통제하에 있는 활동이 다른 국가 또는 국가관할권 범위 밖의 환경을 존중하도록 보장할 국가의 의무가 환경에 관한 국제법의 일부가 되었다'라고 최초로 공식 확인하였다.

(2) 국제조약

① **초기 조약들**: 1951년 국제식물보호협약은 국경을 넘어 식물균 및 질병이 확산되는 것을 방지할 필요가 있음을 선언했고, 1963년 부분적 핵실험금지조약은 핵폭발로 인해 핵폭발이 이루어지는 국가관할권 범위 밖으로 핵낙진이 발생할 가능성이 있는 경우 핵실험이 금지되어야 함을 규정하였다.

② **스톡홀름 환경선언 원칙 21**: '국가는 UN헌장과 국제법 원칙에 따라 자국의 환경정책에 입각하여 자원을 이용할 주권적 권리를 가지며 자국관할권 또는 통제 내의 활동이 다른 국가 또는 국가관할권 범위 밖의 지역의 환경에 손해를 야기하지 않도록 보장할 책임을 진다'는 동 원칙은 자국관할권 범위 밖의 지역, 즉 공해, 우주공간, 천체 및 심해저 등에 대해서까지 환경침해방지책임을 부과한 점, 오염방지의 책임과 국토이용에 대한 주권적 권한을 대응시켜 무제한적 주권행사를 제한하고 있는 점이 특징이다. 동 규정형식은 이후 해양법협약 제194조, 1992년 리우선언 원칙 2에 반영되었다.

3. 자연자원에 대한 주권과의 관계

(1) 자연자원에 대한 주권 개념의 성립

자연자원에 대한 주권이란 국가 내에 존재하는 자연자원에 대하여 그것을 소유, 이용 및 처분할 수 있는 배타적 권한이다. 따라서 자연자원 이용의 결과 그 국가의 환경에 나쁜 영향을 미친다 해도 타국이 간섭할 수 없다.

(2) 환경손해를 야기하지 않을 책임과의 관계

환경침해를 야기하지 않도록 보장할 책임은 국가의 자원 및 영토이용의 제한요소이다. 국제사회는 주권행사의 무제한성을 강조하는 경우 국제협력이 필수적인 국제환경문제의 해결이 어렵다는 것을 인식하여 주권행사를 제약하고자 하였다.

Ⅲ 사전주의 원칙

1. 의의

오늘날 환경과 관련하여 국제법상 확립된 국가의 일반적 의무는 타국영역과 국가관할권 이원의 지역에서 오염 등으로 인한 침해방지의무가 있으며, 이러한 의무에서 파생된 의무로서 자국 내에서 이루어지는 위험활동을 규제하고 긴급사태 시 인접 관련국가 간에 상호 통고 · 협력할 의무가 있으며, 이러한 의무이행을 위한 행동원칙으로서 오염자 부담 원칙(Polluter Pays Principle)이 인정되고 있다.[52] 그러나 기존의 국제환경법 원칙은 대체로 '과학적 확실성'(Scientific Certainty)에 기초하고 있으나, 과학적 인과관계가 명확하지는 않으나, 미리 예방적 조치를 취하지 않는 경우 대재앙적 환경재앙을 초래할 수도 있다는 반성이 제기되었다. 이러한 인식에 기초한 국제환경법원칙이 이른바 '사전주의 원칙'(Precautionary Principle)이다. 그러나, 동 원칙의 법적 성질이나 의무의 구체적 내용 및 타국제규범과의 관계에 있어서 명확하지 못한 점도 많다. 사전주의 원칙의 도입배경 및 그 필요성에 대해 논의하고, 법적 성질 및 기존의 환경법 원칙이나 국가책임법과의 관계 등을 중심으로 논의한다.

---

52) 장신, 〈국제법상 사전주의 원칙의 법적 성격과 그 적용〉 – 《국제법학회논총》, 제44권 제1호, 333면.

2. 사전주의 원칙의 기원

사전주의 원칙은 1960년대 중반 독일에서 'Vorzoreprinzip'의 개념으로 제시되어 1970년대 초 서독의 국내법에 도입되었다. 서독정부는 산성비나 지구온난화, 해양오염 등과 관련한 적극적 환경정책을 정당화하기 위해 이 개념을 도입하였다. 국제적 차원에서는 1972년 '인간환경에 관한 스톡홀름선언' 원칙 2, 1982년 '자연을 위한 세계헌장'에 반영되었다.

3. 사전주의 원칙의 발전

(1) 북해보호에 관한 제2차 북해회의 선언

사전주의 원칙이 국제적으로 명백히 도입된 것은 1987년 '북해보호에 관한 제2차 북해회의선언'이다. 동 선언에서는 '가장 위험한 물질의 가능한 손상결과로부터 북해를 보호하기 위하여 아주 명백한 과학적 증거에 의해 인과관계가 입증되기 전이라도 그와 같은 위험물질의 투하를 통제하는 행동이 요구되는 사전주의적 접근이 필요하다'고 명시하였다.

(2) 1990년 런던덤핑협약

인과관계를 입증할 만한 충분한 증거가 없는 경우에도 해양환경에 위해를 야기할 수 있다고 믿을 만한 이유가 있는 경우 예방적 조치로서 환경을 보호하는 사전주의조치를 취할 것을 규정하고, 환경보호를 위한 사전주의적 접근을 효과적으로 확보하기 위한 모든 필요한 조치를 취할 것을 규정하고 있다. 이를 위하여 ① 오염을 원천에서부터 방지할 것, ② 폐기물관리의 대체수단에 대한 환경적 · 경제적 평가를 할 것, ③ 위험과 과학적 불확실성을 줄일 것, ④ 폐기물투기의 잠재적 부작용을 최소화할 수 있는 조치를 계속적으로 취할 것 등을 요구하고 있다.

(3) 1992년 리우선언 제15원칙

리우선언은 환경보호를 위하여 국가들은 그들의 능력에 맞게 사전주의적 접근(Precautionary Principle)을 광범위하게 적용할 것을 요구하고, 심대하거나(Ssignificant) 회복할 수 없는(Irreversible) 손상의 우려가 있는 경우 완전한 과학적 확실성이 없다는 이유로 환경악화를 방지하는 비용 대비 효과적 조치를 지연시켜서는 안 된다고 밝히고 있다. Agenda 21은 사전주의적 조치(Precautionary Measures)로서 환경영향평가, 청정생산기술, 재활용 등 구체적인 조치를 예시하고 있다.

4. 사전주의 원칙의 도입 이유(필요성)

사전주의 원칙은 사실적 · 법률적 필요에 의해 요구되는 법개념이다. 우선, 과학적 확실성에 기초한 사전예방적 접근(Preventive Approach)에 의해서는 국제환경보호에 만전을 기할 수 없다는 사실을 국가들이 인식하게 되었다. 즉, 과학에 의해 예측하지 못한 해로운 결과가 발생할 수 있다는 사실을 인정한 것이다. 사전주의 원칙은 과학적 불완전성을 인정하고, 인과관계가 명확히 밝혀지지 않은 위험을 사전에 방지하기 위해 도입된 접근법이다. 둘째, 법률적 차원에서는 전통적인 국가책임이론의 한계로 인해 국가들이 예방적 조치를 게을리 한다는 반성에 기초하여 도입되었다. 초국경적 오염피해에 대해 책임을 지는 법리는 일반국제법상 확립되었으나, 입증문제에 있어서 피해국은 행위와 결과 간의 인과관계를 입증해야 하는 부담이 있다. 그러나 과학적 확실성이 없는 경우 피해국은 손해배상을 받을 수 없게 된다. 이로 인해 가해국은 과학적 불확실성이 있는 경우에는 예방적 조치를 취할 인센티브가 없기 때문에 위험을 초래할 수 있는 행위를 제한하지 못하게 된다. 요컨대, 과학적 불확실성이 있는 사안에 대해서도 국가들에게 예방조치를 취하도록 하려는 사실상의 필요와, 초국경적 환경오염피해에 대한 가해국의 책임을 강화시켜 피해유발행위를 감소시키려는 법률상의 필요에 의해 사전주의 원칙이 도입된 것이다.

5. 사전주의 원칙의 내용

리우선언 제15원칙에 따르면, 사전주의 원칙의 실체적 핵심내용은 (1) 만일 일정한 활동이나 상태를 방치하였을 경우 중대하고 회복할 수 없는 침해의 위협(threats of serious or irreversible damage)이 존재하며, (2) 아직 필요한 규제조치를 채택함에 요구되는 인과관계 등에 관한 충분한 과학적 증명을 확보하지 못하고 있으나 (lack of full scientific certainty), (3) 그럼에도 불구하고 그러한 과학적·기술적 미흡함이 환경파괴를 방지하기 위한 비용효과적 조치를 지연시킬 수 있는 적법하고도 타당한 근거로 이용되어서는 안 된다(shall not be used as a reason for postponing cost-effective measures to prevent environmental degradation)는 행정적·법적 기준이다.[53]

6. 사전주의 원칙의 법적 성질

(1) 국제환경법의 일반 원칙

사전주의 원칙의 법적 성격에 대해서 단언할 수는 없으나 국제환경법의 일반 원칙이라고는 말할 수 있을 것이다.[54] 즉, 사전주의 원칙은 환경정책수립에 고려되는 지도이념 또는 행동원칙이나, 구체적인 권리와 의무를 발생시키는 강제력을 가지는 법칙(Rule)이라고 해석하기는 어렵다. 따라서 동 원칙의 위반에 대하여 법적 책임을 묻는 것은 실체법·절차법적으로 이르다고 보인다.

(2) 국제관습법규성

사전주의 원칙이 국제관습법으로 확립되었는지, 따라서 집요한 불복국가를 제외한 모든 국가가 준수해야 하는지에 대해 다툼이 있다.

① 학설: 부정설과 긍정설의 대립이 있다. Birnie와 Boyle은 사전주의 원칙이 국제법상의 원칙이 아니라고 하면서, 그 이유로 동 원칙이 정책적으로 가지는 가치는 인정되지만, 구체적인 상황에서 언제 어떻게 적용되어야 하는가에 대한 의문은 동 원칙의 규범성을 심각하게 손상시킨다고 보기 때문이다. 또한 Bodansky도 동 원칙을 규제기준으로 채택하기에는 너무 모호하다는 이유로 관습법성을 부인한다. 반면, 관습법성을 긍정하는 견해는 리우선언, 기후변화협약, 생물다양성협약 등에서 사전주의 원칙을 명시함으로써 동 원칙은 국제적으로 광범한 지지를 받고 있으므로 국제관습법으로 성립되었다고 본다. 유럽연합의 마스트리히트조약 역시 사전주의 원칙을 법적 준수사항으로 도입하고 있다(마스트리히트조약 130R(2)). Hohmann은 ㉠ 모든 국가가 특정법규칙의 필요성에 대해 공감하고, ㉡ 대체되어야 할 기존관습이 없으며, ㉢ 대외적 국가관행의 증거가 있는 경우, 외교적 관행만으로도 국제관습법 여부를 가리기 위한 국제관행으로 충분하다고 하면서, 사전주의 원칙의 국제관습법적 지위를 긍정하였다.

② 판례: 헝가리와 체코슬로바키아 간의 가브치코보-나기마로스 댐 사건이나 뉴질랜드와 프랑스 간의 핵실험 사건에서 ICJ는 사전주의 원칙의 존재를 확인하였다.[55]

③ 관행: 일본이 프랑스로부터 고준위 방사성 폐기물을 수입하는 과정에서, 동 방사성 물질을 운송하는 영국선박이 칠레영해 외측 EEZ를 통항하려 하자, 칠레는 사전주의 원칙을 이유로 동 선박의 EEZ통항을 금지하였다. 칠레는 UN해양법협약하에서 해양환경을 보호하고 보존하는 관할권을 근거로 사전주의 원칙을 적용한 것이다.[56]

---

53) 장신, 전게논문, 335면.
54) 장신, 전게논문, 340면.
55) 성재호, 전게논문, 138면.
56) 성재호, 전게논문, 138면.

④ 소결: 이싱에서 김도한 바와 같이 국제공동체는 환경보호와 관련하여 사전수의 원칙을 국제환경법의 일반 원칙으로 도입하는 것에 대해서는 의견이 일치되어 있으나, 국제관습법규성을 인정할 것인가에 대해서는 다툼이 있다. 그러나 환경은 일단 훼손되면 그 회복이 쉽지 않을 뿐 아니라 회복이 가능하다 할지라도 장기간의 시간을 필요로 한다는 점에서, 사전주의가 국제관습을 반영한 법규라는 주장을 받아들이는 것이 필요한 시점이라고 본다.[57]

(3) 연성법규성

연성법규란 환경법이나 인권법과 같이 새로운 분야를 규율함에 있어 국가들의 저항을 완화시키기 위한 입법기술로 고안된 것으로서, 경성규규와 달리 법적 구속력이 약한 규범을 형성시킨다. 사전주의 원칙 역시 연성법규(Soft Law)의 성질을 갖는 것으로 볼 수 있다. 연성법은 엄격한 법적 의무를 부과하기보다는 장차 성취할 목표를 제시하고, 엄격한 책임보다는 지침의 역할을 한다. 요컨대, 사전주의 원칙은 국제환경법상의 원칙이지만, 동 원칙의 법적 성질은 기본조약과 그 이후의 부속협정, 국내법규 등을 통하여 강화되고 있는 과정에 있는 연성법규로 볼 수 있다.[58]

7. 사전주의 원칙과 타국제규범과의 관계

(1) 사전주의 원칙과 지속가능개발 원칙

세계환경개발이사회가 1986년 작성한 부룬트란트 보고서에 의하면, 지속가능개발(Sustainable Development) 이란 '장래의 세대가 스스로의 욕구를 충족하는 능력을 손상함이 없이 현재 세대의 욕구를 만족시킬 수 있는 개발'을 의미한다. 지속가능개발에서 중요시되는 가치는 자연자원에 대한 후속세대의 이용가능성을 확보하는 것이다. 따라서 지속가능개발을 통해 미래세대가 향유할 수 있는 환경과 자원을 물려주기 위해서는 각종 자연자원의 개발과 이용에 적용될 수 있는 법원칙이 필요한바, 사전주의 원칙이 그러한 역할을 한다.

(2) 사전주의 원칙과 사전예방 원칙

사전예방 원칙(Principle of Prevention)과 사전주의 원칙은 몇 가지 점에서 구별된다. 우선, 사전예방 원칙이 실제로는 주로 사후구제에 적용되는 반면, 사전주의 원칙의 적용이 필요한 경우는 일정한 물질이나 활동의 결과 피해발생의 리스크가 매우 높으면서, 동시에 적절한 규제조치를 취하는 데 요구되는 필요하고도 충분한 과학적 인과관계의 증명(Full Scientific Certainty)이 기술적으로 매우 어려운 경우이다. 둘째, 사전예방 원칙은 일반국제법상 확립된 법규이나, 사전주의 원칙은 연성법규성을 강하게 가진다. 셋째, 사전예방 원칙이 위법행위책임과 친화적이나, 사전주의 원칙은 결과책임에 가깝다. 결과책임은 행위와 결과 간에 인과관계가 명확하지 않은 경우에도 발생한 피해의 중대성에 기초하여 책임을 지우는 법리이기 때문이다. 넷째, 입증책임에 있어서 사전예방 원칙 위반으로 인한 피해발생 시 피해국이 가해국의 주의의무 태만을 입증해야 하나, 사전주의 원칙은 가해국이 사전예방을 위한 조치를 다했음을 입증해야 한다. 다섯째, 환경손상의 방지의무는 국가책임과 관련하여 원인과 결과 간의 명백한 입증이 이루어질 수 있는 경우에 적용되나, 사전주의 원칙은 원인과 결과 간의 입증이 현재의 과학적 지식으로는 불가능한 경우에 적용된다.

---

57) 성재호, 전게논문, 138면.
58) 장신, 전게논문, 343면.

8. 소결

사전주의 원칙은 '후회하기보다는 안전하게의 정신'(A Better Safe Than Sorry Spirit)이 국제환경법영역에 도입된 것으로서 사전주의 원칙의 적용은 장래의 일정한 위험을 대비하기 위한 보험가입에 비유할 수 있을 것이며, 그러한 위험발생의 리스크가 클수록(Great Possibility), 위험의 영향이 클수록(Irreversible Damage), 보험료는 높게 마련이지만 그와 동시에 그러한 보험가입은 필수적이라 할 수 있다.[59] 사전주의 원칙은 미래세대를 위한 환경보존과 맞물려 있으므로 지속가능개발이나 미래세대의 권리보호와도 밀접한 관련이 있는 원칙이다. 이러한 중요성에 비추어 국제공동체는 사전주의 원칙을 이행하기 위한 실체적·절차적 규범들을 더욱 구체화시켜 나가야 할 시점이라 생각한다.

Ⅳ 오염자 비용부담 원칙(Polluter Pays Principle)

1. 개념

오염비용과 그 결과비용을 오염을 야기한 책임 있는 주체가 부담해야 한다는 원칙이다. OECD에 따르면 "오염자가 공공당국이 환경을 받아들일 만한 상태로 유지되는 것을 보장하기 위하여 결정한 조치를 수행하는 비용을 부담해야 한다. 즉, 이들 조치의 비용이 생산 또는 소비함에 있어 오염을 야기하는 상품 및 용역의 비용에 반영되어야 한다." 오염자 비용부담 원칙은 책임에 관한 원칙이 아니라 오염통제비용의 배분을 위한 원칙이다.

2. 기능

(1) 부족한 환경자원의 합리적 이용을 유도한다.

(2) 환경통제를 위한 비용을 정부가 보조금으로 지원함으로써 국제무역에서 공정한 경쟁을 막는 결과를 초래하게 되기 때문에 보조금에 대한 국제적 규제의 근거로서 오염자 비용부담 원칙이 사용될 수 있다.

(3) 국제사회에서 지금까지 환경오염에 영향을 미친 정도가 국가마다 다르므로 이들에 대한 차별적 의무를 부과하기 위해 이 원칙이 근거가 될 수 있다.

3. 내용

(1) 오염자의 정의와 비용배분

누가 오염자인가의 문제에 대하여 유럽공동체 이사회는 '직접 또는 간접으로 환경에 손해를 입힌 자' 또는 '그러한 손해에 이른 조건을 야기한 자'로 정의한다. 오염자가 집단적인 경우 유럽공동체는 정부가 ① 경제적 효율성 및 행정적 효율성을 고려하고, ② 비용을 자체비용으로 수용할 능력을 고려하여 비용을 배분하도록 권고하고 있다.

(2) 동 원칙의 적용배제

동 원칙의 적용이 배제되는 예외상황은 ① 환경보호조치의 급속한 시행으로 사회적 경제적 혼란이 중대하여 예외를 인정하기에 충분한 잠정적 기간, ② 국내의 불안정 지역에 대한 특정 사회·경제적 개발 계획에 대한 예외를 들 수 있다.

---

59) 장신, 전게논문, 334면.

4. 법적 지위

비판론자들은 (1) 이 원칙이 국내법상 원칙이라는 점, (2) 경제적 성격이 강하다는 점, (3) 법규성을 인정하더라도 유럽국가 간 지역국제법규에 불과하다는 점에 기초하여 일반적 법규성을 부인한다. 그러나 많은 국제법문서와 국제관행을 통해 이 원칙이 국제환경법상의 한 기본원칙으로 성숙해가고 있음을 부인할 수 없다. 이 원칙은 OECD 및 유럽공동체를 통해 발전해 왔으나, 리우선언에서도 '국가는 원칙적으로 오염자가 오염비용을 부담해야 한다는 접근방법을 고려하여 환경비용의 내재화(internalization)에 노력해야 한다'고 하여 동 원칙을 수용하고 있다. 1990년의 유류오염대비협약 및 1992년 산업사고협약은 서문에서 오염자 비용부담 원칙이 국제환경법의 일반 원칙이라고 언급하고 있다.

Ⅴ 공동의 그러나 차별적 책임 원칙

1. 개념

'공동의 그러나 차별적 책임 원칙'(Principle of Common but Differentiated Responsibility)은 인류가 공유한 환경을 보호할 책임은 인류가 공동으로 부담하나, 부담해야 할 구체적인 책임의 정도는 환경의 상태악화에 기여한 정도와 국가가 가지고 있는 능력을 고려하여 차별적으로 정한다는 원칙이다.

2. 연혁

공동의 그러나 차별적 책임 원칙은 리우선언에서 처음으로 공동책임 원칙과 차별책임 원칙이 합성된 형태로 규정되었으나 공동책임과 차별책임 각각은 이전문서에도 규정되어 왔다. 공동책임 원칙은 우주조약, 해양법협약, 생물다양성보존조약 등에서 규정되었다. 한편, 차별책임 원칙도 스톡홀름환경선언, 유해폐기물의 해양투기의 금지에 관한 협약, 오존층 보존을 위한 비엔나협약 및 몬트리올의정서 등에서 규정하고 있다.

3. 내용

공동의 그러나 차별적 책임 원칙은 두 가지 요소로 구성된다. 환경보호를 위한 공동의 책임이 첫 번째 구성요소이다. 두 번째 요소는 각 국가가 처한 다른 상황, 즉 환경에 그동안 각 국가가 누적적으로 미친 영향과 환경오염위험을 방지·감소 및 통제할 수 있는 능력, 특별히 개발도상국의 장래 경제개발 필요성을 고려하여 차별적인 책임이 부과되어야 한다는 것이다.

Ⅵ 절차적 원칙

1. 정보제공 및 협의의 원칙

(1) 개념

정보제공의 원칙은 환경상황 또는 환경에 영향을 미칠 수 있는 활동과 관련한 일정한 정보를 관련 국가 또는 국제기구에 제공해야 한다는 원칙이고, 협의의 원칙은 교환된 정보를 토대로 일정한 활동이 다른 국가에 영향을 미칠 수 있는 경우 이 문제에 대해 협의해야 한다는 원칙이다.

(2) 필요성

정확한 정보가 있어야 환경오염을 방지하거나 감소시키기 위한 조치가 취해질 수 있고 국가가 환경보호에 관한 의무를 준수하고 있는지를 알 수 있기 때문에 동 원칙이 필요하다.

(3) 정보제공 원칙

환경에 관한 일정한 정보의 제공은 제공의 시기나 방법에 차이가 있을 뿐 거의 대부분의 환경관련 조약에서 규정되고 있다. 정보를 교환하는 방법을 규정하거나 정기적으로 또는 필요한 경우 보고하는 방법 등을 채택하고 있다. 국가 간 정보교환에 있어서 장애가 되는 것은 ① 국가들이 상업적 가치가 있는 정보를 다른 국가에게 제공하는 것을 꺼린다는 것, ② 선진국의 경우 지적재산권의 대상이 되는 정보의 경우 이 권리의 보장을 요구하나 개발도상국은 경제적 어려움과 실행의 어려움을 이유로 보호의 곤란을 주장한다. 환경에 영향을 미칠 수 있는 일정한 사회·경제적 활동이나 사건이 있는 경우 이를 영향받을 수 있는 다른 국가 또는 국제기구에 정보를 제공하는 것은 국제관습법으로 성립된 것으로 평가되고 있다.

(4) 협의

① 의의: 협의의 원칙은 일정한 활동이나 사건이 다른 국가에 환경적 영향을 미칠 수 있는 경우 관련 정보를 영향받는 국가에게 제공한 후 이 문제에 대하여 협의해야 한다는 것이다.

② 국제관행: 프랑스와 스페인 간의 '라누호 중재 사건'과 국제사법재판소의 영국과 아이슬란드 간 '어업관할권 사건'에서 이 원칙을 인정했다. 리우선언도 '국가가 영향을 미칠 수 있는 활동의 초기단계에서 영향을 받을 수 있는 국가와 신의성실하게 협의'하도록 선언하고 있다.

③ 사전통지동의절차: '사전통지동의(Prior Informed Consent)'절차란 유해폐기물과 같은 위험물질의 국제거래는 수출국이 수입국에 관련 정보를 제공한 후 수입국이 수입에 동의하는 경우에만 수출이 실행될 수 있도록 하는 제도이다. 이는 정보제공과 협의를 넘어 영향받는 국가의 동의권을 인정하고 있다는 점에서 진일보한 원칙이다. 유해폐기물·독성화학물질관련협약에서 이 원칙을 규정하였으며, 2000년의 생명공학안전성의정서에서도 일정한 형태의 유전자변형체의 국제거래에 대하여 이 절차가 적용되도록 하였다.

2. 환경영향평가

(1) 개념

환경영향평가는 계획한 활동이 환경에 일정한 영향을 미칠 가능성이 있는 경우 그 정도를 평가하는 것을 말한다. 환경영향평가의 궁극적 목적은 영향을 측정하여 계획한 활동을 중단시키거나, 대체적인 방법을 찾거나 영향을 최소화하는 방안을 모색하는 것이다.

(2) 환경영향평가의 대상

환경영향평가의 국제법적 발전의 모델이 되는 유럽공동체 환경영향평가명령에 따르면 환경에 '중대한 효과'(significant effect)를 미치는 활동에 대하여 환경영향평가를 실시하도록 규정하고 있다. 구체적으로는 ① 원유정제, ② 300메가와트 이상의 화력발전소 및 원자력 발전소, ③ 핵폐기물 매립 및 적재시설 등을 부속서에서 열거하고 있다.

(3) 환경영향평가절차

환경영향평가의 개략적인 절차는 ① 개발활동을 하려는 측의 적절한 형식을 갖춘 관련 정보 제공, ② 관련 당국과의 협의, ③ 관련된 일반대중에 대한 정보 제공 및 협의기회 제공, ④ 영향을 받을 가능성이 있는 회원국에 대한 정보 제공 및 협의, ⑤ 수집된 정보를 개발계획 허가절차에서 고려, ⑥ 결정이 내려진 경우 권한 있는 당국의 대중에 대한 관련 정보 제공 등이다.

(4) 국제관행

국내법적으로는 미국의 연방환경정책법(National Environment Policy Act, 1972)에서 최초로 규정된 이래 많은 국가들이 유사한 제도를 국내법으로 채택하고 있다. 국제법분야에서는 UN환경계획(UNEP)의 공유자원행위규칙이 구체적으로 환경영향평가를 언급하고 있는 최초의 국제법문서에 해당한다. 세계자연헌장, 리우선언에서도 언급하고 있다. 조약으로는 환경영향평가협약, 해양법협약, 바젤협약, 기후변화협약, 생물다양성협약 등에서 규정하고 있다. 국제사법재판소는 'Gabcikovo-Nagymaros 사건'에서 재판소는 사건의 당사국인 헝가리와 체코슬로바키아가 Gabcikovo 발전소의 운영이 환경에 미치는 영향을 계속 새롭게 평가해야 한다고 판결하여 이 원칙의 인식을 보여주었다.

(5) 법적 지위

많은 국제법 문서에서의 언급과 국가관행의 축적으로 환경에 일정한 영향을 미치는 활동에 대하여 그 정도를 평가해야 한다는 환경영향평가 원칙이 국제환경법으로 한 법규로 확립되고 있는 것으로 평가된다. 그러나 여전히 국가들은 자국이 불필요한 것으로 간주하는 환경영향평가에 미온적인 태도를 가지고 있는 것도 사실이다.

VII 결론

앞에서는 국제환경법의 주요 원칙들을 논의하였다. 이들 원칙의 형성역사, 적용범위, 관습법규로서의 확립된 정도는 다르다. 다른 국가 및 국가관할권 범위 밖의 지역 환경에 대한 손해를 야기하지 않을 책임, 긴급한 환경오염위험의 통지의무 정도가 확고하게 국제관습법적 지위에 있다고 평가되고 사전주의 원칙도 관습법적 지위에 접근하고 있는 것으로 평가된다. 다른 원칙들은 아직도 형성단계에 있다고 할 수 있지만 이들 원칙들이 빈번하게 국제환경 관련문서에서 언급되고 있고, 국가들도 이 원칙들을 국가관행에 반영하고 있어 법적 발전이 급격하게 이루어지고 있음은 부인할 수 없다.

I 대기오염방지

1. 광역월경대기오염협약(1979.11.13. 채택)

1975년 유럽안보협력회의에서 스웨덴 등 북유럽 국가들의 주장으로 UN경제사회이사회 산하에 설치된 UN유럽경제위원회가 중심이 되어 초안이 작성되었다. 동 조약은 산성비의 원인이 되는 이산화황(SO₂)과 산화질소(NOx) 등을 대상으로 한다. 동 조약은 대기환경을 다룬 최초의 다자협약으로서 당사국에 구체적 의무를 부과하지는 않았으나 관련 정보의 교환을 촉진하고 대기오염물질의 방출을 감소하기 위한 기반을 마련한 데에 그 의의가 있다. 동 협약의 시행을 위해 '유럽에서의 광역대기오염의 감시·평가를 위한 협력계획에 대한 장기재정지원에 관한 의정서', '유황의 방출 또는 월경유동을 최소 30% 감소시키기 위한 의정서', '산화질소의 방출 또는 월경유동을 규제하기 위한 의정서' 등 3개의 의정서가 채택되었다.

2. 오존층보호협약(1985.3.22. 채택)과 몬트리올의정서(1987.9.6. 채택)

(1) 오존층보호협약(빈협약)

정식명칭은 '오존층의 보호를 위한 빈협약'으로서 오존층파괴물질의 생산과 소비를 억제하여 오존층의 소실을 방지하기 위해 채택되었다. 오존층 파괴의 주범인 염화불화탄소(CFCs)와 할론의 규제를 위한 협약이나 EC국가들과 미국·캐나다 등 북유럽국가들의 견해 차이로 구체적인 규제조치는 협약에 규정되지 못하고 몬트리올의정서에서 규정하고 있다. 협약은 오존층에 대한 조사 및 체계적 관측을 위한 협력, 법률·과학·기술분야의 정보교환, 관련정보의 교환 등을 위한 당사국회의의 설치 등에 대해 규정하고 있다.

(2) 몬트리올의정서

몬트리올의정서는 오존층보호협약을 이행하기 위한 조약이다. 오존층의 보호를 위해 오존층 파괴물질의 생산과 소비를 원천적으로 규제하고 비당사국에 대해 매우 엄격한 무역금지조항을 둠으로써 환경문제와 무역문제를 직접 연계시킨 최초의 환경협약이다. 염화불화탄소(CFC)와 할론가스 배출을 동결 내지 감소시켜 오존층 파괴를 방지하고자 한다. CFC의 생산을 일단 동결하고, 이후 단계적으로 절반 수준으로 감축할 것을 규정했고, 할론가스는 생산과 소비 동결을 요구했다. 개도국에 대해 10년간의 유예기간을 부여하는 한편 규제조치를 준수할 수 있도록 재정지원과 기술지원을 보장하는 다자간기금을 설치·운영하도록 하였다. 동 의정서는 당사국이 규제물질이나 규제물질을 포함한 제품 또는 규제물질을 포함하지는 않으나 동 물질을 사용하여 생산한 제품에 대해 비당사국과 무역하는 것을 단계적으로 금지하고 있다. 단, 비당사국이 의정서에 따른 규제조치를 완전히 준수하고 있음을 당사국회의에서 확인하고 보고자료가 제출된 경우 당해 비당사국과의 규제물질 교역이 허용될 수 있다. 사전주의 원칙이 규정되어 있다.

(3) 비준수절차(非遵守節次, Non-Compliance Procedure)

1992년 코펜하겐회의에서 이행제도로 도입하였다. 당사국은 자국 이익 침해와 무관하게 타당사국의 협약 비준수를 통보할 수 있다. 이 경우 이행위원회가 설치되어 특정국가의 비준수 여부를 조사해 당사국총회에 보고한다. 당사국총회가 해당국가를 제재할 수 있다. 교토의정서에도 유사한 절차가 마련되어 있다.

3. UN기후변화기본협약(1992.5.9. 채택)

(1) 의의

인간의 활동에 의한 기후변화(지구온난화)의 악영향을 방지하기 위한 조치의 필요성이 국제적으로 인식됨에 따라 지구온난화의 주범인 이산화탄소의 배출량을 규제하기 위해 채택된 협약이다. 국가들 간 이해관계 대립으로 일반 원칙을 규정하는 데 그쳤으며 교토의정서에서 구체적인 의무를 부과하고 있다.

(2) 목적

동 협약은 기후변화위험을 방지하는 일정수준까지 대기층의 온실가스를 안정시켜 생태계가 기후변화에 자연적으로 적응하고 식량생산이 확보되며 지속적인 경제발전이 성취되도록 하는 것을 목적으로 한다.

(3) 원칙

① 당사국은 형평 원칙에 입각하여 공동의 그러나 차별적 책임과 능력에 따라 현세대와 미래세대의 이익을 위해 기후체계를 보호해야 하며 선진당사국은 기후변화와의 투쟁에서 선도적 역할을 해야 한다(공동의 그러나 차별적 책임 원칙).

② 기후변화의 악영향에 취약한 개도국들의 필요와 사정을 충분히 고려한다.

③ 당사국은 기후변화의 원인을 예측·방지·최소화하고 악영향을 완화하는 예방적 조치를 취해야 하며, 심각한 회복불능의 손해의 위협이 있는 경우에는 완전한 과학적 확실성의 결여를 이유로 예방적 조치를 연기할 수 없다(사전주의 원칙).

④ 당사국은 지속적 개발을 증진시킬 권리와 의무가 있다.

(4) 일반적 의무

① 당사국은 온실가스 배출량과 제거량을 작성·공표하고 당사국회의에 제출한다.

② 당사국은 온실가스의 배출을 통제·감소 또는 방지하기 위한 기술의 개발·보급에 노력하고 또한 그 이전에 협력한다.

③ 당사국은 기후체계와 기후변화에 관련된 정보를 완전히·공개적으로·신속하게 교환하는 데 협력한다.

④ 당사국은 기후변화에 관련된 교육·훈련·계몽에 협력한다.

(5) 부속서 1 선진당사국의 의무

선진당사국들은 온실가스 배출량을 제한하고 가스흡수원을 증설함으로써 기후변화의 완화를 위한 국가정책을 채택하고 상응한 조치를 취해야 한다. 구체적으로 보면 선진당사국들은 이산화탄소와 기타 온실가스의 배출량을 2000년까지 1990년 수준으로 복귀시키기 위해 협약 발효일로부터 6개월 이내 및 그 후 정기적으로 각국이 취한 정책과 온실가스 배출·제거량에 관한 상세한 정보를 교환해야 한다.

(6) 교토의정서(1997.12. 채택, 2005.2.16. 발효)

교토의정서는 기후변화협약을 구체적으로 이행하기 위한 법적 구속력이 있는 합의로서 1997년 12월 10일 열린 제3차 기후변화협약 당사국회의에서 채택되었다. 교토의정서에 의하면 협약 부속서 1 국가는 단독 또는 공동으로 부속서 A에 열거된 온실가스 총배출량이 부속서 B에 등록된 각국의 공약할당량을 초과하지 않아야 한다. 할당량이란 2008년부터 2012년까지 5년의 공약기간 동안 1990년 수준보다 최소한 5% 이하로 총배출량을 감축하는 것을 기본으로 하여 각국이 공약한 배출제한을 말한다. 교토의정서는 이행에 있어서 신축성을 강화하기 위해 공동이행[60], 청정개발체제[61], 배출권거래[62], 배출적립[63] 등의 제도를 도입하였으나 배출차입제도는 도입하지 않았다. 한국은 교토의정서의 당사국이나 부속서 1 국가가 아니므로 구체적인 감축의무를 부담하고 있는 것은 아니다.

4. 파리협정(Paris Agreement)

2015년 제21차 당사국총회(COP21, 파리)에서는 2020년부터 모든 국가가 참여하는 신기후체제의 근간이 될 파리 협정(Paris Agreement)이 채택되었다. 이로써 선진국에만 온실가스 감축의무를 부과하던 기존의 교토 의정서 체제를 넘어 모든 국가가 자국의 상황을 반영하여 참여하는 보편적인 체제가 마련되었다. 파리협정은 지구 평균기온 상승을 산업화 이전 대비 2℃ 보다 상당히 낮은 수준으로 유지하고, 1.5℃로 제한하기 위해 노력한다는 전지구적 장기목표하에 모든 국가가 2020년부터 기후행동에 참여하며, 5년 주기 이행점검을 통해 점차 노력을 강화하도록 규정하고 있다. 파리협정은 또한 모든 국가가 스스로 결정한 온실가스 감축목표를 5년 단위로 제출하고 국내적으로 이행하도록 하고 있으며, 재원 조성 관련, 선진국이 선도적 역할을 수행하고 여타국가는 자발적으로 참여하도록 하고 있다. 협정은 기후행동 및 지원에 대한 투명성 체제를 강화하면서도 각국의 능력을 감안하여 유연성을 인정하고 있으며, 2023년부터 5년 단위로 파리 협정의 이행 및 장기목표 달성 가능성을 평가하는 전지구적 이행점검(Global Stocktaking)을 실시한다는 규정을 포함하고 있다.

Ⅱ 해양오염방지

1. 선박오염방지국제협약(1973년 채택)

선박으로부터 발생하는 해양오염을 방지하기 위해 1973년 런던에서 채택된 조약이다. 유류에 의한 오염뿐 아니라 선박으로부터 발생하는 모든 형태의 해양오염을 규제한다. 협약은 적용대상선박, 해양오염방지증서 및 선박검사, 협약위반 시의 조치, 해양오염사고의 보고, 분쟁해결방법 등을 규정하고 있다.

---

60) 공동이행(joint implementation)은 타국에 자본과 기술을 투자하여 온실가스를 줄여 준 뒤 그 감축에 상응하는 배출쿼터를 당해 국가로부터 넘겨받는 방식을 말한다. 협약 제1부속서 국가 상호 간 적용된다.

61) 청정개발체제(clean development mechanism)는 공동이행과 내용은 같으나 협약 제1부속서에 포함된 국가와 포함되지 않은 국가 간 협력을 지칭한다.

62) 배출권거래(emissions trading)는 목표연도(2008년 ~ 2012년)에서의 배출쿼터와 그에 못 미치는 실제배출량 사이의 차이를 국가 간에 거래하는 방식이다.

63) 배출적립(banking)은 제1부속서에 포함된 국가가 이행기간 동안 실제로 배출한 온실가스 양이 할당받은 양보다 적은 경우, 그 차이는 당해 국가의 요청이 있으면 그 국가의 차기이행기간의 할당량에 추가하는 방식이다. 그 반대 제도가 배출차입(borrowing)이나 도입되지 못했다.

2. 해양투기규제를 위한 제협약

(1) 해양투기(ocean dumping)의 정의

해양투기란 고체폐기물, 유독성산업폐기물, 핵폐기물 등 현대문명의 쓰레기를 선박·항공기 또는 인공구조물로부터 해양에 버리는 의도적 투기행위를 말하며, 여기에는 선박, 항공기 또는 인공구조물의 정상적 운항 또는 가동으로부터 발생하는 폐기물의 배출은 제외된다.

(2) 선박·항공기투기해양오염방지협약(1972년 채택)

1972년 오슬로에서 채택된 지역적 협약으로서 특정지역의 국가에만 가입이 개방되어 있으며, 당사국의 의무는 북대서양, 북극해의 일부 등 특정해역에서만 부과된다. 규제대상물질을 금지품목, 특별허가품목, 일반허가품목으로 분류하고 있다.

(3) 폐기물 및 기타 물체의 투기에 의한 해양오염방지를 위한 런던협약(1972년 12월 채택)

런던협약의 적용범위는 각국의 내수를 제외한 전세계 해양이다. 오슬로협약과 마찬가지로 금지품목, 특별허가품목, 일반허가품목으로 대별하여 규제한다. 금지품목은 해양투기가 금지된 물질로서 수은, 플라스틱 등이 포함된다. 특별허가품목은 해양투기를 위해 매건마다 당국의 사전특별허가를 받아야 하는 물질로서 은·동·아연 등이 포함된다. 일반허가품목은 금지품목 및 특별허가품목에 포함되지 않는 모든 물질로서 당사국의 사전적 일반허가를 받아 투기할 수 있다. 협약은 불가항력에 의한 해양투기, 비상투기 등의 예외를 허용하고 있다.

(4) 런던덤핑의정서(1996년 채택)

런던덤핑의정서는 런던덤핑협약을 보완하기 위해 1996년 11월 7일 런던에서 채택되었고 2006년 3월 24일 발효하였다. 주요 내용은 다음과 같다. 첫째, 런던덤핑협약에서는 해저처리가 규율의 대상이 되는지 불확실하였으나, 의정서는 이를 투기의 정의에서 명확하게 반영하였다. 둘째, 사전주의 접근법(Precautionary Approach)과 오염자부담 접근법(Polluters-Pays Approach)을 법전화하였다. 셋째, 런던덤핑협약은 투기가 금지되는 물질을 부속서에 기재하는 방식을 채택한 반면, 의정서는 '역리스트 방식(Reverse List Approach)'을 채택하여 부속서에 열거된 물질을 제외하고는 일체의 폐기물이나 기타 물질의 투기를 금지하고 있다. 넷째, 부속서에서 허용된 투기대상이라고 해도 체약국의 허가를 받아야 하며, 체약국은 이를 이한 행정적 또는 입법적 조치를 취할 의무가 있다. 다섯째, 바다에서의 소각을 금지하며 또한 투기나 바다에서의 소각을 목적으로 한 폐기물 또는 기타 물질의 수출도 금지한다. 여섯째, 불가항력과 비상사태 시에는 예외적으로 금지된 폐기물의 투기가 허용된다. 일곱째, 의정서는 협약과 별개의 조약이나, 두 조약의 공동당사국 사이에서는 의정서가 협약을 '대체'한다.

Ⅲ 폐기물로 인한 오염방지 – 유해폐기물의 월경이동 및 처리의 통제에 관한 바젤협약

1. 의의

유해폐기물의 국가 간 거래 인정 여부에 대해 OECD를 중심으로 하는 선진국과 OAU소속국 등 개도국의 견해차가 있다. 선진국들은 사전통고나 환경적으로 건전한 관리를 조건으로 하여 유해폐기물의 국경 간 이동을 제한적으로 허용하자는 입장인 반면, 개도국들은 이를 전면 금지해야 한다고 본다. OAU국가들이 채택한 아프리카 내로의 유해폐기물의 수입 금지 및 아프리카 내에서의 국경 간 이동 통제에 관한 바마코협약에 의하면 비당사국으로부터 아프리카 내로의 폐기물의 수입을 금지하고, 아프리카 국가 간 폐기물 거래를 규제한다. 바젤협약은 선진국들의 입장이 대체로 수용되어 유해폐기물의 국경 간 거래를 완전히 금지하지는 않았다.

2. 적용범위

폐기물이란 국내법규정에 의해 처리되거나 처리가 의도되거나 처리가 요구되는 물질이나 대상을 말하나 구체적으로는 가정폐기물(house waste)이나 유해폐기물(hazardous waste)을 의미한다. 방사능폐기물이나 선박의 통상적인 운용에서 발생하는 폐기물은 제외된다.

3. 사전통지 동의 원칙

수출국이 폐기물수출을 허가하고자 하는 경우 먼저 통과국과 수입국으로부터 서면에 의한 사전동의를 받아야 한다. 통과국이 통고접수일로부터 60일 이내에 반응을 보이지 않는 경우 묵시적 동의로 간주할 수 있다(제6.4조). 수출국은 폐기물이동계획의 성격과 보건 및 환경에 대한 영향을 평가하기에 충분한 정보를 제공해야 한다(제4.2조, 제6.1조). 폐기물이 바다를 통해 운반되는 경우 통과국의 묵시적 또는 명시적 동의를 요하지 않는다. 폐기물 운반선은 통과국 영해에서 무해통항권을 향유하기 때문이다. 협약 제4.12조도 협약의 어떠한 규정도 국제법상 항행의 자유와 권리의 행사에 영향을 주지 않음을 규정하고 있다.

4. 환경적으로 건전한 관리

바젤협약상 당사국의 일차적 의무는 폐기물의 국가 간 이동을 환경적으로 건전한 방법으로 관리하는 것이다. 환경적으로 건전한 관리(environmentally sound management)란 폐기물이 그로 인해 발생할 수 있는 역효과로부터 인간의 건강과 환경을 보호하는 방법으로 관리됨을 확보하기 위해 실행가능한 모든 조치를 취하는 것을 말한다(제2.8조). 협약당사국은 문제의 폐기물을 환경적으로 건전한 방법으로 다룰 수 없다고 판단하는 경우 수출이나 수입을 허가해서는 아니 된다(제4.2조, 제4.8조).

5. Basel Ban Amendment

(1) 바젤협약의 한계

바젤협약은 당사국 간 유해폐기물의 교역을 금지하기보다는 규제하는 데 주안점이 있다. 단, 유해폐기물을 비당사국으로 수출하거나 비당사국으로부터 수입하는 것이 원칙적으로 금지되나, 절대적인 것은 아니다. 제11조에 의하면 협약이 요구하는 유해폐기물과 기타 폐기물의 환경적으로 건전한 관리를 훼손하지 않을 것을 조건으로 비당사국과 유해폐기물의 국가 간 이동에 관한 양자 간 다자 간 혹은 지역적인 협정을 체결하는 것이 여전히 허용되고 있기 때문이다.

(2) 바젤협약의 개정(Basel Ban Amendment)

1995년 9월 18일부터 22일까지 제네바에서 개최된 제3차 협약 당사국회의에서 채택된 결정에 의해 바젤협약의 약점을 보완했다. 첫째, 유해폐기물의 국경 간 이동, 특히 개도국에로의 이동은 바젤협약이 요구하는 환경적으로 건전한 관리를 구성하지 않을 위험이 크다는 점을 협약 전문에 추가하였다.

둘째, 협약 본문에 새로 삽입되는 제4A조의 적용대상국가로서 OECD회원국인 당사국과 기타 국가들, EU, 리히텐슈타인을 지명한 제7부속서(Annex Ⅶ)가 협약에 추가되었다. 셋째, 협약 제4A조를 삽입했다. 동조항에 의하면 제7부속서에 열거된 각 당사국은 제7부속서에 열거되지 아니한 국가들에게로 최종처리용 유해폐기물의 모든 국가 간 이동을 즉각 금지하여야 한다. 또한 재활용 유해폐기물의 모든 국가 간 이동을 1997년 12월 31일부로 금지하여야 한다. 즉, 대체로 선진국그룹인 제7부속서의 국가들로부터 개도국에로의 유해폐기물이동에 있어서 규제 내지 통제가 아니라 금지된다는 것이다. 이 때문에 이 개정을 (Basel) Ban Amendment 칭한다.

6. 바젤 책임배상의정서

1999년 12월 6일~10일 바젤에서 개최된 바젤협약 제5차 당사국회의에서 '유해폐기물의 국가 간 이동 및 그 처리에 기인한 손해에 대한 책임과 배상에 관한 바젤의정서'를 채택했다. 이 의정서의 목적은 불법거래를 포함해서 유해폐기물과 기타폐기물의 국가 간 이동 및 그 처리에 기인한 손해에 대하여 포괄적 책임체제와 충분하고도 신속한 배상을 규정하는 데 있다. 이 목적을 위해 바젤의정서는 유해폐기물의 국제적 이동의 각 단계에 관여하는 사람들, 즉 수출통지자, 처리자, 수입자, 재수입자에게 원칙적으로 엄격책임 또는 무과실책임(strict liability)을 부과하고 있다. 그 밖의 사람들에게는 과실책임을 부과하였다. 동 의정서는 동 의정서 채택에 참고가 된 '핵손해에 대한 민사책임협약'과 '유류오염손해에 대한 민사책임에 관한 국제협약' 등과 마찬가지로 개인의 국내민사책임에 관련된 국제사법의 문제들, 즉 국제재판관할권, 준거법 그리고 판결의 승인 및 집행 등의 해결을 위한 명시적 규정을 담고 있다.

Ⅳ 핵물질 및 방사능에 의한 오염방지

1. 핵사고의 조기통고에 관한 협약(1986년 9월 26일 채택)

소련의 체르노빌 원전사고 이후 2개의 조약이 채택되었다. 핵사고의 조기통고에 관한 협약은 핵사고의 발생방지, 사고 발생 시 사고 피해의 최소화, 핵에너지의 안전한 개발과 이용을 위한 국제협력의 강화 등을 목적으로 채택한 것이다. 협약은 당사국 또는 그 관할·통제하에 있는 자연인·법인의 핵시설이나 핵활동에 관련한 사고에서 방사능물질이 누출되거나 누출될 우려가 있고, 타국에 대해 방사능안전중대성을 미칠 수 있는 국제적 월경누출을 초래하거나 그러한 우려가 있는 사고가 발생하는 경우 물리적 영향을 받거나 받을지도 모르는 타국가 및 IAEA에 핵사고발생과 그 성질, 발생시각 그리고 적당한 경우에는 그 정확한 장소를 즉각 통고하고 그러한 타국가와 IAEA에 방사능의 영향을 최소화하기 위해 이용가능한 정보를 신속히 제공할 의무를 체약국들에게 지우고 있다. 협약은 국제적 월경 누출에만 적용되기 때문에 그 결과가 국경선을 넘지 않거나 혹은 전적으로 공해상에서 발생하는 핵사고에는 적용되지 않는다.

2. 핵사고 또는 방사능 긴급 사태 시의 원조에 관한 협약(1986년 9월 26일 채택)

핵사고 또는 방사능 긴급 사태 시 피해의 최소화와 생명·재산 및 환경의 보호를 위해 신속하게 원조를 제공하기 위한 제도를 창설하기 위해 채택되었다. 사고가 발생한 경우 사고당사국은 타당사국·IAEA 및 국제기구에 원조를 요청할 수 있으며 요청을 받은 국가나 국제기구는 원조제공 여부 및 범위에 대해 통고해야 한다.

Ⅴ 생물다양성의 보존

1. 생물학적 다양성에 관한 협약(1992년 5월 23일 채택)

인간의 개발활동, 산업공해, 지구온난화 등으로 인한 생물종과 생태계의 파괴현상을 방지·회복하기 위해 채택되었다. 생물학적 다양성의 보존 및 지속가능한 이용은 증가하는 세계인구의 식량·건강 및 기타 필요를 충족하는 데 매우 중요하다는 인식에 기초한다. 동 협약은 현재와 미래세대를 위해 생물다양성을 보존하고 유전자원을 지속가능하게 이용하며 그 이용에서 발생하는 이익을 형평하게 분배하는 것을 목적으로 한다. 당사국들에게는 (1) 생물다양성의 보존 및 지속가능한 이용을 위한 국가전략 수립, (2) 생태계와 종(種)의 조사와 감시, (3) 현지보존, (4) 현지 외 보존, (5) 환경영향평가 및 악영향의 최소화, (6) 생물다양성 보존에 관한 기술에의 접근 허용 및 이전 등의 의무를 부과하고 있다.

> **📖 참고 나고야의정서(2010)**
>
> 정식명칭은 '생물다양성협약 부속 유전자원에 대한 접근 및 유전자원 이용으로부터 발생하는 이익의 공정하고 공평한 공유에 관한 나고야 의정서'이다. 주요 내용은 다음과 같다. 첫째, 생물유전자원에 접근하고자 하는 경우 해당 생물유전자원의 제공국이 정한 절차에 따라 사전통보승인을 받아야 한다. 이를 위해 당사국들은 사전승인 대상 생물유전자원, 승인기관, 승인절차 등 사전통보승인에 관한 국내제도를 정비해야 한다. 둘째, 이익공유는 생물유전자원 제공국과 이용자 간 체결한 상호합의조건에 따라 실시한다. 셋째, 유전자원 및 토착지역공동체가 보유한 유전자원 관련 전통지식에 대해 적용되며, 자국 영토를 벗어난 공해 또는 남극 등지에 존재하는 생물 유전자원은 적용대상에서 제외된다. 넷째, 각 당사국은 자국민이 외국의 생물유전자원을 획득하여 이용할 때 적용되는 관련 입법·행정·정책적 조치를 취해야 한다.

2. 멸종위기에 처한 야생동식물의 국제적 거래에 관한 협약(1973년 3월 3일 채택)

인간의 남획으로 멸종위기에 있는 야생동식물의 회복을 위해 채택된 협약이다. 동 조약은 야생동물의 서식지 보호에 대한 언급이 없으며 멸종위기에 처한 종을 죽이는 것도 위법으로 규정하지 않았다. 다만, 멸종위기에 처한 종의 국제적 상거래에 대해 일정한 규제를 가하고 있다. 협약은 관련 야생동물을 부속서 1, 2, 3세 부류로 나누고 각각 다른 의무를 부과하고 있다. 부속서 1은 무역거래로 인해 멸종위기에 처한 종들로서 국제거래를 위해서는 수입허가와 수출허가가 모두 필요하다. 부속서 2는 현재 멸종위기에 처해 있지 않지만 보호받지 못하면 그렇게 될 수 있는 종들에 관한 것이며 국가 간 거래를 위해서는 수출허가를 요한다. 부속서 3에 해당하는 종의 경우 당사국들은 그러한 종들이 멸종의 위기에 들지 않도록 하기 위해 이들 종의 수출과 개체 수 상황을 감시해야 할 책임이 있다.

3. 물새서식처로서 국제적으로 중요한 습지에 관한 협약(1971년 채택)

습지보호조약 또는 람사협약(Ramsar협약)이라고도 한다. 물새가 서식하는 세계적으로 중요한 습지를 국제적으로 보호하는 것을 목적으로 한다. 당사국은 1개 이상의 보호 대상 습지를 지정하고 자연보호구역(nature reserves)을 설치하여 보호하여야 한다. 한국은 강원도 인제군 대암산 용늪을 습지목록에 등록시켰으며 1999년 습지보전법을 제정하였다.

제5절 초국경적 환경오염 피해에 대한 국제책임

Ⅰ 서론

오늘날 환경문제는 지방적이거나 지역적 관심사에 국한되는 경우도 있으나, 대부분의 오염은 대기나 하천, 지하수를 통해 국경을 넘어 타국이나 공통영역으로 쉽게 이동한다. 이와 같이 오염물질은 국경을 넘는 유동성을 가지기 때문에 국경을 넘는 오염문제는 오염원이 위치한 국가만의 문제가 아닌 국제적 문제로 확대되어 국제법의 현안이 되고 있다. 국제법적 차원에서 인접국 오염원에 의한 환경피해의 국제법적 구제와 관련해서는 오염원 국가에 대한 국제법적 의무는 무엇인지, 이를 위반한 경우 어떠한 유형의 국제법상 책임을 추궁할 수 있는지가 문제된다. 또한, 환경이 오염된 경우 이를 복원하는 것이 어렵기 때문에 사전에 이를 방지하는 것이 중요한바, 이를 위한 어떠한 사전적·절차적 구제수단이 요구되는가도 중요한 과제라 할 수 있다. 이하에서는 이러한 국제법적 쟁점을 중심으로 서술한다.

Ⅱ 오염원 국가의 법적 의무

1. 절대적 주권 원칙의 제한가능성

(1) 하몬독트린

일반국제법상 국가영역의 사용에 관하여 주권의 제한이 가능한가에 대해 다툼이 있었다. 주권의 제한이 불가능하다는 절대적 주권에 대한 주장은 '하몬독트린'으로 대표되었다. 즉, 모든 국가는 자국 영토 내의 자원을 사용함에 있어서 어떠한 책임이나 의무도 부담하지 않는다는 입장이다. 이러한 입장은 국제연합의 천연자원에 대한 영구주권선언 등에서도 명백히 지지되었다.

(2) 주권 제한의 인정

그러나 오늘날 국제법에서 하몬독트린은 수정되었다. 하몬독트린은 그 당시에도 지지를 받지 못했고, 그후의 국제법 관행에서도 받아들여지지 않았다. 즉, 주권의 개념은 절대적인 것이 아니고, 타국의 환경이나 국가관할권 바깥의 지역에 손상을 야기하지 않아야 하는 제한이 따른다는 것이다. 이러한 주권제한의 원칙은 총회 결의, 국제조약, 국제관행을 통해서 지속적으로 확인되고 있다.

2. 타국 환경에 대한 손상방지 의무

(1) 의의

타국 환경에 대한 손상방지의무는 현 국제법상 국제관습법으로 확립되어 있다. 1972년 '인간환경에 관한 스톡홀름선언' 원칙 21은 '국가는 국제연합 헌장과 국제법 원칙에 따라 스스로의 환경정책으로서 자신의 천연자원을 개발할 주권적 권리를 가지며, 자국의 관할이나 통제하에 있는 행동이 타국의 환경 또는 국가 관할권의 한계를 넘는 영역에 손상을 야기하지 않도록 보장할 책임이 있다'라고 규정하고 있다. 이 규정은 국제관습법상 'sic utere tuo ut alienum no laedas'(Do exercise your right so as not to injure another)(sic utere 원칙)을 확인한 것으로 해석된다. 타국 환경에 대한 손상방지의무는 영역사용의 관리 책임이라고도 한다.

(2) 판례

타국 환경에 대한 손상방지의무는 다양한 판례에서 확인되고 있다. 1941년 'Trail Smelter 사건'에서 명백하게 확인되었고, 1957년 'Lake Lanoux 사건' 등이 이 원칙을 더욱 발전시켰다. ICJ는 1996년 '핵무기사용이나 위협의 적법성에 관한 권고적 의견'에서 자국관할 내의 행동이나 통제하의 활동이 타국이나 국가관할권을 넘어서는 지역의 환경을 존중하도록 보장하여야 한다는 국가의 일반적 의무는 환경과 관련하여 국제법의 일부가 되었음을 지적하였다. 이러한 의무는 1997년 'Gabcikovo-Nagymaros Project 사건'에서도 확인되었다.

(3) 조약

UN해양법협약 제194조 제2항은 국가는 자국관할이나 통제하의 활동이 타국이나 타국환경에 오염을 야기하지 않도록 담보하는 데 필요한 모든 조치를 취해야 한다고 명시하고 있다. 또한 1998년 ILC국가책임협약 초안 제19조 제3항 제(d)호는 대기 또는 해양의 광범한 오염은 인간환경의 보호·보존을 위해 본질적으로 중요한 국제적 의무의 중대한 침해라는 점에서 국제적 범죄라고 규정하였다.

Ⅲ 국가책임을 통한 사후적 구제

1. 책임유형

(1) 법적 쟁점

환경손상에 대한 국가책임은 국제관습법의 당연한 결과로 받아들여지고 있으나, 여전히 그 범위나 제한과 관련하여 불확실한 측면이 많이 있다. 책임은 어떤 주체의 법적 이익이 다른 법인격에 의해 침해될 때 발생한다. 환경손상과 관련한 책임은 크게 위법행위로부터 야기되는 책임(Responsibility)과 위법행위가 없는 유해한 결과책임(Liability)으로 대별된다.

(2) 위법행위책임

국제의무의 위반으로부터 발생하는 위법행위책임은 다시 과실책임(Fault Responsibility)과 객관적 책임(Objective Responsibility)으로 구분된다. 과실책임은 국제의무의 위반 시에 발생하는 고의·과실 때문에 책임이 발생하는 것이고, 객관적 책임은 행위상 고의·과실은 없으나 국제의무의 위반에 따른 결과 때문에 발생하는 책임이다.

(3) 절대책임(엄격책임 또는 결과책임)

국제법 위반행위책임과는 별개로, 해당행위는 국제법에 반하지 아니하나, 그 행위가 위해한 결과를 낳게 되는 경우에 지는 국제책임이다. 절대책임의 논거는 산업활동이나 잠재적으로 오염이 발생할 수 있는 기술이 포함된 활동은 국제법상 금지되지 아니하나, 해당 활동의 적법성과는 무관하게 그들이 야기한 환경손상에 대해서는 책임이 있기 때문에 보상해야 한다는 것이다.

2. 오염원 국가의 책임범위

(1) 법적 쟁점

스톡홀름원칙 21이 밝힌 환경손상의 방지의무는 위법행위로 인한 경우만을 대상으로 하는 것인지 아니면 적법한 행위로 인한 경우까지도 포함하는 것인가에 대한 논란이 있다. 이에 대해서는 절대책임설, 위법행위책임설, 절충설이 대립한다.

(2) 절대책임설

절대책임설은 환경손상의 방지의무를 넓게 이해하여 단순히 실태적인 위해를 모두 금지하는 것으로 해석하고, 발생하는 오염피해를 전부 방지해야 한다고 본다. 즉, 환경손상방지의무는 국가들에게 통상의 '상당한 주의'(due diligence) '이상'을 요구하고, 기울여야 하는 주의를 최대화할 것을 요구하는 것이므로, 모든 환경피해에 대해 책임을 져야 한다는 것이다.

(3) 위법행위책임설

위법행위책임설은 환경손상방지의무를 오염의 방지를 '보장'할 의무가 아니라, 그러한 위해를 방지하기 위한 '상당한 주의'가 발휘되어야만 한다는 것으로 해석한다. 위법행위책임을 주장하는 측은 일반국제법상의 일차적 의무를 전제하고, 이에 대한 위반행위가 국가책임을 발생시킨다고 주장한다.

(4) 절충설

과실책임을 원칙으로 하되, 중대한 위해가 발생한 경우에 한해 절대책임을 인정하려는 견해이다. 즉, 국가는 자국관할 내의 오염원으로 인한 국경을 넘는 모든 오염에 대하여 법적으로 책임이 있다고 전제하고, 다만 오염원 국가는 해당 오염이 영향을 받는 국가에 중대한 피해를 야기하는 것으로 명백히 입증되는 경우에만 책임을 진다는 것이다. 절충설은 모든 경우의 환경손상에 대해 오염원 국가의 책임을 인정하는 것이 아니라, 환경손상의 중대성과 오염과 피해 간의 인과관계라는 요건을 전제한다는 점에서 절대책임과 구별된다.

(5) 소결

절충설이 타당하다고 본다. 우선, 스톡홀름원칙 21은 단순히 '환경손상의 방지'라고 하고 있을 뿐, '위법행위에 의한 환경손상의 방지'라고 규정하고 있지는 않다. 환경은 한번 손상되면 복구가 쉽지 않을 뿐 아니라 복구가 되더라도 많은 비용과 시간이 투입되어야 하므로 환경손상의 경우 위법행위에 대해서만 책임을 묻는 것은 아니라고 보아야 한다. 그러나 모든 경우에 절대적 책임을 묻는 것은 현실적으로 불가능하고, 바람직하지도 않다. 인간의 모든 활동은 그 부작용으로 인한 환경오염을 초래할 수 있기 때문이다. 따라서 현재세대와 미래세대의 이익을 위하여 수인할 수 없는 중대한 환경손상만을 대상으로 절대책임을 요구하는 것이 타당하다고 본다. 객관적 책임의 경우에도 행위의 위법성이라는 점에서 차이가 있을 뿐, 그 효과는 동일한 결과를 가진다. 따라서 절대책임이나 객관적 책임은 위험한 활동에 대한 경우에만 적용될 뿐이고, 일반적으로는 상당한 주의에 관한 논리가 적용된다고 보는 것이 타당할 것이다.[64]

---

64) 성재호, 전게논문, 105-106면.

3. 책임의 기준과 한계

(1) 과실책임의 기준

국경을 넘는 오염과 관련한 과실책임은 국가기관의 위법행위로부터 발생하거나, 사인의 오염행위를 국가가 상당한 주의로 방지하지 못함으로써 발생한다. 즉, 고의나 과실로 환경오염을 야기하거나, 환경오염을 방지하는 데 주의의무를 다하지 못한 경우 국가책임이 발생한다. 이때 주의의 정도는 '상당한 주의'(Due Diligence)이다. 주의의 相當性(상당성)을 요구하는 이유는 개인의 행동을 통제하는 데 본질적인 어려움이 있음을 인식한 결과이다. 상당성의 정도에 대해 '라누호 중재 사건'이나 '코르푸 해협 사건'에서는 '필요하고 실행 가능한 조치'라는 표현을 쓰고 있다. 즉, 국경을 넘는 오염을 방지하기 위한 재정적 기술적으로 가능한 모든 필요한 조치를 다한 경우에는 행위국의 책임이 없다는 것이다.

(2) 절대책임의 기준

절대책임을 위해서는 ① 환경손상의 중대성 및 ② 오염행위와 환경손상간의 인과관계입증이 필요하다. 국제법위원회는 중대성의 기준과 관련하여 검출될 수 있는 정도 이상일 것이어야 하나, 심각한 수준일 필요는 없다고 하였다.

(3) 구체적 배상의 가능성 및 배상의 수준

과실책임이나 절대책임이 발생한 경우, 입증된 오염에 대해 금전배상을 요구할 수 있는가에 대해 다툼이 있다. 이를 부정하는 견해는 사전고지와 협의의 권리만 인정될 뿐 금전배상이 인정되지 않는다고 본다. 그러나 국제법위반행위에 대해 국가책임을 인정하는 이상, 피해발생에 대한 구체적인 배상 및 보상은 당연한 책임해제 형식이다.[65] 한편, 배상의 수준에 대해 1941년 'Trail Smelter 사건'의 중재법정은 '입증될 수 있는 중대한 금전손해'로 한정하였다.

Ⅳ 예방을 통한 사전적 구제

1. 의의

국가책임을 통한 구제방법은 사후적 구제에 초점이 맞춰져 있는 한계가 있다. 회복불능·구제불능의 오염피해는 국가책임의 방법으로 완전히 복구될 수 없다. 따라서 환경오염의 피해가 발생하기 전에 예방하는 절차적 방법이 필요하다. 스톡홀름원칙 21이 밝힌 환경손상의 방지는 이러한 절차적 의무의 존재를 예정하고 있는 것으로 보아야 한다. 이러한 사전적·절차적 방법에는 (1) 고지의무, (2) 협의의무, (3) 환경영향평가 등이 있다.

2. 고지의무

고지는 오염원 국가가 영향을 받는 국가에게 사전에 알려줌으로써 오염으로 인한 피해에 대비하게 할 수 있다는 점에서 효과가 있다. 고지는 단순히 알려준다는 의미에 그치는 것이 아니라 논의를 시작하고 주목을 받기 시작한다는 점에서 더욱 큰 의미가 있다. '코르푸 해협 사건'은 고지의무의 선구적 사례이다. 고지시점에 대해서는 계획이 승인된 시점이나 계획이 실현되는 시점에서 있어야 한다는 것이 정설이다.

---

65) 전게논문, 107면.

3. 협의의무

협의는 일정한 행동 전에 잠재적으로 영향을 받는 국가와 해당 사안을 논의하도록 함으로써 사전에 오염을 방제할 수 있는 기회를 갖게 하는 절차이다. '라누호 중재 사건'에 따르면 협상과 협의는 진정한 것이어야 하고, 신의칙(good faith)에 합치하는 것이어야 하며, 단순히 형식적인 것이어서는 안 된다.

4. 환경영향평가

환경영향평가의 목적은 불필요한 환경피해를 피하기 위하여 신중히 행동하고, 정보에 기반을 둔 결정을 내리고, 방지조치를 취하는 것을 수반하기 위한 것이다. 어떤 계획이 환경손상방지의 법적 의무를 위반하였는가를 결정하는 데 사용된다. 따라서 환경영향평가는 타국의 환경에 피해를 야기하는 일국의 행동을 국제적으로 금지하게 할 수 있는 능력을 가진다. 환경영향평가는 독립된 절차라기보다는 고지 및 협의와의 상관관계 속에서 의도한 대로의 기능을 가진다고 보아야 할 것이다. 영향을 끼치는 국가는 해당 계획이 환경에 미칠 결과를 평가하지 않고서는 영향을 받는 국가의 동의를 요청할 수 없을 것이므로, 잠재적으로 영향받을 국가에게 협의나 고지를 하기 위해서는 환경영향평가를 해야만 한다.

Ⅴ 결론

스톡홀름 원칙 21이 밝힌 환경손상의 방지 원칙은 국제관습법으로 확립되었고, 이에 대해 위법행위책임이 인정될 뿐 아니라 환경오염이 중대하고 행위와 결과 간에 인과관계가 입증되는 경우 결과책임까지 인정된다. 그러나 국가책임을 추궁하는 것은 사후적 구제라는 점에서 한계가 있고, 결과책임의 경우 중대성의 정도에 대한 평가, 인과관계에 대한 입증의 부담으로 책임을 묻기가 쉽지 않을 것이다. 따라서 관련국 간의 '제도적 보장'을 통해 환경피해에 대응하는 것이 가장 효과적인 방법이라 볼 수 있다. 즉, 국가 간 국제조약을 체결하거나, 사전협력기구나 사후해결기구 등을 설치 운영하는 것이 그러한 방법이다.

> ⚖ **판례 | 트레일 제련소 사건**[66]
>
> 캐나다 영토 Trail에 민간 회사가 경영하는 제련소가 설립되어 납과 아연을 제련하였다. 1925년과 1927년에 제련소는 새로운 굴뚝을 건설하여 생산량은 증가하였으나 동시에 아황산가스 배출량도 증가하였다. 미국은 제련소에서 배출된 가스가 워싱턴 주의 농작물과 산림자원에 손해를 주었다고 주장하며 배상을 요구하였다. 국제합동위원회가 구성되어 1932년 1월 1일까지 발생한 손해에 대해 35만 달러의 지불을 권고하였으나 미국이 만족하지 못하고 거절하자, 양국은 국제중재 설치를 합의하였다. 이 사안에서 법적 쟁점은 국제법상 초국경적 오염에 대한 배상의무 존부 및 캐나다의 배상범위와 추후 방지조치를 취할 의무의 존부였다. 중재재판소는 국제법상 국가는 매연에 의해 타국의 영역이나 인체·재산에 손해를 가하는 방법으로 자국의 영토를 사용하거나 사용을 허가하는 권리를 갖지 못한다고 판시하였다. 캐나다 정부는 트레일 제련소가 매연에 의한 피해를 미국 내에 미치지 않도록 조치할 국제법상 의무를 진다고 본 것이다. 한편, 손해배상 범위와 관련하여 1937년까지 발생한 피해로 배상 범위를 한정하였다. 또한 재판소는 캐나다는 장래의 손해 발생을 방지하기 위해 제련소의 운영에 대한 일정한 통제 조치를 취할 것을 명령하였다.

---

66) Trail Smelter Case, US 대 Canada, 국제중재, 1941년.

1. A국의 민간제련소에서 배출되는 오염물질로 인해 인접국인 B국의 산림과 농작물에 심각한 피해가 발생한 경우, B국은 A국에 대해서 손해배상을 청구할 수 있는가? B국이 배상을 청구할 수 있다면, 국제법상 그 근거는 무엇인가? 2011외시

2. 한국은 매년 중국으로부터 오는 황사(현상)에 의해 사람, 가축, 농작물 등이 심각한 피해를 입는다고 보도되고 있다. 이른바 국경을 넘는 환경오염 피해에 대해 국제법상 관련당사국에게 인정되는 권리와 의무를 설명하시오. 2003외시

3. 다음 설명을 참조하여 아래 질문에 답하시오. 2007행시

> 1980년대 이래 지구의 기온이 급격히 상승하고 있으며, 이산화탄소(CO_2)가 지구기온상승의 원인물질일 가능성이 높다는 과학자들의 보고가 급증하고 있다. 이러한 사태에 직면하여 세계 대부분의 국가는 각종의 조약 체결을 통하여 지구온난화 물질, 특히 이산화탄소의 배출을 적정수준으로 억제하기 위한 노력을 벌이고 있다. 그런데 세계인구의 5%가 살고 있음에도 전 세계 이산화탄소 배출량의 25%를 점하고 있는 A국은, 이산화탄소가 지구온난화를 야기한다는 점에 관하여 과학적 확실성(scientific certainty)이 아직 완전히 확립되지 않았음을 이유로, 자국이 이미 서명한 바 있는 관련 조약들을 비준하지 않을 것임을 천명하였다.

(1) 국제환경법상 사전주의 원칙(precautionary principle)을 설명하시오.
(2) 교토의정서상 온실가스 감축을 위한 메커니즘을 설명하시오.

4. A국과 B국은 인접국이다. A국은 자국기업 甲에게 철광석 제련소를 B국 국경 인근에 설립하는 것을 허가해 주었다. 그런데 甲의 공장을 가동하는 과정에서 발생한 매연이 B국의 삼림을 파괴하여 막대한 재산상의 손해를 초래하였을 뿐만 아니라 매연으로 인해 B국 국민의 건강에 대해서도 부정적 효과를 가져왔다. 이 사안과 관련하여 A국의 B국에 대한 국제법상 책임문제에 대해 논의하시오.

5. 기후변화에 관한 국제연합 기본협약 전문의 일부를 발췌하여 정리한 것이다. 다음 지문에 언급된 국제환경법상 기본원칙과 그 내용을 설명하시오. 2016외교원

> 이 협약의 당사자는, 지구의 기후변화와 이로 인한 부정적 효과가 인류의 공통 관심사임을 인정하고, 인간활동이 대기중의 온실가스 농도를 현저히 증가시켜 왔으며, 이로 인해 자연적 온실효과가 증대되고 이것이 평균적으로 지구표면 및 대기를 추가적으로 온난화시켜 자연생태계와 인류에게 부정적 영향을 미칠 수 있음을 우려하며, 기후변화의 세계적 성격에 대응하기 위하여는 모든 국가가 그들의 공통적이면서도 그 정도에 차이가 나는 책임, 각각의 능력 및 사회적·경제적 여건에 따라 가능한 모든 협력을 다하여 효과적이고 적절한 국제적 대응에 참여하는 것이 필요함을 인정하며, 국가는 국제연합헌장과 국제법의 원칙에 따라 자기 나라의 관할 혹은 통제지역 안의 활동 때문에 다른 국가나 관할권 이원지역의 환경에 피해가 발생하지 아니하도록 보장할 책임이 있음을 또한 상기하며, 다음과 같이 합의하였다.

MEMO

제6편
분쟁해결제도 및
전쟁과 평화에 관한 법

제1장 | 국제분쟁해결제도

제1절 총설

Ⅰ 국제분쟁의 의의

국제분쟁이란 국가 간의 법률관계 또는 이해관계에 관한 전쟁으로 발전되지 않은 대립 또는 충돌로서, 당사국의 일방에 의해 주장되고 타방에 의해 부정되는 일정한 작위 또는 부작위의 존재를 의미한다. 국제분쟁은 원칙적으로 국가 간의 분쟁이나 개인과 국가 간 분쟁에 본국이 개입함으로써 2국 간 분쟁으로 전환되기도 한다. 현행 국제법상 모든 국가는 분쟁을 평화적으로 해결해야 한다.

Ⅱ 국제분쟁의 유형

국제분쟁은 일반적으로 법적 분쟁과 정치적 분쟁으로 분류된다. 법적 분쟁이란 국제법을 적용함으로써 해결할 수 있는 분쟁으로서 그 성격이 기본적으로 법적인 분쟁을 말한다. 반면 정치적 분쟁이란 정책이나 법 외적 문제에만 관련되는 분쟁으로서 사법적 해결수단에 회부될 수 없는 분쟁을 의미한다. 국제사법재판소(ICJ)는 법적 분쟁의 해결을 목표로 하는 기관이다.

Ⅲ 국제분쟁의 해결방법

국제분쟁의 해결방법은 평화적 해결방법과 제재에 의한 해결방법으로 대별할 수 있다. 평화적 해결방법이란 국제법상 위법행위를 한 국가에 대해 정치적 또는 사법적 성격의 평화적 방법으로 국제법을 실현시켜 분쟁을 해결하는 것을 말한다. 한편, 제재에 의한 해결방법이란 국제법상 위법행위를 한 국가에 대해 자발적 제재와 UN에 의한 제재로 국제법의 실현을 강제하는 것을 말한다.

Ⅰ 의의

분쟁을 해결하는 방법으로는 평화적 해결방법과 강제적 해결방법으로 분류될 수 있다. 여기서는 평화적 해결방법을 살펴보기로 한다. 평화적 해결방법은 다시 비사법적 방법과 사법심사에 의한 방법으로 분류된다. 비사법적 방법은 정치적 해결방법이라 한다. 분쟁의 평화적 해결이란 제목이 붙은 UN헌장 제6장은 분쟁당사국들이 우선교섭, 심사, 중개, 조정, 중재재판, 사법재판, 지역기구 및 기타방법 등으로 평화적 해결을 추구해야 한다고 규정하고 있다. 여기서는 국가 상호간 분쟁의 비사법적 해결방법을 서술한다.

Ⅱ 주요 분쟁해결 수단

1. 직접교섭

(1) 의의

분쟁당사자는 자유로이 평화적 해결수단을 선택할 재량이 있는바, 가장 초보적인 수단으로서 직접교섭이 있다. 일체의 부당한 압력이나 간섭 없이 당사국들 간 해결을 구할 수 있다는 장점이 있는 반면, 힘의 우열이 존재하는 경우는 강한 쪽이 약한 쪽에 압력을 행사할 수 있는 단점이 있다.

(2) 교섭과 사법적 해결의 관계

① Aegean Sea Continental Shelf 사건: ICJ는 교섭과 사법적 해결이 동시에 추구된 사례들이 있었음을 지적하면서 소송 진행 중에 교섭이 적극적으로 추구되고 있다는 사실은 법적으로 동 재판소의 사법기능 행사에 전혀 장애물이 되지 아니한다고 언급한 바 있다.

② Military and Paramilitary Activities in and against Nicaragua 사건: 설사 당사자 간에 적극적인 교섭이 행해지고 있다고 해도 그와 동시에 안전보장이사회와 동 재판소가 헌장과 재판소규정에 따라 그들의 별개의 직무를 수행하는 것을 방해받아서는 안 된다고 하였다.

③ Application of the International Convention on the Elimination of All Forms of Racial Discrimination 사건: 조지아의 제소에 대해 러시아는 ICJ로 가기 전에 먼저 교섭에 임할 것을 규정한 인종차별철폐협약 제22조의 절차요건이 충족되지 않아 동 재판소의 관할권이 성립하지 않는다는 선결적 항변을 제기했다. 이에 대해 ICJ는 교섭은 단순한 항의나 논쟁 내지는 분쟁과는 다른 개념으로서 이것은 적어도 분쟁을 해결할 목적으로 분쟁의 일방 당사자가 타방 당사자와 함께 토의에 임하려는 진정한 시도를 요구한다고 판시하면서 러시아의 선결적 항변을 수락하였다.

2. 주선과 중개

주선(Good Office)과 중개(Mediation)는 제3국이 분쟁당사국 간의 교섭에 개입하여 분쟁의 평화적 해결을 촉진하기 위한 원조를 행하는 것이다. 주선과 중개에 대한 명확한 구별이 어렵지만 일반적으로 제3국의 개입의 정도에 따라 구분하고 있다. 주선이란 제3국이 교섭의 기회와 장소를 제공하거나 통신수단의 편의를 제공하는 등 분쟁당사국 간의 외교교섭을 개시하게 하거나 촉진하는 작용을 하는 것을 말한다. 이에 대하여 중개는 주선에 그치지 않고 교섭내용에 관여하여 분쟁당사국 주장의 조정을 도모하거나 교섭의 기초와 분쟁의 해결안을 제공하는 것이다. 주선과 중개는 국제기구에 의해 행해질 경우도 있다. 중개는 원칙적으로 법적 구속력을 갖지 않으나, 분쟁당사국들은 중개 결과에 대해 법적 구속력을 부여하기로 합의할 수도 있다. 예컨대, 'Rainbow Warrior호 사건' 해결과정에서 프랑스와 뉴질랜드는 이 사건을 UN사무총장의 중개에 부탁하면서 그 판정을 준수하겠다고 합의하였다.

3. 사실심사

심사(inquiry)란 비정치적이고 중립적인 위원회가 분쟁의 사실관계를 조사하여 그 결과를 보고하는 절차를 말한다. 심사는 조정 내지 중재재판에 유사한 성격을 띨 경우도 있다. 심사위원회가 채택하는 최종심사보고서는 사실의 확인에 불과하고 분쟁당사국들에 대해 그 자체로는 법적 구속력을 갖는 것은 아니다.

4. 조정

(1) 의의

조정(Conciliation)이란 원칙적으로 비정치적이고 중립적인 국제위원회가 분쟁의 사실관계를 심사함과 함과 동시에, 분쟁의 모든 측면을 고려하여 분쟁당사국 주장의 조정과 그 우호적 해결을 도모하고 나아가 스스로 해결안을 제시하는 절차이다. 조정을 도모하여 해결안 제시에 이르는 데 있어서 정치적 측면과 법률적 측면의 중시 정도에 따라 중개에 가까운 성격을 갖는 것도 있고, 재판절차에 가까운 것도 있다.

(2) 조정결과에 구속력을 인정하는 사례

1981년 동카리브 국가기구 설립조약은 조정위원회의 권고가 구속력이 있음을 규정하고 있다. 동 조약 제14조 제3항은 분쟁을 해결하기 위한 조정위원회의 일체의 결정 혹은 권고는 최종적이며 회원국들에게 구속력이 있다고 규정하고 있다. 또한 조약상의 분쟁해결 절차로서 조정을 수립하고 있는 부속서 제6항에서 조정위원회의 보고서는 사실 혹은 법률문제에 관하여 거기에 기재된 일체의 결론을 포함하여 당사들에게 구속력이 있다고 명시하고 있다.

(3) 성공적인 조정 사례

분쟁당사국들이 조정위원회의 결론을 수락한 성공적인 조정의 사례로 아이슬란드와 노르웨이 간 얀마옌 섬(노르웨이) 대륙붕 경계획정 사건이 있다.

Ⅰ 의의

중재재판(Arbitration)이란 임시적 또는 상설적 중재법원에서 국제분쟁을 사법적으로 해결하는 절차를 말한다. 중재재판은 법을 적용하여 당사국을 구속하는 판결을 부과하므로 단순한 권고적 절차에 불과한 조정과는 구분된다. 1794년 11월 19일 영국과 미국 간 체결된 '제이조약'(the Jay Treaty)을 계기로 근대적 중재재판제도가 등장하였으며 1872년 앨러배마호 중재 사건을 계기로 비교적 격식을 갖춘 재판제도로 발전하였다. 1899년 헤이그협약에 기초하여 1901년 상설중재법원이 창설되었으며 국제연맹 총회는 1928년 9월 26일 중재재판에 관한 일반조약을 채택하였다.

Ⅱ 특별중재법원

특별중재법원이란 국제분쟁의 사법적 해결을 위하여 분쟁당사국 간 중재재판조약에 의해 개설되는 법원을 말한다. 특별중재법원은 분쟁당사국의 합의에 의해 구성되므로 일정한 바는 없다. 특별중재법원의 물적관할은 그를 위하여 법원이 설치된 분쟁에 한하며 인적관할은 국가에 한정된다. 당사국은 중재조약에 따라 자유롭게 재판준칙을 채택할 수 있다.

Ⅲ 상설중재법원

1. 의의

상설중재법원(The Permanent Court of Arbitration: PCA)은 국제분쟁을 재판하기 위하여 헤이그협약에 의해 1901년에 설치된 상설의 중재법원을 의미한다. 법관명부를 상시 비치하여 분쟁 발생 시 분쟁당사국이 이 명부 중에서 중재법관을 선임하여 법정을 용이하게 구성하도록 하였다.

2. 구성

중재법원은 당사국이 임명한 각각 4명 이내의 법관 전원으로 구성된다. 동일한 법관이 수개국으로부터 임명될 수 있으며, 임기는 6년이고 재임될 수 있다. 분쟁당사국 사이에 구체적 사건을 재판할 재판정은 법원의 법관 명부에서 일정수의 법관을 선정하여 구성한다.

3. 관할

PCA관할은 원칙적으로 당사국에 한하나 당사국의 합의에 의해 비당사국 간 분쟁 또는 당사국과 비당사국 간 분쟁에도 관할권이 미친다. 현재 국가 간 분쟁뿐 아니라 국제기구, 국가기관, 개인 등이 관련된 국제적 분쟁해결에 대해서도 서비스를 제공하고 있다.

4. 재판준칙 및 재판절차

재판준칙이나 재판절차는 분쟁당사국들이 중재약정에서 별도로 정한다. 일반국제법의 원칙, 형평과 선 등을 재판준칙으로 설정할 수 있다.

5. 재정의 효력

중재판정(재정, Award)은 확정적이며 최종적이다. 재정의 해석 또는 집행에 관해 당사국 간 일어나는 분쟁은 반대가 없는 한 그 재정을 내린 중재법원에 다시 제기된다. 재정은 분쟁당사국에만 법적 구속력이 있다.

Ⅳ 중재재판과 사법재판 비교

1. 재판기관의 상설독립성

사법재판은 직접 분쟁당사국의 의사에 의존하지 않는 독립된 재판기관에 의한 재판이나, 중재재판은 분쟁이 발생할 때마다 분쟁당사국 자신이 선택한 중재법관으로 구성되는 재판기관에 의한 재판이다. ICJ는 임기 9년의 15명의 법관으로 구성되어 있어 중재법원보다 상설성이 완전하다.

2. 응소의무

사법재판에서는 분쟁당사국이 선택조항을 수락한 경우 응소의무가 있으나 중재재판에서는 응소의무가 없다.

3. 재판준칙

사법재판에서는 특별한 합의가 없는 한 원칙적으로 국제법을 재판준칙으로 하나 중재재판에서는 재판준칙이 합의에 의해 결정된다.

4. 판결의 이행확보

사법재판의 판결의 효력과 중재재판의 재정의 효력은 모두 구속력이 있으나 사법재판에서는 판결의 이행이 확보되지 않는 경우 당사국은 사안을 안보리에 회부할 수 있고 안보리는 이행을 보장하기 위한 권고나 조치를 취할 수 있다. 중재재판에서는 이러한 제도가 없다.

I 연혁

1. PCIJ

국제사법재판소(ICJ)는 상설국제사법재판소(Permanent Court of International Justice: PCIJ)를 승계하였다. 상설국제사법재판소는 1921년부터 1946년까지 존속하였다. PCIJ는 국제연맹규약 제14조에 따라 설치되었으며 재판관들은 이사회(Council)와 총회(Assembly)에서 절대다수표를 얻어 선출되었으며, PCIJ는 분쟁 당사국들이 부탁하는 국제적 성격의 일체의 분쟁을 심리하고 결정하고, 연맹 이사회 또는 총회가 부탁하는 문제에 대해 권고적 의견을 부여할 수 있는 관할권을 부여받았다. PCIJ는 국제연맹규약에 의해 창설되었으나 ICJ와 달리 국제연맹의 주요기관이 아니었으며, 설립조약인 PCIJ규정은 연맹규약의 일부를 구성하지도 않았다. PCIJ는 1939년 12월 4일 마지막으로 개정하였으며, 1946년 4월 정식 해체되었다.

2. ICJ

> **조문 | UN헌장 제92조 – ICJ의 지위**
>
> 국제사법재판소는 국제연합의 주요한 사법기관이다. 재판소는 부속된 규정에 따라 임무를 수행한다. 이 규정은 상설국제사법재판소 규정에 기초하며, 이 헌장의 불가분의 일부를 이룬다.

> **조문 | ICJ규정 제36조 제5항 – 선택조항 수락선언의 승계**
>
> 상설국제사법재판소규정 제36조에 의하여 이루어진 선언으로서 계속 효력을 가지는 것은, 재판소규정의 당사국 사이에서는, 이 선언이 금후 존속하여야 할 기간 동안 그리고 이 선언의 조건에 따라 재판소의 강제적 관할을 수락한 것으로 본다.

UN헌장 제92조에 의하면 ICJ는 UN의 주요사법기관으로서 부속규정(annexed Statute)에 따라 활동하며, 동 규정은 PCIJ규정을 기초로 하고, UN헌장의 불가결한 부분(an integral part of the present Charter)을 구성한다. ICJ규정은 UN헌장 자체에 부속되어 있으므로 UN의 모든 회원국은 당연히 ICJ규정 당사국이 된다. ICJ는 PCIJ와 형식상 법적 기초를 달리하나 ICJ규정은 PCIJ규정을 기초로 하고 있으므로 본질적으로 ICJ는 PCIJ의 계속이다. PCIJ와 ICJ의 계속성은 전자로부터 후자로의 관할권 이전(transfer of jurisdiction)을 인정하고 있는 ICJ규정 제36조 제5항 및 제37조에서도 확인된다.

II ICJ 구성

1. 재판소의 구성

재판소는 국적에 관계없이 덕망이 높으며 자국에서 최고재판관에 임명될 자격이 있거나 국제법에 권위 있는 법학자들 중에서 선출되는 15인의 독립적인 재판관으로 구성된다. 2인 이상의 동일국가의 국민을 포함할 수 없다(규정 제2조, 제3조).

2. 재판관의 독립성

재판관은 독립적이어야 한다. 이와 관련하여 재판관은 정치적 또는 행정적 직무를 수행해서는 안 되며, 직업적 성질을 갖는 다른 업무에도 종사할 수 없다(규정 제16조). 재판관은 어떤 사건에서도 대리인(Agent), 보좌인(Counsel) 또는 변호인(Advocate)으로서 행동할 수 없다(제17조). 특별한 사유로 인하여 특정사건의 재판에 참여해서는 안 된다고 생각하는 재판관은 재판소장에게 그 취지를 통보한다. 재판소장은 어떤 재판관이 특별한 사유로 인하여 특정사건에 참여해서는 안 된다고 생각하는 경우 그 재판관에게 그 취지를 통보한다(제24조).

3. 재판관의 선출

재판관선출은 제4조 내지 제12조에서 상세하게 규정하고 있다. 재판관은 상설국제사법재판소의 각 국별재판관단과 상설국제사법재판소에 가입하지 않은 UN회원국들을 위하여 특별히 구성되는 국별재판관단에 의하여 지명된 후보자들을 대상으로 안보리와 총회에서 절대다수표(an absolute majority of votes)를 얻은 후보자를 선출한다. 절대다수표의 의미에 대해 해석상 '출석 투표 과반수'를 의미하는 것으로 보는 것이 타당하나, 총회와 안보리 관행은 '재적과반수'의 의미로 새기고 있다. 재판관 선출에 있어서 안보리 상임이사국의 거부권은 인정되지 않으며, 총회에서는 UN회원국은 아니더라도 ICJ규정 당사국은 투표권을 갖는다.

4. 재판관의 임기

재판관의 임기는 9년이며 재선될 수 있다. 단, 최초선거에서 선출된 재판관 중 5인의 임기는 3년 그리고 다른 5인의 재판관 임기는 6년으로 하고, 3년마다 5인씩 교체한다. 교체되는 재판관은 후임자가 보충될 때까지 계속 직무를 수행해야 하며, 자신이 이미 착수한 사건은 완결지어야 한다. 임기가 종료되지 아니한 재판관의 후임으로 선출된 재판관은 전임자의 잔여임기 동안 재직한다.

Ⅲ 전원재판소와 소법정

1. 전원재판소

ICJ규정에 달리 명문의 규정이 없는 한, 전원재판소(Full Court)가 개정된다. 정족수는 9인이며, 따라서 최소 9인의 재판관이 출석해야 개정할 수 있다.

2. 소법정

📋 조문 | ICJ규정 제26조 − 특정부류재판부와 특별재판부

1. 재판소는 특정한 부류의 사건, 예컨대 노동사건과 통과 및 운수 통신에 관한 사건을 처리하기 위하여 재판소가 결정하는 바에 따라 3인 또는 그 이상의 재판관으로 구성되는 1 또는 그 이상의 소재판부를 수시로 설치할 수 있다.

2. 재판소는 특정사건을 처리하기 위한 소재판부를 언제든지 설치할 수 있다. 그러한 소재판부를 구성하는 재판관의 수는 당사자의 승인을 얻어 재판소가 결정한다.

3. 당사자가 요청하는 경우에는 이 조에서 규정된 소재판부가 사건을 심리하고 결정한다.

(1) 특정부류재판부

특정부류재판부란 특정부류의 사건(particular categories of cases)을 다루기 위하여 재판소가 결정하는 바에 따라 3인 이상의 재판관으로 구성되는 소법정으로서 재판소는 이를 수시로 설치할 수 있다. 규정 제26조 제1항에 의하면 노동사건과 통신·교통 사건에 관한 소재판부가 예시되어 있다.

(2) 특별재판부(ad hoc chamber)

특별재판부는 특정사건(a particular)을 다루기 위하여 구성되는 소법정으로서 재판소는 언제든지 이를 설치할 수 있다. 특별재판부를 구성하기 위한 재판관 수는 당사국들의 승인을 얻어 재판소가 결정한다(규정 제26조 제2항). 특별재판부에 관한 ICJ규칙은 1972년 및 1978년 두 차례 걸쳐 개정되었다. 1972년 개정에서는 ICJ소장이 특별재판부의 구성과 관련하여 분쟁당사자들의 견해를 확인하기 위해 소송대리인들의 의견을 듣도록 하였고, 소장은 그 의견을 재판소에 통고하며, 재판소는 비밀투표로 특별재판부를 선출하도록 하였다(제26조). 1978년 개정에서는 분쟁당사자 어느 쪽이든 특별재판부의 소집을 요구할 수 있고, 타방당사자가 동의하면 ICJ 소장은 재판부구성에 관하여 당사자들의 견해를 확인하도록 하였다(제17조). 당사자들의 동의가 있는 경우 재판부는 비밀투표로 선출된다(제18조). 이와 같이 ICJ규정 제26조 제2항은 특별재판부를 구성하는 재판관의 '數'에 대해서만 분쟁당사자들의 동의를 구하도록 하고 있으나, ICJ규칙 및 실제관행은 재판부 설치 자체에 대해서도 분쟁당사자들의 동의에 기초하고 있다.

(3) 간이절차부(chamber of summary procedure)

📋 조문 | ICJ규정 제29조 − 간이절차부

업무의 신속한 처리를 위하여 재판소는, 당사자의 요청이 있는 경우 간이소송절차로 사건을 심리하고 결정할 수 있는, 5인의 재판관으로 구성되는 소재판부를 매년 설치한다. 또한 출석할 수 없는 재판관을 교체하기 위하여 2인의 재판관을 선정한다.

간이절차부란 당사국들의 요청에 의하여 간이절차로 재판을 행하는 5인의 재판관으로 구성되는 소법정으로서 재판소는 업무의 신속한 처리를 위하여 매년 이를 설치해야 하며, 또한 출석할 수 없는 재판관을 대리하기 위하여 2인의 재판관을 선정해야 한다.

제6편

Ⅳ 국적재판관

1. 각 당사자의 국적재판관은 재판소에 제기된 사건에 출석할 권리를 가진다.

2. 재판소가 그 재판관석에 당사자중 1국의 국적재판관을 포함시키는 경우에는 다른 어느 당사자도 재판관으로서 출석할 1인을 선정할 수 있다. 다만, 그러한 자는 되도록이면 제4조 및 제5조에 규정된 바에 따라 후보자로 지명된 자중에서 선정된다.

3. 재판소가 그 재판관석에 당사자의 국적재판관을 포함시키지 아니한 경우에는 각 당사자는 제2항에 규정된 바에 따라 재판관을 선정할 수 있다.

4. 이 조의 규정은 제26조 및 제29조의 경우에 적용된다. 그러한 경우에 재판소장은 소재판부를 구성하고 있는 재판관중 1인 또는 필요한 때에는 2인에 대하여, 관계당사자의 국적재판관에게 또한 그러한 국적 재판관이 없거나 출석할 수 없는 때에는 당사자가 특별히 선정하는 재판관에게, 재판관석을 양보할 것을 요청한다.

5. 동일한 이해관계를 가진 수개의 당사자가 있는 경우에, 그 수개의 당사자는 위 규정들의 목적상 단일당사자로 본다. 이 점에 관하여 의문이 있는 경우에는 재판소의 결정에 의하여 해결한다.

6. 제2항·제3항 및 제4항에 규정된 바에 따라 선정되는 재판관은 재판소 규정의 제2조·제17조(제2항)·제20조 및 제24조가 요구하는 조건을 충족하여야 한다. 그러한 재판관은 자기의 동료와 완전히 평등한 조건으로 결정에 참여한다.

국적재판관(national judge)이란 소송당사자 일방의 국적을 가진 재판관을 의미하며, ICJ구성원인 '정규재판관'(titular judge)과 특정사건에서 당사자 일방에 의해 지명된 임시재판관(judge ad hoc)인 국적재판관이 있다. 정규재판관은 자국정부가 소송의 일방당사자라 해도 재판을 회피할 것이 요구되지 않으며, 오히려 재판소의 심리에 참여할 권리를 보장받고 있다(규정 제31조 제1항). 한편, 특정사건에서 정규국적재판관이 없는 당사자 일방 또는 쌍방은 오로지 당해사건의 심리에 참여시킬 목적으로 임시재판관을 선임할 수 있다. 임시재판관 선임은 의무가 아니며, 외국인을 임명할 수도 있다. 임시재판관제도는 전원재판소뿐 아니라 소법정들에도 적용된다.

제5절 국제사법재판소 쟁송사건관할권

Ⅰ 의의

국제사법재판소의 관할권은 '쟁송사건에 대한 관할권'과 '권고적 의견에 대한 관할권' '부수적 관할권'으로 대별된다. 쟁송사건에 대한 관할권이란 당사자 상호간의 법적 분쟁에 대한 관할권을 의미한다. 권고적 의견에 대한 관할권이란 UN의 주요기관 또는 전문기관이 부탁해온 법률문제에 대해 자문을 부여할 수 있는 권한을 말한다. 또한 부수적 관할권은 쟁송사건과 관련된 부차적이거나 절차적 성격의 문제에 대한 관할권을 말한다. 쟁송사건에 대한 관할권은 인적관할권, 시간적 관할권, 물적관할권으로 대별된다.

Ⅱ 인적관할권

1. 의의

인적관할권(jurisdiction ratione personae)이란 국제사법재판소가 갖는 대인적 관할권을 말한다. 즉, 국제사법재판소가 재판할 수 있는 당사자에 대한 관할권을 말한다. 쟁송사건에 대한 인적관할은 오로지 국가에 대해서만 행사할 수 있다.

2. 국가

ICJ규정 제34조에 의하면 오로지 국가만이 재판소의 쟁송사건의 당사자가 될 수 있다. 규정 제35조에 의하면 ICJ는 규정의 당사자인 국가 뿐 아니라 규정의 당사자가 아닌 국가, 즉, UN비회원국에 대해서도 개방되고 있다. UN비회원국의 경우 발효 중인 각 조약에 담겨 있는 특별규정을 조건으로 안보리가 부과한 조건을 따라야 한다. 발효 중인 조약이란 ICJ규정 발효일 당시에 발효 중이던 조약만을 지칭한다. 따라서 ICJ규정 당시 UN회원국 또는 ICJ규정 당사국이 아니며, ICJ규정 발효 당시 발효 중인 조약의 당사국이 아닌 국가는 ICJ에 대해 원고적격이 인정되지 아니한다. ICJ는 Serbia and Montenegro가 Belgium등 NATO국가들을 상대로 제소한 'Legality of Use of Force 사건'에서 Serbia and Montenegro는 원고적격을 가지지 못한다고 판시하였다. 다만 ICJ는 Croatia가 Serbia를 상대로 제소한 'Application of the Convention on the Prevention and Punishment of the Crime of Genocide 사건'(2008)에서 재판소 출입권을 포함한 재판관할권의 성립 여부는 원칙적으로 소가 제기되는 시점을 기준으로 판단하되, 소 제기 후 UN 가입 등에 의해 사후에 충족될 수도 있다고 하였다. 한편, UN헌장 제93조 제2항에 의하면 UN비회원국은 총회가 안보리의 권고에 기하여 결정하는 조건에 따라 '규정 자체'의 당사자가 될 수 있다.

3. 개인

개인은 재판의 당사자가 될 수 없다. 개인의 분쟁을 국적국이 자국의 이름으로 외교적 보호권에 의거하여 소송을 제기할 수 있으나, 재판의 당사자는 개인이 아니라 국가이다.

4. 국제조직

국가만이 재판의 당사자가 될 수 있고, 국제조직은 당사자가 될 수 없다. 따라서 국가와 국제조직 간의 분쟁은 모두 재판소의 관할에서 제외된다. 특정국제조직은 권고적 관할의 대상이 될 수 있을 따름이다. 단, 재판소는 국제기구들에 대해 사건에 관계되는 정보제공을 부탁할 수 있으며, 이들 기구가 자발적으로 제공하는 정보를 받아야 한다. 또한 국제기구 설립문서 또는 그에 기하여 채택된 국제협약의 해석이 재판소에 계류 중인 사건에서 문제되는 때에는 재판소 행정처장은 당해 기국에 그 사실을 통고해야 하며, 또 모든 서면절차의 사본을 송부해야 한다.

Ⅲ 시간적 관할권

1. 의의

시간적 관할권(jurisdiction ratione temporis)이란 국제사법재판소가 재판할 수 있는 시간에 대한 관할권을 말한다.

2. 시간적 관할권의 결정

시간적 관할권은 인적관할권과 물적관할권에 의해 정해진다. 특히 물적관할권의 기초인 당사자의 합의의 내용에 따라 시간적 관할권이 정해진다. 예컨대, 일정한 시한 이후의 분쟁 또는 일정한 시한 이전의 분쟁에 관하여 관할권을 특정한 '재판조항', '재판조약'에 의해 합의를 한 경우 또는 '선택조항수락'을 한 경우 국제사법재판소의 분쟁사건에 대한 시간적 관할권은 그 시한 이후 또는 그 시한 이전으로 정해진다.

3. 시간적 관할권의 시한

시간적 관할권의 결정시한은 제소시이다. 따라서 제소시에 시간적 관할권이 있다면 그 이후의 시간적 관할권의 결정요소의 변경은 시간적 관할권에 영향을 미치지 아니한다.

Ⅳ 물적관할권

> ### 🗒 조문 | ICJ규정 제36조 – 물적관할
>
> 1. 재판소의 관할은 당사자가 재판소에 회부하는 모든 사건과 국제연합헌장 또는 현행의 제조약 및 협약에서 특별히 규정된 모든 사항에 미친다.
> 2. 재판소규정의 당사국은 다음 사항에 관한 모든 법률적 분쟁에 대하여 재판소의 관할을, 동일한 의무를 수락하는 모든 다른 국가와의 관계에 있어서 당연히 또한 특별한 합의 없이도, 강제적인 것으로 인정한다는 것을 언제든지 선언할 수 있다.
>   가. 조약의 해석
>   나. 국제법상의 문제

다. 확인되는 경우, 국제의무의 위반에 해당하는 사실의 존재

라. 국제의무의 위반에 대하여 이루어지는 배상의 성질 또는 범위

3. 위에 규정된 선언은 무조건으로, 수개 국가 또는 일정 국가와의 상호주의의 조건으로, 또는 일정한 기간을 정하여 할 수 있다.

4. 그러한 선언서는 국제연합사무총장에게 기탁되며, 사무총장은 그 사본을 재판소규정의 당사국과 국제사법재판소서기에게 송부한다.

5. 상설국제사법재판소규정 제36조에 의하여 이루어진 선언으로서 계속 효력을 가지는 것은, 재판소규정의 당사국 사이에서는, 이 선언이 금후 존속하여야 할 기간 동안 그리고 이 선언의 조건에 따라 재판소의 강제적 관할을 수락한 것으로 본다.

6. 재판소가 관할권을 가지는지의 여부에 관하여 분쟁이 있는 경우에는, 그 문제는 재판소의 결정에 의하여 해결된다.

1. 의의

물적관할권(jurisdiction ratione materiae)이란 국제사법재판소가 분쟁사건에 대해 갖는 사실적 관할권을 말한다. 즉, 국제사법법원이 재판할 수 있는 사실적 관할권을 말한다. 어느 국가도 자기의 의도에 반해 국제법상 어떤 국제재판도 받지 아니한다는 것은 주권평등의 사상에 기초한 국제법의 일반규칙이다. 따라서 국제사법재판소는 분쟁당사자가 국제사법재판소에 의한 재판을 받기로 합의한 경우에 한해 물적 관할권을 갖는다. 한편, 국제사법법원은 '법적 분쟁'을 물적 관할 대상으로 하고 있다.

2. 법적 분쟁

ICJ규정 및 UN헌장의 제 규정들은 국제법을 적용함으로써 해결될 수 있는 '법적' 분쟁에 대한 재판소의 관할권을 분명히 하고 있으며, 동시에 국제법과 무관한 분쟁은 재판소의 관할에 들지 않음을 시사하고 있다. 규정 제36조 제2항은 '모든 법적 분쟁'에 대한 관할을 명시하고 있고, 헌장 제36조 제3항은 '법적 분쟁은 원칙적으로 ICJ에 부탁되어야 한다.'라고 규정하고 있다. 관련분쟁 전체가 법적 성격을 가져야 하는가에 대해 의문이 있으나, ICJ는 '니카라과 사건'에서 이를 명백히 부인하였다. PCIJ는 분쟁이란 '법 또는 사실의 문제에 관하여 의견을 달리하는 것, 즉, 두 당사자 사이에 법적 견해 또는 이해관계가 충돌하는 것'으로 언급한 바 있다. 분쟁의 존부는 객관적으로 결정되어야 하고(동티모르 사건), 제소 당시 가설적으로만 존재해서는 아니 되며, 판결 시에도 여전히 존재해야 한다.

3. 관할권의 성립[1]

(1) 상호 합의에 의한 관할권(임의관할)

① 의의: ICJ규정 제36조 제1항은 '본 재판소의 관할권은 당사자들이 재판에 회부하는 모든 사건 및 UN헌장에 또는 발효 중인 조약이나 협약에 특별히 규정된 모든 문제에 미친다'라고 규정하고 있다. 이는 재판소 관할권의 성립에 있어서 '당사자들의 동의'가 선결요건임을 규정한 것으로서 동의는 ⊙ 특별협정, ⓒ 사전적 분쟁회부합의, ⓒ UN헌장에 의해 주어진다.

② 특별협정에 의한 관할권 성립: 분쟁 발생 이후 분쟁당사국 간 특별합의(special agreement, compromis)를 통해 관할권을 성립시키는 방식이다. 특별협정에는 분쟁의 주제와 분쟁 당사자가 명확히 규정된다는 점이 장점이다.[2]

---

1) 최태현, 〈국제사법재판소 소송절차와 관련된 주요한 법적 쟁점(I)〉-《국제법평론》, 2005-II, 117-148면.
2) 최태현, 전게논문, 118면.

③ 사전적 분쟁회부합의에 의한 관할권 성립: 국가들이 사전에 재판조약을 체결하거나, 조약 내에 '분쟁회부조항 또는 재판관할권 조항'(compromissory or jurisdictional clause)을 규정하여 분쟁발생 시 ICJ에 회부하여 사법적 해결을 추구하는 방식이다. 분쟁발생 시 '일방적 신청 또는 제소'(unilateral application)에 따라 ICJ가 분쟁에 대해 관할권을 행사할 수 있도록 한다. 다자조약에서 이러한 분쟁회부조항을 두는 것이 일반적이나, 양자조약에 규정되기도 한다.

④ UN헌장에 규정된 문제에 관한 ICJ의 관할권 성립: ICJ규정 제36조 제1항은 'UN헌장에 특별히 규정된 문제'에 대한 ICJ관할권을 규정하고 있으나, 동 조항의 객체가 분명하지 않다. UN헌장 제36조 제3항은 안보리는 법률적 분쟁에 대해서는 ICJ에 회부하도록 당사자에 권고할 수 있으나, 법적 구속력이 없다. 따라서 'UN헌장에 특별히 규정된 문제'란 별도로 존재하지 않는 것으로 이해된다.[3] '코르푸해협 사건'에서 재판관들은 공동개별의견을 통해 UN헌장 제36조 제3항에 따라 새로운 유형의 강제관할권이 도입되어 있다는 영국의 입장을 배척했다.

(2) 강제관할권

① 의의: 강제관할권이란 ICJ규정 제36조 제2항의 선택조항을 수락한 당사국 상호간에 분쟁이 발생한 경우 별도의 새로운 합의 없이 일방당사국의 제소에 의해 ICJ의 관할권이 성립하는 것을 말한다. 동 조항은 분쟁발생에 앞서 ICJ에 관할권을 부여하기 위하여 고안된 점에서 분쟁회부조항과 그 성격이 유사하나, 동 규정은 그 수락 여부가 ICJ규정 당사국의 결정에 유보되어 있다는 점에서 차이가 있다.[4]

② 수락대상: 당사국이 일방적 선언을 통해 수락하는 대상은 ㉠ 조약의 해석, ㉡ 국제법상의 문제, ㉢ 입증되면 국제의무위반을 구성하게 될 사실의 존재, ㉣ 국제의무위반에 대하여 질 손해배상의 성질 및 범위에 관한 모든 법적 분쟁에 대한 것이다.

③ 수락행위의 법적 성질: ICJ의 강제관할권을 수락하는 국가의 일방적 선언은 국가의 일방적 행위(unilateral act)에 해당된다. 일방적 행위를 통해 ICJ와 일방적 선언을 행한 선언국 사이에 특정 법적 관계를 창설하는 것으로서 특정한 법적 의무를 용인하겠다는 국가 및 국가군에 대해서 실질문제에 대한 분쟁의 해결에 관한 법적 권리와 의무를 행사 또는 부담하겠다는 것을 의미한다.[5] 한편, 수락행위의 계약적 성질(contractual nature)을 인정할 수 있는가? 이 문제는 국가가 일방적 선언을 통하여 ICJ의 강제관할권을 인정하는 경우 이와 같은 국가의 일방적 행위가 특정한 국제법상 권리와 의무를 규율하는 조약의 당사국이 됨으로써 타 당사국과 특정한 법적 관계를 형성하는 것과 동일한 것으로 볼 수 있는가에 대한 것이다.[6] PCIJ 및 ICJ는 일방적 행위의 법적 효력을 인정할 뿐 아니라, 계약적 성질도 인정한다. ICJ는 '니카라과 사건'에서 일방적 선언은 ICJ의 강제관할권과 관련하여 동일한 의무를 수락하는 국가들 간에 형성되는 일련의 '양자적 계약'을 형성하는 것이며 선택조항 체제를 계약의 총합이라고 보았다. 그러나 일방적 수락선언이 계약적 성질을 갖는다고 해서 '조약'과 동일하다고 볼 수는 없다. 우선, 수락선언은 교섭을 통해 채택된 문언이 아니므로 조약법에 적용되는 모든 원칙이 적용될 수는 없다. 조약법에 적용되는 원칙을 일방적 선언에 적용하는 경우, 국가가 의도한 범위를 초월할 수 있기 때문이다. 조약상의 의무는 명확하고 엄격한 반면, 국가의 일방적 선언이 부담하는 의무는 취약성과 예측 불가능성을 포함한다. 또한, 선택조항하의 일방적 선언에 의해서 부담하는 의무는 오직 특정한 분쟁이 ICJ에 회부되었을 경우에만 발생한다.[7]

---

3) 최태현, 전게논문, 121면.
4) 최태현, 전게논문, 123면.
5) 최태현, 〈국제사법재판소 소송절차와 관련된 주요쟁점(I)〉 -《국제법평론》, 2005-II, 127 면.
6) 최태현, 전게논문, 128면.
7) 최태현, 전게논문, 129-130면.

④ **수락선언의 효력발생**: ICJ규정 제36조 제4항에 의하면 수락선언은 UN사무총장에게 기탁해야 하며, 사무총장은 그 사본을 본규정 당사국들과 재판소 행정처장에게 송부해야 한다. 수락의 의사표시는 수락선언서가 사무총장에게 도달하는 즉시 효력이 발생한다. '인도령통행권 사건'에서 선택조항 수락의 효과는 타국가에게 '통고'되어야 효력을 발생한다는 주장은 받아들여지지 않았다.

⑤ **수락선언의 승계**: 'PCIJ규정 제36조에 의하여 행해진 선언으로서 아직 효력을 가진 것은 본규정 당사국 간에 있어서는, 선언이 여전히 존속하는 기간 동안 그리고 당해 선언의 조건에 따라, ICJ의 의무적 관할권을 수락한 것으로 간주된다.'(제36조 제5항). 이 조항은 PCIJ로부터 ICJ로의 일반강제관할권의 이전을 허용하고 있는 것이다. 단, ICJ는 1945년 샌프란시스코 회의에 대표를 파견하여 UN헌장에 서명·비준하여 ICJ규정을 수락한 국가에 대해서만 승계가 인정된다고 판시하였다(Aerial Incident 사건).

⑥ **수락선언의 철회**: 수락선언의 철회에 대해서는 명시적 규정이 없으나 일반적으로 인정된다. 수락선언시 특별한 유보가 없더라도 각국이 기한을 정하지 않은 수락선언을 일방적 통고에 의하여 종료시킬 수 있다는 점에는 의문의 여지가 없다. 그러나 그러한 종료 통고의 발효시점은 조약법상의 일방적 종료와 같이 '합리적 기간'을 요한다고 할 것이다.[8] '니카라과 사건'에서 ICJ는 선택조항의 수락에 의하여 형성되는 관계가 조약관계와 같은 성질을 가진다고 인정하여 선언의 일방적 종료에도 합리적 기간의 경과가 필요하다는 것을 인정하였다.[9]

(3) 확대관할

① 의의: 확대관할권(Forum Prorogatum)은 재판소의 관할권에 대하여 국가가 비공식적 또는 정식절차가 아닌 방법을 통해서 동의를 표현하여 재판소의 관할권이 성립되는 것을 말한다. 확대관할은 합의에 기초하여 관할권이 성립하는 ICJ관할과 본질적으로 같으나, 합의가 소송개시 이후에 표명된다는 점에 차이가 있다. 즉, 소송이 진행된 이후, 소송 개시 시점에는 존재하지 않았던 일방 당사국의 동의가 부가됨으로서, 관할권상의 흠결이 치유되어 소송을 진행시킬 수 있다는 것이다.[10]

② 확대관할의 성립: 확대관할권이 성립하는가를 판단함에 있어서 중요한 것은 일방분쟁당사국의 주장이 흠결있는 관할권을 치유할 수 있는 수준에 도달하였는가의 여부이다. 일방분쟁당사국이 ICJ의 관할권의 근거를 적시하지 않은 채 청구를 제기하는 경우 피소국에게 찬반의 기회를 줄 수 있으며, 이에 대한 국가의 동의는 확대관할권 성립의 결정적 요건이 된다. 동의는 명시적일 수도 있고 묵시적일 수도 있다. '코르푸 해협 사건'에서 ICJ는 관할권을 부여하는 분쟁당사국의 동의 표명에 있어서 ICJ규정 및 규칙은 특별한 형태를 요하지 않는다고 보고, 두 개의 개별적이고 연속적인 행위에 의해 관할권이 성립되는 것은 금지되지 않는다고 판시하였다. 또한 ICJ는 'Armed Activities on the Territory of the Congo 사건'(2006)에서 확대관할권을 발생시키는 피고국가의 태도는 '자발적이고 반박의 여지가 없는 방식으로'(in a voluntary and indisputable manner) 재판소의 관할권을 수락한다는 욕구를 '모호하지 않게 표시'(an unequivocal indication)한 것으로 간주될 수 있는 정도가 되어야 한다고 하였다. 따라서 피고국가가 단지 재판소에 모습을 드러내거나 절차에 참여했다는 사실만으로 확대관할권이 성립하는 것은 아니다.

---

8) 박배근, 〈국제사법재판소의 강제관할권에 대한 유보〉 - 《국제법평론》, 2003-1 / Ⅱ, 38면.
9) 박배근, 전게논문, 36면.
10) 최태현, 전게논문, 141면.

V 관할권의 존부 판단

1. ICJ규정 제36조 제6항

동조항은 'ICJ가 관할권을 가지는지 여부에 대하여 관하여 분쟁이 있는 경우에는, 그 문제는 ICJ의 결정에 의하여 해결된다'라고 규정하고 있다. 이는 소위 '권한의 권한', '관할권에 대한 관할권'(Kompetenz Kompetenz, Competence de la competence)에 관한 문제이다.

2. PCIJ 및 ICJ의 입장

PCIJ 및 ICJ는 관할권 존부 판단에 대해 일관되게 자신의 권한을 인정하고 있다. PCIJ는 'The Interpretation of the Greco-Turkish Agreement 사건'에서 관할권의 범위를 결정할 권리는 국제법 및 국제소송의 일반 원칙이라고 판시하였으며, 'The Mavromatis Palestine Concession 사건'에서 Moore 재판관은 법원의 관할권 존부 판단은 권리일 뿐 아니라 '의무'라고 주장하였다. ICJ 역시 'The Nottebohm 사건'에서 제36조 제6항은 제36조 제2항에 의해 개시된 분쟁에 대해서만 적용된다는 과테말라의 주장을 배척하고 관할권의 결정을 요하는 모든 문제에 있어서 자신이 그 존부를 판단할 권한을 갖는다는 점을 명백히 하였다.

> ### ⚖ 판례 | 코르푸 해협 사건[11] – 확대관할권의 문제
>
> 코르푸해협은 알바니아 본토와 Corfu섬 사이에 위치한 해협으로서 알바니아의 영해에 해당하며 공해의 두 부분을 연결하고 있으며 국제 해상 교통에 유용한 항로로 평가된다. 영국은 1946년 10월 2일 군함을 코르푸 해협에 파견하였다. 동 해협을 항행하던 중 기뢰가 폭발하여 군함에 심한 손상을 입었다. 3주 후 영국은 소해선(掃海船)을 파견하여 코르푸해협에서 기뢰제거 작업을 하여 22발의 기뢰선을 절단하였다. 이 사건은 영국에 의해 국제사법재판소에 제소되었으나 알바니아는 ICJ의 관할권을 부인하였다. 그러나, ICJ는 알바니아의 항변을 배척하고 관할권을 인정하였다. 영국과 알바니아 간 사전에 명시적 합의는 존재하지 않았으나, 알바니아가 1947년 7월 ICJ에 제출한 서한에 의하면, 알바니아는 분쟁을 ICJ에 부탁해야 한다는 안전보장이사회의 권고를 완전히 수락하는 취지의 선언을 하여 이 사건에서 재판소의 관할권을 수락하였으므로 알바니아는 ICJ의 재판관할권을 부인할 수 없다고 하였다. 법원은 관할권의 수락이 당사국의 합의나 선택조항 수락선언에 의하지 않고 각각 별개의 연속된 두 행위에 의해 발생하는 것을 금하는 규정은 존재하지 않는다고 하였다. 이로써 ICJ는 '확대관할권(*forum prorogatum*)'을 인정하였다.

---

11) UK 대 알바니아, ICJ, 1949년.

☝판례 | 제노사이드협약 적용에 대한 사건[12](선결적 항변) – ICJ관할권 성립 여부

1946년 보스니아 – 헤르체고비나, 크로아티아, 마케도니아, 몬테네그로, 세르비아, 슬로베니아의 6개 공화국으로 구성된 유고슬라비아[정식명칭: 유고슬라비아사회주의연방공화국(1974년)]가 창설되었다. 세르비아와 몬테네그로를 제외한 4개 공화국들은 동서 냉전 종식과 유고연방의 분열에 따라 1990년대 초 유고연방으로부터 독립을 선언하였다. 보스니아 – 헤르체고비나[13] 역시 독립을 선언하였으며 미국과 EC가 승인하였고 1992년 5월 22일 UN에 가입하였다. 세르비아와 몬테네그로는 '유고슬라비아연방공화국'(이른바 신유고연방)으로 재편되어 유고연방의 법인격을 승계한다고 선언하였다. 이 선언에 대해 UN안전보장이사회는 1992년 5월 30일 결의 제777호를 채택하여 신유고연방이 유고연방의 회원국 지위를 자동적으로 계속 유지한다는 주장은 수락될 수 없으므로 신유고연방이 유고연방과 동일한 국가로서 UN에 참여하는 것을 정지시킨다고 결정하였다. 신유고연방은 결국 2000년 10월 27일 유고연방의 회원국 지위를 승계한다는 주장을 포기하고 신회원국으로 UN 가입을 신청하여 2000년 11월 1일자로 '세르비아 – 몬테네그로'로서 UN에 가입하였다. 2006년 6월 몬테네그로는 국민투표를 통해 '세르비아 – 몬테네그로'로부터 독립을 선언하였다. 독립선언 이후 세르비아는 동 일자 UN사무총장 앞 서한에서 세르비아공화국이 세르비아 – 몬테네그로의 UN에서의 회원국 지위를 승계한다고 선언하였다. 보스니아 내의 세르비아민족은 1992년 4월 7일자로 '보스니아 – 헤르체고비나의 세르비아 공화국'(Serbian Republic of Bosina and Herzegovina) 수립을 선포하고, 유고연방인민군의 Ratko Mladic장군이 지휘하는 군대가 보스니아 영토의 2/3지역을 장악하여 보스니아는 내전상태에 돌입하게 되었으며 1995년 7월 Srebrenica의 대학살 사건이 발생하였다. 보스니아 내전은 1995년 12월 보스니아, 크로아티아, 신유고연방간 Dayton – Paris 평화협정이 체결되어 일단 종식되었다. 보스니아는 1993년 3월 20일 Genocide협약 제9조[14]의 분쟁회부조항(compromissory clause)에 따라 신유고연방이 Genocide협약상 의무를 위반하였다는 취지로 ICJ에 소송을 제기하였다. ICJ는 1993년 4월 및 9월에 잠정조치를 명하였으나, 이후 1995년 7월 Srebrenica에서 보스니아 회교도 주민들이 대량 학살되는 사건이 발생하였고, 1996년 7월 ICJ의 관할권 유무에 대한 선결적 항변에 대한 결정 및 2003년 2월 관할권 확인에 대한 수정요청에 관한 결정 등의 조치를 취하였으며, 2007년 2월 본안심리를 완료하였다. 신유고연방은 ICJ관할권의 성립 여부, 시간적 관할권, 물적관할권 등에 관해 선결적 항변(preliminary objection)을 제기하였다. 첫째, ICJ관할권의 성립 여부와 관련하여 세르비아가 ICJ규정 및 제노사이드협약의 당사국인지 여부 및 보스니아가 제노사이드협약의 당사국인지가 문제되었다. 이는 곧 신유고연방이 전임국인 유고슬라비아의 승계국으로서의 지위가 인정되는지, 신유고연방의 UN과의 관계에서의 법적 지위 등의 문제와 관련되었다. ICJ는 ICJ규정 제35조 제2항의 '재판소가 UN회원국이 아닌 다른 국가에 개방될 조건은 발효 중인 조약의 특별규정에 따라 안보리가 정하는 바에 따른다'는 규정에 기초하여 세르비아 또는 신유고연방은 ICJ규정당사국이라고 판정하였다. 또한, 세르비아 및 신유고연방은 Genocide협약의 당사국이라고 판시하였다. 보스니아 역시 국가분열 시 조약승계 원칙을 적용하여 Genocide협약 당사국이라고 판단하였다. 둘째, 시간적 관할권과 관련하여 신유고연방은 보스니아와 신유고연방이 1995년 12월 14일 Dayton협정 체결 시 비로소 상호 승인하였으므로 동 일자 이전에는 양 당사국 간에 제노사이드협약이 유효하지 않다고 주장했다. 그러나, ICJ는 제노사이드협약의 특수성을 고려하여 분쟁의 시작부터 발생한 모든 사건에 동 협약을 적용할 수 있으며, 그 근거로 제노사이드협약에는 ICJ의 시간적 관할권을 제약하는 어떠한 규정도 존재하지 않는다는 사실을 제시하였다. 셋째, 물적관할권과 관련하여 신유고연방은 보스니아 내 분쟁은 내전(civil war)이고, 신유고연방은 동 분쟁의 당사자가 아니며, 신유고연방이 당시의 보스니아 영토에 대한 관할권을 행사하지 않고 있었으므로 보스니아 내에서의 사건에 아무런 책임이 없다고 주장했다. 이에 대해 ICJ는 제노사이드협약은 모든 분쟁에 적용될 수 있으며 분쟁의 성격과도 무관하다고 하였다. 또한 동 협약상 권리와 의무는 '대세적 권리와 의무'(rights and obligations erga omnes)이므로 제노사이드협약의 적용이 영토적으로 제한되지 않는다고 결정하였다.

---

12) The Application of the Convention on the Prevention and Punishment of the Crime of Genocide(Bosnia and Herzegovina v. Serbia and Montenegro), ICJ, 2007년 2월 26일.

13) 주민은 세르비아인 31%, 크로아티아인 17%, 회교도 44%로 구성되어 있다. 독립당시 국민투표에서 세르비아인은 모두 불참하였다.

14) Genocide협약 제9조
본 협약의 해석, 적용 또는 이행에 관한 체약국 간의 분쟁은 집단살해 또는 제3조에 열거된 기타 행위의 어떤 것이라도 이에 대한 국가책임에 관한 분쟁을 포함하여 분쟁당사국 요구에 의하여 국제사법재판소에 부탁한다.

Ⅰ 쟁점

유보(reservation)란 자구 또는 명칭에 관계없이 조약의 서명·비준·수락·승인 또는 가입 시에 국가가 그 조약의 일부 규정을 자국에 적용함에 있어서 그 조약의 일부 규정의 법적 효과를 배제하거나 또는 변경시키고자 의도하는 경우에 그 국가가 행하는 일방적 성명을 의미한다(조약법에 관한 빈협약 제2조 제1항 제(d)호). 국가들은 ICJ규정 제36조 제2항상의 '선택조항' 수락에 있어서 통상 유보를 붙이고 있다. 유보는 강제관할제도의 실효성을 '합법적'으로 저하시킬 우려가 있으며, 유보의 해석에 대한 문제가 '선결적 항변'의 주요 주제의 하나를 이루고 있다. 유보의 유효성, 종류, 유보의 상호주의가 주요 쟁점이 되고 있다.

Ⅱ 유보의 허용 여부

ICJ규정에는 선택조항의 수락과 관련된 유보에 관한 규정은 없다. 그러나 수락선언에 유보를 붙일 수 있다는 점에 관해서는 의심의 여지가 없다. PCIJ 시절부터 널리 국가는 선택조항의 수락에 유보를 붙여 왔고, 그러한 관행은 일찍부터 국제사회가 유효한 것으로 받아들여 왔다. 국제연맹총회는 1924년과 1928년에 선택조항 수락을 촉구하는 결의를 채택하면서 각국의 유보를 명시적으로 허용하였다. PCIJ 및 ICJ 역시 수락선언에 부가된 유보를 승인하는 입장을 취하고 있다. ICJ는 니카라과 사건에서 선택조항을 수락함에 있어 조건이나 유보를 붙이는 것은 '국가의 자유'라고 함으로써 수락선언에 유보를 붙일 수 있음을 인정하고 있다.

Ⅲ 유보의 종류

1. 시간적 유보(reservations ratione temporis)

시간적 유보는 특정시점 이전에 발생한 분쟁이나 사실 또는 일정한 기간에 발생한 분쟁이나 사실에 대한 관할권을 제한하는 유보를 말한다. 구체적으로 보면, (1) 선언이 행해지거나 발효한 일자 이후에 발생하는 '분쟁'에 ICJ의 관할권을 한정하거나, (2) 선언이 행해지거나 발효한 일자 이후의 '사실이나 사태'로부터 발생하는 분쟁에 ICJ관할권을 한정하기도 한다. (2)의 경우 발효일자 이후에 분쟁이 발생했더라도, 그 원인이 되는 사실이나 사태가 선언 이전의 시점에 존재한 경우 관할권을 가질 수 없다. (3) 특정일자 이후의 분쟁에 관할권을 한정하거나 특정일자 이후의 사실 또는 사태를 원인으로 하는 분쟁에 관할권을 한정하는 유보도 있다.

2. 물적유보(reservations ratione materiae)

물적유보는 분쟁의 대상이 되는 사항에 관한 유보를 말한다. '국내적 관할사항'의 유보가 일반적이다. 당사국이 다른 해결수단에 의하기로 합의한 분쟁을 제외하는 것도 물적유보의 한 유형이다. 그 밖에도 영토에 관한 분쟁, 무력분쟁 또는 군사행동으로부터 발생하는 분쟁에 대해 유보가 부가되기도 한다.

3. 인적유보(rcservations ratione personae)

인적유보는 특정당사국과의 분쟁을 ICJ의 관할권으로부터 제외하는 것이다. 가장 많은 것은 영연방국가들 사이의 분쟁에 대한 유보이다. 또 선택조항 수락국과 미승인관계에 있는 국가 또는 외교관계를 수립하지 않은 국가와의 분쟁을 유보하는 경우도 있다.

4. 미국의 다자조약 유보(Vandenberg amendment)

미국은 1946년 8월 26일에 ICJ규정 제36조 제2항(선택조항)을 수락할 때 '(재판소)결정에 의하여 영향받는 조약의 모든 당사자들이 ICJ에서 역시 사건의 당사자가 되지 않는 한, 다자조약으로부터 발생하는 (모든) 분쟁'을 배제하는 유보(이른바 Vandenberg amendment)를 하였다. 이 유보는 니카라과 사건에서 미국이 관할권을 부인하기 위해 원용하였다. 미국은 이 사건이 오로지(특히 UN헌장을 포함한) 다자조약하에서만 발생한데다가, 재판소 결정에 의하여 영향받는 '조약'의 당사자 모두, 따라서 모든 UN회원국이 사건 당사자가 될 필요가 있는데 그러하지 않았기 때문에 ICJ에게는 이 사건에 대한 관할권이 없다고 주장하였다. 이에 대해 니카라과는 이 분쟁은 병행하는 관습법규하에서도 발생했기 때문에 미국의 유보는 ICJ의 관할권을 박탈하지 못한다고 반박하였다. ICJ는 무력사용에 대하여 관습법과 조약의 내용이 동일하다는 데 동의하지 않으면서도, 설사 관습법과 조약이 정확히 동일한 내용을 갖고 있는 경우라 하더라도 관습법이 조약 내로 편입되면 전자는 후자와는 별개로 적용될 수 없게 된다고 말할 수는 없다고 판시하였다. 그러나 ICJ는 문제의 다자조약 유보는 재판소의 결정에 의해 그 권리와 의무가 영향받게 될 국가들에게 적용된다고 해석한 뒤, 이 사건에서 동 재판소가 내리게 될 결정에 의하여 영향받게 될 국가인 엘살바도르가 본 사건의 당사자가 되지 않았기 때문에 미국의 상기 유보에 따라 미국이 UN헌장 제2조 제4항이나 기타 다자조약을 위반하였는지에 대해서는 판단할 권한이 없음을 인정하고, 미국의 국제관습법 위반에만 초점을 맞추었다.

Ⅳ 유보의 유효성

1. 법적 쟁점

선택조항 수락선언에 의해 '계약적 성질'의 법률관계가 형성되기 때문에, 조약관계에 적용되는 원칙이 적용되어야 한다. 따라서 수락선언에 대한 유보의 유효성은 그것이 ICJ규정과 양립하는지를 기준으로 평가되어야 할 것이다. 이러한 관점에서 '자동적 유보'(automatic reservation)와 '수시수정유보'의 유효성에 다툼이 있다.

2. 자동적 유보

(1) 개념

'자동적 유보'(automatic reservations) 또는 '자기판단유보'(self-judging reservation)는 국내적 관할사항을 ICJ의 관할권으로부터 제외하면서 동시에 어떤 문제가 국내적 관할사항인지의 여부를 선택조항 수락국이 판단한다는 것을 내용을 하는 유보이다. '코널리수정'(Connally Amendment)으로 불리며, 1946년 8월 24일 미국의 선택조항 수락선언에서 처음 등장하였다.

(2) 자동유보의 유효성

학설은 대체로 자동유보의 유효성에 대해 부정적이다. 자동유보는 ICJ의 관할권 결정권한을 유보국에 귀속시킨다는 점에서 무효로 지적되고 있으며, 몰염치하게 주관적인 형식의 유보로서 도피조항에 해당한다고 본다. 그러나, ICJ는 "노르웨이 공채 사건"에서 자동유보의 유효성에 대해서는 판단을 유보한 채, 피고 노르웨이가 상호주의에 근거하여 프랑스의 '자동유보'를 원용한 것을 받아들임으로써, 사건에 대한 관할권이 없다는 결정을 내렸다. 이는 결과적으로 자동유보가 재판소의 관할권에 대한 항변으로 원용될 수 있다는 것을 인정한 것이다.

(3) 자동유보의 한계

자동유보가 ICJ의 강제관할권을 저지하는 강력한 수단이기는 하나, 절대적인 수단이라고 볼 수는 없다. 아무리 '국내관할사항'인지의 여부에 대한 판단을 선택조항 수락국 스스로가 행한다고 하더라도, 사안에 따라서는 국내관할 사항에 속하지 않는 것이 명백한 경우도 있을 수 있기 때문이다. 즉, 자동적 유보를 원용하는 것에도 합리적인 한계가 존재하는 것이다. 미국은 "1955년 7월의 항공사고"(Aerial Incident of July 1955)에서 악의적이고 자의적으로 자동적 유보를 원용할 수는 없으며, 자동적 유보가 자의적인 결정으로써 ICJ의 관할권을 부정하는 권한을 부여하는 것은 아니라고 주장하였다. 자동적 유보의 원용이 합리성의 범위를 벗어난 것인지의 여부는 최종적으로 ICJ에 의해 판단될 수밖에 없다.

3. 수시수정유보

(1) 개념

수시수정유보란 UN사무총장에 대한 통고에 의하여 자국의 선택조항 수락선언에 붙인 유보에 관하여 어느 때라도 추가·수정·철회를 할 수 있는 권리를 유보하는 것을 말한다. 추가·수정·철회는 대개 통고와 더불어 즉시 발효하도록 되어 있지만, 6개월의 유예기간을 두고 발효하도록 한 예도 있다.

(2) 문제점

수시수정유보는 선택조항의 수락에 의하여 부담하게 되는 재판의무의 범위를 매우 유동적인 것으로 만듦으로써 각 국가로 하여금 언제라도 특정분쟁을 ICJ의 재판관할권으로부터 제외시킬 수 있도록 하는 기능을 한다. 타국으로부터 피소조짐이 보이는 경우 UN사무총장에 대한 통고만으로 ICJ의 관할권을 회피할 수 있도록 언제라도 유보의 내용을 변경할 수 있다면, 선택조항 수락은 명목적인 것에 불과할 것이다.

(3) 유효성

ICJ는 수시수정유보의 유효성을 인정한다. '인도령 통행권 사건'에서 인도는 포르투갈의 수시수정적 유보를 문제삼았으나, ICJ는 "법원에 사건이 부탁된 경우 그 시점에서 당사국 각각의 선언에 따라 그들 상호간의 의무가 무엇인지를 확정하는 것은 언제나 가능한 일"이라고 하여 포르투갈의 유보의 유효성을 인정하였다.

(4) 수시수정유보가 없는 경우 일방적 수정의 가능성

'니카라과 사건'에서는 수시수정유보가 없는 경우에도 통고만으로 특정분쟁을 ICJ관할권으로부터 배제할 수 있는지가 문제되었다. 미국은 니카라과에 의해 제소당하기 사흘 전에 '슐츠 서한'을 통해 '중미국가와의 분쟁'을 자국의 선택조항 수락선언으로부터 제외한다는 통고를 하였다. 미국은 선택조항제도에는 조약법의 적용이 없다는 점, 선택조항 수락선언에 대한 수시수정은 관행상 확립되어 있다는 것을 주장하였다. 그러나 ICJ는 선택조항의 수락에 의해 형성되는 관계가 조약관계와 같은 성질을 가진다고 인정하고 선언의 일방적 종료에도 합리적 기간의 경과가 필요하다는 것을 인정하였다.

Ⅴ 유보의 상호주의

1. 개념

유보의 상호주의(reciprocity)란 재판의 어느 한 당사자가 선택조항의 수락선언에 붙인 유보는 다른 쪽 당사자에 의하여 원용될 수 있다는 것을 말한다. ICJ는 '인터한델 사건'에서 '한 당사국으로 하여금 자국의 선언에서는 표명하지 않았지만, 다른 당사국의 선언에는 표명된 유보를 원용할 수 있도록 하는 것'으로 정의하였다.

2. 법적 근거

유보의 상호주의의 법적 근거는 ICJ규정 제36조 제2항의 '동일한 의무를 수락하는 모든 다른 국가와의 관계에 있어서'라고 하는 문언이다. 즉, ICJ는 강제관할권을 수락하는 두 개의 선언이 ICJ에 관할권을 부여함에 있어 일치하는 한도 내에서만 관할권을 갖는 것이다. 수락선언에 상호주의를 언급하고 있지 않더라도 ICJ규정 제36조 제2항에 의해 상호주의는 당연히 적용되는 것이다.

3. 적용대상

모든 유보에 대해 상호주의가 적용되는 것은 아니다. 유보의 성질상 상호주의가 적용될 수 없는 경우도 있다. 몇 가지 상호주의가 적용되지 않는 경우를 보자. 첫째, '영연방국 사이의 분쟁'에 관한 유보는 성질상 영연방에 속하지 않는 국가에 의해 원용될 수 없다. 둘째, 수시수정유보도 성질상 상호주의의 적용대상이 되지 않는다. 셋째, '선언의 유효기간'에 관한 유보에 대해서도 ICJ는 상호주의가 적용되지 않는다고 본다(인터한델 사건). '니카라과 사건'에서 ICJ는 상호주의의 관념은 유보를 포함하여 발효한 의무의 범위와 실체에 관한 것이며 그러한 의무의 창설, 존속 또는 소멸에 관한 형식적 조건에 관한 것은 아니다라고 하였다.

> **⚖ 판례 | 노르웨이 공채 사건[15] – 자동유보의 효력**
>
> 노르웨이국가 및 노르웨이 두 개 은행은 1885년부터 1905년에 걸쳐 프랑스 및 기타 외국 시장에서 수회에 걸쳐 공채를 모집하였다. 노르웨이은행권의 태환은 제1차 세계대전 발발 이후 몇 번 정지되었으며, 1931년부터는 회복되지 않았다. 1923년 12월의 노르웨이법은 금에 의한 지급을 약정한 금전채무로서 채권자가 명목상의 금 가액의 노르웨이은행권에 의한 지급의 수취를 거부한 자에 대해서는 채무자는 은행의 태환의무가 해제될 때까지 지급의 연기를 구하는 것을 허가하였다. 이에 대해 프랑스는 이러한 일방적 결정은 외국인채권자에게는 대항할 수 없다고 주장하면서 국제재판에 부탁할 것을 제안하였으나 노르웨이는 거부하였다. 이에 따라 프랑스는 1955년 7월 이 사건을 ICJ에 일방적으로 부탁하고 노르웨이는 선결적 항변을 제기하였다. 프랑스는 선결적 항변을 본안과 병합할 것을 청구하였고, 노르웨이도 반대하지 않았으므로 재판소는 이를 인정하였다. 노르웨이는 1946년 11월, 프랑스는 1949년 3월에 각각 ICJ규정 제36조 제2항의 선택조항을 수락하고 있다. 노르웨이는 총 네 개의 선결적 항변을 제기하였으며, 그 중 본 건은 국내법상의 문제이고 설사 이 점에 관하여 의문이 있다고 하더라도 프랑스는 선택조항 수락 선언시 자기의 판단에 의하여 본질상 국내관할권에 속하는 사항을 유보하고 있으므로 노르웨이는 이것을 원용한다고 한 항변의 유효성이 쟁점이 되었다. 재판부는 12대 3으로 노르웨이는 상호주의의 조건에 의하여 프랑스의 유보를 원용할 권리를 가지며, 재판소는 본 분쟁을 심리할 권한을 갖지 않는다고 판결하였다.

---

15) 프랑스 대 노르웨이, ICJ, 1957년.

제6편

조문 | ICJ규칙 제79조 – 선결적 항변

1. 재판소 관할권 또는 사건의 부탁가능성에 대한 피고의 모든 항변 또는 본안의 절차에 들어가기 전에 그 결정이 요구되는 기타의 항변은 답변서의 제출기한 내에 서면으로 제출하여야 한다. 피고 이외의 당사자가 제출하는 모든 항변은 그 당사자의 최초의 소송서류의 제출기한 내에 제출하여야 한다.

2. 선결적 항변은 항변의 근거로 되는 사실과 법, 취지 및 이를 뒷받침할 서류의 목록을 기재하며, 또한 해당 당사자가 제출을 희망하는 증거를 기재한다. 그리고, 이를 뒷받침할 서류의 사본을 첨부한다.

3. 선결적 항변이 서기국에 수령됨과 동시에 본안절차는 정지되며, 재판소 또는 재판소가 개정중이 아닐 경우 재판소장은 타방의 당사자가 그 의견 및 취지에 대하여 서면에 의한 진술을 제출할 기한을 정한다. 이 서면에는 이를 뒷받침할 서류가 첨부되어야 하며, 제출하고자 하는 증거를 제시한다.

4. 재판소가 별도의 결정을 행하지 않는 한, 항변에 관한 추후절차는 구두에 의한다.

5. 본조 제2항 및 제3항에서 말하는 소송서류에 있어서의 사실 및 법의 진술, 그리고 제4항이 예정하는 변론에 있어서 제출되는 진술 및 증거는 항변에 관계된 사항에 국한되어야 한다.

6. 재판소는 소송의 예비단계에서 재판소의 관할권을 결정할 수 있도록 하기 위하여 필요한 경우에는 언제라도 양 당사자에 대하여 법 및 사실에 관한 모든 문제를 토론하고 또한 쟁점에 관한 모든 증거를 제시하도록 요구할 수 있다.

7. 재판소는 당사자의 의견을 청취한 후 판결의 형식으로 결정을 내린다. 재판소는 이 결정에 의하여 항변을 수용 또는 기각하거나 그 사건의 상황에 비추어 항변이 전적으로 선결적 성격을 갖지 않음을 선언한다. 재판소가 항변을 기각하거나 그것이 전적으로 선결적 성격을 갖지 않음을 선언하는 경우, 절차의 속행을 위한 기한을 정한다.

8. 재판소는 본조 제1항에 따라 제기된 항변을 본안의 검토에서 청취하고 결정하기 위한 당사자 간의 모든 합의를 유효한 것으로 한다.

I 의의

ICJ규칙 제79조에 의하면 당사국은 ICJ가 본안심리에 들어가기 전에 일정 사항을 청구함으로써 ICJ의 본안심리를 배제할 수 있는데, 이를 선결적 항변(preliminary objection)이라 한다. 국제사법재판소는 선결적 항변의 개념을 확장시켜 분쟁당사국이 아닌 재판부 직권으로 재판관할권이나 수리가능성 문제를 다루는 경우, 본안절차가 진행되는 과정에서 문제제기가 뒤늦게 이루어지는 경우 등도 선결적 항변의 개념에 포함을 시키고 있다. 선결적 항변제도는 '주권평등 원칙'과 '원칙적으로 분쟁당사국 상호간의 합의에 바탕을 둔 재판관할권 생성'이라는 국제사법재판의 본질을 반영하고 있으나, 국가들이 재판절차의 지연을 위해 전략적으로 사용함에 따라 국제사법재판의 기능을 저해하고 있어 문제가 되고 있다. 선결적 항변제도에 대해 설명하고, 문제점 및 입법정책에 대해 논의하고자 한다.

Ⅱ 선결적 항변의 주체 및 사유

1. 항변의 주체

ICJ규칙에 따르면 선결적 항변을 제기할 수 있는 주체는 피청구국과 피청구국이 아닌 이외의 국가로 구분된다. 즉, 청구국도 항변을 제기할 수 있다. 'Monetary Gold Removed from Rome in 1943 사건'에서는 청구국인 이탈리아가 선결적 항변을 제기하였다.

2. 선결적 항변 사유

(1) 재판관할권의 존부에 대한 선결적 항변

청구국이 피청구국을 상대로 소송을 제기할 수 있는 근거라고 간주하는 특정조약의 중재조항(compromisory clause), 피청구국이 행한 국제사법재판소의 강제재판관할권 수락선언 등에 관한 것이다. 즉, 이러한 조약이나 선언이 무효이거나 더 이상 효력을 갖지 않는다고 반박한다. 또는 국제사법재판소의 강제관할권 수락선언에 첨부된 유보를 언급하기도 하는데, 가령 동 사건은 자국의 국내관할권에 속하는 문제라든지, 이미 동 사건의 대상이 된 분쟁의 종류를 제외시키고 있다고 주장된다. 특수한 경우로서 PCIJ에서 ICJ로의 승계와 관련하여 재판관할권이 문제되기도 하였다.

(2) 사건의 재판가능성에 대한 항변

법원이 관할권을 행사하기 위한 조건은 첫째, 특정한 분쟁이 존재해야 하고, 둘째, 분쟁은 법적 분쟁이어야 한다. ICJ는 '핵실험 사건'에서 분쟁의 존재는 법원이 자신의 사법적 기능을 수행하기 위한 첫째 조건이라고 판시한 바 있다.[16] 또한 분쟁은 법적인 분쟁이어야 한다. ICJ는 법적 분쟁에 대하여 자신의 권한을 적극적으로 행사하는 사법적극주의를 취하고 있다. 즉, 정치적 함의가 포함되었다고 할지라도 사건이 법적 측면을 포함한 경우 적극적으로 관할권을 행사한다.

(3) 수리가능성(Admissibility, 재판적격성) 여부에 대한 항변

① 사건의 미성숙성 및 추상성에 기초한 재판부적격 항변: ICJ가 다룰 수 있는 사건은 법적 분쟁이지만, 분쟁당사국이 주장하는 쟁점이 명확하지 않은 경우까지도 ICJ가 적극적인 자세를 취하여 심리하지는 않는다. 특정한 사건 또는 사태가 국제법을 적용하여 해결될 수 있는 법적 쟁점이 되려면 분쟁이 성숙되어야 하며, 쟁점이 명확하게 주장되어야 한다.[17]

② Mootness에 기한 재판부적격 항변[18]: Mootness는 영미법상의 개념으로 '소송이 더 이상 실질적인 쟁점을 가지지 않거나 중요성이 없는 경우, 법원은 동 사건에 대하여 결정을 내리지 않는 것'을 의미한다. Mootness는 '소송대상의 부재'(absence of object)로 표현하기도 한다. '핵실험 사건'에서 ICJ는 호주와 뉴질랜드가 프랑스를 상대로 한 프랑스의 핵실험의 적법성 심사 요청을 각하하였다. 이는 프랑스가 일방적 선언을 통해 태평양지역에서 핵실험을 더 이상 실시하지 않겠다는 법적 구속력 있는 약속을 하였으므로 더 이상 소송을 진행시킬 필요가 없다고 판단했기 때문이다.

---

16) 최태현, "국제사법재판소의 소송절차와 관련된 주요한 법적 쟁점 (Ⅱ), 《국제법평론》, 2005-Ⅱ, 161면.
17) 최태현, 상게논문, 162면.
18) 최태현, 상게논문, 163면.

③ 제3자의 법익원칙에 기초한 재판부적격 항변[19]: '제3자 법익 원칙' 또는 'Monetary Gold 원칙'이란 소송의 당사자가 아닌 제3국의 법적 이익에 관한 쟁점이 사건의 핵심주제(the very subject-matter)를 형성하는 경우, 제3국이 당사자로서 소송에 참여하지 않는 한, 재판적격성을 인정할 수 없다는 원칙이다. 이러한 경우의 제3국을 '필요적 공동 당사자'(indispensable third parties)라 한다. 제3자 법익 원칙은 비당사자의 법익이 법원의 결정에 의해 단지 '영향을 받을 뿐만 아니라' '결정의 그 주제를 형성하는' 상황에 대해서만 적용된다(니카라과 사건).

Ⅲ 선결적 항변의 법적 효과와 절차

1. 선결적 항변 제기의 법적 효과

선결적 항변이 제기되면 일단 본안절차가 중단되고, 재판 내의 재판이 시작된다. 다만, 항변이 유효하더라도 완전히 선결적 성격이 아니고 본안과도 관련이 있는 경우 쟁점을 본안 심리에서 함께 검토하기로 결정할 수 있다. 또한 당사자들이 선결적 항변의 문제를 본안의 테두리 내에서 심리하기로 합의하면 재판소는 거기에 따른다.

2. 재판절차

(1) 피청구국의 서면신청

피청구국이 선결적 항변을 제기하려는 경우 가급적 빨리 그리고 늦어도 준비서면이 제출된 날로부터 3개월 내에 서면으로 제출해야 한다.

(2) 청구국의 서면의견서제출

재판부는 명령을 통해 청구국으로 하여금 항변에 관한 답변으로서 서면 의견서를 제출하도록 기한을 정한다. ICJ가 발행한 소송당사국들에 대한 권고지침(Practice Directions) 제5항에서는 통상적으로 넉 달을 넘지 않을 것을 권고하고 있다.

(3) 구두소송절차

구두소송절차는 공개되며 선결적 항변을 제기한 측이 먼저 발언한다. 구두소송절차를 신속히 하기 위해 '소송당사국들에 대한 권고지침' 제6항에서는 선결적 항변으로 제기된 재판관할권 또는 수리 가능성 부분에 대해서만 가급적 간단히 언급하도록 권유하고 있다.

3. 선결적 항변에 관한 판단 및 그 효과

첫째, 재판소가 선결적 항변 중 최소한 하나를 지지하면 사건은 종료된다. 둘째, 재판소가 선결적 항변을 모두 배척한다면 그동안 중단되었던 본안심리가 재개된다. 셋째, 재판소는 제기된 항변이 당해사건에서 반드시 선결적 성격을 가진 것이 아니라고 판단할 수 있다. 넷째, 재판소는 만일 분쟁당사국이 선결적 항변을 본안과 병합하여 그 범위 내에서 다룰 것을 합의한다면 이를 수락한다.

4. 선결적 항변의 철회

피청구국은 자신이 제기하였던 선결적 항변을 철회할 수도 있으며, 이 경우 본안판단이 재개된다.

---

19) 최태현, 상게논문, 164-168면.

5. 선결적 항변에 대한 판단권의 이전

국가 간 합의에 의해 어떤 재판소의 compétence de la compétence가 다른 재판소로 이전될 수도 있다. 즉 분쟁의 본안을 결정하기 위해 선택된 재판소(A)가 아닌 재판소 (B)가 전자(A)의 관할권에 대해 관할권을 가지며, 그 결과 전자(A)는 사실상 자신의 compétence de la compétence를 박탈당할 수 있다. ICJ는 Ambatielos case(Greece v. United Kingdom)(Jurisdiction)에서 두 분쟁당사국 간 합의에 의하면 동재판소에게는 Ambatielos청구의 본안에 대해 결정할 관할권은 없지만 피고 영국이 사건을 중재재판으로 가져갈 의무가 있는 지의 여부에 대해 결정할 관할권은 있다고 판시한 바 있다. 또한 이어서 Ambatielos case(Merits: obligation to arbitrate)에서 ICJ는 영국은 사건을 중재재판으로 가져갈 의무가 있다고 판시하였다. 그러나 중재재판소 역시 제한이 입증되기 전까지 본질적으로 compétence de la compétence를 가지는 것으로 추정되기 때문에 compétence de la compétence의 이같은 이전은 이 문제에 대한 당사자 간 명백한 합의를 전제로 한다. 이 사건에서 ICJ는 중재재판소가 갖게 될 관할권의 모든 측면에 대해 판단하도록 요청받은 것은 아니었으며, 그 남겨진 범위 내에서 중재재판소는 compétence de la compétence를 갖게 되었다. 실제로 나중에 이 사건이 중재재판에 회부되었을 때 재판소는 피고국가가 제기한 청구의 허용성 문제를 검토하였는데, 이때 중재재판소는 청구의 대상이 된 원고국가의 국민이 피고국에서 국내구제를 완료하지 않았다고 결론짓고 청구를 각하하였다.

> ## ⚖ 판례 | Case Concerning Military and Paramilitary Activities in and against Nicaragua, ICJ, 1986
>
> 1979년 니카라과에서 반정부조직인 Sandinista 국민해방전선이 소모사 대통령 일가의 43년에 걸친 독재체제를 전복시키고 좌익혁명정권을 수립하였다. 주변의 엘살바도르, 온두라스, 코스타리카 등지에서도 반정부 게릴라의 활동이 거세졌다. 미국 정부는 당초 니카라과의 신정부를 지원하였으나 1981년 1월에 출범한 레이건 정부는 엘살바도르의 반정부세력에 대한 니카라과 정부의 군사적 지원 등을 이유로 같은 12월 이후, 니카라과의 반정부조직인 Contras를 적극 지원하였다. Contras는 소모사정권의 지지자 및 신정부의 적대자를 중심으로 결성된 군사조직으로 온두라스와 코스타리카의 국경부근에서 활동하였다. 미국은 1983년 9월부터 다음해 4월에 걸쳐 Contras에 대한 군사적 지원을 강화하였다. 한편 중앙정보국(CIA)의 지령과 지원을 받은 한 단체가 니카라과의 항만에 설치한 기뢰 때문에 다수의 니카라과인 사상자가 발생하였으며 제3국의 선박도 피해를 입었다. 니카라과 정부는 1984년 3월에 미국의 자국에 대한 침략행위가 본격화되고 있다고 하여 UN안전보장이사회에 문제의 심의를 요청하였다. 4월 4일 안전보장이사회에서는 니카라과 수역에서 기뢰의 부설은 국제법 위반이라는 내용의 결의안이 상정되었지만 미국의 거부권 행사로 부결되었다. 4월 9일 니카라과 정부는 자국에 대한 미국의 군사적·준군사적 활동의 책임을 추궁하기 위해 ICJ에 소송을 제기하였다. 이에 대해 미국은 관할권 및 재판적격성에 대한 선결적 항변을 제기하였다.
>
> 우선 ICJ재판관할권과 관련하여 미국은 슐츠선언, 니카라과 수락선언의 승계문제, 다자조약 유보를 원용하였다. 슐츠선언은 미국이 기존의 수락선언의 내용을 변경하여 수락선언을 일방적으로 철회하고 중남미 국가에 대해 즉각 그리고 2년간 적용을 배제하는 취지의 선언이다. 이에 대해 ICJ는 미국은 자국의 선언을 수정하거나 종료시킬 권한을 가지고 있지만, 어떠한 변경도 통고일로부터 6개월 후에 효과를 갖는다고 이미 선언하였기 때문에 선택조항을 수락한 타국에 대해서는 대항할 수 없다고 하였다. 따라서 재판소는 미국의 1984년 통고가 재판소의 강제관할권에 따라야 할 미국의 의무를 해제하지 못한다고 보았다.
>
> 또한 미국은 니카라과가 국내 비준절차의 결과물인 비준서를 당시 국제연맹 사무총장에게 기탁한 사실이 실제로 없었으므로 1929년 니카라과의 수락선언은 무효이고 따라서 동 국가는 수락선언을 하지 않은 것과 같으며, 결과적으로 니카라과가 주장하는 재판소 규정 제36조 제5항도 당연히 적용될 여지가 없다고 주장하였다. 이에 대해 재판소는 ICJ규정과 관련하여 니카라과의 선언이 유효하다는 점에 주목하였다. 그러나 니카라과는 PCIJ규정 서명의정서의 비준서를 기탁하지 않아 그 수락선언은 구속력이 없다. 하지만 ICJ규정 발효 때까지 니카라과의 선언은 무조건이었기 때문에 그 선언은 잠재적 효력을 가지고 있었다. ICJ규정 기초자의 주된 관심 사항은 PCIJ와의 계속성을 확보하는 것이었다. 니카라과는 재판소의 연례보고서 등에서 강제관할권의 수락국으로 간주되었으며, 니카라과의 침묵은 이를 수용한 것으로 해석할 수 있다. 즉 1929년의 선언 이후 니카라과의 계속적인 침묵은 재판소규정 제36조 제2항에 기초하는 강제관할권을 묵인하는 것이었으며, 따라서 재판소는 니카라과를 미국과의 관계에서 '동일한 의무를 수락한 국가'로 결론내리는 것이 정당하다고 보았다.

나아가 미국은 자국이 선택조항 수락선언에서 다자조약에 대해 유보를 하였음에도 불구하고, 니카라과가 UN헌장 및 미주기구헌장 등과 같은 다자조약을 원용하고 있다고 항변하였다. 재판소는 미국 측이 제시한 다자조약유보의 목적과 내용의 불분명성을 지적하면서, 니카라과의 청구 중 국제관습법을 근거로 한 청구는 그러한 유보로 인하여 배척될 수 없다고 하였다.

한편, 미국은 소송의 수리가능성(admissibility)에 대해서도 몇 가지 항변을 제기하였다. 미국은 우선 본 사건과 같은 분쟁당사자가 3 이상 다수인 경우에 미국과 니카라과를 제외한 제3자인 국가의 이해가 본 재판의 결과에 따라 좌우되므로 그들의 소송참가 없이는 본 사건은 재판소가 심리할 수 없으며, 두 번째로 니카라과는 전적으로 UN안보리가 마땅히 다루어야 할 문제를 재판소에 제소하였고, 마지막으로 중미지역 분쟁해결절차를 사전에 거치지 않았다는 사실을 이유로 니카라과의 제소는 재판소가 당연히 각하해야 한다고 주장하였다.

재판소는 첫 번째 미국 측 논거에 대해서는 재판소 규정 및 규칙은 제3자의 소송참가를 완전하게 보장하고 있으므로 본 사건과 관련된 제3자가 반드시 소송당사자로 참여해야 한다는 미국 측 주장은 받아들일 수 없다고 보았다. 두 번째 미국 측 논거에 대해서는 분쟁이 안전보장이사회에 계류 중이라는 이유만으로 재판의 수행이 방해받지 않으며, 안보리와 ICJ의 분쟁해결절차는 서로 병행하여 수행될 수 있다고 하였다. 즉 UN헌장 제24조는 국제평화와 안전의 유지에 대해 안보리에 단지 '1차적' 책임을 부여한 것이지 '배타적' 책임을 부여한 것이 아니며, 단지 정치 분야에서 활동하는 안보리와 법의 분야에서 행동하는 ICJ는 "동일사건에 대해 그들의 별개의 그러나 보충적인 기능"을 수행할 수 있다고 보았다. 미국 측의 세 번째 논거, 즉 니카라과는 제소하기 위한 선결요건으로 지역적 교섭절차를 사전에 완료해야 한다는 요건은 재판소가 받아들일 수 없다고 하였다.

제8절 국제사법재판소 잠정조치

📑 조문 | ICJ규정 제41조 – 잠정조치

1. 재판소는 사정에 의하여 필요하다고 인정하는 때에는 각당사자의 각각의 권리를 보전하기 위하여 취하여져야 할 잠정조치를 제시할 권한을 가진다. (The Court shall have the power to indicate, if it considers that circumstances so require, any provisional measures which ought to be taken to preserve the respective rights of either party.)

2. 종국판결이 있을 때까지, 제시되는 조치는 즉시 당사자 및 안전보장 이사회에 통지된다.

📑 조문 | ICJ규칙 제74조~78조 – 잠정조치

제73조

1. 잠정조치는 그 요청에 관계된 사건의 절차중 언제라도 일방의 당사자의 서면 요청에 의하여 지시될 수 있다.

2. 이 요청에는 그 이유, 요청이 기각되는 경우에 발생하는 결과 및 그 요청하는 조치를 명시하여야 한다. 재판소 서기는 요청의 인증등본 1통을 즉시 타방의 당사자에게 송부한다.

제74조

1. 잠정조치의 지시의 요청은 타의 모든 사건에 우선한다.

2. 이 요청이 있을 때에 재판소가 개정중이 아닌 경우에는 재판소는 긴급사항으로서 이 요청에 관한 결정의 절차를 밟기 위하여 즉시 소집된다.

3. 재판소 또는 재판소가 개정중이 아닐 때에 재판소장은 양 당사자에게 진술의 기회를 주기 위해 변론의 기일을 정하여야 한다. 재판소는 이 구두절차의 종결전에 제출되는 모든 의견을 수리하고 고려하여야 한다.

4. 재판소의 회합중, 재판소장은 잠정조치의 요청에 대하여 내려진 모든 명령이 적절한 효과를 가질 수 있도록 행동할 것을 양 당사자에 대하여 요청할 수 있다.

제75조

1. 재판소는 직권에 의하여 언제라도, 사건의 상황이 일방 또는 모든 당사자에 의해 취해지거나 이행되어야 하는 잠정조치의 지시를 필요로 하는가의 여부를 검토할 것을 결정할 수 있다.

2. 잠정조치의 요청이 있는 경우, 재판소는 요청된 잠정조치와는 전체적으로 또는 부분적으로 상이하거나 또는 잠정조치를 요청한 당사자 자신이 취하거나 이행하여야 할 조치를 지시할 수 있다.

3. 잠정조치의 지시의 요청의 기각은 그 요청을 행한 당사자가 동일의 사건에 있어서 새로운 사실에 입각한 새로운 요청을 하는 것을 방해하지 않는다.

제76조

1. 일방의 당사자의 요청이 있는 경우, 재판소는 사정의 변경에 의하여 잠정조치에 관한 결정을 철회 또는 수정하는 것이 정당하다고 판단하는 경우에는 사건의 최종판결 전의 여하한 시기에도 그러한 조치를 철회 또는 수정할 수 있다.

2. 이 철회 또는 수정을 제의하는 당사자의 모든 요청은 관계있다고 판단되는 사정의 변경을 명시하여야 한다.

3. 재판소는 본조 제1항에 따라 결정을 하기 전에 당사자에 대하여 이 문제에 관하여 자기의 의견을 제출할 기회를 부여하여야 한다.

제77조

본 규칙 제73조 및 제74조에 따라 재판소가 지시하는 모든 조치 및 본 규칙 제76조 제1항에 따라 재판소가 내리는 모든 결정은 규정 제41조 제1항에 따라 안전보장이사회에 통고하기 위하여, 국제연합사무총장에게 통보되어야 한다.

제78조

재판소는 재판소가 지시한 잠정조치의 이행에 관한 모든 문제에 대하여 당사자로부터 정보를 요구할 수 있다.

I 서론

1. 개념

잠정조치 또는 임시조치란 쟁송사건이 재판소에 회부된 후 최종적인 판결이 내려지기 전까지 분쟁당사국 간의 권리보전을 위하여 재판소가 긴급한 필요에 의하여 임시적으로 취하도록 지시하는 일정한 조치를 말한다. 잠정조치는 ICJ가 분쟁당사국들에게 분쟁해결과정이 진행되는 중에 일정한 행위를 행하거나 혹은 삼갈 것을 요구하는 일종의 중단적 예방조치로 정의된다.[20]

2. 성질

첫째, 잠정조치는 부수적 관할권(incidental jurisdiction)의 하나이다. 즉, 본질적으로 쟁송사건에 관한 재판관할권 행사에 대해 '부수적' 성격을 갖는다. 잠정조치는 이와 같이 부수적 성격을 갖기 때문에 쟁송사건에 대한 판결로 간주되지 않는다. 둘째, 잠정조치는 분쟁당사국의 권리보전절차로서의 성격을 갖는다. 셋째, 잠정조치명령은 '중간적'(interlocutory) 결정에 불과하기 때문에 쟁송사건에 대한 최종적인 결과에 영향을 미칠 수 없으며, 분쟁의 실체적 쟁점에 관한 결정은 본안사건에 대한 종국적인 결정까지 유보된다.[21]

---

20) 최태현, 〈국제사법재판소 소송절차와 관련된 주요한 법적 쟁점(ii)〉 - 《국제법평론》, 2006-I, 166면.
21) 최태현, 전게논문, 171면.

3. 목적

잠정조치의 주된 목적은 본안사건에 대한 판결이 내려지기 전에 재판절차를 무의미한 것으로 만들지 못하도록 분쟁의 대상이 되는 권리를 보전하는 것이다. ICJ규정 제41조 제1항은 'ICJ는 사정이 필요하다고 인정될 경우, 각 당사국의 각각의 권리를 보전하기 위하여 가보전조치를 지시할 권능을 가진다.'라고 규정하고 있다. 그 밖에도 분쟁의 확산방지, 분쟁과 관련된 증거의 보존의 목적도 갖는다.

4. 연원

잠정조치는 ICJ규정(이하 규정) 제41조, UN헌장 제94조(이하 헌장) 및 1978년 개정된 현행의 국제사법법원 규칙(이하 규칙) 제73조에서부터 제78조에 걸쳐 비교적 상세하게 규정되어 있다.

Ⅱ 본안관할권과의 관계[22)]

1. 쟁점

잠정조치는 소송 계류 중 언제라도 신청할 수 있고 모든 사건에 우선하여 '긴급사항'으로 취급되며(규칙 제74조), 본안관할권의 유무가 다투어지더라도 최종적 결정을 기다리지 않고서도 지시된다는 점에서 본안으로부터의 독립성을 띤다. 그러나 잠정조치는 부수적 관할로서 본안소송에 부수되므로, 본안으로부터 완전히 독립할 수는 없다. 따라서 잠정조치와 본안과의 상관관계가 문제시된다.

2. 학설

(1) 가능성론

가능성론은 잠정조치를 지시하는 데는 관할권 존재의 '가능성'(possibility)을 제시하는 것만으로도 족하고, 그 부존재가 명백한 경우에만 예외라는 입장이다. Hudson에 의하면 본안관할권이 선결적 항변으로 다투어지고 있더라도 그 결정이전에 가보전조치의 지시가 가능하고, 다만, 어느 한 쪽의 당사국이 선택조항을 수락하지 않는 등 관할권의 결여가 명백(patent)한 경우에만 인정되지 않는다고 본다. 즉, 관할권의 형식적 기초의 존재로서 그 요건이 충분히 구비되는 것이고 유보의 존재등 그 실질적 가능성을 묻지 않는다. 가능성론은 재판부의 재량을 넓혀주고 있으나, 관할권 존재의 가능성이 사실상 의심스러운 경우에도 당사국이 가보전조치에 구속되는 사태가 발생할 수 있는바, 이는 피신청국 측에 대한 부당한 간섭이 되고, 나아가 가보전조치를 남용할 가능성이 있다는 한계가 있다.

(2) 개연성론

관할권의 단순한 가능성이 아니라 그 존재에 상당한 '개연성'(probability)을 구하는 입장이다. 1957년 인터한델 사건에서 Lauterpacht 판사는 개별의견에서 'ICJ는 잠정조치 지시의 요청에 대해 본안관할권의 문제를 완전히 무시할 수 없으며, 선택조항 수락선언 등과 같이 일단 관할권을 부여하고, 또 그 관할권을 명백히 배제하는 유보가 없는 문서가 존재할 경우에만 ICJ는 규정 제41조를 근거로 합법적으로 행동할 수 있다.'라고 하였다. 이는 잠정조치를 지시함에 있어서 본안관할권을 완전히 무시해서는 아니 되고 유보가 있으면 고려해야 한다는 것이다. 이 주장은 잠정조치 권한의 독립성의 정도를 축소하면서 잠정조치와 본안관할권의 간격을 줄이고자 하는 입장이라 볼 수 있다.

---

22) 전순신, "국제사법법원에 있어서 가보전조치의 법적 성격", 《법조》, 2005-5, 102면~111면.

(3) 실재성론

가능성론이나 개연성론이 잠정조치 지시의 단계에서 본안관할권의 최종적 확정은 필요하지 않다고 보는 반면, 실재성론은 잠정조치를 지시하기 위해서는 관할권의 명확한 존재가 확인 내지 확정되어야 한다는 주장이다. 1973년 핵실험 사건의 잠정조치 명령에서 개별의견을 낸 I. Forster판사는 '잠정조치의 잠정적인 성격이나 긴급성의 요청이 관할권을 확정해야 하는 판사의 의무를 면제해 주는 것이 아니라고 보고 ICJ는 실제로 관할권을 갖고 있어야지, 단순한 개연성에 만족해서는 안 된다.'라고 주장하였다. 실재성론은 잠정조치명령이 당사국의 행동을 제약하기 때문에 관할권의 존재가 확실하게 전제되어야 하고, 잠정조치 결정이 형식적으로는 본안을 예단하지 않는 것이라고는 하나 본안의 내용의 방향을 결정지우는 효과를 가진다는 것을 우려한 주장이다. 그러나 실재성론에 따르면 잠정조치의 기능에 중대한 제약을 가할 우려가 있다. 보통 관할권이 다투어지는 경우 그 결정에는 상당한 시간을 요하기 때문에 긴급한 상황이 존재함에도 불구하고 잠정조치의 지시가 불가능해 질 수 있기 때문이다.

3. 판례

ICJ는 1970년대 이전까지는 가능성론에 따랐으나, 이후 판례에서는 개연성론이 정착되었다.[23] 1951년 '앵글로 이란 석유회사 사건'에서 영국의 잠정조치를 인용하는 결정을 내리면서 일견 명백히 관할권의 기초를 결여한 경우가 아니라면 잠정조치를 지시할 수 있다고 판시하였다. 1957년 '인터한델 사건'에서도 미국이 국내관할권에 관한 자동적 유보를 원용했음에도 불구하고 ICJ는 잠정조치에 적용되는 절차와 유보에 적용되는 절차는 별개이므로 미국이 선결적 항변을 제기한 것과 무관하게 잠정조치를 명할 수 있다고 판시하였다. 그러나 1972년 '어업관할권 사건'을 시발점으로 개연성설로 입장이 변경되었다. 이 사건에서 ICJ는 관할권의 확인에 적극적인 입장을 취하였다. 즉, 본안관할권의 존재의 개연성을 확인하고자 하였다. 1973년 '핵실험사건'이나, 1979년 '테헤란 영사 사건'에서도 잠정조치는 관할권적 근거가 될 수 있는 기초를 일견 주고 있다고 생각될 수 있는 경우에만 지시될 수 있다고 하였다.

Ⅲ 요건[24]

1. 일견 관할권이 존재할 것

앞에서 검토한 바와 같이 잠정조치와 본안판단이 독립적임에도 불구하고, ICJ가 잠정조치를 지시하기 위해서는 관할권적 기초를 요한다. 다만, 실재성론과 같이 관할권이 실질적으로 존재함을 확정할 것을 요하는 경우 잠정조치의 취지를 몰각시킬 수 있으므로 받아들이기 어려울 것이다. 현재 ICJ의 입장은 개연성설에 기초하고 있으며, 이는 ICJ가 잠정조치 명령을 내리기 전에 최종적으로 그 자신이 본안사건에 대한 관할권을 가지고 있음을 확인할 필요는 없지만, 제소국이 원용한 조항들이나 ICJ규정 내의 관련조항이 '일견' 재판소의 관할권에 대한 기초가 될 수 없는 것일 때에만 잠정조치명령을 내릴 수 없다는 것이다.

---

23) 전순신, 전게논문, 107면.
24) 최태현, 전게논문, 176면-181면.

2. 회복불가능한 권리 침해의 위험

(1) 권리

잠정조치에 의해 보전되어야 할 권리는 분쟁의 주제를 형성하는 권리이다. 즉, 당사국의 권리를 보전하는 것이 잠정조치의 목적이므로 잠정조치의 대상이 되어야 할 권리의 범위는 분쟁의 주제에 관한 것에 한정되어야 한다. 1990년 '중재판결 사건'에서는 소송의 주제가 해양경계획정에 관한 1989년 중재판결의 유효성이었는데, 기니아 비사우(Guinea-Bissau)가 신청한 잠정조치의 내용은 분쟁지역에 있어서 모든 행동을 자제해 줄 것을 요청하는 것이었으므로 ICJ는 이것이 소송의 주제와 연결성을 결여한다는 이유로 신청을 기각했다.

(2) 회복불가능한 권리(권리의 비회복성, irreparability)

일반적으로 회복불가능한 침해란 권리에 대한 침해가 본안사건에 대한 종국적인 판결이 내려진 이후에도 적절하게 보상을 받을 수 없는 경우를 의미한다. 권리의 침해가 법적인 면에서뿐만 아니라 사실적인 면에서도 회복불가능한 것인지를 고려하고 있다.[25]

(3) 침해의 대상

ICJ규정상 회복불가능한 침해가 국가의 권리에 대해 발생해야 한다는 것은 명백하나, 개인의 생명의 손상이 그러한 회복불가능한 침해의 범주에 속하는 것으로 주장되기도 한다(테헤란 영사 사건). 외국인 피고인에 대한 사형집행은 사후의 구제조치를 불가능하게 만들기 때문에 권리에 대한 회복이 불가능한 침해를 야기하는 것으로 인정된다(2002년 LaGrand형제 사건).

3. 급박성

잠정조치가 지시되기 위해서는 회복불가능한 권리침해의 위험이 '급박'해야 한다. 'Great Belt 해협 통항 사건'에서 ICJ는 '최종판결이 있기 전에 각 당사국의 권리에 침해가 되는 행위가 발생할 가능성이 있을 때' 급박성이 있다고 판시하였다. 급박성의 정도에 따라 ICJ가 청구를 심리하는 시기도 달라진다.

Ⅳ 절차[26]

1. 신청

잠정조치는 어느 한 쪽 당사국의 신청에 의해 '그 신청에 관련된 사건의 절차 중에는' 언제든지 지시될 수 있다(규칙 제73조 제1항). 이 절차의 기간은 소송을 제기하는 문서가 제출된 날로부터 시작하여 최종판결이 내려지기 전날까지이다.

2. 직권심사

잠정조치는 당사국의 신청에 의해서 뿐만 아니라 법원의 직권에 의해서도(proprio motu) 지시될 수 있다(규칙 제75조 제1항). 그러나 소송이 시작되기 이전에는 잠정조치를 지시할 수 없다. ICJ는 LaGrand 사건에서 처음으로 직권에 의한 잠정조치를 지시했다.

---

25) 최태현, 전게논문, 179면.
26) 전순신, 전게논문, 100-102면.

3. 증거

잠정조치의 지시에 있어서는 ICJ가 최종판결을 내리는 데 필요한 정도만큼 확실한 증거를 필요로 하지는 않는다. 물론, ICJ의 결정은 법원에 제출된 증거에 기초해야 하고 단순한 추측에 의한 것은 허용되지 않는다. 그러나, 잠정조치의 긴급성과 잠정성을 고려하면, 증거에 관한 규칙은 보통의 경우보다 완화된다.

4. 결정

잠정조치는 긴급성을 수반하므로, 잠정조치의 지시에 관한 결정은 ICJ에 의해 '긴급사항'(a matter of urgency)으로 취급되고, 다른 모든 사건보다 우선적으로 취급된다. 폐회중인 경우 법원장은 지체 없이 판사를 소집해야 한다(규칙 제74조 제2항). ICJ관행상 국적판사의 참석을 요하지 않는다. 잠정조치의 결정은 ICJ의 의사이기 때문에 ICJ는 자신의 책임하에 잠정조치를 지시하는 권한을 갖는다. 경우에 따라서는 요청된 잠정조치와 다른 조치를 지시할 수도 있다(규칙 제75조 제2항).

5. 철회와 수정

잠정조치는 '잠정성'이 중요한 특징이므로 ICJ의 결정은 잠정적이며, 나중에 그 견해를 변경할 수 있다. 즉, 잠정조치는 기판력(res judicata)을 갖지 않는다. 잠정조치의 지시, 철회 및 수정은 최종판결이 내려지기 전에는 언제든지 가능하다(규칙 제76조 제1항). 이전에 행한 잠정조치의 신청이 거부되었다고 해도 다시 잠정조치를 지시할 수 있다.

Ⅴ 구속력

1. 쟁점

ICJ규정, 규칙 및 UN헌장은 잠정조치의 구속력에 대해서 명확한 규정을 두고 있지 않다. ICJ역시 1999년 LaGrand형제 사건을 통해 법적 구속력이 있음을 명시하기 전까지는 구속력에 대해 명확한 입장을 제시하지 않아 다툼이 지속되었다. 잠정조치가 권리보전이라는 성격을 갖는다는 점에서는 구속력을 인정해야 할 것이나, 관할권의 존부를 확정하기 전에 지시된다는 점을 고려하면 구속력을 인정하기 쉽지 않다는 난점이 있다. 구속력을 인정할 것인가의 문제는 (1) 일방당사국의 신청이 인용되는 경우 타방당사국(피신청국)은 이를 이행할 법적 의무가 있는가? (2) 불이행시 신청국은 국가책임이나 손해배상을 청구할 수 있는가? (3) 불이행시 판결의 불이행과 마찬가지로 안보리가 조치를 취할 수 있는가? 의 쟁점과 관련된다.

2. 관련조항

> **📖 조문 | ICJ규정 제59조 – 재판소 결정의 구속력**
>
> 재판소의 결정은 당사자사이와 그 특정사건에 관하여서만 구속력을 가진다. (The decision of the Court has no binding force except between the parties and in respect of that particular case.)

(1) 조문

ICJ규정 제59조는 ICJ '결정(재판)'(decision)은 당사국 간 구속력이 있음을, UN헌장 제94조 제1항은 UN 회원국은 자국이 소송당사국이 되어 있는 사건의 '결정(재판)'(decision)을 따라야할 의무가 있다는 것을, 또한 동조 제2항은 ICJ의 '판결'(judgement)은 안전보장이사회에 의해 집행될 수 있다는 것을 규정하고 있다.

(2) ICJ규정 제59조, UN헌장 제94조 제1항의 '결정(재판)'(decision)중에 잠정조치 명령이 포함되는가?

H. Kelsen은 제94조 제1항의 '결정(재판)'(the decision)과 제2항의 '판결'(judgement)은 동일하다고 해석한다. 이는 제1항의 재판이 단수형으로 표현되어 있기 때문이다. 따라서 판결만이 구속력이 있고 안보리에 의해 집행될 수 있다. 반면, Rosenne은 제2항은 '판결'만 포함되나, 제1항의 '결정(재판)'에는 잠정조치를 포함한 모든 결정이 그 형태를 불문하고 포함된다고 해석한다.

(3) 잠정조치명령은 '판결'에 포함되고 또한 법적 구속력이 있는가?

UN헌장 제94조 제2항의 '판결'에 잠정조치 명령이 포함된다면 법적 구속력이 있을 뿐 아니라, 위반시 안전보장이사회에 의해 집행될 수 있다. 일반적인 견해는 판결의 범위에 잠정조치 명령은 포함되지 않는 것으로 본다.[27] ICJ규정과 UN헌장은 불가분의 일체(헌장 제92조)이므로, ICJ규정 제60조상의 '판결'과 UN헌장 제94조 제2항상의 '판결'은 같은 의미로 해석해야 한다. 그런데, 규정 제60조의 판결에는 잠정조치가 포함되지 않는다. 따라서 헌장 제94조 제2항에도 잠정조치명령은 포함되지 않는다고 봐야 한다.

---

27) 전순신, 전게논문, 114면.

(4) 삼성조치의 집행가능성과 법적 구속력의 관계

헌장 제94조 제2항에 잠정조치 명령이 포함되지 않는다고 하여 반드시 잠정조치가 법적 구속력이 없다고 단정할 수는 없다. 판결의 불이행시 안보리가 반드시 집행조치를 취해야 하는 것은 아니며, 반대로, 잠정조치를 위반하더라도 이것이 평화에 대한 위협을 구성하는 경우, 안보리가 집행조치를 취할 수 있기 때문이다.

요컨대, 관련조항의 해석을 통해 잠정조치의 법적 구속력이 반드시 추론되는 것은 아니다.

3. 학설

다수의 학설은 잠정조치의 법적 구속력을 인정하고 있다. 그 근거는 첫째, 제도적 실효성의 확보이다. Mani는 잠정조치는 당사자의 권리를 보전함으로써 본안판결의 실효성을 확보하기 위한 것이기 때문에 제도의 본질에 비추어 보아 법적 구속력을 인정해야 한다고 본다. 둘째, 잠정조치의 법적 효력을 인정하는 것이 반드시 주권을 침해하는 것은 아니기 때문에 법적 구속력을 인정할 수 있다고 본다. Lauterpacht는 잠정조치권한은 분쟁당사국이 ICJ규정 당사자가 될 때 이미 승인한 것으로 생각할 수 있기 때문이라고 하였다.

4. ICJ

(1) 전통적 관행

'LaGrand 형제 사건' 이전까지 ICJ는 잠정조치의 법적 구속력을 정면으로 인정하는 표현을 사용하지 않았다. 즉, 잠정조치명령은 '그 자신의 권위를 가진 것'(앵글로 이래니언 석유회사 사건)이라고 하거나 '잠정조치를 위반하는 것은 비록 법적 의무의 위반은 아니나 그것은 사법판정과의 불일치를 보여주는 것'(제노사이드협약 적용 사건)이라고 하였다. 'ICJ의 지시를 진실한 것으로 받아들여야 할 것'(니카라과 사건)이라는 표현을 쓴 경우도 있다. 그러나, ICJ는 잠정조치명령을 위반하는 경우 판결문에서 이를 언급하면서 강하게 비난하기도 하였다. 이를 통해 볼 때 ICJ는 전통적으로 잠정조치가 전혀 법적 효력이 없는 것으로는 생각하지 않았고, 적어도 단순한 도덕적 의무 이상의 것으로 생각하고 있는 것으로 해석할 수 있다.[28]

(2) LaGrand 형제 사건

이 사건에서 ICJ는 종전의 소극적 태도를 변경하여 잠정조치명령의 법적 구속력을 정면으로 인정했다. ICJ는 조약법협약 제33조 제4항상의 해석규칙에 따라 불어본과 영어본의 차이에 대해 조약의 대상과 목적을 고려하여 최선으로 조약문과 조화되는 의미를 채택하였다. 또한 제32조상의 부수적 해석규칙도 원용하였다. UN헌장 제94조에 대해서는 이 조항이 잠정조치명령의 구속력을 제한하고 있는 것인가의 관점에서 접근했다. ICJ는 ICJ규정의 대상과 목적은 법원이 제59조에 따라서 구속력 있는 결정에 의해 국제분쟁의 사법적 해결의 기본적 기능을 이행하는 것이라고 해석하였다. 규정 제41조의 문맥상의 의미는 법원에 제기된 분쟁당사국의 각각의 권리가 보존되지 않음으로써 법원이 그 기능을 집행하는 것을 방해받지 않으려는 것이다. 이에 따라 규정 제41조는 물론 규정의 대상과 목적으로부터 잠정조치를 명하는 권한은 법원이 종국판결에 의해서 결정되는 당사국의 권리를 보호하고 편견을 피하기 위한 필요성에 기초하는 한 구속력이 있어야 한다는 것을 알 수 있다. 따라서 규정 제41조에 의해서 명해진 잠정조치가 구속력이 없다는 주장은 동조의 대상과 목적에 반하는 것이다.[29]

---

28) 전순신, 전게논문, 117면.
29) 전경일, 〈ICJ LaGrand 사건〉-《국제법평론》, 2001-I, 193-194면.

5. 잠정조치 명령 위반에 대한 ICJ의 제재

피신청국이 잠정조치 명령을 위반하는 경우, ICJ는 첫째, 가보전조치를 재지시할 수 있다. 이는 규칙 제76조에 제도화 되어 있다. 둘째, 잠정조치 명령 위반으로 인해 발생한 손해에 대한 배상책임을 부과할 수 있는지 다툼이 있다. 또는 손해배상액을 평가함에 있어 당사국의 책임을 가중시키는 것이 가능한지가 문제된다. Oellrs-Frahm은 잠정조치 위반시 손해배상을 지불할 의무를 인정하고 있다.[30] ICJ가 잠정조치의 법적 구속력을 정면으로 인정한 이상, 잠정조치 위반시 손해배상 책임을 져야 할 것이다. 잠정조치명령에 의해 국제법적 의무를 창설하는 것이므로 그 국제의무 위반에 대해서는 책임을 져야 하기 때문이다.

Ⅵ 결론

최근 잠정조치와 관련하여 국제사법법원의 관행상 몇 가지 특징은 우선, 잠정조치 명령을 빈번하게 내리고 있다는 것이다. 둘째, 잠정조치의 목적도 점차 확대되어 가고 있다. 전통적으로 잠정조치의 목적은 당사국의 권리를 보전하는 것이었으나, 최근의 판례에서는 분쟁의 악화 또는 확대의 방지, 인권의 보호 및 인도적 고려 등의 목적에 까지 확대되고 있다. 셋째, 본안과 잠정조치의 관계에 있어서도 개연성을 요구하는 관행이 1970년대 판례부터 거의 정착되었다. 넷째, 잠정조치의 법적 구속력을 정면으로 인정한다. 잠정조치의 범위를 확대하고, 법적 구속력을 인정하는 것은 분쟁의 사법적 해결 또는 평화적 해결 가능성을 높여준다는 점에서 긍정적이라 볼 수 있을 것이나, 주권 제약을 우려하는 국가들이 사법재판을 통한 분쟁해결에 소극적이 될 우려도 있다고 생각된다. 한편, 잠정조치의 명령의 법적 구속력을 정면으로 인정했으나, 피신청국이 이를 이행하지 않는 경우 강제이행에는 한계가 있다는 점에서, 국가들의 자발적 이행의지가 더욱 중요하다고 볼 것이다.

> ☚판례 | Case Concerning Military and Paramilitary Activities in and against Nicaragua, ICJ, 1986
>
> 1979년 니카라과에서 반정부조직인 Sandinista 국민해방전선이 소모사 대통령 일가의 43년에 걸친 독재체제를 전복시키고 좌익혁명정권을 수립하였다. 주변의 엘살바도르, 온두라스, 코스타리카 등지에서도 반정부 게릴라의 활동이 거세졌다. 미국 정부는 당초 니카라과의 신정부를 지원하였으나 1981년 1월에 출범한 레이건 정부는 엘살바도르의 반정부세력에 대한 니카라과 정부의 군사적 지원 등을 이유로 같은 12월 이후, 니카라과의 반정부조직인 Contras를 적극 지원하였다. Contras는 소모사정권의 지지자 및 신정부의 적대자를 중심으로 결성된 군사조직으로 온두라스와 코스타리카의 국경부근에서 활동하였다. 미국은 1983년 9월부터 다음해 4월에 걸쳐 Contras에 대한 군사적 지원을 강화하였다. 한편 중앙정보국(CIA)의 지령과 지원을 받은 한 단체가 니카라과의 항만에 설치한 기뢰 때문에 다수의 니카라과인 사상자가 발생하였으며 제3국의 선박도 피해를 입었다. 니카라과 정부는 1984년 3월에 미국의 자국에 대한 침략행위가 본격화되고 있다고 하여 UN안전보장이사회에 문제의 심의를 요청하였다. 4월 4일 안전보장이사회에서는 니카라과 수역에서 기뢰의 부설은 국제법 위반이라는 내용의 결의안이 상정되었지만 미국의 거부권 행사로 부결되었다. 4월 9일 니카라과 정부는 자국에 대한 미국의 군사적·준군사적 활동의 책임을 추궁하기 위해 ICJ에 소송을 제기하였다. 니카라과는 제소와 함께 잠정조치를 요청하였으나, 미국은 관할권에 대한 항변이 제기된 상황에서 잠정조치를 지시할 수 없다고 주장하였다. 이에 대해 재판소는 잠정조치를 지시하기 위해서 사건본안에 관하여 관할권을 가지고 있음을 최종적으로 확인할 필요까지는 없고, 다만 원고가 원용한 조항들이 일견(prima facie) 재판소 관할권의 기초를 제공하는 것으로 보이지 않는 한 지시하지 않는 것이 원칙이라고 하였다. 재판소는 1984년 5월 10일에 니카라과 정부가 제소와 함께 제기한 잠정보호조치 청구를 받아들여서 미국으로 하여금 중미지역에서 군사적·준군사적 활동의 즉시 금지를 명하는 조치를 지시하였다.

---

30) 전순신, 전게논문, 120면.

⚖️ 판례 | Nuclear Test 사건[31] – 잠정조치

프랑스는 1945년 이래 대기, 지하 및 수중에서 약 200여회에 걸친 핵실험을 실시하였는데 그 중 상당수가 남태평양에서 이루어졌으며 핵실험 부근지역은 '금지구역(Prohibited zones)'과 '위험구역(Dangerous Zones)'으로 설정되어 선박과 항공기의 운항이 제한되었다. 이에 인접국가인 오스트레일리아와 뉴질랜드는 프랑스정부에 태평양 상의 대기 중 핵실험을 중지할 것과 예정되어 있던 핵실험에 관한 정보를 제공할 것을 요구하였다. 그러나 프랑스는 계획된 핵실험을 강행할 것이며, 여하한 핵실험프로그램도 통보할 수 없다는 입장을 고수하였다. 이에 따라 오스트레일리아와 뉴질랜드 양국은 1973년 국제사법법원(ICJ)에 프랑스를 상대로 핵실험 중지를 요구하는 소송을 각각 제기하였다. 오스트레일리아와 뉴질랜드는 남태평양 연안에서 더 이상의 핵실험을 계속하는 것이 국제법에 위배되며 자국 영토와 국민 건강에 피해를 준다고 주장하면서, 프랑스가 차후에 핵실험을 계속해서는 안 된다는 판결을 내려주도록 법원에 요청하였다. 더불어 양 국가는 최종판결이 확정되기 전에 프랑스정부가 잠정적으로 핵실험을 중지해야 한다는 것을 내용으로 하는 잠정조치(provisional measure)를 내려줄 것을 요청하였다. 프랑스는 재판소가 이 사건을 심리할 권한을 가지고 있지 않으므로 재판소의 관할권을 수락할 수 없으며 따라서 소송대리인을 임명할 의사가 없다는 것을 밝히고 재판소에 대해서 본 사건을 각하해줄 것을 요청하였다. 그리고 프랑스는 재판소에 출두하지 않고 일체의 심리에 참가하지 않았다. 잠정조치와 관련하여 잠정조치의 결정을 하기 전에 본안에 관한 재판관할권의 존부를 최종적으로 확인하여야 하는지의 여부와 오스트레일리아와 뉴질랜드의 피해를 막기 위해 핵실험을 금지하는 잠정조치가 불가피한 것인지의 여부가 문제되었다. ICJ는 잠정조치의 결정을 하기 전에 본안에 관한 재판관할권의 존부를 최종적으로 확인할 필요는 없지만, 적어도 원고가 원용하는 제 규정이 재판소의 관할권을 성립시키는 충분한 기초는 되어야 한다고 전제하였으며, 원고의 주장[32]이 이 요건을 충족한다고 판단하기 때문에 원고의 잠정조치 지시의 요청을 심사한다고 하였다. 심리 결과 ICJ는 잠정조치 발동 필요성이 있다고 판단하였다. ICJ는 프랑스가 1966년부터 1972년까지 태평양에서 대규모 수소폭탄 및 핵무기실험을 계속해왔을 뿐만 아니라 1973년과 1975년 및 그 이후에도 핵실험프로그램을 계획하고 있었고 이러한 사실은 태평양 상에서 프랑스 정부가 핵실험을 계속할 가능성이 높다는 오스트레일리아의 주장을 뒷받침한다고 하였다. 또한, 1965년에서 1972년 사이의 UN방사능영향조사과학위원회의 보고서에 따르면 대기 중 핵실험으로 인해 그 분진이 대기 중으로 방출되며, 그 결과 다량의 방사능물질이 각 지역에 분산되는 것이 사실이므로 프랑스정부의 핵실험 결과 오스트레일리아의 영토 내에 떨어진 방사능낙진이 동 국가에 피해를 줄 가능성을 배제하기는 어렵다고 하였다. ICJ는 이상의 사실을 종합적으로 고려해 볼 때 법원은 오스트레일리아가 주장하는 권리를 보전하기 위한 잠정조치가 필요하다고 판단하였다.

31) Nuclear Tests 사건, Australia v.France, ICJ, 1974년; New Zealand v. France, ICJ, 1974년.
32) 오스트레일리아와 뉴질랜드는 잠정조치의 근거로 '국제분쟁의 평화적 해결을 위한 1928년 일반법' 제33조와 ICJ규정 제41조와 ICJ규칙 제66조를 주장하였다.

1982년 1월 Walter LaGrand, Karl LaGrand 형제는 Arizona주 Marana에서 벌어진 은행강도사건에 연루되었다는 혐의로 체포되었고 1984년 주법원에 의해 사형선고가 내려졌다. 사형집행 날짜는 Karl LaGrand는 1999년 2월 24일, Walter LaGrand는 동년 3월 3일로 정하였다. 두 형제는 독일에서 태어난 독일국민으로 인생의 대부분을 미국에서 살았지만 계속 독일국적을 유지하고 있었다. 미국과 독일 간 의견의 대립은 있으나 1982년 4월 늦어도 1983년 중반에는 LaGrand 형제의 국적이 독일임을 미국의 관련 기관이 알았으나 독일 영사기관은 이를 인지하지 못하였다. 독일영사는 1992년 6월에야 비로소 LaGrand 형제 자신들의 통지에 의해서 이 사건을 알게 되었으며 이 형제들은 또한 자신들의 권리를 Arizona 주당국이 아닌 다른 곳으로부터 알았다. LaGrand 형제가 공식적으로 미국당국으로부터 영사면접권을 통보받은 것은 1998년 12월이었다. 이러한 사실을 원인으로 하여 독일은 미국이 파견국 국민과의 통신 및 접촉에 대해 규정하고 있는 비엔나 협약 제36조를 위반하여 LaGrand 형제를 재판하고 결국 처형했다는 점을 들어 소송을 제기하였다. 또한 Walter LaGrand의 처형이 임박한 1999년 3월 2일에 ICJ에 잠정조치 청구가 제기되었고 ICJ는 그 다음날 잠정조치명령을 내렸으나 Walter LaGrand는 예정대로 처형되었다. 이 사건에서 우선 재판소의 잠정조치 명령의 구속력이 문제되었으며, 본안판단에서는 미국이 영사관계에 관한 빈협약 제36조 위반 여부가 쟁점이 되었다. 법원은 잠정조치의 효력과 관련해서 기본적으로 ICJ규정 제41조의 해석에 관한 문제로 보았다. 영문과 불문의 차이가 있어 조약법협약 제33조 제4항을 적용하여 규정의 대상과 목적을 고려하여야 하는데 본 대상과 목적이 ICJ가 구속력 있는 결정에 의해 국제분쟁의 사법적 해결기능을 완수하게 하는 것이기 때문에 잠정조치는 구속력이 있다고 결론 내렸다. 따라서 이 사건에서 본 재판소의 최종판결이 있을 때까지 Walter LaGrand이 처형되지 않도록 그 처분하의 모든 조치를 취하지 않음으로써, 미국은 ICJ가 1999년 3월 3일 내린 잠정조치명령하의 의무를 위반했다고 판시하였다.

제9절 소송참가

📋 조문 | ICJ규정 제62조 – 자발적 소송참가

1. 사건의 결정에 의하여 영향을 받을 수 있는 법률적 성질의 이해관계가 있다고 인정하는 국가는 재판소에 그 소송에 참가하는 것을 허락하여 주도록 요청할 수 있다. (Should a state consider that it has an interest of a legal nature which may be affected by the decision in the case, it may submit a request to the Court to be permitted to intervene.)
2. 재판소는 이 요청에 대하여 결정한다.

📋 조문 | ICJ규정 제63조 – 해석적 소송참가

1. 사건에 관련된 국가 이외의 다른 국가가 당사국으로 있는 협약의 해석이 문제가 된 경우에는 재판소서기는 즉시 그러한 모든 국가에게 통고한다. (Whenever the construction of a convention to which states other than those concerned in the case are parties is in question, the Registrar shall notify all such states forthwith.)
2. 그렇게 통고를 받은 모든 국가는 그 소송절차에 참가할 권리를 가진다. 다만, 이 권리를 행사한 경우에는 판결에 의하여 부여된 해석은 그 국가에 대하여도 동일한 구속력을 가진다. (Every state so notified has the right to intervene in the proceedings; but if it uses this right, the construction given by the judgment will be equally binding upon it.)

---

33) Germany 대 USA, ICJ, 2001년.

📖 조문 | ICJ규칙 제81조 ~ 제86조 – 소송참가

제81조

1. 규정 제62조에 의거한 소송참가의 허가를 요하는 신청은 본 규칙 제38조 제3항에 정한 방법으로 서명되어야 하며 가능한 한 신속하게 또한 서면절차의 종결 이전에 제출되어야 한다. 단, 특별한 사정이 있는 경우에는 그 후의 단계에 제출된 신청도 수락될 수 있다.

2. 신청에는 대리인의 성명을 기재한다. 이 신청에는 관계사실을 명시하고, 다음의 사항을 기재한다.

   (a) 소송참가를 신청하는 국가가 그 사건의 재판에 의하여 영향을 받는다고 생각하는 법적성질의 이해관계

   (b) 소송참가의 명확한 목적

   (c) 소송참가를 신청하는 국가가 자기와 사건 당사자들간에 존재한다고 주장하는 관할권의 모든 근거

3. 이 신청에는 첨부되는 원용서류의 목록이 포함되어야 한다.

제82조

1. 규정 제63조에 규정된 소송참가의 권리를 행사하고자 하는 국가는 이를 위하여 본 규칙 제38조 제3항이 정하는 바에 따라 서명된 선언서를 제출하여야 한다. 이러한 선언서는 가능한 한 신속하게 그리고 구두절차의 개시일 이전에 제출되어야 한다. 단, 특별한 사정이 있는 경우에는 그후에 제출된 선언서도 수락될 수 있다.

2. 이 선언서에는 대리인의 성명을 기재한다. 이 선언서에는 사건과 이에 관련된 조약을 명시하고, 아울러 다음의 사항을 포함하여야 한다.

   (a) 선언서를 제출하는 국가가 스스로 조약의 당사국이라고 판단하는 상세한 근거

   (b) 그 해석이 문제된다고 판단하는 조약의 조항의 명시

   (c) 문제되는 조항의 해석에 관한 진술

   (d) 첨부되는 원용용서류의 목록

3. 이 선언서는 해석이 문제되어 있는 조약의 당사국이라고 스스로 판단하는 국가로서 규정 제63조에 정하는 통고를 받지 않은 국가도 제출할 수 있다.

제83조

1. 규정 제62조에 규정된 소송참가의 허가를 위한 신청 및 규정 제63조에 규정된 소송참가의 선언서의 인증등본은 즉시 사건의 당사자들에게 송부되어야 한다. 이들은 재판소 또는 재판소가 개정중이 아닌 경우 재판소장이 정하는 기한내에 자기의 의견을 서면으로 제출하도록 요청된다.

2. 재판소서기는 앞의 등본을 (a) 국제연합사무총장, (b) 국제연합가맹국, (c) 재판소에서 소송능력있는 그밖의 국가에게 송부하여야 한다.

제84조

1. 재판소는, 사건의 상황을 고려하여 별도의 결정을 하지 않는 한, 규정 제62조에 의거한 소송참가의 허가 신청을 받아들일 것인가 그리고 규정 제63조에 의거한 소송참가를 인정할 것인가를 우선적으로 결정한다.

2. 본 규칙 제83조에 따라 정해진 기간 내에 소송참가의 허가 신청 또는 소송 참가 선언서의 수락에 대하여 이의가 있는 경우, 재판소는 결정을 하기 전에 참가를 희망하는 국가 및 양 당사자의 의견을 청취하여야 한다.

제85조

1. 규정 제62조에 의한 소송참가 허가의 요청이 받아들여진 경우, 참가하는 국가는 소송서류 및 부속서류의 사본을 제공받으며, 또한 재판소가 정하는 기한내에 서면에 의한 진술을 제출할 수 있다. 이 진술과 관련하여 당사자가 구두절차 이전에 서면으로 의견 제출을 희망하는 경우, 재판소는 이를 위한 별도의 기한을 정한다. 재판소가 개정중이 아닐 때에는 이들의 기한은 재판소장이 정한다.

I 의의

1. 개념

소송참가(Intervention)란 국제소송의 당사자가 아닌 제3국이 자신의 법률상의 이익을 보호하기 위해 소송에 개입하는 것을 말한다. 당사자가 아니라는 점에서 당사자 간 재판과는 특히 판결의 효력에 있어서 구별된다.

2. 취지

재판절차에 있어서 소송참가를 인정하는 이유는 첫째, 계쟁사건에 대해 이해관계를 가지고 있는 제3자로 하여금 그의 이익을 보호받을 수 있는 기회를 제공하기 위함이다. 둘째, 이해관계를 가진 자가 동일한 문제에 대하여 별도의 소송을 제기함으로 인하여 야기되는 소송비경제와 모순 된 판결의 가능성을 없애고자 하는 것이다.

3. 유형

(1) 강제적 소송참가

당사자의 신청이나 법원의 독자적 판단에 의해 제3자를 강제적으로 참가시키는 것으로 제3자의 의사와 무관하다. ICJ에서는 인정되지 않는 유형이다.

(2) 자발적 소송참가

참가자의 의사에 기초한 참가이며, 규정 제62조는 주된 소송참가와 보조적 소송참가를 모두 인정한다. 또한 소송당사국 양자에게 적대적인 공격적 소송참가와 일방 당사자에게만 주장하고 일방당사자를 돕는 지원적 소송참가도 인정된다. 다만, ICJ가 사건을 이해하도록 돕기 위한 소송참가는 허용되지 않는다. 한편, 국제사법재판소는 2011년 '니카라과와 콜롬비아 간 영토 및 해양 분쟁 사건'에 온두라스와 코스타리카의 참가신청 허용 여부를 판단하면서 자발적 소송참가를 '당사자 참가'와 '비당사자 참가'로 구분하였다.

① 비당사자 참가: 비당사자 참가는 소송의 당사국이 아닌 자격에서 참가하는 경우로 참가국은 당사자로서의 권리의무를 갖지 못한다. 판결도 소송참가국에게 구속력을 갖지 않으며 기존의 소송 당사국들과 소송참가국 사이에 ICJ의 재판관할권이 성립될 근거가 필요없다. 비당사자 참가를 위해서는 ICJ의 허가를 받아야 한다. 소송참가 신청시 판결을 통해 침해될 가능성이 있는 법률상의 이익을 입증해야 한다. 소송참가에 대해 소송당사국이 반대해도 요건 충족시 재판부는 소송참가를 허가할 수 있다. 1990년 '엘살바도르와 온드라스 간 해양경계획정 사건'에서 니카라과에게 비당사자참가(non-party intervention)를 처음으로 허용하였다.

② 당사자 참가: 당사자 참가는 소송참가를 하는 제3국이 사건의 당사국이 되는 것이다. 당사자 참가국은 소송과정에서 본안사건 당사국과 동일한 권한을 행사할 수 있고 본안판결의 구속력을 받으므로 정식 소제기와 마찬가지로 원소송 당사국과 소송참가국 간에 ICJ재판관할권의 성립 근거가 필요하다. 아직 ICJ가 당사국의 자격으로 소송참가를 실제 허용한 예는 없다.

(3) 해석적 소송참가

규정 제63조에 따라 다자조약의 해석이 소송에서 이슈가 된 경우 다자조약의 체약국은 소송에 참가하여 문제가 된 다자조약의 조문해석에 대한 자기의 의견을 제시할 수 있다. 다자조약의 통일된 해석을 도모하기 위한 것이 그 목적이다.

Ⅲ ICJ규정 제63조의 소송참가 – 해석적 소송참가

1. 의의

ICJ규정 제63조에 의하면 소송당사국이 아닌 국가가 체약국인 조약이 문제되는 경우 법원의 서기의 통고의무를 규정하고, 통고를 받은 국가는 소송에 참가할 권리를 갖는다. 이를 해석적 소송참가라 한다.

2. 법적 성격

제63조에 따른 해석적 소송참가는 체약국의 권리로서의 소송참가적 성격을 갖는다. 이는 제62조에 따른 소송참가가 재판부의 '허가'에 기초한 것과는 구별된다. 권리로서의 소송참가이므로 재판부의 별도의 허가를 요하는 것이 아니다. 법원은 통고의무를 진다.

3. 요건

(1) 인적범위

제63조에 따라 소송참가가 권리로서 인정되는 인적범위는 '문제가 된 조약의 체약국'에 국한된다. ICJ규정 제34조 제3항은 국제기구의 설립협정의 해석이 문제가 된 경우 법원은 해당 국제기구에 통고할 의무를 규정하고 있으나, '국제기구'는 소송참가할 권한을 갖지 않는다.

(2) 문제가 되는 '조약'의 범위

명칭을 불문하고 국제법에 의해 규율되는 국제법주체 간의 명시적 합의를 조약이라 한다. '문제가 되는'의 의미는 해당 조약의 해석이 당해사건을 판결하는 데 필요한 것으로 생각되는 경우를 말한다. 해당조약이 주된 고려사항일 필요는 없으나, 조약이 해당사건에서 언급되었다는 것만으로는 부족하다는 것이 ICJ의 입장이다.

(3) 법적인 이해관계의 존부

제63조는 소송참가를 하고자 하는 국가가 문제가 된 조약의 체약국일 것만을 요구하고 이해관계를 가지고 있을 것을 명시적으로 요구하고 있지는 않으나 제63조도 소송참가의 한 유형이므로 소송참가국은 법적인 이해관계를 가지고 있어야 한다. 다만, 법적인 이해관계는 다자조약의 체약국이라는 지위에서 추정(presumption)될 수 있으므로 소송참가를 신청하는 국가가 적극적으로 입증해야 하는 요건은 아니다.

(4) 통지수령의 요건성

법원 서기의 통지를 받는 것이 소송참가의 요건인가에 대해서는 통지를 받았느냐는 소송참가가 인정되는 가를 결정하는 요건은 아니다는 것이 재판부의 입장이다. S. S. Wimbledon case에서 폴란드가 베르사유 조약의 체약국으로서 소송참가를 신청하였으나 통지를 받지 않은 사실은 폴란드의 소송참가 여부 결정에 영향을 미치지 아니하였다.

(5) 시간적 관련성과 주제의 관련성

소송참가를 위해서는 시간적 관련성(nexus of time)과 주제의 관련성(nexus of subject-matter)을 요한다. 즉, 제기되지 않은 소송이나 판결이 난 소송에 대해서는 소송참가를 할 수 없다. 또한, 소송에서 제기되는 주제와 아무런 관련성이 없는 이슈를 제기하기 위한 소송참가도 허용되지 않는다(Haya de la Torre case).

(6) 관할권적 근거의 요부

소송참가를 하고자 하는 국가와 소송의 당사국 사이에 관할권적 근거를 요하지 아니한다. 이는 다자조약의 체약국이라는 연결고리가 이미 존재하고, 소송참가의 효과가 제한적이기 때문이다.

4. 제3국의 권한

제3국은 문제가 된 조약의 해석에 대한 자기의 의견을 제시할 권한이 있다. 단, 국적 재판관을 임명할 권한은 없다. 조약의 해석을 벗어난 이슈에 대하여 소송참가자의 의견을 기록에 남기기 위하여 제63조에 기한 소송참가도 허용되지 않는다(Nicaragua case에서 El Salvador의 소송참가 신청 거부).

5. 효력

> **📖 조문 | ICJ규정 제59조 - 판결의 효력**
>
> 재판소의 결정은 당사자사이와 그 특정사건에 관하여서만 구속력을 가진다. (The decision of the Court has no binding force except between the parties and in respect of that particular case.)

법원의 판결은 당사자 간에만 효력이 있으므로(제59조), 소송참가자에게 미치는 기판력(res judicata)의 범위는 조약의 해석에 관한 판결에 한정된다. 즉, 소송참가자는 판결이유(reason of decision)에서 제시된 해당 조약의 해석에 대해서만 구속되고 판결주문(operative part of decision)에 대해서는 구속되지 않는다.

6. 평가

국제사법재판소의 판결이 가지는 사실상의 구속력 때문에 제63조에 기한 소송참가는 큰 의미가 없다고 볼 수 있다. 규정 제59조는 판결의 당사자에 대한 구속력만 인정하고 있으나, 법원은 이전에 자기가 내린 판결과 다른 결정을 내리기를 꺼리기 때문에 사실상 대세적 효력을 가진다. 따라서 판결이유에서 제시된 조약의 해석이 소송참가자에게 구속력을 가진다는 것은 사실상의 효력에서는 큰 차이가 없다. 소송참가자에 대해서는 법적인 구속력을 가진다는 차이가 있을 뿐이다.

Ⅲ ICJ규정 제62조의 소송참가

1. 의의

ICJ규정 제62조에 의하면 어떤 국가가 계쟁사건의 판결에 의해 영향을 받는 법적 이익을 가지고 있다고 생각하는 경우 ICJ에 소송참가를 신청할 수 있고(제1항), ICJ는 이 신청에 대해 결정한다(제2항). 이는 제63조와 달리 법원의 허가에 기초한 소송참가를 의미한다.

2. 요건

(1) 인적관할

제62조에 기초한 소송참가 역시 '국가'에 한정된다. 여기서 말하는 국가는 계쟁사건에 대해 법률적 이익을 갖는 국가를 의미한다.

(2) 법률적 이익의 존재

법률적 이익(interest of legal nature)이란 정치적, 경제적 이익과는 구별되는 개념이다. 다만, 당해 판결에 의해 법적 이익이 영향을 받을 것이 확실할 필요는 없고, 법적 이익이 영향을 받을 충분한 가능성이 있는 것으로 족하다. 법적이익은 소송당사국이 답변할 수 있도록 구체적으로 제시되어야 한다. Libya와 Tunisia 사이의 대륙붕 경계 사건(1981년)에서 Malta의 소송참가 신청에 대해 법적이익이 없다는 이유로 기각한 바 있다.

(3) 시간적 관련성 및 주제의 관련성

제62조에 따른 소송참가 역시 시간적 관련성과 주제의 관련성을 요한다. ICJ는 1973년 프랑스 핵실험 사건에서 Fiji가 소송참가를 신청하였으나 프랑스가 핵실험을 하지 않겠다는 약속을 함으로써 재판절차가 종결되었다고 선언하면서 소송참가 신청을 기각한 바 있다.

(4) 관할권적 근거의 요부

ICJ는 임의관할이 원칙이므로 소송참가에 있어서 관할권적 근거를 요하는가의 문제가 있다. 재판소 규칙 제81조 제2항(c)는 '소송참가를 신청하는 경우 소송참가 신청국가와 소송당사국 간에 있는 어떤 관할권적 근거를 제시하도록' 하고 있다. 해석상 모든 소송참가에서 관할권적 근거를 요하지는 않으나 주된 소송참가(소송참가를 원하는 국가가 새로운 이슈를 제기)에서는 관할권적 근거를 요하나, 보조적 소송참가에서는 관할권적 근거를 요하지 않는다고 본다.

(5) 법원의 결정

실체적 요건을 갖추었다 하더라도 절차적으로 법원의 결정을 요한다. 소송참가 요건을 갖추었는지 여부에 대해서는 재판부의 재량권에 따라 결정한다.

3. 효력

(1) 규정

ICJ규정 제59조는 '판결은 당해사건에 대해 소송당사자에게만 구속력을 가진다'고 규정하고 있다. 소송참가시 판결의 구속력은 소송참가국이 가지는 법적 지위에 따라 결정된다.

(2) 관할권적 근거를 가지고 청구하는 경우

소송참가자가 관할권적 근거를 가지고 청구하는 경우 이 국가는 소송참가라는 수단을 통하여 소송당사자 (party)가 되는 것으로 보아야 한다. 즉, 소송참가를 통해 소송이 3자 간의 소송으로 변경된 것으로 보아야 한다. 따라서 이러한 소송참가를 한 사건의 판결은 소송참가국에 대해서도 구속력을 가진다.

(3) 관할권적 근거를 가지지 않는 경우

관할권적 근거 없이 소송당사자가 제기한 이슈의 범위 내에서 소송참가를 하는 국가는 당사자의 지위를 가지지 않고 따라서 이 경우에는 소송참가가 허용된 이슈에 대한 결정만이 소송참가국에게 구속력이 있고 판결의 주문은 소송참가국에 대해 구속력을 가지지 않는다.

4. 평가

ICJ는 소송참가에 대해 소극적 입장을 보여주고 있다. 이는 소송참가를 넓게 인정하는 경우 국가들이 법원에의 제소를 꺼릴 것이므로 소송당사자의 입장을 가능하면 보호해야 한다는 점을 고려한 것이다. 그러나 소송당사자의 입장을 존중한다는 것이 제3국의 법적 이익을 무시하는 것으로 남용되어서는 안 될 것이다.

Ⅳ 결론

앞에서는 국제사법재판소의 소송참가제도에 대해 제62조 및 제63조에 기초하여 논의하였다. 소송참가제도는 제3국의 법적 이익을 보호하고, 선후판결의 모순 가능성을 사전에 제거한다는 점에서 의의가 있으나, 재판절차 지연, 소송당사자의 보호 미흡 등의 한계가 있을 수 있다. 따라서 양 가치를 모두 보호하는 방향에서 재판절차가 합리적으로 운영되어야 할 것으로 생각한다.

> **⚖ 판례 | Case Concerning Military and Paramilitary Activities in and against Nicaragua, ICJ, 1986**
>
> 1979년 니카라과에서 반정부조직인 Sandinista 국민해방전선이 소모사 대통령 일가의 43년에 걸친 독재체제를 전복시키고 좌익혁명정권을 수립하였다. 주변의 엘살바도르, 온두라스, 코스타리카 등지에서도 반정부 게릴라의 활동이 거세졌다. 미국 정부는 당초 니카라과의 신정부를 지원하였으나 1981년 1월에 출범한 레이건 정부는 엘살바도르의 반정부세력에 대한 니카라과 정부의 군사적 지원 등을 이유로 같은 12월 이후, 니카라과의 반정부조직인 Contras를 적극 지원하였다. Contras는 소모사정권의 지지자 및 신정부의 적대자를 중심으로 결성된 군사조직으로 온두라스와 코스타리카의 국경부근에서 활동하였다. 미국은 1983년 9월부터 다음해 4월에 걸쳐 Contras에 대한 군사적 지원을 강화하였다. 한편 중앙정보국(CIA)의 지령과 지원을 받은 한 단체가 니카라과의 항만에 설치한 기뢰 때문에 다수의 니카라과인 사상자가 발생하였으며 제3국의 선박도 피해를 입었다. 니카라과 정부는 1984년 3월에 미국의 자국에 대한 침략행위가 본격화되고 있다고 하여 UN안전보장이사회에 문제의 심의를 요청하였다. 4월 4일 안전보장이사회에서는 니카라과 수역에서 기뢰의 부설은 국제법 위반이라는 내용의 결의안이 상정되었지만 미국의 거부권 행사로 부결되었다. 4월 9일 니카라과 정부는 자국에 대한 미국의 군사적·준군사적 활동의 책임을 추궁하기 위해 ICJ에 소송을 제기하였다. 이 사건에서 미국이 답변서를 재판소에 접수하기 직전인 1984년 15일에 El Salvador가 재판소 규정 제63조에 따른 소송참가를 "오로지 니카라과의 제소에 대한 재판소 관할권의 부존재 주장을 하기 위한 제한된 목적으로" 하였다. 이 청구에 대하여 재판소는 1984년 10월 4일 결정(order)을 통하여 엘살바도르의 소송참가를 불허하였다. ICJ는 엘살바도르의 청구는 그 동기의 모호성을 고려할 때 부적합하고 또한 엘살바도르는 재판소 규정 제63조를 들어 참가를 시도하였지만 문제가 된 해석의 대상이 되는 내용을 언급하는 데 실패하였다고 하였다.

I 문제의 소재

ICJ 판례에 따르면 필수적 당사국(necessary and proper party)의 탈루는 소 각하사유이며, 당사국은 본안 전 항변을 제기할 수 있다. 필수적 당사국이 소송참가하는 경우 몇 가지 쟁점이 있다. 첫째, 필수적 당사국의 소송참가가 당초의 그 탈루를 치유하는가? 둘째, 만약 그렇다면 어떤 경우에 필수적 당사국의 소송참가가 당초의 그 탈루를 치유하는가? 셋째, 필수적 당사국의 소송참가로 당초의 탈루가 치유될 경우 ICJ규정 제59조에도 불구하고 판결이 그 참가국(intervening state)도 구속하는가?

II 필수적 당사자의 탈루

1. 의의

ICJ의 판례에 따르면, 탈루된 제3국이 이른바 '필수적 당사국'인지 여부는 그 국가의 법적 이익이 본안 판결의 대상인지 여부에 달려 있으며, 본안 판결의 대상은 소송상의 청구이므로 제3국의 법적 이익에 대한 판단을 구하는 청구는 수리할 수 없다. 역으로 제3국의 법적 이익이 판결의 대상 자체를 구성하지 않는 한, 그 제3국의 법적 이익이 판결에 의해 영향을 받을 수 있다 하더라도 소를 각하해야 하는 것은 아니다.

2. 주요 판례

(1) Monetary Gold 사건

이탈리아가 프랑스, 영국, 미국을 상대로 알바니아에 귀속될 금괴를 이탈리아에 인도할 것을 청구한 사건. 이 청구는 알바니아가 이탈리아에 배상할 손해를 야기했다는 주장을 포함하고 있으므로 ICJ는 이 사건에서 '알바니아의 법적 이익은 판결에 의하여 영향을 받을 뿐만 아니라 판결의 대상 자체'(the very subject-matter of the decision)를 구성한 것으로 보고 소를 각하하였다.

(2) 동티모르 사건

포르투갈의 청구는 자국이 동티모르에 대한 시정국이라는 전제에 입각하고 있었으나, 인도네시아는 동티모르가 자국 영토의 일부라고 주장하고 있었으므로 포르투갈의 청구가 이 전제에 입각해 있는 한 인도네시아의 법적 이익은 판결의 대상 자체를 구성한다. 따라서 ICJ 는 소를 각하하였다.

(3) 부루키나 파소와 말리의 국경분쟁 사건

필요적 공동당사자 원칙을 적용하지 않고 소를 수리하였다. 말리는 니제르의 동의가 없는 한 니제르, 말리, 부르키나파소 3개국의 국경이 만나는 삼중점(tripoint)을 결정할 수 없다고 주장하였다. 그러나 ICJ는 제3국 니제르의 권리는 ICJ규정 제59조에 의해 보호되며, 이 사건에서는 니제르의 법적 이익이 판결의 대상 자체를 구성하지 않는다고 보았다. 양국 국경의 동단(東端)을 결정한다고 해서 그러한 결정이 곧 3중점의 확정은 아니기 때문이다.

Ⅲ '필수적 당사국'의 소송참가

1. 비당사자 참가의 경우

ICJ규정 제62조에 따라 비당사자 참가를 신청하고 자국의 탈루를 이유로 소를 각하할 것을 요청할 수 있다. 논리적으로 볼 때 참가국이 실제 필수적 공동당사자임이 판명된다면 소송참가가 없더라도 재판이 각하될 것이므로 소송참가가 불필요하다고도 볼 수 있다. 그러나, 제3국이 필수적 당사국인지 여부가 언제나 분명한 것은 아니므로 소송참가 신청의 실익은 있다.

2. 당사자 참가의 경우

필요적 공동당사자라 생각하는 국가는 '제소국과 피제소국의 동의'에 기초하여 당사자 참가를 할 수 있다. 문제는 이 경우에도 재판부가 필요적 공동당사자의 탈루를 이유로 재판을 각하해야 하는지 여부이다. 특히, 필요적 공동당사자 문제는 소송절차가 개시된 이후 판단되므로, 소송절차 개시 이후에 당사국 참여가 이루어진 경우 법리적으로 재판부는 필요적 공동당사자의 탈루를 이유로 각하해야 할 것이다. 그러나 실제적으로는 이를 수리하는 것이 바람직하다. 첫째, 필수적 당사국이 실제로 당사자 참가를 신청했고 또 당사자 참가의 다른 요건을 모두 구비했음에도 불구하고 단지 소송절차 개시 당시에 그 국가가 탈루되었다는 이유만으로 소를 각하한다면, ICJ는 비교적 사소한 절차상의 흠을 핑계로 국제분쟁의 평화적 해결을 가로막는 것이 될 것이다. 둘째, 원래의 소송 당사국 가운데 어느 국가도 그러한 필수적 당사국의 당사자 참가에 반대하지 않는다면 ICJ는 응소관할(forum prorogatum)의 성립을 인정할 수 있을 것이다. 셋째, 이 경우 소를 각하한다면 참가 신청국을 포함한 분쟁 당사국들 모두가 소송 당사국으로서 실질적으로 동일한 사건을 다시 ICJ에 회부할 수 있을 것이므로 그러한 각하 결정은 소송경제에도 반할 것이다.

Ⅳ 결론

ICJ의 판례에 따르면, 필수적 당사국의 법적 이익은 판결에 의하여 영향을 받을 뿐만 아니라 판결의 대상 자체를 구성할 것이므로 그러한 제3국이 탈루되었다면 ICJ는 소를 각하해야 하나, 역으로 그러한 제3국이 ICJ규정 제62조에 명시된 소송참가의 요건은 갖추고 있다면, 이 경우 이해관계가 있는 제3국은 비당사국 참가나 ICJ규칙 제81조를 요건으로 당사자 참가를 신청할 수 있다. 필수적 당사국의 당사자 참가는 당초 그러한 국가의 탈루라는 소송요건의 흠결을 치유할 것이며, 이 경우 참가국도 소송 당사국이므로 ICJ규정 제59조에 따라 ICJ의 판결은 참가국도 구속할 것이다.

> ### ⚖ 판례 | Monetary Gold 사건[34]
>
> 이탈리아는 1939년 알바니아를 점령하던 당시 금화를 알바니아로부터 몰수해 갔다. 이 금화는 1943년 독일군대가 이탈리아에서 퇴각하면서 이탈리아 금고에서 가져갔다. 이탈리아는 연합국인 영국, 프랑스 및 미국을 상대로 금화를 반환할 것을 요청하는 소송을 ICJ에 제기하였다. 소송절차 진행에 있어서 원고인 이탈리아는 선결적 항변(Preliminary objection)을 제기하여 필요적 공동당사자인 알바니아의 탈루를 이유로 재판소의 관할권에 이의를 제기하였다. ICJ는 필요적 공동당사자의 탈루로 관할권을 가질 수 없다는 이탈리아의 항변을 인용하여 사건을 각하하였다. 재판소는 법원 관할권에 동의하지 아니한 제3국인 알바니아의 법익이 판결의 바로 그 주제를 형성하고 있으므로 알바니아의 동의 없이 사건을 심리할 수 없다고 판시하였다. 즉 원고 이탈리아의 피고들에 대한 청구의 타당성을 검토하기 위해서는 우선 알바니아와 이탈리아의 관계에서 이탈리아가 적법하게 금화에 대한 소유권을 가지는지를 따져보아야 할 것이나 이는 ICJ 관할권에 동의하지 않은 국가인 알바니아의 권리를 침해하는 것이며, ICJ에는 그러한 권한이 부여되어 있지 아니하다고 본 것이었다.

---

34) Monetary Gold Removed from Rome in 1943 Case, Italy 대 France, UK and USA, 선결적 항변, ICJ, 1954년.

⚖️ 판례 | 동티모르 사건[35][36] – 필요적 공동당사자 원칙

티모르는 동남아시아 말레이군도에 있는 섬이다. 서티모르는 네덜란드의 식민지였으나 인도네시아가 독립할 때 인도네시아의 영토로 편입되었다. 동티모르는 16세기 이래 포르투갈의 식민지였다. 동티모르의 남쪽 해안은 호주의 북쪽 해안과 약 230해리의 거리를 두고 마주보고 있다. 인도네시아와 호주는 1971년 대륙붕관련 협정을 체결하면서 동티모르 해안에 연접한 대륙붕은 제외하였으며, 제외된 지역을 티모르갭(Timor Gap)이라 한다. 포르투갈은 동티모르를 식민지화한 이래 동티모르를 자국영토로 주장하였으며 1933년 헌법에서는 동티모르를 포르투갈의 '해외주'(overseas province)로 규정하였다. 그러나 1974년 군부 쿠데타 이후 식민지 정책을 전환하여 자결권을 부여하는 방향으로 수정하였다. 이후 동티모르에서는 내전이 발생하였으며 이 와중에 포르투갈은 동티모르에서 철수하였고, 인도네시아는 동티모르를 침공하여 인도네시아의 27번째 주로 편입하는 조치를 취했다. UN은 1960년 총회 결의 제1542호를 채택하여 동티모르를 UN헌장상의 비자치지역으로 분류하였다. 인도네시아군이 동티모르를 침공한 이후에는 안보리는 결의 제384호를 채택하여 동티모르의 영토보전과 동티모르 인민의 고유한 자결권을 존중할 것과 인도네시아 병력의 즉각적인 철수를 요청하였다. UN총회 역시 결의 제3485호를 통해 인도네시아 병력의 무력간섭에 대한 강한 유감을 표시하였다. 호주는 애초 인도네시아의 무력개입에 대한 비난하는 태도를 취했으나 1978년 1월 20일에 인도네시아의 동티모르 병합에 대해 사실상의(de facto) 승인을 부여하였다. 인도네시아의 동티모르 병합에 관한 호주의 승인이 있은 이후, 인도네시아와 호주는 티모르갭의 대륙붕 경계획정을 위한 교섭을 시작하였으나 실패하자 자원의 공동탐사와 개발을 위한 잠정협정을 체결하였다(1989년 12월 11일). 이에 대해 포르투갈은 호주를 ICJ에 제소하였다. 포르투갈의 청구사항은 다음과 같다. 첫째, 자결권 등에 관한 동티모르 인민의 권리 및 동티모르 시정국으로서의 포르투갈의 권리를 오스트레일리아가 존중할 의무가 있다. 둘째, 1989년 호주가 인도네시아가 협정을 체결함으로써 동티모르 인민의 권리 및 포르투갈의 권리를 침해하였다. 셋째, 티모르갭의 대륙붕 탐사와 개발에 관하여 포르투갈과 교섭을 배제함으로써 권리 조정을 위해 교섭할 의무를 오스트레일리아가 이행하지 않았다. 넷째, 의무위반으로 발생한 손해에 대한 배상. 다섯째, 호주는 국제법 위반을 중지하고 티모르갭에서 시정국 이외의 어떠한 국가와도 협정 체결이나 대륙붕에 관한 관할권 행사를 삼간다. 호주는 포르투갈의 청구에 대해 ICJ가 관할권을 가지지 아니하며, 또한 청구는 수리될 수 없다는 판결과 선언을 청구했다. 나아가 호주의 행동은 포르투갈이 주장한 국제법상 권리를 침해하지 않았다는 판결과 선언을 청구했다. 호주는 포르투갈이 재판소에 요구한 판단은 필연적으로 제3국의 동의없이 당해 제3국, 즉 인도네시아의 행위의 합법성에 대한 판단할 것을 요구한다고 주장하면서 소의 수리불능을 주장하였다. 반면, 포르투갈은 자신이 문제삼고 있는 것은 호주가 인도네시아와 조약을 협상하고 체결하며 시행에 착수한 행위로서 이는 동티모르와 그 시정국인 포르투갈에 대한 호주의 의무위반을 구성하므로 인도네시아의 권리에 대한 판결을 내리지 않더라도 그 자체에 대해 재판소가 판결을 내릴 수 있다고 반박하였다. 이에 대해 재판소는 제3자 법익의 원칙을 받아들여 오스트레일리아의 항변을 받아들였다. 재판소는 포르투갈이 호주가 인도네시아와 조약체결행위를 비난한 것은 포르투갈 자신이 동티모르에 대한 시정국이며 인도네시아는 동티모르를 위하여 조약을 체결할 권한이 없다는 판단한 기초한 것으로 보았다. 그런데 포르투갈은 조약을 합법적으로 체결할 수 있으나 인도네시아는 조약을 합법적으로 체결할 수 없는가 하는 문제를 먼저 문제삼지 않고서는 호주의 행위를 평가할 수 없다. 즉 본 재판의 주제는 필연적으로 인도네시아가 동티모르에 진입하여 주류하고 있는 상황을 고려하여, 인도네시아가 동티모르의 대륙붕 자원과 관련하여 동티모르를 위하여 조약을 체결할 권한을 획득하였는지의 여부에 대한 결정이다. 그러나 재판소는 인도네시아의 동의 없이 그러한 결정을 내릴 수 없다고 하였다. 요컨대, 재판소는 포르투갈의 모든 청구에 대한 결정은 그 전제로서 인도네시아의 동의가 결여된 채 인도네시아의 행위의 합법성에 대한 결정을 내려야 하는 것이기 때문에, 선택조항에 근거하여 성립한 포르투갈과 호주에 대한 관할권을 행사할 수 없다고 하였다.

---

35) Case concerning East Timor, 포르투갈 대 호주, ICJ, 1995년.
36) 박배근(2001), 동티모르 사건, 국제법판례연구, 제2집, 서울국제법연구원, 박영사.

Ⅰ 반소

> **📋 조문 | ICJ규칙 제80조 - 반소**
>
> 1. 반소는 타방의 당사자의 신청의 주제와 직접 관련이 있으며 또 재판소의 관할권에 복종할 것을 조건으로 하여 제출될 수 있다.
> 2. 반소는 그것을 제출하는 당사자의 답변서에서 행하여지며 그 당사자의 취지의 일부를 구성한다.
> 3. 재판소는 반소로서 제기된 문제와 타방 당사자의 신청의 주제와의 관련에 대하여 의문이 있는 경우에는 양 당사자의 의견을 청취한 후, 반소에 의해 제기된 문제를 원절차에 병합시킬 것인가의 여부를 결정한다.

반소(反訴)는 재판소의 관할권에 속하고 또한 타방당사자의 청구내용과 직접적인 관련이 있는 경우 재판소에 의해 수락될 수 있다. 반소는 답변서(counter-memorial)에서 해야 하고, 답변서 주장의 일부로 나타나야 한다. 반소신청에 대해 이의가 제기되거나 재판소가 필요하다고 생각할 때는 언제든지 재판소가 양 당사자의 의견을 들은 후 반소허용 여부를 결정한다

Ⅱ 불출정

> **📋 조문 | ICJ규정 제53조 - 불출정**
>
> 1. 일방당사자가 재판소에 출석하지 아니하거나 또는 그 사건을 방어하지 아니하는 때에는 타방당사자는 자기의 청구에 유리하게 결정할 것을 재판소에 요청할 수 있다. (Whenever one of the parties does not appear before the Court, or fails to defend its case, the other party may call upon the Court to decide in favour of its claim.)
> 2. 재판소는, 그렇게 결정하기 전에, 제36조 및 제37조에 따라 재판소가 관할권을 가지고 있을 뿐만 아니라 그 청구가 사실 및 법에 충분히 근거하고 있음을 확인하여야 한다.

당사자 일방이 출정하지 않거나 또는 출정하더라도 자기 입장을 옹호하고 방어하지 않는 경우, 타방당사자는 자국의 청구를 지지하는 결정을 내려주도록 재판소에 요청할 수 있다. 재판소는 재판관할권을 가지며, 또한 문제의 청구가 사실과 법에 있어 충분히 근거가 있다는 것을 확인한 이후 그같은 결정을 내릴 수 있다(규정 제53조).

---

37) 앞서 서술한 선결적 항변, 잠정조치, 소송참가도 부수적 절차에 포함된다. 여기서는 그 밖의 부수적 소송절차에 대해 정리한다.

Ⅲ 재심

재심(revision)은 판결 당시 몰랐던 새로운 사실이 발견되어 사건을 다시 심리하는 것을 말한다. 재심청구는 판결 시에 재판소와 재심청구를 하는 당사가 모두 알지 못했던 결정적 요소인 중요한 사실의 발견에 한하여 할 수 있다. 무지(無知)는 과실에 의한 것이 아니어야 한다. 재심절차는 새로운 사실의 존재를 명시적으로 기록하고, 이 새로운 사실이 사건의 재심을 요구하는 성질의 것임을 인정하고, 그리고 신청이 이같은 이유로 허용되어야 한다는 것을 선언하는 재판소의 판결로 개시된다. 재심청구는 새로운 사실이 발견된 때로부터 늦어도 6개월 이내에 하여야 한다. 또한 판결일자로부터 10년이 지난 후에는 재심을 청구할 수 없다.

Ⅳ 판결의 해석

> **📋 조문 | ICJ규정 제60조 – 판결의 해석**
>
> 판결은 종국적이며 상소할 수 없다. 판결의 의미 또는 범위에 관하여 분쟁이 있는 경우에는 재판소는 당사자의 요청에 의하여 이를 해석한다.

> **📋 조문 | ICJ규칙 제98조 – 판결의 해석**
>
> **제98조**
>
> 1. 판결의 의의 또는 범위에 대하여 분쟁이 있을 경우에는 원절차가 신청에 의하여 개시되었는가 부탁합의의 통고에 의하여 개시되었는가를 불문하고, 그 판결의 해석에 대하여 요청을 할 수 있다.
>
> 2. 판결의 해석은 신청에 의하여 또는 당사자 간의 부탁합의의 통고에 의하여 요청할 수 있다. 이 신청 또는 부탁합의의 통고에는 판결의 의의 또는 범위에 관한 쟁점이 명시되어야 한다.
>
> 3. 해석의 요청이 신청에 의하여 이루어질 경우, 요청 당사자의 주장은 그 신청서에 기재되어야 하며, 타방의 당사자는 재판소 또는 재판소가 개정중이 아닐 경우 재판소장이 정하는 기간 내에 서면으로 의견을 제출할 수 있다.
>
> 4. 해석의 요청이 신청에 의하여 행하여졌는가 부탁합의의 통고에 의하여 행하여졌는가를 불문하고, 재판소는 필요한 경우 당사자에 대하여 서면 또는 구두로 보충설명을 할 기회를 부여할 수 있다.

규정 제60조에 의하면 판결의 의미 또는 범위에 관하여 분쟁이 생기는 경우 재판소는 일방 당사자의 요청이 있는 경우 이것을 해석한다. 동 조항에 의하면 판결의 해석권한을 행사하기 위해서는 '분쟁'(dispute)이 존재해야 한다. 따라서 분쟁이 발생하기 전까지는 해석을 요구할 수 없다. 두 정부가 사실상 재판소 판결의 의미 또는 범위에 대하여 상반되는 견해를 지니고 있다는 태도를 보이는 경우 분쟁이 존재한다. 한편, 해석은 '판결의 의미 또는 범위'에 대해 행해져야 한다. 판결에는 본안판결뿐 아니라 선결적 항변에 대한 판결이 포함된다. 다만, 판결은 '판결주문'(operative part of the judgement)을 의미하며 주문과 분리될 수 없는 경우를 제외하고는 '판결이유'(reasons for the judgement)는 포함되지 않는다.

Ⅴ 판결 후의 상황 검토

ICJ규정에 명시적 권한은 없으나 ICJ는 판결후의 상황검토라는 독특한 절차(a procedure sui generis)를 인정하고 있다. 즉 ICJ는 자신의 前期決定에서 명시하고 있는 경우 동 결정에서 다루어진 상황을 추후에 당사자 일방의 요청에 따라 재검토할 수 있다고 본다. ICJ는 1974년 'Nuclear Test Case'에서 '본 판결의 기초가 영향을 받게 되는 경우 원고국은 ICJ규정의 제규정에 따라 상황의 검토를 요구할 수 있다'고 언급하였다. 1995년 프랑스가 남태평양의 무루로와섬(Mururoa Atoll)의 지하에서 핵실험을 하려고 하자, 동 년 8월 뉴질랜드는 Request for an Examination of the Situation을 통해 1974년 결정에 언급된 조건에 따라 상황을 검토해 줄 것을 요청하였다. 그러나 ICJ는 뉴질랜드의 청구를 각하하였다. 1974년 원판결은 '대기권'에서의 핵실험에 관한 것이므로 '지하핵실험'은 원판결의 기초에 영향을 미치는 상황이 아니라고 판단했기 때문이다. 이 절차의 목적은 원판결의 변화를 구하는 데 있는 것이 아니라 후일 소송의 일방당사자가 원판결에 명백히 도전할 때 원판결을 보존하는 데 있다.

I 서론

ICJ가 성공적으로 판결을 내리기까지는 몇 단계 넘어야할 장애물들이 있다. 첫 번째는 분쟁당사국들이 합의가 아닌 제3자적 해결방법을 통하여 분쟁을 해결하는 것을 생래적으로 꺼리는 태도이고, 두 번째는 재판소 관할권은 합의관할이 원칙이고 예외적으로 인정되는 '강제관할'조차도 엄밀하게 말하자면 사실상 합의관할의 변종[39]이며 또한 그것도 각종 조건과 유보로 인하여 제 기능을 발휘하지 못함에 따라 분쟁이나 사건 자체가 재판소에 부탁될 가능성이 많지 않다는 사실이다. 이러한 장애물을 넘어 분쟁당사국들이 분쟁해결을 위해 재판소를 이용하기로 합의하여 성공적으로 사법절차가 개시된다고 하더라도 본안판결을 낳기 까지는 또 다른 두 가지 방해요소가 있다. 첫 번째는 선결적 항변에 관한 것으로, 서면심리절차가 끝난 후 구두변론절차가 개시되기 전까지 소송당사국 중 하나가 관할권 존부문제와 더불어 사건의 사법심사가능성(justifiability) 문제와 이른바 본안전 심리 요건, 즉 소송요건 충족 여부에 따른 당해사건에 대한 수리가능성(admissibility) 문제에 관하여 선결적 항변권을 행사하여 재판소의 인용판결을 얻은 경우로, 이 경우 소송은 종료된다. 두 번째는 심리절차의 진행 중 소송당사자 중 하나가 일방적으로 소송절차로부터 철수한다는 선언을 하는 경우이다. 상기 나열한 문제들 중 궁극적으로 재판절차를 무력화시키고 파행으로 몰고 가려는 목적이 다분한 불출정(nonappearance) 문제는 ICJ규정 제36조에 따라 인정된 재판소 관할권과 그 후 속행되는 사법심사절차에 대한 중대한 도전이다. 그렇지만 재판소가 일단 관할권을 인정한 이상 후행되는 심리과정은 당사자들의 출정 여부와는 상관없이 계속되는 것이 보통이다. 이러한 비협조적 태도는 일반적으로 강제관할을 근거로 한 일방적 제소행위로 피소된 국가에 의하여 행해지는 것이 보통인데, 이런 사태를 대비한 것이 ICJ규정 제53조[40]이다.

II 불출정 국가의 당사자 지위 유지 여부

불출정국가가 당해 소송절차에서 여전히 당사자인가라는 문제가 제기될 수 있다. 사법절차에 참여하기 않기로 선택한 국가들은 암묵적으로는 자신의 그러한 행태로서 문제가 된 사법절차에서 당사자의 지위로부터 벗어나고자 하는 분명한 목적이 있다는 점을 직시해야 한다. 이런 자발적인 출정거부는 한쪽 당사자에 의해 일방적으로 사법절차가 진행되는 비정상적 소송절차를 어쩔 수 없이 수반하게 되기 때문에 그러한 사법절차에 대한 적법성을 인정할 수 있는가라는 문제 또한 제기되는데, 이것은 상기 ICJ규정 제53조의 해석상 부정될 여지가 없다. '재판소 결정은 당해 특정사건과 관련하여 당사자에게만 구속력이 있다.'라는 ICJ규정 제59조가 무의미해지지 않으려면 동 규정 제53조의 해석상 그러한 단순한 불출정 사실만으로는 그러한 행태를 취한 국가가 당해소송의 당사자로서의 위치에서 벗어날 수 없음이 분명하다.

---

38) 이태규(2009), 국제재판상 불출정(Non-appearance)에 관한 연구, 국제법학회논총 54(3).
39) ICJ규정 제36조 제2항, 이른바 '선택조항'에 대한 수락행위 자체가 수락국의 자발적인 동의에 기초한다는 사실이 그것이다.
40) ICJ규정 제53조 제1항-소송당사국 중 일방이 출정하지 아니하거나 사건에 관하여 항변하지 못한 때에는, 타방당사국은 자기의 주장에 유리하도록 판결할 것을 재판소에 요구할 수 있다. 제2항-재판소는 그러한 결정을 내리기 전에 재판소가 제36조 및 37조에 의하여 관할권을 가지는 것은 물론 상기 주장(요청)이 사실 및 법률상 근거를 가짐을 확인해야 한다.

Ⅲ 출정의무의 존부

일방적 제소로 개시되는 재판소 사법절차상 피소국이 소위 출정의무를 부담하는가? 이에 대해서는 재판소 사법절차에 소송당사자들이 반드시 참가할 법적 의무까지 긍정하기는 힘들다는 것이 일반적 견해이다. ICJ의 'Nuclear Test 사건'(1973)에서 Gros 판사는 '재판소 규정 제정자들 마음 속 어디에서도 불출정 국가를 처벌하려는 의사를 발견할 수 없다.'고 하며 재판소 규정과 그 입법자료 어디에도 그러한 행태를 제재할만한 근거를 찾을 수 없다는 입장을 취했다. 1990년 ICJ의 법무사무장이었던 Thirlway 교수는 이런 불출정 행태를 방지하기 위한 '출정의무' 부과에 대하여 다음과 같은 논지로 그 법적 의무성을 부정하였다. 첫째, 일체의 재판소 결정은 당사자가 당해사법절차에 모습을 드러냈는가의 여부와 관계없이 당해사건 당사자를 구속한다. 둘째, 일단 재판소가 당해사건에 관한 관할권을 인정하는 결정을 내리면 소송상 명기된 국가는 당사자로서의 지위를 부정할 수 없고, 따라서 결과적으로 본안심시 판결에도 구속된다. 셋째, ICJ규정 제53조 제1항에 따라 재판소는 이런 소송 당사자 일방의 불출정 사태에도 불구하고 사법심사를 진행시키고 결정을 내릴 수 있으므로 불출정은 법적 효과가 없고 따라서 제재의 대상도 될 수 없기 때문에 출정의무를 논한다는 자체가 무의미하다. 이와 같이 분쟁당사자 중 일방이 불출정의 행태를 취했다고 해도 재판소가 사법심사를 계속하고 결정을 내리는 것에 영향을 주지 못하고 또한 불참당사국에게도 재판소 결정은 구속력이 미친다는 사실이 분명해진 이상, 이른바 '출정의무'는 설 자리를 잃을 수밖에 없다. 이런 불출정 행태 또는 사법절차에 대한 소극적 대응은 그들 나름대로의 재량 문제이고 따라서 위법의 여지는 없다고 본다. 하지만 이러한 불출정 행태는 상설적 존재인 재판소에 대한 존중과는 거리가 있는 것으로써 궁극적으로는 국제사법체제에 대한 심각한 위협요소를 제공하며, ICJ 사법절차의 내재적 한계를 극명하게 보여준다.

불출정 행태를 비판할 때 가장 먼저 고려할 사항은, 첫째, 불출정 행위는 당해사법절차의 당연한 정지를 초래하는 것은 아니라는 점이다. 불출정 행위가 곧바로 재판소 결정을 무력화시키거나 혹은 그것의 권위를 훼손하는 것으로 이어지지는 않는다. 구체적으로 말하자면 불출정 국가의 공식적 변론과 증거제출의 부재 상황이 있다 하더라도, 그것이 반드시 재판소의 결정도출 불가능이라는 결과로 이어지지 않는다는 점이다. 둘째, 이미 기술한 바와 같이 ICJ규정 제53조를 어떻게 해석해도 이른바 '출정의무'가 도출되지는 않는다는 사실이다. 불출정 행위로 말미암아 초래되는 이른바 '계산된 위험'을 스스로 부담하겠다고 작정한 국가들의 행위를 제재하는 것은 물론 통제하거나 억압할 방법조차 없다. 그렇지만 다른 한편 분명한 것은 공식적인 일련의 사법절차에 참여하지 않기로 결정한 이상, 그로 인해서 도출되는 재판소 결정 내지는 판결 내용은 유불리를 떠나서 고스란히 불출정국가가 수용해야 한다는 부담이 있는 것도 사실이다. 결론적으로 자신이 분쟁당사자인 사건에서 불출정하기로 한 국가의 결정은 이후 도출되는 재판소 결정의 종국성과 유효성 그리고 법적 구속성에 아무런 영향을 주지 않으며, 이러한 경우에는 당사자주의적 요소보다는 직권주의적 사법심리절차에 더욱 힘이 실리게 되는 것이다.

I 판결의 효력

1. 판결

> **📖 조문 | ICJ규칙 제94조~제97조 – 판결**
>
> **제94조**
>
> 1. 재판소는 심리를 완결하고 판결을 채택한 때에는 당사자에게 판결을 낭독할 일자를 통지한다.
> 2. 판결은 재판소의 공개법정에서 낭독되어야 하며, 낭독된 일자로부터 당사자에게 구속력을 갖는다.
>
> **제95조**
>
> 1. 판결은 이것이 재판소에 의하여 내려진 것인가 또는 소재판부에 의해 내려진 것인가를 명시하여야 하며 다음 사항을 포함하여야 한다. 판결을 낭독한 일자, 판결에 참여한 재판관의 성명, 당사자의 표시, 당사자의 대리인, 보조인 및 변호인의 성명, 절차의 요약, 당사자의 신청, 사실의 설명, 법률상의 이유, 판결주문, 필요한 경우 비용에 관한 결정, 결정에 있어서 과반수를 구성하는 재판관의 수 및 성명, 판결문의 정본 표시
> 2. 여하한 재판관도, 다수의견에 반대 여부에 관계없이, 희망한다면 자기의 개별적 의견을 판결에 첨부할 수 있다. 이유에 대한 설명없이 동의 또는 반대를 표시하고자 하는 재판관은 선언의 형식으로 이를 행할 수 있다. 이는 재판소의 명령에 대해서도 적용된다.
> 3. 정식으로 서명 날인된 판결의 한 통은 재판소의 문서보관소에 보관되며, 또한 각 당사자에게 한 통씩 교부된다. 재판소서기는 판결의 등본을 (a)국제연합사무총장, (b)국제연합회원국 및 (c)재판소에서 소송능력있는 기타 모든 국가에게 송부한다.
>
> **제96조**
>
> 당사자의 합의에 의하여 구두절차 및 서면절차가 재판소의 두 개 공용어 중 하나로 이루어지고 또한 규정 제39조 제1항에 따라 재판이 그 공용어로 내려졌을 경우에는 그 용어로 작성된 판결문을 정본으로 한다.
>
> **제97조**
>
> 재판소가 규정 제64조에 의하여 일방 당사자의 소송비용의 전액 또는 일부를 타방의 당사자가 지불할 것을 결정한 경우, 재판소는 이를 위한 명령을 내릴 수 있다.

(1) 정족수

판결은 출석한 재판관 과반수에 의한다. 가부동수인 경우에 재판소장 또는 그를 대리하는 재판관이 결정투표권(casting vote)을 행사한다(제55조).

(2) 방법

판결에는 판결이유를 적시하고, 재판에 참여한 재판관의 성명을 기재한다. 판결에 관해 전부 또는 일부에 있어 재판관 전원의 의견일치가 이루어지지 않은 경우 재판관은 개인적 의견(separate opinion)을 표명할 권리를 갖는다. 개별의견은 판결 자체에 반대하는 '소수의견'(dissenting opinion)과 판결 주문에는 찬성하나 그 이유가 다른 '개별의견'(individual opinion)을 포함한다.

(3) 판결의 공개

판결 및 그 이유는 공개가 원칙이다. 그러나 판결을 위한 평의는 비공개이며 비밀로 한다.

2. 판결의 효력

(1) 원칙

판결은 당해사건에 관해 분쟁당사국에 대해서만 법적으로 구속력이 있다(제59조). 즉, 선례구속의 원칙(principle of stare decisis)이 인정되지 않는다. 판결은 종국적이며 상소할 수 없다.

(2) 판결의 해석과 재심

판결의 의미 또는 범위에 대해 분쟁이 있을 경우, 재판소는 일방 당사국의 요청에 의해 이를 해석해야 한다(제60조). 판결 당시에 재판소 및 재심 청구의 당사국이 알지 못했던 결정적 요소가 되는 사실의 발견을 이유로 하는 경우에 한하여 재심을 청구할 수 있다. 다만, 과실이 없어야 한다. 재심청구는 사실을 발견한 날로부터 6개월 내에 또는 판결일로부터 10년 이내에 한다.

Ⅱ 판결의 집행

1. 원칙

ICJ판결은 원칙적으로 패소국가에 의해 이행된다. 국제사회에는 중앙집권의 집행기관이 없기 때문이다. UN 회원국은 자국이 당사자가 되는 어떤 사건에 있어서도 ICJ의 결정에 따를 것을 약속하고 있으며(헌장 제94조 제1항), 실제 판결의 이행이 거부된 예는 드물다.

2. 승소국에 의한 직접집행

패소국이 판결내용을 이행하지 않는 것은 위법행위로 국가책임이 성립한 경우, 위법행위국이 손해를 배상하지 않는 것과 같으므로, 승소국은 1차적으로 패소국에 대하여 판결내용의 이행을 요구하고 불응할 때에는 2차적으로 자력구제에 의하여 판결을 집행할 수 있다. 그러나 이러한 복구조치(reprisal)는 국제법과 UN헌장이 인정하는 범위 내의 것이어야 하고 무력행사를 수반하는 방법은 금지된다.

3. 국제기구에 의한 집행

(1) 안전보장이사회에 의한 집행

UN헌장은 패소국이 판결을 이행하지 않는 경우 집행력을 확보하는 제도를 두고 있다. 즉, 승소국은 판결을 이행하지 아니하는 패소국을 안전보장이사회에 제소할 수 있는 권리가 있다(제94조 제2항). 안보리는 제소가 이루어지면 필요하다고 인정하는 경우 판결을 집행하기 위해 권고하거나 필요한 조치를 결정할 수 있다(UN헌장 제94조 제2항). 필요한 조치의 범위에 헌장 제7장상의 조치가 포함되는지에 대해 다툼이 있다. 이를 긍정하는 견해는 안보리에 판결의 집행기관으로서의 권한이 부여된 이상 헌장이 부여하는 모든 권한을 행사할 수 있다고 보아야 하므로 강제조치까지도 취할 수 있다고 본다. 그러나, 부정설은 안보리가 강제조치를 취할 수 있는 경우는 헌장상 평화에 대한 위협, 평화의 파괴 및 침략행위가 발생할 때에 국한되며, 그 밖의 경우에는 강제조치를 취할 수 없게 되어 있으므로, 일방당사국이 판결을 이행하지 않았다는 사실만으로는 강제조치의 발동요건이 될 수 없다고 본다. 안보리가 강제조치를 취할 수 없다면, 헌장 규정의 취지가 몰각될 것이므로 긍정설이 옳다고 본다. 판결의 불이행을 평화에 대한 위협으로 결정할 수 있다. 이는 안보리의 재량이므로 헌장의 제한을 벗어나는 것은 아니다.

(2) 총회에 의한 집행

UN헌장 및 ICJ규정에 명문 규정은 없으나, 총회는 안보리가 관련 권한을 행사하지 않는 경우, 헌장 제10조의 일반적 권한 및 제11조에 기초하여 동 의제를 토의하고, 이행을 권고할 수 있다. 단, 총회의 권고는 법적 구속력이 없으므로 실효성은 없다.

(3) 기타 국제기구에 의한 집행

ILO헌장은 당사국이 ICJ판결을 기일 내에 이행하지 않으면 ILO이사회가 그 이행의 확보를 위한 조치를 ILO총회에게 권고할 수 있다고 규정하고 있다(ILO헌장 제33조). ICAO 협약도 ICJ의 판결이 최종적으로 구속력을 가지며(ICAO 협약 제86조), ICAO총회는 ICJ 판결을 이행하지 않는 당사국에 대해 투표권을 정지할 수 있다고 규정하고 있다(제88조).

Ⅲ 집행의 한계와 입법론

ICJ의 판결은 최종적이며 구속력이 있으므로 패소국은 이를 이행해야 할 법적의무가 있다. 그럼에도 불구하고 이행을 태만히 하거나 회피하는 경우에는 그 이행이 강제되어야 하나, 이행을 강제하는 제도적 장치가 국제법에서는 완비되어 있다고는 보기 어렵다. 안전보장이사회도 완전하다고 볼 수 없는바, 안보리가 '정치화'(politicization)되어 있기 때문이고, 특히 패소국이 안보리 상임이사국이라면 더욱 안보리를 통한 이행은 어려울 것이다. 국제판결의 강제이행은 오히려 국제사법재판에 대한 국가들의 접근을 억제하여 사법재판의 실효성을 저하시킨다는 견해도 있다.[41] 그러나, 사법적 결정에 대한 이행보장은 국제법뿐 아니라 어떠한 법률제도 하에서도 그 궁극적 목적이며 또한 사법제도의 존재이유 자체가 곧 분쟁해결을 위한 절차를 제공하는 데 있음을 간과한 견해다. 따라서 패소국의 자발적 이행의지가 가장 중요할 것이나, 이행하지 않는 경우를 대비한 판결의 이행제도의 흠결도 보완하는 국제적 노력 역시 중요하다고 본다. 안전보장이사회의 정치성을 완화시키기 위한 노력이 선결되어야 할 것이다.

---

41) 이태규, 〈국제사법재판소 판결의 이행〉 - 《복지행정연구》, 제17집(2001년), 76면.

조문 | UN헌장 제96조 – 권고적 관할권

1. 총회 또는 안전보장이사회는 어떠한 법적 문제에 관하여도 권고적 의견을 줄 것을 국제사법재판소에 요청할 수 있다.

2. 총회에 의하여 그러한 권한이 부여될 수 있는 국제연합의 다른 기관 및 전문기구도 언제든지 그 활동범위안에서 발생하는 법적 문제에 관하여 재판소의 권고적 의견을 또한 요청할 수 있다.

조문 | ICJ규정 제65조~제68조 – 권고적 관할권

제65조

1. 재판소는 국제연합헌장에 의하여 또는 이 헌장에 따라 권고적 의견을 요청하는 것을 허가받은 기관이 그러한 요청을 하는 경우에 어떠한 법률문제에 관하여도 권고적 의견을 부여할 수 있다.

2. 재판소의 권고적 의견을 구하는 문제는, 그 의견을 구하는 문제에 대하여 정확하게 기술하고 있는 요청서에 의하여 재판소에 제기된다. 이 요청서에는 그 문제를 명확하게 할 수 있는 모든 서류를 첨부한다.

제66조

1. 재판소서기는 권고적 의견이 요청된 사실을 재판소에 출석할 자격이 있는 모든 국가에게 즉시 통지한다.

2. 재판소서기는 또한, 재판소에 출석할 자격이 있는 모든 국가에게, 또는 그 문제에 관한 정보를 제공할 수 있다고 재판소 또는 재판소가 개정중이 아닌 때에는 재판소장이 인정하는 국제기구에게, 재판소장이 정하는 기간 내에, 재판소가 그 문제에 관한 진술서를 수령하거나 또는 그 목적을 위하여 열리는 공개법정에서 그 문제에 관한 구두진술을 청취할 준비가 되어 있음을 특별하고도 직접적인 통신수단에 의하여 통고한다.

3. 재판소에 출석할 자격이 있는 그러한 어떠한 국가도 제2항에 규정된 특별통지를 받지 아니하였을 때에는 진술서를 제출하거나 또는 구두로 진술하기를 희망한다는 것을 표명할 수 있다. 재판소는 이에 관하여 결정한다.

4. 서면 또는 구두진술 또는 양자 모두를 제출한 국가 및 기구는, 재판소 또는 재판소가 개정중이 아닌 때에는 재판소장이 각 특정사건에 있어서 정하는 형식·범위 및 기간 내에 다른 국가 또는 기구가 한 진술에 관하여 의견을 개진하는 것이 허용된다. 따라서 재판소서기는 그러한 진술서를 이와 유사한 진술서를 제출한 국가 및 기구에게 적절한 시기에 송부한다.

제67조

재판소는 사무총장 및 직접 관계가 있는 국제연합회원국·다른 국가 및 국제기구의 대표에게 통지한 후 공개된 법정에서 그 권고적 의견을 발표한다.

제68조

권고적 임무를 수행함에 있어서 재판소는 재판소가 적용할 수 있다고 인정하는 범위안에서 쟁송사건에 적용되는 재판소규정의 규정들에 또한 따른다.

I 의의

1. 개념

권고적 의견(advisory opinion)이란 국제연합의 기관이나 전문기관이 법적문제에 대해 국제사법재판소에 대해 요청한 자문에 응해서 국제사법재판소가 부여한 의견을 말한다. 국제사법재판소는 재판사건 이외에 법적문제에 관해 권고적 의견을 제시할 권한을 갖는다.

2. 구별개념

권고적 의견은 재판과 몇 가지 점에서 구별된다. 우선, 권고적 의견은 법적 구속력이 없으나 재판은 법적 구속력이 있다. 둘째, 권고적 의견은 구체적 분쟁을 반드시 전제로 하는 것은 아니나 재판은 구체적 분쟁을 전제로 한다. 셋째, 권고적 의견의 요청은 국제연합의 기관이나 전문기관이 하나, 재판의 제소는 국가가 한다.

3. 법적 근거

권고적 관할권에 대한 법적 근거는 UN헌장 제96조와 국제사법재판소규정 제65조이다.

II 관할

1. 인적관할

(1) UN총회와 안전보장이사회

총회와 안보리는 헌장의 규정에 의하여 직접적으로 권고적 의견을 재판소에 요청할 권한이 있다(헌장 제96조 제1항).

(2) 국제연합의 기타기관과 전문기관

총회와 안전보장이사회 이외의 국제연합의 기관과 전문기관은 총회의 허가를 조건으로 권고적 의견을 재판소에 요청할 수 있다(헌장 제96조 제2항). 총회의 허가는 구체적인 경우마다 권고적으로 부여될 수도 있고, 구체적인 경우와 관계없이 일반적·포괄적으로 부여될 수도 있다. 경제사회이사회, 신탁통치이사회, 총회중간위원회(소총회), UN행정재판소 재심소청 심사위원회에 대해서는 총회의 결의에 의해 일반적인 허가가 부여되었다. 한편, 국제원자력기구(IAEA) 역시 UN총회로부터 권고적 의견을 요청할 수 있는 권한을 부여받았으나 IAEA는 UN의 전문기구가 아니라는 점에서 그 유효성에 대해 의문이 있다.

(3) 국가 및 개인

국가는 비록 소송자격이 있는 국가라 할지라도 재판소에 권고적 의견을 요청할 수 없다. 개인도 권고적 의견을 재판소에 요청할 수 없다.

2. 물적관할

(1) 물적관할사항

국제사법재판소가 부여할 수 있는 권고적 의견은 '법적 문제'(legal question)에 한정되어 있으며, 정치적 문제 또는 사실문제에 대해서는 권고적 의견을 부여할 수 없다.

(2) 요청주체별 물적 관할사항

총회와 안전보장이사회는 '여하한 법적 문제'(any legal question)에 관해서도 권고적 의견을 요청할 수 있다(헌장 제96조 제1항). 그러나 기타 UN기관과 전문기관은 '그 활동범위 내에서 발생하는 법적 문제'(legal questions arising within the scope of their activities)에 관해서 권고적 의견을 요청할 수 있다(제96조 제2항). 'Legality of the Use by a State of Nuclear Weapons in Armed Conflict 사건'에서 ICJ는 세계보건기구(WHO)의 헌장과 그 실행에 비추어 동 기구가 핵무기 사용의 적법성에 관한 권고적 의견을 요청하는 것은 동 기구의 헌장에 정의된 바의 '그 활동 범위 내에서 발생하는' 것이 아니라고 하였다.

(3) 법적 문제의 의의

① 일반적 의미: 법적 문제란 국제법상의 문제, 즉 국제관습법의 해석, 국제조약의 해석을 말하며, 그것은 구체적·특정적 분쟁을 반드시 전제한 것만을 의미하지는 않는다.

② 국제사법재판소의 입장: 첫째, 국제문서의 해석에 관한 일체의 문제는 법적 문제이다. 둘째, 법적 문제가 정치적 요소를 포함하고 있더라도 그것이 법적 문제임에는 변함이 없다. 셋째, 재판소는 추상적 문제에 관해 권고적 의견을 부여할 권한이 있다. 넷째, 재판소는 의견을 부여함에 있어서 헌장을 해석할 권한이 있다(국제연합에의 가입조건에 대한 권고적 의견).

(4) 계쟁관할권의 우회 문제

ICJ의 권고적 관할권은 UN의 정치기관들(특히, 총회와 안보리)이나 전문기구들이 ICJ에서 계쟁절차를 개시할 수 없는 자신들의 권한 흠결을 극복하기 위하여, 그리고 때로는 ICJ의 계쟁관할권을 수락하지 않는 국가들과 관련된 사태를 동 재판소의 조사에 맡기기 위한, 우회적 방법으로 사용될 수도 있다는 점에서 이 절차의 남용이 우려되기도 한다. 실제로 국제연맹 시절 PCIJ는 Eastern Carelia 사건에서 특히 PCIJ규정의 당사국도 아니고 국제연맹의 회원국도 아닌 국가(러시아)의 동의의 흠결과 반대를 이유로 권고적 의견을 주기를 거부한 바 있었다. 그리고 UN초기 총회가 권고적 의견을 요청한 Interpretation of Peace Treaties with Bulgaria and Romania 사건에서 본 사건과 직접 관련이 있는 이들 3개국(불가리아 헝가리 루마니아)은 당시 UN회원국이 아니었으며, 따라서 그들은 UN총회의 권고적 의견 요청에 대하여 ICJ가 취하는 일체의 행동에 대해 공공연하게 반대하였다. 그러나 ICJ는 UN회원국이든 비회원국이든 불문하고 어떤 국가든 재판소의 권고적 관할권 행사를 방해할 수는 없다고 하면서, 본 사건은 실제로 두 국가 간에 계류 중이던 분쟁의 주요 쟁점에 대해 권고적 의견이 요청되고 그리고 바로 그 때문에 권고적 의견이 거부된 Eastern Carelia 사건과는 달리 분쟁의 본안에 영향을 주는 것이 아니라는 관점에서 두 사건을 구분하였다.

Ⅲ 절차

1. 권고적 의견의 요청

재판소의 권고적 의견을 구하고자 하는 문제는 의견이 요구되는 문제의 명확한 기술을 포함하고 문제를 명확하게 할 수 있는 모든 서류를 첨부한 서면요청서에 의해 재판소에 제출되어야 한다. 재판소는 권고적 의견의 요청을 거절할 수 있으며, 권고적 의견을 부여할 것인가는 재판소의 자유재량이다. 재판소 규정은 '권고적 의견을 부여할 수 있다'(may give an advisory opinion)(국제사법재판소규정 제65조 제1항)고 규정하여 '권한'을 부여한 것이지 '의무'를 부과한 것이 아니기 때문이다. 다만, ICJ는 Accordance with international law of the unilateral declaration of independence in respect of Kosovo에서 권고적 관할권의 재량적 성격을 강조하는 한편, 강력한 이유(compelling reason)가 있는 경우에만 권고적 의견 부여를 거절할 수 있고, 원칙적으로 거절할 수 없다고 하였다.

2. 재판소의 통고

권고적 의견은 국가에게 직접적·간접적으로 영향을 미칠 수 있으므로 재판소서기는 권고적 의견의 요청을 재판소에서 재판을 받을 수 있는 모든 국가에 통고해야 한다(제66조 제1항). 또한 재판소 서기는 재판장이 결정한 기한 내에 진술서를 수령하고 공개법정에서 구두진술을 청취할 용의가 있다는 취지를 특별하고도 직접적인 통신수단에 의해 국가에 통고해야 한다(제66조 제2항).

3. 이해관계국의 동의문제

재판소가 권고적 의견을 부여함에 있어서 이해관계국의 동의를 요하지 않는다. 평화조약 사건에서 재판소는 그 이유를 열거하였는바, 우선, 권고적 의견은 구속력이 없다는 점, 둘째, 어떤 국가도 재판소가 의견을 부여하는 것을 막을 수 없다는 점, 셋째, 재판소는 국제연합의 기관이므로 국제연합의 활동을 위해 요청된 의견의 부여를 거절할 수 없다는 점 때문이다. ICJ는 Western Sahara 사건에서 ICJ가 권고적 관할권을 행사함에 있어서 이해관계국의 동의가 있어야 하는 것은 아니지만, 권고적 의견을 부여하는 것이 적절한가의 관점에서 이해관계국의 동의의 흠결이나 반대가 전혀 관련이 없지만은 않다고 밝혔다.

4. 공개법정에서 발표

재판소는 사무총장 또는 직접적으로 관계있는 국제연합 회원국, 기타 국가 및 국제기관의 대표자에 통고한 이후 공개법정에서 권고적 의견을 발표한다(규정 제67조).

5. 재판절차의 준용

권고적 의견을 제시함에 있어서 재판소는 적용할 수 있다고 인정되는 범위 내에서 재판절차에 적용되는 규정을 적용한다(규정 제68조). 재판소는 이 목적을 위해 권고적 의견의 요청이 둘 이상의 국가 간에 실제 현안으로 남아있는 법률문제에 관한 것인지를 우선적으로 검토해야 하며, 권고적 의견이 그런 문제에 관하여 요청되어 온 경우에는 ICJ규정 제31조(임시재판관)와 동조의 적용을 위한 ICJ규칙이 적용된다.

Ⅳ 효력 및 기능

1. 법적 구속력

권고적 의견은 국제기관이나 국가에 대해 법적 구속력이 없고 오직 권고적 효력을 가질 뿐이다. 이 점에서 재판의 효력과 구별된다. 국제기관이나 국가는 권고적 의견에 구속력을 부여하기로 하는 합의를 권고적 의견이 제시되기 전에 할 수 있다. 그러한 합의는 당사자를 구속하나 권고적 의견의 성질을 변경하지는 않는다.

2. 기능

권고적 의견은 법적 구속력은 없으나, (1) 법의 선언으로서 공정한 설득적 권위를 가지며, (2) 분쟁의 평화적 해결을 촉진하는 기능을 한다.

> **⚖ 판례 | 팔레스타인 점령지역에서의 이스라엘의 장벽 건설에 관한 권고적 의견[Legal Consequences of the Construction of a Wall in the Occupied Palestine Territory(advisory opinion), ICJ, 2004]**
>
> 이 사건은 이스라엘이 팔레스타인 점령지역에서 장벽 건설 조치의 적법성에 관한 것이다. 제2차 세계대전 이후 팔레스타인은 팔레스타인과 이스라엘로 분할되었으며, 이스라엘과 팔레스타인 및 주변 아랍국 사이에 끊임없이 분쟁이 계속되었다. 특히 이스라엘이 예루살렘을 그들의 수도로 삼으려고 시도함으로써 갈등을 부추겼다. 이스라엘은 2002년 6월부터 중앙 및 북 서안지대로부터의 팔레스타인의 테러리스트들의 침입을 저지한다는 명분으로 동 예루살렘을 포함한 서안지대에서 장벽(wall) 건설을 추진하였다. 2005년 완공될 예정이었던 동 장벽은 총 길이가 720km에 이른다. 이 장벽으로 장벽과 그린 라인 사이에 폐쇄지역(close area) 및 위요지(Enclave)가 생겨나게 되었다. 장벽 내 출입은 짧은 기간 동안 드물게 개방되는 출입문을 통해서만 가능하며 팔레스타인 주민들은 이스라엘 당국의 허가 또는 신분증 없이 그 지역에 거주하거나 출입할 수 없었다. 반면 이스라엘 시민과 영구 거주민 및 이스라엘 이민 가능자는 이스라엘 당국의 허가 없이 폐쇄지역에서 자유롭게 거주하고 출입할 수 있었다. 이러한 조치에 대해 UN총회는 결의 ES-10/13을 채택하여 이스라엘의 장벽 건설은 1949년 휴전선으로부터 벗어나 있으며 관련 국제법규정에 상반되는 동 예루살렘 및 그 주변을 포함한 팔레스타인 점령지역에서의 장벽 건설의 중지를 요청했다. 또한 2003년 12월 8일 제10차 긴급특별회기(Tenth Emergency Special Session)를 재개하여 동 월 10일에 채택된 결의 ES-10/14에 근거하여 ICJ에 권고적 의견을 요청하였다. 이와 관련하여 이스라엘은 ICJ가 권고적 의견에 대한 관할권을 갖지 않는다고 주장하였다. 이스라엘은 중동사태에 관한 안보리의 적극적 활동을 고려해 볼 때, 총회의 권고적 의견 요청은 헌정 제12조 제1항에 위반된다고 주장하였다. ICJ는 이를 기각했다. 첫째, 권고적 의견 요청은 분쟁 또는 사태와 관련된 총회의 '권고'(recommendation)에 해당하지 않는다. 둘째, 설령 권고적 의견 요청이 제12조 제1항상의 '권고'에 해당된 것이라 하더라도 동 조항을 위반한 것은 아니다. UN의 초기 관행은 헌장 제12조를 안보리의 '의제'로 되어 있는 국제평화와 안전유지에 관한 문제에 대해서는 총회가 권고를 내릴 수 없다는 취지로 해석 및 적용해 왔으나 이후 관행은 변화하여 사실상 국제평화와 안전유지에 관련된 동일문제가 총회와 안보리에서 '병행해서' 다루어졌다.

1. 독일인 A와 B는 미국에서 은행강도를 하던 중 수명의 사람들을 살해하였다. 미국에서 A와 B는 모두 사형선고를 받았다. A와 B의 체포 당시 미국은 1963년 '영사관계에 관한 협약(Convention on Consular Relations)' 제36조에 규정된 A와 B의 권리를 그들에게 고지하지 않았다. 따라서 A와 B는 모국 독일로부터 영사의 법률적 지원을 받을 수 없었다. A가 사형된 직후 독일은 B의 사형선고를 중단하는 잠정조치(provisional measures)를 내려줄 것을 국제사법법원(ICJ)에 청구하였다. 이와 관련하여 ICJ의 잠정조치의 의의와 법적 성질을 설명하시오. [2006외시]

2. A국과 B국은 인접한 국가로서 모두 UN회원국이다. A국은 1938년 아무 조건과 기한 없이 상설국제사법재판소(PCIJ) 규정 제36조를 수락한 바 있으나, 이후 국제사법재판소(ICJ)규정 제36조 제2항을 별도로 수락하지는 않았다. 한편 B국은 1970년에 6개월간의 사전 예고를 전제로 언제든지 이를 종료시킬 수 있다는 유보만을 첨부하여 ICJ규정 제36조 제2항을 수락하였다. 2010년 A국의 외교관 甲이 B국에서 손해를 입어 양국 간에 손해배상과 관련한 분쟁이 발생하였다. 양국은 분쟁의 평화적 해결을 위한 모든 노력을 기울였으나 원만한 합의에 이르지 못하였다. 2011년 7월 1일 A국은 B국을 상대로 동 분쟁을 ICJ에 일방적으로 제소하였다. 그런데 B국은 이미 2011년 6월 1일 자국의 ICJ규정 제36조 제2항의 수락선언을 철회한다고 ICJ에 통지하였으며, 동시에 이러한 통지는 당일 즉시 발효한다고 선언하였다. B국은 A국의 제소가 자국의 수락 철회 통지 이후에 이루어졌고, 갑의 손해배상과 관련한 사건을 자국법원에서 재판하지 않았기 때문에 ICJ가 이번 사건을 재판할 수 없다고 주장하고 있다. ICJ가 동 사건을 재판할 수 있는지 여부를 논하시오. [2011행시]

3. 다음 제시문을 읽고 물음에 답하시오. [2021외교원]

> (가) A국과 B국은 국경을 접하고 있다. A국의 가르타 지역은 B국과 근접한 국경지역에 있다. 가르타 지역의 주민 대다수는 B국의 다수를 차지하는 주민과 종교 및 역사적 전통을 공유하고 있기에 B국에 편입되기를 강력히 요구하고 있다. 이러한 가르타 지역 주민들이 A국 중앙정부에 대항하여 무장투쟁을 전개하자 B국은 이들의 활동을 지지하였다. A국은 가르타 지역을 제대로 통제할 수 없게 되자, 그 배후에는 B국이 있으며, B국의 적극적인 지원 하에 A국 중앙정부에 무장투쟁을 전개하고 있는 가르타 지역 분리주의자들이 A국에 우호적인 주민을 조직적으로 학대 및 추방하고 있다고 주장하였다.
>
> (나) A국과 B국 간에는 1970년에 '양국 간 모든 형태의 차별철폐를 위한 협정'(이하 '1970년 협정')을 체결하였다. 이 협정에는 모든 형태의 차별을 금지하는 내용을 규정하고 있다.
>
> (다) A국은 1970년 협정을 근거로 A국에 우호적인 가르타 주민에 대한 학대 및 추방을 지원하는 B국의 행위를 금지하는 잠정조치 명령을 내려줄 것을 국제사법재판소(ICJ)에 신청하였다.
>
> (라) A국은 B국을 상대로 1970년 협정의 위반을 이유로 ICJ에 소송을 제기하였다. 이에 B국은 ICJ에 재판관할권이 없다고 항변하였다. B국의 이러한 항변에 따르면, A국이 주장하는 바는 무력사용금지 의무 위반, 국내문제 불간섭 의무 위반, 국제인도법 위반 여부일 뿐이며, 인종차별 문제에 관한 것은 아니라는 것이다. 아울러, B국은 A국이 제소하기 전에 양국 사이에 어떠한 교섭도 없었으므로, A국이 근거로 삼는 1970년 협정 제16조를 원용할 수 없기에 ICJ의 재판관할권이 없다고 항변하였다.
>
> (마) 1970년 협정 제16조는 다음과 같이 규정하고 있다. "이 협정의 해석 및 적용과 관련해서 발생하는 모든 분쟁은 우선 양국 간 교섭에 의하여 해결한다. 단 6개월 이내에 해결이 되지 않는 경우에는 ICJ에 해당 분쟁을 회부한다."

(1) A국의 신청에 대해 ICJ가 잠정조치 명령을 내릴 것인지 여부를 결정할 때 고려할 사항을 제시하시오. (20점)
(2) ICJ의 재판관할권이 없다는 B국의 항변에 대해 ICJ가 고려할 사항을 제시하시오. (20점)

4. 정치적으로 불안정한 상태인 A국에서는 정부군과 반란군 사이에 군사적 충돌이 격화되고 있다. 반란군은 A국 수도에 소재하는 종합병원에서 B국 국적의 민간인 30여 명을 포함한 다수의 외국인들을 인질로 억류하고 있다. B국은 헬리콥터와 특수부대를 동원하여 병원 내 자국민과 외국인들을 구출하려고 한다. B국의 군사적 구출작전의 국제법적 정당성에 대해 논하시오. (단, A국과 B국은 UN회원국이다) (30점) [2019외교원]

제2장 | 전쟁과 평화에 관한 법

제1절 총설

전쟁과 평화에 관한 법에는 다양한 규범들이 포함될 수 있다. 여기에는 전쟁이 허용되는지 여부 또는 언제 허용되는지의 문제를 다루는 정전론 또는 무력충돌에 관한 법(jus ad bellum), 전쟁법, 전시인도법 등 무력충돌 속의 법(jus in bello), 군비축소나 군비통제에 관한 법 등이 포함된다. 전쟁법은 군사작전행동에 있어서 교전자의 권리·의무와 해적수단의 선택제한에 대해 규율하는 반면, 전시인도법은 전투능력을 상실한 군대요원과 적대행위 불가담자를 적대행위로부터 야기되는 고통의 경감 또는 그로부터의 보호를 규율한다. 본 장에서는 전쟁 또는 무력사용 금지규범의 발달사 및 무력사용금지 원칙, 전쟁법, 전시인도법, 군비축소 등을 중심으로 서술한다.

제2절 무력사용의 제한

I 의의

1. 개념

무력사용 및 위협의 금지 원칙이란 전시는 물론 평시에도 국가는 국제관계에 있어 무력을 행사하거나 무력사용의 위협을 가해서는 안 된다는 일반국제법상의 의무를 말한다.

2. 국제법적 의의

전통국제법하에서는 국가들은 언제라도 평시법에서 전시법으로 전환할 법적 자유를 향유하였으며, 평시에 있어서도 거의 무제한의 무력사용의 권리를 향유하였다. 무력사용 금지의 원칙은 모든 전쟁을 위법으로 규정하고, 평시에도 원칙적으로 무력사용과 그 위협을 금지한다는 국제법적 의의를 지닌다. 동 의무는 오늘날 일반국제법상의 기본의무이자 강행규범의 지위를 갖는 것으로 평가되고 있다.

Ⅱ 연혁

1. 전통국제법에 있어서 전쟁과 무력사용

(1) 원칙

제1차 세계대전 이전의 전통국제법상 국가는 언제라도 전쟁을 개시할 수 있는 권리를 가지고 있었다. 또한, 평시에도 원칙적으로 무력에 호소할 자유를 향유하고 있었다.

(2) 평시에 있어 무력사용의 제한 – Webster 공식

'자위권은 필요성이 급박하고, 압도적이며, 다른 수단을 선택할 여지가 없고, 숙고할 여유가 전혀 없는 경우'에만 허용되며, '대응조치가 불합리하거나 과도한 것이 되어서는 안 된다.' 필요성과 비례성의 원칙은 전통국제법 하에서 자위권의 요건을 명확히 하여 국가의 일방적 무력사용의 권리를 제한하는 기능을 하였다.

2. 전쟁 또는 무력사용의 제한의 법리의 형성

(1) 계약상의 채무회수를 위한 전쟁 제한에 관한 협약(1907)

드라고 포터 조약이라고도 한다. 정전론에 의해 허용되던 '자력구제, 재산의 회수, 제재'를 위한 전쟁 중 '재산회수'를 위한 전쟁을 제한한 조약이다. 국제분쟁 해결을 위해 무력사용을 직접 제한한 최초의 조약이라는 의의를 갖는다. 채무국이 중재재판에 합의하고 중재판정을 성실하게 이행할 것을 전제로 하였다. 따라서, 채무국이 중재 제의를 거부하거나 중재 판정을 준수하지 않을 경우에는 병력 사용을 금지하지 않았다.

(2) 국제연맹규약(1919)

국제연맹규약 제12조는 전쟁을 포괄적으로 '제한'하였다. 일체의 전쟁을 제한한 최초의 것이나, 일체의 '무력사용'까지 제한한 것은 아니다. 또한 전쟁 자체를 위법화한 것이 아니라 전쟁에의 호소를 3월의 냉각기간 동안 유예하고 있는 데 불과하였다. 국제연맹규약은 전쟁을 일으킨 회원에 대해 자동적으로 일정 경제제재를 가할 의무를 다른 모든 회원들에게 지우고 있었으나, 군사행동에 관한 한 연맹이사회는 관련 정부들에게 적절한 군사적 조치를 사용할 것을 권고할 수 있는 권한밖에 갖고 있지 않았다.

(3) 국제연맹총회의 노력

국제연맹총회는 침략전쟁을 '범죄'로 규정하려고 시도하기도 하였다. 1923년 연맹총회에서 채택된 '상호원조에 관한 조약 초안'은 체약국은 침략전쟁이 국제범죄임을 엄숙히 선언하며, 그 누구도 이를 범하지 않을 것을 각자 약속한다고 규정했다. 또한, 1927년 연맹총회에서 채택된 '침략전쟁에 관한 선언'도 침략전쟁을 '국제범죄'로 분류한 바 있다.

(4) 전쟁포기에 관한 조약(부전조약, 켈로그 – 브리앙 조약, 1928)

전쟁 자체를 '위법화'한 최초 조약이다. 국가정책수단으로서 전쟁을 포기하였으며 분쟁의 평화적 해결을 규정하고 있다. 다만, 국가정책수단으로서의 전쟁만을 금지하는 데 불과하며 일체의 무력사용을 금지하는 것은 아니다. 국제연맹의 제재로서의 군사조치, 자위를 위한 전쟁 등이 인정되었다. 체약국들은 상호관계에서 국가정책수단으로서의 전쟁, 즉 침략전쟁을 포기하였으나 이를 '범죄'로 규정하지는 않았다.

(5) 제2차 세계대전 이후 국제군사재판소헌장

제2차 세계대전 후의 동경 및 뉘른베르그 국제군사재판소헌장은 침략전쟁의 개시뿐만 아니라 그 준비도 이미 국제법에 의하여 금지된 것으로서, 위법일 뿐만 아니라 범죄를 구성한다는 명제에 기초하였다. 그러나 그에 대한 형사적 제재는 침략전쟁을 준비·개시·수행한 개인을 처벌하는 방식에 국한되었다. 침략을 자행한 국가 자체에 대해 형사책임을 물은 것은 아니었다.

(6) UN헌장

국가의 무력사용 및 위협이 금지되었다. 다만, 무력의 위협 또는 사용은 단지 국가 간의 관계에서만 금지되었다. 따라서 UN회원국들은 자국 영토 내의 반란단체나 독립을 위해 투쟁하는 민족해방기구를 상대로 무력을 사용하는 것은 여전히 허용되는 것으로 해석되었다.

(7) 1970년 우호관계원칙선언

무력사용 및 위협의 금지 원칙은 1970년 우호관계원칙선언에서 국제관습법으로 확인되었다. 무력의 위협 또는 사용은 '국가'에 대해서뿐만 아니라 민족해방단체에 의해 대표되는 자결권을 향유하는 '민족'에 대해서도 금지된다. 또한 국가는 어떠한 경우에도 타국의 영토를 무력의 위협 또는 사용을 통하여 취득할 수 없다. 따라서 침략국의 영토라 할지라도 UN헌장에 따라 이를 군사적으로 점령할 수는 있어도 병합할 수 없다. 정복을 통한 주권변경불가의 원칙은 '국제관습법규'이다(ICJ, 2004).

Ⅲ UN헌장상 무력사용 금지 원칙

1. 규정

모든 회원국은 그 국제관계에 있어서 무력에 의한 위협 또는 무력의 행사를 여하한 국가의 영토보전이나 또는 정치적 독립에 대하여서도 또 국제연합의 목적과 양립할 수 없는 다른 여하한 방법에 의한 것이라도 이를 삼가야 한다.

> **📋 조문 | UN헌장 제2조 제4항 – 무력사용 및 위협 금지 원칙**
>
> 모든 회원국은 그 국제관계에 있어서 다른 국가의 영토보전이나 정치적 독립에 대하여 또는 국제연합의 목적과 양립하지 아니하는 어떠한 기타 방식으로도 무력의 위협이나 무력행사를 삼간다.

2. 법적 성질

동 조항은 강행규범 또는 대세적 의무에 해당하는 일반국제관습법의 원칙으로 인식되고 있으며, 중대한 위반은 침략을 구성한다. 또한 강행규범 위반에 의해 창설된 상황에 대해 모든 국가들은 이를 승인하지 않을 의무와 그러한 상황을 유지하는 데 필요한 지원 내지 협조를 삼갈 의무를 부담한다(ILC 2001년 국가책임초안 제41조).

3. 해석

동 조항은 첫째, 모든 회원국에 대해, 여하한 경우라도 무력의 사용이나 위협을 금지하고 있다. 둘째, 군사적 힘의 사용이나 위협만을 금지한다. 셋째, 무력의 위협 또는 사용은 UN회원국 간에만 금지된다. 따라서 UN회원국들은 자국영토 내의 반란단체나 독립을 위해 투쟁하는 민족해방기구를 상대로 무력을 사용하는 것은 여전히 허용된다고 생각하였다.

Ⅳ UN헌장 제2조 제4항의 예외 – UN헌장을 중심으로

1. 자위권 – 헌장 제51조

정당방위란 무력복구나 긴급피난, 또는 필요상황과 구별되는 개념으로서 침략이 발생하는 경우 이에 대한 비례적 무력행사를 의미한다. UN헌장 제51조에 의하면 무력공격이 발생하는 경우 국가는 개별적, 집단적 자위권을 발동할 수 있다. 다만, 안보리에 보고를 요하며, 안보리가 필요한 조치를 취할 때까지 잠정적인 조치로서 인정된다. 정당방위가 적법화되기 위해서는 국제관습법상 필요성의 요건과 비례성의 요건을 갖춰야 한다.

> **📑 조문 | UN헌장 제51조 – 자위권**
>
> 이 헌장의 어떠한 규정도 국제연합 회원국에 대하여 무력공격이 발생한 경우, 안전보장이사회가 국제평화와 안전을 유지하기 위하여 필요한 조치를 취할 때까지 개별적 또는 집단적 자위의 고유한 권리를 침해하지 아니한다. 자위권을 행사함에 있어 회원국이 취한 조치는 즉시 안전보장이사회에 보고된다. 또한 이 조치는, 안전보장이사회가 국제평화와 안전의 유지 또는 회복을 위하여 필요하다고 인정하는 조치를 언제든지 취한다는, 이 헌장에 의한 안전보장이사회의 권한과 책임에 어떠한 영향도 미치지 아니한다.

2. 안보리의 강제조치 – 헌장 제42조

안보리는 침략행위뿐 아니라 평화에 대한 위협, 평화의 파괴 발생시 헌장 제42조에 따라 군사적 강제조치를 취할 수 있다. 이는 평화를 위한 집단안전보장체제로서 헌장 제2조 제4항에 규정된 무력행사금지 원칙에 대한 또 하나의 예외를 구성한다. 그러나 제도적 한계로 인해 군사적 강제조치가 적용될 수 있는 가능성은 희박하다.

3. 지역적 기관의 무력사용 – 제53조

안전보장이사회는 그 권위 하에 취하여지는 강제조치를 위하여 적절한 경우에는 그러한 지역적 약정 또는 지역적 기관을 이용한다. 다만, 안전보장이사회의 허가 없이는 어떠한 강제조치도 지역적 약정 또는 지역적 기관에 의하여 취하여져서는 아니 된다. 그러나 이 조 제2항에 규정된 어떠한 적국에 대한 조치이든지 제107조에 따라 규정된 것 또는 적국에 의한 침략 정책의 재현에 대비한 지역적 약정에 규정된 것은, 관계정부의 요청에 따라 기구가 그 적국에 의한 새로운 침략을 방지할 책임을 질 때까지는 예외로 한다.

4. 구적국조항 – 제107조

이 헌장의 어떠한 규정도 제2차 세계대전 중 이 헌장 서명국의 적이었던 국가에 관한 조치로서, 그러한 조치에 대하여 책임을 지는 정부가 그 전쟁의 결과로서 취하였거나 허가한 것을 무효로 하거나 배제하지 아니한다.

> **📖 조문 | UN헌장 제51조 – 자위권**
>
> 이 헌장의 어떠한 규정도 국제연합회원국에 대하여 무력공격이 발생한 경우, 안전보장이사회가 국제평화와 안전을 유지하기 위하여 필요한 조치를 취할 때까지 개별적 또는 집단적 지위의 고유한 권리를 침해하지 아니한다. 자위권을 행사함에 있어 회원국이 취한 조치는 즉시 안전보장이사회에 보고된다. 또한 이 조치는, 안전보장이사회가 국제평화와 안전의 유지 또는 회복을 위하여 필요하다고 인정하는 조치를 언제든지 취한다는, 이 헌장에 의한 안전보장 이사회의 권한과 책임에 어떠한 영향도 미치지 아니한다. (Nothing in the present Charter shall impair the inherent right of individual or collective self-defence if an armed attack occurs against a Member of the United Nations, until the Security Council has taken measures necessary to maintain international peace and security. Measures taken by Members in the exercise of this right of self-defence shall be immediately reported to the Security Council and shall not in any way affect the authority and responsibility of the Security Council under the present Charter to take at any time such action as it deems necessary in order to maintain or restore international peace and security.)

I 의의

1. 개념

자위권은 정당방위라고도 하며 급박 또는 현존하는 위법한 무력공격에 대하여 국가 또는 국민을 보호하기 위하여 부득이 필요한 한도 내에서 비례적 불법조치를 행할 수 있는 국가의 기본권리이다.

2. 구별개념

(1) 자구권

무력행사가 금지되지 않던 시절, 타국의 무력공격이 없이도 자국의 이익을 위해 적극적으로 무력을 행사하는 권리로서 오늘날의 자위권과 구별된다.

(2) 긴급피난

상대방의 위법행위가 존재하지 않음에도 불구하고 극한적 조난상황을 모면하기 위해 행해지는 것으로서 무력행사가 금지된 오늘날 상대국의 위법한 무력행사를 전제로 한 자위권과는 구별된다.

(3) 무력복구

무력복구(armed or military reprisal)란 국가가 타국의 위법행위를 중지시키거나 반복하지 않도록 하기 위해 취하는 위법한 군사적 조치를 말한다. UN헌장하에서 무력복구는 자위권의 범주에 들지 않기 때문에 불법적 무력사용에 해당한다.

3. 전통적 자위권과 UN헌장 제51조와의 관계

전통적인 국제관습으로 존재해오던 자위권과 오늘날 UN헌장에 규정된 자위권의 관계가 문제시된다. 이에 대하여 ICJ는 니카라과 사건에서 UN헌장 제51조의 자위권이 국제관습법상 자위권을 포함하는 것이 아니라 양자가 병존하며 그 내용이 상이하며, UN헌장 제51조는 골격조항이기 때문에 이에 명시하지 않은 사항은 국제관습법상의 규칙이 보충한다고 판시한 바 있다.

4. 현대적 의의

제1차 세계대전 후의 부전조약 등으로 전쟁이 금지되고 UN헌장의 제2조 제4항에 의해 모든 무력행사가 금지되었으므로 자위권은 무력행사에 대한 위법성 조각사유로서 새로운 법적 의미를 가지게 되었다.

Ⅱ 자위권의 요건 및 효과

1. 자위권의 요건

UN헌장 제51조의 골격성으로 인해 기타 국제관습과 판례를 보충하여 그 요건을 살펴본다.

(1) 침해되는 법익

자위권에 의해 상대방의 무력행사로부터 보호할 수 있는 법익의 범위는 어디까지인가? 일설은 국가의 법익일반을 포괄적으로 보호법익의 범위로 본다. 그러나, 일반적으로 법익의 내용은 국제평화의 관점에서 불가결한 한 국가의 기본적 법익, 즉, 국가의 영토보전 및 정치적 독립에 한정된다. 영역·공해상의 군함·군용항공기·재외군사기지에 대한 무력침공등이다. 재외자국민의 생명·재산 및 재외경제적 이익에 대한 침해도 그 자체만으로는 자위권의 원용사유가 되지 않는다.

(2) 무력공격의 발생

자위권은 무력공격이 발생한 경우(if an armed attack occurs) 행사될 수 있다.

① **무력공격의 의미**: 무력공격의 구체적 의미에 대해서는 UN헌장에 명시적 규정이 없다. 일반적으로 무력공격이란 육·해·공의 정규군에 의한 조직적 군사행동을 의미한다. 무력공격은 '침략'과 유사한 개념으로 이해되고 있다.

  ㉠ **국제사법법원**: 국제사법법원은 니카라과 사건에서 그 규모와 효과에 있어 상당한 수준 이상의 무력사용(use of force)을 무력공격으로 보고 있다.

  ㉡ **침략정의 결의(총회 결의 3314)**: 침략은 어느 국가가 타국의 주권, 영토보전 또는 정치적 독립에 대해 무력을 사용하거나 또는 국제연합 헌장에 위배되는 기타 방법을 사용하는 것을 말한다. UN헌장에 위배되는 무력의 선제사용은 침략행위의 일견 충분한 증거를 구성한다. 타국영토에 대한 폭격이나 무기사용, 무력에 의한 항구봉쇄, 타국군대에 대한 무력공격, 제3국의 침략에 자국영토이용허용 등이 예로 열거된다.

② **무력공격의 주체**: 제51조는 무력공격의 대상이 회원국(즉, 국가)임을 명시하고 있으나, 그 주체에 대해서는 침묵하고 있다. 통설은 국가로 한정하고 있다. 그러나 2001년 UN안전보장이사회 결의 1368은 테러단체의 무력공격에 대한 자위권을 인정하고 있다. 그러나 ICJ는 2004년 권고적 의견에서 '헌장 제51조는 국가가 타국을 무력으로 공격하는 경우에 고유의 자위권이 존재함을 승인한다'라고 언급함으로써 자위권이 '국가'들 사이에서만 적용되는 권리임을 시사하고 있다.

③ **무력공격의 현존성의 문제:** 무력공격의 현존성과 관련해서는 예방적 자위권의 문제와 즉각성의 문제(사후적 자위의 문제)가 논의된다.

   ㉠ **예방적 자위권의 문제:** 예방적 자위권은 무력공격이 현존하지는 않으나 '임박한' 경우 대응조치를 취하는 것을 말한다. 예방적 자위권의 남용을 우려하여 부정하는 입장과 핵무기 등 새로운 무기체계의 도입에 따라 제한적으로 예방적 자위권을 긍정하는 입장이 대립하고 있다.

   ㉡ **즉각성의 문제:** 침략이 진행 중인 경우에만 자위권을 발동할 수 있는가? 즉, 침략이 이미 완료된 이후에는 자위권 발동이 불가능한가에 대한 문제이다. 침략이 완료된 이후에는 더 이상 자위권을 주장할 수 없다는 '즉각성의 원칙'(principle of immediacy)은 국제관계에서의 법적 안정성의 확보라는 목적으로 강조되나, 이를 지나치게 엄격하게 적용하는 경우 침략국을 유리하게 만드는 결과를 초래한다. 따라서 즉각성의 원칙은 제한되어야 한다. 첫째, 완료된 무력점령에 대한 무력행사로서 그 대응의 지체가 사실상 또는 법률상의 이유로 정당한 경우 즉각성의 원칙은 제한된다. 작전상 불가피한 시간경과나 평화적 해결의노력을 위한 불가피한 시간경과를 예로 들 수 있다. 둘째, 침략이 간헐적으로 연속되거나, 앞으로도 계속 발생할 가능성이 있는 경우 즉각성의 원칙은 제한될 수 있다.

④ **간접침략의 문제:** 간접침략은 자위권 발동의 대상이 되는 무력공격에 해당하는가? 어느 국가의 정부를 전복시키거나 또는 영토의 일부를 분리·독립시키기 위한 내란이 발생한 경우 그 내란에 대해 군사적·물질적 원조를 제공하는 외국의 행위는 간접침략에 해당한다고 볼 수 있다. H. Kelsen은 간접침략의 범위를 넓게 보아 내란시 혁명집단에게 무기 및 기타원조제공도 무력공격의 개념에 포함된다고 하였다. 그러나, 일반적으로 간접침략이라는 행위가 헌장 제51조의 무력공격으로 해석되기 위해서는 내란활동의 근거지가 외국이거나 그 활동이 외국정부의 지휘·명령하에 있거나 외국정부와의 공모하에 이루어지는 것이 명백히 입증되어야 한다. 니카라과 사건에서 ICJ는 한 나라가 다른 나라의 영토 내에 무장단체를 파견하는 것은 무력공격이 되나 그 밖의 지원을 제공하는 것은 무력공격을 구성하지 않는다고 보고 있다. 법원은 무력공격과 무력사용을 구분하고 자위권의 행사를 위해서 필요한 무력공격은 중대한 규모와 효과(scale and effects)를 가져야 한다고 판시하였다. 요컨대, 엄격한 요건하에서 간접침략에 대해 자위권을 발동할 수 있다.

⑤ **침격전술론:** 침격전술론(針擊戰術論-Nadelstichtaktik, pin-pricks tactic) 또는 누적적 효과론(accumulation of events theory)이란 그 자체 단독으로는 무력공격의 정의에 해당하지 아니하는 무력의 사용이라도 누적되면 무력공격과 같은 것으로 보고 자위권 행사의 대상이 될 수 있다고 보는 주장을 말한다. ICJ는 일련의 사건에서 이것을 인정하는 듯한 표현을 사용한 바 있다. 그러나 침격전술론 혹은 누적적 사건론이 집단적 자위까지 정당화하기는 어렵다고 평가된다.

⑥ **타국 상선에 대한 공격도 무력공격에 해당되는가?:** 1974년 UN총회의 침략 정의 결의 제3조에 의하면 영토 밖에 있는 타국의 군함이나 전투기뿐만 아니라 선박 또는 항공기 무리도 무력공격의 목표물이 될 수 있다. 여기서 '무리'란 표현은 외국의 상선이나 상업용 항공기 한 대 혹은 수 대는 배제하는 것으로 평가된다. 그러나 Oil Platforms 사건에서 ICJ는 미국 국기를 게양한 한 상선에 대한 기뢰에 의한 공격은 무력공격을 구성할 수 있다고 판시하였다. 즉, 다른 모든 조건이 충족된다면 특정국가의 국기를 게양한 단 한 척의 상선에 대한 무력공격도 그 국가에 대한 공격과 동일시 할 수 있음을 시사하는 것으로 평가된다.

(3) 필요성

침략을 격퇴 또는 저지하기 위한 다른 평화적 방법이 없는 경우에 한해 무기를 들어야 한다. 즉, 자위권의 행사로서의 무력행사는 침략의 저지 및 격퇴를 위한 유일한 수단이었어야 한다. 전면적 무력공격이 발생한 경우 자위권의 행사는 그 격퇴 및 저지를 위한 유일한 방법일 것이므로 필요성의 요건은 존재가치가 없다. 그러나, 예방적 자위권을 긍정하는 경우 필요성의 요건이 엄격하게 적용되어야 할 것이다.

(4) 대응조치의 비례성

자위권행사로서 이루어지는 무력행사는 침략의 저지 또는 격퇴라는 목적에 비례해야 한다. 다만, 피침략국이 침략에 상응하는 정도로 공격을 가할 수 있다는 양적 비례의 개념은 아니다. 침략격퇴라는 목적을 넘어서는 무력행사는 '과잉방위'로 위법한 무력행사이다. 따라서 일단 침략의 격퇴라는 목적이 달성되면 자위권행사로서의 무력행사는 중지되어야 한다.

(5) 안전보장이사회에 대한 즉각 보고

회원국은 자위권행사로서 취해진 조치를 즉각 안보리에 보고해야 한다. 이는 이미 취해진 자위로서의 무력행사의 정당성을 안보리로 하여금 판단하도록 하고 안보리가 그 후속조치를 취함에 있어 참고가 되도록 하기 위함이다. 보고의무는 자위권 행사의 실질적 요건은 아니고 절차적 의무에 불과하다. 따라서 침략의 발생이라는 사실과 필요성·즉각성·비례성 원칙이 충족되면 무력행사는 자위권 발동으로 정당화되며, 보고의무의 위반에 의해 자위권행사로서 취해진 무력행사의 정당성이 박탈되는 것은 아니다.

2. 자위권의 효과

위의 요건을 구비한 방어행위는 위법성이 조각되어 국가책임이 발생하지 않는다.

Ⅲ 자위권의 통제

1. 자위권 통제의 필요성

자위권 발동을 정당화시키는 사유가 발생하였는가의 여부에 대한 1차적 판단권은 개별국가에게 있기 때문에 개별적 자위권의 발동의 남용을 통제해야 한다. 따라서 UN헌장 제51조는 자위권의 발동을 통제하기 위한 제도를 규정하고 있다.

2. 통제의 내용

(1) 행사요건에 대한 통제

UN헌장은 개별적 자위권 행사를 침해가 '무력공격'에 의해 야기되고 현실적으로 발생되는 경우로 한정하고 있다.

(2) 보고의무

회원국은 자기가 취한 자위권행사조치를 즉각 안전보장이사회에 보고해야 한다.

(3) 행사기간에 대한 통제

회원국의 자위권행사기간은 '안전보장이사회가 국제평화 및 안전의 유지에 필요한 조치를 취할 때까지'로 제한되어 있다.

3. 통제제도의 한계

자위권의 통제에 있어서 문제점은 우선, 심사기관으로 예정된 안전보장이사회가 상임이사국의 거부권으로 인해 결의 성립이 어려워 심사기능이 마비되어 있다는 점이다. 둘째, 현단계 국제사회에는 자위권남용국을 제재하고 피해국의 권리를 구제하는 공적기관이 확립되어 있지 않았다는 점이다.

Ⅳ 결론

자위권은 UN의 집단안전보장제도를 보완하기 위한 개별국가의 제한적, 예외적 권리로 볼 수 있다. 그럼에도 불구하고 오늘날 국가들은 예외적으로 인정된 자위권의 범위를 자의적으로 확대하려고 시도함으로써 국제평화와 안정의 유지에 중대한 위협이 되고 있다. 헌장상 허용되지 않은 것으로 인정되는 예방적 자위권, 테러세력에 대한 자위권 발동, 자국민보호를 위한 자위권 발동 등을 예로 들 수 있다. 예외는 엄격하게 적용되어야 하고, 무력사용에 관한 규범체계는 국제공동체의 법치주의 진전을 위한 핵심적인 규범이라는 점에서 자위권의 자의적 확대에 대해서는 엄격하게 통제하는 것이 필요하다고 생각한다.

> **판례 | 팔레스타인 점령지역에서의 이스라엘의 장벽 건설에 관한 권고적 의견(Legal Consequences of the Construction of a Wall in the Occupied Palestine Territory(advisory opinion), ICJ, 2004) – 자위권발동에 있어서 무력공격의 주체**
>
> 이 사건은 이스라엘이 팔레스타인 점령지역에서 장벽 건설 조치의 적법성에 관한 것이다. 제2차 세계대전 이후 팔레스타인은 팔레스타인과 이스라엘로 분할되었으며, 이스라엘과 팔레스타인 및 주변 아랍국 사이에 끊임없이 분쟁이 계속되었다. 특히 이스라엘이 예루살렘을 그들의 수도로 삼으려고 시도함으로써 갈등을 부추겼다. 이스라엘은 2002년 6월부터 중앙 및 북 서안지대로부터의 팔레스타인의 테러리스트들의 침입을 저지한다는 명분으로 동 예루살렘을 포함한 서안지대에서 장벽(wall) 건설을 추진하였다. 2005년 완공될 예정이었던 동 장벽은 총 길이가 720km에 이른다. 이 장벽으로 장벽과 그린 라인 사이에 폐쇄지역(close area) 및 위요지(Enclave)가 생겨나게 되었다. 장벽 내 출입은 짧은 기간 동안 드물게 개방되는 출입문을 통해서만 가능하며 팔레스타인 주민들은 이스라엘 당국의 허가 또는 신분증 없이 그 지역에 거주하거나 출입할 수 없었다. 반면 이스라엘 시민과 영구 거주민 및 이스라엘 이민 가능자는 이스라엘 당국의 허가 없이 폐쇄지역에서 자유롭게 거주하고 출입할 수 있었다. 이러한 조치에 대해 UN총회는 결의 ES-10/13을 채택하여 이스라엘의 장벽 건설은 1949년 휴전선으로부터 벗어나 있으며 관련 국제법규정에 상반되는 동 예루살렘 및 그 주변을 포함한 팔레스타인 점령지역에서의 장벽 건설의 중지를 요청했다. 또한 2003년 12월 8일 제10차 긴급특별회기(Tenth Emergency Special Session)를 재개하여 동 월 10일에 채택된 결의 ES-10/14에 근거하여 ICJ에 권고적 의견을 요청하였다. 이 사안에서 이스라엘은 장벽건설은 테러리스트의 위협에 대응한 조치로서 자위권 발동에 해당한다고 주장하였다. 그러나 재판소는 이스라엘에 대한 공격이 '외국'에 의한 것이 아니며, 또한 이스라엘 영토 '밖에서의' 공격에 대한 것도 아니므로 UN헌장 제51조와는 관련이 없다고 판시하였다. 이스라엘은 자신에 대한 공격이 '외국'에 의한 것이라고 주장하지도 않았다는 점을 고려하였으며, 또한 팔레스타인 점령지역은 이스라엘이 통제권을 행사하고 있으므로 이스라엘이 주장하는 위협이 이스라엘 영토 밖이 아니라 내부에서 발생된다는 점을 고려하였다.

🔖 판례 | 캐롤라인호 사건[42] – 자위권 발동 요건

캐나다에서 영국(당시 캐나다의 종주국)을 상대로 한 내란과정에서 발생한 사건이다. 캐나다의 독립에 호의적인 미국인들이 반란을 원조하고 있었고, 캐롤라인호는 미국 선적의 선박으로서 캐나다 반군들에게 무기, 탄약 등을 수송하던 선박이었다. 1837년 12월 29일 영국군은 미국항에 정박중이던 캐롤라인호를 급습하여 승무원과 승객 수 십명을 살해하고 캐롤라인호에 방화하여 나이아가라 폭포에 낙하시켰다. 미국이 항의와 손해배상을 청구하였으나 영국은 자위권에 기초하여 정당성을 주장하였다. 양국 간 대립이 지속되었으나 1842년 영국이 미국에 사죄함으로써 종결되었다. 이 사건에서는 자위권의 요건 및 영국의 행위가 자위권으로 정당화 되는지가 문제되었다. 미국은 자위권의 요건을 제시하면서 영국의 행위는 자위권의 요건을 충족하지 못한다고 주장하였다. 미 국무장관 Webster는 "독립국가가 영토의 불가침을 존중하는 것은 문명의 가장 필수적인 기초이다. 자위권이라는 대원칙에서 예외가 있을 수 있다는 것을 인정하지만, 그러한 예외는 필요성(necessity)이 급박하고(instant), 압도적이며(overwhelming), 다른 수단을 선택할 여지가 없고(leaving no choice of means), 숙고할 여유가 전혀 없을(and no moment for deliberation) 경우에만 허용된다는 것은 의문의 여지가 없다'고 하였다. 또한, 동 조치는 비례성의 범위를 넘어서는 안 된다고 하였다. 영국 외상 Ashbuton은 영국의 행동이 자위권의 조건에 합치된다고 하면서도 미국의 영토를 침범한 것에 대해서는 유감을 표하였다.

🔖 판례 | Oil Platform 사건(미국 대 이란, ICJ, 2003)

1. 사실관계

1987년 10월 16일 쿠웨이트 유조선 Sea Isle City호가 국기를 reflagging, 즉 미국의 국기로 바꾸어 단 지 얼마 안 되어 쿠웨이트 항구 인근에서 미사일 공격을 받았다. 이란의 소행으로 판단한 미국은 3일 후 자위권 행사의 이름 하에 이란의 해상 석유채굴시설들을 공격하였다. 이후 1988년 4월 14일 미국 군함 Samuel B. Roberts호가 호송 임무를 끝내고 귀환하던 중 바레인 인근 국제수로에서 기뢰에 부딪혀 파괴되었다. 역시 이란의 소행으로 생각한 미국은 4일 후 자위권을 주장하면서 해군력을 동원하여 이란의 해상 석유채굴 시설들을 공격하였다. 나아가 이란의 여러 척의 순양함과 항공기에 대해서도 공격을 가하였다.

2. 법적 쟁점

(1) 미국의 이란 석유채굴시설들에 대한 공격이 자위권으로 정당화될 수 있는가?

(2) 특히 무력공격에 대한 입증책임, 필요성 및 비례성 요건 충족 여부가 문제되었다.

3. ICJ 판단

(1) 미국의 공격은 자위권으로 정당화될 수 없다. 미국이 개별적 자위권을 주장하였으므로 미국이 고의적인 공격의 피해자 임을 입증해야 하나, 여러 정황상 특별히 미국을 겨냥한 공격으로 보기 어렵기 때문에 미국이 피해국임을 입증하는 데 실패했다.

(2) 석유플랫폼은 군사시설이 아니며 따라서 자위를 위한 무력공격에서 적법한 목표물이 아니기 때문에 필요성 요건을 충족하지 못했다.

(3) 설사 이란이 무력공격에 대해 책임이 있다고 하여도 미국의 이란 석유 플랫폼에 대한 공격은 비례성 원칙을 위반하였다. 또한 사망자가 없는 함정 피격에 대응하여 순양함을 포함한 여러 척의 해군 함정과 비행기를 공격한 행위도 비례성 요건을 위반하였다고 하였다.

---

42) 미국 대 영국, 1837년.

Ⅰ 의의

1. 개념

집단적 자위권(right of collective self-defense)이란 UN회원국이 다른 회원국에 무력공격이 가해질 경우 자국의 독립과 안전이 당해 타 회원국의 그것과 동일시될 만큼 밀접한 관계에 있는 경우 그 무력공격에 대하여 반격조치를 취할 수 있는 권리를 의미한다.

2. 구별개념

집단적 자위권은 제3국에 대한 무력공격에 대한 반격조치라는 점에서 자국에 대한 무력공격을 격퇴하는 '개별적 자위권'(right of individual self-defense)과 구별되고, 현존하는 무력공격에 대한 반격조치라는 점에서 '급박한' 무력공격에 대한 선제적 무력사용권을 의미하는 '예방적 자위권'과 구별된다. 또한 제53조에 규정된 집단적 방위와도 다른바, 집단적 방위는 사전에 안보리의 허가를 요한다.

3. 연혁

집단적 자위의 개념은 UN헌장의 모체인 덤바턴오크스제안에는 없었으나, 샌프란시스코회의의 헌장심의과정에서 인정되었다. 미주제국은 체플테팩협정(Act of Chapultepec)에서 집단안전보장제도의 도입에 합의하였으나, 강제조치 발동에 안보리의 동의를 요하는 헌장규정이 채택되는 경우 집단안전보장제도가 마비될 가능성이 있다고 생각했다. 따라서 헌장을 저해하지 않고도 지역적 협정에 의거한 강제조치가 가능하도록 하기 위해 집단적 자위권을 도입하게 되었다.

Ⅱ 제도적 취지 및 법적 성질

1. 제도적 취지

집단적 자위권은 첫째, 개별적 자위권을 보완한다. 피침국이 약소국인 경우 개별적 자위권만으로는 대항할 수 없기 때문에 집단적 자위권이 이를 보충한다. 둘째, 지역적 협정을 보강한다. 지역적 협정에 의한 강제조치는 안보리의 허가를 받아야 하나, 허가를 기다릴 시간적 여유가 없이 급박한 경우에는 집단적 자위를 통해 대응할 수 있다. 셋째, 집단적 강제조치를 보강한다.

2. 법적 성질

집단적 자위권은 UN헌장에서 창설된 권리였으나, 오늘날에는 관습국제법상의 권리로 인정되어 특별한 조약상의 근거 없이 수시로 또는 지역제도에 입각하여 행사된다.

Ⅲ 요건 및 효과

1. 요건

집단적 자위권 발동을 위한 요건은 개별적 자위권의 요건과 같다. 다만 1986년 '니카라과 사건'에서 국제사법 법원은 니카라과에 대한 무력공격을 집단적 자위권으로 항변하는 미국의 주장을 배척하면서, 엘살바도르, 혼두라스 등의 요청이 없었음을 지적하였다. 법원은 집단적 자위권의 행사는 무력공격이 발생한 것을 전제로 하고 있으며, 무력공격을 받고 있는 희생국이 그러한 사실을 선언해야 하고 또한 희생국이 다른 나라에 집단적 자위권의 행사에 의한 도움을 원하면 통상 그러한 취지를 명시적으로 요청해야 한다고 보았다.[43]

2. 효과

요건을 구비한 방어행위는 위법성이 조각되어 국가책임이 발생하지 않는다.

Ⅳ 평가

집단적 자위권은 자위능력이 없는 약소국을 강대국의 침략으로부터 보호할 수 있고, UN에 의한 통일적 안전보장을 기대할 수 없는 현실에서 이해관계국들이 공동으로 자위함으로써 UN에 의한 안전보장을 보강할 수 있다는 긍정적인 측면이 있다. 그러나, 집단적 자위는 (1) 서로 대립된 지역적 조직이 존재하는 경우, 전통적 의미의 동맹체제의 부활을 가져와 UN에 의한 통일적 안전보장체제를 더욱 마비시킬 우려가 있고, (2) 강대국의 약소국에 대한 침략을 정당화할 수 있는 구실을 제공할 우려가 있으며, (3) 집단적 자위는 사실상 개별적 자위에 비해 안보리에 의한 통제가 곤란하다는 한계가 있다.

---

43) 백좌흠, 〈집단적 자위권에 대한 연구〉 - 《경상대학교 법학연구》, 제10집, 80면.

I 서론

UN헌장 제2조 제4항은 무력사용 및 위협의 금지 원칙을 회원국의 일반적 의무로 규정하면서 헌장 제51조에서 개별적·집단적 자위권을 규정하고 있다. UN의 무력사용에 관한 규범체계는 개별국가의 무력사용권을 엄격하게 통제하는 대신 안전보장이사회를 중심으로하는 UN의 집단안전보장제도를 통해 국제평화와 안정을 유지하도록 디자인되었다. 예방적 자위권의 문제는 핵확산 등 규범상황의 변화에 따라 임박한 무력공격에 대해서도 자위권 발동의 정당화를 시도함으로써 무력사용과 관련한 국제규범체계에 중대한 위협을 가하고 있다. 예방적 자위권의 정당성에 대한 학설 및 국가의 관행을 검토하고 그 허용 여부에 대해 논의한다.

II 예방적 자위권에 대한 학설

1. 긍정설

(1) 의의

자국에 대해 준비되고 있는 침략행위를 탐지하고 먼저 공격하거나 저지하는 행위는 불법적인 무력행사에 해당되지 않는다는 견해로서, UN헌장 제51조는 국가의 고유한 권리로서 관습국제법 하에서 인정되어 온 예방적 자위권을 결코 제한하고 있지 않다는 입장이다. Bowett, Waldock, Mcdougal, Brierly 등이 긍정설을 취하고 있다.

(2) 논거

① Bowett: 'if an armed attack occurs'라는 구절은 무력공격이 현실적으로 반드시 발생해야 함을 나타내는 것이 아니라, 자위권의 행사주체를 현실적이건 잠재적이건 무력공격의 대상이 된 나라로 한정하는 것이다. 또한 제51조가 예비적 자위를 배제하는 것으로 해석할 경우, 이는 무력사용뿐 아니라 그 위협까지도 금지하고 있는 헌장 제2조 제4항과의 관계에서도 모순이 발생한다.

② WaldockL: 헌장 제51조가 자위권을 규정한 것은 집단적 자위권을 명확히 하기 위한 것이며, 결코 51조에 의해 자위권의 요건에 관한 국제관습법의 내용에 뭔가를 추가하려는 취지는 아니었다. 덤버튼오크스 안에 자위권 규정이 없는 것도 자위권과 예비적 자위권은 관습법상 당연한 권리로서 특별히 규정할 필요를 느끼지 못했기 때문이다. 한편, 헌장 제51조의 규정상 '무력공격이 발생한 경우'라는 문언을 '무력공격이 발생한 다음에'(after an armed attack has occurred)라고 해석하는 경우 자위권의 기준으로 '제2타격의 원칙'(principle of the second blow)을 인정하게 되어 최초의 공격대상이 된 국가에게는 심히 불리하게 된다.

2. 부정설

(1) 의의

부정설은 관습국제법상으로도 예비적 자위권이 반드시 인정되었다고 말할 수 없으며, 또한 Webster 공식에 의해 예비적 자위권이 인정되었다고 할지라도 이것이 UN헌장에 우선할 수는 없다고 주장하고 있다.

(2) 논거

① Jessup: 관습국제법상으로는 무력공격 발생 이전이라도 침해의 위협이 존재하면 예비적 자위권 발동이 허용되었으나, UN헌장하에서는 인접국가에 의한 불온한 군사적 준비(alarming military preparation)에 의해 위협을 느꼈더라도 예비적 무력 행사가 정당화되지 못하며, 이러한 경우에는 안보리에 부탁하여야 한다.

② Brownlie: 관습국제법상의 자위권은 UN헌장을 통해 수정을 보게 되었다. 이는 첫째, UN의 집단안보는 개별적 무력행사를 금지하고, 유일한 예외라고 할 수 있는 자위에 대해서도 객관적 통제를 행하려고 하고 있으며, 따라서 무력공격의 위협단계에서는 분쟁의 평화적 해결방법에 의해 그 제거를 위해 노력해야 한다. 둘째, 상대국의 공격의사를 가정함으로써 선제적으로 무력을 행사하는 것은 예방전쟁을 시인하는 결과가 될 것이나, 자위권에 관한 관습국제법은 이를 제한하는 방향으로 발전하여 왔으며, 이러한 경향은 부전조약 등을 거쳐 UN헌장에 이르러 완결되었다.

3. 소결

과학기술의 발달과 핵무기 등 대량살상무기의 출현에 따른 현실을 반영하여 예방적 자위권을 인정할 필요가 있다고 본다. 이를 인정하지 않고 그러한 무기에 의한 공격이 현실적으로 발생한 후에 자위권을 인정한다는 것은 사실상 자위권 자체를 무의미하게 할 우려가 있고 침략자를 유리하게 만들 것이다. 다만, 그 남용을 통제하기 위해 엄격한 요건하에서 인정될 필요가 있을 것이다. 즉, (1) 대규모의 침략의 위협 (2) 침략의 위협의 급박, (3) 비례성을 적용해야 한다고 본다.

Ⅲ 사례

1. 미국의 쿠바봉쇄

1962년 소련이 쿠바의 영토에 핵기지를 설치하려고 하자 미국은 10월 24일 쿠바해안을 봉쇄하고 모든 공격용 무기의 쿠바공급을 금지한다고 발표하였다. 이에 따라 미국은 병력 25만명을 동원하여 쿠바를 봉쇄하고, 미사일을 적재한 소련선박의 쿠바접근을 차단하였다. 이러한 행위를 법적으로 정당화하기 위해 케네디 대통령은 소련의 핵위협에 대한 예비적 자위권의 행사라고 설명하였다.

2. 이스라엘의 이라크원자로 폭격

(1) 사실관계

1981년 이스라엘은 당시 이라크에 건설중이던 원자로에 대해 폭격을 감행하였다. 이스라엘은 이를 이라크로부터의 핵위협에 대한 예비적 자위권의 행사로서 일반국제법의 원칙과 헌장 제51조에 의해 정당화된다고 주장하였다.

(2) 안전보장이사회의 입장

안보리는 이스라엘의 행위가 UN헌장과 국제법원칙에 정면으로 위배되는 것이라며 이를 비난하는 결의를 만장일치로 채택하였다. 토의과정에서 대다수 국가들은 예비적 자위권의 개념자체를 부인하였으나, 미국과 영국은 예비적 자위권을 부인하지 않았다. 다만, 미국은 이스라엘의 행위는 분쟁의 평화적 해결원칙에 위배된다고 주장하였으며, 영국은 이스라엘이 이라크와의 관계에 있어서 어떠한 급박하고도 불가피한 자위의 필요가 없었다는 이유로 이스라엘의 행위의 정당성을 부인하였다.

UN사무총장의 '고위 전문가 패널'은 2004년 보고서에서 예방적 자위권을 인정하면서도, 무력공격의 위험이 절박하지 않다면 자위권은 허용될 수 없다고 하여 '방지적 자위(preventive self-defense)' 이론을 배척했다. 다시 말하면 Caroline호 사건의 공식에 따라 절박한(imminent) 무력공격에 대한 선제적(pre-emptive) 공격은 허용되는 예방적 자위에 해당할 수 있지만, 절박하지 아니한 무력공격에 대한 방지적(preventive) 공격은 허용되는 예방적 자위에 해당하지 않는다는 것이다. 아직 임박하지 않은 추정적 공격에 대한 자위권 행사는 Caroline공식에 따르더라도 허용될 수 없다.

Ⅳ 주요 국가의 입장

1. 미국

예비적 자위권은 자연권으로서 국가의 고유한 권리이며, 국가 자신이 자체적으로 판단하여 행사할 수 있는 권리라고 하는 경우에도 국제사회의 아무런 객관적인 통제없이 행사될 수는 없다는 입장이다. 즉, 헌장 제51조보다 넓은 개념의 고유한 권리로서의 자위권의 필요성을 배제하지는 않았으나, 자위권의 발동을 위해서는 사전불법행위가 급박하고 압도적이어야 하며, 사용된 무력은 위협에 비례적이어야 한다고 함으로써 Webster공식을 재확인하고 있다.

2. 일본

일본은 예방적 자위권에는 부정적인 견해를 취하고 있다. 즉, 위반행위가 현실적으로 없음에도 불구하고 선제공격을 취하거나 국제분쟁을 무력에 의해 해결하려고 하는 것은 일본헌법상 허용되지 않는다고 본다. 자위권은 무력공격이 발생한 경우에 한하여 행사될 수 있는 것으로 해석하고 있다.

3. 한국

한국은 자위권의 발동요건에 현실적인 무력공격의 발생뿐 아니라 급박한 무력공격의 위협까지 포함함으로서 예비적 자위권의 개념 자체를 부정하지는 않는다. 다만 급박한 공격의 위협을 입증하지 못하거나 간접침략의 경우에는 자위권의 행사를 인정하지 않는다.

Ⅴ 결론

대량살상무기의 확산위험이 고조되어 감에 따라 예방적 자위권을 인정할 필요성도 높아지고 있다고 볼 수 있다. 그럼에도 불구하고 예방적 자위권이 남용됨으로서 국제사회의 법적 안정성을 심각하게 위협할 수 있는 한계를 명확히 인식하고 이에 대한 엄격한 통제제도를 입법화해야 할 것이다. UN의 집단안전보장제도의 효율성을 강화하여 UN에 의해 급박한 위기상황을 다루도록 하는 것이 법적안정성과 구체적 타당성의 조화를 위해 가장 바람직하다고 생각된다.

제6절　미국의 반테러전쟁

Ⅰ 서론

2001년 9월 11일 알카에다에 의한 미국 본토에 대한 테러행위가 발생한 이후 미국은 '선제공격 독트린'에 기초하여 공격적인 반테러전쟁(anti-terrorism war)을 전개하였다. 미국의 반테러전쟁이 무력사용금지 원칙에 위반되는지 여부, 자위권으로 정당화되는지, 긴급피난에 해당하는지, 테러세력에 대한 무력사용에 전쟁법이 적용되는지 등 다양한 국제법적 쟁점을 야기하고 있다. 현재 미국의 대 이라크 안정화 전략이 강력한 저항에 직면하고 있어, 미국의 반테러전이 더 이상 확전되고 있지는 않은 상황이나, 미국의 반테러전쟁에 대해 있는 법(de lega lata)의 관점에서 명확한 법적 평가를 해두어야 할 것이다. 이하에서는 9·11테러의 법적 성격을 논의하고, 아프가니스탄 전쟁 및 이라크 전쟁을 통해 그 적법성을 논의한다.

Ⅱ 9·11테러의 법적 성격

1. 9·11테러의 특징[44]

첫째, 비행기를 이용한 자살테러이지만 그 피해는 무력충돌사태에서 보는 무력공격 못지 않은 가공할 위력을 보여주었다. 둘째, 알카에다는 국가에 버금가는 파괴력, 조직력 및 자금력을 과시하였다. 셋째, 알카에다는 얼굴없는 비국가행위자로서 신분이나 범행동기를 명확히 밝히지 않는다.

2. 알카에다는 교전자격을 가지는가?

국제법상 교전자격은 국가, 교전단체, 민족해방단체에 한정되었다. 9·11테러가 그 규모 및 테러수행자의 조직력에 비추어 보아 단순테러와 다르나, 교전자격을 가진 실체의 교전행위로 보기는 어렵다. 알카에다는 비국가실체로서 교전자격이 없는 테러단체에 불과하다고 보아야 한다. 알카에다의 테러행위를 교전행위로 인정하는 경우 테러단체에 정통성을 부여하고 그 행위의 합법성을 추정하게 할 것이다.

3. 9·11테러행위는 인도에 반한 죄인가?

행위의 규모와 성격에 비추어 볼 때 9·11테러 행위는 인도에 반한 죄에 해당한다. 테러범죄가 국제형사범죄를 넘어 인도에 반한 죄를 구성하는 기준(threshold)은 테러행위의 조직성과 규모이다. ICC규정 제7조 제1항은 인도에 대한 죄가 전시뿐 아니라 평시에도 발생할 수 있다고 규정하고, 범죄 구성행위가 대규모이거나 조직적인 경우 성립한다고 규정하고 있다. 9·11테러공격은 조직성과 규모면에서 인도에 대한 죄의 구성요건을 충족하고 있다.[45]

---

44) 신각수, 〈국제법적 관점에서 본 9·11 반테러전쟁〉-《국제법학회논총》, 제47권 제1호(2002년), 119–120면.
45) 신각수, 전게논문, 126면.

4. 알카에다의 테러공격은 '무력공격'(armed attack)에 해당하는가?

(1) 법적 쟁점

현대 국제법상 자위권은 헌장 제51조의 요건하에서만 발생한다고 보는 경우, 무력공격의 발생을 전제로 한다. 그러나 헌장상의 자위권과는 별도로 관습법상 자위권을 인정하는 견해는 관습법상 반드시 무력공격이 현존하지 않더라도 무력공격이 '급박한' 경우에도 자위권이 발동될 수 있다고 본다. 따라서 후자에 따르면 9·11테러가 무력공격에 해당하는가가 반드시 중요하지는 않으나, 전자의 견해에 따른다면, 9·11테러가 무력공격에 해당하는가를 사전에 규정해야 한다. 한편, 무력공격이 테러집단에 의해 이뤄진 경우에도 '자위권'으로 정당화되는지 의문이 있다.

(2) 무력공격에 해당하는지 여부

통상의 테러행위는 헌장 제51조에 규정된 무력공격을 구성하지는 않는다. 그러나, 9·11테러공격의 경우 파괴력 및 조직력의 면에서 국가의 무력공격에 버금가기 때문에 헌장 제51조의 무력공격에 해당된다고 볼 여지가 있다.[46] ICJ는 1986년 니카라과 사건에서 무력공격의 기준을 '규모와 효과의 중대성'에서 찾고 있다.

(3) 테러세력의 공격이 자위권의 객체로서 '무력공격'에 해당하는가?

① 학설: 헌장 제51조상 무력공격의 주체를 '국가'로 한정하는 견해와 국가 이외의 실체도 무력공격의 주체가 될 수 있음을 긍정하는 견해가 대립하고 있다. H. Kelsen은 전자의 입장을 취하는 학자로서 이는 헌장 채택당시부터 당연히 전제되어 있었다고 본다.[47] 반면, Ruth Wedgwood는 헌장 제51조가 자위권의 행사를 정당화시켜주는 '무력공격'의 주체를 외부의 국가에 한정하고 있지 아니하므로 국가이외의 실체의 무력공격 주체성을 긍정할 수 있다고 본다.

② UN안전보장이사회: 9·11테러 다음 날 채택된 안보리 결의 제1368은 테러행위로 야기된 국제평화와 안전에 대한 위협에 모든 수단을 다해 대처할 것을 결의하면서 UN헌장에 따른 고유의 개별적 집단적 자위권을 인정하고 있다. 이는 안보리 결의 제1373호에서도 확인되고 있다.

③ ICJ: ICJ는 'Legal Consequences of the Construction of a Wall in the Occupied Palestine Territory' 사건에 대한 권고적 의견에서 헌장 제51조는 국가가 타국을 무력으로 공격하는 경우에 고유의 자위권이 존재함을 승인하고 있다고 언급하였다. 이는 자위권이 '국가 대 국가' 사이에 적용되는 권리임을 시사한 것이다.

④ 소결: 앞서 본 바와 같이 무력공격의 주체를 국가로 한정할 것인가에 대해 학설, 안보리, ICJ의 입장이 일치되지 않는다. 생각건대, 개별국가의 무력사용의 확대에 대해서는 제한 해석하는 것이 헌장의 체계적 해석상 타당하다고 전제할 때, 무력공격의 주체는 국가로 한정해석하는 것이 타당하다고 본다. 이러한 해석에 기초한다면, 알카에다의 테러행위가 아프가니스탄에 귀속되지 않는 한, 미국의 아프가니스탄 공격을 자위권으로 적법화 시킬 수는 없을 것이다.

---

46) 신각수, 전게논문, 127면.
47) 김석현, 〈테러리즘의 억제와 국제법〉 - 《국제법평론》, 2001-II호, 51면.

Ⅲ 아프가니스탄에 대한 무력공격의 적법성

미국은 9·11테러를 자행한 알카에다를 아프가니스탄의 탈레반 정부가 이를 비호하고, 은닉했음을 이유로 아프가니스탄을 공격하여 탈레반정부를 축출하고, 신정부를 구성하였다. 이러한 미국이 행위의 적법성을 다양한 논거에 기초하여 비판적으로 검토한다.

1. 자위권의 발동인가?

(1) 긍정설

미국정부 및 다수의 미국학자들은 아프가니스탄에 대한 무력공격은 자위권 발동이라고 본다. F. L. Kirgis는 아프가니스탄 정부가 고의적으로 테러리스트들을 비호하였다면 UN헌장 제51조가 적용될 수 있다고 본다. 한편, J. Paust는 무력공격을 명령하였거나, 이에 직접 관련된 자들을 체포하기 위한 군사작전도 헌장상의 자위의 범위에 포함된다고 본다.[48]

(2) 부정설

G.H.Fox는 테러범들에게 은신처를 제공한 국가에 대한 무력공격이 자위권 행사로 정당화되기 어렵다고 하면서, 1985년 이스라엘이 튀니지가 테러범들에게 대해 은신처를 제공했다는 이유로 튀니지 소재 PLO본부를 폭파한 사건에서 안보리가 이를 평화에 대한 위협으로 규정한 바 있음을 상기시켰다. Boyle은 국가에 의한 무력공격에 대해서만 자위권이 발동될 수 있음을 전제하고, 9·11테러공격이 타국으로부터의 무력공격이 아닌 만큼 이를 이유로 한 헌장 제51조상의 자위권 행사는 불가능하다고 본다. 오히려 미국의 아프간에 대한 공격이 무력침략(armed aggression)을 구성한다고 하였다.[49]

(3) 안전보장이사회

안전보장이사회는 결의 제1368호에서 9·11테러사태를 '테러공격'(terrorist attack)이라고 규정하고, UN헌장상의 개별적·집단적 자위권을 인정하였다. 즉, 안보리는 테러공격에 대해 자위권 발동이 적법함을 확인하고 있는 것이다.

(4) 소결

생각건대, 9·11테러를 이유로 미국의 아프가니스탄에 대한 무력공격을 '자위권'으로 정당화시킬 수 없다고 본다. 첫째, 자위권은 국가 대 국가의 관계에서 인정되는 권리이다. 따라서 알카에다의 행위가 아프가니스탄에 명백하게 귀속되지 아니하는 한, 아프가니스탄에 의해 무력공격이 발생했다고 볼 수 없다. 둘째, 아프가니스탄이 알카에다를 비호하였다 해도 이 행위가 무력공격에 해당하지 않음은 자명하다. 셋째, 설령 무력공격에 해당한다고 하더라도 자위권 행사는 무력공격이 현재 진행되고 있는 상황에서 이를 저지 또는 격퇴하기 위한 것이므로, 이미 완료된 무력공격에 대해서는 취해질 수 없다. 요컨대, 미국의 아프가니스탄에 대한 무력공격은 자위권으로 정당화될 수 없다.

---

48) 김석현, 전게논문. 46–47면.
49) 김석현, 전게논문. 48–50면.

2. 예방적 자위권에 해당하는가?

(1) 법적 쟁점

9 · 11테러 공격이 이미 종료된 시점에서 미국이 아프가니스탄을 공격하였으므로, 이것이 예방적 자위권에 해당하는지가 문제될 수 있다.

(2) 현대 국제법상 예방적 자위권의 인정 여부

아프가니스탄에 대한 무력공격이 예방적 자위권에 해당되어 적법하기 위해서는 우선, 예방적 자위권이 국제법상 국가의 권리로 승인되고 있어야 하나, 그 승인 여부에 대해 다툼이 있다. 이를 긍정하는 견해는 관습법상 예방적 자위권이 인정되었고, UN헌장체제에서도 여전히 인정된다고 본다. 또한, 핵무기의 발전으로 예방적 자위권이 인정되어야 한다고 본다. 반면, 부정하는 견해는 헌장 제51조상의 자위권은 UN헌장 제2조 제4항의 예외로써 인정되는 것으로서 현존하는 무력공격에 대해서만 자위권을 인정하고 있다고 본다. 또한, 예방적 자위권의 남용가능성에 대한 우려도 부정설의 주요 논거이다. 예방적 자위권에 대해 제한적으로 긍정하는 견해도 있다. 즉, 원칙적으로 부정되나, 무력공격이 급박한(imminent) 경우 비례성을 준수하는 한 예방적 자위권이 인정된다고 본다.

(3) 소결

예방적 자위권을 긍정한다고 하더라도 미국의 아프가니스탄 공격은 예방적 자위권의 요건을 충족하는가에 대해 의문이 있다. 미국의 입장은 대규모적인 테러행위의 재발가능성이 급박하여 그러한 위협을 사전에 제거하기 위해 필요한 범위 내에서 무력공격이 행해진 것으로 볼 수 있다는 것이나, 문제는 그 같은 테러공격의 현존하고도 급박한 재발가능성을 입증할 수 있는가, 그리고 아프간에 대한 무력행사가 테러공격의 예방이라고 하는 목적에 비례하는 범위 내에서 이루어졌는가 하는 것이다.[50]

3. 안보리의 허가에 기초한 무력공격인가?

UN안전보장이사회는 헌장 제39조에 따라 평화에 대한 위협, 평화의 파괴 또는 침략의 존부를 결정하고, 그에 따라 필요한 조치를 취할 권한이 있다. 최근 안보리의 관행은 회원국들이 그러한 조치를 취할 권한을 허가하는 것이다. 9 · 11테러 이후의 안보리 결의에서도 9 · 11테러가 국제평화와 안전에 대한 위협이라고 강력히 규탄하였다(제1368호). 다만, 안보리 결의 제1368호 및 제1373호에서 '필요한 모든 조치를 취할 권한'을 허가하였는지에 대해 다툼이 있다. 양 결의에는 회원국에게 명시적으로 '필요한 모든 조치를 취할 권한'을 허가하고 있지 않다. 결의 제1373호는 회원국들에게 '테러공격의 방지 및 진압과 그러한 행위를 저지른 자들을 상대로 행동을 취하기 위하여 협력할 것을 촉구'하고 있으나, '행동' 속에 군사적 행동이 포함된 것으로 해석하는 것은 타당하지 않을 것이다.[51] 요컨대, 안보리가 9 · 11테러를 자행한 알카에다에 대한 미국의 무력공격을 수권(authorization)했다고 볼 수는 없다. 한편, 안보리 결의 제1390호를 아프가니스탄에 대한 무력사용을 정당화하는 근거로 원용가능하다는 견해가 있다. 동 결의는 테러리즘을 박멸하기 위한 국제노력에 대한 지지를 재확인하고, 탈레반이 일련의 안보리 결의상의 요구를 이행하지 않았다고 결정하며, 탈레반이 아프가니스탄을 테러 훈련 및 활동 기지로 사용하고 아프가니스탄 내에서의 적대행위에 외국용병을 사용한 것을 규탄하고 있다. 결의 문언으로 볼 때 명확하지는 않지만, 탈레반에 대한 무력행사를 정당화하는 근거로 원용가능하다는 주장이다.[52]

---

50) 김석현, 전게논문, 52면.
51) 김석현, 전게논문, 52면; 신각수, 전게논문, 131면.
52) 신각수, 전게논문, 131면.

4. 복구조치인가?

탈레반에 대한 미국의 무력공격은 탈레반 정권이 알카에다 범죄인의 인도거부를 통해 관련 국제법상 의무 및 안보리 결의 제1368호를 위반한데 대해 국제관습법상 '복구'(reprisal)를 행사하는 것으로 해석할 수 있는가의 문제이다. UN헌장상 무력복구는 허용되지 아니하므로, 탈레반의 단순한 국제의무 위반에 대한 무력복구는 적법성이 의문시된다.[53]

5. 긴급피난인가?

ILC의 2001년 국가책임협약 최종초안 제25조는 위법성 조각사유로 '긴급피난'(necessity)을 규정하고 있다. 즉, 원칙적으로 국제의무 위반을 배제하기 위해 긴급피난을 원용할 수 없으나, 국가의 행위가 중대하고 급박한 위난으로부터 자국의 본질적 이익을 수호하기 위한 유일한 방법이고, 국가의 행위가 국제의무의 상대방인 국가 또는 국제사회의 본질적 이익을 심각하게 손상하는 것이 아닌 경우 예외적으로 긴급피난을 원용할 수 있다. Schachter는 테러리즘에 대한 무력사용이 긴급피난에 해당한다고 본다. 즉, 테러리스트들의 행동은 '생명을 살상하고 국가의 기본적인 기능을 방해하며 국내의 명령체계를 무너뜨리는 것'으로서 국가의 본질적 이익에 위협이 된다. 또한, 국가의 본질적 이익에 대한 위협은 중대한 위협으로 볼 수 있다. 일련의 공격행위의 누적(accumulation of a series of attacks)은 충분한 위협의 정도를 구성할 수 있다. Romano도 대량살상무기를 사용한 테러의 위협이 있는 경우 긴급피난을 원용할 수 있다고 본다. WMD의 보유 또는 그 개연성으로 야기되는 실제적이고 임박한 위험이 있다면 긴급피난의 조건을 충족하여 무력사용이 가능하다는 의미이다. 이는 본질적 이익에 대한 중대한 위난이며, WMD의 공격으로 받을 수 있는 국가의 이익은 무력사용금지 규칙의 위반으로 인해 침해되는 이익보다 클 수 있다고 보는 것이다.[54]

6. 검토

미국은 아프가니스탄에 대한 무력공격을 정당화하는 사유로 자위권과 안보리 결의를 들고 있으나, 전통국제법의 관점에서 평가할 때 인정하기 어렵다고 본다. 자위권의 경우 그것이 무력공격에 해당한다고 할지라도, 공격이 종료된 이후에 개시되었으며, 알카에다의 행위가 아프가니스탄에 대해 귀속된다는 명시적 증거가 없다. 선제적 자위권의 경우, 국제법상 이를 인정하는가에 대해 의문이 있고, 설령 이를 인정한다 하더라도 급박성(imminent)이 있는지 의문이다. 한편, 안보리는 이전의 무력사용을 허가하는 결의와 달리 9·11테러와 관련된 결의에서는 회원국에게 필요한 모든 조치를 허가하고 있지 않으므로, 미국의 무력사용이 안보리의 수권에 근거한 것이라고 보기 어렵다. 다만, 긴급피난의 법리로 미국의 위법성이 조각될 여지는 있다고 본다. 테러세력들의 대재앙적 테러위협에 노출되어 미국의 본질적 이익이 중대한 위협을 받고 있는 위난상황이 조성되어 있다고 볼 수 있기 때문이다.

---

53) 신각수, 전게논문, 131면.
54) 장신, 〈테러와의 전쟁을 위한 무력사용〉-《국제법학회논총》, 제50권 제3호, 189-190면.

Ⅳ 이라크 전쟁의 적법성

2003년 3월에 개시되고 5월에 종료된 미국의 이라크공격에 대해서는 적법설, 위법설, 위법이나 정당하다는 견해로 대별된다.[55] 적법설의 논거를 비판적으로 검토한다.

1. 예방적 자위권(Preemptive Self-Defense)

미국이 이라크의 대량살상무기의 위협으로 선제적으로 제거하기 위해 무력공격을 단행했다는 주장이다. 이 견해의 문제점은 우선, UN헌장체제에서 예방적 자위권이 인정되는가에 대해 다툼이 있다는 것이다. 예방적 자위권을 부정하는 견해에 따른다면, 미국의 주장은 일고의 여지가 없다. 둘째, 관습법상 예방적 자위권을 긍정하는 견해에 따른다고 하더라도 미국의 이라크 공격은 요건을 충족하지 못했다. 관습법상 예방적 자위권의 요건은 필요성과 비례성이다. 필요성이란 적국의 공격이 임박하고 중대하며 자위권 행사 외에는 달리 방법이 없고, 기타사항을 고려할 시간적 여유가 없는 경우를 말한다. 미국의 이라크 공격은 필요성 원칙의 조건인 '임박성'(imminent)이 없었다.[56]

2. 인도적 개입(Humanitarian Intervention)

(1) 인도적 개입의 의의

인도적 개입(간섭)이란 인류의 양심에 충격을 가하는 비인도적 사례가 한 국가 내에서 발생하고 있음에도 불구하고 당해국가가 이러한 사태를 수습할 능력이 없거나, 혹은 수습을 원하지 않을 때 국가 혹은 국제조직이 필요시에 강제력을 동원하여 그 사태종식을 위해 개입하는 행동을 말한다.

(2) 국제법상 허용되는가?

무력을 수반하는 인도적 간섭은 UN헌장 제2조 제1항의 주권평등 원칙(국내문제불간섭 원칙) 및 제2조 제4항의 무력사용금지 원칙에 위배되므로 허용되지 않는다는 견해와 헌장 제2조 제4항은 UN헌장의 목적 및 원칙에 위배되는 무력사용을 금지하므로, 이의 반대해석을 통해 인도적 간섭은 UN의 목적을 실현하기 위한 것이므로 허용된다는 견해가 대립한다. 最上敏樹(모가미 도시키)는 ① 국제질서의 유지와 안전보장, ② 대테러방지를 위한 무력행사, ③ 인권의 보호, ④ 난민보호 등 간섭의 목적이 정당한 경우에만 제한적으로 인정된다고 본다.[57] 인도적 간섭을 인정하는 견해도, 남용을 통제하기 위해, 비례성, 필요성, 대규모 지속적인 인권침해의 현존 또는 급박 등의 조건을 충족시켜야 한다고 본다.

(3) 적용

가사, 인도적 간섭이 허용된다고 하더라도, 인도적 간섭의 예외적 합법성 요건을 충족시켰다고 보기 어렵다. 즉, 모든 평화적 분쟁해결수단이 실패로 돌아가 무력공격만이 유일한 방법이었다고 보기 어렵고, 이라크의 대량살상무기를 통한 테러의 급박성이 있었다고 보기 어렵기 때문이다.[58]

---

55) 소병천, 〈이라크전쟁과 국제법〉 - 《비교법학연구》, 1면.
56) 소병천, 전게논문, 2면.
57) 소병천, 전게논문, 2면.
58) 소병천, 전게논문, 2면.

3. 안보리의 무력사용 허가(Authorization)

(1) 법적 쟁점

안보리의 무력사용의 수권에 기초하여 개별 회원국이 무력을 사용하는 것은 적법한 것으로 인정되고 있다. 미국은 2003년 제2차 이라크 전쟁을 개시하면서 제1차 이라크 전쟁 당시의 안보리 결의 제678호[59]에 의한 무력사용허가의 효력이 안보리 결의 제687호[60] 및 2003년의 결의 제1441호[61]에 의해 회복되어 적법하다고 주장하였다. 이와 관련하여 제678호 무력사용허가의 범위, 이라크가 정전조건을 위반하였는지 여부 및 무력공격의 개시 여부를 판단하는 주체에 대한 문제 등 다양한 법적 쟁점에 대한 대립이 있다.

(2) 미국과 영국의 주장

안보리 결의 제678호는 1990년 제1차 이라크전쟁 당시 쿠웨이트에서 이라크군을 축출하고 이 지역에서의 평화를 회복하기 위해 무력사용을 허용한 결의임을 밝히고 안보리는 결의 제687호를 통해 제1차 이라크 전쟁의 정전(cease-fire)의 조건으로 이라크에게 대량 살상무기의 제거에 관한 계속적인 의무를 부과하였는데, 이라크가 안보리 결의 제687호에 의한 무장해제 의무를 이행하지 않자 안보리 결의 제1441호를 채택하여 이러한 이라크의 행위는 제687호에 대한 중대한 위반임을 밝히고 이라크에게 최후의 무장해제 기회를 제공함과 동시에 이를 이행하지 않을 경우 중대한 결과(serious consequences)에 직면할 것이라고 명백히 하였으므로 더 이상의 별도의 무력행사의 허가 없이도 이 세 가지의 일련의 안보리 결의의 해석에 따라 바로 미국과 그 동맹국들에게 이라크에 대한 무력행사는 합법적인 전쟁으로 인정된다는 것이다.[62]

(3) 미국과 영국 주장의 전제

이러한 미국과 영국 주장의 전제는 첫째, 결의 제678호의 효력은 이라크가 쿠웨이트로부터 철수함으로써 소멸된 것이 아니라, 정지된 것이다. 둘째, 결의 제687호는 정전조건을 부과한 것이다. 셋째, 정전조건을 위반하는 경우 제678호에 따라 무력사용에 대한 허가의 효력이 부활한다.

---

59) 1990년 11월 29일에 있었던 동 결의에서는 1991년 1월 15일까지 이라크에게 쿠웨이트에서 퇴각을 요구하는 안보리 결의 660호와 추후의 관련 결의를 지지하고, 이를 이행하기 위해 필요한 그리고 이 지역의 국제 평화와 안전의 회복에 필요한 모든 조치를 취할 것을 요구하였다.

60) 1991년 4월 6일에 있었던 결의로서 정전조건을 담고 있다. ⅰ) 대량학살무기의 폐기 및 대략학살무기를 생산할 능력을 포기할 것, ⅱ) 생화학무기 및 중장거리 발사장치를 포함한 탄도미사일의 파기, ⅲ) 핵무기 및 핵무기로 사용될수 있는 물질의 개발이나 취득 금지, ⅳ) 상기의 의무를 이행하기 위한 현지 사찰의 허용, ⅴ) 향후 국제 테러 행위를 하거나 이를 원조하지 않으며, 그 영토 내에서 테러활동을 명하는 어떠한 기구의 활동을 허락하지 않을 것. 1991년 4월 6일 이라크는 이러한 정전조건을 인정하였다.

61) 주요 내용을 보면, ⅰ) 이전의 안보리 결의에 따라 이라크가 부담하는 의무에 대한 이라크의 위반이 지속되고 있다. ⅱ) 안보리는 이라크에게 무장해제 의무를 이행할 마지막 기회를 부여한다. ⅲ) 이라크가 계속해서 의무를 이행하지 않을 때 이라크는 중대한 결과(serious consequences)에 직면할 것이다. ⅳ) 이 문제에 대한 모든 권한은 안보리가 계속 가진다(to remain seized of matter).

62) 소병천, 전게논문, 7면.

(4) 미국과 영국 주장에 대한 검토

① **결의 제678호의 효력범위:** 이와 관련한 핵심쟁점은, 결의 제678호에서 허용한 무력사용의 목적이 제1차 이라크 전쟁으로 성취되었고 따라서 동 결의의 효력이 소멸하였는가 하는 점이다. 보다 구체적으로는 동 결의의 문언상의 '이후의 모든 관련 결의'(all subsequent relevant resolutions)의 범위에 관한 논란이다. 여기에 '안보리 결의 제687호'가 포함되는가의 문제이다. 영국과 미국은 이것이 포함되는 것으로 보나, 프랑스, 독일, 러시아 등은 결의 제678호 이전의 결의로 해석한다. 미국의 주장에 따르면, 안보리 결의 제687호에 의해 부과된 조건들을 이라크가 위반하는 경우, 제678호에 의해 승인된 무력사용이 별도의 무력사용 허가 없이 재개될 수 있다고 해석할 여지가 있다. 프랑스등의 주장에 따른다면, 제1차 이라크 전쟁의 종료로 제678호의 효력은 소멸되었다고 볼 것이다. 비록 원칙적으로 제1차 이라크 전쟁의 종전은 그 개전을 허락한 안보리 결의 제678호의 효력을 상실시킨다는 데 동의한다고 할지라도 제1차 이라크전의 종전 이후 제2차 이라크전의 개전까지의 상황은 그 종전의 사실상 조건의 이행 여부를 둘러싸고 외교적 교섭 및 군사적 충돌로 점철되어 왔으므로, 미국의 입장대로 이라크 전은 정전만 이루어졌고, 정전의무 이행을 두고 지속적으로 갈등이 존재해 왔다고 볼 여지도 있다.[63] 즉, '이후의 관련결의'에 제687호가 포함된다고 볼 여지가 있다는 의미이다.

② **미국과 영국이 독자적으로 무력사용을 재개할 권한이 있는가?:** 이라크가 안보리 결의 제687호상의 정전조건을 위반하였다고 할지라도 미국과 영국이 독자적으로 무력사용을 재개할 수 있는지 문제된다. 두 가지 면에서 독자적 무력사용재개는 인정되지 않는다. 첫째, 안보리 결의 제1441호의 마지막 항은 안보리가 이 문제에 대한 권한을 계속 보유하고, 이 지역의 평화와 안전을 유지하기 위해 본 결의안의 이행에 필요한 추가적 조치를 취하는 것에 대해서도 안보리가 결정한다고 규정하고 있다. 따라서 무력사용 재개 여부에 대한 판단권한은 안보리에 있다. 둘째, 제네바 협약상 교전당사자 일방이 정전협정을 위반하는 경우 타방당사자는 긴급한 경우 교전을 재개할 권리가 있다. 따라서 이라크가 정전조건을 위반했다고 인정되는 경우, 전투를 재개할 수 있다. 그러나, 이 경우 전투를 재개할 수 있는 주체는 '정전협정의 당사자'이다. 안보리 결의 제687호를 정전협정으로 보는 경우 정전협정의 당사자는 안보리와 이라크이다. 즉, 미국이 아닌 것이다. 따라서 무력행사의 재개 여부를 판단할 권한은 안전보장이사회의 권한이다.

③ **미국의 무력사용은 결의 제678호의 범위를 넘는 것이 아닌가?:** 이라크가 정전조건을 위반하고, 따라서 무력행사의 재개권한이 미국에게 있다고 할지라도, 미국의 이라크에 대한 무력사용이 제678호의 범위를 넘은 것으로 위법인가의 문제가 여전히 남는다. 제678호의 군사행동의 범위에 '사담 후세인의 제거'가 포함된다고 해석되지 않는다. 가사, 그와 같이 해석된다고 하더라도, 미국은 제1차 이라크 전쟁 당시 안보리 결의 제678호가 사담후세인의 제거를 목적으로 하지 않는다고 밝힌 바 있으므로 제2차 이라크 공격과 후세인의 제거는 제678호의 범위를 넘는 것이다. 또한 미국에게는 독자적으로 제678호의 전쟁 목적의 범위에 후세인 제거를 포함시킬 권한이 없다. 이는 안보리의 독자적 권한이다.

---

63) 소병천, 전게논문, 13면.

(5) 소결

요컨대, 미국은 안보리 결의 제678호, 제687호, 제1441호에 기초하여 이라크에 대한 무력사용을 적법화시킬 수 없다. 안보리 결의 제687호상의 1차 이라크전의 정전요건으로서의 이라크의 대량학살무기 등의 파기와 그 의무이행 확인을 위한 현지 사찰단에의 적극적인 협력의무가 지켜지지 않았음을 결의 제141호에서 확인하였고, 그 결과 제678호상의 무력행사 재개의 필요요건을 충족되었지만, 무력행사의 재개 여부를 결정할 권한이 있는 유일한 주체인 안보리가 이에 대해 적극적으로 무력행사 재개를 결의하지 않았으므로 합법적인 무력행사의 필요충분조건을 만족되지 못하였다. 따라서 제2차 이라크전쟁은 UN헌장에 위배되는 불법적인 전쟁이다.[64]

Ⅴ 결론

앞에서는 9·11테러 이후 공격적으로 전개되고 있는 미국의 아프가니스탄 및 이라크에 대한 무력공격의 국제법상 적법성을 논의하였다. 두 가지 사례에서 모두 미국은 적법의 논거로서 자위권, 예방적 자위권, 안보리의 허가를 들고 있으나, 모두 한계가 있었다. 다만, 학자들은 '긴급피난'에 의해 그 위법성이 조각될 가능성이 있다고 보고 있으나, '급박성' 또는 '필요성'요건을 충족하고 있는지는 의문이 있다. 대량살상무기의 확산, 특히 테러세력이나 테러비호국이 이를 획득하는 것이 국제평화와 안전 및 전 인류의 인권을 중대하게 유린할 가능성이 있고 따라서 이에 적극적으로 대처할 필요가 있음을 두 말할 필요가 없을 것이다. 그러나 기존의 국제법의 테두리를 벗어나지 않는 한계 내에서 대응하는 것이 국제공동체에 '법의 지배'(rule of law)를 진전시키는 것이라 생각한다. 미국의 일방적 무력공격은 국제법에 위반된다는 점뿐만 아니라, 지금까지 국제공동체가 진전시켜온 법의 지배, 특히 무력사용에 관한 법의 지배를 전면적으로 몰각시킬 위험이 있다는 점에서 승인되기 어렵다고 본다.

제6편

---

64) 소병천, 전게논문, 17면.

I 서론

1. 개념

Sean D.Murpy에 의하면, 인도적 간섭(개입)이란 '특정국가의 국민들을 국제적으로 승인된 인권의 광범위한 침해로부터 보호하기 위한 것을 주요 목적으로 하는 것으로서, 그 특정국가 또는 국제사회의 승인을 받지 않거나, 그 승인 여부에 관계없이, 한 국가, 국가집단, 또는 국제기구가 무력의 위협이나 행사를 하는 것'을 말한다.[65] 다툼이 있으나, 일반적으로 자국민 보호를 위한 무력사용은 인도적 간섭의 범주에서 배제한다. 인도적·간섭에는 당연히 무력의 사용 또는 위협이 동반된다.

2. 유형

무력을 수반하는 인도적 간섭에는 개별국가·개별국가군이 행하는 '일방적 인도적 개입'(unilateral humanitarian intervention)과, UN이 인도적 목적을 위해 UN헌장의 절차에 따라 군사적으로 개입하는 'UN의 인도적 개입'이 있다. UN의 인도적 개입은 안보리의 수권(authorization)에 기초한 개입이 주요 형식으로 전개되고 있다.

3. 법적 쟁점

> **📑 조문 | UN헌장 제2조 제4항 – 무력사용 및 위협 금지 원칙**
>
> 모든 회원국은 그 국제관계에 있어서 다른 국가의 영토보전이나 정치적 독립에 대하여 또는 국제연합의 목적과 양립하지 아니하는 어떠한 기타 방식으로도 무력의 위협이나 무력행사를 삼간다. (All Members shall refrain in their international relations from the threat or use of force against the territorial integrity or political independence of any state, or in any other manner inconsistent with the Purposes of the United Nations.)

UN헌장 창설 이전에도 국가에 의해 인도적 간섭이 원용되었으나, 무차별전쟁관 하에서 특별히 문제되지는 않았다. 그러나, UN헌장 제2조 제4항이 개별 국가의 무력사용을 일반적·포괄적으로 금지함에 따라, 개별국가의 인도적 간섭권의 존부에 대해 다툼이 제기되고 있다. 결국, 주권평등 원칙과 이로부터 파생되는 국내문제 불간섭 원칙 및 무력사용금지 원칙을 개별국가가 자국민에 대한 대규모 인권유린을 자행하는 경우, 그 적용을 배제할 수 있는가의 문제라 볼 수 있다.

---

65) 김영석, 〈인도적 개입과 국제법〉–《국제법평론》, 2005–II, 44면.

Ⅱ UN의 인도적 개입

1. 의의

UN의 인도적 개입이란 대규모 인권유린 사태가 발생하는 경우, 안전보장이사회가 이를 헌장 제39조상 국제 평화와 안전에 대한 위협으로 결정하고, 헌장 제41조 또는 헌장 제42조상의 조치를 취하는 것을 말한다. 주지 하다시피, 헌장 제42조는 헌장 제43조에 의해 체결된 특별협정이 존재할 때 실효성이 있으나, 특별협정이 체 결된 나라가 없다. 이에 따라 안전보장이사회는 개별회원국들에게 무력을 사용할 권한을 허가해 주는 관행을 발전시켜 오고 있다.

2. 적법성

개별회원국들에게 무력사용을 허가하는 안보리의 관행은 법적 근거가 있는 것인가? 안보리는 관련 결의를 함 에 있어서 헌장 제7장을 추상적으로 원용하고 있으나, 구체적인 조항을 밝히지는 않고 있다. 그러나, 안보리 가 구체적인 조항을 밝히지 않더라도 '목적필요설'에 따라 정당화 된다고 생각된다. 안보리는 국제평화와 안전 의 유지를 위한 주요 기관이므로, 그 임무 수행을 위해 헌장의 원칙과 목적에 위배되지 않는 한, 적극적 규정 이 없다 하더라도 자유롭게 행동할 수 있다고 보아야 할 것이다.[66]

3. 사례

(1) 안보리 결의 제688호

이라크가 쿠웨이트에서 물러난 이후 이라크 북부에서 후세인의 통치에 반대하는 폭동이 일어나자, 후세인 이 무력을 동원하여 진압을 하였고, 쿠르드족들은 국경지대로 피난을 하였다. 이러한 상황에서 채택된 안 보리 결의 제688호는 후세인의 쿠르드족 탄압이 대규모 난민유입과 국경침입을 야기함으로써 이 지역에 서의 국제평화와 안전을 위협하고 있음을 지적하고, 이라크가 탄압을 즉시 중단할 것을 요구하였다. 동 결 의는 순수하게 인도적인 문제를 다룬 결의라기보다는 쿠르드족 난민이 국경지대로 피신하면서 이라크와 접경지대에 있는 국가들간 분쟁이 국제평화와 안전에 대한 위협을 구성한다고 본 사례이다. 또한, 이 사례 에서 안보리가 국가들에게 '필요한 모든 조치'를 취할 권한을 부여하지 않았다는 점에서 무력사용을 허가 한 결의는 아니다.

(2) 안보리 결의 제794호

1992년 1월부터 계속된 내전으로 수십만명의 희생자와 난민들이 속출하는 소말리아에서의 인도적 구호활 동을 위해 UN은 1992년 여름부터 평화유지활동에 착수하였다. 그러나, 이러한 평화유지활동이 반군들의 방해로 중단되자, 안보리는 1992년 12월 3일 결의 제794호를 채택하여 이 지역에서의 인도적 구호활동을 위한 안전조건의 확보를 위해 '필요한 모든 수단을 사용할 것'을 허가하였다. 이 결의는 순수한 '국내적 인 도적 사유'로 회원국에게 '필요한 모든 수단의 사용을 허가'하였다는 점에 의의가 있다.

---

66) 김석현, 〈UN헌장 제2조 제4항의 위기〉 - 《국제법학회논총》, 제48권 제1호, 96면.

(3) 안보리 결의 제836호

보스니아 내전과 관련된 결의이다. 보스니아에서 회교도와 세르비아 간의 내전이 격화되어 다수의 회교도 민간인들의 희생이 계속되는 가운데, 이 지역에 파견된 UN평화유지군은 특정 회교도 민간인 거주지역을 '안전지대'로 선포하고 이 지역에 대한 공격을 금지하였다. 그러나, 세르비아계가 이곳을 집중공격하자, 안보리는 동 결의를 채택하여 회교도 민간인들의 보호등을 위하여 UN보호군에게 '무력사용을 포함한 필요한 조치'를 취할 것을 허용하였다.

4. 최근 경향 – 인간안보와 보호책임67)

(1) 의의

2004년 12월 UN은 인도적 개입의 개념을 보다 본격적으로 수용하기 위해 캐나다에 의해 제시된 '인간안보'(human security)개념 및 '보호책임'(responsibility to protect)에 기초한 보고서 'A More Secure World: Our Shared Responsibility'를 발표했다. 캐나다는 국제사회가 추구해야 할 이상적 목표를 '인간안보'로 설정하고, 국가들이 그 국민들을 대규모의 잔혹행위들로부터, 즉, 인간안보에 대한 위협으로부터, 보호할 능력이 없거나 의사가 없을 때 또는 국가 자체가 가해자일 때는 국제사회가 행동할 책임 (responsibility to act)이 있다고 주장하였다. 이 보고서는 국내문제불간섭의 원칙이 집단살해행동이나 국제인도법의 대규모 위반행위 또는 대규모 인종청소행위를 보호하기 위해 원용될 수 없다고 주장하면서, 안보리 무력사용을 허가할 때 고려할 다섯 가지 기준을 제시하였다.

(2) 안보리가 무력사용 승인 시 고려할 기준

첫째, 위협의 중대성이다. 국가 또는 인간안보에 대한 해악의 위협이 무력의 사용을 일응(prima facie) 정당화시킬 만큼 충분히 명백하고 중대한 것인가? 둘째, 적절한 목적. 제안된 군사조치의 1차적 목적이, 다른 목적이나 동기와 관련되어 있더라도, 문제의 위협을 중단시키거나 회피하려는 것이 명백한가? 셋째, 최후수단성. 문제의 위협에 대응하기 위한 모든 비군사적 수단을 모색하였고, 다른 수단들이 성공할 수 없다고 할 수 있는 합리적인 근거가 있는가? 넷째, 비례성. 제안된 군사조치의 규모, 기간, 강도가 문제의 위협에 대응하기 위해 필요한 최소한의 것인가? 다섯째, 결과의 균형. 문제의 위협에 성공적으로 대응하면서도 군사조치의 결과가 군사조치를 하지 않았을 때의 결과보다 더 악화되지 않을 합리적인 가능성이 존재하는가?

5. 한계

안보리의 허가에 기초한 인도적 간섭의 문제는 형평성에 있다. 무력개입의 허용에 있어서 객관적 기준이 적용되지 않는다. 안보리는 어떠한 사태들은 그대로 방치하면서, 비슷한 경우나 그보다 정도가 낮은 경우에 대해서는 집요하게 개입하기도 하였다. 무력개입은 기본적으로 역학관계의 산물인 만큼 그 대상은 대체로 약소국들에게 한정되고 있으며, 이는 냉전이 종식된 후 국제적 협력이 증대된 오늘날에도 마찬가지이다.68)

---

67) 김영석, 전게논문, 74-75면.
68) 김석현, 전게논문, 96면.

Ⅲ 일방적 인도적 개입

1. 의의

일방적 인도적 개입(unilateral humanitarian intervention)이란 특정국가 또는 특정국가군이 제3국의 대규모 인권유린 사태를 해결하기 위해 군사력을 동원하여 개입하는 것을 말한다. 국제법적 관점에서 논란이 되는 것은 일방적 인도적 개입이다. 헌장 제2조 제1항의 주권평등 원칙 및 헌장 제2조 제4항의 무력사용금지 원칙에 정면으로 반하기 때문이다.

2. 적법성

(1) 학설

① **위법설**: 일방적 인도적 개입은 현대 국제법하에서 인정되지 않는 위법행위라고 보는 견해이다. 위법설의 논거는 우선, 인도적 간섭은 헌장 제2조 제4항에 반한다는 것이다. 즉, 동 조항은 타회원국의 영토보전, 정치적 독립 및 UN헌장의 원칙과 목적에 반하는 일체의 무력사용 및 그 위협을 금지하고 있고, 헌장상 그 예외는 제51조의 자위권, 제53조의 지역기관, 제7장에 국한되므로 인도적 간섭은 위법이라는 것이다(I.Brownlie) 둘째, 인도적 개입 여부를 판단하는 것은 개입국이므로 자의적 판단에 기초하여 인도적 개입권이 남용될 우려가 있으므로, 이를 인정할 수 없다고 본다. 셋째, 헌장 및 헌장 채택이후의 국가관행에 의해 지지를 받지 못하고 있다(Sean D. Murphy).

② **적법설**: 인도적 간섭의 적법성을 긍정하는 견해는 헌장 제2조 제4항이 개별국가의 무력사용권을 포괄적으로 금지시킨 것이 아니라, 영토보전, 정치적 독립 및 UN헌장의 목적과 원칙에 반하는 무력사용을 금지시킨 것으로 해석한다. 따라서 UN의 목적의 하나인 인권보호를 위한 무력사용에 대해서는 예외적으로 적법한 무력사용이라고 본다.

③ **적법설과 남용통제 요건**: 적법설을 주장하는 학자들도 인도적 간섭권이 남용될 수 있음을 인정하고, 이를 통제하기 위한 요건을 제시하고 있다. Cassese는 여섯 가지 요건을 제시하고 있다. ㉠ 무고한 사람들의 생명을 해하는 것을 포함한 심각한 인권침해가 한 주권국가의 영토에서 발생할 것. ㉡ 인권침해가 무정부하에서 일어난 경우 정부가 심각한 인권침해를 종식시킬 능력이 없어야 한다. 만약, 정부에 의해 발생했다면, 그 정부가 지속적으로 UN이나 기타 국제기구의 호소, 권고, 결정을 무시했어야 한다. ㉢ UN안보리가 교착상태에 있어야 한다. ㉣ 모든 평화적인 분쟁해결수단이 이미 사용되어 더 이상 심각한 인권침해를 막을 방법이 없어야 한다. ㉤ 강한 영향력을 가진 한 국가가 아니라 많은 국가(UN회원국의 과반수)에 의해 심각한 인권침해의 종결 여부가 결정되어야 한다. ㉥ 무력은 목적의 달성을 위해서만 사용되어야 하고, 무력사용은 목적과 수단이 비례관계에 있어야 한다. 또한 심각한 인권침해의 종결이라는 목적이 달성될 경우, 무력사용은 즉각 중단되어야 한다.

④ **소결**: 위법설과 적법설은 모두 UN헌장 제2조 제4항의 해석론을 중심으로 다투고 있음을 알 수 있다. 생각건대, UN헌장의 문언적, 주관적, 체계적 해석에 의할 때, 위법설이 타당하다고 생각된다. UN헌장의 무력사용에 관한 기본구도는 개별회원국의 무력사용권을 전면적으로 금지하고, UN안전보장이사회를 중심으로 한 집단안전보장제도를 통해 회원국의 안보를 달성하는 것이다. 그럼에도 불구하고, 자위권등 예외를 허용하는 것은 집단안전보장제도가 작동하기까지 시간이 소요될 수 있음을 고려한 것이다. 결국, UN헌장체제에서는 자위권 이외의 개별국가의 여하한 무력사용권은 배제된다고 새겨야 할 것이고, 따라서 인도적 간섭도 금지된다.

(2) 판례

ICJ는 1986년 '니카라과 사건'에서 미국이 니카라과의 인권침해를 이유로 니카라과에 대한 군사적 개입권을 가지고 있다는 주장을 배척하였다. 법원은 '미국이 니카라과의 인권존중에 관한 상황을 스스로 평가할 수는 있으나, 무력의 사용은 인권 존중을 감시하거나 확보하는 적절한 수단이 될 수 없다.'고 판시하였다.

(3) UN안전보장이사회

안전보장이사회는 대규모 인권침해사태가 발생한 경우, 이를 국제평화와 안전에 대한 위협으로 결정하고, 회원국들에게 무력사용권을 허가하였다. 이러한 안보리의 관행으로부터 안보리는 개별국가의 인도적 간섭권을 승인하지 않고 있음을 추론할 수 있다.

(4) 소결

학설, 판례 및 안보리 관행에 비추어 볼 때, 인도적 간섭의 정당성은 별론으로, 최소한 합법성은 없다고 볼 것이다. 정당성에 관해서는, 적법설을 주장하는 학자들이 제시하는 요건을 충족하는 한, 정당성을 인정할 수 있을 것이다.

3. 사례

(1) NATO의 코소보 공습

① 사실관계: 코소보는 구유고연방을 구성하던 공화국 중 세르비아에 속하는 자치지역으로서 알바니아계 주민이 압도적 다수를 차지하였고 대다수는 회교도였다. 1989년 세르비아의 대통령 밀로세비치는 코소보의 자치권을 폐지하였으나, 코소보의 알바니아 주민들이 이에 대항하였다. 이에 세르비아 경찰은 코소보해방군을 대량살상하였다. UN 및 미국을 중심으로 한 평화노력이 실패로 돌아가자 1999년 미국의 주도하에 세르비아에 대한 NATO의 공습이 개시되었다.

② 적법성: NATO의 코소보공습은 전형적인 일방적 인도적 간섭의 사례로 평가된다. 안보리의 명시적 승인이 없었다는 점에서 위법행위라는 평가를 면할 수 없을 것으로 생각된다. 일설은 안보리의 묵시적 수권이 존재한다거나, 사후수권이 존재했다고 주장하기도 하나, 사실관계에 비추어 수긍하기 어렵다. 코소보공습의 경우, 대규모 인권침해사태가 존재했고, 미국은 평화적 해결노력을 하였고, 안보리에서 러시아와 중국이 반대함으로써 무력사용의 허가가 교착상태에 빠져 있었다는 점에서, '정당성'은 인정할 수 있을 것이나, 헌장 제2조 제4항에 위반되는 행위로 볼 것이다.

(2) 미국의 반테러전쟁

미국은 2003년 이라크를 공격함에 있어서 이라크의 대량살상무기로부터의 미국이 받는 위협을 거론하며 '선제적 자위권'을 원용하였으나, 대량살상무기를 발견하지 못하자 이라크에 대한 전쟁을 사후적으로(ex post facto basis) 정당화하기 위해 '인도적 간섭'이론을 원용하였다.[69] 그러나, 미국의 이라크전쟁은 안보리의 승인이 없었다는 점에서 위법일 뿐 아니라 적법설을 주장하는 견해에 따르더라도 정당하지 못한 행위이다. 즉, 모든 평화적 분쟁해결수단이 실패로 돌아가 무력공격만이 유일한 방법이었다고 보기 어렵고, 이라크의 대량살상무기를 통한 테러의 급박성이 있었다고 보기 어렵기 때문이다.

---

69) 김영석, 전게논문, 44면.

Ⅳ 결론

대규모의 체계적이고 지속적인 인권유린사태가 발생하는 경우, 특히 국가에 의해 자국민에 대한 인권침해가 발생하는 경우, 국제공동체가 이를 외면하는 것은 정의의 원칙에 부합하지 않기 때문에 개입해야 할 것이다. 이는 '보호책임'의 논리와 일맥상통하다. 그러나, 국제공동체의 일반의사에 기초하지 않은, 개별국가의 자의적·재량적 개입은 정당성을 약화시킬 것이므로, 현재로선 UN안보리의 허가에 기초하여 개입하는 것이 가장 바람직한 방안으로 생각된다. 한반도의 경우, 북한인권문제가 중요한 국제관심사로 등장해 있고, UN에 의해 적극적으로 검토되고 있다. 경우에 따라서는 북한에 대한 UN의 인도적 개입 가능성도 배제할 수 없을 것이다. 그러나, UN이 군사적 수단을 통해 북한에 개입하는 것에는 대단히 신중을 기할 것으로 생각된다. UN은 고위패널보고서에 언급된 바와 같이 위협의 중대성, 적절한 목적, 최후의 수단, 비례적 방법 및 결과의 균형이라는 조건이 모두 충족될 때 무력사용을 승인할 것이다. UN안보리에서 중국이나 러시아의 동의를 구하기 어려울 것이라는 점과, 북한의 무력대응 가능성 등을 고려해 볼 때 북한에 대해서는 인도적 개입이 아니라 외교적 방식으로 문제를 해결하는 것이 보다 적절한 것으로 생각된다.

제8절 보호책임(Responsibility to Protect)

Ⅰ 보호책임의 의의

1. 보호책임의 개념

보호책임(R2P)이란 국가가 인도적 참상에 직면하여 그 일차적 책임을 수행하지 못하게 되면 이에 대해 안보리의 수권하에 국제사회가 지게 되는 책임을 의미한다. 보호책임의 일차적 당사자는 해당국이며, 해당국가가 그 책임을 이행하지 못하면 국제사회가 관여하여 사태를 해결하는 형식을 취하게 된다.

2. 보호책임 논의의 배경

1990년대 중반 르완다, 보스니아 사태로 대규모 인명살상이 발생한 후 UN의 역할에 대한 회의가 제기되었다. 이 문제에 관해 코피아난 UN사무총장은 1999년 9월 20일 UN총회에서 행한 연설에서 대규모 살상으로부터 민간인을 보호하기 위한 개입을 지지하는 규범의 발전을 환영하였으나, 비동맹권 국가들의 반응은 압도적으로 부정적이었다. 이에 아난 사무총장은 소규모의 국제법 및 국제정치 전문가그룹회의를 개최하여 개입 방안에 관한 연구를 하여, 'We the Peoples' 명의의 후속 보고서를 발간하였다. 동 보고서에서 사무총장은 '어떠한 법원칙, 심지어 주권도 인도에 반하는 범죄를 보호할 수 없다. 범죄가 발생하고 평화적 수단을 모두 사용하였을 경우에는 안보리는 국제사회를 대신하여 행동할 도덕적 의무를 가진다'면서 국제사회의 개입 당위성을 강조했다. 이후 인도적 개입의 주권침해 가능성 문제에 의하여 인도적 개입의 합법성에 관한 논의가 보호책임론으로 전환하게 되었고, 이는 주권의 책임성을 강조하는 이론을 발전시키게 되었다.

3. UN총회 결의 채택

UN 창설 60주년을 기념하여 2005년 세계정상회의로 개최된 UN총회는 제노사이드, 전쟁범죄, 인종청소, 인도에 반하는 범죄로부터 주민을 보호할 책임은 개별 국가에게 있다. 그러나, 만일 개별국가가 그러한 책임을 이행하지 못하고 평화적 해결수단이 적절하지 못할 경우 국제 공동체는 안보리를 통해 집단적 조치를 취할 준비가 되어 있다는 결의를 채택하였다.

Ⅱ 보호책임의 주요 내용(UN총회 결의)

1. 보호책임의 적용 상황

보호책임의 적용상황을 4개의 국제범죄에 한정했다. 집단살해, 전쟁범죄, 인종청소, 인도에 반한 범죄 발생 시에 적용된다.

2. 평화적 수단의 우선 사용

국제공동체는 외교적, 인도적 또는 다른 평화적 수단을 우선적으로 사용해야 한다.

3. 안보리의 집단적 조치

UN헌장 제7장에 의한 안보리의 승인 아래서만 집단적 조치가 가능하며 개별국가 차원의 일방적 개입은 불가하다는 제한이 부과되었다. 총회 결의는 개입의 기준을 언급하지 않고, 평화적 수단의 이용이 적절하지 않거나 평화적 수단에 의한 해결이 명백하게 실패한 경우에 안보리가 개입할 수 있다고 명시하고 있다.

4. 안보리가 거부권을 행사하는 경우

총회 결의는 안보리가 거부권을 행사하는 경우의 대안에 대해서는 명시하지 않았다. 다만 거부권 행사의 자제를 촉구했다. 안보리가 제기능을 수행하지 못할 경우 UN총회가 평화를 위한 단결 결의를 통해 군사적 행동에 정당성을 부여할 수 있고, 지역적 기구가 안보리의 사후승인을 받는 것을 전제로 군사력을 사용할 수 있다.

Ⅲ 사례

1. 보호책임 사례

2006년 수단의 다푸르 사태를 비롯하여 코트디부아르(2011), 리비아(2011), 예멘(2011), 말리(2012, 2013), 소말리아(2013), 중앙아프리카 공화국(2013, 2014), 남수단(2011, 2014), 시리아(2014) 등이 있다.

2. 리비아 사태

리비아 사태는 성공적인 보호 책임 적용 사례로 평가되고 있다. 2011년 2월 리비아의 소요와 데모 사태에 대해 UN안보리는 결의 1970호, 1973호를 발동하였고 이를 통해 리비아에서 무력을 포함한 필요한 모든 수단을 사용하도록 허가했다. 리비아 사태를 ICC에 회부하고 무기의 금수와 비행금지구역의 설정을 포함하고 있다. 리비아 사태에서 보호책임이 성공할 수 있었던 것은 당시 리비아의 상황적 특징에 기인했다. 리비아의 가다피 정부는 정치적 지지를 잃고 있었고, 저항군은 상당한 세력을 확보하고 있었다. 육군은 양분되어 있었고 대규모 탈영 가능성이 열려 있는 등 군사적으로 상당히 약한 상태에 놓여 있었다.

3. 시리아 사태

시리아 사태는 실패 사례로 평가되고 있다. 시리아의 중앙 정부는 상당한 군사력을 보유하고 있었고 군대 및 정보기관은 정부에 대한 충성심이 강하고 유대감을 보여주고 있었다. 아사드 대통령은 다마스커스와 알레포에서 국민의 지지를 받고 있었다. 아사드에 저항하는 반군은 분열되어 있었다. 나아가 러시아가 시리아에 대한 직접적인 군사행동에 반대한 것도 저해 요소로 작용했다. 시리아의 경우 국제관계에서 인권에 비해 주권의 장벽이 두텁다는 현실적 제약을 보여주었으며 보호책임의 규범적 지위에 대한 회의적 시각을 보여준 대표적 사례라고 할 수 있다.

Ⅳ 보호책임의 비판

1. 미성숙성

R2P는 인도적 개입을 할 수 있는 근거를 마련하기 위한 조치로 생성되었으나 이를 근거로 국가나 국가 집단이 인도적 개입을 정당화할 수 있는 가능성은 배제되고 있다. 즉, R2P가 무력사용 금지의 원칙의 예외가 될 수 있는 지위를 구축할 수 있는 정도로 성숙하지 못했다.

2. 국제공동체 개입 기준 시점의 불명확성

R2P 문서는 국제공동체가 개입할 수 있는 기준 시점에 관하여 명확히 규정하고 있지 않다. 해당국가가 사태를 개선할 의지나 역량이 없을 경우라든지 해당국가의 R2P 이행이 명백히 실패한 경우를 명시하고 있지만 이를 통해 기준을 구체적으로 파악하기 어렵다.

3. 안보리의 거부권 행사

R2P는 안보리의 개입을 통한 무력 행사의 승인으로 이행된다. 그러나 안보리의 구조적 문제인 거부권 행사가 사태의 해결을 막는 걸림돌이 될 수 있다. 시리아 사태에서 노정된 것과 같이 시리아에 대해 정치적 이해를 가진 러시아는 국제공동체의 군사적 개입을 반대하였다.

Ⅴ 북한인권문제와 보호책임

UN북한인권조사위원회는 2014년 발표한 최종보고서에서 북한의 인권침해사태가 인도에 반하는 죄에 해당하며 북한 정부는 주민들의 인권보호에 명백히 실패했기 때문에 이제는 국제공동체가 이러한 범죄로부터 북한 주민을 보호할 책임을 수락해야 한다고 강조했다. 또한 안보리가 이 범죄에 대한 최고 책임자들은 국제형사재판소에 회부하든가 UN특별국제재판소를 설립하라고 권고했다.

Ⅰ 서론

현대 국제법 질서에서는 UN의 jus ad bellum 체제와 양립하지 않는 다양한 무력사용이 행해지고 있다. 외국에서 위험에 처해 있는 자국민 보호를 위한 무력사용도 그러한 예에 속한다. 국가의 자국민보호조치는 생명보호를 위한 것과 재산보호를 위한 것이 있다. 무력사용의 위법화와 함께 후자의 무력사용은 인정되지 않는다는데 이론이 없으나, 자국민의 생명을 보호하기 위한 무력사용에 관해서는 논란이 있다. 특히 합법정부의 동의가 없는 상황에서 자국민 보호를 위한 무력사용이 그러하다.

Ⅱ 외교적 보호와 재외자국민 보호

1. 외교적 보호

외교적 보호는 개인이 외국에서 신체 또는 재산에 손해를 입었을 때 그 개인의 본국이 손해가 발생한 영역국에 대해 적당한 구제를 하도록 요구하는 것을 말한다. 외교적 보호권은 국가의 재량사항이며 수단의 선택도 국가의 재량에 맡겨져 있다. 일반적으로 항의, 교섭, 재판 등이 이용되나, 경우에 따라서는 강압적 수단이 선택될 수도 있다.

2. 외교적 보호와 ILC초안 준비작업

2000년 초안에서는 원칙적으로 외교적 보호수단으로서의 무력사용을 금지하고 있으나, 예외적으로는 허용하고 있다. 즉, 평화적 수단이 존재하지 않고, 체류국이 자국민의 안전을 보장할 의사와 능력이 없을 것, 보호국 국민이 급박한 위험에 처해 있을 것, 무력사용과 사태의 상황의 비례성, 구조 후 즉각적인 종료와 철수를 요건으로 한다. 그러나 2002년 초안에서는 이 예외조항이 삭제되었다.

Ⅲ 자국민보호를 위한 무력사용의 합법성 논의

1. 합법정부의 요청이 있는 경우

UN헌장은 제2조 제4항의 예외로서 제51조상의 자위권과 제7장상의 강제조치로 제한하고 있다. 그러나, 국가들은 무력사용 대상국(target state)의 동의에 기초한 무력사용도 정당화 사유로서 제시하고 있다. 내란이 발생한 경우가 좋은 예이다. 문제는 합법정부가 누구인지 불확실한 상황에서 타국이 개입하는 경우 타국의 대외정책적 목적이 개입할 여지가 있다는 것이다. 즉, 개입국에 친화적인 정권을 수립하기 위해 개입할 수 있는 것이다. 미국의 1965년 도미니카에 대한 무력개입, 1983년 그레나다에 대한 무력개입이 그러한 의심을 받았었다. 즉, 미국의 군사개입에서 자국민의 보호는 정부의 전복과 이념적 동기에 의한 무력사용을 위장하기 위해 사용된 구실에 불과하다는 지적이 있었다. Cassese는 자국민 보호를 위한 무력사용이 합법정부의 요청에 의한 것이라 하더라도 그것이 합법성을 가지기 위해서는 그러한 요청이 진정으로 그리고 자발적으로 이루어지고, 요청국의 영역에서 행해지고 있는 사태와 개입국의 태도가 위장된 신식민주의적 개입의 가능성을 배제하는 것이어야 한다고 지적하고 있다.

2. 합법정부의 요청이 없는 경우

합법정부의 요청이 없는 경우라 하더라도 자국민 보호를 위한 무력사용이 정당하다고 주장하는 견해는 다음과 같은 근거를 제시하고 있다. 이에 대해 비판적 관점에서 검토한다.

(1) UN헌장 제2조 제4항과 자국민 보호

무력사용금지의 범위에 관해 해석상 논란이 있다. 제한적으로 해석하는 경우 자국민 보호를 위한 무력사용은 타국의 영토보전이나 정치적 독립을 겨냥한 것이 아니므로, UN헌장 제2조 제4항의 금지 범위에 포함되지 않는다는 견해가 있다. 미국은 그레나다 침공에서 이같은 주장을 한 사례가 있다. 그러나, 헌장의 기초과정과 국가들의 태도에서 볼 때 동 조항은 헌장상의 명시적 예외를 제외하고 무력사용을 포괄적으로 금지하고 있다고 보는 것이 타당하다.

(2) UN헌장 제51조와 자국민 보호

미국은 테헤란 인질 사건에서 인질 구출을 위한 무력개입의 근거로 자위권을 원용하였으며, 이스라엘도 엔테베공항 사건(1976년)에서 자위권을 근거로 원용하였다.

제51조의 해석론에는 협의설과 광의설의 대립이 있다. 협의설에 따르면 자위권은 자국에 대해 무력공격이 발생한 경우에만 원용할 수 있다. 반면, 광의설에 의하면 동조는 자위권을 제한하기위함이 아니라 확인하기 위해 삽입되어 있으므로, 관습법상 자위권의 일부로 존재한 국가의 자국민보호 권리는 UN헌장상의 자위권의 일부로 여전히 존재한다(Bowett).

한편, 협의설 입장에서 자국민 보호를 위한 자위권 원용을 정당화 하는 견해가 있다. 즉, 국민은 국가의 본질적 구성요소이므로 재외자국민에 대한 무력공격을 국가 자체에 대한 무력공격과 동일시 할 수 있다. 다만, '상당수의 재외자국민 집단'의 생명이 위협을 받아야 한다.

그러나, 자국민에 대한 무력공격에 대해 자위권을 발동할 수 있다는 견해는 수용되기 어렵다. 국가와 국민을 동일시 할 수는 없으며, 예외는 엄격하게 해석해야 한다는 일반적인 법해석의 원칙에 위반되기 때문이다. UN의 목적이 국제평화의 보장이고 이를 위해 개별국가의 무력사용은 최대한 억제되어야 한다는 것이 헌장의 취지임을 감안하면 헌장 제51조는 법해석 원칙에 따라 엄격히 해석하는 것이 타당하다.

(3) 인도적 간섭과 자국민 보호

인도적 간섭이란 한 국가 내에서 정치, 종교, 인종 기타의 이유로 주민의 일부 또는 전부가 박해를 받는 등 인도에 반하는 사태가 발생한 경우, 타국이 이러한 비인도적 행위 또는 사태를 중지시키고 인권을 회복하기 위해 강압적으로 개입하는 것을 말한다. 인도적 간섭의 합법성은 헌장 제2조 제4항의 제한적 해석과 예외 사유에 해당한다는 점, 인권보호가 제2조 제4항보다 우선한다는 점에 근거해서 주장되고 있다. 그러나 인도적 간섭이 타국 내 주민을 대상으로 한다는 점에서 해외 체류 중인 자국민 보호를 인도적 간섭의 범주에 포함시킬 수 없다는 견해가 유력하다.

(4) 자력구제(self-help)와 자국민 보호

UN의 무력사용에 대한 법체계는 UN의 집단안전보장체제가 제대로 기능을 한다는 전제에서 성립된 것이다. 그러나 UN 창설 이후 안전보장이사회의 기능이 마비됨에 따라 UN이 집단 안전보장체제의 기능이 저하되었다. 따라서 국가들은 자국 이익을 위해 자력구제에 의존하는 경향이 나타나고 있다. 그러나, 이에 대한 관습법이 성립되어 있는지는 불분명하다. 1960년 콩고에 대한 벨기에의 개입 및 1964년 콩고에 대한 벨기에-미국의 개입 사건 시 안보리의 논의를 보면 관습법상 자국민보호를 위한 권리는 일반적으로 그러한 군사개입활동을 정당화하는 것으로 더 이상 수락되지 않음을 알 수 있다. 또한 안보리 거부권은 헌장에서 예정된 제도이므로, 헌장의 절차적 규정이 작동하고 있는 것으로 보는 견해도 있다. 이에 따른다면, UN의 집단안보체제가 마비된 게 아니라, 오히려 잘 작동되고 있다고 볼 수 있고, 따라서 집단안보체제의 마비를 전제로 하는 자력구제권의 부활은 논의의 출발부터 잘못되었다고 볼 수도 있다.

Ⅳ 결론

상대국의 동의 없이 이루어지는 무력행사는 그 목적이 자국민 보호라 하더라도 현행 UN헌장체제 하에서는 위법이라고 해야 한다. 무엇보다 자국민을 위한 제한적 무력사용이라 하더라도 그 남용의 가능성이 상존한다. 자국민이 위험에 처해 있는지 여부에 대해 일차적으로는 개별국가가 판단하기 때문이다. 또한 무력사용이 남용되는 경우 UN헌장 제2조 제4항의 원칙을 훼손시키고 궁극적으로는 국제사회의 평화와 안전을 위협하게 될 것이다. 따라서 법의 변경을 요하는 상황이 발생하고 있는 것은 사실이나, 강행규범으로 평가되고 있는 UN헌장 제2조 제4항은 국제평화와 안전에 가장 중요한 규정이므로 그 예외의 확대는 신중을 기해야 할 것이다.

제10절 전쟁법의 주요 내용

Ⅰ 전쟁법의 의의 및 연혁

1. 전쟁법의 의의

전쟁법(laws of war)이란 전쟁이 발생하여 전쟁상태가 계속되는 동안 교전당사국 간 또는 교전당사국과 비교전당사국 간의 관계를 규율하는 법으로서 전쟁금지를 효율적으로 실현하기 위한 전쟁방지법과는 구별된다.

2. 전쟁법의 연혁 및 법전화

전쟁법의 기원은 중세에서 찾을 수 있으며 18세기 및 19세기에 이르러 국제관습법으로 형성되었다. 1850년경부터 제1차 세계대전이 발생하기까지의 기간, 특히 1907년 제2차 헤이그평화회의에서 조약화 함으로써 전쟁법의 체계가 형성되었다.

Ⅱ 전쟁법의 기본원칙

군사필요의 원칙, 인도주의의 원칙, 기사도의 원칙이 있다. 군사필요의 원칙이란 교전당사국은 전쟁목적의 실현에 필요한 병력과 무기를 사용할 수 있다는 원칙이며, 인도주의의 원칙이란 적을 정복하는 데 필요하지 않는 양과 종류의 무력이 허용될 수 없다는 원칙이다. 기사도의 원칙이란 교전당사국들은 공격과 방어에 있어서 불명예스러운 수단이나 방법 또는 행위를 금지하여 공명정대성을 유지하고 서로 존경해야 한다는 원칙이다.

> **📖 참고 전수론(military necessity)**
>
> 전수론이란 전쟁 중 교전당사국이 전쟁법을 준수함으로써 자국의 중대이익이 위험에 직면하는 경우 전쟁의 필요가 전쟁법에 우선하여 전쟁법의 구속으로부터 해방된다는 이론이다. 현대 국제인도법에서 전수론은 대체로 부인된다. 1949년 제네바협약 및 제1추가의정서는 전수론을 부인하고 있다.

> **📖 참고 마르텐스조항(Martens Clause)**
>
> 마르텐스조항은 1899년 육전법규협약에서 규정하였고 오늘날 국제인도법에서도 확인되는 것으로서 동 조항은 법규의 부존재를 이유로 하는 비인도적 행위를 방지하고자 한다. 마르텐스조항은 전투수행에 관한 조약규정이 존재하지 않는 경우에도 교전당사국은 확립된 관행이나 양심에 기초하여 비인도적 행위를 자제해야 한다는 내용을 규정한다.

Ⅲ 전쟁법의 주요 내용

1. 전쟁의 개시

전쟁의 개시(개전)란 평시 국제법관계를 전시 국제법관계로 전환시키는 행위를 말하며, 개전선언, 최후통첩 또는 적대행위에 의해 개시된다.

2. 교전자

교전자란 전쟁을 수행하는 국가의 기관으로 무력에 의한 해적수단을 행사할 수 있는 전투행위의 주체인 동시에 객체인 교전자격을 가진 자를 의미한다. 적군에게 체포된 경우 포로신분권을 향유한다. 교전자에는 정규군, 비정규군, 게릴라가 있다. 정규군이란 국가법령에 의하여 편성되고 국가가 직접 통할하고 책임을 지며 외부에서 인식할 수 있는 기장을 착용한 군대를 말한다. 정규군에는 전투원과 비전투원(군종·의무요원)이 있다. 비정규군은 정규군 이외의 교전자로서 전시에 임시로 군무에 종사하는 자를 말한다. 비정규군으로는 민병, 의용병, 군민병 등이 있다. 게릴라는 적에 의해 확보된 영역 내에서 유격전을 감행하는 작은 부대로서 제네바조약 제1의정서에 의해 교전자격을 부여받았다.

3. 휴전

휴전이란 교전당사국의 정부 또는 군지휘관의 합의에 의해 전투행위를 중지하는 것을 말하며 그 조약을 휴전협정이라 한다.

4. 전쟁의 종료

전쟁 종료의 가장 일반적 방법은 평화조약의 체결이지만, 그 밖에 교전당사국이 적대행위를 사실상 중지하고 전의를 포기한 경우, 교전당사국의 일방이 타방을 정복 · 병합한 경우, 그리고 전승국이 일방적으로 전쟁상태의 종료를 선언한 경우에도 전쟁은 종료된다.

제11절 한국군의 전시작전통제권 귀속주체

Ⅰ 법적 쟁점

현행 체제하에서 전시 작전통제권한이 최종적으로 어디에 귀속되는가? 즉, 전시 한국군에 대한 작전통제권 행사권한의 최종 귀속주체가 UN사(이하 UNC)인지 한미연합사(이하 CFC)인지에 대한 한미 간 견해가 대립되고 있다. 이에 대해서는 UN사령관의 한국군에 대한 권한의 변천과정, UN사 설치근거가 되는 안보리 결의의 유효성 등을 포괄적으로 검토해야 한다.

Ⅱ UN사령관의 한국군에 대한 권한의 변천과정

1. UN안보리 결의와 UNC의 설치

한국전쟁 발발 이후 UN안전보장이사회는 안보리 결의 제82호−제84호를 통해 (1) UN회원국들에게 미국이 주관하는 통합사령부에 군대를 보낼 것, (2) 미국은 군사령관을 임명할 것, (3) 참가하는 UN회원국들은 작전 중 자국 국기와 UN깃발을 사용할 수 있다는 것을 결의하였다.

안보리 결의에 기초하여 설치된 UNC의 임무는 (1) 북한의 무력공격 격퇴 및 국제평화와 안전 보장임무, (2) 한국에서 통일되고 독립된 민주정부 수립, (3) 1953년 정전 협정 체결에 의한 정전체제의 유지임무로 대별된다.

2. UN에 대한 작전지휘권의 이양

1950년 7월 14일 이승만 대통령은 한국군에 대한 작전지휘권을 UN에 이양하는 내용의 서신을 발송하였고, UN군사령관은 이를 수락하는 답신을 보냈다. 당시 교환공환(exchange of notes)의 형식을 통해 한국군에 대한 대한민국 대통령의 작전지휘권의 UN군사령관으로의 이양은 국제법상 조약으로서, 한국정부와 UN이 체결한 일종의 특별협정의 성격을 가진다. 따라서 한국군과 UN군은 UN군사령관의 지휘 아래 연합관계를 형성하고 있으며, 작전지휘권의 이양은 적대행위 종료를 해제조건으로 하는 법률행위라 볼 수 있다.

3. 1954년 한미 합의의사록

정전협정이 체결된 이후 한미 양국은 1954년 합의의사록을 체결하여 'UN사가 한국 방위 책임을 부담하는 동안 한국군을 UN사의 작전지휘권 하에 둔다'고 규정하여 UN사령관은 한국군에 대한 작전지휘권을 계속 보유하게 되었다(제2항).

4. 1978년 한미 연합사령부 창설

1977년 7월 26일 제10차 SCM에서 한미 양국 정부는 '한국방위의 작전효율화를 위해 한미연합군사령부를 설치하기로 합의'하였으며, 1978년 7월 27일 제11차 SCM에서 한미연합군사령부 창설의 법적 근거인 '군사위원회 및 한미연합군사령부에 대한 권한위임사항'을 승인하였다. 이에 1978년 7월 28일 제1차 한미군사위원회의 전략지시 1호에서 '한미연합군사령관이 한국방어 임무를 수행할 수 있도록 제공된 한미군을 구성군 사령부를 통해 작전통제'하도록 권한을 부여함으로써 이전까지 UN군 사령관의 전·평시 작전통제를 받던 한국군은 한미 연합군 사령관의 작전통제를 받게 되었다.

Ⅲ 한미 연합사 창설 이후 한국군에 대한 UNC의 작전지휘권 유지 여부

1. 유지된다는 견해

한국의 일부 논자들과 미국의 입장은 한미연합사 창설을 통해 UNC의 전시작전통제권이 소멸된 것은 아니라는 것이다. 즉, UNC 역시 기존의 전시 작전통제권을 보유하고 있으므로, 북한과 무력분쟁이 발생하는 경우 UNC가 당연히 자동적으로 작전통제권을 갖게 된다고 본다. 이러한 견해의 논거는 UNC는 국제협약에 의해 설립된 국제기구이고, CFC는 한미 양자협정에 의해 설립된 군사기구로서 양자는 부여된 임무와 지휘계통이 상이하다는 것이다.

2. UNC의 작전지휘권이 소멸하였다는 견해

UNC의 작전지휘권이 소멸하였다는 견해는 1978년 한미 연합사의 창설합의로 UNC의 전시작전통제권이 CFC의 전시작전통제권으로 '대체'되었다는 점에 근거하고 있다. 따라서 북한의 무력도발시 UNC가 전시작전통제권을 행사하기 위해서는 한미군사위원회로부터 재이양 절차를 밟아야 한다고 본다.

3. 유지 및 자동 이양되는 경우의 문제점

북한과 무력분쟁 시 UNC가 전시작전통제권을 자동적으로 보유하게 된다고 보는 것은 몇 가지 문제가 있다. 첫째, UN군 사령관은 UN의 대행기관으로 지정된 미국 국가통수기구 및 군사지휘기구로부터 전략지침을 받아 전쟁을 수행하게 되고 한국의 국가정책과는 무관하게 한국 방어 작전이 수행될 수 있다. 둘째, 한국방어작전을 넘어 북한지역까지 진출하게 되는 경우 북한지역이 '수복지'가 아닌 '점령지'가 될 수 있는바, 전후처리에 있어 UN이 주도권을 가지게 될 가능성이 있다.

Ⅳ 결론

법률상 또는 국가이익적 견지에서 현재 한국군에 대한 전시작전통제권은 CFC에 있다고 본다. 즉, 1978년 이전까지 전시작전통제권은 UNC에 있었던 것이 명백하나, CFC창설 이후 이는 CFC에 이양되었고, UNC의 통제권은 소멸하였다. 따라서 유사시 UNC가 전시작전통제권을 갖고자 하는 경우 한국의 별도의 동의를 요한다.

제12절 전시인도법

Ⅰ 의의

전투능력을 상실한 군대요원과 적대행위 불가담자를 적대행위로부터 야기되는 고통의 경감 내지 그로부터의 보호를 규율하는 법이다. 국제인도법[70](제네바법이라고도 함)은 순전히 전쟁을 포함한 무력충돌의 희생자를 보호하는 법으로 1949년 제네바제협약을 근간으로 한다. 국제인도법은 인간의 존엄성을 존중하고 나아가 인간의 고통을 예방·완화시키려는 적십자운동의 인도주의적 정신을 실정국제법에 구현한 것이다.

Ⅱ 연혁

국제인도법은 1864년 6월 22일 제정된 최초의 적십자조약을 기초로 탄생하였다. 1949년 네 개의 제네바 조약[71]이 체결되어 현대국제인도법전이 완성되었으며 1977년 2개의 추가의정서[72]가 채택되었다.

---

70) 국제인도법과 국제인권법은 '사람의 보호'라는 공통의 목표를 갖고 있으나 몇 가지 기본적인 차이가 있다. 첫째, 인권법은 기본적으로 한 국가의 그 국민 내지 그 관할권하의 개인들에 대한 관계에 관심을 두나, 국제인도법은 기본적으로 타방 교전당사자 측의 민간인과 전투원의 적절한 보호에 관심을 둔다. 둘째, 인권법은 개인의 권리를 창설하고 확대하는 방향에서 전개되어 나오고 있는 반면, 국제인도법은 무력사용에 있어서 국가의 재량을 제한하는 방향에서 발전되어 온 것이다. 따라서 인권법은 개인이 향유하는 일련의 권리로 구체화되어 있는 반면, 인도법은 교전자들이 준수해야 할 일련의 의무로 공식화되어 있다. 셋째, 인권조약들은 국가 비상사태 시 인권의 일시적 훼손조치를 인정하는 반면, 국제인도법은 그러한 조치를 허용하지 않는다[김대순(15판) 1411면].
71) 육전에서의 군대의 상병자의 상태개선에 관한 협약, 해상에서의 군대의 상병자 및 조난자의 상태개선에 관한 협약, 포로의 대우에 관한 협약, 전시 민간인의 보호에 관한 협약.
72) 1949년 제네바제협약에 대한 추가 및 국제적 무력충돌의 희생자보호에 관한 의정서, 1949년 제네바제협약에 대한 추가 및 비국제적 무력충돌의 희생자보호에 관한 의정서.

Ⅲ 주요 원칙

불가침, 비차별, 안전, 중립, 정상생활 확보, 보호, 구호, 상호성 등 8개의 원칙이 국제인도법을 지배하는 주요 원칙이다.

Ⅳ 포로

포로란 전쟁에 의하여 적대국의 권력 내에 들어와 군사적 이유로 자유를 상실하였으나 국제법이나 특별협정에 의해 일정한 대우가 보장된 적국민을 의미한다. 정규군, 비정규군을 막론하고 교전자격 있는 자는 포로가 된다. 또한 교전자격이 없더라도 종군자(보도기자·노무대원 등), 민간인, 공무원 등도 포로대우를 받는다. 포로는 인도적으로 취급되어야 하며, 복구의 대상으로 삼을 수 없다. 포로는 신체·명예의 존중과 완전한 사법상의 행위능력을 보유한다. 포로를 고문할 수 없다.

제13절 전쟁범죄

Ⅰ 서론

전통적으로 전쟁범죄란 전쟁법규의 위반행위로써 범죄자를 체포한 당국에 의해 처벌될 수 있는 군인, 민간인의 적대행위 또는 기타행위를 의미한다. 또한 전쟁 그 자체의 개시나 수행에 관한 범죄가 아니라 일단 개시된 전쟁에 있어서 전쟁법규에 위반한 행위를 전쟁범죄라 보았다. 그러나, 제2차 세계대전 이후 침략전쟁이 위법화 되면서 '평화에 대한 죄'(crime against peace)와 '인도에 대한 죄'(crime against humanity)가 전쟁범죄로 추가되었다. 따라서 오늘날 전쟁범죄는 (1) 통상의 전쟁범죄, (2) 평화에 대한 죄, (3) 인도에 대한 죄를 포괄하는 개념으로 이해되고 있다. 인권의 국제적 보호가 국제공동체의 중요한 관심사로 부상함에 따라 전쟁범죄를 범한 개인에 대한 국제적 처벌이 강화되고 있으며, 최근 국제형사재판소의 관할대상범죄로 포함된 것도 개인의 전쟁범죄의 엄단을 위한 국제공동체의 의지를 여실히 보여주는 것이라 할 수 있다. 전통적 전쟁범죄와 새로운 전쟁범죄로 대별하여 논의한다.

Ⅱ 전통적 전쟁범죄

1. 개념

전통적 전쟁범죄(conventional war crime)란 군인이나 민간인에 의해 개인적으로 또는 단체적으로 수행된 전쟁법규 위반행위를 의미한다. 일단 전쟁이 개시된 이후에 전쟁법에 위반된 행위를 대상으로 한다.

2. 전통적 전쟁범죄를 구성하는 행위

전통적 전쟁범죄는 크게 네 종류로 대별된다. 우선, 병력에 속한 자에 의한 전쟁법규 위반행위. 예컨대, 사용이 금지된 무기를 사용한 행위, 불필요한 고통을 주는 무기를 사용한 행위등이 있다. 둘째, 병력에 속하지 않는 자에 의한 적대행위가 있다. 국제법적 견지에서 사인의 적대행위는 상대방 병력의 안전을 부당하게 침해하므로 허용되지 않는다. 셋째, 간첩과 전시반역. 넷째, 노략(擄掠)행위(marauding). 노략행위란 전장에서 전진·후퇴하는 군대를 따라다니면서 전리품을 획득하는 행위를 말한다.

3. 전쟁범죄에 대한 제재

(1) 개인에 대한 제재

전쟁범죄를 범한 개인에 대한 제재는 그 소속국에 의한 제재와 그를 체포한 적국에 의한 처벌로 대별된다. 전쟁법규를 위반한 행위가 동시에 국적국의 국내법에 위반될 경우 국내법에 따라 처벌된다. 또한 전쟁법규 자체가 국가에게 관할 내의 전쟁범죄인의 처벌을 요구하기도 한다. 한편, 교전당사자는 상대방의 전쟁법규 위반자를 체포했을 때 그 행위에 대해 처벌할 수 있으나, 공정한 재판을 받을 권리를 보장해야 한다.

(2) 국가에 대한 제재

첫째, 전쟁법규를 위반한 국가에 대해 상대국은 전시복구를 할 수 있다. 전시복구란 전시에 일방 교전자가 불법한 전쟁행위를 수행할 때, 타방교전자가 그 불법한 전쟁행위를 중지하게 하기 위하여 취하는 보복적 행위이다. 둘째, 손해배상을 청구할 수 있다. 교전당사자의 전쟁법규 위반행위로 인해 발생한 손해에 대해서 위반국은 배상할 법적 의무를 부담한다.

Ⅲ 새로운 전쟁범죄

1. 개념

새로운 전쟁범죄란 전통적 전쟁범죄로서의 전쟁법 위반행위 이외에 평화에 대한 죄(crimes against peace)와 인도에 대한 죄(crimes against humanity)를 의미한다. 침략전쟁을 일반적으로 금지하는 규범의 성립 및 개인의 인권보호의 중요성의 부각이 그 배경이 되었다.

2. 새로운 전쟁범죄의 내용

(1) 평화에 대한 죄

침략전쟁 또는 국제조약 및 협정에 반하는 전쟁의 계획·준비·착수·실행 또는 이러한 행위목적 달성을 위한 공동계획 또는 모의에 참가한 행위를 말한다.

(2) 전시범죄

전시법규 및 관습법 위반행위로서 다음과 같은 행위를 포함한다. 점령지역 내에 있는 민간인의 살해, 학대 또는 노예노동이나 그 밖의 목적을 위한 추방, 포로살해, 인질학대 등.

(3) 인도에 대한 죄

범행지의 국내법 위반 여부를 불문하고 전쟁 전 또는 전쟁중에 민간인에 대한 살해, 멸종, 노예화, 추방 및 그 밖의 비인도적 행위 또는 정치적, 종족적, 또는 종교적 이유에 입각한 박해를 말한다.

3. 새로운 전쟁범죄에 대한 제재

새로운 전쟁범죄에 대한 제재도 국내법에 따라 처벌하나, 제2차 세계대전 이후 전범들을 처벌하기 위한 군사재판소가 설치되어 국제법에 따라 처벌되었다.

(1) 뉘른베르크 국제군사재판소

제2차 세계대전 이후 미국, 영국, 소련은 '유럽추축국 전쟁범죄자 기소 및 처벌에 관한 협정'을 체결하고 동 협정에 기초하여 국제군사재판소를 설치하였다. 독일의 Goering을 비롯한 24명의 전쟁범죄인들이 평화에 대한 죄, 인도에 대한 죄, 전시범죄로 기소 및 처벌되었다.

(2) 동경 극동군사재판소

1946년 연합군 최고사령관 D.MacArthur원수의 명령에 의해 극동군사재판소가 설치되어 일본의 주요 전범자들을 처벌하였다. 東條英機 등 28명의 일본인이 독일전범들과 유사한 전쟁범죄로 기소 및 처벌되었다.

Ⅳ 새로운 전쟁범죄의 문제점

1. 개인의 책임문제

전통적으로 전쟁은 국가 간 행위이므로 그에 대한 책임은 국가에 귀속되는 것으로 간주되었기 때문에 국가의 기관인 개인이 책임을 질 수 있는가 하는 문제가 뉘른베르크 재판소에서 제기되었다. 그러나 전쟁이 국가 간 행위라 할지라도 국가라는 추상적 관념체가 전쟁을 개시할 여부를 결정하고 실행하는 것이 아니라 국가기관인 개인이 실행한다. 국가의 기관은 국가가 지는 국제법이나 조약상의 의무를 존중해야 하고 이에 위반하는 것은 기관으로서의 정당한 행위가 아니다. 따라서 개인으로서의 책임을 면할 수 없다.

2. 상관의 명령에 의한 하급자의 행위문제

(1) 쟁점

뉘른베르크 재판소 헌장 제8조에 의하면 상관의 명에 의한 하급자의 행위도 처벌할 수 있도록 규정하고 있다. 그러나 뉴른베르크 재판 당시 피고들은 상관인 히틀러의 명령에 의한 행동이었으므로 자신들에게 책임을 물을 수 없다고 항변하였다.

(2) 학설

① 하급자는 책임을 지지 않는다는 견해: 공법상 일반 원칙에 따라 상관의 명령에 중대하고 명백한 하자가 있는 경우 그 명령은 무효이고, 부하는 이에 복종할 의무가 없으므로 이에 복종한 하급자의 행위는 범죄를 구성한다. 그러나, 군인들에게 전시에 있어서 상관의 명령은 절대적인 것이므로 그 명령에 복종한 행위의 책임은 상관에게 있고 부하에게 문책할 수 없다.

② 하급자도 책임을 진다는 견해: 엄격한 명령·복종관계에 있다 할지라도 명백히 법에 위반하고 범죄를 구성하는 것을 알면서 행한 자는 그 행위에 대해 책임을 져야 하고 이는 법을 유지하고 범죄를 방지하기 위해 반드시 요청되는 것이다.

(3) 뉘른베르크 재판소의 입장

재판소는 피고인들에게 허용되는 자유재량이 있었음에도 불구하고 과도한 권력행사를 감행하였으므로 결코 책임이 조각될 수 없다.

3. 하급자의 행위에 대한 상관의 책임문제

(1) 쟁점

뉘른베르크 재판소에서 전시범죄로 처벌된 자들은 사실상 직접적인 범죄행위를 한 자가 아니었으므로 부하의 행위로 인한 상관의 책임 여부가 쟁점이 되었다.

(2) 학설

세 가지 입장이 있다. 첫째, 상관은 자기가 명령한 행위에 대해서만 책임을 진다는 견해. 둘째, 상관은 부하의 모든 행위에 대해 그의 명령 유무를 불문하고 책임을 진다는 견해. 셋째, 상관은 자기가 명령한 행위와 허가, 묵인, 간과한 행위에 대해서 책임을 진다는 견해.

(3) 재판소의 입장

세 번째 이론을 채택하였다. 형사상 책임의 본질은 자기의 고의·과실에 기한 범죄행위에 대한 책임이므로 단순한 형식상의 책임, 타인을 대신한 대위책임은 형사책임의 본질에 반하므로 세 번째 입장이 타당하다. 미연방대법원도 같은 입장이다.

4. 법률불소급의 원칙 문제

(1) 쟁점

종래의 전쟁범죄와 달리 평화에 대한 죄, 인도에 대한 죄는 피고인들이 전쟁을 수행하는 동안이나 그 이후에 국제법상 규정된 바가 없었다. 따라서 뉘른베르크 재판에서 전범자들의 처벌은 사후입법에 의한 처벌로서 법률불소급의 원칙에 반하는게 아닌가 하는 문제가 제기되었다. 구체적으로 두 가지가 문제된다. 첫째, 평화에 대한 죄 및 인도에 대한 죄가 사후입법인가? 둘째, 법률불소급의 원칙이 국제법상 확립된 원칙인가?

(2) 새로운 전쟁범죄의 사후입법성

일반적으로 긍정되었으나, 뉘른베르크 재판소는 기존 국제관습법의 확인으로 판단했다.

(3) 법률불소급원칙의 국제법성

① 부정설: Hans Kelsen. Julius Stone. Akehurst. 켈젠은 '일반국제법은 소급적 효력을 가진 법칙의 제정을 금하지 않는다는 점에서 뉘른베르크 재판소 헌장은 일반국제법과 상치되지 않는다.'라고 주장했다.

② 긍정설: A. Smith. P. E. Corbett. 법률불소급의 원칙 또는 '법 없으면 형벌 없다는 원칙'(nulla poera sine lege)은 국제법의 원칙이며 따라서 뉘른베르크 헌장은 기존 관습법에 위반된다고 본다.

V 결론

국제공동체는 오늘날 새로운 전쟁범죄에 대해 개인의 처벌을 실현하기 위해 다양한 노력을 경주해 오고 있다. UN총회는 1946년 '뉘른베르크 국제군사재판소 헌장에 의해 승인된 국제법의 원칙 확인'결의를 만장일치로 채택했고, 1968년 11월 26일 '전쟁범죄와 인도에 반한 죄에 대한 시효부적용에 관한 협약'을 채택했다. 국제연합 안전보장이사회는 특정지역 내의 전쟁범죄자들을 처벌하기 위해 1993년 '구유고 지역의 전범자 처벌을 위한 국제재판소' 및 1994년 '르완다 전범재판소'를 설치하였다. 또한 국제형사재판소 설립을 위한 로마협약이 1998년 채택되어 2002년 7월 발효하였다.

Ⅰ 서설

군비축소(disarmament)란 일반적으로 국제적 합의에 의해 군비를 축소 또는 제한하는 것을 말한다. 군비의 국제적 규제의 내용은 세 가지로 요약된다. 군비의 배치제한, 각국이 보유하는 군비의 제한, 전쟁발생시 군비를 인도주의에 어긋나지 않도록 사용하도록 제한하는 것이다. 군비축소는 각국의 안전보장을 확실하게 하는 다른 확실한 수단이 없기 때문에 실현되기가 상당히 어렵다. 또한 무기는 경제적 이익을 얻는 수단으로서 강대국들이 무기판매를 지속하고 있으므로 군축은 큰 성과를 거두지 못하고 있다. 집단안전보장제도가 확립이 되어야 군축이 가능할 것이다.

Ⅱ 군축을 위한 국제적 노력

1. 제1차 세계대전 이전

1816년 러시아 황제의 군축제안도 있었고, 1899년 헤이그 평화회의에서 군비제한과 군사예산제한이 논의되었으나, 실질적인 성과를 거두지 못하였다.

2. 제1차 세계대전 이후

베르사유평화조약에서는 패전국인 독일에 대한 강력한 군비제한과 군비축소를 규정하였다. 또한 국제연맹규약 제8조에서 평화유지를 위해 국가의 안전에 지장이 없는 최저한도로 군비를 축소시킬 필요성을 인정하고 군축을 위한 활동을 전개할 것을 규정하였다. 연맹이사회에 군축안을 작성할 책임을 부여하고, 연맹국에 의해 군축안이 채택되는 경우에 각국은 이사회의 동의 없이 그 한도를 초과하지 못하게 하였다(제8조). 1921년 워싱턴군축회의에서는 주력함과 항공모함의 건조를 제한하였다. 또한 1930년 런던회의에서는 미·영·일 3국간 보조함의 건조제한을 위한 조약이 체결되었다.

3. 제2차 세계대전 이후

(1) UN

UN총회는 군축이나 군비규제에 관한 원칙을 심의하여 회원국이나 안전보장이사회에 권고할 수 있으며(제11조 제1항), 안보리는 군사참모위원회의 원조를 얻어 군비규제계획을 작성하여 회원국에 제출할 책임이 있다(제26조). 1952년 군축위원회(Disarmament Commission)가 총회 결의로 설치되었으나, 냉전으로 인해 실질적 진전이 없었다. 1962년 제네바군축회의, 1978년 군축에 관한 특별총회등이 개최되었으나, 역시 서방진영과 비동맹국 및 공산권의 3자 대립으로 결실을 보지 못하였다.

(2) 미소 간 군축협상

미소 간 정치적 화해에 기초하여 전략무기 제한 및 감축조약이 체결되었다. 양국은 1972년 "제1단계 전략무기제한잠정협정"(Interim Agreement on Certain Measures with respect to the Limitation of Strategic Offensive Arms: SALT I)과 "유도탄격추용유도탄체제제한조약"(Treaty on the Limitaion of Anti-Ballistic Missile Systems: ABM조약)이 체결되어, 대륙간탄도탄·원자력잠수함유도탄등 공격용유도탄의 보유량을 현상동결하고 유도탄요격용유도탄(ABM)과 그 기지를 양적으로 한정하는 데 합의하였다. 1979년에 SALT II 가 서명되었으나, 미 상원에서 비준거부되었다. 1987년에는 "중단거리유도탄폐기조약"(Treaty on the Elimination of the Intermediate-Range and Shorter-Range Missiles: INF 조약)이 체결되었다. 한편, 1991년에는 "제1단계 전략무기제한감축조약"(Treaty on the Reduction and Limitation of Strategic Offensive Arms-I: START I 조약)이 체결되어 양국이 보유하는 핵탄두의 수를 감축하였다. 2002년 5월 24일에는 "전략공격무기감축조약"(Treaty between the USA and the Russian Federation on Strategic Offensive Arms Reductions: Moscow Treaty)이 체결되어 2012년까지 전략핵탄두의 총수가 각각 1700-2200개가 넘지 않도록 감축·제한하는 데 합의하였다.

(3) 동서양진영의 군축

1990년 11월 19일 NATO와 바르샤바조약기구의 회원국 정상들은 "유럽재래식전력감축조약"(Treaty on Coventional Armed Focrces in Europe(CFE조약)을 체결하여, 양 당사자가 유럽 대륙에서 보유할 수 있는 재래식 무기의 상한을 제한하고, 단계적으로 감축하도록 합의하였다.

Ⅲ 군축관련 국제규범(조약·신사협정·결의)

1. 핵군축

(1) 핵무기비확산조약(Treaty on the Non-Proliferation of Nuclear Weapons: NPT)

1968년 핵보유국의 증가를 방지할 목적으로 체결되었다. 주요 내용은 ① 핵보유국들은 핵무기 및 이와 관련된 것은 누구에게도 양도할 수 없고 비핵국에게 핵제조의 원조를 제공할 수 없다(제1조). ② 비핵국은 핵무기와 그 밖의 이와 관련된 어떠한 것도 수령할 수도 없고 제조할 수도 없다(제2조). ③ 원자력의 이용은 평화적 목적에 한정하고, 원자력의 군사적 목적에의 전용을 방지하기 위해 국제원자력기구의 보장조치를 수락해야 한다(제3조, 제4조). 1995년 당사국회의에서 동 조약을 무기한 연장하기로 합의하였다.

(2) 포괄적 핵실험금지조약(Comprehensive Test Ban Treaty: CTBT)

1996년 UN총회에서 채택되었다. 이 조약은 그동안 탐지가 어려웠던 우주공간·대기권 및 수중실험에 대한 검증체제를 도입하고, 지하핵실험 등 장소와 형태를 불문하고 모든 핵실험의 금지를 규정하고 있다. CTBT가 발효하기 위해서는 5대핵강국의 비준이 필요요건이나 미국 등 주요핵강국이 가입하지 않아 아직 발효되지 않았다. 한편, 1997년 CTBT의 이행을 주관하기 위해 CTBT기구(CTBTO)가 설치되었다.

2. 일정공간에 대한 군축

1959년의 남극조약은 남극대륙에서 핵무기를 포함한 모든 무기의 실험과 그 밖의 일체의 군사적 이용을 금지하고 남극지역을 평화적인 목적에만 사용할 것을 규정하였다(제1조). 1967년의 우주조약은 핵무기 또는 기타 대량파괴무기를 운반할 물체를 지구궤도나 외기권 및 천체에 설치하는 것을 금지하고(제4조 제1항), 군사기지의 설치·무기의 실험등 천체의 군사적 이용을 금지하였다(제4조 제2항). 이러한 조약은 침략을 위한 군사적 이용만이 금지되고 자위를 위한 군사적 이용은 금지되지 않아 핵보유국의 자의적 이용의 여지를 남겨두고 있다.

3. 미사일기술통제체제(Missile Technology Control Regime: MTCR)

1987년 미국 등 G-7 선진국들을 중심으로 미사일 기술 이전의 확대를 통제하기 위해 설립한 체제로 핵미사일을 포함한 모든 대량살상미사일에 적용된다. 다만, 이는 조약은 아니며 참가국의 자발적인 공약이다. 폭발력 500kg, 사정거리 300km이상의 미사일 및 그 기술의 확산억제를 목표로 한다.

4. 비핵지대설치 및 비핵화선언

(1) 의의

비핵화(denuclearization)란 핵무기 또는 핵장비를 그 제조나 실험을 목적으로 육지·해중·대기권 또는 외기권에 배치하는 것을 금지하는 것을 말한다.

(2) 비핵지대(denuclearized zone)

비핵지대란 복수국가가 자국영역의 비핵화에 합의하고 이해관계국이 이를 보장하는 일정지대를 말한다. 라틴아메리카국가들은 1967년 중남미지역핵무기금지조약(treaty of Tlatelolco)을 체결하여 체약국에서 핵무기의 생산, 취급 및 실험과 사용을 금지하고, 원자력 이용시 국제원자력기구의 보장조치를 받도록 규정하였다. 1985년 남태평양비핵지대설치조약, 1995년 동남아비핵무기지대조약 등이 체결되어 유사한 내용을 담고 있다.

(3) 비핵화선언(declaration of denuclearization)

1국이 자국영역에 대해 비핵화를 실시할 것을 일방적으로 선언하는 행위를 말한다.

① 한반도비핵화 및 평화구축선언: 1991년 11월 8일 대한민국이 행한 선언이다.

  ㉠ 핵에너지를 평화적 목적으로 사용하고 핵무기를 제조·보유·저장·배치·사용하지 않는다.

  ㉡ NPT와 핵안전조치협정을 준수하고, 핵시설과 핵물질은 철저한 국제사찰을 받으며, 핵연료의 재처리 및 핵농축 시설을 보유하지 않는다.

  ㉢ 북한이 국제핵사찰 수락과 핵재처리 및 농축 시설 보유포기의 상응조치를 취할 것을 촉구.

② 한반도비핵화에 관한 공동선언: 1991년 남북이 공동으로 채택하였다. 남북은 ㉠ 핵무기의 시험·제조·생산·접수·보유·배치·사용을 하지 않고, ㉡ 핵에너지를 평화적 목적에만 이용하며, ㉢ 핵재처리시설과 우라늄농축시설을 보유하지 않고, ㉣ 비핵화검증을 위해 상대측이 선정하고 쌍방이 합의하는 대상물에 대해 남북핵통제공동위원회가 규정하는 절차와 방법으로 사찰을 받는다.

5. 화학무기의 군축

1992년 UN총회에서 화학무기의 개발·생산·비축 및 사용의 금지와 그 폐기에 관한 협약(CWC)이 채택되었다. 화학무기의 사용, 보유 및 제조를 금지하고 향후 10년 내에 폐기한다는 내용을 담고 있다. 협약내용을 강제하기 위해 의심되는 시설에 대한 국제사찰의 시행과 위반국에 대한 제재를 규정하고 있다. 화학무기 대량보유 의심국들이 협약에 가입하지 않고 있어 실효성이 의심을 받고 있다.

6. 생물무기의 군축

1972년 체결된 세균 및 독소무기의 개발·생산 및 비축의 금지 및 그 폐기에 관한 협약(BWC)이 주요 조약이다. 당사국은 생물무기의 생산이나 사용을 하지 않을 것을 약속하고 9개월 내에 폐기할 것을 규정하였다.

7. 재래식 무기의 군축

1997년 대인지뢰의 사용과 비축·생산 및 이전의 금지 및 그 폐기에 관한 협약이 체결되었다. 이 협약은 대인지뢰를 전면 금지하고 현재 보관 중인 대인지뢰를 협약가입 후 4년 내에 전부 폐기하고 10년 내에 매설지뢰를 제거하도록 명시하고 있다. 대인지뢰란 자체적으로 또는 사람이 접근·접촉할 때 폭발하며 1인 이상을 살상할 수 있는 무기를 말한다(제2조 제1항). 한국은 가입하지 않았으며, 미국은 대체무기 개발 시까지 가입을 유보하면서 한국의 DMZ 내의 지뢰는 예외로 한다고 선언하였다.

Ⅳ 결어

그동안 UN을 중심으로 전개된 군축노력은 불완전하나마 상당한 성과를 거두었다. 특히 미러 간의 핵군축협상은 대체로 성공적으로 이뤄졌다는 평가를 받는다. 그러나 그 밖의 부분적·예방적 군축은 진정한 군축이라 할 수 없다. 군축의 가장 큰 장애는 국가들이 자국의 안전보장을 자주국방이나 동맹을 통해 확보하려는 데 있기 때문이다. 한편으로, 무기를 통해 경제적 이득을 얻고자 하는 강대국들의 의사 역시 전향적인 군축에 장애물이라 할 것이다. 군축의 실효성을 위해서는 UN의 집단안전보장제도의 실효성이 확보되는 것이 그 전제라 볼 것이며, 여기에 결정적인 역할을 하는 것은 강대국들이라 볼 수 있으므로, 강대국들이 군축과 집단안전보장에의 의지를 갖는 것이 중요할 것이다.

Ⅰ 서설

1945년 8월 6일, 8월 9일에 미국에 의해 사용된 2개의 소형 핵폭탄은 34만 명이라는 대규모 사상자를 발생시켰다. 국가들은 이후 한편으로는 핵확산을 막기 위한 다양한 노력을 전개하면서도, 한편으로 자체적으로 핵을 개발하거나 핵무기를 구입함으로써 핵무장을 하는 이중성을 보여주었다. 냉전체제 해체 이후 국제무력분쟁의 가능성이 약화되자 테러세력에 의한 핵확산이 중요한 안보위협으로도 등장하였고, 9·11테러 후 이러한 위협은 현실화되고 있다. 여기에 대응하여 미국은 선제 핵공격 가능성을 전략적 기조로 내세우면서 핵전의 위협이 더욱 높아져가고 있다. 핵무기를 보다 효과적으로 통제하기 위한 방안도출이 매우 중요한 과제가 되고 있는 것이다. 이하에서는 핵확산방지, 핵실험규제, 핵사용 통제를 중심으로 국제핵확산방지체제의 주요 규범을 논의하고, 양자핵군축·군비통제 사례로서 미소 간 핵무기통제를 검토한다.

Ⅱ 핵확산방지

1. 핵무기확산방지조약(NPT)

(1) 의의

1968년 핵보유국의 증가를 방지할 목적으로 체결되었으며, 미국, 러시아, 중국, 프랑스 등 주요 핵 강대국들이 당사국이다. 한국에 대해서는 1975년 발효하였다. 한편, 1995년 당사국회의에서 동 조약의 효력을 무기한 연장하기로 만장일치 합의하였다.

(2) 내용

미국과 러시아를 비롯한 핵보유국들은 핵무기와 이와 관련된 것은 누구에게나 양도할 수 없고, 따라서 비핵국의 핵제조에 어떠한 원조도 할 수 없다(제1조). 비핵국은 핵무기와 그 밖의 이에 관련된 어떠한 것도 수령할 수 없고 스스로 제조할 수도 없다(제2조). 또한 비핵국은 원자력이용을 평화적 목적에 한정하고 원자력의 군사적 목적에의 전용을 방지하기 위한 국제원자력기구의 보장조치를 수락해야 한다(제3조, 제4조). 이에 반해 핵보유국에 대해서는 군축을 직접 요구하지 않고 단순히 핵군축에의 노력을 목표로 부과하고 있다.

(3) 핵안전조치협정

협약당사국은 협약 제3조 제1항에 의거하여 국제원자력기구와 핵무기의 비확산에 관한 조약에 관련된 안전조치의 적용을 위한 협정(핵안전조치협정)을 체결하고 핵연료재처리를 포함한 모든 핵시설에 대하여 국제적 사찰을 허용해야 한다.

(4) 문제점

조약상 의무의 불평등성이 가장 큰 문제로 인식되고 있다. 즉, 비핵보유국에 대해서는 핵무기 보유를 금지하고 있으나, 현재 핵보유국에 대해서는 직접적인 군축을 요구하지 않고 있는 것이다. 한편, 비핵국의 평화적 핵이용과 이를 위한 핵기술이전도 문제가 있다. 즉, 이른바 'NPT 내부로부터의 핵확산' 문제로 불리는 것으로 비핵보유국이 핵기술을 이전받은 다음 NPT로부터 탈퇴하여 핵무기를 개발하는 것을 말한다. 또한, 핵사찰에 있어서 당사국이 동의에 기초하여 사찰이 진행되므로, IAEA의 임의적 접근이 불가능한 것도 한계로 지적된다.

2. 핵무기관련물질의 수출통제

핵물질의 수출과 확산을 방지하기 위한 제도로는 쟁거위원회(Zangger Committee: ZC), 핵품목수출국그룹(Nuclear Suppliers Group: NSG), 호주그룹(Australia Group: AG)이 있다. 쟁거위원회는 NPT조약 제3조 제2항의 이행을 위해 1974년에 설립된 제도로서 핵물질을 수출하는 경우 안전조치를 받고 NPT당사국이 아닌 국가에게 핵물질을 이전하는 경우 핵개발에 사용하지 않을 것을 보장하도록 하고 있다. 한편, NSG는 쟁거위원회가 NPT 당사국들을 규율하는 한계를 극복한 제도로서 NPT 밖의 수출국과 수입국에 의한 핵확산 통제문제를 다루고 있다.

3. 비핵지대설치 및 비핵화선언

(1) 의의

비핵화(denuclearization)란 핵무기 또는 핵장비를 그 제조나 실험을 목적으로 육지 · 해중 · 대기권 또는 외기권에 배치하는 것을 금지하는 것을 말한다.

(2) 비핵지대(denuclearized zone)

비핵지대란 복수국가가 자국영역의 비핵화에 합의하고 이해관계국이 이를 보장하는 일정지대를 말한다. 라틴아메리카국가들은 1967년 중남미지역핵무기금지조약(treaty of Tlatelolco)을 체결하여 체약국에서 핵무기의 생산, 취급 및 실험과 사용을 금지하고, 원자력 이용시 국제원자력기구의 보장조치를 받도록 규정하였다. 1985년 남태평양비핵지대설치조약, 1995년 동남아비핵무기지대조약 등이 체결되어 유사한 내용을 담고 있다.

(3) 비핵화선언(declaration of denuclearization)

1국이 자국영역에 대해 비핵화를 실시할 것을 일방적으로 선언하는 행위를 말한다.

① 한반도비핵화 및 평화구축선언: 1991년 11월 8일 대한민국이 행한 선언이다.
  ㉠ 핵에너지를 평화적 목적으로 사용하고 핵무기를 제조 · 보유 · 저장 · 배치 · 사용하지 않는다.
  ㉡ NPT와 핵안전조치협정을 준수하고, 핵시설과 핵물질은 철저한 국제사찰을 받으며, 핵연료의 재처리 및 핵농축 시설을 보유하지 않는다.
  ㉢ 북한이 국제핵사찰 수락과 핵재처리 및 농축 시설 보유포기의 상응조치를 취할 것을 촉구한다.

② 한반도비핵화에 관한 공동선언: 1991년 남북이 공동으로 채택하였다. 남북은 ㉠ 핵무기의 시험 · 제조 · 생산 · 접수 · 보유 · 배치 · 사용을 하지 않고, ㉡ 핵에너지를 평화적 목적에만 이용하며, ㉢ 핵재처리시설과 우라늄농축시설을 보유하지 않고, ㉣ 비핵화검증을 위해 상대측이 선정하고 쌍방이 합의하는 대상물에 대해 남북핵통제공동위원회가 규정하는 절차와 방법으로 사찰을 받는다.

Ⅲ 핵실험규제[73]

핵실험은 기존의 핵무기 성능을 평가하고, 새로운 핵무기를 개발하는 데 필수적 요소이기 때문에 핵실험의 규제는 곧 핵확산의 규제로 이어질 수 있다고 인식되기 시작하였다. 또한, 핵실험이 인적·자연적 환경을 심각하게 훼손한다고 생각하여 핵실험을 규제하기 시작했다.

1. 부분적 핵실험금지조약(Partial Test Ban Treaty: PTBT)

1963년 7월 15일 미국, 영국, 구소련 3국 간에 체결된 조약이다. 3국은 전면적 핵실험 규제에 앞서 논란의 여지가 적은 대기권 내·우주공간·수중에서의 핵실험을 금지하는 데 합의하였다.

2. 지하핵실험제한조약(Threshold Test Ban Treaty: TTBT) 및 평화목적핵폭발조약

1974년 7월 3일 미국과 구소련은 폭발력 150KT 이상의 지하핵실험을 금지하는 TTBT를 체결하였으며, TTBT만으로는 평화적 목적을 위한 지하핵폭발을 규율할 수 없다고 보고, 1976년 평화적목적핵폭발조약(Peaceful Nuclear Explosions Treaty: PNET)을 추가로 체결하였다.

3. 포괄적 핵실험금지조약(Comprehensive Test Ban Treaty: CTBT)

1996년 9월 10일 UN총회에서 채택되었다. CTBT는 지하핵실험을 포함하여 모든 핵실험을 금지하는 내용을 담고 있다. 이 조약은 현재 발효되지 않고 있으며, 특히 미국의 상원이 동 조약의 비준을 거부함으로써 실효성을 저하시켰다. 한편, 동 조약의 채택 이후 프랑스, 인도, 파키스탄 등이 핵실험을 강행함으로써 핵 비확산체제에 부정적인 영향을 주었다.

Ⅳ 핵무기 사용의 통제

1. UN헌장 제2조 제4항

동조항은 "모든 회원국은 그 국제관계에 있어서 다른 국가의 영토보전이나 정치적 독립에 대하여 또는 국제연합의 목적과 양립하지 아니하는 어떠한 기타 방식으로도 무력의 위협이나 무력행사를 삼간다."라고 규정하여 포괄적으로 무력사용 및 그 위협을 금지하고 있다. 핵무기의 사용이나 그 위협 역시 무력사용금지 원칙에 위반되므로 금지된다.

2. UN총회

1961년 UN총회는 핵무기 사용금지에 관한 첫 번째 결의를 채택하였다. 동 결의에서 핵무기의 사용이 UN의 정신에 반하며, 인류와 문명화에 범죄를 범하는 행위라고 천명하였다.

3. ICJ의 권고적 의견

1994년 UN총회는 '모든 상황하에서 핵무기의 사용은 국제법상 허용되는가?'에 대한 권고적 의견을 ICJ에 요청하였다. ICJ는 권고적 의견에서 핵무기 사용은 불법이나, 특정한 경우, 즉 국가의 존립이 위태로운 상황에서 자위의 수단으로써 사용되는 경우에 대한 판단은 유보하였다.

---

73) 이용호, 〈전후 핵무기 통제의 법적 평가와 과제〉 – 《국제법평론》, 2002-1, 18–22면.

Ⅴ 핵무기에 대한 국제규제의 한계[74]

1. 핵확산방지의 한계

첫째, 비핵화지대의 설치가 비교적 전략적 이해관계가 낮은 곳을 중심으로 설치되어 있다. 둘째, 핵보유 또는 핵보유의심이 있는 파키스탄, 인도, 이스라엘, 쿠바 등이 NPT 밖에 존재하고 있다. 셋째, Zangger Committee와 NSG가 법적 구속력이 없는 제도일 뿐 아니라 회원국도 소수에 지나지 않고, 이행을 확보하기 위한 수단이 존재하지 않는다.

2. 핵실험 규제의 한계

첫째, CTBT가 발효되지 않았고, 둘째, 5대강국을 비롯하여 파키스탄, 인도 등이 CTBT 채택 이후에도 계속해서 핵실험을 해오고 있으며, 셋째, 핵무기통제에 있어서 주도적 역할을 해온 미국이 CTBT 비준안을 부결시켰다.

3. 핵무기 사용 규제의 한계

첫째, 핵무기 사용을 규제하는 조약이 체결되어 있지 않다. 둘째, ICJ는 자위적 조치로서 핵무기를 사용하는 것이 위법인가에 대해 결론을 유보하였다. 즉, 핵무기 사용을 금지하거나 불법화하는 구체적인 국제규범이 존재하지 않고 있다.

Ⅵ 결어[75]

가장 효과적인 핵무기 통제방안은 각국 간 상호 신뢰할 수 있는 분위기를 형성하는 데 있으나, 단기간에 신뢰가 형성되기는 어려울 것이다. 따라서 불완전하나마 다음과 같은 대안이 모색되어야 할 것이다. 첫째, 효과적인 핵무기 통제가 국제평화와 안전에 기여하는 첩경임을 인식시키는 여론의 형성이 요구된다. 둘째, 집단안전보장체제의 효율적 운용을 통해 완전한 안보상황을 확신시키는 노력이 필요하다. 셋째, UN의 역할이 강화되어야 한다.

> **⚖ 판례 | 핵무기사용의 적법성에 대한 권고적 의견[76]**
>
> 핵무기 사용의 적법성에 대해 권고적 의견을 먼저 구한 것은 세계보건기구(WHO)였으나, 재판부는 UN헌장 제96조상의 요건을 충족하지 못한 것으로 보아 기각하였다. WHO권고적 의견 요청은 ICJ의 영향력을 핵무기의 금지를 위한 운동에 활용하기 위한 세계법원계획(WORLD COURT PROJECT)이라는 NGO의 활동에 영향을 받았다. WHO의 권고적 의견 요청이 기각되자 UN총회가 권고적 의견을 요청하였다. 그러나 총회가 요청한 질문은 전적으로 가설적 질문이며, 국제법 일반에 대한 매우 추상적이고 애매한 질문이고, 정치적 목적을 가진 질문이라는 점에서 논란이 있었다. 본 사건에서 ICJ는 강제제척사유(compelling reasons)에 해당하지 않는 한 권고적 의견 요청에 응하는 전통과 추상적인 문제인지를 떠나 모든 법률문제에 권고적 의견을 낼 수 있으며 특정분쟁이 발생한 경우가 아니더라도 권고적 의견을 낼 수 있음을 이유로 관할권을 수락하였다. ICJ는 국제법상 핵무기의 허용성과 관련하여 국제법은 핵무기의 사용 또는 그 위협에 대해 특별히 허용하고 있지도 않으며 또한 특별히 금지하지도 않고 있다는 권고적 의견을 제시하였다. 다만, ICJ는 국가의 존립이 위태로운 상황 하에서 자위의 수단으로써 행사되는 핵무기의 사용 또는 그 위협이 위법인지의 여부에 관해서는 결론을 낼 수 없다고 판단하였다. 즉, 자위권 행사의 수단으로서의 핵무기의 사용 시에는 국제인도법의 일반적 적용으로부터 제외될 수 있음을 추론할 수 있다.

---

74) 이용호, 전게논문, 33-34면.
75) 이용호, 전게논문, 35면.
76) Legality of the Threat or Use of Nuclear Weapon, Advisory Opinion, ICJ, 1996년.

1. A국에서는 X부족이 30여 년 동안 부정선거와 무력을 통하여 권력을 독점하고 다른 부족들을 억압하며 통치하고 있다. 최근에 A국의 국민들은 공정한 선거와 민주주의를 요구하는 시위를 벌였는데, 정부는 이 시위를 무력으로 진압하면서 수천 명의 민간인을 고문, 살해하였다. 이에 A국에 인접한 B국은 군대를 파견하여 A국의 인권침해 사태를 종식시키기로 결정하였다. 한편, UN안전보장이사회는 A국 정부가 자행한 인권유린을 이유로 UN헌장에 따라 A국에 대한 강제조치를 취하는 방안을 논의하고 있다. [2013외시]

   (1) B국이 군대를 파견하여 A국의 인권침해 사태를 종식시키는 것은 국제법상 허용되는가?

   (2) UN안전보장이사회가 A국에 대한 강제조치를 취할 수 있는 요건과 강제조치의 유형에 관하여 설명하시오.

2. UN헌장상 무력사용금지 원칙의 성립과정과 동 원칙에 대한 예외를 설명하시오.

3. A국이 WMD(대량살상무기)를 개발하자 UN안전보장이사회는 "A국에 대하여 WMD 개발 중지와 관련 국제기구의 무기사찰을 받을 것을 요구함과 아울러 만일 A국이 이를 무시할 경우 중대한 결과에 직면할 것임을 경고"하는 '결의 2008'을 채택하였다. 그러나 A국이 계속 WMD를 개발하자 A국과 인접한 B국은 WMD 개발시설을 파괴하기 위하여 A국을 침공하였다. B국의 A국 침공이 '결의 2008' 또는 정당방위(self-defense)에 의하여 정당화될 수 있는지 여부를 UN헌장상의 관련 규정에 따라 검토하시오. [2008외시]

3. 북한의 핵문제(핵무기 개발)를 국제법적 관점에서 평가하시오. [2005외시]

4. 2010년 6월 30일 오전 6시, A국이 폭발력 200킬로톤(kt) 규모의 지하핵실험을 하였다. A국은 1963년 부분적핵실험금지조약(PTBT)과 1996년 포괄적핵실험금지조약(CTBT)에 모두 가입하고 있다. A국의 지하핵실험의 국제법상 위법성 여부를 설명하시오. [2010행시]

5. A국 내의 반군세력은 1979년 정권장악에 성공한 이후 인접국인 B국 및 C국 내의 반정부 무장단체에 대하여 투쟁자금을 지원하고 또한 이들 반군세력을 지지·격려하는 선전활동을 B국 및 C국의 영역 내에서 행하였다. B국 및 C국을 지원하는 인접 강대국인 D국은 이러한 사태에 직면하여 A국에 의한 지역 내 "혁명의 수출"을 방지하기 위하여, B국 및 C국에 의한 요청이 없었음에도 불구하고 집단적 자위권을 내세워 A국의 항구에 대한 봉쇄 및 기뢰 부설을 행하였으며 더 나아가 A국의 해군기지에 대한 공격을 감행하였다. D국은 자국이 취한 조치에 관하여 UN안전보장이사회에 아무런 보고도 행하지 않았다. 상기 사안에 대한 국제법상의 쟁점들을 지적하고, 논평하시오. [2003행시]

6. 핵비확산조약(Non Proliferation Treaty:NPT)에 비핵보유국으로서 가입하고 있는 A국은 현재 원자력발전을 추진하면서 NPT조약상 공식적 핵보유국인 B국과 C국으로부터 원자력 발전 기술자문 및 재정지원을 받고 있다. 그러나 A국과 적대관계에 있는 D국은 A국이 은밀하게 핵무기개발을 추진 중이라고 의심하면서 원자력발전소 건설을 즉각 중단할 것을 요청하는 한편, B국과 C국에 대해서도 A국에 대한 지원조치 중단을 요청하였다. D국은 자신의 요청이 받아들여지지 않는 경우 A국이 건설 중인 원자력발전소를 폭격할 것이라고 경고하였다. 한편 E국은 이 문제가 국제평화와 안전을 위태롭게 한다고 보고 자신의 주재로 A, B, C, D국을 초청하여 국제회의를 개최하였고, 당사국들은 공동성명을 채택하여 향후 3개월간 사태를 악화시키는 어떠한 조치도 취하지 않기로 합의하였다. 그러나 A국에서는 국내정치적 사정이 변경되어 공동성명과 달리 원자력발전소 건설을 재개하였고, 이에 대해 D국은 이전에 경고한 바대로 A국이 건설중인 원자력발전소에 대해 공습(air strike)을 감행하였다. 이와 관련하여 다음 물음에 답하시오.

   (1) NPT에 기초하여 A국, B국, C국 및 D국의 조치 또는 주장의 타당성에 대해 논의하시오.

   (2) A국이 원자력발전소 건설 재개조치로 국가책임이 성립하는가?

   (3) D국의 공습에 대해 국제법적 관점에서 논평하시오.

7. 다양한 국적을 가진 사람들로 구성된 테러집단 甲은 자신들에 우호적인 A국을 중심으로 테러세력들을 규합하고 훈련시키는 한편, B국에 대한 테러를 모의하였다. 2001년 9월 11일 甲은 2기의 민간 항공기를 불법 탈취하여 이른바 자살 폭탄테러를 자행하여 B국의 국방부 건물과 주요 빌딩을 폭파하였다. 이로 인해 수천 명의 인명피해와 상당한 재산상의 손실을 초래하였다. B국은 즉각 관련 공범자들을 색출하는 한편, UN안전보장이사회에 이 문제를 부탁하고 적절한 조치를 취해 줄 것을 요청하였으나, A국에 우호적인 C국이 증거불충분을 이유로 반대하여 여하한 결의도 성립되지 않았다. 이에 B국은 A국을 테러의 배후세력으로 지목하고 의회에 A국에 대한 무력사용을 허가하고 재정을 지원해 줄 것을 요청하였다. B국 의회는 만장일치로 이를 가결하였다. A국은 특별사절을 파견하여 테러의 희생자들에 대한 애도의 뜻을 자국의 이름으로 표명하는 한편, 금번 테러와 자국은 무관함을 강조하였다. 그러나 B국은 자국에 적대적인 테러세력들이 A국을 중심으로 활동해왔던 점을 고려하여 A국에 대한 무력공격을 개시하는 한편, 동맹국인 D국에게도 자국을 지원하여 무력을 동원해 줄 것을 요청하였고 D국은 이에 전투병력 10만 명을 파견하여 B국을 지원하였다. B국과 D국은 A국의 저항을 일주일만에 제압하는 한편, B국에 우호적인 세력을 지원하여 신정부를 구성하게 하였다. C국은 B국 및 D국의 무력공격은 UN헌장을 중대하게 위반한 것이라고 비난하면서 안전보장이사회의 소집을 요청하였다. 이와 관련하여 다음 물음에 답하시오.

(1) 안전보장이사회에서 B국은 자국의 무력공격을 정당화하기 위해 어떠한 주장을 할 것으로 예상되는가?

(2) B국의 주장에 대해 C국은 어떠한 반박의견을 제시할 것으로 보이는가?

(3) 자신이 ICJ 재판관이라면 각국의 주장에 대해 어떠한 평가를 내릴 것인가?

8. A국은 甲족과 乙족으로 구성된 다인종국가이다. 1985년 B국으로부터 독립한 A국은 다수파를 구성하는 乙족이 정권을 장악하였으나, 甲족과 乙족 간 지속적인 내란이 발생하고 있었다. 이에 A국의 대통령 丙은 甲족이 90% 이상 거주하고 있는 K지역에 대규모 병력을 파견하여 甲족을 말살시키라는 명령을 내렸으며, 군부는 그 명령을 좇아 甲족에 대한 학살을 진행하고 있는 중이다. 이 문제를 논의하기 위해 UN안전보장이사회가 소집되었으나, A국과 동맹을 맺고 있는 상임이사국 C국의 반대로 여하한 조치도 취하지 못하고 있다. 이에 대해 甲족과 같은 인종으로 구성된 B국의 의회는 A국에 육군과 공군을 파견하기로 의결하고 중무장한 3만 명을 파견하여 A국의 학살행위를 제압하는 한편, 丙을 체포하고 자국형법상 '집단살해죄'를 적용하여 자국 형사법원에 기소하였다. 위 사안과 관련하여 다음 물음에 답하시오.

(1) B국의 조치에 대해 국제법적 관점에서 논평하시오.

(2) 만약 B국이 국제연합 안전보장이사회의 '허가'(authorization)에 따라 동 조치를 취한 경우 B국의 조치의 적법성 여부에 대해 논의하시오.

(3) B국이 丙에 대해 형사재판관할권을 행사할 수 있는 이론적 기초에 대해 설명하시오.

9. 아타카 지역에 위치한 A국과 B국은 국경 문제를 둘러싸고 대립하던 중, A국 국경수비대가 B국 국경수비대를 향해 소총을 발사하자, B국 정부는 이를 자국에 대한 무력공격으로 규정하였다. 이후 B국은 대규모의 군대를 동원하여 A국 영토 내로 100여 km 진격한 후 A국 국경지역을 점령하였다. 아타카 지역의 C국은 B국의 군사 조치에 강력히 항의하며 B국 군대가 A국 영토로부터 철수할 것을 요구하였다. B국 정부는 C국의 항의 및 요구에 대해 이는 A국과 B국 간의 문제에 대한 부당한 개입이라며 강력히 비난하였다. 다음 물음에 답하시오. (총 40점) 2021외교원

(1) B국이 취한 군사 조치가 UN헌장상 정당화될 수 있는지를 검토하시오. (20점)

(2) B국의 행위에 대한 C국의 조치를 2001년 국제위법행위에 관한 국가책임규정 초안을 토대로 검토하시오. (20점)

10. A국의 X성권은 B국에 대하여 비우호적인 정책기조를 가지고 있었으며 대다수 국민과 국제사회로부터 독재 정권이라는 비난을 받고 있었다. A국 내에 결성된 반란단체 Y는 독재정권의 타도와 민주정부 수립을 명분 으로 무장투쟁을 통한 X정권의 전복을 선언하였다. 이 상황에서 B국은 A국을 반인권 독재국가로 비난하면 서 반란단체 Y를 우회적으로 지원할 목적으로 A국과 외교관계를 단절하고 그동안 지속되었던 경제원조를 중단하였다. 또한, B국은 A국의 반란단체 Y에게 대규모의 무기와 군수품을 제공하는 한편 재정적 지원도 병행하였다. 이에 맞서 A국은 자국 내 반란단체 Y에 대한 B국의 군사적 지원을 이유로 B국의 유전지대를 폭격하고 B국의 항구에 기뢰를 설치하였다. (단, A국과 B국은 국제연합회원국이다) (총 50점) ⟨2016외교원⟩

(1) B국의 행위가 국내문제 불간섭 원칙의 위반에 해당하는지 논하시오. (15점)

(2) B국의 행위가 무력사용금지 원칙의 위반에 해당하는지 논하시오. (15점)

(3) A국의 행위가 자위권의 적법한 행사라고 할 수 있는지 논하시오. (20점)

MEMO

2022 대비 최신판

해커스 이상구 5급 국제법 I 일반국제법편

초판 1쇄 발행 2021년 12월 15일

지은이	이상구
펴낸곳	해커스패스
펴낸이	해커스공무원 출판팀

주소	서울특별시 강남구 강남대로 428 해커스공무원
고객센터	1588-4055
교재 관련 문의	gosi@hackerspass.com
	해커스공무원 사이트(gosi.Hackers.com) 교재 Q&A 게시판
	카카오톡 플러스 친구 [해커스공무원강남역], [해커스공무원노량진]
학원 강의 및 동영상강의	gosi.Hackers.com

ISBN	979-11-6662-890-0 (13360)
Serial Number	01-01-01

최단기 합격 공무원학원 1위,
해커스공무원 gosi.Hackers.com

해커스공무원

· 해커스공무원 학원 및 인강(교재 내 인강 할인쿠폰 수록)
· 해커스 스타강사의 **공무원 국제법 무료 동영상강의**

헤럴드미디어 2018 대학생 선호 브랜드 대상 '대학생이 선정한 최단기 합격 공무원학원' 부문 1위